Martin Keßler

Johann Gottfried Herder –
der Theologe unter den Klassikern

Teil I

Arbeiten zur Kirchengeschichte

Begründet von
Karl Holl† und Hans Lietzmann†

herausgegeben von
Christian Albrecht und Christoph Markschies

Band 102/I

Walter de Gruyter · Berlin · New York

Martin Keßler

Johann Gottfried Herder –
der Theologe unter den Klassikern

Das Amt des Generalsuperintendenten von Sachsen-Weimar

Teil I

Walter de Gruyter · Berlin · New York

♾ Gedruckt auf säurefreiem Papier,
das die US-ANSI-Norm über Haltbarkeit erfüllt.

ISSN 1861-5996

ISBN 978-3-11-019152-3

Bibliografische Information der Deutschen Nationalbibliothek

Die Deutsche Nationalbibliothek verzeichnet diese Publikation in der Deutschen
Nationalbibliografie; detaillierte bibliografische Daten sind im Internet
über http://dnb.d-nb.de abrufbar.

Printed in Germany
Umschlaggestaltung: Christopher Schneider, Berlin

Meinen lieben Eltern

Vorwort

Die vorliegende Studie wurde im Sommersemester 2005 nach vierjähriger Arbeit im Sonderforschungsbereich 482 „Ereignis Jena-Weimar. Kultur um 1800" an der theologischen Fakultät der Friedrich-Schiller-Universität Jena als Dissertation eingereicht. Das Rigorosum fand im Januar 2006 statt. Nach dem in Jena vorgesehenen Promotionsvortrag im April endete das Verfahren mit der lateinischen Vereidigung durch den neuen Dekan, Prof. Dr. theol. Volker Leppin, im Oktober 2006.

Prof. Leppin schulde ich außerordentlichen Dank. In meinem ersten Studiensemester hat er als junger Heidelberger Assistent mein Interesse an der Kirchengeschichte geweckt und mich seitdem begleitet. Für die Chance der Mitarbeit im kirchengeschichtlichen Teilprojekt des Sonderforschungsbereichs, die Betreuung meiner Arbeit und die lange Geduld über deren Korrektur danke ich ihm auf herzlichste. Dank für seinen Einsatz schulde ich auch meinem Zweitgutachter und jetzigen Basler Vorgesetzten, Prof. Dr. theol. Martin Wallraff. Zugleich weiß ich mich den Lehrern der Studienzeit verbunden. In bester Erinnerung halte ich die Münchner Semester bei Prof. Dr. theol. Thomas Kaufmann, Göttingen, der die vorhandenen Interessen unter fachlicher und menschlicher Beteiligung gefördert hat. Für den Anschluß während der Erlanger Studienzeit bin ich Prof. Dr. theol. Berndt Hamm, Erlangen, und Pfr. Wolfgang Huber, Markt Bibart, verpflichtet. Neben den Vertretern der Kirchengeschichte bin ich für den Bereich der Theologiegeschichte Prof. Dr. theol. Jan Rohls und Prof. Dr. theol. Friedrich Wilhelm Graf, München, für die kurze, aber doch wichtige Studienzeit zugetan. Der Abschluß der Promotion gibt mir zudem Gelegenheit, mich für die Förderung während des Studiums durch die Studienstiftung des deutschen Volkes zu bedanken.

Für die Unterstützung innerhalb des Sonderforschungsbereichs und die Freiheiten der eigenen Forschung danke ich den Sprechern, Prof. Dr. phil. Klaus Manger und Prof. Dr. phil. Georg Schmidt, neben der tragenden Institution, der Deutschen Forschungsgemeinschaft. Unter den benachbarten Teilprojekten weiß ich mich in materialer Hinsicht den historischen Forschungsprojekten verbunden; namentlich hervorheben möchte ich Dr. phil. Gerhard Müller, PD Dr. phil. Klaus Ries und Dr. phil. Andreas Klinger. Konzeptionell hat mir Prof. Dr. phil. Michael Maurer mit fachlichem und persönlichem Interesse geholfen. Bezüge bestanden zu den hispanistischen Projekten, die sich ebenfalls mit Herder beschäftigten; über die Begegnungen mit Prof. Dr. phil. Dietrich Briesemeister und Prof. Dr. phil. Harald Wentzlaff-Eggebert freue ich mich noch immer. Gerne nutze ich auch die Gelegenheit, mich bei den studentischen bzw. wissenschaftlichen Hilfskräften (stud. bzw. cand. theol.) zu bedanken, die in unterschiedlichen Funktionen im kirchengeschichtlichen Teilprojekt tätig waren: Yvonne Besser, Markus Bleeke, Sophia Großkopf, Christian Henn, Katharina Klitzsch und Magdalena Schulz.

Außerhalb des Sonderforschungsbereichs gibt es nicht weniger Dank zu erstatten. Auskünfte in Bibliothken und Archiven erteilten viele. Dr. phil. Michael Knoche unterstützte die Arbeiten in der Herzogin Anna Amalia Bibliothek, Weimar. Frau Jutta Fulsche ermöglichte ein schnelles Einarbeiten in die Bestände des Thüringischen Hauptstaatsarchivs, Weimar. Zuverlässig betreuten die Mitarbeiterinnen und Mitarbeiter der Handschriftenabteilung die Bestellungen aus der Staatsbibliothek zu Berlin, Preussischer Kulturbesitz. Hilfreiche Auskünfte gaben Frau Ute Lampe, Landeskirchliches Archiv, Eisenach, sowie zu den Archivbeständen der Stadtkirche St. Peter und Paul Dr. phil Uta Kühn-Stillmark, Weimar. Eine ebenso arbeitsintensive wie angenehme Zeit verdanke ich Dr. phil. René Specht, Leiter der Stadtbibliothek Schaffhausen. Sein Mitarbeiter André Weibel gestatte mir die Einsicht in seine Vorarbeiten zu einer Briefauswahl der Müller-Brüder.

Außerhalb des institutionellen Anschlusses weiß ich mich mehreren Personen besonderes verbunden. Auf die unauffälligste und im Rückblick zugleich deutlichste Weise hat Prof. Dr. theol. Christoph Bultmann, Erfurt, den Kontakt gepflegt. Dr. phil. Günter Arnold, Editionen und Forschung, Goethe- und Schiller-Archiv, danke ich für die fachliche und freundschaftliche Unterstützung. Mit seiner Arbeitsdisziplin und den überragenden materialen Kenntnissen, vor allem aber einer der Sache verpflichteten Hilfsbereitschaft und der ihm eigenen Menschlichkeit markiert er ein beispielloses Ideal. Die vorliegende Arbeit ist wie die zurückliegenden Jahre ein fortgesetztes Gespräch mit ihm. In einzigartiger Weise unterstützten mich meine Eltern, StD Pfr. Dr. theol. Manfred und Ilse Keßler, während der Korrekturphase der Arbeit. Für die geduldige Begleitung nicht nur jener Monate danke ich ihnen mit der Widmung zu jener Arbeit, die sie tatsächlich am Stück gelesen haben. Nicht weniger Geduld hat meine Frau, Claudia, bewiesen. Für ihre liebevolle Unterstützung reicht eine Widmung nicht aus.

Bei der Akademie der Wissenschaften zu Göttingen bedanke ich mich aufs herzlichste für die Verleihung des Hanns-Lilje-Preises 2006. Für die Aufnahme des Textes in die AKG bin ich den Herausgebern, Prof. Dr. theol. Christian Albrecht und Prof. Dr. theol. Christoph Markschies verbunden, für die Betreuung seitens des Verlages Dr. theol. Albrecht Döhnert und Dr. phil. Sabine Krämer.

Basel, 30. Juli 2007   Martin Keßler

Inhaltsverzeichnis

Die Arbeit gliedert sich in zwei Teilbände. Jedem Teil ist ein Grundriß der Gesamtanlage vorangestellt, auf den die Feingliederung der jeweils gebotenen
Kapitel folgt. Die Arbeit bietet insgesamt fünf Hauptkapitel, wobei jedes mit
einer knappen Zusammenfassung oder einem perspektivischen Ausblick beschlossen wird. Beides verbindet sich miteinander in dem Schlußabschnitt.

Teil I

Teil II

Teil I

Abbildungen und Tabellen

Teil I

Einleitung

1. Vorwort

„Man hat ihn den ‚*Theologen* unter den *Klassikern*' genannt. Er war wirklich auch ein *Klassiker* unter den *Theologen*, sofern er zuerst und entscheidend Theologie an Kant vorbei wieder möglich zu machen wußte."[1] Diese Einschätzung Karl Barths ist ebenso berühmt wie das Schlußwort seines kurzen Portraits, nach dem Herder, als der „Inaugurator der typischen Theologie des 19. Jahrhunderts vor ihrer Inauguration durch Schleiermacher", es nicht „verstanden habe, was Kirche und Gnade ist! [...] Und wenn es in der Theologie vielleicht gerade auf dieses Verstehen ankommen sollte [...], dann wäre das Morgenrot einer neuen Zeit, das viele in Herder gesehen haben wollen, doch auch nur ein bengalisches Feuer gewesen."[2]

Im Titel der vorliegenden Arbeit steht der bekannte Begriff des „Theologen unter den Klassikern" für die Weimarer Wirkungszeit. Die Funktion des Generalsuperintendenten markiert die Frage nach dem praktischen Kirchenamt in Sachsen-Weimar. Bevor diese Themenstellung weiter präzisiert wird, sind in forschungs- bzw. textgeschichtlicher Hinsicht von der pointierten Miniatur Barths, in der die Wahrnehmung einer epochalen Bedeutung an die massive Ablehnung des theologischen Repräsentanten einer „Vorgeschichte" der mit Schleiermacher verbundenen Entwicklung anschließt[3], zwei Linien zu ziehen. Zum einen führt die titelgebende Formulierung zu Gustav Frank, dem theologiegeschichtlichen Schüler des Jenaer Kirchenhistorikers Karl August von Hase. In einem 1874 veröffentlichten Aufsatz, der im Folgejahr in den dritten Teil seiner *Geschichte der protestantischen Theologie* aufgenommen wurde, sprach Frank bereits von dem „Theologe[n] unter den Classikern".[4] Die ergänzende Umkehrung zum „Klassiker unter den Theologen" nahm der Breslauer Alttestamentler Karl Heinrich Cornill in einer Rede zum 100. Todestag von Herder 1903 vor.[5] Beide Texte fallen in die Zeit eines programmatischen Re-

---

1   Barth, Theologie, S. 281.
2   Ebd., S. 302.
3   Vgl. dazu die Gesamtanlage der Darstellung sowie die Einführung, ebd., S. 1.
4   Frank, Herder, S. 250; besonders in den Literaturangaben ergänzt: Frank, Geschichte, S. 249–260.
5   Cornill, Herder, S. 110.

kurses auf Herder, in dem sich besonders orientalistische, literarkritische und formgeschichtliche Impulse miteinander berührten. De Wette, Wellhausen und Gunkel ließen sich mit unterschiedlichen Bezugnahmen nennen. Die früheste Aufnahme in eine umfassende Darstellung der neuzeitlichen Kirchen- und Theologiegeschichte fand Herder mit Karl Rudolf Hagenbach 1842f.[6] Die intensive Textkenntnis, die hohe Wertschätzung und die zentrale Position, die Hagenbach Herder in der Geschichte der Theologie zumißt, sind einzigartig. Bereits in seiner Jugend hatte sich Hagenbach eingehend mit Herders Schriften beschäftigt und war durch sie auch zu dem Studium der Theologie angeregt worden. In Berlin noch ein Schüler Schleiermachers, wurde er in Basel nachhaltig von de Wette gefördert. Mit den zwanziger Jahren entwickelte er sich zu einem wichtigen Fakultätskollegen de Wettes. Auf Hagenbach rekurriert auch die Darstellung Franks.

Hagenbach auf der einen und Barth auf der anderen Seite dürften die größtmögliche Differenz in einer theologiegeschichtlichen Wahrnehmung der Position Herders anzeigen. Was beide miteinander verbindet, ist die grundlegende Orientierung am literarischen Werk. Auf die unterschiedlichen Gewichtungen zwischen der Lektüre Herderscher Texte, der Rezeption früherer Darstellungen und eigener Interpretamente soll nicht abgehoben werden.[7] Am Beispiel der theologiegeschichtlichen Wahrnehmung Herders ließe sich zwar zeigen, daß die ambivalente Wirkungsgeschichte von Herder weithin die seiner Publizistik war, die in zeitgenössischen wie posthumen Urteilen auf eine Polarisierung entweder angelegt oder zumindest offen war. Eine vergleichbare Struktur kann auch für das Thema dieser Untersuchung, die Arbeit und Wirkung des Theologen im praktischen Kirchenamt, nicht grundsätzlich ausgeschlossen werden.

Neben der literarischen Produktivität und den publizistischen Ambitionen stellen die amtsfunktionalen Tätigkeiten die lebensgeschichtlich stärkste Konstante im Werk Herders dar. In der vorliegenden Arbeit wurden die knapp drei Jahrzehnte in Sachsen-Weimar ausgewählt, um mit der Annäherung an einen Mann von immensem geistesgeschichtlichen Gewicht und einer gewaltigen gedanklichen Ausstrahlungskraft eine exemplarische Arbeit zu einer Epoche der neuzeitlichen Kirchengeschichte zu verbinden, die von konfessionellen Übergängen und kulturellen Synthesen bestimmt ist.

---

6   Hagenbach, Kirchengeschichte, bes. Bd. 1, S. 110f., und Bd. 2, S. 1–65.

7   Das auf Literaturangaben verzichtende (darin aber der Anlage der Vorlesung entsprechende) Format von Barth bietet nur einen Hinweis auf Dorner. Die oben identifizierten Autoren deuten an, daß Barth in einem hohen Maße theologiegeschichtliche Darstellungen und Vorträge für seine Einschätzung heranzog. Für eine exemplarische Untersuchung zu dem methodischen und systematischen Vorgehen anhand von Hegel s. Welker, Barth.

2. Forschungsgeschichte und Quellenlage

Forschungsgeschichtlich sind die zentralen Arbeiten zum Herderschen Kirchenamt entweder der Biographik oder der lokal-, regional- sowie territorialgeschichtlichen Forschung zuzuordnen. Die erste Biographie stellen die *Erinnerungen* Karoline von Herders dar, die von Herders Freund und Schüler Johann Georg Müller redigiert wurden.[8] Die *Erinnerungen* beschlossen die erste posthume Gesamtausgabe, die großangelegte Cottasche „Vulgata"[9]. Diese war bereits in den Jahren 1805f. mit neuem Material zur Predigttätigkeit eröffnet worden. Das besondere Anliegen der *Erinnerungen*, die Leistungen Herders im Kirchenamt eigens zu benennen, bestimmt zahlreiche Abschnitte, Anmerkungen und materiale Anhänge. Das Interesse von Zeitgenossen galt bereits unmittelbar nach Herders Tod ebenso dem universalen[10] wie dem theologischen[11] Gesamtzusammenhang in dem komplexen und weithin fragmentarisch erscheinenden Lebenswerk. Aufsätze zu einzelnen amtlichen Zusammenhängen erschienen während des 19. Jahrhunderts. In einer ersten Generation verdanken sie sich, wie die *Erinnerungen*, noch persönlichen Begegnungen. Die späteren Beiträge gründen zum Teil in familiären, überwiegend jedoch amtlichen und institutionellen Bezügen zu der kirchen- und schulamtlichen Struktur Weimars.[12]

Rudolf Hayms 1877 und 1885 unter dem bestechend einfachen Titel *Herder* erschienene monumentale Biographie stellt nicht nur die gewichtigste Einzelarbeit zu Herders Lebenswerk dar, sie bietet auch die insgesamt bedeutendsten Studien zu Herders kirchenamtlicher Tätigkeit. Anlage und Gliederung seiner Darstellung bringt Haym bereits mit dem Titelzusatz: „Nach seinem Leben und seinen Werken dargestellt" präzise zum Ausdruck. Neben die Schilderung der Lebensgeschichte tritt das Vorhaben einer Werkgeschichte. In Entsprechung dazu verzahnt sich in Hayms Biographie ein lebensgeschichtlicher Gesamtentwurf mit zahlreichen, äußerst detaillierten Studien zu einzelnen Werken. Die Blöcke zu kirchen- und schulamtlichen Funktionen sind teilweise synthetisch eingefügt, zum Teil verbinden sie sich mit dem insgesamt bestimmenden chronologischen Anordnungsmuster. An umfassender Material- und intimer Textkenntnis unerreicht, stellt Hayms Darstellung in ihren zielsicheren, bisweilen auch apodiktisch kurzen Urteilen die Grundlage aller nachfolgenden Bestimmungen von Herders Leistungen in seinem Leben und Werk dar. Die

---

8   V, Abt. 2, Tl. 20–22 [Erinnerungen, Tl. 1–3].

9   Zur Entstehung vgl. bes. Irmscher, Gesamtausgabe.

10   Vgl. dazu Danz, Charakteristik.

11   Augusti, Dogmatik.

12   Nur exemplarisch sind hier zu nennen: Peucer, Berufung; Ranitzsch, Seminar; ders., Lehrerseminar; ebenso: Francke, Geschichte; ders., Regesten.

große Schwierigkeit einer nicht rein rezeptiven Arbeit mit Haym gründet in dem Wissenschaftsideal seiner Zeit. Quellen- und Literaturangaben beschränken sich auf die größtmögliche Kürze. Nicht selten bedeutet dies den Verzicht auf eine einschlägige Referenz. Erst in einer arbeitsintensiven Verifizierung der konsultierten Quellen einzelner Passagen wird erkennbar, in welch starkem Maße Haym gerade in der Einschätzung amtsfunktionaler Vorgänge an das Herdersche Selbstverständnis anknüpfte. In dem von Haym intensiv ausgewerteten Briefwechsel Herders sind es besonders die Berichte an Hamann, die Momentaufnahmen von amtlichen Selbstwahrnehmungen bieten. In den biographischen Kleindarstellungen nach Haym wurden gerade diese Texte weithin geboten. Zwei Rezeptionsmuster lassen sich benennen: die summarische Aufnahme und häufig massive Überhöhung der Herderschen Einzelleistungen auf der einen Seite und die nicht selten personal zugespitzten Klagen Herders über amtsstrukturellen Schwierigkeiten zum anderen.

Mehrere maßgebliche Gesamtleistungen sind in editionsgeschichtlicher Hinsicht zu benennen. Ebenfalls im Jahr 1877 begann die in der Größe und Geschlossenheit der Anlage gleichermaßen epochale Suphansche Werkausgabe zu erscheinen. Die drei abschließenden Bände der Jahre 1889 und 1899, in Teilen auch der Supplementband, gelten weithin den amtsfunktionalen Zusammenhängen. Nach der Haymschen Biographie, die einen Großteil des damit gebotenen Quellenmaterials entweder bereits ausgewertet und archivalisch ergänzt, in Teilen – besonders ist hier auf die Predigtvorbereitungen zu verweisen – in seinem historiographischen Wert sogar hinterfragt hatte, wurden die drei einschlägigen Bände von der nachfolgenden Forschung nur in einem äußerst begrenzten Maße genutzt. In die lokal- bzw. territorialhistorische Rezeptionsgeschichte der Haymschen Biographie und der Suphanschen Werkausgabe gehört auch der 1956 erschienene Sammelband von Eva Schmidt *Herder im geistlichen Amt*. Die Beiträge und Textauszüge beschränken sich fast ausschließlich auf eine thematische Zusammenstellung der von Haym gebotenen Ergebnisse sowie der von Suphan edierten Materialen. Der Aufsatz von Ingo Braecklein ragt heraus.[13] Der Weimarer Superintendent zieht zur Erforschung seines berühmten Amtsvorgängers in einzelnen Punkten gedruckte Quellen zeitgenössischer Materialien heran, wie u. a. die Schmidtsche Gesetzessammlung.[14] Auch der Weimarer Kirchenrat Herbert von Hintzenstern[15] erhielt während der nachfolgenden Jahrzehnte, mit Studien bis kurz vor seinem Tod, die Erinnerungen an den Kirchenmann in mehreren Einzelveröffentlichungen lebendig. Der vormalige Direktor des heutigen Thüringischen Hauptstaatsarchivs, Hans Eberhardt, erarbeitete wichtige Einzelstudien zur Sozialgeschichte

---

13   Bracklein, Herder.
14   Schmidt, Gesetze.
15   Von Hintzenstern, Geist; ders., Weimar; ders., Lutherbild; ders., Vermächtnis.

Weimars des ausgehenden 18. und frühen 19. Jahrhunderts.[16] Anläßlich des 175. Todestages übernahm der mit den Materialien seines Hauses bestens vertraute Forscher einen Vortrag zu Herders Kirchenamt in Weimar. Nach den Bemühungen, den bekannten Quellenbestand zu erweitern oder zumindest aus dem Kontext zu ergänzen, stellt Eberhardt fest:

> „Indessen ist auch dies keine leichte Aufgabe. Was besitzen wir schon an Quellen über Herders kirchliches Wirken? Am besten ist noch seine Tätigkeit als Prediger zu fassen, aber selbst über seine Tätigkeit im Weimarer Oberkonsistorium, die ihn zeitlich sehr in Anspruch genommen hat, ist kaum Aktenmaterial erhalten geblieben. Die meisten Akten sind offenbar bereits in der ersten Hälfte des 19. Jh.[s] bei der Behörde einer willkürlichen Kassation zum Opfer gefallen und gar nicht in das Staatsarchiv gelangt. Während über Goethes amtliche Tätigkeit allein im Geheimen Consilium vom Staatsarchiv Weimar drei Textbände und ein Erläuterungsband veröffentlicht werden konnten [Stand 1978], die für Goethe, wie neuerdings formuliert worden ist, ‚eine reine nicht in Routine erstickte Menschlichkeit' erkennen lassen, fehlt für Herder eine solche Möglichkeit, seiner Persönlichkeit von dieser Seite her überhaupt näher zu kommen und sich ein Urteil über ihn zu bilden. Es ist daher der Verlust gerade dieser Quellen sehr zu bedauern."[17]

Was Eberhardt andeutet, ist ein grundsätzliches Quellenproblem, das in seinen Bezügen zur Suphanschen Werkausgabe und der Haymschen Biographie zu benennen ist. Bereits die großen Forscher des ausgehenden 19. Jahrhunderts konnten nicht mehr mit den vollständigen Oberkonsistorialbeständen arbeiten, die noch bis zur Auflösung der Einrichtung Mitte des Jahrhunderts fortbestanden hatten. Das Ausmaß der teilweisen Kassation kann nicht bestimmt werden. Die Texte, die Haym, Suphan sowie dessen Mitarbeitern noch vorlagen, sind ihrerseits nur noch teilweise verfügbar. Eine detaillierte Liste der 1889 einsehbaren schulamtlichen Archivalien bietet etwa die Vorrede des 30. Bandes der Suphanschen Werkausgabe. Nach der Umsignierung der Bestände[18] sind diese Signaturangaben wertlos. In den letzten Wochen des Zweiten Weltkrieges oder der nachfolgenden Zeit wurde zudem ein Teil der Archivbestände während der Auslagerung in Bad Sulza zerstört. Sowohl das 19. als auch das 20. Jahrhundert waren damit gerade im Blick auf das Weimarer Kirchenamt von einschneidenden materialen Verlusten begleitet.

Zugleich stand Herder gerade im Laufe des zurückliegenden Jahrhunderts im Mittelpunkt der unterschiedlichsten politischen, philosophischen und natur- sowie geistesgeschichtlichen Interessen. Besonders während der letzten Jahrzehnte wurde dies von großen Editionsprojekten begleitet. Die umfassendste

---

16 U. a. Eberhardt, Umwelt; ders., Goethezeit.
17 Eberhardt, Herder, S. 198.
18 Zur Beschreibung und Geschichte der Bestände des heutigen ThHSA vgl. insgesamt: Eberhardt, Landeshauptarchiv.

materiale Veröffentlichung nach der Suphanschen Werkausgabe entsteht mit
der von Wilhelm Dobbek begründeten und von Günter Arnold in einer bei-
spiellosen Einzelleistung seit über drei Jahrzehnten erarbeiteten Briefausgabe.[19] Für die Rekonstruktion und Einordnung der amtlichen Vorgänge stellt
das Briefkorpus und die präzise Kommentierung eine der wichtigsten Vorarbeiten dar. Der von Hans Dietrich Irmscher und Emil Adler 1979 vorgelegte
Katalog des handschriftlichen Nachlasses der Staatsbibliothek erlaubt eine
zügige Orientierung und vergleichsweise schnelle Erschließung der Berliner
Autographen.[20] Der zweite Teil des neunten Bandes der Frankfurter Herder-
Ausgabe, den Rainer Wisbert sorgsam zusammengestellt hat, gilt den schulamtlichen Schriften Herders.[21] In einem hohen Maße wertete Wisbert die Abschriften im Goethe- und Schiller-Archiv aus und leistet einen wichtigen Beitrag zur kritischen Erschließung sowie pädagogikgeschichtlichen Einordnung
der Herderschen Texte. Die Ausgabe der *Ideen* von Wolfgang Proß schließlich
markiert einen Meilenstein in der natur- und polyhistorischen Verortung Herders in der Diskussion seiner Zeit.[22]

Auf die zahlreichen Einzelarbeiten der letzten Jahrzehnte braucht nicht
eigens abgehoben werden. Von Christoph Bultmann liegt ein instruktiver For-
schungsbericht aus dem Jahr 2002 vor.[23] Die *International Herder Society*
engagiert sich intensiv für eine Aufnahme von Neuerscheinungen, die Anregung weiterer Forschungsbeiträge sowie den Austausch in interdisziplinärer
und internationaler Hinsicht.

3. Themenstellung und Gliederung

Die Kirchengeschichte hat an dieser Entwicklung bislang nur sehr begrenzt
partizipiert. Es spricht für Anlage des Herderschen Gesamtwerkes, daß die Anregung zur Erforschung des Weimarer Kirchenamtes im Rahmen des Sonderforschungsbereichs 482 „Ereignis Jena-Weimar. Kultur um 1800" mit dem damaligen Sprecher Klaus Manger von der Germanistik ausging. Im Rahmen der
für die Kirchengeschichte ersten Antragsphase von 2001 bis 2004 entstand die
vorliegende Arbeit. Einen wichtigen Einschnitt markierte während dieser Zeit
die Weimarer Tagung anläßlich des 200. Todestages von Herder, die das kirchengeschichtliche Teilprojekt in Zusammenarbeit mit der „Stiftung Weimarer
Klassik und Kunstsammlungen" und der *International Herder Society* organi-

---

19   DA.
20   HN.
21   FHA, Bd. 9/2.
22   Proß, Herder, Bd. 3.
23   Bultmann, Herderforschung. Ergänzend hinzuweisen ist u.a. auf Buntfuß, Erscheinungsform.

sierte.[24] Die Veranstaltung eröffnete die Chance zu einem Gespräch mit der etablierten Herder-Forschung und führte die verschiedenen theologischen Disziplinen zusammen.

In der Gestaltung und Gliederung der vorliegenden Untersuchung zu Herders Kirchenamt drücken sich verschiedene Interessen aus. Ein erstes Kapitel geht der Frage nach, wie der „Theologe" unter die „Klassiker" und zur Amtsfunktion in Sachsen-Weimar kam. Neben der offiziellen Korrespondenz wird besonders der informelle Briefwechsel derjenigen Protagonisten untersucht, die zur Berufung Herders beitrugen.

Das nachfolgende Kapitel bietet synchrone sowie diachrone Rekonstruktionen der kirchlichen Amtsstruktur. Ein erster Teil gilt mit dem Fürstentum Sachsen-Weimar-Eisenach dem makrohistorischen Referenzrahmen dieser Studie.[25] Zugleich verbindet sich mit der Darstellung des zweiten Kapitels die nur in diesem einleitenden Kontext zu nennende Erinnerung an die etwa von Paul Drews (1858–1912) in der historiographisch orientierten Praktologie der liberalen Theologie erkannte Relevanz einer soziologisch angelegten „Kirchenkunde", die als eigene theologische Disziplin dem Studenten bereits während des Studiums Orientierung gegenüber der sozialempirischen Größe der Kirche ermöglichen sollte. Dieser bildungskonzeptionelle Impuls der „Statistik", der von Schleiermacher ausgehend heute allenfalls in der „Konfessionskunde" und der Religionssoziologie punktuelle Fortsetzungen findet, besitzt seine Relevanz auch für verbandskirchliche Organisationsformen der Gegenwart. Für Herders Kirchenamt bietet das Kapitel eine strukturelle und institutionengeschichtliche Grundierung der nachfolgenden Untersuchungen. Zugleich differenziert es die Vielzahl der Tätigkeitsbereiche in amtsfunktionaler Hinsicht und unterscheidet die lokalen, regionalen sowie territorialen Wirkungsfelder.

Das dritte Kapitel dient eher dem praktischen Gebrauch als der zusammenhängenden Lektüre. Die Vorordnung der personalpolitischen Besetzungsfragen verdankt sich der zentralen – im anschließenden vierten Kapitel mehrfach zu berührenden – Einsicht Herders, daß die Grundlage für jede strukturelle Verbesserung und überindividuelle Wirkungsmöglichkeit in einer guten Auswahl der Mitarbeiter gründet, die einzelne Impulse möglichst direkt aufgreifen und weiterleiten können. Das Kapitel gilt der Einschätzung der personalpolitischen Einflußmöglichkeiten Herders. Daneben besitzt es einen heuristischen Wert für

---

24 Keßler/Leppin, Lebenswerk.
25 Eine weitergehende Perspektive, die das Element des Vergleichs einzubringen erlaubte, ist wünschenswert, muß in der Kirchengeschichtsschreibung des ausgehenden 18. Jahrhundert jedoch stets an die landeskirchlichen Organisationsstrukturen und in einer besonderen Weise an territorialgeschichtliche Perspektiven anknüpfen. Eine Verbreiterung dieser Forschung wird es ermöglichen, mit dem Vergleich auf Reichsebene auch die Frage nach dem epochal Repräsentativen zu forcieren.

mögliche prosopographische Anschlußstudien. Die Gliederung erfolgt institutionenspezifisch und wird in dem nachfolgenden Kapitel fortgeführt.

Das vierte Kapitel gilt der Gestaltung und Umformung der einzelnen Amtsbereiche in ihren Bezügen zu Herder. Die einschlägigen Quellen zu Kirche, Schule und Universität werden in der historischen Analyse diachron verortet und, soweit als möglich, interpretativ vertieft sowie material ergänzt. Das Grundanliegen dieser Vorgehensweise besteht darin, die Vorordnung eines theoretischen Referenzrahmens, der sich etwa in einem spezifischen Amtsverständnis Herders als Anspruch sich und anderen gegenüber aktualisieren ließe, zu vermeiden. Die Differenz zwischen Theorie und Praxis, zwischen ambitionierten Anliegen und realitätsbezogener Umsetzung würde zu einer unergiebigen Asymmetrie in der Darstellung führen. Bewußt wird auch nicht vorrangig an die Eigenperspektivik Herders angeknüpft, die gleichwohl in mehreren Fällen den einzigen quellenbedingten Zugang bietet und stets eine wichtige Einschätzung markiert, sondern an die amtsfunktionalen Vorgänge der Praxis.

Daß sich gerade darin die Annäherung an ein Amtsverständnis und persönliches Ideal vollziehen kann, zeigt das Abschlußkapitel, das dem Prediger gilt. In seiner Anlage bildet das fünfte Kapitel eine Ringkomposition. Es setzt mit einem aus Briefen erhobenen geistlichen Selbstverständnis ein und schließt mit zentralen Reflexionen des Predigers auf das eigene Amt. Wie die Vorkapitel verbindet es sich aufgrund der äußerst schwierigen Quellenlage mit erheblichen materialen Vorarbeiten. Diese sollen nicht in den Vordergrund gerückt werden, müssen aber für die Interpretation der weithin neuerschlossenen Manuskripte nachvollziehbar bleiben. Aufgrund der von Haym gewählten Präsentationsform von Ergebnissen und der nicht selten komplizierten Rekonstruktion seiner Quellenbasis läßt das fünfte Kapitel, wie die Arbeit insgesamt, soweit dies forschungsgeschichtlich angemessen erscheint, die relevanten Texte selbst sprechen. Im Blick auf das edierte sowie weithin handschriftliche Material wurde ein vergleichbares Vorgehen angestrebt. Es verbindet sich darin eine Demut vor den Quellen[26] mit dem Respekt vor den Autoren und den Interessen möglicher Nutzer.

In formaler Hinsicht ist zu erwähnen, daß eigenständige Titel (Zeitschriften- und Werktitel) im Haupttext kursiviert wurden; in den Anmerkungen werden sie in Anführungszeichen geführt. Grammatikalische Anpassungen an Numerus und Genus werden zum Teil ohne Kenntlichmachungen, etwa durch eckige Klammern, vorgenommen, um den Lesefluß und das Schriftbild nicht zu sehr zu beeinträchtigen. Die Personennamen werden in historischer Schreibweise geboten; Ausnahmen sind die häufig genannten Angehörigen der Herderscher und herzoglichen Familie. Anders verhält es sich in Zitaten, die

---

26 Den Begriff und das lebenspraktische Ideal verdanke ich Günter Arnold, der die Formulierung seinerseits von Lieselotte Blumenthal lernte.

einen diplomatischen Umgang, auch mit dem Briefkorpus, bieten. Kursivierungen in den Zitaten folgen den Quellen, die sie ebenfalls in einer Kursive oder gesperrten Druckschrift bieten. Die Auszüge aus den Predigtdispositionen wurden aus der komplexen Kurzschrift ergänzt, ohne die jeweiligen Siglen und Buchstabenkombinationen kenntlich zu machen. Die Lesbarkeit wäre in einem zu hohen Maße beeinträchtigt worden. Die Interpunktion und Präsentation der einzelnen Zitate galt es, nach dem jeweiligen Kontext zu ermessen. Nur zum Teil wurden die Unterstreichungen aus den Manuskripten übernommen. Bisweilen kommt ihnen eine akzentuierende (wie in einzelnen Predigtdispositionen) und systematisierende (wie in den entsprechend wiedergegebenen Katechismusmanuskripten) Qualität zu; aufgrund der Weitläufigkeit im Gros der Predigtdispositionen wurde jedoch zugunsten des Druckbildes auf eine weitere Aufnahme verzichtet. Für eine mögliche Auswahlausgabe wäre es eine eigene Aufgabe, angemessene editionsphilologische Prinzipien zu entwickeln.

Die Zusammenstellung der Register zielt auf verschiedene Zugangsweisen zu dieser Arbeit, der insgesamt der Charakter eines gezielt einzusehenden Referenzwerkes zukommen dürfte. Das differenzierte Personenregister erlaubt Suchen nach Zeitgenossen, der anschließenden Forschung und in Ansätzen Quellen (mit den in Kurztiteln benannten Herausgebern von Editionen). Das Ortsregister eröffnet vielfältige territorialgeschichtlich ausgerichtete Perspektiven. Auf ein Sachregister wurde aufgrund der Transparenz der Gliederung und des (im zweiten Teilband wiederholten) Inhaltsverzeichnisses verzichtet. Zudem finden sich Querverweise in die Anmerkungen des Haupttextes eingearbeitet, die Verbindungen zwischen einzelnen Haupt- und Unterkapiteln herstellen.

Ob sich Herders theologiegeschichtliche Bedeutung erst vor dem Hintergrund seiner Amtstätigkeit erhellt, soll offen bleiben. Vielleicht wirft aber nicht nur Herders Tätigkeit in Sachsen-Weimar, sondern allein schon seine Berufung nach Weimar ein gewisses Licht auf den späteren Weg in die theologiegeschichtlichen Darstellungen der Neuzeit. Und dieses Licht muß nicht unbedingt jenes bengalische Feuer Karl Barths sein. Vielleicht vermag es aber doch ein wenig zu erhellen, warum Herders Stellung gerade in der neuzeitlichen Theologiegeschichte von einer so eigentümlichen Ambivalenz ist.

I. Herders Berufung nach Sachsen-Weimar (1776)

Der bekannteste Aspekt von Herders Berufung nach Weimar dürfte sein, daß sie von Goethe vermittelt wurde. Kaum eine Herder-Biographie verzichtet auf den Hinweis. Ein sichtbarer Ausdruck dieses Forschungskonsenses ist die Wandtafel der heutigen Superintendentur, die entsprechend an Goethes Beitrag erinnert. Forschungsgeschichtlich hat dies Tradition. Der Hinweis auf Goethe findet sich erstmals in den *Erinnerungen* Karolines[1] und wurde 1880 von Haym um den von Goethe selbst gegebenen Hinweis ergänzt, daß die erste Anregung auf Wieland zurückging[2]. So plausibel es einem heutigen Besucher des Herder-Hauses erscheinen mag, daß Goethe sich für seinen Straßburger Freund engagierte, so offensichtlich war es bereits Haym, daß der Gedanke, obgleich „zuerst von Wieland [...] gehabt[, ...] leidenschaftlich [...] von Goethe aufgefaßt [wurde]: erst in seiner Hand bekam er feste Gestalt."[3] Die Frage nach den Interessen im Zusammenhang der Vermittlung stellte sich für Haym nicht: „Es war das Natürlichste von der Welt, daß [Goethe ...] sich vorsetzte, dem Freund [...] zu einer freieren, würdigeren Lage zu verhelfen".[4] Nicht hinterfragt blieb auch der Hintergrund der Vakanz. Rezipiert werden meist die *Erinnerungen*, in denen es heißt, daß die Stelle „fünf Jahre lang vakant" gewesen sei und „Ansehen und Einkünfte" darunter gelitten hätten[5]. Sowohl die Vakanz der Stelle als auch der Umstand, daß sich gerade Wieland für Herder ausgesprochen hat, sind aber in einer besonderen Weise erklärungsbedürftig. Das erste Kapitel vertieft diese seit Haym allenfalls knapp[6] geführten Hinweise. Der Berufungsvorgang wird dazu nach den amtlichen Dokumenten und den inoffiziellen

---

1   V, Abt. 2, Tl. 20 [Erinnerungen, Tl. 1], S. 251: „Unterm 12ten December 1775 erhielt er durch *Goethe* eine vorläufige Anfrage: ‚ob er die Stelle als Generalsuperintendent zu Weimar annehmen wolle?' – und er sagte mit frohem Herzen Ja!" Weithin ein Auszug aus den „Erinnerungen", begnügt sich auch Heinrich Döring in der ersten auf die „Erinnerungen" folgenden Biographie mit dem Verweis auf Goethe; V, Supplementbd., S. 146.

2   Haym, Herder, Bd. 1, S. 779.

3   Ebd.

4   Ebd.

5   V, Abt. 2, Tl. 21 [Erinnerungen, Tl. 2], S. 231. Die bekanntere Formulierung von Haym, Herder, Bd. 2, S. 29, gründet auf der Schilderungen Karolines.

6   Eine Ausnahme markiert die Interpretation von Manger, Loos, der die zeitgenössischen Äußerungen zur Bedeutung Weimars (einschließlich der Berufung Herders) als fortschreitende Selbstinszenierung ausdeutet, wobei er in Wieland einen Ausgangspunkt identifiziert.

Vorarbeiten der Personen dargestellt, die zu dem abschließenden Erfolg beitrugen.

1. Die Vakanz der Stelle (1771–1776)

1.1. Johann Andreas Cramers Berufung im Jahr 1771

Daß die Vakanz der Stelle keineswegs in einer nachlässigen Amtsführung der
Regentin oder der verantwortlichen Kirchenmänner gründet, geht aus einer der
wenigen Konsistorialakten hervor, die sich im Thüringischen Hauptstaats-
archiv erhalten haben.[7] Nach dem Tod des Weimarer Generalsuperintendenten
Dr. Siegmund Basch am 26. März 1771 hatte man sich bereits gute drei Monate später um die Berufung eines Nachfolgers bemüht. Interessanterweise war
die Wahl auf einen der exponiertesten lutherischen Prediger und Lieddichter
seiner Zeit gefallen, den deutschen Hofprediger des Königs von Dänemark,
Johann Andreas Cramer[8], der zugunsten eines nahezu zeitgleichen Rufs nach
Lübeck in Weimar jedoch absagen konnte. In Kopenhagen hatte Cramer seit
1754 als deutscher Hofprediger gewirkt. 1765 war ihm ferner eine theologische Professur an der Universität der Stadt angetragen worden, von der er auch
zwei Jahre später zum Doktor promoviert wurde, bevor er Anfang der siebziger Jahre im Zuge der politischen Konflikte nach dem Thronwechsel zu Christian VII. seiner Stelle enthoben und des Landes verwiesen wurde.[9] In diesen
zeitgeschichtlichen Zusammenhang fallen die Berufungen nach Weimar und
Lübeck. Den Ruf nach Weimar erhielt Cramer zuerst. Das unter dem 8. Juli
1771 ausgefertigte Schreiben[10] erreichte Cramer am 20. Juli[11]. Über die Absichten in Lübeck bereits zu diesem Zeitpunkt informiert, erfolgte die Wahl
auf den ersten Listenplatz der Lübecker Superintendentur am 26. Juli.[12] In seinem Antwortschreiben auf den Weimarer Ruf vom 30. Juli bemüht sich Cramer herauszustellen, wie ernsthaft er gleichwohl über die Berufung nach Weimar nachgedacht habe.[13] In größter Offenheit benennt er jedoch ein Kriterium,

---

7   Vgl. dazu ThHSA, B 2980ª, Bl. 2ʳ, 2ᵛ: „An den Königl.[ich] Dänischen HofPrediger Herrn
    Cramer. Copenhagen"; Cramers Antwortschreiben, ebd., Bl. 3ʳ–5ʳ.

8   Prosopographisches zu Cramer vgl. bei Koch, Geschichte, Bd. 6, S. 334–344.

9   Vgl. dazu auch ebd., S. 335–337.

10 Vgl. dazu ThHSA, B 2980ª, Bl. 2ʳ, 2ᵛ.

11 Ebd., Bl. 3ʳ.

12 Ebd., Bl. 5ʳ.

13 Ebd. erklärt Cramer nachdrücklich, daß ihn keine persönlichen Beziehungen mit Lübeck ver-
    binden und er die Situation bewußt als offen wahrgenommen habe, um Gottes „Ruf und Wil-
    len" Folge leisten zu können.

das die Lübecker Stelle für ihn deutlich an Attraktivität gewinnen ließ: der Verzicht auf jede *cura specialis animarum*.[14] Die Kopie des Weimarer Anschreibens enthält keinen Vermerk, ob Cramer daneben ein Verzeichnis der Amtspflichten ausgefertigt wurde. Dies ist jedoch anzunehmen, wie auch Herder fünf Jahre später mit der ersten Anfrage über die amtsspezifischen Aufgaben informiert wurde.[15] Cramer deutet in seinem Antwortschreiben zudem an, daß sich für ihn mit Lübeck – auch aufgrund der geringeren Arbeitsbelastung – noch andere Ziele verbinden ließen.[16] Den direkten Vergleich mit der Lübecker Superintendentur konnte die Weimarer Generalsuperintendentur damit nicht bestehen. Das objektive Kriterium der ausgreifenden Amtspflichten, das ungeachtet der Besoldung und Akzidentien benannt wurde, führte Cramer zu einer Entscheidung, die er auch im lebensgeschichtlichen Rückblick als richtig empfunden haben dürfte. Innenpolitische Kurswechsel und Konsolidierungen der dänischen Krone ermöglichten eine erneute Berufung unter die dänische Hoheit, für die Cramer ab 1774 als Prokanzler und erster Professor an der Universität Kiel wirkte, als deren Kanzler er vierzehn Jahre später starb.[17]

1.2. Die Interessen der Regierung im Zuge der Erbfolgeregelung

Aufschlußreich ist die Berufung Cramers in mehrfacher Hinsicht für die besonderen Interessen der Regierung an einer längerfristigen Vorbereitung der Erbfolgeregelung. Zwei Modelle personaler Nachfolgeregelungen konkurrierten in dem Umgang mit der aufgetretenen Vakanz. Die erste Position war die etablierte und wird in den Anschreiben an Cramer direkt erwähnt: „In den vorigen Zeiten hat man von Seiten des hiesigen Geh.[eimen] Consilii immer die Meynung gehegt[, daß es ...] auf den [...] vorausgesehenen Fall der Erledigung dieses wichtigen Postens, am besten gethan sey [...], denselben vorerst u[nd] bis zu dem in Zeit von ohngefähr 5. Jahren bevorstehenden Selbst-Regierungs-Antritt unsers [...] Erbprinzens unbesetzt [...] zu [...] laßen."[18] Schon gut fünf Jahre im voraus war das Gremium darauf bedacht, dem Prätendenten beim Regierungsantritt in der Besetzung der zentralen Ämter freie Hand zu lassen. Mit diesem traditionellen Modell konkurrierte, ebenfalls in der Regierung, eine jüngere Position[19], die ebenso die Erbfolgeregelung in den Blick nahm und

---

14 Ebd.: „weil kein[e] cura specialis animar.[um] mit der Superintendentur verknüpft ist".

15 Vgl. dazu Kap. I.2. Amtspflichten (1776).

16 ThHSA, B 2980ᵃ, Bl. 5ʳ.

17 Vgl. dazu Koch, Geschichte, Bd. 6, S. 337.

18 ThHSA, B 2980ᵃ, Bl. 2ʳ.

19 Zu dieser zeitlichen Zuordnung vgl. das Dokument selbst, das die ältere Position einleitet, ebd.: „In den vorigen Zeiten hat man immer die Meynung gehegt", während die jüngere Posi-

diese längerfristig vorbereiten wollte. Dies sollte jedoch nicht durch eine Betonung der personalpolitischen Gestaltungsmöglichkeiten zum Zeitpunkt des Regierungsantrittes, sondern mit einer Stärkung der erzieherischen Bemühung um den Erbprinzen noch vor dessen Regierungsbeginn erreicht werden. In dem Brief an Cramer findet diese Position folgenden Niederschlag, wie auch das Anschreiben insgesamt diese Position zum Ausdruck bringt: „Neulich ist man hierunter eines andern Sinnes worden u[nd] hat geglaubet, sobald man der [im] [...] hiesige[n] Lande mit Segen regierenden Frauen Herzogin Durchl.[aucht] hierunter [...] Vorschläge thun [könne ...], derenselben anrathen zu sollen, daß Sie sich durch die ohnverlangte Wiederbesetzung dieser wichtigen Stelle ein neues Verdienst um Ihren [...] Prinzen zu machen suchen möchten.“[20]

Dieses jüngere Modell einer erzieherischen Bemühung um den Erbprinzen gewann mit dem Anschreiben an Cramer die Oberhand. Sowohl die Bemühung um einen Nachfolger als auch die Berufung Cramers gründen damit in Initiativen der Regierung: „Sie [Anna Amalia] haben diesen neuerlichen Gedanken Ihres Geh.[eimen] Consilii Ihres Höchsten Beyfalles gewürdigt, u[nd] dieses [...] hat [...] im Stande zu seyn geglaubt, Ihro Hochfürstl.[ichen] Durchl.[aucht] den besten Vorschlag, der jemahls in dieser Absicht möglich seyn möchte, thun zu können“.[21]

Nachdem sich Cramers Berufung zerschlagen hatte, kehrte man offensichtlich zu der alten Position zurück. Nach einer interimistischen Amtsführung durch die drei ranghöchsten Pfarrer der Residenzstadt – Christian Wilhelm Schneider als Archidiakon der Stadtkirche sowie Johann Sebastian Gottschalg und Wilhelm Heinrich Schultze als den beiden Hofdiakonen[22] – wurde eine Neubesetzung erst mit dem Regierungsantritt von Karl August in Angriff genommen.

2. Der Anreger: Wieland (1775)

Die Vakanz der obersten kirchlichen Position Sachsen-Weimars und die ausstehende Berufung eines Nachfolgers mußten nach dem Regierungsantritt Karl Augusts Ende des Jahres 1775 ein vordringliches Thema der Regierungspolitik werden. Die von Goethe Anfang Januar 1776 kolportierte Erstanregung, Her-

---

tion entsprechend eingeführt wird, ebd., Bl. 2^r, 2^v: „Neulich ist man [...] eines andern Sinnes worden“.

20 Ebd., Bl. 2^r, 2^v.

21 Ebd., Bl. 2^v.

22 Zu dem Status der Stellen und den nur noch auf der Ebene der Generalsuperintendenturen liegenden Beförderungsmöglichkeiten vgl. den Beschwerdebrief der drei Geistlichen nach der Berufung Herders; s. dazu unten Kap. I.5.2.

der zu berufen[23], verweist mit Wieland, dessen Anstellung selbst an das zweite Modell der erzieherischen Bemühungen um den Erbprinzen erinnert, jedoch nicht auf die Regierung, sondern das höfische Umfeld des Herzoghauses. In sehr deutlichem Unterschied zu dem Schreiben an Cramer erwuchs das Anliegen einer Berufung Herders damit nicht aus dem amtlich institutionalisierten Kontext der Regierung. Daß jedoch Wieland Herder empfohlen haben sollte, ist alles andere als selbstverständlich. Denn anders als Goethe kannte Wieland Herder zu diesem Zeitpunkt nicht persönlich. Und gerade mit Herder stand Wieland 1775 in einem Verhältnis, das an gegenseitigen Mißverständnissen in besonderer Weise reich war.

Den Spannungsbogen, in den sich Wielands Einschätzungen von Herder einordnen lassen, markieren zwei Urteile aus den beiden Vorjahren der Berufung. Unter dem 30. Mai 1774, nach einem ersten Blick in Herders *Älteste Urkunde*, erklärt Wieland in einem Brief an Jacobi: „Herder, gestehen wirs in Gottes Nahmen ist ein Narr, der vor großer Weisheit raset: Man fängt seine Urkunde an, liest, liest, liest – schüttelt den Kopf – weiß nicht was man denken oder sagen soll; endlich und unendlich gesteht man sichs in Gottes Nahmen – der Narr ist ein Narr!"[24] Eineinviertel Jahre später, am 5. August 1775, berichtet Wieland von seiner fortgesetzten Lektüre: „Herder's [...] Aelteste Urkunde [habe ich] gelesen, empfunden, meditirt, verstanden, und ich zweifle, ob seit dieser Zeit – es ist etwa 14 Tage – Herder einen wärmeren Bewunderer in der Welt hat, als mich."[25] Zumal Jacobi gegenüber, an den auch diese Worte gerichtet sind, bemüht sich Wieland, seinen damit dokumentierten Stimmungswechsel noch mit einem Hauch von Kritik zu umhüllen. Zumindest als abschließende Bemerkung fügt er noch hinzu: „und dennoch [...] wollte ich, daß er sein Buch ein wenig anders geschrieben hätte."[26] Ein wenig später, knapp zwei Monate nach diesem Brief, trat Karl August seine Regierung in Weimar an. Und wenig mehr als einen weiteren Monat später traf Goethe ein. Fast genau einen Monat nach seiner Ankunft[27] schreibt Goethe an Herder die oft zitierten Worte: „Lieber Bruder der Herzog bedarf eines General Superintenden-

---

23 Goethe an Herder, 2. Januar 1776, FGA, Bd. 29, Nr. 8, S. 16, Z. 1–21.

24 Wieland an Jacobi, 30. Mai 1774, Wieland, Briefwechsel, Bd. 5, Nr. 285, S. 269, Z. 2–6; Starnes, Wieland, Bd. 1, S. 511.

25 Wieland an Jacobi, 5. August 1775, Wieland, Briefwechsel, Bd. 5, Nr. 432, S. 401, Z. 32–36.

26 Ebd., Z. 36f.

27 Die meist auf den 12. Dezember 1775 vorgenommene Datierung folgt der Sophien-Ausgabe, Goethe, WA, Abt. 4, Bd. 3, Nr. 372, S. 4, Z. 9–18. Grundlage dieser Datierung scheint die Auskunft Karolines zu sein, V, Abt. 2, Tl. 20 [Erinnerungen, Tl. 1], S. 251. Zum Wortlaut vgl. in diesem Kap. I, Anm. 1.

ten."[28] Weitere drei Wochen später findet sich der Hinweis auf Wieland: „Er
wünscht dich her, hatte eh die Idee als ich".[29]

2.1. Wieland und Herder (1767–1775)

Die Entwicklungslinie dieser Empfehlung verläuft, wie die zitierten Äußerungen Wielands aus dem Jahre 1774 zeigen, keineswegs linear. Ihren Ausgangspunkt findet sie knappe zehn Jahre zuvor im Sommer 1767, in dem Wieland
erstmals von dem Schriftsteller Herder Notiz genommen hatte. Nach seiner
Lektüre der Fragmente *Über die neuere Deutsche Litteratur* erhielt er von
Geßner die Mitteilung, „ein junger Mann, der noch gäre", habe sie geschrieben, „namens Harscher".[30] Wieland selbst stellt in seinem Antwortbrief
fest: „Harscher gährt noch, wie Sie sagen – er muß noch jung seyn – er wird
mit der Zeit sehr gut werden, insofern er nicht noch vorher ins Tollhaus
kom[m]t, eh er ausgeraßt hat."[31] „Der närrische Herr Harscher" taucht in der
Folgezeit noch einige Male in den Briefen auf, verbunden mit der Erwartung,
daß seine Beiträge „allenfalls nicht viel zu bedeuten haben; aber es kann uns
doch was zu lachen geben."[32] Immerhin, Ende Oktober 1767, weiß Wieland zu
berichten: „Dieser Tagen meldet man mir, daß der seltsame Mensch [...] Här-
der heisse, und, mit Verlaub, Conrector der Schule zu Riga sey: Der Himmel
sey seinen Schulknaben gnädig!"[33] Trotz dieser pointierten Bemerkungen ist
Wielands Urteil zu dieser Zeit durchaus differenziert. So hält er schon ein
knappes halbes Jahr nach seiner ersten Lektüre der *Fragmente* brieflich fest,
nachdem er eine Reihe anderer junger Literaturkritiker vernichtend beurteilt
hat, der „Knabe Herder" könne und werde zumindest noch ein Mann werden[34],
freilich, „wenn der Schwindel bey ihm einmal vorüber ist, und er menschlich
denken und schreiben gelernt"[35] habe. Bereits vorsorglich ist Wieland sogar
bemüht, „den Knaben Herder" vor öffentlicher literarischer Kritik in Schutz zu

---

28 Goethe an Herder, 12. Dezember 1775, FGA, Bd. 29, Nr. 4, S. 11, Z. 1f.

29 Goethe an Herder, 2. Januar 1776, ebd., Nr. 8, S. 16, Z. 9.

30 Starnes, Wieland, Bd. 1, S. 310.

31 Wieland an Geßner, 19. August 1767, Wieland, Briefwechsel, Bd. 3, Nr. 464, S. 460, Z. 21–
    24.

32 Wieland an Geßner, 8. Oktober 1767, ebd., Nr. 473, S. 464, Z. 60f.

33 Wieland an Geßner, 23. Oktober 1767, ebd., Nr. 476, S. 468, Z. 58–61; Starnes, Wieland,
    Bd. 1, S. 312.

34 Wieland an Riedel, 4. Februar 1768, Wieland, Briefwechsel, Bd. 3, Nr. 504, S. 498, Z. 26f.;
    Starnes, Wieland, Bd. 1, S. 318.

35 Wieland an Riedel, 2. Januar 1768, Wieland, Briefwechsel, Bd. 3, Nr. 497, S. 493, Z. 108f.

nehmen. Riedel gegenüber betont er mehrmals: „Ich will also gebeten haben, mit diesem Knaben bey Gelegenheit *säuberlich* zu verfahren."[36]

Öffentlich äußerte sich Wieland nicht zu Herder, und auch in seinen Briefen wird eine weitere Lektüre erst 1774 erwähnt. Gerade die erste einleitend zitierte Bemerkung zu der *Ältesten Urkunde* liegt in erstaunlicher Kontinuität mit den vorherigen Urteilen. Denn wie schon 1767 Herder für Wieland als „närrisch" gilt, so ist er ihm auch 1774 ein „Narr" – und hatte Wieland bereits 1767 begonnen, darauf zu warten, daß Herder einmal „ausgeraßt habe", so konstatiert er eben 1774, daß Herder immer noch rase. An Wielands Position hat sich damit nichts Grundlegendes geändert: Die Lektüre der *Fragmente* bestimmt noch immer den ersten Eindruck der *Ältesten Urkunde*. Und trotz einer schon 1767 zum Ausdruck gebrachten ansatzweisen Wertschätzung wird selbst das ebenfalls im Eingang zitierte überschwengliche Lob der *Urkunde* aus dem Jahr 1775 noch von deutlicher Kritik an dem Schriftsteller Herder eingeholt, über den Wieland festhält: „Sollte Freund Herder sich mit Gott entschließen, zu schreiben, wie seit 4000 Jahren alle andere ehrliche Leute auf diesem Erdenrund geschrieben haben und auch sonder Zweifel künftig schreiben werden, so kann es nicht fehlen, alle Welt wird ihn als einen der ersten Geister unserer Zeit erkennen und anbeten."[37] Steht damit insgesamt zwar ein Lob im Vordergrund, die Kritik des Jahres 1768 an Herders „Schwindel" und der Unfähigkeit, „menschlich [zu] denken und [zu] schreiben", wird nur noch einmal aktualisiert.

In der Ausprägung dieser bemerkenswerten Kontinuität in Wielands Urteil dürfte persönliche Verletztheit eine starke Rolle gespielt haben. Das einzige Werk, von dem Wieland damit über Jahre hinweg Kenntnis genommen hatte und das auch Wielands spätere Urteile über Herder immer wieder überschattet, hatte gerade Wieland in ein alles andere als vorteilhaftes Licht gesetzt. Konzipiert als Antwort auf die *Briefe, die neueste Litteratur betreffend*, hatte Herder mit seinen *Fragmenten* auch einige Fehler der *Litteraturbriefe* übernommen, darunter Mendelssohns Zuschreibung der *Letzten Gespräche [des] Sokrates und seiner Freunde* von 1760 an Wieland.[38] Herders vernichtende Kritik dieses Werkes war gerade in ihrer Ausrichtung auf Wieland auf peinliche Weise mißglückt.[39] Denkbar schlecht informiert, nennt er in den *Fragmenten* in einer

---

36　Ebd., Nr. 497, S. 493, Z. 110f. Mit vergleichbarem Wortlaut vgl. auch Wieland an Riedel, 4. Februar 1768, ebd., Nr. 504, S. 498, Z. 26f.: „Mit dem Knaben Herder bitte ich nochmals säuberlich zu verfahren; denn der kann und wird, si diis placet, noch ein Mann werden".

37　Wieland an Jacobi, 5. August 1775, ebd., Bd. 5, Nr. 432, S. 401, Z. 40–44; Jacobi, Briefwechsel, Bd. 1, S. 220; Starnes, Wieland, Bd. 1, S. 551.

38　Lessing, Schriften, Bd. 8, S. 16, Anm. *, Nr. 5; S. 20, Anm. *.

39　Zu den einschlägigen Passagen vgl. den 14. Brief des ersten Fragments, FHA, Bd. 1, S. 322, Z. 28–30; S. 323, Z. 3–20.

Reihe „einige Schweizer z. E. Wieland, Iselin, Wegelin, Mably", und erklärt: „man muß beinahe ausspeien, wenn Wieland [...] auftritt und sagt: [...] Seht! den Kopf des Sokrates!" Die Frage: „Wie? das ist Sokrates?" beantwortet Herder nachdrücklich: „Nein! mein Herr! dieser [...] ist ein Weiser aus schweizerischen Republiken. [...] So wenig die Griechen ihren Homer nutzten, so wenig brauchten sie ihn auf Wielandsche Art: denn Shaftesburis Geist und Schriften herrschten damals wahrscheinlich noch nicht bei der moralischen Bildung der Jugend".[40]

Weder Wieland noch Herder nahmen in ihrem Kontakt miteinander jemals direkt auf diesen Vorfall Bezug. Selbst Hamann gegenüber erklärte Herder noch Mitte der siebziger Jahre Mendelssohns Fehler, ohne auf dessen Fortschreibung in der eigenen Publizistik einzugehen.[41] Wieland hingegen forderte öffentliche Genugtuung. In einem Brief an Geßner heißt es Mitte September 1769: „Nichts wäre wohl billiger als daß die Herren Kunstrichter daran dächten, daß sie *schuldig* sind, dergleichen öffentl.[ich] wieder gut zu machen".[42] Auch knappe fünf Jahre nach den *Fragmenten* äußerte Wieland noch in einem Gespräch, das Herder zügig mitgeteilt wurde[43], daß er nach wie vor auf eine

---

40 Ebd.

41 Unter dem 18. Juni 1775 an Hamann, DA, Bd. 3, Nr. 169, S. 193, Z. 31–36: „Weguelin ist der Schweizer, den Sie meinen, voraus in Sanct Gallen Profeßor. Nicht blos die Betrachtungen über Sparta, sondern auch die Religiose [!] Gespräche im Reiche der Todten, damit Sie in den Königsbergschen Zeitungen einst begonnen, sind von ihm: ja man schreibt ihm auch die Sokratischen Gespräche von W. zu, über die Moses den Wieland in den LitteraturBriefen so herunter nahm u.[nd] dieser sich dran für unschuldig erklärte."

42 Wieland an Geßner, 16. September 1769, Wieland, Briefwechsel, Bd. 4, Nr. 30, S. 46, Z. 50–52: „Das empfindlichste war mir, daß mir die sogenannten *Sokratischen Gespräche* des ehrlichen Herrn Wegelins, angedichtet wurden. Eine Menge Leute, welche den Litteratur Briefen blinden Glauben geschworen haben, stehen noch in diesem Wahn, und erst kürzlich mißhandelt mich ein gewißer junger Herr von Cramm zu Helmstedt in einer gedruckten Schrift auf das unartigste, weil er mich für den Verfasser dieser Socrat.[ischen] Gespr.[äche] hält."

43 Karolines Bericht aus Darmstadt unter dem 4. Juni 1771 kann als eine erste Empfehlung verstanden werden, Starnes, Wieland, Bd. 1, S. 402: „Ich bin noch in einem süßen Traum von Freundschaft. Gleim und Wieland waren hier; sie brachten einen Nachmittag bis nach Mitternacht bey uns zu. O könnte ich Ihnen einige Scenen davon beschreiben, die meine ganze Seele bewegten! Merk, Leuchsenr[ing] und ich schlagen uns in einer Ecke des Fensters um den alten, guten, sanften, muntern, ehrlichen Vater Gleim. [...] Wielanden zu gefallen [ist er] bis hierher gereißt. [... Wieland ist] im ersten Anblick nicht einnehmend, mager Blatternarbicht, keinen Geist und Leben im Gesicht, kurz, die Natur hat an seinem Körper nichts für ihn gethan. Tritt kalt in die Gesellschaft, spricht ziemlich viel, insonderheit wenn er Laune hat. Man muß ihn lange sehen, ehe man ihn kennt; erst eine Stunde vor dem Abschied habe ich gesehen, daß er warm und empfindsam seyn kann. Und ich liebe ihn, da ich ihn als Freund hab kennen gelernt. Nur seinen Autorenstolz und Eitelkeit, die er in ziemlicher Dose besitzt, möchte ich von ihm wegwischen. [...] Ich bin aber sonst, nur diesen Punkt ausgenommen, völlig mit ihm zufrieden, er hat sich als ein guter Vater, Ehemann und Freund gezeigt. [...] Merk wird Ihnen ein beßres, richtigers Portrait von ihm machen."

öffentliche Satisfaktion dringe. Unter dem 1. Juli 1771 berichtet Karoline eben dies:

„Ich habe Wieland gar nichts von Ihnen sprechen hören, aber Leuchs[enring] sagte mir, daß sie nicht in gutem Vernehmen zusammen sind. Sie hätten in Ihren Fragmenten ein Buch critisiert, das unter Wielands Namen herausgekommen wäre und ihn ziemlich darüber attaquirt, Wiel[and] sey [aber] der Verfasser nicht davon, und das wißten Sie schon lange, es wäre also billig, daß Sie ihm wieder öfentlich Gerechtigkeit wieder fahren ließen. Wiel[and] hat mit Leuchs[enring] davon gesprochen und verlangt es auch."[44]

Karolines Beziehung zu Herder war in Wielands Umfeld einschlägig bekannt.[45] Und sehr gezielt wurde eben diese Verbindung zu einer Reaktualisierung des mehrere Jahre zurückliegenden Konfliktes herangezogen.

So unbefangen und humorvoll damit Wielands Urteile über Herder erscheinen mögen, in ihnen schwingt doch stets die Kränkung durch den unbegründeten, persönlichen Angriff der *Fragmente* nach. Herder seinerseits reagierte auf die ihm mehrfach zugetragenen Kompensationsforderungen nicht, wie erwartet, öffentlich. Allein, mehreren Briefpartnern berichtete er, wie sehr er gerade Wieland als Schriftsteller schätze und wie viel Freude ihm besonders dessen jüngste Veröffentlichungen bereiteten. Eine unmittelbare Reaktion auf Wielands Forderung muß dies jedoch nicht gewesen sein. Gerade in dem Briefwechsel mit seiner späteren Frau kann man zeigen, daß sich die neuerliche Wertschätzung schon zeitlich vor dem Hinweis auf Wielands fortgesetzte Verstimmung niederschlägt.[46] Eine besondere diplomatische Bemühung Her-

---

44 Karoline an Herder, 1. Juli 1771, ebd.

45 Vgl. dazu in diesem Zeitraum etwa Sophie La Roche an Wieland unter dem 18. Juli 1771, Wieland, Briefwechsel, Bd. 4, Nr. 313, S. 319, Z. 24–27: „j'ai recu une lettre de Merk, et de la petite Flachsland Amie de Herder, qui me comunique toutes les Poesies de dernier, et les louanges quil donne au ton Melancholique de ma Sternheim, et à la verité morale quil y trouve, l'aprobation de cet homme me fait plaisir."

46 Zeitlich vor dem Hinweis auf Wielands Forderung einer öffentlichen Entschuldigung (vgl. dazu in diesem Kap. I, Anm. 43), und sogar noch vor Karolines Bericht ihrer ersten Begegnung mit Wieland (vgl. dazu Anm. 44) findet sich etwa die folgende Momentaufnahme Herders vom 22. Juni 1771, DA, Bd. 2, Nr. 8, S. 35, Z. 32–37; S. 37, Z. 118 f.: „Die Zwischenstunden sind der Lecture einiger neuen Sachen gewidmet, aber bedrückt und zerstreuet! Das schönste, schönste Stück und was auf mich den meisten Eindruck gemacht ist die Fräulein Sternheim, die Wieland herausgegeben. Vielleicht können Sie mir historische Nachrichten geben, wer dies Stück geschrieben hat, ob würklich seine Freundin, wie ich fast glaube, oder Er, in den Zeiten, da er noch etwas ernsthafter und feierlicher dachte. [...] Ich bekomme Ihren Brief [...]. Sie haben Gleim und Wieland kennen gelernt!" Schon unter dem 7. und 8. Juni 1771 findet sich eine entsprechende Passage gegenüber Karoline, ebd., Nr. 6, S. 33, Z. 42–47: „Wielands Amadis habe [ich] noch nicht gesehen; ich durste aber sehr darnach, weil ich gegenwärtig seine Schriften äußerst liebe: Er und ein Engländer Shaftesburi sind die Hauptschriftsteller, mit denen ich jetzt lebe. Lebe, sage ich: denn sonst lebe ich so Romantisch, einsam und in Wäldern und Kirche, wie es nur Dichter, Verliebte und Philosophen leben kön-

ders ist so nicht unbedingt zu erkennen. Tatsächlich dürfte Herder Wielands Forderung einer öffentlichen Entschuldigung nicht allzu ernst genommen haben. Auf demselben Weg, über den ihn die Nachricht von der anhaltenden Verstimmung erreicht hatte, an die Adresse seiner Frau, erklärt Herder Mitte des Jahres 1771: „Daß ich mich über Wielands Groll wundre, wird Ihnen Merck sagen, und warum?"[47]

Gleichwohl, als Herder 1772 auf weniger direktem Weg die Mitteilung erhielt, Wieland spiele mit dem Gedanken, über Bückeburg zu reisen, um dort Herders Freundschaft und „halb Versöhnung" zu finden[48], reagierte er umgehend. „Ich wäre ihn zu kennen, sehr gierig, noch mehr aber Klopstock, muß ich sagen"[49], schreibt er an seine Frau. Nur wenige Tage später erklärt er ihr auch: „Auf Wielands goldnen Spiegel freue ich mich unermäßlich"[50] und beginnt bald[51] schon mit der Lektüre. An Gleim richtet er sogar die ausdrückliche Bitte um eine Empfehlung an Wieland.[52] Weder Gleims noch Wielands Briefwechsel weisen darauf hin, daß Gleim sich tatsächlich um eine entsprechende Vermittlung bemühte. Vielleicht hatte Herder auch nicht den passenden Ton getroffen, als er Gleim bat: „benehmen Sie [... Wieland] doch die Wolke, in der er in Absicht auf mich ist. [...] der Mann ist ganz in der Irre."[53] Seine eigenen Ausfälle entschuldigt Herder nicht; er spielt sie herunter: „Ich habe *einmal* seinen Namen bei einer ganz falschen Schrift genant, weil ich *auf die Litteratur Briefe* baute, u.[nd] ja *über die* schrieb, u.[nd] diese Schrift nur *im Vorbeigehen* nannte".[54] Im weiteren erklärt er: „Ich habe für mich keinen Beruf, ihm über das, was er also dem Publikum schreibt, Erklärungen geben zu dörfen."[55] Für seine Person schließt Herder damit nicht nur den Anspruch aus, als

---

nen." Beide Briefe dokumentieren Herders Stimmung und Lektüre vor dem Eintreffen von Karolines Brief vom 4. Juni 1771. Unter dem 7. und 8. Juni 1771 entschuldigt Herder sich noch, ebd., S. 32f., Z. 39–42: „Verzeihen Sie also, meine Liebe, daß ich auf Ihren letzten reichhaltigen Brief die Antwort noch schuldig bleibe. Sie haben viel gelitten in Ihrer Krankheit und noch kann ich mir nicht recht Alles erklären, aber o wären Sie nur so gesund und munter, wie sie vorgeben." Unter den 22. Juni 1771 beklagt sich Herder schließlich darüber, daß sein letzter Brief unbeantwortet blieb, ebd., Nr. 8, S. 34, 3–5.: „Was machen Sie, liebste, unschätzbare Freundin? Sind Sie krank, sind Sie todt, sind Sie böse, daß Sie so schweigen, oder denken Sie wieder, daß mein säumiger Briefwechsel zeige, wie gerne ich die Hände aus dem Spiel haben wolle."

47 Herder an Karoline, 6. Juli 1771, ebd., Nr. 10, S. 44, Z. 26.
48 Herder an Karoline, 13. oder 17. Juni 1772, ebd., Nr. 83, S. 179, Z. 35–37.
49 Ebd., Z. 37f.
50 Herder an Karoline, 24. Juni 1772, ebd., Nr. 84, S. 182, Z. 60.
51 Herder an Heyne, Juni 1772, ebd., Nr. 85, S. 183f., Z. 61–72.
52 Herder an Gleim, 9. August 1772, ebd., Nr. 96, S. 199, Z. 68–78.
53 Ebd., Z. 68f.
54 Ebd., Z. 71–73.
55 Ebd., Z. 75–77.

Kritiker Wielands auftreten zu wollen. Ebenso betont er, daß er über Wieland eben nicht an das „Publikum" schreibe, und mag damit gleichermaßen die noch im Vorjahr geforderte öffentliche Satisfaktion zurückweisen.[56] Mehrfach unterstreicht Herder jedoch seine persönliche Wertschätzung, nur „ein sehr kleiner Theil von Deutschland [lese] all seine Schriften so wie" er.[57] Über eine Reaktion Wielands ist nichts bekannt. Weder unternahm er eine Reise über Bückeburg, noch ergab sich ein direkter Briefwechsel. Auch nicht zustande kam sein Mitte Juni 1772 gefaßtes Projekt einer zusammen mit Bärstecher und den Gebrüdern Jacobi zu gründenden Buchhandlung, die mit einem Kapital von zehntausend bis zwölftausend Talern eine Reihe anspruchsvoller Ziele umsetzen sollte: „schön und korrekt zu drucken, wohlfeile Preise zu machen und die Autoren gut zu bezahlen."[58] Nur in diesem Zusammenhang mochte Wieland überhaupt an eine Aussöhnung mit Herder gedacht haben. In einem Brief an Jacobi taucht zumindest zeitgleich mit dem Bückeburger Gerücht, er stehe kurz davor, Herder zu besuchen, der Vorsatz auf, man müsse die „besten Schriftsteller [...] auch die vortrefflichsten Genien an [... sich] ziehen, welche erst vor Kurzem zu glänzen angefangen haben, und von denen noch große Dinge zu erwarten sind, z. B. eines Herder, Kant, Garve [... und] Schlosser".[59] Allein nachdem sich dieses Projekt zerschlagen hatte, das – wie Wieland in seiner ersten Euphorie geschrieben hatte – „herrlichste, klügste, nützlichste und thunlichste Project, das jemals [...] einem geldbedürftigen Schriftsteller zu Kopf gestiegen ist"[60], mochte sich auch das mit Sicherheit weniger herrliche Vorhaben einer Kontaktaufnahme zu Herder erübrigt haben. Immerhin, zumindest Jacobi gegenüber hatte Wieland damit zum ersten Mal eine deutliche Wertschätzung Herders zum Ausdruck gebracht. Und wenn auch die Hervorhebung von Herders Genie getrennt war von dem Hinweis auf die „besten Schriftsteller", ein „geldbedürftiger Schriftsteller" blieb Wieland doch zweifellos.

2.2. Der „Teutsche Merkur" und Jacobis erste Initiative zugunsten Herders (August 1772)

An die Stelle der Gründung einer Buchhandlung trat so schon bald die Gründung einer eigenen Zeitschrift, und in wesentlicher Weise wurde diese von

---

56   Ebd.
57   Ebd., Z. 77f.
58   Starnes, Wieland, Bd. 1, S. 432; Jacobi, Briefe, Bd. 1, S. 66.
59   Wieland an Jacobi, 19. Juni 1772, Wieland, Briefwechsel, Bd. 4, Nr. 523, S. 539, Z. 15–18; Starnes, Wieland, Bd. 1, S. 432.
60   Wieland an Jacobi, 19. Juni 1772, Wieland, Briefwechsel, Bd. 4, Nr. 523, S. 539, Z. 30–32.

Jacobi mitbestimmt. Nicht nur der Titel *Teutscher Merkur* ging in der ersten Anregung auf ihn zurück[61], noch vor dem Erscheinen der ersten Ausgabe stellte Jacobi während der konzeptionellen Vorarbeiten des Jahres 1772 einige mögliche Autoren zur Diskussion: „Es gereicht mir zur Freude, daß mein vorgeschlagenes neues Journal Ihren vollkommenen Beifall hat. Es wird nunmehr darauf ankommen, daß wir geschickte Mitarbeiter erhalten. Lessing, Herder und Möser wären Leute, wie wir sie brauchten; aber welcher Gestalt machen wir ihnen den Antrag?"[62] Jacobi selbst eröffnete seine eigene schriftstellerische Laufbahn mit dem überhaupt ersten kritischen Prosaartikel des *Merkurs* – einem Aufsatz über Herder.[63] Jacobi war es auch, der Wieland in den nächsten Jahren immer wieder auf Schriften von Herder aufmerksam machte[64], die dieser jedoch mit allenfalls unterhaltsamer Kritik bedachte. Jacobi betonte zwar, wie sehr ihn gerade diese amüsierte[65], er wurde jedoch auch nicht müde, Wieland immer wieder auf Herder hinzuweisen.

---

61 Vgl. dazu Wahl, Merkur, S. 9. Die Anregung, „ein Journal in der Art des Mercure de France zu entreprenieren", findet sich in Jacobis Brief an Wieland vom Juni 1772. Von Wielands Formulierung „Teutscher Merkur" distanzierte sich Jacobi gleichwohl, vgl. dazu Friedrich Heinrich Jacobi an Wieland, Ende August 1772, Starnes, Wieland, Bd. 1, S. 440: „Der Titel: *teutscher Mercur*, gefällt mir auch nicht recht: sinnen Sie auf einen besseren." Zum Merkur vgl. auch den Tagungsband: Heinz, Merkur.

62 Friedrich Heinrich Jacobi an Wieland, Ende August 1772, Starnes, Wieland, Bd. 1, S. 440.

63 Für eine Übersicht vgl. allein das von Starnes, Repertorium, S. 17, gebotene chronologische Inhaltsverzeichnis des Merkurs. Zu Starnes bibliographischer Angabe dieses Artikels „Betrachtungen über die Herderische Erklärung der Thierischen Kunstfertigkeiten und Kunsttriebe" im zweiten Heft des Merkurs 1773 vgl. ebd., S. 140, [PRO] Nr. 299. Als Hintergrund erklärt Friedrich Heinrich Jacobi an Wieland unter dem 18. Februar 1773 aus Düsseldorf, Starnes, Wieland, Bd. 1, S. 461f.: „Gestern [...] liefen zwei Pakete mit Manuscript von Merk ein. Ich sende Ihnen von seinen Ausarbeitungen nur drei; die andern können uns nicht dienen. [...] Meine Revision der Lemgoer Beurtheilung ist, in ihrer Art, wenigstens eben so gut gerathen, als meine Revision über Herder's Preisschrift. Ich habe sie mit Sorgfalt ausgearbeitet, wegen der unbußfertigen, trotzigen Vorrede, welche vor dem zweiten Band der sogenannten auserlesenen Bibliothek steht."

64 Deutlich wird dies allein aus den Antworten Wielands. Vgl. so etwa Wieland an Jacobi, Anfang Mai 1774, Wieland, Briefwechsel, Bd. 5, Nr. 271, S. 250, Z. 19–25: „Ich soll Ihnen sagen, was ich von Herder's Brutus denke? Bester Jacobi – was kann man bei einer solchen *Erscheinung* denken? Welchem Dinge in der Natur oder in der Kunst soll es gleichen? Wer muß der seyn, der sich einbilden kann, Cassius und Brutus seyen solche Närrchen gewesen, wie sie hätten seyn müssen, um so kindhaftig mit Begriffen und Worten zu spielen? Es ist wahr, viel Unsinn in diesem geckenhaften Dinge kommt auf Rechnung Ihres Copisten." Ferner Wieland an Jacobi, 5. August 1775, ebd., Nr. 432, S. 401, Z. 32f.: „Herder's Schrift: ‚Wie die Alten den Tod gebildet', ist mir noch nicht zu Gesicht gekommen. Dafür aber habe ich seine *Aelteste* Urkunde gelesen".

65 Jacobi an Wieland, 4. Juni 1774, ebd., Nr. 290, S. 274, Z. 87f.: „Ihr Brief vom 30ten ist von Anfang bis Ende in einer herrlichen Laune geschrieben, und hat mich und uns alle unendlich amüsiert".

2.3. Herder im „Teutschen Merkur" (1774–1776)

Öffentlich äußerte sich Wieland jedoch nach wie vor nicht zu Herder. Als Herausgeber des *Merkurs* trug er freilich Verantwortung für eine erste Rezension Herders, die der Gießener Schmid zu dem Novemberheft des Jahres 1774 beigesteuert hatte. Insgesamt stellt dessen *Fortsetzung der kritischen Nachrichten vom Zustande des teutschen Parnasses*[66] eine erste Sammelrezension[67] im *Merkur* dar, die sich bemüht zeigt, die „Secten, und Spaltungen"[68] des literarischen Götterhimmels in ihrem Zusammenhang[69] aufzuzeigen. An erster Stelle kommt darin Hamann zu stehen, dem die Gründung einer „der neuesten und zahlreichsten Partheyen [...] durch die chaotische Dunkelheit seiner Schriften gelungen" sei und den viele „anbeten, ohne ihn zu verstehen."[70] Neben Hamann tritt Herder. Er gilt als das „zweyte Oberhaupt derjenigen Parthey, welche mit einer (zu) feurigen Phantasie eine große Neigung zum Philosophieren und eine zügellose Neuerungssucht" verbinde.[71] Gerade darin stellt Herder jedoch das eigentliche Oberhaupt „aller Götter und Götterkinder" dar.[72] In einem anderen Zusammenhang kann der Rezensent sogar summarisch von „Herders Himmel über die Stämme teutscher Nation"[73] sprechen. Drei Werke werden im einzelnen beurteilt: die *Älteste Urkunde*, die *Provinzialblätter* und *Auch eine Philosophie der Geschichte zur Bildung der Menschheit*. Einzig das letztere Werk findet eine gewisse Anerkennung: „Bey aller Partheylichkeit gegen seine Zeitgenossen, indem er die Sitten und Talente der neueren Europäer gar zu sehr herabsetzt, hat er doch viele wahre und neuere Anmerkungen gemacht."[74] Deutlich weniger gemeinnützig werden hingegen die *Provinzialblätter* bewertet, über die es heißt: „auch sind sie so voll Bitterkeit und heftiger Deklamation, daß man sie vielleicht einem der Zeloten beylegen würde, wenn die Sprache nicht weniger modern und geschraubt wäre".[75] Die mit achtzehn

---

66 Merkur, November 1774, S. 164–201; zu Herder ebd., S. 175–177; zu der Gesamtanlage vgl. die Aufnahme bei Starnes, Repertorium, S. 237, PRO, Nr. 1317.

67 Explizit vgl. dazu Merkur, November 1774, S. 164: „Wenn gleich der Merkur seit einiger Zeit angefangen hat, die denkwürdigen Erscheinungen auf unserm Parnasse einzeln anzuzeigen, so hat man doch eine solche Zusammenstellung derselben, daß man sie mit einem Blick übersehen kann, sehr bequem und nützlich gefunden."

68 Ebd., S. 165.

69 Ebd., S. 164: „Daher hat man die Idee, die Bemühungen unsrer schönen Geister, von Zeit zu Zeit aus einem gewissen Gesichtspuncte im Ganzen zu überblicken, [...] nachgeahmt".

70 Ebd., S. 174f.

71 Ebd., S. 175.

72 Ebd.

73 Ebd., S. 179.

74 Ebd., S. 177.

75 Ebd.

Zeilen ausführlichste Passage gilt der *Ältesten Urkunde*; und gegen diese wird die schärfste Kritik erhoben. Herder trete mit dem überzogenen Anspruch eines „Eingeweihten hervor", der „kühnlich beweisen [wolle], daß vor ihm alle Bilder des Orients, aller geheimer Sinn der heiligen Sprache, den Auslegern ein versiegeltes Buch gewesen" sei.[76] Seine eigene „neue Hypothese" verdunkle jedoch mehr, als sie aufklären könne.[77] Seinen literarischen Gegner tue Herder „auf die bitterste Art weh", seine literarischen Quellen „über den Gottesdienst der alten Völker [kleide er] in eine schimmernde Tracht" ein.[78] Herders Sprache sei „enigmatischer als sonst", weshalb sein Werk insgesamt, der Materie entsprechend, „sehr geduldige Leser" erfordere – und es „ist [...] noch wenig gelesen worden."[79] Nicht nur der Rezensent hatte damit nur wenig in der *Ältesten Urkunde* lesen können, auch der Herausgeber des *Merkurs* war nach einer kurzen Lektüre zu einem vergleichbaren Ergebnis gekommen. Das einleitend zitierte Urteil, als Autor der *Ältesten Urkunde* sei Herder ein Narr, liegt nur wenige Monate vor der Rezension im Merkur und entspricht damit genau der Linie, die Wieland mit seiner Zeitschrift verfolgt. Reaktionen Jacobis auf den Merkurartikel sind nicht bekannt.

Nur wenig nach dem Erscheinen von Schmids Rezension erneuerte Wieland gegenüber Jacobi seine Kritik an Herders literarischem Stil: „Im dritten Stück der Iris gefällt mir vieles [...]. Indessen gestehe ich Ihnen, daß ich den Herderischen Ton in unserer Prosa ungern auch in der Iris herrschen sehe."[80] Allein, ein halbes Jahr nach der Rezension im Merkur reagierte Wieland wiederum in einem Brief an Jacobi mit jener Revision seines Urteils, die ebenfalls einleitend zitiert wurde. Einen neuen Kurs schlägt der *Merkur* damit noch nicht ein. Zeitgleich zu Wielands Mitteilung an Jacobi, er sei nunmehr der wärmste Bewunderer, den Herder je gehabt habe, erscheinen im Merkur noch zwei durchwachsene Rezensionen von exegetischen Schriften Herders.[81] Immerhin, sie werden nun an der Spitze der Rubrik „Neue Bücher" angezeigt und enthalten insgesamt ausgewogene Urteile. Herders *Erläuterungen zum Neuen Testament* werden zwar als ein mißglückter Versuch vorgestellt, Parallelen zwischen dem Zoroaster zugeschriebenen „Zend Avesta" und biblischen, apokryphen sowie „Büchern [...] zur ältesten Ketzergeschichte" herzustellen.[82] Der

---

76 Ebd., S. 176.
77 Ebd.
78 Ebd.
79 Ebd.
80 Starnes, Wieland, Bd. 1, S. 528.
81 Teutscher Merkur, August 1775, S. 181f. Rezensiert finden sich Herders „Erläuterungen zum neuen Testament, aus einer neueröffneten morgenländischen Quelle" sowie dessen „Briefe zweener Brüder Jesu in unserem Kanon".
82 Ebd.

Rezensent würdigt das Werk jedoch als einen ersten Versuch. Weitaus positivere Aufnahme findet Herders kommentierte Übersetzung des Jakobus- und des Petrusbriefes. Als „ungewöhnlicher aber gutgewählter Gesichtspunkt"[83] wird die Hypothese eines Nazaräer-Evangeliums, einer zunächst hebräischen Fassung des Matthäus-Evangeliums, gelobt.[84] Mit der Veröffentlichung selbst biete Herder „gute Materialien zu weiteren Untersuchungen".[85]

Deutlicher wird der Merkur erst knapp sechs Monate später. Wiederum an der Spitze der „Kritischen Anzeigen" steht nun ein Werk[86], das bereits in der Sammelrezension Schmids Erwähnung gefunden hatte. Nun, im Januar 1776, wird Herders *Auch eine Philosophie der Geschichte* ebenso umfassend gelobt wie Herder selbst. Sogar auf dessen literarischen Werdegang wird kurz reflektiert. An den *Fragmenten* des Jahres 1767 werden der „Muth und [die] Kraft" des Verfassers hervorgehoben[87]; den exegetischen Beiträgen wird zugute gehalten, daß sie „den negativen Wohlthaten der neueren deistischen Bibelkünste Hohn" gesprochen haben und Herders geschichtsphilosophischer Entwurf wird gewürdigt als „ein Spiegel [des Zeitalters] über seine so hochgerühmte Cultur".[88] Insbesondere die letzte Schrift gilt darin als „Gemälde", das einen „Reichthum des Anblicks" eröffne.[89] Die Schreibart sei „freylich ein gewaltsamer Gedankenstrom", doch dürfe dies nicht „stutzig machen".[90] Erstmals wird auch Herders stark metaphorische Sprache akzeptiert und ausdrücklich in die Nähe der orientalischen Prophetie gerückt: „Gleich den Propheten seines lieben Morgenlandes findet der V.[erfass]er es gut zu uns durch Gleichnisse und Bilder zu reden."[91] Zusammenfassend stellt der Rezensent heraus, in Herder habe sich tatsächlich „das tieffe Gefühl, der scharfsinnigeste Blick, wahre Weltkenntniß und Wissenschaft in Einem Kopf zusammenfinden können".[92] Weitere zwei Monate später erscheint sogar ein eigener kritischer Artikel: *Ueber Herders älteste Urkunde des Menschengeschlechts*[93], der allerdings so vorteilhaft ausfällt, daß Merck sogar bei Wieland anfragt[94], ob Herder diesen Text selbst geschrieben habe. Tatsächlich fügt sich in diesem Artikel, der an

---

83 Ebd.
84 Zur forschungsgeschichtlichen Beurteilung der beiden Schriften in der jüngeren neutestamentlichen Exegese vgl. Frey, Evangelien, bes. S. 56–61.
85 Merkur, August 1775, S. 182.
86 Merkur, Januar 1776, S. 83–85.
87 Ebd., S. 83.
88 Ebd.
89 Ebd.
90 Ebd.
91 Ebd.
92 Ebd., S. 84.
93 Merkur, März 1776, S. 203–228.
94 Merck, Briefe, S. 149.

erster Stelle der März-Ausgabe erscheint und mit knapp zwei Druckbögen fast
ein Viertel des Heftes ausmacht, in der nur sehr lose durchgehaltenen Form des
Briefes[95] die Auseinandersetzung mit möglicher Kritik an Herder zu einem
hymnischen Lob der *Ältesten Urkunde* zusammen. Und auch Neuerscheinungen Herders werden nun emphatisch begrüßt. Im Mai 1776 heißt es über die
Preisschrift zu den *Ursachen des gesunkenen Geschmacks bey den verschiedenen Völkern*[96], die wiederum an die Spitze des Rezensionsteils rückt und gut
zwei Drittel der Rubrik füllt[97], in einem programmatischen Eröffnungssatz:
„Noch nie ist wohl eine Preisfrage, die so viel Stoff zu unnützen Hypothesen
enthielte, einfacher beantwortet, und als Text zur Nutzanwendung für die gegenwärtige Zeit fruchtbarer behandelt worden.“[98] Weitere zwei Monate später
findet sich bereits ein erster, namentlich nicht gekennzeichneter Artikel von
Herder im *Merkur*.[99] Der *Merkur* hatte damit nach der Sammelrezension vom
November 1774 eine publizistische Kehrtwende vollzogen, die sich sehr genau
auf Beginn des Jahres 1776 datieren läßt.

3. Das Anliegen: Lavater und Jacobi (1775)

3.1. Lavaters Eintreten für Herder (Oktober 1775)

Im Hintergrund stehen jedoch nicht nur Jacobis ausdauernde Bemühung um
Herder sowie Wielands Lektüre und Relektüre der *Ältesten Urkunde*. Im Hintergrund steht auch Lavater. Lavater, zu diesem Zeitpunkt von Wieland noch
hochgeschätzt, hatte sich Anfang 1773 brieflich empfohlen[100] und seitdem
standen die beiden in einem regen Austausch. Erst nach Wielands zweiter Lektüre der *Ältesten Urkunde* im Sommer 1775 hatte Lavater unter dem 14. Oktober 1775 auf die Rezension des Vorjahres Bezug genommen:

> „Dieser verfluchte Geist, der alles zu Partheyen argwohnet, wo keine ist – herrscht
> nicht auch, verzeihen Sie mir, ein Hauch davon wenigstens, in dem *Parnaß des*

---

95 Literarisch noch greifbar ist die Briefform besonders in der abschließenden Datierung, Mer-
    kur, März 1776, S. 228: „Freytags, den 17. November 1775“ und der Anrede „Leben Sie so
    wohl, als ichs Ihnen von Herzen wünsche und lassen mich Ihrem Andenken empfohlen seyn.
    Ich kenne Sie nun besser als ehe, und denke Ihrer mit wahrer Achtung“. Zu dem Hintergrund
    des tatsächlichen Schreibens an Wieland vgl. in diesem Kap. I, Anm. 118.
96 Merkur, Mai 1776, S. 205–208.
97 Ebd., S. 205–210. Starnes, Repertorium, S. 390, ANZ, Nr. 365, weist die Rezension Merck
    zu.
98 Merkur, Mai 1776, S. 205.
99 Hutten, in: Merkur, Juli 1776, S. 3–34; vgl. dazu auch den „Zusatz des Herausgeber“, ebd.,
    S. 34–37. Zur späteren Publizistik Herders im Merkur vgl. Keßler, Merkur.
100 Lavater an Wieland, 6. Mai 1773, Wieland, Briefwechsel, Bd. 5, Nr. 132, S. 110f.

Merkurs. – Ist's erlaubt [...] *Herders Urkunde*, die immer, was sie seyn mag, *Pyramiden Werk des Genies* ist – mit fünf zertretenen Zeilen abzufertigen? – Das hat mich, ich gesteh' es, beynah' zur Unversöhnlichkeit mit dem kritischen Theile des Merkurs gereizt [...,] daß in einem deutschen Parnaß *Herders Urkunde* – [...] zertretten wird – kömmt mir *unerträglich* vor."[101]

Deutlich nach dem Erscheinen der besagten Rezension und auch deutlich nach der bereits gegenüber Jacobi herausgestellten neuerlichen Wertschätzung der *Urkunde* ist Lavater in Wielands Briefwechsel damit der einzige, der Wieland als Herausgeber dieses Artikels scharf kritisiert. Wieland reagiert nun schnell. Schon am 27. Oktober 1775 erklärt er Lavater: „ich [habe] diesen Sommer [...] Herders Urkunde NB. zum erstenmal gelesen und mit Anstrengung meiner ganzen Seele durchstudiert."[102] Nicht ganz ohne Widersprüche fährt er fort:

„Hätte ich, als ich mit der *zwooten* Lectüre fertig war, meinem Herzen gefolgt, so würde nicht nur Herder einen beynahe abgöttischen Brief von mir bekommen haben, sondern auch in den *August* des Merkurs eine Recension der Urkunde eingerückt worden seyn, die meinen passiven Antheil an jener fremden Sünde gewiß wieder gut gemacht hätte. Aber ein Freund, der Herdern genau zu kennen glaubt, *warnte* mich, und *schreckte mich zurük.* Ich unterließ also beydes, gelobte mir aber gleichwohl selbst heilig an, daß ich Herdern bey der ersten schicklichen Gelegenheit öffentl[ich] Satisfaction geben wollte."[103]

Im weiteren bittet er Lavater, ihm eben dazu Gelegenheit zu verschaffen und einen Schweizer Autor zu vermitteln, der die *Urkunde* für den *Merkur* ein zweites Mal rezensieren könne. Weniger als eine Woche später, am 2. November 1775, erklärt sich Wieland auch Jacobi:

„Der Merkur – wer fühlt das besser als ich? – ist ein farrago von Sachen, wovon das Beste für Geister, wie Ihr anderen Göthen, Jacobi's, Herder's, Lavater's, und wenn's noch eures gleichen giebt, *insipid seyn muß.* Aber der Merkur soll hauptsächlich unter den *mittelmäßigen* Leuten sein Glück machen und macht es auch. [...] Ich möchte aber gern, wo möglich, für alle sorgen, und darum sollte ich von Zeit zu Zeit etwas recht Gutes für die wenigen haben. Aus diesem Grunde ist mir's leid, daß Sie Allwill's Papiere nicht dem Merkur gegeben haben."[104]

Was Wieland damit freundlich umschreibt, ist Jacobis Vorstoß, nach der Gründung des *Deutschen Museums*, dem ersten direkten Konkurrenten des *Merkurs*, seinen ersten Briefroman nicht mehr im *Merkur*, sondern im *Museum* zu veröffentlichen.

---

101 Lavater an Wieland, 14. Oktober 1775, ebd., Nr. 462, S. 426, Z. 25–31, Z. 34–37; Starnes, Wieland, Bd. 1, S. 551.

102 Starnes, Wieland, Bd. 1, S. 552; Wieland, Briefwechsel, Bd. 5, Nr. 466, S. 429, Z. 60f.; Jacobi, Briefwechsel, Bd. 1, S. 220.

103 Wieland, Briefwechsel, Bd. 5, Nr. 466, S. 429, Z. 61–70.

104 Wieland an Jacobi, 2. November 1775, ebd., Nr. 469, S. 434, Z. 45–49; S. 435, Z. 51–54.

Fünf Tage später trifft Goethe in Weimar ein. Wieland begegnet ihm erstmals kurz bei dem Präsidenten von Kalb, wovon er sowohl Jacobi[105] als auch Lavater[106] umgehend berichtet. In der nächsten Woche dürfte die auf den 8. und 9. November 1775 datierte Antwort von Lavater eingetroffen sein, die Wieland den Vorwurf einer ungerechtfertigten Parteilichkeit gegen Herder drastisch wiederholt:

„Sie, für Ihre Person, hab' ich immer für eine der unpartheyischsten Seelen gehalten. Und daß Sie endlich gereuht worden, Partheylichkeit zuzulaßen – war natürlich wenigstens – gerecht? werden Sie selbst nicht sagen. Herdern kenn' ich nicht persönlich. Aber, ich kenn' ihn durch Schriften, Briefe und Freunde – [...] Ich wünschte, daß ich Ihnen einige Briefe dieses übermenschlichen Menschen zeigen dürfte. – Gerad' izt ligt eine Offenbarung Johannis, der deutlichste Commentar über die herrliche Poesie im Manuskr.[ipt] vor mir, die wieder ewiges Monument seiner Göttergröße ist. Hievon kann Wieland, so unapokalyptisch er denkt und schreibt – gewiß so richtig urtheilen, als der eigentlichste Theologe. Einen Brief über die Urkunde will ich Ihnen verschaffen. Verlaßen Sie sich drauf."[107]

3.2. Jacobis zweite Initiative zugunsten Herders (November 1775)

Knappe zwei Wochen später, am 23. November, läuft endlich Jacobis Antwort ein, und dieser schreibt nur knapp: „Überlegen Sie doch mit Göthe, welchergestalt unser Merkur gemeinnütziger werden kann. Nichts würde ihm mehr aufhelfen, als wenn wir mehr Urtheile über Bücher und andere Dinge hineinbringen könnten."[108] Und nun schließt er mit der Aufforderung: „Sorgen Sie nur, daß wir gute Mitarbeiter im kritischen Fache bekommen. Göthe selbst und Herder wären eigentlich die Leute, welche der Herr zu uns senden müßte."[109] Hier, am 23. November 1775, wiederholt Jacobi erstmals die von ihm schon

---

105 Wieland an Jacobi, 10. November 1775; Starnes, Wieland, Bd. 1, S. 563; Wieland, Briefwechsel, Bd. 5, Nr. 471, S. 437, Z. 2–7; Jacobi, Briefe, Bd. 1, S. 228f.: „Dienstag den 7ten huj. Morgens um 5 Uhr ist Göthe in Weimar angelangt. [...] Wie ganz der Mensch beym ersten Anbli[c]k nach meinem Herzen war! Wie verliebt ich in ihn wurde, da ich beym Geh. Rath v. Kalb [...] am nehmlichen Tage an der Seite des herrlichen Jünglings zu Tische saß".

106 Wieland an Lavater, 10. November 1775; Starnes, Wieland, Bd. 1, S. 564; Wieland, Briefwechsel, Bd. 5, Nr. 472, S. 438, Z. 3–5; S. 434, Z. 8: „Ich muß Ihnen sagen, daß seit le[t]zten Dienstag Göthe bey uns ist, und daß ich den herrlichen Menschen binnen dieser 3 Tage [...] herzlich liebgewonnen habe. [...] Er hat eine sehr glü[c]klich gerathene Silhouette von mir gemacht".

107 Lavater an Wieland, 8. und 9. November 1775, Wieland, Briefwechsel, Bd. 5, Nr. 470, S. 435f., Z. 28–35.

108 Jacobi an Wieland, 23. November 1775, ebd., Nr. 477, S. 445, Z. 15–17; Starnes, Wieland, Bd. 1, S. 566; Jacobi, Briefwechsel, Bd. 1, S. 231f.

109 Wieland, Briefwechsel, Bd. 5, Nr. 477, S. 445, Z. 31f.

1772 gegebene Anregung, Herder für den Merkur zu gewinnen. Und wie Jacobi 1772 diesen Vorschlag erst einbrachte, nachdem Wieland sich ihm gegenüber das erste Mal vorteilhaft über Herders „Genie" geäußert hatte, so folgt diese zweite, nachdrücklichere Empfehlung Jacobis nur etwa acht Wochen auf die zweite anerkennende Äußerung Wielands über Herder – jenen Brief an Jacobi, in dem sich Wieland zu dem „wärmsten Bewunderer" Herders „in der Welt" erklärt hatte. Auch in Jacobis eigenen Interessen an Herder dürfte sich während der Jahre 1772 und 1775 wenig geändert haben. Hatte er sich 1772 für „geschickte Mitarbeiter" ausgesprochen, wird er nun direkter, indem er „gute Mitarbeiter im kritischen Fache" wünscht. Über Herder schreibt er ausdrücklich: „Die Recensionen des letzteren in der A.[llgemeinen] d.[eutschen] B.[ibliothek] werden immer zu dem Besten gehören, was er geschrieben hat."[110] Rezensionen Herders erschienen in der *Allgemeinen Deutschen Bibliothek* bis 1774.[111] Das Anliegen, Herder als Rezensent zu gewinnen, hatte 1775 damit noch eine aktuelle Bedeutung und dürfte für Jacobi auch 1772 ausschlaggebend gewesen sein. Bei seiner neuerlichen Initiative zugunsten Herders hatte Jacobi jedoch bessere Karten als noch drei Jahre zuvor. Als Autor mußte sich Wieland um ihn selbst bemühen, und kein anderer als Lavater machte Wieland zeitgleich dazu die heftigsten Vorwürfe wegen seines publizistischen Vorgehens gegen Herder.

3.3. Goethes Vermittlung zwischen Wieland und Herder (Dezember 1775)

Neben Jacobi und Lavater trat zudem Goethe. Aufgezeigt wurde bereits, daß Jacobi Ende November Wieland brieflich dazu aufgefordert hatte, mit Goethe über Herder zu sprechen. Am 10. Dezember 1775 schreibt Wieland an Klein: „Göthe ist, *so wie er ist*, [... das] größte Genie und zugleich einer der liebenswürdigsten Menschen unsrer Zeit; und *Herder* und *Lavater* sind wohl die Einzigen, die ihm allenfalls die *Königswürde der Geister* [...] streitig machen können".[112] Erstmals stellt Wieland hier einen ausdrücklichen Bezug zwischen Goethe und Herder her.[113] Der Schluß, daß sich Wieland am 10. Dezember oder früher mit Goethe zum ersten Mal über Herder unterhalten haben mag,

---

110 Ebd., Z. 33f.
111 Vgl. dazu die Aufnahmen in SWS, Bd. 4f. Für den letzten Artikel des Jahres 1774 s. ebd., Bd. 4, S. 401, Anm. 1.
112 Wieland an von Klein, 10. Dezember 1775, Wieland, Briefwechsel, Bd. 5, Nr. 484, S. 453, Z. 65–69.
113 Eine vergleichbare, zu Beginn des nachfolgenden Unterkapitels zitierte Formulierung findet sich einen knappen Monat später; vgl. dazu Anm. 117.

möglicherweise sogar über Jacobis Vorschlag, Herder für den *Merkur* anzu-
werben, liegt nahe. Und in der Tat, die berühmten Worte: „Lieber Bruder der
Herzog bedarf eines General Superintendenten"[114] datieren auf den 12. Dezember.

Ungeachtet der beträchtlichen Bedeutung Jacobis und Lavaters kann der
persönliche Einsatz Goethes in der Vermittlung zwischen Wieland und Herder
damit nicht unterschätzt werden. Die Neupositionierung des *Merkurs* wurde
von Jacobi wie Lavater nachhaltig vorbereitet. Die erste positive Rezension zu
Herder erschien jedoch – fast zeitgleich mit Goethes eingehenden Bemühungen um die Berufung – im Januar des Jahres 1776 und dürfte von Wieland
noch im Dezember in das ausstehende Heft eingerückt worden sein. Ebenfalls
im Dezember trennte sich Wieland „durch einen herzhaften Riß", wie er Lavater berichtet, von seinem Gießener Rezensenten Schmid, der die fast genau
ein Jahr zurückliegende Sammelrezension zu Herder verfaßt hatte. Unter Vermittlung Goethes gewinnt er Merck als Redakteur.[115] Anfang Januar benennt
Wieland dem neuen Autor einen seiner ersten Rezensionsaufträge: „*Herder's
neueste seit der ältesten Urkunde herausgekommene Schriften*".[116]

3.4. Wielands Einlenken und Neupositionierung
des Teutschen Merkurs (1776)

Wenige Tage nach der Neuausrichtung des *Teutschen Merkurs* Anfang des
Jahres 1776 erklärt Wieland seinem Briefpartner Zimmermann das Einlenken
im Umgang mit Herder: „Was Gott zusammengefügt hat, soll der Mensch
nicht scheiden. Göthe, Lavater, Herder warum sollten sie nicht auch meine
Freunde seyn? Seit ich dies Kleeblat kenne, sind sie *meine Heiligen*."[117] Sehr
präzise benennt er damit die beiden wesentlichen Fürsprecher Herders, die ihm
wegen seines publizistischen Vorgehens gegenüber Herder starke Vorwürfe
gemacht hatten. Jacobi taucht in diesem Zusammenhang bezeichnenderweise
nicht auf. In der Tat hatte sich Jacobi auch nie direkt für Herder stark gemacht
und sein Anliegen, Herder als Rezensent zu gewinnen, in den beiden dokumentierbaren Fällen an vorangegangene Wertschätzungen Wielands rückgebunden sowie in Situationen eingebracht, die von besonderen Dringlichkeiten
bestimmt waren. Daß der langjährige Einfluß Jacobis auf Wieland an dieser

---

114 Goethe an Herder, 12. Dezember 1775, FGA, Bd. 29, Nr. 4, S. 11, Z. 1f.; die Datierung folgt
     Goethe, WA, Abt. 4, Bd. 3, Nr. 372, S. 4, Z. 10f.
115 Wieland an Lavater, 25. Dezember 1775, Wieland, Briefwechsel, Bd. 5, Nr. 494, S. 458,
     Z. 54f.: „Merck hat dieses Amt, durch Goethes Vermittlung übernommen."
116 Wieland an Merck, 5. Januar 1776, ebd., Nr. 497, S. 461, Z. 55f.
117 Wieland an Zimmermann, 8. Januar 1776, ebd., Nr. 498, S. 461, Z. 3–5.

Stelle unerwähnt bleibt, bringt zum Ausdruck, wie wenig Wieland gerade Jacobis Eintreten für Herder bewußt war. Aufgrund Jacobis veränderbaren Standpunktes in Verbindung mit einer nicht unbeträchtlichen Anpassungsfähigkeit und Anpassungsbereitschaft an die Position Wielands mag dies, trotz der anhaltenden Hinweise auf Herder, durchaus verständlich sein.

Wielands Abkehr von Schmid und Anwerbung Mercks war damit das Ergebnis von zwei unabhängigen Initiativen Lavaters und Goethes. Das hymnische Lob der *Ältesten Urkunde* im März-Heft des *Merkurs* stellt jenen Brief dar, den Lavater Wieland vermittelt hatte.[118]

Der überschwenglichen Zustimmung auf Rezensionsebene korrespondiert eine durchaus nüchterne Selbsteinschätzung des publizistischen Vorgehens. Seinem Rezensenten Merck schreibt Wieland am 24. Juni 1776 sehr deutlich: „*Der große Dechant* [Herder] mag sich diese lezte Handvoll Weyhrauchs, die ihm Merkurius opfert, behagen lassen; denn von dem Moment an, da er hier einzieht und einer der unsrigen wird, wird ihm nicht mehr geopfert."[119] Den Vorwurf der Anmaßung erhebt Wieland nach wie vor gegen Herder: „*Denn wir sind seines Geschlechts* – daß muß er, wenn *ers* nicht glauben kann, wenigstens leiden, daß *wirs* glauben – und damit Punctum."[120] Die Kritik, die Wieland äußert, ist noch immer eine Überlagerung stilistischer und charakterlicher Wahrnehmungen Herders:

> „Ich kan[n] das ewige *Verachten* andrer und *Hadern* mit andern, und Vergleichungen zum Vorteil des einen und Nachteil des andern auch an Ihrem Götzen *Herder* nicht leiden. Freylich ist Herder auch ein Potentat darnach! Aber eben darum soll er auch gut seyn. Ein großer baumstarker Kerl, der noch böse dazu ist, und jedermann neckt, der bey ihm vorbeygeht, ist ein unleidliches Geschöpf. Hoc in parodo!"[121]

Die beschriebene Neupositionierung des *Merkurs* ist damit für die erste Hälfte des Jahres 1776 als das Ergebnis einer sehr dichten Verknüpfung unterschiedlicher Verbindlichkeiten und äußerer Notwendigkeiten erkennbar. Aus einer vergleichbaren Konstellation erwuchsen Herders Mitarbeit am *Merkur* und die Berufung nach Sachsen-Weimar. Mit beidem verbindet sich eine sehr subtile diplomatische Leistung Goethes.

118　Vgl. dazu Wieland an Lavater, 5. Februar 1776, ebd., Nr. 507, S. 469, Z. 3–7: „Diesen Abend erhalt ich Ihr Briefchen vom 14. Jenner mit der Abhandl.[ung] über die älteste Urkunde, in die ich nur noch habe hineinblicken können – habe aber schon genug gesehen, um Ihnen herzl.[ich] dafür zu dancken. Ich wills auf den März aufsparen. Der Februar hat keinen *schicklichen* Platz für ein so gutes Stück." Zu dem Text Häfelis vgl. die Aufnahme Starnes, Repertorium, S. 246, PRO, Nr. 1446.

119　Wieland an Merck, 24. Juli 1776, Wieland, Briefwechsel, Bd. 5, Nr. 573, S. 531, Z. 6–9.

120　Ebd., Z. 9–11.

121　Ebd., S. 531f., Z. 38–44.

4. Die Vermittlung Goethes (1775/1776)

4.1. Goethes Korrespondenz mit Herder (Dezember 1775/Januar 1776)

Goethes Korrespondenz mit Herder stellt für die informelle Vorbereitung des Berufungsvorganges die wesentliche Quelle dar. Goethes Anfang Januar 1776 zum Ausdruck gebrachte Aufforderung: „Zerreiss meine Zettel[,] wie ich gewissenhafft die deinigen"[122], befolgte Herder nicht, während umgekehrt in dem Besitz Goethes keine von Herders Antworten erhalten ist. Bereits in Goethes erstem einschlägigen Anschreiben heißt es im Sinne einer sehr persönlich gehaltenen Empfehlung zunächst, nach einem Grußauftrag an Herders Frau: „Mir ists wohl hier, in aller Art."[123] Doch dann folgt schon der Satz: „Wieland ist eine brave Seele", dessen Bedeutung nur von dem nachfolgenden Hinweis auf die Fürstenkinder, die „edel lieb und hold"[124] seien, etwas verdeckt wird. Auch während der nächsten Wochen wird Goethe gegenüber Herder nicht wesentlich deutlicher. Den nächsten erhaltenen Brief richtet Goethe erst am 31. Dezember 1775 an Herder. Er umfaßt einzig und allein die lakonischen Worte: „Glaub und harre noch wenige Tage der Prüfung."[125] Schon zwei Tage später meldet Goethe jedoch aus Erfurt: „Heut kann ich dier schon Hoffnung geben, was ich vorgestern nicht konnte. Und das thu ich gleich nicht um dein, sondern der Frau willen."[126] Wieder umrahmt eine Empfehlung gegenüber Herders Frau einen nun weitaus deutlicheren Hinweis auf Wieland: „Ich bin mit Wielanden hier bey liebenden Menschen. Du musst ihm auch helfen seinen Merckur [zu] stärcken davon sein Auskommen und seiner Kinder Glück abhängt. Er wünscht dich her, hatte eh die Idee als ich."[127] Zweimal folgt damit eine Empfehlung Wielands auf eine Empfehlung an Herders Frau; dies ergibt Sinn, nachdem sich die beiden bereits vor gut vier Jahren persönlich begegnet waren. Goethe erinnert Herder jedoch auch an dessen finanzielle Verantwortung gegenüber seiner Frau, der er mit einem Wechsel nach Weimar entsprechen könne. Auf gleicher Ebene deutet Goethe Wielands Verantwortung gegenüber dessen Familie an, deren Einkommen vom Merkur ebenso wie einer Mitarbeit Herders abhinge. Interessant ist, wie Goethe in gleicher Weise auf die familiä-

---

122 Goethe an Herder, 2. Januar 1776, FGA, Bd. 29, Nr. 8, S. 16, Z. 20f. Auch das Schreiben von Goethe an Herder, 15. Januar 1776, bringt die gebotene Vertraulichkeit im Umgang mit den Vorgängen zum Ausdruck, ebd., Nr. 12, S. 18, Z. 20–22: „Leb wohl und schreib und siegle die Briefe wohl und gieb auf die Siegel der meinigen acht."

123 Goethe an Herder, 12. Dezember 1775, ebd., Nr. 4, S. 11, Z. 6f.

124 Ebd., Z. 8.

125 Goethe an Herder, 31. Dezember 1775, Goethe, WA, Abt. 4, Bd. 3, Nr. 376, S. 12, Z. 22.

126 Goethe an Herder, 2. Januar 1776, FGA, Bd. 29, Nr. 8, S. 16, Z. 4–6.

127 Ebd., Z. 6–10.

ren Verpflichtungen Herders und Wielands hinweist, aus denen nun allerdings wechselseitige Verpflichtungen der beiden untereinander gefolgert werden. An dieser Stelle findet sich der Hinweis auf Wieland als den eigentlichen Ideengeber der Berufung. Auf der Ebene der wechselseitigen Verbindlichkeit bedeutet er nichts anderes als eine damit schon bestehende Verpflichtung Herders gegenüber Wieland. Weder werden damit weitere Versöhnungen, noch überhaupt ein erster persönlicher Kontakt benötigt, um Herder dessen Schuldigkeit gegenüber Wieland herauszustellen. Und dies nahm auch Herder so wahr. Weniger als vier Monate später reichte er, ohne jede persönliche Kontaktaufnahme zu Wieland, seine ersten Beiträge zum Merkur ein. Bezeichnenderweise wählte er als Vermittler Lenz[128] – und nicht Goethe. In der Tat machte auch Goethe,

---

128 Ende April 1776 erklärte Herder Lenz, DA, Bd. 3, Nr. 236, S. 263f., Z. 3–13: „Hier, liebster Lenz, hast Du einige Flicke in den Merkur. Verrathe mich nicht oder entschuldige mich wenigstens bei Wieland, daß ich an Ihn nicht schreibe, und wähle vorsichtig aus – Eins oder Keins. Ich will keinen neuen Hundelärm haben und Euer Merkur soll ihn nicht durch mich haben. Also wählt vorsichtig – so immer ein Flick zum Einschieben – bald schick' ich was Anders. Dein Brief, lieber Lenz, und Dein Epilogus galeatus zur Urkunde hat mich und Dich noch näher gebunden: Du bist der Erste Mensch, für den ich schreibe, und kannst Du herrlich durchblicken, entschuldigen, überblicken, rathen. Schicke mir doch das Stück, oder mach' aus, daß der Merkur von diesem Jahr an mich geschickt wird, ich will auch unter den Abonnenten seyn – und Du arbeite fleißig dazu, lieber Junge." Daß die Alternative „Verrathe mich nicht oder entschuldige mich wenigstens bei Wieland" tatsächlich auf die zweite Option hin angelegt ist und sich Herder gegenüber Wieland verpflichtet fühlte, erhellt ein Brief an Hamann, in dem Herder am 24. August 1776 ausdrücklich von seinem „ersten Beitrage [zum Merkur spricht], zu dem ich NB. ersucht war", ebd., Nr. 259, S. 294, Z. 141. Im Briefwechsel mit Lenz läßt sich ein entsprechendes Gesuch nicht auffinden. Daß Herder Lenz als seinen Kontaktmann zu Wieland wählte, hängt zum einen wohl damit zusammen, daß Lenz Ende März 1776 an Herder schrieb, Lenz, Briefe, Bd. 1, Nr. 139, S. 216: „Ich bin auf dem Wege nach Weimar, wo ich auch Dich zu sehen hoffe." Auf Weimar wird weiter nicht Bezug genommen, und auch Wielands Name fällt im Briefwechsel mit Herder nicht ein einziges Mal. Offensichtlich gründet Herders Überzeugung, in Lenz seinen Verbindungsmann zu Wieland als Herausgeber des Merkurs sehen zu können, jedoch in einer massiven Fehleinschätzung der Position Lenz'. Indem er Lenz so für seinen „Epilogus galeatus zu Urkunde" dankt, dankt er ihm für jenen Artikel, der sich im März 1776 in den Merkur eingerückt findet und ein überschwengliches Lob der Urkunde darstellt. Die Frage, wie Herder zu der Überzeugung gelangte, Lenz sei der Verfasser, muß offenbleiben. Unwahrscheinlich ist, daß Herder das Postskriptum von Lenz, das Ende März parallel zu der Veröffentlichung des „Merkurs" steht, ebd., Nr. 139, S. 216: „Die Meinungen – sind von mir", auf die Rezension der „Ältesten Urkunde" bezogen hat. Der Anknüpfungspunkt liegt hier eindeutig in Herders Bezugsbrief vom 9. März, in dem Herder fragt, DA, Bd. 3, Nr. 228, S. 256, Z. 35f.: „Hast Du die Meinungen des Layen geschrieben? Ich bitte Dich um Deines Herzens willen, sag mirs." Schlüssiger erscheint hingegen die Annahme, daß Lenz' ebenfalls auf März datierter Brief mit der Fehlannahme Herders in Verbindung steht, Lenz, Briefe, Bd. 1, Nr. 124, S. 196f.: „Es freut mich, daß gegenwärtiger Brief, den mir Lavater offen für Dich zugeschickt hat, mir Gelegenheit gibt, bester Herder, Dir in die Arme zu fallen. Zwar ein wenig zerrißner, als er zu sein behauptet, aber doch – meines Zweckes gewiß." Lavaters auf den 28. Februar datierter Brief

nach der Konstatierung von Herders Verbindlichkeit gegenüber Wieland bereits mit dem nächsten Satz des eben zitieren Schreibens deutlich, daß der weitere Verlauf der Berufung nicht mehr Wielands Sache sei. Knapp heißt es: „Weis aber nicht was iezt vorgeht."[129] Was tatsächlich vorging, erfuhr auch Herder nur zum Teil. Zwar stellt Goethe mit den Worten: „befolge[,] was ich dir schreibe puncktlich[,] als Commando[,] und glaub[,] dass alles durchgedacht – durchempfunden ist", die Drastik der Situation deutlich heraus, doch berichtet er im gleichen Zug, der Erfurter Stadthalter habe Karl August den „Geist und [die] Kraft" Herders bestätigt, er selbst für dessen „politische Klugheit in geistlichen Dingen" gezeugt.[130] Freilich war diese Empfehlung, zumal die von Dalbergs, der Herder weder persönlich kannte, noch mit ihm in Briefkontakt stand, allenfalls die eines Rezipienten des Schriftstellers Herder. Und auch wenn sich Goethe bemüht hatte, für den Theologen, zumal den Mann der kirchlichen Praxis gutzusprechen, so dringt er doch schon nach weiteren fünf Tagen auf Herder ein, er möge ihm „einen einzigen Theologen [nennen], der rechtgläubigen Nahmen hat und gut für dich ist. der wenn man ihn fragte, guts von dir sagte. denn in meiner politischen Chrie gilts hier §um [sic!] a testimonio."[131] Etwas über eine Woche später wird er noch deutlicher. Am 15. Januar fragt er in größter Dringlichkeit und Direktheit an: „wie stehst du mit Jerusalem, ein guter Brief von ihm würde viel thun."[132] Auf Goethes Verständnis von Jerusalem als eines orthodoxen Theologen soll nicht spekuliert werden; naheliegend ist jedoch, in der angefragten Referenz den Hofprediger Anna Amalias aus der Wolfenbütteler Zeit zu identifizieren.[133] Die Anregung mag als ein Indiz dafür gewertet werden, daß Herder mit der Mutter des Herzogs die Unterstützung im Fürstenhaus, möglicherweise sogar gezielt der Frauen, stärken wollte. Hatten sich Goethes Nachrichten, zumal in ihrer Kürze, hinsichtlich der Weimarer Stimmung gegenüber Herder weithin in Schweigen gehüllt, folgen nun deutliche Formulierungen wie: „wir habens von ieher mit den Scheiskerlen verdorben, und die Scheiskerle sizzen überall auf dem Fasse. Der Herzog

---

scheint hier der Anknüpfungspunkt zu sein, indem Lenz in einer humoristischen Umdeutung Lavater zitiert, ebd., Nr. 115, S. 184: „Ich bin itzt ganz zerrißen." Lavaters Brief enthält keinen Hinweis auf Herder, verfügte aber wohl über eine Beilage: „Diesen Brief, den du, damit du nicht nichts habest, lesen kannst, bitte [ich] dich schleunigst, franco zuspediren, und dir das Port[o] von Emmerich bezahlen zu lassen." Möglicherweise handelte es sich hier um Häfelis Brief über die „Älteste Urkunde", was jedoch ebenso offenbleiben muß, wie die Frage, worin Herders irrtümliche Annahme einer Autorschaft von Lenz gründete.

129 Goethe an Herder, 2. Januar 1776, FGA, Bd. 29, Nr. 8, S. 16, Z. 9f.
130 Ebd., Z. 12–14.
131 Goethe an Herder, 7. Januar 1776, Goethe, WA, Abt. 4, Bd. 3, Nr. 381, S. 16, Z. 6–10.
132 Goethe an Herder, 15. Januar 1776, FGA, Bd. 29, Nr. 12, S. 18, Z. 14f.
133 Vgl. dazu sehr knapp Heussi, Fakultät, S. 184; Aner, Theologie, S. 69.

will und wünscht dich, aber alles ist hier gegen dich."[134] Erstmals hier kommt
Goethe auch auf die eigentliche Stelle zu sprechen: „Indess ist hier die Rede
von Einrichtungen auf ein gut Leben und 2000 rl. Einkünfte."[135] Gut eine weitere Woche später gibt Goethe Entwarnung. „Bruder sey ruhig", schreibt er am
24. Januar, „ich brauch der Zeugnisse nicht, habe mit trefflichen Hezpeitschen
die Kerls zusammengetrieben, und es kann nicht lang mehr stocken[,] so hast
du den Ruf. [...] Vielleicht kriegst du den Ruf mit dieser Post schon."[136]

4.2. Goethes Korrespondenz mit Lavater (Dezember 1775)

Herder erhielt tatsächlich, wie von Goethe angekündigt, mit derselben Post seinen Ruf. Das offizielle Schreiben datiert, wie Goethes Brief, auf den 24. Januar.[137] Goethes Strategie schien damit aufgegangen. Nicht nur hatte er, wie er
Herder erklärt, „die Kerls zusammengetrieben"; nicht nur war der Herzog für
Herder eingenommen. „Die Herzoginnen wünschen dich auch"[138], fährt Goethe fort. Und dies – so zumindest die Schilderung gegenüber Herder – aus eigener Kraft und ohne jede weitere Anstrengung. Allein, in Goethes weiterem
Briefwechsel deutet sich ein Vorfall an, der mit Sicherheit außerhalb jedes
strategischen Kalküls lag. Denn genau zehn Tage nach seiner ersten Kontaktaufnahme zu Herder und eine Woche vor jenen Worten „Glaub und harre noch
wenige Tage der Prüfung"[139] hatte Goethe schon begonnen, Vorkehrungen für
den Fall zu treffen, daß Herder nicht kommen würde.

Am 22. Dezember 1775 richtet er sich mit eben diesem Anliegen an Lavater: „Weiter braucht der Herzog einen General Superintendenten. Er fragte
mich drum[,] ich nannt ihm Herdern. Der[,] wie du vielleicht weißt[,] noch
nicht ganz gewiss nach Göttingen geht."[140] Zutreffend hält Goethe die gegenüber dem Herzog eingebrachte Erstanregung einer Berufung Herders für sich
selbst fest. Zugleich betont er mit dem reaktiven Charakter seines Vorgehens
die Initiative des Herzogs, hinsichtlich seines eigenen Vorschlages ebenso wie
der Kontaktierung Lavaters. Denn nun folgen die Worte: „Der Herzog trug mir
auf[,] dich zu fragen[,] wen du vorschlügst? sag mir also schnell ein Wort hierüber, und wen du sonst in Ermangelung Herders vorschlagen könntest."[141]

---

134 Goethe an Herder, 15. Januar 1776, FGA, Bd. 29, Nr. 12, S. 18, Z. 15–18.
135 Ebd., Z. 18–20.
136 Goethe an Herder, 24. Januar 1776, ebd., Nr. 14, S. 19, Z. 13–27.
137 Von Lyncker an Herder, 24. Januar 1776, HN, XXVII, 74.
138 Goethe an Herder, 24. Januar 1776, FGA, Nr. 14, S. 19, Z. 16 u. Z. 24f.
139 Goethe an Herder, Goethe, WA, Abt. 4., Bd. 3, Nr. 376, S. 12, Z. 22.
140 Goethe an Lavater, 22. Dezember 1775, ebd., S. 5, Z. 18–21.
141 Ebd., Z. 21–24.

Allein der Umstand, daß Goethe sich auf ausdrücklichen Wunsch des Herzogs an keinen anderen als Lavater wendet, ist schon bemerkenswert. Zumindest auf persönlicher Ebene dürften konfessionelle Differenzen für den Herzog keine Rolle gespielt haben. In jedem Fall war es die besondere Wertschätzung Lavaters, die eine solche Anfrage veranlaßt hatte. Als theologische Größe konnte damit der Reformierte Lavater den lutherischen Landesherrn in der Berufung seines Generalsuperintendenten beraten, ohne in amtlicher oder institutioneller Hinsicht involviert zu werden. Goethes genauer Kenntnisstand über die Verhandlungen mit Göttingen läßt sich für den Moment der Kontaktaufnahme zu Lavater nicht rekonstruieren. Der intensive briefliche Austausch, der sich über den Bemühungen um die Weimarer Stelle ergab, darf nicht darüber hinwegtäuschen, daß eine längere Pause des Schweigens vorausgegangen war. Über die Aussicht auf Göttingen dürfte Goethe von Merck informiert worden sein. Noch im Oktober hatte Karoline diesem berichtet: „unser Loos ist nach Göttingen in den wilden Wald geworfen, als *theologischer Professor und Universitätsprediger*. Wir werden vermuthlich gegen Weihnachten hinziehen.“[142] Der Schlußabschnitt des Briefes klagt den vernachlässigten Austausch mit Goethe ein: „Was macht Göthe? so lange hören wir nichts von ihm.“[143] Von den sich für Herder im Laufe des Novembers in zunehmender Deutlichkeit und Dringlichkeit abzeichnenden Spannungen hinsichtlich der Frage seiner Orthodoxie dürfte Goethe ebenso wie von dem vorausgegangenen Gutachten der Göttinger Fakultät[144] nur in dem Maße gehört haben, wie es sein Schreiben an Lavater nahelegt. Anfrage und Brief basieren auf der Annahme eines erfolgreichen Wechsels nach Göttingen. Die zunehmenden Schwierigkeiten waren Goethe wohl in Ansätzen bekannt, kaum aber in ihrem vollen Umfang. Die Formulierung der Aussicht auf Göttingen bildet in dem Schreiben an Lavater diese Momentaufnahme präzise ab.

4.3. Unterstützung im Fürstenhaus (Januar 1776)

Lavater, auf ausdrücklichen Wunsch des Herzogs konsultiert, antwortete unter dem 3. Januar 1776 bereitwillig mit einer Referenz:

> „Ich kenn' ihn [Herder] nicht persönlich. Aber alles, was ich von ihm gelesen, gedrucktes und geschriebenes, zeigt mir eine unbeschreibliche Größe, deren ich nichts an die Seite zu setzen weiß. Einer der mißkanntesten, festesten, würksamsten Menschen, der keine matte Nerve, keine unbestimmte Kraft hat. [...] Außer

---

142 Karoline an Johann Heinrich Merck, Oktober 1775, DA, Bd. 3, Nr. 205, S. 227, Z. 9–11.
143 Ebd., S. 228, Z. 20.
144 Zu den Vorgängen insgesamt vgl. Haym, Herder, Bd. 2, S. 767–773, sowie Smend, Göttingen.

Herdern kenn' ich, lutherischer Confession, niemand, den ich mit einigem Zutrauen vorschlagen dürfte, als einen gewissen Pfarrer Stuber in Strasburg. Ein Nathanael voll Verstand, ohne Genie, voll Kraft, ohne Gewaltsamkeit; bescheiden, tatschnell, sanft. Fromm und heiter; gerad und einfach."[145]

In Weimar scheint Lavaters Schreiben erst um den 22. Januar angekommen zu sein. Und es traf nicht bei Goethe ein. Sicher nicht ohne Eigeninteressen hatte Lavater sein Schreiben direkt an das Herzogshaus adressiert, zu Hand der Herzogin Luise. Goethe reagierte unter dem 22. Januar gegenüber Lavater verärgert und hält ihm vor: „Warum wegen Herders an Louisen?!!! – Transeat cum ceteris propheticis erroribus"[146]. Allein, Lavaters Vorstoß scheint Wirkung gezeigt zu haben. Denn eben nun, zwei Tage später, vermeldet Goethe an Herder, eine Referenz sei nicht mehr vonnöten. Was er jedoch nicht erwähnt, ist, daß etwa zwei Tage zuvor jene ungewollte Referenz im Herzogshaus eingetroffen war. Und dieser folgte nicht nur die damit erst belegte Unterstützung der Herzoginnen, die Goethe gerade zwei Tage später, unter dem 24. Januar, dokumentiert.[147] Eben dieser folgte auch der Ruf, der bereits wenige Tage später offiziell eingeleitet wurde.

5. Die Berufung (1776)

Das herzogliche Reskript, mit dem Oberkonsistorialpräsident von Lyncker zu der Berufung Herders angewiesen wurde, datiert auf den 23. Januar 1776.[148] Es folgte der Empfehlung Lavaters um wohl einen Tag. Den dienstlichen Charakter seines Anschreibens sollte von Lyncker zu einem gewissen Maße offenhalten und Herder „durch ein an ihn sonder Verzug zu erlassendes Privatschreiben die höchste Intention bekannt machen, auch ihn um eine baldige Antwort und Erklärung ersuchen".[149] Die Materialien des Oberkonsistoriums, deren Berufungsakten zu Herder ebenfalls unter dem 23. Januar einsetzten, sind nicht mehr vorhanden.[150] Noch vor Auflösung der geschlossenen Oberkonsistorialbestände und der teilweisen Kassation Mitte des 19. Jahrhunderts arbeitete Friedrich Peucer[151] mit den vollständigen Altbeständen. Sein Aufsatz *Herders*

---

145 FGA, Bd. 29, Nr. 22, S. 721.
146 Goethe, WA, Abt. 4, Nr. 388, S. 20, Z. 12–14.
147 Goethe an Herder, 24. Januar 1776, FGA, Nr. 14, S. 19, Z. 16 u. Z. 24f.: „Die Herzoginnen wünschen dich auch".
148 Peucer, Berufung, S. 53.
149 Ebd.
150 Ebd., S. 54.
151 Friedrich Peucer widmete sich mit seinem Aufsatz zu Herder einem Thema, zu dem er mehrere amtliche sowie familiäre Bezüge besaß. Als Oberkonsistorialpräsident war er einer der Nachfolger Herders. Als Urenkel des vormaligen Weimarer Generalsuperintendenten Johann

Berufung nach Weimar wurde 1845 in das *Weimarische Herder-Album* eingerückt und vermittelt einen ebenso knappen wie präzisen Eindruck von den amtlichen Vorgängen, deren Darstellung sich aus dem Material des Berliner Nachlasses und Herders Briefwechsel ergänzen läßt.

5.1. Die private Anfrage des Oberkonsistorialpräsidenten
(24. Januar 1776)

„HochEhrwürdiger und hochgelahrter, innsonders hochgeehrtester Herr Consisto-
rial-Rath, Der mir von Ihro, des Herrn Herzogs zu Sachsen-Weimar und Eisenach,
[...], ertheilte höchste Auftrag, Euerer HochEhrwürd[en ...], bey erfolgter Vacanz
der hiesigen Ober-Hofpredigers- Ober-Consistorial- und KirchenRaths-, auch General Superintendenten-Stelle, auf Dero Person gefallene Wahl bekannt zu machen
und von Denenselben; Ob Sie diesem Ruf zu folgen geneigt seyn mögten? zu vernehmen, verschaffet mir das Vergnügen eines angenehmen Briefwechsels und zugleich die schmeichelhafte Hofnung Dero künftig-persönlichen, genauern Bekanntschaft."[152]

Von Lynckers Schreiben war weisungsgemäß als Privatbrief gestaltet. Als Anlage enthielt die vorläufige Anfrage drei von Kanzleihand ausgefertigte Kopien: die Abschrift eines noch nicht personalisierten Berufungsdekretes[153], ein
entsprechendes Ernennungsdekret[154] sowie ein Verzeichnis der Amtspflichten[155]. Formaljuristisch korrekt beschränkte sich von Lynckers Brief ausdrücklich auf die oben genannten Ämter. Die Beilagen korrespondieren mit dem Anschreiben in diesem Punkt genau. Lediglich das Verzeichnis der Amtspflichten

---

Georg Weber stammte er zudem von einem der Amtsvorgänger Herders ab. Zu der persönlichen Bedeutung dieser Zusammenhänge für Peucer vgl. die Einleitung seines Aufsatzes.

152 HN XXXVII, 74, Bl. 1ʳ.

153 HN XXXVII, 75. Dieses Schreiben stellt, wie auch die beiden Folgedokumente, das Original
     dar (zu präzisieren: HN, S. 310), nachdem Herder noch keinen offiziellen Ruf, sondern nur
     kanzleimäßig ausgefertigte Kopien zu einem möglichen Berufungsvorgang erhielt. Allein die
     „Copia Vocationis" verzichtet augenfällig auf die Eintragung eines Namens in der Anrede-
     zeile, ebd., Bl. 1ʳ. Bezeichnenderweise wurde jedoch nicht auf eine Aufnahme der Titel ver-
     zichtet. Die Kopie des Berufungsdekretes und die Abschrift des Ernennungsdekretes unter-
     scheiden sich in dieser Hinsicht. Das Berufungsdekret dürfte sich an den Akten zu Siegmund
     Basch orientiert haben, insofern es in der entsprechenden Zeile aufführt: „Fürstl.[ich] Sächs-
     s[ischer] Consistorial Rath und OberHof Prediger und General Superintendent zu". Der Na-
     me der Ortschaft – im Falle Baschs: Hildburghausen – wurde ebenso getilgt wie der Name
     des Adressaten. Eine weitere kopiale Unachtsamkeit findet sich ebd., Bl. 1ᵛ, indem der Name
     des verstorbenen Vorgängers kopiert, jedoch im Anschluß geschwärzt wurde.

154 HN XXXVII, 76.

155 HN XXXVII, 77.

führt zudem noch den Titel des *Pastoris primarii*[156] sowie dessen Predigtturnus mit auf. In den Berufungsvorgang findet sich dieses Amt jedoch nicht einbezogen. Allein das Ernennungsdekret spricht in einer erkennbar von kopialen Vorgängen geprägten Formulierung von „derer bey Unserer Schloß und StadtKirche abzulegenden Predigten".[157]

Für Herder kann die in diesem Anschreiben angelegte Problematik, nicht zugleich zum Amt des Stadtpfarrers berufen worden zu sein, aus diesen Materialien alleine nicht erkennbar gewesen sein. Nach den schwierigen Verhandlungen mit Göttingen und den drastischen Schilderungen Goethes muß von Lynckers Schreiben, das er am 1. Februar erhielt[158], eine gewaltige Erleichterung bedeutet haben. Schon am 3. Februar antwortet er von Lyncker und nimmt den Ruf, den er als „eine Göttliche Stimme" beschreibt, an.[159] Dem Oberkonsistorium wurde Herders Antwortschreiben unter dem 13. Februar in der nächsten regulären Sitzung vorgelegt.[160] Zusammen mit von Lyncker, der erst am 15. September 1775 zum Oberkonsistorialpräsidenten ernannt worden war, war die weltliche Bank des Konsistoriums mit drei stimmberechtigten Oberkonsistorialräten vollbesetzt.[161] Die geistliche Bank umfaßte hingegen nur drei Oberkonsistorialassessoren, die ebenfalls über Stimmrecht verfügten. Ohne ihre Unterstützung konnte im Oberkonsistorium keine Mehrheit erreicht werden.

5.2. Die Beschwerde der interimistischen Amtsverwalter (20. Februar 1776)

Die drei geistlichen Vertreter des Oberkonsistoriums waren zugleich die interimistischen Amtsverwalter in der Vakanz der Stelle. Unter dem 20. Februar, dem Datum des nächsten Treffens im Oberkonsistorium, verfaßten sie einen

---

156 Ebd., Bl. 1ʳ.

157 HN XXXVII, 76, Bl. 2ᵛ.

158 Peucer, Berufung, S. 53; Haym, Herder, Bd. 1, S. 780.

159 Herder an von Lyncker, 3. Februar 1776, DA, Bd. 3, Nr. 225, S. 253, Z. 8.

160 Peucers Wahrnehmung einer vergleichsweise langen Laufzeit des Briefes ist nicht zuzustimmen, Peucer, Berufung, S. 54–56. Von Lynckers Anschreiben erreichte Herder nach knapp acht Tagen. Herders Antwortschreiben wurde nach knapp 10 Tagen dem Oberkonsistorium präsentiert. Der 13. Februar fällt im Jahr 1776 auf einen Dienstag. Johann Georg Müller und Karoline bestätigen, daß die Sitzungen des Weimarer Oberkonsistoriums in der Regel auf den Dienstag fallen. Vgl. dazu V, Abt. 2, Tl. 22 [Erinnerungen, Tl. 3], S. 205. Ferner Baechtold, Müller, S. 56, unter dem 10. Oktober 1780; beide Zitate stehen im späteren Text, Kap. II, Anm. 346–349.

161 Vgl. dazu unten Kap. III.1.4.

gemeinsamen Beschwerdebrief an Karl August[162], in dem sie ihren „innigsten"[163] und „gerechten Kummer"[164] über die sie unberücksichtigt lassende
Personalentscheidung zum Ausdruck brachten. Die enttäuschte Hoffnung einer
eigenen Beförderung und der Verlust der vormaligen Zulagen verbanden die
drei Geistlichen miteinander.[165] Ohne den Entschluß des Herzogs ändern zu
wollen oder Herder etwas persönlich anzulasten, dringen sie auf einen Zusatz
zur Entscheidung. In lediglich drei Punkten vergleichen sich die Pfarrer direkt
mit Herder. Die mehrfach beklagte „Ungnade"[166] schildern sie darin, sich einem jüngeren, von auswärts berufenen Theologen nachgeordnet zu sehen, den
sie an Alter, an kirchenamtlicher Erfahrung allgemein und an lokaler Erfahrung im besonderen übertreffen – einem Mann, der

> „an Jahren uns gar weit zurückstehet, und also noch keine vorzügliche Erfahrung
> in Consistorial- und geistlichen Amts-Sachen, welche eigentlich eine nothwendige
> Eigenschaft eines guten General Superintendentens und gleichsam die Seele seiner
> Amtsführung ausmacht noch weniger aber einige Kenntniß des *Status ecclesiastici*
> der hiesigen Fürstl. Lande und der *Serenissima clementissime Regenti* zustehenden
> *speciellen* Höchsten *Episcopal*-Rechte erlangt haben kann."[167]

Die vordergründige Anmaßung, aus Herders Alter einen Mangel an Erfahrung
schließen zu wollen, hat einen für die drei Pfarrer sehr dringlichen Hintergrund. Aufgrund ihres eigenen Alters und der bereits erreichten Ämter sehen
sie innerhalb der kirchenamtlichen Struktur des Herzogtums keine weiteren
Beförderungsmöglichkeiten.[168] Mit Hinweisen auf ihre Gewissenhaftigkeit und
Treue empfehlen sie sich dem Herzog mehrfach.[169] Die Aussicht einer Beförderung hat für sie die Bedeutung einer ökonomischen Notwendigkeit. Der Verlust der vormaligen Einnahmen sowie das generelle Problem inflationärer Teu-

---

162 HN, XXXVII, 78.

163 Ebd., Bl. 1ʳ.

164 Ebd., Bl. 3ʳ.

165 Äußerst knapp zu diesen Vorgängen vgl. Haym, Herder, Bd. 2, S. 24, bes. Anm. 7.

166 HN XXXVII, 78, Bl. 1ᵛ, 3ʳ.

167 Ebd., Bl. 1ʳ, 1ᵛ.

168 Ebd., Bl. 2ᵛ, 3ʳ: „Hierzu kömmt aber noch endlich, daß uns und den sämtlichen uns nachstehenden Geistlichen nunmehr alle Hofnung, jemals in unserm Vaterlande weiter zu *emergiren*,
fast auf immer benommen ist, da die vornehmste geistliche Stelle im Fürstenthum Weimar einem Manne anvertrauet wird, welchem wir an Jahren gar weit vorstehen. [...] so muß es uns
allerdings sehr niederschlagen, daß wir nicht nur einem andern uns nachgesezt sehen, sondern auch die Hofnung auf immer aufgeben müßen, daß jemals einer von uns auf die erste
geistliche Stelle im hiesigen Lande zur Belohnung seiner Treue sich einige Rechnung machen dürfte."

169 Ebd., Bl. 1ᵛ, 3ʳ.

erung bei gleichbleibender Lohnzahlung verschärfte die Dringlichkeit beruflicher Verbesserungsmöglichkeiten.[170]

Die finanziellen Forderungen sind vergleichsweise moderat. Unter Berufung auf einen Eisenacher Präzedenzfall[171] erbitten sie die Beförderung zu Oberkonsistorialräten in Verbindung mit einer Gehaltserhöhung[172]. Zudem dringen sie aber auf eine Aufwertung ihres kirchenamtlichen Status zu Lasten des berufenen Nachfolgers, indem sie verlangen, „uns die *Ancienneté* und Vorsitz vor dem zukünftigen Generalsuperintendenten Herrn Herder zu ertheilen".[173] Auch dieser Vorgang mochte in Eisenach eine Parallele gehabt haben. Im Blick auf den designierten Amtsnachfolger stellte diese Forderung eine erhebliche Schwierigkeit dar und sollte aufgrund der herzoglichen Kompromißbereitschaft zu nachhaltigen Problemen führen.

5.3. Der erste Bericht des Oberkonsistoriums (22. Februar 1776)

Der offizielle Bericht des Oberkonsistoriums datiert im Anschluß an das Schreiben der drei interimistischen Amtsvertreter auf den 22. Februar 1776.[174] Die beiden Punkte, die in dem nicht mehr erhaltenen Aktenstück erwähnt wur-

---

170 Ebd., Bl. 2ʳ: „Nächst dem schlägt es uns eben so sehr nieder, daß wie nunmehr mit unserer *Ancienneté* zugleich die *respective* von der Ephorie, Oberhofprediger- und OberPfarrAmte uns bisher zugegangenen Einkünfte verlieren, und dadurch mit unsern zum Theil zahlreichen Familien in kummervolle NahrungsSorgen versezt werden sollen. Wir bescheiden uns gar wohl, daß wir diese Einkünfte als eine NebenSache haben ansehn müssen, von der man vorhersehn konnte, daß sie in der Folge wegfallen würde; aber wir müßen auch offenherzig gestehen, daß wenn wir diese außerordentliche Unterstützung nicht gehabt hätten, wir bey unsern sonst ganz mäßigen Einnahmen in den kummervollen Jahren der Theurung, in welchen wir ohnehin, was wir nur gekonnt, zugesezt haben, ganz gewiß mit unsern Familien würden zu Grunde gegangen seyn. Um desto mehr aber wird es uns nun in der Folge empfindlich fallen, wenn wir bey zunehmenden Jahren unsre Einnahmen um ein beträchtliches verringert, und uns genöthiget sehen, unter ängstlichen Sorgen unsre Geschäfte zu verrichten, welches um deswillen ganz unausbleiblich erfolgen wird, weil unsre Besoldungen noch immer [...] stehen, als sie vor Hundert und mehrern Jahren gestanden haben, ob gleich seit dieser Zeit der Preiß aller Nothwendigkeiten des Lebens weit über die Hälfte gestiegen, und um deswillen alle andere Besoldungen, blos die unsrigen ausgenommen, um ein Beträchtliches vermehret worden sind."

171 Ebd., Bl. 3ᵛ: „eben so, wie vormals den Archi Diaconum Kierssen in Eisenach, bey der Beförderung des noch lebenden Generalsuperintendentens Köhlers zur dasigen Generalsuperintendur und OberPfarrAmt".

172 Ebd.

173 Ebd.

174 Zu dem Datum vgl. auch den Brief Karl Augusts an das Oberkonsistorium, 28. Februar 1776, HN XXXVII, 79, Bl. 1ʳ: „aus Euerm anhero erstatteten Bericht vom 22.ten huj."

den[175], betreffen zum einen die Dienstwohnung des Generalsuperintendenten, die zu diesem Zeitpunkt an den im Oberkonsistorium auf der weltlichen Bank vertretenen Johann Wilhelm Seidler, den vormaligen Prinzenerzieher, vermietet wurde. Zum anderen benannte der Bericht eine Probe- oder Gastpredigt als Voraussetzung für die Berufung zum Hauptpfarramt der Stadt. Beide Komplexe sind dem Stiftungs- und Patronatsrecht zuzuordnen.[176] Die Dienstwohnung des Generalsuperintendenten war von Herzog Wilhelm Ernst erbaut worden[177]; und einen Teil seines Gehaltes sollte Herder als Hauptpfarrer der Stadt – dies geht allein aus dem Verzeichnis der Amtspflichten hervor[178] – von dem städtischen Magistrat erhalten. Mit dem ersten Hinweis wurde Herders Recht auf die Dienstwohnung vertreten, mit dem zweiten das Recht des Rates, die Berufung zum Stadtpfarrer zu erteilen.

5.4. Die Politik Karl Augusts und Goethes Anteil daran (Februar 1776)

Karl August beantwortete beide Anfragen unter dem 28. Februar 1776. Seidler wurde das Mietverhältnis mit der Auflage, die Wohnung „baldmöglichst zu räumen", gekündigt.[179] Das Oberkonsistorium seinerseits wurde angewiesen, die Berufung zum Stadtpfarrer unter Koordinierung mit den Ratsvertretern in die Wege zu leiten.[180] Die Formulierung dieser Anweisung ist sehr vorsichtig gehalten: „wie Wir [...] gern sehen würden, wenn besagter [...] Herder, [...] sich [...] hier einfinden könnte".[181] Als Termin für die Predigt nennt das herzogliche Reskript „bevorstehend[es] Ostern".[182]

---

175 Vgl. dazu Peucer, Berufung, S. 57.

176 Haym, Herder, Bd. 1, S. 781 spricht von einem „alten Gewohnheitsrecht" des Magistrates, was zutreffend ist, aber präzisiert werden kann. Haym folgt wahrscheinlich dem Briefwechsel Herders, in dem mehrfach von der „alten Gewohnheit" die Rede ist; vgl. dazu in diesem Kap. die Anm. 198 und 201. Zu den stiftungsrechtlichen Implikationen vgl. die folgenden Ausführungen; zum Patronatsrecht s. die einschlägigen Ausführungen des Weimarer Bürgermeisters Traugott Lebrecht Schwabe im Zusammenhang des Ernennungsdekretes zum Oberpfarrer der Stadt, HN XXXVII, 86, Bl. 1ʳ: „vermöge des Uns zustehenden *Juris Patronatus*".

177 Peucer, Berufung, S. 57.

178 HN XXXVII, 77, Bl. 4ʳ.

179 Peucer, Berufung, S. 57.

180 In einer Abschrift erhalten in HN XXXVII, 79. Ebd., Bl. 1ʳ, 1ᵛ; hier 1ᵛ: „Also ist andurch Unser gnädigstes Begehren, Ihr wollet dieserhalb an ihn denselben [Herder] das Erforderliche gelangen [lassen] – auch ein Paar *Membra* des Hiesigen Stadtraths[,] alsdenn [zu] veranlaßen[,] sothaner Predigt, in Ansehung der an ihn als OberPfarrer auszustellenden *Vocation,* bey[zu]wohnen".

181 Ebd., Bl. 1ʳ, 1ᵛ.

182 Ebd., Bl. 1ʳ.

Auch wenn es die Quellenlage nicht erlaubt, direkte Zuordnungen vorzunehmen, dürfte sich diese Politik Karl Augusts, die Berufung Herders mit sehr
unterschiedlichen Graden argumentativer sowie exekutiver Stärke zu forcieren,
wesentlichen Impulsen Goethes verdanken. In der Kündigung Seidlers wurde
die Ankunft Herders schon praktisch vorbereitet. Die Anweisung zu der rechts-
verbindlichen Probepredigt als Voraussetzung eines Rufes durch den Magistrat
erfolgte zwar umgehend. Eine herzogliche Einschätzung, diese Vorgehensweise sei notwendig, bietet das Schreiben nicht.

In einem Brief Goethes, der im Zuge der nicht nur in Weimar anzutreffenden zeitgenössischen Begeisterung für das poetische Ideal Hans Sachs[183] in
Knittelversen gehalten ist[184] und den die Sophien-Ausgabe „kurz vor [... den]
20. Februar 1776"[185] datiert, heißt es: „Wenn euch nun erst der *Rath der Stadt* |
Zum *Oberpfarr* berufen hat | Werd ihr vom Fürsten dann ernennt | *Hofprediger*
General Superndent [!]"[186]. Die Datierung des Gedichtes wird noch vor dem
19. Februar anzusetzen sein. Unter diesem Datum bietet Wieland Merck mit
dem Bonmot: „Der Messias *Herder* wird an Palmarum auf 150 Eseln (seiner
subordinirten Geistlichkeit) hier einreiten"[187] eine Allusion auf die Passage
Goethes: „Und wie dann unser Herr und C[h]rist | Auf einem Esel gerittet ist |
So werdet ihr in diesen Zeiten | Auf hundert und fünfzig Esel reiten | Die in Es
Herrlichkeit Diöces | Erlauern sich die Rippen stös."[188] Die Ausführungen be-
legen, daß Goethe sich noch vor dem 19. Februar und damit deutlich vor dem
Oberkonsistorialbericht vom 22. Februar der Problematik des noch ausstehenden Rufes zum Oberpfarrer der Stadt bewußt war und diese auch Herder gegenüber – zumindest in diesem Zusammenhang – benannt hatte. Die Auflage
einer Probepredigt findet sich nicht erwähnt, doch fallen der in Goethes Dichtung spielerisch ausgedeutete Einzug in Weimar am Palmsonntag und der von
Karl August etwa neun Tage später benannte Termin einer ersten Osterpredigt
weitgehend überein. Der metaphorische Ausgangspunkt der biblischen Allusion mag in der auf Ende Januar zu datierenden Ankündigung Goethes gegenüber Herder liegen, in der es in einer allerdings alltagssprachlichen Bildlichkeit
heißt: „Ich will dir ein Plätzgen kehren, dass du gleich hin sollst die Zügel zur
Hand nehmen."[189] Die Ausdeutung und Ausweitung auf die biblische Heilsge-

---

183 Vgl. dazu auch Leppin, Kanzel.
184 Vgl. dazu Manger, Loos, 63.
185 Goethe an Herder, „kurz vor dem 20. Februar 1776", Goethe, WA, Abt. 4, Bd. 3, Nr. 404,
       S. 31, Z. 1.
186 Goethe WA, Abt. 4, Bd. 3, Nr. 404, S. 32, Z. 25–28.
187 Wieland an Lavater, 19. Februar 1776, Wieland, Briefwechsel, Bd. 5, Nr. 516, S. 477, Z. 17f.
188 Goethe an Herder, „kurz vor dem 20. Februar 1776", Goethe, WA, Abt. 4, Bd. 3, Nr. 404,
       S. 31, Z. 8–13.
189 Goethe an Herder, wohl 24. Januar 1776, FGA, Bd. 29, Nr. 14, S. 19, Z. 17f.

schichte[190] mag sich im Zusammenhang mit einer tatsächlich für Ostern projektierten Probepredigt ergeben haben, deren Termin – noch vor der offiziellen
Anregung durch Karl August – in der Dichtung eine Entsprechung findet und
als Hinweis auf Goethe verstanden werden kann. Gleichermaßen antizipiert
finden sich übrigens auch in der Schlußpassage des Gedichtes die Schwierigkeiten der Folgezeit, die sich nach der am 13. Februar präsentierten positiven
Antwort Herders ergaben: „Mögt auch immer Rückantwort schreiben | Wie ihr
an den Lyncker thätet treiben | Weil wir doch in der Fassnachts spiel | Haben
Razzen und Frazzen gar viel".[191]

5.5. Die Anfrage einer Probepredigt und Herders Antwort (März 1776)

Von Lynckers zweites Schreiben an Herder orientiert sich an herzoglichen
Vorgaben und datiert, nachdem das Reskript im Konsistorium unter dem
4. März präsentiert wurde[192], auf den 6. März 1776. Es ist äußerst knapp gehalten und bittet Herder darum, „kommende Ostern die gewöhnliche Predigt da-
hier abzulegen."[193] Herder antwortet unter dem 16. März 1776. Neben dem abschließenden Wortlaut[194] ist auch ein Entwurf des Briefes erhalten[195]. Über die
sich abzeichnenden Schwierigkeiten war er wohl vorher schon durch Goethe
informiert worden. Unter dem 9. März, noch bevor von Lynckers zweites
Schreiben ihn erreicht haben konnte, erklärte er Lenz: „u.[nd] nun steckts wieder – steck[t]s! Gott wird mir helfen".[196] Im Zuge der offiziellen Aufforderun-
gen von Lynckers wird Herder Mitte März gegenüber Lenz konkreter: „Mit
Weimar stockts wieder (doch das unter uns) ich muß nach Ostern erst hin –
denke! – Probpredigen. Nicht für den Herzog, versteht sich, sondern für die
Stadtphilister".[197]

Seine Verärgerung stellt Herder über der Ausarbeitung des Konzeptes zurück. Noch der Entwurf fragt an, ob wenn, „wie ich vermuthe, alter Gewohn-

---

190 Zur Ausdeutung dieser Passagen im Sinne heilsgeschichtlicher Typologien s. Manger, Loos.
191 Goethe an Herder, „kurz vor dem 20. Februar 1776", Goethe, WA, Abt. 4, Bd. 3, Nr. 404,
    S. 33, Z. 1–3.
192 Vgl. dazu HN XXXVII, 79, Bl. 1ʳ.
193 HN XXXVII, 80, Bl. 1ʳ.
194 Dokumentiert von Peucer, Berufung, S. 58f., und abgedruckt in DA, Bd. 3, Nr. 230, S. 257f.
195 HN XXXVII, 81, und abgedruckt in DA, Bd. 3, Anm. zu Nr. 230, S. 355. Zu präzisieren ist
    einzig der letzte gesperrt gedruckte Absatz, der in dem handschriftlichen Konzept gestrichen
    wurde und durch den Zusatz: „da ich zu dieser Reise und Probe willig dastehe und wills Gott!
    keinem zu mißfallen hoffe" ersetzt wurde. Gestrichen findet sich in dem Konzept zudem der
    Hinweis in dem ersten Abschnitt: „und die Reise würde mir sodann leichter".
196 Herder an Lenz, 9. März 1776, DA, Bd. 3, Nr. 228, S. 256, Z. 26.
197 Herder an Lenz, Mitte März 1776, ebd., Nr. 231, S. 259, Z. 22–24.

heit nach nicht anders als nach vorhergegangener Probepredigt ertheilt werden könne [...,] sich auch eine alte Gewohnheit [finde], die für das Kostbare dieser Reise sorgte."[198] Die argumentative Strategie des Schreibens deckt sich mit der des Konzeptes. Deutlich signalisiert Herder seine Bereitschaft zu einer Probepredigt. Aufgrund der amtlichen Verpflichtung in Bückeburg ergibt sich eine Verzögerung zu dem angedachten Ostertermin um mindestens zwei Wochen. Zur Wahrung seiner „hiesigen und dortigen Beziehung, zugleich [geschuldet] dem Anstande vor Deutschland, dem ich oft zu sehr im Auge bin"[199], schlägt Herder vor, den offiziellen Ruf unter Verzicht auf die Hauptpfarrstelle der Stadt vorab auszufertigen, um die sich so ergebende Antrittspredigt mit der ausstehenden Probepredigt verbinden zu können. Herder bemüht sich darin, die angefragten Ämter förmlich abzusichern und die Probepredigt in ihrer Bedeutung für den Ruf insgesamt abzuschwächen. Die Hoffnung auf eine Akzeptanz des Vorschlages gründet Herder auf seiner prinzipiellen Bereitschaft zur Probepredigt und ist ausgerichtet auf einen möglichen Verzicht der Auflage: „vielleicht mildert sich aber in der Zeit der Wille derer, die ihren Prediger freilich zuerst kennen lernen wollen, ehe sie ihn ruffen können".[200]

Herders Antwort ist nicht nur strategisch motiviert. Unter dem 23. März faßt er den Vorgang in einem Brief an Zimmermann zusammen: „Ich habe keinen Ruf u.[nd] krieg' auch keinen, bis ich alter löblicher Gewohnheit nach, eine Probpredigt halte. Der Magistrat scheint auf dieser altlöblichen Gewohnheit zu bestehen, u.[nd] der Herzog will ihr nicht entgegen seyn. Ostern sollts seyn, ich kann aber, wenns nicht erst anders kommt, nicht anders als nach Quasimodogeniti reisen."[201] Er schließt mit einer persönlichen Feststellung: „Und [ich] reise – ungern von außen u.[nd] von innen gern".[202]

5.6. Der zweite Bericht des Oberkonsistoriums (28. März 1776)

Der zweite Oberkonsistorialbericht, datierend auf den 28. März 1776, ist ebenfalls nur aus der Beschreibung Peucers erschließbar.[203] Die Position des Schreibens ist unverändert. Die Ausfertigung und Übersendung einer Vokation ohne vorherige Probepredigt wird für bedenklich erklärt. Zur Verfestigung die-

---

198 HN XXXVII, 81, Bl. 1ᵛ; DA, Bd. 3, Anm. zu Nr. 230, S. 355.
199 Herder an von Lyncker, 16. März 1776, DA, Bd. 3, Nr. 230, S. 258, Z. 16f.
200 Ebd., Z. 34f.
201 Herder an Zimmermann, 23. März 1776, ebd., Nr. 232, S. 260, Z. 22–27.
202 Ebd., Z. 27.
203 Peucer, Berufung, S. 60.

ses Standpunktes schlägt der Bericht die Sonntage Rogate und Exaudi oder den Himmelfahrtstag als Termine vor.[204]

5.7. Der Ruf zu den angefragten Ämtern als offizielle Reaktion (15. Mai 1776)

Die Reaktion des Herzogs ließ einen guten Monat auf sich warten. Herder wurde während dieses Zeitraums zunehmend nervöser. Ende April glaubt er, selbst Lenz könne sich für ihn einsetzen: „Mit dem Zögern in Weimar gehts doch entsetzlich. Ich sitz hier freilich nicht auf Sanct Lorenz Kohlen, u.[nd] doch unsanft, denn das Geträtsch ist überall hier herum u.[nd] ich sitze. Trage Du doch bei, daß das Ding so oder so ausgeht, nur daß was gethan wird. Soll ich predigen, wohlan".[205] In der Tat ließ Karl August knappe fünf Wochen verstreichen, bevor er unter dem 2. Mai mit einem herzoglichen Reskript anordnete, „die Vocation sofort begreifen zu lassen und solche zur höchsten Vollziehung einzuschicken".[206]

Das taktische Vorgehen, das sich in dieser Politik ausdrückt, wird in einem genauen Vergleich der Daten erkennbar. Die vom Oberkonsistorium vorgeschlagenen Termine fallen in den sehr eng umrissenen zeitlichen Rahmen vom 12. bis 19. Mai. Das herzogliche Reskript, gerade noch zehn Tage von diesem Zeitraum entfernt, machte es dem Oberkonsistorium praktisch unmöglich, an seinem Vorschlag festzuhalten. Die ausgefertigte Vokationsurkunde[207], die Karl August unter dem 15. Mai vorgelegt wurde, fällt exakt in die Zeitspanne, die das Oberkonsistorium für eine Probepredigt benannt hatte. Mit dem Ruf zum Generalsuperintendenten war die Berufung zum Stadtpfarrer jedoch noch nicht erfolgt. Faktisch war damit Herders Vorschlag, gegebenenfalls eine Probepredigt mit der Antrittspredigt zu verbinden, von dem Landesherrn akzeptiert worden. Von Lynckers drittes Anschreiben, datiert auf den 24. Mai, leitet die Berufungsurkunde offiziell an Herder weiter und bittet darum, „nunmehro, so bald als möglich hierher zu kommen."[208] Herder erhielt die Vokationsurkunde am 12. Juni 1776.[209] Unter dem 15. Juni antwortete er von Lyncker[210]

---

204   Ebd.

205   Herder an Lenz, Ende April 1776, DA, Bd. 3, Nr. 236, S. 264, Z. 14–17.

206   Peucer, Berufung, S. 60.

207   HN XXXVII, 82.

208   HN XXXVII, 83, Bl. 1ʳ. Zu der Formulierung vgl. auch Peucer, Berufung, S. 60, der den entsprechenden Wortlaut bereits für die Anweisung des Herzogs dokumentiert.

209   Herder an von Lyncker, 15. Juni 1776, DA, Bd. 3, Nr. 244, S. 270, Z. 5f.: „Den 12. Juni erhielt ich den Brief Euer Hochgebohrnen zusammt der Vocation Seiner Durchlaucht des Herrn Herzogs".

und bedauerte, daß die Frage der Probepredigt unberücksichtigt blieb: „Wäre mir Ein Wort nähern Winks und Befehles in Absicht der andern Stelle und meiner Reise geworden!"[211] Ein kurzes Dankschreiben an Karl August legt er bei.[212]

5.8. Goethes Korrespondenz mit Herder (Juni/Juli 1776)

Herders Antwort dürfte sich mit einem Brief von Goethe überkreuzt haben. Am Dienstag, den 18. Juni, stellt Goethe in Aussicht: „die Schinderey wird auch schon zu End gehen" und begründet die Verzögerung aus der Eingabe der interimistischen Amtsverwalter: „Es zerrt die Pfaffen verflucht[,] dass das was so lang unter sie vertheilt war, einer allein haben soll."[213] Zudem erklärt er, aufgrund der Sicherheit der Berufung eine Beschleunigung des Verfahrens nicht mehr zu forcieren: „weil deine Sach gewiss ist, und also das andre all eins ist, und ich nicht pressirt bin[,] dich hier zu sehen[,] so lass ich alles laufen."[214] Schon gut zwei Wochen später, am 5. Juli 1776, berichtet Goethe von weiteren Initiativen: „Lieber Bruder heut war ich in der Superintendur [sic!], wo Hr. Consistorial Rath Seideler mit einem Schwanz von 10 Kindern nach und nach ausmistet. Ich hab gleich veranstaltet[,] dass wenigstens das obre Stock reparirt werde, und so eingerichtet[,] dass ihr einziehen, und deine Frau Wochen halten könne."[215] Eine detaillierte Zeichnung der Raumverteilung verweist auf das entschlossene Engagement Goethes: „Ihr müsst euch indess gefallen lassen[,] wie ich euch die Zimmer anlege."[216] Sein Einsatz ist im höchsten Maße persönlich. Als Alternative bietet er der Familie an, während der Anfangszeit bei ihm selbst zu wohnen. In der Einstimmung Herders auf Weimar unternimmt Goethe zwei Vermittlungsversuche. Zunächst stellt er in Aussicht: „Du findst viel liebes Volk hier[,] das dein offen erwartet. Du brauchst nur zu seyn[,] wie du bist, das ist iezt hier Politik. Und sinn dir eine Predigt aus zum Antritt plan und gut so als wie du sie ex tempore"[217], doch dann korrigiert Goethe:

> „Ich hab das falsch gesagt. [...] das gemeine Volck fürchtet sich vor dir[,] es werde
> dich nicht verstehen; drum sey einfach in deiner ersten Predigt. Sag ihnen das ge-

---

210 Ebd.
211 Ebd., S. 271, Z. 11f.
212 Herder an Karl August, 15. Juni 1776, ebd., Nr. 245, S. 271.
213 Goethe an Herder, 18. Juni 1776, FGA, Bd. 29, Nr. 51, S. 44, Z. 7–9.
214 Ebd., Z. 10–12.
215 Goethe an Herder, 5. Juli 1776, ebd., Nr. 57, S. 48, Z. 24–30.
216 Ebd., Z. 30f.
217 Ebd., S. 49, Z. 19–23.

meinste mit deiner Art, so hast du auch die. Die Geistlichen sind alle verschrobene Kerls. Sind aber die iungen dir nicht ganz gram. [...] Der Stadtrath hat schon seine Denomination eingereicht. Die Confirmation wird erfolgen gleich, das wirst du hier finden."[218]

5.9. Der Ruf zum Hauptpfarramt der Stadt Weimar (1. August 1776)

Dem Ruf zum Generalsuperintendenten, Oberhofprediger und Oberkonsistorialrat folgte die Berufung zum Oberpfarrer der Stadt ohne eigene Probepredigt. Unter dem 22. Juli faßte von Lyncker die Ergebnisse der letzten Wochen zusammen.[219] Auf Veranlassung Karl Augusts war Herder von dem Magistrat für das Amt des Stadtpfarrers nominiert worden. Den erfolgten Vorschlag hatte der Herzog offiziell genehmigt und die Berufung angeordnet. Ein zweites Mal, „auf ausdrücklichen höchsten Befehl", wiederholt von Lyncker die Aufforderung zu der „demnächstigen Ankunft, deren Beschleunigung ich hiermit, [...] möglichst anempfehlen soll".[220] Für die entstehenden Umzugskosten werden 250 Reichstaler zur Verfügung gestellt. Das herzogliche Ernennungsdekret zum Oberpfarrer[221] datiert wie die entsprechende Urkunde der Stadt[222] auf den 1. August 1776. Mit dem städtischen Ernennungsdekret wurde Herders Ruf nach Weimar besiegelt. Wie schwach die persönlichen Bezüge des Magistrats jedoch zu Herder waren, dokumentiert die Ernennungsurkunde noch darin, daß durchwegs von „Johann Georg Herder" die Rede ist.[223] Die reibungslose Unterstützung des Oberkonsistoriums gründet zu einem gewissen Teil sicher darin, daß Karl August nach allen Seiten Kooperationsbereitschaft und Entgegenkommen signalisiert hatte. Die geistliche Bank des Ministeriums hatte er für sich gewonnen, indem er der Beschwerde der interimistischen Amtsvertreter stattgegeben hatte und ihre Forderungen in einem für den designierten Generalsuperintendenten problematischen Maße erfüllt hatte. Neben faktischen Einschränkungen der Amtsvollzüge des Oberhofpredigers beförderte er die drei klagenden Geistlichen unter dem 17. August 1776 zu Oberkonsistorialräten und bestimmte damit die Zusammensetzung des Oberkonsistoriums für die nachfolgenden Jahre.[224] Der Preis, den Karl August damit für die Berufung

---

218 Ebd., S. 49f., Z. 23–28; S. 50, Z. 3–5.
219 HN XXXVII, 84.
220 Ebd., Bl. 1ᵛ.
221 HN XXXVII, 85.
222 HN XXXVII, 86.
223 Ebd., Bl. 1ᵛ.
224 Vgl. dazu Kap. III, Anm. 199.

zahlte, sollte sich im Nachhinein als eine gravierende Belastung Herders selbst erweisen.

5.10. Der Abschied aus Bückeburg (August/September 1776)

Daß sich der Umzug von Bückeburg nach Weimar im weiteren verzögerte, gründete in privaten Umständen. Erst nach der Geburt des Sohnes Siegmund August Wolfgang am 18. August 1776 konnte die Reise ins Auge gefaßt werden.[225] Die praktischen Vorbereitungen des Umzugs begann Herder am 7. August.[226] Seine Entlassung aus den Schaumburg-Lippeschen Diensten erbat er am 24. August.[227] Zwei Tage später erhielt er den Entlassungsbescheid[228] und verabschiedete sich mit einem Zirkularschreiben von der Geistlichkeit am 9. September[229]. Seine Abschiedspredigt hielt der scheidende Superintendent am 15. September[230], bevor er sich in einer Privataudienz am 18. September von Graf Friedrich Ernst Wilhelm zu Schaumburg-Lippe verabschiedete[231].

5.11. Die Hoffnung auf Weimar (Juli 1776)

Mit Weimar verknüpfte Herder große Erwartungen. Zum einen beruhen sie auf den persönlichen und emotional übersteigerten Enttäuschungen in Bückeburg. Der Brief an Hamann Ende Juli 1776 stellt eine besondere Momentaufnahme dar: „Meines Lebens hier bin ich, nochmals gesagt, satt und müde: einsam, ohne Bücher u.[nd] Umgang, im verdorbensten Kirchen- u.[nd] Landeszustande unter einem wahren Dom Quixot des 18. Jahrhunderts, der gegen mich den

---

225 Noch im Vorfeld des vollständigen Rufes vgl. dazu Herder an Hamann, 20. Juli 1776, DA, Bd. 3, Nr. 253, S. 281, Z. 78–81: „Der Ruf hat sich aber durch sonderbare Unterhandlungen, daß erst eine Gastpredigt zu halten sei u.[nd] dergleichen so verzögert, daß ich noch hier sitze u.[nd] nun erst die Niederkunft meiner Frauen, die wir Anfang August hoffen, abwarten muß".

226 Vgl. dazu u. a. Herder an von Hahn, 7. August 1776, ebd., Nr. 254, S. 285.

227 Herder an den Grafen zu Schaumburg-Lippe, 24. August 1776, ebd., Nr. 260, S. 295.

228 Herder an Spring, 9. September 1776, ebd., Nr. 266, S. 299, Z. 9f.: „Die Entlaßungsantwort meiner Dienste ist den 26. Augusti gestellt gewesen".

229 Herder an die Geistlichkeit der Grafschaft Schaumburg-Lippe, 9. September 1776, ebd., Nr. 265, S. 298f.

230 Der Termin entspricht dem Plan Herders, vgl. dazu Herder an Spring, 9. September 1776, ebd., Nr. 266, S. 299, Z. 10f.: „künftigen Sonntag als den 15. September denke ich meine Abschiedspredigt zu halten." Zum Text der Predigt s. SWS, Bd. 31, Nr. 30, S. 422–432.

231 Herder an Kleuker, 14. September 1776, DA, Bd. 3, Nr. 270, S. 303, Z. 15–17: „Mitwoch wollen Seine Durchlaucht sich zur Abschiedsaudienz hierher bemühen: so lange muß ich also warten."

tiefsten Portugiesischen Haß nähret."[232] Über seinen eigenen Lebensplan und die Aussicht auf Weimar erklärt Herder in der größten Euphorie:

> „Ich habe meine weite u.[nd] enge Bahn vor mir, zu der ich gehe u.[nd] auf der ich mich halte, um Alles andere unbekümmert. Ich bin ordentlich Lutherischer Bischof des Landes, meine Verrichtungen sind alle sehr gewählt u.[nd] edel, alle nach alter Lutherscher Art. Der unglückliche Johann Friedrich liegt in meiner Kirche begraben u.[nd] liegt auf dem Altarblatt kniend: Luther von Kranach 3.mal gemahlt in der Sakristei: er hat bekanntermaassen oft in Weimar gepredigt: u.[nd] der trefliche Friedrich Myconius da die Reformation gestiftetet. Ich hoffe also noch viel altes Luthertum da zu treffen, wenigstens in Ruinen u.[nd] freue mich darauf, wie ein Kind."[233]

Stellenweise wörtlich referiert er damit Ausführungen Goethes, der ihm unter dem 10. Juli 1776 geschrieben hatte:

> „Und, Bruder, war auch zum erstenmal in der Kirche. Ich dacht schon dir wirds doch wohl werden Alter wenn du da oben stehst, und rechts in dem Chor des unglücklichen Joh.[ann] Friedr.[ichs] Grab, und seinen Nachkommen den besten iungen gegen dir über, der wohl die Chur werth wäre, werth dass das schicksaal dem wieder gäb was es ienem nahm. und Herzog Bernhards Grab in der Ecke und all der braven Sachsen Gräber herum und auf des Altar Blats Flügel den Johann Friedrich wieder in Andacht und die seinen von seinem Cranach und in der Sacristey Luther in drey Perioden von Cranach, immer ganz Luther und ein ganzer Kerl. ganz Mönch, ganz Ritter und ganz Lehrer".[234]

Der Hinweis auf Luther hatte für Herder eine ganz eigene Bedeutung. Die damit verbundenen Erwartungen dürften Goethe kaum bewußt gewesen sein.[235] Zugleich benannte er sehr offen die schwierige finanzielle Situation des Kirchenwesens in Sachsen-Weimar. Über den Fortschritt der Bauarbeiten am Wohnhaus schreibt Goethe: „du kommst in ein leer Haus. Es ist noch ganz gut gebaut, hat einen grosen Garten in dem aber die Igel brüten. mit dem Detail der Reparatur schinden sie mich noch was ehrlichs. Da hat der Gottskasten kein Geld, da sollen die Alten Fenster bleiben, da ist der ein Schlingel und iener ein Maz. Und so gehts durch – der Präsident hat den besten Willen".[236]

---

232 Herder an Hamann, 20. Juli 1776, ebd., Nr. 253, S. 281, Z. 97–100.
233 Ebd., Z. 89–97.
234 Goethe an Herder, 10. Juli 1776, FGA, Bd. 29, Nr. 59, S. 51, Z. 8–19.
235 Nach wie vor grundlegend: Arnold, Luther; für die Bückeburger Zeit ließe sich zudem der Aspekt einer auch von Karoline unterstützten Selbstidentifikation mit Luther herausarbeiten.
236 Goethe an Herder, 10. Juli 1776, FGA, Bd. 29, Nr. 59, S. 51, Z. 1–7.

6. Zusammenfassung

Faßt man die Ereignisse um die Berufung Herders nach Sachsen-Weimar zusammen, so erwächst sie zum einen aus einer langjährigen Vakanz der Generalsuperintendentur, die in den von Regierungsvertretern langfristig und sehr lanciert vorbereiteten personalen Nachfolgeregelungen für den Amtsantritt des Erbprinzen 1775 gründet, zum anderen aus einem sehr dichten Geflecht wechselseitiger Verbindlichkeiten in einem vergleichsweise großen Personenkreis, für den bis auf wenige Ausnahmen keine unmittelbaren amtlichen Bezüge zum Berufungsvorgang vorliegen. Die Schlüsselrolle Goethes bleibt zwar bestehen. Die Anregung Wielands wird im wesentlichen jedoch als eine Anregung Jacobis erkennbar, der persönliche Interessen an dem Publizisten Herder mit dem sehr konkreten Anliegen einer Anbindung als Rezensent für den *Teutschen Merkur* verband. Zeitgleich zu Jacobis Initiativen wurde Lavater zu einem wichtigen Fürsprecher, der sich zunächst gegenüber Wieland nachdrücklich für Herder einsetzte und schließlich auch im Herzoghaus mit einer eigenen Referenz hervortrat. Goethes bekannte Darstellung der Vorgänge ist jedoch nicht als eine verzerrte Selbststilisierung zu bewerten. In der Korrespondenz mit Herder erfüllt sie vielmehr eine vermittelnde Funktion. Allein aufgrund der geschickten Diplomatie Goethes, die auf mehreren Ebenen sehr unterschiedliche Anliegen und Interessen miteinander verknüpft, rückt er sich als das verbindende Mittelglied in den Vordergrund der zum Teil nicht benannten, zum Teil nicht näher ausgeführten Konflikte. Der Erfolg seiner Vermittlungen liegt ebenfalls in mehreren Bereichen. Neben der offiziellen Berufung Herders nach Sachsen-Weimar leitete er die publizistische Annäherung und persönliche Aussöhnung zwischen Wieland und Herder ein. Die Kehrtwende des *Teutschen Merkurs* in seiner Beurteilung Herders fällt mit dem Beginn des Jahres 1776 überein und vollzieht sich zeitgleich mit der Berufung Herders nach Sachsen-Weimar. Der Berufungsvorgang selbst gestaltet sich in drei Schritten: der privat gehaltenen Anfrage des Oberkonsistorialpräsidenten, dem Ruf zum Generalsuperintendenten, Oberhofprediger sowie Oberkonsistorialrat und dem Ruf zum Oberpfarrer der Stadt. Die Korrespondenz zwischen von Lyncker und Herder auf der einen sowie Goethe und Herder auf der anderen Seite bilden nur sehr begrenzte Ausschnitte der amtlichen Vorgänge ab. Die Hauptschwierigkeit der Berufung bestand in der patronatsrechtlichen Eigenständigkeit des städtischen Magistrats, die eine vollständige Berufung durch den Herzog verhinderte. Eine weitere Problematik lag in den Kompensationsforderungen der interimistischen Amtsvertreter, denen Karl August in einem erheblichen Maße entgegenkam. Im Hintergrund der Vorgaben Karl Augusts werden mehrfach Initiativen Goethes erkennbar. Nicht nur hatte er zwischen Wieland und Herder vermittelt, den Berufungsvorgang vorbereitet und dessen Durchführung verfolgt. Mit einem bemerkenswerten persönlichen Einsatz traf er Vorkehrung für den Umzug Herders und gab bereits Monate im voraus Anregungen für die Antrittspredigt in Weimar. In wesentlichem Maße bestimmte er den Wechsel Herders nach Weimar. Auch die Situations- und Selbstwahrnehmung Herders im Zusammenhang der Berufung in das Herzogtum prägte Goethe nachhaltig. Der zusammenfassende Hinweis auf die Vermittlung Goethes ist insofern korrekt und bedarf keiner Korrektur. Die persönliche Leistung, die Goethes diplomatische Bemühungen im Zusammenhang des Berufungsgeschehens bedeuten, wird jedoch erst in der eingehenden Präzisierung der vielschichtigen Vorgänge erkennbar. Zurecht konnte Goethe schon Ende Januar, noch vor dem offiziellen Ruf gegenüber Herder festhalten: „Wenn ich das ins rein hab, dann ist mirs auf eine Weile wohl; denn mit mir ists aufgestanden und schlafen gangen, das Projeckt, und durch die besten Weege."[237]

---

237 Goethe an Herder, wohl 24. Januar 1776, FGA, Bd. 29, Nr. 14, S. 19, Z. 20–22.

II. Herders Kirchenamt in Sachsen-Weimar
(1776–1803)

Das „Projeckt" des Kirchenamts in Sachsen-Weimar führte Herder in einen der zahlreichen territorial zersplitterten Kleinstaaten des Alten Reiches, dessen regionale Reichweite, dynastische Repräsentanz, institutionelle Gestalt und bevölkerungsstatistische Bedeutung Herder zum Zeitpunkt seiner Berufung ebensowenig hatte kennen können wie die nachfolgende Herderforschung. Zunächst gilt es daher, die politische Größe des Fürstentums knapp zu skizzieren, um auf dieser Grundlage die kirchliche Amtsstruktur mit den Amtspflichten darzustellen, die das Berufungsdekret festhält. Der Blick richtet sich darin auf eine strukturell angelegte Momentaufnahme des Fürstentums im Jahr des Berufungsvorganges 1776. Zugleich werden diachrone Entwicklungslinien in die weitere Amtszeit gezogen, die von dem Amtsprofil der Berufung ausgehen. Einzelne Daten, die für das Anfangsjahr des untersuchten Zeitraums nicht verfügbar sind, werden in der zeitlichen Nähe geboten, die quellenbedingt möglich ist.

1. Amtsstruktur (1776–1803)

1.1. Die kirchliche Behördenstruktur Sachsen-Weimar-Eisenachs
(1776–1803)

1.1.1. Das Fürstentum Sachsen-Weimar-Eisenach (1741–1809/1815)

Als politische Größe ragt das Fürstentum Sachsen-Weimar-Eisenach aus der Vielzahl der Thüringischen Staaten in mehrfacher Hinsicht hervor. Erwachsen aus der ernestinischen Hauptlinie der Wettiner, die nach der Wittenberger Kapitulation ihre Residenz 1547 in Weimar errichtet hatte[1], führte die Trennung von Coburg 1572 zunächst zur Aufspaltung in zwei Fürstentümer mit getrennter Erbfolgeregelung[2]. Die Jahre 1603 und 1640 bedeuten für das Herzogtum Sachsen-Weimar weitere Landesteilungen mit weitreichenden Gebietsverlu-

---

1 Heß, Behördenorganisation, S. 29.
2 Ebd., S. 14.

sten.[3] Bereits 1638 konnten jedoch auch einzelne Herrschaftsbereiche zurück-
gewonnen werden, zunächst mit Anteilen an dem Erbe der älteren Linie Sachsen-Eisenach[4], bevor 1644 weitere Gebiete der mittleren Linie folgten und
1672 Territorien der Hauptlinie Sachsen-Coburg-Altenburg angegliedert wurden[5]. Aus dem Besitz der Grafschaft Henneberg erhielt der Herzog von Weimar im Zuge der 1660 erfolgten Teilung u. a. das Amt Ilmenau[6], das als Amt
und Superintendentur innerhalb des Fürstentums fortbestand. Einen besonderen territorialen sowie institutionellen Zugewinn bedeutete die Jenaische Landesportion, die 1691 an die Herzogtümer Sachsen-Eisenach und Sachsen-Weimar fiel[7], bevor Sachsen-Weimar nach dem Aussterben der jüngeren Linie
Sachsen-Eisenach deren Gebiete 1741 vollständig erbte[8]. Das damit begründete Herzogtum Sachsen-Weimar-Eisenach bestand in seiner territorialen wie institutionellen Verfassung während der Amtszeit Herders im wesentlichen unverändert fort. Erst im Zuge der Verfassungsänderungen in den Jahren 1809
und 1815 wurden Vereinheitlichungen auf Behördenebene massiv vorangetrie-
ben. Die für den Untersuchungszeitraum relevanten demographischen Daten,
die Hans Eberhardt mit besonderen sozialgeschichtlichen Interessen für das gesamte Herzogtum, einzelne städtische und eine Reihe ländlicher Territorien
aus mehreren zeitgenössischen Erhebungen zusammenstellte[9], lassen als ausreichend gesichert annehmen, daß während der zweiten Hälfte der achtziger
Jahre ca. 110.000 Einwohner in dem gesamten Fürstentums lebten[10], von denen knapp 60 Prozent Sachsen-Weimar[11] und gut 40 Prozent Sachsen-Eisenach[12] zuzurechnen waren.

---

3 Im einzelnen vgl. dazu ebd., S. 14f., 29.
4 Ebd., S. 14.
5 Ebd.
6 Leonhardi, Erdbeschreibung, Bd. 2, S. 751.
7 Heß, Behördenorganisation, S. 15.
8 Ebd., S. 14f., 29.
9 Eberhardt, Umwelt, S. 10–19.
10 Die Volkszählung von 1785 ergab einen Gesamtwert von 106.398 Einwohner, vgl. ebd.,
   S. 10. Die Gesamtsumme der Einzeldaten für Sachsen-Weimar aus dem Jahr 1788 (63.598
   Einwohner) und Sachsen-Eisenach für das Jahr 1789 (46.513 Einwohner) ergeben eine Einwohnerzahl von 110.111; zu den Einzeldaten vgl. ebd., S. 10f.
11 Die verfügbaren absoluten Zahlen stammen aus den Jahren 1786 und 1788 und belaufen sich
   für das erste Jahr auf 62.360 bzw. 62.365, für das zweite auf 63.598 Einwohner; ebd., S. 10f.
   bzw. Fabri, Geographie, S. 12. Für den prozentualen Anteil an der Gesamtbevölkerung ergeben sich, je nach der gewählten Basis (s. dazu Voranm. 10), Werte zwischen 56,3 und
   60 Prozent.
12 Die verfügbaren absoluten Zahlen stammen aus den Jahren 1786 und 1789 und belaufen sich
   für das erste Jahr auf 44.038 und für das zweite auf 46.513 Einwohner. Für den prozentualen
   Anteil an der Gesamtbevölkerung ergeben sich, je nach der gewählten Basis (s. dazu wiederum Anm. 10), Werte zwischen 40 und 43,7 Prozent.

1.1.2. Die ranghöchsten kirchlichen Behörden und Ämter des Herzogtums (1741–1804)

Die durch Erbschaftsregelungen zu einem Herzogtum zusammengeführten Territorien waren lediglich in der Personalunion des regierenden Herzogs miteinander verbunden. Eine verwaltungsorganisatorische Vereinheitlichung der Behördenstruktur wurde vor 1806 in keinem der Thüringischen Fürstentümer vorgenommen.[13] Die Kirchenstruktur Sachsen-Weimar-Eisenachs entspricht darin der Zersplitterung der Behördenstruktur insgesamt. In der vormaligen politischen Eigenständigkeit einzelner Territorien bestanden auch mehrere kirchliche Amtsstrukturen, die unabhängig voneinander eingerichtet worden waren, parallel zueinander fort. Besonders zwei Aspekte waren in der politischen Einheit des Regierungsgebietes von Bedeutung. Zum einen unterstanden dem Herzog als Landesherrn und *summus episcopus* zwei Generalsuperintendenten, wobei dem Generalsuperintendenten von Sachsen-Weimar in der Größe seines Kirchengebietes, der Anzahl der ihm unterstellten Superintenduren und seiner Präsenz in dem politischen Zentrum des Fürstentums eindeutig der Vorrang gegenüber dem Generalsuperintendenten von Sachsen-Eisenach zukam.[14] Zum anderen blieben mit Weimar, Eisenach und Jena drei eigene Konsistorien erhalten. Das Weimarer Konsistorium, unter Johann Friedrich dem Mittleren 1561 zusammen mit einer Konsistorialordnung eingerichtet[15], war das historisch älteste und erhielt seinen Sonderstatus als Oberkonsistorium gegenüber dem Gros der angeschlossenen Gebiete und Verwaltungsstrukturen. Das Jenaer Konsistorium, das 1574 mit einer eigenen[16] und 1745 veränderten[17] Konsistorialordnung versehen wurde[18], unterstand im Fürstentum Sachsen-Weimar-Eisenach dem Weimarer Oberkonsistorium als einziges Unterkonsistorium. Das 1596 begründete Eisenacher Konsistorium[19] erhielt ebenso wie das Jenaer Konsistorium eigene Verwaltungsgebiete und Rechte, darüber hinaus jedoch den höheren Status des Oberkonsistoriums[20]. Diese Doppelung bzw. Verdreifachung der kirchenamtlichen Repräsentation und Verwaltung fand ihren – diese personelle sowie institutionelle Struktur abbildenden – Aus-

---

13   Heß, Behördenorganisation, S. 15.

14   Im einzelnen vgl. dazu Kap. I.2.

15   Vgl. dazu die Konsistorialordnung von 1561, Schmidt, Gesetze, Bd. 2, S. 310–319. In der Datierung der Einrichtung des Weimarer Konsistoriums in das Jahr 1612 unzutreffend: Heß, Behördenorganisation, S. 30.

16   Zu dem Text vgl. Schmidt, Gesetze, Bd. 2, S. 283–297.

17   Vgl. dazu ebd., S. 297–309.

18   Zu der Einrichtung des Jenaer Konsistoriums in dem Jahr 1569 bzw. 1672 vgl. unzutreffend und in den eigenen Angaben widersprüchlich: Heß, Behördenorganisation, S. 30f.

19   Ebd., S. 32, 34. Keine Angaben oder Texte bietet dazu Schmidt, Gesetze.

20   Vgl. dazu Heß, Behördenorganisation, S. 34, 95.

druck in der Vielzahl von Gutachten, die den Herzog mit der ihm eigenen Entscheidungskompetenz bei einzelnen Anfragen erreichen konnte. Vorrangig
hatten die Schlußberichte der Konsistorien Bedeutung. In diese gingen die
Gutachten der Generalsuperintendenten ebenso wie die Stellungnahmen der jeweiligen Konsistorialräte ein. Nach Rückfrage des Herzogs bzw. der Regierung konnte eine Position, die von dem jeweiligen Konsistorium zu verantworten und zu tragen war, vertieft werden. Die Amtszeit Herders bildet innerhalb
der politischen Geschichte des Fürstentums Sachsen-Weimar-Eisenach darin
einen homogenen Zeitraum. Eine veränderte Konsistorialordnung wurde, auch
aus Rücksicht auf Herder, erst nach dessen Tod unter dem 27. Januar 1804[21]
erlassen. Der deutlichste Einschnitt war darin die Übertragung der vormals
geistlichen Gerichtsbarkeit, insbesondere in Fällen des Matrimonialrechtes sowie für die unterstellte Geistlichkeit in Fragen des Zivil-, Vormundschafts-
und Kriminalrechtes, auf die weltlichen Gerichte.[22] Die Bezeichnung Ober-
bzw. Unterkonsistorium wurde fortgeführt, während die geistlichen Unterge-
richte zusammen mit ihren begrenzten Aufgabenbereichen in einer veränderten
Sprachregelung als Konsistorialämter weiterliefen.[23]

1.1.3. Die Generalsuperintendentur Sachsen-Weimar (1776–1803)

Während der Amtszeit Herders stand der Generalsuperintendent von Sachsen-
Weimar im Fürstentum damit in der Entscheidungskompetenz unter dem Herzog sowie in der Beratungskompetenz neben dem Generalsuperintendenten
von Sachsen-Eisenach. In seiner Funktion als Oberkonsistorial- und Kirchenrat
besaß der Weimarer Generalsuperintendent gegenüber den übrigen Vertretern
des Geistlichen Ministeriums keine Privilegien. Die Sonderstellung des Generalsuperintendenten von Sachsen-Weimar ergab sich ungeachtet der nicht un-
problematischen Implikationen einer kirchenrechtlichen Gleichstellung auf
Generalsuperintendenten- sowie Konsistorial- und Kirchenratsebene aus besonderen lokalen, regionalen und territorialen Traditionen, auf die im Zusammenhang der Amtspflichten einzugehen ist. Der wesentliche Aspekt des zentralen Kirchenamtes des Fürstentums Sachsen-Weimar bestand zunächst in der
vorgeordneten supervisorischen Funktion des Generalsuperintendenten gegenüber den ihm unterstellten Superintendenten. Zu der damit berührten kirchlichen Verwaltungsstruktur sowie territorialen Ämterabfolge und -verteilung lie-

---

21 Zu diesem Datum vgl. Schmidt, Gesetze, Bd. 10, S. 339; den Text s. ebd., S. 333–341.
22 Vgl. dazu bes. ebd., S. 333–338. S. ferner den historischen Abriß aus der Perspektive des
    Jahres 1825: Übersicht, Oberconsistorium, S. 2.
23 Schmidt, Gesetze, Bd. 10, S. 338.

gen für den hier untersuchten Zeitraum bisher keine präzisen Beschreibungen vor.

1.1.4. Superintendenten und Superintendenturen (1776–1803)

Alleine zu der Anzahl der Superintendenten finden sich in der Literatur unterschiedliche Angaben. Ingo Braecklein, als Superintendent von Weimar ein direkter Amtsnachfolger Herders, nannte in dem 1956 erschienen Sammelband *Herder im Geistlichen Amt* eine Anzahl von sechs Superintendenturen[24], die 1978 von Eberhardt wiederholt wurde[25]. Zeitgenössische landeskundliche Beschreibungen und geographische Berichte bieten die Ergänzung einer weiteren Superintendentur, jedoch unter Auslassungen bzw. unzutreffender Aufnahme anderer Gebiete.[26] Als die verläßlichste Quelle für eine Rekonstruktion der Kirchengebiete Sachsen-Weimars zur Zeit Herders erweisen sich die Staatshandbücher des Fürstentums Sachsen-Weimar-Eisenach, die unter dem Titel *Hochfürstl.[lich] S[ächsisch-] Weimar- und Eisenachischer Hof- und Address-Calender* jährlich im Druck erschienen und für die Jahre 1776 bis 1804 vollständig vorhanden sind[27]. Zusammen mit den übrigen Staatsangestellten wird

---

24 Braecklein, Herder, S. 57, erklärt für das Weimarer Oberkonsistorium zwar zutreffend: „unter Berücksichtigung dieser Gesichtspunkte kann man sagen, daß die territoriale Einflußsphäre des Konsistoriums zu Herders Zeit etwa umfaßte: die Superintendenturen Weimar, Buttstädt, Bürgel, Apolda, Dornburg und Ilmenau. Dabei hatte der Generalsuperintendent zugleich die Superintendentur in Weimar inne". Braecklein berücksichtigt darin nicht, daß das Weimarer Konsistorium als Oberkonsistorium und Herder als Generalsuperintendent, unter Einschränkung der lokalen Eigenständigkeiten, ebenfalls für die Jenaische Landesportion und der damit verbundenen Inspektion Allstedt zuständig waren. Die Superintendenten beider Verwaltungsgebiete wurden vom Weimarer Generalsuperintendenten investiert. Die amtliche Korrespondenz mit dem Superintendenten von Allstedt fiel, wie in den nachfolgenden Unterkapiteln gezeigt wird, zudem unter den Verantwortungsbereich des Weimarer Oberkonsistoriums.

25 Eberhardt, Herder, S. 203.

26 Als Zusammenfassung zeitgenössischer Landesbeschreibung sowie weiterer geographischer Berichte kann das vom SFB 482 angelegte Verzeichnis: Ortschaften und Ämterbezirke im (Groß-)Herzogtum Weimar und Eisenach (1750–1830). Vorläufiges Verzeichnis und Datenbank, bearbeitet von Joachim Berger, Jena 1997, im Typoskript herangezogen werden, das für die Superintendenturen der Generalsuperintendentur Weimar auflistet: Allstedt, Apolda, Bürgel, Ilmenau, Weida, Weimar. Nicht verzeichnet finden sich die Superintendenturen Dornburg und Buttstädt. Bereits mit der Nennung Allstedts werden damit die Ergebnisse Braeckleins ergänzt; die Aufnahme Weidas ist unzutreffend.

27 Bis 1789 erschienen die „Hofkalender" in Weimar, mit dem Jahr 1790 wurde der Druck in Jena vorgenommen.

das kirchliche Personal detailliert verzeichnet, lokal verortet und den jeweiligen amtlichen Verwaltungsgebieten zugewiesen.[28]

Als Ergebnis einer eingehenden Auswertung der *Hofkalender* kann festgehalten werden, daß der Generalsuperintendentur Sachsen-Weimar acht Superintendenturen zugeordnet waren: Allstedt, Apolda, Buttstädt, Bürgel, Dornburg, Ilmenau, Jena und Weimar. Von der räumlichen Aufteilung der politischen Verwaltungsgebiete in Amtsgrenzen unterschieden sich diese Superintendenturen erheblich. Sowohl hinsichtlich der umfassender angelegten Flächen als auch der jeweiligen Bevölkerungsanzahlen wichen die Superintendenturen in Entsprechung zu ihrer geringeren Anzahl gegenüber den vierzehn Ämtern des Fürstentums Sachsen-Weimar (Weimar, Oberweimar, Kromsdorf, Berka, Roßla, Hardisleben, Kapellendorf, Heusdorf, Dornburg, Bürgel, Ilmenau, Jena, Allstedt, daneben das Senioratsamt Oldisleben)[29] von der kleinerrastigen Verwaltungsstruktur deutlich ab. Ein institutioneller Vergleich dieser beiden administrativ sehr unterschiedlichen Territorialeinteilungen liegt nicht im Interesse dieser Untersuchung. Zeitgenössische geographische sowie landeskundliche Darstellungen bieten präzise Beschreibungen der juristisch sowie finanz- und steuerpolitisch relevanten Ämterstruktur.[30] Eine direkte Gegenüberstellung dürfte ebenso wie eine eigene Schilderung der kirchenamtlichen Territorialaufteilung für Zeitgenossen vergleichsweise irrelevant gewesen sein, zumal es in kirchenamtlichen Verwaltungsfragen kaum zu Unklarheiten in den lokalen bzw. regionalen Verantwortlichkeiten kommen konnte. Auch erforderten die juristischen Aufgabenverteilungen und regionalen Zuständigkeitsbereiche der drei territorial verfügbaren Konsistorien keine eigene Beschreibung der jeweiligen historisch gewachsenen Grenzen. Damit dürfte es bereits den Zeitgenossen unbekannt geblieben sein, in welchem Maße die kirchlichen Verwaltungsgebiete von den politischen Ämtergrenzen differierten. Nur so lassen sich

---

28 Die im SFB 482 erarbeitete Prosopographie-Datenbank, zusammengestellt auf Grundlage der verfügbaren Staatshandbücher unter den Teilprojektleitern Georg Schmidt und Hans-Werner Hahn wurde von den Mitarbeitern Marcus Ventzke und Joachim Berger koordiniert. Sie führt unter der Funktion des Superintendenten innerhalb der Generalsuperintendentur Weimar die kirchlichen Vertreter von Allstedt, Bürgel, Dornburg, Jena und Weimar auf; unter der Behörde einer Superintendentur in Sachsen-Weimar laufen die Gebiete Apolda, Bürgel, Buttstädt, Dornburg, Ilmenau und Jena. Zutreffend ist die Zuordnung der Superintendentur Jenas zu Sachsen-Weimar. In einer Kombination der beiden Listen sind die Superintendenturen vollständig aufgenommen, was jedoch erst als Ergebnis einer eigenen, eingehenden Prüfung der Staatshandbücher festgehalten werden kann.

29 Vgl. dazu Leonhardi, Erdbeschreibung, Bd. 2, S. 762. Entsprechend auch Fabri, Geographie, S. 25f. Unvollständig dagegen Eberhardt, Umwelt, S. 38.

30 Vgl. dazu Leohardi, Erdbeschreibung, Bd. 2, S. 762–793, mit der knappen Auflistung und detaillierten Beschreibung der Amtsgrenzen; als kartographische Umsetzung s. die in der vorliegenden Arbeit auf S. 1 in Überarbeitung gebotene Darstellung, deren Originaldruck ebenfalls ausschließlich die Amtsgrenzen bietet.

die fehlenden oder fehlerhaften Angaben der sonst überaus präzisen zeitgenössischen landeskundlichen Beschreibungen erklären, denen auch entsprechende Defizite in der späteren Literatur geschuldet sind. Exemplarisch für die Vorordnung der politischen Verwaltungsstruktur in der Darstellung der einzelnen Herrschaftsgebiete ist Friedrich Gottlob Leonhardis zwischen 1788 und 1806 in drei Auflagen erschienene *Erdbeschreibung der Churfürstlich- und Herzoglich Sächsischen Lande*, die insgesamt die genauesten und detailliertesten zeitgenössischen Angaben bietet. Auf eine eigene Darstellung der kirchenamtlichen Verwaltungsstruktur verzichtet sie jedoch, abgesehen von einer knappen Skizzierung des Weimarer Oberkonsistoriums.[31] Sie bietet nur unter den jeweiligen Amtsgrenzen Hinweise auf die Anzahl der berührten Superintendenturen, was aufgrund der höher liegenden Ämteranzahl zu einer verzerrten Wahrnehmung der kirchenamtlichen Struktur führen kann. Die Gesamtzahl der Superintendenturen benennt Leonhardi, wie die übrigen landeskundlichen Beschreibungen der Zeit, mit sieben Superintendenturen nicht zutreffend, aber annähernd korrekt.[32]

Aussagekräftiger als ein Vergleich mit den Amtsgrenzen sind präzise demographische Angaben, die auf Grundlage der kleinstmöglichen Verwaltungseinheit, des Pfarrdorfes bzw. der Filialkirche, bis hin zu den Städten sukzessiv zu einer summarischen Erfassung des kirchlichen Verwaltungsgebietes beitragen. Während des Untersuchungszeitraumes zwischen 1776 und 1803 wurden mehrfach Volkszählungen durchgeführt, die erste im Jahr 1785.[33] Die Erhebung des Jahres 1786 stellt eine einzigartige Informationsquelle für die Bevölkerungsverteilung im Fürstentum Sachsen-Weimar dar, da Leonhardi in der zweiten Auflage seiner *Erdbeschreibung* fast sämtliche Einzeldaten überliefert.[34]

Die nachfolgende Darstellung der einzelnen Superintendenturen verbindet die damit frühestmöglichen Daten der historischen Demographie Sachsen-Weimars mit einer detaillierten Schilderung der geographischen Lage, Amtsstrukturen und Stellenverteilungen in den jeweiligen Verwaltungsgebieten. Abgehoben wird zudem auf die Differenzen in der Zuordnung von Stadt und Land. Als Referenzjahr für statistische sowie weitere quantitative Angaben zum Personalstand gilt ebenfalls das Jahr 1786, das einen direkten Vergleich mit den demographischen Daten dieses Jahres ermöglicht. Die statistischen Angaben beschränken sich ausschließlich auf die Pfarrer; auf die ebenfalls in

---

31 Vgl. dazu Leonhardi, Erdbeschreibung, Bd. 2, S. 760.

32 Ebd. findet sich die oben genannte und nur summarisch gebotene Zahl, die entweder unter Absehung der Spezialsuperintendentur Weimar oder ungeachtet des Sonderstatus des Amtes Allstedt als einer Superintendentur und Inspektion eine korrekte Angabe darstellen dürfte.

33 Vgl. dazu besonders Eberhardt, Umwelt, S. 9–12.

34 Vgl. dazu im einzelnen Leonhardt, Erdbeschreibung, Bd. 2, S. 756–793.

kirchlichen Diensten stehenden Lehrer und Landschullehrer wird in diesem Zusammenhang nicht abgehoben. Die nachfolgende Auflistung der Superintendenturen ist quantitativ bestimmt; sie orientiert sich an den absoluten Anzahlen von Einwohnern bzw. Pfarrern und ist fallend geordnet.

1) Superintendentur Weimar (1786)

An erster Stelle unter den Superintendenturen des Fürstentums kommt Weimar zu stehen, da der Generalsuperintendent von Sachsen-Weimar zugleich für die Spezialsuperintendentur Weimar, das mit Abstand größte und in Verwaltung wie Personal aufwendigste Kirchengebiet, zuständig war. Verfügten die übrigen Superintendenturen über maximal drei Inspektionen bzw. Adjunkturen[35] (die Superintendentur Ilmenau über lediglich sechs Pfarrer[36]), umfaßte die Superintendentur Weimar mit Berka, Buttelstedt, Hardisleben, Mellingen, Neumark, Niederroßla, Oberweimar, Oßmannstedt und Stadt Sulza über neun Adjunkturen[37]. Der statistische Vergleich mit den übrigen Superintendenturen der Generalsuperintendentur macht deutlich, was für einen erheblichen administrativen Aufwand allein die Spezialaufsicht über die Weimarer Superintendentur bedeutet hat. Auf dem Gebiet der kirchlichen Verwaltungseinheit lebte fast ein Drittel der Gesamteinwohner der Generalsuperintendentur. Knapp 42 Prozent der gesamten Geistlichkeit waren hier angestellt. Unter den acht Superintendenturen ergibt dies mit durchschnittlich 336 Einwohnern pro Stelleninhaber die zweitstärkste pfarramtliche Präsenz. Hinzuweisen ist zugleich auf die deutlichen Unterschiede zwischen Stadt und Land. In der Stadt Weimar lebten gut 30 Prozent der Einwohner der gesamten Superintendentur, in der mit acht Pfarrstellen, einschließlich des als Generalsuperintendent fungierenden Oberpfarrers der Stadt, eine gegenüber dem statischen Mittelwert fast doppelt so hohe Summe von Einwohnern auf einen Pfarrer fiel. In einer Einzelbetrachtung wäre darüber hinaus noch sehr genau zwischen Pfarrstellen mit eingeschränkten seelsorgerlichen Pflichten und nicht näher spezifizierten Aufgabenbereichen zu unterscheiden, wodurch die pfarramtliche Belastung mehrerer Positionen gerade in den städtischen Ballungsgebieten erheblich gesteigert werden konnte. Mit etwas über tausend Einwohnern war Stadt Sulza die zweitgrößte Stadt der Superintendentur. Lediglich Mellingen, Berka und Buttelstedt erreichten als offene Städte über fünfhundert Einwohner. Zusammen mit der

---

35   Vgl. dazu etwa die Ausführungen zu den Superintendenturen Jena und Bürgel.

36   Diese aus den Hofkalendern erhobene Angabe deckt sich wiederum mit der zeitgenössischen Beschreibung von Leonhardi, Erdbeschreibung, Bd. 2, S. 773.

37   Leonhardi, ebd., S. 764, nennt „unter seinem besondern Sprengel [dem des Weimarer Generalsuperintendenten] 9 Adjuncturen, 48 Pfarreyen und 2 Filiale[n]".

Residenzstadt trugen allein diese Orte, zu denen sich noch weitere hinzufügen ließen, dazu bei, daß die Superintendentur Weimar mit gut 45 Prozent der Einwohner knapp zur Hälfte als städtisch bestimmt gelten konnte. Zu bemerken ist zu der Gesamtrelation der Einwohnerzahlen weiter, daß zu der Superintendentur Weimar, die territorial weit ausgriff, der jenseits der westlichen Landesgrenze zwischen Niedergrunstedt im Süden und Ballstedt im Norden gelegene Landstreifen fiel, der als Landesgebiet zwar dem benachbarten Fürstentum Erfurt gehörte, für Sachsen-Weimar jedoch mit dem Recht der hohen und niederen Jagd verbunden war. Über viele Jahre hinweg war etwa in Ulla Johann August de Wette, der Vater des späteren Alttestamentlers Wilhelm Martin Leberecht de Wette, in diesem Grenzgebiet tätig. Im Westen der Superintendentur lagen zudem vier Sächsisch-Weimarische Enklaven. Drei wurden von Erfurter Gebiet umschlossen; die südlichste, innerhalb der Herrschaft Arnstadt, war in das Territorium von Schwarzburg-Sondershausen eingebettet. Mit Ausnahme der nördlichsten Adjunktur, Hardisleben, stellte das verbleibende Gebiet einen zusammenhängenden Verwaltungsbereich dar, der selbst nur die Superintendentur Apolda territorial durchschnitt.

2) Superintendentur Jena (1786)

Die Jenaer Superintendentur verfügte über etwas mehr als die Hälfte der Einwohner der Superintendentur Weimar. Ihr Personalbestand fiel demgegenüber mit einem guten Drittel der Weimarer Pfarrstellen deutlich ab. Hinzuweisen ist jedoch für das städtische Ballungsgebiet der Stadt Jena darauf, daß zum einen das Jahr 1786 eine merklich schlechtere Besetzungsbilanz, insbesondere an der Stadtkirche, als andere Jahre aufweist, zum anderen, daß etwa die Kollegienkirche, deren Gottesdienste zum Teil von Jenaer Kandidaten der Theologie übernommen wurden[38], keine eigene Erwähnung in den Hofkalendern findet. Hinzugefügt werden muß jedoch auch, daß die Studierenden der Universität Jena nicht von der Volkszählung berücksichtigt wurden.[39] Als lokale Besonderheit ist zudem auf die administrative Konstellation der „Ober-" und „Unterpflege" in dem zusammenhängenden Gebiet um Jena zu verweisen. Statt Adjunkturen waren der Superintendentur zwei Inspektionen zugeordnet, im Süden die von Schwarzburgischem Gebiet umschlossene Enklave Remda, in der zusammen mit den Landesgrenzen die Amts- und Inspektionseinteilung übereinfiel, und im Norden die Inspektion Allstedt, die an den Thüringer Kreis (Sach-

---

38   Vgl. das erhaltende Kirchenprotokoll der Kollegienkirche im UA Jena: A 2561; s. dazu Rasche, Gabler, S. 132.

39   Vgl. dazu die getrennte und offensichtlich nur grob geschätzte Auflistung von Leonhardi, Erdbeschreibung, Bd. 2, S. 780.

sen-Weißenfels), das Fürstentum Querfurt und die Grafschaft Mansfeld grenzte. Ebenfalls im Norden lag als Enklave das Senioratsamt Oldisleben. Seine
Steuern fielen seit dem Teilungsvertrag von 1640 an Sachsen-Weimar.[40] Auf
diesem Gebiet befand sich jedoch keine von Weimar pfarramtlich betreute Kirche. Auf die kirchenamtliche Doppelanbindung Allstedts als Inspektion an die
Superintendentur Jena und in der Gestalt des Superintendenten an die Generalsuperintendentur Weimar wird eigens einzugehen sein. Im Norden des zusammenhängenden Gebietes der Superintendentur Jena lag ihrerseits eine Kursäch-
sische Enklave, an die auch die Superintendenturen Apolda, Dornburg und
Bürgel grenzten. Ein Filialbereich der Superintendentur Bürgel lag zudem im
Norden des Jenaischen Hauptgebietes. Nur im Zentrum befand sich eine
schmale Altenburgische Konklave. Wie die übrigen Superintendenten wurde
der Jenaer Superintendent von dem Weimarer Generalsuperintendenten investiert. In einem Weimar vergleichbaren und allenfalls leicht höheren Maße
kann die Superintendentur Jena als ein halb städtisch, halb ländlich bestimmtes
Verwaltungsgebiet gelten. Allein mit Lobeda und Remda ergibt sich für Jena
ein entsprechender Wert, für den allerdings auf die insgesamt stärkere Zentralität der Stadt Jena und vergleichsweise kleinere Zahl offener Städte oder Markt-
flecken hinzuweisen ist.

3) Superintendentur Apolda (1786)

Die Superintendentur Apolda verfügte mit der knapp dreitausend Einwohner
zählenden, wirtschaftlich bedeutsamen Stadt Apolda über die drittgrößte Stadt
des Fürstentums, deren Einwohnerzahl fast die von Jena erreichte. Als kirchliche Verwaltungseinheit betrug die Gesamteinwohnerzahl etwa zwei Drittel der
benachbarten Superintendentur Jena und ein gutes Drittel der im Westen anschließenden Superintendentur Weimar. In ihrem kirchlichen Personalbestand
kam die Superintendentur Apolda zwar absolut auf dem dritten Platz zu stehen;
in Relation zu der Gesamteinwohnerzahl stellt der Quotient von 572 Einwohnern pro Pfarrer jedoch das mit Abstand schlechteste Ergebnis dar. Für die
Geistlichen in dem städtischen Ballungsgebiet Apolda, das die Superintendentur bevölkerungsstatistisch mit der Hälfte der gesamten Einwohnerzahl domi-
nierte, dürfte dies eine ebensolche Belastung dargestellt haben wie für die
Landgeistlichen, die ebenfalls unterdurchschnittlich repräsentiert waren. Obgleich für den Zeitraum nur punktuelle statistische Daten verfügbar sind, ist
anzunehmen, daß der Bevölkerungsanstieg in der Superintendentur infolge der
wirtschaftlichen Erfolge Apoldas nicht ausreichend von der pfarramtlichen

---

40   Vgl. dazu Leonhardi, Erdbeschreibung, Bd. 2, S. 793.

Personalstruktur eingeholt wurde. Von 1779 bis 1786 läßt sich eine Bevölkerungszunahme von insgesamt 3,7 Prozent für Weimar und 15,5 Prozent für Apolda ermitteln.[41] Zudem war die Superintendentur in ihrem Verwaltungsbereich durch die ausgreifenden Weimarer Gebiete stark eingeschränkt und zerfiel in insgesamt drei räumlich getrennte Landstriche, von denen der nördliche von der Superintendentur Weimar abgeschnitten wurde, der südliche von der Superintendentur Dornburg. Das südliche Gebiet der Superintendentur Apolda verfügte über die Adjunktur Magdala, der mittlere Abschnitt über die Adjunktur Heusdorf. In der kirchlichen Verwaltungsstruktur des Fürstentums stellt die Zuordnung zweier Adjunkturen zu einem Superintendenten die zweitaufwendigste Personalkonstellation dar. Sie war ebenso verbreitet wie die Beschränkung auf einen einzigen Adjunkten.

4) Superintendentur Buttstädt (1786)

Die Superintendentur Buttstädt war eines jener Verwaltungsgebiete, die über einen einzigen Adjunkten verfügten. Im Falle Buttstädts lag die Adjunktur in Rastenberg, der nördlichsten Kleinstadt des Bezirkes. Das Gebiet um Rastenberg grenzte an den Nordosten des zentralen Hauptgebietes der Superintendentur und berührte sich darin mit Buttelstedt als dem nördlichsten Bereich der Superintendentur Weimar. Rastenberg und Buttstädt stellten die mit Abstand größten Städte der Superintendentur dar. Beide zusammen ergaben fast die Hälfte der Gesamtbevölkerung. Großbrembach und Olbersleben erreichten als Dörfer jeweils ebenfalls über 600 Einwohner. Mit insgesamt 5.363 Einwohnern markierte die Superintendentur Buttstädt 8,6 Prozent der Gesamtbevölkerung Sachsen-Weimars. 8,2 Prozent des Kirchenpersonales im Fürstentum Sachsen-Weimar standen dem gegenüber. In keiner anderen Superintendentur war dieses Verhältnis so ausgeglichen wie in Buttstädt. Für das Verhältnis der Stadt- zur Landbevölkerung dürfte bezeichnend sein, daß die Grenzen zwischen den größeren Kleinstädten und den quantitativ starken Dörfern statistisch verschwimmen. Selbst darin ist jedoch insgesamt von einer nahezu paritätischen Verteilung der Bevölkerung und des kirchlichen Personals auf Stadt- wie Landgebiete auszugehen. Im Südosten wurde die Superintendentur von dem angrenzenden Weimar durchschnitten und in zwei zusammenhängende

---

41 Eberhardt, Umwelt, S. 21, entnimmt dem Briefwechsel Schlözers für das Jahr 1779 die Angabe von 3.412 Einwohnern der Stadt Apolda. Im entsprechenden Jahr, vgl. dazu ebd., S. 24, wurden für Weimar 6.041 Einwohner gezählt. Die Ergebnisse der Volkszählung des Jahres 1786 mit 6.265 Einwohnern Weimar und 3.941 Apoldas s. in Tabelle 1. Zu der wirtschaftlichen Entwicklung Apoldas im direkten Vergleich mit Weimar zu Beginn des hier demographisch untersuchten Zeitraumes vgl. besonders Eberhardt, Umwelt, S. 69.

Verwaltungsbereiche zerteilt. Die Superintendentur Buttstädt trennte mit ihrem Hauptgebiet ihrerseits die Adjunktur Hardisleben von dem zentralen Territorium des benachbarten Weimar.

5) Superintendent von Allstedt (1786)

Der Jenaischen Landesportion historisch nicht verbunden, administrativ jedoch zugeordnet war die im Kursächsischen gelegene Enklave Allstedt, die seit dem Naumburger Vertrag von 1554 von den Weimarer Herzögen als Amt[42] eingerichtet worden war. Wie Jena verfügte Allstedt über einen eigenen Superintendenten, dessen Kirchengebiet jedoch als Inspektion der Superintendentur Jena zugeordnet wurde und in diesem Zusammenhang bereits geographisch beschrieben wurde. Die kirchenrechtliche Sonderstellung Allstedts zwischen Jena und Weimar bedeutete, daß der Generalsuperintendent von Weimar die Allstedter und Jenaer Superintendenten gleichermaßen investierte, Allstedt als Inspektion jedoch dem Jenaer Konsistorium unterstand. Diese Direktive war, neben der personalen Anbindung des Allstedter Superintendenten an den Generalsuperintendenten von Weimar, erheblich durch das Fortbestehen eines geistlichen Untergerichts in Allstedt eingeschränkt.[43] Nach einer Initiative der Jenaer Stände wurde in der Geheimen Kanzlei 1788 über eine Aufhebung der Allstedter Gerichtsbarkeit und eine entsprechende Stärkung des Jenaer Konsistoriums verhandelt.[44] Über Ergebnisse ist nichts bekannt. Auszüge aus der amtlichen Korrespondenz Herders mit dem Allstedter Superintendenten haben sich aus dem Jahrzehnt zwischen 1793 und 1803 erhalten.[45] Im wesentlichen betreffen sie die finanzadministrativen sowie personalpolitischen Supervisionspflichten des Generalsuperintendenten, lassen jedoch auch für die Jahre 1801 bis 1803 Anfragen in Heirats- und Ehescheidungsangelegenheiten erkennen. Zumindest für die letzten Amtsjahre Herders kann damit eine einschlägige Anbindung Allstedts an die Gerichtsbarkeit des Weimarer Oberkonsistoriums dokumentiert werden, die eine vorherige Vermittlung durch das Jenaer Konsistorium zwar nicht ausschließt, in den angefragten Vorgängen jedoch unwahrscheinlich macht. Die Sonderstellung der Inspektion Allstedt ist für den Untersuchungszeitraum in unterschiedlichen Gewichtungen zwischen der Generalsuperintendentur Weimar und der Superintendentur Jena zu verzeichnen. 1780, nach seiner ersten Investitur eines Superintendenten in Allstedt, galt Herder dessen Gebiet als das nach der Generalsuperintendentur einträglichste

42 Vgl. dazu Leonhardi, Erdbeschreibung, Bd. 2, S. 792.
43 Vgl. dazu ThHSA, B 2925.
44 Ebd.
45 LKA Eisenach, ohne Sig.

und in seiner ländlichen Ruhe deutlich attraktivere. Über den neuen Superintendenten berichtet er Hamann: „Seine jetzige Stelle ist schön; nach meiner an
Einkünften die beste im Lande u.[nd] an Ruhe der meinigen ungleich überlegen."[46] Hinsichtlich der Einkünfte hat sich Herder in der Vorordnung Allstedts
vor dem hier nicht berücksichtigten Jena wohl geirrt. Zutreffend dürften seine
Beobachtungen in zweierlei Hinsicht gewesen sein. Zum einen war die Superintendentur Allstedt mit 8,1 Prozent der Gesamtbevölkerung nur unwesentlich
kleiner als etwa die Superintendentur Buttstädt. Der Anteil der Stadtbevölke-
rung, die sich auf Allstedt selbst konzentrierte, lag jedoch mit einem knappen
Drittel der Superintendentur deutlich niedriger als bei den quantitativ stärkeren
Verwaltungsgebieten. Hinzu kam, daß Allstedt als Superintendentur 7,5 Prozent des gesamten Kirchenpersonales zugeordnet waren. Dieser prozentual nur
leichte Unterschied bedeutete, daß in Allstedt, in der Personalbesetzung damit
noch immer sehr ausgeglichen, mit 457 die nach Apolda und Jena drittstärkste
Anzahl von Einwohnern auf einen Geistlichen kam. In Allstedt selbst, wo neben dem Superintendenten nur noch ein Pfarrer wirkte, lag der Wert sogar
deutlich höher. Für die ländliche Kleinstadt ergab sich ein die Residenzstadt
Weimar nicht unwesentlich überbietender Mittelwert von 809 Einwohnern pro
Pfarrer, der in der Generalsuperintendentur insgesamt nur noch von Jena
überboten wurde. Hinsichtlich der Einkünfte dürfte sich dies, in Verbindung
mit der ländlichen Umgebung, durchaus vorteilhaft für den Superintendenten
von Allstedt ausgewirkt haben.

6) Superintendentur Dornburg (1786)

Eine gegenüber Allstedt umgekehrte Konstellation administrativer Zuständigkeiten stellt die Superintendentur Dornburg dar. Historisch zunächst zu Jena
zugehörig[47], unterstand die Superintendentur auch in der geistlichen Gerichtsbarkeit direkt dem Weimarer Oberkonsistorium. Als vormals Altenburgisches
Gebiet grenzte die kirchliche Verwaltungseinheit im Westen noch weithin an
Sachsen-Altenburg. Im Süden lag es der Kursächsischen Enklave, im Norden
der Superintendentur Jena nahe. Ein südwestlich gelegener Landstrich, der von
dem Hauptgebiet um die Dornburger Schlösser abgetrennt war, durchschnitt
den südlichen Bereich der Superintendentur Apolda und grenzte darin breit an
die Superintendentur Weimar. Als Stadt galt 1786 lediglich das 370 Einwohner
zählende Dornburg. Zu fast 90 Prozent war die drittkleinste Superintendentur
des Fürstentums ländlich bestimmt, wobei die größte Siedlung des Gebietes
bezeichnenderweise das von Dornburg unweit gelegene Dorndorf mit 453 Ein-

---

46 Herder an Hamann, 9. September 1780, DA, Bd. 4, Nr. 116, S. 128, Z. 41–43.
47 Leonhardi, Erdbeschreibung, Bd. 2, S. 777.

wohnern darstellte. Die ländliche Bevölkerung überwiegt die städtische auch absolut in einer Einzelbetrachtung der Ortschaften. Mit 358 Einwohnern pro Pfarrer war die Superintendentur in Relation zu dem Gesamtpersonal vergleichsweise gut besetzt. Nur Weimar und die nachfolgende Superintendentur Ilmenau verfügten über eine stärkere Personalpräsenz. Mit zehn Geistlichen, von denen einer die Superintendentur innehatte und zwei als Adjunkturen fungierten, war die kirchliche Amtsstruktur des Gebietes vergleichsweise aufwendig gestaltet.

7) Superintendentur Bürgel (1786)

Die Superintendentur Bürgel lag angrenzend an den Nordosten der Superintendentur Jena und war größtenteils von Altenburgischem Territorium umschlossen. Das Gebiet dieser östlichsten und personell sowie territorial zweitkleinsten Superintendentur des Herzogtums war ebenfalls nicht zusammenhängend und verfügte über zwei kleinere Verwaltungseinheiten in dem nördlichen und südlichen Grenzbereich der Superintendentur Jena. Wie Allstedt und Dornburg sowie, nachfolgend beschrieben, Ilmenau, verfügte die Superintendentur Bürgel über eine einzige Stadt, die allerdings knapp die Hälfte der Gesamteinwohnerzahl der kirchlichen Verwaltungseinheit ausmachte. Für diese vergleichsweise hohe Anzahl von Einwohnern war der Superintendent von Bürgel alleine zuständig. Die einzige Adjunktur des Kirchengebietes lag in Thalbürgel. Insgesamt lebten in der Superintendentur 3,7 Prozent der gesamten Einwohner Sachsen-Weimars, für die immerhin 5,5 Prozent der Geistlichkeit zur Verfügung standen. Im Schnitt bedeuteten dies 290 Einwohner auf einen Geistlichen, was den mit Abstand niedrigsten Wert des gesamten Fürstentums markiert. Im einzelnen muß allerdings deutlich zwischen dem Superintendenten von Bürgel unterschieden werden, auf den die gesamte städtische Einwohnerschaft kam, und den verbleibenden sieben Pfarrern, auf die damit ein Mittelwert von 176 Einwohnern fiel. Es ist anzunehmen, daß der Superintendent durch die Pfarrerschaft auch vor Ort entlastet wurde. In der Amtsstruktur ist dies jedoch nicht festgehalten. Aus der annäherungsweisen Vollständigkeit der Daten resultiert die Annahme einer ungleich hohen pfarramtlichen Präsenz in der Superintendentur.

8) Superintendentur Ilmenau (1786)

Die neben Allstedt zweite eigenständige Sächsisch-Weimarische Enklave stellte die Superintendentur Ilmenau dar, die am nord-östlichen Rand des Thüringer Waldes von mehreren Herrschaftsgebieten umgeben war, u. a. Schwarzburgischem sowie Hennebergischem Gebiet, Schwarzburg-Sondershausen, Sachsen-Gotha und Sachsen-Hildburghausen. In ihrem absoluten Personalbestand war Ilmenau mit sieben Geistlichen, einschließlich des Superintendenten und eines ebenfalls in Ilmenau tätigen Adjunkten, die mit Abstand kleinste Superintendentur des Fürstentums. Ilmenau stellte die einzige Stadt des Verwaltungsgebietes dar, die mit knapp 1.800 Einwohnern gut 57 Prozent der Gesamteinwohnerschaft umfaßte. Das quantitative Verhältnis der in dem Kirchengebiet angestellten Pfarrer zu der Gesamtzahl der darin ansässigen Einwohner ergibt einen leicht über dem Durchschnitt liegenden Mittelwert, der für eine relative Ausgeglichenheit der kirchlichen Personalpolitik im Verhältnis zu der dort lebenden Bevölkerung bzw. des graduellen Wachstums spricht.

1.1.5. Kartographische Darstellung und demographische Statistik (1786)

Kartographisches Material zu der beschriebenen Kirchenstruktur fehlt auch zeitgenössisch. Üblich sind Karten, in denen die politischen sowie juristischen Verwaltungsbereiche ebenso detailliert verzeichnet sind wie in den landeskundlichen oder geographischen Beschreibungen. Informationen zur kirchlichen Amtsstruktur beschränken sich mit einer entsprechenden Aufmerksamkeit im Detail auf die kleinstmöglichen Angaben: Pfarrdorf, Filialdorf und eingepfarrtes Dorf. Da die Amtsgrenzen von den Superintendenturen abweichen, fehlen Hinweise auf die übergeordneten kirchlichen Amtsstrukturen vollständig. Die nachfolgende kartographische Darstellung verbindet mit einem Stich der *Charte von dem Fürstenthume Weimar* von Franz Ludwig Güssefeld aus der Regierungszeit Karl Augusts die aus den Staatshandbüchern erhobenen pfarramtlich relevanten Informationen zu den kirchlichen Verwaltungsgebieten während der Amtszeit Herders.

Zu betonen ist, daß die tabellarisch damit verbundenen bevölkerungsstatistischen Angaben die einzig verfügbaren sind. Demographische Entwicklungslinien ließen sich für den hier relevanten Zeitraum punktuell, auf Grundlage einzelner Kirchenbücher, Tauf- sowie Sterberegister, erarbeiten. Zu einer Beschreibung der kirchlichen Amtsstruktur des Fürstentums trüge es allerdings wenig bei, lokal auf die Relation der Geburtenrate zur Sterbestatistik abzuheben. Aus dem Verwaltungsbereich des Generalsuperintendenten stehen zwar Datenbanken für die Hauptkirchen der Stadt Weimar, deren Datenaufnahme noch nicht abgeschlossen ist, sowie der Jenaer Stadtkirche zur Verfügung.[48] Anstelle dieser lokal bedeutsamen, territorial aber isolierten Erhebungen ist auf statistische Angaben zur Generalsuperintendentur im ganzen zurückzugreifen.

---

48 Eine Demographie-Datenbank des SFB 482 wird unter der Leitung von Hans-Werner Hahn erarbeitet und von Klaus Ries koordiniert.

Volkszählungen wurden im Fürstentum Sachsen-Weimar 1785, 1786 und 1788 durchgeführt.[49] Nur für das Jahr 1786 bietet Leonhardi einen Großteil der Einzeldaten. Für die vorliegende Arbeit wesentlicher als ein über das Jahr 1786 hinausreichender Versuch, demographische Veränderungen zu skizzieren[50], ist das Gesamtbild des einzigen darstellbaren Jahres, das sich als Tabelle und Ortslegende mit der kartographischen Darstellung der Amtsstruktur verbindet.

In der am Ende dieses Teilbandes gebotenen Klappkarte sind die rekonstruierten Bereiche der Superintendenturen farblich hervorgehoben. Diese, wie auch die Angaben zu dem jeweiligen Personalbestand, die unter Rückgriff auf zeitgenössische Typographie und Symbolik eingetragen wurden, können für die gesamte Amtszeit Herders als repräsentativ gelten. In Entsprechung zu den bevölkerungsstatistischen Daten wurden die pfarramtlichen Angaben der *Hofkalender* für das Jahr 1786 eingetragen. Ein punktueller Vergleich mit den Daten für Herders Antrittsjahr, 1776, und das letzte Amtsjahr, 1803, ergab eine größtmögliche Kontinuität in der Anzahl und lokalen Verteilung der beschäftigten Pfarrer.[51] Die darin erhobenen Daten beschränken sich ausschließlich auf die Sächsisch-Weimarischen Pfarrer und beziehen die ebenfalls in kirchlichen Diensten stehenden Lehrer und Landschullehrer nicht mit ein.[52]

Verzichtet wurde auf Einträge zur Behördenstruktur, da sich diese auf die Konsistorien in Weimar und Jena beschränkt hätten. Die Abfolge der kirchlichen Ämter (Superintendenturen, Adjunkturen, Inspektionen) läßt sich aus den kartographisch sowie tabellarisch geboten Daten ablesen und bietet die nötigen Zuordnungsmöglichkeiten innerhalb der übergeordneten Behördenstruktur. Um die institutionelle Summe der Ämter nicht der Gesamtzahl der einzelnen Personen vorzuordnen, wurde auf amtliche Mehrfacheinträge zugunsten der lediglich einfach verzeichneten ranghöchsten Position verzichtet. Einzig Herder weicht davon ab. Er wurde in der Karte nicht als Generalsuperintendent aufgenommen. Er findet sich unter dem Symbol des Superintendenten von Weimar: Die gesamte Karte stellt das Kirchengebiet, die Verwaltungsstruktur und die

---

49 Vgl. dazu Eberhardt, Umwelt, S. 10.

50 Der verdienstvolle Beitrag von Boblenz, Statistik bietet, in Ermangelung breiterer zeitgenössischer Erhebungen, eine zu schmale Grundlage für quantitative Vergleiche innerhalb des hier relevanten Zeitrahmens und Untersuchungsraumes. Für das Jahr 1786 stützt er sich auf eine Auswahl der Daten Leonhardis aus der Volkszählung von 1786, die er gegenüber weiteren Thüringischen Staaten vergleichend anordnet.

51 Für das letzte Weimarer Amtsjahr Herders, 1803, finden sich 139 Pfarrer verzeichnet, für 1776, das Jahr des Amtsantrittes, 142. Zwischenzeitlich, etwa 1789, sank die Zahl auf bis zu 111 Pfarrer. Die stichprobenartigen Vergleiche ergeben insofern eine weitestgehende Deckungsgleichheit der Stellen, als die Abweichungen im wesentlichen durch Vakanzen bedingt sind. Zu den kirchenstatistischen Angaben vgl. auch knapp Keßler, Werte, Anm. 1.

52 Die Anzahl der statistisch nicht berücksichtigten Landschullehrer etwa überbietet für das Jahr 1803 die oben genannte Anzahl von Pfarrern um ein gutes Fünftel. Vgl. dazu, ebd.

lokale, regionale sowie territoriale Ämterverteilung seiner Generalsuperintendentur dar.

Die anschließende Tabelle verbindet einen lokalen Schlüssel zu den einzelnen Pfarrstellen mit den von Leonhardi vermittelten Einzeldaten der Volkszählung von 1786. Sie ordnet die Superintendenturen nach ihrer jeweiligen
Größe an, wobei der absoluten Anzahl der pfarramtlich repräsentierten Geistlichen gegenüber den bevölkerungsstatistisch erhobenen Daten der Vorrang eingeräumt wurde. Nur in einem Fall war dies nötig; in den übrigen ergibt sich in
den beiden quantitativ möglichen Auswertungen dieselbe Reihenfolge. Die
Anordnung der Stellen innerhalb des jeweiligen Verwaltungsgebietes folgt der
wohl administrativ gewachsenen Abfolge der Einträge innerhalb der *Hofkalender*. Für lediglich 18 (in der Tabelle entsprechend markierte) Orte[53] verzeichnet Leonhardi keine Einwohnerzahl. Die sich aus den übrigen Einträgen ergebende Gesamtbevölkerungszahl differiert von der 1786 ermittelten Summe von
62.360 Einwohnern des Fürstentums Sachsen-Weimar um 4.055. Die zusammengestellten Angaben erreichen damit eine anzunehmende Vollständigkeit
von 93,5 Prozent und können insgesamt als äußerst genau gelten.

Zur Bezeichnung der Pfarrstellen innerhalb der Karte wurde in der linken
Spalte der Tabelle eine Ortsnummerierung eingeführt, die sich nicht mit der
Gesamtzahl der Pfarrstellen deckt, sondern eine möglichst präzise Bezugnahme der Statistik auf die kartographische Darstellung ermöglichen soll. Die einzelne Pfarrstelle läßt sich aus einer Kombination der (ihrer amtlichen Relevanz
nach absteigend eingetragenen) Abfolge von Einsatzorten mit der rechts daneben geführten Zählung der jeweils einzelnen Pfarrstelle ablesen. Sucht man
nach einer Pfarrstelle in der Komination ihrer Einsatzorte, geht man von der
sechsten Spalte aus und orientiert sich an der beim jeweils untersten Ort geführten Zählung zu einer Pfarrstelle. Über die links stehende Nummerierung
kann man den jeweils nächsten auf der Karte verzeichneten Ort ablesen. Die
Gesamtzahl der Pfarrstellen und Einwohner ist in den rechts außen stehenden
Spalten für die jeweilige Superintendentur festgehalten. Am unteren Ende der
Tabelle finden sich die Gesamtzahlen der damit registrierten Einwohner und
geistlichen Ämter Sachsen-Weimars. Sie bestätigen die prägnante, quantitativ
präzise und gegenüber kartographischen sowie statistischen Darstellungen in
jedem Fall pointiertere Zusammenfassung von Goethe, der in Knittelversen angekündigt hatte, Herder werde auf „hundert und funfzig Esel[n] [zu] reiten"
haben.[54]

---

53 Die Aufnahme der Ortsnamen wurde in der Schreibweise weitestgehend aktualisiert.
54 Vgl. dazu Kap. I, Anm. 185.

Eine auf die nachfolgende Tabelle bezogene kartographische Darstellung (Abbildung 1: Die Kirchenstruktur der Generalsuperintendentur Sachsen-Weimar zur Zeit Herders) findet sich am Ende von Teilband 1 als Klappkarte.

Nr	Super-intendent	Adjunkt	Pfarr-kirche	Filialdörfer	Geistliche	Einwohner	Geistliche gesamt	Einwohner gesamt
1	Weimar		Stadtkirche/ Hofkirche		1	6265	61	20485
			Stadtkirche		4	s. o.		
			Garnisonskirche		1	s. o.		
			Hofkirche		2	s. o.		
		Mellingen			1	564		
			Taubach			283		
2				Mechelroda	1	105		
			Umpferstedt			251		
3				Wiegendorf	1	82		
			Lehnstedt			264		
4				Hammerstedt	1	197		
		Neumark				362		
			Gaberndorf			300		
				Daasdorf		69		
5				Tröbsdorf	1	129		
6			Neumark		1	s. o.		
			Neumark			s. o.		
7				Thalborn	1			
			Ottmannshausen			195		
8				Stedten	1	75		
9			Wallichen		1	104		
10			Ballstedt		1	144		
			Hottelstedt			188		
11				Ottstedt am Berge	1	133		
			Oßmannstedt			fehlt		
12			Großkroms-dorf		1	127		
13			Oßmannstedt		1	s. o.		
			Tiefurt			172		
14				Kleinkroms-dorf	1	91		
15			Ulrichshalben		1	130		
			Schwabsdorf			87		
17				Rödigsdorf	1	120		
			Denstedt			218		
18				Süßenborn	1	158		
			(Bad) Berka			734		
19			Tannroda		1	131		
20			(Bad) Berka		1	s. o.		
			Saalborn			174		
21				Kiliansroda	1	fehlt		
			Troistedt			207		

Nr	Super-intendent	Adjunkt	Pfarr-kirche	Filialdörfer	Geistliche	Einwohner	Geistliche gesamt	Einwohner gesamt
22				Schoppendorf	1	79		
23			Bösleben		2	296		
			Thangelstedt			251		
24				Rettwitz	1	fehlt		
			Eichelborn			219		
25				Nauendorf	1	95		
			Bergern			55		
26				Hetschburg	1	82		
		Niederroßla				358		
			Mattstedt			270		
27				Zottelstedt	1	323		
			Mattstedt			s. o.		
28				Zottelstedt	1	s. o.		
29			Oberroßla		1	241		
30			Wickerstedt		1	544		
31			Niederroßla		2	s. o.		
32			Pfiffelbach		1	303		
		Oberweimar				342		
33			Ehringsdorf		1	210		
			Obergrunstedt			100		
34				Niedergrunstedt	1	207		
			Legefeld			152		
			Possendorf			138		
35				Gelmeroda	1	134		
36			Obernissa		1	fehlt		
37			Nohra		1	fehlt		
38			Ulla		1	fehlt		
			Buchfart			105		
39				Vollersroda	1	74		
40		Stadt Sulza			1	1047		
			Berg Sulza			241		
41				Dorf Sulza	1	216		
42		Hardisleben			1	532		
43			Mannstedt		1	112		
44			Teutleben		1	201		
45		Buttelstedt			1	749		
			Buttelstedt			s. o.		
			Weiden			75		
46				Oberndorf	1	fehlt		
			Neumark			s. o.		
			Großobringen			130		
47				Kleinobringen	2	130		
48			Daasdorf		1	157		
			Ettersburg			103		
49				Ramsla	2	fehlt		
50			Heichelheim		1	155		
51 Jena			Stadtkirche		2	4334	*24*	*11046*

Nr	Super-inten-dent	Adjunkt	Pfarr-kirche	Filialdörfer	Geistliche	Einwohner	Geistliche gesamt	Einwohner gesamt
			Garnisonskirche		1	s. o.		
	„Ober-pflege"		Lobeda			825		
				Rutha		77		
52				Wöllnitz	2	237		
	„Unter-pflege"		Wenigenjena			219		
53				Kamsdorf	1	182		
			Burgau			188		
				Ammerbach		206		
				Winzerla		193		
54				Göschwitz	1	130		
			Rothenstein			372		
55				Ölknitz (Al-tenburg)	1	fehlt		
			Maua			184		
56				Leutra	1	164		
			Großschwabhausen			349		
57				Münchenroda	1	117 (s. o.)		
			Löbstedt			271		
58				Zwetzen (Kursachsen)	1	fehlt		
			Jenalöbnitz			fehlt		
59				Rodigast (Weimar)	1	fehlt		
60			Löberschütz		1	221		
			Cospeda			137		
				Closewitz		128		
61				Lützeroda	1	47		
			Beutnitz			325		
				Naura		s. o. (Beutnitz inkl.)		
62				Golmsdorf	1	370		
63			Isserstedt		1	206		
			Jenaprießnitz			200		
64				Ziegenhain	1	220		
			Bucha			176		
				Schorba		59		
				Nennsdorf		36		
65				Ossmaritz	1	fehlt		
66			Kötschau		1	69		
			Hainichen			138		
67				Stiebritz	1	121		
68		Insp. Remda			2	587		
69			Sundremda		1	207		
70			Heilsberg		1	193		
71 Apolda					1	3941	13	7436
			Apolda		1	s. o.		

Nr	Super-intendent	Adjunkt	Pfarr-kirche	Filialdörfer	Geistliche	Einwohner	Geistliche gesamt	Einwohner gesamt
		Heusdorf				43		
72			Gebstedt		1	256		
			Heusdorf			s. o.		
73				Schöten	1	141		
74			Kapellendorf		1	283		
			Frankendorf			129		
				Hohlstedt		83		
75				Kötschau	1	69		
			Reisdorf			308		
76				Neustedt	1	100		
			Hermstedt			186		
77				Stobra	1	192		
		Magdala				404		
			Ottstedt			133		
			Stobra			197		
78				Maina	1	fehlt		
			Döbritschen					
79				Kleinschwab-hausen	1	s. o. (Großschwabhau-sen inkl.)		
80			Göttern		1	142		
			(Unter)Synderstedt			121		
				Tromlitz		100		
				Obersynderstedt		59		
				Söllnitz		68		
81				Loßnitz	1	fehlt		
			Großschwabhausen			s. o.		
82				Münchenroda	1	119		
83	*Buttstädt*				1	1530	*12*	*5363*
			Buttstädt		1	s. o.		
84				Guthmannshausen	1	444		
85				Olbersleben	1	603		
86		Rastenberg			2	878		
87				Großbrembach	1	683		
88				Schwerstedt	1	264		
				Krautheim		383		
89				Haindorf	1	112		
90				Rohrbach	1	144		
91				Nermsdorf	1	196		
92				Niederreißen	1	126		
93	*All-stedt*	Insp. Allstedt			1	1618	*11*	*5025*
			Allstedt			s. o.		
94				Mönchpfiffel	1	148		
95				Niederröblingen	1	384		
96				Wolferstedt	1	592		
97				Einsdorf	1	215		
98				Mittelhausen	1	361		
99				Landgrafroda	1	230		

Nr	Super-inten-dent	Adjunkt	Pfarr-kirche	Filialdörfer	Geistliche	Einwohner	Geistliche gesamt	Einwohner gesamt
			Heygendorf			399		
100				Schafsdorf	1	153		
101			Kalbsrieth		1	412		
102			Winkel		1	311		
103			Einzingen		1	202		
104 Dornburg					1	370	10	3577
105			Dornburg		1	s. o.		
		Sulzbach				215		
			Uttenbach			232		
106				Kösnitz	1	158		
			Großromstedt			187		
107				Kleinromstedt	1	172		
108			Zimmern		1	179		
109			Krippendorf		1	145		
110			Wormstedt		1	356		
		Flurstedt				192		
111			Obertreba		1	173		
			Dorndorf			453		
112				Naschhausen	1	161		
			Sulzbach			215		
			Oberndorf			249		
113				Herressen	1	120		
114 Bürgel					1	1092	8	2321
115		Thalbürgel			1	160		
			Thalbürgel		1	s. o.		
116			Bobeck		1	268		
117			Kleinlöbichau		1	132		
118			Graitschen (bei Bürgel)		1	140		
119			Kunitz		1	348		
			Taupadel			100		
			Jenalöbnitz			fehlt		
120				Rodigast	1	81		
121 Ilmenau					1	1766	7	3089
		Ilmenau			1	s. o.		
122			Stützerbach		1	fehlt		
			Martinroda			381		
123				Neusiß	1	51		
			Unterpörlitz			367		
124				Roda	1	fehlt		
125			Heyda		1	230		
			Wipfra			179		
126				Schmerfeld	1	115		
	Gsamt					58305	146	
	Gesamt Volkszähl.					62360		

Tabelle 1: Die Kirchenstruktur der Generalsuperintendentur Sachsen-Weimar zur Zeit Herders

1.2. Konfessionelle Angaben und Religionsgemeinschaften (1776–1803)

1.2.1. Lutheraner

Auf die primäre Bedeutung und Präsenz der Lutheraner in Sachsen-Weimar ist nur summarisch hinzuweisen. Als Landesreligion konstitutiv, fehlen in den zeitgenössischen landeskundlichen Beschreibungen[55] Hinweise auf andere Religionsgemeinschaften und Konfessionen. Nachdem von einer größtmöglichen quantitativen Übereinstimmung der bevölkerungsstatistischen Angaben und der konfessionellen Zugehörigkeit der Einwohner auszugehen ist und die vorherigen Ausführungen auch nur auf dieser Grundlage möglich waren, ist allenfalls zu fragen, in welchem Maße die Gesamtzahl der Einwohner von der Ladesreligion abwich und an welchen Punkten es Berührungen mit anderen Religionen und Konfessionen gab. Aufgrund des Mangels einschlägiger Vorarbeiten und quantitativ rezipierbarer Quellen ist bereits an dieser Stelle auf persönliche oder amtliche Bezügen zu Herder einzugehen.

1.2.2. Katholiken

An erster Stelle ist auf die Präsenz von Katholiken hinzuweisen. Zu den vereinzelt in Sachsen-Weimar ansässigen Gemeinden, die sich fast ausschließlich auf die Städte Weimar und Jena konzentrierten und in dem gesamten Fürstentum zwischen vier- und fünfhundert Gemeindeangehörige umfaßt haben[56], sowie den angrenzenden katholischen Gebieten, unter denen besonders Erfurt zu nennen ist, dessen Statthalter von Dalberg bereits mit seiner Empfehlung gegenüber dem Herzog Herders Berufung nach Sachsen-Weimar auf einer persönlichen Ebene vorbereitet hatte, traten während der neunziger Jahre im Zuge der Französischen Revolution und unter dem Eindruck der französischen Erfolge während des Ersten Koalitionskrieges Migrationsbewegungen, die zur Aufnahme katholischer Emigranten in den drei Superintendenturen Ilmenau, Buttstädt und Jena führten. Ein bislang unveröffentlichter Briefwechsel zwischen Herder und dem Oberkonsistorium unterstreicht, wie bemüht der Weimarer Generalsuperintendent um eine Normalität des gottesdienstlichen Lebens und Integration in die bestehenden Gemeinden war. Unter dem 12. November 1795 teilte Herder dem Oberkonsistorium mit, daß der Herzog der Bitte des Abbé Brissart, „abbé de Fontaine le Comte et Vicaire general de

---

55   Vgl. dazu Leonhardi, Erdbeschreibung, Bd. 1, S. 7.
56   Herrmann, Kirchengeschichte, Bd. 2, S. 526.

l'Archevêché de Bo[u]rges"[57] entsprochen habe und Privatgottesdienste in einem eigens ausgezeichneten Privatraum gestatte[58]. Fontaine le Comte, eine Kleinstadt im Südosten von Poitiers, der heutigen Hauptstadt der Region Poitou-Charentes, liegt im Westen Zentralfrankreichs und im Erzbistum Bourges an der Grenze zu dem benachbarten Erzbistum Bordeaux. Die Emigranten, deren Anzahl auf gut zwanzig beziffert wird[59], hatten eine weite Reise hinter sich. Ihre Flucht aus Frankreich stand wohl mit der nationalen Situation insgesamt, der Abschaffung des Christentums, der Errichtung des „Kults der Vernunft" im Mai 1794 und des Direktoriums im September 1795 in Verbindung, nicht aber mit der Situation im Elsaß oder dem Baseler Sonderfrieden, der im selben Jahr mit dem Verlust der linksrheinischen preußischen Gebiete an Frankreich besonders die französischen Ostgebiete betraf. Ein zweites Schreiben Herders an das Oberkonsistorium datiert auf den 10. Dezember 1795 und zeigt die bereits gefällte Entscheidung des Herzogs an, „den Emigrierten allenthalben im Lande[,] wo ihnen ihr Aufenthalt gegönnt ist, auch die Uebung ihrer Religion gnädigst" zu gestatten.[60] Eigens genannt werden die Superintendenturen Ilmenau und Buttstädt sowie der in Jena etablierte katholische Gottesdienst, an dem auch die Emigranten teilnehmen dürften.[61] Ein Protokollauszug der Sitzung des Oberkonsistoriums vom 22. Dezember 1795 dokumentiert, daß die Behörde der Bitte um eine amtliche Reaktion vor dem Weihnachtsfest entsprach.[62] Die dekretierte Zustimmung des Herzogs weitete die in Sachsen-Weimar erstmals 1791 für Jena erlassene Genehmigung katholischer Privatgottesdienste[63] punktuell aus und folgte Rudolstadt und Gotha mit einem zeitlichen Abstand von 20 Jahren[64]. Nicht im Sinne einer allgemeinen Regelung war unter Ernst August I. zwischen 1734 und 1748[65] sowie unter Anna Amalia 1774[66] die Möglichkeit zu Privatgottesdiensten eingeräumt worden;

---

57   Herder an das Weimarische Oberkonsistorium, 12. November 1795, GSA, Best. 44, Sig. 156, Bl. 1ʳ. Günter Arnold teilt mir mit, daß die Dokumente präsumtiv als DA, Bd. 7, Nr. 198a, geboten werden.

58   Ebd.

59   Ebd.

60   Herder an das Weimarische Oberkonsistorium, 10. Dezember 1795, ebd., Sig. 157, Bl. 1ʳ. Diesen Text wird Günter Arnold, nach derzeitigem Stand, als DA, Bd. 7, Nr. 202a, führen.

61   Ebd.

62   Dem Schreiben Herders, ebd., beigefügt. Ebd., Bl. 1ᵛ, findet sich Herders Referat des Abbé Brissart: „Er wünscht sehr, baldige geneigte Resolution, damit seine unglücklichen Brüder das Weihnachtsfest feiern könnten."

63   Vgl. dazu Heß, Behördenorganisation, S. 88.

64   Ebd.

65   Vgl. dazu Herrmann, Herz-Jesu-Kirche, S. 201.

66   Ebd., S. 202.

diese Initiativen standen in Verbindung mit katholischen Soldatengottesdiensten.

Ein eigenes Thema stellen Konversionen dar. Zu dem berühmten Fall des Übertritts zum Katholizismus von Stolberg bestehen keine amtlichen Bezüge. Für die gegenläufige Bewegung, den Übertritt vom Katholizismus zum Protestantismus, wird ein Nachtrag zur Briefausgabe amtlichen Charakter tragen.[67] Nach der Flucht aus dem Kloster Banz hatte der vormalige Benediktinermönch Romanus, Johann Baptist Schad, bei Herder um Aufnahme in die lutherische Kirche ersucht. Wie Herder dem Reußischen Hofprediger Neithardt berichtet, mußte er das Anliegen aus kirchenrechtlichen Gründen abschlagen; lediglich Anwohner des Landes, nicht aber „Durchreisende ohne besondren näheren Grund" konnte er aufnehmen. Schad wandte sich daraufhin an den Generalsuperintendenten von Gotha, Josias Friedrich Christian Loeffler; der Anschluß in Gotha gelang. Eine Anstellung in Schnepfenthal erfolgte, bevor Schad 1802 Professor für Philosophie in Jena wurde. Der Aspekt der konfessionellen Sicherheit („vor Katholischen" der angrenzenden Umgebung) spielt in dem Herderschen Schreiben eine Rolle. Für Gotha schätzt er diese höher ein als in Sachsen-Weimar.

1.2.3. Reformierte

Zur Situation reformierter Gemeinden im Bereich der Generalsuperintendentur gibt es keine eigenen Berichte. Auch die Gesetzessammlung von Schmidt verfügt über keine einschlägigen Dekrete für ortsansässige Reformierte. Eine detaillierte Schilderung Weimars und der herzoglichen Familie im 18. Jahrhundert bietet Herders Amtsnachfolger Johann Friedrich Röhr 1845, drei Jahre vor seinem Tod, in dem Beitrag *Die Vereinigung der beiden evangelisch-protestantischen Confessionen zu Einer Kirche, mit Hindeutung auf Herders Ansichten darüber* im *Weimarischen Herder-Album*[68]. In einem knappen historischen Abriß heißt es darin:

> Im „antikryptocalvinistischen Sinne des sächsischen Fürstenhauses [...] hatten noch im achtzehnten Jahrhunderte die Herzöge Wilhelm Ernst und Ernst August selbst gegen die der reformirten Confession angehörigen Glieder ihrer eigenen Familie und die von ihnen abhängigen Personen einen solchen lutherischen Rigorismus an den Tag gelegt, daß Diese ihren reformierten Gottesdienst zwar unter der Leitung eines eigens angestellten Geistlichen, aber nur in abgesonderten Räumen

---

67 Herder an Johann Heinrich Gottfried Neithardt, 14. März 1799, präsumtiv: DA, Bd. 8, Nr. 12a. Die Identifizierung des Adressaten gelang Günter Arnold, dem ich die Mitteilung des Textes und seiner bisherigen Vorarbeiten zur Kommentierung herzlich danke.

68 Röhr, Vereinigung.

des Residenzschlosses, oder des Waisenhauses, oder des Gymnasiums abhalten durften und daß späterhin ein auswärtiger reformirter Geistlicher im Laufe des Jahres nur einmal nach Weimar kam, um den daselbst lebenden Reformierten Gottesdienst und Abendmahl zu halten. Diese Einrichtung dauerte während der ganzen geistlichen Amtsverwaltung des sel.[igen] Herder unverändert fort, bis [...] die Feier des großen Reformations-Jubelfestes und die maßgebenden Vorgänge in andern protestantischen Ländern dem Großherzoge Carl August Anlaß gaben, im Jahre 1817 die kirchliche Vereinigung der Lutheraner und Reformierten aus eigenem Antriebe und in der Weise einzuleiten, wie sie im J.[ahre] 1818 wirklich zu Standen kam".[69]

Aus der Geschichte des Weimarer Gymnasiums ist zu präzisieren, daß der reformierten Gemeinde 1784 der Festsaal des Gymnasiums zur Ausübung der Gottesdienste überlassen wurde; diese Regelung, an der Herder als Ephorus des Gymnasiums nicht unbeteiligt gewesen sein wird, bestand bis in das Jahr 1818 fort.[70] Darüber hinaus dürfte Röhr die kirchenamtlichen Rahmenbedingungen für Herders Handeln im Sinne eines Status quo korrekt beschrieben haben. Weder die Gesetzessammlung von Schmidt noch etwa Gutachten oder briefliche Belegstellen deuten an, daß Herder in der Gestaltung des ihm anvertrauten Kirchengebietes die konfessionellen Schranken zu überwinden trachtete.

Für Herder dürfte sich ein entsprechendes Anliegen schlicht und einfach aus dem Grunde erübrigt haben, daß es im ausgehenden 18. Jahrhundert in Sachsen-Weimar keine nennenswerte reformierte Kongregation gab.[71] Hinzu kam, daß sowohl auf persönlicher Ebene des Herzoghauses, entsprechend der Konsultation Lavaters vor Herders Berufung, als auch dem eigenen Handeln als Kirchenmann innerprotestantische konfessionelle Differenzen keine maßgebliche Rolle spielten. Ein bekanntes Beispiel von kirchenamtlichen Handlungen, die Herder als Geistlicher während der Weimarer Dienstzeit, obgleich in der Beurlaubung der Italienreise, vollzog, sind die Trauungen zweier reformierter Paare in Neapel.[72] Herders Motivation war eine mehrfache. Dem ersten Paar, von dessen Hochzeit noch das ins Französische übersetzte Redeskript mit einzelnen Anmerkungen Herders vorhanden ist[73], fühlte er sich als Protestant verbunden und sogar als der einzig verfügbare „protestantische [...] Geistliche"[74] verpflichtet. Die zweite Trauung folgte aus der ersten: „Ich konnts nicht abschlagen, weil ich die erste Function verrichtet hatte."[75] Es klingt nicht unei-

---

69   Ebd., S. 353f.

70   Francke, Regesten, S. 22, 28.

71   Herrmann, Gemeinden, S. 362.

72   Haym, Herder, Bd. 2, S. 449.

73   HN XXII, 209.

74   Vgl. dazu Herder an Karoline, 2. Februar 1789, DA, Bd. 6, Nr. 57, S. 110, Z. 24.

75   Vgl. dazu Herder an Karoline, 21. Februar 1789, ebd., Nr. 62, S. 117, Z. 98f.

gennützig, wenn Herder seiner Frau erklärt: „In Einem habe ich mich sehr betrogen, daß ich vom Englischen Consul [nach der ersten Trauung] ein großes, honettes Präsent hoffte. Er hat es mit höflichem Dank bewenden lassen, so auch der alte Geck Hamilton, in dessen Hause ich ein andres Paar copuliert habe."[76] Die Gelassenheit, mit der er die Enttäuschung erträgt, erklärt er: „Mich dauert indeß auch das nicht; wer weiß, wo es mir zu gut kommt! [...] Unter tausend hilft mir auch Einer wieder."[77] Der Selbstzweck der guten Tat, „einem liebenden Paar zusammengeholfen"[78] zu haben, wird von der Erwartung entsprechender Rückwirkungen eingeholt. Die theoretische Fundierung und gedankliche Konsequenz dieser Überlegungen liegt in dem Gesetz des Gleichgewichts, der Lehre der Wiedervergeltung und dem Prinzip der Billigkeit, die im Zusammenhang der Predigten dargestellt werden. Nicht zu bezweifeln ist im Falle der Trauungen zugleich die seiner Frau gegenüber benannte Motivation einer konfessionellen Verbundenheit als Ausgangspunkt der Handlung. Ein vergleichbares Geflecht unterschiedlicher Motivationen, in denen jedoch konfessionelle Differenzen zwischen den Amtshandlungen des lutherischen Geistlichen und den Anliegen reformierter Gemeindeangehöriger keine Rolle zu spielen scheinen, wird für die Privatkonfirmation dreier junger Schweizer vorauszusetzen sein, die 1802 in den Kirchenprotokollen der Stadtkirche dokumentiert ist.[79] Die Konstellation eines nicht eigens verfügbaren reformierten Geistlichen dürfte der Situation in Neapel zumindest in Ansätzen vergleichbar sein. Auch der Hinweis auf persönliche Bezüge hat seine Berechtigung. Der Erzieher der jungen Schweizer war einer der vormaligen Hauslehrer der Herderschen Kinder.

1.2.4. Sekten

Als Sekte, und dies im Sprachgebrauch der Zeit, galten die in Sachsen noch weithin präsenten Böhmisten. Für Herder stellte diese Gruppierung ein regionales Spezifikum dar. Als der junge Theologe Christoph Friedrich Rinck auf seiner Studienreise Weimar und dessen Generalsuperintendenten besuchte,

---

76　Ebd., Z. 95–98.
77　Ebd., Z. 99–101.
78　Vgl. dazu Herder an Karoline, 2. Februar 1789, ebd., Nr. 57, S. 110, Z. 23.
79　ThHSA, Stadtkirchenarchiv, D 16, Bl. 72^v, 73^r, verzeichnet unter dem 26. April 1802: „Früh [um] 9 Uhr haben [...] Herder nachbenannte drey junge Schweitzer confirmiret: als [...] Monsieur Eduard Courvoisier, [...] Monsieur August Robert, [...] Monsieur August Duorot, alle 3 aus dem fürstlichen Neuchatel gebürtig und nach geschehener Confirmation, haben diese drüben benannten drey jungen Schweitzer mit ihrem Lehrer dem Herrn Professor [Johann Martin Peter] Cunis von [...] Herder in der Sacristey das heilige Abendmahl erhalten."

stellte Herder die Böhmisten entsprechend vor. Unter dem 16. November 1783 hält Rinck dies in seinem Tagebuch fest:

> „Er macht mich auch mit einer Sekte bekannt, die hier noch existirt, nemlich die Böhmisten, von Jacob Böhme – sie gehen sehr selten in die Kirche und gar nicht zum Abendmal, weil sie diß bloß als ein Hülfsmittel für schwache halten, sich aber für stark, doch schi[c]ken sie ihre Weiber. Es sind hier noch etwas harte Gesetze gegen sie, sie werden besonders begraben, dörfen nicht zu Gevater stehen p., halten sich aber sonsten sehr ruhig und gut."[80]

Gut drei Jahre zuvor hatte Herder Johann Georg Müller, der in seinen Interessen und der lebensgeschichtlichen Situation Rinck durchaus vergleichbar ist, ebenfalls mit den regional anzutreffenden Böhmisten bekannt gemacht. Interessant ist an diesem älteren Bericht, daß die Perspektive des amtierenden Kirchenmannes, die Herder gegenüber Rinck bietet, im Gespräch mit dem vertrauten Müller um persönliche Erinnerungen ergänzt wird. Herders erste Begegnung mit Böhmisten fand demnach bereits in Bückeburg statt. Mitte Oktober 1780 notiert Müller dies nach einem Gespräch mit Herder in seinem Tagebuch:

> „In Weimar und der Orten sind noch viele Böhmisten, auch in Bückeburg. Als er da ankam, sagte man sogleich, er sei auch einer. Die Versammlung bat ihn einigemale zu sich, er ging einmal; da er aber sahe, daß sie solche Dinge zu ihm sagten, die sie gewiß selber nicht verstünden, nahm er Abschied, nachdem er ihnen vorher kurz seine Meinung deklarirt hatte. Doch verschaffte er ihnen mehr Gewissensfreiheit, als sie vorher hatten."[81]

Die gegenüber Rinck betonte Ruhe der Situation und nicht gegebene amtliche Berührungsfläche in der Präsenz der Böhmisten wird als eine Konsequenz der Bückeburger Erfahrungen erkennbar. Die in Weimar möglichen Konflikte aufgrund von Kontakten oder unterstellten Verbindungen zu den territorial anzutreffenden Sekten waren in Bückeburg bereits vorweggenommen worden. Herders Vorgehen in Weimar ist von einer entsprechenden Vorsicht gekennzeichnet. Ein Briefkonzept, das noch an das erste Weimarer Amtsjahr grenzt, dokumentiert im Zuge Herders wahrscheinlich erster Begegnung mit ortsansässigen Böhmisten die gezielte Rückfrage nach den vorherrschenden Gesetzen und amtlichen Vorgehensweisen. Im Dezember 1777 erkundigte sich Herder auf dem offiziellen Dienstweg bei dem Weimarischen Oberkonsistorium nach dem landesüblichen Verfahren in der Bestattung von Böhmisten anläßlich des Todes der Bürgerin Anna Justina Cunis[82], der Witwe des Kanzleiarchivars

---

80   Rinck, Studienreise, S. 84. Zu Rinck vgl. auch Kap. IV, Anm. 951.

81   Baechtold, Müller, S. 53.

82   Herder an das Weimarische Oberkonsistorium, vor dem 14. Dezember 1777, DA, Bd. 4, Nr. 27, S. 49.

der Regierungskanzlei[83]. Das Sterberegister hält für den 14. Dezember zwar die Bestattung fest[84], bietet aber keinen Hinweis auf die repressiven Umstände, die für Weimar, entsprechend der Zusammenfassung Rincks, vorauszusetzen sind. Der Eintrag im Sterberegister verzeichnet mit einer halben „Schule" eine vergleichsweise hohe, dem Stand der Verstorbenen jedoch entsprechende Gebührenklasse und benennt für die Durchführung der Beerdigung „Herr[n] Oberkonsistorialrat Schneider"[85], der an der Stadtkirche, an der Herder für keine Kasualien zuständig war, nach dem Oberpfarrer der Stadt der ranghöchste Geistliche war. Die Zugehörigkeit zu den Böhmisten findet sich nicht vermerkt und läßt sich allein aus der vorangegangenen amtlichen Anfrage Herders erschließen. Quantitative Rückschlüsse über die Repräsentanz der Böhmisten in Sachsen-Weimar sind auf Grundlage der Sterberegister als der einzigen kirchenamtlich verfügbaren seriellen Quellengattung damit nicht möglich. Immerhin findet sich im Sterberegister der Weimarer Stadtkirche, das auch die Todesfälle der Hofgemeinde und Jakobskirche verzeichnet, noch ein weiterer einschlägiger Eintrag. Für den 31. Oktober 1781 wird die Beerdigung des Bürgers Johann Adam Schilling, eines Strumpfwirkermeisters, festgehalten.[86] In einer Nebenbemerkung wird hinzugefügt: Dieser „hat sich einige Jahre zu der böhmischen Secte gehalten, [...] öffentl.[icher] Gottesdienste und Genuß des Heil.[igen] Abendmahls sich enthalten, ohne geistl.[ichen] Besuch verstorben, ist auf Befehl des Hochfürstl.[ichen] Oberconsistorio, wie die vorher verstorbenen Sectirer, an unseelichem Ort, in aller Stille begraben worden".[87] Die Gebührenanzeige einer Viertel Schule[88] dokumentiert den wiederum standesgemäßen Umgang. Im Unterschied zu dem vier Jahre älteren Vorgang findet sich kein Hinweis auf einen Geistlichen, was der Angabe des jüngeren Eintrages „in aller Stille" korrespondieren kann. Umgekehrt schließt der Vermerk des im Falle der Anna Justina Cunis benannten Pfarrers eine stille Beerdigung nicht aus. Offenbleiben muß daher, in welchem Maße beide Einträge als unvollständig zu gelten haben oder als unterschiedliche Vorgehensweisen im Falle der beiden Böhmisten plausibel sein können. Der jüngere Eintrag bietet jedoch den Hinweis: „siehe protoc. fol. 41 und fol. 65b und den 12. Sept. 1748"[89] und

---

83   Vgl. dazu ebd., S. 314, Anm. 27.

84   Ebd. Im einzelnen vgl. dazu Stadtkirchenarchiv Weimar, Sterberegister Stadtkirche 1777, Bl. 133ᵛ, Nr. 4.

85   Ebd.

86   Stadtkirchenarchiv Weimar, Sterberegister Stadtkirche 1781, Bl. 146ᵛ, Nr. 10. Zur wirtschaftlichen Stellung dieser Handwerker und Position der Weimarer Produktion in territorialer Hinsicht vgl. bes. Eberhardt, Umwelt, S. 69.

87   Ebd.

88   Ebd.

89   Ebd.

dokumentiert damit die Konformität und Kontinuität der Praxis. Aufgrund des
Fehlens der zitierten Referenz muß auf die Gesetzessammlung von Schmidt
zurückgegriffen werden, die jedoch keinen Eintrag zum Umgang mit Böhmisten in Zusammenhang dekretierter Ordnungen von Begräbnissen bietet.[90] Die
Gegenüberstellungen der beiden verfügbaren Einträge des Weimarer Sterbere-
gisters eröffnet damit zwar klare Anhaltspunkte für die Präsenz und den Umgang mit Böhmisten, legt aber eine lückenhafte bzw. unvollständige Aufnahme
einschlägiger Zusätze und Bemerkungen in der Protokollführung nahe. Das
vollständige Fehlen entsprechender Einträge etwa im Jenaer Sterberegister
kann darin allenfalls indirekt als Indiz für die mehrfach bezeugte Präsenz der
Böhmisten gerade in Weimar verstanden werden.[91]

Nicht zu belegen ist, ob Herder schon bei seinem Amtsantritt in Weimar
von der lokalen Bedeutung der Böhmisten wußte. Bereits in seiner ersten Predigt in der Jakobskirche, die er noch vor der eigentlichen Antrittspredigt im
Rahmen des Hofgottesdienstes (10. November 1776) am ersten Jahrestag der
Wilhelm-Ernst-Stiftung am 30. Oktober vor den Angehörigen des Weimarer
Gymnasiums hielt, distanziert sich Herder deutlich von den Lehren Jakob Böhmes. In einer Würdigung der Verdienste Wilhelm Ernsts heißt es:

> „Insonderheit kann ichs nicht übergehen, wie viel Mühe er sich gab, die lutherische
> Lehre rein und aufrecht zu erhalten. Als damals die Jakob Böhmesche Offenbarung
> so verderblich und ansteckend umherging, widersetzt er sich allen Beschimpfun-
> gen und Beleidigungen, vermahnte aber, was er konnte, ihr zu widerstehen und
> dem Unkraut zu wehren. Auch hierin war er ein edler Jünger Luthers und seiner
> fürstlichen Vorfahren."[92]

In der Wertschätzung und Würdigung der reformatorischen Tradition Luthers
wie des fürstlichen Hauses liegt diese Passage auf einer Linie mit der Weimarer Antrittspredigt. In der deutlichen Distanzierung von Böhme geht sie darüber hinaus und bleibt auch für die nachfolgenden Jahrzehnte, für die öffentliche Bezugnahmen auf Böhme in amtsfunktionalen Zusammenhängen nicht
mehr belegbar sind, singulär. Tatsächlich findet sich in der Gesetzessammlung
von Schmidt unter dem Eintrag „Böhme, Jacob – Secte" ein auf den 16. April
1730 datierendes Sächsisch-Weimarisches Mandat: „Es soll von Benennung
und Perstringirung solcher Sekten, als Schwenkfeld, Böhme, Gichtel und anderer Mysticorum, und deren Schriften, wovon dem gemeinen Mann Wissenschaft zu haben nicht nöthig ist, auf den Cantzeln abgestanden werden, weil
die Zeit zu einem heilsamern Vortrag angewendet werden kann, und dadurch
nur der Vorwitz gereitzet wird."[93] Gut hundert Jahre nach dem Tod Böhmes

---

90 Vgl. dazu allein Schmidt, Gesetze, Bd. 1, S. 324–378.
91 Vgl. dazu die einschlägige von Klaus Ries betreute Datenbank des SFB 482.
92 Wilhelm-Ernst-Stiftung, 30. Oktober 1776, SWS, Bd. 31, Nr. 32, S. 459.
93 Schmidt, Gesetze, Bd. 1, S. 473f.

unterstreicht das Mandat, in welchem Maße die Präsenz von Böhmisten noch knappe fünf Jahrzehnte vor Herders Amtszeit in Sachsen-Weimar von aktueller Bedeutung war.

Herders amtliches Vorgehen selbst entspricht seinem persönlichen. Eine frühe Aufgeschlossenheit verband sich mit einem deutlichen Interesse und einer nicht minder deutlichen Ablehnung nach seiner Lektüre Jakob Böhmes. Der Auktionskatalog seiner Bücher führt insgesamt vierzehn Einzeltitel auf.[94] Mitte Mai 1775, und darin gegen Ende seiner Bückeburger Zeit, distanziert er sich in einem Schreiben an Lavater unmißverständlich von Böhme. In einer Diskussion Oetingers heißt es über einige von dessen Gewährsmännern: „aber neue Quellen höherer Offenbarung sind sie so wenig, daß wenn ich aus Jakob Böhme Eine ganze Schrift seines Schustermirakels zusammennehme, gerade nichts herauskommt, als was Johannes, Paulus, Xstus, wie anders!!! sagen".[95] Weitere Belegstellen, auch gegenüber Johann Georg Müller, unterstreichen die Konsequenz Herders und seine persönliche Überzeugung in der ablehnenden Haltung.[96]

1.2.5. Juden

Eine verläßliche Angabe über die Präsenz von Juden dürfte in Johann Ernst Fabris *Geographie für alle Stände* zu finden sein, der 1793 festhält: „Von Juden befinden sich im ganzen Fürstenthume nur 4 Familien."[97] Die in Sachsen-Weimar ansässigen Juden verfügten über einen Schutzbrief, auf den die wenigen einschlägigen Gesetzestexte Bezug nehmen. Ein herzogliches Reskript an das Oberkonsistorium regelt unter dem 15. Januar 1791 die Begräbnisse dieser Juden: „Es mögen die verstorbenen Schutz-Juden und deren Eheweiber und Kinder, oder deren Knechte und Mägde seyn, so werden dabey jedesmal die Gebühren von einer kleinen halben Schule entrichtet."[98] Niederschlag findet diese Praxis auch in der erwähnten Gebührenordnung.[99] Neben die im Fürstentum angesiedelten Juden traten noch die durchreisenden oder von Migrationsbewegungen bestimmten. Ihnen galten erhebliche finanzielle Auflagen: „Diejenigen, welche keinen herrschaftlichen Schutzbrief haben, müssen jede Nacht ihres Aufenthalts im Landes, 1 Thlr. geben, auch sonst das sogenannte Juden-

---

94 BH, Nr. 1275–1788, S. 65. Zur Lektüre Böhmes vgl. zudem ebd., Nr. 1274.

95 Herder an Lavater, Mitte Mai 1775, DA, Bd. 3, Nr. 161, S. 186, Z. 35–38.

96 Vgl. dazu Herder an Johann Georg Müller, Ende März 1781, ebd., Bd. 4, Nr. 165, S. 170, Z. 33–37; ferner ebd., Bd. 9, N zu Bd. 7, Nr. 368a, S. 608, sowie S. 782, Anm. 368a.

97 Fabri, Geographie, S. 13.

98 Schmidt, Gesetze, Bd. 1, S. 343.

99 Zu deren Relation vgl. ebd., S. 335–338, hier S. 337.

geleite entrichten."[100] Wirtschaftliche Aktivitäten waren durch eine staatliche Kontrolle stark reglementiert. Ökonomische Verstöße wurden scharf geahndet und scheinen sich, wie ein Reskript vom 29. Juli 1800 voraussetzt, während der neunziger Jahre mehrfach ergeben zu haben.[101]

2. Amtspflichten (1776)

Die rechtlich bindende Zusammenstellung der vorgesehenen Aufgaben und Tätigkeitsbereiche zum Zeitpunkt des Amtsantrittes vermittelt das konstitutive Verzeichnis der Amtspflichten, das für Herder 1776 zweifach ausgefertigt wurde. Eine erste Kopie hatte er zusammen mit der informellen Anfrage von Lynckers am 1. Februar 1776 erhalten.[102] Zusammen mit der herzoglichen Bestallungsurkunde wurde ihm unter dem 11. Oktober 1776 das ratifizierte Dokument ausgehändigt.[103] Der Wortlaut ist identisch mit der vorab erhaltenen Kopie. Lediglich orthographische Abweichungen und eine einzige stilistische Auslassung sind zu benennen.[104] Herder hatte das ihm angetragene Amt damit entsprechend des ersten Anschreibens von Lynckers angenommen. Erst im Laufe der Zeit konnte er sein Gehalt mit Zulagen sowie Beförderungen erhöhen und seine Amtspflichten teilweise abbauen oder umgestalten. In einem ersten Schritt gilt es, das Profil der Amtstätigkeit nach der Vereidigung im Oktober 1776 zu skizzieren. Im Anschluß daran sollen die herzoglich dekretierten Veränderungen im Laufe der knapp drei Jahrzehnte dargestellt werden.

2.1. Die Bestallungsurkunde und das Verzeichnis der Amtspflichten (Oktober 1776)

Das Verzeichnis der Amtspflichten, das im folgenden nach der rechtsgültigen Fassung vom 11. Oktober 1776 zitiert wird[105], hält auf fünf beidseitig beschriebenen Blättern detailliert die für den Weimarer Generalsuperintendenten vorgesehenen Aufgaben sowie deren Vergütung fest. Der Text gliedert sich grob

---

100 Insgesamt einschlägig dazu ebd., Bd. 5, S. 17–21.

101 Ebd., Bd. 10, S. 435.

102 Zu der Datierung vgl. im vorherigen Kap. I, Anm. 158. Zu dem Text s. ebd., Anm. 155 bzw. HN XXXVII, 77.

103 Zu dem Ernennungsdekret s. HN XXXVII, 87. Unter derselben Sig. befindet sich auch Herders zweite Ausfertigung von dem „Verzeichnis" der Amtspflichten.

104 Vgl. dazu ebd., Bl. 1ʳ, mit HN XXXVII, 87, Bl. 1ʳ, insbesondere Punkt 1 für eine unerhebliche Kürzung („daselbst") sowie Punkt 9, ebd., Bl. 2ʳ, für eine gleichermaßen unbedeutende orthographische Abweichung („Zeddul" statt „Zeddel"), s. dazu HN XXXVII, 87, Bl. 1ᵛ.

105 S. dazu in diesem Kap., Anm. 102, HN XXXVII, 77.

in einen ersten Teil: „Verzeichnis der obliegenden AmtsVerrichtungen"[106] und
einen zweiten: „Besoldung"[107]; beide Blöcke sind etwa gleich lang. Der erste
Teil führt in 19 Punkten mehr oder weniger summarisch die Einzelpflichten
auf und nennt in weiteren acht Unterpunkten eine Anzahl von Anlässen für
Kasualpredigten[108]. Formaljuristisch stellt das Dokument einen Anhang der
Bestallungsurkunde dar, die Herder spätestens am 15. Oktober bei der Vereidigung zum Oberkonsistorial- und Kirchenrat von dem Präsidenten des Oberkonsistoriums von Lyncker ausgehändigt wurde[109] – soweit er das unter dem
11. Oktober ausgefertigte Dokument nicht zuvor von dem Herzog erhalten
hatte, der seit dem 3. Oktober zurück in Weimar war[110] und den Herder erstmals unter dem 13. Oktober erwähnt[111]. In Teilen wiederholen sich die Ausführungen der beiden Texte, teilweise ergänzen sie einander. Als wesentlich
detaillierter kann das Verzeichnis der Amtspflichten gelten, doch verzichtet es
in der gebotenen Kürze auf eine amtsfunktionale oder institutionelle Unterscheidung der Einzelpflichten, die in der Person des Generalsuperintendenten
zusammenfallen. Die Bestallungsurkunde benennt gleichermaßen summarisch
die mit dem Amt verbundenen Titel: „Ober-Hof-Prediger, Beicht Vater, Ober-
Consistorial und Kirchen-Rath, auch General Superintendent"[112]. Eine detaillierte Zuordnung, welche Pflichten dem jeweiligen Titel und Amtsbereich korrespondieren, leisten die beiden Dokumente nicht. Für die weitere
Untersuchung der Amtstätigkeit ist eine entsprechend funktionale Zuordnung
der einzelnen Tätigkeitsfelder ebenso notwendig wie eine zusammenhängende
Auswertung der Bestallungsurkunde und des Verzeichnisses. Hinzuzufügen
sind weitere Ämter und Titel, die in den beiden Dokumenten nicht explizit benannt werden, da der Herzog für deren Ernennung oder Bestallung wohl aus
patronatsrechtlichen Gründen nicht alleine zuständig war. Entsprechende Archivalien, die diese Annahme unterstützen, sind jedoch nicht erhalten.

106　Ebd., Bl. 1ʳ–3ʳ.

107　Ebd., Bl. 3ᵛ–5ᵛ.

108　Ebd., Bl. 3ʳ.

109　Zu diesem Datum vgl. V, Abt. 2, Tl. 21 [Erinnerungen, Tl. 2], S. 223.

110　Vgl. dazu das Datum der Rückkehr Goethes von der mit dem Herzog unternommenen Ler-
　　　chenjagd, Herder an Gleim, 6. Oktober 1776, DA, Bd. 4, Nr. 1, S. 17, Z. 31f.

111　Herder an Lavater, 13. Oktober 1776, DA, Bd. 4, Nr. 3, S. 20, Z. 41f. Unter dem 14. Oktober
　　　vgl. auch Herder an Kleuker, ebd., Nr. 4, S. 21, Z. 22f.

112　HN XXXVII 87, Bl. 1ʳ.

2.1.1. Die personale Vereinigung mehrerer Ämter

Die Schwierigkeit einer institutionen- und ämterspezifischen Aufschlüsselung gründet in dem Umstand, daß in der Funktion des Weimarer Generalsuperintendenten eine Reihe vormals eigenständiger Ämter personal miteinander verbunden waren.[113] Formal blieben diese zum Teil noch getrennt voneinander bestehen. Die im Zusammenhang der Berufung geschilderten Abstimmungsprobleme und Verzögerungen in der Berufung zum Oberpfarrer der Stadt illustrieren augenfällig die juristisch fortbestehende Trennung zweier personal vereinigter Ämter. In der summarischen Aufzählung der Titel fehlen die städtischen Aufgabenbereiche in der Bestallungsurkunde ebenso wie den vorherigen Vokations- und Ernennungsdekreten. Eine städtische Bestallungsurkunde ist nicht erhalten. Unerwähnt bleibt in sämtlichen verfügbaren Dokumenten zudem der die Universität Jena berührende Titel der Magnifizenz. Soweit nicht von gewohnheitsrechtlichen Implikationen der Weimarer Generalsuperintendentur auszugehen ist, könnte die Quellenlage auch an dieser Stelle durch Verluste eingeschränkt sein.

Um die anschließende Aufgliederung der einzelnen Amtsbereiche nicht zu stark von einem eigenen Amtsverständnis bestimmen zu lassen, orientiert sich die Anlage an einer weitestgehend funktionalen Unterscheidung von Aufgaben- und Adressatenbereichen. Die Abfolge weitet sich von lokalen zu regionalen und territorialen Bezügen. Für die Gliederungselemente wird so weit als möglich auf die zeitgenössischen Titel und Bezeichnungen zurückgegriffen.

2.1.2. Oberhofprediger

Die lokal in ihrem Adressatenkreis am stärksten eingeschränkte Funktion dürfte die des Oberhofpredigers gewesen sein. Der Umstand, daß sie in der Bestallungsurkunde[114] und dem Verzeichnis der Amtspflichten[115] unter den genannten Titeln an erster Stelle aufgeführt wird, darf in der äußeren Bedeutung des Amts nicht überbewertet werden und verdankt sich einerseits wohl den darin gegebenen Bezügen zum herzoglichen Haus, andererseits einer urkundlich dokumentierbaren stereotypen Abfolge der Titel. Mit seiner brieflichen Mitteilung an Lavater unter dem 13. Oktober 1776, zwei Tage nach Ausfertigung der Bestallungsurkunde, greift Herder diese Reihenfolge auf: „Ich bin also jetzt in Weimar, nicht Prediger so schlechtweg, wie Ihr meinet, sondern Oberhofprediger Oberkonsistorial u.[nd] Kirchenrath, Generalsuperintendent, Pastor pri-

---

113 Zu den Predigtämtern vgl. auch unten die Selbstauskunft Herders, Kap. II, Anm. 354.
114 HN XXXVII, 87, Bestallungsurkunde, Bl. 1ʳ. Vgl. dazu direkt die Voranm. 112.
115 HN XXXVII, 87, Verzeichnis, Bl. 1ʳ.

marius u.[nd] zehn Dinge mehr".[116] Er folgt damit exakt der herzoglichen Vokationsurkunde vom 15. Mai 1776[117], von Lynckers Schreiben an Herder vom
24. Mai 1776[118] und dem herzoglichen Ernennungsdekret zum Stadtpfarrer
vom 1. August 1776[119]. Allein in dem Verzeichnis der Amtspflichten korrespondieren zu der Bezeichnung des Oberhofpredigers terminologisch die nachfolgenden Ämter des Hofpredigers und des Hofdiakons.[120] Dieser urkundliche
Beleg der vorgesehenen Ämterabfolge entsprach zum Zeitpunkt von Herders
Amtsantritt bereits nicht mehr dem Sprachgebrauch der Zeit. Der Titel des
Hofpredigers bzw. des ersten Hofpredigers, der die Unterscheidung von dem
zweiten Hofprediger als dem vormaligen Hofdiakon ermöglichte, wurde zuletzt von Johann Gottlob Nicke zwischen 1756 und 1763 geführt[121], bevor mit
der Vereidigung der späteren interimistischen Amtsvertreter Gottschalg und
Schultze die Bezeichnung zu dem ersten und zweiten Hofdiakon abgewandelt
wurde[122]. Diese Veränderung ist für das Jahr 1763 nicht eigens zu klären. Festzuhalten ist allerdings das Ergebnis, daß der Titel des Oberhofpredigers, den
Herders Amtsvorgänger Siegmund Basch seit 1756 trug, kontinuierlich weitergeführt wurde[123] und gegenüber den nachgeordneten Hofdiakonen hierarchisch
stärker abgehoben war als in der vormaligen, in sich stimmigen Sprachregelung, die noch das Verzeichnis der Amtspflichten dokumentiert. In der Bezeichnung der Ämterabfolge überlagerten sich damit beim Amtsantritt Herders
zwei Titelsysteme, wobei dem Oberhofprediger in seiner Hervorhebung kein
eigener Hofprediger korrespondierte und alleine der Hofprediger von den beiden Hofdiakonen klassifikatorisch unterschieden war. Beibehalten wurde die
Dreizahl der an der Hofkirche beschäftigten Geistlichen. Für den Oberhofprediger bedeutete dies, daß er in einem dreiwöchigen Turnus die Sonntagspredigten übernahm.[124] Die hohen Festtage des Kirchenjahres sollten ihm ebenfalls
vorbehalten bleiben, wobei er in der Hofkirche lediglich den jeweils zweiten

---

116 Herder an Hamann, 13. Oktober 1776, DA, Bd. 4, Nr. 3, S. 19, Z. 14–16.

117 HN XXXVII, 82, Bl. 1^v.

118 HN XXXVII, 83, Bl. 1^r.

119 HN XXXVII, 85, Bl. 1^r.

120 HN XXXVII, 87, Verzeichnis, Bl. 1^r.

121 Vgl. dazu die Hofkalender der Jahre 1757 bis 1763.

122 Dokumentierbar an dem Hofkalender des Jahres 1764, in konsequenter Fortführung in den
nachfolgenden Jahrzehnten. Zu Herders eigenem Vorgehen in der Umgestaltung der Titel
vgl. das spätere Unterkapitel zur Personalpolitik an der Hofkirche.

123 Vgl. dazu einschlägig die Hofkalender der Jahre 1757 bis 1763 mit den Ausgaben der Jahre
1764 bis 1771.

124 HN XXXVII 87, Verzeichnis, Bl. 1^r: „Prediget Er nebst dem HofPrediger und HofDiacono
alle Drey Wochen wechselweise des Sonntags Vormittags zu Hofe".

Weihnachts-, Oster- und Pfingstfeiertag predigen mußte.[125] Dazu kam noch einer der beiden jährlichen Bußtage, den er in der Hofkirche mit einer Predigt zu versehen hatte. Deutlicher einbezogen fand sich der Oberhofprediger in die Kasualien. Ihm kamen sämtliche Trauungen und Taufen der herzoglichen Familie, des Adels und der politischen Würdenträger zu (einschließlichen deren Angehörigen und Bediensteten).[126] Die dem korrespondierenden Akzidentien bleiben in dem Verzeichnis der Amtspflichten unerwähnt. Allerdings findet sich der Hinweis auf „die *Accidentien* von deren ihm zukommenden Trauungen, [und] Kind Taufen"[127]. Die Schmidtsche Gesetzessammlung bietet für den hier relevanten Zeitraum keine eigene Gebührenordnung, hält aber fest, daß die für Trauungen anfallenden Gelder lokal festgesetzt wurden[128] und regional sowie territorial der Überprüfung des Oberkonsistoriums unterstanden, „damit die Unterthanen zur Ungebühr mit Neuerungen nicht beleget werden können"[129]. Hinsichtlich der Vergütung für Taufen dürfte die Kirchenordnung von 1664 unveränderte Gültigkeit besessen haben.[130] Abweichungen und Änderungen nennt die Gesetzessammlung von Schmidt nicht.[131] Die Vergütung von Taufen lag demnach im Ermessen der Eltern unter den für Herder relevanten Gemeindemitgliedern: „bey Fürstl.[icher] Hof-Gemeinde [...] Erste Classe. Hier erhält der Herr Ober-Hofprediger ein beliebiges Honorar, und ein gleiches geschieht in Ansehung des Kirchners."[132] Nicht mehr rekonstruierbar ist damit die Besoldung der für Herder anfallenden Trauungen und Taufen. Auszugehen ist davon, daß die Trauungen mit einer lokal festgelegten Fixgebühr, die Taufen mit Geldgeschenken, deren Höhe den Eltern freigestellt waren, vergütet wurden. Auch die näheren Umstände der Taufe bleiben in der Gesetzessammlung unerwähnt. Für die Hochzeiten ist festzuhalten, daß die für Herder anfallenden Amtshandlungen in der Regel nichtöffentliche Privatvorgänge darstellten. Die Gemeindeangehörigen der ersten Klasse, für die der Oberhofprediger zuständig war, verfügten über das Privileg der „Privat- oder stille[n] Trau-

---

125 Ebd., Bl. 1ʳ: „desgleichen [predigt er] auf die Drey Haupt Feste des andern Feyertags Vormittags daselbst."

126 Ebd., Bl. 2ʳ: „Verrichtet er auch die *Copulationes* und Einsegnungen bey Fürstl.[ichen] Personen, desgleichen die Taufen bey den Fürstl.[ichen] Kindern. [...] Kommen ihm auch alle Trauungen und Taufen aller Adelichen und Räthe, wie auch aller deroselben Haus Trauungen und Taufen zu."

127 Ebd., Bl. 5ʳ.

128 Vgl. dazu die Sächsisch-Weimarische Polizei-Ordnung vom 22. Dezember 1705, Schmidt, Gesetze, Bd. 2, S. 494.

129 Vgl. dazu die Sächsisch-Weimarische Polizei-Ordnung vom 19. Juli 1727, ebd.

130 Ebd., Bd. 7, S. 397f.

131 Einschlägig dazu der Artikel „Taufe", ebd., S. 395–412.

132 Ebd., S. 397.

ung"[133], die im Haus des Paares durchgeführt wurde[134] und nur mit herzoglichem Dispens auch Angehörigen der anderen Klassen gestattet war[135]. Für die Taufen dürfte eine vergleichbare Regelung gegolten haben. Das Schlußkapitel dieser Arbeit unterstützt die aus den juristischen Texten abgeleitete Annahme mit weiteren, auch statistischen Materialien. Die in der Hofkirche anfallenden Amtshandlungen hatten damit insgesamt einen äußerst eingeschränkten Kreis der öffentlichen Wahrnehmbarkeit und konzentrierten sich personal auf die rangoberste Klasse der Hofgemeinde. Hinzukommen konnten, fast ausschließlich für einen entsprechenden Adressaten- sowie Rezipientenkreis, „bey ganzen Schulen die Leichen Predigten, *Sermon*en und Standt Reden".[136] Im Kontext einer amtsfunktionalen Zuordnung müssen diese Berührungen mit der Hofkirche, die aufgrund ihrer Rückbindung an die Gebührenordnung entsprechende Vorgänge an der Stadtkirche nicht ausschlossen, damit unter den Amtspflichten des Generalsuperintendenten aufgeführt werden. Gleiches gilt auch für die „Wilhelminische und Wilhelm Ernestinische Fürstl.[iche] Stifts Predigt[en]"[137], die ebenfalls in den Kirchenraum der als Hofkirche fungierenden Jakobskirche fielen, aber anderen Funktionen und Adressatenkreisen zuzuordnen sind. Aus den Pflichten des Oberhofpredigers alleine sind kalendarisch knapp 20 Sonn- und Feiertagspredigten pro Jahr abzuleiten. Zu den Predigten kamen weitere Funktionen und individuelle Bezüge zu den Angehörigen der Hofgemeinde.

2.1.3. Beichtvater

Titularisch getrennt, aber faktisch eine zum Amt des Oberhofpredigers gehörige Funktion war die des Beichtvaters, die einen überwiegend höfischen Aufgabenbereich umschreibt.[138] Die Predigtpraxis des Oberhofpredigers war damit in einen seelsorgerlich weiten Horizont eingebunden, der im wesentlichen jenen Personenkreis einschloß, dem der Oberhofprediger als Tauf- und Trauvater zugeordnet war: die herzogliche Familie, der höfische Adel und die engere

---

133 Vgl. dazu die den Sprachgebrauch der Zeit reflektierende Zwischenüberschrift von Schmidt, ebd., Bd. 2, S. 494.

134 Vgl. dazu insgesamt die Sächsisch-Weimarische Polizei-Ordnung vom 22. Dezember 1705, ebd.

135 Vgl. dazu in der Entwicklung der Gesetzestexte während der Jahre 1727, 1736 und 1738, ebd., S. 495.

136 HN XXXVII 87, Verzeichnis, Bl. 2[r].

137 Ebd., Bl. 3[r].

138 Ebd., Bl. 2[r]: „[...] hört] *Serenissimum Regentem*, auch sämtliche hiesige Hof Fürstl.[ichen] Herrschaften, Dero Minister, Räthe, Hof-*Cavalliers*, Hof-*Dames*, wie auch der Herren *Minister* Räthe und Hof-*Cavalliers* Frauen und Kinder Beichte."

Hofgesellschaft sowie die Regierungsvertreter und ihre Familienangehörige (einschließlich der Hausangestellten). Die damit verbundenen Akzidentien nennt das Verzeichnis der Amtspflichten nicht ausdrücklich. Es verweist einzig auf die „BeichtPfennige von denen in der Bestallung genannten Personen"[139]. Die Schmidtsche Gesetzessammlung bietet in dem ersten Band von 1800 als jüngste Gebührenordnung einen Auszug aus dem Jahr 1743 und es besteht kein Grund, an der anhaltenden Gültigkeit dieser Übersicht zu zweifeln. Terminologisch werden wiederum Bemühungen um eine Abschaffung des von dem Verzeichnis noch berührten „Beicht-Pfennigs" greifbar. Bereits 1730 regelte ein Sächsisch-Weimarisches Mandat, daß das „Beicht-Geld [...] gänzlich abgeschaffet seyn, dagegen den Pastoren in Städten sowohl als Flekken und Dörfern von ihren Beicht-Kindern ein Neu-Jahr-Geschenk statt des Beicht-Pfennigs alljährlich gereichet werden" solle.[140] Die Verordnung von 1743, die Weimar, Eisenach und Jena in den erweiterten Grenzen des Fürstentums gleichermaßen betraf, hält an dieser kompensatorischen Regelung fest und erklärt, daß „statt des Beicht-Geldes ein determinirtes und proportionirliches Equivalent, auf das Erndte-Fest, mithin bey dem Ende des Kirchen-Jahres in der Woche vor dem 1sten Advent-Sonntag" entrichtet werde.[141] Die für die Hofgemeinde relevante Gebührenordnung sieht für Regierungsangehörige jährlich sechs Reichstaler pro Familie vor, für die adligen und engeren Hofangehörigen vier Reichstaler.[142] Entsprechend dieser Regelung ist davon auszugehen, daß der Pfarrer das Geld vollständig und direkt erhielt. Das Amt des Beichtvaters war damit ein hochdotiertes. Der bekannte Vorgang im Zuge des Amtsantritts, der es den Angehörigen der Hofgemeinde, u. a. „den Ministern, Räten und Kavaliers, auch deren Frauen und Kindern"[143] freistellen sollte, die Wahl ihres Beichtvaters unter den drei Geistlichen der Hofkirche selbst vorzunehmen, konnte einen beträchtlichen finanziellen Zugewinn für die beiden interimistischen Amtsvertreter Gottschalg und Schultze bedeuten. In ihrem Beschwerdeschreiben vom 20. Februar 1776[144], das auch von dem an der Stadtkirche beschäftigten Schneider unterzeichnet worden war, finden die Akzidentien der Hofkirche keine Erwähnung. Es muß offenbleiben, von wem das herzogliche Reskript, das eine gewaltige Konzession gegenüber den beiden Hofdiakonen darstellt, initiiert worden war. Die nicht mehr verfügbaren Konsi-

---

139 Ebd., Bl. 5^r.
140 Vgl. dazu das Mandat vom 16. April 1730, Schmidt, Gesetze, Bd. 1, S. 394.
141 Vgl. dazu die Verordnung vom 13. Mai 1743, ebd., S. 394–396, hier S. 394f.
142 Ebd., S. 395.
143 Haym, Herder, Bd. 1, S. 24. Die primäre Vorlage stellt V, Abt. 2, Tl. 21 [Erinnerungen, Tl. 2], S. 223f. dar. Das obige Zitat muß Peucer, Berufung, S. 61, entstammen.
144 Vgl. dazu Kap. I, Anm. 162.

storialakten lassen sich nach der Beschreibung Peucers benennen.[145] Hinsichtlich des einschlägigen Reskriptes erwähnt dieser nur, daß es im Oberkonsistorium unter dem 14. Oktober, dem Vortag der Vereidigung, einging.[146] Karoline
schreibt in den *Erinnerungen*:

> „Nachdem er [Herder] den Eid geleistet hatte, las ihm der Präsident ein Reskript
> [vor. ...] Ueber diesen Inhalt war er sehr betroffen, da man ihm sogleich beim Ein-
> tritt das gegebene Wort der Vokation gebrochen, und die Gemeine, zu der man ihn
> berufen hatte, ohne weitere Veranlassung jetzt von ihm losbrach. Er äußerte dem
> Präsidenten seine Empfindungen hierüber sogleich vor dem ganzen Kollegium.
> [...] Er schrieb denselbigen Tag an Se[ine ...] Durchlaucht und an Goethe".[147]

Peucer, der den Bericht der *Erinnerungen* nicht direkt erwähnt, suchte doch
nach entsprechenden Belegen in dem vorhandenen Oberkonsistorialmaterial.
Anders ist seine Bemerkung nicht zu verstehen: „Ob und wie [Herder ...] im
Einführungstermine dagegen Einwendungen gemacht [hat], ergeben die Akten
nicht"[148]. Sein Ergebnis stellt eine Bestätigung Karolines dar:

> Die Akten „enthalten nur so viel, daß Herder am 17. Oktober wider die obige Be-
> schränkung, mit Bezug auf die ihm eingehändigte Bestallung und Vocation, beim
> Herzog unmittelbar eine Vorstellung einreichte, in welcher er bat: ‚ihn dem von
> S[einer ...] Durchlaucht ihm unter fürstlicher Hand und Siegel gegebenen vestesten
> Versprechen gemäß sowohl bei dem angefochtenen Punkte seiner Instruktion, als
> bei sämmtlichen andern Stücken seiner Vocation, Einkünfte und Amtspflichten,
> wie sie seine Vorgänger bei Antritt ihres Amtes besessen, gnädigst und nachdrük-
> klichst zu schützen und vestzustellen'".[149]

Die unterschiedlichen Daten dürften in der Differenz zwischen der von Karoline für den 15. Oktober bezeugten Abfassung des Schreibens und dem wohl in
den Konsistorialakten vermerkten Datum der Präsentation gründen.[150] In der
Tat muß auch Goethe Herders Schreiben am 17. Oktober erhalten haben. In
seinem Tagebuch hält er unter dem entsprechenden Datum nur fest: „Herders
Geschichte".[151] Karolines Bericht findet damit insgesamt Bestätigung. Nachzugehen ist deswegen auch ihrem beiläufigen Hinweis: „Der damalige erste geheime Rath, der dieß veranstaltet hatte, schien es auf den letzten Augenblick
wollen ankommen zu lassen"[152]. Tatsächlich befand sich mit dem 1776 neu er-

---

145 Vgl. dazu bes. Peucer, Berufung, S. 63f.
146 Ebd., S. 64.
147 V, Abt. 2, Tl. 21 [Erinnerungen, Tl. 2], S. 223f.
148 Peucer, Berufung, S. 64.
149 Peucer, Berufung, S. 64. Diesen Text rückt DA, Bd. 9, Nr. 4a, S. 245, Z. 5–9, als Nachtrag zu
     Bd. 4 ein.
150 Diese Differenz löste bereits Günter Arnold auf, ebd., S. 718, Anm. zu Nr. 4a.
151 Ebd.
152 V, Abt. 2, Tl. 21 [Erinnerungen, Tl. 2], S. 224.

nannten geheimen Rat Wilhelm Emanuel Gottlieb Hetzer ein langjähriger Vertrauter der drei interimistischen Amtsvertreter in der Regierung.[153] Seit 1768 saß er als Oberkonsistorialrat auf der weltlichen Bank des Konsistoriums.[154] Zeitgleich mit ihm waren die beiden Hofdiakone zu Konsistorialassessoren ernannt worden.[155] Der Archidiakon der Stadtkirche, Schneider, erhielt mit dem Jahr 1773 den dritten Platz auf der geistlichen Bank. Zusammen mit der Beförderung von Lynckers zum Präsidenten war Hetzer 1776 zum Vizepräsidenten des Oberkonsistoriums ernannt worden.[156] Auf die Bedeutung dieser langjährigen, gewachsenen Beziehungen zwischen Hetzer und den drei Geistlichen, insbesondere den beiden Hofdiakonen, kann nur aus den äußeren Daten geschlossen werden. In der Person Hetzers dürfte Karolines Vermutung eines Kontaktmannes in der Regierung jedoch zutreffen. Die vertretenen Interessen des herzoglichen Reskriptes waren ausschließlich die der beiden Hofdiakone. Wahrscheinlich ist daher, daß sich diese nach den herzoglichen Zugeständnissen der Beförderung zu Oberkonsistorialräten unter Vermittlung des Regierungsvertreters auf weniger direktem Wege um weitere Begünstigungen bemüht hatten. Nicht zu bezweifeln ist auch Karolines Bericht einer genuin in persönlicher Kränkung und amtlicher Mißachtung gründenden Motivation Herders zur Klage.[157] Wie das gerade in diesem Punkt unvollständige Verzeichnis der Amtspflichten dokumentiert, konnte Herder auf Grundlage der ihm zugestellten Dokumente die finanzielle Bedeutung der wohl von den Hofdiakonen projektierten amtlichen Einschränkung nicht ermessen. Herders vehementer Widerspruch war prinzipieller Natur. Die von ihm stark gemachte, sein Amtsverständnis unmittelbar berührende Argumentation, ihm mit der Beichtpflicht „seine Gemeine" zu nehmen[158], gründet zudem in der für Weimar spezifischen Konstellation der Amtspflichten. Nur für den von dem Reskript betroffenen innersten Kreis der Hofgemeinde war der Oberhofprediger als Prediger und Seelsorger zugleich zuständig. Die Einschränkung seiner Amtspflichten gerade an diesem Punkt mußte Herder als einen empfindlichen Einschnitt in sein Amtsverständnis erleben. Erst mit dem Erfolg der Klage und dem widerrufenden Reskript vom 19. Oktober trat er sein Amt am Folgetag öf-

---

153 Vgl. dazu den Hofkalender des Jahres 1777.
154 Vgl. dazu den Hofkalender des Jahres 1769.
155 Ebd.
156 Vgl. dazu auch das nachfolgende Kap. zur Personalpolitik.
157 V, Abt. 2, Tl. 21 [Erinnerungen, Tl. 2], S. 224: „Verletzung der ihm schuldigen Achtung in Amt und Geschäften war einer der reizbarsten Punkte an Herder. Er schrieb denselbigen Tag an Se[ine ...] Durchlaucht und an Goethe: ‚daß er unter dieser Kränkung, indem man ihm seine Gemeine nehme, sein Amt nicht antreten werde.'"
158 Vgl. dazu ebd.; ferner im Referat Karolines, ebd., S. 223.

Amtspflichten (1776) 93

fentlich an.[159] Herders Verbindungsmann war wiederum Goethe. Unter dem 19. Oktober hält dieser als Mitglied des Geheimen Consiliums in seinem Tagebuch fest: „Conseil. Herd[ers] Sache beschl[ossen]"[160]. Auf dem offiziellen Dienstweg wurde Herder das widerrufene Reskript erst am 22. Oktober, zwei Tage nach seiner Antrittspredigt, präsentiert. Die informelle Mitteilung des positiven Bescheids hatte Goethe noch am Tag der Abstimmung im Consilium besorgt. In seinem Tagebuch faßt er diese Begegnung zusammen: „Zu Herdern. Aerger"[161]. Goethe hatte für Herders Protest und dessen Motivation wenig Verständnis. Den Vorgang insgesamt faßte er Herder gegenüber, wohl an jenem 19. Oktober, den er mit „Aerger" in Verbindung brachte, als „Pfafferey" zusammen.[162] Zutreffend dürfte an dieser Bezeichnung zumindest die Zentralität von Herders pastoralem Amtsverständnis in der Veranlassung zur Klage gewesen sein, der ihrerseits die amtsspezifische Konstellation reduzierter seelsorgerlicher Pflichten als Beicht-, Trau- und Taufvater auf den damit berührten Personenkreis der Hofkirche korrespondierte. In der herzoglichen Bestallungsurkunde werden die Pflichten des Beichtvaters zudem um dessen Recht ergänzt, daß „Wir dem [Beichtvater] auch, nach unserer Chr[i]st.[lichen] Fürstl.[ichen] Gesinnung in keinen Ungnaden vermerken, vielmehr ihm williges Gehör geben wollen, wenn bey Uns derselbe in Sachen, die das Heyl und Wohl unserer Seelen angehen, etwas mit gebührender theologischen Bescheidenheit *privatim* vorstellig zu machen nöthig finden würde."[163] Hinzugefügt findet sich außerdem die Pflicht der Hausbesuche, „seine Beicht Kinder auf Erfordern und sonst in Krankheiten fleißig zu besuchen."[164]

2.1.4. Oberpfarrer

Zu der auf die Hofkirche beschränkten Funktion des Oberhofpredigers trat das öffentlich breiter wahrnehmbare Amt des Oberpfarrers der Stadt. Die Position des *pastoris primarii* umfaßte ausschließlich Predigttätigkeiten an der Stadtkirche. In einem vierwöchigen Turnus hatte Herder an dieser als Hauptpfarrer zu

159 Zu dem Datum vgl. Peucer, Berufung, S. 64. Den öffentlichen Amtsantritt markierte die Antrittpredigt in der Stadtkirche vom 20. Oktober 1776.
160 Goethe, WA, Abt. IV, Bd. 3, S. 24.
161 Ebd., S. 25.
162 Haym, Herder, Bd. 1, S. 25. Zu der geglätteten Textfassung Karolines vgl. V, Abt. 2, Tl. 21 [Erinnerungen, Tl. 2], S. 224: „andere nannten sie [Herders Motivation] Pfafferei". Die Identifikation mit Goethe bezeugt auch Günter Arnold, DA, Bd. 12, S. 16, Anm. 4a (N). Irmscher, Freundschaft, S. 247, Anm. 70, verweist in diesem Zusammenhang auf den frühen Bruch in der Freundschaft zwischen Goethe und Herder.
163 HN XXXVII, 87, Bestallungsurkunde, Bl. 2ʳ.
164 Ebd.

predigen.[165] Archidiakon, Diakon und Stiftsprediger waren für die übrigen Sonntagsgottesdienste vorgesehen.[166] Mit der Verpflichtung des Oberhofpredigers, jede dritte Sonntagspredigt in der Hofkirche zu übernehmen, mußte der Predigtturnus des Oberpfarrers alle zwölf Wochen kollidieren. Die Präferenz sollte hier der Funktion des Stadtpfarrers gelten.[167] Die Verpflichtungen des Oberhofpredigers waren entsprechend von den Hofdiakonen zu übernehmen.[168] Wie dem Oberhofprediger blieben auch dem Stadtpfarrer daneben die hohen Festtage des Kirchenjahrs vorbehalten, wobei er in der Stadtkirche mit dem jeweils ersten Weihnachts-, Oster- und Pfingstfeiertag den zentraleren Anlaß in der weiterreichenden öffentlichen Wahrnehmbarkeit predigen durfte und zusammen mit Liturgie und Abendmahl zu gestalten hatte.[169] Dazu kam, wie in der Hofkirche, ein weiterer Bußtag.[170] Neben diese Sonn-, Feiertags- und Bußtagspredigten traten in der Stadtkirche noch die Wochenpredigten, die donnerstags fast ausschließlich von dem Oberpfarrer der Stadt zu halten waren; lediglich jede dritte Woche empfing der Stadtpfarrer Entlastung durch den Stiftsprediger.[171] An Kasualpredigten waren wohl nur vereinzelte Hochzeiten vorgesehen, die unter den Amtspflichten nicht eigens genannt werden, sich aber aus dem unter den Akzidentien genannten Punkt „Anmeldung eines neuen Paar[s] EheVolkes zur Copulation in hiesiger StadtKirche" ergeben konnten.[172] Im Verzeichnis der Amtspflichten sind in der Zuordnung zu Hof- oder Stadtkirche die Auflagen unklar, „die Fürstl.[ichen] Geburths Tags Predigten, nach hoher Anordnung", sowie die „Fürstl.[ichen] Leichen Predigten" zu halten.[173] Die Rekonstruktion der faktischen Amtstätigkeit zeigt, daß erstere Anlässe von

---

165 HN XXXVII, 87, Verzeichnis, Bl. 1ʳ: „Leget er alle Vier Wochen eine Sonntags Predigt in der Stadt=Kirche ab".

166 Ebd.: „die übrigen Drey [Sonntage] werden durch den Archi Diaconum, Diaconum, und Stifts Prediger versehen."

167 Ebd., Bl. 1ᵛ: „In Fall die Hof Predigt mit der Stadt Predigt *coincidiret*, welches jährlich etwa 3. Mahl [rechnerisch ergeben sich in Relation zu 53 Kalenderwochen 4,4 Überschneidungen pro Jahr, die sich allerdings durch die mit Feiertagen übereinfallenden Sonntage reduziert mußten] also treffen dürfte; So ist leztere in der Stadt Kirche von ihm zu halten."

168 Ebd., Bl. 1ʳ: „Prediget Er [...] nebst dem Hof Prediger und Hof Diacono [...] zu Hofe".

169 Ebd.: „Bey Hohen Fest Tagen, als Weyhnachten, Ostern und Pfingsten, hat er allezeit die Amts=Predigt am Ersten Feyertage in der Stadt-Kirche zu besorgen." Ferner ebd., Bl. 1ᵛ: „Selbigen Tages sowohl vor der Predigt das *Gloria* vor dem Altar zu intoniren, und die *Collecte* zu singen, als auch nach der Predigt die *Consecration* zu verrichten".

170 Ebd., Bl. 1ᵛ: „Die AmtsPredigten an denen Bußtagen Vormittags hat er Wechselweise in der Hof- und Stadt Kirche abzulegen."

171 Ebd., Bl. 1ʳ: „Zwey Donnerstage nach einander, eine Wochen Predigt in der Stadt Kirche, die dritte verrichtet der Stifts Prediger."

172 Zu dem negativen Befund einer Amtspflicht vgl. ebd., Bl. 1ʳ–5ʳ; zu der oben genannten Formulierung vgl. den Punkt „An Accidentien", ebd., Bl. 4ᵛ.

173 Ebd., Bl. 3ʳ.

Herder in der Stadtkirche begangen wurden und darin der Funktion des Oberpfarrers zuzuordnen sind.[174] Letztere Predigten wurden zum Teil in der Stadt-,
zum Teil in der Hofkirche vorgenommen[175] und berühren sich mit der erwähnten Auflage des Generalsuperintendenten, Leichenpredigten „bey ganzen
Schulen" als der obersten Gebührenklasse zu übernehmen[176]. Gelegenheitspre-
digten mit einem unmittelbar städtischen Bezug stellten hingegen die jährlich
einmal stattfindenden Ratspredigten dar, die von dem Rat direkt vergolten
wurde[177], sowie eine „Jährliche der *Manufactur* halber angeordnete Predigt",
die ebenfalls mit einem besonderen Aufschlag verbunden war[178]. Mit drei
Reichstalern und drei Gulden oder einem Dukaten für die Manufakturpredigt
sowie zwei Reichstalern und sechs Gulden für die Ratspredigt war die Vergütung für beide Anlässe in Relation zu den 20 Reichstalern, die der Rat zu dem
Jahresgehalt des Stadtpfarrers beisteuerte, vergleichsweise hoch angesetzt.[179]
Formalere Akte, wie die Anmeldung einer Hochzeit an der Stadtkirche, waren
mit zwei Reichstalern und acht Gulden jedoch ebenfalls hochdotiert und konnten einen beträchtlichen Zusatz zu dem fixen Jahresgehalt bedeuten.[180] Vergleichbar verhielt es sich mit der Verlesung einer „Edictat Citation", die mit einem Reichstaler und drei Gulden vergütet wurde."[181] Das Grundgehalt des
Oberpfarrers wurde mit über 216 Reichstalern und 18 Gulden aus dem Gotteskasten erhoben, wovon ein gutes Viertel private Stiftungsgelder darstellten.[182]
Insgesamt überwiegen darin die Predigtpflichten weitere Amtshandlungen bei
weitem. Von dem Hauptpfarrer konnten pro Jahr im Höchstfall mehr als 50
Predigten eingefordert werden: 13 Sonntagspredigten, drei Festtagspredigten,
eine Bußtagspredigt, Rats-, Manufaktur- sowie fürstliche Geburtstagspredigten
und gut 34 Wochenpredigten. Vergleichsweise bescheiden nimmt sich neben
dieser umfassenden Predigttätigkeit, die auch die Verpflichtungen an der Hofkirche um mehr als das Zweifache übersteigt, nur noch die Auflage aus, die

---

174 Vgl. dazu das Schlußkapitel dieser Arbeit.

175 Ebd.

176 Vgl. dazu in diesem Kapitel oben Anm. 136.

177 HN XXXVII, 87, Verzeichnis, Bl. 3ʳ, s. unter den „Casual Predigten: [...] Raths Aufffüh-
rungs[predigt]"; zur Besoldung vgl. ebd., Bl. 3ᵛ.

178 Ebd., Bl. 3ʳ; zur Besoldung s. auch hier ebd., Bl. 3ᵛ.

179 Zu der Vergütung der beiden Predigten vgl. ebd.

180 Ebd.

181 Ebd., Bl. 4ᵛ.

182 Ebd., Bl. 3ᵛ, 4ʳ: „III. Aus dem Gottes Kasten: 99 R. 1 gl. jährlich ordinair[,] 60 R. 20 gl. addition[,] 33 R. 19 gl. 10 [Pfennige ...]. Jährl. Gestifte und [4r] 22 R. 18 gl. oder 20 Rthlr Gestifte von dem verstorbenen Elephanten Wirth Kraußen [insgesamt] 216 R. 16 Gl. 10 [Pfenni-
ge]".

Erstkommunikanten zu prüfen und zweimal jährlich zu konfirmieren[183]. Die
Möglichkeit einer Entlastung gerade hinsichtlich der ausgreifenden Predigtpflichten deutet bereits die Bestallungsurkunde an, insofern sich der Stelleninhaber „unter göttlichem Beystande, äußersten Kräften nach, zu bestreben [ha-
be], solche gebührend ins Werk zu richten; wobey Wir Uns jedoch, in
Ansehung derer bey Unserer Schloß und StadtKirche abzulegenden Predigten,
vorbehalten[,] künftighin hierunter nach Befinden ein und andere Abänderung
zu treffen."[184]

2.1.5. Kommissar des Weimarer Gotteskastens

Ein eigenes Amt mit lokaler Verpflichtung bedeutete die Funktion des „*Com-
missarius* des Gottes Kastens"[185]. Die Nähe zu dem Oberpfarramt der Stadt
liegt in dem zugeordneten Verwaltungsgebiet nahe, wird jedoch nicht explizit
gemacht. Auch die institutionellen Berührungspunkte beschränkten sich auf
Weimarer Instanzen. Die Sitzungen fanden, „sooft derer gehalten werden, auf
der Kasten Stube"[186] statt. Innerhalb Weimars waren kirchliche Bauangelegen-
heiten von dem Gotteskasten-Kommissar zu autorisieren, gewannen jedoch
erst nach einer Gegenprüfung seitens des Stadtsyndikus[187] rechtliche Gültigkeit. Anders verhielt es sich mit der „Verlösung der Kirchen Stände", der Vergabe kirchlicher Steh- oder Sitzplätze, die der Gotteskasten-Kommissar alleine
verwaltete.[188] Insgesamt blieben die kirchlichen Bau- und Renovierungsvorha-
ben in Weimar damit städtisch bestimmt. In finanzadministrativer Hinsicht
trug der Gotteskasten-Kommissar zudem Verantwortung für Vollständigkeit
und Richtigkeit der lokal erhobenen Abrechnungen.[189]

2.1.6. Ephorus

Die Funktion des Ephorus bezog sich in lokaler Hinsicht auf das Weimarer
Gymnasium, konnte mit der Öffnung der Schule auf ein größeres Einzugsge-

---

183 Ebd., Bl. 2^v: „Wohnet er deren Fasten=*Examinibus* in der Stadt Kirche bey, und *confirmir*et
      jährlich zweymahl die Kinder, so zum Erstenmahl zum Heil.[igen] Abendmahl gehen."
184 HN XXXVII, 87, Bestallungsurkunde, Bl. 2^r, 3^v.
185 HN XXXVII, 87, Verzeichnis, Bl. 1^v.
186 Ebd.
187 Ebd.
188 Ebd., Bl. 2^r.
189 Ebd., Bl. 1^v, 2^r: „auch die Kasten Rechnungen selbst nebst denen hierzu verordneten *Com-
      missarien* zu gehöriger Zeit, abzunehmen."

biet aber eine regionale Bedeutung gewinnen. Im Vordergrund des Amts standen repräsentative Pflichten. Besonders das jährliche Examen hatte der Ephorus mit einer lateinischen Rede zu eröffnen.[190] Die Neuzugänge zu dem Lehrkörper begrüßte der Ephorus, nach erfolgter Berufung und den von ihm alleine durchgeführten „*Examina* [...] bey ihrer Annehmung, auf dem Rath[s]hause in Gegenwart des Stadt Raths", entsprechend in der Schule.[191] Hinzu kamen supervisorische Tätigkeiten, wie Visitationen des Unterrichts, die Schülern wie Lehrern gleichermaßen zu gelten hatten[192]: „zuweilen [hat er] die Lehr Stunden in dem *Gymnasio* unvermuthet zu besuchen, zu prüfen ob *Docentes* und *Discentes* ihren Amte ein Gnügen leisten, und allenthalben, wo er Mängel befinden sollte, nöthige Erinnerungen zu thun."[193] Vor den Angehörigen des Gymnasiums hatte der Generalsuperintendent, wobei unklar ist, in welcher Funktion, zudem die jährliche „Wilhelm Ernestische Fürstl.[iche] Stiftungs Predigt" zu halten[194]. Nicht rekonstruieren läßt sich, ob der Generalsuperintendent als ranghöchster Geistlicher des Fürstentums, als Oberpfarrer der Stadt, Oberhofprediger oder in seiner Funktion als Ephorus diese in der Jakobskirche stattfindende Predigt übernahm. Wahrscheinlich ist allerdings, daß es die auch das Stipendienwesen betreffende Supervisionspflicht des Generalsuperintendenten war, die diese Berührung mit dem Weimarer Gymnasium ergab. Insbesondere die Vergütung innerhalb des Grundgehaltes von 24 Reichstalern aus der „Fürstl.[ich] Wilhelm Ernestinischen Stiftung" spricht dafür[195], daß die Predigtpflicht mit der Verwaltung des Stiftungswesens in Verbindung stand. Ein Vergleich mit der entsprechenden Predigtpflicht zu der „Wilhelminischen [... und nicht der Wilhelm Ernestinischen] Fürstl.[ichen] Stifts Predigt"[196], die einem anderen Adressatenkreis galt und mit nur acht Reichstalern besoldet wurde[197], unterstreicht diese Annahme. Für die außerhalb Weimars gelegenen Schulen bestanden weitere Verpflichtungen, auf die unter den Funktionen des Generalsuperintendenten in der Spezialsuperintendentur Weimar einzugehen sein wird.

Nicht aufgeführt wird in den Amtspflichten eine institutionelle Struktur, auf die für die Verwaltung und Gestaltung des Schulwesens eigens hinzuwei-

---

190 Ebd., Bl. 2^r, 2^v: „Bey denen *Examinibus*, so in hiesigen Fürstl. Gymnasiuo, jährlich einmal geschieht, hält er eine Lateinische Rede".

191 Ebd., Bl. 2^v: „wie auch bey *Introduction* der Lehrer und Schul *Collegen*".

192 Ebd.: „in übrigen lieget ihme die *Inspection Gymnasii* ob, nebst denen, welche *Serenissimus* [...] etwa noch gnädigst verordnen werden".

193 Ebd., Bl. 3^r.

194 Ebd.

195 Ebd., Bl. 3^v.

196 Ebd., Bl. 3^r.

197 Ebd., Bl. 3^v.

sen ist. Im Zuge der Gymnasialreform der Jahre 1769f. wurde zur dauerhaften Absicherung und Gewährleistung der angestrebten Standards eine Schuldeputation gegründet, der zu diesem Zeitpunkt der als Oberkonsistorialvizepräsident fungierende von Lyncker angehörte, der Generalsuperintendent sowie ein weiteres Mitglied der geistlichen Bank.[198] Letztere Funktion sollte unter den stimmberechtigten geistlichen Räten des Oberkonsistoriums alternieren.[199] Von einschlägiger Bedeutung für das Amt des Ephorus ist diese Kommission insofern, als sie nach der grundlegenden Verfügung dezidiert auf die Supervision des Gymnasiums ausgerichtet war: „Damit auch das Gymnasium fürohin in einer fortgehenden desto beßern Aufsicht gehalten werde".[200] Die Einrichtung, deren Erwähnung in dem Verzeichnis der Amtspflichten fehlt, ließe sich sowohl als Entlastung wie als Einschränkung der Funktion des Ephorus verstehen.

2.1.7. Generalsuperintendent der Spezialsuperintendentur Weimar

Als ein wesentliches Ergebnis einer amtsfunktionalen Zuordnung innerhalb lokaler, regionaler oder territorialer Aufgabenfelder kann gelten, daß der Generalsuperintendent von Sachsen-Weimar weithin die Pflichten eines Superintendenten von Weimar übernahm. Der Titel des Generalsuperintendenten dürfte inklusiv verhindert haben, daß dem übergeordneten Titel die amtlich zutreffende Bezeichnung für diesen regional bestimmten Aufgabenbereich hinzugefügt wurde. Der titularischen Statuierung einer Vorordnung korrespondieren weitreichende Überlagerungen umfassender supervisorischer Pflichten des Generalsuperintendenten und regional begrenzter Aufgabenfelder eines Superintendenten. Ohne diese Unterscheidung durch eine entsprechende Amtsbezeichnung nominell kenntlich zu machen, fungiert der Generalsuperintendent faktisch als Superintendent der „Spezialsuperintendentur"[201] Weimar, die aufgrund ihres ausgreifenden Verwaltungsgebietes im Sprachgebrauch der Zeit auch pluralisch als „Special Superintendenturen" oder „Special Inspectionen Weimar und Roßla" geführt wurde[202]. Die amtliche Vorordnung des Generalsuperintendenten verbindet sich darin mit einer Gleichstellung zu den übrigen Superintendenten des Fürstentums. Den erheblichen administrativen Aufwand, den gerade diese Funktion bedeutete, läßt die territoriale und bevölkerungsstatistische Beschreibung des Kirchengebietes ermessen. In der ihm zugeordneten

---

198 Francke, Geschichte, S. 70.
199 Ebd.
200 Ebd.
201 HN XXXVII, 87, Verzeichnis, Bl., Bl. 2^r.
202 Vgl. dazu ebd., Bl. 2^v; dazu HN XXXVII, 87, Bestallungsurkunde, Bl. 2^v.

„Special Superintendentur" hatte der Generalsuperintendent Neubesetzungen kirchlicher sowie schulischer Stellen mit vorausgehenden Prüfungen zu begleiten. Im Falle des Fürstentums Sachsen-Weimar bedeutete dies alleine mit der „Special Superintendentur" knapp die Hälfte der gesamten Pfarrerschaft.[203] Auf die Stellen der Landschullehrer bezog sich die Auflage: „bey Besetzung der Schulstellen auf dem Lande die Candidaten zu examinieren".[204] Dieser einmalige Akt, der an die Stelle des Examens, der Ordination und der Amtseinführung der geistlichen Kandidaten trat, wurde mit drei Reichstalern und neun Gulden an Akzidentien[205] in Relation zu den überaus dürftigen Stellen vergleichsweise bescheiden veranschlagt. Die Amtseinführungen der Pfarrer in seiner Superintendentur übernahm ebenfalls der Generalsuperintendent.[206] Mit neun Reichstalern und elf Gulden bedeutete dies den Höchstsatz an Akzidentien, mit denen eine kirchliche Handlung bedacht werden konnte. Die Bestallungsurkunde macht die Bedeutung gerade dieser personalpolitischen Vorgänge stark:

> „Bey Wiederbesetzung derer vacanten Pfarr- und Schul-Stellen [...], hat derselbe alle nur ersinnliche Sorgfalt dahin zu tragen, womit [Schreibfehler: damit[207]] hierunter keinesweges nach *Affecten* und unlautern Absichten gehandelt, vielmehr gewißenhaft und wie es dereinst vor *Christi* Richter Stuhl zu verantworten, verfahren, hinfolglich die *vacante* PfarrAemter und SchulStellen mit solchen Personen bese[t]zt werden, die nebst denen erforderlichen Wissenschaften das Zeugniß eines christlichen und unanstößigen Lebenswandels vor sich haben."[208]

Auf die über die Spezialsuperintendentur hinausreichenden Examinationspflichten geistlicher Kandidaten wird in einem eigenen Punkt unter den Pflichten des Generalsuperintendenten einzugehen sein, die sich von denen eines Superintendenten spezifisch unterscheiden. Nicht dazu zu zählen und den genannten personalpolitischen sowie kirchenamtlich-repräsentativen Funktionen hinzuzufügen sind besondere finanzadministrative Pflichten. In der Spezialsuperintendentur hatte der Generalsuperintendent „eine Kirch-Rechnung von einer jeden Stadt und Dorffe [...] abzuhören"[209]. Die speziell für Weimar bestehenden Pflichten des Gotteskasten-Kommissars wurden damit in regionaler Hinsicht supervisorisch ausgeweitet. Die Abnahme der Kasten- und Kirchenrechnung der Spezialsuperintendentur wurde mit weiteren Akzidentien vergü-

---

203 Vgl. dazu oben Kap. II.1.1.4. 1) Superintendentur Weimar (1786).

204 HN XXXVII, 87, Verzeichnis, Bl. 3^r.

205 Ebd., Bl. 4^r.

206 Ebd., Bl. 2^r: „so lieget ihm ob, die *Special Superintendenten* einzuführen und die *Investituren* derer Prediger in seinen *Special-Inspectionen* Weimar und Roßla zu verrichten."

207 Korrigiert nach HN XXXVII, 76, Ernennungsdekret, Bl. 3^r.

208 HN XXXVII, 87, Bestallungsurkunde, Bl. 3^r.

209 Ebd., Bl. 2^v.

tet, deren Höhe nicht mehr zu rekonstruieren ist. Das Verzeichnis der Amtspflichten führte die Vorgänge unter dem Punkt „Weiter von Accidentien" ohne
entsprechende Verweise auf.[210] Ausschließlich auf den Bereich der Spezialsuperintendentur bezog sich auch der Hinweis auf das „von denen Personen, welche sich in seinen beiden *Inspectionen* der Kirchen *Censur* unterwerfen müßen, das gewöhnliche in der *Superintendentur* Ordnung befindliche
accidens".[211] Zudem findet sich in dem Dokument der Hinweis auf eine besondere Aufsicht- und Gestaltungspflicht hinsichtlich der drei großen Weimarer
Kirchen, die man in ihrem Aufgabenbereich vielleicht eher dem Bereich des
Oberpfarrers der Stadt zuordnen würde: „dirigiret auch außerdem als *General
Superintendens*, was bey der Kirche des Hofes und der Stadt Weimar auch der
Kirche zu St. Jacob vorfällt."[212] Die urkundliche Zuordnung der Kirchenleitung ist eindeutig. Der Hintergrund dieser Regelung muß offenbleiben. Möglicherweise spielen die patronats- und stiftungsrechtlichen Implikationen des
Stadtpfarramtes eine Rolle in der Verbindung dieses Vorrechtes mit dem Amt
des Generalsuperintendenten. Amtsfunktional ist der Zuständigkeitsbereich
eindeutig den lokalen bzw. regionalen Pflichten des Generalsuperintendenten
innerhalb seiner Spezialsuperintendentur zuzuweisen. Unklar bleibt das Verzeichnis der Amtspflichten auch in der geographischen Reichweite der Auflage, „Kirchen Einweihungs"-Predigten übernehmen zu müssen.[213] Im Kontext
der lokalen sowie regionalen finanzadministrativen Tätigkeiten, mit denen sich
die Bauvorhaben des Kirchenwesens berührten, ist eher an regionale und lokale Pflichten des Generalsuperintendenten als an territoriale zu denken.

2.1.8. Oberkonsistorial- und Kirchenrat

Keine nennenswerten Aufschlüsse gibt das Verzeichnis der Amtspflichten über
die Funktionen als Oberkonsistorial- und Kirchenrat. Benannt wird lediglich
die Sitzungsteilnahme im Oberkonsistorium.[214] Auch die Schmidtsche Gesetzessammlung bietet im Blick auf das Weimarer Konsistorium und nachfolgende Oberkonsistorium als einzigen Text die Gründungsurkunde mit der Konsistorialordnung von Johann Friedrich dem Mittlern aus dem Jahr 1561.[215] Die
Zusammensetzung des Konsistorium zur Amtszeit Herders divergiert erheblich
von der ursprünglichen Einrichtung, die den Landesherren als Präsidenten vor-

---

210 HN XXXVII, 87, Verzeichnis, Bl. 4ᵛ.
211 Ebd.
212 Ebd., Bl. 1ᵛ.
213 Ebd., Bl. 3ʳ: „Casual Predigten [...] Kirchen Einweihungs [Predigten]".
214 Ebd., Bl. 1ᵛ: „Wohnet er denen erdenklichen *Sessionibus* im Ober *Consistorio* bey".
215 Vgl. dazu Schmidt, Gesetze, Bd. 2, S. 310–319.

sah, vertreten durch zwei Assessoren, einen geistlichen und einen weltlichen, sowie ein erweitertes, wiederum paritätisch angelegtes Beratergremium von acht „Assessoren und Beisitzern", von denen vier mit den Sächsisch-Weimarischen Superintendenten geistliche Räte darstellten und vier, zwei Adlige und zwei Juristen, weltliche Räte.[216] Der Begriff des Rates umschreibt in dem Gründungsdokument des Konsistoriums eine amtlich nicht näher spezifizierte Funktion. Zur Zeit Herders wurde sehr genau zwischen den Ämtern der Oberkonsistorialassessoren und Oberkonsistorialräte unterschieden. Der Oberkonsistorialrat besaß gegenüber dem Oberkonsistorialassessor ein grundlegendes Stimmrecht, während unter den Assessoren zwischen *Assessores cum voto* und *sine voto* unterschieden wurde, deren Beförderung zum Oberkonsistorialrat nicht zwangsläufig erfolgte. Im einzelnen läßt sich das Amtsprofil des Oberkonsistorial- und Kirchenrates jedoch nicht aus den amtsfunktional sowie kirchenrechtlich relevanten Dokumenten erheben. Weitere Ergebnisse über die Zusammensetzung des Oberkonsistoriums zur Amtszeit Herders lassen sich aus den unterschiedlichen personellen Konstellationen und personalpolitischen Initiativen rekonstruieren und sind später darzustellen.

2.1.9. Magnifizenz

Unerwähnt bleibt auch in sämtlichen erhaltenen Berufungsdokumenten der Titel Magnifizenz. Nicht auszuschließen ist die Ausfertigung einer entsprechenden Ernennungsurkunde, doch wäre der Verlust des Originals oder einer möglichen Abschrift innerhalb des Berliner Nachlasses erklärungsbedürftig und wohl auch einschlägig bekannt.[217] Wahrscheinlicher ist es daher, von gewohnheitsrechtlichen Implikationen der Weimarer Generalsuperintendentur auszugehen. Die Schmidtsche Gesetzessammlung bietet zu dem Titel der Magnifizenz einen einzigen Eintrag mit einem Sächsisch-Weimarischen Reskript vom 17. Oktober 1741, demzufolge der „Magnificenz-Titel [...] außer dem Prorector der Universität Jena und dem Generalsuperintendenten, niemand bey hoher Strafe an[zu]nehmen oder [zu] geben" erlaubt sei.[218] Herder bezeichnet sich selbst Lavater gegenüber unter dem 13. Oktober 1776, zwei Tage nach Ausfertigung der herzoglichen Bestallungsurkunde und des Verzeichnisses der Amtspflichten, in einer Mischung aus selbstironischer Distanzierung und sichtlicher Verblüffung als: „Hochwürdige Magnificenz, die ich hier urplötzlich geworden bin"[219]. Auch in seinem Weimarer Erstlingsbrief an Hamann hebt er unter

---

216 Ebd., S. 313.
217 Einschlägig hier HN XXXVII.
218 Vgl. dazu Schmidt, Gesetze, Bd. 5, 308.
219 Herder an Lavater, 13. Oktober 1776, DA, Bd. 4, Nr. 3, S. 19, Z. 10f.

dem 13. Januar 1777 darauf ab: „Kurz die erste Zeit ist mir mein Altlutheri-
scher Chorrock und der Hochwürdige MagnificenzTitel ziemlich unbehaglich
gewesen"[220]. Zahlreiche Amtsdokumente belegen den Titel, der in der Regel
an erster Stelle geführt wurde.[221] Zu den damit verbundenen Vorrechten und
Pflichten speziell des Generalsuperintendenten lassen sich hingegen keine einschlägigen Belege ausmachen. Zutreffend dürfte sein, was mitunter auch aus
Herders tatsächlicher Amtstätigkeit geschlossen wurde, daß der Generalsuperintendent als Magnifizenz Einfluß auf Berufungen der Universität Jena
nehmen oder zumindest konsultatorisch in die Vorgänge einbezogen werden
konnte.[222] Aus der Rekonstruktion der personalpolitischen Entscheidungspro-
zesse ergibt sich, daß die Bedeutung des Titels „Magnifizenz" mehr als eine
protokollarische war und sich, wenn auch nur eingeschränkt, auf Berufungsvorgänge überwiegend der theologischen Fakultät bezog.

2.1.10. Generalsuperintendent von Sachsen-Weimar

Gegenüber den ausgreifenden für die Stadt Weimar lokalen sowie die Spezialsuperintendentur Weimar regionalen Amtspflichten blieben die auf das Fürstentum gerichteten Aufgaben des Generalsuperintendenten von Sachsen-Weimar weitestgehend supervisorisch und repräsentativ, berührten sich jedoch mit
personalpolitischen Entscheidungen und konsultatorischen Tätigkeiten. Eingeholt wurde diese breitgefächerte, vergleichsweise allgemein gehaltene Auflage
von der Verantwortlichkeit für die Geistlichkeit und das Kirchenwesen der gesamten Generalsuperintendentur. In der Bestallungsurkunde heißt es sehr umfassend: Er möge „unser[e]s Fürstenthums und desselben Kirchen-Staats
Wohlfarth, seinem besten Vermögen und Verstand nach, schaffen und befördern".[223] Für ihn, wie für die gesamte Pfarrerschaft, setzte dies mit den von
dem Fürstentum angenommenen Bekenntnisschriften die *Confessio Augustana
invariata,* deren Apologie, die Schmalkaldischen Artikel, die beiden Katechismen Luthers sowie die *Formula Concordiae* voraus.[224] Dazu kamen, neben
dem biblischen Zeugnis[225], die mitunter äußerst diffizilen positiv-rechtlichen
Bestimmungen des jeweiligen Landesteils:

---

220 Herder an Hamann, 13. Januar 1777, ebd., Nr. 9, S. 26, Z. 99–101.

221 Mit zahlreichen Einträgen vgl. hier etwa die Kirchenprotokolle der Stadtkirche, ThHSA,
    Stadtkirchenarchiv, D 14–16; ferner Stadtkirchenarchiv Weimar, Tauf- sowie Heiratsregister.

222 Vgl. dazu Arnold, Philosophen, S. 194.

223 HN XXXVII, 87, Bestallungsurkunde, Bl. 1ᵛ.

224 Ebd., Bl. 1ᵛ, 1ʳ. Dies stellt die vollständigste Auflistung innerhalb der Berufungsdokumente
    dar.

225 Ebd., Bl. 1ᵛ.

Es „lieget ihm ob, die Verfassung Unseres Kirchen Staats, und, wie weit darinnen Unsere von der Hohen Landes Fürstlichen Obrigkeit abhangende Befugnisse in *Ecclesiasticis* sich erstrecken, was für Oerter darunter begriffen, was für absonderliche Rechte, bevorab mit Bestellung der Kirchen- und Schul-Diener zu beobachten, nicht minder die *introducirte* Kirchen- und EheOrdnung, auch übrige ins Land ergangene und *Ecclesiastica* betreffende besondere *Mandata* und Ausschreiben".[226]

Aus der Aufsichtspflicht des Generalsuperintendenten über das Stiftungs- und Stipendienwesen des Landes leitete sich historisch wohl das Amt des Ephorus ab, umfaßte aber, ohne eigene Nennung, „auch andere in Städten und auf dem Land zu Kirchen, Schulen und milden Sachen errichtete Stiftungen, geordnete *Stipendia* und *Legata*"[227]. In personalpolitischer Hinsicht setzte das inklusiv verstandene Amt des Generalsuperintendenten bei der Ausbildung und Einstellung des theologischen Nachwuchses ein. Der Generalsuperintendent hielt das jährliche Examen ab, zu dem er das Thema vorgab und dessen Prüfungsvorsitz er führte.[228] Die damit verbundenen Ordinationen hatte er ebenfalls vorzunehmen. Beide Vorgänge waren nicht Teil des Grundgehaltes und wurden über Akzidentien vergütet. Die Examinationsgebühr eines Kandidaten betrug gut zwei Reichstaler und zehn Gulden, die Ordinationskosten beliefen sich auf zwei Reichstaler und sechs Gulden.[229] Dazu kamen noch die „BeichtPfennige" der Kandidaten bei der Ordination.[230] Neben den Examinationen und Ordinationen der Pfarramtsanwärter sowie den erwähnten Amtseinführungen der Pfarrerschaft innerhalb der Spezialsuperintendentur galten Investituren auf Ebene der Generalsuperintendentur ausschließlich den Superintendenten[231]. Über die Besoldung und aufgabengemäße Amtsführung der landeseigenen Geistlichkeit hatte sich der Generalsuperintendent eingehend zu informieren.[232] Der vorgesehene Dienstweg einer kontinuierlichen Überprüfung bestand in

---

226 Ebd., Bl. 2ᵛ.

227 Ebd.

228 HN XXXVII, 87, Verzeichnis, Bl. 2ʳ: „Verrichtet er, nebst dem *Commun Examine* derer *Candidatorum Ministerii*, dazu er das *Thema* giebet, und in dem *Examnine* die *Direction* führet". Vgl. dazu auch ebd., Bestallungsurkunde, Bl. 3ʳ: „bey *Examinirung* derer hierzu bestimmten und praesentirten Personen, ferner bey *Tentirung* derjenigen *Candidaten*, denen *Facultas praedicandi* verstattet werden soll, hat derselbe alle nur ersinnliche Sorgfalt dahin zu tragen".

229 Ebd., Verzeichnis, Bl. 4ʳ.

230 Ebd., Bl. 4ᵛ.

231 Ebd, Bl. 2ʳ: „Soviel aber die *Investituren* betrifft, so lieget ihm ob, die *Special Superintendenten* einzuführen, und die *Investituren* derer Prediger in seinen *Special-Inspectionen* Weimar und Roßla zu verrichten."

232 Ebd., Bestallungsurkunde, Bl. 2ᵛ: „besonders auch die *Instructiones* und Bestallungen Unserer *Special-Superintendenten, Adjunc*ten, Pfarrer und übriger Kirch- und Schul Bedienten sich wohl bekannt zu machen".

den Berichten der Pfarrer und Adjunkten, die regelmäßig an das Weimarer Oberkonsistorium einzureichen waren, wofür die Superintendenten, ihrerseits von dem Generalsuperintendenten dazu angehalten, Sorge zu tragen hatten.[233] Wohl als Absicherung der untergeordneten Geistlichkeit war die jedem kirchlichen Angestellten offenstehende Option gedacht, sich stets persönlich an den Generalsuperintendenten wenden zu können, um „bey Ihme Raths zu erholen".[234] Als weitere Einrichtung einer dienstlichen Kontrolle waren die Kirchenvisitationen vorgesehen, deren Ansetzung, Durchführung sowie amts- und personalspezifische Auswertung ebenfalls bei dem Generalsuperintendenten lag.[235] In besonderer Weise hatte der Generalsuperintendent darin auf die katechetische Praxis in der Verbindung kirchlicher und schulischer Unterweisung zu achten.[236] Mißachtungen der vom Generalsuperintendenten im Zuge der Visitationen erteilten Weisungen konnten zu Konsistorialverfahren oder Regierungsangelegenheiten der betroffenen Geistlichen führen.[237] Im Ermessen des Generalsuperintendenten lag es zudem, Gutachten zu kirchenpolitisch bedeutsamen Fragen einzubringen.[238] Diese waren ebenfalls dem Oberkonsistorium

---

233 Ebd., Bl. 2ᵛ, 3ʳ: „die *Special Superintendenten* zu gleichmäßiger Nachachtung gelegentlich zu erinnern, und vornehmlich die ihm untergebenen *Adjunctos* und *Pastores* in denen ihm anvertrauten *Special Superintendenturen* Weimar und Roßla dahin anzuweisen, daß sie sich denenselben auch gemäß bezeugen, und ihre schuldige Berichte an Unser Ober *Consistorium* hiernach einrichten."

234 Ebd., Bl. 3ᵛ.

235 Ebd., Bl. 4ʳ: „Zu solchem Ende hat Unser *General Superintendent* die *Visitationes* zu behörigen [!] Zeit zu veranstalten, und selbigen mit beyzuwohnen, die sich herfürthuend Mängel und Gebrechen selbst abzustellen sich zu bemühen".

236 Ebd., Bl. 3ᵛ: Er hat „sorgfältig dahin zu trachten, daß die Prediger, nebst ihren übrigen ordentlichen AmtsVerrichtungen sonderlich die ihnen obliegende *Catechismus=Examnia* fleißig treiben, auch von Zeit zu Zeit, und wenigstens wöchentlich ein Mahl, der Schul *Information* beywohnen, und hierdurch die ihnen anvertraute Zuhörer, imgleichen die Jugend zu einer gründlichen Erkänntnis der Wahrheit zur Gottseeligkeit leiten und führen, die Schuldiener aber sich emsig dahin bemühen, womit [Schreibfehler: damit] der Jugend die Frag Stücke [„Rosinus"] aus dem *Catechismo*, nicht sowohl den Worten, als dem wahren Verstande nach, deutlich eingepräget, und sie von Jugung [Schreibfehler: Jugend] auf zum Gebeth und einem Gottseeligen Lebens-Wandel angeführet werden mögen." Zu dem weiteren Kontext und Bezug auf die Visitationen vgl. die Voranm. 235.

237 Ebd., Bl. 4ʳ: „im Falle seiner Erinnerungen nicht behörig [!] befolget werden sollten, solches bey Unserm Ober*Consistorio*, oder, nach Befinden, Unserm Geheimen *Consilio* [...] anzuzeigen".

238 Ebd., Bl. 1ᵛ: „unser [...] Kirchen-Staats Wohlfarth [...] befördern, hiegegen was dem zuwieder soviel an ihm möglichsten Fleiße warnen und wenden, die etwa hin und wieder eingeschlichenen Gebrechen bey Kirchen, Schulen, *piis causis* und sonst, nebst ohnmaßgeblichen Gutachten, wie solchen zur Ausbreitung göttlicher Ehre, Beförderung guter Kirchen=Zucht und Ordnung auch allgemeiner Erbauung und Besserung abgeholfen werden könne".

vorzulegen.[239] Alternativ stand ihm die Möglichkeit offen, sich unter Umgehung des Oberkonsistoriums an den Landesherrn zu wenden. Doch auch dafür war ein Dienstweg über das Geheime Consilium vorgesehen.[240] Repräsentative Pflichten bei politischen Anlässen kamen dem Generalsuperintendenten als Prediger bei „Huldigungen und Land-Tagen" zu.[241] Ausdrücklich auf den Generalsuperintendenten bezog sich zudem die erwähnte Auflage, „bey ganzen Schulen die Leichen Predigten, *Sermon*en, und Standt Reden" zu halten[242]. Vorzüglich richtete sich diese Anordnung auf die höchste Klasse der Hofgemeinde, war im Sinne einer Gebührenordnung jedoch auch für begüterte Angehörige der Stadtkirche und anderer Gemeinden des Fürstentums offen. Die Schmidtsche Gesetzessammlung bietet in ihrem ersten Band aus dem Jahr 1800 einen Auszug aus der Sächsisch-Weimarischen Begräbnisordnung vom 1. Juni 1763.[243] Diese hält fest, daß die aufgeführten Kosten „bey Beerdigung vornehmer Standes-Personen für eine ganze Schule" zu entrichten seien[244], bietet jedoch mit dem zweiten Unterpunkt, „Beerdigung vornehmer Kinder", den Zusatz: „wie auch anderer Personen bürgerlichen Standes"[245]. Daß der Zuständigkeitsbereich des Generalsuperintendenten als eines Leichenpredigers nicht an die Funktionen des Oberhofpredigers oder des Oberpfarrers der Stadt rückgebunden war, belegt die Auflistung der Akzidentien in der Gebührenordnung von 1763. Die Summe für eine entsprechende Amtshandlung des Generalsuperintendenten überstieg mit vier Reichstalern bei Adligen die entsprechende Gebühr der Hofgeistlichen um das Vierfache[246]. Für bürgerliche Beerdigungen erhielt der Generalsuperintendent zwei Reichstaler, zwei Stadtgeistliche bekamen zusammen einen Reichstaler und acht Gulden.[247] Das Verzeichnis der Amtspflichten dokumentiert in der Auflistung der entsprechenden Akzidentien mit vier Reichstalern und zwölf Gulden für den ersten und zwei Reichstalern und sechs Gulden für den zweiten Fall eine leichte Anhebung der Gebühren im Verlaufe der vergangenen 14 Jahre.[248] Als weitere Predigtpflicht, die sich aus dem Amt des Generalsuperintendenten ableitet, ist abschließend auf die bereits erwähnten Anlässe der „Wilhelminische[n] und Wilhelm

239 Ebd.: „bey unserm Ober Consistorio".

240 Ebd.: „auch nöthigen Falls bey Uns selbst, vermittelst Unsers Geheimen *Consilii*, anzeigen, und hierauf Unserer gnädigsten Entschließung gewärtig seyn solle."

241 Ebd., Verzeichnis, Bl. 3[r].

242 HN XXXVII, 87, Verzeichnis, Bl. 2[r].

243 Schmidt, Gesetze, Bd. 1, S. 334–338; hier bes. S. 336–338.

244 Ebd., S. 335.

245 Ebd., S. 336.

246 Ebd., S. 335: Der Generalsuperintendent erhielt vier Reichstaler, „die [beiden!] Hof-Geistlichen à 1 R[eichs]th[a]l[er]".

247 Vgl. dazu ebd., S. 336.

248 HN XXXVII, 87, Verzeichnis, Bl. 4[r].

Ernestische[n] Fürstl.[ichen] Stifts Predigten" hinzuweisen, für die bereits plausibel gemacht wurde[249], daß sich die Auflage und Anbindung an eigens ausgebildete Ämter aus ursprünglich supervisorischen Pflichten des Generalsuperintendenten bezüglich des Stiftungs- und Stipendiatenwesens ergeben hatte. Aufgrund der lokalen, personalen sowie amtsfunktionalen Bezüge wurde die Aufführung der „Wilhelm Ernestinische[n] Stiftspredigt" unter dem Aufgabenbereich des Ephorus vorgenommen. Für die „Wilhelminische [...] Stifts Predigt" kann kein vergleichbarer Adressatenbezug genannt werden, weshalb die Rückbindung beider Predigtanlässe an das supervisorische Amt des Generalsuperintendenten noch einmal eigens zu betonen ist.

2.1.11. Grundgehalt

Die Zuordnung einzelner Pflichten und Aufgabenbereiche zu den jeweiligen Ämtern erlaubt keine entsprechende Aufnahme der innerhalb des Grundgehaltes erstatteten Beträge und Bezugsquellen. Das Verzeichnis der Amtspflichten hält fest, daß 457 Reichstaler und 3 Gulden pro Jahr aus der Fürstlichen Kammer erstattet wurden, dazu die acht Reichstaler aus der Wilhelminischen und die 24 Reichstaler aus der Wilhelm-Ernestinischen Stiftung.[250] Mit dieser Summe dürften die Funktionen des Oberhofpredigers, des Beichtvaters und des Generalsuperintendenten in seinen verschiedenen Amtsbereichen bedacht worden sein. Zu unterscheiden sind davon lediglich die klar dem Bereich des Oberpfarrers der Stadt zuzuweisenden Beträge des Grundgehaltes[251], die zusammen gut 336 Reichstaler und 16 Gulden ergaben. Insgesamt belief sich das Grundgehalt für die in der Person des Generalsuperintendenten vereinigten Ämter, ungeachtet der Akzidentien, auf gut 825 Reichstaler und 19 Gulden. Hinzukamen noch die Deputate mit Naturalien von insgesamt gut fünf Malter Korn, vier Malter Gerste, einem Malter Hafer und 17 Klaftern Holz, wobei der Anteil der Stadt leicht über dem der herzoglichen Kammer lag.[252] Die von Goethe im Zuge der Berufungsverhandlungen unter dem 15. Januar 1776 genannte Summe von 2.000 Reichstalern[253] ist darin, soweit die Akzidentien nicht entsprechend zu Buche schlugen, deutlich nach unten zu korrigieren.

---

249 Vgl. dazu in diesem Kap., Anm. 194–197.
250 HN XXXVII, 87, Verzeichnis, Bl. 3^v.
251 Vgl. dazu in diesem Kap., Anm. 179 und 182.
252 Vgl. dazu im einzelnen HN XXXVII, 87, Verzeichnis, Bl. 3^v.
253 Vgl. dazu Kap. I, Anm. 135.

3. Änderungen des Amtsprofils (1776–1803)

Innerhalb der kirchlichen Amtsstruktur Sachsen-Weimars standen aufgrund der bereits herausgehobenen Funktion einzig Beförderungsmöglichkeiten im Oberkonsistorium offen. Dazu konnten Gehaltszulagen sowie der Abbau oder die Umgestaltung einzelner Amtspflichten treten, um die Position des Generalsuperintendenten in ihrem Arbeitsvolumen zu reduzieren oder an Attraktivität zu steigern. Sämtliche dieser Optionen wurden im Laufe der Herderschen Amtstätigkeit miteinander verbunden, um den Theologen in Weimar zu halten. In der folgenden Darstellung ist nur am Rande auf auswärtige Berufungen oder eigene Bemühungen um Ortswechsel einzugehen, die aus der Herder-Biographik als einschlägig bekannt vorauszusetzen sind. Ebenso unerwähnt bleibt die Möglichkeit einer Beförderung zum Geheimen Kirchenrat, auf die Karoline 1784 gegenüber Goethe abgehoben hatte.[254] Im Vordergrund der Ausführungen stehen die Resultate in den Veränderungen einzelner Amtspflichten und deren Bezahlung oder Vergütung. Bereits vor der im Anschluß an die Italienreise vollzogenen Beförderung zum Vizepräsidenten des Oberkonsistoriums lassen sich zwei informell gehaltene Verbesserungen der amtlichen Situation aufzeigen. Beurlaubungen werden nur dann aufgenommen, wenn Veränderungen des Amtsprofils nachweisbar sind oder aufgrund konkreter Hinweise zu vermuten stehen.[255]

3.1. Übernahme der ehrenamtlichen Funktion des Freitisch-Inspektors (Juli 1786)

Bezeichnend für Herder dürfte sein, daß die erste Änderung seines Amtprofils die ehrenamtliche Übernahme der Funktion des Inspektors bzw. Rechnungsführers des Freitisches im Juli 1786 war. Die Ausweitung der finanzadministrativen Aufgabenbereiche hatte sich für Herder, auf eigenen Vorschlag hin, zwei Jahre nach der von ihm maßgeblich betriebenen Umgestaltung des Freitisches ergeben. Unter dem 17. Mai 1786 bot er dem Oberkonsistorium an, das anfallende Rechnungswesen zusammen mit den ihm ohnehin eigenen Auf-

---

254 Vgl. dazu Goethes Antwortbrief an Karoline, 11. Mai 1784, Goethe, Amtliche Schriften, Bd. 1, Nr. 164, S. 302f.

255 Verzichtet wird darin auf Texte wie etwa das Handbillet des Herzogs vom 18. Juni 1802, Schreiber, Herder-Album, S. 40f., Düntzer, Briefe, S. 140f., Nr. 26, das die Gewährung einer Kur bestätigt, oder das Schreiben von Karl August an Herder vom 19. November 1803, Schreiber, Herder-Album, S. 39, Düntzer, Briefe, S. 141, Nr. 27, das die krankheitsbedingte Beurlaubung bis Ostern 1804 ausspricht.

sichtspflichten „unentgeldlich", d. h. ohne weitere Zuschläge, zu betreuen.[256] Das Amt des Rechnungsführers, der auf jährlicher Basis die Entwicklung des Stiftungsvermögens dokumentierte, versah Herder nachweislich bis in das Jahr 1796.

3.2. Inoffizielle Entlastung von den Wochenpredigten (August 1787)

Eine erste inoffizielle Veränderung betrifft die Reduzierung von Herders umfassenen Predigtpflichten an ihrem wohl belastendsten Punkt, den Wochenpredigten. Die Umgestaltung wurde weder offiziell vorbereitet noch öffentlich bekannt gegeben. Alleine eine Auswertung der Kirchenprotokolle der Stadtkirche ergibt, daß Herder Anfang August 1787 seine letzte turnusgemäße Wochentagspredigt hielt.[257] Die Predigten wurden von den Kollegen an der Stadtkirche fortgeführt. Der Abbau der Wochentagspredigten, unter Ausschluß der für Herder relevanten Donnerstage, setzte erst mit Ende des Kirchenjahres 1789 ein.[258] So unscheinbar sich die Veränderung des Jahres 1787 damit vollzog und unklar der Vorgang als solcher bleiben muß, stellt er doch die erste deutliche Entlastung Herders von einer durchaus als problematisch empfundenen Amtspflicht dar.

3.3. Inoffizielle herzogliche Gehaltszulage (März 1788)

Das Folgejahr brachte, ebenfalls von äußeren Veränderungen unberührt, eine erste finanzielle Verbesserung mit sich. Auf den 20. März 1788 datiert eine durch Karl August eigenhändig aufgesetzte Besoldungszulage, die sich im Herderschen Nachlaß erhalten hat[259] und deren Vorgeschichte Rudolf Haym ausreichend referiert[260]. Ab Anfang April des Jahres erhielt Herder zu seinem Jahresgehalt eine Zulage von 300 Reichstalern, die er in Teilbeträgen von 150 Reichstalern halbjährlich von Karl August selbst zu empfangen und zu quittieren hatte. Diese Umgehung amtlicher Dienstwege war konstitutiver Teil der

---

256 Gesuch an das Fürstliche Oberkonsistorium vom 17. Mai 1786, betreffend die Übernahme der Rechnungsführung des Freitisches, SWS, Bd. 30, Nr. 8, S. 466.

257 ThHSA, Stadtkirchenarchiv, D 14, Bl. 301ᵛ, verzeichnet eine letzte, zusammen mit einer Ordination verbundene Wochentagspredigt Herders für Donnerstag, den 2. August 1787, über I Kor 16,13f.

258 Vgl. dazu Kap. IV, Anm. 152.

259 HN XXXVII, 88.

260 Haym, Herder, Bd. 2, S. 416–418; zu den vorangegangenen Aussichten auf Ortswechsel vgl. zudem ebd., S. 411–415.

Regelung. Einen unmittelbaren Anlaß oder näheren Grund für die Zulage nennt das Schreiben nicht. Es leitet mit der Feststellung ein: „Da ich mich entschlossen habe, Ihnen, dem General Superintendent und Ober Consistorial Rath J. G. Herder, eine jährliche Besoldungs Zulage von 300 [Reichstalern ...] zu gereichen"[261], und umschreibt im einzelnen nur die Modalitäten, die auf den Ausschluß jeder weiteren Öffentlichkeit, auch innerhalb der vorgesehenen Amtsstrukturen, zielen. Zu diesem Zusammenhang wird nur festgehalten: „Verschiedener Verhältniße wegen wünschte ich diese Zulage unbekannt der übrigen Dienerschaft zu erhalten"[262]. Dem Vorrecht korrespondiert die Pflicht: „der General Superintendent und Ober Consistorial Rath Herder [möge] also beflissen seyn, daß mein Wille hier [d. i. in den vorab beschriebenen Umständen] immer erfüllt werde."[263] Herders Dankschreiben an Karl August ist erhalten.[264] Es datiert auf den 20. März und erklärt mit „innigster Beschämung und Rührung" der „so unverdient empfange[nen] Gnade mit ...] Beweise[n] meiner unterthänigsten Treue" entsprechen zu wollen.[265]

Die Hintergründe des Vorganges sind weitläufig bekannt. Während der Jahre 1784 und 1786 hatten sich die in unterschiedlichen Graden forcierten und favorisierten Wechsel nach Göttingen, Klosterbergen, Hamburg, Berlin und Hannover zerschlagen.[266] Die Aussicht einer möglichen Vakanz der zweiten theologischen Professur in Jena regte Herder dazu an, sich dem Herzog unter dem 26. Februar 1788 *privatissime* in Vorschlag zu bringen; seine Resignation und Enttäuschung über die Weimarer Stelle benannte er direkt und in der größten Offenheit.[267] Das drängende Gefühl der Isolation und eines unberechtigten Mißtrauens im Oberkonsistorium[268] fügte sich zu der Last der supervisorischen und finanzadministrativen Tätigkeiten: „Ich [...] würde nützlicher, als ich es jetzt bei meinen ewigen Katechismus-Examens, KirchenRechnungs-Sudeleien, wie solche das Consistorium unsinnig treibet, u.[nd] dem übrigen Pastoral-Scherwenzel, zu welchem nach der jetzigen Einrichtung nur die klein-

---

261 HN XXXVII, 88, Bl. 2^r.
262 Ebd.
263 Ebd.
264 Herder an Karl August, 20. März 1788, DA, Bd. 5, Nr. 270, S. 278.
265 Ebd., Z. 5f., 9.
266 Vgl. dazu Haym, Herder, Bd. 1, S. 411–415. Zu den Verbindungen zur Georgia Augusta vgl. Smend, Göttingen.
267 Zu dem Schreiben s. Herder an Karl August, 26. Februar 1788, DA, Bd. 5, Nr. 262, S. 268–271, bes. Z. 33–109.
268 Ebd., Z. 29: „in meiner bedrängten Situation, wo ich ganz isolirt stehe"; ferner ebd., Z. 77–81: „Alle unnöthigen Katzbalgereien hieselbst, die mir doch am Ende mein Leben abfreßen, hörten auf; und das Consistorium würde sogleich mit dem höchsten Ruhm von mir reden, sobald ich nur in Jena residirte: denn der lächerliche Wahn, als ob ich jemanden von ihnen verdrängen, oder es ihnen an Weisheit zuvorthun wollte, wäre damit behoben."

ste, oder gar die niedrigste Seele gehöret, seyn kann".[269] Die Frustration über die mit der Arbeit verbundene Mißachtung der eigenen Person und der eigentlichen Fähigkeiten wird durch die ausgeschlagene Möglichkeit eines Wechsels nach Göttingen verstärkt.[270] Nur denkbar irrational, „aus sonderbarer Anhänglichkeit für diesen Ort"[271], kann Herder es sich im Rückblick erklären, in Weimar geblieben zu sein.

Als Ausgangspunkt seines Schreibens nimmt Herder die Absicht des Herzogs „einer Verbeßerung meiner Umstände", die „vorläufig so gnädig u.[nd] vorsorgend" in einem auf den 24. oder 25. Februar zu datierenden Brief[272] an Goethe Erwähnung fand. Der Brief ist nicht erhalten.[273] Nicht zu klären ist auch, wie das Schreiben Herder kommuniziert wurde. Goethe befand sich zu diesem Zeitpunkt in Rom[274] und scheidet als Vermittler aus. Nachdem Herder jedoch keine Erklärungen bietet, wie er von dem Brief erfahren hat, ist anzunehmen, daß er ihn von Karl August selbst bekommen hatte. Nicht nur aufgrund der äußeren Umstände schließt Herder für den weiteren Verlauf eine Vermittlung Goethes aus. Über den erwähnten Vorgang eines möglichen Wechsels nach Göttingen stellt er fest: „u.[nd ich] habe damals Niemanden, selbst Göthen nicht, ein Wort gesaget."[275] Goethe antwortet Karl August unter dem 18. März 1788 ohne direkte Involvierung: „Daß Sie für ihn [Herder] und für Voigten sorgen, erregt auch meine herzlichste Danckbarkeit. Sie kommen allen meinen Wünschen und Bitten zuvor."[276]

Herder seinerseits kam mit seinem Schreiben einer möglichen Initiative Karl Augusts zuvor. Ausschließen wollte er zum einen die Möglichkeit einer öffentlich bekannten Gehaltszulage. Vor dem Hintergrund seiner Bemühungen um eine Umlegung des Gehaltes der vormaligen Pfarrstelle an der Jakobskirche auf „einige äußerst-dürftige Schulstellen unserer Stadt, wozu auch in einem kleinen Quanto das Archidiakonat der Stadtkirche kommt"[277], wollte er, wie Rudolf Haym treffend zusammenfaßt, „den leisesten Schein von Eigennutz [...] vermeiden."[278] Eine Gehaltserhöhung als solche schließt Herder nicht aus: „Haben Eurer Durchlaucht also die Gnade, um des gemeinen Besten wil-

---

269 Ebd., Z. 81–85.
270 Ebd., Z. 38–42.
271 Ebd., Z. 42.
272 Vgl. dazu auch ebd., S. 375, Anm. 262.
273 Ebd.
274 Unerwähnt bleibt dieser Umstand bei Haym, Herder, Bd. 2, S. 416.
275 Herder an Karl August, 26. Februar 1788, DA, Bd. 5, Nr. 262, S. 269, Z. 42f.
276 Goethe an Karl August, 18. März 1788, Goethe, WA, Abt. 2, Bd. 3, Nr. 164, S. 398, Z. 11–13.
277 Herder an Karl August, 26. Februar 1788, DA, Bd. 5, Nr. 262, S. 269, Z. 42f.
278 Haym, Herder, Bd. 2, S. 416.

len den vorsorgenden Gedanken für mich noch ruhen zu laßen, bis sich eine andre Gelegenheit dazu anbeut."[279] Wichtiger ist ihm jedoch die Perspektive einer Umgestaltung seiner Amtspflichten. Aus diesem Anliegen erwächst das Bemühen um die Jenaer Professur in der eigentümlichen Verbindung mit einem Restbestand Weimarer Amtsverpflichtungen[280]. Die damit abgelehnten Amtsfunktionen, insbesondere die finanzadministrativen und konsistorialpolitischen Vorgänge sowie die darin implizierten personalen Berührungen wurden bereits erwähnt. Positiv wünscht Herder an das Amt des „Oberhofprediger[s] u.[nd des] Beichtvater[s]" anzuknüpfen.[281] Diese Formulierung, die auch Rudolf Haym übernimmt[282], findet allerdings eine erhebliche Präzisierung in dem Zusatz: „Alle 4. Wochen eine Predigt in der Stadtkirche halten könnte ich noch immer fort, da der Hof sich einmal an meine Predigten gewöhnt hat u.[nd] nicht so leicht andre besuchet."[283] Sehr beiläufig ersetzt Herder darin die Predigtpflichten des Oberhofpredigers durch die des Stadtpfarrers und baut damit auf einer ganzen Reihe impliziter Voraussetzungen auf. Die Fortführung des Oberhofpredigeramtes im Turnus der Sonn- und Feiertagspredigten des Stadtpfarrers mußte zum einen eine erhebliche Entlastung hinsichtlich der Predigtpflichten in der vormaligen Konstellation des Doppelamtes bedeuten. Unerwähnt bleibt auch der bereits vollzogene Wegfall der Wochenpredigten, zu denen der Stadtpfarrer noch immer verpflichtet war. Die gravierendste Veränderung, die sich aus diesem Vorschlag ergeben mußte, war die nicht näher bestimmte Integration der Hofgemeinde in die Weimar Stadtkirche. Auf dieses Anliegen, das längerfristig auf eine Zusammenführung von Hof- und Stadtgemeinde sowie eine faktische Auflösung der Hofkirche hinauslaufen mußte, wird im Zusammenhang von Herders Personal- und Besetzungspolitik an der Hofkirche mit dem nachfolgenden Hauptkapitel, in dem auch das hier vorauszusetzende Gutachten zur Einziehung der Jakobspredigerstelle von einschlägiger Bedeutung ist, einzugehen sein. Eine sehr vage Formulierung markiert der Vorschlag: „Meinen Stuhl im Consistorio behielt ich auch, zwar nicht zu den wöchentlichen Seßionen, aber z.B. zum Examen der Candidaten [...] u.[nd] zu der Gelegenheit, daß mir [...] in bedürftigen Fällen mein Votum schriftlich abgefordert werden könnte."[284] Faktisch mußte dies die Beibehaltung des Ranges des Oberkonsistorial- und Kirchenrates, ohne dessen eigentliche Pflichten und unter Fortführung der eigenen Vorrechte, sowie die nominelle Wahrung des

---

279 Herder an Karl August, 26. Februar 1788, DA, Bd. 5, Nr. 262, S. 269, Z. 29–32.

280 Haym, Herder, Bd. 2, S. 416, stellt die Vorschläge hinsichtlich der Weimarer Ämter nur äußerst knapp dar.

281 Herder an Karl August, 26. Februar 1788, DA, Bd. 5, Nr. 262, S. 269, Z. 49.

282 Haym, Herder, Bd. 2, S. 416.

283 Herder an Karl August, 26. Februar 1788, DA, Bd. 5, Nr. 262, S. 269, Z. 51–53.

284 Ebd., S. 269f., Z. 58–62.

Titels des Generalsuperintendenten und der darin statuierten Vorordnung zusammen mit einer gleichzeitigen Verlagerung der spezifischen lokalen sowie
regionalen Pflichten auf die Weimarer Amtskollegen bedeuten. Ein starkes Argument hat Herder auf seiner Seite, wenn er auf die Akzidentien verweist, die
nach der von ihm vorgeschlagenen Umgestaltung u. a. den vormaligen interimistischen Amtsvertretern wieder zur Verfügung stünden, wobei der Zusatz,
sie könnten „unter meine[n] Collegen [...] jetzt vielleicht noch beßer vertheilt
werden"[285], besonders die weiteren Geistlichen der Stadtkirche miteinzubezie-
hen sucht. Die pastorale Klugheit und erdrückende Kenntnis der Amtspflichten, in denen dieser Vorschlag gründet, verkennt Rudolf Haym, wenn er, unter
Anknüpfung an das Herdersche Selbstverständnis, zwar von einem „geschickt
genug zusammengewoben[en „Traum"] aus allen Wünschen, die ihn bewegten", spricht, der aber aus Herders „sanguinische[r] Rastlosigkeit und sein[em]
Erweiterungstrieb"[286] erwachsen sei. Sehr präzise läßt sich erkennen, welche
Pflichten und personalen Berührungen Herder als Last empfand und wie bemüht er war, verschiedene Anliegen und Interessen über seine Person hinaus
miteinander zu verbinden.

Die weitere Diskussion des Vorschlages fand in einem Treffen mit Karl
August am 27. Februar mündlich statt. Herders Dankschreiben vom 28. Febru-
ar belegt diesen Termin[287] und unterstreicht die Bedeutung der Begegnung für
Herder:

> „Sie hat in manchem Betracht von einem Wust alter böser Eindrücke langer fataler
> Verhältniße, den ich schweigend an mir trug, da ich ihn niemand zeigen konnte
> u.[nd] mochte, zum Theil schon erleichtert; und auf der andern Seite hat sie mir
> den Vorsatz eingeflößt, alles Alte zu vergeßen u.[nd] frisch anzufangen, als ob ich
> eben jetzt hier einträfe. Haben Euer Durchlaucht also auch die Gnade, ich bitte in-
> ständigst, vor der Hand meinetwegen keine Veränderung vorzunehmen; mir
> scheint Alles dazu noch nicht reif, und entweder wird sichs ändern, oder die Zeit
> wirds reifen."[288]

Daß die Betrauung mit besonderen personalpolitischen Angelegenheiten, die
über die eigentlichen, später darzustellenden Amtspflichten hinausgingen, im
unmittelbaren Anschluß eine eigene Rolle spielten, zeigt Karl Augusts Weiterleitung einer Klage Griesbachs gegen Döderlein, auf dessen Lehrstuhl Herder
nur wenig zuvor spekuliert hatte, zusammen mit einem Konflikt zwischen der
theologischen und der philosophischen Fakultät. Herder sandte im März 1788

---

285 Ebd., Z. 54–57.

286 Haym, Herder, Bd. 2, S. 417.

287 Herder an Karl August, 28. Februar 1788, DA, Bd. 5, Nr. 264, S. 272f.; hier Z. 5f.: „die ge-
     strige, wirklich gnädige Theilnehmende Unterredung Eurer Durchlaucht".

288 Ebd., Z. 6–14.

„dies Pröbchen Akademischer Wirthschaft sehr erbauet zurück."[289] Der Vorgang beweist das Vertrauen, das Karl August zu diesem Zeitpunkt – in einem nahtlosen Anschluß an das von Herder bekundete Interesse einer eigenen akademischen Lehrtätigkeit – Herder in dessen persönlicher Einschätzung einzelner akademischer Fälle entgegenbrachte.

3.4. Vorbereitung der Vertretung während der Italienreise (Mai 1788)

Das Briefkonzept eines amtlichen Schreibens an August Gottlob Zinserling vom Mai 1788 hält fest, daß der Herzog „die gnädigste Entschließung gefaßet [hat], demselben die Inspection der Wilhelm-Ernstischen Freitischstiftung, sam[m]t dem damit verknüpften Emolument von Ein u.[nd] Vierzig Thalern, 16. Groschen jährlich [...] zu übertragen".[290] Nachdem Herder bereits unter dem 26. Mai dem Herzog die Einladung zur Italienreise kommuniziert hatte, begannen damit wohl schon die Vorbereitungen für Vertretungsregelungen.[291]

Die fürstliche Anordnung einer temporären Übertragung auf Zinserling wurde vom Oberkonsistorium, dem sowohl Herder als auch Zinserling auf der geistlichen Bank angehörten, autorisiert.[292] Die Vorlage des Konsistorialbescheids setzte Herder auf.[293] Mit sofortiger Wirkung[294] übernahm der Weimarer Archidiakon von Herder die ehrenamtlich verwaltete finanzadministrative Aufsichtspflicht[295] über die Stiftung, mit der monatliche Berichte über personelle Veränderungen der Stipendienverteilung verbunden waren[296]. Wichtig ist an dem Vorgang, daß sich Herder im Falle Zinserlings – wie die Konsistorialanordnung belegt – ausdrücklich für eine Vergütung der Tätigkeit eingesetzt haben mußte. Wie den weiteren Aufzeichnungen Herders aus dem Konzept zu entnehmen ist, stand die Übertragung in einem sachlichen Zusammenhang mit den weithin naturalen Besoldungszulagen für einzelne Weimarer Lehrer.[297] Vor diesem Hintergrund ist ein Bezug auf das drei Monate zurückliegende Gespräch mit Karl August nicht auszuschließen, hatte Herder doch bereits in

---

289 Herder an Karl August, März 1788, ebd., Nr. 273, S. 280, Z. 4.
290 Herder an August Gottlob Zinserling, Mai 1788, ebd., Nr. 288, S. 290, hier Z. 5–8.
291 Herder an Karl August, 26. April 1788, ebd., Nr. 279, S. 284.
292 Herder an August Gottlob Zinserling, Mai 1788, ebd., Nr. 288, S. 290, hier Z. 4: „In Auftrag des Fürstlichen OberConsistorii".
293 Ebd.
294 Ebd., Z. 12f.: „Die fürstlichen Alumni sind unter dem heutigen dato zu ihrer Pflicht angewiesen worden".
295 Ebd., Z. 9f.: „die Quittungen der Alumnorum auf die gewöhnliche Weise zu autorisiren".
296 Ebd., Z. 10f.: „über die etwannigen Veränderungen der Tische derselben monatlich ans Ober-Consistorium den gewöhnlichen Bericht abzustatten".
297 Vgl. dazu den Hinweis von Arnold, DA, Bd. 5, S. 379, Anm. 288.

seinem Schreiben vom 26. Februar besonders über die finanzadministrativen Aufgaben geklagt.[298]

Die ausdrückliche Verbindung mit der Vertretung während der Italienreise bzw. der temporären Entbindung weiterer Pflichten ergab sich erst in Folge eines Briefes Herders an Karl August vom 30. Juli 1788.[299] Daß Herder nach der Rückkehr aus Italien das Amt des Rechnungsführers wieder versah, ist belegt. Allein sein Rücktritt im Jahr 1796 – im Jahr von Zinserlings Tod – beweist die weitere Verwaltung. Für das Jahr 1788 muß offenbleiben, in welchem Maße sich bewußte Veränderungen und ungeplante Entwicklungen in dem Ergebnis verbanden, daß Herder auch nach der Rückkehr die Funktion des Freitisch-Inspektors versah.

3.5. Beförderung zum Vizepräsidenten des Oberkonsistoriums (August 1789)

Vorgeschichte und Verlauf der Beförderung zum Vizepräsidenten des Oberkonsistoriums während der Italienischen Reise und anschließenden Weimarer Zeit können wiederum als einschlägig bekannt und ausreichend erforscht gelten.[300] Zugleich läßt sich, stärker als bisher, eine Reihe deutlicher Entsprechungen zu den von Herder formulierten Wünschen des Jahres 1788 aufzeigen. Die Summe der offiziellen Gehaltszulage, die mit dem Jahr 1789 aus der herzoglichen Kammer gewährt wurde, entspricht zunächst dem 1788 aus der fürstlichen Schatulle erstatteten Betrag von 300 Reichstalern. Das herzogliche Ernennungsdekret, das unter dem 24. August 1789 ausgefertigt wurde, hält diesen Betrag summarisch als „Addition [von 300 Reichstalern] und Entschädigung [von 100 Reichstalern]" mit jährlich 400 Reichstalern fest.[301] Von dem Original dieses Dokumentes, das sich im Berliner Nachlaß befindet[302], ist eine Abschrift in den Geheimen Kanzlei-Akten[303] in Weimar erhalten. Dieser Bestand verfügt auch über eine vorangegangene handschriftliche Weisung Karl Augusts an das Geheime Consilium.[304] Diese am Vortag aufgesetzte Notiz bie-

298 Vgl. dazu in diesem Kap. oben, Anm. 269.
299 Vgl. dazu knapp, unter Hinweis auf die damals noch verfügbaren Archivalien, Francke, Geschichte, S. 99. Nicht erhalten ist das Schreiben Herders an Karl August, 30. Juli 1788, DA, Bd. 5, Nr. 305, S. 304f.
300 Haym, Herder, Bd. 2, S. 458–468; ferner: Smend, Göttingen.
301 HN XXXVII, 89, Bl. 2ʳ.
302 Ebd.
303 ThHStA, B 25553, Bl. 303–305.
304 Ebd., Bl. 297ʳ.

tet eine Reihe aufschlußreicher Einzelbestimmungen, die sich in dem Ernennungsdekret nicht niederschlagen.

Das Ernennungsdekret erinnert im Rahmen der etablierten Höflichkeitsformeln an Herders „ausgebreitete [...] Gelehrsamkeit" und den „dadurch erlangten Ruf", wie auch die „treuen und nützlichen Dienste" am Fürstenhaus[305], aus denen die Betrauung mit den weiteren Amtsbereichen des Vizepräsidenten des Oberkonsistoriums abgeleitet wird. Die „zeither bekleideten geistlichen Stellen", konstatiert das Dekret, werde Herder beibehalten.[306] Karl Augusts Instruktion, die er unter dem 23. August an das Geheime Consilium adressierte, präzisiert diesen Vorgang wesentlich. Insgesamt vier Punkte führt Karl August eigens auf, wobei als Hauptpunkt der abschließende zu gelten hat. Der erste, knappe Punkt stellt nur die Ernennung Herders zum Vizepräsidenten fest.[307] Der zweite Punkt ordnet die Besoldungszulage von 300 Reichstalern aus den Mitteln der Kammer an.[308] Die dazukommenden 100 Reichstaler werden in den beiden abschließenden Punkten erklärt. Der offiziellen Formulierung der „Entschädigung"[309] entspricht hier die Rede von dem „Verlust", der in fünf Unterpunkten ausgeführt wird. Für die sich ergebenden Änderungen von Herders Amtsprofil sind insbesondere diese Bestimmungen von Bedeutung.

Zum einen wird Herder von den finanzadministrativen Pflichten seiner Spezialsuperintendentur, abgesehen von der Stadtkirche, entbunden.[310] Als Aufgabenbereich findet sich dieser Komplex, ebenso wie die damit verbundenen Einkünfte, unter den geistlichen Mitgliedern des Oberkonsistoriums aufgeteilt.[311] Zu den verlorenen Emolumenten kommt der Ausfall weiterer Akzidentien. Zum anderen wird Herder vollständig von der Auflage der Leichenpredigten entbunden; unbestimmt bleibt die pfarramtliche Verteilung dieser Anlässe und Akzidentien in dem knappen Hinweis auf „andere [...] Geistliche".[312] Während die beiden ersten Punkte damit spezifische Pflichten des Generalsuperintendenten betreffen, berührt der dritte Zusatz das Amt des Oberpfarrers der Stadt. Er hält fest, daß Herder künftig von den Wochenpre-

---

305 HN XXXVII, 89, Bl. 2^r.
306 Ebd.
307 ThHStA, B 25553, Bl. 297^r.
308 Ebd.
309 HN XXXVII, 89, Bl. 2^r.
310 ThHStA, B 25553, Bl. 297^r: „die Kirchenrechnungen u.[nd] Kirchencommissionssachen seiner Dioces, exclusive der Stadt Kirche, abgiebt; welche denen, mit denen damit verbundenen Emolumenten, denen [...] Geistl.[ichen] Gliedern des hiesigen Ober Consist[orio] untergetragen u. zugetheilt werden."
311 Ebd.
312 Ebd., Bl. 297^r, 297^v: „die ihn zeither zugekommenen Leichenfuncktionen welche künftig hin, gegen die damit verknüpften Emolumente, anderen Geistl.[ichen] aufgegeben werden."

digten befreit werden soll.[313] Für Herder, der seine letzte Wochenpredigt gut zwei Jahre zuvor gehalten hatte, bedeutete dies eine nachträgliche Bestätigung der bereits bestehenden Praxis.[314] Als ausgemacht gilt auch die Abschaffung oder weitestgehende Reduzierung der damit vakanten Pflichten, die von den Kollegen der Stadtkirche zu übernehmen seien, „biß daß das Ober Const.[istorium] alhier Vorschläge wegen Abstellung der häufigen Wochen Gottesdienste wird an mich gethan haben."[315] Ein vierter Punkt entbindet Herder von seinen Predigtpflichten an der Jakobskirche.[316] Diese Bestimmung hält fest, Herder könne „nach seiner Willkühr" dort predigten, werde „künftig hin" aber „gewöhnl[ich] durch die Hof*diaconi*" vertreten.[317] Mit seinem Titel behielt der Oberhofprediger damit das Vorrecht, im Hofgottesdienst zu predigen; eine Pflicht dazu bestand nicht mehr. Nur implizit vorauszusetzen und später statistisch und material zu unterstützen ist, daß die Kasualien und Beichtvatertätigkeit an der Jakobskirche fortbestanden.[318] Ein fünfter und letzter Punkt stellte es Herder frei, personalpolitische Entscheidungen über Pfarramtsbesetzungen innerhalb seiner Superintendentur zu delegieren. „Bey vorfallenden Hindernissen" sei „die Eintheilungen der Pastoren dem nächsten *Adjuncto* der Diocöß aufzutragen".[319] Als Zusammenfassung sind die *Erinnerungen* insofern ebenfalls zutreffend, wenn auch – was die Personalpolitik betrifft – nicht vollständig: „Im August 1789, als er aus Italien zurückkam, wurde Herder zum Vizepräsidenten des Oberkonsistoriums ernannt. Hiedurch wurde er von den Wochenpredigten, den Predigten in der Hofkirche, Begräbnissen, Leichenreden, und von den Kirchrechungen befreit."[320]

Zusammengenommen bedeuteten diese Veränderungen in mehrfacher Hinsicht eine Umsetzung der Vorschläge des Jahres 1788. Die Verlagerung der Predigtpraxis des Oberhofpredigers in den Raum der Stadtkirche, unter Aufgabe der Wochentagspredigten und Beschränkung auf den Turnus der Sonn- und Feiertagspredigten des Oberpfarrers der Stadt, wurde faktisch vollzogen und entspricht exakt der Konzeption des Vorjahres. Im Unterschied zum vorherigen Plan ging jedoch die Verbindung des Titels mit der eigentlichen Amtshandlung verloren. Vielleicht mußte sich auch daher die für Herder mit dieser Konstellation wohl verbundene Hoffnung einer graduellen Nachfolge der Hof-

---

313 Ebd., Bl. 297ᵛ: „die Wochenpredigten, welche so lange von anderen Geistl.[ichen] verrichtet werden sollen".

314 Vgl. dazu unten Kap. IV.1.4.6.

315 ThHStA, B 25553, Bl. 297ᵛ.

316 Ebd.

317 Ebd.

318 Vgl. dazu unten Kap. V.9.6.

319 Ebd.

320 V, Abt. 2, Tl. 22 [Erinnerungen, Tl. 3], S. S. 31f.

gemeinde in den Raum der Stadtkirche zerschlagen. Persönliche Verbindungen bestanden für Herder zu den Angehörigen der Hofgemeinde u. a. mit Taufen, Trauungen und einzelnen Privatkonfirmationen fort. Die finanzadministrativen Aufgabenfelder, über die Herder gegenüber dem Herzog im Vorjahr geklagt hatte, waren in regionaler Hinsicht an Kollegen ebenso delegiert worden wie personalpolitische Einzelentscheidungen in dem speziellen Verwaltungsgebiet der Superintendentur. Die finanziellen Regelungen kompensierten die reduzierten Emolumente und holten die informelle und privat erstattete Zulage des Herzogs offiziell ein. Unerwähnt bleibt in den amtlichen Dokumenten, daß der Herzog die akkumulierten Schulden der Familie unter Rückverweis auf die verlorenen Akzidentien und verbunden mit der Bezeichnung Erziehungsgelder für die Kinder nachträglich aus der Schatulle ausglich.[321]

Mit dem zeitlichen Abstand von einer Woche referiert Karoline diese Veränderungen gegenüber Anna Amalia im wesentlichen zutreffend.[322] Aufschlußreich ist Karolines Bericht besonders in einem Punkt. Hinsichtlich des Zustandekommens der Vereinbarung erklärt sie: „Sie wollten ihn von allen geistlichen Funktionen, ausser denen bei Hofe, frei machen; da aber mein Mann nicht die Arbeit flieht[,] sondern sucht, auch bei dieser Einrichtung der Herzog zuviel Entschädigung hätte beitragen müssen, so wünschte es mein Mann nicht u.[nd] erhielt auch seinen Wunsch.“[323] Auch Herder stellte knappe zwei Monate später, unter dem 25. Oktober, gegenüber Johann Georg Müller knapp fest: „Ich bin hier Vicepräsident im OberConsistorium geworden, doch so, daß ich [...] meine andern Stellen behalten habe“.[324] Für den im Vorjahr unterbreiteten Vorschlag war die Voraussetzung einer nominellen sowie titularischen Kontinuität in gleicher Weise konstitutiv wie für die Regelung des Jahres 1789. Daß Herder den Abbau seiner Weimarer Amtspflichten insbesondere als Generalsuperintendent und Oberkonsistorial- sowie Kirchenrat nicht so nachdrücklich forcierte wie knapp 18 Monate zuvor, ergab sich aus der gerade das Oberkonsistorium betreffenden Beförderung zwangsläufig. An die Stelle eines Rückzuges, der persönliche sowie regelmäßige institutionelle Berührungen vermieden hätte, trat die amtlich gestärkte Position und intensivierte Arbeit im Oberkonsistorium. Hinzu kam die Aussicht einer Beförderung zum Präsidenten des Oberkonsistoriums sowie weitere von Karl August im Vorfeld der Beförderung vorläufig eingebrachte Zusagen, die mit dem Amt des Kanzlers der Universität Jena auch den 1788 gewünschten Bezug zur Universität in-

---

321 Haym, Herder, Bd. 2, S. 467.
322 Karoline an Anna Amalia, 30. August 1789, DA, Bd. 6, Nr. 14 (A), S. 306f., Z. 27–42.
323 Ebd., Z. 30–33.
324 Herder an Johann Georg Müller, 25. Oktober 1789, ebd., Nr. 111, S. 191, Z. 115–117.

stitutionell berührten.[325] Daß Herder nicht auf sämtliche der von Karl August im Vorfeld der Verhandlungen getätigten Zusicherungen bestand, dürfte keineswegs ein Versäumnis gewesen sein. Die Versorgung der Kinder und deren Erziehungskosten wurden mit der Tilgung der Schulden begrifflich verbunden.[326] Auf ein Amt an der Universität Jena bestand Herder nicht[327], schloß eine Initiative des Herzogs aber noch Jahre später nicht aus[328]. Sämtliche der 1788 formulierten Wünsche Herders waren damit 1789 umgesetzt oder perspektivisch eingeholt worden.

In welchem Maße Herders vorheriges Anliegen, durch eine öffentliche Gehaltszulage keinesfalls die Ernsthaftigkeit und die Uneigennützigkeit seines Engagements um eine finanzielle Besserstellung der Kollegen diskreditiert zu sehen, berechtigt gewesen war, zeigen einzelne Reaktionen auf seine Beförderung zum Vizepräsidenten des Oberkonsistoriums. Bereits eine Woche nach dem herzoglichen Dekret, unter dem 31. August 1789, schreibt Schiller an Körner: „Hier zu Lande hat sich indessen *das* verändert, daß Herder nun in Weimar bleibt, mit dem Character und der Function eines Vice Consistorialpräsidenten und 400 Thl. Zulage. In allem soll er jezt über 2000 rth stehen. Wie oft er predigen will ist in seine Willkühr gestellt, und die kleinern nicht viel eintragenden Amtsgeschäfte, sind ihm auch abgenommen."[329] Noch am Folgetag schreibt er an Caroline von Beulwitz und Charlotte von Lengefeld: „Herder, wißen sie ohne Zweifel, ist ViceConsistorialpräsident mit 300 rth Zulage geworden."[330] So gut informiert sich Schiller damit erweist, so unzutreffend hoch wird doch Herders Gesamtgehalt angegeben, das noch immer unter 2000 Reichstalern zu stehen kam. Die Gehaltsvorstellungen der Familie im Vorfeld der Verhandlungen beleuchten verschiedene handschrifliche Aufzeichnungen aus dem Nachlaß.[331] Die Besoldung nach 1789 dokumentieren

---

325 Vgl. dazu die Abschrift des Briefes vom 3. Mai 1789 durch Karoline: ebd., Bd. 7, Nr. 12 (A), S. 444f., Z. 156–169.

326 Haym, Herder, Bd. 2, S. 467, verkennt das spätere Verhalten Karolines als ein „stillschweigend[es]" Annehmen dieser Zusicherung als „fortbestehend".

327 Ebd.

328 Vgl. dazu wiederum Karolines Schreiben an Goethe vom 10. Dezember 1792, DA, Bd. 6, Nr. A. 22, S. 313f.

329 Schiller an Körner, 31. August 1789, NA, Bd. 25, Nr. 199, S. 283, Z. 11–16.

330 Schiller an Caroline von Beulwitz und Charlotte von Lengefeld, 1. September 1789, NA, Bd. 25, Nr. 201, S. 285, Z. 27–29.

331 Für die Mitteilungen seiner Exzerpte von HN XXXVII, 31–34, danke ich Günter Arnold herzlich. Wichtig ist für die Situation vor der Beförderung die überwiegende Entsprechung von HN XXXVII, 31, mit den zuvor aus den Berufungsdokumenten erarbeiteten Summen. HN XXXVII, 32, sieht in der Hand von Karoline als Bedingung für eine Rückkehr nach Weimar eine Anhebung des Gehaltes auf insgesamt 1.800 Taler vor.

drei Quellen. Eine Aufstellung von 1795 bietet detaillierte Hinweise.[332] Diese sind besonders für die Akzidentien von Bedeutung, die auf knapp 500 Taler taxiert werden.[333] Ein Brief von 1803[334] sowie ein nach Herders Tod amtlich verfertigtes Besoldungsverzeichnis[335] bestätigen und präzisieren diese Relation.

3.6. Niederlegung der ehrenamtlichen Funktion des Freitisch-Rechnungsführers (Oktober 1796)

Wie bei der Übernahme des Amtes erwähnt, legte Herder mit der Schlußabrechnung für das Geschäftsjahr der Freitischstiftung im Oktober 1796 seine ehrenamtliche Funktion als Rechnungsführer der Einrichtung nieder. Karl August Böttiger versah das Amt als Gymnasialdirektor in seinen unmittelbaren institutionellen sowie personalen Bezügen zum Weimarer Gymnasium weiter.[336] Hintergrund des Rücktrittes sind die unter dem Punkt der Umgestaltung des Freitisches aufzuführenden finanziellen Kürzungen der Stiftung.

3.7. Beförderung zum Präsidenten des Oberkonsistoriums (Juni 1801)

Gegenüber der 1789 erreichten Stellung Herders bedeutete die 1801 erfolgte Ernennung zum Präsidenten des Oberkonsistoriums nur eine vergleichsweise äußerliche Stärkung. Das herzogliche Ernennungsdekret datiert auf den 5. Juni 1801. Als Original ist dieses Dokument wiederum Teil des Berliner Nachlasses[337], doch auch hier findet sich eine Kanzleiabschrift in Weimar[338]. Die offizielle Urkunde verweist nur knapp und konventionell auf die „unverdroßen und treu geleistete[n] Dienste" Herders und folgert, er möge sich „mit gleichem Eyfer" der Geschäfte des Oberkonsistoriums als dessen „wirklicher Prä-

---

332 Die als DA, Nr. 163a, abzudruckende Aufstellung „An die fürstliche Kommission zu Erhebung der Kriegskontribution" verdanke ich Günter Arnold im Typoskript. Sie hält unter dem 19. Juni 1795 eine Kammerbesoldung von 1.100 Talern fest.

333 An Akzidentien werden, ebd., „von Hof – Stadt – Garnison – Gemeine u. *General*Superintendentur, auch Ehrengeschenke als Accidentien gerechnet", 470 Taler aufgeführt.

334 Vgl. dazu Karoline an Siegmund August Wolfgang von Herder, 10. Juli 1803, DA, Bd. 8, Nr. 214, S. 551, Z. 69, die eine Summe von 300 Talern nennt und das Fürstliche Beichtgeld mit weiteren 200 Talern beziffert.

335 ThHSA, B 2980¹, Bl. 1, sowie mit Kammerangaben, Bl. 2.

336 Vgl. dazu Herder und Böttiger an Karl August, 10. Oktober 1796, DA, Bd. 7, Nr. 275, S. 276; ferner die Anm. von Rudolf Dahms in SWS, Bd. 30, S. 529, Anm. zu S. 466.

337 HN XXXVII, 90.

338 ThHStA, B 25553, Bl. 443.

sident" annehmen.[339] Mit der wiederholten Konstatierung einer „Beybehaltung seyner zeither bekleideten geistlichen Stellen" verbindet das Ernennungsdekret eine Gehaltszulage von jährlich 100 Reichstalern, die in Kanzleikopien dekretierter Zahlungsanweisungen bestätigt wird.[340] Unter Absicht dieser materiellen Besserstellung sowie der Singularität der Beförderung eines Theologen zum Präsidenten des Oberkonsistoriums bedeutete der Vorgang für Herder einen praktischen sowie amtsfunktionalen Status quo. Was die Amtspflichten betraf, die er faktisch noch zu Lebzeiten seines Amtsvorgängers übernommen hatte, änderte sich – unter Absicht des Titels und der vergleichsweise bescheidenen Gehaltszulage – an der Position Herders nichts wesentliches.

Daß dies nicht zuletzt Herders Wunsch war, belegen die Hinweise auf die vorausgegangenen Verhandlungen. Unter dem 8. Mai 1801 wandte sich Karl August mit einem Handbillet an Herder, um das Vorhaben einer Übertragung des Amtes vorzustellen und erste Vorklärungen vorzunehmen.[341] Herders Schreiben an Johann Christoph Schmidt vom 3. Juni 1801 verweist auf ein vorangegangenes Gespräch vom „Pfingsttage", der in diesem Jahr – eine gute Woche zuvor – auf den 24. Mai fiel.[342] Darin wurde Herder angetragen, „über die Abtrennlichkeit meiner Stellen von einander" nachzudenken.[343] Das Ergebnis lautet: „ich [habe] die Sache fernerhin überlegt, aber gefunden, daß sie [die Stellen in ihrer Gesamtanlage] nicht wohl von einander zertrennbar sind, wenigstens vor der Hand nicht."[344] Die Uneigennützigkeit seines Vorgehens – die nichts mit der Herder bisweilen unterstellten Unfähigkeit zu tun hat, Amtsfunktionen niederlegen zu können, sondern allenfalls an die Gemeinnützigkeit der eigenen Tätigkeiten im Gesamtzusammenhang denkt – wird auch in den Gehaltszulagen greifbar, die er für seine Kollegen zu gewinnen sucht:

> „Was ich dagegen wünschte, wäre, daß da doch die beiden Stadtgeistlichen manches für mich übernehmen müssen (der Stiftsprediger ist ohne das dazu verbunden) und diese, insonderheit der H. Assessor Wahl, so sehr über die Dürftigkeit ihrer Stellen klagen, diesen bei diesen Gelegenheiten ein Vortheil verschafft werden könnte; es verstünde sich ohnehin, ohne Consequenz auf veränderte Umstände. So wie ich denn auch außer meinen weltlichen Collegen im Consistorio, [...] Osann,

---

339 HN XXXVII, 90, Bl. 2ʳ.

340 Ebd., Bl. 2ʳ. Der entsprechende Betrag findet sich unter dem 8. Juli 1788 in Kanzleiabschriften dekretierter Gehaltszulagen bestätigt, vgl. dazu ThHStA, B 25553, Bl. 443.

341 Karl August an Herder, 8. Mai 1801, Schreiber, Herder-Album, S. 40f.; Düntzer, Briefe, S. 140, Nr. 25.

342 Herder an Johann Christoph Schmidt, 3. Juni 1803, DA, Bd. 8, Nr. 232, S. 231f.; Handschrift in: ThHSA, B 25553, Bl. 438.

343 Herder an Johann Christoph Schmidt, 3. Juni 1803, DA, Bd. 8, Nr. 232, S. 231, Z. 5.

344 Ebd., S. 231f., Z. 5–7.

der meiner Empfehlung nicht bedarf, ein paar dürftige Canzleiverwandte desselben Collegii in Erinnerung bringen möchte."[345]

4. Arbeitsrhythmen und Arbeitsroutine

Ungeachtet der einzelnen Veränderungen lassen sich in struktureller Hinsicht zumindest einige Arbeitsrhythmen benennen, die in unterschiedlichen Zyklen von bleibender Bedeutung waren. Im folgenden werden nur drei kurze Punkte aufgeführt, an denen sich etablierte Arbeitsroutinen exemplarisch zeigen lassen.

4.1.1. Oberkonsistorialarbeiten

Eine wöchentliche Routine stellte der Gang ins Oberkonsistorium dar. Eine frühe Quelle ist die Tagebuchaufzeichnung Johann Georg Müllers, der für Dienstag, den 10. Oktober 1780, notiert: „Um 9 Uhr ging er in's Consistorium, um 12 kam er wieder zurück. Oft währt's bis Abend um 3, und bisweilen kommen gegen achzig Ehehändel, Klagen der Gemeinde gegen den Pastor u.s.w. vor. Die Einrichtung ist so, daß sie sehr geschwind können abgethan werden."[346] Die Angaben entsprechen den von Müller mitredigierten *Erinnerungen*: „Jeden Dienstag um neun Uhr war Session des Oberkonsistoriums, die gewöhnlich bis 12 – 1 Uhr dauerte."[347] Auf Karoline dürften der Hinweis zurückgehen, der Herders eigene Arbeit in der zeitlichen Folge betrifft: „Am Dienstag Nachmittag konnte er selten an seinen gelehrten Arbeiten etwas thun; er war oft etwas verstimmt."[348] Wiederum die *Erinnerungen* halten über die Vorbereitung der Konsistorialsitzungen nach der vorausgesetzten Beförderung zum Vizepräsidenten vornehmlich wohl für die Jahre nach 1789 fest:

> „Sonnabend Nachmittags kamen zum Durchlesen gewöhnlich zehn, auch noch mehr Aktenkasten zur nächsten Sitzung des Konsistoriums. Er durfte sie nicht überhin durchlesen, da er als vikarirender und nochmals wirklicher Präsident den Vortrag der Geschäfte hatte. Zu dem Ende schrieb er auf einen besonderen Bogen für jede Nummer die etwa zu nehmende Resolution, wozu alsdann die Räthe ihre Meinung bei- oder abfällig gaben, oder sie modificirten. Der Montag Vormittag war gewöhnlich noch mit Konsistorialarbeiten besetzt. Mittwoch Vormittag kamen die Briefe und Berichte von den Landgeistlichen, oder sie selbst in Person; wie ge-

---

345 Ebd., S. 232, Z. 7–15. Vgl. dazu, in seiner direkten Folge, Kap. III, Anm. 169.
346 Baechtold, Müller, S. 56.
347 V, Abt. 2, Tl. 22 [Erinnerungen, Tl. 3], S. 205.
348 Ebd.

wöhnlich auch die Landschulmeister mit ihren Anliegen. Jetzt, von Mittwoch
Nachmittag kamen die freien Stunden [...], die aber doch manchmal durch kleinere
Konsistorialgeschäfte unterbrochen wurden. Am Sonnabend Morgen wiederum die
Briefe und Besuche vom Land."[349]
Der zeitliche Aufwand der Konsistorialarbeiten und persönlichen Betreuung
der anvertrauten Geistlichkeit darf damit nicht unterschätzt werden. Um den
Gang in das Oberkonsistorium lokal zu verorten, läßt sich darauf verweisen,
daß die wöchentlichen Sitzungen bis in das Jahr 1802 „in dem Hofmarschall-
amts-Gebäude, in einem engen, düstern Local" stattfanden, wie es in einer historischen Beschreibung der Institution aus dem Jahr 1825 heißt.[350] 1802 wurde die Einrichtung in Räumlichkeiten des „Roten Schlosses" verlegt.[351]

4.1.2. Predigtvorbereitungen

Einen wichtigen, den vorherigen Wochenplan vervollständigenden Hinweis
auf die Arbeitsroutine der Predigtvorbereitungen bietet ein Brief Schillers an
Körner aus der Frühphase der Begegnungen mit Herder. Unter dem 8. und 9.
August 1787 berichtet Schiller von einem kurz zurückliegenden Wald-
Spaziergang, der zu einem unverhofften Treffen mit Herder und dessen Kindern geführt hatte. Von der Unterhaltung teilt Schiller mit: „Wir sprachen von
seinem Predigen. Er dürfe in der Woche nicht an seine Predigt denken, wenn
sie ihm glücken sollte. Höchstens Freitag oder Sonnabends könne er sich darauf besinnen."[352] Herder hatte damit seinen bereits in Riga etablierten zeitlichen Arbeitsrhythmus in den Predigtvorbereitungen beibehalten. Das später
anzuführende Beispiel der ursprünglich geplanten Rigaer Abschiedspredigt dokumentiert bereits für die Frühphase des Predigers die zeitliche Nähe der Predigtvorbereitungen zu dem jeweiligen Predigttermin.

4.1.3. Rechnungsprüfungen

Daß Herder schließlich seinen Jahreszyklus zu gewissen Teilen nach den
Rechnungsprüfungen bestimmte, belegt sein Brief an Hamann vom 11. Mai
1781: „Denn gehn meine KirchenRechnungen an u.[nd] ich freue mich auf

---

349 Ebd., S. 204f.
350 Übersicht, Oberconsistorium, S. 1.
351 Ebd.
352 Schiller an Körner, 8. und 9. August 1787, Schiller, NA, Bd. 24, Nr. 90, S. 125, Z. 21–24.

Pfingsten, wo der erste Stoß vorbei ist, um wenigstes das ‚Gott gib einen milden Regen' recht herzlich u.[nd] demüthig zu singen."[353]

5. Zusammenfassung

Eine berühmte Zusammenfassung stellt Herders Bericht an Hamann nach den ersten drei Monaten in Weimar am 13. Januar 1777 dar:

> „Dazu [sind] meine Arbeiten u.[nd] mein Sprengel so ohne Maas, daß gerade so viel Geistl[iche] u.[und] Kirchen unter meine Specialaufsicht gehören, als Tage im Jahr sind, die and[e]re[n] Superintendenturen zur Generalaufsicht, Konsistorialgeschäfte, 2. Predigtämter, da ich wieder thun soll, was sonst 2. thun würden, als Oberhofpr[ediger] u.[nd] Oberpfarr[er] der Stadtkirche – das Ephorat des Gymnasii u.[nd] aller Schulen des Landes – das Alles zusammengenommen, u.[nd] im Ganzen noch immer keine Personen, durch die man würken kann, zusammt Allem, was vorgegangen war u.[nd] unnennbar vor mir, auf mir liegt u.[nd] drückt, ohne daß man den Alp fasen kann, das Alles macht mein Hieseyn noch bisher zum Traume, zu einem Traume, wo man nichts absieht u.[nd] also auch wenig denkt u.[nd] desto mehr röchelt u.[nd] fühlet."[354]

Nicht zu hinterfragen ist nach den vorherigen Ausführungen die gewaltige Belastung und entsprechende Enttäuschung Herders, die in dem neuen Amt mit seinen spezifischen Aufgabenbereichen und Pflichten gründete. Wie stark die subjektive Wahrnehmung jedoch zu einer, wenn nicht unpräzisen, so doch über die Maßen pointierten Beschreibung führte, zeigt der quantitativ nicht nachvollziehbare Hinweis auf über 350 Geistliche und Kirchen alleine in der Spezialsuperintendentur.

Als Generalsuperintendent von Sachsen-Weimar wirkte Herder in einem religions- sowie konfessionskulturell weitestgehend homogenen lutherischen Kleinstaat von gut 60.000 Einwohnern und knapp 150 Pfarrern. Die kirchenleitende Position beschränkte sich regional innerhalb des Herzogtums Sachsen-Weimar-Eisenach auf die Weimarer Gebiete und amtsfunktional auf eine Reihe supervisorischer sowie repräsentativer Pflichten. Konsultatorisch war der Generalsuperintendent aufgrund seiner hervorgehobenen Stellung und institutionellen Berührungen zwar privilegiert, innerhalb des Oberkonsistoriums seinen Kollegen jedoch gleichgestellt. Die Beförderungen der Jahre 1789 und 1801 knüpften gerade an diesen Punkt an. Die titularisch statuierte Vorordnung des Generalsuperintendenten läßt das erhebliche Maß dessen weithin lokaler sowie regional administrativer Tätigkeiten nicht auf Anhieb erkennen. Insbesondere diese Belastung konnte Herder ebenso wie die Doppelbeanspruchung

---

353 Herder an Hamann, 11. Mai 1781, DA, Bd. 4, Nr. 171, S. 181, Z. 222–224.
354 Herder an Hamann, 13. Januar 1777, ebd., Nr. 9, S. 26, Z. 83–93.

als Prediger im Laufe der ausgehenden achtziger Jahre reduzieren. Der kir-chenamtliche Gestaltungsspielraum des Generalsuperintendenten war damit zunächst in mehrfacher Hinsicht zwar begrenzt, weitete sich aber mit dem Ab-bau zeit- und arbeitsintensiver Aufgaben sowie der Stärkung der Konsistorial-position während der neunziger Jahre maßgeblich. Personale Konstellationen überlagern die Bedeutung der institutionellen Amtsstrukturen mehrfach, wes-halb diesem Komplex, der sich unmittelbar mit dem der Amtspflichten berührt, eigens nachzugehen ist.

III. Personalpolitische oder –administrative Bezüge
(1776–1803)

Berührungen mit Kollegen und personalpolitische Entscheidungen konnten sich für Herder innerhalb der unterschiedlichen Wirkungsfelder seiner amtlichen Funktionen ergeben. Herder selbst ordnete die Auswahlmöglichkeit und Bedeutung fähiger Mitarbeiter allen weiteren amtlichen Strukturen vor. Dieses Kapitel knüpft an Herders Ideal an, indem es dem Koplex der Personalpolitik nachgeht, bevor die sonstigen Gestaltungsmöglichkeiten der Amtsbereiche geschildert werden. Zugleich hinterfragt es die zuletzt zitierte Klage aus dem Frühjahr 1777: „u.[nd] im Ganzen noch immer keine Personen, durch die man würken kann", hinsichtlich der nachfolgenden Entwicklungen.

Es wäre wenig ergiebig, Herders Eigenwahrnehmung von Kollegen in den Vordergrund zu rücken und etwa die als problematisch empfundenen Kontakte gegenüber den freundschaftlich gepflegten zu konturieren. So wichtig diese Aspekte für eine angemessene Einschätzung personeller Veränderungen sind, kann die persönliche Wertschätzung Herders doch nicht als ein Auswahlkriterium der Darstellung fungieren. In den noch von der unmittelbaren Beteiligung geprägten *Erinnerungen* ist diese Motivation weithin spürbar und verständlich. Die sich anschließende Herder-Biographik brachte jedoch keine nennenswerten Ergänzungen für die amtsfunktional relevanten Zusammenhänge.

In diesem Kapitel werden die rekonstruierten amtlich-institutionellen Strukturen als Ausgangspunkt einer Fragestellung nach personellen Veränderungen sowie möglichen personalpolitischen Initiativen oder reaktiven Stellungnahmen Herders gewählt. Hatte das vorherige Kapitel den Komplex der Amtspflichten in einer titularischen Anordnung eingeführt, die von lokaler zu regionaler sowie territorialer Reichweite fortschritt, entwickelt dieses Kapitel das vorherige Unterscheidungsmuster funktional weiter. Auf einer ersten Gliederungsebene werden die institutionellen Bezüge zwischen Kirche, Schule und Universität kenntlich gemacht. Die nachgeordnete Differenzierung setzt in unterschiedlichen Akzentuierungen zum einen die sich territorial ausweitende Lokalgliederung fort, zum anderen vertieft sie die amtlich-institutionellen Zuordnungen. Mit dieser Systematik wird zugleich die Gliederungsschematik des Anschlußkapitels vorbereitet.

1. Kirche

1.1. Stadtkirche

An der Stadtkirche wirkten in der Regel fünf Geistliche. Nach Herder als Oberpfarrer der Stadt Weimar folgten der Archidiakon der Stadtkirche sowie zwei Diakone, wobei die Position des Stiftspredigers in der Regel mit derjenigen des zweiten Diakons übereinfiel. Daneben war ein Kollaborator angestellt, der im vierwöchigen Predigtturnus der Hauptgeistlichen nicht eigens berücksichtigt wurde. Im Laufe der Dienstzeit Herders veränderte sich die Amtsstruktur geringfügig.

1.1.1. Das Archidiakonat (1773–1813)

Als Archidiakon an der Stadtkirche wirkte seit 1773 bis zu seiner Berufung zum Generalsuperintendenten von Eisenach 1782 Christian Wilhelm Schneider[1]. Die Auswahl von dessen Nachfolger, August Gottlob Zinserling[2], der zuvor Adjunkt in Hardisleben gewesen war, stellte eine erste personalpolitische Niederlage Herders dar. Der Berufungsvorgang als solcher ist nicht mehr rekonstruierbar. Eine deutlich spätere briefliche Andeutung Herders läßt jedoch erkennen, daß sein Votum auf eine Beförderung des zweiten Diakons, Georg Gottlieb Weber, der zeitgleich mit Schneider sein Amt an der Stadtkirche 1773 übernommen hatte[3], gerichtet gewesen war. Im Zusammenhang einer amtlichen Empfehlung Webers erklärt Herder gegenüber Jakob Friedrich von Fritsch unter dem 6. Juni 1791: „auf der anderen [Seite] könne [es] für Weber dienen, daß schon bei Zinserlings Eintritt ins StadtMinisterium, als er vom Stadtrath übergangen war, das Auge Serenissimi und des geheimen concilii, wie ich denn wirklich damals darum gefragt ward, auf ihn als assessorem gerichtet gewesen; es war aber damals, als Schulze lebte, kein Platz für ihn im Collegio.“[4] Die personale Schuldzuweisung an den Oberkonsistorialrat und zweiten Hofdiakon Wilhelm Heinrich Schultze sowie die institutionelle Referenz auf den Weimarer Stadtrat mögen zutreffend sein. Sehr vorsichtig ist Herders Formulierung, der Herzog habe zusammen mit dem Geheimen Consilium

---

1 Hofkalender 1774, S. 31; Hofkalender 1782, S. 31; Prosop. Datenbank, Nr. 5019. Die zitierten Hofkalender repräsentieren mit der Drucklegung am Ende des Vorjahrs (hier 1773) dessen Personalstand und werden seriell entsprechend ausgewertet. Handschriftliche Nachträge werden für das jeweils laufende Jahr verzeichnet.

2 Hofkalender 1783, S. 31; Prosop. Datenbank, Nr. 7060.

3 Hofkalender 1774, S. 31; Prosop. Datenbank, Nr. 6667.

4 Herder an Jakob Friedrich von Fritsch, 6. Juni 1791, DA, Bd. 6, Nr. 165, S. 249, Z. 36–40.

seinerzeit „das Auge" auf Weber gerichtet. Von einer Unterstützung des Vorschlages ist nicht die Rede. Als plausibel mag es erscheinen, an eine der Beschwerde der interimistischen Amtsverwalter vergleichbare Konstellation im
Geheimen Consilium zu denken, um die mangelnde Durchsetzungskraft des
Herderschen Votums im politischen Umfeld des Herzogs zum einen und der
Vertreter der Stadt zum anderen zu erklären. Die Bedeutung des Archidiakonats lag im Status der Position innerhalb der Weimarer Geistlichkeit begründet. Nach den beiden Hofdiakonen und dem Generalsuperintendenten in seiner
Doppelfunktion an den beiden Weimarer Kirchen war der Archidiakon in der
Regel der aussichtsreichste Kandidat für einen Sitz auf der geistlichen Bank
des Oberkonsistoriums. Den Posten des Archidiakons erfüllte Zinserling bis in
das Jahr 1794. Sein langjähriger, weit über Herders Amtszeit hinauswirkender
Nachfolger wurde Johann Georg Anton Wahl[5], der Anfang des Jahres 1792
zum Diakon an der Weimarer Stadtkirche berufen wurde. Anläßlich der Antrittspredigt des Diakons ist ein knappes Schreiben Herders unter dem 7. Januar 1792 überliefert, in dem er dem Pfarrer den Termin mitteilt und „übrigens
Glück auch zu diesem ersten Schritt" wünscht.[6] Weder zu der vorangegangenen Berufung Wahls noch zu der späteren Beförderung zum Archidiakon sind
eigene Dokumente erhalten. Ein Schreiben Herders vom 1. September 1793 an
das Geheime Consilium berührt allerdings die aus der von Herder projektierten
Anstellung Zinserlings an der Hofkirche resultierende Neubesetzung des Archidiakonats. Eines seiner Argumente gilt der Stadtkirche: da „bei der durch
solche Verpflanzung entstehenden Vacanz [...] durch einen neuen Geistlichen
u.[nd] Prediger, der mit Wahl herbeigezogen würde, die Aufmerksamkeit des
Publicums, wenigstens auf eine Zeit, wieder aufgefrischt, und der coetus der
Kirchenversammlung dadurch vermehrt werden möchte."[7] Die Formulierung
„mit Wahl" ist nicht eindeutig.[8] Sie verweist entweder auf den konsensuellen
Aspekt eines möglichen Berufungsgeschehens oder benennt den vorgesehenen
Nachfolger bereits namentlich. Als wahrscheinlicher kann die zweite Option
gelten.[9] Ausdrücklich bezieht sich der Zugewinn an Interesse der Gemeinde
auf den Prediger als solchen und nicht das Verfahren seiner Bestimmung. Als
Gegenargument legt sich der Hinweis auf die bereits seit 1792 etablierte Predigtpraxis Wahls als Diakon an der Stadtkirche nahe. Als Diakon war Wahl
damit schon seit knapp zwei Jahren fest in die zentralen Sonn- und Feiertags-

---

5   Hofkalender 1793, S. 33; Prosop. Datenbank, Nr. 6606.
6   Herder an Wahl, 7. Januar 1792, DA, Bd. 9, N zu Bd. 6, Nr. 180a, S. 554, hier Z. 6.
7   Herder an das Geheime Consilium, 1. September 1793, DA, Bd. 7, Nr. 36, S. 59, Z. 27–31.
8   Der Registerband von DA bietet für diese Stelle keinen Verweis auf Johann Georg Anton
    Wahl.
9   Für das Gespräch an dieser Stelle danke ich Günter Arnold herzlich, der die Stelle ebenfalls
    als nominellen Hinweis auf Johann Georg Anton Wahl interpretiert.

predigten integriert. Tatsächlich ist die gesteigerte Aufmerksamkeit jedoch weniger in positiver Hinsicht auf den Prediger Wahl zu interpretieren, als auf den nicht eigens explizit gemachten Verlust des allgemeinen Interesses an dem alten und krankheitsbedingt geschwächten Archidiakon Zinserling, dessen Vorzüge, zumal in einem kleineren Kirchenraum, allerdings ebenfalls ausschließlich positiv benannt werden.[10] Wahls Position entsprach im Jahre 1793 zudem der nicht näher spezifizierten Stelle des ersten Diakons, weshalb der Beförderung zum Archidiakon auch ohne weitere Ausführungen eine eigene Plausibilität zukommt. Dies stützt auch die Lesart der oben genannten Stelle im Sinne eines nominellen Hinweises auf Johann Georg Anton Wahl, womit Herders Beförderungsabsicht des ihm bekannten Diakons zum Archidiakon an der Stadtkirche als ausreichend belegt anzunehmen ist. Der entsprechende Wunschkandidat Herders war darin 1794, wie zuvor schon in dem Votum des Jahres 1782, aus dem bereits etablierten Personal der Stadtkirche als dem kollegialen sowie persönlichen Umfeld des Generalsuperintendenten und der Gemeinde gleichermaßen rekrutiert worden. Beide Vakanzen sind daher mit einer Kontinuität in der Vorgehensweise Herders in Verbindung zu bringen. Herders erste Bemühung um eine Wiederbesetzung des Archidiakonats endete in einer persönlichen Enttäuschung. Mit der zweiten Vakanz, die selbst in einer personalpolitischen Initiative Herders gründet, auf die im Zusammenhang der Hofkirche einzugehen sein wird, hatte Herder erst in der ersten Hälfte der neunziger Jahre den erhofften Erfolg.

1.1.2. Erster Diakon/Diakon (1773–1813)

Zeitgleich mit Schneider war Johann Samuel Schröter[11] 1773 als erster Diakon an der Stadtkirche eingeführt worden. Zuvor hatte er als Stiftsprediger und zweiter Diakon an der Stadtkirche gewirkt. Die Amtsübertragung entsprach damit einer linear fortschreitenden Karriere an der Stadtkirche. In der Konsequenz dieser Entwicklung lag auch seine Berufung zum Superintendenten von Buttstädt 1785. Sein Nachfolger wurde 1786 Johann Caspar Hoyer[12], der bis 1783 mit einer Pfarrstelle in Großkromsdorf in der Spezialsuperintendentur Herders gewirkt hatte, ohne jedoch von diesem in sein Amt eingeführt worden zu sein, das er bereits seit 1774 innehatte. Seit 1783 übernahm er mit einer Pfarrei in der Adjunktur Heusdorf eine Stelle in der benachbarten Superintendentur Apolda. Zu der Beförderung an die Stadtkirche sind wiederum keine Dokumente erhalten. Die *Hofkalender* führen seine Funktion mit dem ersten

---

10 Herder an das Geheime Consilium, 1. September 1793, DA, Bd. 7, Nr. 36, S. 59, bes. Z. 33f.

11 Hofkalender 1774, S. 31; Prosop. Datenbank, Nr. 5149.

12 Hofkalender 1787, S. 32; Prosop. Datenbank, Nr. 2458.

Eintrag in der Ausgabe von 1787 nur als „Diaconus" weiter.[13] Herder fühlte sich Hoyer menschlich sehr verbunden. Nach dem Tod dessen einzigen Sohnes, eines Kandidaten der Theologie, schreibt Herder aus Rom am 7. März 1789 an seine Frau: „Der arme Hoyer dauert mich sehr; schicke doch den Gottfried zu ihm, u.[nd] laß ihm eigen mein wahres Mitgefühl bezeugen."[14] Wie sein Amtsvorgänger Schröter wurde auch Hoyer von der Funktion an der Stadtkirche in eine Superintendentur befördert. 1791 übernahm er das Amt des Superintendenten von Allstedt. Sein Nachfolger wurde, wiederum unter Beschränkung seines Titels auf „Diaconus", Anfang des Folgejahres Johann Georg Anton Wahl, zu dessen Berufung es, wie bereits im Zusammenhang seiner späteren Beförderungen zum Archidiakon erwähnt, keine eigenen Dokumente gibt. Wahl hatte bis zu seiner Berufung zum Diakon an der Stadtkirche seit 1777 als Diakon in Buttstädt gearbeitet.[15] Seine erste Pfarrstelle hatte er 1772 in Stützerbach in der Superintendentur Ilmenau erhalten. Weder für die Amtseinführung im Jahr 1777, die in Herders frühe Weimarer Zeit fällt, noch für die vorangegangene Personalentscheidung, die zu dem Aufgabenbereich des Superintendenten von Buttstädt gehörte, war Herder als Generalsuperintendent unmittelbar zuständig gewesen. Mit Wahls Beförderung zum Archidiakon wurde Johann Gottfried Zunkel 1794 in das noch immer nicht näher spezifizierte Amt des „Diaconus" berufen.[16] In seinem Fall läßt sich der begrenzte personalpolitische Einfluß Herders auf die Besetzung der vakanten Position deutlich aufzeigen. An das Mitglied des Geheimen Consiliums Jakob Friedrich von Fritsch richtete Herder unter dem 15. Juli 1794 sein *votum informativum* zu der von dem Stadtrat vorgelegten Kandidatenliste.[17] Er betont, die Stellungnahme sei innerhalb der Amtsstrukturen lediglich als „pro forma"[18] zu verstehen, und spricht sich für den Alternativkandidaten zu dem schließlich gewählten Zunkel aus[19]. Im Jahre 1801 findet die titularische Unterscheidung zwischen dem ersten und zweiten Diakon eine erneute Aktualisierung.[20] Zunkel wirkte darin, über Herders Amtszeit hinaus, in der Funktion des ersten Diakons an der Stadtkirche weiter. Der Hintergrund der veränderten Amtsbezeichnungen muß offenbleiben. Die Entwicklung zu einem Verzicht auf die positionelle Differenzierung und einer Wiederanknüpfung an die vormalige

---

13 Hofkalender 1787, S. 32.

14 Herder an Karoline, 7. März 1789, DA, Bd. 9, N zu Bd. 6, Nr. 65, S. 502, Z. 83–85.

15 Zu diesem Datum vgl. den handschriftlichen Eintrag im Hofkalender das Jahres 1777, S. 34, Exemplar AAB Weimar.

16 Hofkalender 1795, S. 33.

17 Herder an von Fritsch, 15. Juli 1794, DA, Bd. 7, Nr. 100, S. 116f.

18 Ebd., Z. 9.

19 Ebd., Z. 21–24.

20 Hofkalender 1802, S. 33.

Ämterstruktur ist als solche jedoch eindeutig und mit den Eckdaten der Jahre 1787 und 1801 chronologisch zu markieren.

1.1.3. Zweiter Diakon/Stiftsprediger (1773–1813)

Wie schon die erwähnten Diakonen Schröter und Schneider war auch Georg Gottlob Weber[21] 1773 an der Stadtkirche angestellt worden. In der Besetzung der ihm übertragenen Position fiel das Amt des zweiten Diakons meist mit der Funktion und darin auch der Finanzierung des Stiftspredigers überein. Weber füllte diese nominelle bzw. titularische Doppelung bis zu seiner Beförderung an die Hofkirche 1791 aus. Sein Nachfolger wurde Johann Christian Schäfer[22], dessen Amt an der Stadtkirche sich allerdings ausdrücklich auf das des Stiftspredigers beschränkte. Zu den damit berührten Vorgängen, der Empfehlung Webers an die Hofkirche, der Berufung Schäfers und den Veränderungen des titularischen Profils sowie der darin ausgedrückten Amtsstruktur an der Stadtkirche existieren keine Dokumente. Die spätere Parallelerscheinung der Versetzung Zinserlings an die Hofkirche macht es wahrscheinlich, daß Herder damit bereits 1791 eine entsprechende Initiative eingebracht hatte. Der Hintergrund muß offenbleiben. Keinesfalls war es Herders Anliegen, durch die titularische Begrenzung Schäfer, den er persönlich sehr schätzte[23], als Kollaborator am Weimarer Gymnasium kannte und darin auch protegiert hatte, Beförderungsmöglichkeiten an der Stadtkirche zu beschränken. Zusammen mit dem Amt des Stiftspredigers hatte Schäfer zudem als Instruktor des Prinzen Karl Friedrich sowie seit 1796 des Prinzen Karl Bernhard in einem unmittelbaren Bezug zur herzoglichen Familie gewirkt und war 1797 von Herder zu einer Aufnahme in das Geistliche Ministerium empfohlen worden[24]. Nachdrücklich setzte er sich in diesem Zusammenhang auch für eine mögliche Beförderung Schäfers zum ersten Hofprediger ein[25], die sich allerdings nicht einrichten ließ[26]. Nach Schäfers frühzeitigem Tod, der Herder schwer erschütterte[27], erhielt die zuvor etablierte Doppelfunktion als zweiter Diakon und Stiftsprediger

---

21   Hofkalender 1774, S. 31; Prosop. Datenbank, Nr. 6667.

22   Hofkalender 1792, S. 33; Prosop. Datenbank, Nr. 4691.

23   Vgl. alleine dazu Herders Briefe an Luise Auguste von Sachsen-Weimar, 25. Januar 1801, DA, Bd. 8, Nr. 190, S. 194, an Emilie Dorothea Friederike von Berlepsch, 24. Februar 1801, ebd., Nr. 205, S. 201f., Z. 12–15, hier: Abschnitt Karolines an Gleim, 6. März 1801, und ebd., Nr. 209, S. 212f., Z. 7–11, ein weiterer Teil Karolines, der unterstreicht, wie sehr Schäfer als Mensch und Kollege von Herder geschätzt wurde.

24   Vgl. dazu Herder an Karl August, 1. Dezember 1797, DA, Bd. 7, Nr. 363, S. 346, Z. 37–58.

25   Ebd.

26   Vgl. dazu in diesem Kap. unten, Anm. 116–130.

27   S. dazu in diesem Kap., Anm. 23.

Karl Friedrich Horn[28], der in dieser Position bis in das Jahr 1813 weit über Herders Amtszeit hinauswirkte. Anlaß war die Empfehlung Herders unter dem 1. Dezember 1797.[29] Im Gegensatz zu anderen Personalvorschlägen dieses ausgreifenden Votums, die nicht umgesetzt wurden, verließ man sich im Falle Horns wohl auf die einzige vorliegende Referenz. Der Geheime Rat Voigt hält eine Woche vor der Entscheidung in einem Brief an Goethe unter dem 4. Dezember 1797 fest: „Den Candidat Horn kenne ich nicht; hierüber muß aber Herders Urtheil entscheidend seyn."[30]

Von seinem Amtsvorgänger übernahm Horn auch die Funktion des Prinzenerziehers, die für den Prinzen Karl Bernhard bis in das Jahr 1806 galt. Von einer Rücksprache mit dem Herzog ist in der Besetzung des Jahres 1801 auszugehen. Unter dem 8. Mai 1801 schrieb dieser an seinen Generalsuperintendenten: „Wegen Wiederbesetzung der Stiftspredigerstelle waren wir neulich einerlei Meinung"[31] und bezieht sich darin wohl auf ein vorangegangenes Gespräch hinsichtlich Horns.

1.1.4. Kollaborator (1774–1805)

Karl Friedrich Horn war bereits 1798 als Kollaborator an der Stadtkirche angestellt worden.[32] Die ihm damit eigene Funktion hatte während der Amtszeit Herders eine erhebliche Umgestaltung erfahren. Nicht in den regulären Turnus der Sonntagspredigten einbezogen, war der Aufgabenbereich des Kollaborators ein im wesentlichen katechetischer. Herders Einrichtung eines Landschullehrer-Seminars im Laufe der achtziger Jahre hatte eine entsprechende Funktionsveränderung des Kollaborators ergeben[33], der in das Institut als einer der beiden Lehrer konstitutiv einbezogen wurde und dessen Adressatenkreis sich damit ebenso wie sein Aufgabenbereich erheblich veränderte. Für Horns Amtsvorgänger Christian Heinrich Birnstein[34], der die Stelle 1774 übernommen hatte und bis in das Jahr 1778 betreute, bevor er in ein Pfarramt in der Superintendentur Jena wechselte, gilt das vormalige katechetische Amtsprofil

---

28 Hofkalender 1802, S. 33; Prosop. Datenbank, Nr. 2442.
29 Vgl. dazu auch insgesamt das Kap. II.1.3.3.
30 Voigt an Goethe, 4. Dezember 1797, Goethe, Amtliche Schriften, Bd. 2/1, Nr. 132 D, S. 541, Z. 1–3.
31 Düntzer, Briefe, Nr. 25, S. 140.
32 Hofkalender 1799, S. 33.
33 Für eine persönlich gehaltene Momentaufnahme der Position vgl. Karoline an Karl Ludwig von Knebel, 4. Februar 1801, DA, Bd. 8, Nr. 195, S. 196, Z. 9f. Zum weiteren Kontext vgl. Haym, Herder, Bd. 2, S. 391f.
34 Hofkalender 1775, S. 31; Prosop. Datenbank, Nr. 319.

in gleicher Weise wie für Johann Heinrich Gotthelf Teubner[35]. Dieser füllte das Amt nur ein knappes Jahr aus. Bereits 1779 wurde er zum Adjunkten in Ilmenau befördert[36], wo er 1797 schließlich sogar die Funktion des Superintendenten übernehmen konnte[37]. In der Nachfolge Teubners wurde das Amt des Kollaborators mit Wilhelm Christoph Günther[38], dem Freund Johann Georg Müllers, besetzt, der die Position von 1781 bis 1785 versah[39], bevor er seinem Vater, dem Adjunkten von Mattstedt und Zottelstedt, 1785 zugeordnet wurde[40]. Die Funktion des Kollaborators übernahmen nachfolgend, bis in das Jahr 1791, Johann Christoph Rudolph[41] sowie im Anschluß, bis Ende 1794, Christian Friedrich Reimann[42]. Reimannns Nachfolgestelle lag innerhalb der Spezialsuperintendentur Herders; auf die Übertragung einer regulären Pfarrstelle mußte er zumindest in der regionalen Funktion des Generalsuperintendenten Einfluß genommen haben.[43] Anders verhält es sich bei Rudolph, der die Pfarrei Rastenberg in der Superintendentur Buttstädt übernehmen konnte. Rudolph war – wie Herders Aufzeichnungen belegen[44] – einer der 1780 von Herder geprüften kirchlichen Kandidaten gewesen. Er war spätestens seit diesem Jahr Herder damit ebenso bekannt wie Günther. Die Kollaboratur war für beide deren erste geistliche Stelle. Unter dem Geistlichen Stadtministerium der Jahre 1795 bis 1802 findet sich Sylvester Gottfried Heinrich Scharff als Kollaborator aufgelistet, wobei die Zuordnung zur Stadtkirche nicht eindeutig festgehalten wird.[45] Allein für die Jahre 1802 und 1803 wird der Hinweis auf eine Kollaboratur an der Hofkirche geboten – eine ungewöhnliche Funktion, die im Zusammenhang der Hofkirche kurz zu erwähnen ist.[46] Durchaus möglich ist eine anfängliche Anstellung an der Stadtkirche sowie eine 1802 innerhalb des

---

35 Hofkalender 1779, S. 31; Prosop. Datenbank, Nr. 5780.

36 Hofkalender 1780, S. 36.

37 Hofkalender 1798, S. 39.

38 Hofkalender 1784, S. 31; Prosop. Datenbank, Nr. 1784 [sic].

39 Als unvollständig erweisen sich hier die Hofkalender der Jahre 1781–1783, die, jeweils S. 31, keinen Eintrag für das Amt des Kollaborators bieten. Zu der 1781 einsetzenden Amtstätigkeit vgl. DA, Bd. 10, S. 212, sowie die zahlreichen brieflichen Belege Müllers wie auch Herders. Die Referenzen in den Hofkalendern für die Funktion insgesamt beschränken sich auf die Jahre 1784 und 1785, jeweils S. 31.

40 Hofkalender 1786, S. 31; Prosop. Datenbank, Nr. 1784.

41 Hofkalender 1786, S. 32; Hofkalender 1791, S. 33; Prosop. Datenbank, Nr. 4571.

42 Hofkalender 1792, S. 33; Hofkalender 1794, S. 33; Prosop. Datenbank, Nr. 4279.

43 Belegbar ist die entsprechende Funktion Herders zudem im Zusammenhang der damit verbundenen Amtseinführungen, vgl. dazu Herder an Karl Johann Georg Büttner, 31. Dezember 1794, DA, Bd. 9, N zu Bd. 7, Nr. 117a, S. 580f.

44 Vgl. dazu in diesem Kap., Anm. 356.

45 Hofkalender 1796–1802, S. 33f; Prosop. Datenbank, Nr. 4714.

46 Hofkalender 1803, S. 61; Hofkalender 1804, S. 64.

Stadtministeriums vorgenommene Umstrukturierung. Sicherlich der Stadtkirche zugeordnet war von 1801 bis 1805 Wilhelm Heinrich Gottlob Eisenach, ein als Freitisch-Stipendiat Herder seit vielen Jahren vertrauter vormaliger Gymnasiast.[47] Auch seine Folgestelle lag mit Legefeld in der Adjunktur Oberweimar innerhalb der Spezialsuperintendentur Weimar.[48]

Unter Aufrechterhaltung der äußeren Position innerhalb des geistlichen Stadtministeriums war die Stelle des Kollaborators damit in institutioneller wie struktureller Hinsicht zu einer pädagogischen Funktion innerhalb des Landschullehrer-Seminars verändert worden. Für die meisten der vormaligen Kollaboratoren an der Stadtkirche war eine weitere pfarramtliche Laufbahn in der Spezialsuperintendentur Weimar vorbestimmt.

1.1.5. Kantor (1778–1802)

Eigens zu erwähnen ist, neben der Geistlichkeit der Stadtkirche, die Position des Kantors. Die Besetzung des Amtes vollzog sich in einer den geistlichen Stellen vergleichbaren Weise, war jedoch mit einem erheblich größeren Konfliktpotential hinsichtlich der beteiligten Institutionen verbunden. Herder war in einer Doppelfunktion als Oberpfarrer der Stadt für die Personalentscheidungen an der Stadtkirche sowie als Ephorus für die Einschätzung einer Eignung zu der mit dem Amt des Kantors verbundenen Lehrtätigkeit am Weimarer Gymnasium verantwortlich. Nach dem Tod des Kantors Johann Sebastian Brunner[49] wurde Herder zunächst mündlich am 17. Oktober 1777 von dem Gerichtsaktuarius Johann Friedrich Schellhorn um sein Votum hinsichtlich der ausstehenden Personalfrage gebeten.[50] Herder antwortete dem Weimarer Stadtrat unter dem 20. Oktober mit einem schriftlichen *votum informativum*.[51] Mit einer Empfehlung hält sich Herder weitestgehend zurück. Hinsichtlich „der Sitten und des Lebens"[52] bringt er gegen keinen der vorgeschlagenen Kandidaten Negatives vor. Bezüglich der musikalischen Kompetenz enthält sich Herder eines Urteiles.[53] Die pädagogischen Qualifikationen referiert er entspre-

---

47 Hofkalender 1802, S. 33; im weiteren: Hofkalender, 1803–1805, S. 62–64; Prosop. Datenbank, Nr. 4714.

48 Ebd.

49 Vgl. dazu den handschriftlichen Eintrag in dem Hofkalender 1777, S. 31, Exemplar AAB Weimar; ferner DA, Bd. 10, S. 99.

50 Vgl. dazu die vorbildliche Rekonstruktion der Vorgänge durch den Kommentator der Briefausgabe, DA, Bd. 4, S. 313, Anm. zu Nr. 21.

51 Herder an den Weimarer Stadtrat, 20. Oktober 1777, DA, Bd. 4, Nr. 21, S. 44f.

52 Ebd., Z. 11–17.

53 Ebd., Z. 18–23.

chend objektiver Vorgaben wie bisheriger Lehrpraxis und abgelegter Prüfungen.[54] Allein in dem letzten Punkt, in „Ansehung vorher gegangener Verdienste"[55], votiert er zurückhaltend für den Weimarer Hofkantor Johann Christoph Rudolph, dessen „23.jähriger treuer und kärglicher Dienst, seine Familie, seine Jahre und seine Hoffnung, die ihm durch Fürstliche Rescripte mehr als einmahl zu Verbeßerung seiner Umstände wiewohl bisher vergebens, gegeben worden", Aussichten auf eine Beförderung bedeuteten.[56] Der Stadtrat folgte dieser Empfehlung, eine Woche später, unter dem 27. Oktober.[57] Das Weimarer Oberkonsistorium lehnte Rudolph jedoch am 18. November und 3. März des Folgejahres als ungeeignet für die Position ab.[58] Die Mehrheit der geistlichen Bank dürfte alleine durch die beiden Kollegen Rudolphs an der Hofkirche in Verbindung mit dem Archidiakon der Stadtkirche erreicht worden sein. Die Hintergründe dieser Entscheidung lassen sich nicht rekonstruieren. Otto Francke zitiert aus den ihm noch verfügbaren Akten des Oberkonsistoriums, Rudolph sei als „illiteratus die gesetzliche Qualität" abgesprochen worden.[59] Eine herzogliche Verfügung vom 29. Januar 1778 forderte dazu auf, „ein neues Subjekt zu präsentieren".[60] Am 21. März 1778 wählte der Stadtrat Johann Christoph Liebeskind zum Kandidaten des Kantorats.[61] Zeitgleich forderte man Herder wiederum mündlich zu seinem Votum auf; am 4. April wurde die Bitte erneuert.[62] Herder antwortete unter dem 6. April und erhob, entsprechend eines ihm vorliegenden „so übel[en]" Gutachtens des Kantors von Allstedt, schwere Bedenken gegen eine Berufung Liebeskinds.[63] Herders Empfehlung wurde nicht aufgegriffen. Der Entscheidung des Stadtrates folgte am 5. Mai ein Oberkonsistorialreskript, das Herder aufforderte, Liebeskinds pädagogische Fähigkeiten zu prüfen.[64] Unter dem 15. Mai erbat sich Herder die Akten vormaliger Prüfungen vom Stadtrat, „um mich nach solchen richten zu können."[65] Liebeskinds Examen fand am 25. Mai[66] erfolgreich auf der Ratsstube statt; unter dem 25. Juni erfolgte dessen Vokation und am 27. Juli die Amts-

---

54   Ebd., Z. 23–33.
55   Ebd., Z. 34–44; hier: 34.
56   Ebd., Z. 40–43.
57   Ebd., S. 313, Anm. zu Nr. 21.
58   Ebd.
59   Francke, Geschichte, S. 88.
60   Ebd.
61   Herder an den Weimarer Stadtrat, 20. Oktober 1777, DA, Bd. 4, S. 313, Anm. zu Nr. 21.
62   Ebd., S. 317, Anm. zu Nr. 44.
63   Herder an den Weimarer Stadtrat, 6. April 1778, ebd., Nr. 44, S. 63; hier Z. 9.
64   Ebd., S. 313, Anm. zu Nr. 21.
65   Herder an den Weimarer Stadtrat, 15. Mai 1778, ebd., Nr. 48, S. 65; hier Z. 6.
66   Herder an den Weimarer Stadtrat, 20. Mai 1778, ebd., Nr. 50, S. 66; hier Z. 5.

einführung[67]. Über den Verlauf der von Herder durchgeführten Prüfung berichtet der Stadtsyndikus Johann Adam Stötzer,

„daß zuförderst der H.[err] Can[dida]t. Liebeskindt einige *Aesopii fabulae* exponiren müsse; sodann wurde demselben das 10. Kapitel aus dem Gr.[iechischen] Testament zum Exponiren und Analysiren vorgeleget, wobei derselbe einige *Verba* dekliniren und konjugiren mußte; hierauf wurde derselbe aus der Historie und Geographie examinirt, und hiermit das *tentamen* beschlossen. Nach Abtritt des Hrn. Kantoris äußerte sich S[einer]r. des Hn. G.[eneral] Superint.[endent] Herder Hochwürd.[en] *magnif.[icenz]*, daß Sie sich nicht entbrechen könnte, demselben ein gutes Attestat zu geben."[68]

Liebeskind[69] verblieb bis zu seinem Tod Anfang des Jahres 1788 in dem Amt. Eine Nachfolgeregelung wurde ohne Verzug vorbereitet, wie zwei Bewerbungsschreiben in den Ratsakten von Anfang Februar belegen.[70] Schwierigkeiten gab es offensichtlich in Fragen der institutionellen Zuständigkeitsbereiche in der Berufungsangelegenheit, wobei Herder den Stadtrat, der zuvor wohl in einem zu hohen Maße involviert war, amtsfunktional zutreffend an dessen Vokationskraft, aber die Weisungsbefugnis des Oberkonsistoriums erinnerte.[71] Auf den 20. Mai datiert ein *votum informativum* Herders, das zu einem der vom Rat vorgeschlagenen Kandidaten anbietet, zusätzliche fachliche Empfehlungen einzuziehen.[72] Die schließliche Besetzung der vakanten Position erfolgte während Herders Beurlaubung zur Italienischen Reise in der zweiten Hälfte des Jahres 1789 mit einem Kandidaten, der zuvor nicht im Gespräch gewesen war. Johann Matthäus Rempt wurde in der Einleitungsrede Herders zum Examen 1789 eigens begrüßt: „vielmehr ist die damals ledige Stelle während meiner Abwesenheit mit einem Mann besetzt worden, von dem die ihm anvertrauten Geschäfte das beste hoffen, und deßen Gegenwart man am Gesange des Chors schon mit Vergnügen wahrnimmt."[73] Rempt wirkte bis zu seinem Tod am 19. Mai 1802 in dem Amt fort.[74] Für Herder wie Rempt war es die Zeit einer produktiven Zusammenarbeit, die in Rempts *Vierstimmiges Choralbuch* von 1799[75] einging.

---

67 Ebd., S. 318, Anm. zu Nr. 50.
68 Francke, Geschichte, S. 89.
69 Hofkalender 1779, S. 31; Hofkalender 1788, S. 32; Prosop. Datenbank, Nr. 3271.
70 Vgl. dazu DA, Bd. 5, S. 375, Anm. zu Nr. 265.
71 Herder an den Weimarer Stadtrat, Februar 1788, ebd., Nr. 265, S. 273.
72 Herder an den Weimarer Stadtrat, 20. Mai 1788, ebd., Nr. 285, S. 287. Vgl. dazu auch Francke, Geschichte, S. 89.
73 Einführungsrede zum Examen 1789, SWS, Bd. 30, Nr. 18, S. 157f., hier: S. 156.
74 Hofkalender 1789, S. 33; Hofkalender 1802, S. 33; Prosop. Datenbank, Nr. 4323.
75 Rempt, Choralbuch. Vgl. dazu auch Haym, Herder, Bd. 2, S. 857.

Über der Wiederbesetzung des vakanten Amtes kam es zu dem von Rudolf
Haym eingehend geschilderten Interessenkonflikt zwischen der herzoglich forcierten Initiative einer Anbindung des Schulchores an das Weimarer Hofthea-
ter in Form eines um Funktionen des vakanten Kantorats ausgeweiteten Aufga-
benbereiches des fürstlichen Kapellmeisters Franz Seraph Destouches.[76] Die
Nachfolgeregelung der Vakanz wurde mit der Person des Katholiken Destouches darin einerseits zu einem konfessionellen Streitfall um die Konstitution der landesherrlichen Kirchenverfassung, andererseits zu einem kirchenrechtlich kritischen Vorgehen des Landesherren gegen die ihm unterstellten
Amtsträger und Institutionen. Das von disparaten Eigeninteressen getragene
Projekt einer musikalischen Stärkung des Hoftheaters stand den Anliegen einer
kirchenamtlichen Kontinuität und kirchenrechtlichen Konformität der kirchlichen sowie schulischen Vertreter kompromißlos entgegen. Aufgrund seines
Kuraufenthaltes in Aachen wurde Herder vergleichsweise spät in den ent-
brannten Konflikt einbezogen. Nach dem herzoglichen Reskript vom 6. August
1802 hatten die Voten der Oberkonsistorialräte Böttiger und Günther die Position des Oberkonsistoriums, die der Bericht vom 5. Oktober ausdrücklich formulierte, vorweggenommen.[77] Herder kehrte am 11. Oktober nach Weimar zurück. Als Reaktion auf ein weiteres herzogliches Reskript setzte er einen
zweiten Oberkonsistorialbericht unter dem 26. Oktober auf.[78] Der Standpunkt
entsprach der begründeten Kritik seiner Kollegen und wurde im persönlich un-
terzeichneten Gutachten vom 2. Dezember wiederholt.[79] Das Ergebnis der sich
nach wie vor unvermittelt gegenüberstehenden Positionen war, daß erst gut
fünf Jahre später das Stadtkantorat wiederbesetzt wurde.[80] Mangelnde Kompromißbereitschaft ist Herder in diesem Zusammenhang nicht vorzuwerfen.
Sein Standpunkt war der seiner Kollegen[81] und gründete in einer konsequenten
Wahrung der kirchlichen Interessen.

---

76   Ebd., S. 857–862, ferner: Francke, Gymnasium, S. 164–172.

77   Vgl. dazu Haym, Herder, Bd. 2, S. 858.

78   Oberkonsistorialbericht vom 26. Oktober 1802, betreffend die Wiederbesetzung der durch
     den Tod des Kantors Rempt erledigten Kantoratsstelle durch den Konzertmeister Destouches,
     SWS, Bd. 30, Nr. 20, S. 501–505.

79   Aus dem Gutachten vom 2. Dezember 1802 betreffend dieselbe Angelegenheit, ebd., Nr. 21,
     S. 505–507.

80   Haym, Herder, Bd. 2, S. 862.

81   Zu der Möglichkeit einer abweichenden Position Böttigers vgl. ebd., S. 859f.

1.1.6. Organist (1766–1813)

Strukturell entsprechend der ersten Berufung eines Kantors der Stadtkirche vollzog sich Herders Involvierung in die Anstellung des Organisten. Von 1766 an fungierte in der Funktion Johann Samuel Maul, der aufgrund anhaltender Gesundheitsprobleme 1777 einen *vicarius perpetuus* erbat. Herder wurde von dem Stadtsyndikus Stötzer am 9. Oktober mündlich um sein *votum informativum* bezüglich der Personalangelegenheit gebeten, worauf sich der Kandidat Johann Friedrich Eylenstein am 14. Oktober Herder persönlich vorstellen mußte.[82] Herders Schreiben an den Rat der Stadt datiert auf den Folgetag.[83] Es hält – wie zuvor im Falle des Kantors – „in Ansehung der Sitten und Person" keine Bedenken fest[84] und verweist „zu näherer Kenntniß der Musikalischen Geschicklichkeit" auf eine von dem Kapellmeister Wolf zu beurteilende Orgelprobe[85]. Unter dem 17. Oktober forderte der Stadtrat Eylenstein zu einer entsprechenden Prüfung auf. Mit deutlichem Verzug bestätigte das Konsistorium am 5. Januar 1779 die Einsetzung des Bewerbers.[86] Maul, der nicht vor dem Jahr 1802 starb, wurde bereits 1788 in seinem Amt an der Stadtkirche von dem *Substitutus* beerbt.[87] In dem Briefwechsel Herders finden sich keine Hinweise auf den Vorgang. Wahrscheinlich ist aufgrund der bereits 1777 gebotenen Information, daß Maul die Stelle krankheitsbedingt in einem solchen Maße vertreten lassen mußte, daß die volle Übertragung auf Eylenstein zu einem sachlich angemessenen Akt der Notwendigkeit wurde. Eine vorausgegangene berufliche Besserstellung deutet sich bereits für die Jahre nach 1785 an, während der Eylenstein als Hofmusikus im Etat Karl Augusts geführt wird.[88] Die Funktion des Organisten an der Stadtkirche versah Eylenstein bis weit über Herders Amtszeit hinaus.[89]

---

82 Die Rekonstruktion entspricht DA, Bd. 4, S. 313, Anm. 20a. Zu Eylenstein vgl. unten Anm. 87; Prosop. Datenbank, Nr. 1194.

83 Herder an den Rat der Stadt Weimar, 15. Oktober 1777, DA, Bd. 4, Nr. 20a, S. 44.

84 Ebd., Z. 7.

85 Ebd., Z. 11–14.

86 Zu diesen Angaben vgl. ebd., S. 313, Anm. 20a.

87 Im Hofkalender 1788 ist kein Eintrag zu Eylenstein zu finden; Hofkalender 1789, S. 32; Prosop. Datenbank, Nr. 3539; zu der Übertragung des Amtes auf Eylenstein vgl. die Hofkalender der Jahre 1788 und 1789. Zu Mauls Bestattungsdatum s. DA, Bd. 10, S. 375.

88 Vgl. dazu die Hofkalender 1786–1813 u. a.

89 Vgl. dazu alleine die Hofkalender 1789–1813 u. a.

1.2. Garnisonskirche

1.2.1. Garnisonsprediger (1773–1787)

Zusammen mit der ersten Generation der während der Amtszeit Herders an der Stadtkirche wirkenden Geistlichen hatte der an der Jakobskirche angestellte Garnisonsprediger Johann Christian Mämpel sein Amt 1773 übernommen[90]. Der Abbau der Garnisonspredigerstelle, auf den im Zusammenhang des am 28. März 1787 aufgesetzten und dem Herzog am 2. April übergebenen Gutachtens zur Einziehung der Garnisonspredigerstelle einzugehen sein wird[91] und der zu einer ersten Vereinigung der Hofgemeinde mit der Gemeinde der Jakobskirche führen mußte, die als solche am 24. Juni 1787 feierlich begangen wurde[92], wurde auf personalpolitischer Ebene durch die Beförderung Mämpels zum Adjunkten von Sulzbach in der Superintendentur Dornburg ermöglicht[93]. Die Anregung der Berufung lag nicht bei Herder[94], wohl aber deren Aufgreifen und Ausdeutung als Anlaß zu einer umfassenden Veränderung der Weimarer Personalstruktur. Unerwähnt bleibt in dem Gutachten Herders das Ausmaß der Veränderung, insofern sich das Personal der Jakobskirche nicht auf den Garnisonsprediger beschränkte und über zwei weitere Stellen verfügte.

1.2.2. Kollaborator (1774–1805)

Zum einen betraf dies die wiederum mit einem katechetischen Schwerpunkt versehene Position des Kollaborators. Unmittelbar vor Herders Amtsantritt hatte diese Funktion Johann August de Wette inne[95], bevor er 1776 auf die Pfarrstelle in Ulla, dem Geburtsort seines Sohnes Wilhelm Martin Leberecht de Wette, wechseln konnte. Sein Nachfolger wurde im selben Jahr Johann Gottlieb Gottschalg, der das Amt bis zu seiner Berufung nach Teutleben in der Adjunktur Hardisleben 1782 ausführte.[96] In den nachfolgenden vier Jahren

---

90   Hofkalender 1774, S. 32; Prosop. Datenbank, Nr. 319.

91   Vgl. dazu mehrfach Kap. IV.

92   Vgl. dazu ThHSA, D 14, Bl. 296ʳ: „3. [So. n.] Trinit., 24. Jun[i] [...] N[eben]B[emerkung]: Heute früh 9 Uhr ist nach hochfürstl.[ichem] gnädigstem Befehl die Hof-Kirche und Jacobs-Kirche zum ersten mal von [...] Herder gehalten und ist nun mehr eine Gemeinde worden."

93   Vgl. dazu den handschriftlichen Eintrag im Hofkalender des Jahres 1787, S. 36, Exemplar AAB Weimar, sowie den ersten gedruckten Vermerk im Hofkalender 1788, S. 35.

94   Herder an Karl August, 2. April 1787, DA, Bd. 5, Nr. 201, S. 221, Z. 6f.: „deren jetziger Prediger nach Utenbach vorgeschlagen ist".

95   Hofkalender 1775, S. 32; Hofkalender 1776, S. 32; Prosop. Datenbank, Nr. 6803.

96   Hofkalender 1778, S. 32; Hofkalender 1782, S. 32; Hofkalender 1783, S. 34; Prosop. Datenbank, Nr. 1648.

übernahm Christoph Friedrich Demelius die Funktion, bevor er 1785 eine Pfarrstelle in Denstedt erhielt.[97] Die Nachfolge trat Johann Wilhelm Philipp Labes an, der noch für knappe drei Jahre die Position versah.[98] Kurz nach der Auflösung der Garnisonspredigerstelle wurde Labes eine Pfarrstelle in Ballstedt übertragen.[99] Bezeichnenderweise wurde jedoch lediglich die Stelle des Predigers umgewandelt. Die katechetisch angelegte Funktion des Kollaboratoren blieb erhalten. Die Nachfolge der Position trat 1788 Johann Christoph Carl Meißner an, der das Amt bis in das Jahr 1792 versah.[100] Meißner übernahm in der Folge die Teutlebener Pfarrei in der Adjunktur Hardisleben.[101] Mit seiner Stelle an der Garnisonskirche wurde Wilhelm August Hahrseim betraut, der zumindest bis in das Jahr 1801 weiterwirkte.[102] In den Staatskalendern des Herzogtums wird er in zeitlicher Folge nicht mehr erwähnt. Soweit er nicht in der Weimarer Position verstarb, dürfte von einer auswärtigen Karriere auszugehen sein. Der letzte Kollaborator während Herders Amtszeit fand sich in Wilhelm Christian Friedrich Haußknecht, der von 1802 bis 1805 an der Garnisonskirche angestellt war.[103] Haußknecht konnte anschließend in die Pfarrei Frankendorf in der Adjunktur Heusdorf wechseln.[104]

Sämtliche Kollaboratoren – mit Ausnahme von Hahrseim, dessen Spuren sich verlieren – wurden damit von der Garnisonskirche, die dem geistlichen Stadtministerium und dem Oberpfarrer insofern direkter als die Geistlichen der Stadtkirche unterstanden, als die Personalentscheidungen nicht von dem Patronatsrecht des Stadtrates betroffen waren, in vakante Pfarrstellen der Spezialsuperintendentur Weimar berufen. Die Doppelfunktion Herders als Oberpfarrer der Stadt und Generalsuperintendent in einer regional begrenzten Hinsicht ist gerade an diesen beide Ämter berührenden personalpolitischen Entscheidungen im Sinne konsequent wahrgenommener Beförderungsmöglichkeiten erkennbar. Über Herders Amtszeit hinaus läßt sich jedoch feststellen, daß diese Besonderheit keine personal begründete, sondern strukturell bedingte war – darin aber von jedem Amtsinhaber eigens erschlossen werden mußte.

97 Hofkalender 1783, S. 32; Hofkalender 1785, S. 32; Hofkalender 1786, S. 33; Prosop. Datenbank, Nr. 902.

98 Hofkalender 1786, S. 32; Hofkalender 1788, S. 32; Prosop. Datenbank, Nr. 3103.

99 Hofkalender 1789, S. 33.

100 Hofkalender 1789, S. 32; Hofkalender 1790–1792, S. 32 bzw. 33; Prosop. Datenbank, Nr. 3571.

101 Vgl. dazu alleine Hofkalender 1793, S. 36.

102 Hofkalender 1793, S. 34; Hofkalender 1794–1801, S. 33 bzw. 34; Prosop. Datenbank, Nr. 1861.

103 Hofkalender 1803, S. 62; Hofkalender 1804f., S. 64; Prosop. Datenbank, Nr. 1971.

104 Vgl. dazu Hofkalender 1806.

1.2.3. Kantor (1778–1786)

Die Stelle des Kantors an der Garnisonskirche versah nach einer mehrjährigen Vakanz Johann Valentin Göcking 1778 zunächst vertretungsweise, bevor er die Position bis in das Jahr 1786 fest übernahm.[105] Die 1786 eingetretene Vakanz[106] verband sich nicht mit einer Wiederbesetzung und führte nach der Zusammenführung mit der Hofkirche im Folgejahr zu einer notwendigen und darin nicht eigens zu begründenden Aufhebung der Stelle.

1.2.4. Organist (1765–1794)

In vergleichbarer Weise lief die Funktion des Organisten aus. Seit 1765 hatte Johann August Werner, Hofmusiker und Hofoboist, zunächst im Etat Ernst August Konstantins, dann von Anna Amalia und Karl August[107], die Position in einer Doppelanstellung als Musiker versehen. Während der Jahre 1787 bis 1792, als der unmittelbare Kollege an der Hofkirche starb, mußte die Vereinigung der beiden Kirchen zu einer Gemeinde zur Überbesetzung des Amtes geführt haben. Entsprechend erklärt sich auch die für die Jahre 1793 und 1794 an der Hofkirche auftretende Vakanz des Organisten, während der Werner nach mehreren Jahren der nur teilweisen Auslastung seinen vollen Verpflichtungen als Organist nachgekommen sein dürfte. Sein Tod im Jahr 1794 ermöglichte es, auf die im Rahmen der Hofkirche zu behandelnde Umbesetzung einzugehen. Die nicht vorgenommene Wiederbesetzung seiner Position an der Garnisonskirche dürfte einen begrenzten Zugewinn anderweitig zu verteilender kirchlicher Gelder bedeutet haben.

1.3. Hofkirche

Der Hofgemeinde, deren Gottesdienste seit dem Schloßbrand des Jahres 1774 in der Garnisonskirche stattfanden, waren neben dem Oberhofprediger zwei Geistliche zugeordnet. Für dieses begrenzte Personal standen mit Herders Amtsantritt knapp zwei Jahrzehnte lang keine personalpolitischen Entscheidungen an.

---

105 Hofkalender 1779, S. 32; Hofkalender 1786, S. 32; Prosop. Datenbank, Nr. 1587.
106 Vgl. dazu auch den handschriftlichen Eintrag, Hofkalender 1787, S. 33, Exemplar AAB Weimar.
107 Vgl. dazu die Hofkalender u. a. 1757 bis 1794.

1.3.1. Erster Hofdiakon, Zweiter Hofdiakon (1763–1793/94)

Als erster Hofdiakon fungierte Johann Sebastian Gottschalg, als zweiter Wilhelm Heinrich Schultze.[108] Beide waren bereits 1763 in ihre Funktionen eingesetzt worden.[109] Obgleich Herder 1789 von seinen Predigtpflichten an der Hofkirche entbunden wurde und sich das Predigtpensum der beiden Hofdiakone dadurch beträchtlich erhöhte, wurde eine entlastende Neubesetzung des formell noch von Herder verwalteten Amtes nicht vorgenommen. Personelle Veränderungen ergaben sich erst mit dem Ableben der beiden Hofdiakone. Nach Schultzes Tod im April 1790 blieb dessen Posten ein gutes Jahr vakant, bevor Georg Gottlieb Weber das Amt des zweiten Hofdiakons 1791 übernahm.[110] Gutachten oder Stellungnahmen Herders sind zu diesem Vorgang nicht erhalten. Deutlich zügiger vollzog sich die Wiederbesetzung des ersten Hofdiakonats nach Gottschalgs Tod im Mai 1793. Anfang des Jahres 1794 wurde August Gottlob Zinserling in die vakante Funktion eingesetzt.[111] Herders Anliegen, dem von Alter und Krankheit beeinträchtigten Archidiakon die verdienstvolle und einträgliche Stelle an der Hofkirche zukommen zu lassen[112], war damit aufgegriffen worden.

1.3.2. Erster Hofprediger, Zweiter Hofprediger (1794–1797)

Umgesetzt findet sich auch eine weitere Anregung, die in dem Votum vom 1. September 1793 gründet: „Da er [Zinserling] solange Archidiaconus bei der Stadtkirche gewesen, könnte ihm wohl der Titel Hofprediger gegeben werden, wie es auch anderwärts gewöhnlich."[113] Zu dem Argument der auswärtigen Praxis hätte das des vormaligen titularischen Gebrauchs treten können.[114] Die Einträge der *Hofkalender* dokumentieren die Veränderung der Titel mit dem Übergang von 1793 zu 1794.[115] Beide Positionen waren zum einen personell neubesetzt und titularisch leicht aufgewertet; zum anderen hatten in beiden Fällen langjährige Funktionen an der Stadtkirche den Ausgangspunkt für die

---

108 Zur Sprachregelung der Amtsbezeichnungen und dem Hintergrund dieser Titel vgl. Kap. II, Anm. 122.

109 Hofkalender 1764, S. 29.

110 Zu Weber vgl. in diesem Kap., Anm. 3; zu dem hier genannten Vorgang: Hofkalender 1792, S. 33.

111 Zu Zinserling vgl. in diesem Kap., Anm. 2.

112 Vgl. dazu in diesem Kap., Anm. 7.

113 Herder an das Geheime Consilium, 1. September 1793, DA, Bd. 7, Nr. 36, S. 59, Z. 27–31.

114 Vgl. dazu Kap. II, Anm. 122.

115 Hofkalender 1794, S. 33; Hofkalender 1795, S. 33.

Beförderung an die Hofkirche geboten. Bis in die Mitte der neunziger Jahre betrafen Veränderungen in der Weimarer Geistlichkeit das Stadtministerium damit in einem wesentlich höheren Maße als das Hofministerium. Eine Generationenerneuerung war mit der Übertragung der beiden Hofdiakonate auf die vormaligen Stadtgeistlichen nicht vollzogen worden. Weber war derselbe Jahrgang wie Herder, Zinserling um gut 13 Jahre älter. Das neue Amt blieb Zinserling noch vier Jahre. Nach seinem Tod im September 1797 wurde eine Neubesetzung zunächst nicht vollzogen.

1.3.3. Herders Umgestaltungspläne (1797)

Ein „specielles Privatgutachten"[116], das Herder unter dem 1. Dezember 1797 an Karl August richtete, dokumentiert Herders Pläne einer umfassenden Neubesetzung der zentralen Ämter. Für die Position des ersten Hofpredigers bringt er Johann Christian Schäfer in Vorschlag[117], der in Weimar seit 1791 als Stiftsprediger wirkte und darin ein unmittelbarer Kollege war. Als zweiten Hofprediger empfiehlt er Wilhelm Christoph Günther[118], den ehemaligen Kollaborator an der Stadtkirche, mit dem ihn wie Johann Georg Müller eine langjährige Freundschaft verband.[119] Voraussetzung dieser Empfehlung ist die Berufung Webers, des zweiten Hofdiakons, zum Generalsuperintendenten nach Eisenach.[120] Ohne dessen „theol[ogische] Gelehrsamkeit" ausschließen zu wollen, benennt Herder „Geschäftsgeist, [... und die] Gabe kluger thätiger Administration" als Webers vorzügliche Qualitäten.[121] Zum Nachfolger Schäfers empfiehlt Herder den Weimarer Kandidaten Karl Friedrich Horn[122]. Für die beiden prospektiven Hofprediger sowie den von den Umbesetzungen unberücksichtigt bleibenden Archidiakon Wahl bringt Herder zudem Stellen im Oberkonsistorium in Vorschlag. In einem Rundumschlag bemüht er sich damit die beiden zentralen Ämter der Hofkirche und die gesamte geistliche Bank des Oberkonsistoriums, unter Absicht seines eigenen Stuhles, völlig neu zu besetzen. Der Anspruch und das Ausmaß seines Vorschlages muß Herder klar gewesen sein.

---

116 Herder an Karl August, 1. Dezember 1797, DA, Bd. 7, Nr. 363, S. 345, Z. 11; zu dem Text insgesamt s. ebd. S. 345–347.

117 Ebd., S. 346, Z. 37–58.

118 Ebd., S. 346f., Z. 59–68.

119 Vgl. dazu auch Karolines Aussage, V, Abt. 2, Tl. 21 [Erinnerungen, Tl. 2], S. 234: „In den ersten Jahren schon schlossen Weber und Günther sich näher an. Anm.: Herr Weber, damals Stiftsprediger – Günther, jetzt Konsistorialrath."

120 Herder an Karl August, 1. Dezember 1797, DA, Bd. 7, Nr. 363, S. 345f., Z. 23–36.

121 Ebd., S. 345, Z. 20f; 23f.

122 Zu diesem vgl. in diesem Kap. oben, Anm. 28.

Mit seiner einleitenden Bemerkung: „Eure Herzogl[iche] Durchlaucht gaben mir auf, *Theils* meine Gedanken über die in Frage gekommene *Studienart der Theologen* expliciter aufzusetzen, *Theils*, wiefern eben bei *gegenwärtigen Vacancen* darauf Rücksicht zu nehmen seyn möchte, zu bemerken"[123], betont er den vorrangig reaktiven Charakter seines Vorgehens. Die Reichweite seines Vorschlages faßt er abschließend sehr klar zusammen: „Auf Einmal bekommt die Stadt ein geschicktes thätiges Ministerium [...]. Es kommt neues Leben in den alten Körper, u.[nd] das andre Fürstenthum bekommt einen tüchtigen Superintendenten."[124] Ohne den Gedanken weiter auszuführen, deutet er zudem ein Aufbrechen der Trennung von Stadt- und Hofgeistlichkeit auf Predigerebene an: „Hof- und Stadtgeistliche [könnten] an den Sonntagen dort u.[nd] hier wechseln."[125] Neben der Entfernung der Jakobskirche[126] und dem gewohnheitsbedingten Bedürfnis der Hofangehörigen, „seine Geistlichen doch" zu hören[127], benennt Herder nur das Ergebnis: „Auch dadurch kommt Abwechslung u.[nd] Bewegung ins alte Uhrwerk"[128]. Aus der Vakanz zweier Stellen, eines Weimarer Hofdiakonats und der Eisenacher Generalsuperintendentur, konstruiert er damit das umfassende Projekt einer Neubesetzung beider Hofdiakonate, der drei verfügbaren Stühle der geistlichen Bank des Oberkonsistoriums und verbindet dies mit einer Verschmelzung von Hof- und Stadtkirche auf Gemeinde- wie Predigerebene. So beiläufig letzterer Vorschlag eingebracht wurde, in seiner Ausrichtung erinnert er doch stark an Herders gleichermaßen unauffällige Anregung vom 26. Februar 1788, sein Amt als Oberhofprediger im Kontext der Stadtkirche zu versehen.[129] Auf einer Linie liegen diese beiden Empfehlungen mit Herders Initiative des Jahres 1777, mit der er sich für eine Verlegung der Hofgottesdienste in den Raum der Stadtkirche eingesetzt hatte.[130] Sämtliche der drei Anregungen gilt es in dem nachfolgenden Hauptkapitel zu der langfristigen Bemühung um die annäherungsweise Vereinigung von Stadt- und Hofkirche zusammenzufassen.

---

123 Herder an Karl August, 1. Dezember 1797, DA, Bd. 7, Nr. 363, S. 345, Z. 5–9.
124 Ebd., S. 347, Z. 89; 92f.
125 Ebd., Z. 95f.
126 Ebd., Z. 96f.
127 Ebd., Z. 97.
128 Ebd., Z. 97f.
129 Vgl. dazu Kap. II, Anm. 267 sowie 283.
130 Zu diesem nicht mehr erhaltenen Gutachten s. das Referat von Haym, Herder, Bd. 2, S. 406.

1.3.4. Hofprediger (1797–1813)

Mit der Berufung Johann Ludwig Gottfried Voigts zum Generalsuperintendenten von Eisenach[131] war Herders Plan die zu gestaltende Basis entzogen worden. Die vakante Position an der Hofkirche blieb unbesetzt. Die Unterscheidung zwischen dem ersten und zweiten Hofprediger wurde ohne Bekanntmachung aufgegeben, und das verbleibende Amt des Hofpredigers wurde von dem vormals zweiten Hofprediger Georg Gottlieb Weber fortgeführt. Nach dessen Tod im Februar 1801 versah Wilhelm Christoph Günther die Stelle, für den sich Herder bereits in seinem Gutachten vom 1. Dezember 1797 stark gemacht hatte. In einem eigenen Empfehlungsschreiben vom 24. April 1801 setzte sich Herder ein zweites Mal vehement für Günther ein[132], wobei er das Amt des Hofpredigers wiederum mit einem Sitz im Oberkonsistorium verbinden wollte. Herders wiederholter Empfehlung wurde entsprochen. Mit größerem Nachdruck hatte er seinen Vorschlag als persönlichen „Wunsch"[133] eingebracht. Der Schluß des Briefes hält die Initiative fest: „Ich lege diesen Wunsch mit der Devotion E[uer Durchlaucht] p höchstem Ermessen vor, die ich äußern würde, wenn ich ihn auch nicht dem Landesfürsten darlegte."[134] Wie die Hochschätzung gegenüber dem Menschen Karl August der des Fürsten zuvorkommt, kommt Herders Schreiben einer möglichen Anfrage zuvor. Ohne die amtlich üblichen Höflichkeitsformeln setzt der Brief ein: „Euer p nehmen diese unterthänigste Zuschrift gnädigst auf."[135] Nur sehr verhalten beschreibt der Brief seine Motivation als Reaktion auf den Verlust des „verstorbene[n] Ob[er]Co[nsistorial]R[ates] Weber" sowie dessen vielfältiger Talente und Qualitäten[136], nicht aber als Antwort auf die vorangegangene Anfrage eines Votums. Der persönliche Einsatz Herders und die direkte Initiative zugunsten eines persönlich formulierten Wunsches brachte den erhofften Erfolg. Karl Augusts Antwortbrief datiert gute zwei Wochen später auf den 8. Mai 1801: „In Ansehung des Projekts mit Pfarrer Günther habe ich mit G.[raf] von Egloffstein, und dieser hatte schon mit Günther gesprochen. Er glaubt, daß, wenn Günthers Schwager, der Pfarrer aus Wormstedt, Reimann, den Mattstedter Dienst bekäme, so bliebe unsere Kohlengemeinde [ebd.: Mattstedt][137] gut begleitet"[138]. Die Nachfolgeregelung des bisherigen Pfarramtes

---

131 Hofkalender 1799, S. 70; Prosop. Datenbank, Nr. 6523.
132 Herder an Karl August, 1. Dezember 1797, DA, Bd. 8, Nr. 260, S. 225f., Z. 16–45. Zu dem Vorgang vgl. Haym, Herder, Bd. 2, S. 850.
133 Herder an Karl August, 1. Dezember 1797, DA, Bd. 8, Nr. 260, S. 226, Z. 44.
134 Ebd., Z. 43–45.
135 Ebd., S. 225, Z. 5.
136 Ebd., Z. 6; im weiteren Z. 6–15.
137 Zu dem Hintergrund dieser Formulierung vgl. Düntzer, Briefe, S. 112, Anm. 1.

war damit ebenfalls geklärt[139]. Die Zusprache eines Sitzes auf der geistlichen Bank des Ministeriums ließ sich zum 5. Juni 1801[140] ebenso einrichten wie die Übertragung des Amtes an der Hofkirche. Daß die Entscheidung des Herzogs jedoch lange auf sich warten ließ, beweist ein Schreiben an Johann Christoph Schmidt vom 3. Juni 1801, das die Vorgänge in Erinnerung ruft: „Da bei vorigen Vacanzen der Hofpredigerstellen ein Votum von mir erfordert worden, so habe [ich] die Ehre, Euer HochWohlgebohren zu melden, daß auf mündliche Anfrage Serenissimi ich den Hrn. Pastor Günther zu Mattstedt dabei als den zu Bekleidung dieser Stelle u.[nd] zu Verwaltung der damit verbundenen Geschäfte sehr qualificirten Geistlichen unsers Landes in unterthänigst-unmaasgeblichen Vorschlag bringen zu können geglaubt habe. Was Serenissimus ferner zu resolvieren geruhen, darüber erwarte ich höchsten Befehl."[141] Mit einem langen Atem der Geduld hatte Herder damit seinem Freund und Wunschkandidaten zu dem zentralen Amt verhelfen können.

1.3.5. Kollaborator (1802f.)

Kurz angedeutet wurde bereits, daß der von 1795 bis 1803 im Geistlichen Stadtministerium als Kollaborator geführte Sylvester Gottfried Heinrich Scharff während der Jahre 1795 bis 1802 wahrscheinlich der Stadtkirche zuzuordnen ist.[142] Nur für 1802 und 1803 verzeichnen die Staatshandbücher dezidierte Hinweise auf eine Kollaboratur an der Hofkirche.[143] In dieser Zuordnung ist die Stelle ungewöhnlich. Für die Hofkirche finden sich in den Vorjahren der Herderschen Amtszeit keine eigenen Kolloboraturen. Nicht auszuschließen ist, daß sich die Einrichtung der Stelle, die auch für einige der

---

138 Ebd., Nr. 25, S. 140.

139 Günther selbst dürfte diesen Vorschlag noch vor dem 8. Mai 1801 Karl August unterbreitet haben; dieser erklärt Herder – unter fehlerhaftem Hinweis auf die Stiftspredigerstelle – in dem Handbillet des gleichen Datums, daß Günther seinen Schwager, den Pfarrer Reimann aus Wormstedt empfehle, Schreiber, Herder-Album, S. 40f.; Düntzer, Briefe, S. 140, Nr. 25. Die Prosop. Datenbank führt als Geistlichen unter Nr. 4279 lediglich einen Christian Friedrich Reimann auf (vgl. Hofkalender 1795, S. 35), der seit dem Jahr 1794 in der Adjunktur Niederroßla, wo er auch später Adjunkt wurde, wirkte. Zu dessen vorheriger Anstellung an der Stadtkirche vgl. in diesem Kap., Anm. 42. Tatsächlich dürfte es sich bei Günthers Schwager um Johann Friedrich Emanuel Wetekind gehandelt haben. Dieser (Prosop. Datenbank, Nr. 6791) hatte seit 1795 (Hofkalender 1796, S. 37) die Pfarrei von Wormstedt inne und wechselte 1801 nach Mattstedt (Hofkalender 1802, S. 35).

140 Vgl. dazu DA, Bd. 10, S. 212.

141 Herder an Johann Christoph Schmidt, 3. Juni 1801, DA, Bd. 8, Nr. 231, S. 231, Z. 3–9. Zur Handschrift s. ThHSA, B 25553, Bl. 439.

142 Hofkalender 1796–1802, S. 33f.; Prosop. Datenbank, Nr. 4714.

143 Hofkalender 1803, S. 61; Hofkalender 1804, S. 64.

nachfolgenden Jahre belegt ist[144], sich einer Initiative Herders verdankt und aus einer internen Versetzung des Kollaborators der Stadtkirche an die Hofkirche unter gleichzeitiger Neuanstellung eines städtischen Kollaborators erwuchs.

1.3.6. Kantor (1756–1804) und Organist (1763–1792; 1795–1804)

Neben den Geistlichen wirkte an der Hofkirche in einer exponierten Stelle lediglich noch, über fast 50 Jahre, Johann Christoph Rudolph als Hofkantor.[145] Rudolph war 1756 in sein Amt eingesetzt worden und versah es bis in das Jahr 1804, knapp über Herders Tod hinaus. Eine Berufung an die Stadtkirche hatte sich 1777 zerschlagen.[146] Eine finanzielle Besserstellung Rudolphs war mit der Übernahme der erledigten Position des Organisten an der Hofkirche 1795 verbunden.[147] 1792, nach dem Tod des bis zu diesem Zeitpunkt neben seiner weiteren Funktion auch als Hoforganist fungierenden Ernst Wilhelm Wolf, blieb die Position an der Hofkirche zunächst für mehrere Jahre vakant[148], bevor die Übertragung der Pflichten und Einkünfte auf Rudolph vorgenommen wurde[149]. Die Aufrechterhaltung der vorangegangenen Vakanz dürfte in der Betreuung der Stelle durch den Organisten der zuvor eigenständigen Garnisonskirche gegründet haben.

1.3.7. Weiterführende Perspektiven der Stellenbesetzung

Für die Prediger der Hofkirche ist zunächst festzuhalten, daß eine lange Phase der Kontinuität von personalpolitischen Entscheidungen des Herderschen Amtsvorgängers Basch bestimmt wurde, der dessen unmittelbare Kollegen, die bis 1790 und 1793 neben Herder wirkten, eingesetzt hatte. Die im Vorkapitel geschilderte Entbindung Herders von den Pflichten des Oberhofpredigers und

---

144 Vgl. dazu alleine die entsprechende Anstellung Christian Wilhelm Ritters, Hofkalender 1807–1810. Mit Ritter hatten sich bereits für Herder amtliche Berührungen ergeben, vgl. dazu Herder an Karl August Böttiger, 24. Dezember 1794, DA, Bd. 7, Nr. 116, S. 133, Z. 7–15. Daß diese mit der späteren Anstellung in Verbindung zu bringen sind, ist auszuschließen.

145 Vgl. Hofkalender 1757, S. 16; Hofkalender 1758, S. 44; Hofkalender 1804, S. 64; Prosop. Datenbank, Nr. 4571.

146 Vgl. dazu Kap. III.1.1.5.

147 Hofkalender 1796, S. 33.

148 Hofkalender 1793f., S. 33. Zu Wolf vgl. Hofkalender 1764, S. 29; Prosop. Datenbank, Nr. 6912.

149 Hofkalender 1796–1804.

die formelle Umwandlung der Hofdiakone in Hofprediger ermöglichte den
faktischen Abbau von zwei der drei Predigerstellen an der Hofkirche.
Unter nomineller Wahrung des Titels Oberhofprediger und eigentlicher
Ausführung dieser Position sowie der Pflichten der beiden vormaligen Hofdiakone durch nur noch einen Hofprediger waren geräuschlos zwei Stellen abge-
baut worden. Die Reduzierung der Predigerstellen an der Hofkirche blieb
ebenso unbemerkt wie Herders Entbindung von den Pflichten des Oberhofpredigers. Entscheidender Schritt dazu war wohl die Umbenennung der Hofdiakone in Hofprediger, die mit Zinserlings Amtsbeginn 1793 vorgenommen wurde und selbst den Rückgriff auf eine zuvor etablierte Tradition darstellte.
Zeitgleich mit Zinserlings Ernennung zum ersten Hofprediger wurde Webers
Titel vom Hofdiakon zum zweiten Hofprediger geändert. Mit Zinserlings Tod
mußte in Webers Amtsbezeichnung lediglich auf das Attribut des zweiten Hofpredigers verzichtet werden, um die ursprünglich drei Stellen auf eine einzige
zu reduzieren. Inwieweit Herder in diese Vorgänge involviert war, muß offenbleiben. Mehrere Indizien sprechen jedoch dafür, daß er an der Abschaffung
der zweiten höfischen Predigerstelle maßgeblich beteiligt war. Festzuhalten ist,
daß die Bezeichnung des Hofpredigers[150] in Herders Gutachten vom 1. Dezember 1797 auftaucht, obgleich er sich gerade mit diesem Votum für eine volle
Besetzung der beiden Predigerstellen ausspricht[151]. Dieses Engagement mag in
Verbindung mit der projektierten Stärkung der geistlichen Bank durch zwei
neue Kandidaten in der Hofkirche stehen. Nach Zerschlagung dieses Vorhabens läßt sich für Herder keine weitere Initiative dokumentieren, mit der er die
Hofkirche personell zu stärken suchte. Sein Empfehlungsschreiben vom 24.
April 1801 setzt sich nach der Vakanz des verbliebenen Amtes für einen langjährigen Freund der Familie ein. Die Diskussion um die vormalige Amtstruktur
einer Doppelbesetzung an der Hofkirche spielt in diesem Zusammenhang keine Rolle mehr. Denkbar ist, daß Herder nach dem Scheitern seines Projektes
einer Neubesetzung der geistlichen Bank des Oberkonsistoriums sowie der
Zerschlagung seines Vorhabens einer unauffälligen Zusammenführung von
Hof- und Stadtkirche auf Gemeinde- wie Predigerebene einen graduellen Abbau der personellen Amtstruktur an der Hofkirche favorisierte. Die Initiativen
dieses Prozesses müssen nicht bei Herder gelegen haben. Gleichermaßen
könnten sie auch mit einem weitläufigen Personalabbau oder veränderten Interessen an der Hofkirche in Verbindung stehen. Mit Herders eigenem Anliegen einer Annäherung von Stadt- und Hofkirche, wie es schon für sein erstes
Weimarer Amtsjahr 1777 dokumentierbar ist, läßt sich eine Reduzierung des
Personalbestandes an der Hofkirche durchaus zusammendenken. Ein weiterer
Hinweis auf Herders Anteil an dem Abbau der zweiten Hofpredigerstelle fin-

---

150 DA, Bd. 7, Nr. 363, S. 346, Z. 47f.
151 Vgl. dazu ebd., S. 346f., Z. 37–68.

det sich in seinem Votum zugunsten der Einziehung der Garnisonspredigerstelle vom 28. März 1787[152].

Der Schluß des Gutachtens erklärt für den Fall einer möglichen Stärkung der Militärgemeinde: „Entweder bleibts [es: die Zuständigkeit für die Soldaten] Einer der Hof-Diakonen: denn was sollen am Ende zwei Hof-Diakonen bei einer so kleinen Gemeine? oder es wirds ein anderer. Zeit wird Rath geben."[153] Bezeichnenderweise denkt Herder bereits vor dem Abbau der Garnisonspredigerstelle über die Einziehung bzw. die Umwandlung einer der beiden Hofpredigerstellen nach. Zu unterschiedlichen Zeitpunkten konnte der Generalsuperintendent damit unterschiedliche Ratschläge erteilen. Sein Eintreten für eine Vollbesetzung der beiden Hofpredigerstellen im Jahr 1797 scheint von der vorherigen Linie und dem späteren Vorgehen abzuweichen. Tatsächlich deutet sich jedoch eine bemerkenswerte Kontinuität in dem Bemühen um eine vorsichtige Annäherung und längerfristige Vereinigung von Stadt- und Hofkirche an. Auch Herders Votum des Jahres 1797 mochte diesen Ansatz verfolgt haben. Die Chance einer nachhaltigen Stärkung der geistlichen Bank und nachdrücklichen Unterstützung im geistlichen Ministerium ordnete er seinen weiteren Interessen vor. Möglicherweise sah er in der Perspektive eines auf Kooperation bedachten Konsistoriums auch die Basis einer Umsetzung eigener Ideen.

1.4. Oberkonsistorium

Einen wichtigen institutionellen Bezug stellte für die Weimarer Hof- und Stadtgeistlichkeit die Beförderung ins Oberkonsistorium dar. Über die Zusammensetzung der Einrichtung finden sich in der Literatur keine eindeutigen Angaben. In den *Erinnerungen* hält Karoline sehr beiläufig eine Anzahl von insgesamt sieben stimmberechtigten Mitgliedern fest: „Im Konsistorium hatte er [...] wenig Freunde. Sechs Stimmen seiner Kollegen hatten bei jeder bedeutenden Sache sich vorher zusammen einverstanden, und er hatte alsdann nur die seinige, die siebente, dazu zu geben, meistens entgegenstimmend."[154] Auf Schilderungen Herders gründend, faßt Karoline Momentaufnahmen der frühen Weimarer Zeit zusammen, ohne diese punktuelle Verortung deutlich zu machen. Ihre Beschreibung stellt tatsächlich nur für Herders erstes Amtsjahr eine weitestgehend präzise Bestandsaufnahme dar.[155] Mit bemerkenswertem Gespür und größter Zurückhaltung gegenüber einer absoluten Datierung weist

---

152 Vgl. zu dieser Quelle SWS, Bd. 31, S. 757–761.
153 Ebd., S. 761.
154 V, Abt. 2, Tl. 21 [Erinnerungen, Tl. 2], S. 232.
155 Vgl. dazu die nachfolgenden Ergebnisse für die ersten Amtsjahre, während der sich allerdings nur fünf Gegenstimmen ergeben konnten.

auch Rudolf Haym die Angabe Karolines den ersten Weimarer Jahren zu.[156] Braecklein bemüht als weitere Quellen die Konsistorialordnung von 1804[157], einen knappen Abriß der Geschichte des Oberkonsistoriums aus dem Jahr 1825[158] und eine landeskundliche Beschreibung des späten 19. Jahrhunderts[159]. Lediglich eine zeitgenössische Quelle zieht er heran, indem er aus den insgesamt vier Voten der Geistlichen Räte[160] in der Frage der Liturgierevision 1787 eine Anzahl von vier Sitzen auf der Geistlichen Bank des Konsistoriums folgert. Die Anzahl der weltlichen Räte benennt er mit maximal zwei.[161] Die nachfolgende Forschung übernahm diese Angaben für den gesamten Zeitraum der Weimarer Amtstätigkeit.

Zum einen gründet diese Entwicklung in einer problematischen Quellenlage der Oberkonsistorialakten, die nur noch sporadisch in den Weimarer Beständen erhalten sind. Ein Teil der vormaligen Archivalien wurde während der Auslagerung nach Bad Sulza in den letzten Wochen des Zweiten Weltkrieges oder der frühen Nachkriegszeit zerstört. Bereits Mitte des 19. Jahrhunderts war jedoch lediglich eine nicht mehr zu rekonstruierende Auswahl der vormaligen Akten des Oberkonsistoriums in das Großherzogliche Staatsarchiv überführt worden. Das Ausmaß der damit verbundenen Kassation des 19. Jahrhunderts muß ebenso offenbleiben wie das der Verluste des 20.

Daneben ist als problematisch anzusehen, daß der juristische Grundtext des Weimarer Oberkonsistoriums, die Konsistorialordnung von 1561[162], im Laufe der nachfolgenden Zeit keine aktualisierenden Zusätze hinsichtlich der Zusammensetzung des Konsistoriums erhielt. Eine veränderte Konsistorialordnung trat erst nach Herders Tod 1804 in Kraft[163], mit der die Anzahl der Mitglieder des Oberkonsistoriums auf vier reduziert wurde, den weltlichen „Oberkonsistorial-Director"[164] und drei geistliche Räte: den Generalsuperintendenten, einen Stadt- oder Hofgeistlichen[165] und den Direktor des Gymnasiums[166].

---

156 Haym, Herder, Bd. 2, S. 30: „Auch Herders Kollegen im Konsistorium aber, gleichfalls Männer des alten Regimes und die sich durch seine Berufung benachteiligt, durch seinen Geist gedrückt fühlten, machten nur zu oft Chorus gegen ihn. Er hinkte mit seinem Votum den ihrigen nach oder blieb in der Minorität". Zurecht datiert Haym auch das Epigramm „An das Cruzifix im Consistorium" in diesem Zusammenhang „etwa auf den Anfang der 80er Jahre", vgl. ebd. Anm. 20.

157 Braecklein, Herder, S. 57.

158 Ebd., S. 57; 70, Anm. 3.

159 Ebd., S. 57; 70, Anm. 2.

160 Ebd., S. 57.

161 Ebd.

162 Vgl. dazu Schmidt, Gesetze, Bd. 2, S. 310–319.

163 Ebd., Bd. 10, S. 333–339.

164 Ebd., S. 334.

165 Ebd., S. 335.

Gegenüber der Konsistorialordnung von 1561, die nach dem Landesfürsten als Präsidenten[167], der seinerseits durch zwei Assessoren (einen geistlichen und einen weltlichen) vertreten werden konnte[168], eine paritätische Vertretung durch vier geistliche Räte (der vier Superintendenten des Fürstentums) und vier weltliche Räte (zwei Adlige und zwei Juristen) vorsah, bedeutete diese Veränderung einen gravierenden, vor allem in der Rechtsstellung bedeutsamen Einschnitt. Zugleich wurde die Besetzung von ursprünglich neun bzw. zehn Angehörigen deutlich reduziert.

Während der Amtszeit Herders variierte die Zusammensetzung des Oberkonsistoriums in der Anzahl der Oberkonsistorialassessoren oder -räte und dem Gewicht der geistlichen zur weltlichen Bank erheblich. Beides läßt sich, wiederum auf Grundlage der *Hofkalender*, sehr genau rekonstruieren. Für die Darstellung wird auf einer ersten Ebene die amtsfunktionale Unterscheidung zwischen weltlicher und geistlicher Bank hervorgehoben. Eine weitere Untergliederung orientiert sich an der konstitutiven Bedeutung der personellen Konstellationen und Gewichtungen innerhalb des Konsistoriums. Rein administrative Funktionen (Archivare, Schreiber etc.) werden in die Darstellung nicht aufgenommen. Der Hinweis, daß sich Herder auch für die Belange der Verwaltungsangestellten des Oberkonsistoriums einsetzte, steht dafür stellvertretend.[169]

1.4.1. Weltliche Bank (1773–1803)

Die weltliche Bank des Oberkonsistoriums verfügte während der Amtszeit Herders in der Regel über drei Sitze.[170] Während der Vakanz der Generalsuperintendentur hatte die Reduzierung der geistlichen Bank auf drei Mitglieder und die entsprechende Aufstockung der weltlichen Räte um einen weiteren Vertreter von 1773 bis 1775 für knappe drei Jahre eine Mehrheit der weltli-

---

166 Ebd.

167 Ebd., Bd. 1, S. 312.

168 Ebd., S. 313.

169 Exemplarisch ist nur auf das Konsistorialschreiben Herders an Karl August vom 13. Juli 1802, in einer Kanzleiabschrift: ThHSA, B 25553, Bl. 453, hinzuweisen, das mit dem Bericht einer Prüfung des von dem Oberkonsistorialregistrators und -botenmeisters, Johann Heinrich Scharff, gestellten Gesuchs dessen Anliegen einer Gehaltszulage nachhaltig unterstützt. Die Erinnerung an diesen Antrag verbindet Herder im Folgejahr mit den für sich selbst abgelehnten Vorteilen einer Verminderung von Amtsfunktionen im Zuge der Beförderung zum Präsidenten des Oberkonsistoriums. Vgl. dazu Kap. II, Anm. 345.

170 Vgl. dazu etwa auch die Mehrheitsverhältnisse des Jahres 1771: Hofkalender 1772, S. 30f., die mit drei weltlichen und vier geistlichen Räten das etablierte und später wieder adaptierte Modell kurz nach dem Tod des Amtsvorgängers Basch repräsentieren.

chen Bank zur Folge.[171] Während der Amtszeit Herders ergab sich zunächst eine Vollbesetzung, dann eine langjährige Unterbesetzung und schließlich eine weitere Mehrheit allein der weltlichen Bank des Oberkonsistoriums, die jedoch von fortbestehenden Vakanzen eingeholt wurde.

Phase 1: Vollbesetzung der weltlichen Bank (1775–1777)

Den Vorsitz des Oberkonsistoriums als des geistlichen Ministeriums führte, ungeachtet der Mehrheitsverhältnisse, meist ein Vertreter der weltlichen Bank.[172] Mit Carl Friedrich Ernst Freiherr von Lyncker, der am 14. September 1775 vom Vizepräsidenten zum Vorsitzenden des Konsistoriums ernannt wurde[173], wirkte über gut 25 Jahre ein Jurist als Präsident der Einrichtung und stand damit in einer langen Tradition[174]. Zeitgleich mit von Lynckers Ernennung zum Präsidenten wurde Wilhelm Emanuel Gottlieb Hetzer zum Vizepräsidenten des Oberkonsistoriums befördert. Sowohl von Lyncker als auch Hetzer gehörten im weiteren Verlauf ihrer Dienstzeit als Geheime Räte[175] dem Geheimen Consilium und mit diesem der Regierung an, eine Konstellation, die auch unter von Lynckers direktem Amtsvorgänger, Johann Friedrich von Hendrich, so bestanden hatte. Mit ihrem Sitz auf der weltlichen Bank des Konsistoriums verband sich eine institutionenübergreifende Regierungsarbeit. Der dritte weltliche Vertreter war zu dem Zeitpunkt von Herders Amtsantritt der 1773 ernannte Oberkonsistorialrat Johann Wilhelm Seidler, dem Vormieter in der Superintendentur, der jedoch am 13. April 1777 verstarb.[176]

Phase 2: Unterbesetzung und graduelle Wiederbesetzung (1777–1780/91)

Seidlers Stuhl blieb während der nächsten Jahre unbesetzt. Eine Beförderung nicht auf dessen Platz, aber doch eine personelle Ergänzung der weltlichen Bank stellte 1780 die Ernennung des vormaligen Oberkonsistorialsekretärs Jo-

---

171 Hofkalender 1774f., S. 30f.

172 Mit diesen aus den Staatskalendern erhobenen Daten deckt sich auch die zeitgenössische Beschreibung von Leonhardi, Erdbeschreibung, Bd. 2, S. 760.

173 Ernennungsdekret vom Vizepräsidenten des Oberkonsistoriums zum Präsidenten, 14. September 1775, ThHSA, B 25553, Bl. 200.

174 Vgl. dazu Heß, Behördenorganisation, S. 22.

175 Nach ThHSA, B 25553, Bl. 214, 298, 306, wurde von Lyncker am 6. September 1779 zum Geheimen Rat ernannt.

176 Zu einer Kanzleiabschrift des Ernennungsdekretes vom 9. Juni 1773 vgl. die Geheimen Kanzlei-Akten im ThHSA, B 25553, Bl. 192. Zu einem amtsfunktionalen Hinweis auf Seidler s. auch Peucer, Berufung, S. 57f.; Hofkalender 1774, S. 30; Prosop. Datenbank, Nr. 5344.

hann Sylvester List zum Oberkonsistorialassessor dar.[177] Erst am 28. März
1791 erhielt er das Stimmrecht und führte diese Position bis zu seinem Tod
1802 aus.[178] Während der Jahre 1777 bis 1791 waren damit nur zwei weltliche
Vertreter im Konsistorium stimmberechtigt, zunächst aufgrund der Vakanz eines Sitzes, dann aufgrund der Besetzung mit dem vorherigen Sekretär.

Phase 3: Graduelle Überbesetzung (1791–1801/1802)

Mit Beginn der neunziger Jahre wurden die personellen Bezüge zu der Regierung zugunsten der institutionellen Verflechtungen zunehmend aufgelöst.
Nach vorangegangener Krankheit und 1789 erfolgter Versetzung Hetzers nach
Eisenach war der zweite Stuhl der weltlichen Bank neu zu verteilen. Ausgehend wohl von ökonomischen Überlegungen wurde über sechs Jahre hinweg
der vormalige Stuhl Hetzers „alterniert", d. h. in einem Rotationsprinzip von
den verschiedenen Mitgliedern der Regierung unter Ausschluß des Regie-
rungschefs für den Turnus jeweils eines Jahres besetzt.[179] Die Regelung gründete in einem herzoglichen Reskript vom 16. März 1789[180] und setzte mit dem
22. Mai ein. Die „Alternation"[181] stellte keine populäre Entscheidung dar. Be-

---

177 Hofkalender 1777, S. 30, handschriftlicher Eintrag, Exemplar AAB Weimar; Hofkalender
1778–1781, S. 30; Prosop. Datenbank, Nr. 3331.
178 Hofkalender 1792, S. 32; Hofkalender 1793–1802, S. 32. Zu einer Kanzleiabschrift des Ernennungsdekrets vom 28. März 1791 vgl. ThHSA, B 25553, Bl. 323f.
179 ThHSA, B 25553, Bl. 300ᵛ. Vgl. zu dem Vorgang auch knapp Haym, Herder, Bd. 2, S. 477:
„Ohne daß Herder vorher darüber verständigt worden wäre, wurde jetzt, vierzehn Tage nach
seiner Ernennung, diese Stelle eingezogen; unentgeltlich hatten fortan sämtliche Regierungsräte der Reihe nach je ein Jahr als Mitglieder des Konsistoriums zu fungieren. Das war eine
ökonomische, aber es war keine weise Maßregel. [...] Der jährliche Wechsel brachte es mit
sich, daß die neu eintretenden Regierungsräte jedesmal eine geraume Zeit brauchten, um sich
mit den Geschäften vertraut zu machen." Hayms Darstellung gründet wahrscheinlich auf Karolines Bericht an Friederike von Frankenberg und Ludwigsdorf vom 20. August 1795, DA,
Bd. 7, Nr. 12 (A), S. 442, Z. 76–81: „Hetzer war damals ConsistorialRat[,] ging aber nicht
aufs Consistorium; seine Stelle ward durch einen Rath aus der Regierung verwaltet. Wenige
Monathe darauf gieng er als RegierungsRath nach Eisenach. Jetzt zog der Herzog die 200
Reichstaler[,] die Hetzer als ConsistorialRat hatte, ein, u.[nd] traf die Verfügung daß die Re-
gierungsRäthe die Stelle des ConsistorialRaths umsonst versehen u.[nd] jährlich wechseln
müßen", sowie dies. an Luise, 21. September 1795, ebd., Nr. 15 (A), S. 448, Z. 68–73: „Wenige Wochen nachdem meines Mannes Hierbleiben eingerichtet war, wurde der Geheime RegierungsRath Hetzer, der damals bleibender ConsistorialRath mit 200 Reichstalern Gehalt im
Consistorium war, nach Eisenach versetzt. Jetzt zogen Seine Durchlaucht der Herzog die Besoldung des ConsistorialRaths ein, u.[nd] trafen die Verfügung[,] daß die Mitglieder der Regierung jährlich wechseln u.[nd] das Geschäft ohne Besoldung übernehmen mußten."
180 Herzogliches Reskript vom 22. Mai 1789, ThHSA, B 25553, Bl. 200.
181 Vgl. dazu ebd., Bl. 302ʳ.

reits der erstangeschriebene Regierungsrat, Ernst Karl Konstantin von Schardt, ersuchte am 12. September darum, von der Pflicht befreit zu werden.[182] Die Anfrage wurde am 22. September abschlägig beschieden.[183] Sein Amtsantritt wurde auf Michaelis festgelegt und von den nachfolgenden Regierungsmitgliedern als Termin beibehalten.[184] In chronologischer Reihenfolge versahen das Amt: Christian Justus Wiedeburg, Wolfgang Gottlob Christoph Freiherr von Egloffstein, Christian Friedrich Karl Wolfskeel von Reichenberg, Karl Wilhelm von Fritsch und Heinrich Gotthelf Osann.[185] Im damit erreichten Jahr 1795 wurde der Platz dauerhaft dem letzten Amtsverwalter verliehen[186], der in internen Überlegungen als der geeignetste galt. Der Geheime Rat Johann Friedrich von Koppenfels sprach die einschlägige Empfehlung gegenüber dem Herzog aus: „In diesem Fall würde sich [...] Osann um deswillen am besten schicken, weil er nicht nur überhaupt ein noch junger, fleißiger, geschickter und arbeitsamer Mann ist, sondern sich auch während dieses Jahres schon die nöthigen Kentnisse in dem Ober-Consistorio erworben und, wie ich vernehme, guten Beyfall daselbst erhalten hat."[187] Osann übernahm, entsprechend der 1789 dekretierten Regelung, den Sitz des vormaligen Oberkonsistorialrates Hetzer. Unbeachtet blieb darin, daß Hetzers Stuhl während der Phase der „Alternation" bereits an Karl August Böttiger verliehen worden war, der am 7. Juni 1791 zum weltlichen Oberkonsistorialrat in der Nachfolge Hetzers ernannt wurde.[188] Zu erklären ist dieser Vorgang aus Berufungsforderungen Böttigers, der bereits aus der Korrespondenz mit Herder sehr genau erkennen konnte, daß eine institutionelle Absicherung der eigenen Gestaltungsmöglichkeiten über eine dem Ephorus entsprechende Vertretung im Oberkonsistorium zu geschehen hatte[189]. In Herders Briefwechsel klafft in der Vertretung von Böttigers Inter-

---

182 Ernst Karl Konstantin von Schardt an Karl August, 12. September 1789, ThHSA, B 25553, Bl. 200.

183 Kanzleiabschrift, 22. September 1789, ebd.

184 In der nachfolgenden Praxis setzte sich dieser Termin fort; vgl. dazu etwa die Aufforderung zum Amtsantritt Mandelslohs zu Michaelis 1789, ebd.

185 Nicht erfaßt ist diese Abfolge in den Hofkalendern. Obige Liste rekonstruiert sich aus Johann Friedrich von Koppenfels' Anschreiben an den Herzog vom 9. September 1795, ebd., Bl. 351f.

186 Kanzleiabschrift des Ernennungsdekrets, 18. September 1795, ebd., Bl. 353f.

187 Johann Friedrich von Koppenfels an Karl August, 9. September 1795, ebd., Bl. 352.

188 Kanzleiabschrift des Ernennungsdekrets vom 7. Juni 1791; ebd., Bl. 329.

189 Herder an Karl August Böttiger, 21. Januar 1791, DA, Bd. 6, Nr. 150, S. 226, bes. Z. 68–74: „das Fürstliche OberConsistorium ist die ordentliche Obrigkeit des Gymnasii, an welche auch alles Öffentliche, Dimißionen u.[nd] so fort gelanget. Der Special-Commißarius bin ich, vermöge besondern Auftrags. Was den Rang des Directoris betrifft: so ist derselbe bei Ankunft des seligen Heinze einem Fürstlichen Titularrath gleichgesetzt worden; den Titel selbst aber hat er, wie es auch recht war, nicht geführt: denn ein Director Gymnasii bedeutet mehr, als leere Titulaturen."

essen während der Folgezeit eine Lücke. Herders Schreiben an Jakob Friedrich von Fritsch vom 6. Juni 1791 repräsentiert den finalen Stand der Diskussion am Vortag der Ernennung.[190] Daß eine anfängliche Initiative von Herder vorausging, ist zu erkennen: nachdem Herder „diese so schön angefangene Sache auch zur Beruhigung u.[nd] zum freudigen Dank aller Intereßenten" gestaltet hat, macht er sich „zum Vorwurf, daß ich es nicht sogleich in meiner ersten Bitte gethan habe."[191] Die von Herder im Anschluß neuentwickelte Konstellation für die Zusammensetzung des Konsistoriums und die damit verbundenen Beförderungsmöglichkeiten für Böttiger auf der einen und Weber auf der anderen Seite setzten voraus, daß der ursprüngliche Plan der einer Ernennung Böttigers zum geistlichen Oberkonsistorialrat und Webers zum titularisch sowie in der innerkonsistorialen Amtsabfolge nachgestellten Oberkonsistorialassessor gewesen sein mußte.[192] Herders Lösungsvorschlag impliziert diese Problematik. Eingehend erklärt er die sachliche Berechtigung eines Platzes für Böttiger auf der weltlichen Bank: „Da er überdem auf der *weltlichen Bank des Consistorii seinen Sitz* u.[nd] auf solcher nur Raum hat, so hat er *den Assessorem List nach sich* u.[nd] *ist im Collegio nicht der letzte.*"[193] Er schlägt vor: „Er [Böttiger] nimmt [daher] den Stuhl [der weltlichen Bank] ein, den *der selige OberConsistorialRath Seidler* [der Rangstellung nach] *hatte,* so wie Weber den seinigen [gleichermaßen als Konsistorialrat] nach Zinserling auf der geistlichen Bank."[194] Die ausführliche Erklärung von Böttigers amtfunktionaler Zuordnung zur weltlichen Bank ergibt nur Sinn, wenn zuvor von einer Relation zur geistlichen Bank und der darin noch stärker zum Ausdruck kommenden Vorordnung vor dem langjährigen Weimarer Amtsinhaber Weber ausgegangen worden war. Hinsichtlich Böttigers stellt Herder sogar ausdrücklich fest: „gnug, er erreicht völlig seinen Zweck; er wird ConsistorialRath mit Sitz und Stimme in Sachen seines Departements, u.[nd] hat ausdrücklich bezeugt, daß ihm nicht am Rang als solchen gelegen sei, sondern an einem Wirkungskreise."[195] Herders Vorschlag wurde umgesetzt.[196] Die Position des weltlichen Oberkonsistorialrates versah Böttiger, knapp über Herders Amtszeit hinaus, bis zu seiner Berufung nach Dresden im Frühjahr 1804. Dem von Regierungsseite bestehenden Anspruch auf den während der ersten Hälfte der neunziger Jahre noch in Rotation befindlichen Stuhl Hetzers tat diese Besetzung keinen Ab-

---

190 Herder an Jakob Friedrich von Fritsch, 6. Juni 1791, DA, Bd. 6, Nr. 165, S. 248–250.
191 Ebd., S. 248, Z. 14f.; 18f.
192 Vgl. dazu auch explizit, ebd., Z. 6f.: „Der erste [Punkt] betrif[f]t Webers Ernennung zur Assessur hinter dem neuen Directore, als OberConsistorialRath."
193 Ebd., S. 249, Z. 28–31.
194 Ebd., Z. 31–33.
195 Ebd., Z. 25–28.
196 Vgl. dazu als ersten einschlägigen Eintrag: Hofkalender 1792, S. 2.

bruch. Die Beförderung des vormaligen Oberkonsistorialsekretärs List[197] war es gewesen, die – zusammen mit dem nominell noch amtierenden Präsidenten von Lyncker – zu einem Übergewicht der weltlichen Vertreter im Weimarer Oberkonsistorium während der neunziger Jahre führte. Faktisch dürfte dieses aufgrund der krankheitsbedingten Ausfälle von Lynckers jedoch kaum ins Gewicht gefallen sein.

Phase 4: Ausstehende Wiederbesetzung (1801 f.)

Von Lynckers Tod im Frühjahr 1801 führte ebensowenig zu einer Neubesetzung wie der Verlust Lists im Folgejahr.[198] Aufgrund der Vollbesetzung der geistlichen Bank während dieser Zeit führte dies zu einer signifikanten Aufwertung der Stimmen der geistlichen Vertreter für knapp zwei Jahre.

1.4.2. Geistliche Bank (1773–1803)

In der Besetzung der geistlichen Bank ergaben sich während der Amtszeit Herders insgesamt sieben unterschiedliche Konstellationen. Hinsichtlich der personellen Zusammensetzungen können drei Phasen weitestgehender Homogenität benannt werden, die im Sinne eines sich für Herder zunehmend öffnenden Handlungsspielraums von einschneidender Bedeutung waren.

Phase 1: Kontinuität innerhalb der Weimarer Amtsstrukturen (1776–82)

Mit seinem Amtsantritt Oktober 1776 fand sich Herder zwar auf einer rundum neubesetzten geistlichen Bank wieder. Diese war jedoch von einer über Jahre gewachsenen personellen Struktur bestimmt. Vor Herders Amtsbeginn waren am 17. August 1776 die drei Interimsverwalter der Generalsuperintendentur Johann Sebastian Gottschalg, Wilhelm Heinrich Schultze und Christian Wilhelm Schneider zu Oberkonsistorialräten befördert worden.[199] Im Oberkonsi-

---

197 Vgl. dazu in diesem Kap., Anm. 178.

198 Vgl. dazu Hofkalender 1802, S. 32; Hofkalender 1803, S. 60.

199 Zu einer Kanzleiabschrift des Ernennungsdekretes vom 17. August 1776 vgl. ThHSA, B 25553, Bl. 205. Zum Anlaß der Beförderung erklärt das Dokument nur knapp und im Rahmen der üblichen Formulierungen, ebd.: „urkunden hiermit: demnach Wir den zeitherigen Ober-Consistorial-Assessoren [...] al[l]hier in Bezeigung Unserer gnädigsten Zufriedenheit über die von denselben zeither auch bey dem Ober-Consistorio geleisteten treuen und ersprießlichen Dienste, und, um [...] zu ermuntern, damit allen Fleißes fortzufahren, zu Unseren Ober-Consistorial-[Räthen ...] zu ernennen." Zu dem Hintergrund vgl. Kap. I.5.2.

storium hatten die drei Männer bereits seit 1773 als Assessoren zusammenge-
arbeitet.[200] Noch weiter zurück reichen deren Anstellungen in verschiedenen
Weimarer Ämtern, die im Zusammenhang der Stadt- und der Hofkirche bereits
genannt wurden. Die gewachsenen persönlichen Beziehungen sowie deren Intensivierung während der interimistischen Amtsverwaltung und der anschließend als gemeinsam empfundenen Zurücksetzung in der Berufung eines Auswärtigen können in ihrer Bedeutung kaum überschätzt werden. Die ersten fünf
Jahre von Herders Amtszeit dürften ohne personelle Veränderungen der geistlichen Bank von einer Fortsetzung dieser Zusammenarbeit unter den langjährigen Weimarer Kollegen bestimmt gewesen sein. In ihren *Erinnerungen* hält
Karoline fest:

> „Dieser Anfang in Weimar war wahrlich eine schwere bittere Prüfung für ihn. Im
> Konsistorium hing damals alles noch an der alten äußerlichen Form, aus welcher
> der Geist längst entflohen war. Man hielt es aber, wenigstens diejenigen Mitglie-
> der, welche den meisten Einfluß hatten, für Religionspflicht, dieselbe zu erhalten.
> Diese hielten ihn auch anfangs für einen eben von den obgedachten Grundsätzen
> angesteckten Mann; wenigstens waren sie über ihn nicht ganz gesichert, und ließen
> sich deßwegen auch manchmal in Geschäften gegen ihn durch Eigensinn und hart-
> näckige Vorurtheile leiten. Jede Anregung zum Versuch einer Verbesserung in
> Schul- oder Kirchensachen, wenn sie von ihm herkam, schien ihnen verdächtig,
> und wurde als unausführbar bestritten. Im Konsistorium hatte er wenig Freun-
> de.“[201]

Abschließend findet sich der bereits zitierte Hinweis auf eine prinzipielle
Blockade von Herders Initiativen durch sechs Gegenstimmen[202]. Den Umstand
einer weitreichenden Isolation Herders im Weimarer Konsistorium dürfte Karoline zutreffend beschrieben haben. Sowohl das Ausmaß als auch die Motivation der Ablehnung wird jedoch zu hinterfragen sein. So drastisch Karoline
schildert, wie Herder gegen das ganze Konsistorium gestanden habe, um gegen
eine geistlose Verblendung von Äußerlichkeiten anzugehen, so deutlich ist
doch auch die Stilisierung aufgrund des unmittelbaren Erlebens persönlicher
Enttäuschungen. Ungeachtet der von Karoline den Weimarer Kollegen unterstellten Motive, die als solche nicht überprüfbar sind, kann festgehalten werden, daß allein aufgrund der unvollständigen Besetzung der weltlichen Bank
sich vor dem Jahr 1791 keinesfalls eine Mehrheit von sechs Gegenstimmen ergeben konnte. Der weltliche Oberkonsistorialassessor List verfügte über kein
eigenes Stimmrecht. Seine Beförderung vom Oberkonsistorialsekretär erfolgt
zudem erst nach einer mehrjährigen Vakanz 1780. Vor 1791 konnte sich damit, ungeachtet der nicht immer vollbesetzten geistlichen Bank, allenfalls eine

---

200 Vgl. dazu auch Hofkalender 1773, S. 31; Hofkalender 1774, S. 30.
201 V, Abt. 2, Tl. 21 [Erinnerungen, Tl. 2], S. 232.
202 Vgl. dazu in diesem Kap., Anm. 154.

Mehrheit von fünf stimmberechtigten Mitgliedern ergeben, die sich durch Vakanzen noch weiter reduzierte. Einzig während der ersten Monate in Weimar, bis zum Tod Seidler, konnte es zu entsprechenden Mehrheitsverhältnisse kommen, doch hält Herder selbst für diesen Zeitraum keinerlei Eigeninitiativen fest.[203] Sein Brief an Hamann vom 20. März 1778, geschrieben kurz vor dem Tod Seidlers am 13. April, reflektiert, mit erstaunlichen Parallelen zu Karolines Schilderung, gerade auf diese Zeit: „Sonst ist hier alles noch recht Lutherischpapistisch dem Äußern nach, wie im Innern kein Schatte von Luther gefühlt wird."[204] Das Konsistorium als solches bleibt unerwähnt und dürfte in der als desasträs empfundenen Gesamtaufnahme des Kirchenwesens auch sekundär gewesen sein. Über den Konsistorialpräsidenten heißt es nur: „Mein Präsident Lyncker ist gerade wie dort [in Riga] der Rektor der Domschule Lindner: dieselbe Aufnahme, derselbe laute Beifall u.[nd] Kopfschütteln der Hrn. Kollegen"[205]. Karolines von persönlichen Bezügen geprägte Tendenzbeschreibung enthält somit wichtige Hinweise für die frühe Weimarer Zeit. Die von ihr gebotenen, historiographisch überprüfbaren Daten erweisen sich als nur annäherungsweise präzise. Als Momentaufnahme des ausgehenden Jahres 1776 oder des Frühjahres 1777 treffen die benannten Daten zu, doch ist in der Beschreibung der Vorgänge von einer Überlagerung dieser und späterer Entwicklungen auszugehen.

Phase 2: Graduelle Neubesetzung (1782–1791)

Eine erste personelle Veränderung ergab sich mit der Beförderung Christian Wilhelm Schneiders zum Generalsuperintendenten von Eisenach, mit der die Phase einer graduellen Öffnung und sich sehr langsam vollziehenden Neubesetzung der geistlichen Bank des Oberkonsistoriums begann. Am 31. August 1782 wurde August Gottlob Zinserling zum Oberkonsistorialassessor *cum voto ex sessione* befördert[206], was den üblichen Schritt vor der Ernennung zum Oberkonsistorialrat markierte. Zinserling war der direkte Amtsnachfolger Schneiders. An der Stadtkirche übernahm er dessen Stelle als Archidiakon und in diesem Zusammenhang[207] wurde bereits ausgeführt, daß Herder mit seinem Personalvorschlag in der Wiederbesetzung der Doppelfunktion keinen Erfolg gehabt hatte. Ausdrücklich benennt er im Rückblick 1791 Wilhelm Heinrich Schultze als den die Stimmung im Oberkonsistorium maßgeblich bestimmen-

203 Vgl. dazu Herder an Hamann, 20. März 1778, DA, Bd. 4, Nr. 9, S. 24–28, bes. S. 24–26.

204 Ebd., S. 26, Z. 74–76.

205 Ebd., S. 27, Z. 132–134.

206 Zu dem Ernennungsdekret vgl. die Geheimen Kanzlei-Akten im ThHSA, B 25553, Bl. 244.

207 Vgl. dazu in diesem Kap., Anm. 2.

den Mann.[208] Die Ablehnung von Herders Votum zugunsten Georg Gottlieb Webers als Nachfolger im Archidiakonat und der für diesen damit verbundenen Aussicht auf eine Beförderung ins Oberkonsistorium mußte eine herbe Niederlage gewesen sein, betraf es doch die erste sich ergebende Möglichkeit, die Zusammensetzung des Oberkonsistoriums insgesamt und einen Teil der geistlichen Bank mit einem Vertrauten personell zugunsten eigener Interessen zu gestalten. Die nächste Veränderung ergab sich unter den kirchlichen Vertretern im Oberkonsistorium erst mit dem Tod Schultzes, der am 7. Juni 1791 erfolgte. Für Zinserling bedeutete dies die ausstehende Beförderung zum Oberkonsistorialrat.[209]

Phase 3: Erfolge der Herderschen Besetzungspolitik (1791–1803)

Zeitgleich mit Zinserling wurde auch Weber zum Oberkonsistorialrat ernannt.[210] Die Beförderung Webers, der zuvor nicht als Oberkonsistorialassessor Erfahrung gesammelt hatte, verdankte sich der bereits geschilderten Initiative Herders gegenüber Jakob Friedrich von Fritsch vom 6. Juni 1791.[211] Herders nachdrückliches Eintreten für die unkonventionelle Beförderung Webers unterstreicht, wie klar er gesehen haben mußte, was von dieser personalpolitischen Entscheidung abhing. Nach gut 15 Jahren im Weimarer Amt bot sich die nunmehr zweite Möglichkeit, über die Zusammensetzung der geistlichen Bank des Oberkonsistoriums zu entscheiden; und von dieser Entscheidung hing auch der Gestaltungsfreiraum der zukünftigen Konsistorialarbeit ab. Die Vehemenz, mit der sich Herder für die umgehende Beförderung Webers zum Oberkonsistorialrat starkmachte, legt nahe, daß er diese zweite Chance als seine letzte Möglichkeit sah, im Konsistorium eine Sphäre für eigene Arbeiten und Anliegen zu gewinnen. Noch immer dürfte er auch von der gestärkten Zuversicht auf amtsstrukturelle Verbesserungen im Zuge der Rückkehr von der Italienreise und der folgenden amtlichen Besserstellung gezehrt haben. Bereits Mitte August 1790 hatte er sich wegen der Beförderung Webers an Goethe mit der Bitte um eine direkte Einflußnahme auf den Herzog gewandt.[212]

---

208 Vgl. dazu ebd., Anm. 4.

209 Für eine Kanzleiabschrift des Ernennungsdekrets vgl. die Geheimen Kanzlei-Akten im ThHSA, B 25553, Bl. 327.

210 Für eine Kanzleiabschrift des Ernennungsdekrets s. ebd., Bl. 328.

211 Vgl. dazu in diesem Kap., Anm. 4.

212 Vgl. dazu Goethe an Herder, 21. August 1790, Goethe, Amtliche Schriften, Bd. 2/1, Nr. 35, S. 182, Z. 27–32: „Wegen der geistlichen Stellen habe ich mit dem Herzog gesprochen. Es ist noch nicht darüber an ihn gekommen, und er wird[,] wenn es geschieht[,] die Sache biß zu seiner Rückkunft verschieben. Die Sache liegt gegenwärtig zu sehr ausser dem Creise seiner

Mit der schließlichen Ernennung Webers zum Oberkonsistorialrat hatte Herder einen ersten personalpolitischen Erfolg hinsichtlich des Oberkonsistoriums erzielt und einen langjährigen persönlichen Freund und Vertrauten neben sich unter den geistlichen Räten gewonnen. Auf der geistlichen Bank konnte Herder nun mit Weber und Zinserling eine Mehrheit erreichen. Aus den Anfangsjahren war lediglich noch Gottschalg verblieben, und auch mit diesem hatte sich in den letzten Jahren der gemeinsamen Amtszeit ein kollegiales, ja freundschaftliches Verhältnis entwickelt. Herders Trauerpredigt auf den verstorbenen Hofdiakon vom 2. Juni 1793 gibt in der von Vertrauen und Offenheit geprägten Atmosphäre der Hofkirche ein beredtes Zeugnis.[213] Das Ausscheiden Gottschalgs aus dem Oberkonsistorium war vor dem Hintergrund einer persönlichen Annäherung auch ohne weitere personalpolitische Konsequenzen. Gottschalgs Stuhl blieb im Konsistorium von Mitte 1793 bis ins Frühjahr 1798 unbesetzt, womit die geistliche Bank über nur drei stimmberechtigte Oberkonsistorialräte verfügte. Mit Zinserlings Tod im September 1797 dezimierte sich die Anzahl der geistlichen Mitglieder des Konsistoriums für ein gutes halbes Jahr auf zwei.

Mitte April 1798 wurden zwei weitere Oberkonsistorialräte *cum voto* ernannt, Johann Christian Schäfer[214] und Johann Georg Anton Wahl[215]. Mit Schäfer, einem Kind der Stadt, von Herder examiniert und zum Stiftsprediger in seine erste pfarramtliche Funktion eingesetzt, war er seit langem vertraut. Aufgrund seiner menschlichen und wissenschaftlichen Qualitäten schätzte ihn Herder sehr.[216] Mit seinem umfassenden Privatgutachten vom 1. Dezember 1797[217] hatte Herder nicht weniger als drei Kandidaten zu einer gleichzeitigen Beförderung ins Oberkonsistorium nachdrücklich empfohlen: Schäfer und Wilhelm Christoph Günther[218] (unter der Voraussetzung einer Anstellung an der Hofkirche) sowie Wahl, da „der Archidiakonus [...] ohne Kränkung nicht übergangen werden" könne.[219] Wahls Beförderung war für Herder damit eine amtsfunktionale Notwendigkeit. Seine Wunschkandidaten waren Schäfer und Günther. Nachdem Herder 1797 zumindest Schäfer im Oberkonsistorium plazieren konnte, ergab sich Mitte des Jahres 1801 mit der Berufung Günthers an

Aufmerksamkeit[,] als daß ich hätte in ein näheres Detail gehn und auf einen Entschluß wircken können." Der Kontext muß die vakante Stelle des April 1790 gestorbenen Schultze sein.
213 Vgl. dazu SBS, MB, JGM, Fasc. 510, Bl. 312ʳ–316ᵛ.
214 Für eine Kanzleiabschrift des Ernennungsdekrets vom 12. April vgl. die Geheimen Kanzlei-Akten im ThHSA, B 25553, Bl. 375. Zu Schäfer vgl. in diesem Kap., Anm. 22.
215 Für eine Kanzleiabschrift des Ernennungsdekrets vom 12. April 1798 vgl. ebd. Bl. 375.
216 Vgl. dazu in diesem Kap., Anm. 23.
217 Vgl. ebd., Anm. 116.
218 Vgl. ebd., Anm. 38.
219 Herder an Karl August, 1. Dezember 1797, DA, Bd. 7, Nr. 363, S. 347, Z. 69–74; 89–93.

die Hofkirche[220] auch am 5. Juni 1801die Ernennung zum Oberkonsistorial-rat[221]. Zeitgleich dazu wurde Wahl entsprechend befördert[222].

Während seiner letzten Amtsjahre hatte Herder damit sämtliche seiner Wunschkandidaten für eine gemeinsame Konsistorialarbeit gewinnen können. Die Anstellung Günthers ergab sich jedoch erst am 24. Januar 1801 mit dem frühen Tod Schäfers, der Herder sehr naheging.[223] Dem schließlichen Erfolg in der Besetzungspolitik war zudem über lange Jahre die als persönlich überaus belastend empfundene personelle Konstellation im Oberkonsistorium voraus-gegangen, in die aufgrund der langfristigen Kontinuitäten erst vergleichsweise spät ein geringes Maß an Bewegung kam. Der abschließende und darin selbst in unterschiedlichen Graden zu bemessende Erfolg ist mit dem ersten Wunsch-kandidaten Herders 1791 zeitlich auf die letzten dreizehn Jahre begrenzt. Die ersten fünfzehn Jahre eröffnete sich für Herder kein personalpolitischer Hand-lungsspielraum im Konsistorium, weder hinsichtlich der Mehrheitsverhältnisse auf der geistlichen Bank, noch im Blick auf wahrnehmbare Vakanzen oder ei-gene Besetzungsmöglichkeiten.

1.4.3. Gesamtbesetzung des geistlichen Ministeriums (1776–1803)

Nimmt man die damit rekonstruierten Besetzungen der weltlichen und geistli-chen Bank zusammen, so variierte die Anzahl der stimmberechtigten Mitglie-der des geistlichen Ministeriums in dem Zeitraum der Herderschen Amtstätig-keit zwischen minimal fünf und maximal acht Vertretern. Zwischen 1777 und 1791 wurde das Gewicht der geistlichen Bank durch die Vakanz des dritten Stuhles der weltlichen Bank faktisch zu einer Zweidrittelmehrheit verstärkt. Mit der Überbesetzung der weltlichen Bank, die seit 1791 bis in das Jahr 1801 über vier stimmberechtigte Vertreter verfügte, ergab sich bis in das Jahr 1793 ein paritätisches Verhältnis. Seit 1791 konnte Herder zunehmend eigene Kan-didaten für die geistliche Bank gewinnen, doch kippte von 1793 bis 1798 für gut fünf Jahre erstmals das Mehrheitsverhältnis des Oberkonsistoriums zu ei-nem Übergewicht der weltlichen gegenüber der geistlichen Bank mit vier zu drei stimmberechtigten Mitgliedern. Während des Winters 1797/1798 ergab sich für gut sechs Monate sogar eine Zweidrittelmehrheit der weltlichen Bank.

---

220 Vgl. dazu in diesem Kap., Anm. 140.

221 Für eine Kanzleiabschrift des Ernennungsdekrets vom 5. Juni 1801 vgl. die Geheimen Kanz-lei-Akten im ThHSA, B 25553, Bl. 445f. Somit ist Düntzer, Briefe, S. 140, Anm. 4, zu korri-gieren, der „das Projekt" darin erklärt, „Günther in einen weltlichen Rath umzuformen".

222 Kanzleiabschrift des Ernennungsdekrets vom 5. Juni 1801, Geheime Kanzlei-Akten im ThHSA, B 25553, Bl. 444.

223 Vgl. dazu in diesem Kap., Anm. 23.

Seit 1798 wurde die vorgesehene Vollbesetzung der geistlichen Bank bis zum
Ende der Herderschen Amtszeit wiederhergestellt. Aufgrund der beiden Vakanzen, die 1801 und 1802 auf der weltlichen Bank auftraten, wiederholten
sich die zuvor etablierten Mehrheitsverhältnisse, bevor sie zugunsten der geistlichen Bank Verstärkung fanden. Die großen Initiativen Herders, wie die Gesangbuchrevision des Jahres 1795, die Katechismusüberarbeitung und die Perikopenrevision 1798 fallen sehr deutlich in die Phase einer in ihrem
Stimmgewicht gestärkten weltlichen Bank in Verbindung mit einer zunehmend
fortschreitenden Neubesetzung der geistlichen Stühle. Als der deutlichste Einschnitt in der Zusammensetzung des geistlichen Ministeriums kann für Herder
das Jahr 1791 gelten, in dem sich die Mehrheitsverhältnisse des Oberkonsistoriums sowohl in der Zuordnung der weltlichen zur geistlichen Bank als auch in
persönlicher Hinsicht auf der geistlichen Bank nachhaltig veränderten.

1.5. Spezialsuperintendentur (Weimar)

Als unergiebig und arbeitspragmatisch nicht zu rechtfertigen dürfte sich eine
summarische Aufnahme der Stellenbesetzungen in Herders Superintendentur
erweisen. Die vorauszusetzenden persönlichen Initiativen und personalpolitischen Entscheidungsmöglichkeiten werden in Relation zu den weithin reaktiven Amtsfunktionen in der Bestimmung der Kandidaten und den weitestgehend repräsentativen Pflichten im Zusammenhang der Amtseinführungen bis
auf wenige Ausnahmen zu vernachlässigen sein. In ihren Grundstrukturen bereits dargestellt wurden die Beförderungen von Kollaboratoren der Stadt- und
Jakobskirche in reguläre Pfarrämter der Spezialaufsicht. Weitere Fälle persönlicher Verbindungen und Einflußnahmen Herders ließen sich aufweisen.[224] Eine vollständige Rekonstruktion der personellen Veränderungen auf der Pfarramtsebene der Superintendentur und entsprechende Sichtung des erhaltenen
Briefwechsels oder Archivbestands ist jedoch weder zu leisten noch zu wünschen.[225] Die einzig sinnvolle Vorgehensweise besteht in der einschlägigen
Sichtung der Herderschen Korrespondenz auf der amtsstrukturellen Zwischen-

---

224 Vgl. dazu etwa Herders Schreiben an Christian Gottlob Voigt, 1779, DA, Bd. 4, Nr. 93f.,
   S. 108, das die Allstedter Dorfkirche Wolferstedt betrifft

225 Zu dem derzeit gedruckt vorliegenden Datenbestand von DA ist an dieser Stelle auf zwei
   künftige Ergänzungen hinzuweisen: DA, Bd. 7, Nr. 131a und 137a. Mit dem ersten Brief
   vom 27. März 1795 bereitet Herder die Einführung des designierten Pfarrers von Groß- und
   Kleinobringen, Ludwig Gottlieb Wilhelm Kromayer, vor. Der zweite Text datiert auf den 27.
   März 1795 und betrifft die Einsetzung des dortigen Kantors Johann Nikolaus Jungmann.
   Beide Texte wurden von Günter Effler im Pfarrarchiv Großobringen gefunden. Günter Arnold danke ich für die Hinweise, die unterstreichen, mit welchen heuristischen Schwierigkeiten eine vollständige Aufnahme verbunden wäre.

ebene, die administrativ unterhalb des Generalsuperintendenten und über der Pfarrerschaft der Spezialsuperintendentur lag. Im Sinne eines heuristischen Auswahlmusters und der Reduktion eines weit umfassenderen Zusammenhanges sind deswegen zunächst die Adjunkten von Herders Superintendentur zu rekonstruieren, im Anschluß daran die Amtmänner, die in der Vorbereitung einzelner personalpolitisch relevanter Vorgänge ebenfalls kontaktiert werden konnten. Im Anschluß daran sind die Besetzungen auf Pfarramtsebene aus diesen Korrespondenzen zusammenzufassen.

1.5.1. Adjunkturen

In der nachfolgenden Aufnahme der Adjunkten wird die Reihenfolge aus dem vorherigen Kapitel aufgenommen. Die Feingliederung orientiert sich an der zeitgenössischen Anordnung der *Hofkalender*, denen für die grundlegende Heuristik wiederum eine vorrangige Bedeutung zukommt.

1) Adjunktur Mellingen

In der Adjunktur Mellingen wirkte von 1771 bis 1787 Anton Gottfried Lungershausen.[226] Sein Nachfolger, Johann Andreas Büchner, der das Amt von 1787 bis 1801 versah, war bereits zuvor lange Jahre in dem Verwaltungsgebiet als Pfarrer angestellt gewesen.[227] Von 1801 bis 1808 übernahm die Position Christoph Friedrich Demelius, der zuvor über mehrere Jahre die benachbarte Adjunktur Oßmannstedt betreut hatte.[228] Die Kontinuitäten in der Verwaltung der Funktion lagen aufgrund der vergleichsweise langen Amtszeiten deutlich über denen anderer Adjunkturen. Zu keinem dieser Geistlichen sind Briefe oder briefliche Belege vorhanden.

2) Adjunktur Neumark

Übertroffen wurde der personelle Fortbestand nur noch von der Adjunktur Neumark, in der von 1776 bis 1788 Johann Gottfried Müller wirkte, bevor er seine letzten Amtsjahre in einem regulären Pfarramt der Adjunktur verbrach-

---

226 Hofkalender 1772–1787, S. 32f.; Prosop. Datenbank, Nr. 3434.

227 Hofkalender 1788–1801, S. 32–34; Prosop. Datenbank, Nr. 695.

228 Hofkalender 1802, S. 34; Hofkalender 1803, S. 62; Hofkalender 1804, S. 65; Prosop. Datenbank, Nr. 902.

te.[229] Den umgekehrten Weg ging Friedrich Gottlieb Wilhelm Lossius, der zu seiner langjährigen Pfarrstelle in der Adjunktur 1788 die Pflichten des Adjunkten übernahm und diese bis 1813 ausführte.[230] Auch zu diesen Pfarrern ist keine Korrespondenz erhalten.

3) Adjunktur Oßmannstedt

Die Adjunktur von Oßmannstedt war über mehrere Jahre nicht eigens besetzt. 1778 wurde der dort schon langjährig tätige Ernst Günther Rücker in die Position eingesetzt, die er bis 1785 versah.[231] Sein kurzzeitiger Nachfolger wurde im selben Jahr Johann Georg Neuber, der ebenfalls bereits lange in der Adjunktur gearbeitet hatte, jedoch bereits im Sommer des Jahres 1786 verstarb.[232] Nicht zur Wiederbesetzung der Adjunktur, aber zum Pfarramt in Oßmannstedt äußerte sich Herder unter dem 17. September gegenüber August Dietrich Reichsgraf von Marschall.[233] Nachdrücklich empfiehlt er seinen vormaligen Hauslehrer und Erarbeiter der *Palmblätter*, Johann August Jakob Liebeskind.[234] Er reagierte auf die informelle Anfrage des Patrons mit einem betont privat gehaltenen „Empfehlungsschreiben", das er in seinem – juristisch zutreffenden – Selbstverständnis von einem möglichen *votum informativum* unterscheidet.[235] Herders Ratschlag wurde in der Besetzung der Pfarrstelle befolgt. Als Pfarrer von Oßmannstedt heiratete Liebeskind 1788 die vierte Tochter Wielands. Die Adjunktur selbst übernahm 1787 Johann August de Wette, der schon mehrfach erwähnte Vater des späteren Alttestamentlers und Herderschen Schülers. De Wette hatte das Amt bis 1792 inne, als er in eine Pfarrstelle der Adjunktur Hardisleben wechselte.[236] De Wettes Nachfolger, zunächst in der Pfarrei, dann auch in der Adjunktur von Oßmannstedt fand sich in Johann

---

229 Hofkalender 1777–1789, S. 32f.; Prosop. Datenbank, Nr. 3777.

230 Hofkalender 1792 [1790: Lücke in Druck], S. 34; Prosop. Datenbank, Nr. 3382.

231 Hofkalender 1779, S. 33; Hofkalender 1785, S. 32; Prosop. Datenbank, Nr. 4584.

232 Hofkalender 1786, S. 33; Prosop. Datenbank, Nr. 3864.

233 Herder an August Dietrich Reichsgraf von Marschall, 17. September 1786, DA, Bd. 5, Nr. 168, S. 189–191.

234 Ebd., S. 189f., Z. 15–64. Hofkalender 1788, S. 33; Prosop. Datenbank, Nr. 3266. Zu den „Palmblättern" vgl. die präzisen Angaben von Günter Arnold, DA, Bd. 12, S. 467, zu Z. 39.

235 Vgl. dazu auch explizit Herder an August Dietrich Reichsgraf von Marschall, 17. September 1786, DA, Bd. 5, Nr. 168, S. 189, Z. 17f.: „denn was ich jetzt im Empfehlungsschreiben sage, werde ich im Voto informativo Amtsmäßig gleichfalls sagen, sobald Sie solches von mir begehren."

236 Zu ihm vgl. auch in diesem Kap., Anm. 95; Hofkalender 1788, S. 33; Hofkalender 1792, S. 34; Prosop. Datenbank, Nr. 6803.

Conrad Liebeskind, der jedoch nur von 1793 bis 1794 in dem Amt wirkte.[237] Unter Herder versah Christoph Friedrich Demelius in den acht Jahren von 1794 bis 1801 die Position am längsten, bevor er in die Adjunktur in Mellingen wechselte.[238] Sein Nachfolger von 1802 bis 1813 wurde Johann Wilhelm Philipp Labes.[239] In einem ungewöhnlichen Beförderungsvorgang wurde Labes von einer mehrjährigen Anstellung als Pfarrer in Ballstedt in der Adjunktur Neumark an die Spitze der gleichwohl benachbarten Adjunktur berufen. Zu erinnern ist allerdings daran, daß Labes als Kollaborator an der Garnisonskirche während der achtziger Jahre fast drei Jahre im unmittelbaren beruflichen Umfeld Herders gearbeitet hatte.[240] Im erhaltenen Briefwechsel Herders findet keiner dieser sechs Adjunkten Erwähnung.

4) Adjunktur Berka

Zu dem dienstältesten Adjunkten der Superintendentur wurde während seiner langjährigen Tätigkeit zunächst als Pfarrer und dann, ab 1764, als Adjunkt Johann Jacob Kirchner, der sein Amt bis 1792 versah.[241] Nach seinem Tod wurde von 1793 bis 1800 in einer wohl einzigartigen Konstellation auf zwei Adjunkten zurückgegriffen. Die *Hofkalender* sind in der Zuordnung Wilhelm Conrad Hofmanns[242] und Johann Adolph Jacob Rentschs[243] als Adjunkten eindeutig. Nach dem Tod Hofmanns führte Rentsch das Amt bis 1802 alleine weiter. Sein Nachfolger wurde bis in das Jahr 1804 Johann August Choinanus[244], der Vater des langjährigen Herderschen Hauslehrers Johann Gottlob August Choinanus. Ein Bezug zu der Beförderung des Vaters läßt sich nicht herstellen; für den Sohn bedeutete die Anstellung jedoch eine eigene familieninterne Beschäftigungsmöglichkeit. Mitte Dezember des Jahres 1801 wurde diese Perspektive bereits von Karoline Herder im gemeinsamen Freundeskreis kommuniziert.[245]

---

237 Hofkalender 1793f., S. 34; Prosop. Datenbank, Nr. 3273.
238 Zu ihm vgl. in diesem Kap., Anm. 228; Hofkalender 1795, S. 54; Hofkalender 1802, S. 35.
239 Hofkalender 1803, S. 63; Prosop. Datenbank, Nr. 3103.
240 Vgl. hierfür in diesem Kap., Anm. 98.
241 Für den hier relevanten Zeitraum vgl. allein Hofkalender 1777, S. 33; Hofkalender 1792, S. 34; Prosop. Datenbank, Nr. 2735.
242 Hofkalender 1794–1801, S. 35; Prosop. Datenbank, Nr. 2377.
243 Hofkalender 1794–1802, S. 35; Prosop. Datenbank, Nr. 4334.
244 Fehlerhafte Zuordnung in der Prosop. Datenbank, Nr. 777, die Funktionen des Vaters Johann August Choinanus mit Ämtern des Sohnes Johann Gottlob August Choinanus vermengt. Eindeutig in der Zuordnung zu Johann August Choinanus: Hofkalender 1802, S. 35; Hofkalender 1803, S. 63; Hofkalender 1804, S. 67.
245 Karoline an Gotthilf Heinrich Schubert, 12. Dezember 1801, DA, Bd. 8, Nr. 258, S. 260, Z. 23f.

Briefe oder amtsfunktionale Bezüge sind zu keinem dieser Geistlichen erhalten.

5) Adjunktur Niederroßla

Als langjähriger Adjunkt von Niederroßla fungierte von 1761 bis zu seinem Tod 1790 Carl Christoph Günther[246], der Vater des gemeinsamen Freundes von Herder und Johann Georg Müller. Der schon zu Lebzeiten seines Vaters als stellvertretender Pfarrer eingesetzte Wilhelm Christoph Günther übernahm in der Folgezeit die reguläre Pfarrstelle. Die Adjunktur blieb während der sich anschließenden vier Jahre unbesetzt. Die zeitliche Koinzidenz mit der Doppelbesetzung der benachbarten Adjunktur Berka beschränkt sich auf das Schlußjahr der Vakanz in Niederroßla. Die 1794 erfolgte Wiederbesetzung mit Johann Christian Beinitz[247], einem wiederum langjährigen Pfarrer der Adjunktur, erlaubt es, einen Zusammenhang zwischen den beiden Vorgängen auszuschließen. Nach Beinitz' Tod 1801 wurde Johann Adolph Wilhelm Labes, ein ebenfalls diensterfahrener Pfarrer der Adjunktur, von 1802 bis 1805 in das Amt eingesetzt.[248] Von den drei Adjunkten finden zwei in Herders Briefwechsel Erwähnung. An Beinitz vermeldet Herder unter dem 26. September 1800 sein Kommen zu einer Investitur in Wickerstedt für den 5. Oktober 1800.[249] Das zweite Schreiben richtet sich am 1. Juli 1801 an Labes und betrifft die Prüfung eines Kantors.[250]

6) Adjunktur Oberweimar

Die Adjunktur Oberweimar wurde von 1762 bis 1784 von Johann Nicolaus Kesselring versehen, der zuvor Adjunkt in Mellingen gewesen war.[251] Nach einer zweijährigen Vakanz war August Gottlob Blau, ein langjähriger Pfarrer in

---

246 Für den hier relevanten Zeitraum vgl. allein Hofkalender 1777, S. 33; Hofkalender 1790, S. 33; in fehlerhafter Zuordnung wiederum Prosop. Datenbank, Nr. 1775.

247 Hofkalender 1795, S. 35; Hofkalender 1801, S. 35; Prosop. Datenbank, Nr. 4024.

248 Hofkalender 1802, S. 35; Hofkalender 1803, S. 63; Hofkalender 1804, S. 68; Prosop. Datenbank, Nr. 3100.

249 Herder kündigt Johann Christian Beinitz in Wickerstedt unter dem 26. September an, DA, Bd. 8, Nr. 151, S. 166, Z. 12: „Das Fuhrwerk nehme ich, wie sonst, von hier." Zu dem Vorgang insgesamt vgl. unten Kap. V.1.4.2.

250 Herder an Johann Adolph Wilhelm Labes, 1. Juli 1801, DA, Bd. 8, Nr. 236, S. 234.

251 Für den hier relevanten Zeitraum vgl. allein Hofkalender 1777, S. 33; Hofkalender 1784, S. 33; Prosop. Datenbank, Nr. 2698.

der Adjunktur, von 1786 bis zu seinem Tod 1801 der Amtsinhaber.[252] Sein Nachfolger fand sich von 1801 bis 1810 in Ernst Friedrich Christoph Netto, der ebenfalls schon lange Zeit ein Pfarramt in der Adjunktur innegehabt hatte.[253] Netto war der Familie Herder spätestens seit 1798 in einer von Fürsorge geprägten Freundschaft zu Adelbert persönlich stark verbunden.[254] Nur von einem dieser Adjunkten ist ein Ausschnitt des Briefwechsels erhalten. Zu Nettos vorheriger pfarramtlicher Praxis findet sich eine Instruktion Herders vom 20. Dezember 1799, mit der die Prüfung eines Kantors veranlaßt wird.[255] Unter dem 5. Dezember 1802 instruiert Herder ihn schließlich als Adjunkten, im Krankheitsfall den Mellinger Adjunkten Christoph Friedrich Demelius in einem Investiturakt der Mellinger Adjunktur zu vertreten.[256] Von einem Vertretung Herders ist indes keine Rede. Der Einsatz Nettos dürfte sich daher auf liturgische Handlungen beschränkt haben.[257]

7) Adjunktur Stadt Sulza

Der Adjunktur Stadt Sulza stand von 1769 bis 1780 Christian Heinrich Hase voran.[258] Nach dessen Beförderung zum Superintendenten von Allstedt übernahm Wilhelm Friedrich Käsebier die Funktion von 1780 bis 1794.[259] Die Einsetzung seines bis 1813 amtierenden Nachfolgers Friedrich Magnus Linke erfolgte 1795 aus einer Pfarrstelle der Adjunktur Flurstedt in der Superintendentur Dornburg ohne eine vorherige pfarramtliche Tätigkeit in der Adjunktur.[260] Amtsfunktionale Dokumente finden sich in dem erhaltenen Briefwechsel Herders nicht.

---

252 Hofkalender 1787, S. 34; Hofkalender 1801, S. 35; Prosop. Datenbank, Nr. 417.

253 Wiederum nur für den hier relevanten Zeitraum vgl. Hofkalender 1802, S. 35; Hofkalender 1804, S. 69; Prosop. Datenbank, Nr. 3859.

254 Vgl. dazu Karoline an Goethe, 10. September 1798, Bd. 7, Nr. 54 (A), S. 480, Z. 17–21: „Wollen Sie vielleicht den Pastor Netto in OberWeimar über den Adelbert einmal selbst sprechen? Diesem Mann haben wirs zu verdanken, daß Adelbert noch dort ist; er konnte ihm immer auf der Stelle Muth u.[nd] Gedult zusprechen – er hat uns auch das Wort gegeben[,] und ferner zu thun u.[nd] will ihm diesen Winter Unterricht in einigem geben, als Aufsätze zu machen u.[nd] dergleichen."

255 Herder an Ernst Friedrich Christoph Netto, 20. Dezember 1799, DA, Bd. 8, Nr. 93, S. 108f.

256 Herder an Ernst Friedrich Christoph Netto, 5. Dezember 1802, ebd., Nr. 350, S. 323.

257 Ebd., Z. 9f.: „mit beizuwohnen u.[nd] beim Schluß der Handlung die Collect zu intoniren. Die übrigen Diakonalien verrichtet der Praesentandus selbst."

258 Für den hier relevanten Zeitraum vgl. allein Hofkalender 1777, S. 34; Hofkalender 1780, S. 34; Prosop. Datenbank, Nr. 1940.

259 Hofkalender 1781, S. 34; Hofkalender 1794, S. 36; Prosop. Datenbank, Nr. 2620.

260 Für den hier relevanten Zeitraum vgl. Hofkalender 1796, S. 36; Hofkalender 1804, S. 69; Prosop. Datenbank, Nr. 3308.

8) Adjunktur Hardisleben

Von 1766 bis zu seiner Berufung nach Weimar versah August Gottlob Zinserling die Funktion des Adjunkten von Hardisleben.[261] Sein Nachfolger wurde 1782 bis 1797 der in der Adjunktur langjährig tätige Pfarrer Carl Friedrich Gerlach[262], bevor von 1798 bis zu seinem Tod 1812 Johann August de Wette[263] die für ihn zweite Verwaltung einer Adjunktur übernahm. Zu keinem dieser Adjunkten sind Briefe von Herder aus ihrer jeweiligen Amtszeit erhalten.

9) Adjunktur Buttelstedt

Die Adjunktur Buttelstedt wurde in der größten Kontinuität von 1776 bis 1794 von Christian Friedrich Wilhelm Kromaier[264] verwaltet, bevor Heinrich Christoph Friedrich Köhler[265] das Amt bis 1813 versah. Amtsfunktionale Korrespondenzen haben sich von Herder zu keinem der beiden Adjunkten erhalten.

1.5.2. Korrespondenz mit den Amtmännern

Über das weitestgehend negative Ergebnis hinaus läßt die Aufnahme der Adjunkten das Ausmaß der Lücken in Herders amtsfunktionaler Korrespondenz erkennen. Als eine weitere Zwischenebene unterhalb des Generalsuperintendenten, die in bestimmten Amtsvorgängen gleichermaßen subsidiär herangezogen wurde, läßt sich der Briefwechsel mit den Amtmännern sichten. In personeller Hinsicht wurde die ausgreifende Ämterstruktur straff verwaltet. Unter einem Amtmann standen in Einzelfällen bisweilen zwei oder drei Ämter (als politischen Verwaltungseinheiten). Aufgrund der geographisch von der kirchlichen Struktur unterschiedenen Gebietsaufteilung, die im einzelnen nicht zu untersuchen ist, wird im folgenden eine Aufnahme der Amtmänner des Fürsten-

---

261 Für den hier relevanten Zeitraum vgl. Hofkalender 1777, S. 34; Hofkalender 1782, S. 34; Prosop. Datenbank, Nr. 7060.
262 Hofkalender 1783, S. 34; Hofkalender 1797, S. 36; Prosop. Datenbank, Nr. 7060.
263 Zu ihm vgl. auch in diesem Kap., Anm. 95; für das hier relevante Anfangsjahr s. Hofkalender 1799, S. 36; Prosop. Datenbank, Nr. 6803.
264 Hofkalender 1777, S. 34, vgl. darin den handschriftlichen Eintrag im Exemplar der AAB Weimar; Hofkalender 1795, S. 36; Prosop. Datenbank, Nr. 3011. Nicht zu verwechseln mit ihm ist der Adressat von Herders amtsfunktionalen Schreiben vom Januar 1801, DA, Bd. 9, N zu Bd. 8, Nr. 192, S. 647.
265 Für den hier relevanten Zeitraum vgl. zu dem mitunter auch als Heinrich Christoph Friedrich Köhler geführten Geistlichen alleine Hofkalender 1795, S. 36; Hofkalender 1804, S. 70; Prosop. Datenbank, Nr. 2867.

tums Sachsen-Weimar im Sinne einer arbeitspragmatischen Reduktion wiederum vollständig geboten. Als aufwendiger hätte sich eine Vorabauswahl der für Herders Spezialsuperintendentur einschlägigen Amtmänner erwiesen. Zugleich bietet das Unterkapitel damit Vorarbeiten für spätere Zusammenhänge. Innerhalb der Generalsuperintendentur konnten dreizehn der vierzehn Ämter von kirchenamtlicher Bedeutung sein. Personell gestaltete sich deren Verwaltung durch Zusammenschlüsse unter insgesamt zehn Amtmännern sehr konzentriert. In der Darstellung werden die sich daraus ergebenden Verwaltungsgebiete nach der zuvor eingeführten Reihenfolge geboten.[266]

1) Weimar, Oberweimar, Kromsdorf

Als auch innerhalb der Spezialsuperintendentur relevante Ämter wurden Weimar, Oberweimar und Kromsdorf unter einem Amtmann verwaltet. Von 1757 bis 1777 hatte Johann Heinrich Salomon Rentsch[267] diese Funktion inne. Sein Nachfolger wurde Christian Heinrich Paulsen, der bis 1803 amtierte.[268] Einschlägige Bezüge finden sich in der erhaltenen Korrespondenz über beiläufige Erwähnung hinaus nicht.[269]

2) Berka

Ein ausgreifendes Gebiet betreute auch Christian Friedrich Müller von 1772 bis 1792, der zeitgleich als Amtmann von Kapellendorf und Heusdorf fungierte.[270] Sein Nachfolger in Berka wurde von 1793 bis 1813, unter Wiederherstellung der vorherigen Trennung der Ämter, Johann Ernst Wickler.[271] An Müller ist ein Schreiben vom 31. August 1780 erhalten, das die Amtseinführung eines Pfarrers in der Dorfkirche Bergern in Verbindung mit der Filialkirche Hetschburg regelt.[272] Über die terminlichen Absprachen hinaus teilt Herder einen

---

266 Vgl. dazu Kap. II, Anm. 29.

267 Hofkalender 1758, S. 38; Hofkalender 1777, S. 25; Prosop. Datenbank, Nr. 4331.

268 Hofkalender 1779, S. 25; Hofkalender 1803, S. 26; Prosop. Datenbank, Nr. 4016.

269 Vgl. dazu etwa Herder an Christian Gottlob Voigt, nach 1784, DA, Bd. 5, Nr. 89, S. 100, Z. 7. Nicht verfügbar ist das Schreiben von Paulsen an Herder, 6. Mai 1784, vgl. dazu DA, Bd. 7, S. 537, Anm. 232. Einen nur beiläufigen Bezug bietet Herder an Ernst Friedrich Christoph Netto, 20. Dezember 1799, DA, Bd. 8, Nr. 93, S. 108, Z. 16.

270 Hofkalender 1772, S. 26; Hofkalender 1792, S. 27; Prosop. Datenbank, Nr. 3715.

271 Hofkalender 1794, S. 27; Hofkalender 1804, S. 30; Prosop. Datenbank, Nr. 6817.

272 Herder an Christian Friedrich Müller, 31. August 1780, DA, Bd. 4, Nr. 114, S. 126. Zu der amtsfunktionalen Verbindung der beiden Kirchen vgl. in der Tabelle zur Kirchenstruktur,

Oberkonsistorialbeschluß mit, die für ihn anfallenden Akzidentien aufgrund der finanziellen Situation der Gemeinde auf ein Drittel der vorgesehenen Emolumente zu senken.[273] Den Amtmann betraf dieser an sich schon bemerkenswerte Vorgang insofern, als die Erhebung und Weiterleitung der Gelder von ihm vorgenommen wurde.

3) Roßla

Dem Amt Roßla stand von 1757 bis 1788 der Amtmann Ferdinand Christoph Dietrich Asverus vor.[274] Sein Nachfolger wurde 1788 der vorherige Amtsadjunkt Carl Johann Georg Büttner, der die Funktion bis 1813 versah.[275] Von der Korrespondenz mit Büttner ist so viel wie von keinem anderen Adjunkten erhalten. An ihn als den Amtsadjunkten wandte sich Herder am 15. Juni 1785 wegen der terminlichen Absprache sowie finanziellen Regelung der Einsetzung eines Kantors in Oberroßla, die der Generalsuperintendent damit selbst vornahm.[276] Ebenfalls den Amtsadjunkten versah Herder am 13. Juni 1786 mit einer detaillierten Anweisung und Weisungsbefugnis in der prekären Überlagerung von verschiedenen Wohnungsangelegenheiten sowie Amtsvollzügen eines Landschullehrers und eines Kantors.[277] Die von Herder vorzunehmende Amtseinführung des Pfarrers von Dorf und Berg Sulza[278] regelte ein Schreiben vom 22. Juli 1786.[279] In die Spätzeit von Büttners Tätigkeit als Amtsadjunkt fällt ein Schreiben des Jahres 1788, das an Asverus und Büttner gemeinsam gerichtet ist und die Änderungen der Ausführung und Abnahme von Kirchenrechnungen betrifft.[280] An den Amtmann Büttner wandte sich Herder am 16. September 1790 mit der herzoglich autorisierten Bestätigung einer pfarramtlichen Nachfolgeregelung.[281] Unter dem 31. Dezember 1794 ließ Herder von Büttner eine weitere Investitur ankündigen, in diesem Fall die seines vorma-

---

Kap. II, Nr. 26. Zu einer nicht einschlägigen Erwähnung Müllers s. Karoline an Karl Ludwig von Knebel, 9. Dezember 1801, DA, Bd. 8, Nr. 144 (A), S. 498, Z. 10f.

273 Ebd., Z. 15–20.

274 Hofkalender 1758, S. 39; Hofkalender 1788, S. 27; Prosop. Datenbank, Nr. 94.

275 Hofkalender 1789, S. 27; Hofkalender 1804, S. 33; Prosop. Datenbank, Nr. 509.

276 Herder an Karl Johann Georg Büttner, 15. Juni 1785, DA, Bd. 5, Nr. 115, S. 129.

277 Herder an Karl Johann Georg Büttner, 13. Juli 1786, ebd., Nr. 158, S. 177f.

278 Vgl. dazu in der Tabelle zur Kirchenstruktur, Kap. II, Nr. 41.

279 Herder an Karl Johann Georg Büttner, 22. Juli 1786, DA, Bd. 5, Nr. 165, S. 183.

280 Herder an Ferdinand Christoph Asverus und Karl Johann Georg Büttner, vor 1788, ebd., Nr. 255, S. 264f.

281 Herder an Karl Johann Georg Büttner, 16. September 1790, ebd., Bd. 6, Nr. 132, S. 207.

ligen Weimarer Kollegen Reimann, und „das Weitere [...] veranstalten".[282] Auf den 9. September 1795 datiert die Mitteilung der Ernennung und durchzuführenden Prüfung eines Kantors in Mattstedt.[283] Unter dem 6. Juni 1799 weist Herder Büttner dazu an, das „zustehende Weitere" zur Examinierung, Berufung und Amtseinführung des Kantors zu Pfiffelbach zu veranlassen.[284] Ein künftiger Nachtrag zur Briefausgabe wird ein Schreiben vom 18. Juli 1799 bieten.[285] Es ist insofern von Interesse, als Herder für die Einweihung der Kirche von Wersdorf darauf bedacht ist, einerseits einen würdigen Rahmen zu schaffen, andererseits die „kleine [...] Gemeine" nicht finanziell zu belasten. Der Generalsuperintendent kündigt sein persönliches Kommen an, verzichtet aber auf die ihm zustehenden Gebühren. Selbst eine Verköstigung verbittet er sich und plant, im benachbarten Mattstedt zu essen; lediglich die Kosten für das Fuhrwerk möge die Gemeinde übernehmen. Am 26. September 1799 richtet sich Herder wegen der nun ausstehenden Einweihung der Kirche an den Amtmann und regelt die Einzelheiten seines Besuchs.[286] Der mittlerweile ausgesprochenen Essenseinladung verwehrt er sich nicht. Ein Schreiben vom 24. September 1800 betrifft eine weitere von Herder vorzunehmende Pfarramtseinführung.[287] Unter dem 1. Juli 1801 kümmert sich Herder in einem Brief an Büttner auf administrativer Ebene um die Prüfung und Präsentation eines Kantors.[288] Am 10. November 1802 schließlich entschuldigt sich Herder für einen Termin am 28. November und kündigt seine Vertretung in der anstehenden Investitur eines Pfarrers durch den Hofprediger und Oberkonsistorialrat Günther an.[289]

4) Hardisleben

Nicht zu rekonstruieren ist der Amtmann von Hardisleben während der Jahre 1776 bis 1786. Der erste greifbare Amtsinhaber des Untersuchungszeitraumes ist Carl Philipp Bücking von 1786 bis 1790.[290] Im Folgejahr übernahm Gott-

---

282   Herder an Karl Johann Georg Büttner, 31. Dezember 1794, DA, Bd. 9, N zu Bd. 6, Nr. 117a, S. 580f.; hier: S. 581, Z. 11. Zu dem investierten Pfarrer vgl. in diesem Kap., Anm. 42.

283   Herder an Karl Johann Georg Büttner, 9. September 1795, DA, Bd. 7, Nr. 180, S. 183.

284   Herder an Karl Johann Georg Büttner, 6. Juni 1799, ebd., Bd. 8, Nr. 49, S. 66f.

285   Herder an Karl Johann Georg Büttner, 18. Juli 1799, prospektiv: ebd., Nr. 55a. Für die Mitteilung danke ich Günter Arnold.

286   Herder an Karl Johann Georg Büttner, 26. September 1799, ebd., Nr. 71, S. 84.

287   Herder an Karl Johann Georg Büttner, 24. September 1800, ebd., Nr. 151, S. 166.

288   Herder an Karl Johann Georg Büttner, 1. Juli 1801, ebd., Nr. 235, S. 233f.

289   Vgl. dazu Herder an Karl Johann Georg Büttner, 10. November 1802, ebd., Nr. 326, S. 321, hier bes. Z. 9f.

290   Hofkalender 1787, S. 28; Hofkalender 1790, S. 28; Prosop. Datenbank, Nr. 696.

hold Ludwig Bonaventura Cotta die Funktion, die er bis 1796 ausführte.[291] Im weiteren versah Johann Thomas Conrad Hauenschild bis 1808 die Stelle.[292] Von der Korrespondenz mit ihm ist ein Dokument aus dem Jahr 1797 erhalten und eines für 1803 belegt[293]. Beide gelten den Anstellungen von Kantoren. Dem Brief vom 27. September 1797 dürfte der Status einer Privatempfehlung zukommen[294]; sie stellt den Beteiligten die anstehende Entscheidung frei.

5) Kapellendorf und Heusdorf

Christian Friedrich Müller wurde bereits erwähnt als Amtmann von Berka, der während der Jahre 1772 bis 1792 in den Ämtern Kapellendorf und Heusdorf die entsprechende Funktion versah.[295] Sein Amtsnachfolger läßt sich für die Jahre 1792 bis 1799 nicht benennen. Zu Johann Ernst Bernhard Emminghauß, der den beiden Ämtern von 1799 bis 1810 vorstand, ist keine eigene Korrespondenz erhalten.[296]

6) Dornburg

Dem Amt Dornburg war von 1768 bis 1784 der Amtmann Johann Wilhelm Wedekind zugeordnet.[297] Sein Nachfolger war während der Jahre 1784 bis 1803 Johann Georg Obstfelder.[298] Diesem wurden während seiner letzten Dornburger Jahre Nachlässigkeiten vorgeworfen, die zu einer Versetzung nach Weimar führten.[299] An keinen der beiden Amtmänner sind Briefe überliefert.

291 Hofkalender 1792, S. 28; Hofkalender 1796, S. 29; Prosop. Datenbank, Nr. 804.
292 Hofkalender 1797, S. 29; Hofkalender 1804, S. 36; Prosop. Datenbank, Nr. 1957.
293 Vgl. dazu DA, Bd. 8, Anm. 357, S. 656.
294 Herder an Thomas Konrad Hauenschild, 27. September 1797, DA, Bd. 7, Nr. 352, S. 337.
    Vgl. dazu bes. Z. 9f.: „ohne Zweifel wird sie [die Denomination und Präsentation des Kandi-
    daten] *cum* voto informativo bald geschehen".
295 Vgl. auch in diesem Kap., Anm. 270. Prosop. Datenbank, Nr. 3715.
296 Hofkalender 1800, S. 26; Hofkalender 1804, S. 30; Prosop. Datenbank, Nr. 1125.
297 Hofkalender 1769, S. 27; Hofkalender 1784, S. 27; Prosop. Datenbank, Nr. 6683.
298 Hofkalender 1785, S. 27; Hofkalender 1803, S. 35; Prosop. Datenbank, Nr. 3923.
299 Karoline an Karl Ludwig von Knebel, 19. Februar 1803, DA, Bd. 8, Nr. 346, S. 339, Z. 28–
    32.

7) Bürgel

Gleiches gilt für die Vertreter des Amtes Bürgel. Von 1777 bis 1784 fungiert Wilhelm Gotthilf Friedrich Helmershausen in der Funktion[300], von 1784 bis 1813 Johann Friedrich Schalling[301].

8) Ilmenau

Auch die Bezüge zu den Amtmännern Ilmenaus sind nicht mehr in Briefen zu greifen. Von 1768 bis 1779 versah Johann Christian Hager die Position[302], gefolgt von Heinrich Anton Ackermann während der Jahre 1779 bis 1792[303]. Zu Ernst Wilhelm Ackermann, dem Amtmann von 1793 bis 1813[304], bestanden gesellschaftlich gepflegte Verbindungen[305]. Amtsfunktionale Vorgänge bleiben unerwähnt.

9) Jena

Keine amtliche Korrespondenz Herders ist auch mit den Amtmännern von Jena erhalten. In der Funktion stand von 1768 bis 1791 zunächst Gottlieb Theodor Weber[306], in dessen Nachfolge bis 1797 Christoph Heinrich Krüger[307] und schließlich, bis 1813, Ludwig Friedrich Gruner[308].

10) Allstedt

Entsprechend verhält es sich mit den Allstedter Amtmännern: von 1777 bis 1785 Christian Justinian Wiedeburg[309], von 1785 bis 1793 Johann Friedrich

---

300 Hofkalender 1778, S. 27; Hofkalender 1784, S. 27; Prosop. Datenbank, Nr. 2097.

301 Hofkalender 1785, S. 27; Hofkalender 1804, S. 35; Prosop. Datenbank, Nr. 4704.

302 Hofkalender 1769, S. 26; Hofkalender 1779, S. 26; Prosop. Datenbank, Nr. 1853.

303 Hofkalender 1780, S. 26; Hofkalender 1792, S. 27; Prosop. Datenbank, Nr. 12.

304 Hofkalender 1794, S. 28; Hofkalender 1804, S. 32; Prosop. Datenbank, Nr. 9.

305 Einschlägig dazu allein Karoline an Jean Paul Friedrich Richter, 13. April 1800, DA, Bd. 8, Nr. 58 (A), S. 435, Z. 8.

306 Hofkalender 1769, S. 28; Hofkalender 1791, S. 28; Prosop. Datenbank, Nr. 6668.

307 Hofkalender 1792, S. 29; Hofkalender 1797, S. 29; Prosop. Datenbank, Nr. 3019. Allenfalls Herder an Goethe, vor dem 27. September 1793, DA, Bd. 7, Nr. 37, S. 60, Z. 11.

308 Hofkalender 1798–1802, S. 29; Hofkalender 1803f., S. 38; Prosop. Datenbank, Nr. 1765.

309 Hofkalender 1778, S. 28; Hofkalender 1785, S. 28; Prosop. Datenbank, Nr. 6822.

Schwabhäuser[310] und in deren Nachfolge, 1793 bis 1805, Johann Friedrich Carl Franke[311]. Zu keinem dieser Männer sind amtsfunktionale Briefe Herders überliefert.

1.5.3. Pfarrstellen und Kantorate

Faßt man die damit nur sporadisch überlieferten Dokumente zusammen, so ergibt sich dennoch ein bezeichnendes Bild. Die Funktion des Adjunkten erwuchs, bis auf wenige Ausnahmen, in denen sich allerdings keine Einflußnahmen Herders nachweisen lassen, aus langjährigen pfarramtlichen Tätigkeiten in der jeweiligen Adjunktur. Personalpolitische Entscheidungen oder Initiativen dürften mit diesen begrenzten Beförderungsmöglichkeiten kaum verbunden gewesen sein. Auf Pfarramtsebene dominieren für den Generalsuperintendenten in der Tat die repräsentativen Pflichten. In den hier erhobenen Materialien läßt sich in keinem einzigen Fall eine deutliche persönliche Initiative Herders ausmachen. Zum Teil ist dies sicher ein Quellenproblem. Die Beförderungen von Kollaboratoren aus Herders Umfeld in Pfarrstellen der Spezialsuperintendentur setzen personal motivierte Einflußnahmen voraus, doch konnten sich auch diese nur innerhalb der amtsstrukturellen Gesetzmäßigkeiten ergeben, die ihrerseits institutionell bedingte und nicht persönlich auszudeutende Motivationen markieren.

Hinsichtlich der administrativen sowie repräsentativen Pflichten in den zu betreuenden Personalangelegenheiten sind trotz der vergleichsweise wenigen Referenzen einige signifikante Entwicklungslinien erkennbar. Zum einen bleibt bereits für die Frühzeit der ersten Amtsjahre festzuhalten, wie gering die materielle Bedeutung der nicht unerheblichen Akzidentien für Herder gewesen sein mußte. Dies illustriert der Fall von 1780, in dem sich Herder aufgrund der Gemeindesituation mit einem Drittel der vorgesehenen Emolumente begnügte. Eine pfarramtliche Motivation zu den Amtseinführungen mag in der weithin zu dokumentierenden Beschränkung auf Geistliche und Übertragung der entsprechenden Pflichten bei Kantoren auf die Adjunkten oder Pfarrer zu sehen sein. Charakteristisch ist zudem der Ernst, mit dem Herder seine Investiturpflichten bis in die letzten Amtsjahre versah, und die in der Korrespondenz bisweilen greifbare Freude über den damit verbundenen Tagesausflug. Besonders für die letzten Jahre läßt sich eine Erfüllung der Amtspflichten in Verbindung mit einer nur sehr begrenzten liturgischen Entlastung seitens der Adjunk-

310 Hofkalender 1786, S. 29; Hofkalender 1793, S. 30; Prosop. Datenbank, Nr. 5256. Auf keiner amtsfunktionalen Ebene liegt die Erwähnung Herders gegenüber Christian Gottlob Voigt, um 1798, DA, Bd. 7, Nr. 456, S. 433, Z. 8–10.
311 Hofkalender 1794, S. 30; Hofkalender 1804, S. 41; Prosop. Datenbank, Nr. 1356.

ten und einer erst 1802 einsetzenden Vertretung durch Weimarer Kollegen aufzeigen. Eine späte, selbst durchgeführte Investitur stellt die am 5. Oktober 1800 in Wickerstedt, einer der nördlichsten Dorfkirchen seiner Spezialsuperintendentur, vorgenommene Handlung dar.[312] Eine Vertretung zwischen Adjunkten untereinander wie auch eine Entlastung Herders, die sich nur auf liturgische Handlungen beschränkt haben dürfte, stellt ein Fall des Spätjahres 1802 dar.[313] Ende 1802 schließlich läßt sich auch eine Vertretung Herders in seinen repräsentativen Pflichten durch den Weimarer Hofprediger und Oberkonsistorialrat Günther belegen.[314]

1.6. Superintendenturen (Sachsen-Weimar)

In den (unter Absicht der Spezialsuperintendentur Weimar) sieben der Generalsuperintendentur Weimar zugeordneten Superintendenturen ergaben sich während der Amtszeit Herders zehn personelle Umbesetzungen, die auf mögliche Einflußnahmen durch Herder zu untersuchen sind.

1) Jena

Als Jenaer Superintendent fungierte von 1775 bis 1802 Christian Wilhelm Oemler.[315] Die Amtseinführung seines bis 1813 amtierenden Nachfolgers Johann Gottlob Marezoll stellte 1802 Herders letzte öffentliche Amtshandlung dar.[316] Einflußnahmen auf Marezolls Berufung nach Jena lassen sich nicht nachweisen. Aufschlußreich ist jedoch eine Note, die Herder Böttiger 1799 bestellen ließ.[317] Sie dokumentiert zum einen, daß Böttiger ein Verbindungsmann zu Marezoll war und sich um eine Berufung zum Generalsuperintendenten von Altenburg bemühen wollte. Herder reagiert vergleichsweise reserviert und verweist auf den finanziellen Verlust, den die Stelle in Altenburg für Marezoll bedeuten müsse.[318] Er stellt weiter fest, daß ihm Marezoll weder persönlich noch

---

312 Vgl. dazu in diesem Kap., Anm. 249.

313 Vgl. dazu oben Anm. 257.

314 Vgl. dazu oben Anm. 289.

315 Hofkalender 1776, S. 37; Hofkalender 1802, S. 39; Prosop. Datenbank, Nr. 3938.

316 Hofkalender 1803, S. 67; Prosop. Datenbank, Nr. 3490. Vgl. dazu Karoline an Siegmund August Wolfgang von Herder, 16. Mai 1803, DA, Bd. 8, Nr. 207 (A), S. 545, S. 14f.; dies. an Karl Ludwig von Knebel, 19. Mai 1803, ebd., Nr. 208 (A), 7f.; dies an Johann Isaak Gerning, 13. Juni 1803, ebd., Nr. 370, S. 364, Z. 38f. Inhaltlich s. Kap. V.10.1.4.

317 Karoline an Karl August Böttiger, 1. Oktober 1799, DA, Bd. 8, Nr. 74 (A), S. 401.

318 Ebd., Z. 7–10.

literarisch bekannt sei[319], bietet aber an, ein Empfehlungsschreiben von Marezoll selbst dem Herzog zu kommunizieren und sich gegebenenfalls für ihn einzusetzen[320]. Der Vorgang belegt Herders Skepsis in der Berufung des literarisch sowie positionell gut gestellten Mannes. Zugleich unterstreicht er eine reaktive Kooperationsbereitschaft. Die sich knapp drei Jahre später ergebende
Berufung Marezolls nach Jena mag sich, wie die ersten Anregungen und Vermittlungen, Böttiger verdanken.

2) Apolda

Unerwähnt in Herders Briefwechsel und amtlichen Dokumenten bleiben die
beiden Superintendenten von Apolda: von 1773 bis 1799 Christian Gottfried
Schneider[321] und in dessen Nachfolge von 1799 bis 1813 Christian Friedrich
Wilhelm Schneider[322]. Die Beförderung des letzteren ergab sich aus einer
vorangegangenen Anstellung als substituierter Pfarrer in Apolda.

3) Buttstädt

In Buttstädt wirkte als Superintendent von 1759 bis 1785 Johann Jacob Lungershausen.[323] Nach seinem Tod versah Johann Samuel Schröter zwischen
1785 und 1808 das Amt.[324] Schröter hatte zuvor in dem unmittelbaren beruflichen Umfeld Herders als erster Diakon an der Stadtkirche gearbeitet.[325] Aus
dieser innerhalb der Weimarer Geistlichkeit bereits herausgehobenen Position
ergab sich die Beförderung in eine Superintendentur mit einer gewissen
Zwangsläufigkeit. Dies belegt auch das Beispiel von Schröters Amtsnachfolger
an der Stadtkirche, Hoyer.

---

319 Ebd., Z. 16.
320 Ebd., Z. 11–15.
321 Hofkalender 1774, S. 36; Hofkalender 1799, S. 38; Prosop. Datenbank, Nr. 5018.
322 Hofkalender 1800, S. 38; Hofkalender 1803, S. 66; Prosop. Datenbank, Nr. 5017.
323 Hofkalender 1760, S. 34; Hofkalender 1785, S. 34; Prosop. Datenbank, Nr. 830.
324 Hofkalender 1786, S. 35; Hofkalender 1804, S. 70; Prosop. Datenbank, Nr. 5149. Zur Amts-
    einführung vgl. das in den DA-Kommentarband eingerückte Schreiben: Herder an den Rat
    der Stadt Buttstädt, 20. September 1985, DA, Bd. 12, Nr. 126a, S. 419.
325 Vgl. dazu auch in diesem Kap., Anm. 11.

4) Allstedt

Der Superintendentur Allstedt stand von 1769 bis 1779 August Rudolph Wahl voran.[326] Die Einsetzung seines Nachfolgers Christian Heinrich Hase, der das Amt von 1780 bis 1791 versah[327], stellt Herders zweite Einsetzung eines Superintendenten während seiner Weimarer Amtszeit dar. Möglicherweise deshalb nimmt dieser Vorgang einen so breiten Raum im Briefwechsel Herders und seiner Frau ein.[328] Zudem bestand eine persönliche Verbindung zwischen Hase und Hamann. Diesem berichtete Herder unter dem 9. September 1780 am ausführlichsten.[329] Aufschlußreich ist zum einen Herders Hinweis, „ich hatte es insonderheit mitbetrieben, daß er zu der Stelle vorgeschlagen wurde", zum anderen seine Erklärung, „weil ich ihn nicht so kannte, als ich ihn hier fand: er ist rauh u.[nd] borstig, seine Predigt war herzlich elend, u.[nd] ich glaube, er wird in seiner Diöcese eher den Pabst machen wollen, u.[nd] den treubeflißnen Weltmann als den Bischof der Heerde."[330] Die Berufung des Stadt Sulzaer Adjunkten Hase hatte Herder mitbetrieben, empfand sie aber schon nach der ersten persönlichen Begegnung als klaren Mißerfolg. Hases Nachfolger im Jahr 1791 stammte aus Herders unmittelbaren beruflichen Umfeld an der Stadtkirche. Möglicherweise auch aufgrund der persönlichen Verbundenheit, die Herder fühlte[331], und im Sinne einer ausstehenden Beförderungsmöglichkeit übernahm Johann Caspar Hoyer 1791 die Funktion, die er bis 1812 innehatte.[332] Dokumente Herders sind zu dieser Berufung nicht mehr vorhanden; aller Wahrscheinlichkeit nach gründet sie jedoch in einer Initiative von ihm. Brieflich belegbar ist nur die Investitur durch Herder für den 13. oder 14. November 1791. An dem ersten der beiden Tage erklärte Karoline dem Familienfreund

---

326 Hofkalender 1770, S. 38; Hofkalender 1780, S. 38; Prosop. Datenbank, Nr. 6599. Zu der Vakanz im Jahr 1779 vgl. DA, Bd. 4, S. 325, Anm. 92.

327 Hofkalender 1781, S. 38; Hofkalender 1791, S. 39; Prosop. Datenbank, Nr. 1940.

328 In amtsfunktionalen Zusammenhängen vgl. dazu knapp die Meldung Herders an Christian Gottlob Voigt, Mitte Juni 1780, DA, Bd. 4, Nr. 110, S. 123, sowie dessen Mitteilung des Termins an dens., 17. Juli 1780, ebd., Nr. 112, S. 125. Zu einem privaten Bericht vgl. Karoline an Karl Ludwig von Knebel, 20. September 1780, ebd., Nr. 6 (A), S. 186, Z. 18–21. Vgl. ferner Herder an Friederike Sophie Eleonore von Schardt, 7. Juli 1780, ebd., Nr. 111, S. 125, Z. 54–56.

329 Herder an Hamann, 9. September 1780, ebd., Nr. 116, S. 128, Z. 25–43.

330 Ebd., Z. 33–37.

331 Vgl. dazu und zu dem vorangegangenen Anstellung an der Stadtkirche in diesem Kap., Anm. 12–14.

332 Hofkalender 1792, S. 40; Hofkalender 1803, S. 69; Hofkalender 1812, S. 96 [Lücke in den Drucken der Jahre 1804 und 1809]; Prosop. Datenbank, Nr. 2458.

Johann Georg Müller: „Mein Mann [...] ist aber in Allstädt u.[nd] führt den Superintendent ein, kommt morgen Abend erst wieder."[333]

5) Dornburg

Langjähriger Superintendent von Dornburg war von 1759 bis 1776 zunächst August Ludwig Osann.[334] Bis in das Jahr 1778 blieb die Position vakant. Als Nachfolger wurde Friedrich Ernst Creutznacher berufen, der bis 1791 im Amt blieb.[335] Seine Beförderung aus einem Pfarramt in der Adjunktur Magdala in der benachbarten Superintendentur Apolda bleibt in Herders Briefwechsel ebenso unerwähnt wie die Amtseinführung. Ähnlich verhält es sich mit der Wiederbesetzung. Nach einer Vakanz im Jahr 1792 wurde Johann Friedrich Wunder berufen, der das Amt bis 1804 versah.[336] Wunder war, seinem Vorgänger vergleichbar, aus dem Pfarramt einer anderen Superintendentur berufen worden. Im Falle Wunders betraf dies mit Buttstädt jedoch keine angrenzende Superintendentur. Hinweise auf eine Beteiligung Herders an diesem Vorgang lassen sich nicht ausmachen.

6) Bürgel

In der Superintendentur Bürgel wirkte von 1756 bis 1782 Samuel Gottfried Zickler.[337] Sein Nachfolger wurde im selben Jahr Johann Georg Schmidt, der die Funktion bis 1794 innehatte.[338] Die Nachfolgeregelung dürfte sich zwangsläufig aus der wohl für die Superintendentur Bürgel spezifischen Einsetzung eines stellvertretenden Superintendenten ergeben haben. Als solcher hatte Schmidt bereits seit 1775 fungiert. Mit seiner Beförderung zum Superintendenten wurde die Bestimmung eines Stellvertreters nicht mehr vorgenommen. Schmidts Nachfolger Johann August Bertram, der die Superintendentur Bürgel von 1794 bis 1813 leitete[339], wurde, möglicherweise eine Konsequenz aus der Aufgabe dieser Nachfolgeregelung, aus einem Pfarramt der Adjunktur Niederroßla der Superintendentur Weimar berufen. In dieses Amt war er 1790 von

333 Karoline an Johann Georg Müller, 13. November 1791, DA, Bd. 6, Nr. 175, S. 260, Z. 32f.

334 Hofkalender 1760, S. 35; Hofkalender 1776, S. 35; Prosop. Datenbank, Nr. 3985.

335 Hofkalender 1779, S. 35; Hofkalender 1791, S. 36, Prosop. Datenbank, Nr. 830.

336 Hofkalender 1793, S. 36; Hofkalender 1804, S. 71; Prosop. Datenbank, Nr. 6947.

337 Hofkalender 1757, S. 20; Hofkalender 1782, S. 35; Prosop. Datenbank, Nr. 7032.

338 Hofkalender 1783, S. 35; Hofkalender 1794, S. 37; Prosop. Datenbank, Nr. 4958.

339 Hofkalender 1795, S. 37; Hofkalender 1804, S. 72; Prosop. Datenbank, Nr. 323.

Herder eingesetzt worden.[340] Nachweise von Einflußnahmen Herders auf diese amtsstrukturellen Veränderungen und personalpolitischen Entscheidungen können nicht erbracht werden.

7) Ilmenau

In der Superintendentur Ilmenau kam es während der Amtszeit Herders zu keiner Veränderung vorgezeichneter interner Beförderungsstrukturen. Nach der Amtszeit Johann Gottfried Jacobeys zwischen 1772 und 1796[341] und einer knapp einjährigen Vakanz wurde Johann Heinrich Gotthelf Teubner[342] in dessen Nachfolge berufen, der seit 1779 als Adjunkt und Diakon in Ilmenau gewirkt hatte. Der Übernahme dieses Amtes war jedoch eine kurzzeitige Tätigkeit als Kollaborator an der Stadtkirche vorausgegangen[343], so daß von einer einschlägigen persönlichen Bekanntschaft Herders auszugehen ist. Als Superintendent wirkte Teubner bis 1813. An amtsfunktionalen Bezügen läßt sich lediglich der Investiturakt durch Herder belegen.[344]

8. Strukturelle Parallelitäten

Untersucht man die damit dokumentierbaren Vorgänge in struktureller Hinsicht zunächst auf Besonderheiten und dann Gemeinsamkeiten, ist zum einen auf die Auswärtsberufung Marezolls hinzuweisen, die sich wohl der längerfristigen Bemühung Böttigers um eine Anstellung in der Nähe verdankt. Zum anderen zeichnet sich eine deutliche Dominanz von Beförderungen aus der Superintendentur Weimar ab. Hase hatte dort als Adjunkt gewirkt. Aus einem Pfarramt in der Weimarer Adjunktur Oberroßla war Bertram berufen worden. Nicht weniger als drei spätere Superintendenten hatten an der Weimarer Stadtkirche in Herders unmittelbaren beruflichen Umfeld gearbeitet. Zwei von ihnen, Schröter und Hoyer, wurden aus ihrer Weimarer Position in die Superintendentur befördert. Im Falle Teubners verband sich die äußerst frühzeitige Berufung zum Ilmenauer Adjunkten mit einer längerfristigen Nachfolgeregelung. Zwei in unterschiedlichen Gewichtungen personell bzw. institutionell vorbereitete Nachfolgeregelungen lassen sich auch für die Beförderungen Schnei-

340   Herder an Karl Johann Georg Büttner, 16. September 1790, DA, Bd. 6, Nr. 132, S. 207, Z. 9–17.
341   Hofkalender 1773, S. 36; Hofkalender 1796, S. 38; Prosop. Datenbank, Nr. 2535.
342   Hofkalender 1798, S. 39; Prosop. Datenbank, Nr. 5780.
343   Vgl. dazu in diesem Kap., Anm. 35.
344   Herder an Karl Ludwig von Knebel, 5. August 1797, DA, Bd. 7, Nr. 347, S. 332, Z. 32.

ders und Schmidts benennen. Als weniger typisch können die Einsetzungen Creutznachers und Wunders gelten, die aus angrenzenden Superintendenturen und jeweils regulären Pfarrämtern erfolgten. Bei aller Ausgewogenheit dieser Vorgänge ist doch auf die Weimarer Superintendentur im ganzen und das engere kirchliche Umfeld Herders im besonderen in ihrer zentralen Bedeutung für die oberste Beförderungsebene innerhalb der Generalsuperintendentur hinzuweisen.

1.7. Generalsuperintendentur (Eisenach)

Eine erste Verbindung zu Besetzungsvorgängen auf der Ebene der Generalsuperintendenturen der angrenzenden Fürstentümer ergab sich bereits in der von Böttiger an Herder weitergeleiteten Anregung einer Berufung Marezolls nach Altenburg.[345] Innerhalb des Fürstentums Sachsen-Weimar-Eisenach bestand eine Vakanz der Eisenacher Generalsuperintendentur nur zu zwei Gelegenheiten. Nach dem Tod des von 1744 bis 1781 amtierenden Generalsuperintendenten Christian Köhler[346] erfolgte 1782 die Berufung des Weimarer Archidiakons Christian Wilhelm Schneider nach Eisenach[347]. Für ihn, wie die beiden Hofdiakone, bedeutete diese Stellenbesetzung die im Grunde einzig verbliebene Beförderungsmöglichkeit innerhalb des Fürstentums. Von Herder sind keine Gutachten oder Stellungnahmen erhalten. Nur eine briefliche Anmerkung gegenüber Hamann Anfang März 1782 verrät nach dem anfänglich äußerst gespannten Verhältnis eine aufrichtige menschliche Anteilnahme: „Mein Collega, Schneider, Archidiakonus der Stadtkirche u.[nd] Verfasser der actorum ecclesiasticorum kommt nach Eisenach als Generalsuperintendent u.[nd] ihm ist damit sehr geholfen."[348] Als aussichtsreicher Kandidat war zuvor Justus Friedrich Froriep gehandelt worden: „Froriep in Erfurt [...] hat sich viel Mühe um die Stelle gegeben; ich habe ihm aber, soviel an mir ist, tapfer widerstanden."[349] Von einem Gutachten oder *votum informativum* Herders ist damit auszugehen; und es ist nicht unwahrscheinlich, daß sich Herder selbst für Schneider ausgesprochen hatte. Mit Schneiders Tod im Jahr 1797 ergab sich die abschließende zweite Besetzungsmöglichkeit während der Amtszeit Herders. Aus der Eisenacher Vakanz und der zeitgleich dazu anstehenden Wiederbesetzung eines Amts an der Weimarer Hofkirche konstruierte Herder seinen um-

---

345 Vgl. dazu in diesem Kap., Anm. 317.
346 Hofkalender 1781, S. 63; Prosop. Datenbank, Nr. 2882.
347 Vgl. zu ihm in diesem Kap., Anm. 1.
348 Herder an Hamann, Anfang März 1782, DA, Bd. 4, Nr. 205, S. 208, S. 47–49.
349 Ebd., Z. 49–51.

fassenden Umgestaltungsplan des Jahres 1797[350], der insbesondere in Weimar von weitreichenden Konsequenzen für den Status der Hofkirche und die Zusammensetzung des Oberkonsistoriums gewesen wäre. Eine Momentaufnahme der Stimmung im Geheimen Consilium dokumentiert das Schreiben des Geheimen Rates Voigt an Goethe vom 4. Dezember 1797. Darin heißt es zu dem jüngsten Vorschlag hinsichtlich der vakanten Positionen: „*Herders* Wiederbesetzungs Vorschläge scheinen mir ganz treflich zu seyn. Künftigen Freitag kom[m]t die Eisenachische Besetzung in Vortrag; ich will mich freuen, wenn Serenissimus auf diese Art resolvieren."[351]

Die Entscheidung zugunsten Johann Ludwig Gottfried Voigts[352], der zuvor zweiter Diakon in Eisenach gewesen war, fiel nicht zugunsten Herders Vorschlag aus und dokumentiert, daß eine interne Nachfolgeregelung innerhalb Eisenachs bevorzugt wurde. Nach Herders Tod fand diese Präferenz eine Ausweitung auf das gesamte Fürstentum, was für Voigt bedeutete, daß er Herders unmittelbarer Amtsnachfolger in Sachsen-Weimar wurde, während die Generalsuperintendentur Eisenach 1804 durch eine Auswärtsberufung wiederbesetzt wurde.

1.8. Generalsuperintendentur (Sachsen-Weimar)

In der kirchlichen Personalrekrutierung schränkten sich die über die vorab erwähnten personalpolitischen bzw. -administrativen Funktionen hinausgehenden Aufgaben des Generalsuperintendenten für das gesamte Verwaltungs- und Verantwortungsgebiet auf die Prüfungen des landeseigenen theologischen Nachwuchses ein. Die Examina der Kandidaten ermöglichten Herder einen kontinuierlichen Überblick über die jeweiligen Pfarramtskandidaten und punktuellen sowie perspektivisch gebrochenen Einblick in den Studienbetrieb der Universität Jena.

Hinsichtlich der Kandidatenprüfungen stehen lediglich zwei Quellengattungen zur Verfügung. Zum einen handelt es sich um die handschriftlichen Vorbereitungen Herders auf die Examen. Eine Auswertung der weithin lateinisch skizzierten Fragekataloge stellt in inhaltlicher Hinsicht einen eigenen Reiz dar. Ohne eine Rekonstruktion der eigentlichen Prüfungsvorgänge, der Kandidatenlisten, möglicher Ergebnisse und, insbesondere, einer Gegenüberstellung der Fragen mit den gebotenen Antworten, muß die Aufnahme der Prüfungsvorbereitungen jedoch weithin unbestimmt und ohne Kontextualisierung

---

350 Vgl. dazu Kap. III.1.3.3.
351 Voigt an Goethe, 4. Dezember 1797, Goethe, Amtliche Schriften, Bd. 2/1, Nr. 132 D, S. 540, Z. 41–S. 541, Z. 3.
352 Hofkalender 1798, S. 71; Hofkalender 1799, S. 70; Prosop. Datenbank, Nr. 6523.

bleiben. Das einschlägige Ergebnis einer Sichtung der in Berlin vorhandenen
Notate dürfte sein, daß sie Herder als einen routinierten Prüfer zeigen, der auf
der Grundlage eines knappen Exzerptes einschlägiger und etablierter Literatur
einen Fragekatalog entwarf, den er nach und nach abarbeitete, um sich im wesentlichen an der vorab konzipierten Struktur zu orientieren.

Wichtiger als die Vorbereitung der Prüfungen dürften in jedem Fall Herders Reaktionen auf einzelne Ergebnisse oder unmittelbare Prüfungsleistungen
sein. Die einzige hier verfügbare Quellengattung, die über sporadische Berichte von Protektionen im Zuge einschlägiger Prüfungsergebnisse oder Brief-
bzw. Tagebuchaufzeichnungen hinausgeht, stellen die Notizen Herders in der
Korrektur oder Bewertung einzelner Kandidaten dar. Nur ein Dokument steht
zur Verfügung, das sich in dem vom Goethe- und Schiller-Archiv betreuten
Teil des Nachlasses erhalten hat.[353] Die knappen Beurteilungen von Kandida-
tenarbeiten datieren in das Jahr 1780. In den kurz gehaltenen Aufzeichnungen
lassen sich mehrere der abgekürzten Namen eindeutig verifizieren. Bei dem an
erster Stelle genannten „J. D. Balth. Schmid" dürfte es sich aufgrund der signifikanten Verbindung von Vornamen um jenen Johann Daniel Balthasar
Schmidt handeln, der seit 1803 die Pfarrei von Issersted in der Superinten-
tur Jena betreute.[354] In den Herderschen Aufzeichnungen findet er am meisten
Lob. Über seine Anmerkungen zu einzelnen Psalmen (u. a. Ps 74, 79, 83, an
späterer Stelle Ps 50) hält er fest: „Argument.[um] bene declarat [...] bene
observata [... oder] bene expressum argumentum". Möglicherweise handelt es
sich um den Ende des Jahres 1780 als Informator der Kinder erstangestellten
Hauslehrer der Familie Herder, der sich als kapitaler Fehlgriff erweisen sollte.[355] Kritischere Anmerkungen stehen bei den anderen Kandidaten im Vordergrund. Über einen später nicht in Weimarischen Diensten geführten „Forster"
oder Förster heißt es noch vermittelnd: „Schluß wird gut". Bei „J. X. Rudolph", in dem der spätere Kollaborator an der Stadtkirche und im Anschluß
daran Rastenberger Pfarrer Johann Christoph Rudolph zu identifizieren sein
muß, wird mehrfach betont „male explicatus", einmal „bene explic[atus]."[356]
Die Disposition der Kandidaten, für Herder nicht nur in den *Briefen, das Studium der Theologie betreffend*, ebenso zentral wie in der eigenen Predigtpraxis,
bestimmt auch einen eigenen Punkt seines Prüfungsrasters. Rudolph gereicht
dies nicht zum Vorteil: „Gar nicht disponirt, sondern geschwätzt. schöne Themata, nicht gebraucht. Elend geredet." Zugleich erkennt er jedoch den sozialen

---

353 GSA, Best. 44, Sig. 149. Die nachfolgenden Auszüge entstammen dieser nur ein Blatt umfassenden Handschrift. Sämtliche Zitate finden sich dort auf Bl. 1ʳ; lediglich der abschließend
erwähnte Schmid wird auf Bl. 1ʳ geführt.
354 Vgl. dazu Hofkalender 1804, S. 78; Hofkalender 1813, S. 100; Prosop. Datenbank, Nr. 4949.
355 Vgl. dazu unten Kap. IV.2.8.4.
356 Zu Rudolph vgl. in diesem Kap., Anm. 44.

Hintergrund: „curric.[ulum] vitae, arm." Die Bedeutung der Disposition wird von dem Hinweis zu einem weiteren Kandidaten unterstichen: „gar nicht zur Sache gehörig die Disposition". Über „J. A. J. LiebesKind", Herders späteren Hauslehrer[357] und den künftigen Schwiegersohn Wielands, heißt es: „Gedicht harte, rauhe Stellen. auch gut[.] Abhandlung, Eingang zu fremd [... .] Deutsche Abhandlung zu viel fremdes: sonst Philos.[ophie] gut[.] nur keine Predigt". Bei dem vierten namentlich zu verifizierenden Kandidaten wird Herder in seinem Urteil noch deutlicher: „elend geschrieb[en,] hingeschludert: ohne Dogm.[atische] Trad.[ition]". Gleichermaßen knapp ist jedoch der anschließende Hinweis: „disposit.[ition] gut". Daß es sich bei dem Kürzel: „C. X. E. Schmid" um den späteren Jenaer theologischen Ordinarius Carl Christian Erhard Schmidt handelt, ist nicht zu bezweifeln. Die von Friedrich Wilhelm Graf erwähnte Empfehlung des Generalsuperintendenten zur Drucklegung der Schmidschen Examensarbeit[358] stellt einen interessanten Hinweis auf Herders persönliche Wertschätzung der zu erbringenden Leistung dar. Für Herder dürfte die Begegnung mit Schmid in dem kirchlichen Examen die erste Berührung gewesen sein; auf seine Unterstützung in der Übertragung der theologischen Professur wird an späterer Stelle einzugehen sein.

Trotz der schlanken Quellenlage läßt sich damit über den Prüfer Herder festhalten, daß sich seine Bewertungen nicht auf die objektiv zu erbringenden Daten beschränkten und gerade die einschlägigen Defizite, die im Falle Schmids stilistischer sowie dogmatischer Natur waren, als entsprechende Stärken und besondere Veranlagung verstehen ließen. Nicht nur von ausschließlich biographischem Interesse, sondern als externer Beleg des kirchlichen Examens 1780 unter Herder dürfte von Bedeutung sein, daß Schmid im Anschluß seiner kirchlichen Prüfung noch im selben Jahr eine Hauslehrerstelle auf dem Gut Oberwiederstedt bei Mansfeld übernahm. Sein Schüler war der im Alter von acht Jahren an der Ruhr erkrankte Freiherr Georg Philipp Friedrich Leopold von Hardenberg, der unter seinem Pseudonym Novalis mit einer Sammlung von Fragmenten im *Athenaeum* erstmals 1798 hervortrat, demselben Jahr, in dem Schmid seine Festanstellung an der Jenaer Universität erhielt.

Das Beispiel Schmids illustriert, wie langfristig und subtil – ohne spätere Hinweise oder eigene Ansprüche – sich die Förderung des vormaligen Prüfers gestalten konnte.

---

357 Vgl. dazu Kap. IV, Anm. 1829.
358 Graf, Schmid, Sp. 336f.

2. Schule: Weimarer Gymnasium

Dem Weimarer Gymnasium war Herder in einer Mehrzahl von Funktionen verbunden. Das der Kirchenleitung unterstellte Schulwesen lag institutionell im Verantwortungsbereich des Oberkonsistoriums. In Personalfragen spielten die patronats- und gewohnheitsrechtlichen Interessen, die der Weimarer Stadtrat in nicht wenigen Fällen vertrat, daneben eine erhebliche Rolle. Im Falle Herders berührten sich in den amtlichen Bezügen zu schulischen Besetzungsangelegenheiten verschiedene Funktionsbereiche. Als Generalsuperintendent trug er als Teil des gesamten Kirchenwesens die Gesamtverantwortung für das Schulwesen. In dem besonderen Verwaltungsbereich seiner Spezialsuperintendentur lag das Weimarer Gymnasium, auf das sich die folgenden Ausführungen aufgrund der ansatzweisen Gestaltungsmöglichkeiten in personeller Hinsicht beziehen. Das Gymnasium unterstand als Teil des Stiftungswesens (in den zudem lokalen Bezügen der Spezialsuperintendentur) direkt dem Generalsuperintendenten. Die erwähnte Funktion des Ephorus, die im folgenden vorrangig benannt wird, ist darin von dem übergeordneten Verantwortungsbereich des Generalsuperintendenten weder zu trennen noch eigens zu thematisieren. Das persönliche Interesse Herders an einer Verbesserung des Schulwesens wird zunächst nur mit der Frage nach einem besseren schulischen Personal vor dem Hintergrund der tatsächlich vorhandenen Besetzungs- bzw. personellen Umgestaltungsmöglichkeiten verfolgt. Der Unterricht an der Schule verteilte sich auf sechs Klassen, von denen die drei obersten als das Gymnasium im engeren Sinne galten. Die Gliederung orientiert sich im wesentlichen an der Abfolge der Ämter innerhalb des Lehrköpers.

2.1. Direktor (1770–1804)

Als Direktor stand dem Gymnasium von 1770 bis 1790 Johann Michael Heinze vor.[359] Vor seiner Berufung nach Weimar hatte er seit 1753 als Rektor in Lüneburg gewirkt.[360] Am 9. Oktober 1790, drei Tage nach seinem Tod, hielt Herder die Trauer-*Rede vor der Beerdigung des Direktors Heinze* im Hörsaal des Gymnasiums.[361] Diese Geste der Ehrerweisung stand mit keiner Amtspflicht des Ephorus in Verbindung. Die Formulierung der Anstellungsdokumente, der Generalsuperintendent habe „bey ganzen Schulen die Leichen Pre-

---

359 Francke, Regesten, S. 21; Hofkalender 1771, S. 45; Hofkalender 1791, S. 47; Prosop. Datenbank, Nr. 2064.
360 DA, Bd. 10, S. 237.
361 SWS, Bd. 30, S. 170–179.

digten, *Sermon*en und Standt Reden"[362] zu halten, wurde bisweilen als Hinweis auf das Schulwesen des Landes mißverstanden[363] und nicht als präzise Angabe einer Gebührenordnung gedeutet. Das Anliegen Herders, Heinze zu würdigen, wie es in der von Fackeln erleuchteten Aula des Gymnasiums feierlich geschah[364], kann als um so genuiner gelten. Heinzes Direktorat, das sich mit einer besonderen Verantwortung für die *Prima*, die oberste Klasse des Gymnasiums verband, war in der Lehre weithin auf altphilologische Studien ausgerichtet. Aufgrund dieses Unterrichtsprofils ergab es sich auch während der Zeit der anschließenden Vakanz, daß Herder nach „Heinzes Tode [...]" selbst in mehreren Stunden wöchentlich in der Prima über Geßners Isagoge vorgetragen" hat.[365] Charakteristisch für Heinzes Lehrtätigkeit ist zudem, daß der Direktor sich, wie Herder festhält, „beständig den Unterricht in der Ebräischen Sprache [verbeten habe], weil er diese, wie er bescheiden meinte, nicht in dem Grad verstände, wie ein Lehrer sie verstehen müßte" – ein Umstand, den Herder als „seltne Bescheidenheit, die eben den Meister verräth", interpretiert.[366] Seine besondere Wertschätzung Heinzes als Menschen und Gelehrten hat bereits Haym prägnant zusammengefaßt.[367]

Den anschließenden Berufungsvorgang Böttigers schildert Haym ebenfalls[368], wobei die späteren Darstellungen Franckes auf einer breiteren materialen Grundlage erarbeitet wurden und insgesamt als präziser gelten können[369]. Aufgrund der zentralen Wahrnehmung Hayms und der weniger rezipierten Beiträge Franckes lohnt sich eine zusammenfassende Darstellung, die auch den zwischenzeitlich verfügbar gemachten Briefwechsel sowie einzelne bisher nur am Rande berührte Schreiben einbezieht. In einem wichtigen Punkt klaffen die Biographie Hayms und die spätere der beiden Arbeiten Franckes auseinander: der Frage nach dem Ideengeber in der Berufung Böttigers. Haym verweist vorrangig auf Bode als den ersten Anreger und stellt den Vorgang in einen konspirationstheoretischen Zusammenhang: „der Freimaurer [sei] durch den Freimaurer" vorgeschlagen worden.[370]

---

362 Vgl. dazu Kap. II, Anm. 136 sowie 176.

363 Zu dieser verbreiteten Annahme vgl. u. a. Francke, Geschichte, S. 87: „ferner wurde er verpflichtet, bei Einführung neuer Lehrer und bei Todesfällen Reden zu halten."

364 Knapp dazu, zusammen mit Quellenverweis, Haym, Herder, Bd. 2, S. 483, Anm. 24.

365 Francke, Regesten, S. 23. Vgl. dazu auch Haym, Herder, Bd. 2, S. 485. Am detailliertesten, auch hinsichtlich der im Briefwechsel gründenden Quellenangaben: Francke, Geschichte, S. 144. Zu Herders eigener Einschätzung des Werkes vgl. seine Rezension des Jahres 1776, FHA, Bd. 9/2, S. 256–265.

366 SWS, Bd. 30, S. 173.

367 Haym, Herder, Bd. 2, S. 482f.

368 Ebd., S. 483–486.

369 Vgl. dazu Francke, Böttiger, sowie Francke, Geschichte, S. 144–153.

370 Haym, Herder, Bd. 2, S. 484.

Der Hinweis auf Bode, auf den Franckes spätere Darstellung verzichtet, hat seine Berechtigung, doch war die erste Initiative um eine Neubesetzung als solche von Herder selbst, zwei Tage nach der Beerdigung Heinzes, ausgegangen. Am 11. Oktober kündigte er seinem Göttinger Freund Heyne an: „Ich werde mir bei Ihnen zu rechter Zeit [wegen der Nachfolge] Raths erholen. Oder könnten Sie mir schon jetzt, ob ich gleich hierüber noch keinen Auftrag habe, unter der Hand einen guten Wink geben, wäre ich Ihnen sehr verbunden."[371] Heyne antwortete unter dem 17. Oktober, bleibt jedoch ebenso unverbindlich und knapp wie Herder in der Anfrage.[372] Als „rüstigen, thätigen und geschickten Schulmann" schlägt er Köppe in Hildesheim vor, „auch den Köler in Detmold".[373] Aus Göttingen benennt er „Heinike, der eine Prämie über die geographica Africae erhielt".[374] Böttiger befindet sich nicht auf der Vorschlagsliste. Die Kürze der Auskunft und das gegenüber anderen Empfehlungsschreiben deutlich zurückstehende Engagement erklärt sich aus dem Hinweis auf eine etwas über eine Woche nach Heinzes Tod bereits in Göttingen zirkulierende Annahme: „Aber ich höre, daß Ihr Schwabe schon Anwartschaft auf die erste Stelle hat. [...] Wenn es einmal zu einem gewissen Beschluß kömmt, wird sich weiter davon sprechen lassen."[375] Eine Dringlichkeit der Situation oder das eigene Anliegen, bestimmte Kandidaten besonders zu protegieren, ist für Heyne damit nicht gegeben. Ein Empfehlungsbrief Heynes in einer andern Angelegenheit folgte am 26. Dezember 1790.[376] Bezeichnend ist an dem Vorgang zweierlei. Zum einen, daß sich Herder, wie zuvor besonders in auswärtigen Berufungsfragen und Personalangelegenheiten der Universität Jena, in erster Instanz an Heyne wandte, sich in diesem Fall jedoch, wie der weitere Verlauf des Berufungsgeschehens zeigen sollte, nicht weiter an ihm orientierte – wahrscheinlich aufgrund dessen eingeschränkten Interesses, das seinerseits wohl in der als gering eingeschätzten Aktualität gründete. Zum anderen deutet sich an, daß Herder schon sehr früh eine Auswärtsberufung ins Auge gefaßt hatte und eine schulinterne Nachfolgeregelung, wie sie sich in der Beförderung des Konrektors Schwabe nahegelegt hätte, ausschloß.[377] Die von Haym erwähnte und auch in der früheren der beiden Arbeiten Franckes ange-

---

371 Herder an Christian Gottlob Heyne, 11. Oktober 1790, DA, Bd. 6, Nr. 139, S. 214, Z. 32–35. Nach der Handschrift: ebd, Bd. 9, N zu Bd. 6, Nr. 139, S. 548, Z. 33–36.
372 Düntzer, Nachlaß, Bd. 2, Nr. 82, S. 212f.
373 Ebd., S. 213.
374 Ebd.
375 Ebd.
376 Ebd., Nr. 83, S. 213f.
377 Dies erkennt bereits Francke, Geschichte, S. 144f.: „allein Herder hatte selbst wohl nie ernstlich an diese Möglichkeit [einer Beförderung des Konrektors Schwabe] gedacht". Francke stützt seine Beobachtung ebenfalls auf Herders Brief an Heyne vom 11. Oktober (vgl. dazu in diesem Kap. Anm. 371).

deutete Empfehlung Bodes konnte sich erst im zeitlichen Anschluß an diese Initiative ergeben.[378] In den verfügbaren Primärquellen läßt sich die Textgrundlage für den Hinweis auf Bode nicht ausmachen. Forschungsgeschichtlich wird jedoch erkennbar, daß sowohl Haym als auch Francke ein entsprechendes Dokument nicht eingesehen hatten.

Grundlage für beide Darstellungen war[379] zum einen die 1883 erschienene Studie Richard Lindemanns *Beiträge zur Charakteristik K. A. Böttigers und seiner Stellung zu J. G. von Herder*, die Düntzers zurückhaltendes Resümee eines unklaren Hintergrundes der Berufung präzisiert:

„Das ist allerdings richtig, daß Böttiger die neue Stelle Herders Einflusse verdankt und dies wiederum der lebhaften Verwendung des Geh. Rats Bode, eines Freimaurers, der aufs angelegentlichste Böttigers Tüchtigkeit als Lehrer und Vorsteher eines grösseren Pensionats anpries und zwei Programmarbeiten, sowie die in Bautzen gehaltene Antrittsrede desselben vorlegte. Diese Arbeiten waren natürlich von Böttiger selbst zwecks Erlangung der durch Heinzes Tod erledigten Rektorstelle nach Weimar, und jedenfalls noch im Jahre 1790, gesandt worden."[380]

Die Sicherheit dieser Ausführungen wird durch den Schlußsatz, der von einem *terminus ante quem* mit dem Jahresbeginn 1791 bestimmt wird, relativiert. Bestechend präzise hingegen ist der Hinweis auf die Herder kommunizierten Schulschriften Böttigers. Die Darstellung Lindemanns läßt ein einmaliges Schreiben Bodes unter Anlage der erwähnten Schriften für den Zeitraum von Oktober bis Dezember 1790 annehmen. In Herders Briefwechsel findet dieser Vorgang keinen Niederschlag. Zum anderen ist – zumindest im Falle Haym – von der Kenntnis der handschriftlichen Fassung der *Erinnerungen* auszugehen. Darin heißt es: „Geheimrath Bode empfahl ihm (Herder) den Böttiger (es war eine FreimäurerEmpfehlung!) u.[nd] brachte vortheilhafte Nachrichten u.[nd] Zeugniße über ihn."[381] Möglicherweise war diese Stelle der *Erinnerungen* sogar die Quelle Lindemanns. Zu betonen ist jedoch, daß Karoline gerade die amtlichen Zusammenhänge ohne Einsichtnahme in die entsprechende Korrespondenz erarbeiten mußte.[382]

---

378 Haym, Herder, Bd. 2, S. 484; Francke, Böttiger, S. 54.

379 Sowohl bei Haym, Herder, Bd. 2, S. 484, Anm. 25 und S. 485, Anm. 26, als auch bei Francke, Böttiger, S. 53–55, explizit erwähnt.

380 Lindemann, Böttiger, S. 31f.

381 HN XXXVII, 3, „Böttiger", S. 1. Für die Mitteilung danke ich Günter Arnold herzlich, der den Hinweis auf Bode gleichermaßen für vernachlässigswert hält. Arnold verweist ebenfalls auf das Fehlen in dem zentralen Brief an Karl August: „Bode wird in diesem wichtigen Brief nicht erwähnt. Außerdem nahm Herder bekanntlich die Freimaurerei nicht ernst zum Leidwesen Bodes; ich glaube nicht an die Wichtigkeit der F[rei]M[aurer]-Konnexionen für ihn. Karoline konnte die geschäftlichen Details verwechseln, Doerings Briefe waren ja nicht mehr in Herders Papieren."

382 Diesen Hinweis verdanke ich, wie in der vorherigen Anmerkung vermerkt, Günter Arnold.

In dieser wird alleine eine Empfehlung Böttigers durch den Gothaer Gymnasialdirektor Friedrich Wilhelm Doering greifbar[383], der sich unter dem 21. November mit einem Schreiben an Herder[384] für seinen Schulpfortaer Studienfreund eingesetzt hatte: „Ich habe einen Freund, der mir mehr als Bruder ist, mit dem ich 15 Jahre eine Bahn wandelte, und der unbezweifelt, selbst nach dem Urtheil des großen Heyne in Göttingen, einer der gelehrtesten, geschicktesten und eifrigsten Schulmänner Deutschlands ist."[385] Er stellt in Aussicht, daß Böttiger das Weimarer Gymnasium „zu einem der ersten [in Deutschland] erheben" würde.[386] Der Hinweis auf Böttigers Bereitschaft, auch ohne eine äußere Verbesserung wegen der reizvollen Aufgabe und der persönlichen Verbindung zu Doering nach Weimar zu wechseln[387], verspricht einen unkomplizierten Berufungsvorgang. In ihrer intimen Kenntnis der Situation gibt die Passage zudem zu erkennen, daß sich die Empfehlung insgesamt einem Signal Böttigers verdanken mußte. Nur auf eine entsprechende Selbstauskunft konnte die Mitteilung zurückgehen: „Auch hat er eine ansehnliche Pensions Anstalt von jungen Adlichen, die ihn, sowie sie ihn von Guben nach Bautzen gefolgt sind, nach Weymar folgen würden."[388] Herder antwortete Doering am 29. November mit der Bitte um eine Leihgabe der einschlägigen Schulschriften Böttigers.[389] Ausdrücklich erklärt er, dessen pädagogische Programmschriften bislang nur namentlich aus den *Göttingischen Anzeigen von gelehrten Sachen* zu kennen.[390] Der Zeitraum einer von Bode vorgenommenen Lieferung entsprechender Drucke reduziert sich damit auf den Monat Dezember. Doering erneuerte seine Empfehlung unter dem 1. Dezember.[391] Unter Anlage einiger schulischer Schriften Böttigers hebt er auf dessen „ausgebreitete [...] und gründliche [...] Gelehrsamkeit und seine [...] ungemeine [...] Wirksamkeit als Schulmann" ab.[392] Er erklärte, „daß Böttiger von keinem Schulmann in ganz Deutschland

---

383 Bei Haym, Herder, Bd. 2, S. 484, ist dies dem Vorschlage Bodes zeitlich nachgeordnet.

384 Vgl. dazu DA, Bd. 9, N zu Bd. 5, Anm. 142, S. 768. Für einen Textauszug des Schreibens s. Francke, Böttiger, S. 54f.

385 Francke, Böttiger, S. 55.

386 Ebd.

387 Ebd.: „Er würde um Weymar und um meinetwillen, wenn er sich gleich nicht verbessern sollte, das Directorat in Weymar gewiß annehmen".

388 Ebd.

389 Herder an Friedrich Wilhelm Doering, 29. November 1790, DA, Bd. 6, Nr. 142, S. 217; Bd. 9, N zu Bd. 6, Nr. 142, S. 549, bes. Z. 10–13.

390 Ebd., Z. 9–12: „auch haben die Göttingischen Zeitungen bei Anzeige seiner kleinen Schulschriften dies mehrmals in mir erneuret. Da ich aber keine derselben bisher zu Gesicht bekommen habe: so bitte ich Euer Wohlgeboren ergebenst, mir, was Sie nur von ihm haben, zukommen zu lassen".

391 Vgl. dazu Francke, Böttiger, S. 55.

392 Ebd.

übertroffen wird", und bezeugt seine persönlichen Qualitäten als einer „der edelsten und besten Menschen".[393]

Am 22. Dezember faßt Herder die Situation für den Herzog zusammen.[394] Terminlich markiert sein Schreiben, unter Einschluß der mit Weihnachtsfest und Jahresanfang zu erwartenden Verzögerungen, das Ende der ersten von den beiden Dreimonatsfristen, auf die eine Vakanz infolge der Witwenregelungen angelegt war.[395] In den Vordergrund seiner Ausführungen rückt Herder die Frage nach den rechtlichen Kompetenzen in der Besetzung des Direktorats.[396] Explizit benennt er die beiden jüngsten Vorgehensweisen in der Ernennung Heinzes sowie dessen Vorgängers Carpov, in denen die personelle Entscheidung von dem Landesherrn getroffen und durch Reskript mit dem Patronatsrecht des Stadtrates verbunden wurde. Das Vorrecht der Stadt auf die Präsentation eines Kandidaten relativiert Herder mit dem Hinweis auf das herzogliche Vetorecht. Das Abstimmungsgefälle zwischen Herzog und Stadt folgert Herder klar aus den Zuständigkeitsbereichen der betroffenen Instanzen. „Da das fürstliche Gymnasium qua tale eine Landesschule, und keine bloße Stadtschule ist"[397], stünde die Personalentscheidung eindeutig dem Herzog zu. Die juristisch starken Ausführungen münden in den ebenfalls ausreichend abgesicherten Hinweis, daß, wie in dem zuletzt zurückliegenden Fall einer Berufung des Gymnasialdirektors, auf das Oberkonsistorium als federführende Institution zurückgegriffen werden könne.[398] Einer möglichen Vermittlung durch den Stadtrat und einer frühzeitigen Involvierung der Ratsvertreter scheint Herder damit vorbeugen zu wollen. Der Grund dürfte in der schon bald verworfenen Option einer Beförderung des Konrektors Schwabe liegen. Wie spätere Personalvorgänge zeigen, geht Herder darin zu Recht von einer besonderen Unterstützung lokal etablierter Kandidaten durch den Stadtrat aus. Seine Ablehnung Schwabes leitet Herder jedoch nicht aus der eigenen Wahrnehmung ab, sondern verweist ausdrücklich und ausschließlich auf Fremdwahrnehmungen: „das Zutrauen und die Erwartung der Classe [der betroffenen *Prima*], vielleicht auch des Publicums [... scheinen] nicht für ihn gestimmt"[399]. Verstärkend benennt er die Selbstwahrnehmung Schwabes: „er klagt selbst über den Mangel

---

393 Ebd.
394 Herder an Karl August, 22. Dezember 1790, DA, Bd. 6, Nr. 143, S. 217–220.
395 Vgl. dazu direkt ebd., S. 217, Z. 7.
396 Ebd., Z. 11–24. Sehr knapp zu dem Kompetenzstreit in der Frage des Patronatsrechtes des Stadtrats vgl. Francke, Regesten, S. 23: „wobei sich Herder ganz entschieden gegen die Ansprüche des ersteren erklärte, indem er ausführte, daß, da das Gymnasium eine Landschule, keine bloße Stadtschule sei, die Berufung des neuen Direktors dem Herzog unmittelbar zustehen."
397 Herder an Karl August, 22. Dezember 1790, DA, Bd. 6, Nr. 143, S. 217, Z. 19f.
398 Ebd., Z. 21–24.
399 Ebd., S. 218, Z. 29–32.

der Autorität und über den Verdruß, den man ihm in den Weg legt."[400] Auch im Blick auf den Subkonrektor rekurriert Herder auf dessen Selbstverständnis: er wolle „seinem Freunde und ältern Collegen nicht vortreten"[401]. Für eine Auswärtsberufung, die damit unumgänglich erscheint, führt Herder nur drei Kandidaten auf. Zunächst verweist er auf zwei Anfang November eingetroffene Bewerbungen.[402] Zudem erklärt er, Böttiger sei ihm selbst „ins Gedächtniß" geraten, nachdem er ihm schon vor Jahren in Weimar persönlich begegnet war.[403] Über den weiteren Verlauf der Ereignisse hält Herder fest: „Unvermuthet empfing ich den Brief eines seiner [Böttigers] Freunde, den ich Numero 3 beilege".[404] Die Annahme, daß es sich dabei um ein Schreiben Bodes handeln könnte, zerschlägt der handschriftliche Befund. Im Anhang des Briefes befand sich das Schreiben Doerings.[405] An der Auskunft Herders ist nicht zu zweifeln. Seine Darstellung der Vorgänge ist in allen weiteren in seinem Briefwechsel dokumentierten Bezügen vollständig; selbst die Empfehlungen Heynes, die in keinem offiziellen Zusammenhang standen, werden aufgeführt.[406] Auch die Annahme, drei der insgesamt sechs Titel Böttigerscher Schulschriften, die Herder seinem Brief an Karl August beilegte[407], seien erst im Laufe des Dezembers nach dem Erhalt der Doeringischen Exemplare aus Gotha eingetroffen, kann keinen hohen Grad an Plausibilität beanspruchen. Allein, Doerings Hinweis: „2 lateinische und 3 deutsche Programmata fehlen mir"[408] stimmt mit den von Lindemann gebotenen Angaben der durch Bode gelieferten Schriften überein. Dies würde jedoch bedeuten, daß Doering lediglich drei Titel Herders kommuniziert hätte. Auch dies ist unwahrscheinlich. Die chronologisch einzig vorstellbare Variante einer Involvierung Bodes bestünde in einer Empfehlung vor Doerings Erstschreiben und einer Büchersendung nach dessen Materiallieferung. Die von Lindemann erwähnte Initiative Bodes kann damit nicht vollständig ausgeschlossen werden. Sie bleibt jedoch unwahrscheinlich. Soweit im Dresdener Böttiger-Nachlaß nicht einschlägige Dokumente als Grundlage der Darstellung Lindemanns identifiziert werden können, ist davon auszugehen, daß Bode nicht in die Personalangelegenheit einbezogen war. Da-

---

400 Ebd., Z. 34f.

401 Ebd., Z. 50f.

402 Zu der Datierung vgl. Francke, Böttiger, S. 57, Anm. 1.

403 Herder an Karl August, 22. Dezember 1790, DA, Bd. 6, Nr. 143, S. 218, Z. 59–65; hier bes. Z. 59–61.

404 Ebd., S. 218f., Z. 65f.

405 Vgl. dazu ebd., S. 350, Anm. 143.

406 Ebd., S. 218, Z. 57–59: „Ein paar andre in Niedersachsen hat Heyne mir vorgeschlagen, die auch durch Schriften bekannt sind."

407 Ebd., S. 219, Z. 72: „die ich gleichfalls unterthänigst beifüge (Numeri A. bis F.)."

408 Francke, Böttiger, S. 55.

für spricht auch die Darstellung von Böttigers Sohn Karl Wilhelm, der in der *Biographischen Skizze* seines Vaters lediglich Doering im Zusammenhang des Berufungsgeschehens namentlich erwähnt: „es stand auch bei ihm [Böttiger] fest, daß er nun selbst sich um diese Stelle in der berühmten ernestinisch-sächsischen Hauptstadt bewerben müsse, die ihn seinem Freunde Döring nicht allein so nahe, sondern mit erweitertem Wirkungskreise in eine vielfach classischere Umgebung brachte."[409] Die Feststellung, „er [Böttiger] wußte, daß seine Freunde sogar für ihn die Verhandlung einleiten würden"[410], läßt eine über Doering hinausgehende Involvierung weiterer Personen, etwa Bodes, nicht ausschließen. Der von dem Böttiger-Sohn aufgeführte Kreis ausdrücklich genannter Namen beschränkt sich jedoch auf: Doering, den Sohn Heinzes – ein Hinweis, dem nach chronologischer Ordnung an späterer Stelle nachzugehen sein wird – und, in der Wahrnehmung der beiden Böttigers, wohl Herder.[411] Herders eigene Darstellung gegenüber Karl August ist damit nach sämtlichen verfügbaren Primärquellen zutreffend und vollständig. Die Konzentration auf Böttiger dürfte in einer Verbindung eigener Überlegungen mit den nachdrücklichen Empfehlungen Doerings gegründet haben. Ungeachtet der nicht mehr beantwortbaren Frage nach dem Anteil einer Erstanregung Herders deutet sich in der Empfehlung Doerings ein ausreichend starkes Interesse und Engagement Böttigers an.

Am 1. Januar 1791 erhielt Herder den herzoglichen Auftrag, Böttigers Bereitschaft zu einer Rufannahme zu sondieren.[412] Herder kam der Verfügung – wahrscheinlich aufgrund der vorab erforderlichen Kanzleiarbeiten nötiger Abschriften und Kopien – wohl erst unter dem 21. Januar nach.[413] Den Wortlaut des Briefes rückte Böttiger auszugsweise in den zweiten Band seiner *Literarische[n] Zustände und Zeitgenossen* ein; nach der Handschrift und im vollen Umfang wurde er von der Herder-Briefausgabe geboten.[414] Böttiger antwortete unter dem 2. Februar.[415] Aus Herders Antwortbrief[416] und den sich anschlie-

---

409 Böttiger, Skizze, S. 18.
410 Ebd., S. 19.
411 Zu der namentlichen Aufführungen dieses Personenkreises vgl. ebd., S. 18f.
412 Francke, Geschichte, S. 146.
413 Franckes Schilderung, ebd.: „Schon am 1. Januar des folgenden Jahres [1791] erhielt Herder den Auftrag, bei Böttiger anzufragen, ‚ob er sothane Stelle anzunehmen gesonnen'. Nunmehr reichte dieser seine Bewerbung ein, worauf Herder in liebenswürdigster Weise antwortete", dürfte unzutreffend sein. Herders Antwort auf die Vorgabe wird ausschließlich der in der nachfolgenden Anmerkung genannte Brief sein.
414 Herder an Karl August Böttiger, 21. Januar 1791, DA, Bd. 6, Nr. 150, S. 224–226; zur Quellenangabe vgl. ebd. S. 351, Anm. 150, sowie Francke, Geschichte, S. 146.
415 Vgl. dazu Herder an Karl August Böttiger, 10. März 1791, DA, Bd. 6, Nr. 153, S. 229, Z. 5: „Eurer HochEdelgeboren Antwortschreiben vom 2. Februar". Vgl. ferner, wohl darauf gründend, die Angabe Lindemanns, Böttiger, S. 31.

ßenden Verhandlungen wird ersichtlich, daß Böttiger den Ertrag der Akzidentien hinterfragte und auf Festzulagen setzte, die ihm auch teils aus der herzoglichen Kammer, teils aus der Landschaftskasse gewährt wurden.[417] Die entsprechende Verfügung Karl Augusts wurde am 5. Februar an das
Oberkonsistorium gerichtet[418]. Herder antwortet nach Abschluß der internen
Abstimmungsprozesse unter dem 10. März[419]. Wichtig für den weiteren Verlauf der Verhandlungen, auf die im einzelnen nicht einzugehen sein wird, ist
Böttigers fortgesetztes Bestreben nach einer möglichst präzisen Einschränkung
der Lehrverpflichtungen, einer Absicherung der schulinternen Weisungsbefugnis, der in sozial wie institutioneller Hinsicht die äußerlich gestärkte Position
eines Oberkonsistorialrates entsprechen sollte, sowie die nicht unerhebliche
Frage der finanziellen Vergütung von Bedeutung.[420] Herders Hoffnung, Böt-
ger bereits zu Ostern einführen zu können – der Termin hätte exakt der Halb-
jahresfrist der Witwenregelung entsprochen[421] –, mußte sich wegen Böttigers
strategischen Taktierens und diplomatischen Verhandlungsgeschicks zerschlagen. Die Bereitschaft, mit der sich Herder der Anliegen Böttigers annahm,
dürfte in keiner anderen Motivation, als zum Besten der Schule zu handeln,
gegründet haben. Herders eigenes Engagement in der Betreuung der *Prima* ist
zeitlich nach dem Tod Heinzes, jedoch noch vor Ablauf des „Gnaden-
halbe[n]jahr[es]", d. h. des beabsichtigten Amtsbeginns Böttigers, anzusetzen.[422] Die Initiative, die vielleicht auch von persönlichen Bezügen – nicht nur
befand sich Herders ältester Sohn Wilhelm Christian Gottfried während des
entsprechenden Schuljahres in der *Prima* des Gymnasiums, seit Beginn der
Lehrplanrevision hatte Herder den Vorsatz gehabt, in der *Prima* zu unterrichten – mitmotiviert worden war, steht damit nicht mit den Verzögerungen in

---

416 Herder an Karl August Böttiger, 10. März 1791, DA, Bd. 6, Nr. 153, S. 229–231.

417 Francke, Geschichte, S. 146.

418 Ebd.

419 Ebd., S. 146f. Zum Text s. den Hinweis in diesem Kap., Anm. 415f.

420 Zu dem Briefwechsel vgl. Herder an Karl August Böttiger, 16. März 1791, DA, Bd. 6, Nr.
     154, S. 231f. Herder an Karl August Böttiger, 25. April 1791, DA, Bd. 6, Nr. 158, S. 238f.;
     Herder an Karl August Böttiger, 5. Mai 1791, DA, Bd. 6, Nr. 160, S. 240f.; Herder an Karl
     August Böttiger, 2. Juni 1791, DA, Bd. 6, Nr. 163, S. 245.

421 Vgl. dazu Herder an Karl August Böttiger, 21. Januar 1791, DA, Bd. 6, Nr. 150, S. 226,
     Z. 92–95: „Den 6. October starb Heinze: das Gnadenhalbejahr der Witwe geht im Anfange
     Aprils zu Ende; wenn Sie also mit Ostern bei uns seyn können, fängt für unser Gymnasium
     u.[nd] für alle, die es lieben, ein neuer Frühling an."

422 Vgl. dazu Herder an Karl Ludwig von Knebel, 6. März 1791, DA, Bd. 6, Nr. 152, S. 228,
     Z. 37–39: „Seit dem Tode des guten Heinze habe ich, um die erste Claße einigermaassen mit
     zu versorgen, über Geßners Isagoge einige Sunden in der Woche Lection gehalten". Vgl.
     auch V, Abt. 2, Tl. 22 [Erinnerungen, Tl. 3], S. 24f.: „Als der verdienstvolle Direktor Heinze
     gestorben war, und zur Besetzung einer Lektionsstunde einige Zeit an einem Lehrer ge-
     brach, übernahm er die Lektionsstunde und lehrte selbst."

Folge der Berufung Böttigers in Verbindung, sondern wiederum eigenen, genuinen Interessen an dem Wohl der Schule. Daß Böttiger seinerseits nicht ausschließlich an Eigeninteressen orientiert war, läßt sich an dessen Forderung der Verleihung des Titels eines Oberkonsistorialrates aufzeigen. Von tendenziösen Zügen, gerade in der Darstellung Herders und der Frage nach Eigeninitiativen Böttigers, ist die *Biographische Skizze* zwar nicht frei. Ausdrücklich heißt es darin etwa: „Herder [...] wünschte aber, daß er [Böttiger] vorläufig sich in Weimar zeigen sollte, was dieser jedoch ablehnte."[423] Zeitlich terminiert wird die Angabe durch die nachfolgende Einleitung des Berufungsgeschehens durch die grundsätzliche Zustimmung Karl Augusts.[424] Beide Hinweise sind unzutreffend. Im Vorfeld der offiziellen Verhandlungen führte Herder – auch privat – keinen Briefwechsel mit Böttiger. Und es war Böttigers Initiative, während der Berufungsverhandlungen eine Reise nach Weimar unternehmen zu wollen, die Herder mit leichtem Befremden und höflicher Distanzierung am 25. April 1791 beantwortete: „In Ansehung der Reise, die Euer Wohlgeboren zwischen Ostern und Pfingsten hieher etwa zu thun Willens wären, kann ich Ihnen mit Gewißheit fast nichts rathen, weil ich die Absicht derselben doch eigentlich nicht weiß."[425] Im Falle des Oberkonsistorialrattitels enthält die *Biographische Skizze* jedoch einen wichtigen Hinweis:

> „Glücklicherweise hatte er [Böttiger] auch in Leipzig vom Sohne des Verstorbenen, dem Professor in Kiel, manchen Fingerzeig über diese Stelle erhalten, besonders, daß das Schulamt in Weimar noch sehr von der geistlichen Oberbehörde abhängig sei, ein neuer Director also wo möglich Sitz und Stimme im Consistorium für Angelegenheiten des Gymnasiums und der Schulen überhaupt zu [...] erhalten trachten müsse."[426]

Daß Böttiger diesen Ratschlag über persönliche Interessen hinaus überaus ernst nahm, zeigt ein Brief an seinen späteren Nachfolger in Weimar, Christian Ludwig Lenz, vom 15. Mai 1806, in dem er betont: „Werden Sie ja Consistorialrath! Es giebt Ihnen in dem rangsüchtigen, rangabmessenden Weimar ein großes Gewicht ... kurz, Sie müssen Rath werden, wenn Sie mit Succeß in der Schule wirken wollen."[427] Daß Böttiger und Herder sich neben dieser Wahrnehmung der Weimarer Gesellschaft in ihren vorrangig schulischen Anliegen berührten, steht außer Frage. Insofern wird die auch in diesem Punkt nicht ganz unverzerrte Darstellung der *Biographischen Skizze* – über den wichtigen Hinweis auf Heinzes Sohn als Informanten Böttigers und das lokal begründete

---

423 Böttiger, Skizze, S. 19.
424 Ebd., S. 19f.
425 Herder an Karl August Böttiger, 25. April 1791, DA, Bd. 6, Nr. 158, S. 239, Z. 33–35.
426 Böttiger, Skizze, S. 19.
427 Eine andere, die persönliche Wertschätzung Böttigers in den Vordergrund rückende Ausdeutung dieses Zitates bietet: Francke, Geschichte, S. 147, Anm. 2.

Anliegen der titularischen Aufwertung des Amtes hinaus – wiederum in der Charakterisierung Herders zu korrigieren sein: „Auch der Punkt mit dem Oberconsistorialrath mit Sitz und Stimme in Schulsachen, durch welchen allerdings Herder in seinem Einflusse auf die Schule etwas beschränkt, B.[öttiger] aber auch eine würdigere äußere Stellung gegeben wurde, ging endlich durch."[428] Keineswegs hatte sich Herder gegen eine institutionelle Schwächung der eigenen Position zur Wehr gesetzt. Nicht nur die Chronologie der reibungslosen Durchsetzung der titularischen Aufwertung des Gymnasialdirektors legt nahe, daß sich der Generalsuperintendent und Ephorus für die Forderung stark gemacht hatte. Erst am 29. Mai, in einem äußerst fortgeschrittenen Stadium der Verhandlungen, hatte Böttiger das Anliegen in einem persönlichen Gespräch mit Karl August geäußert.[429] Bereits zuvor, noch vor dem 27. Mai, dem Datum eines entsprechenden Dankschreibens von Böttiger, hatte Herder selbst „durch Privatvorstellungen beim Herzog"[430] Böttigers Wunsch vorbereitet.[431] Bereits unter dem 2. Juni vermeldet Herder wiederum persönlich: „sage von Herzen Glück, daß Sie mit dieser Resolution Ihre Reise vergnügt antreten u.[nd] in gleicher Gesinnung zu uns kommen können."[432] Die entsprechende Verfügung datiert auf den 3. Juni.[433] Am 3. Oktober 1791 schließlich, ein halbes Jahr später als vorgesehen und damit ein knappes Jahr nach Heinzes Tod, wurde Böttiger von Herder in sein Amt eingeführt, in dem er bis 1804 verblieb[434] – ein Zeitraum, der von Phasen enger Zusammenarbeit, diplomatischem Kalkül und weitläufigen Bemühungen um Auswärtsberufung bestimmt war[435]. Erst nach Herders Tod stand die Frage einer Nachfolgeregelung der Stelle an.

Für die einzige Vakanz des Direktorates während seiner Amtszeit ist damit festzuhalten, daß Herder sich frühzeitig über die Personalentscheidung Gedanken gemacht hatte, die ausschließlich am Ideal einer Bestbesetzung zum Gewinn des Gymnasiums, des Kollegiums und der Schüler orientiert gewesen waren. Heyne, die wichtigste Bezugsperson in auswärtigen Berufungsfragen, kontaktiert er, orientierte sich in der Folge jedoch an seiner eigenen Wahrnehmung der Situation und der sich ergebenden Vorschläge oder Empfehlungen. Wichtig für die Wiederbesetzung des Direktorates ist zudem die juristisch stichhaltige Begründung des empfohlenen Vorgehens – einer herzoglichen Bestimmung des Kandidaten und einer institutionellen Anbindung an das Ober-

---

428 Böttiger, Skizze, S. 19.
429 Vgl. dazu Francke, Geschichte, S. 147. Ferner DA, Bd. 6, S. 353, Anm. 163.
430 Haym, Herder, Bd. 2, S. 484.
431 Zu dem Datum vgl. Lindemann, Böttiger, S. 37f.
432 Herder an Karl August Böttiger, 2. Juni 1791, DA, Bd. 6, Nr. 163, S. 245, Z. 4f.
433 Vgl. dazu Francke, Geschichte, S. 147f.
434 Francke, Regesten, S. 23.
435 Vgl. dazu insgesamt Francke, Böttiger, sowie Lindemann, Böttiger.

konsistorium vor der Hinzuziehung des Stadtrates – durch den Hinweis auf die beiden zurückliegenden Berufungsvorgänge von Gymnasialdirektoren.[436]

2.2. Konrektor (1769–1824)

Das Amt des Konrektors versah seit 1769 für fast zwei Jahrzehnte Friedrich Wilhelm Nolde.[437] 1748 als Subkonrektor angestellt[438], rückte er nach knapp zwei Jahrzehnten in die zweithöchste Position des Gymnasiums. Nach seinem Tod im März 1786 sollte dessen umfangreiche Büchersammlung von ca. 6.000 katalogisierten Bänden für die weitere Einrichtung des Gymnasiums von Bedeutung sein. Noldes Witwe verkaufte den Bestand an Karl August, der sie zum Grundstock der Gymnasialbibliothek spendete.[439] Nolde selbst starb nicht in seinem Amt: Kurz zuvor war er emeritiert worden.[440] Johann Gottlob Samuel Schwabe, der frühere Rektor der Lateinschule in Buttstädt, trat noch im Februar an seine Stelle.[441] Seine Amtseinführung, die sich trotz der Emeritierung

---

436 Francke, Geschichte, S. 71, geht nur auf die Berufung Heinzes und nicht die seines Vorgängers Carpov ein. Auf beide Fälle bezieht sich Herder in seiner Darstellung gegenüber Karl August ausdrücklich. Die von Francke vermittelte Chronologie hält fest, daß die wesentlichen Entscheidungen zwischen den zur Wahl stehenden Kandidaten am 15. Februar 1769 im Stadtrat gefällt wurden und berichtet über das weitere Vorgehen: „Der Stadtrat kam auf Grund der am 12. Mai 1769 erfolgten Verfügung bei der Fürstin um Bestätigung seiner Wahl ein, die auch genehmigt wurde. Am 4. Oktober teilte der Bürgermeister Heinzen seine Berufung mit, worauf 10 Tage später die Zusage erfolgte." Wahrscheinlich ist, daß die einstimmige Wahl des Stadtrates auf Grundlage der von Herder berichteten herzoglichen Anweisung eines Kandidaten geschah und weder Herder noch Francke in ihrer Darstellung fehlerhaft sind.

437 Francke, Geschichte, S. 140.

438 Ebd.

439 Vgl. dazu die Erwähnung in Francke, Regesten, S. 20, von Noldes „umfangreiche[r] nach seinem Tode (1786) von der Wittwe dem Herzog Karl August überlassene[n] Büchersammlung", die zu dem „Grundstock der Gymnasialbibliothek" wurde; genauere Angaben im Registerband, DA, Bd. 10, S. 418.

440 Vgl. dazu ausdrücklich Herder in der deutschen Ansprache nach seiner lateinischen Einführungsrede, SWS, Bd. 30, S. 117–120, hier: S. 118: Schwabe sei „an [...] Stelle des von Serniss. cl. reg. pro emerito erklärten Herrn M. Fr. Wilh. Nolde zum conrector des hiesigen Gymnasii [...] denominirt" worden. Zum Vorschlag Schwabes s. das in den DA-Kommentarband eingerückte Herdersche Votum vom 15. Dezember 1785, DA, Bd. 12, Nr. 160a, S. 460f.

441 Francke, Regesten, S. 21: „Johann Samuel Gottlob Schwabe [... wurde] von Herder als Konrektor in sein Amt eingeführt." Die Namensangabe ist von einer Ungenauigkeit bestimmt. Zu Johann Gottlob Samuel Schwabe vgl. Hofkalender 1786, S. 45; Prosop. Datenbank, Nr. 5249. Die Bestätigung dieser Reihenfolge der Vornamen s. in der lateinischen Einführungsrede Herders, SWS, Bd. 30, S. 110–117, hier 117, sowie in der nachfolgenden deutschen Ansprache, ebd., S. 118.

Noldes zunächst nur auf die ergänzende Funktion eines Konrektors *substitutus* beschränkte[442], fand in der letzten Februarwoche statt[443]. Er verblieb bis in das Jahr 1824 in dem schließlich voll übertragenen Amt, das besonders mit der *Secunda* der zweitobersten Klasse des Gymnasiums galt.[444] Zu Berufung und Einstellung finden sich keine Eingaben Herders, doch dürfte Schwabe der Wunschkandidat des Ephorus gewesen sein. Bereits 1779 hatte er bei der Vakanz des Rigaer Rektorates, deretwegen er sich an Heyne und unter dessen Vermittlung möglicherweise an Koppe wandte[445], in erster Linie an „Wiedeburg in Helmstädt, und Schwabe in Buttstädt"[446] gedacht. Beide hatten aufgrund der erheblichen Entfernung Rigas die Aussicht einer Rufannahme abgelehnt.[447] Im Zuge der vollständigen Übertragung des Amtes setzte sich Herder für Schwabe ein, zu dem während dieser Zeit als dem Lehrer Gottfrieds auch familiäre Verbindungen bestanden.[448] Herders Engagement zugunsten Schwabes beschränkte sich jedoch nur auf das Konrektorat. Die Hoffnungen, die sich Schwabe nach dem Tod Heinzes auf das Amt des Direktors gemacht hatte, vielleicht gerade nach der vorherigen Protektion Herders, mußten sich aufgrund dessen ausbleibender Unterstützung schon früh zerschlagen.

---

442 Vgl. dazu Herder an Johann Adam Stötzer, der unter dem 25. März 1788, DA, Bd. 5, Nr. 271, S. 279, Z. 5f. darum bittet, Schwabe endlich die: „Confirmation zu seiner Stelle zu übergeben [...], die er durch seine damalige Rede nur als Substitut des seeligen Conrectoris antrat". In das Vorfeld dieser Ernennung gehört das in den DA-Kommentarband eingerückte Schreiben: Herder an den Rat der Stadt Weimar, 20. Juni 1786, DA, Bd. 12, Nr. 160a, S. 460.

443 Francke, Regesten, S. 21, bietet als Datum den 24. Februar 1786, SWS, Bd. 30, S. 110, hingegen den 20. Februar. Beide Daten, Montag respektive Freitag, können als möglich gelten. Nicht auszugehen ist von einer zeitlichen Trennung von Amtseinführung, Amtsantritt und Vereidigung. Vgl. dazu ausdrücklich Herder in seinem deutschen Text, SWS, Bd. 30, S. 118: „Nachdem Sie also die Antrittsrede [...] angehöret und seine öffentliche Angelobung vernommen haben, so bleibt mir nichts übrig, als ihn zu seinem Amt hiemit einzuweisen". Wahrscheinlich ist der in der Werkausgabe genannte Termin. Auch die Einführung Kästners fand 1788 an einem Montag statt, was im Falle Schwabes für den 20. Februar spricht. Zu Kästners Termin vgl. Herder an Johann Adam Stötzer, 25. März 1788, DA, Bd. 5, Nr. 271, S. 279, Z. 9f.: „Künftigen Montag wird der Professor Kästner öffentlich eingeführt".

444 Vgl. dazu ebd.: „Und Ihr, die Schüler dieses Gymnasii, insonderheit der zweiten Classe, empfanget euren werthen Lehrer."

445 Vgl. dazu in diesem Kap., Anm. 525f.

446 Herder an Christian Gottlob Heyne, 15. Juli 1779, DA, Bd. 4, Nr. 79, S. 96, Z. 8f.

447 Vgl. dazu ebd., Z. 9f.: beide „haben sich, weil es weit ist, nicht hinaus machen wollen".

448 Vgl. dazu u. a. Herder an Schwabe, 7. Januar 1788, DA, Bd. 5, Nr. 256, S. 265; zu einer Grußbotschaft aus Italien s. Herder an seine Kinder, Bd. 9, N zu Bd. 5, Nr. 30, S. 448, Z. 53.

2.3. Subkonrektor (1769–1824)

Von 1769 bis zu seinem Tod am 4. Mai 1791 versah Wilhelm Johann Christoph Lippold die Funktion des Subkonrektors.[449] Aus Herders Empfehlungsschreiben für einen Nachfolger vom 6. Juni 1791[450] wird ersichtlich, daß der Subkonrektor in einer besonderen Weise für die „dritte Claße"[451], die *Tertia* des Gymnasiums verantwortlich war. Die Zentralität dieser Jahrgangsstufe zwischen den unteren und den „oberen Claßen" als „die rechte basis [sic] und Grundlage"[452] und Beginn des „eigentliche[n] Gymnasium[s]"[453] beschreibt Herder eindringlich. Als möglichen Kandidaten setzt er sich nachdrücklich für Johann Bartholomäus Stiebritz[454] ein. Im einzelnen führt Herder vier Argumente für diesen an. Einleitend und vergleichsweise beiläufig verweist er auf die persönlichen Bezüge, über die Stiebritz als Kind des Landes und Schüler des vormaligen Direktors Heinze verfügt.[455] In den Vordergrund der Empfehlung tritt die fachliche Kompetenz, die Stiebritz insbesondere in altphilologischer Hinsicht auszeichne.[456] Nachgeordnet findet sich der starke Hinweis auf die Anregung und das Anliegen des designierten Direktors Böttiger, Stiebritz zu gewinnen.[457] Abschließend führt Herder ein weiteres, nicht zuletzt in der Ausrichtung auf den Herzog wohl aussichtsreiches Argument ins Feld, indem auf die finanziell abgesicherte Situation Stiebritz' verweist, aufgrund derer er „eine Beförderung abwarten kann" ohne „zu frühe [...] Sorgen der Nahrung und der ärmlichen Lohnsucht".[458] In struktureller Hinsicht wendet sich Herder mit dem Personalvorschlag gegen ein automatisches, „mechanisches Fortrükken"[459] des nachstehenden Lehrers, des „Quartus Schwabe"[460], in die nächsthöhere Klasse. Adam Friedrich Schwabe, 1767 der Sexta der Schule zugewiesen, seit 1769 für die Quinta zuständig und ab 1779 für die Quarta verantwortlich, entstammt als Personalzugang der Zeit vor Herders Amtsantritt und ist nicht

---

449 Francke, Regesten, S. 20. Knapp dazu auch: Haym, Herder, Bd. 2, S. 485.

450 Herder an Karl August, 6. Juni 1791, DA, Bd. 6, Nr. 167, S. 251–253. Zur Quellenlage und Textgeschichte des Schreibens vgl. ebd., S. 354, Anm. 167. Bis zur Kommentierung im Rahmen der Briefausgabe vgl. knapp zu dem historischen Kontext: Francke, Geschichte, S. 150–153. Zum auszugsweisen Erstdruck vgl. SWS, Bd. 30, S. 475–477, Nr. 13.

451 DA, Bd. 6, Nr. 167, S. 251, Z. 5.

452 Ebd., S. 251, Z. 14f.

453 Ebd., S. 252, Z. 55.

454 Hofkalender 1792, S. 48; Prosop. Datenbank, Nr. 5619.

455 Herder an Karl August, 6. Juni 1791, DA, Bd. 6, Nr. 167, S. 251, Z. 19–21.

456 Ebd., Z. 22–27.

457 Ebd., Z. 27–29.

458 Ebd, S. 252, Z. 31–36; hier: Z. 32f., 34.

459 Ebd., Z. 51; vgl. auch ebd., Z. 40: „wenn er in die Klaße mechanisch heraufrückt".

460 Ebd., Z. 37.

mit dem Konrektor Schwabe zu verwechseln.[461] Gemessen an der Bedeutung der Tertia, die mit ihm wohl nicht „steige, sondern sinke"[462], hebt Herder in der Diskussion Schwabes erstrangig auf dessen fachliche und pädagogische Fähigkeiten ab. Auf dieser Grundlage lehnt Herder eine schulisch intern begründete Nachfolgeregelung ebenso ab wie eine vom Stadtrat bestimmte Personalentscheidung. In beiden Fällen hätte das Votum eine Beförderung Schwabes vorbereitet. Hinsichtlich dessen streicht Herder die nur begrenzte materielle Besserstellung[463] und schlechtere Dienstwohnung heraus[464]. Wie dieses Argument auf Schwabes eigene Einschätzung des Vorganges zu zielen scheint, richten sich die weiteren Ausführungen auf den Anspruch des Stadtrates, den Kandidaten nominieren zu können. Dessen unhinterfragbares Vorschlagsrecht relativiert Herder durch Benennung zweier jüngerer Präzedenzfälle in der Besetzung des Subkonrektorates, in denen das städtische Nominierungsrecht auf einen herzoglich vorgegebenen Kandidaten beschränkt war.[465] Die juristische Begründung eines entsprechenden Vorgehens liefert Herder mit dem Hinweis auf den über Weimar hinausgehenden Einzugskreis des Gymnasiums als einer „Landesschule [...], deren Lehrer von der Landesherrschaft und Landschaft den größesten Theil ihres Unterhalts haben".[466] Über städtische Interessen und Vorrechte hinaus sollten in der Schule wie deren Besetzung „sämtliche Theile in einander greifen".[467] In seinen möglichen Adressatenbezügen und Argumentationsgängen ist Herders *votum informativum* damit nach allen Seiten abgesichert. Das amtliche Begleitschreiben an Jakob Friedrich von Fritsch deutet die Hoffnung auf einen zügigen Entschluß des Herzogs an. Zugleich bittet Herder unter der Vermittlung von Fritschs um einen Wortlaut des Reskripts, „wie auch bei der Ernennung des Directoris [...], da [...] meiner nicht erwähnt ward; wofür ich Eurer Excellenz noch jetzt aufs verbindlichste danke."[468] Die Bitte begründet Herder mit der „Verlegenheit",

461 Hofkalender 1768, S. 45; Hofkalender 1770, S. 45; Hofkalender 1779, S. 45; Prosop. Datenbank, Nr. 5231.

462 Herder an Karl August, 6. Juni 1791, DA, Bd. 6, Nr. 167, S. 252, Z. 41.

463 Ebd., Z. 45–49: „Außerdem wird, nach der Verbeßerung, die Euer Herzogliche Durchlaucht durch gnädigste Zuwilligung der ehemaligen Jacobsprediger-Besoldung einigen Claßen des Gymnasii zu machen geruht haben, der Unterschied, in welchem er vom tertio absteht, so gar groß nicht seyn".

464 Ebd., Z. 49f.: „seine [Schwabes derzeitige] Wohnung ist sogar bequemer, als die des Subconrectoris."

465 Ebd., Z. 63–66: „Auch der selige Conrector Nolden ist als subconrector ins Gymnasium eingetreten, und bei deßen Vorgänger Ursinus dem StadtRath der Befehl zur Donomination gerade zugegangen".

466 Ebd., Z. 66–70; hier: Z. 67f.

467 Ebd., Z. 68f.

468 Herder an Jakob Friedrich von Fritsch, 6. Juni 1791, DA, Bd. 6, Nr. 165, S. 250, Z. 70–74.

hinsichtlich Schwabes „zwischen einer Person u.[nd] denen die zu ihr gehören auf der Einen Seite, auf der andern zwischen Pflicht u.[nd] Amt".[469] In persönlicher Hinsicht hatte Herder damit auch Vorkehrungen getroffen. Daß mit der Stärke der vorgebrachten Argumente nicht auch die Schwierigkeiten mit dem Stadtrat ausgeräumt waren, zeigte sich wenig später. Unter dem 29. August 1791 richtete Herder ein zweites Schreiben an den Herzog. Die direkte Kontaktaufnahme erklärt er aus der Abwesenheit von Fritschs.[470] Aus dem Brief wird ersichtlich, daß der Bürgermeister dem Vorschlag widersprochen hatte und unter Hinweisen auf dessen Familientradition eine Beförderung des Kantors Rempt in die Quarta erbeten hatte.[471] Voraussetzung dieses Vorganges war die Zuweisung der Tertia an Schwabe.[472] Auf der damit bezogenen schwachen Argumentationsgrundlage fiel es Herder leicht, die rechtlich nicht zu vertretenden Beförderungsansprüche auszuräumen. Er betont, daß Rempt seine Stelle auch ohne Beförderung weiter versehen wolle[473] und Schwabe seinerseits keinen juristisch objektivierbaren Anspruch auf eine schulinterne Beförderung erheben könne[474]. Zugleich wird deutlich, daß Herder als berufliche Alternative für Schwabe eine geistliche Stelle angedacht hatte.[475] Als abschließendes Ergebnis läßt sich festhalten, daß der von Herder stark gemachte Personalvorschlag mit Stiebritz' Amtseinführung am 3. Oktober 1791[476] durchgesetzt wurde. Die Nominierung Stiebritz', der in seinem Weimarer Amt bis in das Jahr 1824 verblieb[477], muß jedoch als Anregung Böttigers vermerkt werden, die Herder sicher weniger im Sinne einer persönlichen Verbindlichkeit gegenüber dem designierten Direktor vertreten hatte, denn als genuines Interesse der gesamten Schule an einem homogenen und von frischen Impulsen bestimmten Kollegium.

---

469 Ebd., Z. 67–70.

470 Herder an Karl August, 29. August 1791, DA, Bd. 6, Nr. 169, S. 255, Z. 70f.: „dessen [von Fritschs] Abreise es verhinderte, daß er dem Stadtrath keine zweite Bedeutung thun konnte." Zum auszugsweisen Erstdruck vgl. SWS, Bd. 30, S. 477f., Nr. 14.

471 DA, Bd. 6, Nr. 169, S. 255, Z. 13: „weil seine Vorfahren darinn gewesen".

472 Ebd., Z. 14.

473 Ebd., Z. 23–27: „es ist aber eine völlige Unwahrheit, die man dem Stadtrath vorgebracht hat, daß, wenn er nicht nach quartam übersetzt würde, er von hier weggehen wolle. Er hat sich dies nicht in den Sinn kommen laßen, wie er dem Hrn. Geheimen Rath von Lyncker und mir bezeugt hat".

474 Ebd., Z. 28–31: „Der quartus Schwabe hat eben so wenig rechtlichen Anspruch auf tertiam [...]. Er hat seine Stelle sine spe succedendi erhalten".

475 Ebd., S. 255, Z. 63f.: „Eine geistliche Stelle habe ich ihm angetragen, die er aber seiner Constitution nicht angemeßen findet."

476 Francke, Geschichte, S. 153. Dieses Datum bietet auch Haym, Herder, Bd. 2, S. 485.

477 Francke, Regesten, S. 23.

2.4. Erster Professor (1769–1812)

Aus der Zeit vor Herders Amtstätigkeit stammte auch Johann Karl August Musäus, der wie der Subkonrektor Lippold seit 1769 am Weimarer Gymnasium gewirkt hatte. Die Berufung von Musäus zum ersten Professor stellte auf Grundlage einer herzoglichen Verfügung die erste wesentliche Einschränkung des städtischen Patronatsrechts in Berufungsfragen des Gymnasiums dar.[478] Ausdrücklich heißt es in dem am 9. Juni 1769 an den Stadtrat gerichteten Schreiben: daß „Wir [die regierende herzogliche Partei entsprechend der Finanzierung der Stelle] Uns ausdrücklich vorbehalten, [...] diese ganz neue [...] Stelle eines Professoris, in Ansehung deren jedesmaliger Besetzung bey künftigen Erledigungsfällen einzig und allein von der Landesherrschaft, mithin mit Ausschließung aller Concurrenz des Stadtraths, dependiren soll".[479] Musäus' Tod am 28. Oktober 1787[480] fiel in zeitliche Nähe zu dem Wilhelm Ernst-Stiftungstag, den Herder in Funktion des Ephorus in der Jakobskirche predigte. Die Ansprache *Andenken des Professor Musäus* folgte auf die Predigt anläßlich des Stiftungstages und stellt darin einen ausgearbeiteten Anhang mit aktuellen Bezügen und keine eigene Leichenpredigt dar.[481] Dies erklärt auch den Umstand, daß Herder, abgesehen von dem Direktor Heinze, unter den Lehrern des Gymnasiums einzig Musäus mit einer Rede bedachte.[482]

Die Nachfolgeregelung nahm Herder zügig in Angriff. Johann Friedrich Kästners unter dem 4. November eingereichte Bewerbung[483] unterstützte er mit einem Empfehlungsschreiben an das Oberkonsistorium[484]. Kästner war eine lokal etablierte Größe. Er war ein Kind der Stadt und ehemaliger Schüler des Weimarer Gymnasiums. Als Pageninformator verfügte er seit 1780 über eine direkte Anbindung an den Hof, als Hauslehrer der Familie von Stein über persönliche Beziehungen. Seine vielseitigen fachlichen Kompetenzen stellte Herder nicht zu Unrecht in den Vordergrund, wie Kästners spätere Anstellung im freien Zeicheninstitut eindrücklich unterstreicht.[485] Im Zuge der Anstellung am Weimarer Gymnasium betont Herder zum einen die schulinterne Nachordnung des Professors insbesondere gegenüber dem Konrektor, dessen direkte Vertre-

---

478 Vgl. dazu auch ebd., S. 20.

479 Francke, Geschichte, S. 70.

480 Nur zu den Daten der Amtszeit vgl. knapp: Francke, Regesten, S. 20, 23.

481 Zu dem Text vgl. SWS, Bd. 30, S. 137–141.

482 So zumindest in der Wahrnehmbarkeit des separat gedruckten Textes, vgl. dazu knapp die Angaben zur Druckgeschichte, ebd., S. 137, Anm. 1.

483 Herder an das Weimarer Oberkonsistorium, nach dem 4. November 1787, DA, Bd. 9, S. 745, Anm. 237a.

484 Zum Text s. ebd., N zu Bd. 5, Nr. 237a, S. 389, oder den Erstdruck nach den Konsistorialakten in: Francke, Gymnasium, S. 141f.

485 Vgl. dazu Hofkalender 1789, S. 88; Prosop. Datenbank, Nr. 2629.

tungspflicht jedoch in der Aufsicht der beiden obersten Klassen während des wöchentlichen Kirchgangs anstand.[486] Die Rangordnung innerhalb des Gymnasiums betont er damit gleichermaßen wie die teilweise Entlastung des Konrektors durch den Professor und die Übertragung der von Musäus erarbeiteten Bevorzugungen in der ansatzweisen Zuordnung der beiden Abschlußklassen. Das herzogliche Anstellungsdekret datiert auf den 18. Februar.[487] Nach dem *iuramentum religionis*, das er am 11. März leistete[488], fand seine Einführung am 31. März statt[489]. Herders Ansprache *Vom ächten Begriff der schönen Wißenschaften und von ihrem Umfang unter den Schulstudien* reflektiert auf den Amtsantritt im Kontext einer Schulrede.[490] Die Zuweisung der beiden obersten Klassen findet sich auch darin festgehalten.[491] Die Ausrichtung der Unterrichtsfächer konzentrierte sich auf die „nothwendigsten, unentbehrlichsten Schulwißenschaften [...:] Lesen, Schreiben, Rechnen"[492] in einem umfassenden Sinn und die im Titel der Rede genannten „schönen Wissenschaften". Für Kästners Unterrichtsprofil dürften vornehmlich naturwissenschaftliche Schwerpunkte, Mathematik und Physik, von Bedeutung gewesen sein.[493] Hinzutraten „Geschichte, Geographie, Bildung des Styls u.[nd] so fort."[494] Das 1824 von dem Ephorus Röhr zusammengestellte, leider nur quantitativ bemessende Verzeichnis der von den jeweiligen Lehrern zu unterrichtenden Stunden benennt für den Professor täglich „2 in der Prima, 2 in der Sekunda, wöchentlich 22 St.[unden]".[495] Aus den Unterrichtspflichten von Direktor und Konrektor folgt, daß der Professor nachmittags von 13 bis 15 Uhr in der *Secunda* un-

---

486 Herder an das Weimarer Oberkonsistorium, nach dem 4. November 1787, DA, Bd. 9, N zu Bd. 5, S. 389, Z. 20–29.

487 Francke, Gymnasium, S. 142; ferner: DA, Bd. 9, S. 745, Anm. 237a.

488 Francke, Gymnasium, S. 142; der Wortlaut der Vereidigung ebd., S. 351, A. zu S. 142.

489 Vgl. dazu den textimmanenten Hinweis, Herder an Johann Adam Stötzer, 25. März 1788, DA, Bd. 5, Nr. 271, S. 279, Z. 9f.: „Künftigen Montag wird der Professor Kästner öffentlich eingeführt".

490 SWS, Bd. 30, S. 142–153.

491 Ebd., S. 151: „Sie haben einen großen Theil der Wißenschaften, von denen die Rede gewesen ist, in den beiden ersten Claßen zu lehren". Ferner, in der Anrede der Schüler, ebd., S. 153: „Ihr habt also, ihr Schüler des Gymnasii, insonderheit der beiden ersten Classen vernommen, daß ihr gegenwärtigen Herrn Profeßor Kästner für Euren Lehrer zu erkennen und anzusehen habt."

492 Ebd., S. 151.

493 Vgl. dazu auch Francke, Regesten, S. 23. Vgl. ferner Herder an Karl August, 22. Dezember 1790, DA, Bd. 6, Nr. 143, S. 219, Z. 89f., über Kästner: „ein Mann, der Mathematik, Physik, seine Wissenschaften u.[nd] so fort lehren soll".

494 Vgl. dazu Herder an Karl August, 4. Juni 1791, DA, Bd. 6, Nr. 164, S. 246, Z. 40.

495 Francke, Geschichte, S. 90.

terrichten mußte, in der *Prima* in dem Zeitraum zwischen 11 und 13 Uhr.[496] Der Titel des Professors stellte eine Privilegierung gegenüber dem übrigen Lehrkörper dar. In zweierlei Hinsicht ergaben sich während der Amtszeit Herders Veränderungen. Zum einen setzte sich Herder zeitgleich zu der Nachfolgeregelung des Direktorats und der Berufung Böttigers für eine finanzielle Besserstellung Kästners ein. Zusammen mit seinem ersten Bericht vom 22. Dezember 1790 machte sich Herder für eine „Zulage von etwa 100 Thalern" stark.[497] Leichter annehmbar für den Herzog wurde der Vorschlag durch die Anregung, die Summe nicht aus der „fürstlichen Kammer", sondern der Landschaftskasse zu entnehmen.[498] Hintergrund der Initiative dürfte sein, daß sich Herder bereits zusammen mit Kästners Amtsantritt dafür eingesetzt hatte, ein Teil seines Gehaltes als Pageninformator erhalten zu können. Am 2. März 1788 hatte er sich nach dem ersten Hinweis auf eine Wiederbesetzung Kästners bisheriger Position an Karl August gewandt und angeregt, das Amt, aufgrund seiner begrenzten Arbeitsbelastung, wenn nicht vollständig so zumindest teilweise Kästner weiterhin zuzugestehen.[499] Dieses Vorhaben dürfte mißlungen sein. Die Bitte des Jahres 1790 hält fest, daß auch Musäus, in dessen Amtsprofil Kästner seine Funktion ausfüllen sollte, „von dem Pagen-Departement einen ansehnlichen Zuschuß gehabt [... hatte], der diesem [Kästner] aber abgeschnitten worden."[500] Die Initiative von 1790 knüpft damit nahtlos an das Vorhaben, möglicherweise auch die Verpflichtung gegenüber Kästner von 1788 an. Herder benötigte einen langen Atem, um den dringlichen Wunsch erfolgreich zu vertreten. Über der Berufung Böttigers war die Angelegenheit Kästners völlig zurückgetreten. Unter dem 13. April 1791 wandte sich dieser direkt an Karl August.[501] Herder unterstützte das Gesuch um eine Gehaltserhöhung mit einem ausführlichen Schreiben vom 4. Juni.[502] Er begründet den

---

496 Die Angaben von ebd. lassen sich zusammenfassen: Der Direktor unterrichtete die *Prima* zwischen 7 und 11 Uhr, der Konrektor nachmittags von 13 bis 15 Uhr. Ende der regulären Unterrichtsstunden war 15 Uhr; vgl. dazu ebd., S. 91: „Die 4 französischen Stunden waren für sich, und wurden nach geendigten Schulstunden von 3–4 gehalten". Die *Sekunda* wurde von 7 bis 11 Uhr vom Konrektor unterrichtet. Die für den Professor verbleibenden Unterrichtszeiten konnten sich in der *Prima* daher nur auf den Zeitraum zwischen 11 und 13 Uhr erstrecken, in der Sekunda auf 13 bis 15 Uhr.

497 Vgl. dazu in diesem Kap., Anm. 394; Herder an Karl August, 22. Dezember 1790, DA, Bd. 6, Nr. 143, S. 217–220; hier bes. S. 219f., Z. 86–106, hier: Z. 103; sowie vorbereitend S. 218, Z. 49–52.

498 Ebd., Z. 96, 99.

499 Vgl. dazu Herder an Karl August, 2. März 1788, DA, Bd. 5, Nr. 266, S. 273f.

500 Herder an Karl August, 22. Dezember 1790, DA, Bd. 6, Nr. 143, S. 219, Z. 94f.

501 Vgl. dazu Francke, Geschichte, S. 148.

502 Herder an Karl August, 4. Juni 1791, DA, Bd. 6, Nr. 164, S. 246–248.

Schritt nicht nur aus der materiellen Not Kästners[503], sondern hebt auch auf die Zentralität von dessen Stelle für den Status der Schule als Gymnasium ab[504]. Der drastischen Schilderung der persönlichen Berufssituation Kästners, „an seiner Amtsstelle eine wahre Martergrube zu habe[n], die ihm alle Kräfte aufzehrt, allen guten Muth benimmt", folgen nicht weniger als drei Alternativvorschläge zu dem zuvor unterbreiteten Finanzierungskonzept. Hinsichtlich der Entlastung der fürstlichen Kammer wird Herder deutlicher, indem er festhält, daß Kästners Gehalt bislang vollständig aus deren Mittel erbracht wurde.[505] Die Zuständigkeit der finanziell unbeteiligten „löbliche[n] Landschaft" für ihre „Landesschule" ergibt sich aus dieser Hinweis fast zwangsläufig.[506] Gegenüber dem Erstvorschlag tritt Herders Folgekonzept deutlich vermittelnder auf. Den zuvor erbetenen Aufschlag von 100 Reichstalern aus den Mitteln der Landschaftskasse halbiert er[507] und regt an, die „andere nothdürftige Hälfte"[508] entweder in Gestalt einer Mietersparnis durch freie Wohnung in einem Haus aus herzoglichem Besitz[509] oder durch Gelder des Hofmarschallamtes gegenzufinanzieren. Letzterer Vorschlag ist zweigeteilt und basiert entweder auf einer Reintegration Kästners in sein vormaliges Amt oder einer Anbindung des Pageninstitutes an das Gymnasium.[510] Die für den Herzog finanziell attraktivste Lösung dürfte in dem abschließenden und von Herder ausführlichst dargelegten Vorschlag bestanden haben. An der Präferenz Herders können keine Zweifel bestehen. Die Stärkung des Gymnasiums in institutioneller wie personeller Hinsicht, in Verbindung mit dem Abbau ständischer Privilegien und der Ausdehnung einer Partizipation an allgemeiner schulischer Bildung mußte sein Anliegen gewesen sein. Umgesetzt wurde die Initiative nicht. Allein, Kästner erhielt durch herzogliche Verfügung vom 24. März 1792 eine Zulage von 100 Kaisergulden.[511] Die materielle Besserstellung des Mannes, der sein Amt zu denselben finanziellen Modalitäten wie sein Amtsvorgänger 1769 übernommen hatte, war damit in zumindest bescheidenen Relationen erreicht worden. Kästner verblieb bis zu seinem Tod im Jahr 1812 in der Position. Zwei Dinge sind für Herders Betreuung des Amtes bezeichnend. Zum einen setzte er sich

---

503 Ebd., S. 246, Z. 7–31.
504 Ebd., Z. 31f.
505 Ebd., S. 247, Z. 48f.
506 Ebd., Z. 50f.
507 Ebd., Z. 49f.
508 Ebd., Z. 56.
509 Herders Vorschlag wird darin sehr konkret: ebd., Z. 58–64, u. a.: „Unweit dem Gymnasium z.E. ist ein Haus, worinn jetzt der Hauptmann H. von Germar wohnt, das der Herrschaft Miethe trägt; eine Bestimmung desselben oder eines andern zur Profeßorwohnung wäre für die lange Zukunft eine mit Dank anzuerkennende Gnade."
510 Ebd., S. 247f., Z. 64–89.
511 Vgl. dazu Francke, Geschichte, S. 150.

persönlich für die Anstellung und die finanzielle Verbesserung des aussichts-
reichsten Kandidaten ein. Als Pageninformator hatte Kästner über dieselbe lokale Position verfügt wie knapp zwei Jahrzehnte zuvor Musäus, bevor er in das
neueingerichtete Gymnasialamt des ersten Professors berufen worden war. Die
Ämterlaufbahn Kästners war darin von lokal etablierten, traditionellen Strukturen bestimmt. Herder mußte dies deutlich wahrgenommen haben, betont sein
Empfehlungsschreiben doch die Entsprechung der für Kästner vorgesehenen
Amtsstruktur zu deren vorheriger Anlage unter Musäus. Insgesamt läßt sich
Herders Engagement als eine Wiederherstellung der von Musäus übernommenen Position zusammenfassen, wobei sich auch die finanziellen Verbesserungen im wesentlichen auf eine Annäherung an die vormalige Besoldung beschränken. Zum anderen ist auf den historischen Hintergrund der
Gymnasialprofessur hinzuweisen. Herder betont eindringlich die Bedeutung
der Stelle für den Status der Schule als Gymnasium. Ausdrücklich erklärt er
Karl August am 4. Juni 1791: „denn unentbehrlich ist der Professor dem Gymnasium: *ohne ihn kann es nicht bestehen*, und fällt in eine gemeine Trivialschu-
le zurück."[512] Diese direkte Zuordnung scheint korrekturbedürftig zu sein. Die
Umwandlung der Weimarer Stadtschule in das Wilhelm-Ernst-Gymnasium erfolgte 1712.[513] Die Einrichtung der Professur wurde jedoch erst 1769 auf Anra-
ten des Jenaer Theologieprofessors Ernst Jakob Danovius im Zuge einer herzoglich angeordneten Visitation vorgenommen.[514] Bereits Ende 1768 hatten
auch die neuernannten Oberkonsistorialassessoren Gottschalg und Schultze die
Entlastung der beiden obersten Lehrer und Absicherung des Unterrichtes für
die Schüler durch die Einstellung eines zusätzlichen Lehrers vorgeschlagen.[515]
In ihrer Veranlassung zielte die Einrichtung der Stelle auf eine Unterstützung
der beiden ersten Lehrer des Gymnasiums, des Direktors und des Konrektors.
In der entsprechenden Verfügung des Jahres 1769 heißt es: „Demnächst finden
Wir gnädigst für gut, noch einen Praeceptorem bey denen beyden oberen Classen des Gymnasii, welcher in selbigen gewisse Stunden geben und den Direc-
torem und Conrectorem subleviren soll, unter dem Praedicat eines Professoris,
und mit dem Range nach dem zu dem Conrectorat beförderten M. Nolden, *auf
dieses Mannes Lebenszeit*, anstellen zu lassen."[516] In der Einrichtung der Professur bestand darin kein Zusammenhang mit dem Status der Schule. Die in historischer Hinsicht damit nicht zutreffende Argumentation Herders unterstreicht zumindest die Brisanz seines Anliegens, möglicherweise auch die
Bereitschaft, für den guten Zweck der Sache die historischen Zusammenhänge

512 Herder an Karl August, 4. Juni 1791, DA, Bd. 6, Nr. 164, S. 246, Z. 29–31.
513 Francke, Geschichte, S. 31.
514 Ebd., S. 66–70; hier S. 70.
515 Ebd., S. 64.
516 Ebd., S. 70.

einander nicht ganz sachlich zuzuordnen und vielleicht sogar in einem gewissen Maße zu dramatisieren. Die Vorsicht in diesem Urteil gebietet jedoch der Umstand, daß Herders Kenntnis der Schul- und Konsistorialakten in jedem Fall als größer einzustufen ist, als es die Francke sowie der heutigen Forschung verfügbare Aktenlage zu rekonstruieren erlaubt.

2.5. Weitere Professuren (1794/1798)

Der Titel des „ersten Professors" läßt nicht auf Anhieb erkennen, daß das Weimarer Gymnasium nur über eine einzige Professur verfügte. Auch als Hinweis auf diesen Umstand mochten Herders Ausführungen zu der Bedeutung der „ersten Professur" gedacht gewesen sein. Eine Ausweitung der Anzahl von Professuren vollzog sich während der nachfolgenden Jahre jedoch lediglich titularisch.

2.5.1. Der Versuch einer titularischen Ausweitung (1794)

Als eine Initiative Böttigers, die Herders Unterstützung fand, dokumentiert sich in dem dienstlichen Briefverkehr die Anregung, den Professorentitel sämtlichen Lehrern des eigentlichen Gymnasiums als den drei obersten Klassen zu gewähren. Böttiger richtet den Vorschlag unter dem 31. März 1794 an das Oberkonsistorium.[517] Böttiger selbst spricht ausdrücklich nur von den beiden ihm nachgeordneten Lehrern, Konrektor und Subkonrektor.[518] Daß der Direktor in eine entsprechende Regelung miteinbezogen werden mußte, versteht sich von selbst. Sein persönliches Interesse an dem Titel dürfte jedoch eher gering gewesen sein; es ist nicht auszuschließen, daß er als Gymnasialdirektor bereits aufgrund von Präzedenzfällen in der Geschichte der Schule zu dem Titel berechtigt gewesen war.[519] Böttigers Motivation dürfte keine andere gewesen sein, als die bereits im Zusammenhang des Oberkonsistorialratstitels benannte Zielsetzung, die Wertschätzung der schulischen Positionen insbesondere in der lokalen Wahrnehmung anzuheben. In seinem Schreiben erklärt Böttiger einleitend auch an erster Stelle: „Allein nicht alle Mitbürger, und nicht das ganze Publikum, mit dem es die Lehrer einer öffentlichen Lehranstalt zu thun haben", verstünden die sachbezogene Wertschätzung des Lehramtes aus dessen

---

517 Zu dem Text vgl. ebd., S. 157–159.

518 Ebd., S. 158.

519 Vgl. dazu u. a. ebd., S. 46: „In der alten Matrikel findet sich von der Hand des neuen Rektors folgender Eintrag: ‚Anno 1737 vir meritissimus Dn. M. W. [!] Christ. Kiesewetter [...] Gymnasii Vinariensis Inspector et Professor creatus hoc album [...]'".

Aufgabe und Anlage abzuleiten.[520] Der lokale Aspekt des hier gebrauchten Bürgerbegriffs ist deutlich zu erkennen.[521] Als Vizepräsident des Oberkonsistoriums und darin als Repräsentant der angeschriebenen Institution leitete Herder unter dem 1. April 1794 eine die Zustimmung empfehlende Eingabe an den Herzog weiter.[522] Vorrangig weisen die knapp gehaltenen Ausführungen auf den bereits etablierten Titelgebrauch in dem benachbarten und verwandten Fürstentum hin; eine entsprechende Adaption sei nach dem „Genius unserer Zeit".[523] Über den konkreten Vorschlag Böttigers hinaus, der sich lediglich auf Professorentitel der Lehrer des eigentlichen Gymnasiums bezogen hatte, zugleich jedoch angedeutet hatte, daß zumindest die Lehrer von *Quarta*, *Quinta* sowie der Kantor ein „ihren mühsamen und verdienstvollen Aemtern angemeßener Rang" zustehe[524], faßt Herder das Ergebnis auch in dieser Hinsicht zusammen, indem er den „Rang eines Raths, jedoch ohne diesen Nahmen"[525] empfiehlt. Der Ausgang der herzoglichen Entscheidung ist nicht dokumentiert. Francke erwähnt in seiner *Geschichte des Wilhelm-Ernst-Gymnasiums in Weimar* weder eine zustimmende noch eine abschlägige Verfügung. Die von Francke für die nachfolgenden Jahre zitierten Urkunden und Schriftstücke verzichten jedoch auf den Professorentitel. Auch die anschließenden dienstamtlichen Erwähnungen Herders des zweiten und dritten Lehrers greifen auf die Titel Konrektor und Subkonrektor zurück. Die Hofkalender sehen für die beiden Männer auch während der nachfolgenden Jahre von einem Titel des Gymnasialprofessors ab. Insofern ist davon auszugehen, daß der Versuch einer titularischen Ausweitung 1794 an den nachfolgenden Instanzen scheiterte. Zu betonen ist allerdings, daß während der Jahre nach Herders Tod Professorentitel für die Lehrer des eigentlichen Gymnasiums häufiger anzutreffen sind. Beispiele hierfür sind u. a. Johann Gottfried Melos[526], Carl Heinrich S[c]hall[527], Friedrich Wilhelm Riemer[528], Johannes Schulz[529], Heinrich Voß[530], Carl Wilhelm

---

520 Ebd., S. 157.

521 Zu Herder, in der Parallelität zu Böttiger durchaus repräsentativ für den Sprachgebrauch der Zeit, vgl. Keßler, Werte.

522 Francke, Geschichte, S. 159; nicht aufgenommen, wohl aufgrund des amtlichen Charakters des Schreibens in Vertretung des Oberkonsistoriums, in DA, Bd. 7, bzw. Bd. 9, N zu Bd. 7.

523 Francke, Geschichte, S. 159.

524 Ebd., S. 158.

525 Ebd., S. 159.

526 Zu ihm vgl. in diesem Kap., Anm. 449.

527 Hofkalender 1804, S. 65; Hofkalender 1806, S. 72; Prosop. Datenbank, Nr. 4700.

528 Hofkalender 1813, S. 79; Prosop. Datenbank, Nr. 4381.

529 Hofkalender 1810, S. 67; Hofkalender 1811, S. 69; Hofkalender 1812, S. 71; Prosop. Datenbank, Nr. 5187.

530 Hofkalender 1805f., S. 70f.; Prosop. Datenbank, Nr. 6553.

Adolph Weichert[531], Ferdinand Hand[532] oder Franz Passow[533]. Für Herder selbst gilt es festzuhalten, daß er sich für eine entsprechende titularische Regelung eingesetzt hatte.

2.5.2. Der Plan einer Selekta unter zusätzlicher Anstellung eines Professors (1797)

Der Plan einer Gymnasialselekta, der mit der Geschichte der Anstalt so verwachsen ist, daß er keinesfalls als ein genuines Anliegen oder eine eigene Idee Herders gelten kann, verband sich in der Ausdeutung und Konzeption Herders von 1797, auf die an anderer Stelle einzugehen sein wird, konstitutiv mit der Anstellung eines weiteren Professors.[534] Nur beiläufig heißt es in dem entsprechenden Gutachten: „Mithin dörfte nur noch ein neuer Lehrer (Profeßor) beim Gymnasio angestellt werden".[535] Der unmittelbare Kontext der Theologenausbildung sowie der Zuordnung von schulischer und universitärer Erziehung, möglicherweise auch die späteren Berufungsverhandlungen Böttigers mit Kopenhagen[536], verhinderten eine Vergrößerung des Gymnasialkollegiums um eine weitere Professur.

2.5.3. Beabsichtigte Berufung Johann Georg Müllers (1798)

Nicht realisiert wurde auch die angedachte Berufung Johann Georg Müllers als eines unbezahlten Honorarprofessors für Geschichte an das Weimarer Gymnasium. Der Vorgang und seine Veranlassung sind einschlägig bekannt.[537] Hilfesuchend hatte sich Müller unter dem Eindruck der beginnenden Revolution in der Schweiz, der Invasion französischer Truppen und der Erhebung der Landbevölkerung gegen die Kantonshauptstädte am 3. Februar 1798 an Herder gewandt, da er seine persönliche Sicherheit zusammen mit der des Kantonatsver-

---

531 Hofkalender 1813, S. 79; Prosop. Datenbank, Nr. 6689.

532 Hofkalender 1811, S. 70; Hofkalender 1812, S. 71; Hofkalender 1813, S. 78; Prosop. Datenbank, Nr. 1874.

533 Hofkalender 1808, S.70; Hofkalender 1810, S. 67; Prosop. Datenbank, Nr. 4010.

534 Sehr knapp vgl. zu diesem Komplex, unter vorrangiger Einordnung des Vorganges in den Kontext der Kant-Kritik, Haym, Herder, Bd. 2, S. 705–708.

535 „Ueber die Frage: Ob nicht bei den Studirenden, welche sich dem Predigtamt widmen, das beziehen der hohen Schulen als eine Nothwendigkeit ganz abzuschneiden?" SWS, Bd. 30, S. 493.

536 Vgl. dazu knapp Haym, Herder, Bd. 2, S. 707f.

537 Vgl. dazu und zu dem weiteren Kontext ebd., S. 771–780.

bundes der Schweiz gefährdet sah.[538] Herder antwortete tröstend, als Seelsorger und Freund, doch zugleich als politischer Ratgeber, der den Patriotismus als unmittelbar lokale Verbundenheit mit dem Vaterland über die Emigration stellt: „Bleiben! lieber Müller bleiben! [...] Zuerst ist dies Ihre Bürgerpflicht; kein Bürger verläßt sein Vaterland; am wenigsten darf u.[nd] soll es ein Schweizerbürger verlaßen."[539] In seinem Anschlußbrief, der aus Sicherheitsgründen die Bezüge nicht direkt zu Müller, sondern in der dritten Person Singular für einen fiktiven Freund formuliert, deutet Herder unter dem 16. Februar ein weiteres Mahnschreiben lediglich abschließend an: „NB Antworten Sie ja gleich auf diesen Brief; sollten die Umstände, individuell, anders seyn[,] so habe ich Ihrem Freunde von einem *honorablen refugio* etwas Andres zu schreiben."[540] Müller deutete dies auf Leipzig aus.[541] Tatsächlich bemühte sich Herder ohne zeitlichen Verzug und unter der Vermittlung Goethes um eine Einrichtung der ausschließlich titularisch statuierten Gymnasialstelle. Herder präzisierte sein Vorhaben Mitte März: „Das honette Refugium war nicht Leipzig (welches Ihr Tod seyn würde) sondern Weimar. Freilich wäre keine Stelle hier für Sie, als professor honorarius am Gymnasio, die ich Ihnen im Fall der Noth (freilich ohne Gehalt) wohl zu verschaffen gedächte."[542] In zeitlicher Nähe[543] erhielt er von Goethe eine vorläufige Bestätigung des Vorhabens: „Der Herzog hat den Vorschlag wegen Professor Müller genehmigt und du könntest ihm heute Abend vorläufig davon Notiz geben."[544] Müller seinerseits erbat unter dem 14. März eine wenn nicht offizielle Berufung, so doch zumindest ausweisbare Bestätigung der Absicht.[545] Herder diente damit unter dem 23. März.[546] Der offizielle Teil des Schreibens hält fest: „Unser Gymnasium illustre hat einen Lehrer nöthig, der, da die übrigen Lehrer die Arbeiten, die unsre Zeit fordert, nicht erschwingen können, den Zöglingen desselben in der *Geschichte* und andern Wißenschaften, die zur eigentlichen *Bildung* junger Leute, ehe sie die Akademie beziehen, Unterricht geben könnte."[547] Die Formulierung läßt erkennen, daß es sich in der von persönlichen Umständen motivierten

---

538 Eine Zusammenfassung des einschlägigen Bittschreibens vom 3. Februar bietet Haym, ebd., S. 772f. Zu weiteren Angaben des Briefes vgl. DA, Bd. 7, S. 589, Anm. 380.

539 Herder an Johann Georg Müller, 12. Februar 1798, DA, Bd. 7, Nr. 380, S. 365, Z. 4; 6f.

540 Herder an Johann Georg Müller, 16. Februar 1798, ebd., Nr. 381, S. 370, Z. 99–101.

541 Herder an Johann Georg Müller, etwa Mitte März, ebd., Nr. 388, S. 375, Z. 9.

542 Ebd., Z. 9–12.

543 Zu den Datierungsfragen vgl. ebd., S. 570, Anm. 382.

544 Goethe an Herder, wohl 18. März 1798, Goethe, Amtliche Schriften, Bd. 2/2, Nr. 135, S. 565, Z. 18–20.

545 Zu der Bitte um einen „ostensiblen Brief mit der Berufung" vgl. DA, Bd. 7, S. 572, Anm. 391.

546 Herder an Johann Georg Müller, 23. März 1798, ebd., Nr. 390f., S. 377–380.

547 Ebd., S. 379, Z. 8–11.

Initiative um das unmittelbare Anschlußprojekt des bereits im Vorjahr von aktuellen Bezügen bestimmten Plans einer Gymnasialselekta handelt. Aufgrund der für Müller unerwarteten Entwicklung der Zeitereignisse zerschlug sich dessen Notwendigkeit einer beruflichen Perspektive außerhalb der Schweiz bereits wenige Tage später. Unter dem 17. März konnte Müller die überraschende Vertretung in der Nationalversammlung, der provisorischen Regierung seines Kantons, und damit den gesicherten Verbleib in der Schweiz vermelden.[548] Am Weimarer Gymnasium wurde der Plan der außerordentlichen Professur gleichermaßen aufgegeben. In den Staatshandbüchern der Folgejahre findet sich kein Honorarprofessor verzeichnet.

Nicht in seiner *Geschichte des Wilhelm-Ernst-Gymnasiums in Weimar*, wohl aber in den chronologisch angelegten *Regesten zur Geschichte des Gymnasiums zu Weimar* verzeichnet Francke für das Jahr 1798 die Erstanstellung des Johann Gottfried Melos, der bis 1828 am Weimarer Gymnasium unterrichtete und seit 1801 auch am dortigen Lehrerseminar Unterricht erteilte.[549] Daß dessen Einstellung mit dem aufgegebenen Plan der unbesoldeten Honorarprofessur in Verbindung stand, kann nicht ausgeschlossen werden. Weder titularisch noch in der Hierarchie der Schule dürfte er während der ersten Jahre über eine auch nur in Ansätzen vergleichbare Position verfügt haben. Für das Jahr 1805 wurde Melos jedoch in den Hofkalendern als außerordentlicher Gymnasialprofessor geführt und verblieb in diesem Status bis zu der Übertragung einer ordentlichen Professur 1807.[550] Wahrscheinlich ist die Einstellung Melos' jedoch mit der 1797/1798 erledigten Kollaboratur in Verbindung zu bringen und wird daher auch in diesem Zusammenhang behandelt.

2.6. Lehrer der drei Elementarklassen

2.6.1. Quartus (1756–1815)

Seit 1756 fungierte als Kantor und *Quartus* Johann Sebastian Brunner am Weimarer Gymnasium.[551] Nach Brunners Tod im Herbst 1777 bemühten sich die Lehrer der nachfolgenden Klassen gemeinsam mit einer Eingabe an den Stadtrat um die Beförderung in die jeweils nächsthöhere Jahrgangsstufe.[552] Herders am 16. Juli 1778 von dem Stadtschreiber Schellhorn mündlich angefordertes

---

548 Haym, Herder, Bd. 2, S. 775. Vgl. ferner DA, Bd. 7, S. 572, Anm. 393.
549 Francke, Regesten, S. 23.
550 Hofkalender 1806, S. 72; Hofkalender 1807f., S. 70; Prosop. Datenbank, Nr. 3576.
551 Hofkalender 1757, S. 26; Prosop. Datenbank, Nr. 667.
552 DA, Bd. 4, S. 319, Anm. 54.

votum informativum[553] datiert auf den 15. August 1778.[554] Es ist sehr kurz gehalten und stellt dem *Quintus* Adam Friedrich Schwabe sowie dem ebenfalls betroffenen *Sextus* Johann Heinrich Danz aus, daß „sie sothanen ordentlichen Rufes zu genannten Claßen wohl werth sind."[555] Brunners Nachfolger als *Quartus* wurde, in Entsprechung zu dem Gesuch und dem Herderschen Votum, Adam Friedrich Schwabe, der bereits in Herders späterer Ablehnung eines automatischen Aufrückens in der Ämterabfolge des Kollegiums erwähnt wurde. Seit 1767 hatte dieser zunächst die *Sexta* betreut, seit 1769 die *Quinta* und seit 1778f. die *Quarta*.[556] Die Entscheidung 1791 gegen eine weitere Beförderung in das Personal des eigentlichen Gymnasiums wird vor dem Hintergrund von Schwabes Ämterlaufbahn verständlich. Die Grenzen der Unterstützung – bemessen an dem unverrückbaren Ideal des Vorteils der Schule – zeigt Herders massiver Widerspruch gegen die Betreuung einer höheren Klasse als der *Quarta* durch Schwabe. Davon unberührt blieben die menschliche Anteilnahme und die amtlichen Initiativen zugunsten einer materiellen Besserstellung. Die Bemühung, anderweitige Quellen als nur finanzielle Zulagen zu erschließen, deren Grenzen Herder auch in ihrer Vertretbarkeit zur Genüge kannte, ist für das Jahr 1788 u. a. für Schwabe zu dokumentieren. Neben vier weiteren Weimarer Kollegen, dem Konrektor Wilhelm Christian Lippold, dem *Quintus* Johann Heinrich Danz, dem an das Gymnasium angebundenen Kantor Johann Christoph Liebeskind und Johann Zacharias Hügel, seit dem Vorjahr Katechet an der Garnisonsschule und Zuchthausprediger[557], setzte sich Herder im Mai neben dem *Quartus* Schwabe für insgesamt fünf Weimarer Lehrer ein.[558]

2.6.2. Quintus (1767–1821)

Zusammen mit dem Aufrücken des erwähnten *Quintus* Schwabe, der seit 1769 für die *Quinta* zuständig gewesen war, in die darauffolgende Klasse, wirkte seit 1778f. Johann Heinrich Danz in der Position des *Quintus*.[559] Die Beförde-

---

553 Vgl. dazu ebd.

554 Herder an den Rat der Stadt Weimar, 15. August 1778, DA, Bd. 4, Nr. 54, S. 69.

555 Ebd., Z. 7f.

556 Hofkalender 1768, S. 45; Hofkalender 1770, S. 45; Hofkalender 1779, S. 45; Prosop. Datenbank, Nr. 5231.

557 Nicht erwähnt in den Hofkalendern dieser Jahre, wohl aber in DA, Bd. 10, S. 284.

558 Vgl. dazu insgesamt DA, Bd. 5, S. 379, Anm. 288.

559 Hofkalender 1779, S. 45; Prosop. Datenbank, Nr. 875; Hofkalender 1780–1813. Die im Text gebotene Jahreszahl entspricht den Daten der Hofkalender. Das Jahr 1778 bietet DA, Bd. 10, S. 128.

rung war innerhalb der schulischen Ämterstruktur ein naheliegender, aber keineswegs notwendiger Schritt. Andere Fälle belegen, wie konsequent Herder in der Ablehnung bereits angestellter, seines Erachtens jedoch für den Lehrberuf ungeeigneter Kandidaten sein konnte.[560] Danz' Empfehlung verband sich für Herder mit dem bereits genannten *votum informativum* in der 1778 ausstehenden Stellenbesetzung des Gymnasiums. Danz und Schwabe hatten sich zusammen unter dem 1. Dezember 1777 an den Weimarer Stadtrat gewandt.[561] Danz verblieb in der gewährten Position des *Quintus*[562] bis weit über Herders Tod hinaus. Danz starb 1821 und versah das Amt des *Quintus* wohl bis dahin.[563]

2.6.3. Sextus (1769–1802)

Zu Beginn der Herderschen Amtszeit wirkte als langjähriger *Sextus* Johann Heinrich Danz.[564] 1769 in die Funktion eingesetzt, wurde er, wie in dem vorherigen Abschnitt erwähnt, 1779f. zum Lehrer der darauffolgenden Klasse befördert. Die Funktion des *Sextus* versah zusammen mit dem Amtsantritt 1778 bis zu seinem Tod 1788 der Kantor der Stadtkirche, Johann Christoph Liebeskind.[565] Sein Nachfolger wurde in einer entsprechend angelegten Ämterkonstellation von 1788 bis 1802 Johann Matthäus Rempt.[566] Aufgrund der im Zusammenhang des Stadtkantorats beschriebenen Konflikte in der Frage der Wiederbesetzung blieb auch die Position des *Sextus* während der anschließenden Jahre vakant.

2.6.4. Kollaboratoren (1775–1806) und Seminaristen

In seiner Erstkontaktierung Böttigers am 21. Januar 1791 hält Herder nach der Aufführung der drei rangobersten Posten über die Anzahl der weiteren Stellen fest: ein „Cantor, zwei Collegen und zwei Collaboraten [sind] angestellt, wo-

---

560 Vgl. dazu etwa den Fall des Kollaborators Carpov, Francke, Geschichte, S. 143.

561 DA, Bd. 4, S. 319, Anm. 54.

562 Der ebd. erwähnte Beschluß: „Am 13. März 1781 entschied das Oberkonsistorium, die Bittsteller in ihren bisherigen Stellen und Besoldungen zu lassen", dürfte sich auf einen anderen Vorgang beziehen.

563 In den hier konsultierten Hofkalendern wird Danz zuletzt in der Ausgabe des Jahres 1813 aufgeführt; in Francke, Geschichte, S. 262, findet er sich noch unter dem Personal des Jahres 1820 benannt.

564 Francke, Gymnasium, S. 63, Anm. 3. Hofkalender 1770, S. 45; Hofkalender 1779, S. 45; Prosop. Datenbank, Nr. 875.

565 Hofkalender 1779, S. 45; Hofkalender 1788, S. 46; Prosop. Datenbank, Nr. 3271.

566 Hofkalender 1789, S. 47; Hofkalender 1802, S. 50; Prosop. Datenbank, Nr. 4323.

bei in [der] Sexta als der untersten Claße noch zwei Seminaristen mithelfen."[567] Ungeachtet der Frage, ob die beiden Kollegen sich auf *Quintus* und *Sextus* beziehen, während die erste Professur unerwähnt bleibt – dies ist die wahrscheinlichere Option als die Annahme, daß der erste Professor in der deutlich erkennbaren Ämterabfolge nur als einer der beiden Kollegen geführt wird –, hält die Bestandsaufnahme des Personals die Anzahl von jeweils zwei Kollaboratoren und Seminaristen fest. In den Staatshandbüchern finden sich diese Funktionen nicht erwähnt, weshalb die Rekonstruktion punktuell und bereits heuristisch in ihren Bezügen auf Herder stärker eingeengt ist.

Einer der beiden Kollaboratoren war ein namentlich nicht näher bekannter Carpov, der von 1775 bis in den Herbst 1796 – trotz Herders mit Energie, aber vergleichsweise spät vorgebrachten Protests – Dienst tat. Am 3. August 1790 hatte sich Herder an das Weimarische Oberkonsistorium gewandt und „den Wunsch" geäußert:

> „daß der Kollaborator Carpov mit guter Manier vom Gymnasio weggebracht werde, indem er zum Schullehrer nicht taugt. Ein außerordentlich angestellter Lehrer, der auf Hoffnungen, aber nicht zu lebenslanger Bestimmung, als ob er mit dem Gymnasio verheiratet würde, für gewisse Arbeiten angestellt worden, warum sollte der, dem Zweck der Kollaboratoren ganz zuwider, für seine Lebenszeit einem öffentlichen Institut zur Last fallen dürfen".[568]

Sein unmittelbarer Nachfolger dürfte, für nur kurze Zeit, Ernst Bernhard Saal, gewesen sein, den Herder im Oktober des Folgejahres in einem Schreiben an Böttiger erwähnt: „Der arme Saal hat sich in den letzten Wochen aus dem verwünschten quarta in das keine Ordnung zu bringen ist, weil der Collaborator allein nichts bewirken kann, eine Krankheit geholt."[569] Ebenfalls nur für im Höchstfall ein Jahr übernahm dessen Nachfolger, der Sohn des *Quintus* und vormalige Schüler des Gymnasiums, Johann Traugott Leberecht Danz, das Amt 1797. Auf die besondere Protektion durch Herder wird in dem nachfolgenden Abschnitt zu den Schülern des Gymnasiums einzugehen sein. Danz verblieb nur kurz in der Funktion des Kollaborators: 1798 wurde er Rektor der Stadtschule in Jena.[570] Ein chronologisch nahtloser Anschluß legt sich darin für die Übernahme Melos' nahe, dessen Einstellung Francke für das Jahr 1798 verzeichnet[571] und zumindest 1806 als Kollaborator aufführt[572]. Die Staatshandbücher dokumentieren seine Anstellung als ordentlicher Gymnasialprofes-

---

567 Herder an Karl August Böttiger, 21. Januar 1791, Nr. 150, S. 225, Z. 53–55.

568 Herder an das Weimarische Oberkonsistorium, 3. August 1790, DA, Bd. 6, Nr. 127, S. 205, Z. 9–15. Zur Textgestalt und dem weiteren Kontext vgl. Francke, Geschichte, S. 143.

569 Herder an Karl August Böttiger, Oktober 1797, DA, Bd. 7, Nr. 355, S. 338, Z. 21–23.

570 Vgl. dazu DA, Bd. 10, S. 128.

571 Francke, Regesten, S. 23.

572 Francke, Geschichte, S. 185; S. 189, Anm. 1.

sor für das Jahr 1807.[573] Ein Wunschkandidat Herders dürfte Melos nicht gewesen sein. Bereits zeitgleich zu der Anstellung Danz' ist von einer Tätigkeit im Umfeld des Gymnasiums auszugehen. Über die damalige Entscheidung zugunsten des anderen Kandidaten erklärt Herder im Oktober 1797 Böttiger: „Mit dem blöderen Mehlhose wars also vor der Hand nicht zu wagen."[574]

Zur Besetzung der zweiten Kollaboratur läßt sich festhalten, daß zeitgleich mit Carpov auch Johann Philipp Hasse eingestellt wurde, der nach Verfügung vom 24. September 1782 durch Heinrich Ferdinand Rost ersetzt wurde.[575] Im Jahr 1787 löste ihn Johann Christian Schäfer ab.[576] Persönliche Beziehungen Herders zu Schäfer liegen auf mehreren Ebenen vor. Zeitgleich zur Kollaboratur fungierte Schäfer als Hauslehrer von Wilhelm und Adelbert Herder.[577] Anschließend wirkte er u. a. als Stiftsprediger in Herders unmittelbarem kirchlichen Umfeld. Zudem war Schäfer später einer von Herders Wunschkandidaten für das Amt des Hofpredigers. Die Beförderung ins Oberkonsistorium, nach Vorschlag Herders, gelang. Für das Jahr 1787 ist damit, zumal in den pädagogischen Berührungen der eigenen Familie, von einer Mitgestaltung Herders an der Personalentscheidung bezüglich der Kollaboratur auszugehen. Erst vor dem Hintergrund dieser erfolgreichen und gerade in persönlichen Beziehungen wahrnehmbaren Veränderung im unteren Bereich des Kollegiums mochte Carpov für Herder zu einem besonderen Dorn im Auge geworden sein. Die Initiative des Jahres 1790 ließe sich zumindest aus der chronologischen Abfolge der Umbesetzung und der Dichte der von Wertschätzung getragenen Berührungen mit Schäfer als dem unmittelbaren Amtskollegen erklären. Schäfer selbst blieb nur bis Ende des Jahres 1790 bzw. Anfang des Folgejahres im Schuldienst. Nach der Übertragung der Stiftspredigerstelle empfiehlt Herder für dessen Nachfolger als Kollaborator am 3. Januar 1791 Friedrich Benjamin Schulze.[578] Die Position an der Schule wird benannt als: die „*in tertia et quinta classe Gymnasii* sich erledigende Kollaboratorstelle".[579] Insofern die beiden Kollaboraturen im wesentlichen den unteren Klassen galten, ließe sich annehmen, daß die von Carpov und in dessen Nachfolge von Danz und Melos verwaltete Aufgabe zu diesem Zeitpunkt im wesentlichen Aushilfsarbeiten in der *Quarta* und

---

573 Hofkalender 1808–1813 u. a.

574 Herder an Karl August Böttiger, Oktober 1797, DA, Bd. 7, Nr. 355, S. 338, Z. 23f.

575 Francke, Geschichte, S. 85.

576 Dieses Amt wurde nicht in den Hofkalendern verzeichnet; entsprechend finden sich auch keine Daten in der Prosop. Datenbank, Nr. 4691. Es besteht kein Zweifel, daß die Angabe „H. H. Schäfer", Francke, Geschichte, S. 140, zu korrigieren ist – was übrigens bereits im Registereintrag des Buches, ebd., S. 381, geschehen ist.

577 Vgl. dazu DA, Bd. 10, S. 501.

578 Francke, Geschichte, S. 362, Anm. zu S. 143. Zum Text s. Herder an Karl August, 3. Januar 1791, DA, Bd. 6, Nr. 148, S. 221f.

579 Ebd.

Sexta galt. Gestützt wird dies von Herders Brief an Böttiger vom Oktober 1797, der festhält, daß Kollaborator und *Quartus* die „Ordnung" der *Quarta* während der letzten Wochen nicht wiederherstellen konnten.[580] Eine feste Zuordnung einzelner Jahrgangsstufen über einen längeren Zeitraum hin zu vermuten, wäre jedoch unangemessen. Allein die Bezeichnung der beiden Stellen deutet einen variablen Einsatz an, der flexibel auf die Bedürfnisse der Schule reagieren sollte. Für das Jahr 1812 läßt sich zum einen die mittlerweile veränderte Zuordnung eines Kollaboratoren zu der *Quarta* und *Quinta* dokumentieren, zum anderen den personal bestimmten Einsatz des zweiten „Collabor.[atoris] des Collegae IVti"[581]. Eine strukturelle Ausdeutung der Kollaboraturen müßte vor diesem Hintergrund stets nur äußerst punktuell ausfallen und dürfte sich in den genannten Zuweisungen zur *Tertia* und *Quinta* mit Gewißheit nur auf den Zeitraum von Schäfer und Schulze beziehen. Für Schulze verblieb die Kollaboratur – in Verbindung mit dem später zu benennenden Landschullehrer-Seminar – das einzige Amt, das er ausüben sollte. Bereits am 7. Dezember 1793 starb er.[582] Herder vermeldet den Tod dem Freund Johann Georg Müller: „Der junge Schulze [,] den Sie hier gekannt haben, [ist] gleichfalls [todt]. So stirbt Alles, jung u.[nd] alt [Schulze wie zuvor Bode]."[583] Die Andeutung läßt erkennen, daß Schulze noch aus den frühen achtziger Jahren ein Weimarer Bekannter, wenn nicht sogar Freund Müllers gewesen war. Daß Herder selbst große Stücke auf Schulze gehalten hatte, zeigen alleine die Examensberichte des Wilhelm-Ernstischen Freitisches, durch dessen Stiftung Schulze gefördert wurde. Als einer seiner Nachfolger ist lediglich für das Jahr 1806 ein „Kollaborator Eysert" dokumentiert.[584] Es dürfte kein Zweifel daran bestehen, daß es sich dabei – wie zuvor bei Schäfer – um den vormaligen Schüler des Weimarer Gymnasiums und Stipendiaten des Freitisches, Adolph Friedrich Eisert handelte, der am 28. Mai 1794 in Herders Bericht über die Personalveränderungen der Stiftung als einer der Abgänger des Jahres aufgeführt wird.[585] In dem anzunehmenden Fall, daß für Eisert, wie für die Kollaboratoren vor ihm, die Anstellung am Gymnasium seine Erstbeschäftigung war, hätte er seinen Dienst von 1794 bis mindestens in das Jahr 1806 versehen.

Sämtliche der seit der ersten Besetzungsmöglichkeit des Jahres 1787 eingestellten Kollaboratoren sind damit in persönliche Verbindungen zu Herder zu bringen. In der Nachfolge Rosts kann für alle während Herders Amtszeit

---

580 Herder an Karl August Böttiger, Oktober 1797, DA, Bd. 7, Nr. 355, S. 338, Z. 21–24.

581 Ebd., S. 365, Anm. zu S. 212.

582 DA, Bd. 10, S. 527.

583 Herder an Johann Georg Müller, 20. Dezember 1793, DA, Bd. 7, Nr. 59, S. 79, Z. 23f.

584 Francke, Geschichte, S. 189, Anm. 1.

585 Herder an Karl August, 28. Mai 1794, DA, Bd. 7, Nr. 88, S. 106, Z. 7. Zum Erstdruck im Rahmen der Suphanschen Werkausgabe vgl. SWS 30, S. 478f., Nr. 15.

auf dieser Ebene dokumentierbaren Zugänge des Kollegiums nicht nur festgehalten werden, daß sie zuvor selbst Schüler des Weimarer Gymnasiums gewesen waren, sondern auch aufgrund ihrer Leistung zu der privilegierten Spitze
der Freitischstipendiaten gehört hatten. Bis auf den früh verstorbenen Schulze
und den nicht weiter zu verfolgenden Eisert[586] machten sämtliche dieser Kandidaten später Karriere: Danz an der Universität Jena, Schäfer bis zu seinem
zeitigen Tod in der Weimarer Kirchenleitung und Melos am eigentlichen
Gymnasium.

Der Einsatz der Seminaristen, deren nominelle Rekonstruktion sich weder
aus dem Briefwechsel noch den Vorarbeiten zur Geschichte des Weimarer
Gymnasiums vornehmen läßt – womit auch Bezüge zu Herders Amtsfunktionen als unwahrscheinlich gelten können –, dürfte im wesentlichen der *Sexta*
gegolten haben. Dies unterstützt, daß die Arbeit der Kollaboratoren sich weithin auf die *Tertia*, *Quarta* und *Quinta* beschränkt haben dürfte. Der historische
Hintergrund einer unbezahlten Unterrichtstätigkeit von „Seminaristen" hängt
mit der ersten Begründung eines Landschullehrer- und Predigerseminar im
Jahr 1726 zusammen.[587] Unter diesen thematischen Bezügen sowie dem nachfolgenden Kontext eines eingehenden Einsatzes für Gehaltsverbesserungen finden die Seminaristen in der vorliegenden Arbeit weitere Erwähnung.

Im Sinne einer Verantwortung auf mehreren Ebenen, für das Schulwesen
insgesamt und für Schüler wie Lehrer gleichermaßen – für letztere darin auch
an dieser Stelle im Sinne eines personellen Amtsbezuges aufzuführen –, hatte
sich Herder bereits in seinem ersten Amtsjahr für eine angemessene Bezahlung
der Kollaboratoren stark gemacht. In seinem *Gutachten über die dem Ständeausschuß vorzulegenden Forderungen* von Anfang 1777 reagiert er bekräfti-
gend auf zu diesem Zeitpunkt bereits eingebrachte Vorschläge ebenso wie auf
die sich ihm in ersten Eindrücken selbst erschließende Situation.[588] Einer der
ersten Punkte betrifft die Bezahlung der Kollaboratoren des Gymnasiums und
die Anregung einer landesweiten Einrichtung vergleichbarer Stellen: „Die *Proposition* [...] zu Unterstützung der angestellten Kollaboratoren wäre freilich als
allgemeine Landes Sache wünschbar."[589] In seiner Begründung argumentiert
Herder auf verschiedenen Ebenen. Zum einen richtete er sich gegen den objektivierbaren Mißstand einer zu hohen Klassenstärke, die ein Verhältnis von einem Lehrer auf 50 bis zu 80 Schülern bedeutet.[590] Zum anderen verweist er auf

---

586 Eisert wechselte spätestens 1809 in den Pfarrdienst, den er während der Jahre 1809 bis 1813,
     möglicherweise auch darüber hinaus, in der Pfarrei Großkromsdorf in der Adjunktur Oß-
     mannstedt versah, vgl. Hofkalender 1810, S. 69; Prosop. Datenbank, Nr. 1115.
587 Vgl. dazu Kap. IV, Anm. 1100.
588 Zu dem Text vgl. SWS, Bd. 30, S. 452f.
589 Ebd., S. 452.
590 Ebd.

den öffentlichen Schaden, den die unbesoldete Tätigkeit der aushilfsweise eingestellten Lehrer bedeutet: „sollen die arme[n] Kollaboratoren so ganz ohne
Dank und Lohn ihren Schweiß Jahrelang täglich hinopfern: so ist würklich der
Schweiß fürs Publikum Sünde."[591] Konfessionell überlagert wird die vorge-
brachte Bemühung um das öffentliche Ansehen mit Hinweis, „auch die Katholischen Länder" seien derzeit um landesweite Verbesserungen des Schulwesen
bemüht.[592] Hinzukommt der Vergleich mit der zeitgenössischen Reformpäda-
gogik Basedows und dem angestrebten Verhältnis von zwei Schülern auf einen
Lehrer.

2.7. Weitere Lehrer

Die Schaffung weiterer Stellen beschränkte sich am Weimarer Gymnasium jedoch allenfalls auf zusätzliche Fächer. Deren Aufnahme und Rekonstruktion,
auch in ihren Finanzierungs- und Besetzungskonzeptionen, ist nötig, um tatsächliche Gestaltungsmöglichkeiten des Ephorus oder der Schulleitung ermessen zu können.

2.7.1. Moderne Fremdsprachen (1749–1810)

Von 1749 bis 1792 versah Johann Georg[e] Kirscht die Funktion eines „Lehrers der neueren Sprachen".[593] Kirscht hatte zunächst in Eisenach unter Ernst
August Konstantin, in Folge dessen unter Anna Amalia und Karl August die
Position des „Sprachmeisters" inne. Sein Nachfolger am Weimarer Gymnasium von 1792 bis 1798, Johannes Schmidt[594], entstammte als Akzessist und Re-
gistrator dem unteren Verwaltungsapparat der Geheimen Kanzlei, und dürfte
durch Gelehrsamkeit und Sprachgeschick auf sich aufmerksam gemacht haben.
Sowohl in der Geheimen Kanzlei als auch im Geheimen Consilium wirkte er
zu unterschiedlichen Zeitpunkten bis zu seinem Tod 1811 als Sekretär und Ar-
chivar. Dieser Tätigkeit verdankt sich auch seine umfangreiche Materialsamm-
lung der sog. Schmidtschen Gesetzessammlung. Am Weimarer Gymnasium

---

591 Ebd.
592 Ebd.
593 Hofkalender 1791, S. 47; Prosop. Datenbank, Nr. 2758; Francke, Regesten, S. 20; Francke,
     Geschichte, S. 55.
594 Hofkalender 1792, S. 48; Hofkalender 1798, S. 49; Prosop. Datenbank, Nr. 4971; Francke,
     Regesten, S. 23; Francke, Geschichte, S. 360.

dürfte Schmidt hauptsächlich Französisch unterrichtet haben.[595] Für die Jahre 1798 bis 1810 verzeichnen die Staatshandbücher eine Tätigkeit als französischer Sprachmeister des Gymnasiums für Claude Dumanoir[596], des Sprachmeisters Anna Amalias und Karl Augusts. Die Aussage des späteren Direktors Lenz aus dem Jahr 1811: „Irre ich mich nicht, so hat er mir gesagt, er habe bereits 40 Jahre lang den französ.[ischen] Unterricht im hies.[igen] Gymnasium erteilt", läßt sich auf Grundlage der Hofkalender nicht stützen.[597] Auch autobiographische Schülerberichte bezeugen für die Zeit vor 1798 einen Französischunterricht, der nicht von Dumanoir durchgeführt worden sein dürfte. Für 1797 hält der Schüler Gotthilf Heinrich Schubert in seiner *Selbstbiographie* fest: „Mein Lehrer im Französischen war ein recht liebenswürdiger, gewesener französischer Geistlicher, den die Revolution aus seinem Vaterlande vertrieben hatte. Eine höhere Bildung für die Wissenschaft, wie für das Leben war an ihm unverkennbar. Der sanfte, gutmüthige Mann war [...] in seinem Vaterlande den Kämpfen und Wirren der Revolution entwichen".[598] Auf Dumanoir kann diese Beschreibung, soweit sie auf verläßlichen Angaben über den Lehrer basiert, nicht zutreffen, wirkte er zu dem Zeitpunkt von Schuberts Schulbesuch seit über drei Jahrzehnten als Sprachlehrer in verschiedenen Funktionen innerhalb des Fürstentums. Zeitgleich mit Dumanoirs Anbindung, die neben den Staatshandbüchern auch durch den Schülerbericht für das Jahr 1798 Bestätigung findet, wurde nach einer Eingabe an das Oberkonsistorium vom 20. Mai 1800[599] „durch Verfügung vom 8. August der frühere Schauspieler Karl Heinrich Shall als Lehrer des fakultativen Unterrichtes im Englischen und Italienischen angestellt."[600] Die Staatshandbücher führen den Namen in einer unauffälligen deutschen Schreibweise als „Schall"[601]. Von Zeitgenossen findet er sich u. a. selbst als „Shawl" beschrieben.[602] Seine Einstellung 1800 wurde von Böttiger massiv unterstützt.[603] Über die verzögerte Festanstellung läßt sich nur mutmaßen.

---

595 Vgl., unter Rückgriff auf noch verfügbares Aktenmaterial, dazu Francke, Geschichte, S. 360: „Seit 1792-1798 hatte ein gewisser Joh. Schmidt französischen Unterricht gegeben (OK. IV 53, 50)."

596 Hofkalender 1799, S. 49; Hofkalender 1810, S. 67; Prosop. Datenbank, Nr. 999.

597 Vgl. dazu Francke, Geschichte, S. 360.

598 Zitiert nach ebd., S. 357.

599 Vgl. dazu ebd., S. 360.

600 Francke, Regesten, S. 24. Francke, Geschichte, S. 360, datiert die nicht mehr erhaltene Verfügung auf den 9. August.

601 Hofkalender 1804, S. 65; Hofkalender 1805, S. 71; Hofkalender 1806, S. 72; Prosop. Datenbank, Nr. 4700.

602 Vgl. dazu Lenz in: Francke, Geschichte, S. 191.

603 Zu dem Empfehlungsschreiben vgl. ebd., S. 360.

Francke nimmt Schwierigkeiten „vielleicht infolge Einspruches von seiten Herders"[604] an, doch lassen sich dazu keine Hinweise namhaft machen.

2.7.2. Rechen- und Schreibmeister (1776–1808)

Über mehrere Jahrzehnte, bis in das Jahr 1778, versah Johann Wilhelm Unruh[605] das Amt des *magister calligraphiae*. Entsprechend der Einträge der Hofkalender stellte die Verpflichtung ein außerordentliches Lehramt dar, das zunächst in Verbindung mit der Funktion des Regierungskanzlisten als „Stellung, die Unterbeamte unter Bezug ihres sonstigen Gehaltes unentgeltlich zu versehen hatten"[606], stand. Die zweifache Ausrichtung des „Rechen- und Schreibmeisters" wurde am Gymnasium auch mit dem Nachfolger Christian Friedrich Wilhelm Roth[607] beibehalten, der das Amt von 1778 bis 1808 versah. Francke benennt Roth, der durch Verfügung vom 18. Juli 1778 angestellt wurde, als Geheimkanzlist.[608] Die Staatskalender verzeichnen den Aufstieg vom Akzessisten und Kopisten zum Kanzlisten am Oberkonsistorium und der Kammer während der Jahre 1779, 1785, 1790 und 1791.[609] Sein Nachfolger fand sich in Samuel David Wendel Exius[610], der seit 1785 in Weimar in verschiedenen Ämter gewirkt hatte, u. a. als Kammerrevisionsakzessist, Revisionskopist, Revisionskanzlist und Kalkulator. Am Gymnasium zunächst nur als substituierter Lehrer angestellt[611] und in der Quarta anfänglich durch einzelne Gymnasiasten entlastet[612], versah er in zeitlicher Folge seiner Beförderung zum Kammerrevisor 1803 während der Jahre 1807 bis 1813 das volle Lehramt[613].

---

604 Ebd.

605 Hofkalender 1778, S. 45; Prosop. Datenbank, Nr. 5977; Francke, Regesten, S. 20; Francke, Geschichte, S. 55, verzeichnet dessen Anstellung punktuell bereits im Rahmen des Lehrerkollegiums des Jahres 1744.

606 Francke, Geschichte, S. 90.

607 Hofkalender 1779, S. 45; Prosop. Datenbank, Nr. 4538; Francke, Regesten, S. 21; Francke, Geschichte, S. 142.

608 Francke, Geschichte, S. 90.

609 Hofkalender 1780, 1786, 1791f.

610 Hofkalender 1786, S. 25; Prosop. Datenbank, Nr. 1190; Francke, Geschichte, S. 90.

611 Vgl. dazu die Hofkalender 1802, S. 51; Hofkalender 1807, S. 70.

612 Francke, Geschichte, S. 90.

613 Vgl. dazu die Hofkalender 1808, S. 70; Hofkalender 1813, S. 79.

2.7.3. Fechtunterricht (1774–1801)

Während der Jahre 1774 bis 1801 übernahm Christian Gottfried Heinicke[614], der in den Hofkalendern auch mit den Schreibweisen Hennike oder Hennicke geführt wird, den Fechtunterricht. 1774 gehörte Heinicke zunächst dem Hofetat Anna Amalias als Fechtmeister an, während der Folgejahre dem Karl Augusts. Sein Nachfolger wurde 1801 Carl Bernhard Friedrich Kirscht[615]. Seine Anstellung gründet als Hoffechtmeister seit dem Jahr 1799 in einer vergleichbaren Position wie die seines Vorgängers.

2.7.4. Tanzunterricht (1766–1809)

Das Amt des Tanzlehrers verdankt sich einer entsprechenden amtsfunktionalen Konstellation. Johann Adam Aulhorn, der den Tanzunterricht des Gymnasiums von 1766 bis 1808/1809 versah[616], hatte noch unter Ernst August Konstantin 1757 seine Arbeit als Solotänzer aufgenommen und erreichte 1766 unter Anna Amalia die Position des Tanzmeisters. Unter Karl August führte er, seit 1804 Hoftanzmeister, das Amt fort.

2.7.5. Musikunterricht (1766–1813)

Entstammten sämtliche der außerordentlichen Lehrer des Weimarer Gymnasiums damit entweder dem unteren Verwaltungsbereich einzelner Behörden oder stark spezialisierten und darin wohl nicht immer ausgelasteten Abteilungen des Hofes, so stellte der Musikunterricht die einzige direkte Verbindung mit der kirchlichen Institutionenstruktur dar. Indem der Stadtkantor einen Teil des entsprechenden Lehrangebotes am Gymnasium übernahm, entschied die Auswahl des Stadtkantors zugleich über die Zusammensetzung des Lehrkörpers. Im einzelnen wird auf diese Personalfragen, die bereits im Zusammenhang der kirchlichen Positionen an der Stadtkirche dargestellt wurden[617], nicht einzugehen sein. Innerhalb der nur in diesem einen Punkt direkt zu verantwortenden Ge-

---

614 Francke, Regesten, S. 21; Francke, Geschichte, S. 142.

615 Hofkalender 1802, S. 51; Prosop. Datenbank, Nr. 2753; Francke, Regesten, S. 24. Unerwähnt in Francke, Geschichte.

616 Hofkalender 1767, S. 43; Hofkalender 1808, S. 70; Prosop. Datenbank, Nr. 105. Francke, Regesten, S. 20, und Francke, Geschichte, S. 142, bieten die Jahreszahl 1809; Francke, Geschichte, S. 189f., Anm. 1, nennt als Todesdatum „Anfang 1808". Der letzte Eintrag findet sich in dem Hofkalender das Jahres 1808, was das frühere Datum stützt.

617 Im einzelnen vgl. dazu Kap. III.1.1.5.

staltung des außerordentlichen Lehrkörpers des Weimarer Gymnasiums kann die Brisanz der institutionellen Anbindung des Stadtkantors an Kirche und Gymnasium in der von Herder konsequent betriebenen Ablehnung Destouches[618] in besonderer Weise verständlich werden. Neben den institutionellen Bezügen zu kirchlichen Ämtern bestanden gleichermaßen Verbindungen zu höfisch angestellten Musikern. Als ausschließlich für Instrumentalunterricht herangezogener Musikdirektor wirkte von 1766 bis 1797 Georg August Zahn, der 1756 im Hofetat Ernst August Konstantins als Hofoboist mit Prädikat Anstellung fand, von Anna Amalia 1759 übernommen und seit 1780 unter Karl August als Hofmusikus geführt wurde.[619] Als Nachfolger am Gymnasium wirkte kurzzeitig, nach der Einführung durch Herder „im Beisein des Direktors Böttiger" am 28. Februar 1797[620], sein Sohn Johann Wilhelm Zahn, der seit 1780 ebenfalls als Hofmusikus unter Karl August geführt wurde, bevor er 1788 ebenfalls Kammermusikus wurde.[621] Die Anstellung am Gymnasium beschränkte sich auf ein Jahr. Ein Jahr nach dem Vater verstarb auch der Sohn.[622] Ein langjähriger, bis weit über Herders Amtszeit hinaus wirkender Nachfolger fand sich ohne Verzug in Johann Adam Zipfel, der zeitgleich mit den beiden Zahns seit 1780 als Hofmusikus, seit 1796 als Kammermusikus unter Karl August gedient hatte.[623] Erhalten hat sich Böttigers entsprechendes Votum an das Oberkonsistorium vom 29. Juli 1798.[624] Deutlich wird, daß sich die Personalentscheidung nicht zwangsläufig aus den höfisch besetzten Ämtern ergab und aufgrund eines zusätzlichen Einkommens von einer gewissen Attraktivität war. Beworben hatten sich um den Zuschlag neben dem gewählten Kandidaten auch der Stadtkantor Rempt, der auf eine besoldete Ergänzung seiner Pflichtstunden hoffte, sowie der Stadtmusikus Alexander Bartholomäus Eberwein und der Kammermusikus Johann Adam Gottfried Unrein.[625] Böttigers Stellungnahme zugunsten Zipfels nimmt die Personalentscheidung vorweg und unterstreicht, daß die Besetzung der außerordentlichen Lehrerämter in erster Linie von dem Gymnasialdirektor bestimmt wurde. Das Dokument verdeutlicht zudem, daß auch für die Zeit Herders die Hauptanforderung des Amtes und

---

618 Hofkalender 1804, S. 65; Prosop. Datenbank, Nr. 913; Francke, Regesten, S. 24; Francke, Geschichte, S. 354, zu. S. 172; ferner: S. 164f.

619 Hofkalender 1767, S. 43; Hofkalender1797, S. 49; Prosop. Datenbank, Nr. 6972.

620 Vgl. dazu auch Francke, Geschichte, S. 90.

621 Hofkalender 1781, S. 81; Hofkalender 1797, S. 90; Prosop. Datenbank, Nr. 6980.

622 Vgl. dazu auch Francke, Geschichte, S. 90.

623 Hofkalender 1799, S. 50; Hofkalender 1804, S. 65; Prosop. Datenbank, Nr. 7063.

624 Francke, Geschichte, S. 348, Anh. zu S. 90. Die Korrektur des Datums vom „29. Juli 1778" auf den oben genannten Termin ergibt sich textimmanent aufgrund der vorausgesetzten äußeren Ereignisse.

625 Vgl. dazu insgesamt ebd. Zu Eberwein s. Hofkalender 1773, S. 32; Prosop. Datenbank, Nr. 1023 [darin auch zur Namenskorrektur des Eintrages], zu Unruh vgl. ebd., Nr. 5975.

entsprechende Ausrichtung des Unterrichts auf den beiden Instrumenten Violine und Oboe lag. Diesem Schwerpunkt nachgeordnet traten weitere Instrumente, wie Fagott, hinzu.

2.8. Schüler (Freitisch)

Ein institutionell vermittelter persönlicher Bezug zu den Schülern des Weimarer Gymnasiums ergab sich für Herder mit der Einrichtung des Wilhelm-Ernestinischen Freitisches. Dessen Verwaltung und zeitgemäße Gestaltung versah er mit großem Einsatz. Über eine rein summarische Aufnahme der Personalia hinaus bleibt zu fragen, ob sich weitere Empfehlungen und Protektionen aus den Berührungen innerhalb des Instituts ergeben konnten. Bereits im Zusammenhang der Kollaboraturen hatte sich zeigen lassen, in welchem Maße die Neuzugänge zu dem unteren Bereich der Kollegiums aus vormaligen Stipendiaten des Freitisches rekrutiert worden waren. Über die strukturellen Beobachtungen hinaus lassen sich gerade für Herder mehrere persönliche Initiativen in amtlichen Berührungspunkten benennen, deren Darstellung personal zugespitzt und den heuristisch angelegten Ausführungen nachgestellt wird. Auf eine vollständige Aufnahme der Freitischstipendiaten, die auf der Grundlage der gedruckten Verzeichnisse und öffentlichen Bekanntmachungen möglich wäre, wird im Interesse einer auf Herder ausgerichteten Auswahl der prosopographisch zu skizzierenden biographischen Daten verzichtet.

2.8.1. Examensberichte und Berichte über Personalveränderungen
(1784, 1787, 1790, 1794, 1796f.)

Nachdem Herder erstmals 1781 ein Examen der Stipendiaten durchgeführt hatte[626], kann das Jahr 1784 in der nachhaltigen Einbeziehung des Ephorus in das Auswahlverfahren des Freittisches als ein gleichermaßen strukturell wie personalpolitisch bedeutsamer Wendepunkt gelten. In ihren Bezügen auf Herder treten die nachfolgenden Jahre mit ihrer institutionell veränderten Anlage auch quellenbedingt in den Vordergrund. Von den Anfang des 20. Jahrhunderts noch, wenn „nicht vollständig, [so doch] bis zum 5. November 1802"[627] vorlie-

---

626 Vgl. dazu den von Francke, Gymnasium, S. 348f., gebotenen Matrikel-Auszug: „NB. den 19. Octob.[er] hat Herr Gener.[al] Superint.[endent] Herder zum erstenmale nebst dem H. Ober-Consist.R.[ath] Gottschalg im großen Auditorio ein besonderes Examen der *alumnorum* abgehalten, nach der Verordnung des Stiftungsbriefes, nach welcher doch auch der Director hätte sollen dazu gezogen werden."

627 Vgl. dazu ebd., S. 349.

genden Handschriften, so die knappe Beschreibung Franckes, haben sich insgesamt fünf Dokumente in der seinerzeit ansatzweisen Drucklegungen erhalten. Die im 30. Band der Suphanschen Werkausgabe gebotene Auflistung der schulamtlichen Archivalien erwähnt, daß sich in dem Bestand der verlorenen Signatur (Abth. V. Loc. 86ª Nr. 8) „20 Berichte Herders über den Ausfall der Prüfung vom Jahre 1781 ab bis 1802" befanden.[628] Unter Absicht des Jahres 1788, während dessen sich Herder im Herbst in Italien aufhielt, fehlte nur für ein einziges Jahr der entsprechende Bericht. Über die Personalveränderungen des Freitisches und Herders Einschätzungen der jeweiligen Schüler geben die Texte detailliert Auskunft. Ein Fünftel dieser Bestände hat sich in den Auszügen Franckes und dem Nachdruck der Texte in der Herder-Briefausgabe erhalten. Die Kontextualisierung der darin erwähnten Personalia muß sich notwendig auf den Briefwechsel selbst beschränken, da in ihm allein die aufzunehmenden Bezüge weiteren Niederschlag finden können.

Der Examensbericht vom Oktober 1784 stellt das erste einschlägige Dokument dar.[629] Die drei Neuzugänge sowie deren vorangegangene Prüfung schildert Herder ausführlich. In der Rangfolge seiner absteigenden Wertschätzung benennt er Friedrich Benjamin Schulze, Friedrich Adolph Heinze und Johann Traugott Leberecht Danz.[630] Im Falle Heinzes, einem Sohn des Gymnasialdirektors, bezeugt Herder sowohl den nötigen Abstand des Vaters in der Nominierung als auch die Talente des Sohnes in der Prüfung. Zugleich streicht er den Vorrang Schulzes in dem Gesamtexamen heraus, „da er Bescheidenheit u.[nd] sowohl öffentlichen als Privatfleiß mit sehr guten Fähigkeiten verbindet."[631] An den beiden anderen Kandidaten wägt Herder ab, „daß Heinze mehrere Überlegung etwa, Danz mehr Fleiß haben möchte".[632] Auf die Entwicklungsmöglichkeiten des im direkten Vergleich nachgestellten Danz weist Herder jedoch ausdrücklich hin. Sowohl in seinem Alter als auch der bisherigen Anzahl der Schuljahre sei Danz noch jünger.[633] Unter den – noch nach dem alten System – bereits geförderten Schülern hebt Herder einzig einen namentlich nicht näher zu bestimmenden Gymnasiasten „Schönherr" hervor.[634] Auf den frühen Tod des vielversprechenden Schulze, dem Herder zur Kollaboratur am Gymnasium verhalf, wurde bereits verwiesen. Für das spätere Medizinstudium

---

628 SWS, Bd. 30, S. XXX.

629 Herder an Karl August, 30. Oktober 1784, DA, Bd. 9, N zu Bd. 5, Nr. 67a, S. 356f.

630 Die Auflistung s. ebd., S. 356, Z. 7, sowie die Reihenfolge begründend, bes. ebd., S. 357, Z. 16–19.

631 Ebd., S. 357, Z. 15f.

632 Ebd., Z. 17f.

633 Ebd., Z. 19.

634 Ebd., Z. 23. Vgl. dazu auch DA, Bd. 10, S. 524.

Heinzes kam wohl sein Vater auf.[635] Auf Danz, mit dem sich innerhalb der Freitischexamina die ersten Berührungen mit Herder ergaben, wird in einem der nachfolgenden Abschnitte eigens einzugehen sein.

Ein außerhalb des üblichen Turnus eingereichter Bericht über den Wechsel eines Freitischstuhles vom 19. April 1787 gründet in den anhaltenden disziplinarischen Verstößen eines Stipendiaten.[636] Aufgrund einer mehrmonatigen Absenz vom Gymnasium und des schließlich verweigerten Schulbesuchs wurde der Ilmenauer Schüler Wilhelm Friedrich Weise nach mehrfacher Mahnung der Schulleitung von seinem Stipendium suspendiert.[637] Nach erfolgter Prüfung schlägt Herder den Schüler Johann Heinrich Rudolph Schmidt als dessen Nachfolger vor.[638] Schmidt wurde im Anschluß an sein Studium nur sehr begrenzt von Herder gefördert. Der Kandidat unterrichtete zunächst als Privatlehrer; bei den öffentlichen Prüfungen seiner Schüler ergaben sich, wie für das Jahr 1797 in einem Brief belegt, vereinzelte amtliche Berührungspunkte mit Herder.[639] 1799 dokumentiert ein Schreiben an Böttiger die persönliche Anteilnahme: „Der Candidat Schmidt wird Euer Wohlgeboren um Empfehlungen angesprochen haben. Wir wollen, obgleich die Reise des jungen Mannes kühn u.[nd] fast unvernünftig ist, eben des närrischen Triebes wegen, *ihn* doch nicht so ganz verlassen in die Welt laufen lassen. Vielleicht findet auch hier die blinde Henne ein Korn."[640] Ein Empfehlungsschreiben schließlich an den Stadtrat benennt den Grund für die Distanz. Unter dem 21. Oktober 1801 diskutiert Herder fünf Kandidaten für eine Anstellung an der Mädchenschule.[641] Über Schmidt, der darin nur als einer der letzten ernsthaft in Betracht zu ziehenden Bewerber aufgeführt wird, heißt es: „H. Candidat Rudolph Schmidt hat in seiner ehedeßen hier gehaltnen Schule mit Fleiß u.[nd] Treue gelehrt; nur zweifle ich sehr, ob er bei seiner natürlichen Blödigkeit das Ansehen u.[nd] die Autorität haben würde, die zu einer so zahlreichen, unsrer Stadt so wichtigen Schule gehöret."[642] Für das Jahr 1787, das den Anknüpfungspunkt zu Schmidt bot, hat sich im übrigen ein Auszug aus dem auf den 25. Oktober datierenden Bericht

---

635 Vgl. dazu Herder an Karl August Böttiger, 10. März 1791, DA, Bd. 6, Nr. 153, S. 230, Z. 28f., nachdem dieser die Einträglichkeit der Weimarer Stelle wohl mit Hinweisen auf die Versorgung seiner eigenen Familie in Frage gestellt hatte: „Auch der selige Mann hat seine Familie erzogen, zwei seiner Söhne studieren lassen".

636 Herder an Karl August, 19. April 1787, DA, Bd. 9, N zu Bd. 5, Nr. 201a, S. 384.

637 Ebd., Z. 4–17.

638 Ebd., Z. 21–24.

639 Ein Beispiel dafür ist Herder offizielle Einladung der vier zu einer Privatschule zusammengeschlossenen Privatlehrer Harseim, Fischer, Horn und Schmidt vom 20. Juli 1797, DA, Bd. 7, Nr. 343, S. 330.

640 Herder an Karl August Böttiger, vor dem 26. Mai 1799, DA, Bd. 8, Nr. 36, S. 59, Z. 9–12.

641 Herder an den Rat der Stadt Weimar, 21. Oktober 1801, ebd., Nr. 252, S. 255.

642 Ebd., Z. 10–13.

an den Herzog über das zurückliegende Rechnungsjahr erhalten, der jedoch keine Rückschlüsse über weitere Personalveränderungen zu ziehen erlaubt.[643] Ebenfalls eine außerordentliche Eingabe stellt der Bericht vom 28. Dezember 1790 über den Abgang des Gymnasiasten Johann Gottfried Wiener dar, dessen Vater im selben Jahr von Weimar nach Eisenach verzogen war.[644] Mit dem Schüler ergaben sich in der Folgezeit keine Berührungen. Als Kandidaten für eine Nachfolgeregelung benennt Herder seinen Sohn Wilhelm Christian Gottfried.[645] Um einem Vorwurf der persönlichen Befangenheit zuvorzukommen, verweist Herder auf die objektive Berechtigung seines Sohnes, der zweimal zuvor schon als Erstanwärter auf das Stipendium die Unterstützung ausgeschlagen hatte, nun wiederum von dem Kollegium nominiert wurde und die nötigen Prüfungen absolviert hatte.[646] Als ein „praemium diligentiae" schlägt Herder vor, die Stiftungsleistung in Anspruch zu nehmen.[647]

Der nächste erhaltene Examensbericht datiert auf den 28. Mai 1794 und benennt einleitend den Abgang der Gymnasiasten Gottlob Christoph Schwabe, Johann Heinrich Rausche und Adolph Friedrich Eisert.[648] Im Falle Eiserts ist – wie zuvor dargelegt – davon auszugehen, daß er als Kollaborator der Schule erhalten blieb. Die Spur Schwabes verliert sich. Lediglich Rausche wird später als Schullehrer in Gaberndorf und Daasdorf in der Adjunktur Neumark[649] und Pfarrer in Bergern und Hetschburg in der Adjunktur Berka[650] greifbar. Die Vergabe der drei vakanten Stipendien bedeutete einen vergleichsweise hohen Personalaufwand. Nicht weniger als sechs Gymnasiasten wurden zur Prüfung durch den Ephorus nominiert: Carl Friedrich Hornemann, dessen Bruder Johann Gotthelf, Johann Friedrich Gottlob Müller, August Wilhelm Dennstedt, Johann Christian Gottlieb Muncke und Christian Adolph Zeutsch.[651] Das eingangs benannte Brüderpaar schlug die materielle Förderung aus und dürfte mit einer ehrenvollen öffentlichen Erwähnung gewürdigt worden sein.[652] Herders Sohn Siegmund August Wolfgang, bis zu diesem Zeitpunkt, seinem Bruder nachfolgend, wohl von der Stiftung gefördert, verzichtete für die Folgezeit ebenfalls auf die Unterstützung und erlaubte es Muncke damit, nachzu-

---

643 SWS, Bd. 30, S. 466, Nr. 9.

644 Herder an Karl August, 28. Dezember 1790, DA, Bd. 6, Nr. 144, S. 220; zur der im Brief, Z. 4f., erwähnten Angabe des Umzuges vgl. auch DA, Bd. 10, S. 619.

645 DA, Bd. 6, Nr. 144, S. 220, Z. 7.

646 Ebd., Z. 8–11.

647 Ebd., Z. 12.

648 Herder an Karl August, 28. Mai 1794, DA, Bd. 7, Nr. 88, S. 105f.; hier: Z. 5–8.

649 DA, Bd. 10, S. 459.

650 Hofkalender 1808, S. 73; Hofkalender 1813, S. 82; Prosop. Datenbank, Nr. 4219.

651 Herder an Karl August, 28. Mai 1794, DA, Bd. 7, Nr. 88, S. 105f.; hier: Z. 5–16.

652 Vgl. dazu Herders Vorschlag, ebd., S. 106, Z. 20f.: „daher ein öffentliches Lob, das ihnen ertheilt würde, der Kranz wäre, der sie befriedigte."

rücken.[653] Muncke seinerseits folgte am Weimarer Gymnasium seinem älteren Bruder; beide wurden als Schüler und Studenten von der Familie Herder unterstützt. Dem älteren der Geschwister, Johann Christian Friedrich Muncke, hatte Herder durch persönlichen Einsatz ein bescheidenes Studium in Jena ermöglicht.[654] Karoline empfahl ihn im Anschluß an Johann Georg Müller, der einen Aufenthalt in der Schweiz einzurichten half.[655] Nach Herders Tod wurde 1804 der ältere der beiden Rektor in Buttstädt.[656] Für den Freitischstipendiaten Muncke bleibt damit festzuhalten, daß die Familie Herder das gleichermaßen begabte wie bedürftige Geschwisterpaar nachhaltig unterstützte. Den Beziehungen der Herder-Söhne zu ihnen mag über die amtlichen Berührungspunkte hinaus eine eigene Bedeutung zukommen. Im Blick auf den Freitisch wurden 1794 die drei verbleibenden Gymnasiasten mit den Stipendien bedacht. Über Müller lassen sich, auch aufgrund der Häufigkeit seines Namens, keine eindeutigen Aussagen fällen. Möglicherweise handelt es sich um jenen Johann Friedrich Müller, der seit 1803 als Mädchenschullehrer in Stadt Sulza in der Adjunktur Sulza arbeitete.[657] Zeutsch muß in seinem weiteren Werdegang ebenso unbestimmt bleiben. Weitere Bemühungen Herders lassen sich auch nicht für Dennstedt belegen.

Der Examensbericht vom 17. November 1796 benennt drei Stipendiaten: den bereits zuvor erwähnten jüngeren Muncke, Wilhelm Heinrich Gottlob Eisenach und Johann Friedrich Lossius.[658] Eisenach wird in den Staatshandbüchern rückwirkend für das Jahr 1801 als Kollaborator des Geistlichen Stadtministeriums aufgeführt. Die amtliche Zuordnung zu einer der Weimarer Kirchen läßt sich nicht erkennen, doch deutet der institutionelle Zuständigkeitsbereich eine Beteiligung Herders an der Personalentscheidung an.[659] Während der Jahre 1802 bis 1804 wirkte Eisenach an der Stadtkirche.[660] Insofern ist anzunehmen, daß der vormalige Freitischstipendiat seinen Dienst in Herders unmittelbarem kirchlichen Umfeld versah. Nach Herders Tod wechselte der Theologe 1804 an die Hofkirche, bevor er 1805 mit einer Pfarrei in Ulrichshalben in der Adjunktur Oßmannstedt betraut wurde.[661] Auch für Lossius gilt, daß er eine er-

---

653 Vgl. dazu ebd., Z. 29–31.

654 Dies berichtet Karoline Johann Georg Müller am 6. Januar 1797, vgl. dazu DA, Bd. 7, Nr. 31, S. 463, Z. 10–12.

655 Zu dem Vorhaben vgl. ebd. Zur erfolgreichen Realisierung die Erwähnung DA, Bd. 10, S. 407.

656 Knapp ebd. Daneben: Hofkalender 1805, S. 76; Prosop. Datenbank, Nr. 3822.

657 Hofkalender 1804, S. 69; Prosop. Datenbank, Nr. 3767.

658 Herder an Karl August, 17. November 1796, DA, Bd. 7, Nr. 278, S. 277.

659 Hofkalender 1802, S. 33; Prosop. Datenbank, Nr. 1108.

660 Vgl. dazu Hofkalender 1803f.

661 Vgl. dazu Hofkalender 1805; 1806–1813 u. a.

ste Anstellung in Folge seines Studiums zunächst als Kollaborator an der Weimarer Stadtkirche, allerdings nach Herders Tod, fand.[662] Entsprechend ließe sich fragen, in welchem Maße die Beförderungspolitik Herders von traditionellen Strukturen vorbestimmt war. Gleichermaßen wäre eine Überprüfung reizvoll, ob sich die bevorzugte Anstellung der vormaligen Freitischstipendiaten einer zunehmend etablierten Praxis verdankte. Das zu erwartende Ergebnis dürfte jedoch sein, daß die sich bereits schulisch auszeichnenden Gymnasiasten in ihrer beruflichen Laufbahn äußeren Notwendigkeiten gehorchen mußten, die auch für Herder die Parameter der eigenen Einflußmöglichkeit darstellten.

Der Examensbericht vom 14. November 1797 führt von den insgesamt zwölf Stipendiaten sechs explizit auf: Friedrich Wilhelm Wahl, Johann Andreas Körbs, Georg Gottlieb Güldenapfel, Karl Benedikt Hase, August Ernst Zinserling sowie „Schmidt 3", ein nicht näher zu bestimmender Gymnasiast aus Oberweimar[663]. Im Falle Wahls und Güldenapfels lassen sich keine weiteren Berührungen mit Herder dokumentieren. Bei Körbs dürfte es sich um einen Verwandten von Wilhelm Christian Körbs handeln, der ab 1803 als Baccalaureus in Apolda geführt wird und seit dem Jahr 1811 über eine eigene Pfarrei in Sundremda in der Inspektion Remda verfügte.[664] Hase und Zinserling waren Söhne von Kollegen Herders. Beiden stellte Herder später Empfehlungen aus, auf die im Anschluß kurz einzugehen sein wird.

2.8.2. Personalüberlegungen in Rücksprache mit dem Gymnasialdirektor (1796–1798)

Eine weitere wichtige Quelle für die Stipendienverteilung stellen die Schreiben an die beiden Gymnasialdirektoren Heinze und Böttiger dar. Aufgrund der verschiedenen amtlichen Charaktere der Schreiben sowie dem unterschiedlichen Aussagewert – die Examensberichte halten die Personalentscheidungen fest, während die Korrespondenz mit dem jeweiligen Gymnasialdirektor diese begleitet und gestaltet – sind die einschlägigen Briefwechsel getrennt voneinander darzustellen.

Im Falle Heinzes ist nur knapp auf ein negatives Ergebnis hinsichtlich des überlieferten Briefwechsels hinzuweisen. Ungleich intensiver stellt sich die Korrespondenz mit Böttiger – hier ausschließlich in Fragen der Freittischbesetzung – dar. Ein erster wichtiger Hinweis findet sich in Herders Schreiben vom

---

662 Hofkalender 1805, S. 70; Prosop. Datenbank, Nr. 3383.

663 Herder an Karl August, 14. November 1797, DA, Bd. 7, Nr. 359, S. 341f.; hier: Z. 10–13. Ferner: SWS 30, S. 488, Nr. 17.

664 Hofkalender 1804, S. 73; Hofkalender 1812, S. 96; Prosop. Datenbank, Nr. 2912.

10. Oktober 1796, das die von Herder ausgehende Initiative festhält, den Gymnasialdirektor titularisch sowie konzeptionell stärker in den vom Ephorus verwalteten Bereich der Examensberichte zu integrieren.[665] Neben der Unterzeichnung des Schriftstückes gewährte Herder den Freiraum, Formulierungen abzuändern und eigene Zusätze zu einzelnen Schülern einzubringen. Ein Schreiben vom Juli 1797 belegt indes, daß die bevorzugte Umgangsform der beiden Männer das mündliche Gespräch war, das die in der Nachbarschaft versandten Noten allenfalls vorbereiteten und gezielt lenkten: „Wegen der Candidaten zum Freitisch mündlich. Ich habe den Vorschlag noch nicht gethan."[666]

In den Kontext des anschließenden Gesprächs gehört das Schreiben vom 19. Juli 1797.[667] Es benennt als ersten Kandidaten für eine Aufnahme in die Stiftung den in zeitlicher Folge des Examensberichtes von 1798 erwähnten Schmidt aus Oberweimar „wegen seines Fleißes, und da er nicht lange bleibt u.[nd] auf Stipendien keine Aussicht hat."[668] Pragmatische Gründe berühren sich in dem Vorschlag mit menschlich anteilnehmenden. Für den zweiten Platz werden zwei Kandidaten zur Diskussion gestellt, Christian Heinrich Schmidt aus Kölleda und Wilhelm Gottlieb August Schwabe („Schwabe 2."), Sohn des *Quartus* Schwabe.[669] Als Kriterium für eine Bevorzugung Schmidts benennt Herder dessen Fähigkeiten, hebt aber detailliert auf die näheren Umstände des auswärtigen und bereits Jura studierenden Gymnasiasten ab. Von struktureller Bedeutung ist, daß Herder die objektive Bedürftigkeit des lokalen Kandidaten, die er durch eine Einschätzung Böttigers zu ergänzen sucht, im Sinne einer besonderen sozialen Verantwortung der Stiftung für die Region versteht. Ein in der vorherigen und nachfolgenden Weimarischen Beamtenschaft familiär verwurzelter Kandidat ist Heinrich Karl Friedrich Peucer, den Herder anschließend aufführt.[670] Der nachfolgend benannte Kandidat, Wilhelm Martin Leberecht de Wette, war ebenfalls der Weimarischen Pfarrerschaft verbunden.[671] Sein Studium an der benachbarten Universität Jena nahm er 1799 auf. Weiter vorgeschlagen findet sich „Schwabe 3", Friedrich Wilhelm Schwabe, Sohn des Hofrates Traugott Lebrecht Schwabe sowie, wiederum alternativ: „Dennstedt, [und] Schwabe 4. blieben mit Hoffnung."[672] Der zuletzt genannte Schwabe muß unbestimmt bleiben, wie auch offenbleiben muß, ob es sich bei dem 1797

---

665 Herder an den das Schreiben an Karl August mitunterzeichnenden Karl August Böttiger, 10. Oktober 1796, DA, Bd. 7, Nr. 273, S. 275.
666 Herder an Karl August Böttiger, Anfang Juli 1797, DA, Bd. 7, Nr. 340, S. 328, Z. 17f.
667 Herder an Karl August Böttiger, DA, Bd. 7, Nr. 342, S. 329.
668 Ebd., Z. 5.
669 Ebd., Z. 7.
670 Ebd., Z. 8.
671 Ebd., Z. 9.
672 Ebd., Z. 10f.

erwähnten Dennstedt um den bereits drei Jahre zuvor offiziell empfohlenen Kandidaten handeln kann oder nicht eher um einen jüngeren Bruder.[673]

Eine vor 1798 zu datierende Liste von Gymnasiasten, die sich einer Prüfung durch Herder zu unterziehen hatten („Um 10 Uhr erscheinen bei mir mit Büchern, Heften u.[nd] eignen, auch Privatübungen"), bietet die Namen „[Karl] Witzel, Köhler, Heinrich, [wohl: Karl Benedikt] Haase, Hermann, [Ernst Wilhelm Heinrich] Seeger, [Emil] Osann, [und] Wirth".[674] Nur die Hälfte der Namen läßt sich vervollständigen. Abgesehen von Hase findet keiner der Gymnasiasten weiteren Niederschlag in der Korrespondenz Herders. Über Osann ist nur knapp zu vermerken, daß er ein Sohn einer der Oberkonsistorialkollegen der neunziger Jahre, Friedrich Heinrich Gotthelf Osann, war.

Das letzte einschlägige Schreiben an Böttiger ist wohl in den April des Jahres 1798 zu datieren.[675] Es bietet mehrere Überlegungen zu Stipendienverteilungen, setzt die genaue Anzahl der freizuwerdenden Stellen jedoch noch nicht voraus. Die Vorschläge gründen darin ausschließlich in dem angenommenen Ausschluß dreier förderungswürdiger, aber nicht bedürftiger Gymnasiasten: Karl August Konstantin Schnauß, Sohn des im Vorjahr verstorbenen Geheimen Rats Christian Friedrich Schnauß, Gotthilf Heinrich Schubert, ein Freund der Familie, der auch in die häusliche Erziehung miteinbezogen wurde[676], und Emil Ernst Gottfried Herder.[677] Für die drei damit ausstehenden Vakanzen schlägt Herder vor: „Weber, Wirth u.[nd] Kühn".[678] Über die drei Schüler läßt sich lediglich festhalten, daß es sich um auswärtige Besucher des Gymnasiums handeln mußte. Herder nimmt diese Tatsache selbst zum Anlaß, sich bei Böttiger nach deren privaten Umständen und im Falle einer nicht vorauszusetzenden Bedürftigkeit um lokale Alternativkandidaten zu erkundigen.[679]

Die spätere Korrespondenz, die sich auf zunehmend kurze, weithin auch von Karoline aufgesetzte Noten beschränkt, verzichtet auf Ausführungen zu Freitischregelungen. Unter den damit aufgenommenen Kandidaten lassen sich

---

673 Die Identifikation s. bei DA, Bd. 10, S. 131.

674 Herder an Karl August Böttiger, vor 1798, DA, Bd. 9, N zu Bd. 7, Nr. 368b, S. 609.

675 Herder an Karl August Böttiger, etwa April 1798, DA, Bd. 7, Nr. 398, S. 385.

676 Vgl. dazu für das Jahr 1799 besonders Herders „Hodegetische Abendvorträge an die Primaner Emil Herder und Gotthilf Heinrich Schubert. 1799", zuletzt in: FHA, Bd. 9/2, S. 794–808. Über die Aufnahme und die Erfahrungen des späteren Naturforschers im Weimarer Gymnasium gibt dessen „Selbstbiographie" Auskunft; vgl. dazu, in ausführlichen Zitaten, Francke, Gymnasium, S. 180, sowie den materialen Anhang Franckes, ebd., S. 355f.

677 Herder an Karl August Böttiger, etwa April 1798, DA, Bd. 7, Nr. 398, S. 385, Z. 5–10.

678 Ebd., Z. 14.

679 Ebd., Z. 15–22: „da diesmal aber so viel Ausländer sind, deren häusliche Umstände ich nicht kenne; [...] so früge es sich, ob vielleicht nicht noch einige von ihnen sich falls sie das beneficium entbehren könnten, mit der Ehre würdig".

zumindest drei Schüler benennen, denen Herder mit weiteren Referenzen oder einer weitergehenden Protektion diente. Die Reihenfolge der nachfolgenden Ausführungen entspricht einer chronologischen Aufnahme. Die drei Gymnasiasten werden lediglich als „Fälle" beschrieben – eine exemplarische Ausdeutung würde aufgrund der sehr eingeschränkten Quellenlage eine unangemessene Überhöhung darstellen. Aufgrund seines frühen Todes und der strukturellen Parallelität der Förderung innerhalb der Weimarer Amtsstrukturen zu dem Werdegang Johann Traugott Leberecht Danz' wurde die Laufbahn Friedrich Benjamin Schulzes mit der vorherigen Darstellung verflochten und findet sich im folgenden nichts eigens aufgeführt.

2.8.3. Fall 1: Johann Traugott Leberecht Danz (seit 1784)

Ein signifikantes Beispiel stellt der bereits in seiner späteren Karriere an der theologischen Fakultät der Universität Jena benannte Johann Traugott Leberecht Danz dar. Als langjähriger Stipendiat des Freitisches und Sohn des *Quintus* Danz dem Ephorus der Schule bestens bekannt, unterstützte Herder zunächst 1787 dessen Studienabsichten mit der Bitte um ein Privatstipendium in einem entsprechend gehaltenen Empfehlungsschreiben an Anna Amalia.[680] Das herzoglich bereits gewährte „Kutzlebische Stipendium" erhielt Danz nur zur Hälfte.[681] Die materiell nicht ausreichende Anlage der Studienfinanzierung machte anderweitige Unterstützungen notwendig. Die darin aus amtlichen Berührungspunkten hervorgegangene private Initiative ist in den Zusammenhang der für das Kirchenamt charakteristischen Grundkonstante einer Suche nach alternativen Finanzierungskonzepten, materiellen Umlagen und Restrukturierung der vorhandenen Mittel einzuordnen. Es muß offenbleiben, ob in dem mutmaßlich auf Anfang Oktober 1787 zu datierenden Brief von Karl August Bezüge auf den eben genannten oder einen weiteren Vorgang vorliegen: „Ich danke für das Ueberschickte und werde heute noch das Nöthige wegen Danzen besorgen."[682]

---

680 Herder an Anna Amalia, 19. März 1787, Bd. 5, Nr. 199, S. 219, Z. 14, 21. Zu der Formulierung der Bitte vgl. ebd., Z. 24–30: „Alle Musen der Griechischen Sprache kommen also zu Euer Durchlaucht u.[nd] bitten aus alter Liebe u.[nd] Freundschaft dem Jünglinge, der so viel verspricht, eine kleine Zuthat zu gewähren u.[nd] damit den Anfang seines Fortkommens, das in der Folge hundert andern ersprießlich seyn kann, schwesterlich zu befördern. Hätten Euer Durchlaucht nur die Gnade, ihm *drei Louisdor* jährlich zu bewilligen: so wäre er schon einen Schritt weiter: denn für die Sparsamkeit u.[nd] den eisernen Fleiß des jungen Menschen bin ich Bürge."

681 Vgl. dazu ebd., Z. 22f.

682 Karl August an Herder, wohl Anfang Oktober 1788, Düntzer, Briefe, S. 119, Nr. 7.

Amtsstrukturell direktere Bezüge lassen sich für Herders Einsatz zugunsten Danz' bereits vier Jahre später benennen. Als Oberkonsistorialrat und Generalsuperintendent hatte Herder in seinen institutionellen Berührungen mit dem Weimarer Konsistorium und der Jenaer Fakultät gleichermaßen, ungeachtet der sicherlich fortbestehenden persönlichen Beziehungen, miterlebt, wie die Bemühungen Danz' um ein Stipendium der theologischen Fakultät Jenas erfolglos geblieben waren: „das Lynckersche Stipendium, das er durch die theologische Facultät zu erhalten wünschte, schlug ihm fehl, dem hiesigen OberConsistorio ward ein andrer vorgeschlagen".[683] Aus diesem aktuellen Anlaß wandte sich Herder, der bereits früh die einschlägige Eignung Danz' zum akademischen Lehramt erkannt hatte[684], am 21. März 1791 mit einem wiederum privat gehaltenen Empfehlungsschreiben, das er zusammen mit seiner Frau unterzeichnete, an die beiden Heynes in Göttingen. Auf den 28. Mai 1794 datiert schließlich Herders Gesuch einer Anstellung Danz' als Seminarlehrer am Weimarer Landschullehrer-Seminar.[685] Die dazu parallele Anstellung als Kollaborator an der Stadtkirche 1797 dürfte für den Zeitraum bis zu einer insgesamt höher dotierten Festanstellung einer vorläufigen Gehaltsverbesserung entsprochen haben. Für die bereits im Folgejahr erreichte Übernahme des Rektorats der Jenaer Stadtschule lassen sich keine Bezüge zu Herder nachweisen. Gleiches gilt auch für Danz' weitere akademische Karriere.

2.8.4. Fall 2: Karl Benedikt Hase (1798)

Hase wird zunächst in einem Schreiben an Böttiger erwähnt, dessen genaue Datierung und exakte Veranlassung offenbleiben müssen. In der vor 1798 anzusetzenden Liste zu prüfender Gymnasiasten wird er nur namentlich erwähnt.[686] Etwa Mitte April berichtet Herder wenig vorteilhaft, möglicherweise in Folge der benannten Prüfung, daß sich „auch unter den Folgenden [...] brave Jünglinge finden (der schläfrichste u.[nd] stumpfste scheint mir Hase)"[687]. Zum Studienbeginn 1798 des damit nur kurzzeitig geförderten Hase hilft Herder mit Empfehlungen und Bemühungen um weitere Stipendien. Ein Schreiben

683 Herders an Georgine und Christian Gottlob Heyne, 21. März 1791, DA, Bd. 6, Nr. 155, S. 232–234. Die oben zitierte Bemerkung ebd., S. 234, Z. 58–60.

684 Vgl. dazu ebd., Z. 56–58: „Mein Wunsch wäre gewesen, daß er in Jena geblieben u.[nd] den akademischen Studien lernend u.[nd] lehrend weiter nachgegangen wäre, weil für ihn durchaus keine andere Laufbahn seyn kann".

685 Zu diesem nicht mehr erhaltenen Brief vgl. die Auflistung der 1889 noch verfügbaren schulamtlichen Archivalien, SWS, Bd. 30, S. XXIXf., Nr. 17.

686 Herder an Karl August Böttiger, vor 1798, DA, Bd. 9, N zu Bd. 7, Nr. 368b, S. 609.

687 Herder an Karl August Böttiger, etwa Mitte April 1798, ebd., Bd. 7, Nr. 398, S. 385, Z. 11f.

an Christian Gottlob Voigt dokumentiert, daß es vor allem menschliche Anteilnahme an der Mittellosigkeit Hases war, die ihn zu seinem weiteren Engagement motivierte.[688] Herder wußte von Versäumnissen, die sich der damalige Allstedter Amtmann Johann Friedrich Schwabhäuser nach dem Tod des Vaters 1791 in der Versorgung der Kinder hatte zuschulden kommen lassen.[689] Ein um so dringlicheres Anliegen war Herder die Beschaffung eines Stipendiums: „Mir blutete das Herz, da ihm in seinen Umständen nur das kleine selbst unsichere Niemeyersche Stipendium zu Theil werden konnte; u.[nd] doch dankte ich auch darüber dem Himmel, da ich es auffand."[690]

2.8.5. Fall 3: August Ernst Zinserling (1797f.)

Am 29. April 1798 empfiehlt Herder den vormaligen Stipendiaten Zinserling seinem Göttinger Freund Eichhorn: „Ein junger Zinserling hat mich um eine Empfehlung an Sie gebeten. Es ist der Sohn meines nächsten Collegen, der ihm vor einem halben Jahr entrissen ist; ein geschickter, fleißiger, muthiger Jüngling, an Talenten gewiß kein Zinserling an Werth sondern ein *Silberstück*. Thun Sie doch, gütiger Freund, für ihn, was Sie können; er verdient Ihr Zutrauen, und ist sehr arm. Gott wirds lohnen."[691] Der reaktive Charakter des Vorgehens wird einleitend herausgestellt. Von struktureller Bedeutung dürfte daher allenfalls sein, daß Herders Kontakte nach Göttingen einschlägig bekannt waren und von einzelnen Schülern aus dem näheren Umfeld Herders entsprechend genutzt wurden. Zu einem späteren Zeitpunkt zog sich Zinserling den Unmut der Familie Herder zu, als er Unzufriedenheit mit seiner ersten Festanstellung als Kollaborator der Schule in Ilfeld äußerte.[692]

2.8.6. Stipendienvergabe und weitere Förderung

Insgesamt läßt sich festhalten, daß Herder in unterschiedlichen Gewichtungen fachliche und menschliche Wertschätzungen in seinen Empfehlungen zur Stipendienvergabe des Freitisches miteinander verband. Das Kriterium der Be-

---

688 Herder an Christian Gottlob Voigt, um 1798, ebd., Nr. 456, S. 433.

689 Vgl. dazu ebd., Z. 8–10: „Der Bube Schwabhäuser hat an seinem Vater, (deßen Freund er seyn wollte) recht lieblos gehandelt, daß er die Sache so schändlich verschleifen ließ. Er hat die Kinder um das Wenige gebracht, was sie hatten."

690 Ebd., Z. 5–8.

691 Herder an Johann Gottfried Eichhorn, 29. April 1798, DA, Bd. 7, Nr. 396, S. 384, Z. 16–20.

692 Vgl. dazu DA, Bd. 10, S. 638; Karoline an Karl August Böttiger, Ende Juni 1802, DA, Bd. 8, Nr. 178, S. 523, sowie ebd., S. 700, Anm. 178.

dürftigkeit, das in sozialer Hinsicht vorrangig den lokalen oder regionalen Kandidaten angerechnet wurde, verbindet sich mit der Auszeichnung und Anerkennung herausragender schulischer Leistungen. Im Falle seiner eigenen Söhne zielte Herder auf eine zeitweilige Förderung, die den letztgenannten Aspekt berührte. Bezeichnend für den besonnenen und verantwortungsvollen Umgang mit Stiftungsgeldern dürfte sein, mit welchem Maß menschlicher Anteilnahme Herder die privaten Umstände der Schüler berücksichtigte und in – quellenbedingt nur punktuell belegbaren – Eingaben oder Empfehlungen begleitete. Von struktureller Bedeutung ist, daß während der Herderschen Amtszeit die unteren Neuzugänge des Kollegiums größtenteils aus vormaligen Freitischstipendiaten rekrutiert wurden. Zum einen bedeutete dies eine weitere Förderung und vorläufige Berufsperspektive, zum anderen einen in langjähriger Kenntnis der Kandidaten gewachsene Beziehung zum Ephorus.

2.9. Gymnasiasten und Studenten: Carl Friedrich Horn (1799)

Ein institutionell einzig an die Einrichtung der Schule und das jährliche Examen rückgebundener Bezug zu entsprechenden Leistungsanreizen und individueller Förderung beschränkte sich freilich nicht auf die Freitischkandidaten. Ein einziger Fall eines Schülers, der zumindest aus den hier aufgenommenen Personaldaten kein Freittischstipendiat war, soll ausreichen, um mögliche Berührungen und längerfristige Förderungen innerhalb der amtlichen Strukturen zu illustrieren. Weniger deutlich als im vorherigen Fall läßt sich der Anteil der persönlichen Bezüge benennen.

In einem der erhaltenen Aktenbündel der vormaligen Konsistorialbestände finden sich personalbezogene Materialien zu dem späteren Oberkonsistorial- und Geheimen Kirchenrat Carl Friedrich Horn, der während der neunziger Jahre Schüler des Weimarer Gymnasiums war.[693] Unter dem 8. März 1791 informierte Herder den „derzeitigen hiesigen Gymnasiasten Carl Friedrich Horn" über ein Erhalt des „Fürstl.[ichen] Cammer Stipendiums a 30 Mk jährlich". Bewilligt wurde die herzogliche Unterstützung zwei Jahre im voraus; die Förderung betraf einen Zeitraum von Trinitatis 1793 bis Trinitatis 1796. Horns Studienbeginn in Jena hält die auf den 17. Mai 1791 datierende Urkunde des Prorektors Christian Gottlieb Heinrich über die Aufnahme in die *Academia Ienensis* fest. Die nächste lebensgeschichtliche Station Horns war wieder Weimar. Unter dem 21. Oktober 1794 beantwortete Herder das Gesuch des Kandidaten zur Einrichtung einer Privatschule. Eine Resolution ermöglichte das Vorhaben unter der Auflage, das Konsistorium über sämtliche unterrichteten

---

693 ThHSA, B 2920[h]. Die nachfolgenden, nicht anderweitig gekennzeichneten Zitate entstammen diesem Konvolut.

Schüler zu informieren und „jährlich um Johannis" Verzeichnisse der gebotenen Lektionen zu liefern. Andernfalls gehe Horn „seiner Concession [...] verlustig". Bereits für das Jahr 1797 läßt sich Herders Anregung dokumentieren, Horn zu einer regulären Anstellung als Stiftsprediger zu verhelfen.[694] Erst im Folgejahr ergab sich jedoch im Stadtministerium eine Vakanz, die zur Anstellung Horns als Kollaborator an der Stadtkirche führte. Das Anstellungsdekret des designierten *Collaborator Ministerii ecclesiastici Wimariensis* datiert auf den 14. Januar 1798. Die von Herder zuvor angedachte Position des Stiftspredigers und Katecheten an der Stadtkirche wurde Horn unter dem 4. Juli 1801 übertragen, wie eine von Karl August unterzeichnete Urkunde festhält. Unter dem 11. August 1801 schließlich beantworte Herder das von seinem Kollegen an der Stadtkirche eingereichte Heiratsgesuch positiv. Die Verbindung lebensgeschichtlicher und amtlicher Berührungen mit Herder verdeutlicht, daß sich der Generalsuperintendent in verschiedenen amtlichen Zuständigkeiten für Horn eingesetzt hatte. Am deutlichsten ist dies im Zusammenhang der Stipendienbewilligung zu erwarten; die einschlägigste Dokumentation stellen die Bemühungen um eine Anstellung im regulären geistlichen Amt während der Jahre 1797f. sowie die berufliche Besserstellung 1801 dar.

Daß Herders Wertschätzung und Förderung der fachlichen Anlagen Berechtigung besaßen, zeigt die weitere Laufbahn Horns. Unter dem 29. Dezember 1815 wurde er von Karl August zum *assessor cum voto* im Oberkonsistorium ernannt, am 6. November 1818 zum Oberkonsistorialrat. Zudem wurde Horn, der schon seit 1807 als „Inspektor des Gymnassii" fungiert hatte, die „Mitaufsicht über diejenigen Schulen übertragen, in denen Seminaristen Unterricht erteilten".[695] Nach Verfügung vom 17. Mai 1817 wurde er neben dem Oberkonsistorialdirektor und dem Ephorus in eine Untersuchungskommission berufen, die der Amtsführung und Gestaltung der Schulleitung dienen sollte.[696] Am 14. Juni 1848 erfolgte durch Karl Friedrich die Beförderung zum geheimen Kirchenrat unter Beibehaltung seiner bisherigen Stellen. 1852 verstarb er, ausgezeichnet u. a. als „Ritter unseres Hausordens der Wachsamkeit oder vom weißen Falken und Inhaber unserer großen goldenen Civil=Verdienst=Medaille".

Der Aufnahme der Laufbahn Horns verdankt sich einerseits einen kontingenten Aktenfund, andererseits steht er gerade darin repräsentativ für eine nicht mehr rekonstruierbare Vielzahl persönlicher Eingaben und amtlicher Anregungen, die der Förderung und beruflichen Unterstützung vormaliger Schüler gegolten haben mußten.

---

694   Vgl. dazu in diesem Kap., Anm. 87.

695   So der Hinweis von Francke, Gymnasium, S. 197.

696   Vgl. dazu den materialen Anhang ebd., S. 368, Anm. zu S. 241.

2.10. Schüler und Seminaristen: Johann Gottlieb Traxdorf (1778)

Neben den Freitischkandidaten und den übrigen sich durch besondere Leistungen auszeichnenden Gymnasiasten galt Herders Aufmerksamkeit, soweit sich persönliche oder institutionelle Berührungen ergaben, dem einzelnen Schüler. Auch hier soll ein Fall ausreichen, um zu verdeutlichen, wie bedacht Herder auf die Förderung der gesamten Schulwesens – des Weimarer Gymnasiums ebenso wie der Landschulen – durch das exemplarische Handeln an Einzelnen war.

Ein frühes Schreiben an das Weimarer Oberkonsistorium vom 30. Juli 1778 empfiehlt den Gymnasiasten Traxdorf als Lehrer nach Zottelstedt.[697] Ausdrücklich benennt Herder den Schüler als Beispiel für das lebenspraktische Ideal der Bildung, um „gewiß bei andern Subjekten der Art Aufmunterung und Nacheiferung [zu] erwecken"[698]. Das herausgestellte Exempel nicht einschränkend, in seinen institutionellen Bezügen jedoch erklärend ist darauf hinzuweisen, daß Traxdorf „Vicarius Sextae"[699], d. h. einer der mit der aushilfsweisen Versorgung der Einstiegsklasse der Elementarschule betrauten „Seminaristen" war. Der Übergang zwischen eigenem Schulbesuch und erster Lehrerfahrung dürfte ein fließender gewesen sein. Als Beispiel sollte die Beförderung jedoch gerade darin auf besonders engagierte Hilfslehrer und Schüler gleichermaßen wirken. Bezeichnend ist an der Initiative die personale Ausrichtung des Anliegens zu einem Zeitpunkt, zu dem Herder mit der Ausarbeitung eines Konzeptes für das Landschullehrer-Seminar bereits betraut war. Individuelle, entsprechend ausgerichtete Impulse finden sich damit auf der Ebene persönlicher Anliegen bereits vor der institutionellen Fixierung, sowohl in der theoretischen Fundierung des Jahres 1780 als auch der praktischen Umsetzung, die 1788 erfolgte.

3. Universität Jena

In der Rekonstruktion der Amtspflichten wurde bereits auf die aus dem Berufungs- und Bestallungsgeschehen sowie den einschlägigen juristischen Quellensammlungen der Zeit[700] nicht näher bestimmbaren Bezüge zur Universität Jena verwiesen, die ebenso mit dem Titel der „Magnifizenz" in Verbindung

---

697 Herder an das Weimarer Oberkonsistorium, 30. Juli 1778, DA, Bd. 9, N zu Bd. 4, Nr. 53a, S. 264f.

698 Ebd., S. 265, Z. 12.

699 Ebd., S. 264, Z. 3.

700 Vgl. dazu von kirchlicher Seite u. a. Agenda, Weimar.

stehen[701], wie in den umfassenden konsultatorischen Tätigkeiten des Generalsuperintendenten und der supervisorischen Verantwortung für das gesamte
Kirchenwesen gründen konnten[702]. Die spezifische Amtsfunktion Herders läßt
sich in den Berührungen mit personalpolitischen Entscheidungen der Universität Jena nicht rekonstruieren. Der amtliche Charakter der Vorgänge steht jedoch außer Frage.

3.1. Theologische Fakultät

Die Theologische Fakultät der Universität Jena beschränkte sich im Laufe der
knapp drei Jahrzehnte von Herders Amtstätigkeit auf eine Anzahl von drei ordentlichen Professuren.[703] Umbesetzungen konnten sich in zweierlei Hinsicht
ergeben. Zum einen betrafen die Veränderungen fakultätsinterne Umgestaltungen der Professuren in ihrer dreistufigen Rangfolge mit dem Aufrücken des
dritten oder zweiten Professors auf die vakante zweite oder erste Professur.
Zum anderen fallen sechs auswärtige Berufungen in den für Herder relevanten
Zeitraum.

3.1.1. Erste Vakanz der dritten theologischen Professur (1779)

Nach dem Tod Friedrich Samuel Zicklers am 25. April 1779[704] verband sich
mit der Vakanz der ersten theologischen Professur die erste wichtige Personalfrage hinsichtlich der Jenaer Fakultät. Aufgrund der Entscheidung, die beiden
vorhandenen theologischen Professoren in ihrer Rangfolge aufzustufen, wodurch Ernst Jakob Danovius auf die vakante erste und Johann Jakob Griesbach
auf die zweite Professur aufrückte, konzentrierte sich die Diskussion auf eine
Neubesetzung der dritten Jenaer Stelle.

    Der im Thüringischen Hauptstaatsarchiv Weimar erhaltene Aktenfaszikel
der Geheimen Kanzlei[705] zu Personalia der Universität Jena, der für den Kom-

---

701 Vgl. dazu Kap. II.2.1.9.

702 Vgl. dazu bes. Anm. 238. in Kap. II.2.1.10.

703 Heussi, Fakultät, S. 182, benennt den Zeitraum seit 1761 als das „Dritte [...] Zeitalter" seiner
     Fakultätsgeschichte: die „Theologische Fakultät Jena in den neuzeitlichen Verhältnissen".
     Die Anzahl der ordentlichen und außerordentlichen Professuren gibt er zuvor mit bis zu sie-
     ben an, ebd., S. 166f. Für Zickler hält Heussi ausdrücklich eine vierte ordentliche Professur
     im Jahr 1761 fest, ebd. S. 166.

704 Vgl. dazu knapp ebd., S. 192; zu Ziegler selbst ebd., S. 167. Ausführlich zu dem Berufungs-
     vorgang unlängst: Müller, Goethe, S. 105–108.

705 Diese im ThHSA unter der Sig. 6145 des A-Bestandes laufende Archivalie wurde umfassend
     dokumentiert von Günter Arnold in DA, Bd. 9, S. 724, Anm. zu Bd. 4, Nr. 76a.

mentar der Briefausgabe erschlossen wurde, ist aufschlußreich für den Umgang und die Vorgehensweise in der Einforderung interner sowie externer Gutachten. Als erste Stellungnahme ging das interne Votum der Jenaer Fakultät ein, das auf den 14. Mai 1779 datiert.[706] Die Liste der Fakultät umfaßt sechs Theologen, in der Reihenfolge der Empfehlung: Johann Christoph Döderlein (Erlangen), Georg Heinrich Lang (Hohenaltheim), Heinrich Valentin Becker (Rostock), Justus Friedrich Froriep (Erfurt), Johann Georg Rosenmüller (Erlangen) und Ernst Adolph Weber (Göttingen).[707] Der neuernannte Geheime Rat Christian Friedrich Schnauß forderte im Auftrag des Geheimen Consils zusammen mit einer Reihe externer Gutachten auch ein Votum Herders unter dem 28. Mai 1779 an.[708] Zwischen dem 8. und 13. Juni reichten mit Johann Friedrich Hirt, Johann Friedrich Burscher und Christian Wilhelm Franz Walch Vertreter der Universitäten Wittenberg, Leipzig und Göttingen externe Gutachten ein, wobei für Hirt nach langjähriger Tätigkeit in Jena und der erst 1775 erfolgten Berufung nach Wittenberg[709] eine besondere Nähe zu der theologischen Fakultät vorauszusetzen ist. Herders Votum, datierend auf den 18. Juni 1779[710], kommt der Charakter eines maßgeblichen Postmonitums zu, nachdem ihm die eingegangenen Dokumente zur Einsichtnahme mitgeteilt worden waren[711] und sein eigenes Gutachten auf herzoglichen Befehl abschließend eingefordert wurde[712]. Das Gutachten richtet sich an das Geheime Consilium, erfolgte also auf dem Dienstweg, der den konsultatorischen Tätigkeiten des Generalsuperintendenten entsprach. Inhaltlich liegt Herders Reaktion auf einer Ebene mit der Göttinger Fakultät, sowohl in der Auswahl des Göttinger Kandidaten und der inhaltlichen Anlehnung an das Göttinger Gutachten, als auch dem Angebot, sich persönlich um weitere Auskünfte in Göttingen bemühen zu können. Zwei Punkte greifen in Herders Schreiben ineinander. Zum einen argumentiert er prinzipiell für eine dem Ruf vorausgehende Privatauskunft, mit der die Bereitschaft des favorisierten Kandidaten zu einer möglichen Rufannahme eruiert werden soll.[713] Zum anderen setzt er sich nachdrücklich für den Göttinger Theologen Ernst Adolph Weber ein, zunächst in einem Ausschluß-

---

706 Vgl. dazu ebd.

707 Vgl. dazu auch den Kommentar zu ebd., Bd. 12, zu Bd. 4, Nr. 76a (N), S. 80–82.

708 Vgl. ebd.

709 Vgl. dazu Heussi, Fakultät, S. 168, Anm. 315, S. 172.

710 Aufgenommen findet sich dieser Text, Herder an das Geheime Consilium, 18. Juni 1779, ThHSA, A 6145, Bl. 14^r, in: DA, Bd. 9, Nr. 76a, S. 277–279.

711 Vgl. dazu ebd., S. 724, Anm. zu Bd. 4, Nr. 76a.

712 Vgl. dazu auch die das Votum einleitende Formulierung, DA, Bd. 9, Nr. 76a, S. 277, Z. 3–5: „Da ich auf Serenissimi gn[ädigen] Befehl meine Meinung über die Wahl eines professor[is] tertii der Jenischen Universität und der hiezu vorgeschlagenen Subjekte äußern soll".

713 Vgl. ebd. S. 278, Z. 51f.: „wenigstens wünschte ich, falls auf Jemanden die Wahl fiele, daß man ihn, metu repulsae, vorher privatim anfrüge."

prinzip der übrigen Kandidaten[714], dann in einer Empfehlung der eigenen Kontakte nach Göttingen, namentlich zu Heyne und Koppe[715]. In beiden Punkten, syntaktisch nur durch zwei Sätze getrennt[716], findet sich das die beiden Zusammenhänge verbindende Wort „privatim". Vor einem offiziellen Ruf solle „vorher privatim" bei dem gewünschten Kandidaten nachgefragt werden.[717] Und „privatim und in der Stille" könne er selbst Erkundigungen über Weber einziehen.[718] Das Angebot, unter Vermittlung Heynes und Koppes, Webers eigene Bereitschaft zu einer Rufannahme zu sondieren, liegt auf einer Sinnebene mit den beiden „privatim" zu tätigenden Vorgängen und wird von Herder, wohl um dem amtlichen Entscheidungsprozeß nicht vorwegzugreifen, nur vorsichtig angedeutet.

Eine weitere Korrespondenz Herders in dieser Sache ist nicht erhalten. Sein Gutachten, das auf herzoglichen Befehl wohl auch vom Geheimen Consilium angefordert worden war, wurde von dem Geheimen Rat Christian Friedrich Schnauß in einem Briefkonzept aufgegriffen, das von Goethe in der entsprechenden amtlichen Funktion überarbeitet wurde. Unter dem 7. Juli 1779 wurde das von Karl August unterzeichnete Schreiben an den Herzog von Sachsen-Meiningen geschickt und erlangte dadurch Bedeutung auf der Verständigungsebene der Erhalterstaaten der Universität Jena untereinander.[719] Neben den externen Gutachtern wird als Referenz für die zu bestätigende Orthodoxie der angedachten Theologen mit Nachdruck auf den Weimarer Generalsuperintendenten hingewiesen: man habe „Erkundigungen [über die berücksichtigten Kandidaten und besonders Weber ...], ob dieselben auch außer denen übrigen zu diesem Lehr-Amt erforderlichen Eigenschaften den Ruf der Orthodoxie vor sich haben: so haben Wir nicht nur an die dafür sattsam bekannte[n] Lehrer der Gottes-Gelahrheit, den D. Hirth zu Wittenberg, den D. Walch zu Göttingen und den D. Burscher zu Leipzig, schreiben und ihre gutachterliche Meynung einholen lassen, sondern auch Unsern General-Superintendenten Herder dabey

---

714 Ebd., Z. 17–48. Als einzigen der Kandidaten führt Herder Becker mehrfach und nicht konsequent negativ auf. In der Diskussion der auszuschließenden Kandidaten taucht er an erster und letzter Stelle auf. Zunächst, ebd., Z. 20–26, wird er jedoch in seinem Renommee relativiert, wenn es u. a. heißt: „ich kenne sie beide [Becker und Lang] gar nicht (als durch die Zeitungsanzeige etwa und Meusels gelehrtes Deutschland, wo Becker auch nur im letzten Supplement stehet.)". Abschließend, ebd., S. 279, Z. 53–55, wird Becker zwar eine besondere Eignung zugeschrieben. Die Empfehlung Webers rückt aber mit Herders Bereitschaft, weitere Referenzen für Weber zu besorgen, deutlich in den Vordergrund.

715 Ebd., S. 279, Z. 60.

716 Ebd., Z. 53–59.

717 Ebd., S. 278, Z. 52.

718 Ebd., S. 279, Z. 61.

719 Karl August an die Herzöge von Sachsen-Meiningen, 7. Juli 1779, Goethe, Amtliche Schriften, Bd. 1, Nr. 43, S. 85–87.

mit zu Rathe gezogen."[720] Die Ausführungen folgen, zum Teil in wörtlicher Entsprechung zu Herders Votum, dessen Argumenten. Die nachdrückliche Empfehlung einer privaten Vorabanfrage zur Sondierung der Annahmebereitschaft verbindet sich mit dem auch von Herder stark gemachten Argument: „ein abgeschlagener Ruf [... sei] der Universität bey dermaligen Umständen eben nicht vortheilhaft".[721] Ebenfalls im Ausschlußprinzip folgert das Schreiben die Präferenz Webers aus den zur Wahl stehenden Kandidaten[722] und setzt, wiederum mit Herder, das Entscheidungskriterium in den Qualifikationen zur Dogmatik an[723].

Herders Empfehlung war damit von der offiziellen Regierungspolitik Sachsen-Weimars aufgegriffen und unter den weiteren Erhalterstaaten gegenüber Meiningen stark gemacht worden. Ein weiteres Engagement zugunsten Webers, der die vakante Stelle 1780 in der Tat übernehmen konnte, läßt sich in Herders Briefwechsel nicht festmachen. Eine starke Parallele zu der angebotenen Kontaktierung Heynes und Koppes findet sich jedoch in einer anderen Berufungsangelegenheit, der Vakanz des Rektorats an der Rigaer Domschule, zu der Herder außerhalb seines Amtes um Rat gefragt wurde und in der er sich ebenfalls an Heyne und Koppe wandte. Unter dem 15. Juli 1779 schrieb er Heyne in der Rigaer Angelegenheit direkt an.[724] Koppe brachte er diesem gegenüber als möglichen Diskussionspartner ins Gespräch: „vielleicht kennt H. Prof.[essor] Koppe Stadt u.[nd] Stelle"[725]. Aufschlußreich ist damit nicht nur der Umstand von Webers erfolgreicher Berufung, sondern auch Herders starke Orientierung an mehreren Repräsentanten der Göttinger Fakultät in personalpolitischen Angelegenheiten. Die damit verbundene fachtheologische Wertschätzung, insbesondere deren philologischer Arbeiten, ist zeitgleich dazu weithin zu belegen.[726]

---

720 Ebd., S. 86, Z. 21–28.
721 Ebd., S. 87, Z. 20–22.
722 Ebd., Z. 22–29.
723 Ebd., Z. 3–11.
724 Herder an Christian Gottlob Heyne, 15. Juli 1779, DA, Bd. 4, Nr. 79, S. 96.
725 Ebd., Z. 18f.
726 Herders großer Respekt gegenüber den philologischen Leistungen der beiden Männer ließe sich eingehend dokumentieren. Für den hier behandelten punktuellen Zeitraum vgl. allein die Äußerung gegenüber Lavater, Mitte Juli 1779, ebd. Nr. 80, S. 98, Z. 66f.: „Koppes N[eues] T[estament] dagegen ist neuerlichst mein Handbuch."

3.1.2. Zweite Vakanz der dritten theologischen Professur (1781)

Nach dem Tod des noch nicht 30-jährigen Weber am 26. August 1781 war die dritte Professur bereits im Folgejahr wiederum zu besetzen. Berufen wurde 1782 Georg Gottlob Ausfeld, der seit 1775 als Diakon in Langensalza gewirkt hatte. Dieser Umstand allein deutet darauf hin, daß die Berufung fakultätsintern vorbereitet wurde. Tatsächlich hatte sich der Berufungsvorgang Ausfelds mit einem weiteren Verlust der Jenaer Fakultät im Frühjahr 1782 verknüpft. Die Nachfolgeregelung der dritten Professur wurde im Zusammenhang mit der einzigen externen Neubesetzung des zweiten Lehrstuhles während der Amtszeit Herders vollzogen.

3.1.3. Vakanz der zweiten theologischen Professur (1782)

Noch vor der Berufung Ausfelds hatte die Jenaer Fakultät mit Ernst Jakob Danovius am 18. März 1782 ihren ersten Professor unter tragischen Umständen verloren.[727] Nach dem Aufrücken Griesbachs auf die erste Professur galt es, ungeachtet der Nachfolgeregelung der dritten theologischen Professur, die zweite Professur neuzubesetzen. Ein Votum Herders liegt in dieser Angelegenheit nicht vor. Sein Briefwechsel dokumentiert jedoch, daß auch in dieser Personalfrage seine Position von Göttingen aus mitbestimmt wurde. Schon am 28. März schrieb Heyne an ihn, der von Knebel über den Vorfall informiert worden war[728]:

> „ich hoffe nicht, daß Sie mir es zu einem zudringlichen Vorwitz anrechnen sollen, wenn ich bei Gelegenheit der so unglücklicher Weise in Jena entstandenen Vacanz die Aufmerksamkeit derjenigen, welche dabei Einfluß haben können, auf einen lenke, auf den man wohl sonst nicht denkt, wenn nicht Herr Prof. Eichhorn bereits seiner Erwähnung gethan hat. Es ist der Prof. Matthäi in Moskau, der mir seinen herzlichen Wunsch, aus der dortigen Barbarei zu kommen, mehrmalen bezeugt hat. Er ist freilich mehr Philolog als Theolog".[729]

Herder setzte sich für den von Heyne und Eichhorn, zu diesem Zeitpunkt Professor für orientalische Sprachen in Jena, favorisierten Kandidaten ein. Sein Briefwechsel mit den beiden dokumentiert ein Engagement in der Personalentscheidung zugunsten des Moskauer Professors Christian Friedrich Matthäi. Unter dem 24. Mai 1782 antwortet er Heyne, der ihn direkt gefragt hatte: „Wie stehts mit Matthäi in Moskau? Das weiß ich selbst nicht."[730] Die Vorgänge der

---

727 Knapp dazu ebd., Anm. 358.

728 Vgl. dazu Düntzer, Knebel, Bd. 1, S. 87.

729 Düntzer, Nachlaß, Bd. 2, Nr. 58, S. 192.

730 Herder an Christian Gottlob Heyne, 24. Mai 1782, DA, Bd. 4, Nr. 216, S. 219, Z. 21.

beiden zurückliegenden Monate faßt er mit Hinweisen auf die Initiative Griesbachs und deren mutmaßliche Motivation zusammen: „Herr Griesbach hat gute
Ursache gehabt, Matthäi nicht zu wollen und durch Döderlein, den er hinüber-
zublasen gedenkt, vielleicht Eichhorn ein lein vorzusetzen. – Kurz man ging
schnell und ungeachtet alles Geredes von Matthäi auf Döderlein los."[731] Den
an sich starken Hinweis auf seine Kontakte zum Herzog relativiert er durch einen derzeit nicht aktuellen Kenntnisstand: „Und nun habe ich in vierzehn Tagen den Herzog nicht gesprochen [...]; also weiß ich die novissima nicht."[732]
Zugleich macht er Hoffnung auf einen Erfolg des gemeinsamen Kandidaten:
„Nimmts Döderlein nicht an, so müßte Dummheit über Dummheit herrschen,
wenn Matthäi nicht der einzige wäre: denn Schlegel, der auch in Vorschlag ist,
ist ein armer Sünder, der nur aus Gnaden gerecht wird, wie er unter Seiler pro
loco bewiesen, und es mit allem Recht zu erweisen hatte."[733] Seinen Brief an
Heyne, in der zweiten Berufungsangelegenheit, in der er sich für einen von
Göttingen aus forcierten Kandidaten stark gemacht hatte, schließt Herder mit
der Empfehlung: „Leben Sie wohl, Bester, und bleiben Sie, Kanzler und Facto-
tum Ihrer Universität, mir, einem Thüringischen Superintendenten, der nicht
von Ihrer Universität ist, noch etwas gut, wie ichs Ihnen immer bleiben werde."[734] Die Erinnerung an die mißglückte Berufung an die Göttinger Universität schwingt in dieser Formulierung ebenso mit[735] wie die Hoffnung auf wechselseitige Verbindlichkeiten; diese betreffen eine berufliche Besserstellung
Herders selbst, der seine amtliche Position ebenso degradiert, wie er diejenige
Heynes aufwertet. In ihrem Ergebnis faßt Herder die Vorgänge gegenüber
Eichhorn kurz nach dem Brief an Heyne entsprechend zusammen: „In Absicht
des Professorats ist man einmal so stark für Döderlein, daß, wenn ers annimmt,
an den Moskowiter schwerlich zu denken ist. [...] Nähme es Döderlein nicht
an, so zweifle ich an Matthäi keineswegs. Heyne hat auch an mich geschrieben, und ich habe eben ihm gesagt, was zu sagen war."[736] Zeitgleich dazu steht

731 Ebd., Z. 22–23.
732 Ebd., Z. 25–27.
733 Ebd., Z. 27–30. Zu der Anspielung auf Gottlieb Schlegels Erlanger Qualifikationsschrift vgl.
    auch den Kommentar zu ebd., Bd. 12, zu Bd. 4, Nr. 216a (N), S. 209, Z. 29.
734 Herder an Christian Gottlob Heyne, 24. Mai 1782, DA, Bd. 4, Nr. 216, S. 219, Z. 31–34.
735 Vgl. dazu auch direkt die Beteuerung der persönlichen Wertschätzung in Verbindung mit ei-
    nem Bedauern der nicht verwirklichten Berufung, Herder an Christian Gottlob Heyne, 23. Ju-
    li 1781, DA, Bd. 9, N zu Bd. 4, Nr. 176, S. 311, Z. 31–37: „Leben Sie wohl, lieber Heyne; es
    gehe Ihnen sowohl in Ihrem Hause u.[nd] Akademischen Kanzelleriat, als ichs Ihnen wün-
    sche u.[nd] ich auch bei Gelegenheit höre. Mir hats das Schicksal nicht gegönnt, in Ihrer Nä-
    he zu seyn. u.[nd] von Ihnen zu lernen. [...] in der Ferne, wenigstens verwalte ich alle Placke-
    reien meines Amts, wie sie der einfältigste Superintendent der werthen Lutherschen Kirche je
    zu verwalten hatte."
736 Herder an Johann Gottfried Eichhorn, Ende Mai 1782, DA, Bd. 4, Nr. 217, S. 220, Z. 10–14.

auch die Berufung Ausfelds auf die vakante dritte Professur fest, die für Matthäi damit ebenfalls ausscheidet. In seinem Brief an Eichhorn bestätigt Herder dies: „Die dritte [theologische] Stelle ist leider! durch einen obscurus vir, der gut predigen können soll, besetzt."[737] Herder faßt den abschließenden Stand der Personalentscheidung im Geheimen Consilium präzise zusammen. Die Voten der Geheimräte Christian Friedrich Schnauß, Jakob Friedrich von Fritsch und Goethe sind erhalten.[738] Lediglich von Fritschs Votum ist undatiert, Schnauß' Gutachten firmiert unter dem 24. Mai 1782, Goethes unter dem Folgetag. Über die Berufung Döderleins auf die zweite und die Wahl Ausfelds für die dritte Professur herrscht unter den Erhalterstaaten der Universität ebenso Konsens wie unter den Angehörigen des Weimarer Geheimen Consiliums. Zutreffend ist auch Herders Hinweis auf eine noch immer mögliche Ablehnung des Rufes durch Döderlein. Von Fritsch bemerkt in seinem auf die Voten von Schnauß und Goethe folgenden Nachsatz: „von Herrn Döderlein [ist] noch keine Antwort eingegangen".[739] Erst am 5. Juni 1782 hält Goethe in seinem Schreiben an den Coburger Geheimen Rat Moritz August von Thümmel fest: „Döderlein hat sich erklärt[,] er wolle die Vokation annehmen, und es wird also keine Zeit zu verliehren seyn."[740] Am selben Tag antwortet Heyne auf Herders Meldung des für Matthäi negativen Ergebnisses: „Bei Matthäi bleibt also der Trost, mit dem man sich so oft begnügen muß: man hat gethan, was man konnte."[741] Herder seinerseits bemühte sich, Eichhorn am 12. Juli 1782 mit der gefällten Entscheidung zu versöhnen: „Sagen Sie doch aufrichtig: wie sind Sie mit Döderleins Wahl zufrieden? Es war dagegen nichts zu thun; denn Griesbach hatte alles in Besitz genommen und Matthäi konnte gegen ihn nicht aufkommen. Sie kennen ihn ohne Zweifel genauer: denn ich kenne ihn nur durch einen Brief und – durch seine opera omnia. Ich glaube, er ist ein verträglicher Mann, und Jena wird durch das Trifolium floriren."[742] Die persönliche Enttäuschung Eichhorns ist in dem Antwortbrief nur darin zu spüren, daß er auf die Personalentscheidung trotz der vorangegangenen Frage Herders nicht mehr zu sprechen kommt.[743] Herder seinerseits fragt bei Heyne am 25. August 1782, nicht lange nach der Bemühungen um Matthäi, in der größten Offenheit an, ob

737 Ebd., Z. 11f.

738 Goethe, Amtliche Schriften, Bd. 1, Nr. 100 A, S. 182–185. Heussi, Fakultät, S. 192, Anm. 359, zitiert: „Akten über die Nachfolge in Jena, Universitätshauptarchiv, 459 (1782f.) [...] zuvor: UHA 458".

739 Ebd., S. 183, Z. 26.

740 Goethe an Moritz August von Thümmel, 5. Juni 1782, Goethe, Amtliche Schriften, Bd. 1, Nr. 100 B, S. 184, Z. 25f.

741 Christian Gottlob Heyne an Herder, 5. Juni 1782, Düntzer, Nachlaß, Bd. 2, Nr. 60, S. 194.

742 Herder an Johann Gottfried Eichhorn, 12. Juli 1782, DA, Bd. 4, Nr. 222, S. 228, Z. 16–19.

743 Vgl. dazu den Kommentar, DA, Bd. 12, zu Bd. 4, Nr. 222 (N), S. 220, Z. 16.

er ihm selbst nicht eine geistliche Stelle in der Nähe von Göttingen vermitteln könne.[744] Vorangegangen war Heynes Angebot, für Herder etwas in Göttingen bewegen zu wollen.[745] Nach den Andeutungen Herders im Zusammenhang des Engagements für den von Heyne mitfavorisierten Kandidaten lag Heynes Reaktion in der Konsequenz gemeinsamer Interessen und etablierter persönlicher Verbindlichkeiten.

3.1.4. Dritte Vakanz der dritten theologischen Professur (1782)

Eichhorns fachliches Interesse an einer Verpflichtung des neutestamentlichen Textkritikers Matthäi bestand unverändert fort. Ausfeld aus Langensalza traf im Herbst des Jahres 1782 in Jena ein, starb aber schon knapp drei Monate später, noch vor seiner Rezeption, am 2. Dezember 1782.[746] Wiederum wandte sich Eichhorn in der Angelegenheit an Herder, um Matthäi „wieder ins Andenken zu bringen".[747] Unter Aufgreifen von Herders Formulierung des *obscurus vir* stellt er fest, die „von hier aus gethanen Vorschläge [... betreffen] lauter homines obscuros, die nie aus ihrer obscuritate hervorgehn können"[748]. Herders Antwort unter dem 29. Januar 1783 dokumentiert ein weiteres Engagement zugunsten Matthäis: „Ich habe mich gleich bei der ersten Gelegenheit, da es seyn konnte, des Matthäi angenommen u.[nd] seitdem hie u.[nd] da gehört, daß er cum voto in Vorschlag gebracht sei. – Es muß also äußerst vortheilhaft seyn, wenn Heine nach Gotha schreibt."[749] Heyne schrieb in der Tat an den Geheimen Rat Sylvius Friedrich Ludwig von Frankenberg nach Gotha wie auch nach Meiningen, konnte aber keine Erfolge erzielen. Herders Eintreten ließe sich in amtlicher Hinsicht als informell bezeichnen. Der Empfehlung gegenüber dem Herzog kam in seiner Funktion als Generalsuperintendent ein

---

744 Herder an Christian Gottlob Heyne, 25. August 1782, ebd., Bd. 4, Nr. 230, S. 236, Z. 14–19: „Könnte ich eine etwas distinguirte geistliche Stelle in Ihrem Lande erhalten, etwa im Schoß einer guten Natur, eines Gebirges, wenns auch nur so eine Generalsuperintendentur in Clausthal wäre, wo ich bloß Geistlicher sein dürfte und Ruhe für mich hätte, übrigens freilich vom Consistorio weder durch ein Colloquium, noch sonst chikanirt würde: wie wohl wäre es mir auf einige Jahre!"

745 Düntzer, Nachlaß, Bd. 2, S. 195; vgl. dazu auch Herders Reaktion, ebd., Z. 6–9: „Sie lassen sich in Ihrem eben ankommenden Briefe etwas von Göttingen merken; aber, liebster Freund, dahin gehen meine Gedanken und Wünsche nicht. Die Kabale fängt von neuem an, und was ich suche, was ich in der Welt allein suche, wohnt nicht auf einer Universität."

746 Vgl. dazu Heussi, Fakultät, S. 192, Anm. 359.

747 Vgl. dazu den Kommentar, DA, Bd. 12, zu Bd. 4, Nr. 250a (N), S. 242, Z. 4f., 8.

748 Ebd.

749 Herder an Johann Gottfried Eichhorn, 29. Januar 1783, DA, Bd. 9, N zu Bd. 4, Nr. 250a, Z. 4–7.

amtlicher Charakter zu, obgleich der vorgesehene Dienstweg unter Vermittlung des Geheimen Consiliums nicht beschritten wurde. Herders Motivation zu
einer amtlich nicht weiter forcierten Berufung Matthäis gründet in einer realistischen Wahrnehmung ihrer geringen Erfolgsaussichten. Gegenüber Eichhorn
betont Herder zwar sein Eintreten für den gemeinsamen Kandidaten, erklärt
ihm aber auch sehr offen, daß er über die informelle Einflußnahme hinaus
nicht tätig werden wolle: „Uebrigens hab ich mich hier in der Sache nicht gern
an den Laden legen mögen, weil die HochWürdige Fakultät unsres Kanzlers
Neveu vorgeschlagen hat, dem ich sein Glück auch gönne. Daher thue ich gegen jeden, der mir davon sagt, als ob ich nichts davon wüste. Thun Sies gleichfalls, lieber: ich hoffe, es geht."[750] Im Sinne einer untergründigen Einflußnahme auf die oberste Entscheidungskompetenz anstelle eines offenen amtlichen
Vorgehens mochte Herder seine Position selbst als konsequent erachtet haben.
Das Ergebnis der Berufung belief sich jedoch auf die universitätsinterne Nachfolgeregelung Ausfelds durch Johann Wilhelm Schmid, dessen Onkel Achatius
Ludwig Karl Schmid seit 1776 Kanzler der Universität Jena und Präsident des
Regierungskollegiums war. Ein Votum Herders findet sich in dieser Angele-
genheit nicht.

3.1.5. Vierte Vakanz der dritten theologischen Professur (1792)

Die 1783 etablierte Zusammensetzung der Fakultät bestand bis in das Jahr
1792 unverändert fort. Erst Döderleins Tod am 2. Dezember 1792 schaffte die
Voraussetzung für eine personelle Veränderung.[751] Der von Herder 1788 angedachte eigene Wechsel an die Universität Jena gründete auf der Voraussetzung
einer Auswärtsberufung Döderleins und zerschlug sich mit dessen Bleiben in
Jena.[752] Entsprechend der Wahrnehmung Karolines dürfte Herder nach Döderleins Tod erneut auf die damit vakante Position spekuliert haben. Unter dem
10. Dezember wandte sie sich brieflich an Goethe.[753] Die Dringlichkeit Ihres
Anliegens unterstreicht die doppelte Ausfertigung des Schreibens nach Pem-
pelfort und Frankfurt.[754] Den Anlaß der Initiative erklärt Karoline zunächst in
zweifacher Hinsicht. Zunächst nennt sie die äußere Veranlassung: „Daß Döderlein den 2. dieses [Monats] gestorben ist, werden Sie wissen. Dieser unerwartete Tod weckte den Gedanken auf – daß mein Mann an seine Stelle kom-

---

750 Ebd., S. 329, Z. 10–14.
751 Zu dem damit berührten Berufungsvorgang vgl. auch Müller, Goethe, S. 366–370.
752 Vgl. dazu bes. Anm. 267 in Kap. II.3.3.
753 Karoline an Goethe, 10. Dezember 1792, DA, Bd. 6, Nr. 22 (A), S. 313f.
754 Vgl. dazu ebd., Z. 4f. sowie S. 366, Anm. 22.

men möchte."[755] Die innere Veranlassung benennt sie abschließend: „Aus Gesprächen habe ich wohl gemerkt, daß er keine Abneigung dagegen hat; er hat aber immer das Wort fallen lassen u.[nd] gesagt, daß er dazu keinen Schritt thun könne, sondern es erwarte."[756] Die Versicherung: „Dies alles schreibe ich Ihnen ohne Wissen meines Mannes"[757] ist aus einem einfachen Grund nicht zu bezweifeln: mit Goethe wandte sich Karoline an den falschen Mann. Herders wohl in der Tat noch fortbestehende Erwartung dürfte sich alleine auf eine Initiative von Karl August gerichtet haben, der als einziger von den Ambitionen Herders auf Döderleins Professur aus dem Jahr 1788 wußte. Ausdrücklich hatte Herder seinerzeit festgestellt, daß er selbst Goethe nicht über sein Vorhaben informiert hatte.[758] Goethe reagierte zunächst nicht, wie Karolines dritter Brief, der nur grob in die zweite Hälfte des Monats zu datieren ist, belegt: „Und denn, wünsche ich bald angelegentlich mit Ihnen zu reden über Jena, wegen Döderleins Tod. Ich habe Ihnen nach Düsseldorf u.[nd] Frankfurt über diese Sache, ohne Vorwissen meines Mannes, geschrieben, dieses Briefe haben Sie aber verfehlt."[759] Für den weiteren Verlauf der Angelegenheit kann nur deren Ergebnis festgehalten werden, daß Herder für eine Nachfolge Döderleins oder Berufung nach Jena nicht in Betracht gezogen wurde. Zurecht vermutet der Kommentator der Briefausgabe: „Goethe redete Karoline offensichtlich den Jenaer Plan aus."[760]

Herder selbst wurde nur in seiner amtlichen Funktion konsultatorisch in den Berufungsvorgang miteinbezogen. Mit dem Nachrücken Schmids betraf die Personalfrage wiederum die Besetzung der dritten theologischen Professur. Das Gutachten der Jenaer Fakultät datiert auf den 10. Dezember 1792.[761] Unter dem 3. Januar 1793 reagierte er mit einem knappen Votum an Christian Gottlob Voigt[762] auf die ihm kommunizierten Stellungnahmen der Jenaer Professoren Heinrich Eberhard Gottlob Paulus vom 16. Dezember 1792, seit 1789 Professor der orientalischen Sprachen in der philosophischen Fakultät, und Johann Jakob Griesbach vom 24. Dezember als Inhaber des ersten theologischen Lehrstuhles sowie Andreas Joseph Schnaubert vom 26. und 28. Dezember, der seit

---

755 Ebd., Nr. 22, S. 313, Z. 8–10.
756 Ebd., S. 313f., Z. 28–31.
757 Ebd., Z. 28.
758 Vgl. dazu Kap. II, Anm. 275.
759 Karoline an Goethe, nach Mitte Dezember 1792, DA, Bd. 6, Nr. 23 (A), S. 314, Z. 14–18.
760 Ebd., S. 366, Anm. 23.
761 Vgl. dazu die briefliche Erwähnung von Jakob Friedrich von Fritsch an Sylvius Friedrich Ludwig von Frankenberg, 9. Februar 1793, ThHSA, A 6146, Bl. 60^r.
762 Herder an Christian Gottlob Voigt, 3. Januar 1793, DA, Bd. 7, Nr. 1, S. 23f.

1786 Professor für Lehnsrecht war und als Hofrat fungierte[763]. Mit seiner Empfehlung machte sich Herder nachdrücklich für eine Rückberufung des mittlerweile in Göttingen angestellten Eichhorn und dessen Wechsel in die theologische Fakultät stark. Von dem gespannten Verhältnis zwischen Eichhorn und
Griesbach, der sich seinerseits für den Abt des Klosters Michaelstein, Heinrich
Philipp Konrad Henke, eingesetzt hatte, mußte Herder wissen[764]. Griesbach
seinerseits hatte nicht die Auseinandersetzung um die Person Eichhorn ge-
sucht, sondern die fachliche Diskussion mit der Empfehlung eines Alternativkandidaten in den Vordergrund gerückt. Herder reagierte mit einer nachhaltigen Referenz für Eichhorns umfassende Kompetenz, „seine Gelehrsamkeit,
sein Genie, sein[en] Fleiß, sein[en] lebhaften, anziehend[en ...] Vortrag in
allem was er lieset"[765]. Die zentrale Frage nach Eichhorns Orthodoxie[766] wägt
zwischen dem zu erwartenden Gewinn und dem „kleinere[n] risque" zugunsten
des Philologen ab[767]. Hinsichtlich des Kandidaten Griesbachs, Henke, äußerst
sich Herder nicht negativ, stellt aber fest, er sei „nicht so glänzend wie jener,
aber auch in einem gemäßigtern, dem gewöhnlichen theologischen Lichte, für
Jena nützlich u.[nd] rühmlich."[768] Auf den dritten Platz setzt er Paulus, der
„auch nicht zu verachten ist".[769]

Ein zweites Herdersches Votum datiert auf den 8. Februar 1793 und wurde
als Reaktion auf zwei weitere Stellungnahmen von Griesbach vom 18. Januar
und 5. Februar angefordert.[770] Offen gesteht er darin Griesbach eine „viel nähere [...] Känntniß" hinsichtlich der im weiteren diskutierten Kandidaten zu.[771]
Ohne Einschränkung empfiehlt er, den Ratschlägen Griesbachs Folge zu leisten. Die Berufung Eichhorns hatte sich damit zu diesem Zeitpunkt bereits zerschlagen. Im Falle eines Wechsels von Paulus in die theologische Fakultät
deutet Herder nur sehr vorsichtig die Möglichkeit einer Berufung Johann
Friedrich Kleukers aus Osnabrück an.[772] Auch darin verweist er jedoch auf den
Einfluß Griesbachs und ein eigenes Zurücktreten: „Ich zweifle aber, ob er nach
Grießbachs Sinn seyn würde."[773] In Anlehnung an die Empfehlungen Gries-

---

763 Vgl. dazu die mustergültige Beschreibung des verfügbaren Archivbestandes ebd., S. 494,
   Anm. 1. Die Archivalie selbst befindet sich im ThHSA unter der Sig. A 6146.

764 Vgl. dazu alleine Eichhorns Bericht an Herder von Griesbachs Reaktion auf sein Abschieds-
   gesuch Juli 1788, DA, Bd. 12, Kommentar zu Bd. 4, Nr. 216 (N), S. 209, Z. 22f.

765 Herder an Christian Gottlob Voigt, 3. Januar 1793, ebd., Bd. 7, Nr. 1, S. 23, Z. 13–15.

766 Vgl. dazu ebd., Z. 10, 12.

767 Bes. ebd., Z. 15f.

768 Ebd., Z. 26–28.

769 Ebd., S. 24, Z. 30.

770 Herder an Christian Gottlob Voigt, 8. Februar 1793, ebd., Nr. 7, S. 28; sowie S. 495, Anm. 6.

771 Ebd., S. 28, Z. 23.

772 Ebd., Z. 16–19.

773 Ebd., Z. 19f.

bachs wurde schließlich, da eine Verpflichtung Henkes aussichtslos war, Werner Karl Ludwig Ziegler aus Rostock berufen.[774] Den Ausschlag hatte ein weiteres externes Gutachten des Hallenser Theologen Johann August Nösselt gegeben, wie ein Schreiben von Fritschs an Frankenberg vom 9. Februar belegt.[775] Die Rufannahme Zieglers zerschlug sich, nach eingehenden Verhandlungen mit Jena, schließlich aus gesundheitlichen Gründen.[776] Ziegler teilte dies unter dem 3. September mit.[777] Den Lehrstuhl erhielt Paulus, der in sämtlichen Gutachten Herders und Griesbachs als guter Ersatzkandidat gehandelt worden war.

3.1.6. Fünfte Vakanz der dritten theologischen Professur (1798)

Nach dem Tod Johann Wilhelm Schmids am 1. April 1798 und dem Aufrükken Paulus' auf die zweite Professur stand eine weitere Neubesetzung des dritten theologischen Lehrstuhles an. Der nachfolgende Berufungsvorgang ist aus den Materialien des Thüringischen Hauptstaatsarchivs Weimar wiederum ausreichend zu dokumentieren.[778] Die theologische Fakultät schlug in ihrem Gutachten für Auswärtsberufung die Theologen Paul Joachim Siegmund Vogel (Altdorf), Karl Wilhelm Justi (Marburg) und Johann August Christian Nöbling (Göttingen) vor, sowie die Jenaer Friedrich Immanuel Niethammer und Karl Christian Erhard Schmid.[779] Griesbach reichte als erster Professor der Fakultät sein Votum unter dem 22. April ein. Wie Griesbach sprach sich unter dem 3. Mai auch der Gothaer Staatsminister Sylvius Friedrich Ludwig von Frankenberg für den Jenaer Schmid aus.[780] Herders Votum datiert auf den 10. Mai und

---

774 Vgl. dazu ebd., S. 495, Anm. 6.

775 Vgl. dazu Jakob Friedrich von Fritsch an Sylvius Friedrich Ludwig von Frankenberg, 9. Februar 1793, ThHSA, A 6146, Bl. 50^r, 50^v: „Das Herzog.[liche] Ministerium alhier, glaubet daher, nach gepflogener Communication mit unserm Herrn Vice-Praesidenten, Herder, wegen eines andern zu wählenden Subjects bey dem von der Theologischen Facultät zu Jena in ihrem Denominations-Bericht vom 10den December 1792 mit vorgeschlagenen Professor, Ziegler, zu Rostock nunmehr vorzüglich und um so mehr stehen bleiben zu müssen, als derselbe, äußern dem Lob, welches von H. V. P. Herder seinen Schriften beigeleget worden, noch die besonderer Empfehlung D. Nößelt zu Halle, welche von vielem Gewicht bey uns ist vor sich hab."

776 Vgl. dazu DA, Bd. 7, S. 495, Anm. 6.

777 Ebd.

778 Zu der Beschreibung dieses Vorganges vgl. die auch hier ausführliche Kommentierung DA, Bd. 7, S. 574, Anm. zu Nr. 404. Heussi, Fakultät, S. 209, Anm. 404a, zitiert: „Vorschlagbericht über die Nachfolge UHA 463, 1798".

779 Ebd.

780 Ebd.

hat damit wiederum den Charakter eines abschließenden Postmonitums.[781] In seiner Empfehlung bezieht sich Herder alleine auf die Liste der Fakultät und erklärt sich ausdrücklich für Schmid, der mit seinen Leistungen den auswärtigen Kandidaten weit überlegen sei.[782] In der Abwägung der Kantianer Niethammer und Schmid führt das Kriterium deren „Brauchbarkeit zu[r] Bildung eines verständlichen, popularen, praktischen Vortrages, wie er künftigen Lehrern der Religion nöthig ist", ein.[783] Im Falle Niethammers bezweifelt er diese Eignung.[784] Für Schmid sieht er sie einerseits „durch Anwendung dieser Philosophie auf lichtere Felder Psychologie, Physiologie, Sittenlehre u.[nd] so fort" erwiesen, andererseits durch dessen gedruckte Predigten, die „nicht schlecht sind".[785] Diese Differenzierung zwischen der praktischen pädagogischen und theoretisch fundierten Anwendung der Kantischen Philosophie ist an sich schon bemerkenswert. Der Schlüsselbegriff, an dem gerade Herders Kritik ansetzte, findet sich ebenfalls. Es ist der der Popularität, der für die Frage steht, ob die artifizielle Sprache nicht die Verständlichkeit natürlich gewachsener Strukturen zerstöre. Hinzu kommt, daß sich Herder für Schmid aufgrund dessen Konfliktes mit Fichte einsetzt, gegen den er „fortan in der Philosophie nicht aufkommen kann", weshalb ihm in der Theologie entsprechend „seiner entschiednen Brauchbarkeit ein andres Feld geöfnet" werden müsse.[786] Äußerst konstruktiv und nicht nur im Sinne einer veränderten Frontstellung beurteilt Herder damit die verschiedenen Umgangsmöglichkeiten mit der Kantischen Philosophie zum einen und der einsetzenden Fichteschen Schulbildung zum anderen. Das herzogliche Reskript vom 3. Juli 1798 folgte mit der Berufung Schmids den einschlägigen Empfehlungen der Gutachten.[787]

3.1.7. Sechste Vakanz der dritten theologischen Professur (1803)

Die Vakanz des zweiten theologischen Lehrstuhls aufgrund von Paulus' Wechsel nach Würzburg ist nur aufgrund des hier untersuchten zeitlichen Rahmens aufzuführen. Die Berufung erfolgte zwar früher, doch erst unter dem 5. November 1803 erteilte die Weimarer Regierung ihr Einverständnis zu dem Ab-

---

781 Herder an Christian Gottlob Voigt, 10. Mai 1798, DA, Bd. 7, Nr. 404, S. 392.
782 Vgl. dazu bes. ebd., Z. 18–20.
783 Ebd., Z. 13f. Zu dieser Abwägung vgl. auch Müller, Goethe, S. 392f.
784 Herder an Christian Gottlob Voigt, 10. Mai 1798, DA, Bd. 7, Nr. 404, S. 392, Z. 14.
785 Ebd., Z. 15f., 18.
786 Ebd., Z. 23f.
787 Ebd., S. 574, Anm. 404.

schiedsgesuch.[788] Die Vorschlagsliste der theologischen Fakultät bezüglich einer Nachfolgeregelung datiert auf den 31. Dezember 1803.[789] In seiner amtlichen Funktion konnte Herder der Vorgang nicht mehr betreffen.

3.1.8. Außerordentliche und Ehrenprofessuren (1776–1803)

Keine Berührungen ergaben sich auch mit den Einsetzungen in außerordentliche Professuren. Während der Amtszeit Herders wurde keine Hausberufung eines außerordentlichen Professors auf einen ordentlichen Lehrstuhl vorgenommen. In der Jenaer Fakultätsgeschichte stellt diese zunehmende Öffnung der Fakultät für auswärtige Einflüsse einen deutlichen Einschnitt dar[790], der als solcher zu erwähnen, aber sicherlich nicht mit Herders Wirken in Verbindung zu bringen ist.

Im hier relevanten Untersuchungszeitraum bestehen nur in einem einzigen Fall der Einsetzung in eine außerordentliche Professur Bezüge zu einem von Herder mitbestimmten Berufungsgeschehen. Er gründet in den 1771 vorgenommenen Bestimmungen Christian Friedrich Polz', zuvor ordentlicher Professor für Philosophie in Jena, und Johann Christian Blasches zu außerordentlichen theologischen Professoren.[791] Polz wurde wie Blasche bis in das Jahr 1782 in dieser Funktion geführt. Im Zuge der beiden anstehenden Wiederbesetzungen in der dezimierten Fakultät waren Blasche Hoffnungen auf einen der vakanten Lehrstühle gemacht worden.[792] Hinsichtlich der Berufungsvorgänge wird in den Voten des Geheimen Consiliums das Bemühen erkennbar, von den Zusagen gegenüber Blasche abzusehen. Zugleich wurde an der Verbindlichkeit der Aussagen festgehalten und eine Ernennung zum ordentlichen Honorarprofessor in die Wege geleitet.[793] Bis zu seinem Tod 1792 behielt Blasche diesen Status. Einen vergleichbaren Vorgang dürfte auch die Ernennung Niethammers zum außerordentlichen theologischen Professor im Jahr 1798, dem Jahr der Berufung Schmids, darstellen. Niethammer war seit 1792 bereits außerordentlicher Professor für Philosophie in Jena gewesen.[794] Zeitgleich mit ihm wurde

---

788 In der Zusammenfassung der nicht mehr verfügbaren Weimarer Bestände vgl. dazu Heussi, Fakultät, S. 212, bes. Anm. 413.

789 Ebd., S. 213.

790 Zu der vorangegangenen Zeit vgl. die nicht wenig drastische Formulierung Heussis einer „im wesentlichen Inzucht treibenden Kleinstadtuniversität", Heussi, Fakultät, S. 169.

791 Vgl. dazu Heussi, Fakultät, S. 168, u. a. Anm. 313.

792 Kanzleischreiben an den Herzog von Sachsen-Gotha, Goethe, Amtliche Schriften, Bd. 1, Nr. 115, S. 206.

793 Vgl. dazu Goethe, Amtliche Schriften, Bd. 1, Nr. 115, S. 206.

794 Heussi, Fakultät, S. 211.

auch Samuel Gottlieb Lange, seit 1796 Kollege Niethammers an der philosophischen Fakultät im entsprechenden Status, zum außerordentlichen theologischen Professor ernannt. Eine Einflußnahme Herders ist in diesem Zusammenhang möglich. In seinem Gutachten zugunsten Schmids vom 10. Mai 1798
hatte er, auf Grundlage des Fakultätsgutachtens, beiläufig darauf hingewiesen,
daß Lange von dem Votum übergangen worden war: „Unter den Jenensern geb
ich dem Professor Schmidt vor Doctor Niethammer u.[nd] dem nicht mitvorge-
schlagnen Professor Lange, unpartheiisch, doch unvorgreiflich den Vorzug".[795]
Lange verblieb nur kurz in der Position eines Jenaer Extraordinarius und erhielt noch 1798 einen Ruf als ordentlicher Professor nach Rostock.[796] Nach
seiner Rufannahme, jedoch noch vor dem Wechsel wurde er von Herder in der
Weimarer Stadtkirche ordiniert.[797] Zur chronologischen Vollständigkeit ist ferner auf die ordentliche Honorarprofessur Karl David Ilgens während der Jahre
1800 bis 1802 hinzuweisen.[798]

Für das Format der Jenaer theologischen Fakultät dürfte bezeichnend sein,
daß sich die Funktion der außerordentlichen und ordentlichen Honorarprofes-
suren in den drei Jahrzehnten vor dem Beginn des 19. Jahrhundert zunächst
deutlich von hausinternen Nachfolgeregelungen löste, um schließlich zu einer
stärkeren Anbindung einzelner Professoren, insbesondere der Philosophie, zu
führen.

3.2. Philosophische Fakultät

Daß sich die Berührungen Herders in Besetzungsvorgängen im wesentlichen
auf die theologische Fakultät beschränkten, belegen die Ausnahmen an den
Nachbarfakultäten. Nur ein Fall läßt sich benennen. Auf den 4. Januar 1787
datiert ein Schreiben an Karl August, das ohne „den Wert der Kantischen Philosophie Theils an sich und für andre Wißenschaften, Theils als Akademische
Lehrwißenschaft" diskutieren zu wollen, Karl Leonhard Reinhold nachdrücklich für die philosophische Fakultät der Universität Jena empfiehlt.[799] Der
äußere Anlaß ist zusammen mit dem Bezugsbrief unbekannt. Das knappe Empfehlungsschreiben verzichtet auf die einleitenden Erklärungen einer Initiative.

---

795 Herder an Christian Gottlob Voigt, 10. Mai 1798, DA, Bd. 7, Nr. 404, S. 392, Z. 9–11.
796 Heussi, Fakultät, S. 211.
797 Die Kirchenprotokolle der Stadtkirche, ThHSA, Stadtkirchenarchiv, D 15, Bl. 308ʳ halten
     dies für Donnerstag, den 23. August 1798, fest: „Nach der Pr[edigt] wurde Herr Prof. Samuel
     Gottlieb Lange, Prof. Theologiae extraordinarius zu Jena, berufen zum Prof. ord. und Pastor
     an der heiligen Geistkirche zu Rostock von [...] Herder ordiniert."
798 Heussi, Fakultät, S. 210.
799 Herder an Karl August, 4. Januar 1787, DA, Bd. 5, Nr. 181, S. 202; hier: Z. 3f.

Obwohl die Veranlassung einer Anfrage nicht benannt ist, können Anlage und Stil des Briefes nur als Reaktion gedeutet werden. Der Empfehlung Reinholds, die Herder später bereuen sollte, ging zwei Jahre vorher Herders Beteuerung voraus: „Nochmals also meinen verbundensten, besten Dank an Sie beide [Wieland und Reinhold] u.[nd] meine Empfehlungen an den ganzen circulum der Ihren. Ich wünschte, Hrn. Reinhold auf irgend eine Weise bezeugen zu können, wie sehr mich seine edle Gutmüthigkeit erfreue u.[nd] verbinde.“[800] Ohne den Zusammenhang mit der späteren Empfehlung überbeanspruchen zu wollen, ist doch darauf hinzuweisen, daß Reinholds anonyme Replik im *Teutschen Merkur* auf die Rezension Kants in der *Allgemeinen Litteratur Zeitung*, die Wieland seinem späteren Schwiegersohn aufgetragen hatte und die Herder zur Korrektur kommuniziert worden war, für Herder eine erhebliche und in dem zitierten Antwortbrief auch explizit benannte Verbindlichkeit gegenüber Reinhold aufgebaut hatte.[801] Die Rezension selbst sowie deren Wirkung dürfte Herder jedoch kaum als publizistischen Erfolg erachtet haben. Insofern ist anzunehmen, daß sich Herders Empfehlungsschreiben zugunsten Reinholds derselben Quelle verdankt wie die Rezension Reinholds zugunsten Herders – den gewachsenen Beziehungen zwischen Herder und Wieland.

4. Zusammenfassung

Um abschließend einige Tendenzen in den Einflußnahmen auf die unterschiedlichen Bereiche der Personalpolitik zu bündeln, ist zunächst auf die Bedeutung der zwei wesentlichen Instanzen hinzuweisen, von deren Unterstützung die Gestaltung einzelner zentraler Stellen abhing. Auf der einen Seite sind der Herzog und die Regierung, auf der anderen der Stadtrat zu nennen.

An der Stadt- und Jakobskirche konzentrierten sich die mit persönlichem Gewicht vertretenen Einschätzungen Herders auf die geistlichen Stellen. Mit großer Zurückhaltung äußerte er sich zu den kirchenmusikalischen Positionen, die er vorrangig nach dem fachlichen Ermessen einschlägiger Gutachten beurteilte. Zugleich waren auch sie geistliche Stellen. Der späte Fall der Katholiken Destouches, mit dem sich vorrangig anders gelagerte Interessen in der Regierung bzw. dem Umfeld Karl Augusts verbanden, unterstreicht diese grundlegende Bedeutung für Herder. Zu Beginn seiner Amtszeit verfügte er über eine massive Unterstützung personalpolitischer Empfehlungen seitens des Herzogs und der Regierung. Ein frühes Beispiel stellt die Berufung des von Herder nachdrücklich empfohlenen Göttinger Theologen Weber an die Universität Jena dar. Ein weiterer Fall deutet sich in dem Weimarer Pfarrer Weber an, des-

---

800 Herder an Wieland, Ende Januar 1785, ebd., Nr. 93, S. 103, Z. 53–55.
801 Zu dem Vorgang vgl. auch knapp und konzise: DA, Bd. 5, S. 346f., Anm. 93.

sen Beförderung zum Archidiakon 1782 an dem Widerstand des Stadtrates gescheitert war. Auch die Aufnahme in das Oberkonsistorium hatte sich damit zerschlagen. Eine lange Phase der Kontinuität in den zentralen Ämtern des Weimarer Stadtministeriums gründete bis in die frühen neunziger Jahre in den nur eingeschränkten Beförderungsmöglichkeiten in Sachsen-Weimar zum einen und den sehr punktuell auftretenden Vakanzen innerhalb des gesamten Fürstentums zum anderen. Die Berufung Schneiders zum Generalsuperintendenten von Eisenach stellt einen dieser seltenen Fälle dar, der eine Umgestaltungsmöglichkeit innerhalb des Weimarer Stadtministeriums und des Oberkonsistoriums eröffnet hätte. Gerade hier scheiterte Herder jedoch am Stadtrat. Lokal gewachsene Strukturen und vor Herders Amtszeit getroffene personelle Entscheidungen bestimmten bis in die frühen neunziger Jahre die Zusammensetzung der zentralen kirchlichen Einrichtungen. Die Erfolge Herders lagen während dieser langen Jahre auf einer anderen Ebene. Die gezielte Nachwuchsförderung bereits während der ausgehenden siebziger und frühen achtziger Jahre bereitete die später realisierten, gleichermaßen längerfristig nachwirkenden Personalkonstellationen vor. Besonders in den nachgeordneten Funktionen an der Stadt- und Jakobskirche gelang es Herder, während der achtziger Jahre jüngere Kandidaten zu plazieren, denen er während seiner letzten zehn Amtsjahre zu Schlüsselämtern verhelfen konnte. In einem größeren zeitlichen Rahmen sind in dieser amtsfunktionalen Förderung u. a. Günther, Rudolph, Weber, Schäfer, Wahl und Horn zu nennen. Aus der Aufsicht und der im Anschluß zu beschreibenden Gestaltung der zentralen pädagogischen Einrichtungen ergaben sich weitere, vorrangig eigenverantwortlich zu besetzende Stellen für junge Kandidaten. Gerade in diesen Bereichen erwiesen sich Herders Personalentscheidungen als erfolgreich. Ein erheblicher Teil dieser angehenden Theologen konnte eine kirchliche Karriere in der Landeshauptstadt antreten.

Hinsichtlich der oberen Stellen des Gymnasiums kam es trotz der Vorrechte des Stadtrates nicht zu den Konflikten, auf die Herder sich und den Herzog zusammen mit seinen Empfehlungen argumentativ vorbereitet hatte. Schwierigkeiten mit den Ratsvertretern ergaben sich – in einer Umkehrung der Vorgänge an der Stadtkirche – während der achtziger Jahre nur ansatzweise für die unteren Positionen der Schule. Von Interesse sind auch die unterschiedlichen Finanzierungsmodelle in der zeitgenössischen Anstellung außerordentlicher Lehrer und einzelner Fachbereiche. Das für kirchliche und schulische Angelegenheiten als Vermittlungsinstanz zentrale Oberkonsistorium wurde in seinen unterschiedlichen Zusammensetzungen eingehend geschildert. Für die nachfolgenden Kapitel stellen diese Ergebnisse wichtige Referenzmöglichkeiten dar. In einer landesweiten Perspektive sind auch die Beförderungsmöglichkeiten aus dem Stadtministerium in Superintendenturen des Fürstentums deutlich zu erkennen. Die Berufung Schneiders nach Eisenach hatte Herder 1782 möglicherweise unterstützt. Das ambitionierte Vorhaben von 1797, mit dem Kollegen Weber einen langjährigen Vertrauten in Eisenach einzusetzen und zugleich das Weimarer Stadtministerium und Oberkonsistorium massiv umzugestalten, wollte der Herzog wohl nicht den Eisenacher Interessen vorordnen.

Auch in den Bezügen zur Universität Jena zeigt sich eine klare Entwicklungslinie. In einer holzschnittartigen Verkürzung verläuft sie umgekehrt zu dem Aufstieg Griesbachs in der theologischen Fakultät. 1779 hatte Herders abschließendes Postmonitum in der Berufung Webers maßgebliches Gewicht. Mit der nachfolgenden Verhandlung 1782 setzte sich überwiegend die Personalpolitik Griesbachs durch, der 1779 auf die zweite Professur aufgerückt und seit 1782 die erste innehatte. Hinter Griesbachs Urteil trat Herder in der Folgezeit mehrfach deutlich zurück. Die Möglichkeiten der Einflußnahme mußte er sehr realistisch wahrgenommen haben. Die wichtigsten Bezugspersonen waren für Herder in auswärtigen Personalfragen Heyne und Eichhorn. Mit Heyne verband Herder auch eigene Hoffnungen. Hinsichtlich Eichhorns unterstützte Herder – wenn auch nur verhalten – dessen Kandidat während der frühen achtziger Jahre. 1792 setzte er sich massiv für eine Rückberufung Eichhorns aus Göttingen ein. Bei den 1792 und 1798 gewählten Paulus und Schmid stimmten die vorherigen Empfehlungen Griesbachs und Herders praktisch überein. Eine nicht unmittelbar amtliche Eingabe galt der zuletzt beschriebenen Berufung Reinholds. Im nachfolgenden Kapitel wird zudem die Anregung einer bezahlten Professur Marezolls an der theologischen Fakultät geschildert. In diesen Punkten berühren sich die beiden vielleicht zentralen Motive der Herderschen Personalpolitik: die gezielte Nachwuchsförderung, die in der Gestaltung der gesamten Ausbildung gründete, und die Verbesserung der bestehenden, umgestalteten oder neueingerichteten geistlichen Stellen.

IV. Die Gestaltung und Umformung der Amtsbereiche

Der allgemeine Bildungsauftrag, der sich in den unterschiedlichen Ansätzen der Personalpolitik bereits andeutet, stellt auch den Zusammenhang in der Gestaltung und Umformung der einzelnen Amtsbereiche dar. In der Fortführung des Vorkapitels wird die institutionell strukturierte Dreiteilung (Kirche, Schule, Universität) beibehalten. Hinsichtlich der chronologischen Anordnung ist zu fragen, ob als zeitliches Einordnungskriterium der thematisch zusammengehörenden Blöcke die Erstanregung durch Herder oder das jeweils abschließende Ergebnis zu wählen ist. So naheliegend die erste Option ist, erweist sie sich doch als unangemessen. Nicht jede von Herder vorgenommene Veränderung gründet in einer eigenen Initiative. Weithin müssen reaktive Vorgehensweisen, das Aufgreifen früherer, Herders Amtszeit vorausgehender Weimarer Impulse oder langjährige Verzögerungen in der Umsetzung von Vorschlägen verzeichnet werden. Die einzig angemessene Ordnungsstruktur muß sich daher an der Chronologie der abschließenden Ergebnisse oder erzielten Resultate orientieren. Eine Aufnahme der nicht umgesetzten, durch Ablehnung oder fehlende Finanzmittel blockierten Projekte muß kein Widerspruch zu der in chronologischer Hinsicht ergebnisorientierten Anordnung sein. Fragen ließe sich allerdings, ob in der Einordnung dieser Fälle nicht zwangsläufig auf den zeitlichen Ausgangspunkt rekurriert werden muß. Insofern dieser – im Gegensatz zu einer nicht erfolgten Umsetzung bzw. jahrelangen Verschleppung – häufig einzig punktuell zu benennen ist, fallen die amtliche Initiative und das abschließende Ergebnis mit dem Zeitpunkt der Eingabe praktisch überein. Als konsequent kann das sich ergebende chronologische Muster auch darin gelten, daß in sämtlichen Fällen das Datum des jeweils verfügbaren zeitlichen Abschlußpunktes als Einordnungskriterium innerhalb der übergeordneten strukturellen oder thematischen Einheit gewählt wird.

1. Kirche

1.1. Kirchenzucht (1777–1786)

In Weimar regelte das Thema der Kirchenzucht, -zensur und -buße die Kirchenordnung von 1664.[1] Die Praxis einer öffentlichen Maßnahme, der Ausschluß von Sakramenten und Gemeindeleben sowie das Verhängen des Kirchenbanns galten im wesentlichen für:

> die, „die von der wahren Religion abgefallen, die öffentlich mit greulichen Flüchen herausgefahren, die ein oder mehr Jahre vom Brauch des heiligen Abendmahls sich enthalten, idem Todschläger, Hurer, Ehebrecher, Blutschänder, wenn sie *a poena ordinaria* durch ordentliche Erkenntniß der Rechte, losgesprochen und in der Gemeinde geduldet werden, ferner die, so ihre Ehegatten böslich verlassen, Trunkenbolde, so sich täglich vollsaufen, öffentliche Wucherer, Meineydiger und dergleichen."[2]

Die Kirchenzucht stellte eine öffentliche Reaktion auf einen der Allgemeinheit wahrnehmbaren Mißstand dar: „Was aber noch heimlich und verborgen, darüber richtet die Kirche nicht, sondern lasset es Gott befohlen seyn."[3] Die Gesetze zur Kirchenordnung regelten detailliert die vorgesehenen Abfolgen von Ermahnungen des lokalen Pfarrers, einschlägigen Verdachtsgründen, der Kontaktierung des jeweiligen Superintendenten und der abschließenden Urteilsinstanz des Oberkonsistoriums. Entscheidungsberechtigt zum Verhängen des Kirchenbanns war das Konsistorium alleine unter Anwesenheit sämtlicher Mitglieder; zudem mußte der Herzog über entsprechende Vorgänge unterrichtet werden und die Erteilung des Kirchenbanns zuvor bewilligt haben.[4] Neben öffentlichen Sanktionen konnte das Konsistorium auch Geldstrafen beschließen. In seiner Kompetenz lag die Entscheidung, „ob die öffentliche Kirchenbuße anzuordnen, oder eine Geldstrafe zu milden Sachen und Aufnehmen [!] der verarmten Gotteskasten zu verwenden" sei.[5]

Zur Ermessung der während der Amtszeit Herders einschlägigen Vorgänge stehen zwei Quellen zur Verfügung. Das eine ist die nur punktuell überlieferte Oberkonsistorialkorrespondenz. In den Beständen des Goethe- und Schiller-Archivs befinden sich 14 Schreiben, die ausschließlich dem Bereich des

---

1   Schmidt, Gesetze, Bd. 5, S. 51–66.
2   Ebd., S. 58f.
3   Ebd., S. 59.
4   Vgl. dazu ebd., S. 54: „und also keine Besserung bey derselben zu hoffen, so soll dieselbe Person von Unserm gesammten Consistorio (doch alles mit unserm Vorwissen und Bewilligung) in die Strafe des Kirchenbanns erkannt [...] werden".
5   Ebd., S. 59.

Matrimonialrechts zuzuordnen sind.[6] Die Texte datieren in den Zeitraum zwischen 1778 und 1783. Eines der Schriftstücke trägt den abschließenden Vermerk Herders: „bezahlt".[7] Bereits das erste Schreiben markiert „*in puncto anticipati concubitus*" einen typischen Fall.[8] Die zweite Quelle ist das im Stadtkirchenarchiv des Thüringischen Hauptstaatsarchivs verwahrte *Protocoll, von Anno 1699 über Conversos, Ehen, Citationes, Kirchen=Censures, [...], unglückliche Fälle, und dergleichen.*[9] Das Protokollbuch verzeichnet die Anlässe, Personal- und Termindaten der öffentlich entrichteten Kirchenbuße der Generalsuperintendentur. Zudem aufgenommen sind die im Rahmen der Gottesdienste verlesenen Mitteilungen benachbarter Konsistorien (Gotha, Naumburg, Lübben und Leipzig; auch Erfurt betreffende Zitationen wurden angeordnet). Die überregional kommunizierten Vorgänge betreffen ausschließlich verlassene Ehepartner, deren Namen ebenso genannt werden wie die der flüchtigen, wohl außer Landes befindlichen Täter. Das Gros der übrigen Fälle entspricht dem Gesetzesstand der 1777 nachfolgenden Jahre, nachdem ein Zirkular des Weimarer Oberkonsistoriums am 30. Oktober 1777 – die amtliche Reaktion auf das herzogliche Reskript vom 16. Oktober 1777 – festgelegt hatte, daß die „Kirchenbuße bey Diebstählen [...] gänzlich abgeschafft" sei.[10] Die Kirchenbuße des für Herder seit 1777 relevanten Zeitraums betrifft damit fast ausschließlich Sexualdelikte. Die *carnis delicta* galten vorrangig der „Hurerey", die im präzisen Sprachgebrauch ausschließlich die Prostitution umfaßte.[11] Im Jahr 1777 wurden innerhalb der Generalsuperintendentur zehn Frauen dafür mit der Kirchenbuße belegt[12], 1778 elf[13], 1779 sieben[14], 1780 vier[15]. Zwei, möglicherweise drei Männer wurden während dieses Zeitraums der „Unzucht" überführt[16], wobei jedoch zu bemerken ist, daß auch weitere Männer aufgeführt werden, ohne Auskunft über den Grund der Verurteilung zu geben. Sechs Fälle betreffen während der Jahre 1777 bis 1780 den „anticipirten Beyschlaf" späterer Eheleute.[17] Maximal drei Weimarer Fälle verlassener

---

6   GSA, Best. 44, Sig. 161, „An Herder gerichtete Oberkonsistorialreskripte über Kirchenbußen und Eheschließungsbegehren, Ausfertigungen", 14 Stück, 38 Bl.
7   Ebd., Bl. 20^r.
8   Ebd., Bl. 1^r.
9   ThHSA, Stadtkirchenarchiv: D 7; hier: Bl. 1^r.
10 Schmidt, Gesetze, Bd. 5, S. 66.
11 Vgl. dazu und zur Gesetzeslage des Herzogtums den Artikel „Carnis delicta" in: Schmidt, Gesetze, Bd. 2, S. 163–184.
12 Vgl. dazu ThHSA, Stadtkirchenarchiv: D 7, Bl. 75^v–76^r.
13 Ebd., Bl. 76^v–78^v.
14 Ebd., Bl. 78^v–80^v.
15 Ebd., Bl. 81^r–82^v.
16 Ebd., Bl. 75^v–82^v; hier: Bl. 76^r, 80^v (ohne genaue Angabe), 81^r.
17 Ebd., Bl. 75^v–82^v; hier: Bl. 75^v, 76^r, 78^r, 78^v.

Ehepartner liegen für den Zeitraum vor.[18] Die nachfolgenden Jahre (1781–1786) berichten weithin nur den Umstand der Kirchenbuße und verzichten auf eine Präzisierung, wobei die absolute Anzahl der Fälle sinkt, der Anteil der bestraften Männer jedoch steigt. Am 23. November 1786 entrichtete Anna Catharina Weisin [Weiß] die Kirchenbuße; eine spätere Hand fügt in dem Protokollbuch hinzu: „die letzte".[19] Mit dem Jahr 1799[20] werden die Einträge wieder aufgenommen; sie beschränken sich jedoch auf verlesene Zitationen hinsichtlich verlassener Eheleute. Die Einträge betreffen ausschließlich Bürger, Dienstboten und Handwerker: „Johann Michael Kömling, Bürger und Tischer alhier"[21], „Johann Conrad Lieber, Bürger und Handarbeiter"[22], „Johann Heinrich Volckert, PostGutscher"[23], einen „BöttgerGeselle[n]"[24], einen „Bürger und Uhrmacher"[25], einen „Fleischhauerknecht"[26], einen „Bürger und Strumpfstrükker"[27], bis hin zu einem „Perückenmachergeselle[n]"[28]. Bezüge zum Hofpersonal bieten nur zwei Einträge, die dem „Hof-Wagner"[29] gelten. Von den Aufzeichnungen ausgenommen sind damit wohl u. a. die Vergehen innerhalb der Hofgemeinde. Dies ist bedauerlich, da Herders Kritik gerade an diesem Punkt ansetzt.

1.1.1. Herders erste Stellungnahme (1777)

Seine erste Stellungnahme steht in dem Kontext der amtlichen Positionierung innerhalb der Diskussion der 1777 vor den Landtag zu bringenden Desiderate. Der Text gründet in der Druckfassung der *Erinnerungen*[30] und wurde in den

---

18	Ebd., Bl. 75ᵛ–82ᵛ; hier: Bl. 78ᵛ, 79ᵛ (zwei Hinweise, einer davon eine Zitation ohne Angabe).
19	Ebd., Bl. 88ᵛ.
20	Vgl. dazu im nahtlosen Anschluß ebd., Bl. 89ʳ.
21	Ebd., Bl. 75ᵛ.
22	Ebd.
23	Ebd., Bl. 76ʳ.
24	Ebd., Bl. 78ʳ.
25	Ebd., Bl. 80ʳ.
26	Ebd., Bl. 80ᵛ.
27	Ebd.
28	Ebd., Bl. 82ᵛ.
29	Ebd., Bl. 87ᵛ.
30	V, Abt. 2, Tl. 22 [Erinnerungen, Tl. 3], S. 48–50. Arnold datiert dieses Gutachten ohne weitere Hinweise in das Jahr 1778, DA, Bd. 5, S. 358, Anm. 155. Haym, Herder, Bd. 2, S. 879, datiert den Entwurf Ende 1776.

31. Band der Suphanschen Werkausgabe übernommen[31]. Herders Reaktion richtet sich einerseits vehement gegen den vorangegangenen Vorschlag einer *„Abschaffung der Kirchen Censur"*[32]. Seine Kritik gilt mit den „Huren und Hurer[n], Aergerer[n] und Diebe[n]" in erster Linie den benannten Vergehen. Nicht einen veränderten Grundansatz, eine Konsequenz in der Umsetzung der Sanktionen fordert Herder ein. Scharf verurteilt er die Einführung von „Dispensionen".[33] Er spricht darin ebenso mit pastoraler Milde: „Kirchen Zucht ist Arznei: nur ein Kind aber kann die Arznei mit Gelde hinwegkaufen wollen"[34], wie mit einem reformatorischen Impetus unter biblischer Referenz: „Solche Geldkäufe (Apostelg. 8, 20. 21) sind Pabstthum"[35] und landesgeschichtlichen Bezügen: „die Heiligkeit der Christlichen Gemeine [...] kann nur dadurch [...] wieder hergestellt werden, wenn man [...] die *Kirchen Censur in die Stärke, den Umfang, die Wahrheit zurücksetzt, wie sie die Kirchen Ordnung unsers Landes und der Ernestinischen Länder überhaupt fordert.*"[36] Bereits einleitend hatte sich Herder in Kontinuität mit seinen Amtsvorgängern gesehen: „Ohne ein Wort [...] wiederholen [zu wollen], was meine Vorgänger bündig gnug gesagt".[37] Haym weiß aufgrund seiner Kenntnis der Aktenlage zu berichten, daß Herder mit diesem Votum ganz auf der Linie seines Kollegen Gottschalg lag und seine Position „im Anschluß" an diesen formuliert hatte.[38] Die letztzitierten Äußerungen können sich durchaus auf einen der interimistischen Amtsvorgänger beziehen.

1.1.2. Herders erstes Votum (1780)

Das nächsterhaltene, wiederum zuerst durch die *Erinnerungen*[39] vermittelte Dokument kann nur nach der dort gebotenen Datierung zeitlich eingeordnet werden: „ungefähr gleichzeitig".[40] Die Suphansche Werkausgabe druckt den

---

31 SWS, Bd. 31, S. 752f., Nr. 1. Zur Darstellung Hayms vgl. dessen Anhang „Zur Ergänzung und Berichtigung", Haym, Herder, Bd. 2, S. 879f., der diesem Thema den größten Raum widmet.
32 Ebd., S. 752.
33 Ebd., S. 753.
34 Ebd.
35 Ebd.
36 Ebd.
37 Ebd., S. 752.
38 Haym, Herder, Bd. 2, S. 879.
39 V, Abt. 2, Tl. 22 [Erinnerungen, Tl. 3], S. 50–56.
40 Ebd., S. 50.

Text wohl unter Rückgriff auf eine Handschrift.[41] Günter Arnold datiert das Votum in das Jahr 1780.[42] An einer Stelle richtet sich Herder ausdrücklich gegen eine Position aus Eisenach[43]; an einer anderen Stelle deutet er an, die Adressatenkreise seiner Stellungnahme nicht präzise bestimmen zu können: „vor wessen Auge auch dies leidige *Votum* kommen möge".[44] Es dürfte in den Kontext der den Landtag folgenden Diskussion gehören.

Einzelne Formulierungen finden Entsprechungen zu dem früheren Dokument; in dem ersten Gutachten heißt es so etwa: „ohne Kirchen Zucht ist überhaupt keine Kirche möglich"[45], in dem zweiten: „Kirchenzucht ist vom Begriff der Kirche unabtrennbar"[46]. Die Begründung dieses späteren Votums ist rationaler angelegt: „kein Institut, keine Schule, keine Gesellschaft und Gemeinheit zu Einem Zwecke [kann] ohne Gesetze, [...] ohne Disciplin bestehen".[47] Ein Zitat, wohl aus einem der vorangegangenen Voten – nach der genannten Auskunft Hayms liegt es nahe, Gottschalg zu vermuten –, stellt die Abweichung vom „Wesen und Inbegriff" der Kirchenbuße fest, „so daß" – erklärt der von Herder zitierte Text – „ich mich wundre, wie wir glauben, daß wir noch Kirchencensur, im reinen, unpartheilich Zweckmäßigen und allgemeinen Sinne der Apostel *haben*".[48] Nach diesem indirekten Rekurs auf eine apostolische Tradition wird eine theologische Qualifizierung vorgenommen: Die Kirchenbuße „ist Wort Gottes, Wohlthat zur Wiederaufnahme derselben in eine Gemeine, die rein und heilig seyn soll".[49] Herders Kritik richtete sich in einer noch deutlicheren Ablehnung als zuvor gegen die „*beliebte*[n], unbefugte[n], sündliche[n], schäd- und schändliche[n] Dispensationen".[50] Im einzelnen benennt er „alle Dispensationen der Kirchenbuße a) für Geld, b) einzelner Stän-

---

41 SWS, Bd. 31, S. 753–757. Editorische Hinweise zu der Textgestalt fehlen; irritierend sind zunächst einzelne formale Abweichungen von dem Text der „Erinnerungen", etwa auf S. 754 die zusätzlichen Anführungszeichen in dem ersten neubeginnenden Abschnitt. Möglicherweise wurde der Text damit insgesamt nach einer Handschrift gedruckt. Datierungshinweise fehlen ebenfalls, was nicht auf eine archivalische Erschließung des Textes deutet. Die abschließende Fußnote, ebd., S. 757, Anm. 1, bietet den Hinweis auf einen „handschriftlichen Entwurf", wobei der darin gebotene Zusatz nicht in den Haupttext, sondern nur in die Anmerkung aufgenommen wird. Unklar bleibt, ob diese Passage Eingang in den ausgearbeiteten Text fand.

42 DA, Bd. 5, S. 358, Anm. 155.

43 SWS, Bd. 31, S. 756.

44 Ebd., S. 754

45 Ebd., S. 753.

46 Ebd.

47 Ebd.

48 Ebd., S. 754.

49 Ebd.

50 Ebd.

de, c) einzelner Gattungen von Aergernissen und Sünden.“[51] Die Zählung gibt
die Gliederung (I.–III.) der nachfolgenden Teile vor.

Der erste Punkt knüpft an den reformatorischen Gestus an, greift nun jedoch den Landesherrn massiv an: „Also ward in des Fürsten *Seele*, in sein *Gewissen* dispensiert und er söhnt sich vermuthlich mit der Kirche im Namen aller derer aus, die er dispensiret?“[52] Ein neues Element ist das selbsterklärte,
darin jedoch gleichermaßen selbstkritische Moment einer lutherischen Orthodoxie: „was war denn Tetzel anders, als ein Dispensator im Namen des Bi-
schofs aller Bischöfe? und was sagte *Luther* zu dieser heiligen privilegirten
Handlung? Und wir orthodoxe Lutheraner sitzen in einer geistlichen Zollbude,
wo Seßion für Seßion dispensirt wird“.[53]

Der zweite Punkt, der die Hauptkritik bietet, ist sehr kurz gehalten. Die
zentralen Sätze lauten: „Mit den Dispensationen einzelner Stände ists eben also. In der Christengemeine ist kein Stand; Soldat, Hofdiener, Fürst und Minister sind Christen.“[54]

Der dritte Punkt führt anschaulich das Beispiel „einer armen Weibsperson,
die vielleicht der Augenblick berückt hat, die durch ihren kurzen Fehltritt
Glück, Ehre, Gut, vielleicht auf Zeitlebens eingebüßt hat“[55], die öffentliche
Kirchenbuße zu entrichten habe, während anwesende Zuschauer aufgrund fürstlicher Dispense für Ehebruch, Diebstahl oder versäumten Abendmahlsempfang nicht belangt würden.[56]

Eindrücklich wiederholt Herder auf einer dritten Gliederungsebene mit einer formal wieder anders bezifferten Zählung die drei Punkte.[57] Herders Resümee beläuft sich jedoch nicht darauf, die allgemeine öffentliche Kirchenbuße
wieder einzuführen. Sein Vorschlag zielt auf die Allgemeinheit eines „in der
Stille, mit Vernunft und Liebe, in Gegenwart etwa des Pfarrers, Beichtvaters
[...], oder wie man wolle“, zu vollziehenden Aktes.[58] Zudem setzt er sich für
die Bestrafung des Mannes im Falle von Sexualdelikten ein: „denn in unsrer
Eheordnung scheint vorausgesetzt zu seyn, daß das Weib immer verführe und
sich der Mann dörfe verführen lassen. Meistens findet gerade das Gegentheil
statt“.[59] Herder denkt an dieser Stelle selbstredend an eine Erhöhung der Geldstrafen. Der Nachsatz, bei dem unklar ist, ob er nur in dem Entwurf stand oder

---

51 Ebd., S. 755 (I.).
52 Ebd.
53 Ebd.
54 Ebd. (II.).
55 Ebd. (III.).
56 Ebd., S. 756 (III.).
57 Ebd.
58 Ebd.
59 Ebd., S. 756f.

der abschließenden Fassung hinzugefügt wurde[60], hält dies zusammen mit dem Vorschlag, die Gelder der Kirchenbuße zumindest in Teilen für kirchliche und schulische Zwecke zu verwenden, fest:

> „Würde Fürstl. Kammer von denen durch so viele Jahre erhobenen Dispensationsgeldern, als Kirchenbuße nur so viel hergeben, als zu denen in unserm Lande verfallenen Kirchen und Schulen gehört: so würden diese durch Auflagen auf die armen Parochianos oder durch unerschwingliche Kollekten dem armen Lande nicht beschwerlich. Und doch dünkt mich jene Rückgabe nur das *Leichteste*, was darüber gesagt werden kann."[61]

Erst 1797 knüpfte Herder an diesen Vorschlag mit einer konkreten Forderung an.[62] Die Relationen der verhängten Geldstrafen lassen sich an dem Sächsisch-Eisenachischen und Jenaer Patent vom 25. September 1741 ermessen, das einer Frau für ein uneheliches Kind insgesamt acht Reichstaler auferlegte, während für den sog. Stuprator eine relationale Regelung zutraf: „nach Proportion seines Characters, Standes und Vermögens."[63]

1.1.3. Amtliche Reaktionen (1781)

Über die amtlichen Reaktionen ist wenig bekannt. Einen Einblick in die zeitlich anschließende Diskussion innerhalb der Regierung vermittelt Goethes Votum *Betrachtungen über die abzuschaffende Kirchenbuße*, das auf den 14. Dezember 1780 datiert und in *Goethes Amtliche[n] Schriften* gedruckt wurde.[64] Goethes Schreiben geht erklärtermaßen in dieselbe Richtung wie das seines Kollegen Schnauß.[65] Die Ausführungen sind insofern überraschend, als sie die Grundlage der Kirchenordnung massiv hinterfragen: „Über dieses getraue ich mir aus der heiligen Schrift und der Kirchengeschichte zu beweisen, daß die Kirchenbuße, wie sie gedachtes Capitel [der Kirchenordnung] vorschreibt, weder apostolisch noch altkirchlich sei."[66] Wie bereits gezeigt wurde, spielte die Berufung auf eine apostolische Tradition nicht nur in dem Gutachten Herders eine eigene Rolle. In der Kirchenordnung beziehen sich lediglich die Passagen zur Öffentlichkeit der Kirchenbuße auf den damit auch von Goethe berührten

---

60 Vgl. dazu in diesem Kap., Anm. 41.
61 SWS, Bd. 31, S. 757, Anm. 1.
62 Vgl. dazu in diesem Kap., Anm. 2618.
63 Schmidt, Gesetze, Bd. 2, S. 173.
64 Goethe, Amtliche Schriften, Bd. 1, Nr. 61, S. 115–119.
65 Ebd., S. 119, Z. 8–11: „Diese Gesinnungen kommen mit denjenigen vollkommen überein, die der Herr Geheimde Rath Schnauß in seinem Voto geäußert hat, wovon der Hauptinhalt in einigen Blättern hierbei liegt."
66 Ebd., S. 116, Z. 14–17.

Zusammenhang: „wie auch solchergestalt durch das öffentliche Exempel [...] Buße und Bekehrung der Gemeinde [...] gebessert, und Gott [...] mit fröhlicher Danksagung gelobt [...] wird, inmaßen daher in der ersten Apostolischen Kirchen fleißig und eifrig über diesen Punkt gehalten worden."[67] Goethe bietet zwar weder exegetische noch historische Argumente, knüpft aber genau an diesen Punkt der Kirchenordnung an. Sein Vorschlag beläuft sich gerade auf die Einschränkung der Öffentlichkeit. Er regt an, zunächst systematisch zu erfassen, welche Vergehen außer den Sexualdelikten die Kirchenbuße veranlaßten.[68] Für das praktische Vorgehen empfiehlt er, nach der Verurteilung durch die Justiz den Täter dem Beichtvater zu „übergebe[n ...], dieser vermahne ihn in Gegenwart zweier Zeugen, nehme die Versicherung seiner Bußfertigkeit von ihm an, und lasse ihn die Wohlthaten der Kirche genießen."[69] Der Ausschluß der Öffentlichkeit ist das Ziel: „Stillschweigend war er ausgeschlossen, stillschweigend kehr' er wieder zurück!"[70] Erhalten bleiben die öffentlichen Sanktionen jedoch für Fälle mehrfacher Mißachtungen entsprechender Ermahnungen.[71] Der Vorschlag finanziell verschärfter Auflagen für die männlichen Sexualstraftäter wird unterstützt.[72] Von praktischer Bedeutung ist Goethes Anregung der Einrichtung einer „besondere[n] Casse" für die Strafgelder, um den Vorwurf, „sich von Sündengroschen bereichern [zu] wollen", zu entkräften.[73]

Haym verweist insgesamt auf das Interesse der Weimarer Regierung an einer Abschaffung der Kirchenbuße. Den „Entwurf eines darauf zielenden Patents" kommunizierte sie dem Oberkonsistorium zunächst unter dem 8. Mai 1781, dann unter dem 31. Dezember 1782.[74] Der erste Vorgang steht in zeitlicher Nähe zu dem Votum Goethes, der zweite zu einem *Votum singulare* Herders.

1.1.4. Herders zweites Votum (1783) und weitere amtliche Reaktionen (1783–1786)

Auf das vorliegende Patent reagiert Herder mit voller Zustimmung. Sein *Votum singulare* stellt fest, daß „der [zugrundeliegende] Begriff der Wiederaus-

---

67 Schmidt, Gesetze, Bd. 5, S. 58.
68 Goethe, Amtliche Schriften, Bd. 1, Nr. 61, S. 117, Z. 4–6.
69 Ebd., Z. 11–14.
70 Ebd., Z. 14f.
71 Ebd., S. 118.
72 Ebd., Z. 31–33: „Erschwere man ferner die weltlichen Strafen der Mannspersonen bei üppigen Vergehungen, nach den geschehenen Vorschlägen".
73 Ebd., S. 119, Z. 1–7; hier: Z. 1, 3.
74 Haym, Herder, Bd. 2, S. 879.

söhnung mit der Gemeine [...] der reine und wahre Begriff der Kirchenbuße ist" und biblisch sowie theologisch zu verantworten sei.[75] Zudem erklärt er die Sach- und Zeitmäßigkeit des Vorschlages für angemessen.

Für die weiteren Vorgänge kann nur auf Hinweise Hayms rekurriert werden, die in der ihm noch möglichen Akteneinsicht gründen. Der auf den 11. Juni 1783 datierende Oberkonsistorialbericht unterstützte die Vorlage.[76] Als langwierig erwiesen sich jedoch die auf „ein gemeinsames Vorgehen" zielenden Verhandlungen mit der Gothaer Regierung, bevor 1786 die Kirchenbuße „nach allen ihren Graden und Formalitäten gänzlich aufgehoben und abgeschafft" wurde.[77] Unter dem 8. Mai 1786 erteilte Herder dem Konsistorialkollegen und Regierungsmitglied Wilhelm Emanuel Gottlieb Hetzer Auskunft über die in Weimar üblichen Gebühren zur Kirchenbuße. Das Reskript, das die Höhe der Geldstrafe für Ehebruch festlegt, datiert bereits auf den 15. Mai.[78] In dem oben beschrieben Fall entrichten die beiden betroffenen Personen nun gemeinsam eine Summe von 12 Reichstalern, von denen ein Viertel den lokalen kirchlichen Amtsträgern zu überreichen ist und drei Viertel „zum Besten der Accouchir-Anstalt in Jena verwendet" werden.[79] Auch die von Goethe betonte Verbindung mit der weltlichen Gerichtsbarkeit findet seinen Ausdruck in einem Oberkonsistorial-Zirkular vom 9. September 1786, nach dem den Geistlichen aufgetragen wurde – soweit es nicht das Beichtgeheimnis betraf –, Verdachtsmomente „in Unehren geschwängerte[r ...] Weibs-Personen" an den weltlichen Richter weiterzuleiten.[80]

Herders Position in der Abschaffung der Kirchenbuße in Sachsen-Weimar mag damit zunächst ambivalent erscheinen. Die Konsequenz in der Ablehnung von Privilegierungen einzelner Stände und das Bemühen um eine gerechte Lösung sind jedoch als die Konstanten in seinem Vorgehen erkennbar. Als ein sehr frühes Dokument einer praktischen und pastoraltheologischen Ausdeutung eines vergleichbaren Anlasses ließe sich auch die Rigaer Kirchensühne vom 28. August 1767 einsehen[81], die in Auszügen in der Suphanschen Werkausgabe geboten wird. Die Kirchenbuße galt darin als der Akt eines öffentlichen Exempels.[82] In seiner Bedeutung für die Bildungsinstitution der Kirche

---

75 SWS, Bd. 31, S. 757, Nr. 3.
76 Haym, Herder, Bd. 2, S. 879.
77 Ebd.
78 Schmidt, Gesetze, Bd. 2, S. 169.
79 Ebd.
80 Ebd., S. 176.
81 SWS, Bd. 32, S. 373–375.
82 Ebd., S. 375: „Nehme aber an ihm ein Beispiel". Ebd.: „O alle Ihr, die ihr von dem Stande dieses vor uns stehenden seid, nehmt an ihm ein Beispiel der Warnung". Zu dem Text vgl. auch den Hinweis Herders in dem Brief an Johann Georg Hamann, 5. September 1767, Bd. 1, Nr. 36, S. 82, Z. 38f.: „Sonntag acht Tage habe ich eine feierliche Kirchensühne zu verrich-

dürfte dieser Aspekt für Herder – im Sinne der auch in Weimar benannten Strukturen sozialer Gesetzmäßigkeiten – von grundlegender Bedeutung gewesen sein. Die Kritik an den Weimarer Mißständen, vorgetragen in einem betont reformatorischen Gestus, wird darin in ihren grundlegenden sozialen und pädagogischen Dimensionen und in ihrer Ausrichtung besonders auf die oberen Stände erkennbar.

1.1.5. Beichte

Nur im Sinne einer Parallelerscheinung des Jahres 1783 ist auf ein Zirkular des Weimarer Oberkonsistoriums vom 2. Dezember hinzuweisen, das der Beichte gilt:

> „Die Landgeistlichen sollen sowohl diejenigen, welche zur Beichte gehen wollen, und sich in der Prüfungs-Stunde nicht einfinden, es sey denn daß sie Krankheit oder hohes Alter davon abhielte, notiren und zur Bestrafung nahmentlich anzeigen, als auch niemand, dem es nicht besonders vergönnt ist, oder allenfalls kranken und sehr alten Leuten, das Beichten außer der Beicht-Vesper und vor Anfang des Gottesdienstes gestatten."[83]

Eine Erläuterung unter dem 24. Februar des Folgejahres bestimmt einzelne berufsbedingte Ausnahmeregelungen.[84] Die Gegentendenz einer betonten Privatisierung ist nur für Jena dokumentiert. Ein Reskript des Weimarer Oberkonsistoriums vom 20. März 1792 gestattet in der Jenaischen Landesportion die „allgemeine Beichte", hält „jedoch den Gemeinde-Gliedern die freye Wahl [offen ...], sich der Privat-Beichte zu bedienen, oder sich an die allgemeine Beichte, jedoch mit Abgabe des Beicht-Geldes zu halten."[85] Es ist bezeichnend, daß aus dieser vom Weimarer Konsistorium wahrscheinlich reaktiv veranlaßten Position keine für das gesamte Fürstentum gültige Regelung abgeleitet wurde. Es liegt nahe zu vermuten, daß sie entweder in einer Anregung Oemlers gründet oder der kirchenrechtlichen Hinterfragung einer von ihm etablierten Praxis. Oemler partizipierte auch in anderen Zusammenhängen – etwa der Haustaufe – weitaus stärker an den dem 18. Jahrhundert häufig zugeschrie-

---

ten gehabt, wo ich für 4 Sonntag geredet". Hinsichtlich der Datierung vgl. die Ausführungen zur Rigaer Predigttätigkeit in Kap. V.

83 Schmidt, Gesetze, Bd. 1, S. 393.

84 Ebd., S. 393f.: „daß Einwohner, welche als Fuhrleute, Professionisten oder in anderer Absicht, ihre Nahrung außer dem Ort ihres gewöhnlichen Aufenthaltes suchen müssen und daher erst den Sonnabend spät von der auswärtigen Arbeit nach Hause kommen können, so lange solche Arbeit und Verrichtung dauert, zwar von der Frequentierung der Prüf-Stunden und dem Beichten am Sonnabend, nicht aber ihre zu Hause bleibenden Weiber und Kinder eximirt und ihnen nachgelassen seyn soll, Sonntags vor der Kirche zu beichten."

85 Ebd., S. 394.

benen Tendenzen einer Privatisierung und Familiarisierung kirchlicher Handlungen als Herder, für den der Aspekt der allgemeinen Öffentlichkeit und der Abbau partikularer Privilegien, wie hier im Zusammenhang der Kirchenbuße, von zentraler Bedeutung war.

1.2. Die projektierte Vereinigung von Hof- und Stadtkirche (1777, 1787, 1797)

Ein gradueller Abbau der vorherrschenden personalen und lokalen Differenzen zwischen den Hauptgottesdiensten der Stadt und denen des Hofes wird in der Konsequenz mehrerer kirchenamtlicher Initiativen des Generalsuperintendenten als ein langjähriges, ebenso konsequent wie zunehmend geräuschlos verfolgtes Anliegen erkennbar.[86] Bereits im Zusammenhang der personalpolitischen Vorgänge, sowohl der eigenen Amtspflichten Herders[87], als auch der titularischen Veränderung der Geistlichkeit der Hofkirche[88], hatte sich zeigen lassen, wie die Anzahl der Hofgeistlichen mit den ausgehenden achtziger und im Laufe der neunziger Jahre praktisch von drei auf zwei reduziert wurde. Zudem hatten sich die Beobachtungen verdichtet, daß eine Reihe von Anregungen, die in sehr unterschiedlichen Kontexten formuliert wurden, eine gemeinsame Ausrichtung in der längerfristigen Annäherung der beiden Gemeinden aufweisen.

1.2.1. Die Erstanregung einer Verlagerung der Hofgottesdienste in die Stadtkirche (1777)

Für das erste Amtsjahr ist auf den nicht umgesetzten Vorschlag hinzuweisen, den Gottesdienst der Hofkirche in den Raum der Stadtkirche zu verlegen.[89] Mit dem Argument, daß „die Hofkirche [damit] eine Kirche bekäme, wo sie doch hineinzukommen beliebte"[90], knüpft Herder an den Mißstand eines mangelnden Gottesdienstbesuches in der Jakobskirche an und bietet eine nur vorsichtig angedeutete entfernungsbedingte Erklärung. Hinzu tritt eine liturgisch angeleg-

---

86 Vgl. in der Zusammenfassung dieser Ergebnisse – ohne Berücksichtigung der im Kap. III gebotenen titularischen Änderungen in den Funktionen der Hofkirche – Keßler, Kirchenamt. In einzelnen Formulierungen folgen die anschließenden Ausführungen der ebd. gebotenen Darstellung.

87 Vgl. dazu Kap. II, Anm. 316–319.

88 Vgl. dazu Kap. III, Anm. 124–130.

89 Ebd.

90 Haym, Herder, Bd. 2, S. 406.

te Begründung, indem für den Gottesdienst der Hofkirche zudem „das ewige Gesinge" wegfallen müsse: „Eine Menge Lieder, die jeden Sonntag gesungen werden – sind fürs Gedächtnis des Volks; Andere, die nicht Volk sein wollen, lassen die Aufmerksamkeit ermatten, oder schärfen sie durch Spätkommen und Plaudern".[91] Die Kritik an dem Verhalten von Gemeindegliedern der Hofkirche setzt an deren Selbstverständnis an, akzeptiert dieses jedoch und mündet in den Entwurf eines liturgisch gestrafften Hofgottesdienstes im Anschluß an den regulären Hauptgottesdienst der Stadt. Das eigentliche Resultat einer lokalen Annäherung der beiden Gemeinden in einem gemeinsamen Kirchenraum, die eine längerfristige Vereinigung zu einer Gemeinde wahrscheinlich gemacht hätte, bleibt unerwähnt.

1.2.2. Das Angebot einer Predigttätigkeit als Oberhofprediger in der Stadtkirche (26. Februar 1788)

Daß dies jedoch Herders zentrales Anliegen war, zeigen weitere Initiativen in entsprechender Ausrichtung. Zunächst, am 26. Februar 1788, regte die Aussicht auf eine mögliche Vakanz der Jenaer zweiten theologischen Professur Herder dazu an, sich dem Herzog selbst privatissime in Vorschlag zu bringen.[92] Überschattet von der offen benannten Resignation und Enttäuschung über die Weimarer Stelle bietet er an, sein Amt als Oberhofprediger weiterhin im Kontext der Stadtkirche zu versehen. Unerwähnt bleibt auch hier die Hoffnung, daß die Hofgemeinde ihrem vertrauten Prediger zumindest alle vier Wochen in die Stadtkirche folgen würde. Knappe zehn Jahre später, unter dem 1. Dezember 1797, wird dieser Gedanke expliziert. Ein an Karl August gerichtetes „spezielles Privatgutachten"[93] faßt Herders umfassende Neubesetzungspläne hinsichtlich der zentralen kirchlichen Ämter des Herzogtums zusammen. In den Hintergrund dieses Vorhabens, jedoch in Kontinuität zu den vorab beschriebenen Initiativen, tritt das zudem projektierte Aufbrechen der Trennung zwischen Stadt- und Hofgeistlichkeit. Das Resultat einer zunehmenden Verschmelzung von Stadt- und Hofkirche auf Gemeinde- wie Predigerebene bleibt wiederum unbenannt. Sollte der Hofgottesdienst 1777 noch im Anschluß an den Stadtgottesdienst stattfinden, zielte Herders Vorschlag des Jahres 1788 darauf ab, daß ein zunehmender Teil der Hofgemeinde die Gottesdienste der Stadtkirche besuchen sollte.

---

91   Ebd.
92   Vgl. dazu Kap. III, Anm. 124–130.
93   Vgl. dazu ebd., Anm. 116–128.

1.2.3. Die zunehmende Vereinigung der beiden Kirchen auf Prediger- wie Gemeindeebene (1. Dezember 1797)

Der Plan des Jahres 1797 schließlich impliziert, daß die wechselnden Prediger sowohl in der Stadt- als auch der Hofkirche zu einer Vermischung und schließlichen Verschmelzung der beiden Kirchen auf Gemeindeebene führen mußten. Auch die Trennung der lokalen Predigtämter in ein Stadt- und ein Hofministerium wäre durch das projektierte Rotationsprinzip der Geistlichen faktisch aufgehoben worden. Die Grundüberzeugung der Veränderungsmöglichkeiten, anknüpfend an die personale Vermischung der beiden Gemeinden, zeigt sich auch im Kontext der 1787 projektierten Gesangbuchrevision. Wie später auszuführen sein wird, plante Herder im Oktober 1787, nicht lange vor dem einschlägigen Hinweis auf eine fortgesetzte Predigttätigkeit an der Stadtkirche, die Einführung eines neuen Gesangbuches an der Jakobskirche, von wo aus es – aufgrund der bereits jetzt bestehenden Schnittmenge der Gottesdienstbesucher – auf Anfrage auch an der Stadtkirche eingesetzt werden könne.[94] Bereits 1787 baute Herder in verschiedenen Zusammenhängen auf Annäherungen von Hof- und Stadtgemeinde. Es dürfte außer Frage stehen, daß der bürgerliche Teil der Gottesdienstbesucher der Jakobskirche im Oktober 1787 in den Gemeindegliedern der vormals eigenständigen, erst vier Monate zuvor – auf Herders Anregung hin – mit der Hofgemeinde vereinten Garnisonskirche zu identifizieren ist.

Das verbindende Moment der hier zusammengeführten Vorschläge von 1777, 1788 und 1797 ist in der gemeinsamen Ausrichtung auf eine graduelle Zusammenführung von Hof- und Stadtkirche klar zu erkennen, auch wenn die anfängliche Deutlichkeit und das zunächst gewählte Maß einer direkten Ansprache im Laufe der Jahrzehnte von einer erheblichen diplomatischen Sensibilität und einer auf notwendige Entwicklungen sowie langfristige Folgeerscheinungen ausgerichteten Subtilität eingeholt wird. Ein weiterer Bestandteil dieser langjährigen Bemühung war die Zusammenführung der Hofkirche mit der im gottesdienstlichen Raum der Jakobskirche gastgebenden Gemeinde der Garnisonskirche.

1.3. Die Vereinigung von Hof- und Garnisonskirche (1787)

Die Zielrichtung der Initiative ist jedoch komplexer. Die in Ansätzen erfolgte Auflösung der kirchlichen Strukturen dürfte vorrangig auf eine Stärkung der Allgemeinheit der kirchlich vermittelten oder verwalteten Güter – hier vertre-

---

94   Vgl. dazu in diesem Kap., Anm. 383.

ten im Abbau partikularer Interessen und Privilegien der Hofgemeinde – gezielt haben. Darunter zu subsumieren ist auch die Umlage zugunsten der Schule als einer gleichermaßen allgemein angelegten Bildungsinstitution. In dieser Hinsicht wird auch die verkürzende, wenn auch verbreitete Lesart einer Umwandlung der kirchlichen zugunsten schulischer Strukturen zu korrigieren sein.

1.3.1. Herders Direktkontaktierung Karl Augusts (28. März und 2. April 1787)

Daß dieses in seiner Vielschichtigkeit zentrale Anliegen schwer zu vermitteln sein würde, war Herder von Anfang an klar. Der Weg, den er wählte, führte an den kollegialen Amtsstrukturen vorbei. Sein auf den 28. März 1787 datierendes Anliegen, in der Suphanschen Werkausgabe gekürzt verfügbar[95], reichte er nicht über das Oberkonsistorium oder das Geheime Consilium ein, sondern direkt beim Herzog. Das Gutachten selbst legitimiert diesen Schritt unter Rekurs auf die Berufung: „Da es mir in meiner Vocation ausdrücklich zur Pflicht gemacht worden, mich in Sachen, die ich für gut ansähe, *ad Serenissimum* unmittelbar zu wenden: so kann ich nicht umhin, an diese höchste Behörde einen Entwurf gelangen zu laßen, der völlig überdacht ist und den ich in jedem Stück nicht nur für Pflichtmäßig, sondern auch dem Ganzen zuträglich erachte."[96] Diese Ausdeutung der Vokationsurkunde stellt eine klare Mißachtung des tatsächlichen Wortlautes dar, der ausdrücklich auf die Amtswege des Oberkonsistoriums und im Falle der direkten Kontaktaufnahme auf das Geheime Consilium verweist.[97] Der Herdersche Ansatz, den Herzog als die „höchste Behörde" zu betrachten, findet keine Anschlußmöglichkeit in einer etwa unbestimmten Formulierung des amtlichen Wortlautes; die beiden einschlägigen Behörden werden explizit genannt. Eine amtliche Berechtigung für das Vorgehen besteht nicht. Der Begleitbrief vom 2. April verzichtet auf eine entsprechende Zusammenfassung, entwickelt aber einen detaillierten Plan für eine möglichst direkte und wiederum nicht amtlich zu vermittelnde Umsetzung.[98] Herders Bitte an Karl August beläuft sich darauf, den Vorschlag entweder mit einem Minimum von Akteuren aufzugreifen oder unter absolutem Stillschweigen zu verwerfen[99]. Für den Fall einer projektierten Umsetzung bittet er dar-

95 SWS, Bd. 31, S. 757–761. In Auszügen zuvor: V, Abt. 2, Tl. 22 [Erinnerungen, Tl. 3], S. 61–64.
96 Ebd., S. 358f.
97 Vgl. dazu Kap. II, Anm. 239f. Die Privatkontaktierung war nur für den Beichtvater im Fall etwaiger Vergehen des Herzogs vorgesehen, vgl. dazu ebd., Anm. 163.
98 Herder an Karl August, 2. April 1787, DA, Bd. 5, Nr. 201, S. 221f.
99 Ebd., S. 221, Z. 24: „den Plan zu unterdrücken, als ob er nicht gethan wäre."

um, von Fritsch im Geheimen Consilium als Vertrauensmann zu wählen.[100] Letztes Anliegen dürfte sich der Abwesenheit Goethes, der sich zu diesem Zeitpunkt in Italien befand, verdanken. Zudem bittet Herder Karl August darum, „aus Schonung für mich die Sache als Ihr Werk zu betreiben".[101]

Der äußere Anlaß gründet, im Schreiben sicher zutreffend benannt, in der ausstehenden Vakanz der Garnisonspredigerstelle[102], in der Herder die Chance einer nicht vorzunehmenden Wiederbesetzung sah. Der Abbau der kirchlichen Stelle mit dem erklärten Ziel einer Umlage zugunsten von Gehaltsverbesserung einzelner Stadtgeistlicher und Lehrer bereitet Herder große Sorge. Er präzisiert sie nicht direkt, deutet aber einerseits die Schwierigkeit in der Sache, andererseits in seiner Person an: „Ich weiß, in welch ein Nest ich damit störe; nicht nur alter, gemeiner und Euer Durchlaucht gnugsam bekannten Vorurtheile wegen, sondern auch nach der jetzigen Lage um derenwillen, die sich Theils zu dieser, Theils zu einer durch sie aufgehenden Stelle eine Reihe unterstützender Stimmen vor sich haben."[103] Abschließend verweist Herder auf eine kürzliche Begegnung „bei der Mittagstafel"[104] und betont die der amtlichen Verantwortung des Herzogs übergeordnete persönliche Verpflichtung: „Ich verlaße mich bei Uebergabe dieses Papiers auf Euer Durchlaucht persönlichen Charakter, der mir unendlich mehr als die Fürstenwürde werth ist".[105]

In amtsfunktionaler Hinsicht stellt der gesamte Vorschlag eine Zumutung dar. Sie findet teilweise Parallelen. In zeitlicher Nähe, weniger als zwei Wochen später, erteilte Karl August die Zustimmung zu dem jüngsten Entwurf eines Landschullehrer-Seminars – ein Vorgang, der ohne ein herzogliches Eingreifen an Herders mangelnder Bereitschaft, auf die Vermittlungsversuche seiner Kollegen einzugehen, gescheitert wäre. Eine Entsprechung zu der Auflage absoluter Diskretion ist in der Kontaktaufnahme zu Karl August vom 26. Februar 1788 zu sehen.[106] Eine Parallele zu dem als Erfolg empfundenen Ergebnis des Landschullehrer-Seminars stellt in einem sehr frühen Stadium der Diskussion einer Liturgierevision Ende Oktober bzw. Anfang November 1787 Herders Forderung nach einer herzoglichen Entscheidung und der Bitte um einen prophylaktischen Schutz dar.[107] Die Argumentationsfigur einer vorgeordneten menschlichen Empfehlung vor die Frage der amtlichen Berechtigung bietet Herder auch 1801 in dem schließlich erfolgreichen Bemühen, dem lang-

---

100 Ebd., Z. 26.
101 Ebd., Z. 20f.
102 Vgl. dazu ebd., Z. 6.
103 Ebd., Z. 12–15.
104 Ebd., S. 222, Z. 37.
105 Ebd., Z. 39f.
106 Vgl. dazu oben u. a. Kap. II, Anm. 267.
107 Vgl. dazu in diesem Kap., Anm. 217.

jährigen Freund Günther eine zentrale kirchliche Stelle in Weimar zu verschaffen.[108] Sämtlichen dieser amtlich zu hinterfragenden Schritte korrespondiert jedoch eine deutliche Unterstützung Karl Augusts. Der Anfangs- und zugleich
Höhepunkt dieser zunehmend etablierten Amtspraxis muß in dem Vorschlag
zur Einziehung der Garnisonspredigerstelle gesehen werden.

Der konkrete Vorschlag vereint eine Reihe von Anliegen. Einleitend be-
nennt Herder den „Zustand des öffentlichen Gottesdienstes dieser Stadt".[109]
Kritisiert wird der mangelnde Kirchenbesuch. Der Grund liegt für Herder in einem gottesdienstlichen Überangebot: „die ungeheure Menge desselben".[110]
Diesen Umstand entwickelt er aus der Geschichte der Reformation: „Im Jahrhundert der Reformation waren die unzähligen Predigen, in welchen immer
Dasselbe gesagt wird, die große Anzahl der Lieder, in welchen immer das
Nämliche gesungen wird".[111] Bereits an diesem Punkt wird deutlich, daß Herders Gutachten – wie zahlreiche andere – mit der sich ändernden Zeitspezifik
und einem verbindenden, bleibenden Zweck argumentieren wird. Der abgelehnte Zustand der Reformationszeit, in den hier benannten Kritikpunkten in
die Gegenwart reichend, erinnert exakt an die Aussagen des Jahres 1777, die
speziell auf die Hofkirche gemünzt waren.[112] Es ist nicht auszuschließen, daß
Herder auch an diesen Punkt anknüpft. Der Vorschlag spricht in keinem Zusammenhang von einer Vereinigung der beiden Gemeinden. Im Vordergrund
steht ein anderes Konzept, die Umlage der einzusparenden Stelle auf einzelne
Geistliche und Lehrer der Stadt[113] in der Verantwortung des „Staats [...], den
öffentlichen Unterricht so wie anzuordnen, so auch zu unterstützen, mit dem
Geist der Zeit fortzugehn und das Ueberflüßige, Entbehrliche abzuschneiden,
damit das Nothwendige desto beßer gedeihe."[114] In der Suphanschen Textfassung fehlen leider die von Herder aufgeführten Gründe, warum er „nach der
jetzigen Lage der [zu streichenden] Sachen für entbehrlich" hält.[115] Gekürzt
sind auch die Detailvorschläge zur Anwendung der zu gewinnenden Mittel.[116]
Wichtig ist in diesem Zusammenhang der in einem der Folgeabschnitte unterbreitete Wunsch, die Summe aus der Stelleneinsparung durch Landesmittel
nach „dem vorgehenden Beispiel Seiner Herzoglichen Durchlaucht" zu ergän-

---

108 Vgl. dazu Kap. III, Anm. 134.
109 SWS, Bd. 31, S. 757.
110 Ebd.
111 Ebd., S. 758.
112 Vgl. dazu in diesem Kap., Anm. 91.
113 SWS, Bd. 31, S. 758.
114 Ebd.
115 Vgl. dazu den Zusatz ebd., S. 759.
116 Vgl. dazu den Zusatz ebd.

zen.[117] Bis zu diesem Punkt müßte der Text inhaltlich strenggenommen dem Komplex der vorzunehmenden Gehaltsaufbesserungen zugeordnet werden. Der grundlegende Unterschied ist, daß die Streichung der Stelle mit Konsequenzen verbunden ist, auf die der Vorschlag mit keinem Wort eingeht. Die Alternative einer Eingliederung in die Stadtgemeinde oder einer Verbindung mit der Hofgemeinde wird nicht ausdrücklich erwähnt. Für Herder muß bereits zu diesem Zeitpunkt die Vereinigung der beiden Gemeinden der Jakobskirche eine unhinterfragbare und darin auch nicht eigens zu explizierende Folgeerscheinung sein. Worauf Herder einzig reflektiert, ist die auch bei einer Verstärkung der Garnisonsgemeinde weiterhin fortbestehende Möglichkeit, eigene Gottesdienste für die Militärangehörigen durchzuführen.[118] Der Vorschlag beläuft sich auf die Umwandlung eines der beiden Hofdiakonate und betont ausdrücklich – noch vor der Streichung der Garnisonspredigerstelle und der Entbindung von seinen eigenen Predigtverpflichtungen im Zuge der Beförderung – die faktische Überbesetzung der Hofgemeinde[119]. Bereits an dieser Stelle wird deutlich, daß Herders projektierte Einziehung der Garnisonspredigerstelle über die Gehaltsverbesserungen hinaus auf eine praktische Umgestaltung der Hofgemeinde zielt. Ein weiterer Hinweis findet sich in der Diskussion der Frage nach dem in der Garnisonskirche wegfallenden Klingelbeutel. Als Teil einer Geistlichenbesoldung lehnt Herder diese Einrichtung ab als „ein unwürdiges Emolument für einen Geistlichen, zumal im monarchischen Staate. In einer Republik mags angehen; weil die Glieder der Gemeine einander daselbst mehr gleich sind."[120] Für den Publizisten Herder mögen solchen Passagen nicht überraschen; in einem Schreiben, das in einer amtsfunktional von dem Herzog akzeptierten Sonderregelung ausschließlich für diesen bestimmt ist, irritiert ein entsprechender Abschnitt. Er mag als Indiz gewertet werden für eine weitere Ausrichtung der Initiative auf die Hofgemeinde.

1.3.2. Die Unterstützung Karl Augusts und amtliche Reaktionen (April 1787)

Über die Reaktion Karl Augusts gibt nur die nachfolgende Realisierung Auskunft, die nach dem Referat Rudolf Hayms darzustellen ist. Haym selbst deutet im wesentlichen wohl das abschließende Ergebnis aus, wenn er schreibt: „Leicht war der Herzog, nicht eben so leicht das Konsistorium für einen so radikalen Vorschlag zu gewinnen."[121] In seinem Begleitbrief hatte sich Herder

---

117 Ebd., S. 760.
118 Ebd., S. 761.
119 Ebd. Vgl. dazu Kap. III, Anm. 153.
120 SWS, Bd. 31, S. 761.
121 Haym, Herder, Bd. 2, S. 400.

ausdrücklich erbeten, alles Weitere mit dem Herzog mündlich klären zu dürfen.[122] Die grundlegende Zustimmung kann daher auch für Haym nur aus den
anschließenden Dokumenten und der weiteren Unterstützung abgeleitet worden sein. Aus den von Haym gebotenen Daten legt sich jedoch nahe, daß Karl
August nach außen hin den Abbau der Stelle tatsächlich als seine eigene Anregung forcierte. Unter dem 14. April, zwölf Tag nach dem Abfassungszeitpunkt
des Herderschen Begleitbriefes, erließ Karl August ein Reskript an das Oberkonsistorium.[123] Die Behörde antwortet einen guten Monat später unter dem
22. Mai.[124] Haym referiert die Position des Oberkonsistoriums, die mit grundsätzlichen Rechtsbedenken Zweifel an der Realisierbarkeit anmeldet. Im Zitat
des Dokumentes deuteten „beträchtliche Rechtsgründe" darauf hin, daß die Jakobskirche, nach dem Referat Hayms, „als eine ordentliche Pfarrkirche für die
Einwohner von Weimar gestiftet"[125] worden sei. Zur Haltung, die Herder im
Oberkonsistorium vertrat, gibt es keine Hinweise. Sie muß jedoch von äußerst
problematischer Natur gewesen sein. Wiederum war es Karl August, der die
Schwierigkeiten mit einem unter dem 29. Mai zügig erlassenen Folgereskript,
das die Umwandlung zunächst nur provisorisch bestimmte, auflöste. Der von
Herder entwickelte Plan war von Karl August damit vollständig umgesetzt
worden. Wichtig ist es jedoch, zwei Aspekte zu betonen. Zum einen ging es
Herder primär nicht um private oder persönliche Interessen. Wie er in seinem
Begleitschreiben festhält, sieht er in der Auflösung der Stelle einen Vorgang,
in dem „das öffentliche dem Privat-Intereße" möglicher Stellenanwärter voran-
zusetzen sei.[126] Ähnlich dürfte er das von ihm projektierte und von Karl August erbetene Vorgehen sich selbst gegenüber gerechtfertigt haben. Auch von
außen betrachtet war Herder mit keinen Eigeninteressen direkt involviert. Seine Sorge galt wohl nicht nur dem Widerstand der Kollegen ihm gegenüber
sondern, damit verbunden, auch der Realisierbarkeit der Unternehmung insgesamt. Der zweite Punkt, den es herauszuheben gilt, ist, daß Herders Plan mit
der Unterstützung des Herzogs möglichen Widerständen in der Hofgemeinde
zuvorgekommen war. Auf höchste Anweisung hin war – für Karl August
selbst kaum wahrnehmbar – der erste Schritt einer Sequenz vollzogen worden,
die notwendig zu einer Zusammenführung der Hofgemeinde mit einer bürgerlichen führen mußte. Die vielzitierten Äußerungen, in denen Herder die „geist-
lichsten Stellen" des Landes in den schulischen identifiziert, wie in einem

---

122 Herder an Karl August, 2. April 1787, DA, Bd. 5, Nr. 201, S. 222, Z. 34–36: „Haben Euer
      Durchlaucht die Gnade, mir einen Augenblick bestimmen zu laßen, wenn ich Ihnen aufwar-
      ten darf, nachdem Sie den Entwurf gelesen haben, falls es Ihnen gefällig seyn würde."
123 Haym, Herder, Bd. 2, S. 400, Anm. 36.
124 Ebd.
125 Ebd.
126 Herder an Karl August, 2. April 1787, DA, Bd. 5, Nr. 201, S. 221, Z. 17f.

Brief an Voigt vom November dieses Jahres[127], oder in dem Vorschlag gegenüber Karl August[128], geben einer Grundüberzeugung Herders Ausdruck. Beide Hinweise stehen in Verbindung vorzunehmender Gehaltsverbesserungen und rekurrieren noch immer auf den Vorgang der eingezogenen Stelle. Anzumerken ist zudem, daß beide Aussagen gegenüber Angehörigen der Hofgemeinde formuliert wurden und sich der zweite Aspekt einer Umgestaltung der Hofkirche sicher nicht ohne weitere Schwierigkeiten hätte direkt benennen lassen.

1.3.3. Herders Folgegutachten (Anfang Juni 1787)

Die faktische Umgestaltung vollzog sich wiederum weitaus schneller, als daß sich mögliche Widerstände hätten organisieren können. Haym verweist – in einem späteren Zusammenhang[129] – auf ein mit „Anfang Juni 1787" in den unmittelbaren zeitlichen Anschluß gehörendes Folgegutachten Herders. Aus dem Referat Hayms wird deutlich, daß es um die sehr konkrete Frage der Sitzordnung „des Militärs, der Hofbedienten und der freien Besucher der Kirche" ging sowie – im Zusammenhang des einzigen direkt gebotenen Auszuges – um die Frage der Weiberstühle.[130] Was bei Haym als „kleinlichere Bedenken" oder „Zopf der kleinstädtischen Etikette" benannt wird[131], war eine dringliche Angelegenheit von fundamentaler Bedeutung, die es aufgrund der massiven Umgestaltung eigens zu klären galt. Es ist nicht auszuschließen, daß Haym sich in seiner Ablehnung der diskutierten Fragen weithin an dem Herderschen Ton orientierte, der nur aus dem von Haym eingerückten Zitat zu erschließen und gerade in diesem Fragment zu einem nicht unerheblichen Teil moralisierend ist, insofern er die Ansprüche der Sitzordnung auf Äußerlichkeiten reduziert. Die Vermutung liegt nahe, daß ein längerfristiges Ziel Herders auch in der Aufbrechung der Sitzordnung bestanden haben mochte, doch ist hier auf die wiederum nicht unerheblichen Einnahmeverluste seitens der Kirchen zu verweisen; das Folgekapitel zu den Predigten skizziert diesen Zusammenhang für die Sitzordnung der Stadtkirche.[132]

---

127 Zitiert u. a. von Haym, Herder, Bd. 2, S. 401, Anm. 38. Entnommen aus: Herder an Christian Gottlob Voigt, 4. November 1787, DA, Bd. 5, Nr. 237, S. 248, Z. 11.

128 Vgl. dazu SWS, Bd. 31, S. 758: „Ich sollte vom geistlichen Stande sehr viel halten, da ich selbst ein Geistlicher bin, und doch muß ichs bekennen, daß ich Einen guten Schullehrer an unentbehrlicher Nutzbarkeit für den Staat einer Reihe mittelmäßiger Geistlicher vorziehe, die auf die gewöhnliche Art ihr Gesetz und Evangelium predigen."

129 Haym, Herder, Bd. 2, S. 407, bes. Anm. 50.

130 Ebd., S. 407.

131 Ebd., S. 406f.

132 Vgl. dazu Kap. V.8.1.2.

1.3.4. Die Vereinigung der beiden Gemeinden (24. Juni 1787)

Die rasante Geschwindigkeit des Herderschen Coups führte dazu, daß sich in den Kirchenprotokollen der Stadtkirche bereits unter dem 24. Juni 1787, dem dritten Sonntag nach Trinitatis, die Notiz hinsichtlich der Jakobskirche findet: „NB: Heute früh 9 Uhr ist nach hochfürstl.[ichem] gnädigstem Befehl die Hof-Kirche und Jacobs-Kirche zum ersten mal von dem Herrn Gen[eral] Sup[erintendenten] Herder gehalten und ist nun mehr eine Gemeinde worden."[133] In die damit beginnende Phase der strukturell geöffneten Gottesdienste der Jakobskirche gehört übrigens auch die Herdersche Predigt, die Friedrich Schiller am 5. August dort – und nicht etwa in der Stadtkirche – gehört hatte.[134] Auf dieser Grundlage einer faktisch geöffneten Gottesdienstpraxis der Hofkirche knüpfen auch die Folgeanregungen vom Oktober 1787 im Blick auf die Einführung des Gesangbuches und die zuvor geschilderte Anregung einer 1788 und 1797 projektierten Predigttätigkeit u. a. der Hofgeistlichen an der Stadtkirche an. Insgesamt ist jedoch zu betonen, daß sowohl die Benachrichtigung Karl Augusts durch Herder dienstrechtlich nicht vorgesehen war und auch die Bedenken des Oberkonsistoriums zu einer rechtlichen Überprüfung unter Rückgriff auf den Stiftungsbrief hätten führen müssen. Die herzoglichen Reskripte wurden nicht in die Schmidtsche Gesetzessammlung aufgenommen. Nur ein Reskript an das Oberkonsistorium aus dem Jahr 1766 hält fest, worauf auch die Antwort des Oberkonsistoriums Ende Mai 1787 hingewiesen hatte: daß die Jakobskirche als eine reguläre Pfarrkirche zu führen sei und der Geistlichkeit die üblichen Pflichten wie an jeder anderen Stadtkirche auferlegt seien[135] – wobei sich das Reskript von 1766 ausdrücklich auf den Stiftungsbrief beruft.

1.4. Die Konzentration der Gottesdienste in der Reduzierung von Festtagen und Predigten (1780–1787)

1.4.1. Die Anregung der Streichung von Frühpredigten an der Stadtkirche (1780)

Im seinem Erstentwurf zum Landschullehrer-Seminar vom 30. Oktober 1780 regt Herder ausdrücklich an, die „völlig unbesuchten Frühpredigten" des Stiftspredigers zu streichen und dadurch einen Teil der Leistungen im Rahmen der Seminareinrichtung zu kompensieren.[136] Der Zweitentwurf vom 2. Mai

---

133 ThHStA, Stadtkirchenarchiv, D 14, Bl. 296^r.
134 Vgl. dazu ebenfalls das nachfolgende Hauptkap. V.5.4.
135 Schmidt, Gesetze, Bd. 5, S. 1.
136 Vgl. dazu in diesem Kap. Anm. 1145.

1786 verzichtet auf diesen Gedanken. In der schließlichen Realisierung ver-
wahrt sich Herder sogar ausdrücklich gegen eine entsprechende Anfrage des
betroffenen Kollegen.[137] Auf den damit berührten Zeitraum der zweiten Hälfte
der achtziger Jahre wird jedoch erst in der chronologischen Folge einzugehen
sein, womit auch transparent wird, weshalb der Stiftsprediger zu diesem Zeitpunkt wohl bereits entlastet worden war.

1.4.2. Die landesweite Verlegung des Bußtages auf den Karfreitag (1781)

Eine erste faktische Reduzierung um einen kirchlichen Festtag nahm Herder
mit der Verlegung des ersten jährlichen Bußtages auf den Karfreitag vor. Das
Reskript an das Oberkonsistorium vom 31. Januar 1781 führt dies präzise aus:
„Der auf den Freytag nach Lätare einfallende große Bußtag soll auf den Char-
freytag verlegt und gefeyert werden."[138] Ein nachfolgender Brief an Hamann
präzisiert die Motivation zu dieser Anregung unter dem 11. Mai 1781: „der Eine Buß- ist durch meine Veranlaßung auf den Karfreitag, der hier schändlich
begangen wurde, verlegt" worden.[139] Trotz der positiv benannten Zielsetzung
einer Stärkung des Karfreitages liegt die Verbindung der beiden Feiertage auf
einer Linie mit späteren Initiativen, die einen vergleichbaren Abbau gewachsener Strukturen mit dem Ziel einer Konzentration auf andere, als wesentlicher
erachtete Bereiche verbinden.

1.4.3. Die Initiative der Regierung, dem Gothaer Modell zu folgen (1783)

Zwei Jahre später wurde in der Regierung diskutiert, nach dem Vorbild von
Gotha eine Reduzierung der Festtage vorzunehmen. Einer Anfrage von
Schmidt folgend, reichte Goethe sein Votum nach dem 28. März 1783 ein und
signalisierte eine prinzipielle Zustimmung des Herzogs zur Adaption der Gothaer Regelung.[140] Eine Rücksprache mit Herder ist nicht dokumentiert; von
ihr ist jedoch ebenso auszugehen wie von seiner grundsätzlichen Unterstützung. Zu beschreiben bleibt das abschließende Patent, das auf den 22. Juni
1783 datiert.[141] Gestrichen werden darin zunächst die im Rahmen der Festtags-
hierarchie ohnehin stark zurückgesetzten Feiertage des Osterdienstags, des

---

137 Vgl. dazu ebd., Anm. 1220f.
138 Schmidt, Gesetze, Bd. 2, S. 99.
139 Herder an Johann Georg Hamann, 11. Mai 1781, DA, Bd. 4, Nr. 171, S. 177.
140 Goethe an das Geheime Consilium, nach dem 28. März 1783, Goethe, Amtliche Schriften,
     Bd. 1, Nr. 132, S. 226.
141 Schmidt, Gesetze, Bd. 3, S. 12f.

Pfingstdienstags und des sog. dritten Weihnachtsfeiertags (26. Dezember).[142] Sechs weitere eigene Feiertage werden mit dem jeweils vor- oder nachfolgenden Sonntag verbunden: Epiphanias/Dreikönige; Reinigung, Verkündigung und Heimsuchung Mariä; Johannis sowie Michaelis.[143] Fallen diese Tage im Rahmen des Kirchenjahres auf Montag bis Mittwoch, sollen sie im Hauptgottesdienst des vorherigen Sonntages gefeiert werden; für die weiteren Wochentage gilt die entsprechende Regelung für den nachfolgenden Sonntag. Auf zwei Ausnahmen wird eigens hingewiesen. Steht im Falle des Epiphaniasfestes kein eigener Sonntag zur Verfügung, wird Epiphanias im Hauptgottesdienst am Vormittag, der erste Sonntag nach Epiphanias am Nachmittag desselben Tages gefeiert. Die gleiche Vorordnung gilt auch für Mariä Verkündigung im Falle einer Koinzidenz mit Palmsonntag. Die Anzahl der kirchlichen Feiertage unter der Woche wurde mit diesem Konzept erheblich reduziert.

1.4.4. Die Vorbereitung im Kontext der Einziehung der Garnisonspredigerstelle (28. März 1787)

Bereits in dem nur Karl August zugänglich gemachten Vorschlag zur Einziehung der Garnisonspredigerstelle hatte Herder einleitend ein Übermaß an Gottesdiensten beklagt.[144] Sein Vorschlag zur Umlage der Mittel des Garnisonspredigers knüpfte an genau diesen Punkt an, indem er die Anzahl der Gottesdienste an der Jakobskirche durch die Zusammenführung der beiden Gemeinden reduzierte. Zugleich bereitete er als Grundtendenz weitere Kürzungen vor. Im diesem Sinne und aufgrund der zeitlichen Nähe zum Liturgievotum, das an der Stadtkirche weitere Streichungen projektierte, ist nur kurz auf diesen Zusammenhang zurückzuverweisen.

1.4.5. Der „Anhang 3" des Liturgievotums (23. Oktober 1787)

Einen weiteren wichtigen, von Herder eigenständig veranlaßten Schritt stellt der „Anhang 3" des Liturgievotums vom 23. Oktober 1787 dar.[145] Er gilt dem wöchentlichen Predigtturnus an der Stadtkirche. Herders Kritik richtet sich zum einen gegen die Katechismuspredigten an den Sonntagnachmittagen.[146]

---

142 Ebd., S. 12.
143 Ebd.
144 Vgl. dazu in diesem Kap., Anm. 110f.
145 SWS, Bd. 31, S. 770–772. Zu diesem Zusammenhang vgl. Haym, Herder, Bd. 2, 406; weiter ebd., 407–410.
146 SWS, Bd. 31, S. 770f. (1.).

Sein Vorschlag ist es, die tatsächlich dem Katechismus gewidmeten Predigten auf ein Minimum zu reduzieren und es den Geistlichen freizustellen, über selbstgewählte Texte oder alternativ die Episteln zu sprechen. Eine Kürzung des Predigtvolumens schlägt Herder nur für die Wochenpredigten vor[147], die für jeden einzelnen Wochentag mit unterschiedlichen Schwerpunktsetzungen verbunden sind. Der Montag gilt dem Katechismus; hier regt Herder eine Wiederholung der Sonntagspredigt in Verbindung mit einem „andern erbaulichen Vortrag"[148] an. Die übrigen Wochentage werden nur im Blick auf die jeweils diensthabenden Geistlichen bestimmt, wobei Herder für die Mittwochs- und Samstagspredigten der Diakonen deren Wahl der zu erklärenden biblischen Kapitel rügt.[149] Zu erkennen ist hier – wie auch später in den Kirchenprotokollen, auf die im Zusammenhang der Herderschen Predigtpraxis einzugehen sein wird –, daß die Textauswahl dieser sowie der übrigen Wochentage (Dienstag, Donnerstag und Freitag) im wesentlichen frei war und von dem Ermessen der einzelnen Pfarrer bzw. deren Koordinierung untereinander abhängig war. Herders Vorschlag beläuft sich auf eine Abschaffung der Feiertagspredigten. Sein Argument ist nachvollziehbar und kann rationalisiert werden; es verweist auf den zeitgleichen Vormittagsgottesdienst an der Hofkirche.[150] Herders Überlegung beläuft sich im weiteren darauf, mit dem damit freigewordenen Predigtkontingent des Archidiakons die Prediger an den Dienstagen (nur der Diakon neben dem Archidiakon selbst) und Donnerstagen (Generalsuperintendent und Stiftsprediger) zu entlasten. Wichtig ist an diesem Ende Oktober formulierten Vorschlag, daß Herder – wie aus den Kirchenprotokollen zu ersehen ist – seine letzte Donnerstagspredigt bereits am 2. August 1787, fast ein Vierteljahr zuvor, gehalten hatte.[151] Faktisch hatte sich Herder damit schon der eigenen Predigtpflichten entledigt, wobei die Konstruktion dieser Regelung in gleicher Weise offenbleiben muß, wie die Frage, ob Herder frei von Eigeninteressen argumentieren konnte.

1.4.6. Die Streichung zweier Wochentagspredigten (1789)

Wichtig ist ein weiterer, ebenfalls nur in den Kirchenprotokollen dokumentierter Hinweis. Erst nach Herders Rückkehr aus Italien findet sich unter dem 25. Oktober 1789 für den 20. Sonntag nach Trinitatis vermerkt: „Ist ein gnädigster Befehl abgekündigt worden, das in Zukunft die Dienstags und Freytags Kir-

---

147 Ebd., S. 771 (3.).
148 Ebd. (2.).
149 Ebd. (4.).
150 Ebd. (3.).
151 Vgl. dazu Kap. II, Anm. 257.

chen eingestellt werden sollen."[152] Daß der Vorgang mit Herder in Verbindung zu bringen ist, steht außer Frage. Zum einen Teil setzt er die 1787 formulierte Anregung um, zum anderen Teil weitet er sie aus. Gestrichen wurden damit vollständig die Wochenpredigten, die sich der Archidiakon und der Diakon zu teilen hatten. Möglicherweise hatte Herder mit genau dieser Zuordnung argumentiert; die personalen Zuständigkeiten stechen zumindest im Endresultat ins Auge. Bestätigung findet die Annahme einer Herderschen Initiative in der Konsistorialkorrespondenz zwischen von Lyncker und Karl August während der Jahre 1789 und 1790.[153] Ausdrücklich ist die Rede von einem – nicht mehr erhaltenen – Herderschen Gutachten, das die Zustimmung der Konsistorialkollegen fand.[154] Karl August ordnete die Umsetzung unter dem 29. September an.[155] Als schwieriger erwies sich der Verzicht auf die sonntäglichen Frühgottesdienste; wahrscheinlich gründet auch dieser Vorgang in dem verlorenen Herderschen Gutachten.[156] In einem sachlichen Zusammenhang mit dem Verzicht auf Wochentagspredigten steht er.

Ein weiterer Abbau mit dem Ziel einer Konzentration des gottesdienstlichen Geschehens oder der Stärkung anderer Strukturen allgemeiner Bildungseinrichtungen läßt sich nicht dokumentieren. Es ist jedoch anzunehmen, daß entsprechende Änderungen von Herder forciert und gleichermaßen unauffällig oder untergründig, wie der zuletzt genannte Schritt des Jahres 1789, angeregt oder realisiert wurden. Wichtig ist an dieser Stelle sowohl die Tendenz des Vorgehens, als auch das Ergebnis einer Umlage der verfügbaren personellen Ressourcen.

1.5. Die Liturgierevision (1787f.)

Die Liturgierevision der Jahre 1787f. gehört in den Zusammenhang der reaktiv veranlaßten und mit eigenen Akzentuierungen und Ergänzungen weitergeführten Amtshandlungen Herders. Die Anregung liturgischer Veränderungen war von den Eisenacher Ausschußständen 1784 ausgegangen, weshalb der Herzog das Weimarer Oberkonsistorium unter dem 21. Juni desselben Jahres zu einem

---

152 ThHSA, Stadtkirchenarchiv, D 14, Kirchenprotokolle, Bl. 420^v.
153 ThHSA, B 3917.
154 Vgl. dazu von Lyncker an Karl August, 13. September 1789, ebd., Bl. 1^r, 1^v: wir „haben [...] das Gutachten [Herders], wegen Einschränkung der zu häufigen Wochen Gottesdienste in der hiesigen Stadtkirche eingeholt. Nachdem wir nun sämtlich mit diesem ohnmasgeblichen Gutachten einverstanden sind; So überlassen [...] wir" die Entscheidung dem Herzog.
155 Ebd., Bl. 2^r.
156 Vgl. dazu die nachfolgende Korrespondenz, ebd.

Gutachten aufforderte.[157] Der „Unterthänig gehorsamste [...] Bericht" mit ausgiebigem Anhang des Eisenacher Generalsuperintendenten Christian Wilhelm Schneider datiert auf den 1. Juni 1786.[158] Die Weimarer Einzelvoten liefen nach dem Bericht von Haym nicht vor März 1786 ein[159] Herders Stellungnahme zeichnet auf den 23. Oktober 1787.[160] Die drei materialen Anhänge zum Gesangbuch, der Perikopenrevision und der Gottesdienstgestaltung der Stadtkirche stellen Herders inhaltliche Weiterführungen der den äußeren Anlaß markierenden Anfrage dar und sind in dieser Arbeit in jeweils eigenen thematischen Kapiteln darzustellen. Den Zusammenhang gilt es nicht über die auch von Herder lediglich angedeuteten und selbst darin nur ansatzweise begründenden Überleitungen hinaus zu betonen. Die formale Trennung der weiterführenden Komplexe entspricht dem Status der für Herders amtliches Vorgehen charakteristischen Anregung, die abschließend formuliert wird und erst durch weitere Rückfragen seitens des Herzogs eigene Gutachten legitimiert.

1.5.1. Herders Gutachten (23. Oktober 1787)

Der Haupttext des Herderschen Gutachtens[161] ist formal in vier Paragraphen unterteilt. Der erste Punkt gilt im wesentlichen der „*Zulässigkeit*" und sachlichen Notwendigkeit entsprechender Änderungen.[162] Der zweite Paragraph betont die erforderliche „*Behutsamkeit*" des öffentlichen Vorgehens.[163] Der anschließende dritte Paragraph führt die Unterscheidung zwischen „*vorjetzt gleich* [...] ohne Geräusch und in der Stille" einzuführenden Änderungen[164] und „*mit der Zeit allmälich*"[165] vorzunehmenden Verbesserungen ein. Dem ersten Komplex gilt der dritte Paragraph selbst, dem letztgenannten der abschließende vierte Punkt.

Die „*Zulässigkeit* einer Zweckmäßigen Veränderung unserer Liturgie" steht für Herder außer Frage.[166] Als Kriterium für die liturgischen Formulie-

---

157 Haym, Herder, Bd. 2, S. 407. Das Anschreiben Karl Augusts ließ sich identifizieren im ThHSA, B 3702, Bl. 1ʳ: Karl August an das Weimarer Oberkonsistorium, 21. Juli 1784.

158 Ebd. Vgl. ferner die vorbereitenden Dokumente vom 7. Juni 1784, 10. Februar 1786, 28. Februar 1786, 9. Juni 1786.

159 Die ebd. erhaltene Korrespondenz bietet nicht die Einzelvoten der Weimarer Oberkonsistorialräte.

160 SWS, Bd. 31, S. 761–772.

161 Zitiert nach ebd.; der Text findet sich nicht in die Briefausgabe DA eingerückt.

162 Ebd., S. 761–763 (§ 1).

163 Ebd., S. 763 (§ 2).

164 Ebd. (§ 3).

165 Ebd., S. 764 (§ 3).

166 Ebd., S. 761 (§ 1).

rungen benennt er die „biblische [...] oder apostolische [...] Autorität".[167] Er betont den rituellen, liturgiegeschichtlich späten und darin von jeweiligen lokalen und zeitspezifischen Aspekten bestimmten Charakter der meisten kirchlichen Handlungen. Lediglich die eigentliche Taufformel, die Einsetzungsworte des Abendmahls und der Aaronitische Segen gelten ihm in diesem Sinne als genuin.[168] Die nachfolgenden zwei Abschnitte widmen sich ausschließlich dem Hintergrund des Exorzismus. Gleichermaßen exemplarisch für die „grobe [...] Barbarei"[169] einzelner liturgischer Elemente werden die vorangestellten, hauptsächlich thetisch formulierten Hinweise fundiert. Konfessionelle Einordnungen spielen auch in diesem Zusammenhang eine große Rolle. Der „fürchterliche [...] Exorzismus" gilt als „ein Überbleibsel der katholischen Liturgie"; in einzelnen Zuordnungen ist er nur „mönchisch" zu verstehen.[170] Differenziert erklärt Herder die ursprüngliche liturgische sowie rituelle Funktion und verweist weiter auf die zeitgeschichtlichen Hintergründe im Kontext der Heidenmission. „Zu unsrer Zeit, da wir nicht mehr Kinder aus dem Heidenthum taufen und so harte Meinungen von der Teufelbesitzung nicht mehr haben, ist er also wirklich anstößig und ärgerlich".[171] Pointiert fügt er hinzu, daß der verlorene Adressatenbezug des kleinen Exorzismus ein Mißverständnis hinsichtlich der Paten provozieren könne.[172] Als Beispiel für eine fortschreitende Erkenntnis und den zunehmenden Verzicht auf historisch inadäquate Formulierungen steht Luther: Dieser „behielt in seinem ersten Taufbüchlein noch eine Seitenlange Anrede an den Teufel [...] und sagte noch in seiner Vorrede: ‚so sei es nicht ein Scherz, wider den Teufel zu handeln und denselben vom Kindlein zu jagen'; er war aber aufrichtig und weise genug, dies alles auszulassen, da er zu bessern Einsichten gelangte."[173] Der Exorzismus repräsentiert für Herder darin Übernahmen „aus der Römischen Agende", auf die Luther nur in dem Maße verzichtet habe, „da sich seine Einsichten erweiterten, was solche Gebräuche und Formeln für eine Wirkung aufs abergläubische Volk hätten".[174] Die Schlußfolgerung, nicht als blinder Nachfolger auf dem von Luther gebahnten Weg zu verbleiben, sondern im Geiste Luthers zu handeln, indem eine Abschaffung des Exorzismus forciert wird, findet sich nicht ausdrücklich formuliert.

---

167 Ebd.
168 Ebd., S. 761f. (§ 1).
169 Ebd., S. 762 (§ 1).
170 Ebd.
171 Ebd.
172 Ebd.
173 Ebd., S. 762f. (§ 1).
174 Ebd., S. 763 (§ 1).

Die Ausführungen zur gebotenen „*Behutsamkeit* [...] bei allen öffentlichen Änderungen" müssen als argumentativ unvollständig gelten.[175] Einerseits stellen sie den dringlichen Appell dar, mit dem kirchlichen Traditionsgut verantwortlich, „nach reifer Einsicht und Überlegung ohne Neuerungsliebe" umzugehen.[176] Die Frontstellung gegen die Berliner Aufklärung mag an dieser Stelle vermutet werden; benannt wird nur eine generelle Ablehnung „Leichtsinnig[er], flüchtig[er], zum Theil Kauderwelsch undeutsch[er], und so herzlich kraftlos[er]" Formulare der Zeit.[177] Hinsichtlich dieser Änderungen verweist Herder andeutungsweise auf den berechtigten Protest, den „Tumult [... und die] geheime[n] und öffentliche[n] Klagen".[178] Umgekehrt betont er vorab, „daß der gemeine Mann in seinem Begriff und Urtheil viel rechtschaffener und empfänglicher ist, als der bei gewißen Formeln durch bloße Gewohnheit verhärtete Lehrer. Er [der Mann aus dem Volk] nimmt das Beßere, das ihm gegeben wird, mit stillem Gemüth an und die wenigen Schreier [...] verstummen, wenn sie sehen, daß Niemand auf ihr Geschrei achtet".[179] Die Schreier sind auf der einen, zuletzt direkt benannten Seite die theologischen Fachgelehrten und Pfarrer. Das Volk wird hingegen in seinem angemessenen Urteilsvermögen betont. In dieser Stoßrichtung verweisen auch die öffentlichen Proteste gegen die wiederum von unverantwortlichen Theologen eingeführten Neuerungen auf das gesunde und ausgeglichene Bewußtsein des Volkes. Der im Anschluß jedoch vollzogene Schluß, gerade die Pfarrerschaft – unter Ausschluß der Öffentlichkeit – zu informieren und die Änderungen möglichst unauffällig vorzunehmen, steht dieser Programmatik entgegen. Die von Herder tatsächlich gefürchteten Schreier können damit nicht die ausdrücklich benannten, die „verhärteten Lehrer" der betroffenen Pfarrerschaft sein. Sie sind einerseits auf Gemeindeebene zu vermuten und umfassen darin doch den „gemeinen Mann". Andererseits ist die nicht näher zu bestimmende Dimension einer öffentlichen Wahrnehmung zu erkennen, die – auch im Bereich des Herzogtums – ungeachtet einer kirchlichen Anbindung unterschiedliche Bildungsgrade, darin aber auch die überregionale theologische Fachdiskussion umfassen konnte. Die Konsequenz einer möglichen Ausrichtung auf die Pfarrerschaft läßt sich anhand der späteren Hinweise auf ein praktisches Vorgehen überprüfen. Die sofort vorzunehmenden Änderungen seien durch ein „geschriebenes [nicht gedrucktes!] *Circular* den Pastoribus"[180] zu kommunizieren. Über das weitere Vorgehen heißt es: „sie trügen solche in ihre Agende ohne Geräusch ein [...].

---

175 Ebd. (§ 2).
176 Ebd.
177 Ebd.
178 Ebd.
179 Ebd.
180 Ebd., S. 764 (§ 3, II.).

Niemand aber müßte darüber Aufheben machen, wie etwa der Gemeinde ansagen, in einer Predigt erklären wollen u.[nd] dgl.: Denn vom Reden kommt Reden und wenns stille geändert wird, bemerkts kaum jemand oder denkt nach und freut sich, daß er auch so klug ist, es sich selbst zurechtlegen zu können, warum es geändert worden."[181] Die Pfarrerschaft wird darin zum Mitwisser; nicht gegen sie, sondern gegen den eben nicht nur verständigen Mann aus dem Volk richtet sich der skizzierte Vorschlag. Diese zweifache, jedoch nicht konsequent durchgehaltene Frontstellung muß im Sinne einer Lücke in den Ausführungen, die nicht ohne weitere Rückfragen bestehen kann und auf direkter Textebene zu deutlichen Widersprüchen führt, als ein argumentatives Defizit, wenn nicht gar als klarer Fehler des Gutachtens benannt werden. Zugleich ist nicht zu bezweifeln, daß Herders Sorge tatsächlich auch der Pfarrerschaft galt. Dem 1783 vorstellig werdenden Rinck erklärt er vier Jahre vor dem Gutachten: „Er sagt, seine Pfarrer darf er nicht vor Neuerungen warnen, sie kleben nur zu viel am Alten, sie denken, sie prüfen selbsten gar nicht."[182] Einem Leser des Votums verschließt sich freilich dieses aus dem Gespräch mit Rinck ergänzte Verständnis.

Die sofort vorzunehmenden Agendenänderungen betreffen unter Ausnahme des abschließenden Trauungsgebetes[183] ausschließlich den Exorzismus[184]. Gestrichen wird von Herder sowohl der kleine als auch der große Exorzismus. Das große Vorbereitungsgebet wird in seinen einleitenden Formulierungen verändert. Der Hinweis auf „die Sündflüth", das „gestrenge [...] Gericht" und die Verdammung der „ungläubige[n] Welt" fehlen in der von Herder vorgelegten Textgestalt.[185] Ein konkreter Formulierungsvorschlag für die Schlußfragen („Entsagest du dem Teuffel? [...] Und allen seinen Wercken? [...] Und allen seinem Wesen?")[186] wird nicht unterbreitet. In Herders Gutachten heißt es an dieser Stelle nur: „Die 3 Fragen [...] werden in Eine zusammengezogen und mit einem Ja beantwortet."[187] Soweit Herder nicht ernstlich vorhatte, den Exorzismus zu tilgen, die Wortgestalt der drei Abschlußfragen jedoch zu erhalten, ist sein Gutachten auch an dieser zentralen Stelle unvollständig.

Die längerfristig einzuführenden Änderungen verzichten in einer vergleichbaren Weise auf konkrete Hinweise. Präzise benannt werden zwar die einzelnen Teile der Agende: „1. Die drei *Fastengebete* [...,] 2) Die *Festgebete* [...,] 3) Das *Confirmations*formular [...,] 4) Die *Anrede an die Pathen* bei der

---

181 Ebd.
182 Rinck, Studienreise, S. 84.
183 Vgl. dazu SWS, Bd. 31, S. 764 (§ 3, II.).
184 Ebd. (§ 3, I.).
185 Vgl. dazu ebd. mit der in der Herderschen Seitenzählung identisch: Agenda, Auszug.
186 Ebd., S. 9f.
187 SWS, Bd. 31, S. 764.

Taufe [...,] 5) [... das Formular] *des Abendmahls* [...,] 6) Beym *Trauungsformular* [...,] 7) Die Collecten".[188] Auch die nach Herders Einschätzung unpassenden Formulierungen oder vorherrschenden Defizite sind zusammengestellt; die Hinweise haben jedoch den Charakter einer in ihrer Andeutung sehr persönlich gehaltenen Tendenzbestimmung. Im Falle der Fastengebete heißt es etwa: „Eine Nonne mag vor dem Muttergottesbilde oder einem nackten Cruzifix so beten, nicht aber eine protestantische Gemeine und ein Prediger in ihrer aller Namen. Ein einziges simples Passionsgebet wäre unvergleichbar Zweckmäßiger, als diese Grüße an Haupt, Fuß, Hände, Arme".[189] Auf zweierlei gilt es jedoch hinzuweisen. Zum einen erwähnt Herder in einem knappen Vorsatz, selbst an „zwei vorliegende [...] Votis meiner Herrn Collegen aus drückendster Überzeugung" anzuschließen.[190] Zum anderen muß betont werden, daß den noch immer von eigenen Eindrücken bestimmten Charakterisierungen der jeweiligen Mißstände, wie bereits in dem gebotenen Zitat zu erkennen ist, die Funktion einer Richtungsvorgabe späterer Änderungen zukommt. Nicht mehr zu bestimmen ist, in welchem Maße Herder an möglicherweise schon konkrete Formulierungen von Kollegen anknüpfen konnte. Außer Frage dürfte jedoch stehen, daß die Kritikpunkte in ihrer vorliegenden Form in einem hohen Maße von Herders eigenem liturgischen Einfühlungsvermögen durchdrungen sind. In einzelnen Passagen kommt den Ausführungen zudem ein pointierter Stil zu, der die sachlich detaillierte Argumentation ersetzt und die Ablehnung Herders in persönlicher Hinsicht nachdrücklich unterstreicht. Über die Festgebete heißt es etwa: „ihr ganzer Entwurf [...] ist so nachlässig, daß ich glaube, der damalige H. Superintendens habe den Eingang aufgesetzt und die Einschaltung des gewöhnlichen Formulars dem Famulus überlassen. Und an solchen Negligenzen, vielleicht Arbeiten einer halben Stunde, von den mittelmäßigsten Menschen hervorgebracht, retteten und verteidigten wir sublime Heiligthümer?"[191] Über die ohne detaillierte Textvorschläge nicht näher zu bestimmenden Änderungen hinaus umfassen die wesentlichen Anregungen die Einführung eines fakultativen Formulars für den Privatempfang des Abendmahls[192], eine weitere Änderung des Trauungsformulars (einen Teil hatte der bereits vorgezogene, in die sofortige Änderung eingegangene Textvorschlag vorweggenommen)[193] sowie besser zu singende Kollekten[194]. Die Einleitungen und Anreden des Kon-

---

188 Ebd., S. 764–766 (§ 4, 1.–7.).
189 Ebd., S. 764f. (§ 4, 1.).
190 Ebd., S. 764 (§ 4).
191 Ebd., S. 765 (§ 4, 2.).
192 Ebd., S. 765f. (§ 4, 5.).
193 Ebd., S. 766 (§ 4, 6.).
194 Ebd. (§ 4. 7.).

firmations- und Taufformulars[195] möchte Herder zudem gestrafft wissen und deutet im Falle des Konfirmationsgeschehens nur an, daß er für den Vorgang die Betonung eines pneumatologischen Geschehens für unangebracht hält.[196]

Die formale Trennung der beiden damit zweifach berührten Formulare von Taufe und Trauung gründet in dem jeweils unterschiedlichen Vorgehen. Hinsichtlich der mittel- oder längerfristig einzuführenden Änderungen plädiert Herder für zeitlich verzögerte Einzeldrucke „und jeder Pfarrer heftete sich sein Exemplar [des jeweiligen Textes] in seine Agende".[197] Daß eine Einführung auf der Basis von handschriftlichen Zirkularen nicht möglich war, gründete wohl nicht zuletzt im Umfang der von Herder geplanten Änderungen. Die damit allein quantitativ bedingte Notwendigkeit einer Drucklegung verband sich jedoch mit der publizistischen Absicherung des gestaffelten Einzeldruckes. Die öffentliche Wahrnehmung einer zusammenhängenden Agende sowie einer eigenen Agendenrevision wurde damit verhindert. Mehrfach betont Herder, daß die Änderungen „*so einzeln und stille*" eingeführt werden könnten und die „Liturgie ohne Geräusch und mit reifer Überlegung" eine Verbesserung erführe.[198] Abschließend deutet Herder noch die Hoffnung an, daß Sachsen-Weimar eine „neugebackene [...] Liturgie *fremder Provinzen* in Gnaden" verschont bliebe.[199]

Sollte darin der Grund liegen, weshalb sich Herder gegen eine programmatisch erklärte Liturgierevision aus einem Guß wandte? War es der konservative Zug einer „Anhänglichkeit" an die alte „Form", den Böttiger nach einem Gespräch mit Herder unter dem 16. November 1794 in seinen Aufzeichnungen festgestellt hatte?[200] Es ist nicht auszuschließen, daß Herders argumentative Brillanz in der Genialität lag, einen Nebenschauplatz in der Frage der öffentlichen Wahrnehmbarkeit zu eröffnen, um in dem geschaffenen Spielraum freie Hand zu haben, punktuelle Änderungen ohne größere Abstimmungsprozesse

---

195 Ebd., S. 765 (§ 4, 3f.).

196 Ebd. (§ 4. 3.).

197 Ebd., S. 766 (§ 4).

198 Ebd.

199 Ebd., S. 766f.

200 Böttiger, Zeitgenossen, S. 100f.: „Herders Beschäftigung in *Bückeburg* nicht lange nach seiner Verheirathung waren die Kritik des N[euen] Testaments, Wetstein, Griesbach u.[nd] die Varianten. Daher hat seine Frau noch einen innigen Grimm gegen alle Varianten, und freute sich heute der lustigen Persiflage über das leidige Variantenwesen, das Henke im Archiv 1[.] Jahrg[ang] IV St[ück] S. 188. ff. hat abdrucken lassen. Bey dieser Gelegenheit wurde über die dort ebenfalls protocollirte Absagung vom Lutherthum der 3 mittelmärkischen Gemeinden gesprochen, wobey Herder behauptete, der König habe nicht anders sprechen können, als er dort gethan habe, u.[nd] überhaupt viel Anhänglichkeit an die Form beweiß, auch Tellers frühere Neuerungssucht bey den Neckerein auf die Trinität u.[nd] die Taufformel nicht billigte."

durchführen zu können. Das Ausmaß der vorgeschlagenen Revisionen läßt dies alleine jedoch nicht plausibel erscheinen. Eine Verbindung der herausgearbeiteten Punkte macht es wahrscheinlicher, daß Herder Widersprüche auf Gemeinde- und Pfarrerebene befürchtete sowie mögliche Diskussionen durch die zeitgenössische Fachtheologie so weit als möglich verhindern wollte. Die Formulierung der einzuführenden Texte in einer weitestgehenden Eigenregie dürfte, zumindest zu diesem Zeitpunkt, ebenfalls ein primäres Interesse gewesen sein.

1.5.2. Amtliche Reaktionen und Realisierung (1787f.)

Der Immediatbericht des Oberkonsistoriums datiert auf den 30. Oktober 1787 und befindet sich in den Beständen des Thüringischen Hauptstaatsarchivs.[201] Den wichtigsten Auszug bietet bereits Jacobsen in einer Anmerkung zu der Textausgabe von Herders Gutachten in der Suphanschen Werkausgabe.[202] Die Kollegen fanden sich bereit, „soviel [als] die Sache selbst betrifft, durchgängig zu approbieren", betonten aber, daß „alle, wenn auch nur scheinbahre, *Clandestinität* hierbey vermieden würde."[203] Der Einwand war aufgrund der Schwierigkeiten, die in der Argumentation des Gutachtens angelegt waren, alles andere als unberechtigt und lehnte lediglich den von Herder selbstbewußt vorgetragenen Lösungsansatz zu einen unbestimmt bleibenden Problem ab. Haym rekonstruiert, wahrscheinlich aus der nachfolgenden Reaktion selbst, daß Herder in der entsprechenden Sitzung des Oberkonsistoriums gefehlt hatte und so den Wortlaut des Berichts erst zur Unterzeichnung erhielt.[204] Seine „Erläuterung meines Voti"[205] stellt einen entrüsteten Protest gegen die von ihm als „äußerst kränkend" empfundene „Supposition" dar, „*clandestine* Schleichwege anzurathen".[206] Die persönliche Kränkung wird mit dem entsprechenden Vorwurf pariert, „die Denkart derer, die diesen Bericht angegeben, gegen mich gnugsam" zu zeigen.[207] Der Hauptteil der nachfolgenden Ausführungen bewegt sich auf einer anderen Ebene. Der Begriff der „Clandestinität" wird als eine Verzerrung seines Vorschlages und des damit verbundenen Anliegens zurückgewiesen. Das handschriftliche Zirkular an die Geistlichen interpretiert er als „ein[en] *öffentliche*[n ...] *Befehl* vom Consistorio, den jeder, den er angehet,

---

201 Vgl. dazu im ThHSA, B 3702, den Weimarer Oberkonsistorialbericht vom 30. Oktober 1787.
202 SWS, Bd. 31, S. 772, Anm. 1.
203 Ebd.
204 Herder, Haym, Bd. 2, S. 409.
205 SWS, Bd. 31, S. 772–774.
206 Ebd., S. 772.
207 Ebd.

präsentiren und befolgen muß".[208] Unerwähnt bleibt darin die Beschränkung auf die Pfarrerschaft. Im unmittelbaren Anschluß verweist Herder auf die von ihm vorgeschlagenen Drucke etwa der Gebete. Die Unterschiede liegen auf der Hand. Herder reduziert die Differenzen auf eine einzige: „daß der Fürstl.[iche] Befehl nicht nur an die Geistlichen geschickt, sondern [sonst] *auch jedesmal von der Kanzel verlesen werde*".[209] Dies halte er „für *entbehrlich*". Die Begründung ist, zumal nach den Ausführungen des vorherigen Votums, beachtlich: „In keinem Fall aber ist die Gemeinde darüber, ob diese oder jene Worte [etwa des Exorzismus] gebraucht werden sollen, *judex competens* oder *arbiter capax*".[210] Nun erst folgt jener Hinweis, der im eigentlichen Gutachten gefehlt hatte. „Vielmehr habe ich [...] befürchtet, daß durch ein unnöthiges Aufheben [...] unter einer vermischten Menge, die am Alten hängt, *eher Böses als Gutes gestiftet werden möchte*".[211] Und diese Menge ist nicht die Pfarrerschaft. „Daß dergleichen Urtheile vom Pöbel (und wie groß ist dieser Orden!) gefället werden, wissen alle diejenigen, die ihn näher kennen, ja die nur als Zeitungen von dem Rumor wissen, den hie und da ein neues Gesangbuch, eine neue Liturgie, ja nur ein neues A.B.C. Buch erregt hat."[212] Das vergleichsweise harmlose Beispiel des eigenen *Buchstaben- und Lesebuchs* des Vorjahres ersetzt den Hinweis auf den wahrscheinlich prägenden Eindruck Preußens während der frühen achtziger Jahre. Erst mit diesem expliziten Hinweis auf den zuvor in seiner gesunden Urteilsfähigkeit herausgestellten „gemeinen Mann" ist die argumentative Lücke des vorherigen Gutachtens geschlossen. Herder selbst beendet seine „Erläuterung" mit einem weiteren Nachtrag, der die einleitend als persönlich bestimmte Injurie in eine amtliche umdeutet.[213] Die „Ehre" seines Dienstes erfordere den Protest. Die Formulierung erinnert an den Vorgang des Landschullehrer-Seminars. Auch die an den Herzog adressierte Forderung entspricht dem Jahre zurückliegenden Konflikt, der exakt sechs Monate zuvor, im Frühjahr 1787, zugunsten Herders entschieden worden war. Die Parallelität soll nicht psychologisierend ausgedeutet werden. In der Wahrnehmung Herders dürften die Vorgänge aber in der Tat vergleichbar gewesen sein. Zu betonen ist, daß Herders überaus problematisches Verhalten in der Frage des Landschullehrer-Seminars im Jahr 1787 auch in der Familie Herder als ein aktueller persönlicher Erfolg gegenüber den Oberkonsistorialkollegen der späten siebziger und frühen achtziger Jahre verstanden wurde. Auf die eigentliche Vermittlungsposition, die diese konsequent eingenommen hatten, wird später einzuge-

---

208 Ebd.
209 Ebd., S. 773.
210 Ebd.
211 Ebd.
212 Ebd.
213 Ebd., S. 774.

hen sein. Die innerhalb des Oberkonsistoriums veränderte Situation deutet sich jedoch auch in dem hier zu diskutierenden Nachtrag an. Die Präzisierung der „offenbar-falsche[n] Injurie gegen mich, *nomine collegii* vorgetragen, obgleich gewiß die wenigsten Glieder daran Theil nehmen", trägt der in der Tat nur noch in der Person Gottschalgs vorhandenen Kontinuität auf der Geistlichen Bank Rechnung.[214] Die Klage über eine kollegiale Mißachtung, die zu einer „unerträglichen Despoten-Kabale" geführt habe[215], entspricht dem Protest von Mitte August 1784 in der Frage des Regulativs zum Freitisch[216]. Die Forderung einer Lösung des Konfliktes wiederum durch den Landesherrn geht weiter als im Falle des Landschullehrer-Seminars und beinhaltet nun: „auch um Sicherung vor dergleichen Begegnung in der Zukunft unterthänigst [zu] bitten".[217]

Der Anschlußbrief des Oberkonsistoriums vom 13. November 1787 leitet diese Punkte an Karl August weiter[218] und schwächt – so zumindest das Referat von Rudolf Haym[219] – einige der Formulierungen der Erstfassung vom 30. Oktober ab. Die Reaktion des Herzogs datiert auf den 27. Februar 1788.[220] Herder selbst faßt den Text in einem späteren Gutachten zur Gesangbuchrevision dahingehend zusammen, der Herzog habe ihm aufgetragen, „die *successive Verbeßerung der Liturgie*" vorzunehmen.[221] Der amtliche Anschlußbrief Herders an Karl August vom 24. April unterstreicht zudem die Unterstützung des von Herder vorgeschlagenen Vorgehens für die sofort einzuführenden Veränderungen.[222] Das kurze Schreiben ersucht um die Genehmigung für das ausstehende Formular und formuliert den Text in zwei kurzen Abschnitten vor. Die vorzunehmenden Änderungen sind, wie in dem früheren Votum skizziert, von den Pfarrern in ihre Agenda handschriftlich einzutragen. Ein materialer Anhang fehlt; aufgrund der im Gutachten gebotenen Textvorschläge für den, unter Absicht des Trauungsformulars, einzig relevanten Text der Exorzismen und des großen Vorbereitungsgebetes, dürfte die Textgestalt des Zirkulars außer Frage stehen. Ein möglicher Hinweis auf das weiter geplante Vorgehen ist, daß das Zirkular jede weitere Abweichung von der eingeführten Agende ab-

---

214 Ebd.

215 Ebd.

216 Vgl. dazu in diesem Kap., Anm. 1339.

217 SWS, Bd. 31, S. 774.

218 Vgl. dazu im ThHSA, B 3702, den Anschlußbrief des Oberkonsistoriums vom 13. November 1787.

219 Haym, Herder, Bd. 2, S. 409.

220 Vgl. dazu im ThHSA, B 3702, den auf den 27. Februar 1788 datierten Brief Karl Augusts.

221 Vgl. dazu das Gutachten vom 3. April 1793, SWS, Bd. 31, S. 780.

222 Herder an Karl August, 24. April 1788, DA, Bd. 5, Nr. 278, S. 283. Vgl. dazu auch GSA, Best. 44, Sig. 151 bzw. 153.

lehnt: „Da auch zu vernehmen gewesen, daß einige Geistliche sich selbst die unbefugte Freiheit genommen, Theils in den Formularen Worte auszulaßen oder zu ändern, Theils die auf gewiße Tage gesetzten Kirchengebete nach eignem Gutdünken wegzulaßen und andre an ihrer Stelle zu lesen"[223]. Diese Formulierung, wenn nicht gar eine tatsächlich vorherrschende Unzufriedenheit in der Pfarrerschaft, dürfte es erlaubt haben, in jeder weiteren Änderung den vorrangig reaktiven Charakter des Vorgehens zu betonen.

Nicht ohne Schwierigkeiten ist die Frage zu beantworten, in welchem Maße Herder die von ihm skizzierten Textvorschläge während der Folgezeit tatsächlich ausarbeitete. In den *Erinnerungen*, der nachfolgenden Herder-Biographik und den Werkausgaben fehlt dafür jede Spur.[224] Soweit von Herder nach der Italienreise der zweite Teil seines Vorschlages überhaupt umgesetzt wurde, muß das von ihm gewählte praktische Vorgehen die Rekonstruktion erschweren. In den eingesehenen Exemplaren der Agende finden sich keine Hinweise auf Einzeldrucke; zudem ließen sich bei Glüsing keine entsprechenden Texte für den hier relevanten Zeitraum (1788–1803) identifizieren. Tatsächlich dürfte Herder trotz der Beauftragung durch den Herzog erst während der Jahre 1793 bis 1795 im Zuge der Überarbeitung des *Weimarischen Gesangbuches* die darin im Anhang gebotenen Texte ediert haben. Der abschließende Brief an Karl August hält diesen Schritt zumindest fest: „so [wurde] auch der Anhang von Gebeten und Andachten mit Fleiß und Sorgfalt bearbeitet. Da auf diese Weise die anstößigen Stellen aus den öffentlichen Kirchengebeten zugleich weggeräumt sind: so ist auch hiedurch ein allgemeiner Wunsch befriedigt".[225] Ein detaillierter Vergleich der hier relevanten Textfassungen muß möglichen Anschlußstudien vorbehalten bleiben.

Während der achtziger Jahre beschränkte sich die einzige greifbare Liturgierevision – neben dem Trauungsformular – auf die Exorzismen der Taufliturgie. Im folgenden soll an diesen Punkt, der auch Gegenstand der liturgiegeschichtlichen Einleitung Herders in seinem Gutachten von 1787 war, in dreifacher Hinsicht angeknüpft werden. Zum einen gilt es, die Herderschen Ausführungen anhand einer gezielten Textarbeit zum Weg des Exorzismus in die Weimarer Agende zu überprüfen. Im Anschluß daran ist die Abschaffung des Exorzismus zunächst innerhalb der theologischen Tradition und reformationsgeschichtlichen Praxis einzuordnen, bevor die Frage nach der zeitgenössischen Diskussion und einer Verortung Herders in dieser gestellt werden kann.

---

223 Herder an Karl August, 24. April 1788, DA, Bd. 5, Nr. 278, S. 283, Z. 12–15.

224 Einschlägig zu sichten und weiter zu ergänzen wäre hier: ThHSA, Stadtkirchenarchiv, D 31.

225 Herder an Karl August, 6. November 1795; SWS, Bd. 31, S. 781f., Nr. 2; DA, Bd. 7, Nr. 196, S. 197, Z. 21–24.

1.5.3. Der Exorzismus in der Weimarer Agende

Das Taufformular der Weimarer Agende von 1664[226] hat eine bedeutende Entwicklungsgeschichte hinter sich, die in ihrer Textgestalt an Luthers *Das taufbuechlin verdeudscht aufs neu zu gericht* von 1526 anknüpft.[227] Historisch zutreffend ist Herders Referat darin, daß Luthers 1523 erschienenes *Das Taufbüchlein verdeutscht*[228] stark die liturgisch und rituell vermittelte Symbolik beibehalten hatte (Augen blasen, Salz der Weisheit, Speichel an Ohr und Nase, Salbung mit Öl, weißes Kleid, brennende Fackel) . Gleiches gilt auch für die Gebete zum Exorzismus in ihren drastischen Wendungen. Die 1526 publizierte Revision beschränkte sich im wesentlichen auf den kleinen, vormals zur Exsufflation gehörigen Exorzismus unter der Bekreuzigung an Stirn und Brust, die beiden Vorbereitungsgebete, den großen, trinitarisch angelegten Exorzismus, das Taufevangelium, das *Vater Unser* unter Handauflegung sowie den Segensspruch. Für die Kirchenordnung der sächsischen Fürstentümer war die Agende des Herzogs Heinrich von Sachsen von 1539[229] von grundlegender Bedeutung. In verschiedenen Ausgaben erschien sie bis in das 17. Jahrhundert u. a. in Dresden, Leipzig und Jena. In der Taufliturgie werden bereits Änderungen, etwa der zweiten Bekenntnisfrage, vorgenommen. Wie die ganze Heinrichs-Agende, wurde auch dieses erweiterte Tauformular in die Agende und Kirchenordnung des Kurfürsten August von Sachsen 1580 in einer modifizierten Form übernommen. Der Abschnitt zur Taufe stellt seinerseits eine Überarbeitung der Heinrichs-Agende von 1539 dar, die 1580 in einer veränderten Gestalt erschien[230]. Die Redaktion der Augusteischen Kirchenordnung hatte der innerhalb der Konkordienbewegung auch in Sachsen in den Vordergrund ge-

---

226 Zwei Arbeiten bieten instruktive Einordnungen der hier relevanten Texte in ihre historischen Zusammenhänge: Sehling, Kirchenordnungen, der in seiner großangelegten Gesamtdarstellung die Kirchenordnungen des Albertinischen und Ernestinischen Sachsens während des 16. Jahrhunderts skizziert, und Nicolai, Anmerkungen, der anläßlich der 1860 erfolgten Einführung des ersten Teils des „Evangelischen Kirchenbuchs" eine Rezension mit einem historischen Abriß der liturgischen Teile der vormaligen Kirchenordnung verbindet. Beiden Darstellungen folgen die hier gebotenen Ausführungen in ihrem historischen Grundgerüst, bieten dazu jedoch die materialen Bezugnahmen auf Luther und die einschlägigen Kirchenordnungen in dem thematischen Kontext des Exorzismus.

227 Zu diesem Text vgl. Luther WA, Bd. 19, S. 537–541, sowie Sehling, Kirchenordnungen, S. 21–23. In dem ferner gebotenen Textabdruck folgt Sehling der WA.

228 Vgl. dazu Luther, WA, Bd. 12, S. 38–48, bei Sehling, Kirchenordnungen, S. 18–21, der auch hier an die WA anknüpft. Weiterführend für die liturgiegeschichtlich reichhaltige Diskussion des ausgehenden 19. und beginnenden 20. Jahrhunderts sind die zudem gebotenen Hinweise auf einschlägige Aufsätze von Althaus, Kawerau, Müller und Smend.

229 Zu dieser vgl. insgesamt Sehling, Kirchenordnungen, S. 88–90.

230 Ebd., S. 134.

tretene Jakob Andreae[231] übergenommen. Dessen grundlegender Entwurf, die „Proposition", war den Landständen und Abgeordneten der Universitäten Leipzig und Wittenberg im Februar 1679 in Torgau vorgestellt worden[232]. Ein Vergleich mit der späteren Weimarer Agenda hat mit dieser Kirchenordnung von 1580 einzusetzen.

Hinzukommt ein zweiter wichtiger Bezugstext: die von Johann Gerhard für Coburg redigierte „Casimirianische" Kirchenordnung von 1626. Die Abhängigkeitsverhältnisse der Weimarer Kirchenordnung sind jedoch weit komplizierter, als es die Annahme eines mehr oder weniger linearen Fortschreibungs- und Überarbeitungsprozesses der beiden genannten Agenden nahelegen könnte. Sehling faßt den für Weimar komplexen Sachverhalt zusammen:

„1624 erschien eine aus der K.[irchen]O.[rdnung] von 1580 gebesserte Auflage, welche wiederholt nachgedruckt und auch dem ‚vollständigen Leipziger Kirchenbuche' einverleibt wurde. [...] Die Casimiriana 1626 (für Gotha) rezipierte die Agende; die Weimarische Agende [...] diente [zunächst] als Ergänzung zur Heinrich's-Agende; die aus Anlass der Einweihung der Schlosskirche zu Weimar 1658 entstandene Agende schloß sich wieder an die alte Form an; die weimarische K.[irchen]O.[rdnung] von 1664 baute auf der Casimiriana auf; die weimarischen Agendenauszüge von 1707 und 1752 schlossen sich an die Heinrich's-Agende an und wurden ihrerseits wieder von dem Weimarer Kirchenbuche 1861, 1883 aufgenommen."[233]

Die Seitenangaben der von Herder gebotenen Zitation entsprechen den Auszügen von 1707[234] bzw. 1752.[235] Die von Herder revidierte Agende ist darin vorrangig auf die Bezüge zur Augusteischen Fassung von 1580 zu untersuchen; auf diese beziehen sich die textgeschichtlichen Hinweise von Sehling, wenn er von der „alte[n] Form" und der „Heinrich's-Agende" spricht. Die Agende von 1580 wird im folgenden als der grundierende Text ausgedeutet und punktuell um Bezüge zur *Casimiriana* ergänzt.

Wichtig sind im direkten Vergleich mit der Textgestalt von 1580 mehrere Beobachtungen, die in erster Linie Kürzungen betreffen. Zunächst eröffnet die Augusteische Agende das Kapitel „Von der Taufe" mit der in Weimar gestrichenen Vorrede „Martinus Luth. allen Christlichen Lesern gnade und friede in Christo unserm HErrn."[236] Auf diesen Text aus Luthers *Taufbüchlein* von 1526 bezieht sich Herder mit dem in seinem Gutachten gebotenen Zitat. Zu betonen

---

231 Ebd., S. 130.
232 Ebd., S. 131.
233 Ebd., S. 90.
234 Das mitunter begegnende Datum 1705, vgl. dazu etwa Nicolai, Anmerkungen, dürfte sich auf eine Vorankündigung beziehen.
235 Agenda, Weimar.
236 Kirchenordnung, Leipzig, Bl. A 4ʳ – B 2ᵛ.

ist jedoch, daß Luthers Vorrede eingehend begründet, warum der rituelle Großteil der Exsufflation gestrichen[237], die Exorzismusformeln aber beibehalten wurden. Die Präsenz des Teufels wird bereits in der einleitenden Zusammenfassung erwähnt: „Denn du hie hörest in den worten dieser Gebet/ wie kleglich und ernstlich die Christliche Kirche/ das kindlein her tregt/ und so mit bestendigen/ ungezweiffelten worten für Gott bekennet/ es sey vom Teuffel besessen/ und ein kind der sünden und ungnaden/ und so fleissig bitte umb hülff und gnad durch die Tauffe/ das es ein kind Gottes werden möge."[238] Den Exorzismus versteht Luther darin zugleich als eine Fürbitte:

> „DArumb woltestu bedencken/ wie gar es nicht ein schertz ist/ wie der den Teuffel handeln/ und denselben nicht allein von dem kindlein jagen/ sondern auch den kindlein solchen mechtigen Feind sein lebenlang auff den hals lade/ das es wol noth ist/ den armen kindlein aus gantzem hertzen und starckem glauben beystehen/ auff das andechtigst bitten/ das ihm Gott/ nach laut dieser Gebet/ nicht allein von des Teuffels gewalt helffe/ sondern auch stercke/ das es möge wieder ihn ritterlich im leben und sterben bestehen."[239]

Auch die beiden nachfolgenden Absätze betonen noch diesen befreienden Aspekt, „sich mit gantzem vermögen für das kind wieder den Teuffel [zu] setzen/ und sich [zu] stellen/ das sie es ihnen ein ernst lassen sein/ das dem Teuffel kein schimpff ist".[240] Als Ziel formuliert Luther gegen Ende des Schlußabschnittes: „damit wir aller tyranney des Teuffels ledig/ von sünden/ Todt und Helle loß/ kinder des lebens/ und Erben aller güter Gottes/ und Gottes selbst kinder/ und Christus brüder werden."[241]

Diese vieles erklärende Auslegung des Exorzismus fehlt in der Weimarer Kirchenordnung; sie setzt mit der Überarbeitung der „Vermanung an die Leute/ so die kinder zur Tauffe tragen"[242] zur „Ansprache"[243] ein. Der Text ist – bis auf kleinere Akzentverschiebungen, etwa vom Vorgang des Segens zur

---

237 Ebd., Bl. 4ᵛ: „SO gedencke nun/ das in dem teuffen diese eusserliche stück/ das geringste sind/ als da ist/ unter augen blasen/ Creutze anstreichen/ saltz in den mund geben/ speichel und kot in die ohren und nasen thun/ mit öhl auff der brust und [...] salben/ [...] die scheitel bestreichen/ Westerhembt anziehen/ und brennende kertzen in die hand geben/ und was da mehr ist/ das von menschen die Tauff [...] hinzu gethan ist/ denn auch wol ohne solches alles die Tauffe geschehen mag/ und nicht die rechten griffe sind/ die der Teuffel schewet oder fleuhet/ er verlachet wol grösser ding/ es muß ein ernst sein."

238 Ebd., Bl. A 4ʳ.

239 Ebd., Bl. A 4ʳ, 4ᵛ.

240 Ebd., Bl. A 4ᵛ.

241 Ebd.

242 Ebd., Bl. A 5ʳ.

243 Agenda, Weimar, S. 4f.

Ausdeutung der Wiedergeburt durch den Heiligen Geist[244] – identisch. Die inhaltlichen Veränderungen korrespondieren den von Johann Gerhard 1626 sorgsam in die *Casimiriana* eingefügten Hinweise auf die Einsetzung der Taufe aus Mt 28 und die Verheißung aus Mk 16 bereits am Anfang seines Textes, in dem es heißt: „Dieweil in der Taufe ist unsres Herrn Jesu Christi Befehl und Gebot, welches er seinen lieben Jüngern gegeben hat [...]. Wollet derhalben fleißig zuhören und die Gebete sammt dem göttlichen Wort fleißig merken und in eurem Seufzen inniglich sprechen: ,Fahr aus, du unreiner Geist usw'".[245] Der pneumatologischen Betonung des Geschehens in der *Casimiriana* kommt eine gleichermaßen erklärende Funktion wie der Vorrede Luthers in der Augusteischen Agende zu.

Beide Texte fehlen in der Weimarer Kirchenordnung. Gestrichen wurde auch Luthers in der Augusteischen Agende gebotene Ansprache nach dem Eingangssegen: „Die Gevattern mag man also anreden/ so es die Zeit hat", die die inhaltlichen Bezügen der katechetischen Praxis stärkt.[246] Gestrichen ist damit ebenfalls die Aufforderung, „dem Teuffel/ auch allen seinen lügen/ gespenst und wercken ab[zu]sagen/ das es [das zu taufende Kind] demselben und seinen falschen lügen und schendtlichen wercken nicht nachfolgen wölle/ sondern wölle seinen glauben setzen auff Gott/ als seinem lieben Vater/ deß Erbe es sein wil/ Auff Jhesum Christum seinen Sohn/ unsern HErrn/".[247] Die diesen Teil beendende Frage: „Woltet es auch zu einem erbarn Christlichen leben und wandel vermanen und anhalten/ das wolt ihr doch/ vouiel euch Gott gnade verleihet/ gerne thun?"[248], wird in der Weimarer Agende jedoch als Abschluß der einleitenden „Ansprache" aufgegriffen: „Diß gedencket Ihr ja gerne zu thun? Resp.[onsio] Ja. GOtt helffe und verleihe Uns/ was wir nicht vermögen."[249] Die *Casimiriana* bietet ebenfalls diese etwas unvermittelte, in der Funktion einer Erinnerung der Taufpaten an die Hauptstücke stehende Umdeutung.

Die anschließende Abfolge der einzelnen Handlungen und die Gestalt der verbliebenen Textabschnitte (kleiner Exorzismus, kleines Vorbereitungsgebet, großes Vorbereitungsgebet, großer Exorzismus, Verlesen des Evangeliums, *Vater Unser*, Eingangssegen, Abrenuntiations- und Bekenntnisfragen, Taufhandlung und Votum) sind praktisch identisch. Gestrichen wird nur wiederum

---

244 Vgl. dazu ebd., S. 5: „damit sie durch das Wasser und den heiligen Geist widergebohren/ und nach der Verheißung/ das ewige Leben erlangen mögen", mit zuvor, Kirchenordnung, Leipzig, Bl. A 5ʳ: „man solt sie zu ihm bringen/ das sie gesegnet werden/ die er auch auffs aller gnedigst ennimpt/ und ihnen das Himelreich verheisset."
245 Ordnung, Coburg.
246 Kirchenordnung, Leipzig, Bl. B 1ʳ, 1ᵛ.
247 Ebd., Bl. B 1ᵛ.
248 Ebd.
249 Agenda, Weimar, S. 5.

der Teil nach dem Evangelium: „Auff das Euangelion/ so es die zeit hat/ und das kind [...] nicht schwach ist/ sol er diese kurtze unterricht und vermanung aus dem Euangelio thun"[250]. An zwei Stellen nimmt dieser Text die von Luther gebotene Erklärung auf: „Und [Ihr] seid also kinder des zorns geborn/ umb der sünde willen ins Teuffels Reich/ in Tod/ Hell und verdamnis. Denn alles was aus fleisch geboren ist/ das ist fleisch/ und wird das himelreich nicht besitzen/ es werde denn new geboren/ und kome in das gnedige Reich Christi unsers HErren"[251], sowie die Betonung des Erlösungswerkes:

> „WEil aber nun solches alles/ als errettung von der sünden und Teuffels reich/ von Christo durch seine hend aufflege/ Hertzen/ segnen und versicherung deß Himelreichs uber diese seine Wort/ diesem kind/ wie uns allen/ auch in einem eusserlichen zeichen/ nemlich der Tauff und wort Gottes/ im namen deß Vaters/ und deß Sohnes/ und deß heiligen Geistes uberantwort/ zugetheilt/ und es dardurch versichert wird/."[252]

An diese Textgestalt knüpfte Herder an. Nach 1752 erfolgte bis in das Jahr 1860 kein eigener Druck mehr.[253] Die handschriftlichen Veränderungen Herders blieben damit über gut sieben Jahrzehnte im Gebrauch. Offen muß bleiben, ob im Zuge möglicher Anschlußinitiativen auch etwa das Kollektengebet: „Wider den Satan"[254] oder Formulierungen wie am Anfang der Litanei: „Den Satan unter unsre Füße [zu] treten"[255] aus der Agenda gestrichen wurden.

Als das wesentliche Ergebnis der texthistorischen Untersuchung kann gelten, daß der Exorzismus in Luthers *Taufbüchlein* von 1526, der Augusteischen Agende von 1580 und der *Casimiriana* von 1626 konsequent von einleitenden und vorbereitenden Erklärungen theologisch qualifiziert wird. Auf Textebene sind gerade an diesen Stellen Lücken in der Weimarer Kirchenordnung zu erkennen. Ungeachtet des Vorstellungshorizontes der Zeit mußte die Alternative vor diesem Hintergrund entweder eine Streichung der bereits von Luther als erklärungsbedürftig erachteten Passage gewesen sein oder eine Wiederaufnahme der gerade zu diesem Zweck formulierten Texte. Warum letzteres nicht geschah, zeigt das Beispiel Herders, der die Vorrede als ein gleichermaßen anachronistisches Relikt wie die von Luther selbst verabschiedeten rituellen Hand-

---

250 Kirchenordnung, Leipzig, Bl. A 6ᵛ.

251 Ebd.

252 Ebd., Bl. B 1ʳ.

253 Vgl. dazu auch die Ankündigung: Eine neue Ausgabe der Weimarischen Agende, in: Kirchen- und Schulblatt, hg. von C. F. G. Teuscher u. K. F. Lauckhard, 9. Jg. (1860), 5. Heft, S. 154–156. Diese bezieht sich auf das 1860 erschienene Evangelische Kirchenbuch. Eine detaillierte Rezension bietet: Nicolai, Anmerkungen, ebd., S. 311. Vgl. dazu auch in diesem Kap., Anm. 292.

254 Agenda, Weimar, S. 93.

255 Ebd., S. 67.

lungen des Taufformulars mißversteht – nicht aber als einen konstitutiven Bestandteil einer in sich geschlossenen Komposition.

1.5.4. Die Abschaffung des Exorzismus im Zuge der Reformation

Zugleich ist jedoch zu betonen, daß der Streit um den Exorzismus eine lange
Vorgeschichte hat, der bis in die Reformationszeit selbst zurückreicht.[256] Unter
Vermittlung des Katechismus kam der Exorzismus des *Taufbüchleins* in den
Anhang der symbolischen Bücher und fand Eingang in die Mehrzahl der luthe-
rischen Kirchenordnungen. In einem knappen historischen Abriß läßt sich auf
einige Gebiete verweisen, die bereits in den ersten Textfassungen auf das Anknüpfen an Luthers Taufbüchlein verzichteten, wie Schwäbisch Hall mit der
Kirchenordnung von 1543 – die sich in einem Originaldruck in Herders
Sammlung reformatorischer Drucke befand[257] – oder Württemberg 1536/1553.
In anderen Gebieten wurde der Exorzismus in einen gewissen Freiraum gestellt, so etwa in Nürnberg durch Veit Dietrich, der sich 1544 damit gegen Osi-
ander durchgesetzt hatte. In Thüringen hatte es bereits im 16. Jahrhundert Kon-
troversen um den Exorzismus gegeben, so etwa 1550f. zwischen dem Gothaer
Diakon Georg Merula, der für die Abschaffung eintrat, und Justus Menius.
Melanchthon begrüßte die vorübergehende Streichung in Preußen 1558 durch
Johann Aurifaber. In Kursachsen hatte Kanzler Krell 1591 die Abschaffung
betrieben, dagegen stand jedoch der massive Widerstand im Volk und der
Geistlichkeit. Die Henneberger Kirchenordnung ließ den Exorzismus „als an
das Babstumb grenzend" 1582 aus.[258] In Bremen wurde er 1583 durch Christoph Pezel gestrichen. Auf die Anhaltiner Polemik gegen den Exorzismus
1590 in deren Taufbüchlein und die Bedenken durch Polykarp Leyser, Daniel
Hoffmann in Helmstedt und die Magdeburger Geistlichkeit ist nur kurz hinzuweisen, um Johann Arndt als Befürworter des Exorzismus zu nennen, der deswegen seines Pfarramtes in Badeborn enthoben wurde. Im 17. Jahrhundert
sprach sich auch der Rostocker Tarnow für die Beibehaltung aus. Nachdem
sich auf dem Kasseler Religionsgespräch lutherische Theologen darauf geei-
nigt hatten, den Exorzismus durch ein Gebet gegen den Satan und seine Gewalt zu ersetzen, erfolgte eine eigene publizistische Kontroverse. Dogmatiker
wie Johann Gerhard und Leonhard Hutter betonten, daß der Exorzismus nicht
zur Substanz der Taufe gehöre und seine Abschaffung möglich sei. Das oben

---

256 Vgl. dazu insgesamt Kawerau, Exorcismus, auf dessen Darstellung auch weithin die histori-
    schen Ausführungen des jüngeren TRE-Artikels von Nagel, Exorzismus, bes. S. 754–756,
    gründen. Die nachfolgenden Hinweise schließen im wesentlichen an Kawerau an.
257 Vgl. dazu BH, S. 23, Nr. 440.
258 Kawerau, Exorcismus, S. 698.

beschriebene Vorgehen Gerhards in der *Casimiriana* zeigt gleichwohl, wie sensibel eine Erklärung des Exorzismus mit dem Text des Taufformulars verbunden werden konnte. Eine diesem praktischen Vorgehen Gerhards im Grunde vergleichbare Position vertrat Spener, der eine Erklärung des Exorzismus für besser hielt als den Text selbst. In Preußen forderte der große Kurfürst 1662 von den lutherischen Geistlichen, den Exorzismus „zu mitigiren und zu ändern", was den märkischen Exorzismusstreit zur Folge hatte. 1695 sprach sich Thomasius in *De Jure Principis* für die Abschaffung aus und bezeichnete den Exorzismus als eine abergläubische Zeremonie. Einzelne Fürsten unternahmen den entsprechenden Schritt, u. a. Anton Ulrich von Braunschweig in der Kirchenordnung von 1709, Christian VI. von Dänemark in seinem königlichen Anteil von Schleswig-Holstein 1736[259], während im hochfürstlichen Gebiet 1735 der umgekehrte Befehl erging, ihn da, wo er nicht mehr Teil der kirchlichen Praxis war, einzuführen. Die differenzierte Vorgeschichte nahm im Laufe des 18. Jahrhundert eine einschlägige Wendung zugunsten der Abschaffung des Exorzismus.

1.5.5. Der Diskussion des Exorzismus im Kontext der Zeit (bis 1787)

Zur Beantwortung der Frage, an welche Tendenzen Herder selbst anknüpfen konnte, werden im folgenden zwei Werke ausgewertet. Zunächst bietet – wie auch später im Falle der Perikopenrevision – die *Historie der Kirchen-Ceremonien in Sachsen: Nach ihrer Beschaffenheit in möglichster Kürtze mit Anführung vieler Moralien, und specialen Nachrichten* des Lockwitzer Hauptpfarrers Christian Gerber in seinem Kapitel „Von den Ceremonien bey der Tauffe" einen punktuellen Einblick in eine zeitgenössische Wahrnehmung der Diskussion für die erste Hälfte des 18. Jahrhunderts.[260] Im Jahr 1732 gilt sein Urteil eindeutig der Abschaffung des Exorzismus: „Wir kommen nunmehro zu dem noch aus dem Papstthum her, bey unserer Tauffe gebräuchlichen Exorcismo, oder Ausbannung des Teufels, der doch nach einmüthigem Geständniß aller Theologorum, durch eine liebliche Besitzung keineswegs in dem Kinde ist. Viel grosse und gottselige Lehrer verwerffen diese unförmliche Ceremonie."[261] Seine wichtigste Referenz ist hier, wie auch später: „D. Spener nennet ihn in [den] Theologische[n] Bedencken an vielen Orten einen Naevum und grossen Mißstand unserer Kirche; alle wünschen fast[,] daß er könne abgeschaffet werden, sonderlich weil sie mit Recht besorgen, daß der grosse und heilige Nahme

259 Auch hier ist den gegenüber der TRE um einiges präziseren Angaben von Kawerau, Exocismus, S. 699, zu folgen.
260 Vgl. dazu Gerber, Kirchen-Ceremonien. Zu dem o. genannten Kap. vgl. ebd., S. 379.
261 Ebd., S. 611.

der Dreyeinigkeit GOttes, darbey gar hoch gemißbrauchet werde".[262] Die
Theologischen Bedenken befanden sich in Herders Bibliothek.[263] Weiter erwähnt Gerber „Polus, ein gewisser Evangelischer Prediger in der Marck", der
mit einem „besondern Tractat" unter Berufung auf sein Gewissen eigenmäch-
tig auf den Exorzismus verzichtet habe.[264] Christoph Matthäus Pfaff wird mit
„Jur. Eccles. p. 159" zitiert: „Exorcismus ex Ecclesia Romana in Ecclesias
quasdam Protestantes transiit, ubi, si fieri quidem sine motibus id possit, abro-
gandus videtur."[265] Von kirchenrechtlichen Schriften Pfaffs besaß Herder dessen Traktat *De originalibus juris ecclesiastici veraque ejusdem indole liber
singularis* auf Lateinisch und Deutsch.[266] Der Text war weitaus verbreiteter als
dessen vorlesungsbegleitende Institutionen *Juris ecclesiastici libri quinque in
usum Auditorii Pfaffiani.* Aus dieser akademischen Lehrpraxis besaß Herder
auch die deutsche Fassung der *Academische*[n] *Reden über das* [...] *Kirchen-
Recht.*[267] Ein weiterer Gewährsmann für Gerber ist:

> „der theure Chemnitius[, der ...] nicht weniger auch seine Improbation zu erkennen
> [gibt], wenn er schreibt: Ecclesiam habet liberatem ut doctrinam illam de peccato
> originis, de potestate Satanae & de efficacia baptismi aliis verbis scripturae NB
> *magis consentaneis* proponat & explicet. P. III. LL. Warum sollte es aber nicht ge-
> schehen können, daß ein Evangelischer Fürste mit seinen Land=Ständen hierzu gar
> bald guten Rath finden könnte, weil doch alsdenn die gantze Sache in einer weit
> andern Situation wäre, als damals, da zu den Zeiten des Crypto-Calvinismi [...].
> Unterdessen sollen doch die Prediger ihre Zuhörer öffters fleißig unterrichten, was
> es mit dem Exorcismo vor eine Bewandniß habe."[268]

Schließlich findet sich für den Exorzismus noch der Bezug auf Baumgartens
Glaubenslehre „Bd. III, 321" als „willkürliche Handlung", ohne göttlichen Befehl und Notwendigkeit, die ohne Nachteil ebenso abzuschaffen sei wie „gehörig verstanden und erklärt" auch beibehalten werden könne. Auch *Baumgartens evangelische Glaubenslehre* besaß Herder.[269] Die gemeinsame
Ausrichtung der zusammengestellten Empfehlungen ist eindeutig. Die sich mit
der Herderschen Bibliothek abzeichnende Schnittmenge deutet die Kenntnis
eines Teils der Texte an und damit auch eine gewisse Repräsentativität. Den

---

262 Ebd.
263 BH, S. 11, Nr. 232.
264 Gerber, Kirchen-Ceremonien, S. 611.
265 Ebd.
266 Zum lateinischen Text s. BH, S. 225, Nr. 4803, zum deutschen ebd., S. 27, Nr. 500. Ferner
      ebd., S. 6, Nr. 142: „Introductio in histor. theol. literariam. p. I-III. Tubing. [1]724. durch-
      schossen", sowie ebd., S. 27, Nr. 507: „Pfaffii institutiones historiae ecclesiasticae. s. t. Perg-
      bd."
267 Ebd., S. 224, Nr. 4794.
268 Gerber, Kirchen-Ceremonien, S. 611.
269 BH, S. 11, Nr. 237–239.

darin berührten Vermittlungspositionen Speners und Baumgartens, die statt der Streichung auch den Ausgleich in Form einer Erklärung akzeptieren, entspricht jedoch die Herdersche Vorgehensweise gerade nicht.

Als zweite Quelle für eine zeitgenössische Wahrnehmung ist das *Repertorium über Pastoraltheologie und Casuistik für angehende Prediger, nach alphabetischer Ordnung* des Jenaer Superintendenten Christian Wilhelm Oemler heranzuziehen, dessen zweiter Teil im Jahr des Herderschen Gutachtens, 1787, erschienen war. Bereits die Vorrede gilt dem Exorcismus. Aufgrund ihrer Bedeutung ist ein ausführliches Zitat zu bieten:

> „Ich habe aber meine Gedanken wegen des Exorcismus der Taufe nicht geändert. Ich bin immer noch der Meinung, daß der Exorcismus bey der Taufe gänzlich wegbleiben sollte. Allein die Sache läßt sich nicht zwingen. Man muß auch bey aller Neuerung, alles nur mögliche Aergerniß zu vermeiden und übeln Folgen vorzubeugen suchen. Ich freue mich, daß selbst mein Vorschlag in Leipzig so ausgeführt wird. Wer sein Kind in einer gewissen Kirche mit dem Exorcismus, oder ohne selbigen taufen lassen will, dem wird es so getauft. So macht es kein Aufsehen und keine Empörung. Nach und nach wird es Gewohnheit und Sitte, und endlich fällt der Exorcismus weg. Wer das Gemüthe und die heftige Denkungsart des gemeinen Mannes kennt, der wird nie zur Abschaffung des Exorcismus allgemein rathen, sondern erst den gemeinen Mann durch gewisse gelindere Versuche darauf präparieren. Daher überzeugt mich so gar die Erfahrung, daß mein Vorschlag nicht ganz zu verwerffen sey. Wie? wenn sich nun ein Schwacher am Verstande, oder ein einfältiger, aber dabey redlicher Christ, nicht eines bessern belehren läßt? Soll ich denn hier nicht nachgeben? [...] Welches ist recht und der christlichen Liebe angemessen? Nicht wahr, ich taufe dessen Kind mit dem Exorcismus? Daher bin ich sogar der Meinung, daß man verjährte Kirchengebräuche nicht mit Gewalt, nicht durch Gesetze ändern, sondern sie nach und nach, mit Klugheit, ganz unvermerkt verbessern, oder ganz aufheben sollte. So wird alles Aufsehen und alles Aergerniß vermieden."[270]

Bereits im Duktus finden sich deutliche Entsprechungen zu den Herderschen Ausführungen. Der „gemeine Mann" spielte in dem Gutachten und der nachfolgenden „Erläuterung" eine bedeutende Rolle. Der Begriff des „Aufsehens" ist von größter Bedeutung. Der Hinweis auf das Ärgernis wird geboten. Auch wenn der praktische Ratschlag ein anderer ist, die Beschreibung der vorauszusetzenden Problemsituation ist identisch. Oemlers weitere Ausführungen in dem eigenen Artikel „Exorcismus bey der Taufe" basieren in historischer Reichweite auf Johann Michael Mehlig: *Historisches Kirchen= und Ketzerlexikon* und Johann Melchior Kraft: *Geschichte des Exorcismus*, Hamburg 1750.[271] Hinsichtlich der jüngeren Entwicklung wird auf die neu eingeführten

---

270 Oemler, Repertorium, S. VIIIf.

271 Art. „Exorcismus bey der Taufe", in: ebd., S. 461–466; hier 461. Im Falle Mehligs wird auf S. 622 verwiesen.

Taufformulare in Hamburg, Nürnberg und Schweinfurt verwiesen. Eine präzise Angabe findet sich auch für den Herrschaftsbereich des dänischen Königs: „So ist in den Dänischen Landen ein neues Tauformular eingeführt und der Exorcismus abgeschaf[f]t worden den 12. May 1784."[272] Seine eigene Position betont Oemler ausgesprochen stark: „Ich kann es nicht leugnen, ich erröthe allemal, so oft ich diese harten Worte aussprechen muß und eben dieses versichern mir sehr viele von meinen werthesten Herrn Amtsbrüdern."[273] Die theologischen Gewährsmänner verfügen über erkennbare Bezüge zur Erlanger Fakultät: „Ich hoffe, daß diesem Beyspiele andere Länder bald nachfolgen werden; zumal da so würdige Männer, wie ein fürtrefflicher D. Döderlein und ein D. Seiler auftreten, und [den ...] abergläubischen Sauertaig aus der Kirche Jesu verbannen wollen. Der erste in seinen institution.[es] theologi christiani. p. 1236. der andere in dem Versuche einer christlichen evangelischen Liturgie."[274] Der zentrale Hinweis steht schließlich in einer Anmerkung:

> „In der Vorrede [zu dem aus dem Dänischen übersetzten Buch]: über Verbesserung des äusserlichen Gottesdienstes, schreibt der Hr. D. [Johann Georg] Rosenmüller: Ich kann den Wunsch nicht unterdrücken, daß der so vielen verständigen Christen schon längst so höchstanstößige und in der That abergläubische Exorcismus bey der Taufe, nach und nach abgeschaf[f]t werden möchte. Es könnte dieses in aller Stille und ohne Geräusch geschehen. Wollten manche abergläubischen Eltern den Exorcismus noch über ihre Kinder sprechen lassen, so könnte man sich nach ihrer Schwachheit bequemen. Aber das müßte allmehl.[ich] ausdrücklich verlangt werden, und der Prediger müßte das Stillschweigen der Eltern, als eine Genehmigung der neuen Liturgie betrachten."[275]

Die grundlegenden Begriffe des Herderschen Gutachtens finden sich in dieser Empfehlung: „in aller Stille und ohne Geräusch". In der Weiterführung verschmelzen die Positionen Rosenmüllers und Oemlers. Zu erkennen ist jedoch, daß sich der in der Vorrede von dem Jenaer Superintendenten reklamierte Vorschlag bereits in seiner vollen Ausbildung Rosenmüller verdankt. Weitere Textauszüge unterstreichen die Übereinstimmung mit der Grundtendenz der auch von Herder programmatisch betonten praktischen Vorgehensweise:

> „Der beste Rath ist dieser: Er [der Pfarrer] mache zuerst ganz in der Stille, ohne alles Geräusch einige Versuche mit Weglassung des sogenannten kleinen Exorcismus. Sieht er, daß es gar nicht bemerkt worden, so thue er es auch hernach in Absicht des grösern. Merkt er, daß solches gar keine Aufmerksamkeit erreget, so lasse er nun zuweilen beyde zugleich weg. Auf eine solche vorsichtige und kluge Weise kann der Prediger diesen Exorcismus nach und nach in seiner Gemeinde abschaf-

---

272 Ebd., S. 461.
273 Ebd.
274 Ebd., S. 463.
275 Ebd., S. 464.

fen und es macht gar kein Aufsehen. [...] Eine gute, lobenswürdige Neuerung hat immer einen bessern Erfolg, wenn sie so ganz in der Stille, ohne alles Geräusch eingeführt wird."[276]

Zudem wird auf eine pädagogische Funktion und von dem Pfarrer eigens zu leistende Überzeugungsarbeit gesetzt:

> „Ich schlage noch einen Weg vor, auf welchem man nach und nach in der Abschaffung des Exorcismus glücklich seyn kann. Nemlich der Prediger zeige bey der schicklichsten Gelegenheit seinen Zuhörern die Unschicklichkeit des Exorcismus, und suche sie zu überzeugen, daß diese Beschwörungsformel gar nicht zum Wesentlichen der heil.[igen] Taufe gehöre. Aber er dringe nur keinem die Weglassung dieser Formel bey der Taufe seines Kindes auf. Nein, hier sey er nachgebend, und überlasse es jedem seinem Verlangen."[277]

Zur Absicherung einer Eigenverantwortung soll die Kirchenleitung einen Freiraum eröffnen: „Sollte denn nun wohl ein solcher Mann, der in eine solche Nothwendigkeit versetzt wird, einen Verweis von seinem Obern verdienen? Gewiß nicht. Doch kennet er die toleranten Gesinnungen seiner Obern, so ist es Klugheit, wenn er sich deswegen zuerst mit ihnen bespricht; desto gesicherter ist er alsdenn."[278]

Die bis in den Wortlaut zu greifenden Übereinstimmungen mit dem Oemlerschen *Repertorium* sind frappierend. In der *Bibliotheca Herderiana* findet sich der zweite Band des Jahres 1787 nicht verzeichnet, wohl aber der erste des Vorjahres.[279] Auch im Falle der vorgeschlagenen Perikopenrevision, die Herder mit dem Gutachten verband, wird zu zeigen sein, daß eine Abhängigkeit von den von Oemler referierten Positionen vorliegen muß. Mehrere Unterschiede lassen sich jedoch benennen. Dem Ratschlag, die Abschaffung des Exorzismus der Initiative der Pfarrer zu überlassen und durch die Praxis einer kirchenamtlichen Duldung, nicht aber einer ausdrücklichen Genehmigung einzuholen, schloß sich Herder nicht an. Dies konnte er auch nicht. Das Oemlersche *Repertorium* war auf eine Leserschaft im Pfarramt und nicht in der Kirchenleitung ausgerichtet. Auch die Anregung, die Entscheidung über den Exorzismus im Einzelfall von den jeweiligen Beteiligten fällen zu lassen, wurde nicht aufgegriffen. Wohl aber findet sich in der „Erläuterung" das Argument gegen diesen Vorschlag: Auf Gemeindeebene herrsche nicht die dafür nötige Urteils- und Entscheidungskompetenz.[280] Was Herder gleichwohl übernahm, war die der Oemlerschen Vorrede in ihrem Selbstbewußtsein nicht nachstehende Betonung der urheberschaftlichen Eigenständigkeit des gebotenen Lösungsansat-

---

276 Ebd.
277 Ebd.
278 Ebd., S. 466.
279 BH, S. 53, Nr. 1063.
280 Vgl. in diesem Kap., Anm. 210.

zes, wobei sowohl die Problemanalyse als auch die Grundbestimmung des angeratenen Vorgehens in gleicher Weise von einer vorformulierten Position bestimmt war. Auf diesen Umstand ist nicht weiter abzuheben; er stellt jedoch den Hintergrund für die Schwierigkeiten der Herderschen Argumentation dar. Von zentraler Bedeutung für die Empfehlung ist die Furcht vor dem „gemeinen Mann"; sie stellt den Grund für die in der Stille zu wählenden Schritte dar. Herders vorrangige Betonung anderer Frontstellung und die erst nach einer Verkennung des eigenständigen Wertes des gebotenen Lösungsweges nachgelieferten Hinweise führten fast notwendig zu den in zwangsläufigen Mißverständnissen gründenden Differenzen innerhalb des Oberkonsistoriums.

Aufgrund der abschließenden Reaktion Karl Augusts konnte Herder den Vorgang insgesamt jedoch wohl ebenso als Erfolg verbuchen wie die zeitgleiche Einrichtung des Landschullehrer-Seminars. Im Rahmen des Herzogtums war die schlichte Streichung des Exorzismus das Ergebnis aufwendiger Vermittlungen. Auf der Ebene des Textes steht sie exemplarisch für eine zunehmende Isolierung erklärungsbedürftiger Passagen, die in gleicher Weise wie das Herdersche Gutachten selbst zu Ablehnung und Gegenreaktionen führen konnte.

1.6. Vereinfachung des Kanzleistils (1789 oder später)

Nur die Momentaufnahme eines Vorganges hält das Herdersches Konzept eines Regulativs fest, das für die Kanzlei des Oberkonsistoriums bestimmt war.[281] Es wurde bis in das ausgehende 19. Jahrhundert im Besitz der Familie Stichling aufbewahrt und ging als Schenkung in den Besitz des Goethe- und Schiller-Archivs über.[282] Die drei Blätter umfassenden Aufzeichnungen werden wohl zu Recht in die Zeit nach 1789 datiert. Sie ergeben am ehesten Sinn im Kontext der Beförderung zum Vizepräsidenten des Oberkonsistoriums und der zunehmenden Betreuung auch vorrangig administrativer Vorgänge. Auf die Ausführungen Herders braucht im einzelnen nicht eingegangen zu werden. Kurz ist auch nur anzudeuten, daß eine gewisse Parallele in den Bemühungen um eine Vereinfachung des Kanzleistils im Geheimen Consilium Mitte der achtziger Jahre vorliegt.[283] Herder gibt seinen Aufzeichnungen eine eigene Note, indem er mit einer programmatischen Einführung eröffnet, die nicht den

---

281 GSA, Best. 44, Sig 152.

282 Dies hält der handschriftliche Hinweis eines Archivars auf dem Titelblatt für „Juli [18]91" fest.

283 Vgl. dazu Goethes Korrespondenz, 18. bis 24. November 1785, Goethe, Amtliche Schriften, Bd. 1, Nr. 201, S. 412–421.

Aspekt der Pflicht betont, sondern mit dem Begriff der Ehre das verbindende Moment der gemeinsamen Aufgabe herausstellt:

> „Ehre ist die Seele der Dienstpflicht bei einem Landescollegio; eine Ehre, die darinn sich fühlet, daß jedes Geschäft bald und genau u.[nd] willig gethan, nichts aufgeschoben, erschwert oder verdorben, durch nichts die Ehre des Collegii compromittirt werde. Vom Ersten bis zum Letzten, der beim Collegio angestellt ist, nimmt Jeder an dieser Ehre Antheil. Hieraus ergiebt sich folgendes Regulativ von selbst, da es auf der Natur der Sache u.[nd] der Observanz ruhet".[284]

Die weiteren Ausführungen betreffen im wesentlichen strukturelle Bestimmungen der Geschäftsordnung und Bearbeitungsvorgänge, die eine Erleichterung und ansatzweise Automatisierung einzelner Administrationsschritte gewährleisten sollen. Sie im einzelnen zu referieren muß zwangsläufig ohne Kontextualisierung bleiben. Als Momentaufnahme bietet die zitierte Passage jedoch eine einschlägige Ergänzung zu Voigts fragmentarischer Sammlung *Herder und der Actenstyl*[285].

1.7. Die Gesangbuchrevision: „Weimarisches Gesangbuch" (1795)

In einem 2000 erschienenen hymnologischen Arbeitsbuch gilt ein eigenes, unter der Überschrift „Gegenbewegung" stehendes Kapitel Johann Gottfried Herder und Matthias Claudius.[286] Die von Martin Rößler sensibel zusammengestellte Auswahl und Einleitung in die Texte des 18. Jahrhunderts bietet einen Auszug aus den *Briefen, das Studium der Theologie betreffend*.[287] Die Einführung in den Abschnitt stellt die von Herder darin entwickelte Position instruktiv dar. Zutreffend ist auch die Gegenüberstellung der damit gebotenen Quellen zu dem Vorkapitel „Gesangbuchreform", das von Hinweisen auf die Vorgänge in Preußen eröffnet wird. Die Einordnung in den didaktischen Zweischritt ist dem Standpunkt angemessen, den Herder in verschiedenen Zusammenhängen bezogen hat. Die Darstellung knüpft an eine Programmatik Herders an, bietet jedoch nicht die Rückfrage nach einer praktischen Umsetzung. Das *Weimarische Gesangbuch* von 1795 bleibt unerwähnt.

In der Literatur wird das *Weimarische Gesangbuch*, so auch in der differenzierten Wahrnehmung Rudolf Hayms, als ein Werk Herders gesehen: „Die Auswahl [der Lieder] selbst verrät die unbefangenste Vielseitigkeit".[288] In einer kurzen summarischen Zusammenstellung benennt Haym die Vielzahl der

---

284   GSA, Best. 44, Sig 152, Bl. 1ʳ.

285   Vgl. dazu in diesem Kap., Anm. 2362.

286   Rößler, Jahrhundert, S. 209–213.

287   Ebd., S. 210–212.

288   Haym, Herder, Bd. 2, S. 613.

allein aus dem 18. Jahrhundert aufgenommenen Autoren und betont die
„Rücksicht" in der Zusammenstellung des Gesangbuches sowie dessen Einführung.[289] Als genuine Leistung gelten neben der Verbindung von alten und neu-
en Texten die Auswahl der letzteren: „Altes und Neues, jenes wenigstens ge-
reinigt und vermindert, wenn auch ohne die beabsichtigte Weglassung
schlechter Verse aus übrigens guten Liedern, dieses aus den besten Gesangbüchern von ganz Deutschland nach freiem Ermessen des Herausgebers gewählt,
stand so deutlich unterschieden und zugleich friedlich nebeneinander."[290] Ohne
dies kenntlich zu machen, übernimmt Haym wörtlich Herders Selbsteinschätzung gegenüber Karl August, auf die später im Vergleich zur Vorrede des *Gesangbuches* einzugehen sein wird.[291] Die Haym nachfolgende Literatur knüpft
in der meist nur nominellen Nennung des Gesangbuches an diese Charakterisierung an. Hayms Urteil entspricht auch der Wahrnehmung seiner Zeitgenossen. Das *Weimarische Gesangbuch* blieb bis Ende des 19. Jahrhunderts in
Sachsen-Weimar in Gebrauch und wurde im Zuge der liturgisch bedeutsamen
Einführung des *Evangelischen Kirchenbuches* 1860 nicht mit einer Neubear-
beitung verbunden. Eine Rezension des *Kirchenbuches* bringt die zeitgenössische Wertschätzung des *Weimarischen Gesangbuches* zum Ausdruck:

> „Während die meisten anderen evangelischen Länder vor 60 und 70 Jahren liturgi-
> sche Radikalkuren durchzumachen hatten und mit verwässerten Agenden und Ge-
> sangbüchern beglückt wurden, deren Beseitigung wohl noch schwieriger ist als ih-
> re Einführung, haben sich in unseren Gegenden eine reichere und vollere
> Ausgestaltung des Gottesdienstes meist erhalten. Herder hat in dem vortrefflichen
> Gesangbuche, welches die verschiedenen Zeitströmungen überlebt hat und über-
> dauern wird, zu einer größeren Anzahl alter bewährter und beliebter Lieder eine
> kleinere Anzahl neuerer von Gellert's Zeit angefügt."[292]

Auch Richard Bürkner bietet 1903 eine vergleichbare Einschätzung der Herderschen Leistung:

> „Nach unendlichen Anstrengungen ist es ihm denn auch gelungen, die alten elen-
> den Gesangbücher abzuschaffen und selbst ein neues herzustellen, das den feinsin-
> nigen Nachempfinder jeder echten Volkspoesie allenthalben verrät. Wunderlich
> genug hat er dieses Gesangbuch in zwei inhaltlich völlig gleiche Teile zerlegt, de-
> ren jedes die Lieder nach ihren verschiedenen Grundstimmungen darbieten, deren
> erster aber nur die alten Kernlieder aus den ersten zwei Jahrhunderten des Prote-
> stantismus enthält [...]. Herders Herzensneigung galt mehr den ersten, den alten

---

289 Ebd.
290 Ebd., S. 612.
291 Vgl. dazu in diesem Kap., Anm. 438.
292 Nicolai, Anmerkungen, S. 311.

Liedern [...] und er hat sich Mühe gegeben, die Gesänge der Väter von allen Verwässerungen und Entstellungen zu säubern."[293]

Deutlich wird, in welchem Maße die späteren Urteile an das Selbstverständnis Herders bzw. seinen Vorreden zu den Gesangbüchern anknüpfen, nicht aber an einer auch nur ansatzweisen materialen Überprüfung der Texte.

Zugleich ist der hymnologischen Forschung bekannt, daß die Aufnahme der neuen Lieder weithin auf das preußische Gesangbuch von 1780 zurückgeht. Zuletzt hielt dies Konrad Ameln 1979 fest, als er in einem knappen Artikel bemerkte: „Die neu hinzugekommenen Lieder im zweiten Teil stammen größtenteils aus dem von J. S. Diterich besorgten preußischen G[esang]B[uch], das 1780 in Berlin erschienen war, dem berühmt-berüchtigten ‚Mylius'."[294] Ameln wiederholt damit, was bereits in der zweiten Hälfte des 19. Jahrhunderts von Eduard Emil Koch in seiner großangelegten *Geschichte des Kirchenlieds und Kirchengesangs der christlichen, insbesondere der deutschen evangelischen Kirche* für das Herdersche Gesangbuch in der größtmöglichen Kürze festgestellt worden war[295]. Sowohl Amelns als auch Kochs Urteile stellen die zusammenfassenden Einschätzungen unübertroffener Kenner der materialen Quellenlage dar, die jedoch wiederum durch eigene Arbeiten am Text nicht fundiert wurden.

Die Einschätzung der einschlägigen Herder-Forschung auf der einen und die nur knappe Tendenzbestimmung der hymnologischen Forschung auf der anderen Seite stehen einander unvermittelt gegenüber. Zusammenführend und die Urteile Amelns und Kochs erstmals material begründend, dürfte es keinen Bereich der Weimarer Amtstätigkeit geben, dessen Einschätzung in der Forschung stärker zu revidieren ist als die der Rolle Herders als Gesangbuch-Herausgeber. Die nachfolgende Darstellung gilt ausschließlich der Entstehung und Analyse des *Weimarischen Gesangbuches*. Die bisherigen Wahrnehmungen der persönlichen Präferenzen Herders vertiefend, wird eine Reihe von Momentaufnahmen eingearbeitet, die eigene Wertschätzungen zum Ausdruck bringen. Aufgrund der thematischen Beschränkung dieser Arbeit geschieht dies jedoch nur, soweit ein direkter Zusammenhang zu den in Weimar eingeführten Gesangbüchern besteht.

1.7.1. Geschichte des Weimarischen Gesangbuches (bis 1778)

Auf die Vorgeschichte des Weimarischen Gesangbuches bis zum Ende des 17. Jahrhunderts, zu der noch keine detaillierte Darstellung vorliegt, braucht nicht

---

293 Bürkner, Liturgiker, S. 392f.
294 Ameln, Gesangbuch-Herausgeber, S. 133.
295 Koch, Geschichte, Bd. 4, S. 254, Nr. 20.

eingegangen zu werden. Die für Herder relevante Textfassung verdankte sich grundlegend der Initiative Wilhelm Ernsts, den Gottesdienst auch durch die Erarbeitung eines landeseigenen Gesangbuches zu stärken. Die Grundform, die in Weimar 1681 bei Müller gedruckt wurde, geht noch auf Konrad von der Lage zurück, dessen Predigten für den späteren Herzog bereits als Prinz von Bedeutung gewesen waren.[296] Eine frühe ausgeweitete Fassung, greifbar in einem Exemplar von 1708, ist mit einer Vorrede von Johann Georg Lairitz versehen und wurde in Weimar bei Mumbach gedruckt.[297] Die wesentliche Überarbeitung und starke materiale Ausweitung auf ca. 1.100 Lieder erfolgte unter dem Generalsuperintendenten Johann Georg Weber. Webers Erweiterungen des Gesangbuches erschienen unter mehreren Titeln und in unterschiedlich umfassenden Versionen, zunächst noch bei Mumbach[298], dann vor allem bei Hoffmann. Mumbach verlegte die Gesangbücher bis in die fünfziger Jahre.[299] Die Hoffmannschen Gesangbücher, ebenfalls unterschiedlich im Umfang, enthalten in einer kürzeren Version einen ausführlichen, auf den „Tag vor Michaelis 1736" datierenden „Vorbericht".[300] Das in vier Teile gegliederte Gesangbuch bietet in dieser Fassung 518 Lieder; der „Anhang etlicher Lieder" umfaßt weitere 13 Titel. Die Lieddichter sind nur mit Initialen benannt. Die Vorrede in den ausführlicheren Versionen ist unter dem „20. April 1733" unterzeichnet.[301] Darin heißt es u. a.:

> „In [...] dieser Gottgeheiligten Absicht, wird dem Andächtigen Leser gegenwärtiges neu eingerichtetes Gesang= und Gebet=Buch übergeben, welches nach erhaltenem Befehl dergestalt eingerichtet worden, daß nicht nur die vornehmsten alten und neuen Lieder, welche in der Kirchen gebrauchet werden, in einer besondern Ordnung darinnen zu finden: sondern auch viele meistens neue und erbauliche Gebeths=Formeln denjenigen an Hand gegeben werden, die noch nicht aus dem Herzen zu beten, und ihre Noth mit eigenen Gedancken vorzutragen gewohnt sind".[302]

Wichtig ist neben der Unterscheidung alter und neuer Lieder auch der Hinweis auf die vorangegangene Druckgeschichte: „Ich habe bey dem ersten Durchblättern gefunden, daß es nicht ohne alle Fehler gerathen, da man den Druck auswärts hat besorgen müssen; es sind aber doch dieselben nicht so beschaffen, daß dem Wercke selbst daher ein Nachtheil zuwachsen könne, welches von dem Herrn Verleger auf eine gantz besondere und artige Art, mit vielen

---

296 Auserlesenes Gesangbuch, 1681.
297 Weimarisches Gesang-Buch, 1708. Vgl. ferner: Geistreiches Gesang-Buch 1713.
298 Vermehrtes Gesang-Buch, 1732.
299 Neu vermehrtes Weimarisches Gesang-Buch, 1750.
300 Für die kurze Version vgl.: Heilige Übungen.
301 Hoffmann 1752.
302 Ebd., Bl. A 7^r.

Kosten besorget worden".[303] Aufgenommen sind in die Drucke die vollen Angaben der Lieddichter. Die Version verfügt, wie im Titel angegeben, über 1.041 Lieder; hinzukommen 42 Texte im ersten „Anhang etlicher gantz neue[r] [...] Lieder, von Schmolcken, Neumeistern und Nitzschen gemacht"[304], sowie im anschließenden „Zusatz einiger in den vorigen Gesang=Büchern befindliche[r ...] Lieder" weitere 41 Texte[305]. In den verschiedenen Fassungen variiert die Anzahl der in den einzelnen Teilen gebotenen Lieder erheblich. Der Druck von 1739[306] bietet im Hauptteil etwa 1.058 Lieder, jeweils mit voller Angabe des Dichters, sowie zwölf Texte im „Anhang"[307]. Über die Privilegien Hoffmanns finden sich Angaben in dem vorangestellten Hinweis einiger der späteren Ausgaben.[308] Ein von Anna Amalia unterzeichnetes auf den 24. Februar 1769 datierendes Privileg erlaubte dem Hofbuchhändler Hoffmann den exklusiven Vertrieb des weimarisch-eisenachischen Gesangbuchs.[309] Ferner geht aus dem Eintrag hervor, daß 1741 von Herzog Ernst August dem „Buchführer" Heinrich Siegmund Hoffmann wie auch Michael Gottlieb Griesbach aus Eisenach das *privilegium cum jure prohibendi* hinsichtlich der Gesangbücher des Herzogtums über einen Zeitraum von 30 Jahren erteilt worden war.[310] Privilegiert war als Hofbuchdrucker zudem Konrad Jakob Leonhard Glüsing. Bei ihm erschien u. a. die Nachfolgeausgabe der Weberschen, die mit „1100 alten und neuen [...] Liedern" von einem Vorwort des Herderschen Amtsvorgängers Siegmund Basch begleitet war.[311] Ein Exemplar dieser Ausgabe befand sich in der Bibliothek Herders.[312]

1.7.2. Die beiden Vorreden zu den Neuausgaben des Jahres 1778

Weniger mit den bestehenden Privilegien als mit der konstanten Nachfrage nach den Gesangbüchern und dem Amtswechsel des Generalsuperintendenten dürfte es zusammenhängen, daß die beiden jüngsten Weimarischen Gesangbücher in den Drucken von Hoffmann und Glüsing mit einer Vorrede Herders neu herausgegeben werden sollten. Die *Erinnerungen* berichten im Rückblick:

---

303 Ebd., Bl. A 7ʳ, A 7ᵛ.
304 Ebd., S. 813–840.
305 Ebd., ab S. 841.
306 Hoffmann 1739.
307 Ebd., S. 726–735.
308 Hoffmann 1789.
309 Ebd.
310 Ebd.
311 Glüsing 1766.
312 Vgl. dazu BH, S. 49, Nr. 959: „Weimarisches Gesangbuch. [1]766. Cord. m. gold. Schn."

„Schon in den ersten Jahren seiner Amtsführung wollte er ein neues Gesangbuch machen, da die zwei alten neu aufgelegt werden sollten. Sein Vorschlag ging nicht durch; er gab daher zu den beiden Gesangbüchern nur die
Vorreden."[313] In einer Anmerkung dazu heißt es: „Beiträge zu dem neuen Gesangbuch sollten ein Theil der christlichen Hymnen und Lieder seyn, welche
im 2ten Band der Gedichte, im IX Buch (B. IV zur schönen Literatur und
Kunst) abgedruckt sind."[314] Weitere Hinweise, die eine Überprüfung der Auskunft ermöglichen, finden sich nicht. Herder selbst berichtet in zeitlicher Nähe
zu der ersten der beiden Vorreden, die auf den 3. März 1778 datieren[315], am
20. März an Hamann: „Ich habe diesen Winter eine neue Ausgabe unsres alten
Gesangbuchs corrigirt das ist Druck- u.[nd] Schreibfehler geändert u.[nd] eine
Vorrede vorsetzen müßen, wie gewöhnlich. Wenn es gedruckt ist, will ich Ihnen ein Exemplar schicken. Dies und die Bußzettel, 2. in einem Jahre, sind bisher in loco meine einzige Autorschaft gewesen."[316] Zur amtlichen Veranlassung des Vorganges bietet die Vorrede zum Hoffmannschen Gesangbuch weitere Hinweise. Das Oberkonsistorium habe es „äußerer Ursachen wegen"[317]
unternommen, das Hoffmannsche und das Glüsingsche Gesangbuch im Blick
auf eine gemeinsame Schnittmenge an Liedern einander anzunähern. Herder
betont die Instanz des Oberkonsistoriums ebenso wie den Auftrag der Kirche:
„Ich, der Herausgeber, bin also hier nichts als Diener der Kirche".[318] Offen benennt er die von ihm gewählte Vorgehensweise: „aus dem Anhange und der
Zugabe sind die völlig ungebräuchlichen und unsangbaren Lieder weggelassen, statt dessen aus dem andern Gesangbuche die Lieder, alt und neu, beige-
rückt, die gesungen oder allenfalls gebetet werden können, mit Weglassung einiger gar zu schlechten, von denen es wohl genug ist, daß sie in Einem Gesangbuche stehen bleiben müssen."[319] Das Ausmaß und die Auswahl der Herderschen Streichungen wurden bislang nicht untersucht. Für die vorliegende
Arbeit wären die Ergebnisse einer entsprechenden Detailstudie zwar von Interesse. Sie sind jedoch nicht dringend erforderlich, da es das Gesangbuch in seiner Endfassung von 1795 zu untersuchen gilt, das von den 1778 gebotenen
Liedern nur noch ein knappes Viertel übernimmt. Die Auswahlkriterien und
Vorgehensweise in der Erarbeitung des späteren *Weimarischen Gesangbuches*
werden es erlauben, auf eine Rekonstruktion der gestrichenen Lieder zu verzichten und an den Grundbestand der erhaltenen Texte und Melodien anzu-

---

313 V, Abt. 2, Tl. 22 [Erinnerungen, Tl. 3], S. 25f.
314 Ebd., S. 26, Anm. *.
315 SWS, Bd. 31, S. 707–712.
316 Herder an Johann Georg Hamann, 20. März 1778, DA, Bd. 4, Nr. 41, S. 60, Z. 54–58.
317 SWS, Bd. 31, S. 707.
318 Ebd.
319 Ebd.

knüpfen. Im Falle einer Tendenzbestimmung ist das von Herder eingeschlage-
ne Vorgehen jedoch von Bedeutung. Die Reduzierung des Gesamtvolumens in
der deutlich formulierten Deklassierung einzelner Texte markiert einen wesentlichen Teil auch der späteren Überarbeitung. Hinzu tritt bereits 1778 die
historische Rekonstruktion einzelner Abschnitte, zu der Herder „hin und wieder [... bei den] alten, zumal *Luthers* Lieder[n], [die] durch Druckfehler ver-
stellt waren, sorgfältig die alte wahre Lesart hervorgesucht" habe.[320] Nominell
beschränkt auf Luther, aber doch in einem chronologisch sehr weit gespannten
Rahmen rühmt Herder die Vorzüge der guten alten Lieder: „Da wir unter ihnen
[den Liedern der lutherischen Kirchen] durch den Dienst und den Anfang Luthers, die besten ältern Gesänge der Vorzeit, bis zu den Kirchenvätern hin, die
reinen Gesänge der Böhmischen Brüder und nachher so vieler andern würdigen Männer besitzen, denen er auch im Gesange die Bahn brach: so ists un-
dankbar[,] diese Vorzüge unsrer Kirche, dies Gold zu verkennen und um ein
Nichts wegzugeben, wenns nur glänzet."[321] Die Leistung Luthers wird, ausgeführt durch ein Luther-Zitat selbst, in der Fähigkeit zur Konzentration auf das
Wesentliche beschrieben.[322] Die offen bezogene Frontstellung gegen eine
„durch Einrückung der neuesten Lieder das sogenannte Licht der neuern Reformation"[323] forcierende Entwicklung ließe sich leicht mißverstehen als Ablehnung eines neuen Gesangbuchs[324] oder neuer Lieder als bloßer „Poesie"[325].
Nichts wäre unzutreffender. In dem Vorwort sucht man nach einer ausdrücklichen Positionierung vergeblich. Wichtig ist an dem gebotenen Zitat der volle
Kontext: „Glaube indessen niemand, daß, wenn auch die Veränderung und
Ausgabe dieses Gesangbuches ganz in meiner Macht gestanden hätte, ich denen hätte nacheifern mögen, die durch Veränderung der alten und Einrücken
der neuesten Lieder das sogenannte Licht der neuern Reformation bis auf Gesangbücher und heilige Stäten vertreiben".[326] An diesem Punkt könnte sich die
Apologie eines vorherigen Eigenvorschlages andeuten. Möglicherweise knüpfen zum einen die *Erinnerungen* daran an[327], zum anderen das *Weimarische
Gesangbuch* von 1795, das auf eine Aufnahme eigener Lieder vollständig verzichtete. Der Grundtext des Vorwortes forciert in seiner Breite eine andere, da-

---

320　Ebd., S. 708.

321　Ebd., S. 718.

322　Vgl. dazu ebd., S. 708f.

323　Vgl. dazu ebd., S. 708. Zu dem weiteren Kontext vgl. im Anschluß Anm. 326.

324　Zu der Benennung eines neuen Gesangbuches vgl. nur indirekt ebd., S. 711f.: „Ich halte also
　　　jedes Land, jede Provinz für glücklich, der man noch ihren alten GOtt, Gottesdienst und ihr
　　　altes Gesangbuch läßt und eine ganze Gemeine nicht täglich oder Sonntäglich mit Verbesse-
　　　rungen martert."

325　Vgl. dazu ebd., S. 709.

326　Ebd., S. 708.

327　Vgl. dazu in diesem Kap., Anm. 313.

mit jedoch vollständig kompatible Vorgehensweise. Sie verteidigt in der Wertschätzung der „alten" Lieder die ansatzweise erfolgte und im weiteren noch zu
stärkende Kürzung des Gesamtvolumens der gebotenen Auswahl. Diese Zielsetzung des Textes kann leicht übersehen werden. Die programmatischen, an
Luther orientierten Ausführungen zu dem Wesen des Kirchengesanges bieten
jedoch noch eine zweite Option. In der Vorrede zum Hoffmannschen Gesangbuch erscheint sie nur innerhalb des direkten Luther-Zitats: „Kann doch ein
jeglicher wohl selbst ein eigen Büchlein voll Lieder zusammen bringen, und
das unser für sich allein lassen ungemehret bleiben, wie wir bitten, begehren,
und hiemit bezeugt haben wollen."[328] Die Kombination eines stark reduzierten
landeseigenen mit einem oder mehreren privat gehaltenen Gesangbüchern
schien für Herder damit eine denkbare Variante zu einer grundlegenden Überarbeitung einer einzigen Sammlung zu sein. Argumentativ wichtig ist zudem,
daß der massiv vorzunehmende Einschnitt in die Gestalt des eingeführten Gesangbuches mit dem Rekurs auf Luther als ein reformatorischer Akt in der
Konzentration auf ein Proprium beschrieben werden soll und nicht als Verlust
einer gewachsenen und über Jahrhunderte gewonnenen Tradition. Die persönliche Wertschätzung der genannten Lieder – ausdrücklich aufgeführt finden
sich neben Luther nur die bereits erwähnten Böhmischen Brüder – ist im Blick
auf Herder nicht zu bezweifeln. Die Nähe zu dem entsprechenden Abschnitt
der *Briefe, das Studium der Theologie betreffend*, ist bezeichnend. Der argumentative Subtext legt jedoch den reaktiven Charakter auf einen möglicherweise gescheiterten Vorschlag einer umfassend überarbeiteten Neuausgabe
ebenso nahe, wie die gedanklich bereits vorbereiteten Optionen alternativer
Vorgehensweisen.

Die auf Herders vierunddreißigsten Geburtstag, den 25. August 1778, datierende Vorrede zum Glüsingschen Gesangbuch[329] versucht einerseits Wiederholungen zu vermeiden, andererseits jedoch eine entsprechende Position,
zusammengestellt aus zumindest vergleichbaren Bausteinen, zu bieten. Das
Luther-Zitat entstammt nun aus der Vorrede zum Psalter und umfaßt volle
zwei der fünf Seiten des Herderschen Vorwortes.[330] Die daran anschließende
Programmatik der geistlichen Dichtung in der Form des Kirchengesanges bietet deutliche Parallelen zu den Ausführungen vom März. Am aufschlußreich-
sten für das praktische Vorgehen ist die einleitend gebotene Zusammenfassung
der eigenen Vorrede: noch habe – ganz wie bei Hoffmann ausgeführt – „keine
völlig gereinigte Sammlung guter ungeänderter alter und neuer [!] Lieder veranstaltet werden können."[331] Zugleich benannt wird die Perspektive privater

---

328 SWS, Bd. 31, S. 709.
329 Ebd., S. 712–716.
330 Ebd., S. 713–715.
331 Ebd., S. 713.

Sammlungen: „Privatgesangbücher können für Einzelne eingerichtet werden".[332] Die argumentative Ausrichtung ist jedoch wiederum eine andere; im Kontext der zweiten Vorrede verteidigt der Hinweis die umfassende und von keinen eingehenderen Kürzungen betroffene Anlage der Neuausgabe: „öffentliche [Gesangbücher] müßen eine Vorrathskammer für jede Noth, für die Fassungskraft eines Jeden seyn und bleiben."[333] Nicht zu bezweifeln ist in beiden Vorreden das Anliegen Herders, auf keine der als wesentlich erachteten Lieder verzichten zu wollen. Zugleich wird jedoch betont, daß in beiden Gesangbüchern noch als unwesentlich zu verstehende Texte zu finden seien und eine spätere Revision[334] gerade an diesen Punkt anzuknüpfen habe.

Die gemeinsame Ausrichtung der beiden Texte läßt erkennen, daß ein mögliches Anschlußprojekt die massive Reduzierung der in der Gesamtzahl gebotenen Lieder beinhalten und von einer gezielten Ergänzung durch Privatsammlungen begleitet werden kann. Keineswegs ausgeschlossen wird damit eine Aufnahme neuer Lieder. Diesen praktischen Kern der Vorreden zu erkennen, erfordert keine geringe Anstrengung. Es dominiert der programmatische Ruf zurück zu den zentralen Liedern des Protestantismus; die Anschlußstellen für eine Ausdeutung auf vorreformatorische Gesänge sowie neue Lieder sind jedoch vorhanden, und auch die von Herder favorisierte Vorgehensweise findet sich – bei Hoffmann nur im Zitat Luthers, bei Glüsing ausdrücklich – benannt. Eine inhaltliche Entsprechung zu dieser Bemühung um eine Zusammenführung stellt in beiden Vorreden die ekklesiologische Bedeutung des Kirchengesanges in der „Vereinigung"[335] der Stimmen dar. Gerade die erste Vorrede vertieft diesen Punkt und stellt starke Bezüge zu dem Kirchenbegriff des Glaubensbekenntnisses her.[336] Dem Gesangbuch kommt die verbindende Funktion der Gläubigen im Moment des Gottesdienstes in einer besonderen Weise zu.

Auf eine detaillierte Druckgeschichte der Gesangbücher mit Herders Vorreden soll verzichtet werden, doch ist darauf hinzuweisen, daß nach Hoffmanns Erstausgabe 1778, die in unterschiedlich vollständigen Fassungen erschien[337], der Druck im Jahr 1789 wiederaufgelegt wurde[338]. Für Glüsing lie-

---

332 Ebd.

333 Ebd.

334 Vgl. dazu ausdrücklich die Vorrede zum Hoffmannschen Gesangbuch, ebd., S. 708.

335 In der Vorrede zum Glüsingschen Gesangbuch, ebd., S. 715.

336 In der Vorrede zum Hoffmannschen Gesangbuch, ebd., S. 710: „Einsgeworden mit vielen anderen, die Ein Anliegen mit uns zu GOttes Thron treibt, und Einerlei Bekenntniß, Eine Hoffnung, Ein Trost beseelet, fühlet man sich wie in einem Strome zur andern Welt hin, fühlt, was es sei: *ich glaube eine christliche Kirche, und ein ewiges Leben.*"

337 Hoffmann 1778.

338 Hoffmann 1789.

ßen sich drei Drucke identifizieren: nach 1778[339] zunächst 1784 mit einer auf den 18. November datierenden, mit dem früheren Druck jedoch textidentischen Vorrede[340], und 1790 als eine in Teilen neugesetzten Ausgabe, die wiederum das Vorwort von 1784 bietet.[341]

1.7.3. Herders Gespräch mit Müller (8. Oktober 1780)

Die Momentaufnahme eines persönlichen Gespräches mit Herder stellen Johann Georg Müllers Tagebuchaufzeichnung für den 8. Oktober 1780 dar. Bereits während der Führung durch das Herdersche Haus kam Herder in der Bibliothek auf den Kirchengesang zu sprechen. Für die „durchge[he]nds wohlgeordnet[e]"[342] Bibliothek hält Müller einzelne Schwerpunkte fest: „Kirchengeschichte, Reformation u.[nd] dgl., auch eine große Sammlung Kirchenlieder, unter andern die der böhmischen Brüder, 1566. 4. [in Quarto], die er in einzelnen Stellen Luthers seinen fast vorzieht."[343] In der *Bibliotheca Herderiana* läßt sich der Druck des umfangreichen von Michael Thut mit einer Vorrede begleiteten Gesangbuchs eindeutig identifizierten in dem Quarto-Eintrag Nr.: „410. Kirchengesang, darinnen die Hauptartikel des christl. Glaubens kurz gefaßt und ausgelegt sind. 1566".[344] Während der Fortsetzung der Hausführung begegnen Müller weitere Hinweise auf die praktische Bedeutung des geistlichen Liedes für Herder: „Nun kommt noch das letzte Zimmer – seine Studierstube, die groß und schön, hellblau oder schwefelgelb angestrichen ist. [...] Auf dem Tisch liegt ein kleiner Psalter, seines Herzens Trost und Erquickung; auf dem Fenstergesimse das preußische Liederbuch von Lilienthal gesammelt u.s.w."[345] Das Berliner Gesangbuch besaß Herder ebenfalls laut der *Bibliotheca Herderiana* in nur einem Exemplar: „Spaldings (Joh. Joach.) Lieder für den öffentl. Gottesdienst, durchschoss. Mühlhausen 1778."[346] Die Ausgabe stellt eine der Vorversionen des *Mylius* von 1780 dar, die in dem erstmals 1765 unter dem hier Spalding zugewiesenen Titel erschienen war.[347] Die Beobachtung Müllers, daß das Gesangbuch in der Reichweite eines möglichen Handge-

---

339 Glüsing 1778.
340 Glüsing 1784.
341 Glüsing 1790.
342 Baechtold, Müller, S. 38.
343 Ebd., S. 37.
344 BH, S. 22, Nr. 410.
345 Baechtold, Müller, S. 37.
346 BH, S. 48, Nr. 950.
347 Vgl. dazu knapp Seibt, Gesangbuch, S. 18; Rößler, Jahrhundert, S. 203.

brauchs lag, ist von Bedeutung. Aufschlußreich ist zudem die Zusammenfassung des sich am selben Abend entwickelnden Gesprächs:

> „von den alten Kirchenliedern. Das war nun mein Element. [...] Er leerte sein Herz auch [aus]. Ich erzählte ihn, wie kräftigen Trost wir unserm sterbenden Vater mit diesen Liedern gemacht [...]; und bat ihn auch, einmal die Waffen des Geistes und der Liebe gegen die neuen grausamen Reformatoren zu ergreifen, welches er mir halb versprach. Er nannte mir einige der schönsten, besonders von dem Königsberger Simon Dach († 1659): ‚Selige Ewigkeit‘, ‚O, wie selig seid ihr doch, ihr Frommen!‘ Jedes sagte er mir ganz vor; das ist das Herrlichste: ‚Was willt du, armes Leben‘“.[348]

Müllers anschließende Zusammenfassung gibt, neben weiteren Hinweisen auf persönliche Präferenzen, ausgiebige Referate von Herder wieder:

> „Dann sagt’ er mir auch noch das schöne ‚Hört auf mit Trauern und Klagen‘ und das von Michael Weiße: ‚Nun laßt uns den Leib begraben.‘ Ich möchte den sehen, der da nicht in diesen Liedern unendlich mehr Geist, Liebe, Kraft und Salbung – wenn er für diese einen Sinn hat – gefühlt, als in den neuen moralisch wässrigen, affectirt warmen, lauen oder kalten, selbststolzen. Aus dem alten Gesangbuch der böhmischen Brüder von 1566 lasen wir auch einige, besonders Weihnachtsgesänge: ‚Nun laßt uns heut’ all’ einträglich.‘ Da fühlt man auch, was es heiße: ich glaube eine heilige christliche Kirche; da wird einem alles Absondern verhaßt, und man hält’s für’s größte Glück, in ihrem Schoos zu leben und zu sterben. Die Moral ist in diesen Gesangbüchern nicht vergessen, aber es ist nicht philosophische, sondern ächte christliche Moral, mit Salbung, Ruhe, Christusliebe und herzlich demüthigem Aufblicken – Herr, wir haben alles von dir! Wenn Luther von einem Bibelübersetzer fordert, daß er nicht sei ‚ein toller Heiliger und Sudler, falscher Christ oder Rottengeist, sondern habe ein recht fromm, treu, fleißig, furchtsam, christlich, gelehrt, erfahren, geübt Herz,‘ so kann dieses noch mehr von einem christlichen Liederdichter gefordert werden. Jener soll nur die Worte eines andern treu dolmetschen; dieser aber uns seines eigenen Herzens Worte geben.“[349]

Von Luther ging das Gespräch zu Autoren der nachfolgenden Zeit über:

> „Man lese die Nachrichten von unsern alten Liederdichtern des 16. und zum Theil 17. S[a]eculums, und halte die meisten der neuern dagegen. Jene schrieben, nicht um zu dichten, sondern ihr Herz vor Gott in der Stille zu leeren. Sie schrieben sie in eigner Uebung und Erfahrung, in Noth und Drang ihres Herzens, ‚als Diener Gottes, in großer Geduld, in Trübsalen, in Nöthen, in Aengsten, in Schlägen, in Gefängnissen, in Aufruhren, in Arbeit, in Wachen und Fasten, in Keuschheit, in Erkenntniß, in Langmuth, in Freundlichkeit, im heiligen Geist, in ungefärbter Liebe, im Wort der Wahrheit, in der Kraft Gottes, als die Verführer und doch wahrhaftig, als die Unbekannten und doch bekannt, als die Sterbenden und siehe, sie

---

348 Baechtold, Müller, S. 39f.
349 Ebd., S. 41f.

lebten, als die Traurige[n], aber allezeit fröhlich, als die Armen und die doch viel reich machen"".[350]

Das Zitat bleibt unbenannt. In Herders Bibliothek befanden sich mehrere einschlägige Werke, u. a. „Kirchners Nachricht von Liederverfassern. Halle 1771."[351] In einem fließenden Übergang gilt die abschließende Kritik der zeitgenössischen Lieddichtung: „Aber unsre, – die meisten sind Professoren, berühmte Doctoren der Theologie, voll Geschmack, Gelehrsamkeit, genährt durch mancherlei Lektur, wohl gar schöne Geister – setzen sich hin, um hübsche poetische, verständliche, plane Kirchenlieder nicht sowohl für's Volk, als für ihresgleichen, auch Gelehrte, zu verfertigen".[352] Wie später bei den Predigten deutet sich auch hier ein Kriterium der Popularität an. Zugleich verbindet sich damit Herders Interesse an der ursprünglicheren Überlieferung: „Ich muß ihm, wenn ich nach Schaffhausen komme, unser Gesangbuch schicken. ‚Gute Kirchenlieder seien eine große Hülfe im Predigen.'"[353] Wahrscheinlich lassen sich die von Müller gesandten Drucke in den zwei Einträgen der *Bibliotheca Herderiana* identifizieren: „Lobwassers Psalmen Davids, vierstimmig von Deggeller. Schaffhausen 1762. 2) Deggellers Lobgesänge. Ibid. 1754. Cord."[354]

Kurz referiert und ergänzt werden auch Herders Vorreden des Jahres 1778 zusammen mit einem Selbstverständnis seiner amtlichen Position:

> „Als er nach Weimar kam, mußte er eine neue Ausgabe des Gesangbuchs besorgen; da machte er nun zwei herrliche Vorreden dazu, worin freilich viel starke Ausdrücke gegen die neuen Liederverbesserer vorkamen. Ohne sein Wissen kam zu gleicher Zeit ein solch' verbessertes Gesangbuch in Gotha heraus; es machte aber niemand Mux gegen die Vorrede (wie dann u. a. Herr Kirchenrath [Friedrich Andreas] Stroth ein sehr politischer Mann sein soll). Herder steht in großem Ansehen bei dem Herzog."[355]

Müllers Aufzeichnungen stellen in einzelnen Punkten eine bemerkenswerte Wiederholung der beiden Vorreden dar. Die ekklesiologische Bedeutung einer empfundenen Vereinigung findet sich in einer vergleichbaren Weise formuliert. Die Wertschätzung der alten Lieder wird deutlich zum Ausdruck gebracht, wobei die Darstellung der ersten Vorrede von Luther hin zu den böhmischen Brüdern in der persönlichen Rangordnung eine bemerkenswerte Korrektur erfährt. Deutlicher als in beiden amtlichen Texten wird die zeitgenössische Dichtung qualifiziert; die Ausrichtung der Kritik gegen die artifiziel-

---

350 Ebd., S. 42.
351 BH, S. 71, Nr. 1394.
352 Baechtold, Müller, S. 42f.
353 Ebd., S. 43.
354 BH, S. 31, Nr. 596.
355 Baechtold, Müller, S. 43.

le Poetik der Texte ist jedoch vergleichbar. Aufschlußreich im Sinne einer punktuellen Beobachtung von erheblicher Bedeutung ist der Hinweis auf die Präsenz des Berliner Gesangbuchs. Es muß offenbleiben, ob Herder die seit 1765 erschienenen Versionen wahrgenommen hatte. Nach dem Bestand der Herderschen Bibliothek und dem Hinweis Müllers ist eine Kenntnisnahme nur für den Zeitraum nach 1780 gesichert und von 1778 an möglich.[356] Nicht auszuschließen ist damit, daß Herder die Texte des Berliner Gesangbuches zu den Zeitpunkten seiner Vorreden selbst nicht eingesehen hatte. Von einer weiterführenden Bedeutung schließlich ist, daß in dem Gespräch einzelne Aspekte vorweggenommen werden, die erst in den *Briefen, das Studium der Theologie betreffend*, ausgeführt werden.

1.7.4. Die „Briefe, das Studium der Theologie betreffend" (bis Dezember 1780)

Der 46. der gedruckten 50 *Briefe* ist einer der letzten des vierten Teiles. Die Vorrede der Drucklegung datiert auf den 3. Dezember 1780.[357] Die zeitliche Nähe zu dem Gespräch mit Müller kann damit als gesichert gelten. Wie an anderer Stelle der Arbeit gezeigt, verweist die Wahl des Verlages auf einen einschlägigen Amtsbezug Herders, der in regionaler wie überregionaler Hinsicht ausgedeutet werden kann. Der Abschnitt zur Bedeutung des Kirchengesangs und der Idealeinrichtung eines Gesangbuches bietet in einer sehr konzentrierten Form das Grundsatzprogramm einer ausstehenden Entwicklung. Auf Ablehnung stößt jede sozial segmentierende Adressatenorientierung: „denn Vornehme, Reiche, Üppige, Gelehrte, finden wenig Geschmack an Kirchenliedern".[358] Der Hinweis erinnert an das Gutachten des ersten Amtsjahres bezüglich der Hofgottesdienste[359] und die gegenüber Müller formulierte Kritik an der zeitgenössischen Liedproduktion; das Kriterium der Popularität ist noch erkennbar, in der Betonung der oberen Stände jedoch deutlich anders pointiert. Mit Blick auf die Lieddichtung der Gegenwart werden in der deutlichen Ablehnung namentliche Hinweise gesetzt: „Wie bescheiden waren die ersten Versuche, *Spaldings, Zollikofers* u. a. einer Sammlung *feinerer* Menschen auch ein *feineres* Gesangbuch, insonderheit *zum Privatgebrauch* zu geben!"[360]

---

356 Nach der von Ralph Häfner vorzunehmenden Edition des handschriftlichen Verzeichnisses „Meine Bücher" werden für die Zeit um 1776 möglicherweise weitere Rückschlüsse möglich sein.
357 FHA, Bd. 9/1, S. 377.
358 Ebd., S. 551, Z. 10–12.
359 Vgl. dazu in diesem Kap., Anm. 91.
360 FHA, Bd. 9/1, S. 551, Z. 33–35.

Zwei praktische Vorgehensweisen empfiehlt Herder: das Anknüpfen an die bestehenden Gesangbücher in der Reduzierung des „Wust[es]"[361], des „Unrat[es]"[362]. Im Blick auf den verbleibenden Kernbestand befürwortet er jedoch keine philologische Rekonstruktion, sondern eine öffentlich nicht benannte zeitgemäße Adaption: „Auch ists ganz ohne Zweifel, daß die besten Gesänge der besten Meister oft Stellen, Ausdrücke, Verse haben, die für uns nicht mehr sangbar sind; diese tue man auch weg, oder bessere sie; aber *unvermerkt* gleichsam und *gelinde.*"[363] Der spätere Hinweis etwa auf Luthers Übersetzung „aus [...] ältern Latein"[364] dürfte ein Beispiel für die von Herder als angemessen erachteten Änderungen darstellen. In der Aufzählung der positiven Beiträge zum Kirchengesang wird zunächst auf die böhmischen Brüder eingegangen.[365] Erst danach folgt Luther.[366] Die Wertschätzung ist eindeutig, jedoch nicht ohne Einschränkung: „ob einige gleich, welches ich sehr bedaure, zu Zeitmäßig und persönlich sind".[367] Abschließend entwickelt Herder ein gedanklich großes Projekt: die konzeptionelle Skizzierung eines National-Gesangbuches. „Eine Biene des christlichen Gesanges" habe sämtliche protestantische Landesgesangbücher zu sichten und „die besten [Lieder] aus allen Provinzen" zu sammeln.[368] Diese „*Grundlage* eines guten Gesangbuchs für Deutschland"[369] solle alte und neue Lieder[370] umfassen. Bei den alten dürfe kein falscher Respekt vor der Tradition davon abhalten, zu streichen und zu kürzen. Besser sei sogar „wegzulassen [...,] als schlecht [zu] verändern".[371] Für die neuen gelte das Kriterium, daß sie „sangbar und für die Gemeine verständlich" sein müßten.[372] Ziel sei die Verbindung, das „*Anstößige*" zu vermeiden, doch darin weder „dem Verfasser seine Farbe" zu nehmen, noch „das Lied in *unsre* Gedankenweise" umzuschmelzen.[373] Auch wenn diese Überlegungen ein überindividuell kaum zu realisierendes Programm darstellen, sind sie doch mit praktischen Ratschlägen verbunden. Zentral dürften die bereits in Weimar vorgenommenen Schritte der Reduzierung des Gesamtvolumens und der „*unver-*

---

361 Ebd., Z. 15.
362 Ebd., Z. 19.
363 Ebd., Z. 22–26.
364 Ebd., S. 552, Z. 31.
365 Ebd., S. 552f.
366 Ebd., S. 553.
367 Ebd., Z. 8f.
368 Ebd., Z. 30–35.
369 Ebd., Z. 34.
370 Ebd., S. 553f.
371 Ebd., S. 554, Z. 1f.
372 Ebd., Z. 6.
373 Ebd., Z. 9–11.

merkt[en]" Änderungen für das Jahr 1778 gewesen sein. Eine mögliche Anschlußstudie sollte diese Bearbeitungen leicht erheben können.

1.7.5. Die Anregung eines neuen Gesangbuches im
Anhang des Liturgievotums (23. Oktober 1787)

„Anhang 1" des Votums zu den in Eisenach angeregten liturgischen Änderungen gilt der Einführung eines neuen Gesangbuchs.[374] Die abschließende Formulierung der Anregung entspricht der nur bedingten Anknüpfungsmöglich-
keit an den Anlaß und Inhalt der Anfrage. Der sachliche Zusammenhang ermöglichte es Herder jedoch, den möglicherweise bereits 1777f. eingebrachten
Vorschlag zu erneuern. Die konkreten Hinweise, zum Teil sogar die Formulierungen des Gutachtens sind unter Beschränkung auf das Fürstentum mit den
Ratschlägen der *Briefe* praktisch identisch.

Hinzu kommt zunächst jedoch die konkrete Ausrichtung auf die Weimarer
Situation. An erster Stelle wird die Außenwahrnehmung benannt: „darüber
[über die Gesangbücher des Herzogtums] wundern sich alle Fremden."[375] Die
persönliche Einschätzung verstärkt dies: „In beiden Gesangbüchern steht nun
ein Wust so schlechter, und so wenige gute Lieder, daß ich, außer den Festlie-
dern, mich durchs ganze Jahr mit 5 oder 6 behelfen muß".[376] Wie anhand der
Kirchenprotokolle der Stadtkirche im Kontext der Predigten ansatzweise zu
zeigen sein wird, ist diese Angabe zwar zutreffend, aber spezifisch für den
Adressatenkreis der städtischen Hauptkirche. Sowohl hinsichtlich der Hofgemeinde als auch im Blick auf den gesamten Grundbestand alter Lieder ist sie
zu bezweifeln. Die Gesangbuchherausgabe des Jahres 1778 bezeichnet Herder
in dem schlichten Anliegen, eine grundlegende Deckungsgleichheit der Inhalte
zu erzielen, als „eine elende Mühe, deren ich mich noch jetzt schäme."[377]

Die Kriterien einer vorzunehmenden Auswahl entsprechen den Ausführungen der *Briefe*: „Die alten guten Lieder blieben ganz unverändert, es sei
denn daß hie und da ein Ausdruck unverständlich wäre und nicht mehr auf unsere Zeit paßte. Umgeschmelzt aber, das ist, in einem neuen Geschmack verderbt würden diese" Texte nicht.[378] Die Wortwahl der Lösung ist wie auch die
oben zitierte Problemanalyse des „Wust[es]" mit den *Briefen* identisch. Betont

---

374 SWS, Bd. 31, S. 767f.
375 Ebd., S. 767.
376 Ebd.
377 Ebd.
378 Ebd.

wird auch in dem Gutachten die Bedeutung der Kürzung; der Hinweis auf den
zu vermeidenden „Anstoß" findet sich ebenfalls.[379] Über die neu aufzunehmenden Lieder präzisiert das Gutachten nach den
vorher benannten Bedingungen: Sie müssen „verständlich, sangbar, erbaulich,
in Worten und im Sinn einer christlichen Versammlung angemessen sein".[380]
Kein Gesangbuch sei bislang für eine Einführung in Sachsen-Weimar geeig-
net, weshalb eine eigene Ausgabe erarbeitet werden müsse. Das „vielleicht [...]
Beste" bisherige Gesangbuch stelle jedoch das „Berlinische" dar.[381] Diese Offenheit überrascht nach der früheren Polemik gegen Spalding und die in den
Briefen angedeutete Ablehnung der bisherigen Berliner Unternehmungen. Sie
überrascht noch mehr, nachdem Herders Urteil während der Jahre 1778 bis
1780 auf einer material möglicherweise eingeschränkten und wahrscheinlich
noch jungen Kenntnis der Texte basiert haben dürfte. 1787 mußten Herder zudem die Schwierigkeiten bei der Einführung nach der Kabinetts-Order vom 2.
Oktober 1780 bekannt sein.[382] Die publizistisch breit ausgetragene Kontroverse um den *Mylius* hatte nicht verhindert, daß Herder den Wert der Ausgabe in
dem Gutachten offen, wenn auch nicht als einschlägige Empfehlung benannte.

Die wichtigste Weiterentwicklung des Textes setzt an dem bereits in den
Briefen betonten Ratschlag und der in der Überarbeitung des Jahres 1778 vielleicht schon in Ansätzen praktizierten Vorgehensweise einer „*unvermerkt*[en]"
Änderung an. Der Begriff findet sich auch in dem Gutachten von 1787.[383]
Interessant ist, daß die Formulierung der *Briefe* allein zeitlich noch keine Reaktion auf die Situation in Preußen darstellen konnte. Die für Weimar vorgesehenen Vorstellungen gewinnen 1787 an Konkretion. Herders Plan beläuft sich
darauf, „ein anderes Beßeres" an der im Frühjahr zusammengeführten Gemeinde der Jakobskirche „auch nur allmälich einzuführen und die weitere Einführung desselben wenigstens vorzubereiten."[384] Herder verweist darauf, daß
„viele aus der Stadt- die Hofgemeine besuchen".[385] Sowohl aufgrund der Größe als auch der Lage der Jakobskirche dürfte Herders Formulierung auf ‚einige' zu korrigieren sein; diese reichten jedoch wohl aus für das Vorhaben, ein
Gesangbuch „in Circulation [zu bringen, so daß es ...] sich unvermerkt den
Weg zur Stadtkirche" bahnte.[386] Die Sorge vor Widerständen an der Stadtkirche wird nicht ausdrücklich genannt, muß jedoch die Ausführungen an dieser

---

379 Ebd., S. 768.
380 Ebd.
381 Ebd.
382 Vgl. dazu instruktiv: Koch, Geschichte, Bd. 4, S. 240–244.
383 SWS, Bd. 31, S. 767.
384 Ebd.
385 Ebd.
386 Ebd.

Stelle ebenso bestimmen, wie in dem Gutachten in seiner problematischen Ent-
stehungssituation insgesamt die zunehmend klare Benennung des konservativ
veranlagten „gemeinen Mann[es]".[387]

1.7.6. Situative Verortung in der Diskussion der Zeit (1787)

Im Falle Herders kann sich eine punktuelle Aufnahme der zeitgenössischen
Diskussion auf Oemlers *Repertorium* beschränken. Wie in zwei anderen Vorschlägen des hier diskutierten Gutachtens von 1787 aufgezeigt, ist von einer
Einsichtnahme in den 1787 erschienenen zweiten Band der von dem Jenaer
Superintendenten erarbeiteten Zusammenstellung kirchenpraktischer Empfehlungen auszugehen. Wiederum in der Vorrede, die Herder bereits für den Exorzismus wahrgenommen haben dürfte, finden sich Hinweise auf Gesangbuchre-
visionen. Unter Rekurs auf Niemeyers *Predigerbibliothek* und die *Neuesten
Religionsbegebenheiten*[388] faßt Oemler seine eigene Einschätzung zusammen:

> „Ich bin aber auch da der Meinung, daß man nie ein neues Gesangbuch mit Gewalt
> einführen soll. Denn die Folgen sind sonst äußerst betrübt. Es ist bekannt, was das
> neue Gesangbuch, welches in Hildburghausen der sel.[ige] D. Basch einführen
> wollte, und das Preußische in Berlin für Bewegungen und Aergerniß gestiftet ha-
> ben. Nach meiner Ueberzeugung sollte jedes Gesangbuch eine Sammlung alter und
> neuer Lieder in sich fassen. Denn Erbauung ist immer relativisch und ich kann
> meine Erbauung keinem andern aufdringen, aber auch einem andern seine Erbau-
> ung nicht hindern. Luthers Lieder sollten als Schmuck des Alterthums schlechter-
> dings beybehalten werden. Denn wir sollten in unsern protestantischen Ländern
> stolz darauf seyn, daß andere Kirchen uns wegen dieser Lieder beneidet und sie
> von uns abgeborgt haben. Luthers unnachahmlicher Geist, ist doch in selbigen un-
> leugbar."[389]

Die Übereinstimmung dieser Position mit den von Herder im zeitlichen Vorfeld entwickelten Grundsätzen ist beträchtlich. Dennoch macht sie die Annahme einer Abhängigkeit Herders von Oemler in den zuvor diskutierten Zusammenhängen nicht weniger wahrscheinlich. Auch hier bietet Oemler einen
Aspekt, der bei Herder zuvor nicht ausdrücklich benannt worden war. Der
Vorschlag, eine Sammlung alter und neuer Lieder zu integrieren, entspricht genau Herders späterem Vorgehen einer Zweiteilung des Gesangbuches. Die
Ausdeutung Oemlers soll in dieser Hinsicht nicht überhöht werden; auf eine
entsprechende Lesart ist dieser Text – den Herder mit größter Wahrscheinlich-

---

387   Vgl. dazu in diesem Kap. die einschlägige Stelle der „Erläuterung" in Anm. 212.

388   Neueste Religionsbegebenheiten für das Jahr 1784, S. 425–465.

389   Oemler, Repertorium, S. Xf.

keit kannte – jedoch offen. Herders eigene Vorstellungen gingen über Oemler freilich deutlich hinaus.

1.7.7. Herders Einzelvotum (3. April 1793)

Auch wenn die Anregung der Gesangbuchrevision im Kontext eines insgesamt schwierigen Gesamtgutachtens stand und für die Folgejahre keinerlei Hinweise auf ein Aufgreifen oder ein produktives Anknüpfen an den Vorschlag zu finden sind, lag es doch in Herders Ermessen, die eigenen Anregungen weiter zu verfolgen. Das herzogliche Reskript vom 27. Februar 1788 hatte es dem Generalsuperintendenten ausdrücklich aufgetragen, „die successive Verbeßerung der Liturgie" weiterzubetreiben.[390] Zu den anschließenden Konsistorialvorgängen sind keine Quellen vorhanden. Haym referiert, daß durch eine mündliche Anregung Herders im Oberkonsistorium Ende 1792, äußerlich veranlaßt durch den sich abzeichnenden Ausverkauf der letzten Hoffmannschen Ausgabe, neue Bewegung in die Angelegenheit gebracht worden war.[391] Hinzuweisen ist hier auf die von Hoffmann noch 1789 und von Glüsing 1790 besorgten Drucke.[392] 1788, vielleicht auch im Zuge der sich abzeichnenden Italienreise, dürfte Herder es schlicht unmöglich gewesen sein, eine Überarbeitung nach Rücksprache mit den Verlegern zu forcieren. Die Drucke der Jahre 1789f. müssen es weiter verhindert haben, eine veränderte Version im unmittelbaren Anschluß zu konzipieren. Anfang 1793 jedenfalls zirkulierte ein durchschossener Druck des Hoffmannschen Gesangbuches unter den geistlichen Mitgliedern des Oberkonsistoriums.[393]

Herders Einzelvotum datiert auf den 3. April 1793.[394] Einerseits bemüht sich Herder, in der Zusammenstellung der alten Texte auf das Erfahrungswissen seiner Konsistorialkollegen zurückzugreifen. Andererseits pocht er dezidiert auf das herzogliche Reskript des Jahres 1788, um die Auswahl der neuen Lieder ohne weitere Abstimmungen alleine vornehmen zu können. Ausdrücklich erwähnt findet sich – wie in dem Nachsatz der „Erläuterung" des Votums von 1787 – der „gemeine Mann".[395] Im Kontext des Jahres 1793 gilt er als Fixpunkt für einen „*relativen* Werth"[396] von Liedern; hinzukommen auch „alte

---

390 Vgl. dazu in diesem Kap., Anm. 220f. und Anm. 411 sowie SWS, Bd. 31, S. 780.
391 Haym, Herder, Bd. 2, S. 611.
392 Hoffmann 1789, Glüsing 1790.
393 Haym, Herder, Bd. 2, S. 611.
394 SWS, Bd. 31, S. 778–781.
395 Ebd., S. 779.
396 Ebd., S. 778f.

oder fromme Leute", deren Gewohnheiten es zu berücksichtigen gelte[397]. Wichtig ist für Herder eine erneute Revision des vorhandenen Bestandes. Die Dringlichkeit, mit der er dies nahelegt, läßt vermuten, daß die Oberkonsistorialkollegen bereits sehr konkrete Vorschläge unterbreitet hatten. Herders Überlegung beinhaltet eine eigene Kontaktierung „ein paar erfahrne[r] Landgeistliche[r]", um auch lokale Traditionen berücksichtigen zu können.[398] Die vorgesehenen Änderungen wiederholen die zuvor entwickelten Grundsätze, wobei die Texte Luthers wiederum von redaktionellen Eingriffen ausgenommen bleiben sollen.[399] Für die übrigen Texte wird der Begriff der „unmerklichen Änderung" bzw. der „Änderungen, die [...] äußerst selten, äußerst nothwendig und unmerklich seyn" sollen, wiederum sehr stark gemacht.[400] Ein neuer Aspekt, der in diesen Zusammenhang eingebracht wird, ist der Hinweis auf die praktische Bedeutung einer zurückhaltenden Redaktion aufgrund des zu erwartenden gleichzeitigen Gebrauchs der verschiedenen Gesangbuchausgaben.[401] Angedacht findet sich die Möglichkeit, bei zu großen Differenzen einzelner Lieder durch verlesene Zirkulare die Gemeinde informieren zu lassen.[402] Auf die einschlägigen Anlässe wird nicht reflektiert; landesweit kann es sich jedoch ausschließlich um die Bußtage handeln, die mit einheitlichen Vorgaben zusammenhingen.

Wichtig sind für das von Herder weiter projektierte Vorgehen drei Elemente. Zum einen wünscht er, im Gesangbuch auf die Benennung der Autoren, abgesehen von Luther „und etwa *Paul Gerhard[t]* ", zu verzichten.[403] Der Vorschlag wird in dem Zusammenhang der alten Lieder formuliert, muß sich zwangsläufig jedoch auch auf die Auswahl der neuen Texte beziehen. Diese will Herder, zweitens, eigenständig vornehmen und sich nicht auf eine Vorlage, wie etwa das wohl von einem Kollegen vorgeschlagene „*Quedlinburgsche* Gesangbuch", beschränken.[404] Herder nennt eine lange Reihe der einzusehenden Drucke mit: „dem Gothaischen [Gesangbuch], [dem] Durlachischen, Darmstädtischen, Hannöverschen, Anspachischen, Berlinschen, Nördlingischen u. f."[405] Unerwähnt bleibt, daß eine Eigenredaktion ohne den Hinweis auf die jeweiligen Autoren selbst von den Oberkonsistorialkollegen fast unüberprüfbar bleibt. Der dritte Punkt betrifft die Einführung. Den Plan einer

---

397 Ebd., S. 779.
398 Ebd.
399 Ebd.
400 Ebd.
401 Ebd., S. 779f.
402 Ebd., S. 780.
403 Ebd.
404 Ebd.
405 Ebd.

grundlegenden Integration in das Gemeindeleben der Jakobskirche dürfte Herder aufgegeben haben, wenn er sich für die ihrem Wesen nach landesweite Lösung eines gestaffelten Druckes ausspricht. Das Gesangbuch möchte er in zwei Teilen erscheinen lassen.[406] Die Auswahl der alten Lieder stellt das eigentliche Gesangbuch dar; die Aufnahme der neuen Texte erscheine „als *Zugabe, oder Anhang oder zweiter Theil* oder wie man will, *mit fortlaufenden Nummern*".[407] Erkennbar wird, daß die äußere Zuordnung der beiden Teile für Herder unerheblich ist, solange der innere Zusammenhang durch die fortgesetzte Zählung Ausdruck findet. Der Gebrauch des zweiten Teiles ist fakultativ: „Den geistlichen [!] wird nirgend[s] ein Zwang aufgelegt; jeder verfährt nach seinem und seiner Gemeine Befinden."[408] Längerfristig sollen nur die älteren Versionen des Gesangbuches dadurch überholt werden, daß von den darin zusätzlich gebotenen Liedern keine mehr gesetzt werden dürfen.[409] Der Plan betont nach wie vor, wie dadurch „unvermerkt und allmählich"[410] ein neues Gesangbuch eingeführt werden könne; der Akzent hat sich jedoch gegenüber dem Vorschlag des Jahres 1787 deutlich verschoben. Im Vordergrund steht noch immer die graduelle Etablierung eines Konsenses; die landesweite Regelung knüpft jedoch stärker an Gedanken an, auf „Zwang" oder, wie es bei Oemler hieß, „Gewalt" zu verzichten. Die publizistische Form einer äußerlich signalisierten Trennung mag darin unauffällig an die frühe Anregung anknüpfen, die Herder unter dem Begriff einer Privatsammlung vorgestellt hatte.

1.7.8. Amtliche Vorgänge und Realisierung (1793–1795)

Für die nachfolgenden amtlichen Vorgänge finden sich in den Beständen des Thüringischen Hauptstaatsarchivs zwei weitere Schreiben Herders. Zunächst vermeldet das Oberkonsistorium unter dem 18. Februar 1794 an Karl August das Wiederanknüpfen an das Reskript vom 27. Februar 1788.[411] Das von Herder unterzeichnete Oberkonsistorialschreiben übersendet die einschlägigen Akten und verweist auf den äußeren Anlaß, „nachdem die gemachten Auflagen des Hofmannischen Gesangbuches völlig, und die Auflagen des Glüsingischen Gesangbuches beinahe vergriffen, wir auf eine verbesserte Einrichtung beider Gesangbücher Bedacht genommen, und deshalb sowohl die Vota der Mitglieder der geistlichen Bank [...] gesammelt, als auch die beiden VerlagsHandlun-

---

406 Ebd.
407 Ebd.
408 Ebd.
409 Ebd., S. 781.
410 Ebd.
411 ThHSA, B 3712, Bl. 1.

gen [...] darüber vernommen haben, die sich [...] die ihnen gemachten Vorschläge völlig gefallen lassen."[412] Offen ist in dem kurzen Bericht noch, ob „die neueren Lieder als Zugaben, oder [in Form eines] zweiten Theil[s] gedruckt" werden.[413] Betont wird jedoch, daß die Bücher „nach und nach mit Glimpf eingeführet würden, [womit] den gewöhnlichen Schwierigkeiten die bey dergleichen Einführungen vorzufallen pflegen, größtentheils zuvorzukommen wäre, oder ihnen leicht abzuhelfen seyn möchte."[414] Die Antwort von Karl August an das Oberkonsistorium datiert auf den 16. Mai 1794. Sie genehmigt die Vorschläge „sowohl in Ansehung der Einrichtung des Gesangbuches, als auch wegen [der ...] Modi dessen Einführung" und erteilt den Auftrag: „Ihr wollet das meiste [...] Erforderliche hiermitten besorgen, und Euch angelegen seyn lassen, ein vorzüglich gutes Gesangbuch zum Druck zu befördern".[415] Die Anweisung durch das Oberkonsistorium dürfte am 27. Mai erfolgt sein.[416]

Herders weiteres Vorgehen umfaßte die Kontaktierung einzelner Landgeistlicher. Er selbst erwähnt dies in seinem späteren Abschlußbericht an Karl August[417] in einem der Vorrede des Gesangbuches, die diesem Brief zeitlich vorausging, ähnlichen Wortlaut[418]. Auch die *Erinnerungen* bieten diese Information: „Er ließ sich die Lieblingslieder der Stadt- und Landgemeinen von ihren Geistlichen anzeichnen".[419] Eine wichtige Bezugsperson im Oberkonsistorium dürfte Zinserling gewesen sein, auf den Herder bereits in seinem Einzelvotum des Vorjahres Hoffnungen gesetzt hatte.[420] Die Arbeiten erstreckten sich bis zu ihrem Abschluß auf fast anderthalb Jahre. Die Vorrede des Gesangbuches datiert auf den 9. Oktober 1795.[421] Das Schreiben, mit dem Herder ein erstes Exemplar Karl August zukommen ließ, wurde unter dem 6. November aufgesetzt.[422]

---

412 Ebd., Bl. 1^r.

413 Ebd., Bl. 1^v.

414 Ebd.

415 Ebd., Bl. 3^r.

416 So ist wohl das Datum von Haym, Herder, Bd. 2, S. 612, zu verstehen.

417 Herder an Karl August, 6. November 1795; SWS, Bd. 31, S. 781f., Nr. 2; DA, Bd. 7, Nr. 196, S. 197, Z. 6–10: „Wegen der beizubehaltenden Lieder habe ich [...] Theils aus verschiedenen Districten des Landes Nachricht eingezogen, welche Lieder dort und hier gebräuchlich seyn."

418 SWS, Bd. 31, S. 718: „und man hat sorgfältig aus den verschiedenen Bezirken unsers Landes Nachricht eingezogen, welche Gesänge, dort oder hier, öffentlich oder besonders im Gebrauch seyn."

419 V, Abt. 2, Tl. 22 [Erinnerungen, Tl. 3], S. 26.

420 Vgl. dazu SWS, Bd. 31, S. 779.

421 Ebd., S. 717–722.

422 Herder an Karl August, 6. November 1795; SWS, Bd. 31, S. 781f., Nr. 2; DA, Bd. 7, Nr. 196, S. 197f.

1.7.9. Die Vorrede des „Weimarischen Gesangbuchs" (9. Oktober 1795)
und der Brief an Karl August (6. November 1795)

Die beiden abschließenden Texte sollen hier im Zusammenhang dargestellt werden. In Entsprechung zu ihrem Umfang und ihrem wirkungsgeschichtlich zentralen Ort wird damit die Vorrede des Gesangbuches im Vordergrund stehen. Auf eine bemerkenswert sachliche und vollständige Weise bündelt sie die wesentlichen Punkte der Zusammenstellung und Redaktion. Die Gliederung ist in ihren einzelnen Schritten und Gedankengängen überaus klar gestaltet. Der Text knüpft nahtlos an die Vorreden des Jahres 1778 an.[423] Als ein neues Element, ohne eigene Einführung oder Vermittlung, wird in diesem Absatz „die beträchtliche Zahl derer" eingeführt, „die, nach dem Vorgange fast aller Deutschen Länder, eine nach unsrer neueren Sprache eingerichtete Sammlung von Liedern vielfältig verlangten."[424] Die zwei nachfolgenden Abschnitte benennen die Berechtigung beider „Partheien", die zugunsten der alten, vertrauten und trostreichen Lieder und die auf einen stärkeren Gegenwartsbezug der Texte ausgerichteten Gemeindeglieder.[425] Ein in den vorherigen Dokumenten bislang unbenanntes Argument findet sich in dem Hinweis auf die „*einzelnen Materien*, insonderheit *praktischen Lehren*", die mit neuen Texten auch „in Liedern auf *einzelne Pflichten und Lebensumstände*" zielen können.[426] In der Auswahl der alten Lieder wird auf die vorangegangene landesweite Korrespondenz mit einzelnen Geistlichen verwiesen. Zwei Einschränkungen finden sich sehr deutlich für die gebotene Textgestalt formuliert. Zum einen wiederholt Herder offen, daß „keine unnütze oder schlechte [...] Verse ausgelassen werden" konnten, um den zeitgleichen Gebrauch der alten Gesangbücher nicht zu verhindern.[427] Zum anderen führt Herder in der größten Ausführlichkeit aus, in welchen Fällen der Textbestand – trotz inhaltlicher Ablehnung – beibehalten wurde. Ein erster Abschnitt bietet Beispiele,

> „daß es z. B. keine Frömmigkeit sey, mit dem Namen *Jesulein*, oder mit andern Namen unsres hochgelobten Erlösers, mit seiner *Krippe* und *Windeln*, mit seinem *Blut, Striemen* und *Wunden* zu tändeln, daß die unseligen Uebertreibungen der *Buß-Aengste* nach mißverstandenen Worten einiger Psalmen eben so unevangelisch, als unwahr seyn [...]; daß wir, statt über *Verfolgung der Feinde*, über *Kreuz und Leiden* zu seufzen und zu klagen, [...] vielmehr [...] verzeihen [...] und alles

---

423 SWS, Bd. 31, S. 717.
424 Ebd.
425 Ebd., S. 718f.
426 Ebd., S. 718.
427 Ebd.

Schmähen auf dies irrdische Leben, alles murrende Hinausseufzen aus demselben"
als „Heuchelei und [...] leerer Wortschall" verstanden werden müsse.[428]

Die Entstehung dieser Stellen beschreibt Herder nur einleitend knapp als eine
„wohlgemeinte herzliche Empfindung [...,] die rührend übertrieben" wurde.[429]
Ablehnung finden die Texte weniger selbst als deren Gebrauch im öffentlichen
Gottesdienst. Da „im Allgemeinen keiner aus Hunderten sie mit Wahrheit
nachsingen wird", ginge der Wahrheitsgehalt verloren.[430] Ein zweiter Abschnitt bietet praktische Ratschläge für Pfarrer und Gemeinden im Umgang
mit diesen Liedern. Herder betont zunächst den Auftrag des Geistlichen, als
„Lehrer" für die angemessene Auswahl der Texte zu sorgen.[431] Zudem wird
auf die Bedeutung der Predigt verwiesen. Was „anstößig" und „Schlecht" ist,
möge „in der Stille verschwinde[n]".[432] Diese Vorgehensweisen erinnern stark
an die gesamte Programmatik Herders, die an dieser Stelle jedoch – nach der
eigentlichen Textarbeit und dem für Herder sicher unbefriedigenden Ergebnis
– öffentlich an die Geistlichen weitergeleitet wird. Ein weiterer Ratschlag trägt
bereits an dieser Stelle auf, „gute [...] Lieder in der Schule" lernen zu lassen.[433]
Der nächste, vergleichsweise kurz gehaltene Abschnitt gilt den aufgenommenen „neue[n]" Liedern.[434] Er verweist zunächst auf deren absolutes Alter: „einige derselben sind schon ein halb Jahrhundert alt [...]. Manche sind seit zwanzig, dreißig Jahren in allen protestantischen Ländern Deutschlands öffentlich
oder besonders gelesen oder gesungen worden".[435] Betont findet sich die zusammen mit den alten Texten gemeinsame Ausrichtung auf *„Einen Herrn und
Heiland"*, verbunden in „Einerlei Lehre, [...] Einerlei Hoffnung und Pflichten".[436] Angemessen sei der Zeit- und Gegenwartsbezug in der Sprache ebenso
wie in den behandelten Materien. Über die Zusammenstellung heißt es nur,
„man [habe] sich [...] viele Mühe gegeben [...], allenthalben her die Besten zu
sammeln, und aus diesen die leeren Verse zu verbannen"[437], doch sei das Endresultat noch immer durchwachsen und so angelegt, daß auch darin eine Auswahlmöglichkeit für die Geistlichen gründe. Der Brief an Karl August wird in
dem Wert des zweiten Teiles deutlicher: „Die hinzugekommenen Lieder [sind]

---

428 Ebd., S. 719.
429 Ebd.
430 Ebd., S. 720.
431 Ebd.
432 Ebd.
433 Ebd.
434 Ebd., S. 720f.
435 Ebd., S. 720.
436 Ebd., S. 721.
437 Ebd.

aus den besten Gesangbüchern in ganz Deutschland ausgewählt".[438] Diese Passage übernahm Haym wörtlich – ohne Kenntlichmachung als Selbsteinschätzung Herders, als Zitat und Hinweis auf den Brief oder dessen Kontext[439]. Eine entsprechende Aussage findet sich in der gedruckten Vorrede nicht. Sie bietet dafür abschließend vier Ratschläge zur Einführung der neuen Lieder. Zunächst betont Herder, daß die alten Texte in der Liedauswahl der Pfarrer berücksichtigt werden müßten.[440] Danach deutet er an, daß die Zusammenstellung neuer Lieder sowohl in ihren Texten als auch den Melodien eine Erleichterung für einen zeitgenössischen Anwendungsbezug darstellen könne.[441] Wichtig sei dennoch, daß auch in den Predigten auf einzelne Passagen erklärend Bezug genommen werde.[442] Die abschließenden zwei Punkte gelten den beteiligten Einrichtungen und Personen an einer längerfristigen Etablierung. An erster Stelle wird die Schule benannt, in der ebenfalls einzelne Verse der neuen Lieder zu lernen seien.[443] Anschließend wird der Privatgebrauch des Gesangbuches nahegelegt: „Der schönste Platz aller alten und neuen geistlichen Gesänge ist das *Hauswesen*. [...] Es kommt auf Väter und Mütter an, daß sie ihre Kinder diese [neuen!] Lieder singen lassen, und sie damit zu einer Fortdauer in ihre Familien einführen".[444] Wichtig ist insgesamt die längerfristig ausgerichtete Perspektive: „was Ein Jahr nicht thut, das thun einige Jahre".[445] Ameln stellt in seinem kurzen Vergleich mit den Vorreden das Jahres 1778 einen Unterschied darin fest, daß Herder 1795 darauf verweise, daß „In vielen Familien [...] die alten Lieder fast ausgestorben" seien, um sich für das Erlernen neuer Lieder einzusetzen[446], während er zuvor die alten Kerngesänge forciert hatte. Der Hinweis geht an der Geschlossenheit des Ansatzes vorbei. Die Vorrede von 1795 betont die Aufgabe eines schulischen Erlernens alter und neuer Texte gleichermaßen. Zudem erklärt der Text sehr offen und konsequent die jeweiligen Vorzüge der beiden Teile und bemüht sich, jede prinzipielle Bevorzugung des neu gebotenen Zusatzes zu vermeiden. Die Fortführung zu den Vorreden des Jahres 1778 ist jedoch nicht nur in der darin zum Ausdruck gebrachten Wertschätzung des geistlichen Gesanges selbst zu sehen, der in seinen Anschlußmöglichkeiten auf zeitgenössische Dichtung durchaus offen war. Die direkte Kontinuität – gerade

---

438 Herder an Karl August, 6. November 1795; SWS, Bd. 31, S. 781f., Nr. 2; DA, Bd. 7, Nr. 196, S. 197, Z. 20f.

439 Vgl. dazu in diesem Kap., Anm. 290.

440 SWS, Bd. 31, S. 721 (1.).

441 Ebd., S. 721f. (2.).

442 Ebd., S. 721 (2.).

443 Ebd., S. 722 (3.).

444 Ebd. (4.).

445 Ebd.

446 Ebd., S. 722. Ameln, Gesangbuch-Herausgeber, S. 133.

im Kontext der hier abschließend benannten familialen Aufgabe – besteht in dem bereits 1778 formulierten Plan einer Privatsammlung. Es ist deutlich, daß dieses ursprüngliche Vorhaben, entwickelt aus dem Rekurs auf Luther und modifiziert in dem Votum von 1787, in der Gesamtanlage des *Weimarischen Gesangbuches* von 1795 ausgeweitet wird, die abschließende Passage der Vorrede jedoch an genau diese Vorstellung wieder anknüpft. Herders Anliegen wird darin erkennbar, nicht aber sein Bemühen, diese Verbindungslinie erkennbar zu machen. Mit dem unvermittelten Rekurs auf eine vorhandene Nachfrage an neuen Texten wählte er in der Einleitung der Vorrede eine andere, nur schwer zu hinterfragende Argumentationsebene, die ihren gleichermaßen berechtigten Hintergrund gehabt haben mochte. Das kurze Schreiben an den Herzog bietet keine weiteren Informationen und deutet nur an, daß mit dem Anhang der Gebete und Andachten auch die Liturgie geändert worden war. Der Vergleich der beiden Texte ergibt damit zwei bezeichnende Ergebnisse. Die liturgischen Veränderungen waren in einer anderen Weise als 1787 geplant vorgenommen worden. Sie wurden jedoch gleichermaßen stillschweigend eingeführt. Weiter stellt das Schreiben an den Herzog die Leistung in der Zusammenstellung des zweiten Teiles heraus, während sich die Vorrede im Blick auf die herangezogenen Quellen und Auswahlkriterien bemerkenswert bedeckt hält.

1.7.10. Hinweise zur Druckgeschichte des Gesangbuches (1795–1882)

Das Ende 1795 gedruckte und Anfang 1796 breiter ausgelieferte Gesangbuch erschien wie die Vorversionen bei Hoffmann und Glüsing. Hinweise auf Separatdrucke der beiden Teile finden sich nicht. Gleichwohl wurde der Anhang der Gebete und Andachten in Einzeldrucken von Glüsing vertrieben.[447] Hinsichtlich der Erstdrucke des Jahres 1795 ist zu bemerken, daß sie, wie auch das Gros der Nachfolgeausgaben, auf eine explizite Nennung der Jahreszahl verzichten. Aus diesem Grund werden zum einen zahlreiche deutlich spätere Drucke in Bibliotheks- und Antiquariatskatalogen irrtümlich als Erstausgaben des Jahres 1795 geführt. Zum anderen bleiben häufig nur handschriftliche Vermerke der einzelnen Exemplare, um grobe Datierungen der Drucke vorzunehmen. Weithin sind es auch Ausschlußprinzipien, die es erlauben, die Annahme einer Erstausgabe zu korrigieren. Titelblätter, die etwa die „Albrecht'sche [...] Hofbuchhandlung und Verlagshandlung" nennen, verweisen mit Sicherheit nicht auf Erstdrucke, sondern die dreißiger und vierziger Jahre des 19. Jahr-

---

447 Vgl. dazu u. a. Gebete und Andachten. Die nachfolgenden Exemplare werden in der vorliegenden Arbeit nur an dieser Stelle mit der jeweiligen Signatur aufgeführt. Zusammen mit den Seitenangaben im Haupttext sind die bibliographischen Angaben damit kürzer aufgenommen als in der eigenen Liste im Anhang.

hunderts.[448] Die Seitenzählung der Albrechtschen Ausgaben (XII S. [Vorrede], 468 S. [Hauptteil], 64 S. [Anhang]) ist identisch mit denen Hoffmanns[449] aus dem vergleichbaren Zeitraum. Die Hoffmannschen Drucke setzten diese Paginierung bis in die fünfziger Jahre des 19. Jahrhunderts fort.[450] Von Ausgaben Glüsings finden sich vergleichbar wenige.[451] Die Seitenzählung der Glüsingischen Drucke[452] (X S. [Vorrede], 459 S. [Hauptteil], 78 S. [Anhang]) entsprechen jedoch denen Hoffmanns und verweisen in eine Frühzeit von 1795[453] bis in den Anfang der zwanziger Jahre des 19. Jahrhunderts[454]. In die zweite Hälfte der zwanziger und die dreißiger Jahre fallen bei Hoffmann Ausgaben, die auf eine Trennung von Hauptteil und Anhang in der Paginierung verzichten (XVI S. [Vorrede], 680 S. [Hauptteil und Anhang]).[455] Eine vergleichbare Tendenz weist auch ein weiterer Druck des 19. Jahrhunderts auf, der mit einem von Condrad Westermayr gefertigten Kupferstich Herders nach Vorlage von Tischbein versehen wurde (XVI S. [Vorrede], 516 S. [Hauptteil, bis S. 442, und Anhang].[456] Drei Drucke bleiben in ihrer Einordnung problematisch. Eher in die Spätzeit der Regierung von Karl August dürfte eine ebenfalls umfangreiche Ausgabe zu datieren sein (XII S. [Vorrede], 574 S. [Hauptteil], 96 S. [Anhang]).[457] Zwei weitere Drucke stehen mit ihrer Seitenzählung in unterschied-

---

448 Vgl. dazu u. a. die ca. 1830 anzusetzenden Exemplare: UB Augsburg: 221/BS 4780 A498.830 W4, und ebd.: 221/BS 4780 A842.830 W4. Ferner, mit handschriftlichem Eintrag, 19. Oktober 1841, das Exemplar: AAB Koe II, 506, sowie, ebenfalls in diesen Zeitraum gehörig: AAB: 19 A 299 und AAB: A 5: 143a. Etwas später, wohl um die 1844, sind einzuordnen: AAB: A 5: 143 n1 und AAB: A 5: 143 n2.

449 Auf dem Titelblatt ausdrücklich genannt: Hoffmann [ca. 1835], Exemplar: AAB: A 5: 143o1; ferner [ca. 1838] AAB: Bh 181b; in den Seitenzahlen damit identisch und der Datierung des Katalogs sicherlich zu korrigieren: UB Eichstätt: 14/ BS 4780 H541 W4.

450 Vgl. dazu [ca. 1850] die Exemplare: AAB: Bh 181a und UB Greifswald: 527/ FuH 51313. Ferner [ca. 1852] AAB: Koe II: 479d.

451 Frühe Drucke sind wohl die Exemplare: UB Augsburg 221/BS 4780 A498.795 W5, und ebd.: 221/BS 4780 A742.795 W5. Die Seitenzahl ist die oben im Text im Anschluß genannte.

452 Ein explizit in das Jahr 1808 datierter Druck findet sich in der UB Greifswald: 527/ FuH 51307.

453 Vgl. dazu das Exemplar: UB Halle AB B 3184.

454 ThULB: 8 Th XXXVIII 193/16a. [ca. 1800] und LB Halle I1 3049n; HAB: M: T1 661; AAB: A 5: 143h; AAB: A 5: 143h4; [ca. 1802] AAB: A 5: 143g1; [ca 1810] AAB A 5: 143h1; [ca 1812] AAB: N 10406; AAB: V 3536; AAB: Koe II: 479.

455 [Ca. 1825] AAB: 19 A 301; AAB: 19 A 347; [ca. 1835] UB Augsburg: 221/BS 4780 W 842.835 W4; in ihrer Datierung nach 1828 eindeutig ist das Exemplar mit beigebundenem Stich von Maria Pawlowna, Großherzogin von Sachsen-Weimar-Eisenach: ThULB: Theol. XXXVIII o 193/16, sowie ebd.: 4 Theol XXXVI, 193. 15–16a; AAB: Koe II, 506; UB Augsburg: 221/BS 4780 W 842.835 W4 [ca. 1835].

456 AAB: N 1472 [Identifizierung im Katalog mit einer Ausgabe von ca. 1795 falsch], AAB M 887 [Mikrofiche von Original]: Koe II: 507; BSB: Liturg. 1367 h.

457 Mit Kupferstich von Karl August: AAB: A 5: 143; ebd.: Koe II: 479b.

lich großer Nähe zu den frühen Ausgaben, (XII S. [Vorrede], 459 S. [Hauptteil], 78 S. [Anhang])[458] sowie (X S. [Vorrede], 462 S. [Hauptteil], 78 S. [Anhang])[459], doch fällt eine exaktere Verortung schwer. Erst eine detaillierte Aufnahme der handschriftlichen Einträge wird es ermöglichen, die hier benannten Ausschluß- und ansatzweisen Klassifizierungsprinzipien zu vertiefen und eine chronologisch detaillierte Beschreibung der Erstdrucke zu bieten.

Wichtig in der Druckgeschichte des *Weimarischen Gesangbuches* ist insgesamt der Einschnitt in der Mitte des 19. Jahrhunderts. Die sog. Stereotyp-Ausgaben erschienen in der Hofbuchdruckerei, wobei einzelne Exemplare noch auf die „Hoffmann'sche Hofbuchhandlung" verweisen[460]. Die erste Ausgabe ließ sich nicht identifizieren; die zweite erschien 1856[461], die 18. und wohl letzte 1882[462]. Die Stereotyp-Ausgaben sind seitenidentisch[463] (XII S. [Vorrede], 460 S., 72 S. [Anhang]). Wichtig an dem Textbestand der Drucke ist, daß sie zu Angaben übergehen, die Herder selbst nicht vorgesehen hatte, indem sie Hinweise auf sämtliche Autoren und Dichter bieten. Möglich geworden war dies nach der 1851 separat publizierten Vorarbeit *Verzeichniß der Liederdichter des Weimarischen Gesangbuches, als Anhang und Ergänzung desselben* von Johann Karl Schauer.[464] Für eine materiale Aufarbeitung der Herderschen Auswahl stellen diese Ausgaben eine wichtige Hilfe dar. Sie verbleiben jedoch, wie auch Hayms auf Schauer gründendes Urteil, auf der Ebene einer Herder zugesprochenen vielseitigen Auswahl.

Abgelöst wurden die Stereotyp-Ausgaben, wie das *Weimarische Gesangbuch* insgesamt, von dem *Gesangbuch für die evangelische Landeskirche im Großherzogtum Sachsen*. Die Erstausgabe ließ sich in keinem Exemplar identifizieren. Die zweite in Weimar verlegte Ausgabe erschien 1883[465], im Folgejahr der letzten auffindbaren Stereotyp-Ausgabe.

---

458 UB Tübingen: 13 A 3575; UB Augsburg: 221/ BS 4780 A498.795 W4.

459 UB Greifswald: 527/ FuH 51305; AAB: Koe II: 507 [verfilmt: M 887]; nicht jedoch N 1472 [s. o.]; Emden, Johann a Lasco Bibliothek: Theol. 8° 2861 R; Halle, Franckesche Stiftungen: S/Gesang: 265; AAB A 5: 143h2; AAB: V 4213.

460 Vgl. dazu alleine die 10. Stereotypausgabe; Exemplar: ThULB: 8 Th. XXXVIII 193/22.

461 Exemplar: ThULB: 8 Th. XXXVIII 193/19.

462 Exemplar: ThULB: 8 Th. XXXVIII 193/32e.

463 Zur sechsten Ausgabe vgl. die Exemplare: Halle, Franckesche Stiftungen: S/ Gesang: 433; ThULB: 8 Th XXXVIII 193/20; zur siebten: Forschungsbibliothek Gotha: Cant.spir 8° 02007; LB Mecklenburg-Vorpommern, Schwerin: Be IV,345:7; zur achten: ThULB: 8 Th XXXVIII 193/21; zur zehnten: AAB: A 5: 43g2; ThULB: 8 Th XXXVIII 193/22; zur elften: ThULB: 8 Th XXXVIII 193/17; zur 13.: ThULB: 8 Th XXXVIII 193/30; und zur 15.: ThULB: 8 Th XXXVIII 193/32.

464 Schauer, Verzeichniß. In dieser Schreibung ist die bibliographische Angabe von Haym, Herder, Bd. 2, S. 613, Anm. 48, zu korrigieren.

465 Exemplar: ThULB: Jena 8 Th XXXVIII 193/35.

1.7.11. Die Einführung in Sachsen-Weimar (ab 1795)

Wie die langjährige Druckgeschichte zeigt, wurde die Einführung in Sachsen-Weimar zu einem anhaltenden Erfolg. Die *Erinnerungen* fassen dies unter Hinweis auf eine einzige Ausnahme zusammen:

> „Diese Einrichtung gelang. Stadt und Land nahmen ohne Schwierigkeiten das Gesangbuch an. Auch wurde die Einführung desselben nur allmählich nach dem Bedürfnis eines jeden geordnet, so daß niemand zum neuen Gesangbuch gezwungen ward. Nur die Jenaische Diöcese nahm das Gesangbuch und den Katechismus nicht an, da ein gewisser Superintendent Vorurtheile dagegen hatte, bis auf 1803."[466]

Es ist frappierend, daß ausgerechnet Oemler – an dessen publizistisch verfügbaren Ratschlägen sich Herder in mehreren Zusammenhängen orientiert hatte – die Einführung in der Jenaischen Landesportion verhinderte. Das Jahr 1803 verweist auf die Akzeptanz unter dessen Nachfolger Marezoll. Welches persönliche sowie amtliche Verhältnis Herder und Oemler miteinander pflegten, wäre einer eigenen Untersuchung wert. Mit Blick auf eine Ursache von Oemlers Ablehnung des *Weimarischen Gesangbuches* von 1795 ist zumindest darauf zu verweisen, daß 1784 in Jena eine *Sammlung vorzüglicher Geistlicher Lieder zur Unterhaltung einer vernünftigen Andacht unter Christen* im Verlag der Cunoischen Erben erschienen war.[467] Die Vorrede hält regionale Bezüge ebenso fest wie eine Herder vergleichbare Programmatik, in der Einführung neuer Lieder jeden Anstoß vermeiden zu wollen. Zugleich wird die Hoffnung auf eine Akzeptanz in den öffentlichen Gottesdiensten ausdrücklich formuliert:

> „Man hat sie aus den besten neuern Sammlungen zusammen getragen, und ältere Lieder, die in den öffentlichen Gesangbüchern hiesiger Gegenden bereits stehen, weggelassen, einige wenige ausgenommen, die man so umgearbeitet schon antraf, daß sie für neue Lieder angesehen werden mußten. Da man, nebst der Kürze, auf Richtigkeit der Gedanken sowohl als des Ausdrucks sorgfältig gesehen hat, und alles, was vielleicht bey einigen Lesern Anstos[s] veranlassen könnte, möglichst zu vermeiden beflissen gewesen ist; so sind manche Lieder abgekürzt, und manche in einzelnen Stellen etwas geändert worden. Lieder, deren Melodien in den hiesigen Gegenden wenig bekannt sind, ingleichen solche, die nur bey der Privatandacht, und nicht auch zugleich in den Versammlungen der Christen schicklich gebraucht werden können, hat man, so gut sie auch an sich seyn mochten, nicht aufgenommen."[468]

---

466 V, Abt. 2, Tl. 22 [Erinnerungen, Tl. 3], S. 26.

467 Geistlicher Lieder.

468 Ebd., 1f.

Auf den Druck ist insofern hinzuweisen, als Jena von eigenen Gesangbuch-Unternehmungen[469] damit nicht frei war, was durchaus mit gegenseitigen Ablehnungsprozessen in Verbindung stehen mag.

An Herders eigener Praxis der Liedauswahl an der Weimarer Stadtkirche ließen sich zahlreiche Beobachtungen anschließen. Auf diese soll verzichtet werden, da ihnen ein lokaler Gemeindebezug zukommt, nicht aber eine landesweite Bedeutung. In drei Bereichen läßt sich diese festmachen. Zunächst ist auf die gedruckten Bußtagszettel zu verweisen, deren Liedsetzungen nicht von der Vulgata und der Suphanschen Werkausgabe übernommen wurden.[470] Die Liedwahl der beiden Bußtage nahm der Generalsuperintendent eigenständig und für das Fürstentum verbindlich vor. Die folgende Aufnahme beschränkt sich auf eine Zusammenstellung der Lieder des Dezemberbußtages. Der auf den Karfreitag gesetzte Bußtag eröffnet aufgrund seiner engen thematischen Verbindung mit dem Osterfest keine in der Liedauswahl so offenen Vergleichsmöglichkeiten wie der Bußtag der beginnenden Adventszeit. Herder bemühte sich um ein – hier nicht darzustellendes – Setzen neuer Lieder bzw. eine Abwechslung mit den zuvor gewählten. Die neunziger Jahre beginnen mit einem breiten Wiederaufgreifen vorher gebotener Lieder. Von Bedeutung ist das Vorgehen der Jahre 1796 bis 1798. Nicht ein einziges Mal findet sich ein Lied des zweiten Teils des Gesangbuches vorgeschrieben. Erst das Jahr 1799 bietet Texte, die ausschließlich in dem *Weimarischen Gesangbuch* zu finden sind (in der Darstellung werden nur diese geboten; Wiederholungen, die in Festigungen der neuen Lieder resulierten, sind nicht verzeichnet). Mit derselben Konsequenz wie zuvor wird in den anschließenden Jahren das damit begründete Vorgehen fortgesetzt. Für die Jahre nach 1795 wird ausschließlich auf die neuen Lieder des *Weimarischen Gesangbuches* (WG) verwiesen, wobei zu erwähnen ist, daß der zweite Teil mit Nr. 359 einsetzt.

1799	Ich komme vor dein Angesicht	WG 482.
	Preis ihm! Er schuf und er erhält	WG 512.
	Mein erster Wunsch	WG 476.

---

469 Eine weitere Initiative stellt Albrecht, Kirchengesänge, dar. Dieses Werk befand sich sogar in Herders Besitz, vgl. dazu BH, S. 48, Nr. 949: „Alter Kirchenlehrer, besonders Luthers, sämmtl. Kirchengesänge. Jena 1784."

470 Nicht geboten wird zudem der Tag, auf den der Text in der Unterzeichnung Herders datiert. Von 1776 bis 1792 ist dies für sämtliche Dezemberbußtage der 1. November, 1793 der 6. November, 1794 der 10. November, 1795 der 5. November, 1796 der 7. November, 1797 der 6. November, 1798f. der 5. November, 1800 der 17. Oktober, 1801 der 21. Oktober, 1802 der 1. November und 1803 der 5. November. Sämtliche Drucke wurden von Glüsing hergestellt. Auf eine jahresspezifische Zitation mit Blattangabe kann im folgenden aufgrund der einheitlichen Gestaltung der knappen Texte und der eindeutigen Erschließbarkeit durch die jeweilige Jahresangabe verzichtet werden. Summarisch verwiesen sei auf die Sammlung der Drucke im ThHSA, Stadtkirchenarchiv, D 28 I.

	Denk ich, Höchster, an die Güte	WG 460.
	Ich fleh, o Gott, du Gott	WG 462.
	Ich weiß, mein Ende nahet sich	WG 579.
1800	Dein Heil, o Christ, nicht zu	WG 479.
	Erbarum dich, Herr mein	WG 459.
	Wir haben alle dein Gebot	WG 466.
	Nach Wahrheit will ich streben	WG 561.
	Ich hab, o Gott, mir ernstlich	WG 445.
	Wer bin ich, o Barmherziger	WG 464.
	Wenn ich ein gut Gewissen habe	WG 474.
	Der lebet selig und vernügt	WG 472.
	Auf Gott und nicht auf meinen Rat	WG 537.
	Könnt ihr die Gestirne zählen	WG 469.
1801	Du! Des sich alle Himmel freuen	WG 480.
	Was ists, daß ich mich quäle	WG 544.
	Allein vor dir, mein Gott	WG 457.
	Der lebet selig und vergnügt	WG 472.
	Gott, deine Güte reicht so weit	WG 481.
	Ein unerforschlich sei mir immer	WG 543.
1802	Ich hab' o Gott	WG 445.
	Sollt ich, da mir Gottes Sohn	WG 447.
	Mein erster Wunsch	WG 476.
	Noch läßt der Herr mich leben	WG 499.
	Nach einer Prüfung	WG 591.
1803	Aus einem tief vor dir	WG 458.
	Du liebst o Gott Gerechtigkeit	WG 595.
	Nach Wahrheit will ich streben	WG 559.
	Du Gott voll Lieb und Güte	WG 564.
	Gott Deine Güte reicht	WG 481.
	Ich bin o Gott dein	WG 455.

Herders Vorgehen läßt erkennen, daß ein landesweit einheitliches Setzen neuer Lieder des zweiten Teiles erst mit dem Jahr 1799 beginnt.

Nahtlos schließt daran der zweite zu beschreibende Schritt an. Ende des Jahres 1800 und im Verlauf des damit eröffneten Kirchenjahres wurden die von Herder zu Predigttexten gewählten Lieder von sämtlichen Geistlichen des Landes konstitutiv auf das eingeführte Evangelium des jeweiligen Sonntags bezogen. Die von Herder bis September 1800 konzipierte Auswahl bot von 20 gesetzten Liedern 17 aus dem zweiten Teil des Gesangbuches. Auf die Selektionsprinzipien und ansatzweisen Verbindungen wird im Zusammenhang der Perikopenrevision einzugehen sein. Festzuhalten gilt, daß zusammen mit den landesweit einheitlichen Bußtagsliedern die zu Predigttexten gesetzten Kirchenlieder dazu führten, daß fünf Jahre nach der Einführung des Gesangbuches mehr als zwanzig Lieder aus zwölf der insgesamt 14 Kapitel des zweiten Teiles innerhalb von zwei Jahren landesweit verpflichtend in die Gemeindepraxis der Geistlichen integriert wurden. In der Wahrnehmung dieser untergründigen

Strukturen und deren zeitlicher Abläufe fühlt man sich neben dem programmatischen Begriff der „unvermerkten" Änderungen an die Worte der Vorrede erinnert: „was Ein Jahr nicht thut, das thun einige Jahre".[471]

Was Herder mit dem zeitlichen Abstand eines Jahres tun konnte, war, den
Kauf des neuen Gesangbuches anzuregen und abzusichern. Wie dies geschah,
illustriert die Predigt am Wilhelm-Ernstischen Stiftungstag vor den Angehörigen des Gymnasiums am 30. Oktober 1796. Unter den „Anstalten für Religion
[und ...] Gottesdienst" verweist er auf deren Erhalt, regelmäßige Nutzung und
zweckmäßige Verwaltung. Darunter nennt er:

> „So z. B. [das] Gesangbuch, [dieses enthält] gute Lieder [besonders] alte; [darauf
> hebt auch die] Vorrede [ab;] aber [es ist] auch nothwendig[,] daß wir neue [haben.]
> Man wird sehen, in welcher Zeit [wir leben], und ob nicht Weimar im ganzen Lan-
> de der letzte Ort [sein wird, der sein neues Gesangbuch gebraucht.] Nur einigema-
> le [sind wir] nicht in der Comödie, so haben wir [schon ein neues] Gesangbuch
> [zusammengespart;] durch das Gesangbuch [gewinnt] auch häuslich Religion[,]
> diese im Gesange schöner Lieder[.] Wohlan, diese neuen sind dazu. Schöne Melo-
> die, schöne Worte[;] passen auf unsere Bedürfnis[se,] unsere Zeit".[472]

Der Hinweis auf die Erziehung der Jugend zu dem neuen Gesangbuch stellt
den dritten und entscheidenden Schritt dar. Diesen hatte Herder seit 1795 vorbereitet, jenem Jahr, das von der Drucklegung des Gesangbuches und dem Beginn einer Ausarbeitung des Landeskatechismus bestimmt war. Der Ende 1797
gedruckte und seit 1798 gerade die Jugend des Landes erreichende *Katechismus* bietet in Fußnoten Hinweise auf thematisch einschlägige Lieder. Das Vorwort erklärt diesen Zusammenhang und verweist auf die bekannte Vorstellung
der Lieder als Katechismus des Volkes:

> „In einigen Anmerkungen sind Lieder oder Stellen aus Liedern angeführt worden;
> es steht aber Lehrern und Geistlichen frei, auch andre zu wählen. Überhaupt sind
> gute Lieder und Sprüche *der wahre Katechismus des Volks*, den man nicht nur gern
> ins Gedächtnis faßt, sondern im Herzen und Gemüth träget."[473]

Die Hinweise der Fußnoten sind nur in der Anführung des Titels oder der ersten Zeile einer Strophe formuliert. Unter teilweisen Wiederholungen bietet
der Katechismus 75 Empfehlungen von insgesamt 70 Liedern. Identifiziert
man die Titel im *Weimarischen Gesangbuch*, so gehören davon 18 Lieder dem
ersten Teil des Gesangbuchs an, 52 dem zweiten. Mehr als drei Viertel der
Empfehlungen gelten den neu eingeführten Liedern.[474] Von den alten Liedern
hatte Herder ca. 60 Prozent während seiner gesamten Amtszeit in der Stadtkir-

---

471 Vgl. dazu in diesem Kap., Anm. 445.
472 Vgl. dazu die Aufnahme im Anhang der Predigt zum Stiftungstag, 30. Oktober 1796, Bl. 4^r.
473 SWS, Bd. 30, S. 306 (8.).
474 Einschließlich der Wiederholungen empfahl Herder an 57 Stellen neue Lieder, indem sich
    fünf der 52 Titel zweifach aufgeführt finden.

che singen lassen; sie entsprechen der sehr begrenzten Anzahl von Titeln, die Herder als bekannt und für die Gemeinde erbaulich erachtete. Die Lieder des zweiten Teiles decken zwölf der vierzehn Kapitel ab; ausgenommen finden sich nur der Teil zu den Bußtagsliedern (Kap. VIII) und das Kapitel III: „Von der Erlösung durch Jesum Christum". Im Zusammenhang des Katechismus werden die zusammengefaßten Vorgehensweisen material zu vertiefen sein. Die Klugheit des Herderschen Vorgehens in der Einführung und Etablierung des Gesangbuches ist von einer beeindruckenden Größe. Auf seine Gegenwart wirkte Herder in einer unauffälligen Zurückhaltung. Die langfristige Perspektive, die in seiner gezielten Verzahnung von Gesangbuch und Katechismus erkennbar wird, ist von einer eigenen Stärke: Herder wählte neue Lieder für neue Generationen.

1.7.12. Mögliche Quellen der Zusammenstellung

Anknüpfend an die Herdersche Feststellung gegenüber Karl August, „aus den besten Gesangbüchern in ganz Deutschland"[475] ausgewählt zu haben – zumal in der gegenüber den Kollegen bereits zu einem frühen Zeitpunkt der Erarbeitung signalisierten Eigenregie –, stellt die erste Referenz zu einer Rekonstruktion der Auswahl die *Bibliotheca Herderiana* dar. Auch wenn der Besitz Herders kein Kriterium für eine materiale Kenntnis oder eigene Konsultation markiert, vermittelt er doch einen ersten Eindruck von der Fülle der möglicherweise heranzuziehenden und wahrscheinlich zu ergänzenden Quellen. Die Gesangbücher, die Herder erworben oder erhalten hatte, reichen von reformatorischen Drucken[476] über die genannte Ausgabe der Böhmischen Brüder[477], frühe zweisprachige Sammlungen[478], Gesangbücher der Herrnhuter[479], bis hin zu zahlreichen Kompilationen des 17.[480] (mit einem Schwerpunkt auf Rist[481]) und

475 Vgl. dazu in diesem Kap., Anm. 438.
476 BH, S. 22, Nr. 420 „Wittenbergisch, deutsch geistlich Gesangbüchlein mit 4 und 5 Stimmen, von Joh. Walther. Wittenb. 1544. Schwldb."
477 Vgl. dazu in diesem Kap., Anm. 343f.
478 BH, S. 77, Nr. 1517 „Deutsch und lateinisch Gesangbuch mit Melodeyen. 1583. Pergbd."
479 BH, S. 31, Nr. 598 „Gesangbuch der Brüder=Gemeinen. [1]741. Lederbd." Ebd., S. 31, Nr. 605 „Das kl. Brüder=Gesang=Buch. Barby [1]761. Lderbd". Ebd., S. 48, Nr. 957 „Herrnhuth. Gesangbuch. 9–12. Anhang. h. Frzbd." Ebd., S. 48, Nr. 958 „Herrnhuth. Gesangbuch. 1–4. Zugabe".
480 BH, S. 36, Nr. 706 „Der Psalter Davids von Corn. Becker. Halle 1625. Pergb." Ebd., S. 239, Nr. 5033 „Melodien theils geistl. theils. weltl. Lieder von H. Albert. 1–8. Theil. Königsb. 1638. u. a." Ebd., S. 36, Nr. 703 „Arnschwangers neue geistl. Lieder mit Singweisen. Nürnb. 1659." Ebd., S. 251, Nr. 5232 „Jo. Frankens Lieder und Psalmen. Guben 1674. h. Pergbd." Ebd., S. 250, Nr. 5205 „Höfels histor. Gesangbuch. Schleusingen 1681. h. Pergbd." Ebd.,

18. Jahrhunderts[482], die in unterschiedlichen privaten und öffentlichen Ausrichtungen stehen. Im Blick auf mehrere Autoren, exemplarisch sei nicht nur auf Klopstock[483] und Gellert, sondern auch Männer wie Cramer[484], von Moser[485] und von Hagedorn[486] verwiesen, sind die Übergänge zwischen geistlicher Dichtung und Kirchengesang auch in ihren Publikationen fließend.[487] In einschlägiger Ausrichtung auf den Kirchengesang ist zu verweisen auf Petersen[488], Hügel[489], Lavater[490] und Neander[491]. Referenzmöglichkeiten zur speziellen Liedgeschichte und einzelnen Verfassern sind breit vorhanden.[492] Von den eingeführten zeitgenössischen Gesangbüchern besaß Herder das Wernigerödische von 1746[493], das Darmstädtische von 1772[494], das Badische von

S. 249, Nr. 5192 u. a. „Verschiedene Sammlungen geistlicher Lieder componiert von Burck und Eccard. Mühlh. 1699. Pergbd." Ebd., S. 36, Nr. 714 „Geistl. Lieder und Lobgesänge. 1695. Cord."

481 BH, S. 36, Nr. 707 „Jo. Rists himmlische Lieder mit Melod. von Jo. Schopen. Lüneb. 1643. Pergb." Ebd., S. 36, Nr. 720 „Himmels=Lieder von Joh. Rist. Lüneb. 1651. Frgbd. m. g. Schn." Ebd., S. 249, Nr. 5187 „Jo. Rist, Musikalische Andachten. Lüneb. 1654 u. a."

482 Im folgenden ohne die Einschränkung auf den hier relevanten zeitlichen Rahmen bis 1795, jedoch in chronologischer Folge: ebd., S. 77, Nr. 1519 „Allgem. Gesangbuch von Mart. v. Cochem. Maynz 1724." Ebd., S. 73, Nr. 1447 „Lieder über die Evangelien, Wernigeroda 1755. Lderbd." Ebd., S. 77, Nr. 1518 „Güldnes Schatzkästlein. I. Thl. Halle [1]761 Lederbd." Ebd., S. 48, Nr. 952 „K. E. K. Schmidts Gesänge für Christen, Lembo 1773." Ebd., S. 36, Nr. 715 „Lieder zur Ehre unseres Herrn von J. H. Heß. Zürich 1785." Ebd., S. 36, Nr. 704 „Geistl. Lieder von J. Chr. C. Töpfer. Jena 1800. Frzbd." Nicht zu identifizieren: Ebd., S. 36, Nr. 712 „Christliches Gesangbuch. s.t."

483 BH, S. 253, Nr. 5267–69 „Der Messias, Halle 1749–1773." Ebd., S. 253, Nr. 5279 „Oden von Klopstock. Carlsruhe 1776."

484 BH, S. 253, Nr. 5282 „Jo. Andr. Cramers Gedichte. Leipzig 1782."

485 BH, S. 36, Nr. 717 „Fr. C. von Mosers geistl. Gedichte. Frkf. a. M. 1763. Pergbd."

486 BH, S. 252, Nr. 5261 „Oden und Lieder. Hamb. 1754."

487 BH, S. 252, Nr. 548 „Oden und Lieder von Suppius. Gotha 1749." Ebd., S. 48, Nr. 951 „Geistliche Poesien von S. G. Bürde. Breslau 1787."

488 BH, S. 36, Nr. 716 „Petersen Stimmen aus Zion. 1721."

489 BH, S. 36, Nr. 709 „Hügels Lieder und Gesänge. Jena 1786. Frzb."

490 BH, S. 36, Nr. 711 „Funfzig christl. Lieder von Lavater. Zürich 1771." Ebd., S. 48, Nr. 955 „Lavaters Lieder für das Züricher Waysenhaus. 1772." Ebd., S. 36, Nr. 708 „J. C. Lavaters 60 Lieder. Zürich 1780."

491 BH, S. 48, Nr. 953 „Neue Sammlung christl. Gesänge. Frkf. 1773."

492 BH, S. 35, Nr. 679–700 „J. C. Wetzels Lebensbeschreibung der berühmtesten Liederdichter. 1–4. Thl. Hermst. 1718. In 4 Bänden." Ebd., S. 35, Nr. 701f. „Ej. Nachlese zur Liederhistorie. 1.2. Bd. Gotha 1753." Ebd., S. 36, Nr. 722 „J. M. Schamelii Lieder=Commentarius. Leipz. 1737. Frzbd." Ebd., S. 36, Nr. 721 „Ephr Oloffs polnische Liedergeschichte. Danzig 1744." Ebd., S. 71, Nr. 1394 „Kirchners Nachricht von Liederverfassern. Halle 1771."

493 BH, S. 49, Nr. 961 „Wernigerödisches Gesangbuch. 1746. Lderbd."

494 BH, S. 48, Nr. 954 „Neues Darmstädtisches Gesangbuch. Darmstadt 1772. h. Frzbd."

1774[495], das gegenüber Müller erwähnte Gothaische von 1778[496], die oben genannte Berliner Ausgabe von 1778[497], das Göttinger von 1781[498], das Kopenhagener von 1784[499], das Windsheimische von 1785[500] sowie den 1793 publizierten Anhang zu dem Rudolstädtischen Gesangbuch[501]. Auf spätere Gesangbücher, die hier nicht einschlägig sein können, sei zumindest verwiesen.[502] Hinzukommen zwei Ausgaben, die mit vorherigen lebensgeschichtlichen Stationen (Königsberg[503] und Riga[504]) in Verbindung zu bringen sind. Die Schnittmenge mit den im Einzelvotum von 1793 genannten Ausgaben beschränkt sich damit auf die Drucke für Sachsen-Gotha, Baden-Durlach, Hessen-Darmstadt und Preußen. Ergänzend werden in dem Votum nur Hannover, Ansbach und Nördlingen genannt.[505] Für eine erste Heuristik, insbesondere für den zweiten Teil des *Weimarischen Gesangbuches*, reicht die Aufnahme dieser Daten vollends aus.

1.7.13. Die Einrichtung des Gesangbuches in der Grobeinteilung und Untergliederung

Als Hauptquelle läßt sich in der Tat schnell das Berliner Gesangbuch identifizieren. Selbst bei Liedern von Lavater (WG 417, 435, 444, 453, 461, 473), von Moser (WG 458), Klopstock (WG 428, 464, 480, 594f.) oder Cramer (WG 359, 362, 364, 380, 422, 445, 457, 543, 553) zeigt sich, daß Herder überwiegend nicht nach den Primärquellen gearbeitet hatte. Dieses Vorgehen ist aber in sich durchaus konsistent; auch im ersten Teil der alten Lieder folgt Herder durchwegs der im Kirchgebrauch gewachsenen Vorlage und nicht historischen Interessen in einer etwaigen Orientierung an der von den Autoren selbst publizierten Textgestalt, was alleine die Lieder Heinrich Alberts (WG 221, 349)

---

495 BH, S. 36, Nr. 710 „Badensches Gesangbuch 1774."

496 BH, S. 48, Nr. 948 „Gothaisches Gesangbuch. Gotha 1778."

497 Vgl. dazu in diesem Kap., Anm. 345f.

498 BH, S. 36, Nr. 713 „Göttinger christl. Gesangbuch. 1781. durchsch."

499 BH, S. 31, Nr. 595 „Kopenhagner deutsches Gesangbuch. Kopenh. 1784."

500 BH, S. 48, Nr. 956 „Windsheimisches Gesangbuch. Nürnb. 1785. Cord. mit gold. Schn."

501 BH, S. 49, Nr. 960 „Anhang zum Rudolstädtischen Gesangbuche. 1793."

502 BH, S. 36, Nr. 719 „Dresdenisches Gesangbuch. Dresden 1797. Cord. und gold. Schn." Ebd., S. 321, Nr. 10 „Schwarzenburg=Rudelstädtisches Gesang=Buch mit Gebeten und Betrachtung 1801."

503 BH, S. 36, Nr. 718 „Glossirtes Gesangbuch. Königsberg 1752."

504 BH, S. 240, Nr. 5046 „Lettisches Handbuch, enthaltend: 1) Die Evangelien. 2) Lettische geistl. Lieder, Collecten und Psalmen Davids. 3) Den kl. Catechismus Lutheri. [...] Mitau 1685. Frzbd."

505 Vgl. dazu in diesem Kap., Anm. 405.

oder Johann Rists (WG 41, 79, 80, 98, 130, 154, 168, 211, 236, 369, 437) illustrieren. Bevor der Quellengebrauch jedoch im einzelnen zu bestimmen ist,
soll zunächst die Grobeinteilung und Untergliederung des Gesangbuches in ihren Abhängigkeitsverhältnissen auf der einen und der Eigenbearbeitung auf der
anderen Seite aufgezeigt werden.

Der erste, die „alten" Lieder umfassende Teil ist mit 358 Nummern der
größere. Es überwiegt insgesamt die Auswahl an Liedern aus den gängigen
Weimarer Gesangbüchern. Der quantitative Vergleich mit den 237 „neuen"
Liedern des zweiten Teiles fällt noch einschlägiger aus, wenn man die Anzahl
der Druckseiten berücksichtigt, doch ist dies aufgrund des nicht selten wesentlich längeren Umfanges der alten Lieder von nur begrenzter Aussagekraft. Immerhin mag die knappe Andeutung der internen Gewichtung als Hinweis auf
die von Herder mehrfach dringlich betonte sachliche Notwendigkeit, aber faktisch nicht vorhandene Möglichkeit der Kürzung von einzelnen Strophen verstanden werden. Die Gliederungen der beiden Teile entsprechen einander in
einzelnen Punkten. Eine Vereinheitlichung wurde jedoch nicht vorgenommen.
Die nachfolgende Darstellung bietet die vollständige Grob- und Feingliederung des Gesangbuches und stellt, soweit dies graphisch möglich ist, ohne in
die Textgestalt einzugreifen, einzelne Parallelen heraus.

Erster Theil	Zweiter Theil
I. Von Gott, seinen Eigenschaften, und seiner Regierung	I. Von Gott, seinen Eigenschaften, und seiner Regierung
II. Von der Gnade Gottes gegen die Menschen	II. Von der Gnade Gottes gegen die Menschen
III. Von der Erlösung durch Jesum Christum	III. Von der Erlösung durch Jesum Christum
a. Von seiner Menschwerdung. Adventslieder	
b. Von seiner Geburt. Weihnachtslieder	
c. Vom Namen Jesu	
d. Von Jesu Leiden und Sterben	Vom Leiden und Tode Christi
e. Von Jesu Auferstehung	Von der Auferstehung Christi
f. Von Jesu Himmelfahrt	Von der Himmelfahrt Christi
IV. Von der Gemeinschaft des heiligen Geistes	IV. Von der Gemeinschaft des heiligen Geistes
V. Von dem Worte Gottes und von der christlichen Kirche, der Taufe und dem Abendmahl	V. Vom Worte Gottes und der christlichen Kirche
	VI. Von den Sakramenten der christlichen Kirche
a. Vom Wort Gottes	
b. Von der heiligen Taufe	Taufe
c. Von dem heiligen Abendmahl	Vom heiligen Abendmahl
	VII. Vom Christenthume, und dem Beruf der Menschen
VI. Von der Sinnesänderung des Menschen	VIII. [...] Sinnesänderung der Menschen

VII. Vom Glauben	Bußlieder
VIII. Vom Gebet	
IX. Von den Früchten des Glaubens	
Vom kindlichen Sinne zu Gott	IX. Von einem guten Gewissen, voll
Vom göttlichen Frieden, der	Freude, Friede und Hoffnung
Freude und Hoffnung	X. Allgemeine Bitten, Lob- und Danklie-
X. Von Christenpflichten, oder vom	der
christlichen Leben und Wandel	XI. Besondere Bitten, Lob- und Danklie-
XI. Zeitenlieder	der
Neujahrslieder	Neujahrslieder
Morgenlieder	Morgenlieder
Abendlieder	Abendlieder
Tischlieder	Sonn- und Festtagslieder
Sonn= und Festtagslieder	Am Feste der Dreieinigkeit
Am Feste der Erscheinung	Am Kirchweihfeste
Christi	Am Michaelistage
Am Feste Mariä Reinigung	Witterungs- Saat- und Erntelie-
Am Fest Mariä Verkündigung	der
XII. Von allgemeinen und besonderen	Kriegs- und Friedenlieder
Pflichten	Lieder, den allgemeinen Wohl-
Berufslieder	stand betreffend
Von der Liebe zu Gott und	Nach der Trauung
Menschen	Fürbitte für Kinder
XIII. Lob- und Danklieder	XII. Vom Vertrauen auf Gott
XIV. Gebets- und Trostlieder in allerley	XIII. Von einzelnen Gesinnungen, Tu-
Noth	genden und Pflichten
Zu Kriegszeiten	Von der Liebe zu Gott, zu uns
Bey ansteckenden Krankheiten	selbst und Andern
Bei Theurung	Von christlicher Demuth
In allerley traurigen Umständen	Von Gerechtigkeit und Wahr-
	heit
	Von Güte, Sanftmuth und Ver-
	zeihung
	Von Arbeitsamkeit und Fleiß
	Vom Gebrauch der Zeit und
	irdischen Güter
XV. Erinnerungen des Todes. Grabes=	XIV. Erinnerungen des Todes und der
und Auferstehungslieder	Ewigkeit

Die unterschiedlichen Einteilungen sind nur quellenbedingt zu erklären. Die Überschrift von Kapitel I verdankt sich sowohl im ersten als auch zweiten Teil einer zusammenfassenden Formulierung Herders. Bei Hoffmann ist der erste Teil überschrieben: „Die evangelische Haupt= und Grundlehre von dem GOtt unsers Heils"[506]; die beiden ersten Unterkapitel lauten: „I. Von dem göttlichen

---

506 Zitiert im folgenden aufgrund der Verfügbarkeit in den beiden Bibliotheken ThULB und AAB nach: Hoffmann 1789, Nr. 2, S. 2.

Wesen, oder dem dreyeinigen GOtt"[507] und „II. Von den göttlichen Eigenschaften"[508], wobei die erste Unterüberschrift des letzteren heißt: „a. Von seiner weisen und mächtigen Regierung"[509]. Es ist erkennbar, daß jedes Wort der
Herderschen Überschrift eine Übernahme aus dem Hoffmannschen Gesangbuch darstellt. Der zweite Teil des *Weimarischen Gesangbuches* greift die Formulierung des ersten Teils auf. Eine direkte Entsprechung im *Mylius*, der mit
einer „Erste[n] Hauptabtheilung. Lob Gottes. Allgemeines"[510] eröffnet, gibt es
nicht.

Gleiches gilt auch für das zweite Kapitel. Bei Hoffmann heißt der „Andere
[...] Theil[: ...] Von den Evangelischen Heilss=Quellen"; sowohl die Kapitel-
als auch die Seitenüberschrift liest jedoch: „I. Von der Gnade Gottes gegen die
Menschen".[511] Die Herdersche Formulierung, auch des zweiten Teiles, übernimmt den eingeführten Text.

Das dritte Kapitel greift die Überschriften des Hoffmannschen Gesangbuches in größter Ausführlichkeit auf: „II. Von der Erlösung JEsu CHristi. a. Von
seiner Menschwerdung. Advents=Lieder [Kapitelüberschrift]"[512], „b. Von seiner Geburt, oder Weyhnachts=Lieder [nur Seitenüberschrift]"[513], „c. Von seiner Beschneidung und dem tröstlichen JEsus=Nahmen [Kapitelüberschrift]"[514],
„d. Von seinem Leiden und Sterben oder Passions=Lieder [Seitenüberschrift]"
bzw. „Von seinem bittren Leiden und Sterben [Kapitelüberschrift]"[515]. Im
nachfolgenden Punkt betont Herders Formulierung die inhaltliche Akzentuierung gegenüber der Vorlage in der Seitenüberschrift: „e. Von seinem Leiden
und Sterben oder Oster=Lieder"[516]. Eine sachliche Kürzung bietet, wie zuvor
schon beobachtbar, der Schlußpunkt dieses Kapitels: „f. Von seiner fröhlichen
Himmelfahrt [Seitenüberschrift]".[517]

Das vierte Kapitel enthält ebenfalls die Formulierung der Kapitelüberschrift des Hoffmannschen Gesangbuches: „Von der Gemeinschaft des heiligen Geistes", zu der die gekürzte Seitenüberschrift noch hinzufügt: „oder
Pfingst=Lieder".[518]

---

507 Ebd.
508 Ebd., Nr. 13, S. 7–9
509 Ebd., Nr. 18, S. 11f.
510 U. a. Mylius, Nr. 4, S. 3f.
511 Hoffmann 1789, Nr. 45, S. 42f.
512 Ebd., Nr. 53, S. 51f.
513 Ebd., Nr. 65, S. 61.
514 Ebd., Nr. 96, S. 83.
515 Ebd., Nr. 130, S. 111.
516 Ebd., Nr. 191, S. 165.
517 Ebd., Nr. 222, S. 190.
518 Ebd., Nr. 238, S. 201f. (III.).

Das gleiche Vorgehen ist auch für das fünfte Kapitel zu beobachten. Herder greift die Kapitelüberschrift: „Dritter Theil. Von den Evangelischen Heils= Mitteln. I. Auf Seiten Gottes. a. Von dem Worte Gottes. Ueberhaupt: Von der christlichen Kirche"[519] in der übergeordneten Gliederung ebenso wie die nachfolgenden Unterteilung auf: „b. Von der heiligen Taufe"[520], „c. Von dem heiligen Abendmahl"[521].

Eine erste inhaltliche Umgestaltung ist in dem Titel des sechsten Kapitels zu erkennen, das bei Hoffmann heißt: „II. Von den Heils=Mitteln auf Seiten der Menschen. a. Von der Busse und Bekehrung [letzteres Kapitel- und Seitenüberschrift]"[522]. Der Verzicht auf das Wort Buße entspricht dem *Bückeburger Katechismus* ebenso wie den katechetischen Aufzeichnungen der Weimarer Zeit. Aufgebrochen wird zudem die stark auf Untergliederung angelegte Kapiteleinteilung der Vorlage.

Das siebte Kapitel geht ebenfalls aus einer Kapitel- und Seitenüberschrift eines weiteren Unterkapitels hervor: „II. Von den Heils=Mitteln auf Seiten der Menschen. b. Vom Glauben."[523]

Diese Vorgehensweise entspricht vollständig der Entstehung des achten Kapitels aus: „II. Von den Heils=Mitteln auf Seiten der Menschen. c. Vom Gebet".[524]

Im neunten Kapitel sind stärkere Umgestaltungen wahrzunehmen. Die Überschrift geht zwar erkennbar zurück auf: „Von den Evangel.[ischen] Heils=Früchten."[525] Aufgegeben wird jedoch ein eigener Hinweis auf das Rechtfertigungsgeschehen, vorhanden in der vorherigen Kapitel- und Seitenüberschrift: „I. Insonderheit: Von der Rechtfertigung".[526] Herders Formulierung „Vom kindlichen Sinne zu Gott" knüpft erkennbar an die nachfolgende Kapitel- und Seitenüberschrift an: „II. Insonderheit: a. Von der Kindschaft GOttes".[527] Der nachfolgende Herdersche Abschnitt bietet eine Zusammenfassung der zentralen Stichworte der Punkte b, c und d: „b. Von dem göttlichen Frieden [Kapitel- und Seitenüberschrift]"[528], „c. Von der Freude in GOtt [Ka-

---

519 Ebd., Nr. 262, S. 221.
520 Ebd., Nr. 283, S. 237f.
521 Ebd., Nr. 291, S. 243.
522 Ebd., Nr. 318, S. 266f.
523 Ebd., Nr. 355, S. 299.
524 Ebd., Nr. 374, S. 316.
525 Ebd., Nr. 398, S. 336.
526 Ebd.
527 Ebd., Nr. 407, S. 343f.
528 Ebd., Nr. 408, S. 347f.

pitel- und Seitenüberschrift]"[529] und „d. Von der Hoffnung auf GOtt [Seiten-überschrift]"[530].

Vollständig der Hoffmannschen Vorlage verdankt sich auch die Formulierung des zehnten Kapitels, die in der Überschrift zu identifizieren ist: „Fünfter Teil. Von den Evangelischen Heils=Pflichten. I. Von den allgemeinen Christen=Pflichten. Ueberhaupt: Vom christlichen Leben und Wandel [letzteres: Seitenüberschrift]".[531]

Das elfte Kapitel bietet in der Hauptüberschrift der „Zeitenlieder" eine Zusammenfassung, die in der Vorlage so nicht zu finden ist. Die Untergliederung des Kapitels „I. Von den allgemeinen Christen=Pflichten. a. Neu=Jahrs=Lieder [Titelleiste]" bzw. „bey dem Anfange und Ende des Jahres [Seitenüberschrift]"[532] folgt jedoch auch im weiteren der Vorlage: „b. Morgen=Lieder"[533], „c. Abend=Lieder"[534], „d. Tischlieder"[535] und „e. An Sonn= Fest= und Apostel=Tagen. Am Sonntage".[536] Die weitere Unterteilung schließt ebenfalls an das eingeführte Gesangbuch an: „Am heil. drey König=Tage"[537], „Am Fest Mariä Reinigung"[538], „Am Fest Mariä Verkündigung"[539].

Für Kapitel zwölf wählte Herder insgesamt eine sehr integrativ zusammenfassende Formulierung und verzichtete in dem ersten Unterkapitel auf den Hinweis auf die Ständelehre. In der Vorlage lautet die Entsprechung: „II. Von den besondern Christen=Pflichten. Von den drey Haupt=Ständen"[540]. Das anschließende Unterkapitel ist mit einer direkteren Übernahme in Verbindung zu bringen: „Von der Liebe gegen GOtt und den Nächsten"[541].

Das drittletzte Kapitel stellt eine sehr knappe Aufnahme der Überschrift dar: „Sechster Theil. Von den Evangelischen Heyls=Gütern. I. Im Leben, die wir überhaupt bey seinen Wohlthaten geniessen und besingen". In den späteren Seitenüberschriften heißt dieser Teil nur noch: „I. Von dem Lobe GOttes und seinen Wohlthaten. oder Lob= und Dank=Lieder".[542] An die letzte dieser be-

---

529 Ebd., Nr. 426, S. 363f.
530 Ebd., Nr. 433, S. 370f.
531 Ebd., Nr. 446, S. 381–383.
532 Ebd., Nr. 467, S. 399f.
533 Ebd., Nr. 478, S. 407f.
534 Ebd., Nr. 517, S. 439f.
535 Ebd., Nr. 554, S. 466.
536 Ebd., Nr. 566, S. 473f.
537 Ebd., Nr. 579, S. 482f.
538 Ebd., Nr. 580, S. 483.
539 Ebd., Nr. 590, S. 489f.
540 Ebd., Nr. 622, S. 517.
541 Ebd., Nr. 688, S. 568.
542 Vgl. dazu u. a. ebd., Nr. 725, S. 605f.

reits in der Vorlage in zunehmendem Maße abgekürzten Formulierungen
knüpft Herder an.

In das vorletzte Kapitel trägt er in der Überschrift den Gebetscharakter der
Lieder mit ein, der in dem Hoffmannschen Gesangbuch an dieser Stelle, hier
schon in Verbindung mit der bereits ersten Unterüberschrift, nicht zu finden
ist: „II. Von den göttlichen Tröstungen im Leiden. a. In allgem.[einer] Noth,
und zwar bey gefährl. Kriegs=Läuften"[543], später zum Teil auch als „II.
Creuz= und Trost=Lieder" [544] geführt. Die beiden nächsten Unterüberschriften
folgen mit einem starken Charakter der Zusammenfassung wiederum dem eingeführten Text: „a. In allgem.[einer] Noth, ansteckenden Krankheiten"[545] bzw.
an späterer Stelle: „a. In allgem. Noth, bey Theur.[ung] und Hungers=Noth"[546].
Das nächste Unterkapitel wird ebenfalls mit einer eigenständigen Zusammenfassung aufgegriffen: „b. In besonderer geistlichen und leiblichen Noth"[547].

Das abschließende Kapitel entfernt sich von der eingeführten Formulierung und verzichtet weithin auf die differenzierte Unterteilung. Bei Hoffmann
leitet die erste Überschrift ein: „III. Sterbe-Lieder. Überhaupt. Von der tägl.[i-
chen] Betracht.[ung] des Todes"[548], eröffnet nach den ersten Liedern mit einem
Unterkapitel „Überhaupt. a. Vom Verlangen nach einem sel.[igen] Ende"[549],
bietet dann den Teil „III. Von dem göttlichen Beystande im Sterben. b. Von
dem freudigen Bezeigen bey dem Sterben"[550], um überzugehen zu „c. Von
dem Begräbnis bey den Verstorbenen"[551]. Danach erst folgt der Teil „Von der
Auferstehung der Todten und dem jüngsten Gerichte."[552] Herders Schlußpunkt verzichtet auf den differenzierten Praxisbezug und stärkt, wie zuvor, den
Hinweis auf die Auferstehung bereits auf der Überschriftenebene.

Hinsichtlich des ersten Teils läßt sich zusammenfassend feststellen, daß
für jede Formulierung Herders eine Vorlage im Hoffmannschen Gesangbuch
zu identifizieren war. Die Leistung der von Herder damit gebotenen Bearbeitung ist in Straffung der Gesamtanlage des Aufbaus, der Aufgabe einzelner
Gliederungsebenen und der fortgeführten Zählung der damit insgesamt trans-
parenter werdenden Gesamtgliederung zu sehen – nicht jedoch in einer eigenständigen Anlage oder vorrangig eigenen Formulierungen.

---

543 Ebd., Nr. 742, S. 621.
544 Ebd., Nr. 781, S. 652f.
545 Ebd., Nr. 751, S. 626f.
546 Ebd., Nr. 758, S. 631f.
547 Ebd., Nr. 781, S. 652f.
548 Ebd., Nr. 851, S. 717f.
549 Ebd., Nr. 887, S. 748f.
550 Ebd., Nr. 894, S. 753f.
551 Ebd., Nr. 921, S. 773.
552 Hoffmann 1778, Nr. 940, S. 788.

Der zweite Teil übernimmt in den drei ersten Kapiteln zunächst vollständig die aus dem Hoffmannschen Gesangbuch erarbeiteten Überschriften. Die geringfügige Abweichung im ersten Unterpunkt verdankt sich der nun vorrangig benutzen Quelle, dem *Mylius*, bei dem der entsprechende Teil an dieser Stelle überschrieben ist: „Erste Hauptabtheilung. Lob Gottes. Besonderes. 5. Leiden und Tod Jesu"[553]. Der Wechsel des Hoheitstitels zu Christus hat keine Entsprechung in der Vorlage. Die Unterkapitel zu Auferstehung und Himmelfahrt können sowohl in Anlehnung an den ersten Teil entstanden sein, als auch sich den in materialer Hinsicht tatsächlich herangezogenen Abschnitten des *Mylius* verdanken: „6. Auferstehung Jesu"[554] und „7. Himmelfahrt Jesu"[555].

Das vierte Kapitel stellt ebenfalls eine Übernahme aus den in dem ersten Teil eingeführten Überschriften dar. Bei *Mylius* leitet der entsprechende Abschnitt fließend zur Ekklesiologie über: „8. Geist und Wort Gottes"[556]. Zudem identifiziert Herder im zweiten Teil des *Mylius* als im Sinne der zuvor etablierten Gliederung einschlägig die: „Zweite Hauptabtheilung. Bitten zu Gott. Besondere. 2. Beystand Gottes und seines Geistes zum Guten"[557].

Mit dem fünften und sechsten Kapitel trennt Herder einen zuvor im Zusammenhang dargestellten Komplex. Nicht weniger als vier Kapitel des *Mylius* faßt er in dem ersten von ihm gebotenen Teil zusammen: „Erste Hauptabtheilung. Lob Gottes. Besonderes. 8. Geist und Wort Gottes"[558], „11. christliche Kirche"[559], „Zweite Hauptabtheilung. Bitten zu Gott. Besondere. 3. Rechter Gebrauch des göttlichen Unterrichts"[560] und „6. Liebe zu Gott und Christo"[561]. Im sechsten Kapitel ist ein vergleichbares, wenn auch nicht ebenso komplexes Vorgehen zu erkennen. Der erste Unterpunkt vereint: „Erste Hauptabtheilung. Lob Gottes. Besonderes. 9. Taufe"[562] und „Zweite Hauptabtheilung. Bitten zu Gott. Besondere. 1. Wahres Christenthum"[563]; dem zweiten entspricht der Abschnitt „Erste Hauptabtheilung. Lob Gottes. Besonderes. 10. Abendmahl"[564].

---

553 Mylius, Nr. 82, S. 67f.
554 Ebd., Nr. 103, S. 84f.
555 Ebd., Nr. 114, S. 92f.
556 Ebd., Nr. 120, S. 420f.
557 Ebd., Nr. 219, S. 177f.
558 Ebd., Nr. 119, S. 96f.
559 Ebd., Nr. 137, S. 11f.
560 Ebd., Nr. 230, S. 184f.
561 Ebd., Nr. 283, S. 225.
562 Ebd., Nr. 124, S. 100f.
563 Ebd., Nr. 210, S. 169f.
564 Ebd., Nr. 126, S. 102f.

Das siebte Kapitel findet direkte Entsprechung im ersten Teil, ist am ehesten jedoch dem zwölften Kapitel vergleichbar. Im Blick auf den *Mylius* faßt es vier Einzelkapitel zusammen: „Zweyte Hauptabtheilung. Bitten zu Gott. Besondere. 1. Wahres Christenthum"[565], „4. Selbsterkenntniß und Demuth"[566], „6. Liebe zu Gott und Christo"[567] und „9. christliche Selbstliebe"[568].

Kapitel acht steht in direkter Entsprechung zum ersten Teil, bietet in einer Unterüberschrift jedoch eine Gegenbewegung zur zuvor selbst vollzogenen Ablehnung des Bußbegriffs. Der entsprechende Abschnitt des *Mylius* ist betitelt: „Zweyte Hauptabtheilung. Bitten zu Gott. Besondere. 5. Besserung und Vergebung".[569]

Das neunte Kapitel greift eine Unterüberschrift des ersten Teils auf. Bei Mylius lautet die Überschrift an dieser Stelle: „Zweyte Hauptabtheilung. Bitten zu Gott. Besondere. 13. Seligkeit des Christen in diesem Leben".[570] Sowohl gegenüber dem ersten Teil als auch gegenüber Mylius ergänzt Herder den zentralen Begriff des Gewissens. Möglicherweise greift er ihn auch aus dem von *Mylius* und dem *Weimarischen Gesangbuch* in diesem Zusammenhang gebotenen Gellertschen Lied auf: „Ein ruhiges Gewissen laß, Herr, mich stets genießen" (WG 468).[571]

Die in den ihren Überschriften ebenso wie den einzelnen Untergliederungen gegenüber dem ersten Teil mitunter deutlich divergierenden Kapitel zehn und elf finden ihre direkten Entsprechungen in den Einleitungen von Mylius. Im Fall des zehnten Kapitels läßt sich eine ausgeweitete Formulierung identifizieren: „Zweyte Hauptabtheilung. Bitten zu Gott. Allgemeine"[572], im Blick auf das elfte, der gebotenen Reihenfolge nach: „Erste Hauptabtheilung. Lob Gott. Besonderes. 12. Jahreswechsel"[573], „13. Morgen"[574], „14. Abend"[575] sowie „15. Allgemeine Lebensbedürfnisse"[576] bzw. „Erste Hauptabtheilung. Lob Gottes. Besonderes. 15. Allgemeiner Landes=Wohlstand"[577]. Mit beiden Kapiteln bricht Herder die für den gesamten *Mylius* konstitutive Zweiteilung in

565 Ebd., Nr. 204, S. 272f.
566 Ebd., Nr. 248, S. 325f.
567 Ebd., Nr. 282, S. 383f.
568 Ebd., Nr. 344, S. 463f.
569 Ebd., Nr. 256, S. 339f.
570 Ebd., Nr. 401, S. 540–542.
571 Ebd., Nr. 402, S. 542f.
572 Ebd., Nr. 178, S. 238f.
573 Ebd., Nr. 140, S. 192–194.
574 Ebd., Nr. 147, S. 202f.
575 Ebd., Nr. 162, S. 220f.
576 Ebd., Nr. 440, S. 600f.
577 Ebd., Nr. 169, S. 227f.

Dank- bzw. Loblieder und den nachgeordneten Bitten zu Gott auf und verbindet die beiden Teile in der einzigen Unterscheidung zwischen allgemeinen und besonderen Anlässen miteinander.

Kapitel zwölf stellt wiederum eine Abweichung vom ersten Teil dar, übernimmt jedoch direkt die Formulierung des *Mylius*: „Zweyte Hauptabtheilung. Bitten zu Gott. Besondere. 7. Vertrauen auf Gott".[578] Weiter integriert er, ohne namentliche Nennung, die anschließenden Abschnitte der hier konsultierten Vorlage: „8. Zufriedenheit und Geduld im Leiden"[579] und „9. christliche Selbstliebe"[580].

Kapitel XIII steht in thematischer Nähe zu den Kapiteln zehn und zwölf des ersten Teils sowie einem fließenden Übergang zu den zuvor und anschließend konsultierten Kapiteln. Die inhaltlichen Schwerpunktsetzungen der Zwischenüberschriften verdanken sich weitestgehend der Redaktion Herders. Der erste Herdersche Unterpunkt „Von der Liebe zu Gott, zu uns selbst und Andern" vereint drei Abschnitte des *Mylius*: „Zweyte Hauptabtheilung. Bitten zu Gott. Besondere. 6. Liebe zu Gott und Christo"[581], „9. christliche Selbstliebe"[582] und „10. Liebe des Nächsten"[583]. Der zweite Unterpunkt knüpft direkt und ausschließlich an das vorherige Kapitel des *Mylius* an: „4. Selbsterkenntniß und Demuth"[584]. Die drei nachfolgenden Punkte, die sich umschreiben ließen als menschlich, christlich und bürgerlich verpflichtende Tugenden, gehen in der Formulierung auf Herder zurück. Das Unterkapitel „Von Gerechtigkeit und Wahrheit" gründet in dem bereits zuvor herangezogenen Punkt „10. Liebe des Nächsten"[585]. Gleiches gilt auch für den anschließenden Gliederungspunkt „Von Güte, Sanftmuth und Verzeihung".[586] Aus der Zusammenstellung des *Mylius* „11. rechter Gebrauch des zeitlichen Lebens und dessen Güter" entwickelt Herder zwei Unterkapitel, zunächst unter der Überschrift „Von Arbeitsamkeit und Fleiß"[587] und dann in dem ausdrücklich in der Nähe stehenden, doch um andere Materialien ergänzten Punkt „Vom Gebrauch der Zeit und irdischen Güter"[588]. Angereichert wird, zurück- und vorausgreifend, letzterer

---

578 Ebd., Nr. 300, S. 399f.
579 Ebd., Nr. 312, S. 417f.
580 Ebd., Nr. 342, S. 460f.
581 Ebd., Nr. 291, S. 385f.
582 Ebd., Nr. 337, S. 452–454.
583 Ebd., Nr. 348, S. 469f.
584 Ebd., Nr. 246, S. 323f.
585 Ebd., Nr. 352, S. 474f.
586 Ebd., Nr. 349, S. 470f.
587 Anknüpfend an den Liedbestand von ebd., Nr. 369, S. 498f.
588 Anknüpfend an den Liedbestand von ebd., Nr. 368, S. 496–498f.

Abschnitt wiederum um „9. christliche Selbstliebe"[589] und bereits „12. heilsame Betrachtung des Todes, der Auferstehung und des Gerichts"[590].

Das Schlußkapitel knüpft, den Kreis schließend, wiederum an die Formulierungen des ersten Teils und darin die Hoffmannsche Vorlage an. Statt der Auferstehung wird jedoch der Aspekt der Ewigkeit betont, der in keiner der Vorlagen – abgesehen von den Liedtexten selbst, die an dieser Stelle jedoch auch keine expliziten Verweise bieten – zu finden ist. Im Blick auf den *Mylius* faßt das Herdersche Kapitel die drei letzten Abschnitte zusammen: „12. heilsame Betrachtung des Todes, der Auferstehung und des Gerichts"[591], „13. Seligkeit des Christen in diesem Leben"[592] und „14. Die zukünftige Seligkeit"[593].

Der zweite Teil des *Weimarischen Gesangbuches* kann darin als eine ungleich eigenständigere Adaption der vorgegebenen Gliederungen und Einteilungen gelten. Die Anlehnung an die mit dem ersten Teil eingeführten Betitelungen erforderte eine ebenso deutliche Umgestaltung der Zuordnungen wie die von Herder selbst vorgenommenen Zusammenstellungen und Kapitelkompositionen. Zu erkennen ist jedoch klar die Überarbeitung und Anlehnung an die von *Mylius* gebotenen Materialen.

Bezieht man die beiden Teile aufeinander, so muß die Gesamtgliederung in Anbetracht der einschlägigen Vorlagen als eine in sich sehr geschlossene Konzeption verstanden werden. Eine vollständige Vereinheitlichung dürfte Herder keineswegs angestrebt haben. Die Akzentverschiebungen des zweiten Teiles lassen erkennen, zumal in den von Herder gewählten Formulierungen der Schlußkapitel, daß die Kapiteleinteilung durchaus als eine Weiterentwicklung und Vertiefung der im ersten Teil nur rezeptiv aufgegriffenen Systematik gelten kann.

1.7.14. Die Auswahl der Lieder

Im Blick auf den ersten Teil ist zunächst in statistischer Hinsicht von Interesse, daß die von den vorherigen Ausgaben gebotenen Lieder auf ein knappes Viertel reduziert werden. Die Auswahl Herders ist aufgrund des beschriebenen institutionellen Selektionsprozesses nicht mehr zu bestimmen. Im Berliner Nachlaß findet sich lediglich ein Verzeichnis von 83 Liednummern, die der Hoffmannschen Ausgabe entnommen sind.[594] Die Auswahl setzt mit „N. 190" ein

---

589 Ebd., Nr. 346, S. 466f.
590 Ebd., Nr. 386, S. 521–523.
591 Ebd., Nr. 390, S. 527f.
592 Ebd., Nr. 404, S. 545f.
593 Ebd., Nr. 419, S. 567f.
594 HN XXIII, 94.

und reicht bis in den Anhang. Die gebotene Liste bietet nur in Ansätzen eine Übereinstimmung mit dem später gedruckten *Weimarischen Gesangbuch*. Bereits das Verzeichnis ist selbst stark überarbeitet. Eines der 83 Lieder ist gestrichen, acht der Nummern finden sich eingeklammert und mit dem Zusatz einer weiteren Hand: „unnöthig" oder „ist unnöthig" versehen. Nur 19 der Lieder wurden in das spätere Gesangbuch aufgenommen. Im einzelnen sind dies (in der Reihenfolge der schließlichen Zusammenstellung): WG 122, 150, 167, 190, 193, 206, 219, 222, 229, 235, 239, 284, 286, 290, 313, 318, 343, 357f. Die Auswahl dieser Lieder reicht vom 16. zum 18. Jahrhundert. Nur bei ihnen ist von einer Berührung mit Herder auszugehen, obgleich diese selbst sehr unbestimmt bleiben muß. Eine erste Beobachtung an der schließlichen Gesamtauswahl, zudem nach der zuvor entwickelten Programmatik, betrifft die Zusammenstellung der Luther-Lieder. Diese wird keineswegs vollständig aus dem Bestand der eingeführten Gesangbücher übernommen. Ausgelassen findet sich u. a. „Vom Himmel kam der Engel Schaar"[595] und „Ach Gott vom Himmel sieh darein"[596]. Gleiches gilt auch für das Luther zugeschriebene Lied „O Vater aller Frommen".[597] Diese Vorgehensweise mag durchaus mit Herder in Verbindung zu bringen sein, der in den zuvor benannten Quellen mehrfach seine hohe Wertschätzung der Lieder Luthers in einer gleichwohl eingeschränkten Weise formuliert hatte. Ausdruck dieser Hochachtung, sicher aber auch Bestandteil in der Erzeugung einer Akzeptanz für das Gesangbuch insgesamt, ist, daß ausschließlich die Luther-Lieder mit dem Namen des Autors gekennzeichnet sind: „D. M. Luther". Das Vorgehen der Bezifferung ist nicht immer konsequent, insofern das Gesangbuch in einzelnen Fällen die Übersetzungen mit dem schlichten Autorennamen verbindet, ohne die jeweilige Funktion, die auch die des Komponisten umfassen konnte, eigens kenntlich zu machen[598]; in anderen Fällen wiederum werden die Übersetzung Luthers nicht mit dessen Namen verbunden[599]. Wichtig ist an der Gesamtzusammenstellung zudem, daß das *Weimarische Gesangbuch* der von Hoffmann gebotenen Reihenfolge der übernommenen Lieder weitestgehend folgt. Die aus dem vormaligen Anhang eingerückten Lieder stehen in der Regel am Ende des jeweils neu gebildeten Unterkapitels.[600] Eine Beschreibung der Kürzungen, die sich auch nur schwerlich klassifizieren ließen, müßte sehr unergiebig ausfallen. Aussagekräftig dürfte die Auswahl vor allem in kirchenstatistischer Hinsicht sein, insofern sie

---

595 Hoffmann 1789, S. 64, Nr. 69.
596 Möglicherweise aufgrund eines Paginierungsfehlers und der fehlerhaften Zuordnung innerhalb des Registers.
597 Hoffmann 1789, S. 330, Nr. 391.
598 Vgl. dazu u. a. WG 63.
599 Vgl. dazu u. a. WG 31.
600 Vgl. dazu alleine WG 26, 36, 120, 130, 146, 156, 167, 190, 209f., 234f., 292, 303, 358 u. a.

Hinweise auf einen in der Gemeindepraxis der Zeit vorauszusetzenden Gebrauch bieten mag. An einzelnen Punkten läßt sich erkennen, daß dieses Kriterium nicht im Einverständnis mit den nachfolgenden Generationen stand. In zwei Fällen zeigt sich, wie Lieder in der zweiten Hälfte des 19. Jahrhunderts Wiederaufnahme in das *Weimarische Gesangbuch* fanden. Es handelt sich um die mit Johann Friedrich in Verbindung gebrachten Texte des „Gedächtnisliedes"[601] und „Wies Gott gefällt, so g'fällt mirs auch"[602]. Exemplarisch deutet sich an, daß auch mit dem Fürstenhaus verknüpfte Lieder ohne Bedenken gestrichen wurden. Eine inhaltliche Vertiefung der aufgenommenen und ausgelassenen Lieder legt sich für den ersten Teil aufgrund der beschriebenen Selektionsvorgänge jedoch nicht nahe. Herder selbst begründete die Strukturen, die einen im Endresultat freien Entscheidungsprozeß unter Anschluß an den Bestand der in der Praxis tatsächlich gebrauchten Lieder eröffnete.

Die Untersuchung des zweiten Teiles verbindet sich mit einem bestechend eindeutigen und in seiner Bedeutung nicht zu überschätzenden Ergebnis. Die 237 Lieder, die Herders Zusammenstellung bietet, gründen zu mehr als 90 Prozent auf der Liedauswahl und Textgestalt des Preußischen Gesangbuchs. Nur 22 Lieder ließen sich in ihrer direkten Vorlage nicht identifizieren und dürften anderen Quellen als dem *Mylius* zuzuordnen sein.[603] Herders Leistung war es darin nicht gewesen, wie er Karl August gegenüber betont hatte und was Rudolf Haym entsprechend übernommen hatte, „aus den besten Gesangbüchern in ganz Deutschland ausgewählt"[604] zu haben. Seine Leistung war es, den Entscheidungsprozeß des zweiten Teiles in Eigenverantwortung und ohne Einflußnahme seiner Kollegen zu gestalten. Die zudem gewählte publizistische Form eines fast vollständigen Verzichtes auf Autorennamen verhinderte eine Überprüfung der Auswahl natürlich nicht. Sie erschwerte sie aber. Nur so ist auch zu erklären, daß das einschlägige Ergebnis der faktischen Einführung eines von 447 Liedern knapp um die Hälfte reduzierten und in der Textgestalt mehr oder minder eigenständig überarbeiteten *Mylius* in Sachsen-Weimar, den der zweite Teil des *Weimarischen Gesangbuches* darstellt, weder von Zeitgenossen wahrgenommen noch von den nachfolgenden Forschergene-

---

601 „Gedächtnislied des Churfürsten Johann Friedrich von Sachsen"; Einschub in den Stereotpy-Ausgaben; nicht in der Ausgabe von 1795; bei Hoffmann 1778/1789, S. 552f., Nr. 671. In der Reihenfolge der späteren Ausgaben entsprechend zu Hoffmann eingefügt.

602 WG 277b; ungewisser Dichter (Johann Friedrich von Sachsen oder Ambrosius Blarer, ungewiß 1548).

603 WG 393, 402, 465f., 484, 493, 508–518, 527, 533–536. Auf die anzunehmenden Vorlagen, die sich für die damit betroffenen Kapitel nahelegen, soll an dieser Stelle nicht näher eingegangen werden. Die Konjekturen bezüglich dieses kleinen Teils an Liedern beschränken sich auf nur wenige Gesangbücher, dieses könnte aber nur in größerem Umfang dargestellt werden.

604 Vgl. dazu in diesem Kap., Anm. 438.

rationen benannt wurde. Denn auch wenn die Abhängigkeit von dem Preußischen Gesangbuch für die beiden eingangs zitierten Hymnologen zu erkennen war, das Ausmaß der tatsächlichen Rezeption deutet sich auch ihren Einschätzungen nicht an. Im Blick auf das Herdersche Votum des Jahres 1787 unterstreicht das Ergebnis jedoch wiederum den Aspekt der Kontinuität. Offen hatte er damals den *Mylius* als das wohl beste Gesangbuch seiner Zeit bezeichnet, auch wenn er im selben Zug die Einführbarkeit in Sachsen-Weimar bezweifelt hatte. Mit dem zweiten Teil des *Weimarischen Gesangbuches* war ihm nichts weniger als genau dies gelungen; und gerade darin ist das für Herder auch in den nachfolgenden Stellungnahmen zentrale Wort hinzuzufügen: „unvermerkt".

Die von Herder ausgewählten und nicht übernommenen Nummern des *Mylius* können einander direkt gegenübergestellt werden. Das Ausmaß der Anknüpfung wird darin ebenso deutlich wie die konsequente Auswahl Herders. Auf eine eingehende Analyse der aufgenommenen und zurückgewiesenen Texte muß verzichtet werden. Das von Herder bereits für den ersten Teil nur sehr offen benannte Kriterium der jeweiligen Güte wird sich nur im Einzelfall rekonstruieren lassen. Aussagekräftiger als eine mögliche, für Herder wohl kaum im Vordergrund stehende Orientierung etwa an Autoren und einer zwangsläufig konjekturalen Textarbeit wird eine Untersuchung der tatsächlichen Veränderungen und Eingriffe in den übernommenen Liedbestand sein. Als Rückverweis ist zugleich zu betonen, daß bereits die im Rahmen der Gliederung benannte thematische Zusammenstellung der Kapitel über den reinen Selektionsprozeß hinaus als eine Leistung Herders zu gelten hat und dieser Aspekt in die nachfolgende Übersicht, die auch für mögliche Anschlußarbeiten zur Wirkungsgeschichte der *Mylius* genutzt werden kann, nicht integriert wird.

WG-Übernahme	*Verzicht 1–3*	*Mylius*, Nr. 237	*238–240*
Mylius, Nr. 4	*5–9*	*Mylius*, Nr. 241	*242*
Mylius, Nr. 10	*11*	*Mylius*, Nr. 243	*244f.*
Mylius, Nr. 12	*13*	*Mylius*, Nr. 246–252	*253–255*
Mylius, Nr. 14	*15*	*Mylius*, Nr. 256	*257f.*
Mylius, Nr. 16–18	*19*	*Mylius*, Nr. 259	*260*
Mylius, Nr. 20	*21f.*	*Mylius*, Nr. 261	*262–265*
Mylius, Nr. 23	*24f.*	*Mylius*, Nr. 266	*267*
Mylius, Nr. 26	*27–30*	*Mylius*, Nr. 268f.	*270f.*
Mylius, Nr. 31	*32–34*	*Mylius*, Nr. 272	*273–275*
Mylius, Nr. 35	*36*	*Mylius*, Nr. 276	*277–281*
Mylius, Nr. 37	*38*	*Mylius*, Nr. 282f.	*284–285*
Mylius, Nr. 40–45	*46*	*Mylius*, Nr. 286f.	*288–290*
Mylius, Nr. 47–49	*50f.*	*Mylius*, Nr. 291	*292*
Mylius, Nr. 52	*53*	*Mylius*, Nr. 293	*294*
Mylius, Nr. 54–57	*58*	*Mylius*, Nr. 295	*296–299*
Mylius, Nr. 59f.	*61–63*	*Mylius*, Nr. 300	*301–305*
Mylius, Nr. 64	*65*	*Mylius*, Nr. 306	*307–311*

Mylius, Nr. 66	*67f*	*Mylius*, Nr. 312f.	*314*
Mylius, Nr. 69	*70*	*Mylius*, Nr. 315	*316–323*
Mylius, Nr. 71	*72*	*Mylius*, Nr. 324	*325*
Mylius, Nr. 73f.	*75–79*	*Mylius*, Nr. 326	*327–330*
Mylius, Nr. 80	*81*	*Mylius*, Nr. 331	*332*
Mylius, Nr. 82–84	*85f.*	*Mylius*, Nr. 333	*334–336*
Mylius, Nr. 87f.	*89*	*Mylius*, Nr. 337–339	*340f.*
Mylius, Nr.90	*91–93*	*Mylius*, Nr. 342–344	*345*
Mylius, Nr. 94	*95–101*	*Mylius*, Nr. 346	*347*
Mylius, Nr. 102f.	*104*	*Mylius*, Nr. 348f.	*350*
Mylius, Nr. 105–108	*109*	*Mylius*, Nr. 351–355	*356*
Mylius, Nr. 110–117	*118*	*Mylius*, Nr. 357	*358f.*
Mylius, Nr. 119–122	*123*	*Mylius*, Nr. 360–365	*366f.*
Mylius, Nr. 124–133	*134*	*Mylius*, Nr. 368–370	*371*
Mylius, Nr. 135–43	*144*	*Mylius*, Nr. 372–375	*375–77*
Mylius, Nr. 145–148	*149*	*Mylius*, Nr. 378	*379–385*
Mylius, Nr. 150–155	*156*	*Mylius*, Nr. 386	*387–389*
Mylius, Nr. 157	*158*	*Mylius*, Nr. 390–392	*393*
Mylius, Nr. 160	*161*	*Mylius*, Nr. 394	*395–397*
Mylius, Nr. 162–169	*170f.*	*Mylius*, Nr. 398–406	*407f.*
Mylius, Nr. 172–180	*181*	*Mylius*, Nr. 409	*410*
Mylius, Nr. 182–184	*185–190*	*Mylius*, Nr. 411–413	*414*
Mylius, Nr. 191	*192–203*	*Mylius*, Nr. 415	*416*
Mylius, Nr. 204	*205*	*Mylius*, Nr. 417	*418*
Mylius, Nr. 206	*207–209*	*Mylius*, Nr. 419	*420–425*
Mylius, Nr. 210	*211–213*	*Mylius*, Nr. 426	*427–430*
Mylius, Nr. 214f.	*216–218*	*Mylius*, Nr. 431	*432*
Mylius, Nr. 219f.	*221f.*	*Mylius*, Nr. 433–435	*436*
Mylius, Nr. 223	*224*	*Mylius*, Nr. 437	*438f.*
Mylius, Nr. 225	*226–229*	*Mylius*, Nr. 440	*441*
Mylius, Nr. 230, 233	*231f., 234*	*Mylius*, Nr. 442, 444, 446f.	*443, 445*

1.7.15. Die Überarbeitung der alten Texte („Erster Theil")

Ungeachtet dieser prozessuralen Selektionsvorgänge sowohl des ersten als auch des zweiten Teils kann als die genuine Leistung Herders die jeweilige Überarbeitung der einzelnen Texte gelten. Im Blick auf den ersten Teil sind zunächst die Hinweise der Vorrede von grundlegender Bedeutung, die auf den gleichzeitigen Gebrauch verschiedener Ausgaben in der Kirchen- und Gemeindepraxis verweisen und damit eine Einschränkung der tatsächlichen Änderungsmöglichkeiten begründen. In einer Grobgliederung können die aufzunehmenden Veränderungen in formale und inhaltliche Eingriffe unterschieden werden. Diese wie auch die weiteren Untergliederungen der nachfolgenden Darstellung dienen vorrangig einer ansatzweisen Klassifizierung und Schematisierung und sind nicht im Sinne von ausschließlichen Zuordnungen zu verstehen. Quantitativ ist zunächst festzuhalten, daß im ersten Teil 55 Prozent der

Lieder, 194 der darin gebotenen 358 Texte, ohne jede Änderung übernommen wurden. Die Vorrede legt nahe, daß sich dieser Anteil unter anderen äußeren Umständen noch weiter erhöht hätte. Auch der hier ermittelte Prozentsatz wäre höher ausgefallen, hätte man minimale orthographische, stilistische oder syntaktischen Änderungen mit in die Zählung aufgenommen. Der Großteil der Eingriffe in die Textgestalt wird im folgenden dokumentiert. Auf Mehrfachnennung der einzelnen Belegstellen wird weitestgehend verzichtet, weshalb dem Gros der Aufnahmen ein exemplarischer Charakter zukommt.

1. Formale Änderungen

Die orthographischen Änderungen betreffen besonders den zeitgenössischen Vokalbestand. In einzelnen Fällen kann es sich dabei sowohl um die Bestimmung der Vokallänge[605] als auch um Lautverschiebungen[606] handeln. Hinzukommen weniger signifikante Fälle, die ausschließlich der Schreibung eines unveränderten Lautbestandes gelten.[607] Die konsonantischen Veränderungen berühren im wesentlichen die Schreibweise von s und ß.[608] Diese Arbeiten Herders sind fast ausschließlich von sprachgeschichtlichem Interesse.

Weitere Eingriffe stehen im Zusammenhang mit dem Silbenmaß. Ungeachtet der poetologischen Fragen ist in einzelnen Fällen das Bemühen zu erkennen, eine Verbesserung der Syntax unter Beibehaltung des Silbenmaßes mit einer zeitspezifischen Aktualisierung einzelner Formen zu verbinden[609] oder durch den Verzicht auf metrische Füllwörter und den Einsatz von Präfi-

---

605 WG 16, V. 3: „Dis" zu „Dies"; WG 122, V. 1: „Samen" zu „Saamen"; umgekehrt dazu WG 215, V. 12: „Haabe" zu „Habe".

606 WG 16, V. 2: „ergetzen" zu „ergötzen" (verbal). WG 130, V. 2: „Ergetzen" zu „Ergötzen" (substantivisch).

607 WG 195, V. 2: „Weyde" zu „Weide". Gleiches auch in WG 56, V. 9. Ferner: WG 324, V. 8 „Heyl" zu „Heil".

608 WG 189, V. 6: „Thränen=Maas" zu „Thränen=Maaß".

609 WG 17, V. 17: „das wird kein Mensche wehren" zu „das wird kein Mensch verwehren". WG 73, V. 3: „Will die Welt mein Herze führen" zu „Will die Welt mein Herz verführen". WG 159, V. 10: „Die Angst, die mir ins Herze dringt" zu „Die Angst, die mir zum Herzen dringt". WG 164, V. 3: „und merke mit Genaden drauf" zu „und merk mit deiner Gnade drauf". WG 168, V. 10: „besondern ich werd ewiglich bey dir, HErr JEsu, bleiben" zu „hier werde ich und ewiglich bey dir, Herr Jesu, bleiben". WG 279, V. 1: „Die ganze Welt nicht freuet mich" wird zu „Die ganze Welt erfreut mich nicht". WG 304, V. 2: „im Zorn mit uns woll' fahren" wird zu „mit uns verfahre". WG 16, V. 4: „Denke selbsten nur zurücke, deine Jugend es dich lehrt" zu „Denke selbst an das zurücke, was dich deine Jugend lehrt". WG 332, V. 2: „behüt mich, HErr, für falscher Lehr" zu „behüte mich für falscher Lehr". Ebd., V. 3 „In meines Herzens Grunde dein Nam' und Creuz allein funkelt all' Zeit und Stunde" wird zu „In meines Herzensgrunde Dein Nam' und Kreuz allein glänzet zu jeder Stunde".

xen in einer Betonung des Verbalgeschehens[610] inhaltlich zu straffen. Zudem werden die aus metrischen Gründen vorgenommenen Vokalelisionen zum Teil rückgängig gemacht, mitunter kompensiert durch den Verzicht auf weitere Präfixe oder einsilbige Füllwörter.[611] Die Präferenz ist erkennbar, aus metrischen Gründen eher selbst Vokale zu elidieren, als antiquierte Wortbildungen nicht dem Sprachgebrauch der Zeit anpassen zu können.[612] Sprachgeschichtlich überholte Wortbildungen werden jedoch nicht verändert, wenn sie fest im Reimgerüst verankert sind und nicht ohne weiterreichende Texteingriffe zu ersetzen sind.[613]

An eine formale Beobachtung knüpft auch Herders Bemühen an, Wiederholungen im Text aufzubrechen. Dies kann sowohl einzelne Wörter, die zur stilistischen Emphase nochmals eingerückt wurden, bevor Herder sie konsequent umformuliert[614], ebenso betreffen wie sehr versteckte, vorrangig metrisch bedeutsame Füllwörter[615]. Ein feinsinniges sprachliches Gespür verrät sich in dem vokalischen Aufbrechen zweier aufeinanderfolgender dentaler Verschlußlaute[616] und weiterer Konsonantenfolgen[617], die als Wiederholung auf phonetischer Ebene beschrieben werden können, in dem Gemeindegebrauch jedoch vorrangig mit artikulatorischen Erleichterungen verbunden gewesen sein dürften.

---

610 WG 76, V. 7: „du lässest dich gar würgen" zu „ja lässest dich erwürgen". WG 331, V. 2: „behüt mich, HErr, für falscher Lehr" zu „behüte mich für falscher Lehr". WG 259, V. 1: „deß sich mein' Seel sehr freuet" zu „erfreuet".

611 WG 118, V. 4: „g'schenkt" zu „geschenkt"; WG 180, V. 4: „G'dicht" zu „Gedicht"; V. 7: „Glori" zu „Glorie". Ebenfalls in dem Spengler-Lied WG 118, V. 4: „g'schenkt" zu „geschenkt" sowie zuvor, V. 1f., in einer ausgiebigeren Umgestaltung: „ist ganz verderbt der menschlich' Natur und Wesen" zu „der Menschen Thun und Wesen" sowie in Ansätzen „dasselb' Gift ist auf uns geerbt, daß wir nicht kunt'n genesen" zu „das Gift ist auf uns geerbt, daß dadurch wir nicht kunt'n genesen". WG 196, V. 4: „die hoh Gnaden=Thür zu'n güldnen Sions=Gassen" zu „die holde Gnaden=Thür zu Sions güldnen Gassen", V. 6: „Glaub'n" zu „Glauben". WG 213, V. 6: „All solch' dein' Güt wir preisen" zu „Solch' deine Güt wir preisen". WG 227, V. 2: „in deine Gnad' einsenken" zu „in deine Gnade senken". WG 230, V. 8: „all bös Begier von mir wegtreib" zu „all bös Begierde von mir treib". WG 306, V. 1: „haben" statt „ha'n".

612 WG 212, V. 4: „ablass'n" statt „ablahn".

613 WG 277, V. 2: „geschicht". Ohne diesen Kontext auch: WG 90.

614 WG 5, V. 1 u. 4: „freylich, freylich" zu „hocherfreulich". WG 138, V. 5: „Genad, Genad" zu „ich fleh' um Gnade". Vergleichbar auch: WG 278, V. 1: „Ich kann deine Weisheit missen, die der weise GOtt veracht't" wird zu „wenn sie meinen Gott veracht't".

615 WG 324, V. 2 „Wen hab ich nun, als dich allein [... .] Wer nimmt sich meiner Seelen an, wenn nun mein Leben nichts mehr kann" zu „Wen hab ich dann, als dich allein [... .] Wer nimmt sich meiner Seelen an, wenn nun mein Leben nichts mehr kann" (Wiederholung von „nun" aufgelöst).

616 WG 97, V. 10: „verlangt dich wer" zu „verlang ich dich".

617 WG 259, V. 1: „deß sich mein' Seel sehr freuet" zu „erfreuet".

In der Syntax bemüht sich Herder um eine graphisch erhöhte Übersichtlichkeit der Interpunktion. Dazu dient ihm sowohl das Semikolon[618] als auch der Punkt[619], um Abtrennungen eigenständiger Hauptsätze vorzunehmen. Bisweilen finden sich auch die kausalen Anschlüsse leicht verändert.[620] Als formale Präzisierung – im Sinne eines Zusatzes – ließe sich darauf hinweisen, daß die Blöcke der direkten Rede innerhalb der Lieder (Gottes, Jesu u. a.) mit Anführungszeichen kenntlich gemacht werden, wodurch die jeweilige Redeperspektive eine eingängige Betonung findet.[621] Entsprechende Markierungen finden sich bereits in den Vorlagen an einzelnen Stellen. Herder ist jedoch um durchgängige Konsequenz bemüht und nimmt die Änderungen erfolgreich vor.

Mit den vorherigen Hinweisen zusammenhängend und einer inhaltlichen Einschätzung verbunden, jedoch noch stark von den Bestimmungen der Metrik und der Syntax überlagert, ist das erkennbare Anliegen, zeitspezifische Formulierungen und Vorstellungshorizonte der alten Lieder für den Gebrauch im ausgehenden 18. Jahrhundert zu modifizieren. Die als antiquiert erachteten Wortbildungen in einzelnen Präfixen[622], Suffixen[623] und Verbalformen[624] werden ebenso bearbeitet wie einzelne Lokalbestimmungen[625], Präpositionen[626], Adjektive[627] sowie adjektivische[628] und substantivische[629] Formbildungen. Im Zusammenhang der Kasuszuordnungen ist die Auflösung etwa des *genitivus partitivus* in einem der Luther-Lieder zu beobachten.[630]

Ein weites Feld eröffnen die vorrangig stilistisch zu bezeichnenden Änderungen. Zu identifizieren ist etwa die Auflösung vergleichsweise unspezifischer „thun"-Formulierungen durch Streichungen[631] oder eingehende Präzisie-

---

618 WG 204, V. 3.

619 WG 190, V. 8.

620 WG 208, V. 8: „Denn du mich so liebest" zu „Weil du mich so liebest".

621 U. a. WG 60, V. 2f. WG 78, V. 2–8. WG 91, V. 5f.

622 WG 22, V. 2: „geschaffen" zu „erschaffen". WG 24, V. 3: „ausweisen" zu „erweisen". WG 70, V. 3: „vertrage" zu „ertrage". WG 219, V. 5: „dein Schutz hat mich verneuet" zu „dein Schutz hat mich erneuet". WG 280, V. 4: „Hergegen" zu „Hingegen".

623 WG 16, V. 1: „Wunderlich" zu „Wunderbar".

624 WG 158, V. 1: „und wilt das Beten von uns han" zu „und willt das Beten von uns haben". WG 223, V. 7: „lahn" zu „lassen". Ebenso: WG 307, V. 13.

625 WG 118, V. 6: „ferren" zu „ferne".

626 WG 305, V. 1: „laß den Frieden ob uns schweben" wird zu „um uns schweben". WG 311, V. 5: „dir viel zuwider streben" zu „die viel entgegen streben".

627 WG 122, V. 3: „des Satans schnöden Werken" zu „des Satans bösen Werken".

628 WG 225, V. 4: „mannigfalte" statt „mannigfalten".

629 WG 250, V. 2: „Genaden" zu „Gnaden".

630 WG 121, V. 1: „von Sanct Johann's die Taufe nahm" zu „von Sanct Johannes".

631 WG 24, V. 3: „wie Daniel und andre mehr öffentlich thun ausweisen" zu „wie Daniel und andre mehr es öffentlich erweisen".

rung.[632] Ebenso sehr unbestimmte Formulierungen finden eine eigene Zuspitzung.[633] Durchgängig ist Herder mit diesen Änderungen um eine Präzisierung der zum Ausdruck gebrachten Inhalte bemüht.

2. Inhaltliche Änderungen

Diese stehen in einem fließenden Übergang zu den zuvor benannten Punkten. Eigens hinzuweisen ist zunächst auf eine Fülle einzelner Wörter und Ausdrücke, deren semantische Felder sich so verändert hatten, daß die jeweiligen Formulierungen als anstößig empfunden werden konnten.[634] Ungeachtet der jeweiligen Zeitspezifik lassen sich gerade im Umfang mit den zahlreichen Metaphern der alten Lieder unterschiedliche Vorgehensweisen beschreiben. Eine große Gruppe von Einzeländerungen betrifft das Aufbrechen von Metaphern zugunsten direkter Positivaussagen oder zumindest in ihrer Bildlichkeit reduzierter Formulierungen.[635] Zu beobachten ist die Beibehaltung der metaphori-

---

632 WG 56, V. 3: „JEsus ist das rechte Gut, das der Seelen sanfte thut" zu „darinn meine Seele ruht".

633 WG 149, V. 1: „nicht jedermannes Ding so ist" zu „nicht Menschen=, Gottes=Werk es ist".

634 WG 17, V. 17: „und laß dich nicht so liederlich bethören" zu „so düsterlich bethören". Ebd., V. 15: „sein Eingeweid ist gegen dir" zu „sein Herze wallt entgegen dir". WG 193, V. 3: „denn wen ein solcher Unflath trift" zu „denn wen ein solcher Gräuel trift".

635 WG 19, V. 5: „da zum rechten Himmels=Stege du mich lässest fahren an" zu „du mir zeigest selbst die Bahn". WG 126, V. 5: „und meinem Fleische steur und wehr" zu „den niedern Lusten steur und wehr". WG 137, V. 4: „wie kanst du das Geschrey vertragen" zu „Soll ich in meiner Noth verzagen". WG 205, V. 2: „Sey GOtt getreu, laß keinen Wind des Creutzes dich abkehren" zu „Sey Gott getreu, und frohgesinnt, kein Creutz laß dich abkehren". Ebd., V. 5: „Was diese Welt in Armen hält" zu „Was diese Welt für dauernd hält". WG 221, V. 5: „Menschen=Hülf kan nicht bestehen, sondern läßt sich bald verdrehen" zu „sondern muß vorübergehen". WG 229, V. 1: „der Tag und Nacht läßt werden auf unterschiedne Zeit" zu „zum Unterschied der Zeit". WG 241, V. 6: „und man von dem Bett aufstehet" zu „und man dankend vor dir stehet". WG 243, V. 7: „mein Bette soll dein Aufsicht seyn" zu „mein Schutz soll seine Aufsicht seyn". WG 243, V. 2: „scheint heller in mein Herz die ewge Himmels=Kerz, mein JEsus" zu „scheint heller in mein Herz, und lindert allen Schmerz". WG 252, V. 3: „weise sind [...] die ihn als die Weisheit küssen" wird zu „seine Lehre treu genießen".WG 268, V. 1: „Laß mich nicht so furchtlos schreyen, sondern hilf und gieb Gedeyen" wird zu „Laß mich nicht vergebens klagen; Hülfe kannst du nicht versagen". WG 268, V. 4: „und mit Gallen seyn getränkt" wird zu „und mit bitterm Trank getränkt". WG 314, V. 5: „Er kann durch tausend Leiden [...] sich verkleiden, gleich als in Löwen=Haut" zu „verkleiden, daß unser Kleinmut graut". WG 315, V. 3: „Er streichet seine liebste Kinder mit Vater=Ruthen seiner Zucht" wird zu „Er übet seine liebste Kinder mit harten Proben seiner Zucht". WG 316, V. 5: „Hab immer einen Löwen=Muth" zu „guten Muth". WG 320, V. 14: „und der Lauf geht hinauf zu den Felsen=Höhlen" wird zu „zu der sichern Höhle". Ebd., V. 15: „Jesu, meine Freude, meine Sonn, meine Wonn, meine Seelen=Weide, sorge nur für meine Seele" wird zu „meine Wonn, Trost in allem Leide. Sorgest Du für meine Seele". WG 321, V. 3:

schen Redeweise in einem Austausch der Bildlichkeit oder die ansatzweise Erklärung[636] bzw. direkte Präzisierung des Bildes[637]. Entlastung finden auch einzelne Metaphern in Reformulierungen, die auf weniger präzisen Kenntnissen aufbauen.[638]

Die Zielsetzung der Änderungen ist eindeutig. Die Auflösung oder Umgestaltung der Ausdrucksformen zielt insgesamt auf ein höheres Maß der Eindeutigkeit und hat darin eine doppelte Ausrichtung. Auf der einen Seite gilt es, die als anstößig zu empfindenden Stellen zu reduzieren. Auf der anderen ist Herders klar zu erkennendes Anliegen, nicht nur die möglichen negativen Assoziationsbereiche zu vermindern, sondern die positiven Eindrücke zu verstärken. Beides verbindet sich miteinander, doch soll die nachfolgende Darstellung graduell zu den erkennbar positiven Impulsen Herders fortschreiten.

Wenig erbauliche Formulierungen werden zum Teil so ersetzt, daß sie von einer äußeren Beschreibung des Schmutzes zu weitaus konkreteren Zuständen wie der Einsamkeit oder der Inaktivität übergehen.[639] Auch hütet sich Herder davor, Hinweise auf Laster in Verbindung mit möglichen positiven Qualifizierungen stehen zu lassen.[640] In anderen Fällen werden Laster ausdrücklich in den Text eingetragen, um vergleichsweise unpräzise Bilder zu ersetzen.[641] Her-

---

„Du magst mich küssen oder schlagen" wird zu „küssen oder plagen". WG 323, V. 4: „Es soll und muß dem geschehen wohl, der dieser hat sein'n Köcher voll" wird zu „werden wohl, dem seine Söhn geraten wohl"; durch diese klugen Änderungen wird zudem die Rückbezüglichkeit auf die bereits zuvor erwähnten Kinder deutlich. WG 330, V. 5: „Mach mir stets Zuckerguß den Himmel, und Gallenbitter diese Welt" wird zu „Mach mir zum Vaterland' den Himmel, zur Vorbereitung diese Welt". WG 350, V. 1: „ich bin gar wohl vergnüget, zu tausend guter Nacht" wird zu „und sag' euch gute Nacht".

636 WG 23, V. 5: „der Lebens=Becher folgt" zu „der Trank des Lebens folgt". WG 87, V. 2: „Der Tod muß nun die Erde küssen, mir wird der Satan unterthan" zu „Der Sünden Handschrift ist zerrissen; ihm ist der Satan unterthan". WG 127, V. 5: „und schenke mir die Trost=Fluth ein, denn bin ich benedeyet" zu „und schenke mir die Labung ein, die mir zum Trost gedeyet".

637 WG 23, V. 6: „laß alle Wetter krachen" zu „laß Ungewitter krachen".

638 WG 172, V. 9: „Die Alloe bringt bittres Weh, macht gleichwol rothe Wangen: So muß ein Herz durch Angst und Schmerz zu seinem Heil gelangen" zu „Wie bitter sey die Arzeney, schafft sie doch neues Leben: So muß das Leid zu neuer Freud' und neuem Glück erheben".

639 WG 142, V. 2: „ich voller Fehler [...] beschmutzt und unfläthig" zu „verlassen und unthätig".

640 WG 26, V. 4: „Gieb, daß mein Herz von aller Freud, des Zeitlichen sich wende" zu „Gieb, daß mein Herz von Eitelkeit des Zeitlichen sich wende".

641 WG 247, V. 5: „Er hat kein' Luste: an der Stärk des Rosses, noch Wohlgefallen an jemandes Beinen" wird zu „Er hilft den Seinen nicht durch Rosses Stärke, hat Wohlgefallen, nicht an frechem Stolze". WG 249, V. 3: „In CHristo gang bekehren, und in dir machen feist, daß wir den Hunger meiden, stark seyn in allem Leiden, und leben ewiglich" wird zu „In Christo uns bekehren, daß wir im Glauben vest, Begierd' und Lüste meiden, stark seyn in allem Leiden, und leben ewiglich".

ders Präferenz ist darin klar, eher einen harten eindeutigen Hinweis zu formulieren als eine mißverständliche Aussage zu tolerieren.

Ein sehr deutliches Beispiel für das Anliegen, als anstößig zu empfindende Ausdrücke zu vermeiden, ist in der ansatzweise erfolgten Tilgung der „Koth"-Metaphern zu sehen. Meist erfolgt eine Ersetzung durch „Staub", im Falle eines zu erhaltenden Reimes durch „Noth" sowie in Einzelfällen vergleichsweise freie Paraphrasen.[642] Den sechs überarbeiteten Stellen stehen jedoch mindestens fünf unverändert beibehaltende gegenüber.[643]

Weitaus häufiger sind Streichungen, die den Bereich der Dämonologie berühren. Hinweise auf den Teufel werden ersetzt durch allgemeine Erfahrungen wie „Unfall"[644], „Unglück"[645] oder „Gefahr"[646]; weiter durch die qualitative Bestimmung zum „Uebel"[647] oder „Bösen"[648] sowie der singularischen oder pluralischen Personifizierung als „Feind"[649]. Hinzu treten weitläufige Paraphrasen[650]. In einem Fall wird das wohl kleinere Übel darin gesehen, den

---

642 WG 89, V. 5: „Er liegt im Koth, der arge Feind" zu „Er liegt im Staub der arge Feind". WG 95, V. 6: „dein Koth kann dich [Jesu] ergetzen" zu „dein Staub kann nicht ergetzen". WG 149, V. 5: „für Koth allzeit nur achte" zu „für leeren Staub nur achte". WG 193, V. 1: „Wer sich wälzt in dem Sünden=Koth" zu „Wer nicht empfindet diese Noth". WG 263, V. 4: „Haut ab, was euch verhindern mag [...] und bleibet nicht bekleben am Erden=Koth, schwingt euch empor im Geist zu GOttes Engel=Chor, und dienet Gott mir Freuden" zu „Stellt ab [...] bleibt nicht am Staube kleben, zum Himmel schwinget euch empor, im Geist zu Gottes Engel-Chor, und dienet Gott mir Freuden". In eine organische Wachstumsmetapher wird umgedeutet WG 311, V. 3: „was steigen soll zur Ehr empor, liegt auf der Erd, und muß sich vor im Koth und Staube wälzen" wird zu „vom Staub' empor, liegt erst im Staub', und muß zuvor im Saamenkorn' ersterben".

643 WG 35, V. 4; WG 79, V. 12; WG 140, V. 4; WG 159, V. 17; WG 192, V. 10.

644 WG 203, V. 7: „daß kein Teufel mich betrübe" zu „daß kein Unfall mich betrübe". WG 205, V. 4: „kein Teufel kann ihm schaden" zu „kein Unfall kann ihm schaden".

645 WG 19, V. 6: „setzt mir gleich der Teufel zu" zu „setzt mir gleich das Unglück zu".

646 WG 230, V. 4: „so schlich der Teufel um mich her, du hast durch dein' Macht vertriebn, daß ich für ihm in Ruh bin bliebn" zu „so schlich Gefahr rings um mich her, die hat, Herr, dein Macht vertrieb'n, daß ich vor ihr in Ruh bin blieb'n".

647 WG 243, V. 6: „drum sey auch allen Teufeln Trutz" zu „drum biet ich allem Uebel Trutz".

648 WG 72, V. 2: „dadurch von's Teufels Rachen, Fremde frey zu machen" zu „dadurch uns von dem Bösen hülfreich zu erlösen".

649 WG 181, V. 5: „Trotz dem Teufel" zu „Trotz den Feinden". WG 208, V. 8: „Jesu, diesen Glauben soll kein Teufel rauben" zu „soll kein Feind mir rauben".

650 WG 204, V. 9: „fechte frisch den letzten Ruck, laß dich keinen Teufel kämpfen! auch! das ist der härteste Zug: Wer alsdenn mit JEsu ringt, und das Sünden=Fleisch bezwingt, der gewißlich Lob ersieget" zu „in dem letzten Todeszug. Laß nichts deine Hoffnung dämpfen; Hoffnung ist im Tode gnug. Wer alsdenn mit Jesu ringt, und den letzten Feind bezwingt, hat den schwersten Feind besieget". WG 214, V. 6: „Dein Wort, der Seelen Medicin, laß bey uns, HErr, noch ferne blühn [...] treib vorbey des Teufels List und Ketzerey" zu „der Seelen Arzeney, laß bey uns, Herr, du bist getreu [...] ferne sey uns Irrthum und Abgötterey". WG 295, V. 7: „und mich durch Blut und Todesschmerz von aller Teufel Grausamkeit zu deinem Ei-

„Teufel" durch den „Satan" zu ersetzen[651], in einem weiteren durch die „Hölle"[652] sowie einmal durch den „Tod"[653]. Demgegenüber stehen zahlreiche einschlägige Stellen, die nicht überarbeitet wurden. In einzelnen Fällen läßt sich erkennen, warum Herder möglicherweise auf einen Eingriff verzichtete: Einmal handelt es sich um ein von Luther überarbeitetes Lied[654], das damit gleichermaßen in der historischen Textgestalt geboten wird, einmal um ein reformatorisches Lied von Decius aus dem Jahre 1526[655]. Ein drittes Lied bietet klar den biblischen Kontext einer Nacherzählung des Gleichnisses vom Sämann.[656] Demgegenüber stehen jedoch zahlreiche Lieder des 16.[657], 17.[658] und 18. Jahrhunderts[659], deren Hinweise auf den Teufel nicht redaktionell berührt wurden.

Gleiches gilt, quantitativ weniger gewichtig, für den „Satan". Hier dominiert die Paraphrase[660] oder erbauliche Umdichtung.[661] Nur einmal ist der Aus-

---

genthum befreyt" wird zu „von aller Sünden=Dienstbarkeit zu deinem Eigenthum befreyt". WG 358, V. 3: „ich will selbst eure Ruhstatt seyn. Ihr seyd sein Volk, ihr Jacobiten, ob Sünde, Welt und Teufel wüten, seyd nur getrost, und geht ein" zu „ich will selbst eure Ruhstätte seyn; ihr seyd mein Volk, der Erde müde, geht ein zu eures Herren Friede, seyd nur getrost und gehet ein".

651   WG 236, V 8: „Schütze mich fürs Teufels Netzen, für der Macht der Finsterniß, die mir manche Nacht zusetzen, und erzwingen viel Verdruß" zu „Schütze mich vor Satans Netzen, vor der Macht der Finsterniß, die mit Sorgen mir zusetzen, und mit mancher Kümmerniß".

652   WG 267, V. 2: „so kan fürwahr mir ganz und gar wedr Tod noch Teufel schaden" wird zu „so kann fürwahr mir ganz und gar nicht Tod und Hölle schaden".

653   WG 340, V. 2: „Du hast mich ja erlöset von Sünd, Tod, Teufl und Höll" zu „von Sünde, Tod und Höll".

654   WG 4, V. 1–3.

655   WG 11, V. 4.

656   WG 120, V. 6.

657   WG 140, V. 5 u. 7: keine Tilgung des wütenden Teufels. WG 224, V. 9: „Teufels listig Pfeil" nicht getilgt. WG 271, V. 7: Teufel nicht geändert.

658   WG 44, V. 3: Teufel und Hölle nicht getilgt. WG 70, V. 2: „Teufels Sünden=Ketten" nicht getilgt. In WG 89, V. 2, WG 135, V. 6, WG 228, V. 5 u. WG 232, V. 6: jeweils Teufel nicht getilgt. Ebenso: WG 348, V. 4.

659   WG 196, V. 2: „Laß seyn, daß Teufel, Höll und Sünd" zu „Teufel, Welt und Sünd'".

660   WG 197, V. 8 „Und dann schlagt die Sünden=Glieder, welche Satan in euch regt, in den Creutzes=Tod darnieder, bis ihm seine Macht gelegt" zu „Und dann schlagt, ihr Christus=Glieder, die der Geist des Höchsten regt, in den Creutzestod darnieder, was zum Bösen euch bewegt". WG 324, V. 3: „da lieg ich schon vor mir in grosser Hitz, ohn Kraft und Zier [...] die Sünde kränkt vor allem. Des Satans Anklag hat nicht Ruh, sezt mir auch mit Versuchung zu" zu „da lieg ich schon vor Dir, in Todesschweiß ohn Kraft und Zier [...] die Sünde kränkt vor allem, und läßt dem Sterbenden nicht Ruh, setzt mir auch mit Versuchung zu". WG 242, V. 4: „Wend ab des Satans Wüterey, durch deiner Engel Schaar" zu „Wend ab das Leid und steh mir bey, durch deiner Engel Schaar". WG 244, V. 2: „Man fühlt die schnellen Todes=Stricke des Satans, und des Fleisches Lust, wenn GOtt mit seiner Engel=Hut im Wa-

tausch des Namens durch die Ausdeutung zur „Furcht" anzutreffen[662]. In einem Kontext wird der Hinweis auf den Satan durch die Anfechtung und das Gewissen ersetzt.[663] Wiederum zahlreiche Stellen ließen sich jedoch benennen, bei denen auf Texteingriffe verzichtet wurde, wobei dem zeitlichen Entstehungsrahmen des Liedes keine gravierende Bedeutung zukommt.[664] In einem Fall ersetzt Herder die dämonologisch weite Bestimmung der „bösen Geister" durch die psychologisierende Ausdeutung der „bösen Zweifel".[665] Nur einmal steht dem der Verzicht auf das Bild der Engel gegenüber – und diese Änderung stellt die Aufbrechung einer Wiederholung dar.[666]

Als Tendenz ebenfalls zu verzeichnen ist die Streichung der Hölle.[667] Eine freie Paraphrase findet der „schwarze Höllenmann"[668]; die „Höllen=Geister" werden ersetzt durch Sorgen[669]. Bisweilen tritt an die Stelle der „Hölle" der „Zorn".[670] In Einzelfällen wird der Hinweis auf die Hölle nicht gestrichen, son-

chen nicht das Beste thut" zu „Oft übereilt im Augenblicke uns Noth und Tod, Gefahr und List".

661 WG 236, V. 1: „beschützet, daß mich Satan nicht beschmutzet" zu „beschützet, daß mir selbst das Leid genützet".

662 WG 264, V. 10: „Zuletzt laß sie an unserm End' hinweg den Satan jagen" zu „Zuletzt laß sie an unserm End von uns die Furcht verjagen".

663 WG 324, V. 7: „Was? schont denn Satan meiner nicht? und schreckt mich durch das Zorngericht?" wird zu „Wenn mein Gewissen mich anficht und schrickt mich durch Dein Zorngericht".

664 WG 15, V. 5: „Satans List" ungetilgt. „Satan" nicht getilgt: WG 21, V. 8; WG 53, V. 2; WG 73, V. 2; WG 87, V. 2; WG 122, V. 3; WG 152, V. 1; WG 170, V. 3 [in diesem Kontext bereits besiegt]; WG 173, V. 11; WG 200, V. 1; WG 202, V. 1; WG 206, V. 6; WG 219, V. 2; WG 231, V. 7; WG 238, V. 5; WG 279, V. 1f.; WG 280, V. 2; WG 324, V. 6.

665 WG 344, V. 5: „Die bösen Geister von mir treib" zu „Die bösen Zweifel von mir treib".

666 WG 263, V. 5: „Ein Mensch, der Händ und Füsse läßt hier thun nach Wohlgefallen, der kömmt nicht auf des Herren Fest, wo alle Engel schallen" zu „Ein Mensch, der seine Glieder läßt hier thun nach Wohlgefallen [...] zu dem ewgen Fest [...] wo Lobgesänge schallen". Die Engel finden sich in mehreren Strophen, u. a. V. 1 und 4, schon vorab erwähnt.

667 WG 196, V. 2: „Laß seyn, daß Teufel, Höll und Sünd" zu „Teufel, Welt und Sünd'". WG 340, V. 2: „Du hast mich ja erlöset von Sünd, Tod, Teufl und Höll" wird zu „von Sünde, Tod und Höll" – möglicherweise vorwiegend aus metrischen Gründen, weiter jedoch statt „Warum solt mir denn grauen fürm Tod und höllischn Gesind?" „Warum sollt mir denn grauen? Der Tod ist mein Gewinn." WG 345, V. 7: „Die heiligen fünf Wunder dein laß mir rechte Fels=Löcher seyn, darein ich flieh, als eine Taub, daß mich der höllsche Weih nicht raub" wird zu „Die heilgen fünf Wunder dein laß mir eine rechte Zuflucht seyn, darein ich flieh, als eine Taub', daß mich der Seelen-Feind nicht raub'".

668 WG 155, V. 9: „will der schwarze Höllenmann dich zur Rach anflammen" zu „häuft, was ich nicht recht gethan, mir zum Fluch zusammen".

669 WG 243, V. 6: „Ihr Höllen=Geister, packet euch, hier habt ihr nichts zu schaffen" zu „Ihr Sorgen, weicht und lasset mich; hier habt ihr nichts zu schaffen".

670 WG 280, V. 5: „Wer seinen Nächsten hasset, der hasset selbsten GOtt; drauf GOttes Zorn ihn fasset, und stürzt in solche Noth, darinnen er verdirbt, wo selbsten kein Eretten; der Höllen

dern gleichermaßen juridisch erklärt.[671] Der Hinweis auf nicht bearbeitete Passagen erübrigt sich, auch wenn zu betonen ist, daß es vergleichsweise wenige sind.[672] In einem einzigen Fall tilgt Herder einen Hinweis auf den „Zorn" Gottes.[673] Dieses Vorgehen mag gegenüber der oben erwähnten Eintragung des Zornes als inkonsistent erscheinen; die Konsequenz liegt in beiden Fällen in der Ersetzung einer jeweils als anstößiger empfundenen Stelle.

Das Höchstmaß der persönlichen Entrüstung Herders gilt, nach den Ausführungen der Vorrede, der Wahrnehmung Jesu.[674] Ablehnend benennt er darin Formulierungen wie „Jesulein" und eine bußtheologische als Frömmigkeit ausgedeutete Überhöhung der leiblichen Aspekte des Opfergeschehens. Ein großer Teil der zu beobachtenden Veränderungen hängt mit dem damit eröffneten Komplex zusammen. In einem Fall ist die Tilgung der personalen Diminutivform „Jesulein"[675] zu beobachten; in einem anderen unterbleibt sie[676]. In einem fließenden Übergang dazu steht das metaphorische, den Opfergedanken tragende Diminutivum „Lämmlein". Weitaus häufiger und wesentlich konsequenter als bei der im Vorwort genannten Nominalform nimmt Herder in diesem Zusammenhang Änderungen vor.[677] Den stilistischen und theologischen Höhepunkt stellt das Lied „Es ist noch eine Ruh vorhanden" dar, in dem Herder den konsequenten Austausch des „Lämmchen[s]" durch die personifizierte „Liebe" vollzieht.[678] Ebenfalls getilgt findet sich die pastoral akzentuierte Me-

---

Band' und Ketten ihn fesseln, wenn er stirbt" zu „der hasset in ihm Gott. Wenn böser Zorn ihn fasset, stürzt er sich selbst in Noth, darinnen er verdirbt, wo selbst ist kein Eretten; des Zornes Band' und Ketten ihn fesseln, wenn er stirbt".

671   WG 324, V. 4: „zur Höllen, da wo man [...] Jammer, Angst und Zeter schreit" wird zu „wo man [...] seine Schuld zu spät bereut". Ebd., im nächsten V.: „wir werden ewig nicht entgehn, kriegt uns der Höllen Rachen: Wer hilft mir sonst in dieser Noth" wird zu „wir werden nicht dem Spruch entgehn, der schlichtet unsre Sachen. Wer steht mir bey in dieser Noth".

672   WG 44, V. 3; WG 244, V. 6; WG 267, V. 2; WG 311, V. 1.

673   WG 312, V. 5: „wilt du mir nur weisen, was dein Zorn und Willen kan" zu „was dein mächtiger Wille kann".

674   Vgl. dazu in diesem Kap., Anm. 428.

675   WG 20, V. 1, 3, 7, 10 u. 13: „allerliebstes Jesulein" zu „keines andern will ich seyn"; V. 2, 5, 8 u. 11: „allertheurstes Jesulein" zu „keines andern will ich seyn"; V. 3, 6, 9 u. 12: „allerschönstes Jesulein" zu „keines andern will ich seyn".

676   WG 49.

677   WG 61, V. 3: „Ich wünschte mir von Herzensgrund um dich geschlacht't zu werden, und was noch mehr, zu ieder Stund gecreutzigt stehn auf Erden: Doch aber wünsch ich auch dabey, daß ich ein Lämmlein JEsu sey" zu „Ich wünsche mir von Herzensgrund auch ein Opfer dir zu werden, und deinem Ruhm zu jeder Stund geweihet zu seyn auf Erden: Doch aber wünsch ich auch dabey, daß ich wie du, sanftmüthig sey." WG 290, V. 5: „zu dir nur, und dem Lamm steh unser ganz Verlangen" wird zu „zu deiner Reinigkeit steh unser ganz Verlangen".

678   WG 358, V. 2: Austausch von Lämmelein und Liebe, wobei die Liebe schon in der tradierten Fassung dem Lämmlein vorgeordnet wird: „Die Ruhe hat GOtt auserkohren [... ,] die Liebe hat sie uns schon bestimmt. Das Lämmlein wollte darum sterben, uns diese Ruh zu erwer-

taphorik der Gläubigen als „Schäflein".[679] Als Sinnbild der Geduld und unter
erklärendem Zusatz dieses Aspektes kann Herder die Metapher jedoch gleichermaßen beibehalten[680] wie auch in nicht bearbeiteten Stellen unverändert
lassen[681]. Zudem werden weitere Diminutive getilgt, die den Menschen[682] und
die Schöpfung[683] betreffen. In nur einem Fall wird auf eine Diminutivform verzichtet, eine damit verbundene, in einem hohen Maße auf Verniedlichung angelegte Bildlichkeit jedoch gleichzeitig gestärkt.[684] In einem anderen Fall wird
ein Diminutiv zur geringfügigen Einschränkung eines Bildes eingetragen.[685]

Von der Metaphorik des Lammes führen Verbindungen zu zwei weiteren
Bereichen, in denen Herder erkennbare, wenn auch nicht durchgängige Änderungen vornimmt. Der erste betrifft den Vorstellungskomplex der himmlischen

---

ben"; bei Herder: „Die Ruhe hat Gott auserkoren [... ,] die Liebe sie uns schon bestimmt. Die
Liebe wollte darum sterben" etc., wodurch der sinnhafte Anschluß etwas fraglich wird. In
V. 3 folgen bisweilen nur Ersetzungen einzelner Worte, etwa „Jammerhöhle" statt „Kummer-
höhle", doch auch hier läßt Herder die „Liebe" anstelle des „Lämmleins" sprechen: „ich will
selbst eure Ruhstätte seyn". In V. 5 nimmt er die Tilgung des Lammes weiter vor: „wir werden den Erlöser sehn; er wird vom Kampf uns neu erfrischen [...] und mit uns ein zur Freude
gehn" statt „wir werden auch das Lämmlein sehn; es wird beym Brünnlein uns erfrischen [...]
[,] was sonst noch soll geschehn!" Gleichmaßen konsequent bearbeitet er V. 6: statt „das
Lamm ist seinem Volke nah" heißt es: „Gott ist uns, seinem Volke, nah" sowie in entspre-
chendem Anschluß: „will selbst über ihnen wohnen, und ihre Treue wohl belohnen mit Licht
und Trost, mit Ehr und Preis" anstelle von „es will". V. 7 hat Herder das „ihr Müden, legt
euch dem Lamm in seinen Schoos. [...] wir müssen eilen, und uns nicht länger hier verweilen
[... .] Fort fort, mein Geist, zum Jubiliren, begürte dich zum Triumphiren" getilgt zugunsten
von „ihr Müden, kurz ist die Müh, der Lohn ist groß [... ,] wir müssen eilen, nur Trägheit
kann uns hier verweilen [... .] Wohl auf, mein Geist, zum ewgen Lohne, erkämpfe deine Sie-
geskrone".

679 WG 311, V. 13: „so laß mich auch in deiner Gnad als wie ein Schäflein weiden" zu „in
     deiner Gnad empfinden Seelenfreuden".
680 WG 61, V. 4: „Laß aber auch in aller Pein mich wie ein geduldigs Lämmlein seyn" zu „mich
     wie ein Lamm geduldig seyn". WG 313, V. 1: „sey still, und halt dich wie ein Lamm" zu
     „sey still, und duldend wie ein Lamm".
681 WG 5, V. 2; WG 11, V. 3; WG 46, V. 6; WG 55; WG 61f.; WG 74, V. 3; WG 190, V. 1.
682 WG 268, V. 4: „mich gleich einem Würmlein winden, mit viel Unglück seyn umschränkt,
     doch will ich es alles tragen, und darum auch nicht verzagen" wird zu „mich gleich einem
     Wurme winden, von so mancher Weh gekränkt, dennoch will ich alles tragen, und darum
     doch nicht verzagen". WG 269, V. 6: „Sein Blut hat er vergossen für mich arms Würmelein"
     wird zu „für mich und dachte mein".
683 WG 283, V. 2: „JEsus funkelt mir im Herzen wie ein gülden Sternelein" wird zu „wie ein
     heller Sonnenschein".
684 WG 306, V. 5: „Ja wie ein Henn ihr Küchelein bedeckt mit ihren Flügelein, so thut der HErr
     uns Armen" wird zu „Wie eine Henn' ihr Küchlein klein nimmt unter ihre Flügel ein, so thut
     der Herr uns Armen".
685 WG 311, V. 9: „wie balde geht ein Wind herein" zu „wie bald steicht nur ein Lüftchen
     drein".

Hochzeit. In bezug auf das Lamm lassen sich hier wiederum klare Streichungen identifizieren.[686] Hinzukommen die Titel des Bräutigams[687] und die Anknüpfung an die in der mystischen Redeweise verankerte Tradition des Brautbildes[688], die Änderungen erfahren. Besonders dieser Komplex sowie das in der letzten Anmerkung zitierte Lied WG 348 erinnern stark an die von Herder in der Vorrede abgelehnten Tendenzen der Kirchenlieddichtung. Der zweite Bereich betrifft den Aspekt der Körperlichkeit. Im Blick auf Jesus wendet er sich in punktueller Deutlichkeit gegen eine Ausmalung des Blutes[689], der Wunden[690], des Schmerzes[691] und Kreuzesgeschehens[692] oder unmittelbarer Berührungen[693], die auch in Bilder, wie dem Schoß Jesu[694], vorliegen. Der kontem-

---

686 WG 79, V. 21: „daß wir JEsum sehn, und zu des Lammes Hochzeit gehn" zu „da wir Jesum sehn, und zu des Himmels Freud eingehn".

687 WG 5, V. 3: „dem Bräutigam uns zugeführet, den Hochzeit=Tag erkohren. Eya, ey da, da ist Freude, da ist Weide, da ist Manna und ein ewig Hosianna" zu „der ewgen Hoffnung zugeführet, zu der wir sind erkohren. Freude! Freude! dort ist Freude, fern vom Leide, dort ist Manna und ein ewig Hosianna". WG 313, V. 11: „Vielleicht wird GOtt bald senden, die dich auf ihren Händen hintragen zu dem Bräutigam" zu „hintragen wohin Christus kam".

688 WG 348, V. 5: „Bekleidt mit Christi Unschuld fein, wie eine Braut ich steh. Gehab dich wohl, du schnöde Welt, bey GOtt zu leben mirs gefällt" wird zu „Geschmückt mit Christi Unschuld rein werd ich vor Gott dort stehen. Gehab dich wohl, du nichtge Welt, bey Gott zu leben mirs gefällt".

689 Vgl. hierzu das Lied, mit dem Herder 1776 in Sachsen-Weimar begrüßt worden war, WG 192, V. 6: „JEsu, es muß mir gelingen durch dein Rosinfarbnes Blut" zu „durch dein theur vergoßnes Blut".

690 WG 70, V. 3: „Du hast lassen Wunden schlagen, dich erbärmlich richten zu" zu „Wunden ließest du dir schlagen, Schmerz und Jammer littest du". WG 154, V. 8: „Deine roth=gefärbte Wunden" zu „Deine Blutgefärbte Wunden"; „deine Schenkel fest gebunden" zu „deine Hände fest gebunden". WG 239, V. 5: „hilf uns [...] durch dein' heilge fünf Wunden roth" zu „durch deinen heilgen bittren Tod". WG 324, V. 8: „Nein, nein, ich weiß gewiß mein Heyl, du lässest mich dein wahres Theil in deinen Wunden sitzen; hier lach ich aller Macht und Noth, es mag Gesetz, Höll oder Tod auf mich mit Donner blitzen" wird zu „Nein, nein, ich weiß gewiß mein Heil, du wirst mich, dein erworbnes Theil, in jeder Noth beschützen. Dir leb' ich und sterb' ich, Herr, mein Gott! Es mag Gesetz, Höll' oder Tod auf mich im Tode blitzen."

691 WG 311, V. 6: „daß du demselben, den du schlägst, soltest günstig bleiben" zu „daß dem den du erniedrigst sehr, dem solltest günstig bleiben".

692 WG 61, V. 3: „Ich wünschte mir von Herzensgrund um dich geschlacht't zu werden, und was noch mehr, zu ieder Stund gecreutzigt stehn auf Erden" zu „Ich wünschte mir von Herzensgrund ein Opfer dir zu werden, und deinem Ruhm zu jeder Stund geweihet zu seyn auf Erden". WG 178, V. 4: „du treuer Creutz=Geselle, schlag nach Belieben zu" zu „wenn ich mich dir geselle, so hilfst und stärkest du".

693 WG 71, V. 5: „Diese Füsse will ich halten auf das Best ich immer kan [... ,] ich, ich tilg' all' deine Sünden" zu „Dich, o Heiland, will ich halten auf das Best ich immer kann [... ,] ich, ich tilge deine Sünden".

694 WG 178, V. 7: „in deinem Schoos zu liegen" zu „hilf mir den Tod besiegen".

plativen Konzentration auf das Leiden Christi entspricht auf der Seite des Menschen eine gleichermaßen als Einseitigkeit wahrgenommene Betonung der Körpers. Mehrere Formulierungen, die ausschließlich auf den leiblichen Teil des Menschen ausgerichtet sind, werden in der schöpfungseigenen Verbindung von Körper und Geist ausgeweitet, wodurch einerseits die Vergänglichkeit Betonung finden[695] und anderseits die Bedeutung des Lebens in forensischer Hinsicht akzentuiert werden kann[696]. Zudem finden sich einzelne Hinweise auf die Jungfrauengeburt Jesu getilgt; Anspielungen auf die Gottähnlichkeit und Hoheitstitel treten an die entsprechenden Stellen.[697] Daneben stehen jedoch Lieder, darunter Luther-Texte, die den Topos unverändert bieten.[698] Auch in anderen Zusammenhängen vergleichsweise unpräziser oder nicht unproblematischer Bildkomplexe greift Herder auf Hoheitstitel zurück.[699] In einzelnen Fällen ist der Austausch von Titeln zu beobachten, etwa von „Davids Sohn" zu „Menschen=Sohn"[700] oder von Gottessohn zu Christus[701].

Im Blick auf den Gottesnamen deutet sich eine enthistorisierende Tendenz an. In einem Fall wird auf den auch titelgebenden Hinweis „Jehovah" verzichtet[702], in zwei weiteren findet sich „der starke Helfer, Zebaoth" in „der starke Helfer in der Noth" umformuliert.[703] Eine vergleichbare Vorgehensweise deutet sich in einzelnen Liedern an, in denen konkrete Anspielungen der biblischen Geschichte zugunsten einer allgemein zu verortenden Ausdeutung ersetzt werden.[704] Diese Reduzierung der Anspielungsdichte ist wohl im Sinne

---

695 WG 328, V. 1: „Alle Menschen müssen sterben, alles Fleisch vergeht wie Heu" wird zu „Alle Menschen müssen sterben, wie ein Schatten geht vorbei".

696 WG 290, V. 2: „Vor deinem Richterstuhle kan ja kein Mensch bestehn, wenn du die fleischlichen Begierden wilt ansehen, zusamt der Eitelkeit" wird zu „wenn du willst ins Gericht mit deinen Knechten gehen".

697 WG 33, V. 2: „der Mutter unverlohren ihr' Jungfräulich' Keuschheit" zu „hat er uns neuerkohren zu Gottes Aehnlichkeit". WG 290, V. 6: „in Christo, unserm HErrn, dem keuschen Jungfrau=Sohn" wird zu „dem heilgen Gottessohn".

698 WG 31, V. 1.

699 WG 127, V. 2: „Nun sprichst du, Seelen=Bischof dort" zu „Du sprichst, o Heiland, selber dort".

700 WG 206, V. 3: „O wahrer Gott! o Davids Sohn!" zu „O wahrer Gott! und Menschen=Sohn".

701 WG 239, V. 7: „GOtt Vater sey Lob, Ehr und Preis, darzu auch seinem Sohne weiß" zu „Dem Vater sey Lob, Ehr und Preis, darzu auch Christo gleicherweis'".

702 WG 263, V. 1: „Die Engel, die im Himmels=Licht Jehovah fröhlich loben" wird zu „Die Engel, die im Himmelslicht den Herren fröhlich loben".

703 WG 274, V. 1–6. Vergleichbar wird in WG 295, V. 9: „Du, du o HErr GOtt Zeboath!" zu „Du, du, mein Helfer in der Noth."

704 WG 296, V. 6: „Er lasse seinen Frieden ruhn in Israelis Land" wird – wieder enthistorisiert – zu „Er lasse seinen Frieden ruhn in unserm Vaterland". WG 315, V. 4: „Er führt in das gelobte Land, wenn uns Egypten fast erstickt" wird zu „in das gelobte Land, wenn uns die schwerste Bürde drückt".

der zuvor beschriebenen Verminderung der zum Verstehen notwendigen Kenntnisse zu interpretierten. Einen umgekehrten Ansatz wählt Herder im direkten Anknüpfen an liturgisch vermittelten biblischen Formulierungen wie dem *Vater Unser*.[705] Auch finden sich Eintragungen des Vater-Begriffes.[706] Weiter werden positive Gottesaussagen, wie Hinweise auf die Schöpfung oder die Allmacht, unter Verzicht auf zum Teil biblisch tradierte Metaphern formuliert[707].

Hinsichtlich des Menschen läßt sich eine Reihe von Beobachtungen bündeln. Zum einen finden sich die seelischen Zentralinstanzen Verstand und Herz einzeln und in ihren Bezügen zueinander gestärkt.[708] Insgesamt dominiert auch hier besonders in der Zielrichtung auf die Menschen in der Gemeinde das Bemühen, positive statt negative Empfindungen zu wecken.[709] Zum einen kann dies zu einer größeren Dichte positiv besetzter Begriffe führen[710], zum anderen werden Schlüsselbegriffe wie die Liebe – wie zuvor die Laster – in möglichst eindeutige Kontexte gesetzt.[711] Einzelne Formulierungen, die zusätzlich geboten werden, wie die „Menschenfreundschaft", tragen die klare Handschrift des Herausgebers.[712] Hinweise auf körperliche Schmerzen[713] und geistige Anfech-

---

705 WG 300, V. 4: „und bißgen Brod bescheret" wird zu „täglich Brod".

706 WG 319, V. 1: „Der Herr, der aller Enden regiert mit seinen Händen" zu „Der Herr, der aller Enden regiert mit Vaterhänden".

707 WG 18, V. 1: „ist geschaffen Zahm und Wild" zu „ist geschaffen, was du willt". V. 11: „und der Leviathan steht, und den Abgrund sich erwählet" zu „und der Sturm die Majestät Gottes furchtbar laut erzählet".

708 WG 163, V. 3: „so schleuß dein Herz und Ohren auf; doch gieb mir nichts, als diß allein, was mir kan gut und selig sein" zu „so schleuß auch mir dein Herze auf; du giebest mir, nur du allein, was mir kann gut und selig seyn". WG 198, V. 2: „Armuth, das die Maasse bricht" zu „Armuth, die das Herz anficht". WG 206, V. 1: „und thut doch endlich Busse" zu „und thut von Herzen Busse".

709 WG 59, V. 7: „und darüber kränken" zu „meinen Dank dir schenken". WG 135, V. 3: „hab mit mir Geduld, mein' Gebeine krachen" zu „du, der Trost der Schwachen". WG 151, V. 5: „[Gott] nicht zürnet, thut nicht schänden" zu „zum Besten sie sich wenden".

710 WG 81, V. 3: „Ach! du bist kalt, mein Aufenthalt! Das macht die heisse Liebe, die dich in das kalte Grab durch ihr Feuer triebe" zu „Ach! du bist kalt, mein Herz es wallt voll Dank für deine Liebe, die dich in das kalte Grab durch ihr Feuer triebe". WG 272, V. 4: „GOtt hat bis hierher meine Thränen gefaßt in seinen Sack, als Wein" wird zu „Gott hat bis hieher meine Thränen erhört und ließ mir Trost gedeihn". WG 301, V. 7: „ich habe meines Herzen=Haus befleckt mit Laster=Wust und Graus" wird „ich habe meines Herzens Haus befleckt und nicht gezieret aus".

711 WG 127, V. 11: „ich bin vor lauter Liebe krank" zu „ich bin vor Sehnsucht matt und krank".

712 WG 36, V. 4: „Zeuch in mein Herz hinein vom Stall und von der Krippen, so werden Herz und Lippen dir immer dankbar seyn" zu „laß mich in Demuth lieben, und Menschenfreundschaft üben, und stets dir dankbar seyn".

713 WG 173, V. 13: „Kein Brennen, Hauen, Stechen soll trennen mich und dich" zu „Kein Unfall soll mich schwächen, soll trennen mich und dich".

tungen[714] werden abgemildert. Dies gilt besonders für den Vorgang des Sterbens.[715] Bis hinein in einzelne Bilder ist zu erkennen, wie sich Herder bemühte, den Akzent der geistlichen gegenüber dem der leiblichen Erbauung zu stärken.[716]

Das Erlösungswerk wird in mehrfacher Hinsicht akzentuiert. Vorsichtige Eintragungen des Glaubens-[717] und Heilsbegriffs sind zu erkennen[718]. Weitaus deutlichere Betonung findet das Gnadengeschehen[719], wobei auch der Akt der Erlösung selbst gegenüber der Macht der Sünde herausgestellt wird[720]. Auch treten erbaulichere Bilder an die Stelle des Hinweises auf den Tod durch die Sünde.[721] Auf einer Ebene damit liegt die zu beobachtende Tilgung der Schlangen-Metaphorik.[722] Eine theologische Bedeutung kommt dem Verzicht der Pluralform zugunsten der singularisch formulierten „Sünde" insofern zu, als sie sich von dem Assoziationshorizont der Tatsünde entfernt.[723] Zugleich läßt sich auch die Eintragung des Sündenbegriffs in einem anderen Zusammenhang

---

714 WG 179, V. 8: „Dich beißt auch dein Gewissen nicht" zu „Dich nagt auch dein Gewissen nicht".

715 WG 214, V. 11: „den Leib scharr ein ins dürre Land" zu „den Leib empfang' sein Ruheland".

716 WG 255, V. 1: statt „unser GOtt sey hoch gepreiset, weil er uns so herrlich speiset" wird zu „der uns zum Heil uns unterweiset". WG 320, V. 4: „mehr als Trank und Speisen dieser Leib, darum gläub', daß GOtt wird erweisen, daß Er Speis uns Trank kan geben, dem er sich festiglich ihm ergibt im Leben" wird zu „darum gläub', Gott zum Ruhm und Preise, daß Er" etc.

717 WG 236, V. 9: „Wenn mein Augen schon sich schliessen, und ermüdet schlafen ein, muß mein Herz dennoch geflissen und auf dich gerichtet seyn: Meiner Seelen mit Begier träume stets, o GOtt, von dir, daß ich fest an dir bekleibe, und auch schlafen dein verbleibe" zu „soll mein Herz [...] Meine Seele mit Begier träume stets, o Gott, von dir, daß ich fest, Herr, an dich gläube, und auch schlafend dein verbleibe".

718 WG 22, V. 1: „Liebe, die du mich so milde nach dem Fall hast wiederbracht" zu „mit Heil bedacht".

719 WG 193, V. 2: „Behüte meines Mundes Thür, daß mir ja nicht entfahre ein solches Wort, dadurch ich dir, und deiner frommen Schaare, verdrießlich sey, und schade" zu „Behüte meine Lippen mir, daß ihnen nie entweiche ein unbedachtes Wort das dir und deinem Gnadenreiche verdrießlich sey, und schade". WG 283, V. 3: „JEsu habe ich geschworen, da ich von der Sünde rein" wird zu „Jesus hat mich auserkohren".

720 WG 197, V. 8: „Und dann schlagt die Sünden=Glieder, welche Satan in euch regt, in den Creutzes=Tod darnieder, bis ihm seine Macht gelegt" zu „Und dann schlagt, ihr Christus=Glieder, die der Geist des Höchsten regt, in den Creutzestod darnieder, was zum Bösen euch bewegt".

721 WG 200, V. 2: „Aber wache erst recht auf von dem Sünden=Schlafe" zu „Aber wach' erst selbst recht auf von dem Seelen=Schlafe".

722 WG 202, V. 2: „daß er der alten Schlangen Stich im Herzen nicht empfindet" zu „des bösen Feindes Stich".

723 WG 242, V. 5: „Zwar fühl ich wohl der Sünden Schuld" zu „der Sünde Schuld".

beobachten[724]. Ausdrücke des Zwanges werden vorsichtig umschrieben.[725] Bei der Taufe zieht Herder es vor, den „Bund" zu betonen.[726] Vergleichsweise allgemeine Formulierungen werden für den angestrebten Heilszustand bewußt vermieden.[727]

Abschließend gilt es eine Reihe struktureller Beobachtungen zu bündeln, wie mit leichten sprachlichen Änderungen der Gesamtansatz einer gestärkten Erbauung forciert wird. Der Unterschied zu den eingangs benannten formalen Beobachtungen ist ein funktionaler. Die einleitend zusammengestellten Eingriffe galten den als anstößig zu empfindenden und das unmittelbare Verstehen verhindernden sprachlichen Strukturen. Die abschließend gesammelten formalen Techniken bewirken mit minimalen Eingriffen überaus effektive Änderungen. Zu nennen ist die Aufgabe der rhetorischen Frage zugunsten einer positiven Aussage.[728] In einer Reihe aufzuführen ist der Wechsel vom Konjunktiv zum Indikativ[729], vom Präsens zum Futur[730] und vom Futur zur Betonung eines jenseitigen Zustandes[731]. Präsentische Negativaussagen werden durch Paraphrase ins Präteritum gesetzt.[732] Eine stark inklusive Wirkung übt auch der Wechsel von der zweiten zur ersten Person Singular aus.[733] Der Betonung der ersten Person korrespondiert zugleich die Rückbezogenheit des Subjektes auf Gott.[734]

---

724 WG 350, V. 6: „Viel besser, wohl gestorben, als in der Welt gelebt, die Schwachheit ist verdorben, worinnen ich geschwebt" zu „Viel besser, wohl gestorben, als Sündenvoll gelebt" etc.

725 WG 177, V. 2: „Wie schwerlich läßt sich Fleisch und Blut zwingen zu dem ewigen Gut" zu „hinziehen zu dem ewgen Gut".

726 WG 205, V. 1: „denk an den Kauf in deiner Tauf" zu „denk an den Bund in deiner Tauf".

727 WG 73, V. 2: „bald wird alles wieder gut" zu „bald erneuert sich mein Muth". WG 348, V. 1: „ist alles gut, wen gut das End" zu „mein Leben krön' ein gutes End'".

728 WG 73, V. 6: „welch Feind kan verletzen mich?" zu „kein Feind kann verletzen mich".

729 WG 205, V. 6: „Wär je der Fall geschehen" zu „Und ist ein Fall geschehen". WG 209, V. 1: „sollt" zu „soll". WG 339, V. 2: „daß sein Weg ein End mög han" wird zu „haben". WG 342, V. 2: „daß sein Weg ein End mög han" wird zu „haben".

730 WG 316, V. 3: „so kann doch GOtt nicht hassen, und auch den Mann, der ihm recht kan vertrauen, nicht verlassen" wird zu „und wird den Mann".

731 WG 355, V. 3: „Und die Frucht, die Adam brach, wird uns alle noch erwürgen" wird zu „wird uns alle einst erwürgen".

732 WG 319, V. 9: „und füllest meine Seele, die leer und durstig fasse, mit vollgeschenktem Maasse" wird zu „die leer war deiner Gabe, mit voller reifer Haabe." WG 327, V. 3: „Verfolgung, Haß und Neiden [...] hab ich auch müssen leiden, und trug sie mit Geduld" statt „und tragen mit Geduld".

733 WG 208, V. 2: „drum leb hier" zu „ich leb' hier".

734 WG 313, V. 5: „Indeß ist abgemessen die Last, die uns soll pressen [... .] Was aber nicht zu tragen, darf sich nicht an uns wagen, und solts auch nur ein Quentlein seyn" zu „Er hat uns zugemessen die Last, die uns [... .] Was wir nicht können tragen, darf sich nicht an uns wagen, und sollt es nur ein Quentlein sein".

Die Fülle und Vielschichtigkeit, jedoch auch die eindeutige Ausrichtung der zu beobachtenden Änderungen ist beeindruckend. Die fehlende Konsequenz im einzelnen wird aufgehoben von dem klar zu identifizierenden Gesamtansatz, mißverständliche oder anstößige Formulierungen zu vermeiden und den erbaulichen Charakter des Kirchengesanges so weit als möglich zu stärken. Die in der Vorrede abschließend formulierte Kritik an dem gebotenen Textbestand und die Ratschläge an die Geistlichkeit des Landes bieten den hermeneutischen Schlüssel zu dem so punktuellen und zurückhaltenden Agieren des Herausgebers. Die von Herder verfolgte Konsequenz liegt in diesem Zurücktreten hinter die eingeführte Textgestalt; und in dieser äußeren Notwendigkeit gründet die Unzufriedenheit des Herausgebers mit der eigenen Überarbeitung ebenso wie die Reichhaltigkeit der tatsächlich erfolgten Veränderungen. Der nach Ende der Arbeiten zum Ausdruck gebrachte Ärger dürfte sich zu keinem geringen Teil daraus gespeist haben, daß Herder zu kunstvollen Änderungen gezwungen war und nicht ohne weiteres Streichungen, wie im Vorwort gewünscht, vornehmen konnte.

3. Versstreichungen

Doch gerade auf diesen Punkt, das Streichen von Versen, ist eigens hinzuweisen. Herder bedauert in der Vorrede zwar ausdrücklich, entsprechende Vorgänge nicht vollzogen haben zu können. Dies ist jedoch nicht zutreffend. Herder nahm sehr wohl Streichungen einzelner Verse vor. Zwölf Lieder wurden deutlich reduziert[735], die im nachfolgenden kurz nach einer groben chronologischen Reihenfolge ihrer Entstehung genannt werden.

Ein vorreformatorisches, von der Reformation jedoch vermitteltes Lied wurde auf eine von vier Strophen reduziert.[736] Bei einem weiteren in seiner Genese und Tradition vergleichbaren Lied wird die letzte der drei zuvor gebotenen Strophen gekürzt, wobei sich der inhaltliche Textgehalt nicht wesentlich verändert.[737] Von Paul Speratus' 1523 entstandenen Lied „Sey Lob und Ehr mit hohem Preis" verzichtet Herder auf die ersten zwölf Strophen und stellt die beiden Schlußstrophen unter den Titel des damit verbliebenen Incipit: „Es ist das Heil uns kommen".[738] Eine exemplarische Stichprobe der zumindest von Herder zwischen 1776 und 1803 an der Stadtkirche gesetzten Liedernummern

---

735 WG 40f., 64, 77, 80, 94, 98, 106, 109, 117, 125, 250.

736 WG 40.

737 WG 94, V. 3: getilgt: „Kyrie Eleison, Christe Eleison, Kyrie Eleison, des solln wir alle froh seyn, Christ will unser Trost seyn, Kyrie Eleison"; bis auf das Kyrie Eleison wurde alles zuvor schon geboten.

738 WG 117, V. 13 u. 14 textidentisch.

ergibt, daß das Speratus-Lied in den Gottesdiensten Herders nicht gesungen worden war. In den Melodieangaben der neuen Lieder wird jedoch weiterhin der alte, auf die gestrichene Erststrophe verweisende Titel geführt.[739] Von einem Lied Michael Weißes von 1531 wird nur eine der vormals acht Strophen geboten.[740] Bei dem Luther-Lied „Erhalt uns, Herr, bei deinem Wort" von 1541 verzichtet Herder philologisch korrekt auf die drei von Justus Jonas hinzugefügten Schlußverse.[741] Von dem 1586 zuerst in dem Gesangbuch aus Frankfurt an der Oder gefundenen Lied „Singen wir aus Herzensgrund, loben Gott mit unserm Mund" fällt der inhaltlich vergleichsweise unergiebige Schlußvers weg.[742] In dem zuerst 1609 erschienen „Auf meinen lieben Gott trau ich in Angst und Noth"[743] verzichtet Herder wiederum auf die bei Hoffmann als Zusatz kenntlich gemachten Verse fünf bis acht. Von dem vor 1628 zusammengefügten Lied Johann Böschensteins und Vincenz Schmucks „Wer Gottes Marter in Ehren hat, und oft gedenkt der sieben Wort"[744] übernimmt Herder nur die letzte der insgesamt neun überlieferten Strophen. Dieses Endresultat entspricht auch drei Liedern Rists, die Herder von zwölf[745], elf[746] bzw. acht[747] Strophen auf die jeweilige Schlußstrophe kürzt. Weniger massiv, aber noch immer sehr deutlich sind die beiden Eingriffe in zwei Gerhardt-Lieder, die Herder von zehn auf drei[748] bzw. 17 auf sechs Verse[749] reduziert. Im letzteren Fall verzichtet er darin auch auf drei Strophen, die als spätere Zusätze angehängt worden waren. Von Johann Francks „Schmücke dich, o liebe Seele" übernimmt Herder ebenfalls nur den Schlußvers[750], setzt die verbliebene Strophe unter das neue Incipit, verweist aber unter den Melodieangaben wiederum auf den alten Titel. Der philologisch überzeugende Verzicht auf spätere Zusätze ist erkennbar. Er wird jedoch nicht konsequent betrieben, was in Einzelfäl-

---

739   Vgl. dazu das nachfolgende Unterkapitel.
740   WG 64.
741   WG 109.
742   WG 250, V. 5 fehlt: „Das Wasser muß uns geben Fisch, die läßt GOtt tragen zu Tisch, Eyer von Vögeln eingelegt, werden Junge draus gehect; müss'n der Menschen Speise seyn, Hirsche, Schaafe, Rinder und Schwein, schaffet GOtt und giebts allein".
743   WG 334.
744   WG 77.
745   WG 41.
746   WG 98.
747   WG 80.
748   WG 106, V. 1–7: gestrichen; übernommen nur V. 8–10.
749   WG 171, V. 1–3; 6–9, 11–14: gestrichen; übernommen: V. 4, 10 sowie die in der Vorlage als späterer Zusatz kenntlich gemachten V. 15–17.
750   WG 125.

len in Setz- oder Lesefehlern gründet[751], insgesamt aber nicht das tragende
Prinzip darstellen kann. Die philologische Texttreue – ohne freilich das Resultat der Streichung – deutet sich in dem Zusammenhang einer formalen Ergänzung an, mit der Herder einen zuvor nicht eigens bezeichneten Zusatz mit dem
entsprechenden Vermerk kenntlich macht.[752]

1.7.16. Die Überarbeitung der neuen Texte („Zweiter Theil")

Im Blick auf die Auswertung des zweiten Teiles, dessen Erarbeitung nicht in
dem Maße wie die des ersten von äußeren Faktoren eingeschränkt war, steht zu
erwarten, daß die Eingriffe Herders ungleich intensiver ausfallen. Quantitativ
ist dies auch in einer absoluten Aufnahme nur von 48 Liedern, die textidentisch aus dem *Mylius* übernommen wurden, der Fall. Die unbearbeiteten Lieder, im ersten Teil mehr als die Hälfe, markieren im zweiten Teil damit lediglich ein Fünftel.

1. Versstreichungen

In Entsprechung zu den zuletzt formulierten Beobachtungen zum ersten Teil
ist zunächst an die Frage nach der im Zusammenhang der neuen Lieder zu erwartenden Intensivierung der Versstreichungen anzuknüpfen. Der Befund ist
eindeutig. Über 30 Prozent, 69 der gebotenen 237 Lieder, finden sich um einzelne Strophen gekürzt.[753] In Relation zu dem Prozentsatz der gekürzten alten
Lieder wird etwa das Zehnfache an neuen Liedern gekürzt. Die im zweiten
Teil gebotenen Texte sind, unterstützt von den Streichungen, insgesamt deutlich knapper als die des ersten Teils. Auf einzelne inhaltliche Motive wird im
Rahmen der nachfolgenden Darstellung einzugehen sein. In technischer Hinsicht ist zu den Kürzungen zu betonen, daß Herder keineswegs nur einzelne
Strophen strich. Zum Teil arbeitete er mit großem Geschick mehrere Verse in-

---

751 WG 132, V. 1–6: Martin Rutilius, Archidiakonus in Weimar, 1604; V. 7–10: Dr. Johann Ma-
    jor, Superintendent in Jena; entsprechend kenntlich gemacht in: Hoffmann 1789, Nr. 319,
    S. 267f. Bei Herder ist V. 7 lediglich als nicht weiter benannter Zusatz gekennzeichnet. Mög-
    licherweise liegt darin ein Mißverständnis der sich auf V. 7–10 beziehenden Angabe bei
    Hoffmann vor.
752 WG 137, V. 8f.: über Hoffmann hinausgehende Information in der Kennzeichnung als späte-
    rer Zusatz.
753 WG 360–363, 370, 373, 376–380, 382, 388–390, 392, 395, 397–399, 401, 404, 407, 412,
    419, 420–423, 426, 428, 430f., 434, 441, 444–448, 450–452, 455, 464, 469f., 476, 491, 502,
    521, 526, 528f., 539, 542f., 545, 547f., 555f., 566, 570, 574f., 578, 582, 586, 595.

einander[754] oder verband in einer sehr gedrängten Form freie Zusammenfassungen eines vor- oder nachfolgenden Verses mit einer anderen Strophe.[755]

2. Formale Änderungen

Für die weiteren Beobachtungen liegt es in der Natur der Ergebnisse begründet, die aufgenommenen Änderungen in einem direkten Vergleich mit den Eingriffen des ersten Teils darzustellen. Die Reihenfolge orientiert sich darin an der Systematik des Vorkapitels. Die Beschreibung verbindet sich bereits mit einer Benennung der Unterschiede und Gemeinsamkeiten. Dies dient einerseits dem Verzicht auf nochmals eingehende Erklärungen der Klassifizierungen, andererseits einer Reduzierung des hohen Maßes an Wiederholungen, das in einer andernfalls separaten Zusammenfassung unumgänglich wäre.

In diesem Sinn ist zunächst auf das Fehlen orthographisch einzuordnender Änderungen hinzuweisen. Nur in einem Fall ist die wohl altphilologisch motivierte Schreibung des Wortes „Kreatur" als „Creatur" zu beobachten.[756] Dies stellt jedoch die Ausnahme dar und steht zum einen in Kontinuität mit den abschließend beschriebenen, hier freilich editionsphilologischen Vorgehensweisen, zum anderen markiert dieses Beispiel umgekehrt die Rücknahme einer im zeitgenössischen Kontext aktualisierten Schreibung.

Auch in metrischer Hinsicht ist eine Reihe von Änderungen zu identifizieren. Rückgängig gemacht finden sich jedoch nur einzelne Elisionen.[757] Bemühungen um metrische Verbesserungen sind häufiger zu erkennen[758], zum Teil wiederum unter Anknüpfen an die Präfixe der Verben[759]. In einem Fall ist klar zu beobachten, wie eine metrische Verbesserung in der Eröffnungszeile mit dem Übergang von Trochäen zu Jamben erzielt wird.[760] Aus metrischen Grün-

---

754 Vgl. dazu u. a. WG 376, 398, 452f., 464, 543.

755 WG 434, V. 3; WG 476, V. 9–11.

756 WG 504, V. 4.

757 WG 592, V. 2: „Die Seel ist da der Last entbunden" zu „Die Seele ist der Last entbunden".

758 WG 361, V. 5 [nun 4]: „Du bists, Gott. Deine Werke" zu „Du bist es, Deine Werke". WG 367, V. 9: „Wie sehr liebt Gott der Menschen Wohl" zu „Wie liebet Gott der Menschen Wohl". WG 396, V. 2: „von Frevlern Schmähung und Schmerzen und trugest sie doch geduldig mit sanftem versöhnlichen Herzen" zu „von Frevlern Schmach und Schmerzen und trugest sie geduldig mit sanftem stillem Herzen". WG 425, V. 5: „dir, unserm Haupte, höhre Lobgesänge" zu „dir, unserm Haupt, unsterbliche Gesänge". WG 448, V. 1: „dir und dem Guten anzuhangen, ist, was mein ganzes Herz begehrt" zu „dies ist es, was mein Herz begehrt".

759 WG 367, V. 10: „Er hilft und läßt die Traurigkeit bald vor uns übergehn" zu „uns bald vorübergehn".

760 WG 488, V. 1: „Du, Gott, bist der Herr der Zeit" zu „O Gott, du bist der Herr der Zeit".

den gewählte Formulierungen („Eigenruhm"), die Herder nicht gefielen, werden zum Teil aufwendig umformuliert, um einen nur leicht umakzentuierten Ausdruck („Selbstruhm") eintragen zu können.[761] Gleiches gilt auch für Hinweise auf die christliche Selbstliebe.[762] Ebenso zu verzeichnen ist jedoch die Aufgabe aus rhythmischen Gründen gewählter Formulierungen auf Kosten des Metrums.[763]

Wiederholungen werden, wie zuvor in der Überarbeitung der alten Lieder, vermieden.[764] Die Änderungen sind jedoch von unterschiedlicher Natur und verschiedener Güte. Beobachten läßt sich die Eintragung einer Wiederholung, um einen syntaktischen Anschluß leichter verständlich zu machen.[765] Was im ersten Teil getilgt wurde, Wiederholungen zur Emphase, wird im zweiten Teil mitunter eingefügt.[766] Sogar einzelne aus Unachtsamkeit erzeugte Wiederholungen sind aufzuführen.[767] Deutliche Verbesserungen werden hingegen in der Reimstruktur erzielt, die deutlich gestärkt wird.[768] Bisweilen sehr einfache Änderungen dienen der Herstellung von Endreimen[769]. Im Kontext der die lyri-

---

761 WG 385, V. 2: „dir keines Eigenruhms bewußt, war, ihn zu preisen, deine Lust" zu „kein Selbstruhm war in deiner Brust; nur Gottes Ruhm war deine Lust".

762 WG 548, V. 2: „Wer als ein Christ sich liebt, der flieht auch, als ein Christ, was deinem heilgen Rath, o Gott, entgegen ist" zu „Wer sich rechtschaffen liebt, der fliehet auch, als Christ".

763 WG 451, V. 9 [7]: „Beglückt ist nur alsdann mein Lebenslauf auf Erden, wenn ich dir immermehr schon hier kann ähnlich werden" zu „Beglückt ist nur dann mein Lebenslauf auf Erden, wenn ich dir immer mehr, mein Gott, kann ähnlich werden".

764 WG 359, V. 4: „Er kennt uns, kennet, was er schafft" zu „Er kennet uns, Er hält und schafft". In WG 376 V. 6 [4] sucht Herder ein Aufbrechen der Wiederholung von „bitten" mittels des abwechslungsreicheren und inhaltlich weiterführenden Reims: „die ernstlich ihn um seine Hülfe bitten" zu „mit Segen sie und Trost zu überschütten". WG 381, V. 1: „schon vor der Zeit, in Ewigkeit war Gott die Liebe, wird sie seyn" zu „schon vor der Zeit, in Ewigkeit war ers und ists in Ewigkeit"; V. 2: „bist liebevoll, nur unser Wohl, nicht unser Elend schaffest du" zu „so hier als dort, an jedem Ort, bist du die Liebe fort und fort". WG 387, V. 1: Wiederholung „Wie hat uns Gott so lieb" getilgt durch „zum Bürgen unsrer Schuld". WG 594, V. 3: „Herr, Herr, ich weiß die Stunde nicht" zu „O Herr, ich weiß die Stunde nicht".

765 WG 367, V. 3: „du hallfst mir, daß ich ihn vergaß, gabst mir Geduld ins Herz" zu „du gabst mir, daß ich ihn vergaß, gabst mir Geduld ins Herz".

766 WG 385, V. 4: „Wie der die Liebe selber ist, so warst dus auch, Herr Jesu Christ" zu „warst du die Liebe, Jesu Christ".

767 WG 594, V. 2: „in jenem bessern Leben" zu „der Weg im finstern Thale"; hier nicht ganz geschickte Vorwegnahme des späteren Bildes ohne dessen Tilgung an der zweiten Stelle: „zum Allerheiligsten wird dich der Herr dadurch erheben. Hier wird dein Hirt, nach den Thränen, nach dem Sehen, dich Erlösten völlig und auf immer trösten" zu „zum Allerheiligsten führt dich der Weg im finstern Thale. Gottes Ruh ist unvergänglich, überschwänglich. Die Erlösten wird sie unaussprechlich trösten".

768 WG 478, V. 1: „und o wie viel [an Noth], die unbekannt mir blieb, ward von dir abgewandt" zu „und o wie viel ward abgewandt, was ich nie, oder spät erkannt".

769 WG 381, V. 4: „und beten an" zu „und beten Dir".

sche Struktur betreffenden Hinweise ist zu ergänzen, daß ein nicht unerheblicher Teil der Eingriffe in einem sehr weiten Sinne als eigene poetische Reformulierung verstanden werden muß.[770] Dies markiert eine klare Ausweitung der anhand der alten Lieder aufzunehmenden Bearbeitungstechniken.

Vergleichbar mit dem ersten Teil ist auch das Aufbrechen langer „und"-Reihen und aufwendiger syntaktischer Strukturen durch abgetrennte Hauptsätze[771] oder weniger verschachtelte Satzfolgen, zum Teil auch weitläufige Umstellung oder Paraphrase[772]. Änderungen der kausalen Satzanschlüsse finden sich nicht, in einem Fall aber die Eintragung eines finalen Zusammenhanges.[773] Einzelne Nebensätze werden aufgelöst[774], zum Teil auch die verbale

---

770 WG 561, V. 5: „Daß du, Herr, an jedem Orte Zeuge meines Wandels bist, daß kein einzges meiner Worte deinem Ohr verborgen ist: dieß erwecke mein Gemüthe, daß ich mich für Lügen hüte; denn du liebst den Wahrheitsfreund und bist allem Falschen feind" zu „Daß du an jedem Orte mein stiller Zeuge bist, daß keines meiner Worte dir, Herr, verborgen ist: dieß heilige mein Herz, um keinen Lohn und Scherz die Wahrheit zu entweihn; ihr stets getreu zu seyn". WG 578, V. 1: „Mit jedem Pulsschlag rückt die Zeit, die oft so ungenützt verstrich, mich näher hin zur Ewigkeit" zu „Es ist, es ist nicht weit; ein jeder Pulsschlag nähert mich der strengen Ewigkeit". WG 592, V. 2: „ihre Freuden sind unendlich, ihr Gott wird als ihr Gott recht kenntlich, und seine Majestät recht groß. Gott ist ihr Lobgesang. Ganz Freude und ganz Dank, jauchzt sie entzückt vor seinem Thron im höhern Ton! gelobt sey Gott, gelobt sein Sohn" zu „unzählig; sie fühlt im Ewigen sich selig und seine Güte Namenlos. Gott ist ihr Lobgesang. Ganz Freude und ganz Dank, sinkt sie nieder vor seinem Thron; im höhern Ton, lobsingt sie Gott und seinem Sohn".

771 WG 359, V. 4: „und er umspannt mit seiner Hand die Erde samt dem Himmel" zu „und Kraft und Stärke. Seine Hand umfasset Erd' und Himmel". Ebd., V. 5: „Umsonst hüllt ihr in Finsterniß, was ihr beginnt; er sieht gewiß, er sieht es schon von ferne" zu „Die Finsterniß ist vor ihm Licht. Gedanken selbst entfliehn ihm nicht; Er siehet sie von ferne". WG 367, V. 1: „und das, Herr, bring ich dir" zu „die bring' ich, Höchster, dir". WG 561, V. 1: „Laß mich, Höchster darnach streben, stets ein Wahrheitsfreund zu seyn. Zu des Himmels frohem Leben geht kein frecher Lügner ein, und vor deinem Angesichte werden sie beschämt zunichte; denn vor dir sind immerdar aller Herzen offenbar" zu „Nach Wahrheit will ich streben, ein Freund der Wahrheit seyn. Zum frohen Himmels=Leben geht nie ein Lügner ein. Vor Gottes Angesicht, besteht die Falschheit nicht; vor ihm sind immerdar die Herzen offenbar".

772 WG 394, V. 1: „und unsern Lebensstunden den größten Trost erwarb! du, der sein theures Leben noch, eh ich war, auch mir zum Heil hast hingegeben; mein Jesu, Dank sey dir!" zu „und unsern letzten Stunden den süßen Trost erwarb, daß du dein theures Leben zu unsrer Seligkeit hin in den Tod gegeben; Dank dir in Ewigkeit". WG 553, V. 4: „Ja du, der für Uebelthäter um Vergebung bat, die Last, welche du getragen hast, war die Last der Uebertreter: doch warst du von Rache fern" zu „Du, der einst für Uebelthäter um Vergebung bat, du hast still getragen unsre Last, eine Last der Uebertreter: bliebest stets von Rache fern".

773 Vgl. die Änderung von: WG 408, V. 6: „Gott, welch ein Tag", zu dem finalen Anschluß: „uns wiedersehn". WG 561, V. 2: „Andern zu gefallen lügen, leeren Schätzern gleich zu seyn, heuchelnd Brüder zu betrügen, Herr, das falle mir nicht ein! Wahrheit leit an allen Orten mich in Werken und in Worten; redlich sey der Herzensgrund, redlich sprech auch stets der Mund" zu „Gefällig andern lügen, um Schätzern gleich zu seyn, durch Heucheley betrüben,

Struktur insgesamt verstärkt[775]. In einem Fall wird eine schlichte Umstellung der Satzstellung vorgenommen.[776]

Im Blick auf die Temporalangaben sind einzelne Korrekturen[777] oder Präzisierungen[778] erfolgt. Auch einzelne Präpositionen[779] finden sich dem Sprachgebrauch angepaßt. Gegenläufig zu den alten Liedern ist zu beobachten, wie eine Substantivierung betrieben wird, die Partizipien[780] ebenso wie Adverbien[781] auflöst. In einzelnen Fällen werden Partizipialkonstruktionen auch verbal durch Paraphrasen ersetzt.[782] Stärker als im ersten Teil ist zudem die Tendenz, Komposita zu vermeiden.[783] Im Zusammenhang der grammatikalischen Bestimmungen ist weiter darauf zu verweisen, daß die allgemeine Formulierung „die Welt" entweder getilgt[784] oder durch unbestimmte Personalpronomen ersetzt wird[785]. Eine interessante Beobachtung ist in diesem Kontext auch, daß der Begriff der „Wollust" an die Stelle der „Weltlust" tritt. Bedeutsam ist

---

das falle mir nie ein! Der Wahrheit bin ich treu, und bleibt vest dabey; redlich der Herzensgrund, und redlich auch der Mund".

774 WG 414, V. 3: „dereinst, wie du, die Kron am Ziel" zu „die Krone droben einst am Ziel". WG 445, V. 3: „wenn mich kein Mensch sieht" zu „auch im Verborgnen".

775 WG 557, V. 3: „nur so, wie dir es wohlgefällt" zu „sie kommen wie es Dir gefällt".

776 WG 585, V. 5: „und mich dem Ziele freudig nahn" zu „und freudig mich dem Ziele nahn".

777 WG 411, V. 1: „Nun läßt Gott einst uns schauen" zu „Einst lässet Gott uns schauen".

778 WG 528, V. 4 [3]: „Auch wir sehn sie, erfreut von ihm" zu „Wir sehn sie jetzt".

779 WG 483, V. 3: „Wir suchen oft nach unserm Wahn das, was wir fliehen sollten" zu „Wir suchen mit betrognem Wahn das, was wir fliehen sollten". WG 582, V. 1: „Er zählte ja, so wie mein Haar, mir, eh ich war, auch meine Lebensstunden dar" zu „Er zählte ja, noch eh ich war, so wie mein Haar, so Stunden mir und Tag und Jahr", V. 3 [2]: „nichts in der Welt ist, was ihn dafür sicher stellt" zu „was vorm Tod uns sicher stellt".

780 WG 439, V. 4: „du, dich opfernd" zu „du, ein Opfer". WG 564, V. 7: „so greift dich selbst, den Höchsten, mein Unmuth tadelnd an" zu „so greif ich dich, den Höchsten, dich selbst mit Tadel an".

781 WG 440, V. 2: „Dich bet ich zuversichtlich an" zu „Dich bet ich voll Vertrauen an".

782 WG 365, V. 3: „lobsingend dich erhebe; so siehst du es" zu „so hörst du es und stehst mir bey".

783 WG 442, V. 5: „Darum stärk in mir die Triebe dankbeflissner Gegenliebe" zu „Darum stärk in mir die Triebe bester, reiner Gegenliebe". WG 453, V. 3: „und Gott, dein Gott, belohnet sie mit segensreicher Gnade" zu „belohnet sie mit immer neuer Gnade". WG 495, V. 3: „kindlich frey dich anzuflehn" zu „kindlich frey vor dir zu flehn". WG 520, V. 4: „in Kummer bald versetzen" zu „bald kann in Kummer setzen". WG 540, V. 2: „scheints [das Glück] dich nicht mehr anzulachen" zu „scheint es dir nicht mehr zu lachen". WG 540, V. 4: „wenn die Erd erzittert" zu „wenn die Erde zittert". WG 561, V. 1: „Laß mich, Höchster danach streben, stets ein Wahrheitsfreund zu seyn" zu „Nach Wahrheit will ich streben, ein Freund der Wahrheit seyn".

784 WG 472, V. 1: „Schon hier lebt selig und vergnügt" zu „Der lebet selig und vergnügt"; „die schnöde Lust der Welt besiegt, vest in Versuchung steht" zu „und jede schnöde Lust besiegt, und vest im Glauben steht".

785 WG 447, V. 3f.

hier, daß dies statt der philologisch möglichen Korrektur zu dem beide Formulierungen vermeidenden Gellertschen Ursprungstext geschieht.[786] Auch in der zeitgenössischen Dichtung wird der *genitivus partitivus* entweder umformuliert[787] oder die entsprechende Passage gestrichen[788].

Auf einer Linie mit den Änderungen des ersten Teils liegt schließlich noch die Eintragung von Anführungszeichen zum Hervorheben der direkten Rede, was in ein gleichermaßen übersichtliches Schriftbild resultiert.[789]

2. Inhaltliche Änderungen

Im Blick auf die inhaltlichen Änderungen ist ein wesentliches Ergebnis vorwegzunehmen. Die Änderungen Herders fallen trotz der erhöhten Anzahl der Eingriffe inhaltlich weitaus weniger intensiv aus, als es der von äußeren Faktoren unbeeinträchtige Aktionsradius der Überarbeitung vermuten ließe. Die Ablehnung einzelner Stellen und das Bedürfnis der Verbesserung dürfte Herder, entsprechend der zu beobachtenden Tendenzen, weniger stark empfunden haben als in der Auseinandersetzung mit den alten Liedern. Zugleich ist ein nicht unerheblicher, quantitativ jedoch auch nicht übermäßig zu betonender Teil der Änderungen Gegenstand einer Stilistik der persönlichen und gerade darin schwer nachvollziehbaren Empfindungen.[790]

Ein großer Teil des zuvor beschriebenen Bereichs antiquierter Formulierungen oder veränderter semantischer Felder fällt mit der zeitgenössischen Dichtung weg, die davon jedoch nicht frei ist. Den Eingriffen kommt insgesamt mehr der Charakter individuell vorgenommener Präzisierungen zu als einer Suche nach der angemessenen Ausdeutung des gegebenen Textbestandes.

---

786 WG 537, V. 5: „Gesundheit, Weltlust, Ehr und Pracht sind nicht das Glück der Seelen" zu „Vergnügen, Wollust, Ehr und Pracht".

787 WG 360, V. 4 [nun 3]: „alle Gaben aus deines Reichthums Fülle" zu „alle Gaben aus deiner reichen Fülle".

788 WG 361, V. 3: „wer sprach es, daß im Meere des Wassers Sammlung wäre?" gestrichen durch Vorziehen des Eingangs des nächsten, im übrigen ausgelassenen Verses: „Wer ließ in jenen Höhen das Sternenheer entstehen?"

789 U. a.: WG 388, V. 5 [4]; WG 392, V. 7; WG 403, V. 8 [6]; WG 406, V. 6; WG 408, V. 2f., 8; WG 430, V. 4; WG 435, V. 1; WG 560, V. 3f.

790 Vgl. dazu u. a. WG 561, V. 4: „Schmäht mich ohne mein Verschulden, der Verläumder Lästermund; o so laß michs still erdulden! einst wird doch die Wahrheit kund. Darf ich ja nicht länger schweigen, meine Unschuld zu bezeugen, so verleihe, daß dabey Herz und Mund voll Sanftmuth sey" zu „Schmäht ohne mein Verschulden, mich der Verläumdung Mund; so laß michs still erdulden! einst wird doch Wahrheit kund, und muß ich, auch allein, der Unschuld Zeuge seyn: so gieb mir, daß dabey mein Herz voll Sanftmuth sey". Anstößig war hier wohl alleine der Begriff des „Lästermundes", der aufgegeben wurde.

Nur sehr wenige Formulierungen können in möglichen Anstößigkeiten[791] oder als in beschränktem Maße aktualisierbar[792] verstanden werden. Einzelnen Eingriffen kommt im wesentlichen der Charakter einer inhaltlichen Straffung und Präzisierung der Aussage zu.[793] In anderen Fällen sind die Umakzentuierungen entweder sehr klein und sowohl im Interesse einer kirchlichen Verortung („Altar" statt „Tisch")[794] als auch umgekehrt einer Ablösung von kirchlich vermittelten Begriffen („Sicherheit" statt „Seligkeit")[795] oder wirklich minimal („stören" statt „wehren").[796]

Hinsichtlich der Metaphern sind vergleichbare Ansätze erkennbar, die jedoch ebenfalls quantitativ wie inhaltlich qualitativ weniger ins Gewicht fallen als in der Bearbeitung des ersten Teils. Zu erkennen sind jedoch wiederum Ausweitungen einzelner Metaphern und Tilgungen bestimmter Topoi, wie der Pilgerschaft[797] oder der Engel-Metaphorik[798]. Von Herders besonderer Empfindsamkeit zeugen die Streichungen vergleichsweise harmloser Bilder („Lüfte" statt „Hagel").[799] Auch in der Überarbeitung der neuen Lieder treten positive Aussagen an die Stelle der bildhaften Rede.[800] In einzelnen Fällen ist eine präzisierende Ergänzung von Bildelementen wahrzunehmen[801], in anderen der schlichte Austausch der Metaphorik[802].

Aufgrund des Datenmaterials müssen in der weiteren Reihenfolge gegenüber der des ersten Teils Eigenakzentuierungen vorgenommen werden. Die

---

791 WG 360, V. 1: „Ein dankbares Gelall ist ihm ein süßer Schall" zu „Des Herzens Wiederhall ist ihm ein süßer Schall".

792 WG 588, V. 3: „die irdsche Hütte" zu „die Erden=Hütte".

793 WG 451, V. 2 [1]: „Du schufst, (ich dank es dir!) auch mich zu deiner Ehre, und wolltest, Gütigster, daß ich dein Bildniß wäre" zu „Du schufft, Allgütiger, den Menschen Dir zu Ehre, daß er auf Erden hier dein Bild, dein Abbild wäre". WG 476, V. 5: „Nimms gnädig an; gedenk nicht meiner Sünden!" zu „Erhöre mich; vergieb mir meine Sünden!"

794 WG 439, V. 5: „ich schwöre dir beständge Treue vor deinem Tische feyerlich" zu „vor deinem Altar feyerlich".

795 WG 435, V. 3: „auf der Tugend selgem Pfade" zu „auf der Tugend sicherm Pfade".

796 WG 447, V. 3.

797 WG 576, V. 1: „Strömen gleich, o Seele, eilt deine kurze Pilgrimszeit in das Meer der Ewigkeit" zu „schnellen Strömen gleich, enteilt unsre kurze Prüfungszeit in das Meer der Ewigkeit".

798 WG 360, V. 1: „besingen seiner Engelchöre" zu „aller Welten Chöre".

799 WG 379, V. 5: „Du machest Hagel, Thau und Wind, die deiner Allmacht Boten sind" zu „Lüfte, Thau und Wind".

800 WG 411, V. 4: „die Götzentempel liegen" zu „der Irrthum erliegen". WG 432, V. 2: „Auf diesem Pilgerpfade" zu „Auf unserm Lebenspfade". WG 543, V. 2: „Frevelt der nicht, welcher klagt, daß ihm Gott mehr Licht versagt?" zu „Hier soll ich dem Herrn vertraun und nur glauben, noch nicht schaun".

801 WG 427, V. 4: „[Gott] wird uns gewiß bedecken" zu „sein Himmel wird uns decken".

802 WG 361, V. 6 [nun 5]: „die bunte Raup am Laube" zu „der Baum im grünen Laube".

Anordnung knüpft zunächst an die Änderungen im Zusammenhang des Menschen im Gegenüber Gottes an, geht zu Jesus über, dem Erlösungszusammenhang einschließlich der letzten Dinge und bietet abschließend wieder strukturell zu beschreibende Techniken Herders in der Stärkung der erbaulichen Funktion des Kirchengesanges.

Zum Menschen läßt sich zunächst feststellen, daß mehrfach Hinweise auf dessen Schwäche bearbeitet sind. Entweder werden sie ersatzlos gestrichen[803] oder zugunsten einer positiven Empfindung, wie dem Dank gegenüber Gott, ausgetauscht[804]. In der Beibehaltung läßt sich die Abstrahierung von der Schwäche des einzelnen zu einer allgemeinen Eigenschaft ausmachen.[805] Hinsichtlich der Tugend- und Lasterbegriffe ist der aufnehmbare Bestand ebenfalls weitaus weniger ergiebig als der des ersten Teils. In einem Fall findet sich ein Hinweis auf den Neid getilgt.[806] An zwei Stellen wird jedoch die Eitelkeit eingetragen, einmal anstelle der „Weichlichkeit"[807] und einmal, um den „Eigendünkel"[808] zu ersetzen. Wie zuvor findet sich die Seelenlehre in den Hinweisen auf Herz und Verstand vervollständigt.[809] Zu erkennen sind zugleich Eintragungen des Herzens[810] und des Seelenbegriffs[811]. Dem Hinweis auf die Seele kann darin eine mehrfache Funktion im Sinne einer Universalisierung ebenso wie einer Präzisierung zukommen.[812] Minimale Änderungen deuten sich in Blick auf die Begrifflichkeiten der sinnlich vermittelten Seelenempfindungen an („Lust" statt „Geschmack").[813] Während in den alten Liedern der Zusammenhang von Körper und Geist durch ergänzende Eintragungen gestärkt wur-

---

803 WG 418, V. 1: „auf uns Schwache siehst" zu „auf uns nieder siehst".

804 WG 360, V. 1: „verschmäht nicht schwacher Menschen Lied" zu „und nicht verschmäht ein dankend Lied".

805 WG 459, V. 5: „Wie schwach sind meine Kräfte" zu „Wie schwach sind Menschenkräfte".

806 WG 564, V. 5: „Jedoch du hilfst mir kämpfen, hilfst Neid und Mißgunst dämpfen, wenn ich nur wachsam bin; und wenn ich auf dich sehe" zu „Dawider laß mich kämpfen und jede Mißgunst dämpfen, die Freudestöhrerin. Wenn ich auf dich, Herr, sehe".

807 WG 554, V. 3: „aus Weichlichkeit ihm [dem Nächsten] nützet" zu „und Eitelkeit ihm nützet".

808 WG 557, V. 5: „zum Stolz und Eigendünkel" zu „zum Stolz und eitlem Ruhme".

809 WG 366, V. 2: „Vor dir ward mir gegeben Verstand, *Geschmack*, Gehör, Gesicht, *Geruch*, Gefühl; mir fehlt es nicht, an Proben deiner Liebe" zu „Vor dir ward mir gegeben Verstand und Herz, Gehör, Gesicht; o Herr, mein Gott, es fehlt mir nicht, an Proben deiner Liebe".

810 WG 386, V. 4: „Reuerfüllte zu erquicken" zu „müde Herzen zu erquicken". WG 495, V. 4: „Du läßt meine Kümmernisse, im Vertraun auf dich, entfliehn" zu „Meines Herzens Kümmernisse lässest du wie Schatten fliehn".

811 WG 576, V. 2: „wirke Gutes" zu „meine Seele".

812 WG 377, V. 6 [4]: „nichts, was die Erde zeugt noch nährt, gleicht mir an Hoheit und an Werth" zu „gleicht einer Menschenseel' an Werth".

813 WG 446, V. 7 [3]: „Lern nur Geschmack am Wort des Herrn" zu „O lerne Lust am Wort des Herrn".

de, finden sich im zweiten Teil Abschnitte, in denen diese Zusammenstellung zugunsten des Hinweises auf die Liebe ersetzt wird.[814] Die Verbindung der Liebe mit der Zentralinstanz des Herzens liegt nahe.[815] Auch in weniger bedeutsamen Zusammenhängen finden sich Eintragungen des Liebesbegriffs.[816] Besondere Betonung erfährt die Dankbarkeit des Menschen als Antwort auf das göttliche Handeln.[817] Eingetragen sind in vergleichbarer Weise auch die Hoffnung[818], die Freude[819], die menschliche Aufrichtigkeit[820] sowie der für Herder zentrale Begriff der Menschlichkeit[821]. In einem Fall wird die inhaltliche Umkehrung einer Aussage über die Bedeutung der menschlichen Taten vorgenommen.[822] Deutlich reduziert werden, wie zuvor, die Hinweise auf körperliche Schmerzen. Ein Vers, der etwa auf Züchtigungen verweist, wird ausgelassen.[823] An die Stelle eines Hinweises auf die Folter tritt der schwächere Begriff des Schmerzes.[824] Im Kontext des Todes verweist Herder nicht auf den Staub, sondern die Asche.[825] Auf einer Ebene der Vorsicht bewegt sich die Vermeidung körperlich ausdeutbarer Begriffe.[826] Deutlich reduziert wird die Dynamik des Wortes „geschächt" durch die Formulierung „vertilgt".[827] Zusammenhängend damit ist auch im Blick auf Jesus der Verzicht auf die Fleischlichkeit und Leiblichkeit des Lebens zugunsten des knappen Hinweises

---

814 WG 389, V. 7 [3]: „ich will dich ohn Aufhören mit Leib und Geist verehren" zu „kein Lieben und kein Leiden soll mich von dir abscheiden".

815 WG 583, V. 3: „seyd stets bereit auf diese Zeit und singt Gott Dank in Ewigkeit" zu „seyd stets bereit auf diese Zeit mit Lieb' und Herzens=Wachsamkeit".

816 WG 388, V. 1: „Freund und Verehrer Gottes ist" zu „Freund und ein Gottgeliebter ist"; nicht jedoch geändert in V. 11 [8].

817 WG 367, V. 1: „Ehr und Ruhm" zu „Dank und Ruhm". WG 590, V. 7: „Da komm ich zu des Menschensohn" zu „Da komm ich hin zu Gottes Sohn"; „mir zum Entzücken, sehen" zu „entzückt und dankend sehen".

818 WG 371, V. 6: „und fiele selbst der Himmel ein, so wirst du mein Beschirmer seyn" zu „Fiel meine letzte Hoffnung hin; Du bist mein größerer Gewinn".

819 WG 380, V. 9: „erwägts und denket nun" zu „und denket freudig nun".

820 WG 418, V. 4: „mich vor Gott darüber beuge" zu „mich vor Gott aufrichtig beuge".

821 WG 452, V. 4 [3]: „Du schuffst mich zur Geselligkeit und für der Freundschaft Freuden" zu „Du schufest mich zur Menschlichkeit und für der Freundschaft Freuden".

822 WG 463, V. 2: „Auch wird des Herzens Grund mir selbst durch Thaten kund [...] wie müßt ich ganz verzagen" zu „Mir wird des Herzens Grund kaum selbst durch Thaten kund [...] ich müßte ganz verzagen".

823 WG 526, V. 7.

824 WG 403, V. 1: „der Marterlast" zu „der Schmerzenslast".

825 WG 584, V. 4: „mein Leib zu Staub vermodert" zu „mein Leib zu Asche modert".

826 WG 394, V. 3: „Entblößt von allem Reize" zu „Entfernt von jedem Reize".

827 WG 411, V. 1.

auf dessen „schwache Menschheit".[828] Hinsichtlich des Menschen wird mitunter der Hinweis auf die eigene Schwäche getilgt, um statt dessen auf die Fürsorge und Stärke Gottes abzuheben.[829] In einzelnen Fällen sind Passagen zu menschlichen Affekten in positive Aussagen über die göttliche Stärke überführt.[830] Der vergleichsweise schwache Begriff des Freundes wird bewußt vermieden.[831] Auch auf das Wort des Triebes verzichtet Herder in Bezug auf Gott.[832] Die Betonung des Schöpfergottes[833] zielt damit auf einen Gesamtzusammenhang des Lebens, in dem auch eine Reduktion auf die körperliche Fürsorge als unzureichend gilt[834].

Zu den im Kontext von Jesus im ersten Teil beobachteten Diminutivstreichungen ist zu vermerken, daß die von Herder aufgenommene Dichtung des zweiten Teiles keinen Anlaß zu entsprechenden Änderungen bietet. Herders Bemühungen, auf Diminutive zu verzichten, finden nur in der Bearbeitung vergleichsweise belangloser Bilder Ausdruck.[835] Gleichermaßen konsequent verzichtet Herder auch im zweiten Teil auf das Bild des Lamms.[836] In der Beschreibung des Menschen korrespondiert dem ein entsprechendes Vorgehen.[837] Wie zuvor werden die Hinweise auf das Blut Jesu vereinzelt reduziert.[838] In einem Fall formuliert Herder die Verbindung von Kreuz und Sünde um[839], in einem andern streicht er einen thematisch einschlägigen Vers[840]. Zugleich findet

---

828 WG 389, V. 3 [1]: „und unser Fleisch und Blut so gern in Demuth an dich nahmest" zu „und unsre schwache Menschheit gern in Demuth an dich nahmest".

829 WG 371, V. 9: „Dieß schwache Lob kann ich nur geben. Nimm es, mein Gott, in Gnaden an" zu „Leib, Seel' und Geist sey dir ergeben; nimm sie, mein Gott, in Gnaden an". WG 464, V. 1: „Wer bin ich, ich Verschuldeter, daß Du dich mein" zu „Wer bin ich, o Barmherziger".

830 WG 427, V. 2: „Sie mögen sich empören" zu „Ein Wink wird sie zerstören".

831 WG 387, V. 3: „Er, unser Freund und bestes Gut" zu „Er, aller Menschen bestes Gut".

832 Ebd., V. 1: „aus freyem Trieb [Gott]" zu „aus freyer Huld".

833 WG 555, V. 7 [6]: „Du schaffst, daß ich dich wähle" zu „Du schaffest, was ich wähle".

834 WG 376, V. 3 [2]: „du giebst auch einem jeden seine Speise, daß er dich preise" zu „du giebst Allen; keiner sucht vergebens dich, Quell des Lebens".

835 WG 361, V. 6 [nun 5]: „Das Würmchen in dem Staube" zu „Der Wurm im niedern Staube".

836 WG 397, V. 3: „[Das Lamm] darauf du die Strafe weislich selbst gelegt" zu „auf ihn [Jesus] hast du die Last der Welt gelegt".

837 WG 496, V. 4: „ein irrend Schaaf" zu „ein Irrender".

838 WG 394, V. 1: „Blut und Wunden" zu „Schmerz und Wunden".

839 WG 396, V. 3: „am Kreuze hiengst du kläglich entstellt, gemartert, verschmachtet. Dein Tod belehrt uns täglich, wie hoch du Seelen geachtet. Er schreck uns ab von Sünden; er muß uns dir verbinden zu innigem Danke, Herr Jesu!" zu „Der du an deinem Ende noch froh gen Himmel schautest und in des Vaters Hände den Geist ihm anvertrautest. Laß uns auch voll Vertrauen noch sterbend auf dich schauen; sey unser Trost, Herr Jesu!"

840 WG 399, V. 1: gestrichen „Laß deinen Geist mich stets, mein Heiland, lehren, das Wort von deinem Kreuze so zu ehren". WG 437, V. 1: „Gelobt seyst du, Herr unser Gott! gelobt für unsers Mittlers Tod" gestrichen.

sich ein Passus, in dem Herder das Leiden durch das Sterben Jesu ersetzt.[841] In einem Lied trägt Herder einen starken Liebesbegriff anstelle des stellvertretenden Sühnetods ein.[842] Eine interessante Verschiebung stellt die Liebe statt der Sündlosigkeit Jesu dar.[843] Gestrichen wird auch der „Sanftmuth" Jesu zugunsten einer Stärkung von dessen Vorbildfunktion.[844] Veränderung erfahren zudem die Hoheitstitel. Der Begriff des Heilands wird einmal getilgt, um die Topik des Sitzens zur Rechten Gottes einzufügen[845]; in einem anderen Fall findet sich der genau umgekehrte Vorgang[846]. Quantitativ dominieren die zusätzlichen Eintragungen von Hoheitstitel[847] die Streichungen[848]. Einmal ersetzt Herder die von ihm geliebte Bezeichnung des Menschensohnes durch den Gottessohn.[849] Zugleich bietet er statt des Hinweises auf den Sohn den Namen Jesu[850]; in einem weiteren Lied trägt er den Namen anstelle eines Personalpronomens ein.[851]

Im Zusammenhang des Erlösungswerkes gilt es eine Reihe von Aspekten zu bündeln, die sich mit den vorherigen Bereichen berühren und insgesamt stark auf die Funktion der Erbauung abheben. Wie auch in anderen amtlichen Vorgängen vermeidet Herder den Begriff der „Buße", den er durch die „Besserung" ersetzt.[852] An die Stelle der Schuld, soweit diese nicht getilgt wird[853],

---

841 WG 553, V. 6: „wie du littst, mich zu erfreun" zu „wie du starbst, mich zu erfreun".

842 WG 403, V. 3: getilgt zugunsten von „Du liebest mich und gabest dich zum Opfer für die Sünden. Wo ist größre Liebe je, größre Huld zu finden?"

843 WG 387, V. 3: „nimmt Fleisch und Blut, doch ohne Sünden, an" zu „aus Liebe für uns an".

844 WG 566, V. 9 [8]: „Laß mich mit Sanftmuth meinem Feind begegnen, und, so wie du" zu „Wie du, so laß mich meinen Feind begegnen, und, so wie du". WG 568, V. 1: „Die Sanftmuth, die sein Wort gebeut, liebt Feinde, segnet und verzeiht" zu „Vernimm, was dir sein Wort gebeut; liebt Feinde, segnet und verzeiht".

845 WG 416, V. 10: „Dir, der du unser Heiland bist, sey ewig Preis" zu „Du der zur Rechten Gottes [b]ist, Hallelujah".

846 WG 388, V. 9 [7]: „Was zagt der Mensch, wenn der ihn schützt, der in des Vaters Schooße sitzt?" zu „Was zagt der Mensch, wenn Gott ihn liebt, und ihm den Sohn zum Heiland giebt".

847 WG 495, V. 5: „Werd ich da nur treu befunden" zu „Werd ich da getreu befunden"; „wenn mein Richter nun erscheint, der erhabne Menschenfreund" zu „Heiland mir und Menschenfreund". WG 564, V. 3: „und als ein wahrer Christ gesinnt" zu „ist seinem Heiland gleich gesinnt".

848 WG 476, V. 8: „Mein Heiland, gieb mir Kraft zu neuem Leben; gieb mir den Muth, dem Beyspiel nachzustreben, das du, o Herr, uns Hinterlassen hast" zu „So bist du, Herr, auch Hüter meines Lebens. Ich flehe dir, und flehe nicht vergebens".

849 WG 590, V. 7: „Da komm ich zu des Menschensohn" zu „Da komm ich hin zu Gottes Sohn".

850 WG 551, V. 7: „[Der Liebe Pflicht] wie sie uns dein Sohn erklärt" zu „wie sie uns Jesus erklärt".

851 WG 592, V. 3: „So wahr er lebt!" zu „Jesus lebte!"

852 WG 460, V. 4: „Deine Güte lockte mich oft zur Buße" zu „lockte mich oft zum Bessern".

853 Ebd., V. 3: „gleichwohl hab ich so vermessen den dir schuldgen Dank vergessen" zu „und allen Dank vergessen".

tritt die Pflicht[854], die mitunter auch in andere Kontexten eingetragen wird[855]. Der Sündenbegriff wird in einzelnen Fällen gestrichen[856] oder mit „Unrecht"[857] oder „Sinn"[858] vertauscht. In einem Fall wird in der Nähe des Sündenbegriffs der menschliche Affekt des Zornes gleichermaßen erklärend eingetragen.[859] Dies entspricht auch der für den zweiten Teil breit zu dokumentierenden Stärkung der positiven Verheißung. An die Stelle der Warnung tritt der Hinweis auf die Besserung.[860] Statt einer klaren Negativaussage über den Menschen formuliert Herder eine vorsichtige Frage und trägt die göttliche Liebe als das übergeordnete Ziel ein.[861] Im Blick auf den Menschen neigt Herder zur Zurückhaltung mit dem Begriff, den er in einem Fall mit dem Auftrag „wohl" zu tun, ersetzt.[862] Beim göttlichen Erlösungswerk dominieren die von Herder hergestellten Bezüge auf die Liebe auch ohne literarische Vorlage.[863] Aus weiteren, jeweils einzelnen Änderungen läßt sich eine zusammenhängende Kette bilden. Den Begriff der Liebe setzt Herder an die Stelle der Ewigkeit[864] und der Gnade[865]; auf die Gnade verweist er anstelle der Güte[866]; die Güte führt er

---

854 WG 436, V. 2 [1]: „Es kommt mir nie aus dem Sinn, wie viel ich dir, Herr, schuldig bin" zu „wie ganz ich dir verpflichtet bin".

855 WG 570, V. 1.

856 WG 496, V. 3: „daß Sünd und Gram, wie diese Nacht, auf ewig von mir fliehe" zu „daß wie die Dunkelheit der Nacht, der Gram auch von mir fliehe".

857 WG 460, V. 4: „Bey so hellem Licht der Gnaden sollt ich ja die Sünde fliehn" zu „sollt ich jedes Unrecht fliehn".

858 WG 468, V. 3: „Lust der Sünde" zu „Lust der Sinne".

859 WG 553, V. 5: „Wenn mein Herz, vom Hang zur Sünde hingerissen" zu „Wenn mein Herz, von Zorn und Sünde hingerissen"; „hilf dann, daß ich überwinde meinen Haß, und laß mich sehn in den Tod für uns dich gehn" zu „hilf dann, daß ich überwinde. Laß mich dich sanftmüthig sehn in den Tod für Feinde gehn".

860 WG 365, V. 7: „Herr, du bist um mich; o verleih, daß dieß mir Trost und Warnung sey" zu „Daß du, o Gott, stets um mich seyst, das tröst' und beßre meinen Geist".

861 WG 366, V. 3: „Nie ist der Mensch, der Staub, es werth, Herr, daß du sein gedenkest, daß du, da er dich oft entehrt, ihm so viel Gutes schenkest. O sähe doch der Mensch dieß ein! möcht er dafür dir dankbar seyn, und dir zum Dienst sich weihen" zu „Ist es der Mensch, der Staub wohl werth, Herr, daß du sein gedenkest: daß du, da er dich oft entehrt, ihm so viel Gutes schenkest? O sähn wir deine Liebe ein! und möchten, dankbar dir zu seyn, uns ganz zum Dienst dir weihen!"

862 WG 553, V. 7: „Wer dich nicht liebt, geht dich nicht an" zu „Wer nicht wohlthut, wie er kann".

863 WG 397, V. 5: „so viele Duldung" zu „die Lieb und Duldung". WG 453, V. 4 u. 5: verbunden, geändert darin „Gott kennt der Tugend hohen Werth, und den hat Jesus dich gelehrt; und den willst du verachten?" zu „Gott ehrt der Tugend hohen Werth, und den hat Jesus dich gelehrt in Lieb' und auch in Leiden".

864 WG 367, V. 11: „und bet ihn ewig an" zu „und bet ihn liebend an".

865 WG 397, V. 1: „Wie herrlich zeigst du im Erlösungswerke der Gnaden Stärke" zu „der Liebe Stärke".

ein statt der Hilfe[867]; und das gute Gewissen benennt er für die Güte[868]. Die weiteren Eintragungen lassen sich in zweifacher Hinsicht unterteilen. Im Blick auf den Menschen finden sich zusätzliche Hinweise auf den Frieden[869], die Ruhe und Hoffnung[870], den Mut[871], die Reinheit[872], Wahrheit[873] und Treue[874] in der Bildung durch das göttliche Werk[875] sowie die Stärke, den Trost und das Leben[876]. Auf der Seite Gottes werden die Barmherzigkeit[877], Heiligkeit und Langmütigkeit[878] eingetragen. Einen ambivalenten Charakter erhält der

---

866 Titelgebend: WG 447, V. 1: „Sollt ich itzt noch, da mir schon deine Güt erschienen, dich verlassen, Gottes Sohn, und der Sünde dienen?" zu „Solt ich, da mir Gottes Sohn, voller Gnad erschienen ihn verlassen und um Lohn schnöder Sünde dienen?"

867 WG 370, V. 2: „Mein Gott, wie wenig bin ichs werth, daß mir noch Hülfe widerfährt" zu „Mein Gott, wie wenig bin ich werth der Güte, die mir widerfährt".

868 WG 487, V. 4: „Drum seufz ich kindlich stets zu dir: Herr, was mir nützet, schenke mir um deiner Güte willen" zu „Ich flehe nur um Eins zu Dir: Ein gut Gewissen schaff in mir! sonst gieb mir, was mir nützet".

869 WG 436, V. 4 [3]: „so nimmt in mir die Seelenruh und meines Herzens Bessrung zu" zu „so nimmt in mir die Seelenruh und meines Herzens Friede zu".

870 WG 540, V. 5: „Sieg, als Held! mag doch die Welt deiner Hoffnung spöttisch lachen!" zu „Sey ein Held! es mag die Welt deiner Ruh und Hoffnung lachen!"

871 WG 447, V. 1: „auch würde mir doch Kraft von Dir dazu verschafft" zu „Auch würde mir doch Kraft dazu und Muth verschafft".

872 WG 451, V. 6 [4]: „O bilde du mich ganz nach dir und deinem Sinn" zu „O bilde mich nach dir und deinem reinen Sinn".

873 WG 487, V. 3: „Dein Auge schaut auf ihn [den Menschen] herab; so geht er nicht verlohren" zu „sonst gieng' er wie verloren"; „der du den Willen Gottes thust, dein Glück soll ewig dauren" zu „in seinem Herzen, seiner Brust wohnt Ewigkeit und Wahrheit".

874 WG 569, V. 2: „beym Fleiß in seinem Stand, als ihm wahrhaftig nützet" zu „als ihm in seinem Stand, bey Fleiß und Treue nützet". WG 587, V. 1: „Ich weiß, an wen mein Glaub sich hält, kein Feind soll mir ihn rauben" zu „Ich weiß es, wer mir Treue hält, kein Feind soll ihn mir rauben"; der grammatikalischer Bezug „ihn" ist in der Änderung Herders durch den Ausfall des vorherigen Objektes sinnlos; der Eingriff stellt eine nicht durchdachte Änderung dar. Vgl. ferner, wenn auch möglicherweise bedingt durch einen Lese- oder Setzfehler WG 462, V. 2: „und willst, statt aller Gaben, nur Reue haben" zu „nur Treue haben".

875 WG 564, V. 1: „Gieb, Gott voll Liebe und Güte, den Trieb in mein Gemüthe, mich fremden Glücks zu freun" zu „Du Gott voll Lieb und Güte, o bilde mein Gemüthe, mich fremden Glücks zu freun".

876 WG 593, V. 1: „Freu dich innig, meine Seele, und erwähle schon hienieden, was dir dient zum ewgen Frieden" zu „Freu dich, Seele, Stärke, tröste dich Erlöste, mit dem Leben, das dir dann dein Gott wird geben". Zum Leben vgl. auch: WG 550, V. 4: „Gesundheit und ein heitrer Muth sind hier für uns das größte Gut" zu „sind unsers Lebens größtes Gut". WG 584, V. 3: „[Deine Macht] kann aus Staub ihn bauen" zu „kann auch den Staub beleben".

877 WG 491, V. 3 [1]: „wie erfüllt kam es daher" zu „kam von Dir, Barmherziger".

878 WG 583, V. 1: „Gerecht, gerecht ist Gott! Er hört der Frevler Spott! Frevler zittert! wißt, was er spricht, gereut ihn nicht; er kommt gewiß und hält Gericht" zu „Gerecht ist unser Gott! Heilig ist unser Gott! Und langmüthig! Was er verspricht, gereut ihn nicht; er kommt, er kommt und hält Gericht."

Glücksbegriff, der in dem Auftrag Jesu[879] ebenso gemieden wird wie für den Menschen[880]. In seiner Bestimmung durch Gott findet das Glück bisweilen Präzisierung.[881] Einmal ist der Begriff anstelle des Heils eingetragen.[882] Eine gewisse Gegenläufigkeit zeigt sich in der Darstellung der letzten Dinge. In einem Fall ist die Eintragung von „Satans Reich"[883] zu erkennen, in einem anderen die Streichung des Hinweises auf das göttliche Erbarmen zur bildimmanenten Ausweitung der Gerichtsmetaphorik[884]. Weitaus häufiger ist in der Auferstehung die Betonung der Fröhlichkeit des Vorgangs.[885] Auch der Hinweis auf das Sterben wird in dieser Hinsicht eigens akzentuiert.[886] Zahlreiche Änderungen stärken den positiven Charakter des jüngsten Tages[887]. Der Hinweis auf die Strafe[888] wird mehrfach getilgt sowie einmal der auf die „Rache"[889].

In struktureller Hinsicht ist zur Intensivierung des erbaulichen Charakters der Kirchenlieder eine vergleichbare Liste sehr subtiler Techniken zu verzeichnen. An die Stelle der rhetorischen Frage tritt wiederum die positive Aussa-

---

879 WG 387, V. 4: „Wie sehr beglückst du mich" zu „Wer ist dann wider mich?"

880 WG 418, V. 6: „alles glücklich überwinden" zu „alles fröhlich überwinden".

881 WG 495, V. 6: „o, wie groß ist dieß mein Glück" zu „und dein Wille ist mein Glück".

882 WG 453, V. 2: „er [...] führt [...] dich dem höchsten Heil entgegen" zu „dem höchsten Glück entgegen".

883 Möglicherweise aus philologischen Gründen: WG 417, V. 2: „Wo man den Finger Gottes sieht, muß beydes [Blindheit und Laster] unterliegen" zu „muß Satans Reich erliegen".

884 WG 553, V. 3: „Gott, nicht fürchten dein Gericht? dein Erbarmen achten nicht?" zu „Und nicht fürchten das Gericht, das auch mir ein Urtheil spricht?"

885 WG 407, V. 9 [8]: „Ich soll, wenn du, des Lebens=Fürst, in Wolken göttlich kommen wirst [...] und einst zu deiner Rechten stehn" zu „Ich werde, wenn du, Lebens=Fürst, in Wolken wieder kommen wirst, erweckt aus meinem Grabe gehn, und froh zu deiner Rechten stehn". WG 416, V. 9: „Hilf, daß wir dann vor dir bestehn, und dein uns freun" zu „Hilf, daß wir freudig vor dir stehen, Hallelujah".

886 WG 379, V. 7: „Wohl, wohl den Menschen, die schon hier sich dir ergeben, und einst dir, als Christen, freudig sterben" zu „Wohl, allen wohl die sich schon hier Dir, Herr, vertrauen, fröhlich dir zu sterben und zu leben."

887 WG 414, V. 5: „Das wird seyn ein Tag des Lebens für uns, und nicht ein Tag des Bebens" zu „Tag der Freude! Tag des Lebens! Wir hoffen dein, und nicht vergebens." WG 452, V. 9 [8]: „und so des Vorzugs würdig sey, den du mir hast verliehen" zu „der ewig mich soll krönen". WG 464, Melodie: von „Ich komme vor dein Angesicht" zu „Vor deinen Thron". WG 593, V. 4: „ich bin vielleicht noch fern vom Ziel" zu „vielleicht bin ich noch fern vom Ziel"; „so sey mein Leben dir geweiht, bis einst mein Leib zertrümmert" zu „die Hütte meiner Sterblichkeit, wird sie erst spät zertrümmert"; „Hilf mir, Herr, dir ganz mein Leben zu ergeben, daß ich droben dich ohn Ende könne loben" zu „Hilf mir, Vater, daß auch Thaten, gute Thaten mich begleiten vor den Thron der Ewigkeiten".

888 WG 566, V. 6: „daß nie die unglückliche Lust der Rache mich strafbar mache" zu „daß nie die unglückliche Lust der Rache in mir erwache". WG 397, V. 3: „[Das Lamm] darauf du die Strafe weislich selbst gelegt" zu „auf ihn [Jesus] hast du die Last der Welt gelegt".

889 WG 376, V. 7 [5]: „daß er sie zu Schanden mache mit seiner Rache" zu „daß er ihre falsche Sache zu Schanden mache".

ge.[890] Hinzu kommt die Auflösung der Negativaussage.[891] Ein neues Element ist auch die Eintragung des Adhortativs.[892] Die bereits im ersten Teil zu beobachtende Inklusivierung der Formulierungen findet sich in der Überarbeitung der neuen Lieder fortgesetzt. Die erste Person Singular wechselt dabei zur ersten Person Plural.[893] Eine erbauliche Intensivierung vollzieht sich auch in der Betonung der ersten Person mit der direkten Ansprache Gottes.[894] Wie zuvor ist der Wechsel von der dritten zur ersten Person Singular zu beobachten.[895] In komplexeren Zusammenhängen zieht Herder die dritte Person Singular pluralischen Formulierungen vor.[896] Insgesamt eine Stärkung erfährt die direkte Ansprache Jesu[897], Gottes[898] sowie der Schöpfung[899]. Eine entsprechende Funk-

---

890 WG 407, V. 10 [9]: „soll ich erheben meine Stimm?" zu „werd ich erheben meine Stimm"; „mit allen Frommen aller Zeit soll ich mich freun in Ewigkeit" zu „werd' ich mich freun"; getilgt „Gelobt seyst du!" Ebd., V. 11 [10]: „erhebt uns nicht das Christenthum" zu „erhebet uns das Christenthum".

891 WG 408, V. 7: „Nicht deiner [...] gelassen warten" zu „Und Deiner".

892 WG 445, V. 2: „mit allen Kräften strebe, deinen Willen froh zu erfüllen" zu „mit allen Kräften laß mich deinen Willen fröhlich erfüllen". WG 453, V. 6 [5]: „Nein, übe sie mit allem Fleiß" zu „Auf, übe sie". WG 456, V. 1: „Herr, meiner Seele großen Werth" zu „Laß meiner Seele großen Werth".

893 WG 553, V. 6: „Wie dir deine Thränen flossen, als dein Aug um mich geweint" zu „Wie dir deine Thränen flossen, als dein Aug' um uns geweint". In diesem Sinne auch auszudeuten der Perspektivenwechsel von der ersten Person Singular (Jesus) zur ersten Person Plural der Christen: WG 553, V. 9: „Ja, ihr meines Hauptes Glieder" zu „Christen, Eines Hauptes Glieder"; „lieben will ich euch, ihr Brüder! für euch beten, euch erfreun" zu „lieben wollen wir uns, Brüder! uns einander mild' erfreun".

894 WG 432, V. 1: „sind wir auch dir, o Gott" zu „sind wir dir, unserm Gott". Ebd.: „[des Glücks], das nur der Christ erhält" zu „das Du uns vorgestellt". WG 535, V. 4: „und dich durch ein dir geheiligt Leben mit vermehrtem Fleiß erheben" zu „und mich durch ein dir geheiligt Leben deiner werth zu seyn, bestreben". WG 439, V. 4: „mit schnödem Mißbrauch nie entweihen" zu „laß mich durch Misbrauch nie entweihen". WG 459, V. 4: „Dir folgen [...] o laß michs, als mein bestes Theil, auch immerfort betrachten" zu „o laß mich als mein bestes Theil, Herr, meine Pflicht betrachten".

895 WG 565, V. 5: „er rühme sein Verdienst, deck seine Fehler zu" zu „ich gönn' ihm sein Verdienst, und decke Fehler zu".

896 WG 561, V. 3: „Die der Falschheit sich ergeben, sind vor dir, o Gott, ein Greul; und ein unglückselig Leben ist gewiß ihr künftges Theil. Hier schon trift verdiente Schande sie bey Redlichen im Lande; denn ein jeder Menschenfreund ist der Falschheit Ränken feind" zu „Der Falschheit sich ergeben ist vor dir Herr, ein Gräul; ein unglückselig Leben ist des Betrügers Theil. Hier trifft ihn Schand und Spott; vor Menschen und vor Gott ist jeder Menschenfreund der Falschheit Ränken feind".

897 WG 439, V. 3: „Wie stark sind deine Mitleidstriebe, die dich bis an das Kreuz gebracht" zu „Wie stark sind deines Mitleids Triebe, die Jesu dich ans Kreuz gebracht". WG 476, V. 4: „Und sie umfaßt auch mich" zu „Auch mich beschirmst du".

898 WG 462, V. 1: „Ich flehe, Gott von ewig großer Güte" zu „Ich fleh, o Gott, Du Gott von großer Güte".

899 WG 455, V. 2: [Schöpfung] „und ihr dich zu erhöhn" zu „und dir mich zu vertraun".

tion kommt den Eintragungen von Hoheitstiteln zu.[900] Bisweilen löst Herder die direkte Ansprache des Christen in der zweiten Person zugunsten einer Vorordnung des Subjektes in Gott auf.[901] Eine weitere Neuerung stellt die Intensivierung der positiven Begriffe eines Textes durch die Neugruppierung in größerer Nähe dar.[902] Nicht in dem ersten Teil zu beobachten ist die stärkere Akzentuierung einzelner Begriffe durch Eintragungen der jeweiligen Opposition.[903] Eine hinzukommende Möglichkeit besteht in der Verankerung von Verheißungen (wie der Aussicht auf den göttlichen Lohn) innerhalb des Reimgerüsts.[904] Ein besonderes Element, das nur zu der Einführung neuer Texte hinzukommen kann, ist die Herstellung von Anklängen an bekannte Erbauungslieder, wie etwa Paul Gerhardts „Befiehl Du Deine Wege".[905]

An diesen Punkt läßt sich anknüpfen, um, wie im ersten Teil, mit einem philologischen Hinweis zu schließen. Nicht auf Streichungen oder Kenntlichmachen von Zusätzen ist darin aber abzuheben, sondern auf den Umgang mit zeitgenössischen Umdichtungen etablierter Kirchenlieder zum einen und die Veränderungen geistlicher Dichtung der jüngeren Geschichte zum anderen. Für den ersten Komplex steht die im *Mylius* gebotene Diterichsche Umdich-

---

900 WG 443, V. 5: „wirst du mir gewiß auch geben" zu „wirst du mir, Erlöser, geben". WG 460, V. 6: „laß mich Reuigen genießen" zu „laß es, Herr, auch mich genießen".

901 WG 540, V. 1: „Christ, aus deinem Herzen banne Sorg und Schmerzen! schöpfe neuen Muth! wenn schon Kreuz dich drücket, Gott ists, der erquicket; was Er schickt ist gut" zu „Gott ists, der erquicket! Wenn ein Kreutz dich drücket; schöpfe neuen Muth! Bann aus deinem Herzen, Gram und Sorg und Schmerzen. Was Gott schickt, ist gut."

902 WG 423, V. 2: „aber dein Verstand weicht nicht von der lautern Wahrheit. Was du denkest, das ist Licht, Richtigkeit und Klarheit" zu „dein Verstand, o Gott, ist Licht, Lauterkeit und Klarheit. Wen du führst der irret nicht; er gelangt zur Wahrheit". WG 446, V. 9 [5]: „ihn zeigte dir, und ihn betrat ja selbst dein Herr und Meister" zu „ihn zeigte dir, und ihn betrat dein Führer, Herr und Meister".

903 WG 570, V. 4 [3]: „Wie sollt ich dabey irre gehen und nicht vielmehr gesegnet seyn von dir! der du der Arbeit Last auch reichen Lohn beschieden hast." zu „In Trägheit würd' ich irre gehn, die Arbeit muß mir Segen seyn; weil du, o Gott, der Arbeit Last auch reichen Lohn beschieden hast." WG 580, V. 8: „Die Rosen um der Laster Haupt verblühen, eh ihr Sklav es glaubt. Ihr schändlicher Genuß entweiht" zu „eh's die Tugend glaubt. Das Laster quälet und entweiht."

904 WG 414, V. 2: „Sitze, Sohn, auf meinem Throne! dir geb ich meine Welt zum Lohne und meine Herrlichkeit: sprach Gott. Wie herrlich ist dein Lohn! Erhöhter! Gottes Sohn! Ihr, ihr Frommen, folgt treu ihm nach durch Streit und Schmach! Gott, dem ihr dient, belohnt als Gott" zu „Da sprach Gott zu seinem Sohne: ‚sey neben mir auf meinem Throne, sey deiner Menschen Heil und Gott.' Wie herrlich ist dein Lohn! Erlöser, Gottes Sohn! Folgt, ihr Frommen, folgt treu ihm nach durch Streit und Schmach! Gott, dem ihr dient, ist euer Lohn."

905 WG 539, V. 8 [7]: „den Menschen, die dich lieben, muß alles Segen seyn. Ich bin ja dein Erlöster. Sonst weiß ich keinen Tröster, sonst keinen Schutz als dich allein" zu „Herr denen die dich lieben, nützt jede Kreutzespein. Sie tragen Siegespalmen, sie singen Siegespsalmen, der Tod muß ihnen Leben seyn".

tung von Paul Gerhardts „O Haupt voll Blut und Wunden", die von Herder –
trotz des Einrückens des Originaltextes in den ersten Teil[906] – in deutlicher Anlehnung an dessen Formulierungen punktuell zurückgenommen wird[907]. Für
die Rückkehr zum ursprünglichen Text der jüngeren geistlichen Dichtung stehen einzelne Texte Gellerts, in denen Herder eine deutliche Aufhebung der Di-
terichschen Änderungen betreibt.[908] Diese philologischen Rekurse stellen jedoch absolute Ausnahmen dar. Überprüfen ließen sich dazu noch die Texte
Neanders[909], doch zeigt alleine schon das Beispiel Gellerts, daß Herders Anliegen keineswegs in der Wiederherstellung eines literarischen Urzustandes bestand, sondern dem konsequenten Bemühen um eine Verbesserung auf der
Textgrundlage des *Mylius*.

1.7.17. Die Festlegung der Melodien

Im Falle des ersten Teils ist der zu dokumentierende Umgang mit den Melodien ein vollständiges Bewahren. In keinem Fall wird eine Änderung der jeweils eingeführten Melodie vorgenommen.

Im zweiten Teil ist ein gutes Zehntel der Lieder von Melodieänderungen
betroffen. Zu unterscheiden sind diese von den in den nachfolgenden Beschreibungen und Zählungen nicht berücksichtigten Angaben des *Mylius*: „In bekannter Melodie".[910] Dieser Hinweis eröffnete Herder selbst einen Freiraum
zur Melodiesetzung. In einzelnen Fällen ist durch metrische Änderungen Herders zu erkennen, daß er die Melodien auch an diesen Stellen änderte.[911] Die

---

906 WG 394.
907 WG 75.
908 WG 481, V. 1: „bist mächtig, väterlich gesinnt; vernimm mein Flehn, hör mich, dein Kind!"
zu „Herr, meine Burg, mein Fels und Hort, vernimm mein Flehn, hör auf mein Wort!" WG
507, V. 1: „ich bin viel zu geringe der Wohlthat, die ich singe, die du bisher an mir gethan"
zu „ich bin viel zu gering, der Treue, die ich singe, und die du heut an mir gethan", V. 2: „O
gieb mir Kraft und Stärke" zu „Du giebst mir Kraft und Stärke", V. 4: „Bin ich der Schuld
entladen und nur bey dir in Gnaden, so ist im Himmel auch mein Theil" zu „Ich bin der
Schuld entladen, ich bin bey dir in Gnaden, und in dem Himmel ist mein Theil", V. 5: „O leite mich in Segen dem großen Ziel entgegen, dahin dein Wort mich weist" zu „Beschirmt von
deinem Segen, eil' ich der Ruh entgegen, dein Name sey gepreißt".
909 „Der Alles weislich wendet, der Gott der Liebe sendet die stille Nacht zu uns" (WG 501);
Christoph Friedrich Neander, 1774; Mylius, Nr. 162, S. 220f., V. 1: „in sicherm Schlummer,
durch die Ruh" zu „mit süßem Schlummer durch die Ruh". „So fliehen unsre Tage hin, auch
dieser ist es nicht mehr" (WG 504); Christoph Friedrich Neander, 1766; Mylius, Nr. 165,
S. 223f., V. 4: „Kreatur" zu „Creatur", V. 7: „Herr Jesu, du allein sey mein Gedanke! weihe
dir" zu „du allein sey mein Gedank! o weihe dir".
910 Vgl. dazu u. a. WG 400, 405, 407, 420f., 427f., 430, 476.
911 Vgl. dazu WG 405, 521.

übergroße Mehrheit der tatsächlichen Änderungen stellt mit mehr als zwei
Dritteln der zu beobachtenden Umgestaltungen die Substitution einer bekannten oder innerhalb des Gesangbuchs in seiner Endgestalt eingeführten durch
eine andere, gleichermaßen vorauszusetzende Melodie dar.[912] Die Änderungen
können nicht als notwendig, etwa im Sinn von Korrekturen unter Rekurs auf
nicht verfügbare Notensätze, gelten. Schwerpunktsetzungen einzelner Melodien sind nur in einem Fall zu beobachten: Vier Lieder ändert Herder zu der
Melodie des Gerhardt-Liedes „Ein Lämmlein geht und trägt die Schuld" (WG
60).[913] Die Vermutung verdichtet sich damit, daß das Gros der Eingriffe vorrangig von Herders Empfinden bestimmt wurde und sich keinen rationalen
Überlegungen verdankt. Nur drei Lieder verzichten auf die Melodie einer Neukomposition und setzen alte Melodien.[914] Neun der Melodieänderungen sind
aus rhythmischen Gründen mit Textkürzung verbunden[915]; in nur einem dieser
Fälle ist zu erkennen, daß die nötigen Textänderungen willkommene Streichungen ermöglichten.[916] Immerhin zwei Lieder werden jedoch zu Melodien
geändert, die sich gar nicht im *Weimarischen Gesangbuch* befinden[917], eines
davon sogar mit minimalen Texteingriffen zur Herstellung des Metrums[918].
Diese offensichtlichen Fehler lassen sich nur durch ein stark intuitives Vorgehen erklären, das sich nicht konsequent an dem Bestand der Lieder und Melodien weder der Hoffmannschen Vorlage[919] noch der verbleibenden Schlußaus-
wahl[920] orientierte. Demgegenüber stehen jedoch sechs Lieder für sinnvolle
Änderungen, die fehlende Melodien durch eingeführte ersetzen.[921] Insgesamt
ist damit die Mehrzahl der von Herder vorgenommenen Änderungen, die in einer fehlenden Melodie gründen können, als Korrektur zu werten; die zuvor beschriebenen Fehler sowie die Gesamtzahl der aufgenommenen Melodieänderungen lassen die benannte intuitive und stärker an das jeweilige Empfinden
als an rationale Überlegungen rückgebundene Zuordnung annehmen.

Die nachfolgende Aufnahme verzeichnet die in dem zweiten Teil des *Weimarischen Gesangbuchs* insgesamt gesetzten Melodien. Sie ist im Rahmen der
zuvor beschriebenen Umgestaltungen in gleicher Weise repräsentativ für die

---

912 Vgl. dazu u. a. WG 375, 377, 387, 396, 408, 417, 418, 436, 440, 477f., 480, 492, 506f., 567,
      579, 580, 587, 592.
913 WG 375, 417, 436, 440.
914 WG 373, 432, 521.
915 WG 373, 407, 416, 480, 505, 547, 579, 587.
916 Abgesehen von V. 3 vgl. dazu WG 400, V. 1: getilgt „wenn mich die Sünden kränken"; V. 2:
      getilgt „daß mich der Tod nicht schrecke"; V. 3: getilgt „auf daß ich bey dir lebe".
917 WG 435, 505.
918 WG 505.
919 Ebd.
920 WG 435.
921 WG 441, 453, 559, 561, 582, 585.

Wirkungsgeschichte des *Mylius* wie für eine Rezeptionsgeschichte durch Herder. Benannt findet sich der Kurztitel des jeweils melodiegebenden Liedes; der volle Titel läßt sich in der Regel leicht ergänzen. Im Anschluß folgen die der Melodie zugeordneten Liednummern des zweiten Teiles, wobei in runden Klammern das jeweilige Unterkapitel des *Weimarischen Gesangbuches* in Entsprechung zu der zuvor benannten Gliederung genannt wird. Zu erkennen ist, daß die selbst häufig gesetzten Melodien sich gleichmäßig über die gesamte Zusammenstellung der Unterkapitel verteilen und nur in wenigen Bereichen einzelne Themen durch mögliche indirekte musikalische Rückerinnerungen an die namensgebende Ursprungsmelodie einschlägig besetzt werden. In eckigen Klammern folgt die absolute Anzahl der jeweiligen Setzung. Kursiv markiert und ohne weitere Hervorhebung sind die Melodien, die nicht in den zuvor eingeführten Gesangbüchern Sachsen-Weimars enthalten sind. In kursiver Type und unter zusätzlichem Fettdruck hervorgehoben sind Melodien, die in der Auswahl der alten Lieder des ersten Teiles des *Weimarischen Gesangbuches* nicht berücksichtigt wurden, deren Kenntnis der Melodien durch den zweiten Teil jedoch vorausgesetzt werden mußte, wodurch die Texte praktisch ersetzt wurden.

Ach, bleib mit deiner Gnade (WG 110): WG 499 (XI). [1]
Ach, Gott und Herr (WG 132): WG 424 (V). [1]
Ach Gott vom Himmel sieh darein: WG 527 (XI). [1]
Ach mein Herz, sieh': WG 553 (XIII). [1]
Alle Menschen müssen sterben (WG 328): WG 461 (VIII), 547 (XIII). [2]
Allein Gott in der Höh (WG 11): WG 391 (III), 426 (V), 488, 489 (XI). [4]
Alles ist an Gottes Segen (WG 270): WG 473 (IX). [1]
Am Kreuz erblaßt (WG 403): WG 404 (III). [1]
Auf, auf mein Herz (WG 90): WG 561 (XIII). [1]
Ein' feste Burg (WG 111): WG 427 (V). [1]
Ein Lämmlein geht (WG 60): WG 375 (I), 395 (III), 417 (IV), 436, 440 (VI), 459 (VIII). [6]
Ermuntre dich mein: 389 (III). [1]
Es ist das Heil uns kommen her von Gnad und lauter Güte: WG 466 (VIII), 513, 518 (XI). [3]
Es ist gewißlich an (WG 356): WG 405 (III), 441 (VI). [2]
Es wollt uns Gott (WG 322): WG 511 (XI). [1]
Freu' dich sehr, o meine (WG 341): WG 402 (III), 418 (IV). [2]
Gelobet seyst du, Jesu (WG 37): WG 512 (XI). [1]
Gott der Vater, wohn' (WG 4): 491 (XI). [1]
Gott des Himmels (WG 221): WG 495 (XI), 543 (XII). [2]
Gott sey Dank in allen WG 362 (I), 390 (III), 576 (XIII). [3]
Herzlich lieb hab' ich (WG 279): WG 437 (VI), 465 (VIII). [2]
Herr, ich habe mißgehandelt: WG 562 (XIII). [1]
Herr, wie du willst, so (WG 331): WG 584 (XIV). [1]
Herzliebster Jesu, was (WG 69): WG 376 (I), 397, 399 (III), 425 (V), 445 (VII),

457, 458, 462 (VIII), 502 (XI), 510 (XI), 541, 546 (XII), 566 (XIII).   [13]

Heut triumphiret (WG 89): WG 408, 416 (III).   [2]

Ich dank dir schon (WG 225): WG 477 (X), 493, 498 (XI), 506 (XI).   [4]

Ich hab in Gottes (WG 172): WG 446 (VII).   [1]

Ich hab mein Sach (WG 333): WG 582 (XIV).   [1]

Ich ruf' zu dir, Herr (WG 160): WG 484 (X).   [1]

Ich singe Dir mit Herz (WG 298): WG 367 (I), 380 (I), 421 (IV), 455 (VII),
472, 473 (IX), 500, 522, 528 (XI).   [9]

Ich weiß, mein Gott (WG 13): WG 368 (I), 453 (VII), 483 (X), 503, 520
(XI).   [5]

In allen meinen Thaten (WG 184): WG 468 (IX), 501 (XI), 539, 544f. (XII),
555, 557, 563, 564, 577 (XIII).   [10]

Jesu deine tiefen Wunden (WG 73): WG 435 (VI), 460 (VIII).   [2]

Jesu deine Passion (WG 58): WG 401 (III), 423 (V).   [2]

Jesu, meine Freude (WG 53): WG 540 (XII).   [1]

Jesus, meine Zuversicht (WG 92): WG 410 (III), 551, 574 (XIII).   [3]

Jesus Christus, unser Heiland (WG 86): WG 595 (XIV).   [1]

Keinen hat Gott verlassen (WG 269): WG 508 (XI).   [1]

Komm, Gott Schöpfer (WG 101): WG 420 (IV), 428 (V).   [2]

Kommt her zu mir, spricht: WG 456 (VII), 533, 534 (XI), 559 (XIII).   [4]

Liebster Jesu wir sind hier (WG 253): WG 363 (I), 430 (V), 521 (XI).   [3]

Lob sey dem Allmächtigen (WG 27): WG 388, 407, 413 (III), 480 (X).   [4]

Lobt Gott, ihr Christen (WG 38): WG 387 (III), 535 (XI).   [2]

Mache dich, mein Geist (WG 200): WG 578 (XIII).   [1]

Mir nach, spricht Christus (WG 292): WG 365 (I), 385, 386 (II), 400 (III),
552, 554, 568 (XIII), 586, 587 (XIV).   [9]

Neukomposition: Wie groß ist des Allmächt'gen Güte! Ist der ein Mensch
WG 486 (X).   [1]

Nun danket alle Gott (WG 302): WG 548 (XIII).   [1]

Nun lob' mein' Seel (WG 293): WG 369 (I), 411 (III), 432 (VI).   [3]

Nun ruhen alle Wälder (WG 237): WG 507, 509, 514 (XI)
[u. a. Abendlieder].   [3]

Nun sich der Tag (WG 242): WG 504 (XI), 579 (XIV).   [2]

ohne Melodieangabe: 398 (III), 434 (VI).   [2]

O Ewigkeit, du Freudenwort: WG 505 (XI).   [1]

O Gott, Du frommer (WG 265): WG 364, 372 (I), 429 (V), 451 (VII),
516 (XI), 556, 565, 575 (XIII).   [8]

O Haupt voll Blut und Wunden (WG 75): WG 394 (III), 581 (XIV).   [2]

O hilf, Christe, Gottes Sohn (WG 64): WG 447 (VII), 467 (IX).   [2]

O Lamm Gottes (WG 62): WG 396 (III).   [1]

Schmücke dich, o liebe (WG 125): WG 442, 443 (VI).   [2]

Sey Lob und Ehr dem höchsten Gut (WG 9): WG 359, 366, 374, 379 (I), 382,
383 (II), 409 (III), 438 (VI), 452 (VII), 481, 487 (X), 530, 531, 532 (XI), 569,
571, 572 (XIII), 589 (XIV).   [17]

So ruhest Du (WG 81): WG 403 (III).   [1]

So wahr ich lebe spricht (WG 29): WG 580 (XIV).   [1]

Sollt ich meinem Gott (WG 21): WG 469 (IX). [1]
Vater unser im Himmelreich (WG 158): WG 377 (I), 384 (II). [2]
Valet will ich dir geben (WG 332): WG 515 (XI), 567 (XIII). [2]
Von Gott will ich nicht (WG 271): WG 378 (I), 490 (XI), 494, 519 (XI). [4]
Vom Himmel hoch (WG 39): WG 393 (III). [1]
Vor deinen Thron (WG 216): WG 406 (III), 431 (V), 464 (VIII), 478, 482 (X), 492 (XI), 560 (XIII), 585 (XIV). [8]
Wach auf mein Herz (WG 219): WG 361 (I). [1]
Wachet auf, rufet uns (WG 289): WG 360 (I), 381 (II), 412, 414 (III), 448 (VII), 583, 592 (XIV). [7]
Warum betrübst Du (WG 307): WG 497 (XI). [1]
Warum sollt ich mich (WG 175): WG 392 (III), 419 (IV), 542 (XII). [3]
Was Gott thut, das (WG 276): WG 524 (XI), 537 (XII). [2]
Was mein Gott will (WG 277): 454 (VII). [1]
Wenn meine Sünd' (WG 66): WG 558 (XIII). [1]
Wenn wir in höchsten Nöthen seyn (WG 161): WG 517 (XI). [1]
Werde munter, mein Gemüthe (WG 236): WG 536 (XI). [1]
Wer nur den lieben Gott (WG 187): WG 370, 371 (I), 422 (V), 433, 439, 444 (VI), 449, 450 (VII), 470, 474 (IX), 479, 485 (X), 523, 525, 526, 529 (XI), 538 (XII), 549, 550, 570, 573 (XIII), 588, 591, 593 (XIV). [24]
Wes Lobes soll'n wir (WG 303): WG 373 (I), 476 (X). [2]
Wie herrlich strahlt der Morgen:WG 415 (III). [1]
Wie schön leuchtet der Morgenstern: WG 475 (IX), 496, 497 (XI), 590, 594 (XIV). [5]
Wir Menschen sind zu dem, O Gott (WG 120): WG 471 (IX). [1]
Wo soll ich fliehen hin (WG 137): WG 463 (VIII). [1]

Auf das *Vierstimmige Choralbuch zum Kirchen- und Privatgebrauche von Joh. Matth. Rempt, Stadtkantor und Director Chori musici* von 1799[922] ist nur insofern hinzuweisen, als es nach einem amtlichen Schreiben Herders vom 14. Oktober des Folgejahres an das Oberkonsistorium[923] zu Beschwerden gegen die „varianten Melodieen des eingeführten Choralbuches [...] sowohl als der im Gesangbuch gebliebenen alten Melodien-Aufschriften, deren Lieder selbst weggeblieben waren"[924], geführt hatte. Die formalen Fehler des *Weimarischen Gesangbuches*, auf denen das Choralbuch Rempts aufgebaut haben dürfte, waren damit nicht unbemerkt geblieben. Herder reagierte, indem er von Rempt ein nicht mehr auffindbares Verzeichnis von Liedern und Melodien erarbeiten ließ, das er unter Rücksprache mit diesem als Grundlage für eine gedruckte Ergänzung des Gesangbuches, „um bei jetziger oder künftiger neuen Auflage desselben die Melodien darnach zu bemerken", vorsah.[925] Die Beschwerden

---

922 Nur nominell erwähnt: Haym, Herder, Bd. 2, S. 857, Anm. 149.
923 Herder an das Oberkonsistorium, 14. Oktober 1800, DA, Bd. 8, Nr. 157, S. 172.
924 Ebd., Z. 3–5.
925 Ebd., Z. 10.

bezeichnete Herder als „größtentheils an sich kleinfügig"[926]. Zudem plante er ein Zirkular, das es „jeder Gemeine" ausdrücklich freistellen sollte, „die Lieder in der ihr üblichen Melodie, an die sich ihr Ohr gewöhnt hat, zu singen."[927] Das Verständnis für die eigenen Fehler war damit gering; um so größer war jedoch die Bereitschaft, den Gemeinden jenen Freiraum einzuräumen, aus dem die für die Gemeindepraxis schwierigen Zuordnungen erwachsen waren. In Verbindung damit stand das Prinzip einer an die eigene Empfindung möglichst unmittelbar zurückgebundenen Selbstbestimmung.

Diese Position stellte eine ansatzweise, in dem Schreiben nicht eigens benannte Korrektur einer vorherigen Anweisung dar. In der Schmidtschen Gesetzessammlung findet sich das auf den 15. Oktober 1799 zu datierende Zirkular des Oberkonsistoriums, das die Einführung des Remptschen Choralbuches wohl durch eine möglichst strikte Anweisung abzusichern suchte:

> „Die Anschaffung des [...] neuen Choral-Buchs zur Kirche jeden Orts aus den Kirchen-Kasten, und für die Schulen aus den Commun-Aerariis wird anbefohlen, und sollen die Geistlichen dem Cantor und Organisten auflegen, 1) sich in diesen, nach Baß- und Mittel-Stimmen bearbeiteten Melodien fleißig zu üben, 2) bey Strafe den Gebrauch dieses Choral-Buchs bey dem Gottes-Dienst nicht zu unterlassen, vielmehr bey ihren musicalischen Lehrstunden und Uebungen Fleiß anzuwenden, daß mit der Zeit ein vierstimmiger Gesang in den Kirchen eingeführt werde, und sollen 3) zu diesem Zweck die Pastoren die an künftigen Sonntagen zu singenden Lieder Donnerstags vorher dem Cantor anzeigen und dieser solche bey ihnen einholen."[928]

Nicht zu bezweifeln ist, daß Herder mit diesen Formulierungen, die möglicherweise auch in Rücksprache mit Rempt entstanden waren, auf eine landesweite Verbesserung der Kirchenmusik bedacht gewesen war. Die eigenständigen Vorarbeiten des Gesangbuches – die wohl wiederum ohne Konsultation auch der Kirchenmusiker konzipiert wurden – hatten jedoch zu den genannten Problemen geführt.

1.7.18. Zusammenfassender Vergleich mit den zuvor formulierten Positionen

Nimmt man die Änderungen der Melodien und die Eingriffe in die Texte zusammen, so ist zunächst die Betonung der Vorrede, die alten Lieder („Diese alle") „*unverändert*" beibehalten und nur „hie und da ein[en] Ausdruck, welcher der Sprache oder dem Glauben entgegen ist, oder der gar zum Spott eines gemeinen Sprüchwortes worden war, [...] unmerklich oft nur mit Einem Buch-

---

926 Ebd., Z. 11.
927 Ebd., Z. 12–14.
928 Schmidt, Gesetze, Bd. 2, S. 225.

stab oder Wort verbessert" zu haben[929], als gewaltige Untertreibung zu erkennen.

Weniger soll darin jedoch auf das Ausmaß, als vielmehr die Ausrichtung der Herderschen Änderungen abgehoben werden. Ein zentrales Ergebnis ist keineswegs nur die Ablehnung einzelner formaler oder inhaltlich anstößiger Punkte, sondern die selbst darin forcierte Intensivierung des erbaulichen Charakters des Kirchengesangs. Das tatsächliche Vorgehen entspricht in dieser Hinsicht der Position der *Briefe* und des Liturgievotums von 1787. Beide Texte heben darauf ab, Änderungen vorzunehmen, ohne die Lieder jedoch umschmelzen zu wollen.[930] Unter Betonung des konsequenten Zusatzes positiver Impulse und Identifikationsmöglichkeiten der Gemeinde beschreibt diese Herdersche Formulierung das eigene spätere Vorgehen zutreffend. Mit Blick auf das Endresultat gilt es zwei Punkte zu betonen. Zum einen ist es überraschend, daß die Überarbeitung des zweiten Teils – und die gebotenen Ergebnisse sind an den Materialbestand rückgebunden – gegenüber der des ersten Teiles deutlich abfällt. Nicht nur die Auswahl der neuen Lieder in der direkten Bearbeitung des *Mylius*, die damit zu der vermittelten und unvermerkten Einführung einer gekürzten Version in Sachsen-Weimar führte, stellt einen eindeutigen Befund dar. Die Eingriffe in die Texte und Melodien des zweiten Teils sind von einer weitaus geringeren Sorgfalt getragen als der Umgang mit den alten Liedern. Die Vorgehensweisen sind im einzelnen in ihren Kontinuitäten dennoch stark und in ihren Anliegen klar erkennbar. Deutlicher zu identifizieren ist jedoch die Ablehnung einzelner Formulierungen als die Konsequenz der an die Stelle tretenden Ausführungen. Gleichermaßen überraschend, in der Schwäche der Ergebnisse und der materialen Aufnahme der Änderungen, ist das insgesamt doch geringe Maß an Änderungen, die Herder hinsichtlich der neuen Lieder vornahm. In Anbetracht der von ihm gegenüber seinen Kollegen mit harten Bandagen erkämpften Auswahl- und Überarbeitungsmöglichkeiten des zweiten Teils steht ein entsprechendes Vorgehen – sowohl mit dem Anknüpfen an den *Mylius* als auch den nur eingeschränkten Veränderungen – nicht unbedingt zu erwarten. Gleichwohl ist auf den Hinweis von 1787 zurückzuverweisen, in dem Herder das Preußische Gesangbuch einerseits lobt, andererseits die Einführbarkeit in Sachsen-Weimar bezweifelt.

Mehrere Auslegungen sind in diesem Zusammenhang möglich. Einerseits ließe sich die gelungene und selbst für die nachfolgenden Generationen „unvermerkte" Einführung des um die Hälfe reduzierten *Mylius* als strategische Meisterleistung auch gegenüber den Kollegen verstehen. Der Mangel an weiterem Quellenmaterial zur Diskussion im Oberkonsistorium nach dem Vorschlag des Jahres 1787 und in der ersten Hälfte der neunziger Jahre erlaubt es weder

---

929 SWS, Bd. 31, S. 718.
930 Vgl. dazu in diesem Kap., Anm. 373 und 378.

diese Lesart abzusichern, noch sie auszuschließen. Problematisch ist auch die Vermutung, Herder habe den von ihm erfochtenen Freiraum mit einer persönlicher gestalteten Auswahl füllen wollen, sich dann aber aufgrund innerer Faktoren, wie einer möglichen Resignation, zu dem Rezeptions- und Redaktionsvorgang entschieden. In der Überarbeitung des zweiten Teils hatte Herder alle Freiheiten der Welt; es muß eine bewußte Entscheidung gewesen sein, nicht zu der „Biene des christlichen Gesanges" werden zu wollen, die Herder seiner Kenntnisse und sprachlichen sowie seelischen Empfindsamkeit nach hätte werden können. An die Stelle der Antwort kann nur eine Konjektur treten.

Die vollständig aufgenommenen Veränderungen des ersten sowie zweiten Teils lassen die stärkste Konstante in dem grundlegenden Gemeindebezug erkennen. Wahrscheinlich lag für Herder auch darin der Beweggrund, von einer eigenen Zusammenstellung Abstand zu nehmen. Sein ursprüngliches Projekt war eine Privatsammlung gewesen, die auch zum gottesdienstlichen Gebrauch hätte herangezogen werden können. Mit der Akzentverschiebung zu dem landesweiten Gesangbuch für den öffentlichen Gottesdienst mochte es nahegelegen haben, an das deutschlandweit erfolgreichste – in seiner Einführung in Preußen jedoch vorbelastete – Gesangbuchprojekt anzuknüpfen. Der für Sachsen-Weimar gewählte Einführungsmodus zeugt von Sensibilität und Einfühlungsvermögen in die Gemeindepraxis. Aus dieser Konstellation dürfte die Entscheidung zugunsten des *Mylius* erwachsen sein.

1.7.19. Das Projekt der Privatsammlung (nach 1795)

Eine Unterstützung findet diese Einschätzung in einem Hinweis der *Erinnerungen*. Dort heißt es in einer Kurzcharakteristik des *Weimarischen Gesangbuches*:

> „Indessen war dieses neue Gesangbuch *nichts weniger* als ein Gesangbuch nach seiner Idee. Es wurden ihm bei Verfertigung desselben zu viele Rathschläge und Berücksichtigungen vorgeschlagen, die ihm zum Theil sein eigenes Ziel verrückten und ihm selbst diese sonst angenehme Arbeit verleideten. Er freute sich auf die Zeit, wo er ein Gesangbuch ganz nach seiner Idee, aber bloß zum *Privatgebrauch*, herausgeben wollte."[931]

Wichtig ist in dieser Passage der Hinweis, daß Herder auch nach der Veröffentlichung des überarbeiteten Gesangbuches noch an dem Projekt einer Privatsammlung festhielt. Grundlage der Beschreibung des Gesangbuches dürfte wohl die briefliche Äußerung Herders gegenüber Müller vom 26. Juni 1797 sein, in der eine deutliche Distanzierung von dem Endresultat formuliert wird:

---

931 V, Abt. 2, Tl. 22 [Erinnerungen, Tl. 3], S. 26f.

„Sie bekommen mit der heutigen Post Gesangbücher, Humanitäts Briefe u.[nd] Musik. – Beim 1ten, (mich dünkt, ich habe es schon geschrieben,) bin ich sehr genirt gewesen; für meine Arbeit u.[nd] Sammlung ists also nicht zu halten."[932] Der Vergleich der beiden Texte macht es wahrscheinlich, daß die *Erinnerungen* in ihrer Beurteilung des Gesangbuches der Selbstaussage Herders gefolgt waren. Gleiches gilt auch für das Vorhaben der Privatsammlung. Es findet sich kurz zuvor, am 5. Mai 1797, in einem Brief Karolines ebenfalls an Johann Georg Müller festgehalten.[933] Sie wurde, wie andere Vorhaben, nicht realisiert.

1.7.20. Die beiden Privatsammlungen für den Hausunterricht (achtziger Jahre)

Für die achtziger Jahre ist allerdings auf zwei Zusammenstellungen von Kirchenliedern für den Privatgebrauch hinzuweisen. Zum einen betrifft dies den Kanon der zu memorierenden Lieder der *Anfangsgründe*[934], eines katechetischen Entwurfes für den Hausunterricht, auf den im Zusammenhang des Katechismus einzugehen sein wird.[935] Fünf Lieder gibt er zu lesen und zu lernen auf: Gellerts „Wie groß ist des Allmächtigen Güte" (Vers 1)[936], das unter Vermittlung des *Mylius* als WG 486 Eingang in den Teil der neuen Lieder finden wird. Als WG 298 fehlt auch nicht Paul Gerhardts „Ich singe Dir mit Herz und Mund" (Verse 1–3; 8–10; 11–13; 15–18)[937]. Die drei übrigen Lieder, die Herder u. a. von seinen Kindern in dem Hausunterricht lernen läßt, sind nicht im späteren *Weimarischen Gesangbuch*. Es handelt sich um Zachariäs „Allmächtiger, der seinen Thron" (Verse 1, 3–7[938]; 9–12[939]), das Lied „Wenn sich mein Geist, Allmächtiger" (Verse 1–12)[940] und Dachs „Seelge Ewigkeit"[941]. Letzteres war auch nach dem Zeugnis von Müller für das Jahr 1780 eines jener Lieblingslieder Herders, die er selbst auswendig konnte[942]. Für die anderen Texte mußte ähnliches gelten. Das Überarbeitungsvorgehen des ersten Teils verbot

---

932 Herder an Johann Georg Müller, DA, Bd. 7, Nr. 337, S. 323, Z. 10–12.
933 DA, Bd. 7, Nr. 320, S. 310f., Z. 7–10; Gelzer, Briefwechsel, S. 160f.; Lohmeier, Briefwechsel, S. 111f., Anm. 80.
934 HN XX, 66.
935 Vgl. dazu Kap. IV.2.8.4.
936 HN XX, 66, Bl. 2^v.
937 Ebd., Bl. 13^v.
938 Ebd., Bl. 3^v.
939 Ebd., Bl. 5^v.
940 Ebd., Bl. 5^v.
941 Ebd., Bl. 20^r.
942 Vgl. dazu in diesem Kap., Anm. 367.

es wohl, gründend in dem dringlicheren Anliegen, die Gesamtzahl der eingeführten Lieder zu reduzieren, eigene Zusätze vorzunehmen. Die hier benannten Titel geben zumindest Hinweise auf die eigenen Wertschätzungen Herders im privaten Kontext.

Ein weiteres, inhaltlich wichtigeres Dokument stellt das ebenfalls im Berliner Nachlaß erhaltene und gleichermaßen in den Kontext des Hausunterrichts im entsprechenden Zeitraum gehörende Verzeichnis dar: „Stellen aus Liedern, die gesungen oder auswendig gelernt werden können".[943] Es wird im nachfolgenden in einer Transkription geboten, in welche die Nummern des späteren *Weimarischen Gesangbuches* eingetragen wurden. Mit den im Zusammenhang der Auswahl der Lieder vorgestellten handschriftlichen Aufzeichnungen ergibt sich nur im Falle eines Liedes, WG 219, eine Übereinstimmung. Die Angabe der zweiten Spalte gilt den Versen, die dritte den entsprechenden Jahres- oder Tageszeiten.

„[1ʳ] [WG 117] Sei Lob und Ehr dem höchsten Gut 3–7
[WG 13] Ich weiß mein Gott, daß all mein Thun 1–3
[WG 21] Sollt ich meinem Gott nicht singen 1, 2, 7, 9, 11, 12
[WG 22] Liebe, die du mich zum Bilde   1, 7
[WG 24] Gott ist mein Heil, mein Hülf und Trost ganz
Kommt her zu mir, spricht   6, 7, 8
[WG 29] So wahr ich lebe, spricht   7
[WG 30] Weg, mein Herz   12
[WG 33] Herr Christ, der einge   3
[WG 34] Gottes Sohn ist kommen   9   [...] Weihnachten
[WG 37] Gelobet seyst du   6, 7   [...] Weihnachten
Ermuntre dich, mein   12   [...] Weihnachten
[WG 61] Geduldiges Lämmlein   5   Zu den Fasten
[WG 62] O Lamm Gottes   Zu den Fasten
[WG 63] Christe du Lamm Gottes   Zu den Fasten
Christus, der uns selig macht   8   Zu den Fasten
[WG 66] Wenn meine Sünd mich kränken   5–7   Zu den Fasten
[1ᵛ] [WG 69] Herzliebster Jesu   8, 9, 15   Zu den Fasten
[WG 75] O Haupt voll Blut und Wunden   8–10   Zu den Fasten
[WG 76] O Welt, sieh hier   9–16   Zu den Fasten
[WG 90] Auf auf mein Herz   7–9   Ostern
[WG 92] Jesus meine Zuversicht   6, 7, 10   Ostern
[WG 99] Komm heiliger Geist   3   Pfingsten
[WG 105] Nun bitten wir   ganz   Pfingsten
[WG 107] Gott gieb einen milden Regen   Pfingsten
[WG 110] Ach bleib mit deiner Gnade   1, 4, 6
[WG 125] Schmücke dich o liebe Seele   9   für die Confirmandos
[WG 134] Aus tiefer Noth   ganz   [...] Confirmandos

---

943 HN XXI, 70.

[WG 136] Herr Jesu Christ du höchstes Gut	8	[...] Confirmandos
[WG 137] Wo soll ich fliehen	11	[...] Confirmandos
[WG 154] Jesu der du meine Seele	12	[...] Confirmandos
[WG 160] Ich ruf zu dir	3–5	[...] Confirmandos
[WG 172] Ich hab in Gottes Herz	10–12	
[WG 175] Warum sollt ich mich	3, 4, 7, 8–12	
[WG 180] In dich hab ich gehoffet	6	
[WG 182] Befiehl du deine Wege	ganz	
[WG 184] In allen meinen Thaten	ganz	
[2ʳ] [WG 187] Wer nur den lieben Gott läßt	ganz	
[WG 192] Eins ist Noth	10	
[WG 215] Nun laßt uns gehn	11–14	
[WG 216] Für deinen Thron	11–15	Morgen
[WG 219] Wach auf mein Herz	9, 10	Morgen
[WG 236] Werde munter mein	12	Abend
[WG 242] Nun sich der Tag geendet	9, 10	Abend
[WG 269] Keinen hat Gott verlassen	3–5	
[WG 279] Herzlich lieb hab ich	ganz	
[WG 294] Lobe den Herren	ganz	
[WG 307] Warum betrübst du dich	1–4, 10, 12, 13	
[WG 331] Herr wie du willst	ganz".[944]	

Die Entsprechung der Reihenfolge zu dem späteren Gesangbuch gründet in der gemeinsamen Vorlage. Zu erkennen ist, daß Herder in der Auswahl dieser Lieder das eingeführte Gesangbuch konsultierte, entweder in dem Druck Glüsings von 1778/1784 oder Hoffmanns 1778, und, dem Text des Gesangbuchs folgend, die in diesem Moment für ihn in der Erziehung der Kinder zentralen Lieder auswählte. Das Ergebnis stellt einerseits eine Ergänzung zu dem genannten Vorkapitel „Auswahl der Lieder" dar. Von größerer, und darin abschließender Bedeutung ist jedoch, daß die Auswahl der alten Lieder des *Weimarischen Gesangbuchs* in sich bereits die Anlage einer Privatauswahl birgt. Eine Ausweitung der gebotenen Materialen ist jedoch nicht möglich und verhindert eine eingehende Wahrnehmung dessen, was Herder während der ausgehenden neunziger Jahre mit dem Projekt einer Privatsammlung verbunden haben mochte.

Die Hauptdifferenz zwischen dem *Weimarischen Gesangbuch* und den Privatsammlungen der achtziger Jahre liegt in Liedern, die Herder quellenbedingt nicht aufnehmen konnte. Die Übereinstimmung mit dem gebotenen Material in der Auswahl der alten Lieder deutet zugleich an, daß die Einflußnahme Herders auch in diesem Teil des späteren Gesangbuches nicht zu niedrig angesetzt werden darf. Das *Weimarische Gesangbuch* trägt, in allen seinen Einschränkungen und seiner Ambivalenz, die Handschrift Herders. Die Anre-

---

944 Ebd.

gung, die grundlegende Konzeption und die Einführung waren sein Werk. Innerhalb der Weimarer Amtstätigkeit muß das Gesangbuch als einer der größten persönlichen Erfolge Herders gewertet werden. In seiner Wirkungsgeschichte steht es exemplarisch für ein deutlich zu erkennendes Anknüpfen an programmatische Äußerungen einerseits und nachträgliche Selbstverständnisse andererseits – einschließlich der in der Biographik rezipierten Äußerung gegenüber Karl August.

Um die einleitende Einordnung innerhalb des hymnologischen Arbeitsbuches aufzugreifen, ließe sich fragen, wo Herders Gesangbuchüberarbeitung zu verorten ist: in dem vom *Mylius* eröffneten Kapitel zur „Gesangbuchreform" oder der nachfolgenden „Gegenbewegung". Zu der bereits von Haym mit Blick auf das Gesangbuch festgestellten „unbefangenste[n] Vielseitigkeit" dürfte gehören, daß Herder seinen Platz in beiden Kapiteln findet.

1.8. Die Perikopenrevision (1787–1798f.)

Die Perikopenrevision fällt in die Spätphase des Herderschen Amtes, stellt jedoch eine frühe Initiative dar, die einen noch früheren Impuls aufnimmt.

1.8.1. Die Bückeburger Eingabe (23. Februar 1774)

Bereits in Bückeburg hatte sich Herder gegenüber Graf Friedrich Ernst Wilhelm zu Schaumburg Lippe für eine den Pfarrern zunehmend freizustellende Perikopenwahl ausgesprochen. Seine Eingabe datiert auf den 23. Februar 1774.[945] Der unterbreitete Vorschlag beläuft sich darauf, den Geistlichen freizustellen, ob sie über die Texte der eingeführten Perikopenordnung predigen wollen oder „freie [...] Texte" ohne jede Beschränkung und nach eigener Wertschätzung wählen wollen.[946] Das positive Argument ist, daß dadurch die „Gelegenheit gegeben [werde], daß Bibel u. Religion viel- und allseitig betrachtet [werde] u. von den nutzbarsten u. bildendsten Seiten am meisten angewandt" werden könne.[947] Die zu beseitigenden Mißstände benennt er, gleichermaßen als argumentatives Gegenstück in „Mancher Faulheit, ewigen Wiederholung, Zerrung und Verunstaltung der Evangelien, weil man alles schon gesagt hat u.[nd] doch was Neues sagen will"[948]. Sein Ansatz für ein praktisches Vorge-

---

945 Herder an Graf Friedrich Ernst Wilhelm zu Schaumburg Lippe, 23. Februar 1774, DA, Bd. 3, Nr. 62, S. 75, Z. 21–33.

946 Ebd., Z. 21–23.

947 Ebd., Z. 25–27.

948 Ebd., Z. 23–25.

hen basiert auf einer grundsätzlichen Freistellung, die im Laufe der Zeit von „eine[r] Probe und Vorschrift vom Konsistorio, welche Texte zu wählen" seien, ergänzt werden solle.[949] Die zeitliche Nachordnung einer solchen Regelung soll „einige [...] Schwache" davon abhalten, die ihnen eingeräumte Freiheit sofort zugunsten einer Orientierung an Textvorschlägen aufzugeben.[950] Eine Studie zu der Bückeburger Amtstätigkeit müßte den Reaktionen auf Herders Eingabe nachgehen. Für die eigene Predigtpraxis ließe sich aber zumindest darauf verweisen, daß die von Karoline und Johann Georg Müller herausgegebenen Predigen *Über das Leben Jesu* selbst einen thematischen Predigtzyklus darstellen, der aus Texten der Jahre zwischen 1772 und 1775 zusammengestellt wurde. In Ansätzen deutet sich darin eine persönliche Bedeutung bereits für der Praxis der Bückeburger Frühzeit an.

1.8.2. Herders Gespräch mit Rinck (2. November 1783)

Anfang November stattete der 25-jährige Karlsruher Hof- und Stadtvikar Christoph Friedrich Rinck, der von dem Markgrafen beauftragt wurde, „die berühmtesten Männer der Schweiz und Deutschlands aufzusuchen, in erster Linie die Theologen, und durch persönlichen Verkehr mit denselben [...] sich weiterzubilden"[951], Herder einen etwa halbstündigen Besuch ab. Unter dem 2. November 1783 hält Rinck ein Gespräch über dessen Predigten fest, in dem Herder den Freiraum seiner eigenen Tätigkeit betonte: „Er predigt gewöhnlich nur alle 4 Wochen. [...] Noch hat er Evangelien, wiewol, wie er sagt, es nur bey ihm stehe, sie zu vertauschen; gewöhnlich aber lege er noch einen andern Spruch zu Grunde, und auf diese Art wünsche er, daß nach und nach die Evangelien abgeschafft werden."[952] Auf diese Praxis, die er hier ebenso betont wie seine nur alle vier Wochen stattfindenden Predigten, wobei er weder auf die Wochen- und Feiertagspredigten an der Stadtkirche, noch die Predigten an der Jakobskirche abhebt, stellen eine deutliche Verkürzung des eigentlichen Amtsprofils dar. Auch wenn der Hinweis seine Berechtigung darin gehabt haben mochte, daß Rinck auf eine Herdersche Sonntagspredigt an der Stadtkirche warten mußte, deuten sich in der Grundtendenz der Auskünfte doch bestimmte Züge einer Eitelkeit oder zumindest gewissen Selbstherrlichkeit an. Dies ist zu berücksichtigen, da gerade die von Herder hier ausdrücklich benannte Praxis

---

949 Ebd., Z. 28.
950 So ist wohl die Schlußpassage zu verstehen, ebd., Z. 29–31: „das aber [die spätere Einführung von Textvorschlägen] vielleicht gleich im ersten Augenblick einigen Schwachen auffiele, was aber bei der blossen ihnen gelassenen Freiheit weniger oder gar nicht seyn könnte."
951 Vgl. dazu Moritz Geyers Vorwort in Rinck, Studienreise, S. V.
952 Rinck, Studienreise, S. 63.

der Sonntagspredigten für diesen Zeitraum nur sehr unwesentlich von dem Zusatz eigener Predigttexte bestimmt war. Auf diesen Zusammenhang wird im abschließenden Hauptkapitel punktuell einzugehen sein. Die Freiheit einer eigenen Textwahl hatte Herder, mehr oder minder, in seinen Wochenpredigten und der Gestaltung einzelner Festtage; in landesweiter Bedeutung kann darauf u. a. im Zusammenhang der Bußtags- und Neujahrspredigten abgehoben werden. Eine Ergänzung der Perikopenreihe durch weitere Texte läßt sich für die Sonntagspredigten der frühen Weimarer Zeit in nur sehr wenigen Ausnahmen beobachten, und diese sind in der Regel durch die Ausweitung des Predigttextes im Kontext des jeweiligen biblischen Buches eher dem Bereich der Perikopenabgrenzung zuzuordnen. Gegenüber Rinck überhöhte sich Herder damit deutlich in seiner amtlichen Position. Der Hinweis auf das Vorhaben und die konkrete Gestaltung einer Öffnung der Predigttexte ist jedoch von großer Bedeutung.

1.8.3. Herders Anhang zum Votum bezüglich der Liturgie (23. Oktober 1787)

In Weimar formulierte Herder einen entsprechenden Vorschlag nicht vor dem Jahr 1787. Er findet sich vergleichsweise beiläufig im Anhang seines umfassenden Votums zur Liturgie, dessen äußere Entstehungszusammenhänge unter der Liturgierevision dargestellt wurden. Vorausgegangen war die Anfrage liturgischer Veränderungen durch die Eisenacher Ausschußstände von 1784. Der Herzog hatte das Weimarer Oberkonsistorium daraufhin unter dem 21. Juni desselben Jahres zu einem Gutachten aufgefordert.[953]

Herders Votum datiert vergleichsweise spät auf den 23. Oktober 1787[954], liegt damit aber in zeitlicher Nähe zu den Weimarer Gutachten, die insgesamt deutlich nach den Eisenacher Stellungnahmen eingingen[955]. Es gilt insgesamt den im Rahmen der Liturgierevision dargestellten Zusammenhängen. Die für Herder charakteristische thematische Weiterführung bzw. abschließende Überleitung zu weiteren Vorschlägen und eigenen Initiativen finden ihren Ausdruck in dem Gutachten zur Liturgiefrage in den drei Anhängen, die der Text bietet.[956] „Anhang 2" gilt der Anregung einer freien Textwahl der Prediger. Hatte Herder in Bückeburg jedoch vorrangig an die Mißstände der kirchlichen Amtspraxis aus der Perspektive des Geistlichen angeknüpft, verbunden mit der gesamtgesellschaftlichen Reflexion auf den Stand der Geistlichkeit, wählt er in Weimar einen anderen Argumentationsduktus. Wie in anderen Gutachten, die

---

953 Vgl. dazu in diesem Kap., Anm. 157.
954 SWS, Bd. 31, S. 761–772.
955 Vgl. dazu in diesem Kap., Anm. 158f.
956 SWS, Bd. 31, S. 767–772.

entweder das Oberkonsistorium oder direkt den Landesherren betreffen, beruft sich Herder vorrangig auf ein reformatorisches Erbe und eine konsequente Weiterführung der mit der Reformation begonnenen Abkehr vom „Papstthum" und den Traditionen der „Mönche". In einer knappen liturgiegeschichtlichen Einleitung beschreibt Herder die Ableitung der Perikopenreihe aus den „*lateinische*[n] Stücke[n] der Hauptmesse", die „dem Volk nur gelegentlich und öfters bunt genug erklärt" wurden.[957] Die Abfolge und Auswahl der Texte sei in der Gesamtanlage des Kirchenjahres als „ein geistliches Drama vor[zu]stellen".[958] Im Sinne dieser ursprünglichen Bestimmung erklärt er die „Wahl der Evangelien für diese und jene Zeit [...] in der katholischen Kirche [...] für nichts weniger als gut und bedächtig".[959] Zu beobachten ist gerade in diesem Zusammenhang eine sicher bewußte begriffliche Unschärfe. Herder spricht zwar ausschließlich von den „Evangelien", und sein erstes Beispiel, „die Teufelsaustreibung [...] am Sonntag Oculi"[960], gilt auch in der Tat dem für diesen Tag gesetzten Evangelium aus Lk 11. Sein zweiter, die Absurdität der Textabfolge herausstellender Hinweis: „Am 25. Dec. wird Christus gebohren und am 26. stirbt schon der h. Stephanus, blos weil er der erste Märtyrer war und man ihm doch also den ersten Rang im Kirchenjahre lassen mußte"[961], ersetzt jedoch auf eine argumentativ illegitime Weise die beiden Evangelien des Tages (Mt 23 und Lk 2) mit der Epistel (Act 6f.). Aufgrund dieser sicher kalkulierten Unschärfe fällt Herder die Feststellung leicht, daß die ursprünglich positive Bestimmung dieser „Evangelien" im Rahmen des Protestantismus verloren gegangen sei: „Daß ein solches Mönchs-Arrangement mit den Lectionen, die dazu geordnet sind, nichts Ehrwürdiges an sich habe, ist klar und deutlich."[962] Das Signalwort der konfessionellen Differenzen ersetzt die detaillierte Argumentation.

Vergleichsweise polemisch und darin durchaus im Rahmen etablierter Schematisierungen ist auch der nachfolgende Hinweis: „Viele Evangelien sind so trocknen Inhalts, daß schwerlich mehr als 2. 3. mal über sie vernünftig gepredigt werden kann; nachher mußte man schrauben, Allegorien suchen, sich an Bildern und Wort hängen und über die 3 Buchstaben im Wörtchen *Und* als über ein Geheimniß der Gottseligkeit predigen."[963] Auch der Hinweis auf die Landgeistlichen, die in ihren jeweiligen Filialdörfern „Eine und dieselbe Evan-

---

957 Ebd., S. 768.
958 Ebd.
959 Ebd.
960 Ebd.
961 Ebd., S. 768f.
962 Ebd., S. 769.
963 Ebd.

gelien-Predigt 2. 3. mal wiederholen [...] *an Einem Vormittage*"[964], ist nicht in dem Maße überzeugend. Die im Anschluß vorgeschlagene freie Perikopenwahl muß als Lösung für die zuletzt benannte Situation sogar stark bezweifelt werden; auf die Erhöhung des Arbeitsaufwandes zur Vorbereitung unterschiedlicher Predigten in den Filialdörfern, die allenfalls die Wiederholung eines neuen Predigttextes ersetzen würden, reflektiert Herder nicht. Unter Anknüpfen an die konfessionell pointierten Topoi schließt der Abschnitt zur Vorbereitung des eigentlichen Vorschlages: „Aus dieser unbesonnenen Mönchslitanei alter lateinischer Meß-Lectionen käme man auf einmal heraus, wenn man nach dem Beispiel mehrerer protestantischen Länder" eine freie Wahl der Predigttexte gewährte.[965]

Detaillierter als die Bückeburger Eingabe benennt Herder das praktische Vorgehen: die eingeführten Evangelien seien aufgrund der gewachsenen Bedeutung für die Hörer als Lesung beizubehalten. Einen Unterschied im Stellenwert betont er zwischen Stadt und Land. In der Stadt könnten die Texte „hinter dem Altar oder dem Pult abgelesen [werden], wie gewöhnlich", auf dem Land von der Kanzel.[966] Die positiven Ausführungen sind denen des Bückeburger Vorschlages vergleichbar, wiederum jedoch in ihrer biblischen sowie reformatorischen Bedeutung eigens akzentuiert: „die Bibel [ist damit] vollständiger zu erklären und nach der jedesmaligen Lage seines [des Predigers] Herzens oder seiner Gemeine [...] aus dem Worte Gottes vorzutragen".[967] Die Aufgabe des aufgebürdeten „Joch[s]" erlaube es der Predigt zudem in „biblische[r] und protestantische[r] Freiheit" an „Abwechslung, Stärke, Lebhaftigkeit und Zweckmäßig[keit]" zu gewinnen, wie auch, daß „die Seelenkräfte des Predigers geschont und belebt, sowie die Aufmerksamkeit der Zuhörer geschärft werde[n]."[968] Für das praktische Vorgehen beschreibt Herder ein „Zweckmäßig abgefaßt[es]" Reskript als ausreichend.[969] Den in Bückeburg formulierten Vorschlag einer mit gewonnnener Akzeptanz gleichermaßen vertiefenden Maßnahme eigener Textvorschläge bringt Herder in Weimar nicht ein. Die Überzeugung, daß ein Beibehalten der eingeführten Texte neben anderen Gründen auch einer möglichen „Trägheit" der Geistlichen zu schulden sei, findet sich jedoch in dem Weimarer Erstvorschlag.[970]

---

964 Ebd.
965 Ebd.
966 Ebd.
967 Ebd., S. 770.
968 Ebd.
969 Ebd.
970 Ebd.

1.8.4. Amtliche Reaktionen (Oktober 1787)

Bereits Ende Oktober bestimmte das Konsistorium in einem Immediatbericht, das Votum, „soviel [als] die Sache selbst betrifft, durchgängig zu approbiren".[971] Drei Dinge dürften die weitere Verfolgung jedoch behindert haben: zum einen der Grundsatzkonflikt um die Herder unterstellte „*clandestine*" Vorgehensweise seines Planes, zum anderen das vorrangige Thema der Liturgie – und schließlich schlicht und einfach die Italienreise. Der erste Punkt führte wohl zu dem von Herder auch etwa im Zusammenhang des Landschullehrer-Seminars gewählten Vorgehen des Beharrens auf eine herzogliche Lösung der Differenzen innerhalb des Konsistoriums, wobei betont werden muß, daß diese in dem hier relevanten Fall nicht inhaltlicher Natur waren. Der letzte Punkt legt sich aufgrund des chronologischen Anschlusses nahe, darf jedoch nicht überbewertet werden. Gerade das Beispiel des Landschullehrer-Seminars zeigt Herders Bereitschaft, über Jahre hinweg eher auf eine herzogliche Initiative und das Signal einer deutlichen Unterstützung zu warten, als eine innerkollegiale Zurücksetzung in Abweichungen von einem als in sich stimmig und konsequent verstandenen Vorschlag zu akzeptieren. Zentral dürfte in dem hier zu diskutierenden Fall der zweite Punkt sein. Einzig die Chronologie der Liturgierevision läßt sich sehr genau rekonstruieren. Das vorrangige und den eigentlichen Anlaß der Anfrage markierende Thema der Liturgie wurde weiterfolgt, die übrigen Anregungen fanden keinen Widerspruch, aber auch keine konkrete Umsetzung.

1.8.5. Einordnung im Kontext der Zeit (bis 1787)

Für das Jahr 1787 soll ein Zwischenschritt die Rückfrage aufgreifen, die Herder selbst mit dem Hinweis auf das „Beispiel mehrerer protestantischer Länder" aufwirft. Auf zwei thematisch einschlägige Texte ist in diesem Zusammenhang zu verweisen. Zum einen bietet die bereits zuvor zitierte *Historie der Kirchen-Ceremonien in Sachsen. Nach ihrer Beschaffenheit in möglichster Kürtze mit Anführung vieler Moralien, und specialen Nachrichten* des Lockwitzer Hauptpfarrers Christian Gerber von 1732 eine Momentaufnahme für die erste Hälfte des 18. Jahrhunderts.[972] Unter der Überschrift „Von denen gewöhnlichen Episteln und Evangeliis" erklärt Gerber darin: „Und viele Christliche Theologi wünschen, daß entweder ein Evangelist gantz von Capitel zu Capitel der Gemeine vorgetragen, oder doch andere pericopae oder Evangelische Stücke und Texte ausgesucht werden dürfften, in welchen die nöthigen Glau-

971 Ebd., S. 772, Anm. 1.
972 Gerber, Kirchen-Ceremonien, S. 379 (Kap. 22).

bens=Articul enthalten, von welchen in denen gewöhnlichen Evangeliis nichts zu finden".[973] Aufschlußreich ist auch hier die Berufung auf Spener:

> „Der selige Herr. D. Spener, dessen Consilia zwar, Meynungen, Arbeit und grosse Dienste, die er der Kirche gethan, von vielen unverantwortlicher Weise verworffen und gelästert werden, hat schon vor 50. Jahren, als er noch in Frankfurt lehrte, ein offenhertziges Bekänntniß davon gethan, daß die gewöhnlichen Evangelia nicht zulängliche wären, die nöthigen Glaubens=Lehren der Gemeinde vorzutragen. Wir wollen seine eigenen Worte aus der Vorrede über des Thätigen Christenthums Notwendigkeit und Möglichkeit hören".[974]

Es folgt ein längeres Zitat. Im Anschluß daran steht ein weiteres, einschlägiges:

> „Eben diese bezeiget auch der selige Lehrer Theol.[ogische] Bed.[edenken] P. III. p. 128 allwo er saget: Wie hertzlich wünsche ich, daß wir in unserer Kirchen niemals den Gebrauch der pericoparum evangelicarum angenommen hätten, sondern entweder eine freye Wahl gelassen, oder aber die Episteln vor die Evangelien zu denen Haupt=Texten genommen hätten. Indem nicht zu läugnen stehet, wo man die Haupt=Sachen, so wir in dem Christenthum zu treiben haben, vortragen will, so geben uns die Evangelischen Texte sehr wenig Anlaß, sondern es muß fast alles bey Gelegenheit eingeschoben, ja offt mit den Haaren herbey gezogen werden, welches bey denen Episteln nicht also wäre".[975]

Wichtig ist an dieser Beobachtung für die erste Hälfte des 18. Jahrhunderts, wie präzise Gerber auch die Forderung der freien Perikopenwahl auf Spener zurückführt und welche Vorgeschichte die von Herder nur aus zeitgenössischen Entwicklungen abgeleitete und einem eigenen reformatorischen Anspruch eingeholte Anregung gerade in der protestantischen Tradition des Pietismus besitzt.

Die zweite Quelle, die für die Einschätzung einer Wahrnehmung von Zeitgenossen herangezogen werden soll, ist das von dem Jenaer Superintendenten Christian Wilhelm Oemler herausgegebene *Repertorium über Pastoraltheologie und Casuistik*, dessen zweiter Band eben 1787, dem Jahr des Herderschen Gutachtens, erschienen war. Der einschlägige Abschnitt steht in dem Artikel zu den „Evangelien und Episteln".[976] Im wesentlichen stellt er eine bis in das Vorjahr reichende Kompilation zeitgenössischer Positionen dar – und diese Materialien sind für eine Einordnung Herders von größtem Interesse. Seine eigene Position deutet Oemler abschließend kurz an. Bereits in den knappen Einführungen werden bestimmte Wertschätzungen jedoch deutlich. Insgesamt sechs Positionen finden sich benannt. Die erste ist die der *Anleitung zur weisen*

---

973 Ebd.
974 Ebd., S. 380f.
975 Ebd., S. 382.
976 Oemler, Repertorium, Bd. 2, S. 428–442.

und gewissenhaften Verwaltung des evangelischen Lehramts des Göttinger Dogmatikers Johann Peter Miller:

> „Ich weiß, was man wider diese Text schreyet und schreibt und wie sehr man sich wünschet, daß sie abgeschaft und dem Prediger die freye Wahl seines Texts überlassen würde. Ich selbst gestehe es, daß die Methode, nach der man die Texte, nach dem [sic!] jedesmahligen Umständen und Bedürfnissen der Gemeinden wählet, ungleich besser sey, auch die Lehrer selbst mehr zum eignen Fleise nöthigen und alles Gezwungene von der Kanzel entfernen würde. "[977]

Die zweite ist die des Oettinger Superintendenten Georg Jakob Schäblen, dessen *Freymüthige Gedanken über eine zweckmässige Einrichtung der Sonn= und Festtäglichen Texte. Ein offenes Schreiben an die weltlichen und geistlichen Herren Kirchenräthe* als der konkrete Vorschlag einer Ordnung von Predigttexten benannt wird, die eine das gesamte Neue Testament umfassende kursorische Bibellektüre ermöglicht.[978] Einen bündigeren Vorschlag formulierte Georg Friedrich Seiler in den *Gemeinnützigen Betrachtungen der neuesten Schriften, welche Religion, Sitten und Besserung des menschlichen Geschlechts betreffen* des Jahres 1784, „daß man die Hauptstellen des N. Testaments so klassificirte, daß jährlich die wichtigsten Glaubens= und Sittenlehren vorkämen." In der kurzen Zusammenfassung Oemlers nimmt Seiler einen Großteil der späteren Position Herders vorweg:

> „Es ist wahr, die Vorurtheile sind unter dem gemeinen Manne nicht mehr so groß und herrschend, wie vorhin. Man muß nur nicht gleich alles Alte abschaffen wollen, sonst kommt man nicht durch. Man muß nicht nur die alten Gewohnheiten einigermasen beybehalten und die Sonntagsevangelien und Episteln vorlesen, dann kann man über jeden Texte predigen. Der Volkskalender bleibt doch, und der gemeine Mann zählt, wie er gewohnt ist nach dem reichen Manne, oder dem Kananäischen Weiblein. Nimmt man aber ihnen diese seine Rechentafel ganz und auf einmal weg, wo würde er meynen, man wollte eine neue Religion einführen. Daher ist es besser, man lasse es beym Alten."[979]

Argumente Herders sind darin vorweggenommen. Verbindungen finden sich auch zu Elementen der Position Johann Friedrich Jacobis, die dieser in dem ersten Teil seines *Beytrag[s] zu der Pastoral-Theologie oder Regeln und Muster für angehende Geistliche zu einer heilsamen Führung ihres Amtes* formuliert hatte – in der Zusammenfassung Oemlers:

> „man könnte nach und nach in der Ordnung seinen Zuhörern die Dogmatik und die Moral erklären, man könnte sich weit schicklicher ihren Vorurtheilen und herrschenden Sünden widersetzen; auch selbst die Prediger wären nicht so gebunden. –

---

977 Ebd., S. 429f. („Anleitung zur weisen und gewissenhaften Verwaltung des evangelischen Lehramts § 41, S. 57=59").

978 Ebd., S. 430f. Der Text läßt sich in keinem erhaltenen Exemplar identifizieren.

979 Ebd., S. 431 („Gemeinnützige Betrachtungen aufs Jahr 1784, Seite 777–779").

Allein gesetzt auch, daß sie den Prediger manchmal bänden, so benehmen sie doch den Faulen [...] die Macht die freye Wahl der Texte zu misbrauchen; dem unweisen und schwachen Bruder unschickliche Texte zu wählen und hindern also manche Unordnung, die gewiß in der Kirche Gottes alsdenn entstehen würde."[980]

Das damit zusammengefaßte Werk Jacobis war in seiner ersten Auflage 1766 erschienen. Für die Bückeburger Position dürfte dies – gerade in dem abschließenden Konzept einzuführender Textvorschläge und der Abqualifizierung der damit zu begegnenden Widerstände in der Geistlichkeit – die direkte oder indirekte Vorlage von Herder gewesen sein.[981] Zu erkennen ist in dem Herderschen Vorschlag von 1787 zudem die Position, die für Christian Christoph Sturm referiert wird:

„Und will man ja über freye Texte predigen, so mache man es doch so, wie der fürtreffliche Pastor Sturm in Hamburg. Dieser verließt zwar auf der Kanzel das ordentliche Evangelium, aber nun verbindet er mit selbigem einen andern Spruch, in welchem die Hauptmaterie des Evangelii liegt und über selbigen predigt er. So hört der gemeine Mann das Evangelium, und wird an diese und jene fürtreffliche Geschichte erinnert, aber er wird auch dadurch zugleich mit andern Schriftstellen bekannt."[982]

Die Darstellung verbindet sich mit einer deutlichen Bewertung Oemlers: „Diese Art ist zu empfehlen. Sie macht in der Gemeinde kein Aufsehen und keine Gährung".[983] Auch die abschließende gebotene Position Johann Georg Rosenmüllers muß als praktischer Ratschlag verstanden werden:

„Konsistoria könnten sich gewiß um die ihnen untergebenen Prediger und Gemeinden sehr verdient machen, wenn sie nur den Geistlichen erlauben, bisweilen, wenn sie es selbst für gut befänden, über andere Texte zu predigen. [...] Da es aber zu befürchten ist, daß manche Prediger über die Wahl der Texte in Verlegenheit seyn, andere aber ungeschickt wählen würden, so könnte ihnen ein Verzeichniß von Predigttexten gegeben werden, die sie zum Grunde ihrer Vorträge legen müßten"[984].

Die abschließende Zusammenfassung von Oemler bündelt dessen eigene Einschätzung und weiterführende Empfehlung: „Doch muß ich es bekennen, die Sturmische Art zu predigen gefällt mir besser. Sie macht gar keine Geräusche,

---

980   Ebd., S. 432 („Teil 1 seiner ‚Beyträge zur Pastoraltheologie', S. 45").

981   Hinweise auf Herders Kenntnis Jacobis vgl. auch im Kapitel zum Katechismus.

982   Ebd., S. 434 („S. dessen Predigtentwürffe über die Sonn= und Festtags=Evangelien. Siebender Jahrgang, 1785").

983   Ebd.

984   Ebd., S. 435 („Vorrede zu dem Buch: Ueber Verbesserung des äusserlichen Gottesdienstes. Aus dem Dänischen, Leipzig 1786"). Es handelt sich bei dem zitierten Text um Christian Bastholm korrekt zitierten Titel, der mit einer Vorrede von Rosenmüller in einer deutschen Ausgabe erschienen war.

gar kein Aufsehen in der Gemeinde, und der Prediger erlangt doch seine Absicht."[985]

Es dürfte kein Zufall sein, daß Herders Bückeburger Ratschläge zur Freistellung der Predigttexte den Vorschlägen von Jacobi folgten, während die Anregungen des Jahres 1787 in ihren wesentlichen Impulsen mit den Positionen des Oemlerschen Repertoriums konform gehen. Auch die Herder im Zusammenhang der Liturgierevision vorgeworfene Formulierung, „ohne Geräusch und in der Stille zu ändern"[986], findet eine klare Entsprechung in der abschließend zitierten Einschätzung Oemlers. Doch hatte der Jenaer Kollege diesen Ratschlag nicht nur im Kontext einer Perikopenrevision erteilt. Auch in der Abschaffung des Exorzismus rät er an, entsprechend vorzugehen. In genau diesem Kontext steht auch die anstößige Formulierung Herders. Mit einem hohen Grad an Wahrscheinlichkeit dürfte damit in der Tat die wesentliche Quelle für das Herdersche Votum von 1787 identifiziert worden sein, nachdem die Einsichtnahme bereits in anderen Zusammenhängen plausibel gemacht wurde. Bezeichnenderweise sind es gerade die Formulierungen Oemlers, die eine deutliche Entsprechung finden. Sturms Predigten kannte Herder, wie sein Brief an Friedrich Haller für einen zumindest bis zum 3. Januar 1783 gesicherten Zeitraum belegt, nicht.[987] Lediglich in den *Briefe[n], das Studium der Theologie betreffend*, erwähnt er die von Sturm mitherausgegebenen *Nachrichten von dem Charakter und der Amtsführung rechtschaffener Prediger und Seelsorger*, doch geschieht dies deutlich ablehnend.[988] Über die weitere Kenntnis Millers und Seilers geben die *Briefe* ebenfalls für die frühen achtziger Jahre Auskunft: „Unter den jetztlebenden Theologen Deutschlands sind insonderheit *Miller*, *Jacobi* und *Seiler* auch wegen ihrer Popularität in Vorschriften dieses Faches berühmt, so wie sie anderweit mancherlei Verdienste haben. Vielleicht kennen Sie diese und andre Autoren besser, als ich, der wenig neue Schriften zu lesen Zeit hat".[989] Rosenmüller schließlich rezipierte Herder in einem der Konzepte zur Erarbeitung des Katechismus Mitte der neunziger Jahre.

In einer knappen Zusammenfassung läßt sich Herders Vorschlag damit in eine Rezeptionsgeschichte des Oemlerschen Repertoriums unter einem in der Wahrnehmung der Zeit nicht mehr präsenten Aufgreifen früher pietistischer Impulse einordnen. Auf reformierte Traditionen wird darin nicht reflektiert.

---

985 Ebd., S. 436.

986 SWS, Bd. 31, S. 673 (§ 3).

987 Herder an Friedrich Haller, 3. Januar 1783, DA, Bd. 4, Nr. 248, S. 249f., Z. 8f.: „Niemeyers Predigerbibliothek kenne ich bis [auf] diese Stunde nicht; so wenig als einige andre daselbst genannte Schriften: z. B. Sturms Predigten, Predigten eines Landgeistlichen, Petersens Predigten" etc.

988 FHA, Bd. 9/1, S. 570, Z. 37 – S. 571, Z. 4, sowie die Identifikation ebd., S. 1092.

989 Ebd., S. 525, Z. 17–23.

1.8.6. Die Textwahl der Bußtagspredigten (1776–1803)

Im Sinne einer weiteren materialen Ergänzung ist auf die Textwahl der Bußtagspredigten, die Herder selbst vornehmen konnte, hinzuweisen. Das Material
stellt eine Kurzzusammenstellung der von Suphan gebotenen Auszüge dar, auf
deren Druckgeschichte im nachfolgenden Kapitel zu den Predigten abgehoben
wird. Unterschieden finden sich in den Spalten nur die alt- und neutestamtli-
chen Texte.

6. Dezember 1776	Ps 24,3–10	Joh 3,19–21
14. März 1777	Jes 53,11f.	
5. Dezember 1777	Dtn 32,4–6	I Petr 2,9f.
3. April 1778	Ps 22,23–29	
4. Dezember 1778	Mal 3,2–4	II Petr 3,9–11
19. März 1779	Jes 55,6–13	
3. Dezember 1779	Ps 50,16–22	Lk 13,24–30
10. März 1780		Hebr 13,12–14
8. Dezember 1780	Ex 34,5–8	Jak 4,8–10
13. April 1781		Röm 5,6–11
7. Dezember 1781	Jes 35,3–8	Joh 3,1–6
29. März 1782		Lk 23,39–46
6. Dezember 1782	Hos 14,2–7	Act 3,19–21
18. April 1783	Jes 53,2–8	Hebr 9,27f.
5. Dezember 1783	Koh 12,13f.	II Kor 5,10
9. April 1784	Hebr 12,1–3	I Joh 2,1–6
3. Dezember 1784	Jes 6,1–10	Röm 2,4–6
25. März 1785		Gal 2,17–20, Kol 1,21f.
2. Dezember 1785	Ps 139,23f.	I Kor 11,31f.
14. April 1786		II Tim 4,6–8, Hebr 2,9–13
8. Dezember 1786	Mi 6,6–8	I Tim 2,4–6
6. April 1787	Mt 26,26–29	Apk 3,19f.
7. Dezember 1787	Ps 32,8–11, Jes 57,19–21	
21. März 1788		Hebr 2,9–13, II Kor 4,17f.
-		
-		
4. Dezember 1789	Dtn 32,6f., Weish 11,24–27	
2. April 1790		I Petr 2,19–25, I Joh 1, 5–10
3. Dezember 1790	Mi 6,6–8, Jer 17,9–14	
22. April 1791		Joh 12,23–28
2. Dezember 1791	Koh 12,13f.	Apk 22,12
6. April 1792		I Petr 1,14–22
7. Dezember 1792	Jes 57,15–21	Lk 12,35–48
29. März 1793	Ps 85,2–14	Mk 15,33–47
6. Dezember 1793	Ps 55,2–8	II Petr 3,9–14
18. April 1794		Hebr 12,1–3
5. Dezember 1794	Thr 3,22–26, Ps 112,1–10	

3. April 1795		Hebr 5,7–9
4. Dezember 1795	Weish 11,22–27	Röm 2,3–11
25. März 1796	Jes 53,4–12	
2. Dezember 1796	Thr 3,37–41	Gal 6,8–10
14. April 1797		Joh 19,25–30
8. Dezember 1797	Ps 67,2–8, Ps 51,12–14	
6. April 1798		II Kor 5,14–21
7. Dezember 1798	Ps 90,2–17, Weish 9,13–19	
22. März 1799		Hebr 10,12–29
6. Dezember 1799	Koh 5,1–7	Lk 13,1–9
11. April 1800	Weish 4,13–20	
5. Dezember 1800	Ps 51,8–16	Röm 13,11f.
3. April 1801		Hebr 10,16–24, Gal 2,17–20
4. Dezember 1801	Ps 33,1–22, Sir 2,10–23	
16. April 1802		Joh 17,6–19, Apk 1,4–6
3. Dezember 1802		Röm 13,11–14, Eph 4,17–24
8. April 1803		Joh 18,33–38, I Joh 1,6–10
2. Dezember 1803	Sach 8,16–19	Gal 6,7–9

Für das Jahr 1789 ist die Verbindung des Moseliedes, eines zentralen alttestamentlichen Textes, mit dem ersten weisheitlichen Auszug aus einem apokryphen Buch auffällig. Auch Herders Bemühen, die neutestamentlichen Briefe in ihrer Breite stärker in die landesweite Predigtpraxis zu integrieren, zeichnet sich klar ab. Beide Punkte markieren Impulse, die in der schließlichen Perikopenrevision fortgesetzt und verstärkt werden.

1.8.7. Die Realisierung der Perikopenrevision in der amtlichen Korrespondenz (1798–1800)

Erst nach dem zügigen Abschluß der Liturgierevision Ende der achtziger und den Neuausgaben von *Gesangbuch* und *Katechismus* Mitte der neunziger Jahre knüpfte Herder wieder an die frühe Anregung an. Haym hält über den doch langen Zeitraum nur knapp fest: „Mehrfach war seitdem im Konsistorium die Sache in Erwägung gezogen worden".[990] Die wesentliche Korrespondenz der Jahre 1798 bis 1800 rückte Johann Georg Müller in die *Erinnerungen*[991] ein. Ein Verzeichnis der Predigttexte bot er nicht, nachdem sich Karoline – unter Rücksprache mit Günther – gegen eine Veröffentlichung ausgesprochen hatte: „Nach meiner Meynung können die Predigttexte keine Aufnahme in den sämtl.[ichen] Werken erhalten"[992]. Die Entscheidung überließ sie jedoch „Ihrer

---

990 Haym, Herder, Bd. 2, S. 614.
991 V, Abt. 2, Tl. 22 [Erinnerungen, Tl. 3], S. 66–74.
992 Vgl. dazu die Notizen auf dem Titelblatt von HN XXIII, 102.

[Johann Georg Müllers] alleinigen besten Einsicht".[993] Der Druck der amtlichen Schreiben in der Suphanschen Werkausgabe[994] scheint den zumindest heute einzig verfügbaren Nachschriften Karolines und Luises zu folgen, die im Goethe- und Schiller-Archiv aufbewahrt werden[995]. Die einschlägigen Schreiben Herders sind zudem in der Briefausgabe nach den Weimarer Abschriften veröffentlicht.[996]

Über die vorangegangenen internen Vorgänge und offiziellen Veranlassungen des Herderschen Schreibens an Karl August vom 4. Mai 1798[997] lassen sich keine Hinweise mehr finden. Der Text stellt den Schlußpunkt eines schon ausgearbeiteten Konzeptes dar, dem die Perikopenvorschläge für das Folgejahr bereits beilagen. Argumentativ entspricht das Schreiben im wesentlichen den Ausführungen des Jahres 1787. Eine liturgiegeschichtliche Einführung benennt den historischen Hintergrund.[998] In einem späteren Zusammenhang wird der historische Kontext erweitert: „Die Reformirten setzten gleich anfangs jene Bruchstücke, als Ueberbleibsel des Breviers bei Seite [...]. Manche lutherische Länder folgten ihnen früher oder später nach".[999] Die polemische Abgrenzung gegen die „Zeiten der dicksten papistischen Finsterniß"[1000] und den „Papismus"[1001] wird ebenfalls eingebracht, nur weitaus knapper. Angedeutet findet sich auch eine sehr kurz gehaltene Amtstheorie, nach der die Predigten „Vorträge"[1002] und die Pfarrer „Schriftliebende Lehrer"[1003] sind. Die Frontstellung verändert sich darin für Herder und richtet sich gegen die „ReligionsPhilosophen [der Zeit, die] desto mehr gedeihen"[1004]. Wiederholt wird der Topos, daß nach der eingeführten Perikopenordnung „zuletzt über das Wörtlein ‚Und' in

---

993 Ebd.

994 SWS, Bd. 31, S. 787–795.

995 GSA, Best. 44, Sig. 146,2: „Von Karoline Herder gebildete Akte unter dem Titel ‚Einführung der Texte zu Predigten in Verbindung der Evangelien'", darin u. a. Bericht an Karl August, 4. Mai 1798 (Abschrift von Luise), Bericht an Karl August, 29. September 1799 (Abschrift von Karoline), Bericht an Karl August, 25. September 1800 (Abschrift von Luise).

996 Herder an Karl August, 4. Mai 1798, DA, Bd. 7, Nr. 403, S. 389–392; Herder an Karl August, 29. September 1799, DA, Bd. 8, Nr. 72, S. 84f.; Herder an Karl August, 25. September 1800, DA, Bd. 8, Nr. 152, S. 166f.

997 Im folgenden zitiert nach der Briefausgabe, Herder an Karl August, 4. Mai 1798, DA, Bd. 7, Nr. 403, S. 389–392.

998 Ebd., S. 389, Z. 6 – S. 390, Z. 12.

999 Ebd., S. 390, Z. 38–41.

1000 Ebd., S. 389, Z. 6f.

1001 Ebd., S. 390, Z. 32.

1002 Ebd., S. 389, Z. 5.

1003 Ebd., S. 390, Z. 31.

1004 Ebd., Z. 31f.

drei Theilen nach den drei Buchstaben"[1005] gepredigt werde. Der Hinweis auf den „gänzlichen Stillstande aller Seelenkräfte u.[nd] Uebungen mancher Prediger"[1006] wird ebenfalls erneut aufgegriffen. Stärker betont findet sich der Bildungsauftrag, der den Predigttexten sowohl für die Gemeinden, „denen [derzeit] ausser diesen Evangelien die Bibel so gut als unbekannt bleibt"[1007], als auch für die Pfarrer selbst zukäme. Den zentralen Satz stellt die Forderung dar, „den *kirchlichen* Gesichtskreis so zu erweitern, daß er für Lehrer u.[nd] Zuhörer ein *biblischer* Horizont würde."[1008] Herder betont darin besonders die Berücksichtigung alttestamentlicher Texte: „Und aus je *mehrern Büchern der Schrift* solche genommen wären, desto mehr würde jeder Prediger veranlaßt, das Eigne dieses Buches sich aufs neue bekannt zu machen, in seine Denkart einzugehen u.[nd] seinen Vortrag darnach einzurichten".[1009] Schlüsselbegriffe der zu erreichenden Ziele sind Vielseitigkeit[1010], Abwechslungs- und Inhaltsreichtum[1011] sowie die zu haltende Aufmerksamkeit[1012] aller Beteiligten. Eine begriffliche Unterscheidung, die zudem benannt werden muß, ist Herders Betonung, die „*abgeschnittne*[n] *Stücke* (pericopas)"[1013] durch „Texte"[1014] ersetzen zu wollen. An der hier gebotenen Klassifizierung als „Perikopenrevision" kann dies nichts ändern. Ungeachtet der Frage, ob die von Herder vorgeschlagenen „Texte" nicht selbst als Perikopen verstanden werden müssen, bleibt die Bezeichnung der „Perikopenrevision" allein hinsichtlich des Ausgangspunktes der eingeführten und zu ergänzenden Perikopenreihe zutreffend. Herders praktischer Vorschlag beläuft sich zunächst auf einer Beibehaltung der etablierten „Evangelien"[1015], der Bezeichnung für die insgesamt neutestamentlichen Predigttexte. Der Rekurs auf die Abfolge der Predigten als einer „Art Hauskalender"[1016] erinnert stark an die Ausführungen des Jahres 1787 und die von Oemler gebotenen Ratschläge Seilers. Kontinuität deutet sich auch in einem Einwand an, der bereits 1787 diskutiert wurde: der Frage, ob eine freie Textwahl nicht zwangsläufig auf Gemeindeebene zu dem Verdacht führen müsse, einzelne Perikopen seien *ad personam* ausgewählt worden. Haym deutet an

---

1005 Ebd., Z. 17.
1006 Ebd., Z. 23f.
1007 Ebd., Z. 26f.
1008 Ebd., Z. 37f.
1009 Ebd., S. 391, Z. 68–71.
1010 Ebd., Z. 71.
1011 Beides ebd., Z. 65. Ferner ebd., Z. 91.
1012 U. a. ebd., Z. 78.
1013 Ebd., S. 390, Z. 35.
1014 Ebd., Z. 40.
1015 Vgl. dazu bes. ebd., Z. 43–47.
1016 Ebd., Z. 46.

(wobei nicht klar ist, ob dieser Hinweis aus den Akten erhoben wurde oder eine Auswertung des Schreibens darstellt[1017]), daß „gegen [die freie Textwahl] indes [...] die Einwendung erhoben worden [war], die Prediger möchten sich dann bei der Wahl eines Textes gelegentlich durch Personalitäten leiten lassen."[1018] 1787 und 1798 begegnet Herder dem Einwurf unterschiedlich. 1787 betont er, daß ein solches Mißverständnis im Grunde an jede pfarramtliche Handlung anknüpfen könne. 1798 nimmt er die Kritik auf und verzichtet auf die von den Predigern frei vorzunehmende Textauswahl. Der Verdacht, daß sich Herder darin selbst von Personalitäten hatte leiten lassen, muß zerstreut werden. Die einzige personelle Konstante auf der geistlichen Bank des Oberkonsistoriums hätte Zinserling darstellen können; dieser war jedoch im September 1797 verstorben. Der geistliche Teil des Oberkonsistoriums war im Frühjahr 1798 rundum neubesetzt. Das Einlenken Herders stellt damit in der Tat das Ergebnis einer über Jahre gereiften Entscheidung dar. Der Aspekt der Verantwortung, verbunden mit dem Bildungsauftrag des Generalsuperintendenten, tritt in Herders Erklärung in den Vordergrund: „Durch *vorgeschriebene Texte* wird der Prediger gesichert u.[nd] geleitet".[1019] Die Texte sollen „durch ein zweckmäßig eingerichtetes Circular"[1020] – die Formulierung entspricht fast wörtlich dem Vorschlag des Jahres 1787 – den Geistlichen „*gedruckt*"[1021] kommuniziert werden. Die vorgesehene Drucklegung stellt eine Neuerung und gewisse Abweichung von anderen amtlichen Vorgängen dar, darf in diesem konkreten Fall, der Mitteilung biblischer Texte, aber nicht weiter überraschen. Zudem steht Herders Plan der Etablierung eines sich wiederholenden Dreijahres-Zyklus bereits fest.[1022] Allein für diesen Zweck mochte die Fixierung im Druck notwendig gewesen sein. Nur abschließend deutet Herder an, mit der Auswahl „die nöthigsten Lehren u.[nd] Pflichten zum Vortrage" zu bringen.[1023] Das Gesamtkonzept entfernte sich damit deutlich von der ursprünglich geforderten freien Perikopenwahl. Es entwickelte sich zu dem Vorhaben eines kirchenamtlich umzusetzenden Selektionsprinzips unter Orientierung an einem vorauszusetzenden Lehrbegriff in gesamtbiblischer Ausrichtung. Ein Moment der Supervision wird zudem integriert, „wenn [...] im Circu-

---

1017 Letzteres ist naheliegend, da die Passage im Kontext eines Referates dieses Briefes erfolgt. Inhaltlich kommt dem Hinweis jedoch eine andere Qualität als ein reines Referat zu.
1018 Haym, Herder, Bd. 2, S. 614.
1019 Herder an Karl August, 4. Mai 1798, DA, Bd. 7, Nr. 403, S. 391, Z. 58f.
1020 Ebd., Z. 76f.
1021 Ebd., Z. 77.
1022 Ebd., S. 392, Z. 93–95.
1023 Ebd., Z. 95.

lar angedeutet würde, daß man unvermuthet die hierüber gehaltenen Predigten abfo[r]dern werde".[1024]

Über das weitere Vorgehen sind aus dem Referat Hayms die Daten des Oberkonsistorialschreibens an Karl August vom 15. Mai 1798[1025] und des genehmigenden herzoglichen Reskripts vom 5. Juni 1798[1026] bekannt; beide Texte befinden sich noch in den Beständen des Thüringischen Hauptstaatsarchives.[1027] Das von Haym ebenfalls erwähnte Zirkularschreiben des Oberkonsistoriums vom 7. August 1798[1028] wurde in die Suphansche Werkausgabe eingerückt[1029]; die Abweichungen zu der im Bestand des Goethe- und Schiller-Archivs befindlichen Abschrift Karolines sind minimal.[1030] Der knapp gehaltene Text bietet keine inhaltlichen Differenzen zu dem Schreiben an Karl August und kann ansatzweise als eine Zusammenfassung gelesen werden. Ein vergleichbares Amtsverständnis kommt darin zum Ausdruck, daß wiederum der Begriff des „Lehrer[s]"[1031] betont wird, den der „Geistliche"[1032] darstellt. Beide Formulierungen treten in einer eigenen Akzentuierung an die Stelle der Amtsbezeichnung des Predigers, die in dem Schreiben fehlt. Auch die Ziele, die sich mit der Perikopenrevision verbinden, finden sich wiederholt. Was gegenüber Karl August nur abschließend benannt wird, rückt hier in den Vordergrund: „nach Einleitung der Schrift zu einer vielseitigen Kenntniß der Religionswahrheiten, Pflichten und Hoffnung"[1033] zu verhelfen. Die Ablehnung der eingeführten „Evangelien" erfolgt aus rein pragmatischen Gründen; auf konfessionelle Schematisierungen und pointierte Formulierungen wird verzichtet. Mit einer Beibehaltung der etablierten Perikopenordnung wird wiederum der Rekurs auf den „Jahres-Kalender" geboten.[1034] Auch die Schutzfunktion der Vor-

---

1024 Ebd., S. 391, Z. 83f.

1025 Haym, Herder, Bd. 2, S. 615, Anm. 49.

1026 Ebd.

1027 ThHSA, B 3714, darin: Schreiben von Lynckers an Karl August, Mai 1798; Karl August an das Weimarische Konsistorium, 5. Juni 1798.

1028 Haym, Herder, Bd. 2, S. 615, Anm. 49.

1029 SWS, Bd. 31, S. 790f.

1030 GSA, Best. 44, Sig. 146,2: „nach Anleitung [Suphan: Einleitung] der Schrift"; „der beschränkende [Suphan: besteh{e}nde] Weg"; „als an einen Jahres=Calender [Suphan: Kalender] gewohnt [Suphan: gewöhnt] sind"; „Verbindung mit dem zu jedesmaligen [Suphan: jemaligen] Sonn= oder Fest[t]ags=Evangelium auszuarbeiten"; „redende Zeugniße [Suphan: Zeugnisse] seiner Geschicklichkeit und Amtstreue"; „Wornach [Suphan: wonach] nachgesetzt respc. Herr [Suphan: Herrn]"; „die unter ihnen stehendn [Suphan: stehenden] Geistlichen anzuweisen".

1031 SWS, Bd. 31, S. 790.

1032 Ebd., S. 790f.

1033 Ebd., S. 790.

1034 Ebd.

gaben findet sich angedeutet. Intensiver ausgeführt werden die Bestimmungen im Umgang mit den Predigtperikopen. Beide Texte des jeweiligen Sonntages sollen konstitutiv aufeinander bezogen werden, wobei die „ältere[n] Ausarbeitungen [der einzelnen Prediger], so fern sie zu diesem *dicto* schicklich sind, aufs beste zu gebrauchen" seien.[1035] Eigens betont wird die Auflage, sich in das jeweilige biblische Buch einzuarbeiten und „die im Text enthaltene Lehre nicht beiläufig, sondern sorgfältig zu entwickeln".[1036] Zudem wird die zuvor projektierte Supervision angedeutet, zu der einzelne Predigten schriftlich eingefordert werden könnten.[1037] Hinzuweisen ist hier auf den zeitlichen Anschluß an Herders vor den 1. Dezember 1797 datierenden und nicht realisierten Plan eines Predigerseminars, für dessen Anlage die landesweite Supervision der Geistlichen konstitutiv war. In diesem Punkt muß die Perikopenrevision als ein gleichermaßen zentral organisiertes Anschlußprojekt verstanden werden.

Bevor auf die Predigttexte im einzelnen eingegangen wird, soll der Komplex der amtlichen Schreiben in einem größeren zeitlichen Rahmen abgeschlossen werden. Für das Folgejahr ist nur kurz die unter dem 26. September eingereichte Bitte an Karl August um Genehmigung der zweiten Jahresfolge neuer Predigttexte zu nennen.[1038] Gleiches gilt auch für das Jahr 1800, in dem Herder den ersten Zyklus mit dem Schreiben vom 25. September beschloß.[1039] Eigens erklärt wird darin, warum für einzelne Sonntage keine biblischen Texte, sondern Lieder als Predigttexte ausgewählt wurden. An erster Stelle benennt Herder die „unvermerkt[e] und erbauend[e]" Gewöhnung der Gemeinde an „die neuere Sprache mancher Lieder".[1040] Gut fünf Jahre nach der Einführung des neuen Gesangbuches wurde dieser Schritt von Herder sehr bewußt gewählt. Der zweite Punkt stellt einen indirekten inhaltlichen Rückverweis auf die ursprüngliche Zielsetzung der einzuführenden Predigttexte dar, wenn von dem „Reichthum *von Situationen der Anwendung*" die Rede ist[1041]. Einerseits erinnert der Hinweis an die zuvor geforderte Reichhaltigkeit der Texte, andererseits gewinnt er in dem Jahr 1800 eine andere Bedeutung. Die „Anwendung" meint die Auslegung auf einen konkreten, aus der Perspektive der einzelnen stets individuell zu verstehenden Gemeindebezug. Wichtig ist in diesem Zusammenhang der Hinweis, „wie mehrere der eingesandten Predigten bewei-

---

1035 Ebd., S. 791.
1036 Ebd.
1037 Ebd.
1038 Herder an Karl August, 29. September 1799, DA, Bd. 8, Nr. 72, S. 84f. bzw. SWS, Bd. 31, S. 791, Nr. 3.
1039 Herder an Karl August, 25. September 1800, DA, Bd. 8, Nr. 152, S. 166f. bzw. SWS, Bd. 31, S. 792, Nr. 4.
1040 Herder an Karl August, 25. September 1800, DA, Bd. 8, Nr. 152, S. 166, Z. 7–9.
1041 Ebd., Z. 10f.

sen"[1042], gerade darin Defizite festgestellt zu haben. Die supervisorischen Kontrollmöglichkeiten wurden damit tatsächlich in einem nicht näher zu bestimmenden Grad wahrgenommen. An der besonderen Bedeutung der geistlichen Dichtung für Herder als „das *Herzliche* u.[nd] *Innige*", das die „im Anschluß benannte „Sprache des Gesanges mit sich führt"[1043], ist nicht zu zweifeln. Die in den vorherigen Voten nicht vorbereitete Einführung von Liedpredigten nach dem neuen Gesangbuch stellt an sich jedoch eine strategisch kluge Vorgehensweise sowohl in der Etablierung neuer Lieder als auch den innerkonsistorialen Abstimmungsprozessen dar. Zu erkennen ist das taktische Potential der in der Analyse des Votums begrifflich schwer nachvollziehbaren Unterscheidung zwischen den aufzugebenden Perikopen und den einzuführenden „Texten". Die abschließend noch herausgestellte „Abwechslung"[1044] erinnert wiederum an die 1798 benannten Zielpunkte. Das Zirkular an die Geistlichkeit vom 18. November 1800[1045] steht in der größtmöglichen Deckungsgleichheit mit dem vorab referierten Schreiben. Auf drei Dinge ist eigens hinzuweisen. Zum einen bietet das Zirkular die explizite Ausdeutung des Wortes „Texte" unter Rekurs auf das Jahr 1798, „statt biblischer Stellen einige Lieder" beinhalten zu können.[1046] Dies stellt die Bestätigung für die strategische Anlage des Votums dar. Zum anderen wird den Pfarrern freigestellt, über die jeweils gesetzten Lieder auch nur auszugsweise in der Beschränkung auf einzelne Strophen sprechen zu dürfen. Schließlich erinnert Herder die ihm unterstellte Geistlichkeit – chronologisch stimmig – daran, daß „am künftigen Neujahrstage" des Jahres 1801 „ein neues Jahrhundert anfängt" und „Gott für die im verfloßenen Jahrhundert erzeigten Wohlthaten zu danken" sei[1047].

1.8.8. Vorgehensweisen und selektive Muster in der Wahl der Texte (1798f. bis 1801f.)

Erstmals im Rahmen einer Werkausgabe wurden die von Herder gesetzten Predigttexte, den gedruckten Verzeichnissen folgend, von Suphan im 31. Band des Jahres 1889 geboten.[1048] Die von Karoline favorisierte Entscheidung gegen eine Aufnahme in die Vulgata erfolgte trotz der Vorarbeiten Ernst Friedrich

---

1042 Ebd., Z. 11f.
1043 Ebd., Z. 14f.
1044 Ebd., S. 167, Z. 20.
1045 SWS, Bd. 31, S. 792f., Nr. 5. Zu dem handschriftlich verfügbaren Text s. GSA, Best. 44, Sig. 146,1: „Rundverfügung des Oberkonsistoriums an die weimarische Geistlichkeit".
1046 SWS, Bd. 31, S. 792.
1047 Ebd., S. 793.
1048 Ebd., S. 793–795.

Christoph Nettos, die sich im Besitz des 1806 verstorbenen Sohnes Wilhelm Christian Gottfried Herder befanden. Das Manuskript, das Gottfried 1806, kurz vor seinem Tod, erhalten haben mußte, ist heute Teil des Berliner Nachlasses.[1049] Nettos Anliegen war es, die Anregung eines Rezensenten aufzugreifen und die von „Herder herausgegebenen Ankündigungen der Bußtage nebst der damit verbundenen Texte gesammelt und bekannt gemacht" zu sehen; „und dieser Wunsch erregte auch den Vorsatz, die von dem unvergeßlichen Mann vorgeschriebenen Sonn- und Festtäglichen Predigt-Texte ebenfalls mitzutheilen".[1050] Die nachfolgende Darstellung beschränkt sich auf letztere, da sie alleine im Zusammenhang der Perikopenrevision stehen. Die bereits vorgestellten Bußtage gehören zu den Kirchentagen, deren Predigttexte der Generalsuperintendent nach der etablierten Praxis frei wählen konnte. Im Zusammenhang dieser Arbeit werden die zuvor genannten Texte auch im Kontext der Predigttätigkeit Herders zu thematisieren sein.

An die Predigttexte der Jahre 1798f. bis 1800f. ließe sich eine Fülle an Einzelbeobachtungen anschließen, die nur schwer zu klassifizieren sind. Insgesamt 200 Texte, davon 180 biblische, wurden den 69 jeweils unterschiedlich verfügbaren Kirchentagen zugewiesen.[1051] In Anbetracht dieser Materialfülle, die ein exemplarisches Vorgehen erforderlich macht, können nur einzelne Tendenzen in formaler sowie struktureller Hinsicht erhoben werden. Die inhaltlichen Zuordnungen sollen punktuell beleuchtet werden; Anschlußarbeiten können die zahlreichen exegetischen Detailstudien, die sich hier ermöglichen, vertiefen. Auf die 20 ausgewählten Lieder wird an dieser Stelle ebenso wie zuvor beim Gesangbuch und später beim Katechismus einzugehen sein.

Hinsichtlich der biblischen Texte ist zunächst am signifikantesten, was auch Rudolf Hayms einzige Beobachtung zur Auswahl der Predigttexte war: In einem hohen und im Laufe der Jahre gesteigerten Maße finden sich die Apokryphen einbezogen.[1052] Der entscheidende Schritt wurde bereits im ersten Jahr in voller Konsequenz vollzogen: Zunächst erscheint eine Perikope aus Tobit (Tob 4,6–10), dann drei aus Sirach (Sir 3,19–30; 2,6–23; 7,36–40), zwischen denen ein Text aus der Weisheit (Weish 4,7–14) eingefügt wird. In der Gesamtzahl der kanonisch vermittelten Texte des ersten Jahres stellt dies einen vergleichsweise kleinen Teil dar. Sämtliche apokryphen Perikopen werden im

---

1049 HN XXIII, 102. Die Datierung ergibt sich aus dessen Todesjahr 1806 auf der einen und der einleitend zitierten Rezension „Vom Geist der Ebräischen Poesie" aus dem Jahr 1806 auf der anderen Seite.

1050 Ebd., Bl. 2ʳ.

1051 Diese Angabe folgt der SWS, Bd. 31, S. 793–795, gebotenen Aufnahme der Texte für das Kirchweih- und Reformationsfest, nicht aber der Bußtage, die an anderer Stelle gedruckt wurden und hier im Kontext der Predigten zu behandeln sind.

1052 Vgl. dazu Haym, Herder, Bd. 2, S. 615.

ersten Jahr in der Zeit nach Trinitatis eingeführt. Zu beobachten ist zudem, daß die damit einsetzende Periode des ausgehenden Kirchenjahres von einer sehr ausgewogenen Abwechslung alt- und neutestamentlicher Texte bestimmt ist. Eine vergleichbare Struktur läßt sich zu Beginn des Kirchenjahres aufzeigen, von der Advents- über die Weihnachtszeit bis in die Anfangsperiode des kalendarischen Jahres. Zu ergänzen ist hier, daß die Predigttexte für das Jahr 1799 mit Beginn des Kirchenjahres Ende 1798 einsetzten, was sich an den Predigtdispositionen Herders einschlägig beweisen läßt.[1053] Ein deutlicher Einschnitt ist in der Osterzeit des Jahres 1799 zu erkennen, die von Esto mihi an ausschließlich von neutestamentlichen Texten bestimmt wird. Zu betonen ist jedoch, daß dies nur für das erste Jahr zutrifft. Die Textreihe des zweiten Jahres setzt mit den Apokryphen – in der zeitlichen Anordnung innerhalb des Kirchenjahres als außerhalb der einschlägigen Festzyklen vergleichbar – mit Pfingsten ein. Im dritten Jahr wird diese zuvor erkennbare Ordnung aufgebrochen, jedoch in einer unauffälligen Form der Kontinuität. Mit dem Beginn des Kirchenjahres, Ende 1800, findet sich bereits in der Vorweihnachtszeit am dritten Advent eine Perikope aus Sirach (Sir 42,15f.), nachdem im zurückliegenden Kirchenjahr (1799f.) wiederum die Zeit nach Trinitatis in der dichtesten Weise Texte aus Sirach geboten hatte; von den in diesem Jahr (1800) 24 Sonntagen nach Trinitatis galten alleine zwölf Texte diesem Buch. Eine vergleichbare Intensität mit 10 Sirach-Auszügen läßt sich im Folgejahr 1801 für den entsprechenden Zeitraum innerhalb des Kirchenjahres, wiederum nach Trinitatis, feststellen. Nicht alleine eine Vorliebe für alttestamentliche Weisheitsliteratur dürfte dieses Vorgehen veranlaßt haben. In der später zu beschreibenden *Privatkatechese* stellt Herder das Buch Sirach in einem kurzen Abschnitt zu den Apokryphen als „schöne Sittensprüche, das schönste dieser [apokryphen] Bücher"[1054], vor. Diese Bedeutung dürfte für Herder auch in der Auswahl der Predigttexte konstitutiv gewesen sein. Die weisheitliche Spruchliteratur eröffnete in einer den Liedtexten vergleichbaren Weise die Möglichkeit der praktischen „Anwendung" und ethischen Ausdeutung der von Herder als erbaulich verstandenen „Lehre" und „Pflichten". Für die zweite Hälfe der gesamten Predigttexte (Pfingsten 1800 bis Ende des Kirchenjahres 1801) ist diese Tendenz einer Intensivierung von thematischen sowie praktischen Anknüpfungsmöglichkeiten deutlich zu erkennen. Für die Einführung der Liedpredigten war aufgezeigt worden, wie Herder diese Option bereits 1798 vorbereitet hatte. Nicht auszuschließen ist jedoch, daß sowohl die Lieder als auch die alttestamentlichen Weisheitstexte Reaktionen auf die Einsichtnahme in eingeforderte Predigtdispositionen oder ausformulierte Handschriften dargestellt haben. Die Vorbereitung einer Option schließt den reaktiven Charakter

---

1053 Vgl. dazu alleine die Weihnachtspredigt des Jahres 1798 über den neu gesetzten Text Joh 1.
1054 HN XXIII, 5, S. 3. Vgl. dazu in diesem Kap. unten, Anm. 2053.

einer späteren Handlung nicht aus. Lediglich für das erste Jahr der Zusammenstellung von Predigttexten mußten mögliche Reaktionen von Herder antizipiert
werden. Gerade darin zeigen sich jedoch besonders sensible Schritte in der
Auswahl und Zuordnung einzelner Passagen. Vier Vorgehensweisen sollen
exemplarisch benannt werden. Sie werden anhand der ersten vier Advents-
sonntage des Jahres 1798 unter Ergänzung weiterer Predigttexte des damit eröffneten Kirchenjahres dargestellt.

Der erste neueingeführte Predigttext Ps 118,14–25 vom ersten Advent repräsentiert den intertextuellen Bezug zum Evangelium des Tages. In Mt 21,9,
Jesu Einzug in Jerusalem, werden die Verse 24f. des von Herder gesetzten
Psalms zitiert. Für Herder war diese Zusammenstellung eine nicht nur bibelkundliche Selbstverständlichkeit. Bereits am 27. November 1796 hatte er in
der Stadtkirche über genau diese beiden Texte am 1. Advent gepredigt. Der
vorgeschriebene Predigttext stellt damit exakt die von Herder projektierte
gleichzeitige Bildung von Pfarrern und Gemeindeangehörigen dar. Auch der
dritte Adventssonntag des ersten Jahres illustriert genau diese Programmatik
einer Stärkung der innerbiblischen Intertextualität der vorzutragenden Predigten. Die Anfrage des Täufers nach Mt 11 wird um den darin zitierten Text zu
dem zukünftigen Heil aus Jes 35,3–6 ergänzt. Der damit berührten Zuordnung
von Weissagung und Erfüllung kommt eine eigene theologische Qualität zu,
läßt sich jedoch als eine Form der Intertextualität in den hier vorgestellten Zusammenhang einordnen.

Der Text des zweiten Adventssonntages, II Petr 3,9–14, steht exemplarisch
für eine zweite Anschlußmöglichkeit, die eine konservative Umgangsweise mit
den Episteln markiert. Diese hatte Herder in seinen einschlägigen Voten nicht
ausdrücklich erwähnt und nur indirekt, wie in dem Gutachten des Jahres 1787
gezeigt worden war, in der Unschärfe des von ihm als Appellativum gebrauchten Begriffs der „Evangelien" zugleich kritisiert. Bereits in Riga hatte er jedoch etwa am 23. November 1768 alter Zählung über den Episteltext des 26.
Sonntags nach Trinitatis, II Petr 3,3–13, gepredigt.[1055] Dies entsprach der rekonstruierbaren Rigaer Praxis eines jährlichen Wechsels zwischen den Evangelien und Episteln. Eine vergleichbare Regelung hatte Herder weder in Bückeburg noch in Weimar angedacht; sie wäre wohl ein Schritt in die Richtung
einer zunehmenden Abwechslung gewesen, hätte aber nicht die von ihm anvi-
sierte Konsequenz bedeutet. Nur der „Anhang 3" des Liturgievotums, der einen thematisch eigenen Zusammenhang bildet, knüpft an die Episteln an und
benennt positiv, daß in ihnen „ein [...] so reicher Schatz der Moral [... ist], daß
in den meisten protestantischen Ländern Nachmittags darüber gepredigt

---

1055 SWS, Bd. 32, S. 333–351. Zur Datierung s. das spätere Kap. zu den Rigaer Predigtdisposi-
    tionen.

wird".[1056] Herders Zielsetzung ist in diesem Zusammenhang jedoch eine ande-re. Er rät an, die Katechismuspredigten zu reduzieren und in der Mehrzahl durch Epistelpredigten zu ersetzen. Insofern dieser Vorschlag jedoch der Grundtendenz des „Anhang[s] 2", der auf eine freie Wahl der Predigttexte aus-gerichtet ist, entgegensteht, beschränkt sich Herder auch in seinem nachfolgen-den Vorschlag auf ein rein fakultatives Anknüpfen an die Episteln. Die Überle-gung des Jahres 1787 findet eine Fortsetzung in der hier nun für die späten neunziger Jahre diskutierten Wahl der Predigttexte. Das Element einer Bewah-rung der Episteln, zum Teil in leicht veränderten Perikopenaufteilungen und nicht immer in Verbindung mit der Chronologie der Epistelordnung innerhalb des Kirchenjahres, ist deutlich zu erkennen. Die hier benannte Perikope des Philipperbriefes am zweiten Advent steht noch in zeitlicher Nähe zur vormali-gen Position gegen Ende des Kirchenjahres. Weitere Beispiele für den chrono-logischen Anschluß an die Epistelordnung ließen sich nennen.[1057] In zwei Fäl-len, ausschließlich des ersten Jahres, ist sogar die direkte Übernahme der Epistel zu beobachten, zunächst der Text für das „große" Neujahrsfest 1799, für das Herder die „Epistel" aus dem 60. Kapitel von Jesaja setzte, und dann der Predigttext für den Gründonnerstag. Weitere Beispiele für Predigttexte, die Entsprechungen zu Episteln darstellen, könnten aufgeführt werden. Bemer-kenswert ist, daß nur der kleinere Teil in keiner direkten Relation zu der vor-maligen Position innerhalb des Kirchenjahres steht.[1058] Zu einem gewissen Teil bot Herder damit liturgisch bereits bekannte Texte. Für die Akzeptanz der Neuerung gerade innerhalb des ersten Jahres, für das diese Beobachtungen in einer besonderen Weise zutreffen, dürfte dies von einer nicht unerheblichen Bedeutung gewesen sein. Nicht zu unterschätzen ist jedoch auch Herders eige-ne Wertschätzung dieser Texte, über die er selbst bereits Jahrzehnte zuvor ge-predigt hatte und die auch in seine Weimarer Predigten häufig einbezogen wurden.

Ähnlich verhält es sich mit Texten, die nicht an die Epistel, sondern die etablierte Evangelienreihe in zeitlicher Nähe anknüpfen. Ein solches Vorgehen stellt zwar die Ausnahme dar, doch lassen sich zwei signifikante Beispiele be-nennen. Zunächst ist auf den für den Weihnachtstag des Jahres 1798 gesetzten Johannesprolog Joh 1,1–14 hinzuweisen – einen Text, über den Herder bereits

1056 SWS, Bd. 31, S. 771.
1057 In relativer zeitlicher Nähe s. u. a. den für den 20. So. n. Trinit. gesetzten Text, Röm 13,11–14, in dem die Epistel des 1. Adventssonntags, Röm 13,8–14, zu erkennen ist. Für das zwei-te Jahr der Predigttexte ließe sich auf den für Septuagesimae gesetzten Text verweisen, I Kor 13,1–7, der die Epistel des nächstfolgenden Sonntages Esto mihi vorwegnimmt.
1058 Exemplarisch sei nur hingewiesen auf den Invocavit-Text der dritten Textreihe, I Kor 10,12f., der einen Auszug der Epistel des 9. So. n. Trinit., I Kor 10,6–13, darstellt.

in Bückeburg etwa am 1. Advent 1773 gepredigt hatte[1059]. In Weimar kam dem Text am Weihnachtstag eine mehrfache Funktion zu. Nicht nur ist in diesem Zusammenhang auf die Bedeutung der Johanneischen Theologie für Herder zu denken. In der traditionellen Abfolge knüpft der Text an das alte Evangelium des Vorsonntags an, der Joh 1,19–28 gegolten hatte. In dem zweiten zu beschreibenden Fall entschied sich Herder für eine direkte Anschlußmöglichkeit. Am 9. Sonntag nach Trinitatis wiederum des ersten Jahres wählte er zu dem etablierten Evangelium Lk 16,1–9, dem Gleichnis vom unehrlichen Verwalter, die Anschlußperikope, Lk 16,10–15, die die direkte Rede Jesu fortsetzt und um die Auseinandersetzung mit den Pharisäern ergänzt. Bereits zuvor, am 3. Sonntag nach Trinitatis, wandte Herder eine entsprechende Vorgehensweise auf die Gleichnisse des 15. Kapitels von Lukas an. Dieser Umgang mit den Evangelien erinnert an den konservativen Zug im punktuellen Aufgreifen einzelner Episteln. Letzteres läßt sich auch für die beiden nachfolgenden Jahrgänge aufzeigen. Die stärkeren Signale wählte Herder mit den Evangelien während des ersten Jahres.

Ein vierter Punkt gilt der thematischen Ergänzung. Die Übergänge zu den zuerst benannten intertextuellen Bezügen sind jedoch fließend. Um diese Verbindung zu illustrieren, markiert der vierte Adventssonntag des ersten Jahres ein starkes Beispiel. Der neugesetzte Text, Röm 12,3–9, stellt zu dem Evangelium des Tages, Joh 1,19–28, das in seinen Bezügen zu dem nachfolgenden Predigttext bereits diskutiert wurde, eine deutliche Erweiterung der Thematik dar. Zu erkennen ist zugleich der sensible Anschluß an die Epistel aus dem vierten Kapitel des Philipperbriefes. Die Einigkeit der Gemeinde ist das Thema der Epistel, das durch die Perikope aus dem Römerbrief zu den Gnadengaben, die im Dienst der Gemeinde stehen, vertieft wird. Der thematische Bezug zu der Epistel ist deutlich. Die Grade dieser Nähe können jedoch sehr unterschiedlich ausfallen. Bereits der von Herder 1787 ausdrücklich kritisierte Text des zweiten Weihnachtsfeiertages unterstreicht dies. 1798 setzte er die Perikope II Kor 8,7–9, die im Kontext des Weihnachtsfestes in der für Herder zentralen Unterscheidung zwischen der irdischen Armut und dem Reichtum der göttlichen Wahrheit Jesu steht. Der Sonntag nach Weihnachten eröffnet mit dem Text Hi 5,8–27 die wohl stärkste Unterkategorie der hier benannten vierten Gruppe. Eine thematische Nähe zu den zuvor allein gesetzten Texten ist nur insofern zu erkennen, als der Aspekt der Erbauung für Herders Verständnis des Gottesdienstes von grundlegender Bedeutung ist. Zahlreichen der von ihm gewählten Texte muß in diesem Sinn eine erbauliche Funktion zugesprochen werden, die einerseits thematische Ergänzungen bedeuten, andererseits Konti-

---

1059 SWS, Bd. 31, S. 238–249.

nuität und Stärkung der seelsorgerlichen Dimension des Gottesdienstes markieren mochte.

Insgesamt sind die vier benannten Techniken für das erste Jahr von Bedeutung. Auch für die beiden Folgejahre lassen sich, wie bereits in einzelnen Punkten angedeutet, vergleichbare Muster erkennen. Besonders das Aufgreifen von Episteltexten ist während der Anschlußjahre zu beobachten. Drei weitere Tendenzen können festgehalten werden. Den eingangs beschriebenen unterschiedlichen Akzentuierungen innerhalb der ersten und der letzten Hälfte der Gesamtzeit kommt zum einen der Charakter einer zunehmenden Entwicklung vom ersten zum letzten Punkt zu. Die intertextuellen Bezüge treten insbesondere in der Zeit nach Trinitatis zugunsten thematischer Verschiebungen deutlich zurück. Zu betonen ist darin, zweitens, das hohe Maß an erbaulichen Texten, biblischen Gebeten, Gesängen und thematisch dem Bereich der Gotteslehre zuzuordnenden Passagen. Darin kann nicht nur eine sehr gezielte Auswahl einzelner Verse festgestellt werden, gerade bei den Psalmen zeigt sich ein kontinuierlicher Aufbau eines einschlägigen Textbestandes, dem der Zug einer Bemühung um die Vollständigkeit innerhalb der jeweils berührten literarischen Kleinform zu eigen ist. Einzelne in den gedruckten Textverzeichnissen mit Versangaben versehene Psalmen umfassen tatsächlich den gesamten Text. Andere Auszüge ergänzen einander im Laufe eines Kirchenjahres. Zu nennen sind hier Ps 91,14–16, Reminiscere 1799, und Ps 91,1–13 am 16. Sonntag nach Trinitatis desselben Kirchenjahres. Drittens ist auf die ansatzwiese eingeholte gesamtbiblische Perspektive der herangezogenen Schriften hinzuweisen. Im Falle des Neuen Testaments finden sich nur sechs Briefe nicht zitiert (II Joh, III Joh, Gal, I Thess, II Thess und Tit). Das Alte Testament wird mit 32 Predigttexten aus Sirach von einem apokryphen Buch bestimmt; hinzu kommen vier Auszüge aus den Sprüchen und eine Perikope aus Tobit. Dies muß jedoch insofern relativiert werden, als in der Summe der alttestamentlichen Bezüge die kanonischen Texte dominieren. Zu verweisen ist alleine auf die 28 Psalmen–Auszüge und die 13 Bezugsstellen aus Jesaja, die bereits die Gesamtzahl der apokryphen Texte übersteigen. Zu erkennen ist deutlich die bereits mit dem ersten Jahr vorbereitete Tendenz, nicht nur den biblischen Kanon in seiner Breite zu erschließen und, wie es Herder 1798 formuliert hatte, „den *kirchlichen* Gesichtskreis" zu einem „*biblische*[n ...] Horizont" zu erweitern, sondern umgekehrt, den *biblischen* Gesichtskreis zu einem *kirchlichen* Horizont zu öffnen. Die Betonung der außerkanonischen weisheitlichen Texte zum einen und die Konzentration auf die literarischen Formen der Gebete und Gesänge zum anderen erlaubte in einem fließenden Übergang die Aufnahme der jüngeren geistlichen Dichtung. In Form von Liedern des neueingeführten Gesangbuches entstammten diese schließlich dem zeitgenössischen *kirchlichen* Horizont.

Die Auswahl der Lieder läßt deutlich erkennen, daß der *kirchliche* Horizont selbst durch die Verankerung der jüngeren Lieddichtung im Gemeindeleben praktisch ausgeweitet werden sollte. Von den 20 gesetzten Liedern sind 17 aus dem zweiten Teil des 1795 neueingeführten Gesangbuchs. Acht dieser Texte stammen von Gellert[1060], drei von Münter[1061], zwei von Rambach[1062] und jeweils einer von Hiller[1063], Franck[1064], Cramer[1065] und Klopstock[1066]. Von den vierzehn Hauptkapiteln, die der zweite Teil der neuen Lieder bietet, wurden damit insgesamt zehn ausgewählt. Nur vier Kapitel finden sich nicht berücksichtigt. Im einzelnen sind dies die Kapitel: „IV. Von der Gemeinschaft des heiligen Geistes", „V. Von dem Worte Gottes und von der christlichen Kirche, der Taufe und dem Abendmahl", „VIII. Von der Sinnesänderung der Menschen" und „XI. Besondere Bitten, Lob– und Danklieder". Zwei dieser Kapitel wurden bereits – entweder zuvor oder im zeitlichen Anschluß – von den landesweit einheitlichen Liedsetzungen der Bußtage seit dem Jahr 1799 berührt. Es handelt sich dabei zunächst um das thematisch einschlägige Kapitel VIII sowie Kapitel XI. Mit den Predigttexten am stärksten betont finden sich die Kapitel „I. Von Gott, seinen Eigenschaften, und seiner Regierung"[1067] und „VII. Vom Christenthume, und dem Beruf der Menschen"[1068], auf die jeweils drei Lieder verweisen. Je zwei Lieder wählte Herder aus den Kapiteln „II. Von der Gnade Gottes gegen die Menschen"[1069] und „XIII. Von einzelnen Gesinnungen, Tugenden und Pflichten"[1070]. Eine vergleichbare Gewichtung deutet sich in den drei Liedern des ersten Teils an. Die beiden ersten Lieder entstammen dem entsprechenden Kapitel des ersten Teils zu dem zuletzt genannten Kapitel des zweiten Teils: „XII. Von allgemeinen und besonderen Pflichten".[1071] Das letzte Lied, „Gott herrschet und hält bei uns Haus"[1072], ist von Simon Dach, den Herder in der höchsten Wertschätzung hielt. In seinem Tagebuch erwähnte Johann Georg Müller diesen Titel jedoch nicht.[1073] Im ersten Teil des Gesangbuches steht der Text im Kapitel „I. Von Gott, seinen Eigen-

---

1060 In der Reihenfolge der Setzung: WG 391, 367, 474, 479, 554, 374, 486.
1061 Ebenso angeordnet: WG 377, 447, 562.
1062 Ebenso angeordnet: WG 386, 384.
1063 WG 561.
1064 WG 443.
1065 WG 445.
1066 WG 595.
1067 WG 367, 374, 377.
1068 WG 445–447.
1069 WG 384, 386.
1070 WG 554, 562.
1071 WG 274, 292.
1072 WG 12.
1073 Vgl. dazu in diesem Kap., Anm. 348.

schaften, und seiner Regierung". Trotz der geringen Repräsentativität der alten
Lieder ist eine gewisse Spiegelung von der Auswahl der neuen Texte darin zu
erkennen, daß auf der einen Seite die Gotteslehre betont wird, auf der anderen
die christlichen Pflichten. In seiner Bedeutung nicht überzubewerten, aber als
Beobachtung doch zu nennen ist, daß Herder mit einem Abstand von sechs
Wochen zunächst Rambachs Lied „Vorbild wahrer Menschenliebe!"[1074] als
Predigttext setzte, das der Vorgabe von Mylius folgend, nach „Mir nach,
spricht Christus"[1075] gesungen wurde, und dann das melodiegebende Lied von
Angelus Silesius selbst[1076]. Im Blick auf den Überarbeitungsgrad ragt das erste
von Herder überhaupt ausgewählte Lied „Nach Wahrheit will ich streben"[1077]
heraus; es ist einer der am massivsten redaktionell veränderten Texte, die Herder in das Gesangbuch aufnahm. Zwei weitere Lieder, Gellerts „Du bists, dem
Dank und Ruhm gebührt"[1078] und Münters „Sollt ich, da mir Gottes Sohn voller Gnad erschien"[1079], sind stärker überarbeitet als die übrigen hier gewählten
Gesänge, die – abgesehen von Kürzungen einzelner Strophen – im wesentlichen text- und melodieidentisch mit dem als Vorlage dienenden Preußischen
Gesangbuch sind. In inhaltlicher Hinsicht wichtig ist der starke Bezug der ausgewählten Lieder zu dem jeweiligen Sonntagsevangelium.

Insgesamt dominieren zwei Arten der Ergänzung die einzelnen Zuordnungen. In mehreren Fällen ist zunächst zu erkennen, in welchem Maße die Lieder
die Empfindung der Gemeindeangehörigen vertiefen sollten. Am zweiten
Weihnachtsfeiertag etwa setzt Herder das Lied „Laßt uns mit ehrfurchtsvollem
Dank den Gott der Lieb erhöhen".[1080] Die Programmatik dieser Verbindung
ließe sich mit dem klassifikatorischen Zusatz „soll würken" des *Bückeburger
Katechismus*[1081] funktional vergleichen, indem der Inhalt des Evangeliums in
der Stärkung einer Grundempfindung vertieft wird. In diesen Komplex ließen
sich auch die Lieder „Wer Jesum liebt und traut Gott"[1082] in Folge eines Hei-
lungswunders einordnen, „Vorbild wahrer Menschenliebe"[1083] nach der dritten
lukanischen Leidensankündigung oder „Mir nach, spricht Christus"[1084] nach
dem Einzug in Jerusalem. Die damit berührten Regungen und Inhalte (Liebe,

---

1074 WG 386.
1075 Vgl. dazu Mylius, Nr. 60, S. 49f.
1076 WG 292.
1077 WG 561.
1078 WG 367.
1079 WG 447.
1080 WG 391.
1081 Vgl. dazu in diesem Kap., Anm. 1704.
1082 WG 274.
1083 WG 386.
1084 Vgl. dazu Mylius, Nr. 60, S. 49f.

Treue, Vertrauen, Nachfolge u. a.) erinnern stark an die seelsorgerliche „Anwendung" der dogmatischen Tradition des Katechismusunterrichts. Der zweite Aspekt, der herauszuarbeiten ist, setzt ebenfalls an dem Subjekt des Liedes an. Er gilt der direkten Ansprache. Nicht das Gefühl des einzelnen, auf das im Kontext des jeweiligen Evangeliums reflektiert wird, steht im Vordergrund, sondern die Ausrichtung der Texte auf eine Anrede Gottes bzw. Jesu Christi. In einem christlichen Gesangbuch darf es zwar nicht überraschen, daß ein großer Teil der Lieder in der Form einer direkten Rede mit Jesus formuliert ist. Nach der Zusammenstellung der Predigttexte der Vorjahre, die eine starke Ausrichtung auf die alttestamentliche Weisheit und die thematische Ergänzung erfuhr, ist die Betonung der Person Jesu in den von Herder ausgewählten Liedtexten jedoch nicht ohne weiteres zu erwarten. Neben ihr stehen Lieder, die im Rahmen des Wirkens Jesu, etwa nach Wundergeschichten des Evangeliums, auf die Gottesattribute der Allmacht und Güte des Schöpfers abheben. Nach Mk 7,31–37, der Heilung eines Taubstummen, setzt Herder etwa „Wenn ich, o Schöpfer, deine Macht"[1085], nach der Heilung der zehn Aussätzigen nach Lk 17,11–19 „Wie groß ist des Allmächtgen Güte"[1086] oder nach der Wundergeschichte Joh 4,47–54 folgt das erwähnte Lied von Simon Dach. Die Ausweitung des *kirchlichen* Horizontes der Predigttexte erfährt darin in subjektiver Hinsicht eine individuelle Vertiefung in den Empfindungen der Zuhörer und in der inhaltlichen Ausrichtung eine nach den Vorjahren keineswegs abzusehende betont christologische Dimension. Beide Tendenzen gewinnen vor dem Hintergrund eines bislang unbeachteten Hinweises in der Handschrift Nettos eine eigene Bedeutung.

Von größtem Wert ist in dem Nettoschen Manuskript ein Abschnitt, der auf die von Herder im weiteren einzuholenden Perspektive zielt und erkennen läßt, mit welcher Konsequenz der *kirchliche* Horizont mit dem nicht mehr realisierten Folgejahr zu einem *menschlichen* ausgeweitet werden sollte:

> „Noch hatte der edle Mann den Plan, die Predigt Texte für das Jahr 1805, aus dem praktischen Leben Jesu zu wählen. Fürs praktische Leben der Menschheit arbeitete Herder, und bewieß durch sein Leben jenen schönen Satz: ,der Mensch lebt nicht für sich, er lebt für andere'; fürs praktische Leben sollte der Religionslehrer seine Gemeinde erziehen, u.[nd] dazu sollten ihm jene Texte einen Fingerzeig geben. Aber der schöne Plan sank mit dem unvergeßlichen Herder ins Grab, und der Schüler, der sich mit schmerzlicher Wehmuth noch der letzten Worte erinnert, die der Edle über diesen Plan sprach, kann nichts thun, als eine stille Thräne des dankbarsten Andenkens dem Manne zu widmen, der ihn ins Leben einführte und väterlich belehrte."[1087]

1085 WG 374.
1086 WG 486.
1087 HN XXIII, 102, Bl. 3ᵛ.

Die Erinnerung an den Bückeburger Predigtzyklus liegt ebenso auf der Hand wie die Geschlossenheit des Projektes auf der einen Seite, der fragmentarische Charakter der Realisierung auf der anderen.

An den Predigttexten der Jahre 1798f. bis 1800f. ließen sich zahlreiche weitere Beobachtungen anschließen. Zur Überprüfung und Ergänzung durch mögliche Ansatz- oder Nachfolgestudien vereint die Tabelle die von Suphan gebotenen Auszüge der gedruckten Predigttextverzeichnisse[1088] mit der u. a. in Sachsen-Weimar etablierten Epistel- und Evangelienordnung. Die weithin offenen Perikopenabgrenzungen folgen den Drucken der Zeit[1089] und wurden nicht durch die heute gängigen Einteilungen präzisiert. Der Wert der Daten liegt gegenüber Suphan zunächst in der synoptischen Ergänzung der Episteln und Evangelien. Die kursiven Zusätze bieten neben der Perikopeneinteilung nach der Handschrift Ernst Friedrich Christoph Nettos auch dessen Ergänzungen für einzelne besonders in der Wiederholung der Textreihen nicht berücksichtigte Tage der Suphan-Ausgabe.[1090] Von den Marien-Tagen wurde nur das erste Fest aufgenommen, insofern es 1802 am vierten Sonntag nach Epiphanias gefeiert wurde. Zudem sind die für das dritte Jahr ausgewählten Lieder nach der Handschritt von Netto eingetragen und nach der Zählung des *Weimarischen Gesangbuchs* identifiziert. Im Gegensatz zur Suphanschen Tabelle ist erkennbar, ob an einzelnen Kirchentagen ein Lied gesetzt war oder der Sonn- bzw. Feiertag im Zyklus des jeweiligen Kirchenjahres nicht gefeiert wurde.

Kirchentag	Epistel	Evangelium	1798f./1801f.	1799f./1802f.	1800f./1803f.
1. Advent	Röm 13	Mt 21,*1–10*	Ps 118,14–25	Ps 100	Ps 98
2. Advent	Röm 15	Lk 21,*35f.*	II Petr 3,9–14	Eph 5,15–21	Jes 51,9–12
3. Advent	I Kor 4	Mt 11,*2–10*	Jes 35,3–6	Eph 4,11–15	Sir 42,15f.
4. Advent	Phil 4	Joh 1,*19–28*	Röm 12,3–9	Jer 9,23f.	*561 Nach Wahrheit will ich streben*
(1.) Weihn.	Tit/Jes 9	Lk 2,*1–14*	Joh 1,1–14	Jes 9,2–7	Apk 21,3
2. Weihn.	Act 6f.	Mt 23/ Lk 2,*15–20*	II Kor 8,7–9	Hebr 2,11–18	*391 Laßt uns mit ehrfurchtsvollem Dank*

1088 SWS, Bd. 31, S. 793–795.

1089 Hier zitiert nach dem Glüsing 1790 beigebundenen Druck: „Die | in der Evangelischen Kirche | gewöhnlichen | Sonn= und Festtäglichen | Episteln | und Evangelien | mit kurzen summarischen Betrachtungen", S. 2–87.

1090 HN XXIII, 102, Bl. 4ʳ–17ᵛ.

So. n. Weihn.	Gal 4	Lk 2,*39f.*	Hi 5,8–27	Hi 14,1–6	Ps 71,1–8
Neujahrstag	Gal 3	Lk 2,*21*	Ps 121	Ps 85,8–14	Ps 90
Dreikönige/ Epiphanias	Jes 60	Mt 2,*1–11*	Jes 60,1–6	Jes 40,25–31	Mal 1,11
1. So. n. Epi.	Röm 12	Lk 2,*41–52*	Prov 3,13–26	Prov 15,20–24	Sir 1,14–26
2. So. n. Epi.	Röm 12	Joh 2,*1–11*	*Koh 7,9–11*	Ps 128	Koh 3,10–15
3. So. n. Epi.	Röm 12	Mt 8,*1–13*	*I Petr 3,13–17*	Röm 2,11–24	*274 Wer Jesum liebt*
Mariä Reinigung (4. So. n. Epi.)		Lk 2,22–37	*Weish 3,1–9*	*II Tim 4,6–8*	*Sir 25,5–8*
5. So. n. Epi.		*Mt 13,24–30*	*Röm 14,4*		
Septuagesimae	I Kor 9f.	Mt 20,*1–16*	Mt 25,14–30	I Kor 13,1–7	*Jes 49,4–6*
Sexagesimae	II Kor 11f.	Lk 8,*4–15*	Koh 11,4–6	Jak 1,21–25	Sir 6,18–33
Fastnacht/ Esto mihi	I Kor 13	Lk 18,*31–43*	Joh 12,24–28	II Kor 4,8–18	*386 Vorbild wahrer Menschenliebe*
Invocavit	II Kor 6	Mt 4,*1–11*	Eph 6,10–18	Joh 8,34–44	I Kor 10,12f.
Reminiscere	I Thess 4	Mt 17,*21–28*	Mt 7,7–11	Ps 91,14–16	Ps 71,14–23
Oculi	Eph 5	Lk 11,*14–28*	II Kor 6,14–18	I Joh 4,4–6	II Tim 3,13–17
Lätare	Gal 4	Joh 6,*1–15*	I Tim 6,6–10	Jes 49,1–6	*377 Gott Dein weise Macht erhält*
Judica	Hebr 9	Joh 8,*46–59*	II Kor 6,1–10	Jes 42,1–8	Jes 44,1–8
Palmarum	Phil 2,5–11	Mt 21,*1–10*	Phil 2,4–11	Jes 62,10–12	*292 Mir nach, spricht Christus unser Held*
Gründonnerstag	I Kor 11, 23–32	Joh 13,1–15	I Kor 11,23–29	Lk 22,24–80	*443 Freue dich erlöste Seele*
Ostersonntag	I Kor 5	Mk 16,*1–8*	I Kor 15,1–22	I Petr 1,3–11	I Sam 2,6–10
Ostermontag	Act 10	Lk 24,*13–35*	I Kor 15,33–57	Thr 3,24–33	Röm 14,7–9
Quasimodo	I Joh 5,4–10	Joh 20,*19–31*	Joh 17,14–26	Jes 57,19–21	*384 Kein Lehrer ist dir Jesu gleich*
Misericordias	I Petr 2,21–25	Joh 10,*12–16*	Ps 23	Ez 34,11–16	Jes 25,4–9
Jubilate	I Petr. 2,11–20	Joh 16,16–22(*23*)	Koh 3,1–15	Ps 126	*367 Du bist's dem Dank*
Cantate	Jak 1,17–21	Joh 16,*5–15*	Ps 42,2–6	Hebr 12,11–13	Hebr 10,36–39

Vocem/Rogate	Jak 1	Joh 16,*23–30*	Jak 1,2–12	Ps 34,2–9	*479 Dein Heil, o Christ, nicht zu verscherzen*
Himmelfahrt	Act 1	Mk 16,*14–20*	Hebr 7,24f.	Apk 3,21f.	Apk 5,9–12
Exaudi	I Petr 4	Joh 15,*26–* 16,*4*	Hebr 12,1–12	I Joh 3,19–24	*474 Wenn ich ein gut Gewissen habe*
Pfingstsonntag	Act 2	Joh 14,*23–31*	Phil 4,4–8	Weish 7,22–30	I Joh 4,2–8
Pfingstmontag	Act 10	Joh 3,*16–21*	Joh 7,16–18	Weish 10,9–14	*445 Ich hab's Gott mir ernstlich vorgenommen*
Trinitatis	Röm 11	Joh 3,*1–13*	Eph 1,17–23	II Kor 13,13	Ex 34,5–8
1. So. n. Trinit.	I Joh 4	Lk 16,*19–31*	Tob 4,6–10	Sir 4,1–11	*554 Wer dieser Erde Güter hat*
2. So. n. Trinit.	II Joh 3	Lk 16,*16–24*	I Joh 2,15–17	Sir 15,1–8	*447 Sollt ich da mir Gottes Sohn*
3. So. n. Trinit.	I Petr 5	Lk 15,*1–10*	Lk 15,11–32	Sir 25,1f.	Sir 30,2–11
4. So. n. Trinit.	Röm 8	Lk 6,*36–47*	Jak 1,16–21	Sir 7,1–3	*562 Allen, welche nicht vergeben*
5. So. n. Trinit.	I Petr 3	Lk 5,*1–11*	Sir 11,14–29	Prov 10,4–7	Sir 25,9–16
6. So. n. Trinit.	Röm 6,	Mt 5,20–26	Sir 19,13–18	Koh 7,8–10	Sir 28,1–10
7. So. n. Trinit.	Röm 6,19–23	Mk 8,1–9	Ps 147,1–11	Sir 14,8–16	Sir 29,27–35
8. So. n. Trinit.	Röm 8,12–17	Mt 7,15–23	Jak 1,22–27	Sir 19,18–27	Sir 19,18–27
9. So. n. Trinit.	I Kor 10,6–13	Lk 16.1–9	Lk 16,10–15	Sir 6,7–16	Sir 41,17–29
10. So. n. Trinit.	I Kor 12,1–11	Lk 19,41–49	Hi 33,13–30	Ps 7,9–18	Jes 55,6–11
11. So. n. Trinit.	I Kor 15,1–10	Lk 18,9–14	Joh 4,23f.	Röm 14,10–13	Gen 18,27
12. So. n. Trinit.	II Kor 3,4–11	Mk 7,31–37	Ps 104,24–35	Sir 17,1–27	*374 Wenn ich, o Schöpfer*
13. So. n. Trinit.	Gal 3,15–22	Lk 10,23–37	1 Joh 3,14–17	Sir 37,1–7	1 Joh 3,18
14. So. n. Trinit.	Gal 5,16–24	Lk 17,11–19	Ps 103,1–18	Dtn 32,1–7	*486 Wie groß ist des All-*

					mächtgen Güte
15. So. n. Trinit.	Gal 6,1–10	Mt 6,24–34	Ps 145,15–21	Ps 104,19–30	Sir 11,10–26
16. So. n. Trinit.	Eph 3,13–21	Lk 7,11–17	Joh 11,1–44	Ps 91,1–13	Sir 22,10–13
17. So. n. Trinit.	Eph 4,1–6	Lk 14,1–11	Sir 3,19–30	Sir 10,7–16	Hebr 1,14
18. So. n. Trinit.	I Kor 1,4–9	Mt 22,34–46	1 Tim 1,1–8	Koh 12,13f.	*446 Gott will, wir sollen glücklich seyn*
19. So. n. Trinit.	Eph 4,22–28	Mt 9,1–8	Ps 51,12–15	Sir 5,2–8	Sir 37,8–27
20. So. n. Trinit.	Eph 5,15–21	Mt 22,1–14	Röm 13,11–14	Apk 3,15–20	Sir 21,7–18
21. So. n. Trinit.	Eph 6,10–17	Joh 4,47–54	Sir 2,6–23	Sir 38,8–15	*12 Gott herrschet, und hält bei uns Haus*
22. So. n. Trinit.	Phil 1,3–11	Mt 18,23–35	Mt 5,43–48	Sir 16,13–22	Ps 48
23. So. n. Trinit.	Phil 3,17–21	Mt 22,15–22	Röm 13,1–7	Mt 22,23–33	Prov 26,4f.
24. So. n. Trinit.	Col 1,9–14	Mt 9,18–26	Weish 4,7–14	Apk 14,13	*595 Auferstehn, ja auferstehn*
25. So. n. Trinit.	1 Thes 4,13–18	Mt 24,15–28	Ps 46,2–12		Ps 37,37–40
26. So. n. Trinit.	2 Petr 3,3–13	Mt 25,31–46	Sir 7,36–40		
27. So. n. Trinit.	II Kor 5,1–10	Mt 24,37–51; 25,1–13	Ps 147,12–20		
Kirchweih		Lk 19,1–10	II Chr 6,18–21	Gen 28,10–22	Sir 50,19–26
Reformation			Ps 3	Ps 87,1–3	(22. So. n. Trinit.)

Tabelle 2 Predigttexte der Perikopenrevision 1798–1801 bzw. 1801–1804

1.9. Der Termin des Konfirmandenunterrichts (Frühjahr 1800)

Von eher fragmentarischem Interesse ist es, auf den in der Suphanschen Werkausgabe gebotenen „Entwurf auf den letzten Jahren": „Über den Termin des

Confirmandenunterrichts" hinzuweisen.[1091] Der Text veranlaßt die dauerhafte
Verlegung des Konfirmationstermins vom Palmsonntag auf den Pfingstmon-
tag; der sechswöchige Konfirmationsunterricht fällt damit in die Zeit nach
Ostern. Die Gründe sind witterungsbedingt, wobei die menschenfreundlichen
Ausführungen auch erkennbar aus der Perspektive des Pädagogen geschrieben
wurden. Die Datierung in das Jahr 1800 ließe sich alleine schon aus den Ausführungen des Schlußabschnittes erschließen.[1092] In den Kirchenprotokollen
der Stadtkirche wird der Vorgang zudem mit einer Eintragung unter dem 27.
Februar 1800 festgehalten: „Nota: an dem heutigen Tage hätte dem Herkom-
men nach, die erste Präparationsstunde mit den Katechumenen die zur Confirmation auf Palmarum bestimmt waren, gehalten werden; da aber so stränge
kalte Witterung eingetreten ist, so haben [...] Vicepraesident Herder, mit Zustimmung der drey anderen Herrn Geistlichen, aus Schonung vor die Gesundheit der Kinder, die Änderung dafür getroffen, daß die Präparationen erstlich in
den 6 Wochen zwischen Ostern und Pfingsten gehalten und die Confirmation
auf den zweiten Pfingstfeiertag geschehen soll."[1093] Die Angabe dürfte auf einer öffentlich verlesenen Erklärung gründen. Der an diesem Tag predigende
Zunkel war dem Oberkonsistorium nicht als Mitglied verbunden und hatte so
wohl auch kaum aus erster Hand über die Mehrheitsverhältnisse in der Entstehung dieser Entscheidung Auskunft geben können.

2. Schule

2.1. Die Einrichtung des Landschullehrer-Seminars (1777–1788)

Eines der frühesten schulamtlichen Projekte markiert der Plan eines Lehrerseminars.[1094] Die Ausrichtung des Vorhabens galt dem Schulwesen in seiner landesweiten Breite und an der unmittelbaren Basis. Eine Eigeninitiative Herders
stellte die Erstanregung nicht dar.

1091 SWS, Bd. 31, S. 795f.
1092 Ebd., S. 796; „Donnerstag nach dem 1ten Sonntag nach Ostern, Quasimodogen.[,] den 24[.]
April" ist eindeutig mit dem Jahr 1800 verbinden.
1093 ThHStA, Stadtkirchenarchiv, D 15, Bl. 390ᵛ.
1094 Entsprechend vgl. auch die Einschätzung von Francke, Geschichte, S. 87: „Das erste, was
Herder ins Auge faßte, war die Aufbesserung des niederen Schulwesens. Was vor allem not-
tat, war die Gründung eines Lehrerseminars."

2.1.1. Vorgeschichte bis 1776

Die Einrichtung eines ersten eigenen und zentralen Institutes fiel für Weimar in das Jahr 1726.[1095] Zuvor hatte zunächst eine landesübergreifende „Art von Lehrerseminar" in Köthen bestanden, das von Johann Ernst von Weimar zusammen mit seinem Bruder Ludwig von Anhalt-Köthen unterhalten wurde.[1096] Außerdem war eine dezentrale Anstalt aus Impulsen der zuvor genannten Fürsten unter Vermittlung Ernsts des Frommen von Friedrich II. eingerichtet worden, der 1698 in zehn „zerstreut liegenden Orten seines Landes je einen hervorragend geschickten Volksschullehrer als Musterlehrer für Seminaristen" instituierte.[1097] Das Weimarer „Schulseminar" von 1726, in dem „13 junge Leute, so künftig zu Schuldiensten auf dem Lande sich wollen gebrauchen lassen, in Singen, Katechisieren und *modo informandi* [...] ordentlich angewiesen sind"[1098], wäre in seiner Erstanregung und Einrichtung einer eigenen Untersuchung, auch hinsichtlich der vermuteten Bezüge zu den Franckeschen Anstalten wert.[1099] Wichtig ist an der Einrichtung des Jahres 1726 ihr konstitutiver Bezug auf ein zeitgleich dazu geschaffenes Predigerseminar. Die angehenden Pfarrer, die ihrerseits im „Predigen, Disputiren, Catechisiren, Conferiren, Excerpiren u.s.w." unterrichtet wurden, fungierten zugleich als die Seminarlehrer der angehenden Landschullehrer.[1100] Diese bemerkenswerte Konstruktion muß im Blick auf die Pfarramtskandidaten, die das von ihnen jeweils Erlernte damit sowohl praktisch wie theoretisch sehr intensiv zu durchdringen hatten, als klug bezeichnet werden. Hinsichtlich der Landschullehrer ist die mangelnde Erfahrung, die fehlende Kontinuität im Lehrapparat sowie die deutlich zum Ausdruck gebrachte Hierarchie der betroffenen Ämter und fehlende Wertschätzung insbesondere den Landschullehrern gegenüber als fragwürdig zu bezeichnen. Spätere Hinweise auf ordentliche Lehrkräfte beziehen sich aus-

---

1095 Vgl. dazu und zu den nachfolgenden Ausführungen Ranitzsch, Seminar, S. 585, u. a. Anm. 1, der teils aus Akten, teils aus zeitgenössischen Berichten und Briefwechseln breiteres Material als das heute verfügbare zusammenstellt. Ranitzsch stand als Schulrat und Seminardirektor in direkter institutioneller Kontinuität zu der Einrichtung, deren Anregung und Anlage er historiographisch verfolgt.

1096 Vgl. dazu Ranitzsch, Lehrerseminar, S. 3.

1097 Vgl. dazu ebd., S. 4.

1098 Zitiert, ebd., nach einer zeitgenössischen Quelle: Weimarische Catechismus-Historie, Weimar 1727, S. 235f. Ausführlicher ausgewertet mit vollständigen Zitaten der einschlägigen Stellen findet sich dieses Werk des Weimarer Generalsuperintendenten Dr. Christian H. Zeibich in: Ranitzsch, Lehrerseminar, S. 5f.

1099 Vgl. dazu den sicherlich zutreffenden Hinweis von Ranitzsch, Seminar, S. 585: „eine Einrichtung [...] aus Franckeschem Geist entstanden". Weitere Hinweise bei Ranitzsch, Lehrerseminar, S. 4f. Vgl. ferner die historische Einordnung der Bildungsidee von Wisbert, FHA 9/2, S. 1261.

1100 Vgl. dazu, wie auch zu dem Zitat von Zeibich: Ranitzsch, Lehrerseminar, S. 5.

schließlich punktuell und supervisorisch auf den nicht ausgelasteten Lehrkörper des Gymnasiums: „zu solcher Zeit, wenn kein ordentlicher Lehrer Privatstunde hält"; auch die praktische Übung ist für den Stundenplan der Schüler nicht konstitutiv: „Die Woche eine Stunde kann [...] denjenigen Primanern, so sich zum Schulwesen appliciren wollen, von denen Präceptoren erlaubet werden, mit denen Quartanern, Quintanern und Sextanern sich im Informiren bei dem Lesen, Schreiben, Rechnen, Catechismus, Bibel, Musik zu üben, da dann denen Kindern frei stehen soll, in diese Stunde zu gehen".[1101] Nur in einer wöchentlichen Stunde erteilt im Jahr 1727 ein nicht näher spezifizierter eigener „Präceptor" den Schülern „eine Anleitung *ad methodum didacticam* in allen denen Dingen, so sie in den niedern Schulen dociren".[1102] Konstitutiv für die gesamte Anlage der Einrichtung ist damit die Komplementarität einer kontinuierlichen Verbindung von eigenem Lernen und dem eigenverantwortlichen Lehren jüngerer Schüler, deren Teilnahme an dem optional angebotenen Unterricht allerdings fakultativ war.

Für das Jahr 1742 ist eine Verfügung vom 20. November dokumentiert, die das Auswahlverfahren und die – fast ausschließlich musikalische – Ausbildung der Landschullehrer regeln sollte.[1103] Vorgesehen war neben dem Unterricht durch den Hof- und den Stadtorganisten in Privatstunden alle drei Monate ein Examen durch den Generalsuperintendenten oder ein anderes geistliches Mitglied des Oberkonsistoriums. Höchstens acht Schüler sollten unterrichtet werden. Das Mindestalter der Aufnahme betrug 18 Jahre.[1104] Aufgrund der Arbeitspraxis der Landschullehrer als Elementarlehrer, Katechet und Organist versteht sich die Rekrutierung der Kandidaten aus dem Chor des Gymnasiums. Die musikalische Eignung sollte die Voraussetzung für Orgeldienste sein, deren Vermittlung das benannte Reskript als vorrangiges Anliegen markiert.

In der Vormundschaftsregierung Anna Amalias wurde im Zuge des Siebenjährigen Krieges beschlossen, „nach dem Vorgang andrer um das Wohl ihrer Untertanen besorgten Landesherrschaften" aufgrund der „Unfähigkeit und [der ...] Unsittlichkeit der seither zu Schulmeistern gebrauchten Subjecte" eine Erneuerung der vormaligen Einrichtung zu vollziehen – so der Wortlaut einer Verfügung vom 12. Juli 1771.[1105] Bezeichnend an diesem Zeitpunkt ist die vorab beschriebene Vakanz der Generalsuperintendentur. Der Tod des vorherigen Stelleninhabers Basch lag nicht lange zurück. Die Absage des angefragten Cramer war jedoch noch nicht eingetroffen. Der Hinweis des noch aus alten

---

1101 Zitiert nach ebd., S. 6.

1102 Ebd.

1103 Zu dem Wortlaut vgl. in einem ausführlichen Zitat: Francke, Geschichte, S. 55f.

1104 Dies eine knappe Zusammenfassung des von Francke gebotenen Quellentextes. Ebenfalls dazu vgl. ferner Ranitzsch, Lehrerseminar, S. 7.

1105 Die Zitate aus der Verfügung vom 12. Juli 1771 finden sich bei Ranitzsch, Seminar, S. 584.

Aktenbeständen schöpfenden Ranitzsch, der spätere Oberkonsistorialrat Schneider habe „schon vordem" – vor 1776 – eine institutionelle und finanzielle Verbesserung des Seminars angeregt[1106], kann jedoch ausschließlich als Reaktion auf das bereits eingerichtete Institut verstanden werden. An der vorauszusetzenden Eingabe und Erstgestaltung im Jahr 1771 konnte Schneider, der erst 1773 zum Oberkonsistorialassessoren befördert wurde, amtsfunktional nicht beteiligt gewesen sein.

Anders verhält es sich mit den beiden weiteren Kollegen der geistlichen Bank. Seit 1768 Oberkonsistorialassessoren, bestand eine ihrer ersten größeren Aufgaben in der von Anna Amalia am 20. September 1768 erlassenen Aufforderung, „in Überlegung zu ziehen, einmal, welches eigentlich die wahren Ursachen des vor Augen liegenden Verfalls des Gymnasii seien, und dann, was für ausgiebige Mittel zu dessen Wiederaufhilfe vorzukehren sein möchten".[1107] Gottschalg und Schultze wurden mit ihren Gutachten zu den „hauptsächlichen Wortführer[n]", nachdem – neben den Mitgliedern des Oberkonsistoriums – die gesamte Stadtgeistlichkeit dazu aufgefordert worden war, „jeder besonders und versiegelt, binnen 3 und 4 Wochen [weiterführende Vorschläge] unmittelbar an die Fürstin einzureichen".[1108] Die Umgehung des Oberkonsistoriums führte bei den beiden neuernannten Oberkonsistorialräten zu besonderem Fleiß. Ihr Katalog von Mißständen benennt u. a. – in Blick auf den Zustand der *Prima* –, daß

> „diejenigen, die sich dem Schulmeisteramte gewidmet, alles dagegen geschehenen Erinnerns ohngeachtet, *in primam* translocieret würden, die, weil sie nicht alle Lectiones mittreiben, mehrenteils nur die Zeit müßig hinbringen und andere an ihrem Fleiße hindern. Diese Elemente hätten zumeist in einem liederlichen Leben ihre Zeit zugebracht und andere gutartige Schüler mit sich zu allen Ausschweifungen fortgerissen".[1109]

Die späteren Landschullehrer werden darin als Störfaktoren in dem Unterrichtsgeschehen der *Prima* benannt; die Lösung eines Ausschlusses von der obersten Klasse liegt auf der Hand. Für die unteren Jahrgangsstufen wird auf die aushilfsweisen Katechesen der angehenden Lehrer als die einzige – und nicht ausreichende – Entlastung der Klassenleiter verwiesen. Die empfohlene Anstellung eines zusätzlichen Lehrers gilt jedoch weder den Seminaristen noch dem unteren Lehrkörper, sondern sollte den beiden oberen Klassen im Sinne einer mobilen Reserve zugute kommen.[1110]

1106 Ebd., S. 585.
1107 Zitiert nach Francke, Gymnasium, S. 63.
1108 Ebd.
1109 Ebd., S. 64.
1110 Die Gutachten zusammenfassend und paraphrasierend: ebd. Zu der Umsetzung vgl. auch Kap. III, Anm. 514.

Der Vorschlag zur Neueinrichtung eines eigenen Landschullehrer-Seminars dürfte auf die bereits in der Schaffung der Gymnasialprofessur erwähnte
Visitation des Jahres 1769 durch den Jenaer Theologen Ernst Jakob Danovius
zurückgehen. In seinem Bericht vom Frühjahr 1769 legt er auf grundlegende
altphilologische Kenntnisse späterer Landschullehrer Wert und verweist, prag-
matisch orientiert, auf die dadurch verbesserten Anstellungschancen als Hauslehrer oder Privatinformatoren während des weithin zu überbrückenden Zeitraums vor einer Festanstellung.[1111] Beiläufig findet sich in diesem
Zusammenhang der Hinweis, daß „für die künftigen Schulmeister in einem
besondern *Seminario scholastico* besser gesorgt werden [könnte ...], als in einem Gymnasio".[1112] Wie die Einrichtung der Professur nach dem Vorschlag
des externen Gutachters vorgenommen wurde, dürfte auch diese Anregung Danovius' aufgegriffen worden sein. Die vorläufige Leitung des Institutes erhielten, wohl mit der in späteren Zusammenhängen mehrfach erwähnten „Kommission"[1113], der Geheime Rat von Fritsch und der Oberkonsistorialpräsident
von Lyncker.[1114] Als Lehrer der Einrichtung wurde der gebürtige Braun-
schweiger Johann Georg Herz aus der Oberlausitz berufen. In einer für ihn ein-
gerichteten Freischule übernahm er die praktische Ausbildung. In zeitlicher
Folge wurde ihm zudem das Amt des Waisenhausinspektors übertragen, nachdem er die begrenzten Räumlichkeiten als Grund für den mangelnden Erfolg
seiner Einrichtung benannt hatte und das Waisenhaus, mit dem er darin amtlich verbunden war, über einen eigenen Saal verfügte, in dem er „junge Schuldiener bei der Information mit an[...]stellen" konnte.[1115] Die Anregung des
Lehrerseminars gründet damit landesgeschichtlich wie innerhalb der institutionellen Verbindungen zur Universität in grundlegend anderen Zusammenhängen, als die in zeitlicher Nähe entstandenen Anstalten etwa des Philanthropis-
mus oder der benachbarter Landesgebiete wie Meiningen (1779) oder Gotha
(1780).[1116]

In die Anfangszeit der Regierung Karl Augusts und an den Beginn der
Herderschen Amtszeit fällt die Vorbereitung des Jenaer Ständetages vom

---

1111 Sehr knapp in der Zusammenfassung: Francke, Gymnasium, S. 68.

1112 So der Wortlaut der Zusammenfassung Franckes, ebd.

1113 Dieser Hinweis findet sich in dem nach dem Studium älterer Akten aufgesetzten Rückblick:
Herder an Hamann, Mitte November und 18. Dezember 1780, DA, Bd. 4, Nr. 128, S. 146,
Z. 75f.: „darüber [über das neueingerichtete Institut wurde von Fritsch] mit dem jetzigen
Präsidenten des OberConsistoriums damaligen Vicepräsidenten, allein u.[nd] exclusive com-
mittirt".

1114 Diese und die nachfolgenden Angaben des Abschnittes folgen: Ranitzsch, Seminar, S. 585.

1115 So die Zusammenfassung von Ranitzsch, ebd.

1116 Vgl. dazu knapp Ranitzsch, Lehrerseminar, S. 7.

7. Juli 1777.[1117] Unter dem 3. Dezember 1776 forderte der Herzog das Ober-konsistorium mit einer Verfügung auf, „ihm [Karl August] an den ‚Ausschuß-tag' [...] zu bringende Vorlagen einzusenden".[1118] Der Erinnerung an Anna Amalias „unvollendete [...] Einrichtung" und die Anregung, „weitere Mittel zur Gründung eines Seminars bereitzustellen", ging im Oberkonsistorium auf den neuernannten Oberkonsistorialrat Schneider zurück, der sich bereits in den Vorjahren – wohl zwischen 1773 und 1776 – entsprechend geäußert hatte. Herder stimmte, zusammen mit seinen Kollegen, dem Vorschlag zu.[1119] Ein entsprechendes Zeugnis findet sich im Frühjahr 1777 in Herders im Auftrag des Oberkonsistoriums erarbeiteten *Gutachten über die dem Ständeausschuß vorzulegenden Forderungen*, das auf den „löblichen Anschlag zu *Aufmunte-rung der Landschullehrer*" reagiert.[1120] Der Ständeausschuß, der sich auf den „engeren Ausschuß", das Fürstentum Weimar, beschränkte[1121], bewilligte die Kosten, forderte jedoch einen ausgearbeiteten Plan. Unter dem 10. Dezember – ein Rudolf Haym nach den Akten verfügbares Datum – wurde Herder mit dem Entwurf zu der Einrichtung beauftragt.[1122] Anzunehmen ist, daß die anweisen-de Instanz nicht das Oberkonsistorium war. Der im Anschluß zu erwähnende Begleitbrief an Karl August setzt eine herzogliche Anweisung voraus.

2.1.2. Herders Gutachten vom 31. Oktober 1780

Nach eingehendem Aktenstudium und gründlicher Information über die vor-ausgegangenen Ereignisse reichte Herder sein Konzept unter dem 31. Oktober 1780 ein. Das Begleitschreiben an Karl August datiert auf den 1. November. Die Verzögerung entschuldigt Herder „theils" mit dem Hinweis auf weitere Amtsgeschäfte, „theils [weil ich] mir zuvor Känntniß von Einrichtungen sol-cher Art in andern Ländern verschaffen wollte."[1123] So zutreffend beide Hin-weise gewesen sein dürften, kommt der Verdruß über die strukturellen Schwie-rigkeiten der institutionellen Abstimmungsprozesse hinzu. Lange vor der Fixierung des Entwurfes hatte Herder unter dem 20. März 1778 gegenüber Ha-mann seinen in den eingeschränkten Wirkungsmöglichkeiten gründenden Wi-

---

1117 Das genaue Datum bietet, über Ranitzsch hinausgehend, Wisbert in seinem Kommentar, FHA, Bd. 9/2, S. 1261.

1118 Ranitzsch, Seminar, S. 585.

1119 So wiederum Ranitzsch, ebd. Vgl. ferner Ranitzsch, Lehrerseminar, S. 8.

1120 Zu dem erhaltenden Text vgl. SWS, Bd. 30, S. 452f., zu dem Kontext und Vorgang insge-samt Haym, Herder, Bd. 2, S. 386. Vgl. ferner Kap. III, Anm. 486–490.

1121 So bereits der Hinweis von Ranitzsch, Seminar, S. 585.

1122 Vgl. dazu Haym, Herder, Bd. 2, S. 386.

1123 SWS, Bd. 30, S. 453.

derwillen angedeutet: „Jetzt liegt ein Rescript zum Entwurf eines SchulmeisterSeminarii schon ¼ Jahr in meinem Folio-Kalender, aber noch res intacta, bis ich mich ermanne, in das Nest alten Schwalbenflickwerks wider Willen zu greifen."[1124]

Das Gutachten, das nicht in den einschlägigen Werkausgaben abgedruckt ist, findet sich in dem *Jahrbuch für Erziehungs- und Schulgeschichte* des Jahres 1987, eingeleitet und nach der Abschrift des Goethe- und Schiller-Archivs geboten von Paul Mitzenheim.[1125] Der Text gliedert sich grob in drei Teile. Die drei knappen, namentlich als solche nicht benannten Vorbemerkungen, heben (1.) auf den „Zweck dieses Seminarii" ab, (2.) die „Mittel hierzu" und bereiten (3.) die Gliederung der nachfolgenden Ausführungen vor.[1126] Der nur durch die unterschiedlichen Gliederungsebenen abgehobene Hauptteil zerfällt in sieben Punkte (I.–VII.), auf die im Anschluß nach thematischen Schwerpunkten und nicht der Reihenfolge des Konzeptes einzugehen sein wird.[1127] Die „Schlußanmerkungen", in die Zählung des Hauptteils als siebter Punkt einbezogen, verbinden konkrete Raumvorschläge zur Einrichtung des Seminars mit vorsichtig angedeuteten längerfristigen Perspektiven einer graduellen Erweiterung.[1128]

Wichtig für die Gesamtkonzeption ist, daß Herders Plan auf einer Umverteilung und zusammenführenden Neustrukturierung bereits bestehender Ressourcen basiert. Die Neuinvestitionen beschränken sich auf minimale Kosten oder Umlagen. Zwei Aspekte charakterisieren den Vorschlag. Zum einen steht die Einrichtung institutioneller Strukturen im Vordergrund, deren Bedeutung jedoch auf sämtlichen Ebenen von einer vorrangigen Betonung der Eignungen und des Einsatzes der jeweils betroffenen Personen bestimmt wird. Der Grundansatz des Seminars ist damit von dem Gedanken getragen, daß die einzige Basis auf Schüler-, Lehrer- sowie Supervisionsebene die persönliche Integrität und individuelle Kompetenz darstellen kann. Die äußere Struktur des Instituts dient, und dies dürfte den zweiten Aspekt ausmachen, dem überindividuellen Fortbestand, der möglichen Verbesserung, Erweiterung und der Übertragung angemessener Impulse über das Seminar hinaus sowie, auf individueller Ebene, dem Anreiz der Aufnahme oder Qualifikation der einschlägig begabten Kandidaten. Die Kosten der Einrichtung halten sich aufgrund der Verbindung dieser beiden Momente insgesamt in Grenzen. Die Stärkung der personalen Verantwortung in der Übertragung und Zusammenführung bereits bestehender

---

1124 Herder an Johann Georg Hamann, 20. März 1778, DA, Bd. 4, Nr. 41, S. 60, Z. 58–60.

1125 Mitzenheim, Seminar. Im folgenden wird, soweit erforderlich und möglich, neben den Seitenangaben der Drucklegung auf die formale Gliederung des Entwurfes verwiesen, um ein schnelleres Auffinden im Text zu ermöglichen.

1126 Ebd., S. 193f. (1–3).

1127 Ebd., S. 194–196 (I.–VII.).

1128 Ebd., S. 196 (VII. 1–2).

Ämter ist nicht nur Ausdruck einer äußeren Notwendigkeit, sondern stellt in gleicher Weise ein eigenes Angebot wie einen erheblichen Anspruch dar.

Die „Oberaufsicht" über das Seminar führt, entsprechend seiner institutionellen Zuständigkeit, das Oberkonsistorium.[1129] Der Generalsuperintendent, dem die Zentralleitung als weiterer Zusatz zu seinen Amtsgeschäften obliegt, ist für die Leitung des Instituts als dessen „Direktor" zuständig.[1130] Im einzelnen betrifft dies die Entscheidung über Aufnahme und Einteilung der Schüler, die auf Grundlage eines standardisierten Vorschlagsverfahrens und einer zentralen, vom Generalsuperintendenten selbst durchgeführten Prüfung erfolgt.[1131] Das Vorschlags- und Empfehlungsrecht liegt am Gymnasium bei dem Leiter der jeweiligen Jahrgangsstufe, an der Stadtkirche bei dem Katecheten, soweit es Schüler seines Unterrichtes betreffen konnte, und, ohne ausdrückliche Nennung des Gymnasiums, beim „Stadt-cantore, wie auch Schreib- und Rechenmeister in Ansehung ihrer Arbeiten mit denselben."[1132] Das Auswahlverfahren beschränkte sich darin ausschließlich auf das Weimarer Gymnasium und erwuchs aus dessen Status als Landesschule. Die Zuständigkeit des Schreib- und Rechenmeisters beschränkte sich auf die unteren Klassen, die Funktion des Kantors entsprach in der Regel der *Quarta*, in Ausnahmefällen der *Quinta*. Die Zeugnisse, auf deren Grundlage eine Entscheidung über die Aufnahme gefällt wurde, sollten damit so umfassend wie möglich die persönliche Entwicklung und schulische Erziehung dokumentieren. Eine Altersbeschränkung der Schüler auf „wenigstens 14 Jahre" oder alternativ der Besuch der *Tertia* oder *Secunda* wird zudem als Voraussetzung eingeführt.[1133] Ohne daß dies explizit gemacht wird, stellt diese Bedingung ihrerseits die Basis für eine Beschaffung mehrerer und möglichst unabhängiger Zeugnisse dar.

Neben der Selektion der Schüler übernimmt der Generalsuperintendent auch die Klasseneinteilung. Das Seminar zerfällt in eine erste, theoretische Klasse und eine zweite, deren Ausrichtung in der Praxis liegt.[1134] Die Aufnahme in die zweite Klasse soll bereits als Auszeichnung verstanden werden, was nichts anderes heißen kann, als daß die Eingangsklasse, neben einer theoretischen Fundierung, eine Verlängerung des Selektionsprozesses darstellt. Die Unverbindlichkeit der Aufnahme in das Seminar drückt sich auch darin aus, daß die Besucher der ersten Klasse weiterhin Schüler des Gymnasiums bleiben und lediglich die sechs Seminaristen der praktischen Ausbildungsstufe von

---

1129 Ebd., S. 195 (V. 1).
1130 Zur „Direktur" vgl. ebd., S. 195f. (V. 2).
1131 Ebd., S. 194 (I., bes. I. 1 und I. 2).
1132 Ebd. (I. 2).
1133 Ebd. (I. 3).
1134 Ebd. (II.); zu der ersten Klasse vgl. im weiteren ebd., S. 194f. (III.), zu der zweiten ebd., S. 195 (IV.).

dem Schulgeld befreit werden und darüber hinaus für die von ihnen verrichteten Hilfsdienste „als angehende Lehrer" einen gewissen Lohn erhalten.[1135] Als Lehrer der unteren Klasse fungiert der Katechet der Stadtkirche, d. h. der Stiftsprediger, dessen reguläre Amtspflichten die Schüler punktuell begleiten sollten, um sie unter Ausschluß der Öffentlichkeit in Ansätzen praktisch nachzuvollziehen.[1136] Die strenge Zweiteilung der beiden Klassen – die eine entsprechende Übung eigentlich nicht vorsehen sollte – wird auch an dieser Stelle auf einen fortgeführten Selektionsvorgang hin transparent. Als „der eigentliche Lehrer des Seminarii" ist ein „geschickte[r ...] Kandidat" einzustellen, der „Religion, [...] biblische Geschichte" und die „Anfangsgründe [...] der Geographie, Geschichte, Naturgeschichte, sofern sie zu den notwendigsten menschlichen Kenntnissen gehören", unterrichtet.[1137] Die Vermittlung der elementaren Kenntnisse des „richtigen Lesen[s] und Vorlesen[s], der Orthographie, [und] einer guten Methode des Buchstabierens" ist grundlegend.[1138] Zudem stellt der Kandidat das eigentliche Bindeglied zwischen den beiden Klassen dar.

Von den sechs Seminaristen der zweiten Klasse unterrichten die zwei besten in der Sexta des Gymnasiums, die beiden nachfolgenden in der „Mägdleinschule" und die beiden letzten Seminaristen in der „Garnisonsschule und der Herzischen Freischule".[1139] Der Katechet „besucht fleißig die praktischen Übungen der höheren Klasse".[1140] Die „praktische Übung [des eigenen Unterrichtens ist] unter öfterer Aufsicht ihrer Vorgesetzten" durchzuführen[1141], d. h. des Sextus, des Mädchenschullehrers oder Herz'. Im weiteren zielt das Konzept jedoch darauf, daß die Schüler Teile der übergroßen Klassen betreuen und eigenständig unterrichten. Ein strukturelles Problem des Konzeptes deutet sich an, indem das selbstverantwortliche Unterrichten als Unterstützung der jewei-

---

1135 Ebd., S. 194 (II.); S. 195 (III. 3).
1136 Ebd., S. 194 (III. 1). Die Formulierung: „In jener [Stunde] hören sie ihn [wohl: den Katecheten] katechisieren; in dieser katechisiert oder übet er [wohl: der Seminarist] sich selbst", muß – entgegen der übergeordneten Konzeption der beiden Klassen – im Sinne einer Zweiteilung entsprechend einer theoretischen Fundierung und einer ansatzweisen praktischen Übung verstanden werden. Das übergeordnete Subjekt ist nach dem „Unterricht, den die Seminaristen empfangen", zwar der Katechet. Auch werden die „Seminaristen" im vorherigen Kontext ausschließlich im Plural genannt. Sinn macht die Unterscheidung des genannten Zitates jedoch nur, wenn sich das zweite „er" auf den Seminaristen bezieht. In dem nachfolgenden Punkt 2 findet sich dieser Sprachgebrauch vorausgesetzt und aus den dort eingeführten weiteren Subjekten wird klar, daß die Herdersche Formulierung an dieser Stelle von einer auf Fehldeutungen hin offenen Auslassung bestimmt ist.
1137 Ebd., S. 194f. (III. 2).
1138 Ebd., S. 195 (III. 2).
1139 Ebd. (IV.).
1140 Ebd. (II. 2).
1141 Ebd. (IV.).

ligen Lehrer im Vordergrund steht, dieses jedoch nicht mit der Vorgabe einer Aufsicht des Vorgesetzten in Einklang zu bringen ist. Um so wichtiger ist die Supervision des Kandidaten an dieser Stelle der praktischen Ausbildung. Aufgrund der Anzahl sechs unabhängig voneinander unterrichtender Schüler muß in der Frage einer unterrichtsbegleitenden Betreuung der Seminaristen in dem Entwurf Herders ein klares Defizit benannt werden.

Als weitere, beide Klassen umgreifende Instanz wird lediglich eine „Inspektion" eingeführt, die, je nach Eignung, wahlweise dem Stiftsprediger oder „einem andern Geistlichen oder dem Lehrer des Seminarii" übertragen werden soll.[1142] Ihm obliegt – in der nachfolgenden Formulierung in der beide Ausbildungsphasen betreffenden Ausrichtung erkennbar – der „fleißige [...] Besuch der Lektionen, wo Seminaristen lehren oder lernen, und die öftere Übung derselben zur Pflicht und gibt in Mängel[n], denen er selbst nicht abhelfen kann, dem Directori fleißige Nachricht."[1143] Die Berichte des Inspektors treffen, wie die weiteren Berichte der beteiligten Lehrer, alle vier Monate bei dem Direktor ein.[1144]

Die Kosten der Gesamteinrichtung belaufen sich auf die Bezahlung des Inspektors „mit einem Gratial, das ich nicht bestimme", oder der Streichung anderweitiger Amtspflichten, wie der „völlig unbesuchten Frühpredigten"[1145], die Anstellung des Kandidaten[1146] sowie die Vergütung der unterrichtenden Seminaristen[1147]. Prämien für die Besucher der Einstiegsklasse benennt Herder als optional[1148]. Sein Raumvorschlag beschränkt sich auf die nicht für Schulzwecke genutzten Zimmer der Mädchenschule, die als Dienstwohnung dem Organisten oder dem Mädchenschullehrer zur Verfügung gestellt werden.[1149] Die Umlage der anfallenden Mietkosten stellt den einzigen Zusatz zu den Gehältern dar. Entsprechend der Anzahl von zwei unterrichtenden Seminaristen ist für die Wohnung in der Mädchenschule von mindestens zwei Räumen auszugehen.

Das Gutachten betont seine Aufgeschlossenheit für Verbesserungen: „Übrigens überlasse ich diesen Entwurf der Verbesserung eines jeden, der etwas Besseres weiß".[1150] Es das uneigennützige Angebot Herders dar, sich um die Einrichtung, Verantwortung und Verwaltung des Instituts zu kümmern. Es ver-

---

1142 Ebd., S. 196 (V. 3).
1143 Ebd.
1144 Ebd., S. 195 (III. 2).
1145 Ebd. (VI. 2).
1146 Ebd. (VI. 3).
1147 Ebd. (VI. 4).
1148 Ebd. (VI. 5).
1149 Ebd. (VII.).
1150 Ebd. (VII. 2).

langt keine Gegenleistung als die Bezahlung der benannten finanziellen Mittel, die einem der Stadtgeistlichen, einem Kandidaten und den besoldeten Seminaristen zugute kommen sollen. Die Gesamtanlage als Institut, deren Ziele und Zwecke ansatzweise zusammenfassend bereits in der überindividuellen Fortdauer und der Stärkung eines kontrollierbaren Selektionsprozesses benannt wurden, mag verdecken, daß Herders Vorschlag auf die Einrichtung nicht weniger als sieben neuzuschaffender Lehrerstellen hinausläuft. Gegenüber der Gesamtkonzeption mag diese Initiative in der Wahrnehmbarkeit zurücktreten. Für Herder dürfte sie das genuine Anliegen gewesen zu sein – zusammen mit der Aussicht auf einen strukturell gefestigten Nominierungsprozeß, die freien Auswahl- und Entscheidungsmöglichkeiten sowie administrative Entlastung durch die Stadtgeistlichkeit, die in dem Kandidaten der Seminars um eine Anstellungsmöglichkeit Erweiterung findet.

Eine Grauzone der Konzeption deutet sich in der Frage der bezahlten Seminaristen an. Wie der Fall des Gymnasiasten Traxdorf belegt[1151], verfügte das Gymnasium bereits vor dem Entwurf über Seminaristen, die aushilfsweise in der *Sexta* unterrichteten. Offen bleibt, ob die neueinzurichtenden Stellen die bereits bestehenden ersetzen oder ergänzen sollen. Der Protest des *Gutachten*[s] *über die dem Ständeausschuß vorzulegenden Forderungen* von Anfang 1777 gegen die Praxis unbezahlter Kollaboraturen am Weimarer Gymnasium legt die Annahme einer Umwandlung der betreffenden Stellen nahe.[1152] Irritierend ist hingegen der Hinweis des Konzeptes von 1780, die Seminaristen seien als „Collaboratores der untersten Klassen (ob sie wohl diesen Namen nicht führen)" einzustellen.[1153] Einzig denkbar ist daher, daß die unbezahlten Kollaboraturen des Jahres 1777 die aushilfsweise angestellten Seminaristen sind, deren ansatzweise Vergütung das Gutachten von 1780 regelt. Die landesweite Ausdehnung vergleichbarer Stellen beschränkt sich – unter Rückbindung an das Weimarer Gymnasium als Landesschule – auf die drei übrigen Schulen der Landeshauptstadt und stellt darin die Basis für weitere, u. a. regionale Besetzungsfragen, dar. Das Herdersche Gutachten ist darin gleichermaßen von Klugheit, Pragmatik und Weitsicht bestimmt. Nur in Details bleiben Fragen offen. Das Konzept, als persönliches Angebot, fördert die regionalen Perspektiven durch Stärkung des lokalen kirchlichen und schulischen Personals sowie der freien Entscheidungs- und Gestaltungsmöglichkeiten des Generalsuperintendenten.

Wichtig – auch für den weiteren Verlauf der Angelegenheit – ist zudem die Forderung eines Neuanfanges. Daß Herder die Formulierung dieses Ergebnisses nicht leicht fiel, deutet sich in der Verzögerung des Entwurfes und den

1151 Vgl. dazu oben Kap. III.2.10.
1152 Vgl. dazu Kap. III, Anm. 486–490
1153 Mitzenheim, Seminar, S. 195 (IV.).

Äußerungen gegenüber Hamann an. Von prinzipieller Natur waren jedoch die Entscheidungen, zu denen er sich schließlich durchringen konnte: eine Verbesserung des bestehenden Institutes konnte es nur mit einem Neubeginn geben. Bezeichnend für Herder dürfte sein, daß dieses grundlegende Ergebnis seiner Überlegungen in dem Gutachten nicht eigens benannt wird. Voraussetzungen oder weiterführende Perspektiven werden meist nur vorsichtig angedeutet bzw. mehr oder minder impliziert. Die menschliche Größe des um Vermittlung bemühten Mannes deutet sich in dem Entwurf darin an, daß der Neubeginn des Institutes die Einrichtung der Herzschen Freischule nicht ausdrücklich in Frage stellt und ihr – mit dem subsidiär einzusetzenden Lehrpersonal – sogar zugute kommt. Die längerfristige Ablösung wird jedoch nicht eigens benannt, und gerade an diesem Punkt – einer eigentlichen Stärke des Konzeptes – sollten sich die weiteren Konflikte entzünden. Denn zu einem gewissen Teil gründen die Radikalität und das Format des Entwurfes in einem schlichten Mißverständnis.

2.1.3. Erste Reaktionen (Mitte November 1780)

Nach dem Einreichen des Entwurfes unter dem 1. November bietet Herders Brief an Hamann, etwa zwei Wochen später, eine Momentaufnahme der ersten Reaktionen.[1154] Nach der Einsichtnahme in den Entwurf dürfte bei den Angehörigen der vormaligen Kommission keine geringe Irritation darüber geherrscht haben, daß an das bestehende Institut weder direkt angeknüpft noch eine Verhältnisbestimmung der beiden Einrichtungen eigens vorgenommen wird. Den älteren Amtsinhabern erscheint es möglich, daß Herders Plan auf Unkenntnis der bestehenden Strukturen basiert. Und diese Annahme ist zutreffend.

Von der Vorgeschichte des Seminars mußte Herder gewußt haben – nicht aber von dem Fortbestehen der Einrichtung in den andauernden Gehaltszahlungen an Herz. Die von dem Ständeausschuß neubewilligten 200 Reichstaler hatte Herder, wie er Hamann bekennt, mit der vormaligen Summe identifiziert: „ich, der noch immer die Sache nicht begreife u.[nd] mir gar nicht einbilde, daß der fromme Mensch [Herz] noch immer so viel Jahre die 200. Thaler eines Seminarii geniesse, das nicht da ist u.[nd] nie dagewesen, wundre mich". Über die Reaktion des mutmaßlich vormaligen Kommissionsmitgliedes des Instituts, von Lyncker, schreibt Herder: „Der Präsident bringt mir höflich ein Pack ältrer Acten mit, ob ich die nicht einsehn wollte; ich sehe sie durch, finde aber, weil von dieser Anstalt ein einzelnes Rescript ohne weitern Verfolg da war, gar nichts in meinem Plan zu ändern u.[nd] thue, als ob eine ältere Commißion

---

1154 Herder an Hamann, Mitte November und 18. Dezember 1780, DA, Bd. 4, Nr. 128, hier: S. 146f.

nicht da wäre."[1155] Herders Verhalten gründet in der tatsächlichen Überzeugung, das Seminar habe sich bereits institutionell überholt und Herz' Funktion beschränke sich auf die Tätigkeit an der Mädchenschule. Von Lyncker stellt den Entschluß den einzelnen Konsistorialräten anheim, indem er für den weiteren Verlauf „ad votandum singulatim" entscheidet.[1156] Erst in zeitlicher Folge und nach dem Hinweis „einer meiner Collegen", der das „Verständniß öfnet[e]", wurde Herder „eben gestern" das strukturelle Problem klar.[1157] Soweit der Kollege nicht der Stadtgeistlichkeit insgesamt angehörte und in einem geistlichen Mitglied des Konsistoriums bestanden haben sollte, dürfte es sich um Schneider gehandelt haben, der die Eingabe einer Aktualisierung des vormaligen Planes betrieben hatte.

Nicht ohne Stolz erkennt Herder nun selbst die Größe seines Vorhabens, obgleich er, seinem Vertrauten Hamann gegenüber aus dem grundlegenden Irrtum seiner Konzeption keinen Hehl gemacht hatte: „Natürlich hob mein Plan diese ganze Lumpencommißion auf, dadurch daß er an sie, als ob sie nicht in der Welt wäre, nicht dachte, u.[nd] dies Institut mit Gymnasio, Ministerio, Stadtschule auf eine Art band, daß, wenn es zu Stande kommt, es nicht leicht wieder verfallen u.[nd] die jungen Leute insonderheit durch eignes Dociren in den untern Classen nützlich werden müssten."[1158] Stärke gewinnt Herder aus der Aussicht auf eine weitere Kompromißlosigkeit: „Soll aber jener Brei herangeklekt werden, so sage ich mich von aller Direction drüber los u.[nd] laße den ersten frommen Minister u.[nd] den OberConsistorialPräsidenten fortpräsidiren."[1159]

2.1.4. Amtliche Reaktionen (November/Dezember 1780)

Einen Befürworter und Vermittler seines Vorschlages fand Herder in dem Kollegen Schneider. Ihm und anderen erschien der Plan „durchgängig zweckmäßig und den Umständen [des ...] Landes angemessen", so die Zusammenfassung Ranitzsch'.[1160] Daher wollte Schneider vermitteln. Der versuchte Ausgleich galt zum einen der Anbindung an die zuvor eingerichtete Kommission – was im Sinne einer Kontinuität der Einrichtung sowie der investierten Mittel und Bemühungen sicher kein unberechtigtes Anliegen war. Zum anderen verwies Schneider auf die Berufung Herz' – was in institutioneller Hinsicht

1155 Ebd., S. 147, Z. 89–92.
1156 Ebd., Z. 93.
1157 Ebd., Z. 96f.
1158 Ebd., Z. 98–102.
1159 Ebd., Z. 102–104.
1160 Ranitzsch, Seminar, S. 588.

in der Tat einen ebenfalls klärungsbedürftigen Umstand darstellte.[1161] Der angedachte Lösungsvorschlag belief sich auf eine Ergänzung des Herderschen
Planes um eine Mitanstellung Herz'.[1162] Das durch von Lyncker bestimmte
Verfahren einer Mehrheitsentscheidung der stimmberechtigten Mitglieder des
Oberkonsistoriums – und nicht einer Anweisung oder Empfehlung des Präsidenten – führte zu einem auf den 21. Dezember 1780 zu datierenden Bericht
an den Herzog im Sinne des Schneiderschen Votums. Herder reagiert mit
einem Einzelvotum[1163], das die Vorabankündigung an Hamann, nicht von dem
Vorschlag, allenfalls von der Direktion der Einrichtung Abstand zu nehmen,
einlöst:

> „da mir, dem Direktori, die meiste Mühe und Verdruß zugewachsen wäre, wenn
> ich [...] die Unwürdigen, die alle unsre guten Anstalten verderben, mit Ernst hätte
> abhalten müssen, als welches Verdrusses ich überhoben sein kann: so bleibt mir
> nichts übrig, als die ganze Anstalt der Ausführung eines Bessern zu überlassen und
> mir allein die Aufsicht und Prüfung vorzubehalten, die mir, dem Generalsuperin-
> tendenten, vermöge meiner Vokation gebührt."[1164]

Ausführlich begründet er in der Sache, warum er an die vormalige Einrichtung
nicht anknüpfen konnte und eine Anbindung Herz' an das Institut unmöglich
sei. Im besonderen sind es drei Argumente, die Herder gegen eine strukturelle
Integration stark macht. Zum einen ist es der Status Herz', der über keine akademische Ausbildung verfügt: „Er ist kein *Studierter*".[1165] Zum anderen verweist Herder auf dessen Alter und berufliche Auslastung.[1166] Schließlich begründet er aus der Anlage seiner Konzeption dessen Vollständigkeit und
fordert dazu auf, eine Lücke zu benennen, die mit der Anstellung von Herz
geschlossen werden solle.[1167] Konsequent verweigert sich Herder den Vermittlungsbemühungen seiner Kollegen, die in institutioneller Hinsicht wohlbegrün-
det waren. Keine Resignation, sondern die Hamann angekündigte Kompromißlosigkeit als das Wissen um die eigene und eigentliche Stärke, die keiner
äußeren Notwendigkeit zu gehorchen hat, führt zu dem abschließenden Ausho-
len mit der wohl vorbereiteten und gut verwahrten Keule: „Übrigens will ich
durchaus nicht recht haben und entsage mich vielmehr hiermit auf die ehrer-

---

1161 Die Hinweise auf beide Vermittlungsbemühungen Schneiders s. ebd.
1162 Deutlich wird dies aus der Reaktion Herders, vgl. dazu ebd., S. 589: „Das machte Hertz we-
      der zum Mitlehrer noch zum Inspektor des Seminarii, wenn mein einfacher und genau ver-
      ketteter Plan Bestand haben sollte. Ich wünschte, daß eins der Votorum, so Hertzen zum
      Mitlehrer machen, sich genau und bestimmt ausgedrückt hätte, was denn Hertz eigentlich
      bei dieser Anstalt tun solle? und wo die Lücke sei, die er ersetzen müsse?"
1163 Abgedruckt: ebd., S. 588–590. Zu dem Datum vgl. Haym, Herder, Bd. 2, S. 388.
1164 Ranitzsch, Seminar, S. 590.
1165 Ebd., S. 588.
1166 Ebd., S. 589.
1167 Ebd.

bietigste und bescheidenste Weise sowohl von meinem Plane, als der Teilneh-
mung, die ich mir in Ausführung desselben aufgelegt hatte."[1168] Zugleich verwandelt er den Grund seines Irrtums, die fortgesetzten Zahlungen an Herz, in
eine weitere Stärkung des Projektes: „Schließlich wünsche ich, daß die kleine
Pension, die Hertz genießt, und die er durch seine Freischule und ausgezeichnete Lehrertreue verdient, nach dem etwaigen Ableben desselben [...] dem Seminario zufiele, weil [ich] in meinem jetzigen Plane nur sehr enge gerechnet
habe".[1169] Der angekündigte Rückzug wird von der Aussicht auf die Umsetzung des eigenen Konzeptes von einer längerfristigen, finanziell gestärkten
Perspektive überlagert.

2.1.5. Verschleppung des Projektes (Dezember 1780 – 1783)

Die Deutlichkeit des Votums auf der einen, dessen Ambivalenz – ohne den
Freiraum zu weiteren Diskussionen – auf der anderen Seite, machte den Oberkonsistorialkollegen jede weitere Reaktion schwer. Sie entschieden sich dafür,
wohl auch um Folgeschäden zu vermeiden, den Oberkonsistorialbericht nicht
an den Herzog zu schicken.[1170] Die rechtliche Schwebelage dürfte in den eingeschränkten Handlungsmöglichkeiten der beteiligten Akteure gegründet haben, deren verbliebener Bewegungsspielraum ausschließlich von den Reaktionen der anderen Parteien abhing. Die Oberkonsistorialkollegen mußten
entweder auf ein Signal Herders zur Vermittlungsbereitschaft oder eine Aufforderung des Herzogs oder des Geheimen Consiliums warten, um eine Empfehlung für das weitere Vorgehen zu formulieren. Der Herzog und die Regierung erwarteten eine Reaktion des Oberkonsistoriums. Und Herder erwartete
entweder ein mehrheitsfähiges Einlenken in den Voten der stimmberechtigten
Oberkonsistorialmitglieder oder eine klare Unterstützung seines Planes, wenn
nicht gar eine deutliche Entscheidung seitens des Herzogs oder des Geheimen
Consiliums. Keiner der Akteure bewegte sich – und Herder konnte warten, hatte er doch am wenigsten zu verlieren. Die Involvierung in die Einrichtung des
Institutes war wie sein eigener Plan reaktiver Natur; und seine Teilnahme an
dem Projekt empfand er weniger als Hypothek einer zu vermittelnden überindividuellen Verantwortung denn als Verantwortung sich selbst, seinen Idealen
und vielleicht auch seinem Status gegenüber. Er verließ sich auf die Unterstützung der übergeordneten amtlichen Institutionen und ging auch diesen gegenüber eher auf innere Distanz, als eine persönliche Niederlage oder enttäuschte
Erwartung offen zuzugestehen. Nach fast zwei Jahren erfolgte die Erinnerung

---

1168 Ebd.
1169 Ebd., S. 590.
1170 Ebd.

des Herzogs, die – im weiteren Vorfeld des im nächsten Jahr anstehenden Ständeausschusses – per Reskript vom 3. November 1782 der Einrichtung des Seminars galt.[1171] In engerer zeitlicher Folge zu dem Ständetag wurde der Bezug zu diesem äußeren Anlaß mit einem weiteren, auf den 20. Mai 1783 zu datierenden Reskript ausdrücklich festgehalten.[1172] Die Antwort des Oberkonsistoriums fällt auf den 19. Juli und dürfte neben anderen Desideraten auch auf eine Lösung in der Frage des Lehrerseminars gedrungen haben.

Während äußerlich nach dem Herderschen Einzelvotum wieder erste Bewegung in die Angelegenheit kam, verstärkte sich innerlich die menschliche Enttäuschung gegenüber Goethe, von dem sich Herder wohl sowohl im Blick auf den Herzog als auch das Geheime Consilium besondere Unterstützung – jedoch ausschließlich als Eigeninitiative Goethes – erhofft hatte. Die Entfremdung während der ersten Weimarer Jahre entwickelte sich aus grundlegenden gegenseitigen amtsfunktionalen Fehleinschätzungen.[1173] Herder hatte auf die Einsicht des langjährigen Freundes in die begrenzten Amtsstrukturen gehofft, zumal nach dessen Vermittlung der Position, die Herder auch im Sinne einer persönlichen Verantwortlichkeit für ihn und seine Amtsgeschäfte verstehen mochte. Allein, diese Erwartung mußte enttäuscht werden, konnte Goethe doch seinerseits die erfolgreiche Berufung als bereits erbrachte Leistung eines besonderen Freundschaftsdienstes verstehen. Daß Herder gerade den Fall des Landschullehrer-Seminars Goethe persönlich zum Vorwurf machte, dokumentiert die erste erneute Annäherung während der Weimarer Zeit. Die Vermittlerin war – wie auch später – Karoline. Der Impuls ging allerdings von Goethe aus. Nach der Einladung zu seinem Geburtstag 1783 schreibt Goethe an Herder: „Deine Frau wird dir gesagt haben, was für ein Mißverständnis obwaltet. Ich bitte dich deswegen, zu Anfang meines neuen Jahres deine Gedanken über unser sämtliches Schulwesen zu sammeln und mit mir, wenn ich wiederkomme, darüber zu sprechen. Ich will gern zu allem, was du ausführbar hälst, das Meinige beitragen."[1174] Daß Karoline die persönliche Enttäuschung über eine mangelnde Unterstützung der amtlichen Angelegenheiten weitergeleitet hatte, liegt auf der Hand. Daß sie in dem Einzelfall des Landschullehrer-Seminars gründet, den Goethe zu einer prinzipiellen Unterstützung sämtlicher Schulangelegenheiten ausweitet, dürfte die Reaktion Goethes implizieren.

1171 Zu dem Datum vgl. Haym, Herder, Bd. 2, S. 389, besonders auch ebd., Anm. 17.
1172 Ebd.
1173 Vgl. dazu Irmscher, Freundschaft, S. 246.
1174 Zitiert nach Ranitzsch, Seminar, S. 590.

2.1.6. Ausweitung und weitere Verschleppung des Planes
(August 1783 – Mai 1786)

Die Protektion Goethes – erwachsen aus persönlichen Vorwürfen und deren Bereinigung als einseitiges „Mißverständnis" – ermöglichte die Ausweitung des Vorhabens in der Einordnung innerhalb eines Gesamtkonzeptes zur Verbesserung des ländlichen Schulwesens. Eine neuerliche Dringlichkeit und eigene Aktualität gewann das Landschullehrer-Seminar darin, daß Goethes Geburtstag mit einem weiteren Zusammentreten der Ausschußstände zeitlich fast übereinfiel.[1175] Nach deren Erinnerung an die Einrichtung und nur eine gute Woche nach Goethes Geburtstag folgte am 8. September 1783 die herzogliche Anweisung an das Oberkonsistorium zur Gründung des Seminars im Rahmen einer Verbesserung des Schulwesens insgesamt.[1176] Ende November erging der Befehl an Herder, einen entsprechenden Gesamtentwurf zu erarbeiten. Ein Reskript mahnte am 27. Januar des Folgejahres den Vorschlag ein, nachdem die Finanzierung auch den Jenaer Ständen nahegelegt und – wie zuvor in Weimar – unter der Auflage eines ausgearbeiteten Konzeptes vorläufig bewilligt worden war.[1177] Die herzogliche Erinnerung wurde weitere zwei Monate später an die „Kommission" des nominell fortbestehenden Instituts weitergeleitet. Soweit der Befehl an das Oberkonsistorium adressiert war, dürfte von Lyncker für die Entscheidung verantwortlich gewesen sein und als eines der beiden Kommissionsmitglieder das Schreiben selbst erhalten haben, was einen direkteren Aktionsraum eröffnete. Sollte es sich um einen Mehrheitsentscheid gehandelt haben, könnte sich andeuten, daß die stimmberechtigten Konsistorialmitglieder auch unter der veränderten Aufgabenstellung nicht ohne weiteres gewillt waren, die bereits geschaffenen Strukturen zu übergehen. Aufgrund der in Aussicht gestellten Unterstützung und der damit signalisierten Sicherheit für das eigene Projekt kann es als unwahrscheinlich gelten, daß der mit dem zukünftigen Plan betraute Generalsuperintendent die nicht bei ihm liegende Zuständigkeit für das bestehende Institut amtsstrukturell betonen wollte.

Die Euphorie über den zu erwartenden Rückhalt der übergeordneten Entscheidungsinstanzen wich schnell einer erneuten Verärgerung und Resignation über die amtsstrukturelle Gleichordnung der Kollegen innerhalb des Oberkonsistoriums. Hinzu kamen zeitgleich die komplexen Briefe an Jacobi und die Arbeit an den *Ideen*. Aussichten auf auswärtige Berufungen zerschlugen sich, dürften aber – in Verbindung mit den erfüllenden geistigen Arbeiten dieser Jahre – dazu beigetragen haben, daß der Ärger über den Stillstand der Bemühun-

---

1175 Vgl. dazu und zu dem folgenden: Ranitzsch, Seminar, S. 590f.

1176 Zu dem genauen Datum und den auszugsweisen Zitaten vgl. Haym, Herder, Bd. 2, S. 389.

1177 In der äußeren Datierung und inhaltlichen Zusammenfassung des Reskriptes verbinden sich Informationen von Ranitzsch, Seminar, S. 590, und Haym, Herder, Bd. 2, S. 389.

gen deutlich formuliert wurde, sich in seinem Ausmaß aber letztlich doch in Grenzen hielt. Gegenüber Gleim erklärte Herder am 26. April 1784 die noch nicht erfolgte Realisierung der Pläne, „weil es sich fort u.[nd] fort an etwas neuem stößet, solang alle solche Sachen nur collegialisch behandelt werden u.[nd] auch der platteste Mensch sein Steinchen oder sein Felsstück in der alten Tasche hat, es in den Weg zu schieben. Die Jahre rollen hin u.[nd] das menschliche Gefäß füllet sich zuletzt mit Ueberdruß auch der liebsten, erwünschtesten Sachen, auf die man den Zweck seines Lebens setzte, wenn man sie lange unwürdig behandelt u.[nd] gehindert sieht".[1178] Weitere briefliche Bezüge finden sich während dieser literarisch produktiven Phase nicht – ein Umstand, der über die Frage nach einer persönlichen Wahrnehmung hinaus für das mit Sicherheit nur eingeschränkte Maß einer inneren Beteiligung aussagekräftig ist.

Ranitzsch, der wesentliche Historiograph des Landschullehrer-Seminars, dessen materiale und synthetische Vorarbeiten die Grundlage jeder weiten Darstellung sein müssen[1179], will für die Jahre zwischen 1783 und 1785f. keine vollständige konzeptionelle Leerphase in der Einrichtung des Seminars annehmen. Einen handschriftlichen Entwurf zum „Hauptmangel aller Lehranstalten auf dem Lande"[1180] datiert er als Konjektur in den benannten Zeitraum, zum Teil vielleicht auch als Antwort auf das völlige Fehlen weiterer Reaktionen Herders. Die weitere Forschung, unter der Ausnahme Wisberts, folgte der zeitlichen Einordnung, verzichtete jedoch auf die Vorsicht, mit der Ranitzsch seinen Vorschlag noch eingebracht hatte.[1181] Zwei Gründe legen eine deutliche Spätdatierung der Handschrift nahe. Zum einen beruft sich der Text ausdrücklich auf ein Medium oder Publikationsorgan: „R=Anz."[1182], eine Abkürzung, die sich auf den *Kaiserlichen privilegierten Reichs-Anzeiger* des Gothaer Rudolf Zacharias Becker beziehen dürfte.[1183] Die Tageszeitung, in der Herder auch 1801 eine von regionaler Brisanz und familiären Bezügen getragene aktuelle Anzeige einschalten ließ[1184], erschien jedoch nicht vor dem Jahr 1791. Zum anderen verweist der Text auf das Angebot der „Schulbibliothek von Salzmann, die mit Schrank 25 Taler kostet, [...] daraus fleißigen Kindern Bü-

---

1178 Herder an Gleim, 26. April 1784, DA, Bd. 5, Nr. 23, S. 34, Z. 16–22.

1179 Sehr knapp und in den wesentlichen Ergebnissen präzise, wenn auch keineswegs vollständig: Haym, Herder, Bd. 2, S. 386–392.

1180 Ranitzsch, Seminar, S. 591–593. Ausgewertet wird ferner dessen von der Herder-Forschung bislang unberücksichtigte Arbeit: Ranitzsch, Lehrerseminar, einschlägig hier im wesentlichen der Abschnitt, S. 5–27, sowie im Anhang: S. 97f.

1181 Vgl. dazu den materialen Anhang der Arbeit von Reichart, Herder.

1182 Ranitzsch, Seminar, S. 591.

1183 Diese Auflösung bietet auch Wisbert, FHA, Bd. 9/2, S. 1318, der sich ebenfalls für eine Spätdatierung „nach 1790" ausspricht.

1184 Vgl. dazu Herder an Rudolf Zacharias Becker, 19. Januar 1801, DA, Bd. 8, Nr. 187, S. 190f.

cher geliehen würden."[1185] Soweit es sich um eine eigenständige Publikation Christian Gotthilf Salzmanns handelt, was sich aus verlags- und druckrechtlichen Gründen nahelegt, dürfte der Bezug der *Bibliothek für Jünglinge und Mädchen* gelten, die seit 1787 im Wolfenbütteler Verlag der Schulbuchhandlung erschien. Genaueres ließe sich über eine Identifikation des genannten Angebotes erschließen, doch erübrigt sich die Mühe, da die an dieser Stelle einzig bedeutsame Frage, ob der Entwurf in den Zeitraum von 1783 bis 1786 zu datieren ist, eindeutig verneint werden kann.

Festzuhalten bleibt, daß Herder trotz der amtlichen Anfrage und der in Aussicht gestellten Protektion nicht reagierte. Der Grund dürfte in dem eingangs erwähnten und in dem Brief an Gleim dokumentierten Unwillen über die amtsstrukturellen Voraussetzungen gründen. Eine Veränderung in dieser Hinsicht konnte er jedoch nicht ernsthaft erwarten. Allenfalls personelle Umgestaltungen des Oberkonsistoriums wären eine realistische Perspektive gewesen. Die Ergebnisse des Vorkapitels halten für den hier relevanten Zeitraum jedoch einen Status quo sowohl der geistlichen als auch der weltlichen Bank fest. Herders Warten mußte sich daher, soweit es sich nicht auch auf persönliche, berufliche oder geographische Veränderungen bezog, ausschließlich auf äußere Anlässe konzentrieren.

2.1.7. Herders Gutachten vom 2. Mai 1786

Bewegung in die Frage schulischer Angelegenheiten kam erst mit den erwähnten Vakanzen am Weimarer Gymnasium, auf die Herder mit seinem Schreiben an Karl August vom 14. Dezember 1785 reagierte.[1186] Auf lokaler Ebene deutete sich an, was das spätere Konzept zu dem „Hauptmangel aller Lehranstalten auf dem Lande"[1187], u. a. in der Anlage und Finanzierung von Schulbibliotheken, ausführt. Wichtig in dem Schreiben an den Herzog ist das – nun freilich mit Blick auf das Weimarer Gymnasium – erneuerte Angebot einer eigenständig zu verantwortenden und ohne fremde Einflußnahme zu gestaltenden Schulreform.

In die zeitliche Folge der neuinspirierten Motivation fällt das Anknüpfen an den vorherigen Entwurf des Landschullehrer-Seminars. In seinem Begleitschreiben zu dem unter dem 17. Mai 1786 schließlich neueingereichten Plan hält Herder dem Herzog und sich selbst gegenüber fest, daß die Konsequenz der fortgesetzten Kompromißlosigkeit unter Absicht von inhaltlichen oder konzeptionellen Veränderungen zu greifen sein wird: „Ich habe, was die Mate-

---

1185 Ranitzsch, Seminar, S. 593.
1186 Herder an Karl August, 14. Dezember 1785, DA, Bd. 5, Nr. 138, S. 151–158.
1187 Ranitzsch, Seminar, S. 591–593.

rie betrifft, wenig in dem [Entwurf] zu ändern vermocht, den ich unterm
1. Nov. 1780 eingereicht habe; und nur die Form ist verschieden."[1188]
Der Text des zweiten Gutachtens datiert auf den 2. Mai 1786.[1189] Das Herdersche Selbstverständnis einer inhaltlichen Kontinuität ist zutreffend. In formaler Hinsicht kann die Präsentation des Entwurfes als gestrafft gelten. Die
vormals differenziertere Untergliederung der thematischen Unterpunkte weicht
einer groben Zweiteilung (I./II.) des Hauptteils.[1190] Einleitung, Hauptteil und
Schluß gehen fließend ineinander über, indem die einheitliche Paragraphenzählung den gesamten Text, der auf die funktionalen Bezeichnungen der einzelnen Teile verzichtet, in 18 Abschnitte untergliedert.

Inhaltlich bieten die Reformulierungen punktuelle Ausweitungen. Nur in
zweierlei Hinsicht sind diese von sachlicher Bedeutung. Zum einen finden sich
eingehendere Bestimmungen über den Lehrplan des Unterrichts.[1191] Die Konkretion dieser Ausführungen, die detailliert auf die Vermittlung der elementaren Fähigkeiten, wie Lesen und Schreiben, und „gemeinnütziger Känntnisse"
abhebt, betont eigens die Bedeutung der religiösen Erziehung, die neben der
„biblischen Geschichte" auch grundlegende kirchengeschichtliche Zusammenhänge vermittelt.[1192] Zum anderen erlaubt der Vergleich der beiden Textfassungen, die Begründung für diese Ausweitung zu identifizieren. Die Kompetenz des Generalsuperintendenten im Amt des Institutsdirektors wird in dem
zweiten Entwurf ausdrücklich um die inhaltliche Gestaltung des Unterrichts
der unteren Klasse erweitert: „Seine Stunden [die des zuständigen Lehrers], die
Lehrbücher und Lectionen ordnet der Director, so daß sie Theils mit den Stunden des Katecheten, Theils den Lectionen des Gymnasii zusammentreffen, und
keine unnütze Wiederholungen statt finden."[1193] Das abschließende pragmatische Argument läßt den inhaltlichen Zusatz nicht auf Anhieb erkennen. Nicht
zu bezweifeln ist jedoch, daß der im Erstentwurf nicht eigens erwähnte Anspruch Herders auf die Einteilung und inhaltliche Gestaltung der Lektionen
zusammen mit den personalen Entscheidungsmöglichkeiten zentrale Voraussetzung seines Engagements war.

In struktureller Hinsicht finden sich zwei Modifikationen. Schon einleitend, in § 4, wird der Hinweis auf die bereits bestehenden Institutionen geboten: „Nun sind allerdings hiezu in diesem Lande bereits ältere löbliche Anstal-

---

1188 Herder an Karl August, 17. Mai 1786, SWS, Bd. 30, S. 460. Zu dem Datum und einem kür-
      zeren Auszug vgl. auch Ranitzsch, Seminar, S. 594.
1189 SWS, Bd. 30, S. 460–465.
1190 Ebd., S. 461–463 (I.), 463–465 (II.).
1191 Vgl. dazu bes. ebd., S. 463f. (§ 14f.).
1192 Ebd.
1193 Ebd., S. 462 (§ 11).

ten vorhanden."[1194] Nach der Position des Stiftspredigers verweist Herder auch
auf „die 1771 gestiftete Anstalt, die mit einer Freischule verbunden ist". Die
„Unzulänglichkeit dieser Anstalten" beschreibt er als Konsens des Oberkonsistoriums und des Ständeausschusses. Programmatisch stellt der Entwurf in
Aussicht, „die schon vorhandenen Anstalten", d. h. auch die Herzsche Frei-
schule, „zu verbinden, zu ergänzen und zu dem [übergeordneten Zweck eines
Landschullehrer-Seminars zusammen] zu führen". Gerade dieser Punkt wird
von den nachfolgenden Ausführungen jedoch nicht eingeholt. Die Anzahl der
selbst unterrichtenden Seminaristen findet sich von sechs auf fünf reduziert.[1195]
Die Einsatzorte beschränken sich auf das Gymnasium, die Garnisons- und die
Mädchenschule. Unerwähnt bleibt die Herzsche Freischule. Und an dieser
Stelle wurde auch der aushilfsweise Unterricht des sechsten Seminaristen ein-
gespart. Über den Hintergrund dieser gravierenden Veränderung soll nicht gemutmaßt werden. Sie kann in einem Einverständnis Herz' gründen, das Institut
– das an seine Person rückgebunden war – nicht längerfristig in den Plan zu integrieren und zu Lebzeiten keine Entlastung zu benötigen. Auf der Ebene des
Entwurfs ist ein deutliches Ungleichgewicht zwischen institutioneller Programmatik, die jene vom Oberkonsistorium eingeforderte Anbindung der bestehenden Institutionen einleitend verspricht, und der klaren Lücke an diesem
Punkt in der Frage der Umsetzung zu verzeichnen.

Im Sinne einer Kontinuität zu dem Erstentwurf ist darauf zu verweisen,
daß die unterrichtsbegleitende Betreuung der Seminaristen während der praktischen Ausbildungsphase auch in dem Zweitentwurf unbestimmt bleibt. Ein inhaltlicher Aspekt, ebenfalls in Fortsetzung des Erstentwurfes, läßt sich in der
sozialen Begründung der fachlichen Unterrichtsziele der ersten Klasse und der
beschränkten finanziellen Mittel zur Vergütung der eigenen Lehrerfahrungen
während der zweiten Klasse ausmachen. Beide Entwürfe setzen mit einer Negativbestimmung von dem „Zweck dieses Seminarii" ein.[1196] Der Erstentwurf
hält fest, daß dieser nicht darin bestehe,

> „eine Art von Literatur und Aufklärung zu geben, die ihnen [den späteren Land-
> schullehrern] und ihren künftigen Lehrlingen, falls sie solche anwenden wollten,
> eher schädlich als nützlich wäre. Zuviel Klarheit und Raisonnement in Ständen, wo
> sie nicht hingehören, ist gewiß eher schädlich als nützlich. Auch nicht […] ihnen
> im Seminarii eine bequemere Subsistenz zu verschaffen, die ihnen nachher arme
> Schulstellen, wie sie meistens in diesem Lande sind, ungefällig und zur Last mach-
> te."[1197]

1194 Ebd., S. 460f. (§ 4). Die nachfolgenden Zitate s. ebd.
1195 Vgl. dazu ebd., S. 463 (§ 13), sowie auch für die nachfolgenden Zitate, ebd., S. 464 (§ 16).
1196 Im Wortlaut des ersten Entwurfes: Mitzenheim, Seminar, S. 193 (1.), in dem des Zweitent-
     wurfs: SWS, Bd. 30, S. 460 (§ 1).
1197 Mitzenheim, Seminar, S. 193 (1.1.f.).

Der Zweitentwurf übernimmt diese Formulierung fast wörtlich; lediglich der Schluß bemißt die Relation des Nutzens in gesellschaftlicher Hinsicht an dem Vorteil des Staates, in individueller Bedeutung an der „Glückseligkeit des einzelnen, zumal niedrigen Privatlebens."[1198] Auch die Formulierung des Erstentwurfes, „daß, was nicht zum Pfluge taugt, zum Lehrstande tauge [ein verbreitetes Vorurteil sei]; damit wird der Lehrerstand, sowohl in Kirchen als Schulen, in kurzer Zeit zum schlechtesten aller Stände"[1199], ist in der späteren Version leicht gestrafft übernommen: „daß [das Vorurteil,] was nicht zum Pfluge taugt, für die Kanzel und Schule gehöre"[1200], zu verbreiteten Mißständen geführt habe. Die Folgen werden in dem Zweitentwurf intensiver ausgeführt; und auch die inhaltlichen Konsequenzen finden eingehende Erörterung. Als Maßstab für die den angehenden Landschullehrern zu vermittelnden Kenntnisse gilt, daß sie diese „in den Stand [setzen ...], mancherlei Vorurtheile und Aberglauben unter dem gemeinen Mann zu vertilgen, oder vielmehr denselben zuvorzukommen und der Jugend Begriffe von der Natur oder den bürgerlichen Verhältnissen zu geben, die ihre Seele wirklich erhellen, und ihren Verstand bilden."[1201] Der volksaufklärerische Impuls knüpft damit an die gegebenen sozialen Realitäten in der Unterscheidung zwischen urbanen und ruralen Milieus ebenso wie die vorhandene Ständeverfassung und deren zeitgenössischen Differenzierung zwischen „Nähr-" und „Lehrstand" an.[1202] Beide Hinweise gelten, in Verbindung mit dem umfassend sozialen und darin nicht spezifisch ständischen Begriff des Bürgers, den verschiedenen gesellschaftlichen Lebensformen des Menschen, die es in ihren Unterschieden zu verstehen und zu wahren gilt.[1203]

Ein weiterer Hinweis ist in dem Schlußabschnitt des Entwurfes von Bedeutung. Wie in anderen Gutachten und Briefen, bietet Herder abschließend und beiläufig – noch immer als Teil der angeforderten Reaktion – eine weitere Initiative an. Nach Einrichtung des Seminars sei als weiterer Schritt die „eben so dringende[,] eben so nothwendige Ueberlegung nöthig, nämlich: wie so manche blutarme Schulstellen unsres Landes an Einkünften verbeßert werden könnten? [...] Ich werde zu einer andern Zeit meine Gedanken darüber äu-

---

1198 SWS, Bd. 30, S. 460 (§ 1).

1199 Mitzenheim, Seminar, S. 194 (I.).

1200 SWS, Bd. 30, S. 461 (§ 6).

1201 Ebd., S. 463 (II. § 14).

1202 Zu dieser Unterscheidung vgl. auch Keßler, Werte.

1203 Mitzenheim, Seminar, S. 193, versteht die Ausführungen zu dem Ständewesen als ansatzweise reaktionär: Herder sei „in zeitgemäßen Anschauungen befangen", erhebe jedoch „in den Hauptpunkten [...] progressive Forderungen." Nicht vollständig gewürdigt wird darin das umfassende gesellschaftliche Verantwortungsideal Herders, das mit dem Begriff des Bürgers in seinen unterschiedlichen Bedeutungsvarianten den Menschen in seiner jeweiligen sozialen Verfassung zum Maßstab der eigenen Initiativen erhebt.

ßern".[1204] In die Nachfolge dieses Angebotes ist die Einrichtung des Land-schullehrer-Fonds sowie – mit deutlicherem Abstand – der im Vorpunkt er-wähnte handschriftliche Entwurf einzuordnen, auf den im Zusammenhang der projektierten Industrieschule einzugehen sein wird.

2.1.8. Amtliche Reaktionen (Mai 1786 – April 1787)

Das Oberkonsistorium legte sein Gutachten zu dem Entwurf, ohne jede Verzö-gerung, unter dem 23. Mai 1786 vor.[1205] Zwei Einwände werden darin geltend gemacht. Durchaus berechtigt wird darauf verwiesen, daß der Freiraum, der in dem Entwurf strukturell dem Direktor zugesprochen wird, nicht für jeden Amtsinhaber zu gewähren sei. Das umfassende persönliche Angebot Herders wird als solches verstanden, in institutioneller Hinsicht jedoch hinterfragt. Der Anknüpfungspunkt für diese Initiative mochte auch in der beiläufigen Auswei-tung der Direktoriumskompetenzen des Zweitentwurfes gelegen haben. Durch-aus berechtigt ist auch der zweite Hinweis, der dem Umstand gilt, daß das Oberkonsistorium den Status der Herzschen Freischule als Landschullehrer-Seminar nicht aufheben oder ändern kann, da Einrichtung und Fortbestand des Institutes herzoglich veranlaßt wurden.[1206] Auch diese Reaktion ist von Ver-mittlungsbereitschaft und institutioneller Sensibilität getragen. Die Diskrepanz des Herderschen Entwurfes zwischen Programmatik und Integrationsbereit-schaft hinsichtlich der Herzschen Freischule wird ignoriert und im Sinne einer herzoglichen Aufhebung des bestehenden Institutes gelöst.

Die Reaktion des Herzogs folgte in Form einer Verfügung am 30. Juni.[1207] Herders Entwurf wurde den Ständen als „gut durchdacht [...] und zweckmä-ßig" empfohlen. Der nachfolgende Ständeausschuß billigte das Konzept und gewährte die beantragten finanziellen Mittel: 66 Taler und 16 Groschen pro Jahr seitens der Jenaer Stände und 200 Taler von der Weimarer Seite. Die Je-naer Stände betonten eigens nur die besondere Notwendigkeit des Musikunter-richts für die Seminaristen. Vor dem Hintergrund der vormaligen Einrichtung des Institutes während der vierziger Jahre und des gängigen Anforderungspro-fils der späteren beruflichen Praxis ist dieser Hinweis verständlich.

Ein Schreiben Herders an Karl August vom 28. Juli 1786 dokumentiert die internen Bemühungen, einen Teil des vorgesehenen Gehaltes für den neueinzu-stellenden Lehrer durch Kürzungen in der Vergütung des Zuchthauskateche-

---

1204 SWS, Bd. 30, S. 465 (§ 18).
1205 Zu dem Datum vgl. Ranitzsch, Seminar, S. 594.
1206 Beide Hinweise nach dem Referat von Ranitzsch, ebd.
1207 Ebd. Die nachfolgenden Zitate s. ebd.

ten und Informators der Soldatenkinder zu gewinnen.[1208] Herder protestierte gegen dieses Vorhaben energisch. Statt der vorgesehenen Gehaltskürzung spricht er sich nachdrücklich sogar für eine finanzielle Besserstellung des Katecheten aus. Die überschaubare Anlage des projektierten Landschullehrer-Seminars verteidigt Herder bei dieser Gelegenheit noch einmal ausdrücklich: „Je einfacher eine Maschine ist, desto besser ist sie, und mir sind mehrere Institute dieser Art bekannt, wo unter der Aufsicht eines Direktors bloß ein Inspektor oder Instruktor das Werk treibt".[1209] Die Frage der Stellenfinanzierung ohne Umlagen bereits vorhandener kirchlicher Mittel mußte sehr zügig geklärt worden sein. Bereits im nächsten Frühjahr konnte Herders Gutachten *Über die Einziehung der Garnisonspredigerstelle* vorschlagen, die durch die Stelleneinsparung zu erwartenden 150 Reichstaler vollständig für Gehaltsverbesserungen der Gymnasiallehrer zu verwenden.[1210] Hinweise auf den Lehrer des Institutes finden sich in diesem Zusammenhang nicht.

Unter dem 12. April 1787 gewährte der Herzog dem Herderschen Plan zur Einrichtung des Landschullehrer-Seminars seine „durchgängige Genehmigung".[1211] Die Einwände des Oberkonsistoriums finden jedoch Berücksichtigung. Das alleinige Vorschlagsrecht in der Frage der Lehrerbesetzung des Institutes wird Herder zwar gewährt. Eine institutionelle Absicherung bietet jedoch der Zusatz, daß „er von selbst geneigt sein werde, mit dem Seminarinspektor und dem Seminarlehrer immer rechtzeitig Rücksprache [zu halten] und auf ihr Urteil Rücksicht zu nehmen" – so der Wortlaut in der einzig verfügbaren Zusammenfassung von Ranitzsch.[1212] Zudem wird der Vermittlungsvorschlag des Oberkonsistoriums aufgegriffen, Herder die von ihm geforderten Vorrechte *ad personam* zu verleihen und nicht in die Grundanlage der Einrichtung zu integrieren. Das institutionell – auf der vorausgesetzten Basis der Freiwilligkeit – auch für Herder an die Absprache mit dem Kollegium des Seminars rückgebundene Einsetzungsrecht galt ausdrücklich nur „für Lebzeiten des gegenwärtigen Generalsuperintendenten".[1213] Selbst die Frage der institutionellen Doppelung in dem Herderschen Institut und der Herzschen Freischule wird im Sinne einer in Aussicht gestellten künftigen Vereinigung gelöst. Die Leistung der herzoglichen Entscheidung war darin keineswegs die uneingeschränkte Unterstützung einer der beiden Seiten. Sie bestand vielmehr in dem Ausgleich zwischen und den Signalen nach beiden Seiten, daß deren genuine Inter-

---

1208 Vgl. dazu Herder an Karl August, 28. Juli 1786, DA, Bd. 9, N zu Bd. 5, Nr. 165a, S. 379f.

1209 Ebd., S. 380, Z. 30–32.

1210 Vgl. dazu SWS, Bd. 31, S. 757–761; hier: S. 760.

1211 Das Datum findet sich rückblickend in Herder an Karl August, 13. Februar 1800, DA, Bd. 8, S. 121, Z. 7.

1212 Ranitzsch, Seminar, S. 593f.

1213 Dieses Zitat verdankt sich der Überlieferung von Haym, Herder, Bd. 2, S. 391.

essen gewahrt blieben. Unzutreffend ist daher auch eine nicht zuletzt wohl an Herders Selbstverständnis und der Perspektive der Familie orientierte Ausdeutung des Ergebnisses als persönlicher Sieg.[1214] Das herzogliche Reskript lag ganz auf der Linie des Ausgleichs und der Vermittlung – und war darin den Anliegen des Oberkonsistoriums näher, als dies auf den ersten Blick zu erkennen ist.

2.1.9. Realisierung und weitere Gestaltung des Projektes (1788–1820)

Ein halbes Jahr später erhielt Herder die Aufforderung, die für ihn vorgesehenen Personalvorschläge zu unterbreiten.[1215] Nach Rücksprache mit den lokalen Instanzen und eigener Prüfung benannte er den Seminarinspektor, den Seminarlehrer und die sechs Seminaristen der oberen Klasse. Das nicht mehr erhaltene Schreiben, aufgeführt in der summarischen Beschreibung der schulischen Archivalien des Jahres 1889, datierte auf den 19. Dezember 1787.[1216] Die in Ranitzsch' späterer Arbeit gebotene Auflistung der Seminaristen, sowohl der praktisch lehrenden der zweiten Klasse als auch der nur unterrichteten des Eingangs- bzw. Selektionsjahres ist von größter Bedeutung, was die quantitative Anlage des von Herder gewählten Formats betrifft.[1217] Nicht weniger als insgesamt achtundzwanzig Seminaristen setzte Herder ein, sechs von diesen zu praktischen Unterrichtszwecken. Die zahlenmäßig starke Verankerung des Instituts bereits im Gründungsjahr mochte einerseits Auswahlmöglichkeiten für die Zukunft eröffnen, andererseits die feste Etablierung des Seminars nachhaltig untermauern. Für die Funktion des Inspektors wurde der Stiftsprediger Weber bestimmt.[1218] Als Lehrer der Einrichtung fungierte der geistliche Kollaborator Rudolph.[1219] Zu einem gewissen, für Herder – zumal nach einer Konzeption, in der er zum Vorteil aller Beteiligten gearbeitet hatte, ohne selbst jedoch Ansprüche zu erheben – bedrückenden Konflikt kam es in der Folgezeit, als Weber kurz nach seiner Anstellung die Forderung erhob, in seinen

---

1214 Vgl. dazu alleine die Formulierung von Ranitzsch, Seminar, S. 594: „Herders Sieg nach zehnjährigem Krieg!" oder, vorsichtiger, aber in der Tendenz vergleichbar, Haym, Herder, Bd. 2, S. 391: „in beiden Punkten jedoch entschied es [das herzogliche Reskript] für Herder, und zwar persönlich".

1215 Ranitzsch, Seminar, S. 594.

1216 SWS, Bd. 30, S. XXIX, Nr. 7. Erwähnung findet das Dokument auch bei DA, Bd. 9, S. 744, Anm. 201a.

1217 Zu der Aufzählung insgesamt s. Ranitzsch, Lehrerseminar, S. 96. Zur Rekonstruktion des Anteils der namentlich benannten lehrenden Seminaristen vgl. diese mit den Angaben ebd., S. 12.

1218 Vgl. dazu Ranitzsch, Lehrerseminar, S. 11.

1219 Ebd., S. 12.

weiteren Predigtpflichten entlastet zu werden. Herder wies diese Anfrage unter dem 31. Juli 1788, dem Tag, an dem er den Großteil seiner Amtsgeschäfte vor der Abreise nach Italien abzuschließen sucht, scharf zurück.[1220] Als „beinahe empörend" empfindet Herder die Aussicht, damit „ein neues Beispiel einer einzelnen persönlichen Indulgenz für andere mit Geschäften beladene Geistliche" zu geben.[1221]

Die feierliche Eröffnung der neugeschaffenen Einrichtung erfolgte am 31. März 1788.[1222] Das Datum stellt den Montag nach dem Sonntag *Quasimodo* dar und fällt in den zeitlichen Anschluß der Osterzeit, die auch in dem Schulkalender des Gymnasiums mit der Verabschiedung der obersten Klasse eine besondere Zäsur markierte. Wohl aufgrund dieses wichtigen Einschnittes im Schuljahr wurde die Einrichtung und Erstbesetzung des Institutes in der zeitlichen Nähe zur Osterzeit vorgenommen.[1223] Herders erster Bericht an den Herzog datiert auf den 4. April, den Samstag nach *Quasimodo* und der ersten vollen Arbeitswoche des Seminars.[1224] Der Text ist insofern aufschlußreich, als er die Anzahl der selbst unterrichtenden Seminaristen mit sechs benennt.[1225] Zudem wird deren Verteilung auf die Weimarer Schulen ausgeführt. Nicht weniger als vier der Seminaristen wurden eingangs in der *Sexta* eingesetzt, um die Vakanz dieser Klasse zu kompensieren. Nach der Wiederbesetzung der Stelle sollte die ursprüngliche Stellenzuweisung realisiert werden.[1226] Angaben über die Anzahl der Seminaristen der unteren Klasse fehlen in diesem wie auch den späteren – nur bruchstückhaft überlieferten – Herderschen Berichten. In den *Erinnerungen* findet sich der Hinweis, daß in dem Seminar insgesamt „30 – 40 junge Leute zu Landschulmeistern gebildet werden".[1227] Die präsentische Formulierung legt eine Momentaufnahme einer späteren Bilanz nahe und muß weder der Gründungszeit gelten, noch ist davon auszugehen, daß das Seminar mit einer so starken Besetzung eröffnet wurde. Der Relation von 26 bis 34 Schülern der unteren Klasse zu der begrenzten, später vielleicht leicht angehobenen Anzahl von 6 Seminaristen der oberen Klasse unterstreicht, in welchem Maße

---

1220 Herder an Georg Gottlieb Weber, 31. Juli 1788, DA, Bd. 5, Nr. 306, S. 305; Haym, Herder, Bd. 2, S. 405.

1221 Ebd. [DA], Z. 5–7, sowie ebd. [Haym].

1222 Francke, Regesten, S. 23. Ferner Ranitzsch, Seminar, S. 594.

1223 Ranitzsch wundert sich, ebd., über die Aufforderung zu den Personalvorschlägen erst ein halbes Jahr nach der Genehmigung des Planes. Der Grund dazu dürfte schlicht in dem oben genannten Kalender des Schuljahres liegen.

1224 Zu diesem Datum vgl. ebd., S. 594f., Anm. 6. Zu dem erhaltenen Text s. DA, Bd. 9, N zu Bd. 5, Nr. 274a, S. 392.

1225 Ebd., Z. 5.

1226 Ebd., Z. 8f.

1227 V, Abt. 2, Tl. 22 [Erinnerungen, Tl. 3], S. 17.

der propädeutische und pädagogische Unterricht zugleich der fortgesetzten Selektion galt.

Die abschließende Gestalt des Institutes hält ein Regulativ fest, das Herder Ende des Folgemonats unter dem 28. Mai aufsetzte.[1228] Es faßt Auszüge aus dem zweiten Entwurf der Einrichtung und den nachfolgenden herzoglichen Verfügungen zusammen. Die bereits in dem Herderschen Bericht begegnende Anzahl von sechs lehrenden Seminaristen findet sich auch in diesem Text.[1229] Ausführungen zu deren Verteilung auf die Weimarer Schulen fehlen. Nicht feststellbar ist damit, ob zwei der angehenden Landschullehrer an der Garnisonsschule unterrichteten oder einer von diesen der Herzschen Freischule zugewiesen wurde. Der Herzog erteilte eine knappe Woche später, am 3. Juni, seine Zustimmung zu dem Text, der als Fixierung der erreichten Ergebnisse sowie Leitfaden für die beteiligten Instanzen oder Institutionen gedacht war[1230] und in seiner Anregung auf eine Initiative Herders selbst zurückging[1231]. Der vorrangig für den internen Gebrauch und „zur vesteren Gründung des Institutes"[1232] bestimmte Wortlaut machte die Einrichtung in ihrer Verfassung und Anlage zudem außerhalb Sachsen-Weimars wahrnehmbar. Für das Folgejahr ist etwa eine Anfrage aus Ansbach dokumentiert, mit der die dortigen Überlegungen zur Einrichtung eines entsprechend ausgerichteten Seminars vorbereitet werden sollten.[1233] Das Weimarer Institut dürfte darin weniger als das mustergültige Modell einer zukunftsweisenden Entwicklung gegolten haben als vielmehr eines der aktuellsten Beispiele. Mutmaßlich wurde die Ansbacher Kirchenleitung durch den Hinweis oder die Anzeige eines der einschlägigen Journale auf das Weimarer Seminar aufmerksam. Anzunehmen ist, daß der 1789 ebenfalls erfolgte Besuch der Anstalt durch den Ansbacher Geheimen Assistenzrat Lösch, der „mit Anerkennung über sie" urteilte[1234], eine Reaktion auf die Korrespondenz und die Zusendung des Regulativs war.

1228 Ranitzsch, Seminar, S. 595, Anm. 1. Zu dem Text von Herders Schreiben an Karl August, 28. Mai 1788, vgl. DA, Bd. 5, Nr. 286, S. 288. Unter der alten Signatur vgl. die Liste der 1889 verfügbaren Dokumente, SWS, Bd. 30, S. XXIX, Nr. 9f. Die mit Textauszügen verbundene Erwähnung in der ersten Herder-Biographie s. unter V, Abt. 2, Tl. 22 [Erinnerungen, Tl. 3], S. 39–45.

1229 Ranitzsch, Seminar, S. 597 (§ 9).

1230 Zu dem Datum vgl. ebd., S. 595, Anm. 2.

1231 Dies hält das Schreiben selbst fest, vgl. dazu Herder an Karl August, 28. Mai 1788, DA, Bd. 5, Nr. 286, S. 288, Z. 17f.: „Ich überreiche daßelbe [Regulativ] zur gnädigsten Genehmigung oder Verbeßerung", wie auch der hier beschriebene nachfolgende Vorgang der herzoglichen Genehmigung.

1232 Ebd., Z. 8f.

1233 Vgl. dazu ebd., Anm. 1.

1234 Den Hinweis darauf bietet Ranitzsch, Lehrerseminar, S. 15.

In der Personalbesetzung der Einrichtung ergaben sich im Laufe der neunziger Jahre mehrfach Veränderungen. 1791, nach der Beförderung Webers an die Hofkirche, übernahm der Stiftsprediger Schäfer das Amt des Inspektors, in der Funktion des Lehrers folgt der Kollaborator Schulze dem nach Rastenberg versetzen Rudolph nach.[1235] Nach dem frühen Tod Rudolphs übernahm Danz die Stelle.[1236] Im Anschluß an dessen Berufung 1798 an die Jenaer Stadtschule versah ein weiterer aussichtsreicher Kandidat, Horn, die Position.[1237] Melos, der am Gymnasium bereits 1798 angestellt worden war, wirkte seit 1801 in der damit innerhalb von zehn Jahren nicht weniger als viermal umbesetzten Position.[1238] Im Falle Horns – in der Funktion des Stiftspredigers dem Institut nach wie vor als Inspektor verbunden – bedeutete dies das Moment einer personellen Kontinuität in der Betreuung der Einrichtung.

Ein Impuls, der weder in die Entwürfe, noch die nachfolgende Entwicklung der Einrichtung einging, für die zeitgenössische Programmatik aber alles andere als untypisch ist, stellt der in den *Erinnerungen* für Herder festgehaltene Wunsch dar, die Landschullehrer auch zur praktischen Anleitung und theoretischen Beförderung einer agrarökonomischen Modernisierung gewinnen zu können.[1239] Die „Idee, von der er viel Gutes hoffte", sei „oft mit Günther" diskutiert worden, „welcher ihm Rathschläge zur Ausführung derselben ertheilen mußte, und welcher selbst vielleicht ihm Anlaß dazu gegeben hatte."[1240] Der abschließende Zusatz läßt erkennen, daß sich Karoline in der Frage der Erstanregung unsicher war. Da entsprechende Ansätze in den programmatischen Seminarentwürfen fehlen, ist davon auszugehen, daß die Überlegungen erst zu einem späteren Zeitpunkt eingebracht wurden. Die Konsequenz, mit der Herder Fragen zur praktischen Umsetzung an seinen jungen Kollegen Günther richtete, macht es wahrscheinlich, daß dieser das programmatische Anliegen formuliert hatte. Im Gespräch mit Günther entwickelten sich auch weitere schulische Vorhaben, die teilweise an das bestehende Institut anknüpften. Von chronologischer Bedeutung ist, daß Günther erst seit 1801 wieder in Weimar wirkte, nachdem sich Herder fast ein Jahrzehnt um die Anstellung in einer zentralen Position der Landeshauptstadt bemüht hatte. Die von Karoline dokumentierte Anregung dürfte nach der schließlich erfolgten Einsetzung als zweiter Hofprediger mit den Jahren 1801 bis 1803 in die Herdersche Spätzeit der Einrichtung fallen. Alternativ ließe sich auf eine fehlerhafte Angabe der *Erinnerungen* schließen. Vor dem Jahr 1801 dürfte der Impuls nicht auf Günther, sondern

---

1235 Ebd.
1236 Ebd.
1237 Ebd., S. 16.
1238 Ebd.
1239 V, Abt. 2, Tl. 22 [Erinnerungen, Tl. 3], S. 17f. Vgl. dazu auch unten Anm. 2606–2608.
1240 V, Abt. 2, Tl. 22 [Erinnerungen, Tl. 3], S. 17f.

den im Rahmen der Industrieschule zu benennenden Kollegen Weber zurückgehen. Für das Jahr 1797 läßt sich im Zusammenhang der institutionalisierten
Form eines Prediger-Seminars eine entsprechende Anregung Herders dokumentieren, was als Indiz auf ein Anliegen des in diesem Zusammenhang ausdrücklich erwähnten Kollegen, Weber, gewertet werden kann. Für ihn und eine
damit verbundene Kontinuität der Zusammenarbeit, trotz der amtlichen Veränderungen durch die Beförderung an die Hofkirche, spräche auch dessen vormalige Anbindung an das Institut des Lehrerseminars als Gründungsinspektor
während der Jahre 1788 bis 1791.

Eine weitere institutionelle Stärkung[1241] des Seminars, die an Herders frühen Plan einer längerfristigen Umlage der Herzschen Mittel auf das Landschullehrer-Seminar anknüpfte, ergab sich nach dem Tod des Lehrers der Freischule. Unter dem 13. Februar 1800 erinnerte Herder an das Regulativ vom 12.
April 1787, das eine längerfristige Anbindung der Freischule an das Institut
gefordert hatte.[1242] Der Brief entwirft den Plan einer zweifachen Entwicklung.
Zum einen soll die Freischule als solche erhalten werden; nur die Lokalität des
Waisenhauses gilt es zugunsten der Garnisonsschule zu verändern. Mit der
räumlichen Annäherung verbindet sich deren sachliche Berechtigung. Beide
Schulen richten sich nach ihrer Anlage an die ärmeren Bevölkerungsschichten,
denen die Erstattung eines festen Schulgeldes nicht möglich sei: „beide sind
Freischulen".[1243] Als Lehrer schlägt er ausschließlich Seminaristen vor und begnügt sich mit dem Hinweis, den Katecheten der Garnisonsschule als „continu-
ierlichen Aufseher und vesten Mittelpunkt" an das Institut anbinden zu wollen.[1244] Parallel zu diesem Vorhaben entwirft er den Plan einer damit zu
verbindenden Industrieschule; dies wird in einem späteren Kapitel vertieft.

In der weiteren Folge des projektierten Zusammenschlusses beider Schulen unter Rückbindung an das Seminar steht Herders nicht mehr erhaltenes
Schreiben vom 10. Oktober 1800 an Karl August.[1245] Er bittet darum, in der
Zusammenfassung Ranitzsch': „die Freischule, in gleicher Weise wie bisher
die Garnisonschule, mit dem Seminar zu verbinden, ihr einen geschickten
Kandidaten als ordentlichen Lehrer und lehrende Seminaristen als Beihilfe zu
geben".[1246] Erkennbar wird, daß Herder sich über den einleitend entwickelten

---

1241 Finanziell fundierte Vergleiche können für die Einrichtung nicht vor das Jahr 1791 zurück-
reichend erhoben werden. Vgl. dazu die Auswertungen der ältesten ihm verfügbaren Rechnung – mit detaillierten Angaben über die Vergütung sämtlicher hier relevanter Positionen –
von Ranitzsch, Lehrerseminar, S. 14, Anm. 1.

1242 Herder an Karl August, 13. Februar 1800, DA, Bd. 8, Nr. 108, S. 121f.

1243 Ebd., S. 121, Z. 17.

1244 Ebd., Z. 19f.

1245 Ranitzsch, Seminar, S. 604. Diese Hinweise zusammenfassend, Herder an Karl August,
10. Oktober 1800, DA, Bd. 8, Nr. 156, S. 172.

1246 Ranitzsch, Seminar, S. 604.

Plan einer reinen Umverteilung der bestehenden Ressourcen hinaus in einem zweiten Schritt um die Neuschaffung einer eigenen pädagogischen Stelle bemühte. Sein Taktieren und die Ausrichtung des Vorhabens sind nur im Sinne der kontinuierlichen Schaffung einer zentralen pädagogischen Institution zu verstehen. Wie sich aus späteren Vorgängen zudem ableiten läßt, zielte die Anbindung an das Landschullehrer-Seminar über den reinen Erhalt der Mittel, die Elementarisierung und Zentralisierung hinaus auch auf weitere institutionelle Ausdifferenzierungs- und schulische Gestaltungsmöglichkeiten.

Der tatsächliche Erfolg der Einrichtung erwies sich in ihrem Herder überdauernden Fortbestand. Bis in das Jahr 1820 erhielten Seminaristen bis zur Sekunda Unterricht im Gymnasium und gewannen unter weiterer Anleitung erste lehrpraktische Erfahrungen.[1247] Auf die institutionellen Weiterentwicklungen nach der Amtszeit Herders kann hier nicht eingegangen werden. Andeutet werden soll nur kurz die Gestaltung des Institutes unter der Herderschen Direktion, soweit diese in amtsfunktionalen Quellen noch greifbar wird.

2.1.10. Punktuelle Amtsvollzüge und personale Berührungen mit dem Institut (1788–1803)

In den Schulreden, die sich in ihrer Adressatenorientierung seit der Einrichtung des Instituts auch an dessen Mitglieder richteten, thematisierte Herder das Landschullehrer-Seminar mehrfach.[1248] Im wesentlichen stellen die Ausführungen programmatische Reflexionen auf die Aufgabe, den gegenwärtigen Nutzen und den längerfristigen Gewinn der Einrichtung dar. In knappen Passagen berühren sie auch Personalveränderungen des Kollegiums.

Regelmäßige personale Berührungen ergaben sich mit den Aufnahmeprüfungen neuer Seminaristen sowie den weiteren Examina und Entscheidungen, die sowohl den Schülern als auch den Lehrern galten. Auf Grundlage des Vorkapitels lassen sich mit den Katecheten der Stadtkirche die Inspektoren des hier relevanten Zeitraums schnell benennen: Weber für die Jahre von 1788 bis 1791, danach Schäfer bis in das Jahr 1801[1249] und als dessen Nachfolger Horn. Die Funktion des Lehrers hatte Horn seit 1798 versehen; in den Staatshandbüchern des entsprechenden Zeitraumes wird er als Kollaborator des Stadtmini-

---

1247 Francke, Regesten, S. 23.

1248 Für eine Zusammenstellung vgl. Ranitzsch, Seminar, S. 600, Anm. 2.

1249 Zu dessen Anstellung vgl. ausdrücklich das in der Suphanschen Liste von 1889 erwähnte Gesuch an den Herzog zur Einführung des Kollaborators Schäfer als Seminar-Inspektor vom 28. Dezember 1790, SWS, Bd. 30, S. XXIX, Nr. 14.

steriums geführt.[1250] Das Amt des Seminarlehrers findet sich in den Hofkalendern nicht eigens aufgeführt, was die Rekonstruktion der Besetzung erschwert. Die Einordnung Horns im Stadtministerium – ohne direkte Anbindung an die Stadtkirche – kann, unter der Voraussetzung, daß auf eine eigene Aufnahme des Instituts verzichtet wird, als zutreffend gelten. Weitere Kollaboratoren, die nicht direkt einer der Weimarer Kirchen zugewiesen sind, werden jedoch weder vor noch nach Horn geführt. Die personelle Rekonstruktion, die an dieser Stelle nicht das vorrangige Ziel ist, steht in Verbindung mit der Frage nach den verfügbaren Quellen der Herderschen Amtszeit. Einschlägige Dokumente verzeichnet die 1889 aufgenommene Liste schulamtlicher Archivalien der Suphanschen Werkausgabe.[1251] Sie läßt erkennen, daß alleine von dem Gros der alle drei Monate aufgesetzten Berichte bereits in der zweiten Hälfte des 19. Jahrhunderts nur noch ein Bruchteil vorhanden gewesen war. Weitere Texte, die etwa Rudolf Haym benennt, fehlen auch in ihr.

Unter den verlorenen Texten der von Suphan gebotenen Liste befindet sich schon der erste, bereits erwähnte Herdersche Bericht bezüglich der Wahl des ordentlichen Seminarlehrers vom 19. Dezember 1787.[1252] Inhaltliche Hinweise auf das Schreiben sind nicht erhalten. Eine erste Umbesetzung der Position deutet sich mit dem nächsten, ebenfalls nicht mehr verfügbaren Dokument an. Er stellt das Gesuch einer Anstellung des Kandidaten Schulze als Seminarlehrer vom 29. August 1791 dar.[1253] Interessant ist an dem Vorgang, daß er von Herder nicht mit in ein auf den gleichen Tag datierendes Schreiben an Karl August bezüglich der Umgestaltungspläne des Gymnasialkollegiums aufgenommen wurde.[1254] Die institutionelle Trennung der beiden Angelegenheiten drückt sich in diesem Vorgehen ebenso aus wie die Erwartung einer sich unabhängig voneinander vollziehenden Bearbeitung. Wichtig ist zudem die Verbindung dieses für das Institut zentralen Amtes mit der von Schulze zu dem Zeitpunkt bereits ausgeübten Funktion eines Kollaborators am Gymnasium.[1255] Die Vorteile dieser in beiden Entwürfen des Seminars – ebenso wie dem abschließenden Regulativ – nicht benannten zusätzlichen institutionellen Verflechtung liegen auf der Hand. Die besondere Zuständigkeit Schulzes für die *Quinta* und *Tertia* mochten der Auswahl der Seminaristen in gleicher Weise

1250 Vgl. dazu auch die Angabe von Ranitzsch, Seminar, S. 601, der die Schulrede von 1799 in ihrem Bezug auf einen neuen Lehrer des Seminars auf Horn ausdeutet. Horn dürfte damit nach Beginn des Schuljahres 1798 angestellt worden sein, womit die Schulrede des Folgejahrs Herder den erstmöglichen öffentlichen Anlaß zu einem Hinweis auf die Neueinstellung gegenüber den Schülern und Angehörigen des Gymnasiums ermöglichte.

1251 Vgl. dazu SWS, Bd. 30, S. XXVIII–XXXII.

1252 Vgl. dazu in diesem Kap., Anm. 1216.

1253 Vgl. dazu SWS, Bd. 30, S. XXIX, Nr. 16.

1254 Vgl. dazu Herder an Karl August, 29. August 1791, DA, Bd. 6, Nr. 169, S. 253–255.

1255 Vgl. dazu Kap. III, Anm. 578.

zugute kommen wie die das Seminar auf Schüler- und Lehrerebene verbindende Lehrtätigkeit am Gymnasium. Daß diese Konstellation kein Einzelfall war,
belegt die Nachfolge Schulzes. Auf den 28. Mai 1794 datiert Herders Gesuch
einer Anstellung des Kandidaten Danz als Seminarlehrer.[1256] Das nicht erhaltene Schreiben steht wiederum zeitlich parallel zu einem weiteren amtlichen,
in diesem Fall den herzoglichen Freitisch betreffenden Brief.[1257] Im Unterschied zu Schulze wurde mit der Eingabe Herders Danz zunächst als Seminarlehrer angestellt, bevor er drei Jahre später auch als Kollaborator am Gymnasium wirkte. Die zeitliche Abfolge dieser Ämterübernahme Danz' legt die
Annahme nahe, daß diese Doppelfunktion – ungeachtet ihrer institutionellen
Vorteile – auch aus finanziellen Notwendigkeiten erwachsen war. Die Einstellung Horns als Seminarlehrer 1798 dürfte sich ausschließlich seinen fachlichen Eignungen verdankt haben. Zuvor hatte er als Lehrer der bereits erwähnten Weimarer Privatschule unterrichtet und verfügte, neben den seine spätere
Karriere begründenden Talenten, bereits zu diesem Zeitpunkt über breite pädagogische Praxiserfahrungen. Mit seinem Wechsel in die Position des Stiftspredigers 1801 blieb er dem Landschullehrer-Seminar als Inspektor erhalten.
Auch dies dürfte eine Überlegung Herders mit dem Ziel der Kontinuität gewesen sein. Horns Nachfolger als Seminarlehrer wird in den 1889 aufgenommen
Dokumenten und dem erhaltenen Briefwechsel nicht erwähnt. Für eine weitere
Suche würde sich ein Anknüpfen an die Beobachtung der erwähnten Doppelfunktion empfehlen; die möglichen Lehrer wären unter den Kollaboratoren des
Gymnasiums zu vermuten. Aufschlußreich ist an den berührten Per-
sonalbesetzungen jedoch wiederum die menschliche Größe Herders, der zum
einen nicht jede seiner Überlegungen zu einer institutionellen Vernetzung in
die Entwürfe oder das Reskript aufnahm, zum anderen auf personale Kontinuität innerhalb des Institutes und des Gymnasiums ebenso bedacht war, wie
seine persönliche Verantwortung für eine zumindest in Ansätzen ausreichende
finanzielle Vergütung der angestellten Kandidaten.

Wenig läßt sich über die Examensberichte festhalten. Der erste Bericht des
Jahres 1788 wurde bereits erwähnt.[1258] Haym weist auf den zweiten turnusmä-
ßigen Bericht für den 1. August 1788 hin.[1259] Ranitzsch bietet als Datum den
30. Juli 1788.[1260] Bestätigung findet diese Angabe zusammen mit einem Textauszug im 30. Band der Suphanschen Werkausgabe, der in enger Quellenbin-
dung erarbeitet worden war.[1261] Die Frage des Datums ist jedoch unerheblich

---

1256 Vgl. dazu SWS, Bd. 30, S. XXIXf., Nr. 17.
1257 Vgl. dazu Herder an Karl August, 28. Mai 1794, DA, Bd. 7, Nr. 88, S. 105f.
1258 Vgl. dazu in diesem Kap. oben, Anm. 1224.
1259 Vgl. dazu Haym, Herder, Bd. 2, S. 391, Anm. 22.
1260 Ranitzsch, Seminar, S. 600.
1261 SWS, Bd. 30, Nr. 10, S. 467; DA, Bd. 5, Nr. 305, S. 304f., dazu Bd. 9, N zu Bd. 5, S. 814.

und könnte auch in der nachfolgenden Datierung eines möglichen Begleit-
schreibens gründen. Die Liste von 1889 führt einen weiteren Bericht auf, der
mit dem 5. November 1789 in die Zeit nach der Rückkehr aus Italien fällt.[1262]
Weitere Berichte lassen sich auf Grundlage des verfügbaren Quellenmaterials
nicht ausmachen.

Auch in der Korrespondenz Herders finden sich lediglich wenige Hinweise. Nur entfernt mit der Administration des Landschullehrer-Seminars steht der
Brief Karolines an Karl August Böttiger vom 18. Februar 1801 in Verbindung.[1263] Im Auftrag ihres Mannes geschrieben, hält auch dieser Text fest, mit
welcher Größe Herder den Anlaß des Todes seines langjährigen Freundes und
Kollegen Weber zum Anlaß nimmt, dessen Verdienste um die Einrichtung des
Landschullehrer-Seminars und die Reform des Waisenhauses zu betonen. So
vehement Herder sich für eine kompromißlose Umsetzung seines Vorhabens
eingesetzt hatte, so bescheiden tritt er hinter das Werk zurück und rühmt die
Leistung des vormaligen Mitarbeiters, der in seiner Zeit als Stiftsprediger das
neugeschaffene Amt des Inspektors versehen hatte.

Eines der letzten Billets, die Herder im November 1803, kurz vor seinem
Tod, Böttiger kommunizierte, gilt einem Personalvorschlag für das Institut.[1264]
Es empfiehlt den Gebstedter Johann Wilhelm Schwarz als autodidaktisch und
musikalisch veranlagten Seminaristen und bittet, trotz vorhandener Defizite im
Lateinischen, um die Aufnahme in die *Secunda* des Gymnasiums. Bei dem in
den Staatshandbüchern der Jahre 1804f. für die Adjunktur Oßmannstedt aufgeführten Johann Wilhelm Schwarz dürfte es sich um eine andere Person handeln.[1265] Im abschließenden Rückblick auf den Personalbestand des Vorjahres
ist es zwar denkbar, daß Herder auf den begabten Mann im Zuge eines Schul-
meisterexamens aufmerksam wurde, wie es noch für Herders Krankenzimmer
dokumentiert ist.[1266] Die Konstellation einer gleichzeitigen Anstellung als
Schullehrer und Aufnahme in das Seminar wäre zwar ungewöhnlich, aber
nicht ausgeschlossen. Gerade die defizitären altphilologischen Kenntnisse
könnten diese Verbindung veranlaßt haben. Zudem liegt das erwähnte Dorf
Denstedt in der Adjunktur Oßmannstedt. Die Staatshandbücher sind in ihrer
Verortung des Schullehrers Schwarz in der Stadt Oßmannstedt jedoch eindeutig, weshalb es angemessener sein dürfte, von zwei unterschiedlichen Personen
auszugehen.

Ungeachtet dieser Frage unterstreicht der punktuell vermittelte Einblick in
die letzten Amtshandlungen Herders, in welchem Maße er sich tatsächlich per-

---

1262 Vgl. dazu ebd., S. XXIX, Nr. 12.
1263 Karoline an Karl August Böttiger, 18. Februar 1801, DA, Bd. 8, Nr. 202, S. 199f.
1264 Herder an Karl August Böttiger, November 1803, ebd., Nr. 407, S. 400.
1265 Vgl. dazu Prosop. Datenbank, Nr. 5278; Hofkalender 1804f.
1266 Vgl. dazu DA, Bd. 8, S. 667, Anm. 407.

sönlich – bis an den Rand seiner Kräfte – für die Gestaltung und die Fortdauer des Institutes einsetzte. Die Geschichte der Einrichtung des Seminars läßt jedoch erkennen, daß die Schwierigkeiten, die aus der Selbstwahrnehmung Herders und der Perspektive seiner Familie gerade in schulischen Amtsvorgängen mit dem Widerstand von Kollegen in Verbindung gebracht wurden, zu keinem geringen Teil gleichermaßen persönlichen Ursprungs waren. Herders Konsequenz in der Sache verhinderte die Wahrnehmung von Vermittlungsversuchen seiner Kollegen, die ihrerseits um die Wahrung institutioneller sowie struktureller Kontinuitäten bemüht waren und darin bisweilen weitaus sensibler als Herder Lösungen zugunsten eines Ausgleiches in der Verbindung der jeweiligen Interessen benennen konnten. Herders Ideal einer Kompromißlosigkeit in der Vertretung der eigenen Position konnte, nicht zuletzt aufgrund der bedachten Reaktionen seiner Kollegen, in seiner eigenen Selbstwahrnehmung gewahrt bleiben. Als Vermittlungsinstanz fungiert der Herzog, der – vergleichsweise spät – die notwendigen Schritte einer Annäherung einleitete und die Interessen beider Seiten konsequent umsetzte.

2.2. Die Reform des Freitisches (1780–1784)

Die Einrichtung des „Wilhelm-Ernestinischen Freitisches" – so die offizielle Bezeichnung in dem Gründungsdokument – reicht in das Jahr 1696 zurück. Während der nachfolgenden acht Jahrzehnte wurden keine Änderungen an dem Text vorgenommen. Er ist konstitutiv für das Verständnis der Aktualität und des Ausmaßes der Veränderungen, die mit dem Jahr 1780 angedacht und während der nachfolgenden Jahre weiterentwickelt wurden.

2.2.1. Die Verfassung nach dem Stiftungsbrief (3. April 1696)

Als Verfassung der Folgezeit fungierte der „Stiftungs-Brief" vom 3. April desselben Jahres.[1267] Der in acht Paragraphen gegliederte Text faßt den Zweck, die Verantwortungsträger, die Auflagen und die Finanzierung der Einrichtung bindend zusammen. „Zu ewigen Zeiten" stiftet das Institut die gemeinsamen Mittag- und Abendessen der zwölf „allerfähigsten und besten, der reinen Lutherischen Religion zugethane[n] Subjecte", die die Hauptschule der Stadt besuchen.[1268] Das von Wilhelm Ernst gewünschte Bildungsprogramm umfaßt „nach Möglichkeit Sprachen und gute Künste [...] und [für] diejenigen, so Lust

---

1267 Abgedruckt in Schmidt, Gesetze, Bd. 3, S. 403–407.
1268 Ebd., S. 403 (§ 1).

zur Musik haben, sich derselben zugleich mit [zu] befleißigen".[1269] Dem Ziel der gemeinsamen Bildung korrespondiert die Auflage, „nach dereinst vollbrachten Studien ihre Dienste vor allen Dingen der Fürstl.[ichen] Weimarischen Herrschaft erst anzubieten, und eher keine andere Beförderung anzunehmen."[1270]

In der administrativen Verantwortung steht das Konsistorium.[1271] Der Generalsuperintendent und der Schulleiter schlagen die qualifiziertesten Kandidaten – ausschließlich der *Prima* – im Anschluß an die jährlichen Schulexamina vor.[1272] Als Beisitzer der Prüfungen verstärken „ein oder mehrerer von den Consistorial-Räthen" die personelle Verbindung der Institutionen.[1273] Die Plätze des Freitisches, vergeben jeweils für ein Jahr, stellen neben weiteren Auszeichnungen und Prämien (die Stiftungsrede „zu des Stifters Andenken" hält der beste Schüler, die drei nachfolgenden empfangen Buchprämien) kontinuierliche Anreize für die Schüler dar.[1274] Entsprechend der Dauer der *Prima* beträgt die maximale Förderungszeit drei Jahre.[1275] Alternativ, „in Ersetzung der Stellen an den Freytischen", werden den Schülern Vorteile in der Vergabe von Stipendien während der Studienzeit oder Begünstigungen in weiteren Beförderungen in Aussicht gestellt.[1276] Wer gegen die grundlegenden Voraussetzungen der Aufnahme – regelmäßiger Schulbesuch, kontinuierliche Leistung etc. – verstößt, soll „des Benefizes sofort verlustig seyn".[1277] Zudem werden die Namen „in ein absonderlich dazu bestimmtes Buch" eingetragen, das von sämtlichen Konsistorialmitgliedern regelmäßig einzusehen ist.[1278]

Neben der institutionellen Anbindung an das Konsistorium werden weitere administrative und supervisorische Bezüge hergestellt. Bei gemeinsamen Mahlzeiten gilt für die Schuldiener, die jeweils eine Woche auf die Einhaltung der „vorgeschriebene[n] Tisch- und Lebens-Regeln" achten, ein Rotationsprinzip.[1279] Auch die weiteren Funktionen knüpfen an bereits bestehende Strukturen an. Die Gelder – für die Verköstigung der Stipendiaten jährlich 475 Gulden – werden von der Kammer gestellt.[1280] Der Kasten-Verwalter übernimmt zu-

---

1269 Ebd. (§ 2).
1270 Ebd.
1271 Ebd., S. 404 (§ 3).
1272 Ebd. (§§ 3f.).
1273 Ebd. (§ 4).
1274 Ebd.
1275 Ebd. (§ 5).
1276 Ebd., S. 404f. (§ 5).
1277 Ebd., S. 405 (§ 5).
1278 Ebd. (§ 6).
1279 Ebd., S. 405f. (§ 7).
1280 Ebd., S. 406 (§ 8).

sammen mit seinen übrigen Verpflichtungen die Auszahlung an den jeweiligen Inhaber des Freitisches. Aufschlußreich ist die finanzielle Absicherung der jeweiligen Barauszahlung. Die Stiftungsgelder beruhen ihrerseits auf „gewisse[n] Grundstücke[n] und Oerter[n] und [...] sämmtlich[en] draus jährlich gefallene[n] Intraden".[1281] Vor jeder weiteren Nutzung dieser Ressourcen muß die volle Gegenfinanzierung der laufenden Freitischkosten gewährleistet sein.[1282] Lediglich der Schulleiter wird für den zusätzlichen Arbeitsaufwand eigens mit sechs Gulden jährlich vergütet.[1283] Bei einer zeitbedingten Reduktion der Stipendiatenanzahl, wie „bey entstehenden Sterbe-[,] Kriegs- und anderen gefährlichen Läuften", werden die überschüssigen Gelder gesammelt, um ihrerseits für die „Wartung der Stipendiaten, bey ungesunden Tagen [...] oder auch [...] zu Erkaufung eines guten Buchs, Stubenzins und nothdürftiger Kleidung [...] jährlich etwas gewisses davon" einsetzen zu können.[1284]

Die Gesamtanlage ist damit – selbst im Blick auf die weitsichtige Absicherung der Finanzierung – bemerkenswert geschlossen. Was jedoch auffällt, ist, daß, unter institutioneller Ausnahme des Oberkonsistoriums und finanzadministrativer Vorgänge, keine zentrale Kontrollinstanz eingerichtet wurde. Auch finden sich über die Art der Bewirtung – als eines Privathauses oder einer öffentlichen Gaststätte – keine Angaben. Aus späteren Zitaten der „Gesetze des Freytisches"[1285] wird jedoch deutlich, daß bereits die ursprüngliche Anlage in detaillierter Beschreibung der vorgesehenen Nahrungsmittel[1286] auf einen privaten, nichtöffentlichen Rahmen zielte.

2.2.2. Die Situation während Herders früher Amtsjahre (1776–1780)

Über die nachfolgenden Jahrzehnte stellt Otto Francke nach der ihm noch möglichen Einsicht der Archivalien fest: „Daß [...] trotz klarem Wortlaut allerlei Irrungen und Wirrungen die Erreichung der Ziele der Stiftung unmöglich machten, dafür finden sich in den Akten des Großherzogl.[ichen] Kultusdepartements [...] unerquickliche Belege."[1287] Wie Francke weiter andeutet, war es unter dem 3. September 1780 zunächst eine von dem Präsidenten des Ober-

---

1281 Ebd.
1282 Ebd.
1283 Ebd.
1284 Ebd., S. 407 (§ 8).
1285 Zitiert findet sich der Text in dem späteren Regulativ von 1784, vgl. dazu alleine Schmidt, Gesetze, Bd. 3, S. 412.
1286 In inhaltlicher Hinsicht vgl. dazu das Zitat aus Schultzes Gutachten vom 28. Dezember 1783, Francke, Geschichte, S. 94.
1287 Ebd., S. 91.

konsistoriums veranlaßte Abschrift des Stiftungsbriefes mit dem Auftrag, „davor zu sorgen, daß dem Inhalte so viel tunlich ein Genüge geleistet werde, und dießfalls nötige Verfügung zu treffen", die Herder in eine amtliche Pflicht nahm.[1288] Daß das von Francke zitierte Dokument in einer Abschrift des Gymnasialdirektors Heinze vorlag, ist kein Zufall.[1289] Heinze war es gewesen, der sich zuvor, unter dem 17. Februar 1780, an das Oberkonsistorium gewandt hatte.[1290] Anlaß dürften jedoch nicht die äußeren Mißstände der praktischen Umsetzung gewesen sein, die eine besondere Aktualität oder Dringlichkeit gewonnen hätten. Grund war wohl die Finanzierung von einem Teil des Garnisonspredigergehalts aus den Mitteln des Freitisches, die dazu führte, daß die in dem Stiftungsbrief festgelegte Anzahl von zwölf Stipendiaten auf elf reduziert wurde.[1291] So gravierend und illegitim dieser Eingriff war, muß doch betont werden, daß auch die Stelle des Garnisonspredigers in ihrer Verbindung mit dem Freitisch sich gleichermaßen einer Stiftung von Wilhelm Ernst verdankte – und die interne Umlage von Stiftungsgeldern zumindest auf der nominellen Ebene des gemeinsamen Spenders[1292] eine gewisse Plausibilität beanspruchen mochte. Herders späteres Gutachten von Anfang 1784 benennt neben dem Garnisonsprediger auch zwei Kollaboratoren des Stadtministeriums, die nicht in Verbindung mit dem ursprünglichen Stiftungszweck zu bringen seien.[1293] Die Ausweitung einer Fremdbestimmung der Stiftungsgelder hatte damit den Status einer zunehmenden Dringlichkeit.

Im Falle Heinzes hatte die von ihm Anfang 1780 angeregte Überprüfung der satzungsgemäßen Befolgung des Stiftungsbriefes wohl indirekt auf eine Untersuchung dieses Umstandes gezielt. Hinzu kam, dies wird ebenfalls nur aus Heinzes Schreiben deutlich, daß die Annahme des Stipendiums an eine Eigenbeteiligung von 8 Talern rückgebunden war oder verbunden werden sollte.[1294] Heinzes Klagen – selbst den abschließenden Hinweis auf die stets weiter nachlassende Güte der Verköstigung hatte der Schulleiter gestrichen – wurden

---

1288 Ebd.
1289 Vgl. dazu ebd.
1290 Ebd., S. 93.
1291 Vgl. dazu das Referat von Francke, ebd. Irritierend ist die zeitliche Abfolge der Darstellung, aus der die oben gebotene logische Gliederung der Ereignisse erst abgeleitet werden muß. Die Frage, ob es sich bei der Angabe „17. Februar 1780" um einen Druckfehler handelt, der nach der Schilderung der vorangegangenen Vorgänge in das Jahr 1781 korrigiert werden muß, kann verneint werden. Die von Francke gebotene Chronologie: „Dieses Unrecht kann jedoch nicht länger als höchstens 4 Jahre bestanden haben, da bereits 1784 die Zahl der Freitische wieder vollständig war", verdeutlicht, daß die Datierung in das Jahr 1780 auch der zweiten Angabe zugrunde lag.
1292 Vgl. dazu auch explizit Herder späteres Gutachten von Anfang 1784, FHA, Bd. 9/2, S. 475.
1293 Ebd., S. 477, Z. 26–33.
1294 Francke, Geschichte, S. 93.

abgewiesen.[1295] Unter dem 23. März 1780 bestätigte der Herzog die Entscheidung, eine der Stipendiatenstellen zugunsten der Besoldung des Garnisonspredigers zu streichen.

2.2.3. Herders erste Stellungnahme (30. Oktober 1780)

Herders Schreiben reagiert auf diese Zusammenhänge nicht, die während der nachfolgenden Jahre wohl stillschweigend korrigiert wurden und möglicherweise auch zusammen mit der fundamentalen Umgestaltung nicht mehr eigens thematisiert werden mußten. Sein Brief an Karl August vom 30. Oktober 1780 geht auf die für Heinze wohl anlaßgebenden, in von Lynckers Bezugsbrief aber nicht erwähnten finanziellen Fragen nicht ein.[1296] Ausschließlich orientiert sich Herder an den ihm bekannten Abweichungen der schulischen Praxis von dem Stiftungsbrief. In dem nur grob gegliederten Schreiben Herders läßt sich eine Reihe einzelner Punkte identifizieren, die als korrekturbedürftig erachtet werden. Die institutionelle Verbindung der Schulexamina mit einer Anwesenheit von Oberkonsistorialräten fehlte in der gegenwärtigen Einrichtung. Herder schlägt vor, den jeweiligen Konsistorialrat der Schuldeputation, eventuell auch den Vertreter des Geheimen Consiliums als Beisitzer zu gewinnen.[1297] Im Blick auf den Öffentlichkeitscharakter und die breitere Wahrnehmung der Auszeichnung unterbreitet Herders Schreiben mehrere Vorschläge. Zum einen solle die öffentliche Rede des besten Schülers mit dem Stiftungstag am 30. Oktober verbunden werden.[1298] Die kirchenamtliche Öffentlichkeit könne – durch kirchliche Vorankündigungen und die Öffentlichkeit der Prozession des Festgottesdienstes – zu einem größeren Publikum für den anschließenden Redeakt im Gymnasium führen. Zudem möchte Herder die lokale Zeitung für eine Auflistung der ausgezeichneten Schüler („in hiesigem IntelligenzBlatt") gewinnen.[1299] Weiter bemerkt er, daß sowohl die Verleihung der in Aussicht gestellten Prämien eingestellt wurde, wie auch der Schuldirektor nicht mehr das vorgesehene Honorar für seine Betreuung mit der Stiftung erhält.[1300] Offensichtlich wurden die Gelder durch eine Direktvergütung sei-

---

1295 Ebd.

1296 Herder an Karl August, 30. Oktober 1780, DA 9, N zu 4, Nr. 122a, S. 289f; Francke, Geschichte, S. 92.

1297 Aufgrund der breiteren Verfügbarkeit wird im folgenden die in der vorherigen Anm. genannte Briefausgabe DA zitiert, ebd., S. 289, Z. 10–15.

1298 Ebd., S. 290, Z. 17–29.

1299 Ebd., Z. 34f.

1300 Ebd., Z. 30–40.

tens der Schüler für die von der Schulleitung auszustellenden Zeugnisse abgelöst. Auch auf diesen Mißstand weist Herder hin.[1301]

2.2.4. Amtliche Reaktionen (1781–1783)

Der Herzog reagierte umgehend mit einer Anweisung an die Kammer vom 16. Januar 1781.[1302] Sowohl für die im Stiftungsbrief vorgesehenen Prämien als auch die Besoldung des Direktors wurden die Mittel bewilligt. Die von Heinze benannten Mißstände führten jedoch zu einer eingehenden Beratung des Oberkonsistoriums, dem die Verantwortung über die Einrichtung oblag.[1303] Mit der Begutachtung wurde Schultze beauftragt. Sein Votum reichte er unter dem 28. Dezember 1783 ein. Es benennt – nach dem von Francke gebotenen Referat – klar die Mißstände: die eingebüßte Qualität der gebotenen Naturalien und des Verköstigungsrahmens, die Verteilung der Stipendien an „Sekundaner und solche, die nur *cantores* werden wollen [...], damit die Stellen nicht ganz unbesetzt bleiben dürfen", sowie die Gegenfinanzierung des Garnisonspredigers aus den Stiftungsmitteln des Freitisches. Auch bietet Schultzes Gutachten bereits den maßgeblichen Hinweis auf den von Herder aufgegriffenen und später verfolgten Lösungsansatz, indem er eine Barauszahlung der für jeden Stipendiaten vorgesehenen Stiftungsgelder anregt. Bei Haym findet sich die weitere Angabe, daß Schultze zudem die Anzahl der Empfänger von 12 auf 15 erhöhen wollte.[1304]

Herder war der erste, der Schultzes Vorschlag unterstützte. Der im Vorjahr in seine Oberkonsistorialfunktion eingesetzte Zinserling enthielt sich der Stimme; Gottschalg votierte für eine Beibehaltung der etablierten Speisung.

2.2.5. Herders erstes Gutachten (Anfang 1784)

Herders nachfolgendes Gutachten[1305], das den Vorschlag von Schultze Anfang 1784 in eine eigene Konzeption überträgt – in der zumindest der explizite Hinweis auf die Anregung Schultzes fehlt –, bietet bereits einleitend eine Erklä-

---

1301 Ebd., Z. 38–40.

1302 Zu dem Wortlaut vgl. Francke, Geschichte, S. 92f.

1303 Ebd., S. 94. Auch die nachfolgenden Ausführungen und Zitate folgen dieser einzig verfügbaren Darstellung, die weitaus detaillierter ist als die summarische Zusammenfassung von Haym, Herder, Bd. 2, S. 401–405.

1304 Haym, Herder, Bd. 2, S. 402.

1305 Hier zitiert nach der gegenüber SWS, Bd. 30, S. 455–458, ausführlicheren Ausgabe von Wisbert, FHA, Bd. 9/2, S. 475–479.

rung für den Verzicht auf diese Erwähnung: „ich [habe] seit geraumer Zeit auch selbst im Publico, das über die Verwaltung solcher Sachen unbefangen urteilt, öfters die Stimme [...] hören müssen: ‚Man täte besser, wenn man den Schülern das halbe Geld des Aufwandes als Almosen reichte, statt sie einem solchen Convictorio zu übergeben‘".[1306] Der Hinweis erfüllt – in Entsprechung zu anderen Gutachten Herders – eine zweifache Funktion. Zum einen kann nicht bezweifelt werden, daß Herder die Hintergründe wahrheitsgemäß wiedergibt. Seine Darstellungen entsprechen in der Regel den tatsächlich rekonstruierbaren Vorgängen. Im Falle des Freitisches dürfte die fehlende Erwähnung mit Sicherheit nicht Schultzes Leistung schmälern wollen, die, selbst wenn sie in der amtlichen Kanalisierung einer öffentlichen Meinung gründete, doch dazu führte, daß Herder seine Position von Ende des Jahres 1780 grundlegend geändert hatte. Zum anderen gilt, ungeachtet dieser Fragen, zu berücksichtigen, daß dem Hinweis auf die öffentliche Wahrnehmung des Publikums in zahlreichen Gutachten Herders die Funktion einer Herausstellung der besonderen Dringlichkeit und eines erhöhten Handlungsbedarfs zukommt. Beide Punkte zusammengenommen, ließe sich vermuten, daß Schultze in der Tat eine naheliegende Reaktion aufgegriffen hatte, diese jedoch konsequent in einen Amtsvorgang übersetzt hatte. Herders Stellungnahme gründet auf diesen Vorgängen ebenso wie deren Kenntnis im Oberkonsistorium, weshalb sich im Zusammenhang des Gutachtens die Hinweise auf eine aus der öffentlichen Wahrnehmung abgeleitete Handlungsdringlichkeit verdichten.

In dem Aufbau des Gutachtens läßt sich eine zweifache Ringkomposition beobachten. Der erste Kreis wird von der einleitenden Reflexion auf den „Sinn des Stifters"[1307], dessen „Wille"[1308] und die „Seele des Werks"[1309] zu dem Schlußabschnitt (Punkt 5) geschlagen, der den Gedanken an die „Absicht"[1310] der Einrichtung wieder aufgreift. Die auf die Einleitung folgenden Punkte 1 bis 4 sind ebenfalls in einer zyklisch geschlossenen Form angeordnet. Die mittleren Punkte 2 und 3 richten sich gegen den Mißbrauch der Stiftungsgelder für die Besoldung von Geistlichen[1311] und sprechen sich gegen eine Reduzierung der vorgesehenen Finanzmittel oder Anzahl der geförderten Stipendiaten[1312] aus. Die konkrete Vorstellung einer finanziellen Umlage der vorgesehenen Fördermittel auf die entsprechenden Schüler verbindet die Punkte 1 und 4. Der erste Punkt benennt die vorzunehmenden Kontrollschritte, um zu gewährlei-

---

1306 Ebd., S. 476, Z. 9–14.
1307 Ebd., S. 475, Z. 14. Vgl. auch ebd., Z. 6.
1308 Ebd., Z. 10.
1309 Ebd., Z. 15.
1310 Ebd., S. 479, Z. 4f.
1311 Ebd., S. 477f. (2.).
1312 Ebd., S. 478 (3.).

sten, daß der überwiegende Teil der ausgezahlten Gelder tatsächlich für den Nahrungserwerb genutzt wurde.[1313] Regelmäßige Berichte, Zeugnisse und eventuelles Gegenprüfen sollen dafür sorgen, daß die Schüler die ihnen bar ausgezahlte Summe nicht veruntreuen. Überschüssige Gelder stehen ihnen zur freien Verfügung. Gleiches gilt auch für verbleibende Stiftungsgelder. Gerade in diesem Zusammenhang greifen die Punkte 2, 4 und 5 ineinander. Punkt 2 erinnert unter Rekurs auf den Stiftungsbrief an die darin ausdrücklich genannten weiteren Verwendungszwecke: Bücheranschaffungen, Mietzuschüsse und Kleiderversorgung.[1314] Eine gewisse Ausweitung nimmt Herder an dieser Stelle vor: „Auch das Gymnasium selbst und der Unterricht würde auf etwas Überbleibendes die nächsten Ansprüche haben, da ja manche Wissenschaften, z. E. Physik, Naturgeschichte, die angewandte Mathematik, ja beinahe Geographie selbst, schlecht oder gar nicht gelehrt werden können, weil Bücher und Instrumente fehlen."[1315] Punkt 4 erwägt zudem, allenfalls den Inspektor mit einem Gehalt aus Stiftungsmitteln zu vergüten.[1316] Punkt 5 bringt schließlich die Anregung ein, um das ausschließliche Aufnahmekriterium der „*Qualität* der Schüler"[1317] zu erfüllen, im Zweifelsfall nur einen Teil der Stipendien auszuzahlen.

Nicht zu bezweifeln ist darin Herders ernsthaftes Bemühen, die ursprünglichen Stiftungsmittel in einer den Bedürfnissen der Zeit gemäßen Form vollständig zu erhalten und zugleich einen Freiraum zu öffnen, im Falle von Einsparungen ausschließlich das Gymnasium durch Lehrmittel und die Funktionsträger der Stiftung durch eine angemessene Vergütung an den verfügbaren Geldern partizipieren zu lassen. Die erhöhte Flexibilität – nicht zuletzt für die Einrichtung des Gymnasiums – dürfte der Grund dafür gewesen sein, daß Herder die in dem Stiftungsbrief ebenfalls implizierte Anknüpfung an den hinter der absoluten Summe stehenden Finanzierungsmechanismus, als mögliche Ermessungsgrundlage einer den Zeitumständen angepaßten Geldsumme für fortgesetzte Naturalstipendien, nicht in Erwägung zog. Hintergrund dürfte sein, daß Herder zwar konsequent die Zeitspezifik sowohl der ursprünglichen Stiftung als auch seines Änderungsvorschlages betont, zugleich jedoch die Andeutung seiner Skepsis, ob die Einrichtung auch während der Gründungsjahre überhaupt ein Erfolg gewesen sei, nicht unterdrücken kann: keine Veränderung habe dem Freitisch „seinen alten Glanz (wenn er denselben je gehabt hat) und

---

1313 Ebd., S. 476f. (1.).
1314 Ebd., S. 478 (2.).
1315 Ebd., Z. 7–12 (2.).
1316 Ebd., Z. 25–28 (4.).
1317 Ebd., S. 479, Z. 17 (5.).

das ganze Wohlthätige [...] wiedergeben können, welches die Absicht des Stifters gewesen".[1318]

2.2.6. Der Auftrag der Erarbeitung eines Regulativs (April bis August 1784)

Die Abstimmungssituation im Oberkonsistorium Anfang des Jahres 1784 schildert Peucer.[1319] Zwei der weltlichen Räte stimmten dem Gutachten zu, „denn die beiden rechtsgelehrten Mitglieder des Collegiums hielten die von Herder vorgeschlagene Umwandlung unter den wesentlich veränderten Umständen für statthaft".[1320] Wie für den Zeitraum rekonstruiert, war damit die weltliche Bank – einschließlich des Oberkonsistorialpräsidenten – geschlossen für Herders Vorschlag. An den Mehrheitsverhältnissen der geistlichen Bank hatte sich nichts verändert. „Und in der That votirte der eine geistliche Rath für die Beibehaltung des Naturaltisches".[1321] Es dürfte außer Zweifel stehen, daß Gottschalg seine Position konsequent beibehalten hatte. Mit der Zustimmung Schultzes verfügte Herders Vorschlag damit auch bei einer Enthaltung Zinserlings über eine absolute Mehrheit von zwei Dritteln der Stimmen.

Karl August erklärte unter dem 7. April 1784 seine Zustimmung zu dem Herderschen Vorschlag[1322] und erteilte den Auftrag zur Erarbeitung eines neuen Regulativs[1323].

2.2.7. Herders Regulativentwurf (Anfang Juni 1784)

Anfang Juni stellte der Generalsuperintendent seine erneute Ausarbeitung dem Präsidenten des Oberkonsistoriums zu, der den Text unter den Mitgliedern des Oberkonsistoriums zirkulieren ließ.[1324] Gegenüber dem Vorentwurf wird die konkrete Verfassung der Einrichtung gestrafft dargestellt und durch Rekurse auf den Stiftungsbrief in der einleitend erklärten Absicht, den Freitisch „zu seiner ursprünglichen Absicht zurückzuführen" in materialer Hinsicht eindrücklich untermauert.

1318 Ebd., S. 476, Z. 4–6.
1319 Peucer, Freitisch, S. 93.
1320 Ebd.
1321 Ebd.
1322 Haym, Herder, Bd. 2, S. 403.
1323 Francke, Geschichte, S. 94.
1324 Ebd. Zu dem Hinweis der Anfang Juni erfolgten Einreichung vgl. Herder an das Weimarer Oberkonsistorium, August 1784, SWS, Bd. 30, S. 459. S. zudem den Briefeinschub mit den instruktiven Ausführungen von Günter Arnold, DA, Bd. 12, N zu Bd. 5, Nr. 48a, S. 328f.

Die sieben Punkte orientieren sich nur sehr grob an der Reihenfolge des Stiftungsbriefes. Gegenüber dem Vorentwurf findet sich die supervisorische Funktion des Schuldirektors eigens betont; auch die Geschäftsordnung in der Anzeige von Vergehen der Schüler wird ausgeweitet.[1325] Nach einer Ermahnung durch den Schulleiter ergeht die Anzeige an den Ephorus; erst im Anschluß an ein Gespräch mit diesem, das ohne die nötige Konsequenz in der Reaktion des Schülers bleibt, erfolgt die Anzeige an das Oberkonsistorium.[1326] Aufgenommen finden sich auch Themen, die zuvor von den „Gesetzen des Freitisches" geregelt worden waren. Ausdrückliche Betonung erfährt die vorgesehene Verköstigung in Privathäusern; Gaststätten, „öffentliche Häuser werden von diesen Tischorten völlig ausgeschlossen".[1327] Einzig auf dieser Ebene vollzieht sich die „Bildung guter Sitten".[1328] Der bereits in der Stellungnahme vom Dezember 1780 zur Ahndung von Verstößen eingebrachte Aspekt der Öffentlichkeit wird für Einzelfälle weiter ausgeführt.[1329] Was gegenüber dem Vorentwurf vollständig wegfällt, ist der Hinweis auf eine mögliche Investition überschüssiger Gelder in Lehrmittel des Gymnasiums. Einzig die aus dem Stiftungsbrief einschlägig bekannten Felder wiederholt der Textvorschlag: „Nicht minder werden sich vom etwaigen Vorrat des Geldes, der durch vacante Stellen gewonnen würde, hoffnungsvolle Subjekte bei Krankheiten oder sonst zu Bedürfnissen ihrer Studien und ihres Lebens, einer außerordentlichen Unterstützung zu erfreuen haben".[1330] Anstelle der Umlage für schulische Zwecke schwebt Herder eine stiftungsinterne Regelung vor. Die während der ersten Hälfte des Jahres 1784 verfolgte, spätestens Anfang Juni jedoch aufgegebene Überlegung, einen flexiblen Schulfond aus überschüssigen bzw. einzusparenden Geldern der Freitischstiftung zu gewinnen, steht in direkter Kontinuität zur Vorstellung vom 14. Dezember 1785, die zu der erfolgreichen Einrichtung einer Gymnasialkasse führte.[1331]

Den für den Freitisch damit neukonzipierten Ansatz bietet der zweite Punkt des Entwurfes: die Anzahl von zwölf Stipendiaten soll als Mittelwert verstanden werden. Einzig die Prüfungsergebnisse entscheiden über eine Voll-, eine Unter- oder eine Überbesetzung.[1332] Gegenüber der Vorkonzeption kann dieser direkt den Schülern – ohne die institutionelle Vermittlung der Schule – zugute kommende Ansatz als eine dem Stiftungsbrief entsprechende Korrektur

---

1325 Francke, Geschichte, S. 96 (5.).
1326 Ebd.
1327 Ebd. (4.).
1328 Ebd.
1329 Ebd., S. 97 (7.).
1330 Ebd., S. 96 (6.).
1331 Vgl. dazu unten Kap. IV.2.4.
1332 Francke, Geschichte, S. 95 (2.).

verstanden werden. Fragwürdig ist jedoch die den jeweiligen Auswahlverfahren unterstellte Kontinuität in dem damit absolut verstandenen Qualitätsbegriff. Nicht mehr die relative Qualität der Schüler – die zwölf besten des jeweiligen Jahrganges – entscheidet, wer die Auszeichnung erhalten soll. Diese dem Regulativ nur sehr implizit zugrundeliegende Problematik führte noch vor der Drucklegung zu einem eigenen Konflikt.

2.2.8. Die Kontroverse um die autorisierte Textfassung (Mitte August 1784)

Francke bietet den Hinweis auf die grundlegende Zustimmung der Oberkonsistorialräte.[1333] Der zeitliche Rahmen der Schlußentscheidung muß um den 17. August angesetzt werden; auf diesen Termin datiert zumindest die später gedruckte Fassung der Resolution.[1334] Herder beschreibt den Vorgang in einem der anschließenden amtlichen Briefe: „Es [das Regulativ] hat mehr als einmal *circulirt* und ich habe nicht nur, wie die *acta* zeugen, die *Anmerkungen meiner Herrn Collegen genutzt*, sondern sie auch selbst darum *gebeten*. Von 4 derselben war mein corrigirtes Regulativ zum Druck signirt, ohne weitere Anmerkung."[1335] Noch vor der Drucklegung strich von Lyncker jedoch, ohne weitere Rücksprache genommen zu haben, die problematischen Ausführungen aus dem zweiten Herderschen Punkt. Der aus Hayms Darstellung bekannte Vorgang löste, in der psychologisierenden Ausdeutung des biographischen Meisters, einen „Sturm [aus] – nicht wichtig in der Sache, aber bezeichnend insbesondere für die hochgradige Reizbarkeit Herders."[1336]

Auf Seiten von Lynckers wird man von einem formalen Fehler sprechen können. Die zeitverzögerte Reaktion gründet jedoch sicherlich in der Sensibilität, mit der er – nicht unmittelbar, aber noch rechtzeitig – die mit dem nur beiläufigen Zusatz verbundenen Schwierigkeiten erkannt hatte. Herder antwortete – noch ohne zu wissen, wer für die Kürzung in letzter Minute verantwortlich war – mit einer flammenden Beschwerde.[1337] Nicht weniger als dreimal betont er in dem knappen Schreiben, daß es seine „Ehre und Pflicht" erforderten, Protest einzulegen.[1338] Das Verfahren erzürnt Herder mehr als der eigentliche Vorgang der Streichung. Die Degradierung zum „Subaltern oder [...] Schüler" findet sich mehrfach betont, das Verhalten des Kollegen sei „oberherrlich", das

---

1333 Ebd., S. 97.
1334 Schmidt, Gesetze, Bd. 3, S. 412; nach der Handschrift: Francke, Geschichte, S. 97.
1335 Herder an das Weimarer Oberkonsistorium, August 1784, SWS, Bd. 30, S. 459.
1336 Haym, Herder, Bd. 2, S. 403.
1337 Herder an das Weimarer Oberkonsistorium, August 1784, SWS, Bd. 30, S. 459.
1338 Ebd.

eines „Despoten".[1339] Der Protest ist berechtigt. Von Lyncker antwortete, mit den Worten Franckes, „in maßvoller Ruhe".[1340] Er erklärt nüchtern seinen Einwand gegenüber einer zwölf Schüler überschreitenden Anzahl von Stipendiaten. Im Falle von Vakanzen habe der Stiftungsbrief eindeutig die Verwendungszwecke überschüssiger Gelder erklärt. „So wünsche ich, daß der vorgeführte Passus abgeändert und so gefasset werden möchte, daß daraus keine Hoffnung zu Vermehrung des einmal festgesetzten Numeri der 12 geschöpft werden könnte. Ich lege Ew. Hochwürden dieses Regulativ nochmals mit dem gehorsamsten Ersuchen vor, falls Ihnen meine Anmerkung gegründet vorkommen sollte, die nötige Abänderung diesfalls zu machen."[1341] Herder rechtfertigt daraufhin das Resultat seiner Überlegungen.[1342] Er erklärt sein Anliegen: „Mich dünkte also, der Geist des Stifters, der seine Wohlthat zu einem freien Preise rühmlicher Bestrebungen machte, ließe dieser wenigstens freiern und heitern Aussicht, *deren Bewirkung* ja immer *von den Händen der Superioren* abhängt, Raum."[1343] Zu erkennen wird damit der liberale und menschenfreundliche Ansatz Herders, der zugleich jedoch in einer historisch ausgreifenden Perspektive unterschiedliche Qualitätsstufen der vorhandenen Leistungen voraussetzt. Das Beispiel des aufgrund der festen Anzahl von zwölf Stipendiaten vernachlässigten Schülers unterstreicht dies: „wenn mir die 3 kurzen Jahre meiner Primanerwallfahrt der verdiente Preis, gerade weil ich der 13. wäre, entzogen würde, wenn eben von vielen Jahren unfleißiger Vorfahren Geld in der Caße wäre, wird er mir auf immer entzogen und ich hätte mich relativ über Unrecht zu beschweren."[1344] Herder, erfüllt von den absoluten Maß eines bleibenden Qualitätsbegriffs, setzt voraus, daß einzelne Stipendien aufgrund der nur als relativ gut zu erachtenden Leistungen nicht verteilt werden dürften. Zu betonen ist freilich, daß der Stiftungsbrief auf einer anderen Grundlage, der einer quantitativ dezimierten Schülerschaft, argumentiert hatte. Weiter führt Herder an, daß die Sonderregelung für den konstruierten Einzelfall durch „*eine Clausel*" abgesichert werden solle; andernfalls werde es keine Ausnahmen geben.[1345]

Für von Lyncker dürfte es auf dieser Grundlage leicht gewesen sein, gegen den Zusatz zu argumentieren. Es liegt nahe zu vermuten, daß er auf die Gefahr von Ansprüchen hinwies, die aus der von Herder als Ausnahmeregelung er-

---

1339 Ebd.

1340 Francke, Gymnasium, S. 97.

1341 Ebd.

1342 Ebd., S. 98. Herder an das Weimarische Oberkonsistorium, vor dem 24. August 1784, DA, Bd. 9, N zu Bd. 5, Nr. 51a, S. 349f.

1343 Zitiert wiederum nach DA, ebd., S. 350, Z. 13–16.

1344 Ebd., Z. 9–12.

1345 Ebd., Z. 25.

klärten – als solche aber nicht in das Regulativ eingefügten – Ordnung abgeleitet werden könnten. Herder jedenfalls lenkte ein, soweit er nicht auf eine
mündliche oder nicht publizierte Einigung bestand; und der Text erschien, ohne die Ausführungen des zweiten Punktes, im Druck. Der Konsistorialbeschluß
zugunsten der von dem Oberkonsistorialpräsidenten erbetenen Streichung datiert auf den 24. August.[1346]

2.2.9. Realisierung und nachfolgende Gestaltung des Projektes
(ab September 1784)

Mit dem ersten September 1784 trat die neue Regelung des Freitisches in
Kraft.[1347] Der amtierende Garnisonsprediger, Mämpel, wurde mit der Inspektion beauftragt.[1348] Wichtig für die nachfolgende Gestaltung der Einrichtung
ist, daß Herders Anregung einer Auflösung der Garnisonspredigerstelle vom
28. März 1787 ohne einen Vorschlag zu der weiteren Verwaltung des Freitisches formuliert wurde.[1349] Ein Versäumnis stellt dies nicht dar. Bereits ein
Jahr zuvor, unter dem 17. Mai 1786, hatte Herder dem Oberkonsistorium das
Angebot unterbreitet, das Amt des Rechnungsführers bzw. Inspektors „unentgeldlich", d. h. ohne die von Herder für den Garnisonsprediger selbst durchge-
setzte Vergütung, zu betreuen.[1350] Bis in das Jahr 1796, unterbrochen nur von
der Italienreise, verwaltete Herder die Funktion, in der nicht unerhebliche finanzadministrative und supervisorische Aufgaben, jedoch auch – mit den Worten Wisberts – „Ansätze von dem, was heute Bildungsberatung genannt
wird"[1351], konstitutiv zusammenkamen mit zum Teil „reine[r] Freude"[1352].
Auch die Herder-Biographik erkennt einerseits die funktionale Bedeutung der
„Überwachung des Instituts", die Herder damit „ganz in seiner Hand konzentrierte".[1353] Andererseits benennt sie ebenfalls gerade in diesem Zusammen-

---

1346 Vgl. dazu Peucer, Freitisch, S. 96.

1347 Vgl. dazu Francke, Geschichte, S. 98. Das Datum leitet sich aus dem dort zitierten Schreiben
      an den Gymnasialdirektor ab, in dem von der mit dem 31. August auslaufenden Regelung
      die Rede ist.

1348 Ebd.

1349 SWS, Bd. 31, S. 757–761.

1350 Gesuch an das Fürstliche Oberkonsistorium vom 17. Mai 1786, betreffend die Übernahme
      der Rechnungsführung des Freitisches, SWS, Bd. 30, Nr. 8, S. 466. Vgl. dazu Kap. II, Anm.
      256.

1351 Vgl. dazu Wisberts Kommentar, FHA, Bd. 9/2, S. 1228.

1352 So die Einschätzung Franckes, Geschichte, S. 99, der, über die heute nur auszugsweise und
      sporadisch erhaltenen Rechenschaftsberichte hinaus, das ihm verfügbare Material in seiner
      Breite eingesehen hatte.

1353 Haym, Herder, Bd. 2, S. 404.

hang seine „Freude, sein Herz für die hoffnungsreiche Jugend".[1354] Ausdruck der gemeinnützigen Motivation ist auch der nur noch andeutungsweise zu rekonstruierende, unzweifelhaft von Herder forcierte Verwendungszweck der freigewordenen Gelder zur Einrichtung einer Schulkasse, die zu weiteren, kleineren Teilen auch von dem Herzog und der Landschaft gegenfinanziert wurde.[1355]

2.2.10. Rücktritt vom Amt des Rechnungsführers (Oktober 1796)

Herders uneigennütziges Engagement für die Einrichtung basierte auf der in den Gutachten mehrfach grundlegend betonten Voraussetzung, daß sämtliche Stiftungsmittel für den ursprünglichen und darin nur anders zu akzentuierenden Zweck erhalten blieben. Das Jahr 1796 markiert den Bruch, nachdem eine seit 1760 von Anna Amalia gewährte Zulage zu den ursprünglichen Stiftungsmitteln von knapp 100 Reichstalern per Verfügung der herzoglichen Kammer vom 25. Juni zurückgezogen und zur Finanzierung „zum Etablißement des Schulfonds für arme Landschulen" bestimmt wurde.[1356] Zudem sollte die Einrichtung, nach dem späteren Herderschen Referat, „ihrer Natur nach wesentlich verändert u.[nd] in ein Cammerstipendium verwandelt werden".[1357]

Zunächst widersprach Böttiger mit einer seiner charakteristischen Eloquenz entsprechenden Eingabe an das Oberkonsistorium unter dem 16. Juli 1796.[1358] Herder wandte sich eine Woche später, am 23. Juli, direkt an den Herzog.[1359] Karoline merkt zu der Handschrift des Textes an:

> „Der Vater wußte aus langer Erfahrung[,] daß der Herzog keine Vorstellung jemals angenommen hat, u.[nd] daß er auch dieser Vorstellung kein Gehör geben wird, daher ist die Manier darinnen so trocken, herbe u.[nd] gerade zu. Es verblieb wie immer bei des Herzogs Beschluß, er nahm dem so wohl eingerichteten Freitisch die Zulage[,] die die Herzogin Mutter unter ihrer Regierung ihm gegeben hatte."[1360]

1354 Ebd.

1355 Vgl. dazu ebd., Anm. 46. Vgl. dazu in dieser Arbeit Kap. IV.2.4.

1356 Sehr knapp zu diesen Vorgängen: Francke, Gymnasium, S. 161–163; DA, Bd. 7, S. 540, Anm. 250; SWS, Bd. 30, S. 529, Anm. z. S. 466 und 479. Das hier gebotene Datum s. in Francke, Gymnasium, S. 163, sowie, diesem folgend, DA, Bd. 7, S. 540, Anm. 250. Das Zitat entstammt: Herder an Karl August, 23. Juli 1796, DA, Bd. 7, Nr. 250, S. 252, Z. 240.

1357 Ebd., Z. 213–215.

1358 Francke, Gymnasium, S. 161–163; DA, Bd. 7, S. 540, Anm. 250.

1359 Herder an Karl August, 23. Juli 1796, DA, Bd. 7, Nr. 250, S. 247–254; zudem: SWS, Bd. 30, S. 479–488.

1360 Zitiert nach: DA, Bd. 7, S. 540, Anm. 250.

Das Recht dazu besaß der Herzog. Frei gewährte und darin auch auf Zeitereignisse reagierende Zulagen waren nicht an die Verfassung des Freitisches rückgebunden und konnten als temporäre Einrichtungen auch jederzeit zurückgenommen werden. Im Falle des Freitisches bestand die Schwierigkeit des Vorganges darin, daß die über Jahrzehnte gewährten Gelder – nach der ausdrücklich erfolgten rechtlichen Absicherung – in die Anlage und Höhe der Auszahlungen konstitutiv übergegangen waren. Sowohl das herzogliche Vorgehen als auch der Protest dagegen waren damit begründet.

Herders Widerspruch hatte ebenfalls starke Argumente. Er verweist auf ein herzogliches Reskript vom 24. August 1780, *„daß der Zuschuß fortdauern, vor jeder Mutation mit dem Fürstlichen Oberconsistorio von Fürstlicher Cammer Communication gepflogen u.[nd] die Alumni in Ansehung ihres benificii nicht verkürzt werden sollen".*[1361] Diese Zusicherung beschreibt Herder als Voraussetzung der 1784 realisierten Veränderung. Zudem beklagt er die Eingliederung in die Kammerstipendien.[1362] Als Konsequenz einer nicht vorzunehmenden Korrektur beider Punkte fordert er die Rückkehr zu der ursprünglichen Naturalverfassung des Freitisches.[1363] Diese – an sich unrealistische Forderung – mag als Gedankenfigur dienen, um die jeweilige Relation der verfügbaren finanziellen Mittel zu dem ursprünglichen Stiftungszweck zu ermessen. Abschließend bietet Herder, in einer klugen Wahrnehmung des Stiftungsbriefes, sogar das zentrale Argument der im Gründungsdokument verankerten Gegenfinanzierung:

> „in welchem der Fürst, die zum Freitisch nöthigen Einkünfte an nachfolgende zu dem Amt Ilmenau von Ihm erkaufte, sogenannte Pöllnitzische Dörfer, als *Heyda, Neusis* u.[nd] *Schmerfeld* u. [nd] *die sämmtliche daraus jährlich gefallende Intraden* so viel hiezu vonnöthen, solchergestalt angewiesen, daß ehe u.[nd] bevor obgedachte Summe [die im Stiftungsbrief aufgeführten 475 Gulden, zusätzlich der Besoldung des Gymnasialdirektors] gänzlich geliefert worden, nicht das Allergeringste von den Einkünften ermeldeter Dörfer von Seiner dermaligen Particular-Kammer oder den künftigen EigenthumsHerren ermeldeter Dörfer erhoben werden solle."[1364]

Zutreffender hätte Herder – gerade unter Rekurs auf den Stiftungsbriefe – nicht argumentieren können. Auch muß es als mutig gelten, daß er sich vor diesem Rekurs auf den Stiftungsbrief nicht scheute. Zugleich ist es zu bedauern, daß er

---

1361 Herder an Karl August, 23. Juli 1796, DA, Bd. 7, Nr. 250, S. 249, Z. 119–122.
1362 U. a. ebd., S. 252, Z. 213–215.
1363 Bes. ebd., Z. 225–229: „so erbitte ich mir von der Gerechtigkeit des Landesherren nur Eins, daß, da die im Jahr 1784 gethanen, jetzt ohnehin wesentlich gekränkten, unschuldigen, zweckmässigen und nützlichen Vorschläge, unglücklicher Weise *zur völligen Verkennung u.[nd] Alteration der Natur der Stiftung Anlaß* gegeben, diese dem völligen Buchstaben und Zweck des Stiftungsbriefes nach *wiederhergestellt werde.*'"
1364 Ebd., S. 253, Z. 270–276.

diesen Schritt – wenn Karolines Beschreibung zutrifft – erst in einer aussichts-
losen Situation unternahm.

Herders Eintreten blieb ohne Erfolg. Die Verfügung vom 30. September
1796 bestätigte das vorherige Reskript.[1365] Unter dem 10. Oktober trat Herder
von seinem Amt als Rechnungsführer zurück.[1366] Jede Bezugnahme auf die
vorherigen Ereignisse fehlt. Als sein Nachfolger fungierte zunächst Böttiger.
Mit Ostern 1798 versah Kästner, der erste Professor des Gymnasiums, die
Funktion.[1367] In die Inspektion dürfte bis zu seinem Tod 1797 Zinserling involviert gewesen sein. Kästner wurde im Anschluß daran von Herder auch noch
für die weiteren – möglicherweise seit der Italienreise bei Zinserling verbliebenen – Aufgabenbereiche vorgeschlagen.[1368]

2.3. Lehrplanrevision des Weimarer Gymnasiums (1785f.)

Nicht genau terminieren lassen sich Herders erste Anregungen einer Umgestaltung des Schulunterrichts in inhaltlicher, formaler, methodischer sowie materialer Hinsicht.

2.3.1. „Erläuterungen" (1774f.)

Ein erstes Dokument, dessen amtliche Bezüge unbelegt bleiben, wird nur von
Karoline vage datiert: „scheint aus frühern Jahren zu seyn."[1369] Dieser Deutung
folgten Johann Georg Müller, indem er den Text mit den Instruktionen des
Jahres 1788 verarbeitete, Dahms („1778-79"[1370]) in der zeitlichen Einordnung
innerhalb der Suphanschen Werkausgabe und Wisbert („um 1779"[1371]) in der
Frankfurter Herder-Ausgabe.[1372]

Obwohl die Herdersche Handschrift nicht verfügbar ist und gerade weil
Hinweise auf amtliche Vorgänge während der ausgehenden siebziger Jahre
fehlen, muß die konkrete Verortung innerhalb der Weimarer Amtsgeschäfte
dieses Zeitraums hinterfragt werden. Die Zweifel verstärken sich, da der Text

---

1365 Francke, Gymnasium, S. 163.
1366 Herder an (den das Schreiben an Karl August mitunterzeichnenden) Karl August Böttiger,
      10. Oktober 1796, DA, Bd. 7, Nr. 273, S. 275.
1367 Vgl. dazu den Hinweis SWS, Bd. 30, S. 529, Anm. zu S. 466.
1368 Ebd.
1369 Vgl. dazu den Hinweis auf Karolines Bemerkung von Wisbert, FHA, Bd. 9/2, S. 1136.
1370 SWS, Bd. 30, S. 426.
1371 FHA, Bd. 9/2., S. 284.
1372 Vgl. dazu auch zusammenfassend Wisbert, ebd., S. 1135.

in einer größtmöglichen Parallelität zu einer unter dem 14. Januar 1775 an Graf Friedrich Ernst Wilhelm zu Schaumburg-Lippe gesandten Eingabe steht und auch in diesen Zusammenhang gehören dürfte.[1373] Mehrere Gründe legen den Rückschluß nahe, daß es sich bei dem generell Ende der siebziger Jahre datierten Text um eine Vorarbeit zu der Bückeburger Eingabe handelt. Bestechend ist zunächst die identische Paragraphenzählung und inhaltliche Einschlägigkeit der für Bückeburg zugrundeliegenden Schulordnung. Die Vorarbeiten Franckes, in denen die Schulordnung des Herzogtums Sachsen-Weimar in ihren historisch unterschiedlichen Gestalten beschrieben wird[1374], erlauben es bereits auf Grundlage der nur punktuell gebotenen Zitate der zuletzt in dem Jahr 1770 veränderten Schulordnung auszuschließen, daß sich die „Erläuterungen" auf das Herzogtum Sachsen-Weimar beziehen können.[1375] Auch läßt sich die direkte Verbindung mit der Eingabe in zahlreichen wörtlichen Entsprechungen der beiden Entwürfe, bewußten Umstellungen und Umarbeitungen einzelner Teile sowie dem insgesamt weniger polemisch gehaltenen Duktus der Eingabe gegenüber dem bisweilen offeneren und direkteren Charakter des wahrscheinlichen Vorentwurfs aufzeigen.[1376] In der Tat dürfte sich Karolines

---

1373 Darauf aufmerksam wurde bereits Günter Arnold, der in der Kommentierung des Bückeburger Schreibens bezweifelt, vgl. dazu DA, Bd. 11, S. 549f., daß die Schulordnung „in Schaumburg-Lippe und in Sachsen-Weimar dieselbe gewesen ist", und mit Blick auf die „Erläuterungen" schließt: „Wahrscheinlich handelt es sich in beiden Fällen um denselben Vorgang", ebd., S. 550.

1374 Vgl. dazu insgesamt sowie in punktueller inhaltlicher Einschlägigkeit: Francke, Gymnasium, S. 4–84.

1375 Vgl. dazu etwa die Auszüge aus den §§ 9f. der 1770 aktualisierten Instruktionen. Die „weimarische Gymnasien- und Schulordnung" wurde zuletzt 1733 grundlegend verändert. Den sowohl aufgrund der Chronologie als auch der Verfügbarkeit nicht eingesehenen Text bietet, nach der Angabe von Francke, Gymnasium, S. 31: „R. Vorbaum, Die evangelischen Schulordnungen des 18. Jahrhunderts, 1864 III, S. 188ff." Den handschriftlichen Text unter Hinweis auf die vormalige Signatur sah zudem ein: Francke, Gymnasium, S. 42, Anm. 1.

1376 Signifikant ist alleine der Schluß. Vgl. dazu in dem mutmaßlichen Vorentwurf, FHA, Bd. 9/2, S. 288, Z. 1–3: „übrigens muß die Schule, zumal wie sie jetzt ist, ein Rüsthaus guter Menschen, und Bürger, nicht Lateinischer Phrasesjünger werden"; mit der langwierigen, vorgeordneten Paraphrase des letzten Ausdruckes in der Eingabe, ebd., S. 255, Z. 23–35: „Ekel und Unfleiß der Schüler wird sich verlieren, wenn man *ihr Wissen reizt* und nicht bloß durch ewiges Latein ihre Fähigkeiten abstumpfet oder durch bloßes Gedächtnislernen sie an ein ermüdendes Rad der Gewohnheit fesselt. Die Arbeit ist schwer, insonderheit nach langem andern Gleise, aber die Frucht belohnend und angenehm: die lateinische Schule *wird ein Rüsthaus guter Menschen, Männer und Bürger*, und es wird nichts vorkommen, was nichts auf diesen Zweck anschauend und übend ziele." Praktisch jeder weitere Punkt bietet wörtliche Entsprechungen mit einzelnen Überarbeitungen. Exemplarisch für die oben genannte Offenheit des Entwurfes ist der Punkt zu der Naturlehre, vgl. dazu ebd., S. 287, Z. 10–12: „*Naturlehre* kann nicht unterbleiben. Sie ist der Katechismus einer großen Gotteserkenntnis für Kinder; auch kann und muß sie fassen, wer sonst nichts fassen kann." In der Eingabe lautet der Punkt, ebd., S. 254, Z. 14–18: „*Naturlehre* kann nicht unterbleiben. Sie

Hinweis – darin sehr präzise – auf die „frühern Jahre", die Jahre vor Weimar beziehen. Die Spätdatierung der „Erläuterungen" erfolgt damit aus einem Mißverständnis Karolines und ohne Kenntnis der „Eingabe", die Günter Arnold in den Beständen des Niedersächsischen Staatsarchivs in Bückeburg identifizierte und 1978 im dritten Band der Briefausgabe publizierte.[1377]

In seinem Kommentar bietet Wisbert, ungeachtet der Datierungsfrage, vorzügliche inhaltliche Zusammenfassungen und Einordnungen für beide Texte innerhalb der pädagogischen Bestrebungen seiner Zeit.[1378] Nur der Bezug der „Erläuterungen" auf die 1770 revidierte Schulordnung Sachsen-Weimars[1379] muß wohl ausgeschlossen werden. Im folgenden wird der oben genannte Zusammenhang mit dem Verständnis der beiden Texte als Endfassung („Eingabe") und Vorentwurf („Erläuterungen") zusammengefaßt. Für die hier relevante Fragestellung ist die Bückeburger Eingabe insgesamt von Bedeutung, insofern sie zwei Initiativen Herders vorwegnimmt, die auch während der Weimarer Zeit – mit einem zeitlichen Abstand von gut zehn Jahren zu den Vorgängen in Bückeburg – von Bedeutung sind. Zum einen bietet der Brief an den Grafen zu Schaumburg-Lippe den Vorschlag einer Umlage von Dispensionsgeldern zugunsten von Neuanschaffungen für die Schulbibliothek.[1380] Die Parallele zu diesem Vorgang wird in der Ausweitung der Weimarer Gymnasialbibliothek darzustellen sein. Zum anderen kann der Bückeburger Text in seinen zwei Stadien – wie auch andere Schriften und Publikationen – als ein Programm der später ausgeführten Verbesserungsvorschläge zur Einrichtung und Gestaltung des Unterrichts verstanden werden. Der grundlegende formale Unterschied der Zählungen innerhalb der beiden Textfassungen der Bückeburger Zeit ist, daß die Endversion den Punkt der „Naturlehre" nicht eigens aufführt, sondern als Unterpunkt nach Aufführung der „Geographie" bietet.[1381] Die elementaren Kenntnisse, mit denen noch der Vorentwurf in der „Geometrie"[1382] als Teil der Mathematik eingesetzt hatte, wird in der Endfassung an späterer

---

ist der Katechismus der nützlichsten, fast ernsten Kenntnisse und auch in den ersten Grundzügen unerschöpflich an Inhalt. Dagegen Logik und höhere Weltweisheit für gegenwärtige Schüler nicht ist."

1377 Herder an Graf Friedrich Ernst Wilhelm zu Schaumburg-Lippe, 14. Januar 1775, DA, Bd. 3, Nr. 127, S. 146–149 [der meist auf 1985 datierende Reprint des DA-Bandes ist druckgleich mit der Erstausgabe von 1978].

1378 In der oben vorgeschlagen Chronologie der beiden Texte vgl. dazu FHA, Bd. 9/2, S. 1134f. und S. 1098f.

1379 So Wisbert, ebd., S. 1134.

1380 Herder an Graf Friedrich Ernst Wilhelm zu Schaumburg-Lippe, 14. Januar 1775, DA, Bd. 3, Nr. 127, S. 146, Z. 11–21.

1381 Vgl. dazu in diesem Kap., Anm. 1376.

1382 FHA, Bd. 9/2, S. 284, Z. 4–24 (I.).

Stelle nachgeordnet[1383]. Die offizielle Eingabe eröffnet mit dem Hinweis auf die „Geschichte"[1384], der die Punkte der „Erzählungen"[1385] und „Aufsätze"[1386] nachfolgen. Wichtig ist an dieser Abfolge, die sich unter Absicht der erwähnten Nachordnung der „Geometrie" in gleicher Weise in dem Vorentwurf findet[1387], daß sie in beiden Texten der Entwicklung einer Hermeneutik unter Rekurs auf eine erkenntnistheoretisch ausgedeutete Seelenlehre dient. Im Falle des Vorentwurfes verdeutlicht der Unterricht der „Geometrie" die Bedeutung einer Verbindung der konstitutiven Seelenkräfte. Nicht nur als *„Gedächtniswerk"*[1388], sondern als Zusammenwirken von Einbildungskraft und Verstand, „da er [der Lehrer] durch Fragen und Winke den Knaben die Geometrie *erfinden* ließ", auch unter Vermittlung graphischer Darstellungen, steht die Wissenschaft repräsentativ für Herders Ideal einer organischen Vollkommenheit. Die kulturkonstituierende Bedeutung der Erfindung steht auch im Zentrum beider Fassungen des Abschnittes zur „Geschichte". In der Endversion rückt der Aspekt noch deutlicher in den Vordergrund.[1389] Beide Versionen bieten damit eine anthropologische, erkenntnistheoretisch fundierte Einleitung und Abfolge der diskutierten schulischen Fächer. Wichtig ist zudem an beiden Entwürfen, daß sie sich abschließend für eine zunehmende Ausdifferenzierung des Lehrplans unter Berücksichtigung der unterschiedlichen Berufsziele aussprechen. Von größter Dringlichkeit dürfte in der spezifischen Situation Bückeburgs der Lateinunterricht gewesen sein, dessen Erhalt als obligatorisches Unterrichtsfach für Schüler mit späteren Studienzwecken in dem Vorschlag außer Frage steht. Die Bedeutung und der quantitative Umfang für die übrigen Schüler werden jedoch gleichermaßen bezweifelt.[1390] Die Vorordnung eines muttersprachlich vermittelten Verständnisses grammatikalischer und syntaktischer Strukturen wird als die Basis auch eines humanistischen Bildungskonzeptes verstanden.

In einer eindrucksvollen Geschlossenheit dokumentieren die beiden Texte der Bückeburger Zeit, von denen der Vorentwurf wohl Ende 1774 oder Anfang 1775 zu datieren ist, die Konsequenz und Kontinuität in Herders Bildungsidealen, die in vergleichbarer Weise während der Weimarer Zeit ansatzweise Annäherungen erfuhren.

1383 Ebd., S. 254, Z. 26–37.
1384 Ebd., S. 252, Z. 4 – S. 253, Z. 10 (I.).
1385 Ebd., S. 253, Z. 11–26 (II.).
1386 Ebd., Z. 27 – S. 254, Z. 9 (III.).
1387 Ebd., S. 284, Z. 25 – S. 286, Z. 37 (II–IV.).
1388 Ebd., Z. 8 (I.).
1389 Vgl. dazu alleine ebd., S. 252, Z. 11.
1390 Ebd., S. 287, Z. 13 – S. 288, Z. 3 (VII.) sowie ebd., S. 255, Z. 1–35 (VII.).

2.3.2. Eingabe an Karl August (14. Dezember 1785)

Parallel zu dem Bückeburger Vorgang des Jahres 1775 steht Herders Eingabe an Karl August vom 14. Dezember 1785.[1391] Der lange Zeitraum zwischen dem Amtsantritt und der Initiative, Mitte der achtziger Jahre, mag überraschen, verdeutlicht man sich, in welchem Maße es Herders innerstes Bedürfnis war, die von ihm hart erarbeiteten Kenntnisse und Fähigkeiten Jüngeren zu vermitteln und Strukturen zu schaffen sowie Einrichtungen zu gestalten, die Impulse von ihm aufnehmen und über ihn hinaus weiterwirken ließen. Schulische Reformen lagen ihm gerade in einem solchen Maße am Herzen, daß er in einer frühen Resignation und zunehmenden Verbitterung über die äußeren Umstände von eigenen Anregungen und Initiativen eher Abstand nahm, als ansatzweise Mißerfolge und den Dissens im Oberkonsistorium in Kauf zu nehmen. Die vielfach zitierte Erinnerung Karolines einer grundsätzlichen Ablehnung im Oberkonsistorium gegen schulische Neuerungen jeder Art[1392], die bereits auf Grundlage der rekonstruierten Mehrheitsverhältnisse für die siebziger und achtziger Jahre hinterfragt wurde, ist auch nicht durch Hinweise auf konkrete Eingaben Herders während dieses Zeitraums zu stützen. Am ehesten dürften es die Schwierigkeiten gewesen sein, die sich in der Einrichtung des Landschullehrer-Seminars ergeben hatten, die Herder zu dem fatalen Eindruck einer Wirkungslosigkeit seiner Bemühungen geführt hatten. In zeitlicher Parallelität zu diesen Vorgängen, deren zunehmende Anspannung und jahrelange Verschleppung sich, wie bereits gezeigt wurde, Herders Kompromißlosigkeit und der ohne höhere Intervention verbleibenden Auswegslosigkeit der Situation verdankten, muß das Vorhaben einer Gymnasialreform bestanden haben. Das starke Signal Goethes Mitte des Jahres 1783 dürfte auch die Lösung für diesen über viele Jahre schmerzhaft drückenden Knoten gewesen sein. Wie nahtlos Herder mit seiner Anregung des Jahres 1785 an die Bückeburger Eingabe von 1775 anknüpft, wird im einzelnen zu zeigen sein.

Bemerkenswert ist zunächst die in beiden Schreiben identische Verbindung zweier Anliegen, einer an die Schulordnung anknüpfenden grundlegenden Reform des Unterrichts und die Einrichtung einer für Neuanschaffungen finanziell abgesicherten Schulbibliothek. Auf den letzten Punkt wird in einem eigenen Kapitel einzugehen sein.[1393] Zudem bietet der Brief selbst bereits einleitend die programmatische Zusammenfassung der Voraussetzungen einer schulischen Verbesserung: „Zum Flor einer Schule gehören gute Subjecte von Aufsehern, Lehrern u.[nd] Schülern, wohlgewählte Lehrbücher und eine

---

1391 Herder an Karl August, 14. Dezember 1785, DA, Bd. 5, Nr. 138, S. 151–158; zuvor: SWS, Bd. 30, S. 429–437; mit Kommentar: FHA, Bd. 9/2, S. 496–507.
1392 Vgl. dazu Kap. III, Anm. 201.
1393 Vgl. dazu unten Kap. IV.2.4.

zweckmäßige Einteilung der Stunden, so wie von innen eine gute Ordnung und Methode des Unterrichts und endlich eine Schuldisziplin, durch welche Enthusiasmus und Nacheiferung im Lernen und Ueben erweckt wird."[1394] Herders einleitender Hinweis, die vorzunehmenden Reformen insgesamt an dem äußeren Anlaß zweier Veränderungen im Lehrpersonal anschließen zu wollen, ist nicht zu unterschätzen. Von zentraler Bedeutung war darin die ausstehende Umbesetzung des Konrektorats, die – wie beschrieben – noch zu Lebzeiten Noldes in die Wege geleitet wurde. In der von Herder einleitend gebotenen Reihenfolge spiegelt sich die von der persönlichen Überzeugung getragene Abfolge der nötigen Schritte wider, die es für eine grundlegende Schulreform zu bewältigen gilt. Nach einer deutlichen Vorordnung der Personalfragen steht die Bedeutung der materialen Lehrmittel in konstitutiver Verbindung mit einer Einteilung und Gestaltung des Unterrichts an zweiter Stelle.

Die Diskussion des zuletzt genannten Punktes eröffnet die eigentlichen Ausführungen des Schreibens. Der erste Hauptteil (I.)[1395] des nur grob gegliederten Textes stellt eine Erörterung der „Eintheilung der Stunden"[1396] dar, die auf dem zuletzt 1770 veränderten *typus lectionis* bzw. *typus lectionum*[1397] basierte. Maßgeblich beteiligt war auch an dieser Ausarbeitung bis Mitte März 1769 der Jenaer Theologe Danovius.[1398] Die Kritik Herders ist der des Jahres 1775 vergleichbar. Beanstandet wird, wie zuvor, die Bedeutung der humanistischen Bildungstradition, die auch für spätere „Handwerker"[1399] und „Nichtstudirende"[1400] mit dem Pflichtfach Latein eine Fortsetzung fand.[1401] Im Gegensatz zu der Bückeburger Eingabe steht dieser Punkt jedoch im Vordergrund. Zuerst und am ausführlichsten wird der Religionsunterricht bzw. die religiöse Erziehung besprochen, deren gegenwärtige Einrichtung Herder als das Wesen der Aufgabe verfehlend diagnostiziert.[1402] Stark quantifizierend bestimmt er das Gesamtmaß der Zeit, die für „Beten und Bibellesen"[1403], für das Hersagen von „Evangelien und Psalmen"[1404], für Katechismus[1405] und „bibli-

---

1394 Herder an Karl August, 14. Dezember 1785, DA, Bd. 5, Nr. 138, S. 151, Z. 10–14.
1395 Ebd., S. 151, Z. 20 – S. 154, Z. 133.
1396 Ebd., S. 151, Z. 17.
1397 Vgl. dazu u. a. Francke, Geschichte, S. 70.
1398 Ebd., S. 69f.
1399 Herder an Karl August, 14. Dezember 1785, DA, Bd. 5, Nr. 138, S. 152, Z. 66.
1400 Ebd., S. 153, Z. 105.
1401 Vgl. dazu insgesamt ebd., S. 152, Z. 54–78.
1402 Vgl. dazu insgesamt ebd., S. 151, Z. 20 – S. 152, Z. 53.
1403 Vgl. dazu u. a. ebd., S. 151, Z. 22.
1404 Ebd., Z. 30.
1405 Ebd., Z. 29.

sche Geschichte"[1406] in einer Weise verwendet würde, die zwangsläufig dazu führen müsse, „daß die jungen Leute Eckel und Ueberdruß an Wahrheiten erlangen, die ihnen doch die wirksamsten und lebendigsten auf ihre ganze Lebenszeit seyn sollten."[1407] Zu erkennen ist darin das auf individuellem Gefühl und eigener Durchdringung basierende Religionsverständnis Herders, das einer äußeren Vermittlung, die im Lernen auf Wiederholung basiert und in dem Menschen wesentlich auf das Erinnerungsvermögen ausgerichtet ist, entgegensteht. Die akademische Theologie, der späteren Schrift *Von Religion, Lehrmeinungen und Gebräuchen* (1798) durchaus vergleichbar, wird weithin als Sophismus verstanden: „Ja hätte er [der Schüler] auf der Akademie alle spitzfündige Disputier-Weisheit erlangt; das Uebel ist nicht gehoben sondern vermehrt".[1408] Von Bedeutung ist darin die Zentralität, die Herder dem möglichst lebendigen Eindruck in der Seele – als der Gesamtheit aller Wahrnehmungsinstanzen – des Kindes beimißt. Dieses Ideal eines konsequent zu suchenden Lebenszusammenhanges findet sich auch in der Kritik an dem für sämtliche Schüler obligatorischen Lateinunterricht: „Es kann nicht anders seyn, als daß Lehrer u.[nd] Schüler bei solchen Sklavenarbeiten in kurzer Zeit verdumpfen u.[nd] vermodern: denn der lebendigste Mensch setze sich in die Stelle u.[nd] frage, wie ihm bei solcher Sprachbehandlung in wenigen Jahren zu Muthe seyn würde."[1409] Auch der Griechischunterricht wird in vergleichbarer Weise noch knapp kritisiert.[1410] Summarisch hält Herder fest, daß „in der fehlerhaftesten Methode"[1411] mit den benannten Fächern „die nöthigsten u.[nd] nützlichsten"[1412], an späterer Stelle: die „nützlichsten u.[nd] nothwendigsten" Kenntnisse[1413], die für allen Schülern zu vermitteln seien, vernachlässigt würden.

Der Vorschlag einer „*Realschule nützlicher Kenntniße u.[nd] Wissenschaften*"[1414] für die drei unteren Klassen und das „eigentliche [...] Gymnasium [...] in zweckmäßiger Ordnung und Proportion der Wissenschaften"[1415] entspricht dem des Jahres 1775 darin, daß der Stellenwert der humanistischen Bildung für die kein akademisches Studium anstrebenden Schüler, „Bürger, Kaufleute, Handwerker, Schullehrer, Künstler, kurz der nothwendigste u.[nd] zahlreichste

---

1406 Ebd., Z. 35.
1407 Ebd., Z. 38–40.
1408 Ebd., S. 152, Z. 50–52.
1409 Ebd., Z. 75–78.
1410 Ebd., S. 152, Z. 79 – S. 153, Z. 90.
1411 Ebd., S. 153, Z. 92f.
1412 Ebd., Z. 95.
1413 Ebd., Z. 105.
1414 Ebd., Z. 110f.
1415 Ebd., Z. 112f.

Theil der Gesellschaft"[1416], in gleicher Weise hinterfragt wird. Auch der Kanon jener Fächer, die Stärkung erfahren sollen, steht parallel zu der Bückeburger Eingabe und der Initiative des Vorjahres, die eine praktische Förderung besonders der naturwissenschaftlichen Bildung unter der Voraussetzung entsprechender Lehrmittel, Instrumente und Werkzeuge angeregt hatte: Mathematik[1417] sowie elementares Rechnen[1418], Geographie[1419] und – außerhalb dieser Reihe, jedoch auch 1775 an der Spitze der Ausführungen: Geschichte[1420]. In der gleichen Abfolge wie zuvor stehen auch die Hinweise auf das „Schreiben"[1421] und die eigenen „Aufsätze"[1422].

Aufschlußreich für die Kontinuität in Herders Vorgehen sind zum einen die weiteren Argumente, die er bietet, zum anderen die Forderung, die er für sein eigenes Engagement stellt. Ganz wie bei der Vorbereitung der auf dem Ständeausschuß von 1777 vorzulegenden Forderungen[1423] argumentiert Herder mit konfessionell überlagerten Hinweisen auf die öffentliche Wahrnehmbarkeit pädagogischer Bemühungen und Defizite:

> „Da alle Länder Deutschlands, die katholischen nicht ausgeschloßen, sich jetzt
> wetteifernd bemühen, die Schulen zu verbeßern und man hiebei jetzt in einer allge-
> meinen Publicität lebt: so wäre es ein Unglück für *die* protestantischen Staaten, in
> denen vor 200 Jahren das Licht beßerer Känntniße zuerst aufgig, wenn sie jetzt
> den dunkelsten Winkeln nachstehn u.[nd] eine alte Nutzlose Mönchs-Barbarei dul-
> den wollten."[1424]

Ein neues Element in der Argumentation stellt die in Teilen dezidiert apologetisch gehaltene Aufklärungsprogrammatik dar: „In alle Stände dringt sich eine sogenannte Aufklärung, nicht überall mit dem besten Erfolg; es ist also hochnothwendig[,] daß eine frühere beßere Aufklärung dieser falschen zuvorkomme u.[nd] die Gemüther der Jünglinge leite."[1425] Bemerkenswert ist hier, wie Herder unter dem vordergründigen Ziel einer Präventive mit einem doppelten und qualitativ unterschiedlichen Aufklärungsbegriff arbeitet. An späterer Stelle, als Abschluß des Briefes wird die vorherige Sphäre der Publizität nochmals aufgegriffen. Das Publikum, das darin benannt wird, ist vorrangig das lokale

---

1416 Ebd., Z. 118–120.
1417 Ebd., Z. 100.
1418 Ebd., Z. 95f.
1419 Ebd., Z. 98, 101.
1420 Ebd., Z. 99.
1421 Ebd., Z. 102.
1422 Ebd., Z. 103.
1423 Vgl. dazu Kap. III, Anm. 592.
1424 Herder an Karl August, 14. Dezember 1785, DA, Bd. 5, Nr. 138, S. 154, Z. 125–130.
1425 Ebd., Z. 130–133.

der Stadt und das regionale des Fürstentums.[1426] Vehement setzt sich Herder für eine verstärkte „öffentliche [...] Aufmerksamkeit" auf die Angelegenheit der Schule ein.[1427] Öffentliche Feiern[1428] und Examen mit amtlich hochstehenden Beisitzern[1429] sind einzelne Vorschläge, um dem Wert der schulischen Leistungen sowohl der Schüler als auch der Lehrer zu einer angemessenen öffentlichen Anerkennung zu verhelfen.

Den Forderungen, die Herder zur Umsetzung der von ihm projektierten Veränderungen erhebt, nähert er sich zunächst implizit an: „Ich sehe kein anders Mittel, als daß *zu Einem das Vertrauen gefaßt und ihm die Reform nach bestem Wißen u.*[nd] *Gewißen überlaßen werde.*"[1430] Den Grund benennt er in der Einheitlichkeit des Gesamtzusammenhanges: „Ein Geist [...], Ein Principium" sei vorauszusetzen; auf „Einen gemeinschaftlichen Plan der Erziehung" zielten die Bemühungen.[1431] Allein unter Rekurs auf die Amtsstrukturen erfolgen die Überleitung und Explikation des grundlegenden Anspruches: „Der Ephorus muß einrichten können u.[nd] die Untergebenen, Lehrer u.[nd] Schüler müßen ihm folgen."[1432] Noch deutlicher wird Herder an späterer Stelle, wenn er erklärt: „daß ichs unter keiner andern Bedingung übernehme, als daß mir darinn völlig freie Hand gelaßen werde [...] u.[nd] sämmtliche Schullehrer müßen mir hierinn ohn alle Weigerung u.[nd] Ausflüchte folgen."[1433] Die Bedeutung dieser Forderung muß auf zwei Ebenen ermessen werden. Zum einen stellt sie die Voraussetzung für spätere Berufungen auf die Zusage des Herzogs im Blick auf die einzig benannten Angestellten des Gymnasiums dar. Zum anderen – und diese Ebene wird von Herder nicht benannt – enthebt sie neben dem Oberkonsistorium in seiner Betreuung mit den Angelegenheiten des Gymnasiums auch die Schuldeputationen ihrer Funktion, die als ein dreiköpfiges Gremium, bestehend aus drei stimmberechtigten Mitgliedern des Oberkonsistorium[1434], in einer direkten personellen Übereinstimmung mit dieser Einrichtung stand.

Nicht zu bezweifeln ist jedoch Herders feste Überzeugung, die ausstehenden Änderungen nur in direkter Wechselwirkung der einzubringenden Impulse mit den praktischen Reaktionen und Ergebnissen realisieren zu können: „hier

---

1426 Der einschlägige Abschnitt reicht von ebd., S. 156, Z. 228 – S. 157, Z. 257.
1427 Ebd., S. 157, Z. 254.
1428 Ebd., Z. 249.
1429 Ebd., Z. 250f.
1430 Ebd., Z. 260–262.
1431 Ebd., Z. 264f.
1432 Ebd., Z. 179f.
1433 Ebd., S. 157, Z. 284f.; S. 158, Z. 287–289.
1434 Vgl. dazu Kap. II, Anm. 198–200.

kommt alles auf Ausübung, auf lebendige Methode und Versuch an."[1435] Die Reform „von innen"[1436], die „innere Methode"[1437] unter „Aufsicht u.[nd] praktische Ausübung"[1438] sind zentrale Gedanken des Vorhabens. Aus diesen Vorstellungen entwickelt Herder bereits zu diesem frühen Zeitpunkt einer vorgeschlagenen Gymnasialreform den Vorsatz, den zu entwickelnden curricularen Lehrplan nicht drucken zu lassen, sondern in seiner jeweiligen Zeitspezifik flexibel gestalten und aktualisieren zu können.[1439] So bestechend diese Zielsetzung ist, deutet sich auch in diesem Punkt – nicht nur in der nicht näher spezifizierten Forderung nach einer „freien Hand" – eine sehr subtile Strategie an. Als ein Aspekt, den Herder in diesem Zusammenhang nicht erwähnt, ließe sich hinzufügen, daß ein nicht gedruckter Lektionsplan das Weimarer Gymnasium auch auswärts in seiner jeweiligen Verfassung nicht wahrnehmbar machte. Die Bedeutung, die Herder, ebenfalls in diesem Brief, wenn auch in anderem Zusammenhang, dem „Publikum" zumaß, kann nicht überschätzt werden. Die öffentliche Wahrnehmbarkeit war die Voraussetzung für eine über Sachsen-Weimar hinausreichende Aufmerksamkeit – und diese sah Herder, gerade in Amtsvorgängen, stets mit mehr Sorge als Interesse. Daß dies auch für einen gedruckten *typus lectionum* galt, beweist der Brief indirekt. Am Schluß des ersten Teiles zur inhaltlichen Gestaltung des Lektionsplans findet sich in der Funktion eines Resümees der Hinweis: „Selbst die Ehre unseres Orts erfordert eine wesentliche Abänderung dieses Typus [von 1770], den ich mit Schrecken vor einiger Zeit auswärtig in einer Sammlung von Schulnachrichten, zum Glück noch ohne Anmerkung nachgedruckt gesehen habe."[1440] Nicht nur eine permanente Aktualisierbarkeit wünschte sich Herder, und nur mit dieser argumentierte er; auch wollte er verhindern, daß der vorläufige – und möglicherweise stets vorläufige – Charakter des Textes über den internen Gebrauch hinaus wahrnehmbar wurde.

2.3.3. Realisierung des Vorhabens (1786–1788)

Nach den Abschriften und Berichten Karolines, die nicht in die *Erinnerungen* eingingen, leitete das Oberkonsistorium, ohne weitere Bedenken zu äußern, den Vorschlag unter dem 20. Dezember 1785 an den Herzog weiter.[1441] Karl

---

1435 Herder an Karl August, 14. Dezember 1785, DA, Bd. 5, Nr. 138, S. 157, Z. 274.
1436 Ebd., Z. 278.
1437 Ebd., Z. 286.
1438 Ebd., Z. 278f.
1439 Ebd., Z. 275–278.
1440 Ebd., S. 153, Z. 122 – S. 154, Z. 125.
1441 Den Text bietet Wisbert: FHA, Bd. 9/2, S. 1238f.

August antwortete dem Oberkonsistorium am 30. Dezember.[1442] Das herzogliche Schreiben äußert keinerlei Bedenken, „die von ihm [Herder] beschehne
[wohl: geschehene] Vorschläge, auf eine beßere Einrichtung des Gymnasii gerichtete Vorschläge zu genehmigen."[1443] Ebenfalls bestätigt wird Herders alleinige Betrauung mit der Aufgabe und „daß Wir, ihm bei diesem Geschäft
freie Hand [...] lassen" werden.[1444] Er gibt dem Oberkonsistorium die Weisung, Herder entsprechend zu beauftragen „und nur dieses ihm dabei zu erkennen [zu] geben, daß er, wie er sich auch bereits am Ende seines Berichts anhei-
schig gemacht hat, das, was von ihm geschehen und in die vorseyende Reform
einschlägt, von Zeit zu Zeit bei Euch [dem Oberkonsistorium] anzuzeigen
hat."[1445] In der erhaltenen Eingabe Herders findet sich dieses Angebot nicht.
Es ist nicht auszuschließen, daß es am Ende des Oberkonsistorialberichtes
stand, gleichsam als das Ergebnis der Prüfung, vielleicht auch als die Bedingung der Zustimmung der Kollegen. Die freiwillige Selbstbeschränkung des
Oberkonsistoriums wurde durch den Zusatz in institutioneller Hinsicht supervisorisch abgesichert. Für Herder bedeutete dieses Ergebnis insgesamt nicht
gerade wenig. Mit dem Jahr 1786 hatte er – für einen unbestimmten Zeitraum
– praktisch freie Hand in der Weisungsbefugnis für das Gymnasium. Noch
1791 berichtet er dem nach Weimar zu berufenden Böttiger:

„Die specielle Aufsicht über das Gymnasium, sowie über die sämmtlichen Schulen
des Landes ist durch eine besondre Commißion mir aufgetragen, der typus der Arbeiten ist nach der Beschaffenheit der jetzigen Lehrer von mir entworfen worden,
und da ich also was das Innere der Einrichtung betrifft, ziemlich, ja ich darf wohl
sagen, völlig freie Hand habe: so suche ich, soviel an mir ist, alle Anstalten zum
Guten u.[nd] Beßern zu erleichtern, jede gute Bemühung eines Lehrers zu unterstützen u.[nd] der Schule aufzuhelfen, wie ich kann".[1446]

Nicht zu bezweifeln sind Herders uneigennützige Absichten; die Forderung
nach einer alleinigen Weisungsbefugnis ohne zeitliche Terminierung, rückgebunden nur relativ an den Vorgang einer Gymnasialreform, war jedoch ein äußerst geschickter Schachzug. Die gegenüber Böttiger erwähnte Beauftragung
kann sich nicht auf das Oberkonsistorium beziehen: sie bildet den Vorgang einer praktischen Übertragung der Rechte der Schuldeputation auf die Person
Herders ab. Auch der Folgebrief an Böttiger wiederholt die Darstellung dieser

1442 Vgl. dazu ebd., S. 1239f.
1443 Ebd., S. 1239.
1444 Ebd.
1445 Ebd., S. 1239f.
1446 Herder an Karl August Böttiger, 21. Januar 1791, DA, Bd. 6, Nr. 150, S. 225, Z. 55–61.

Zusammenhänge nochmals.[1447] Die offizielle Beauftragung des Oberkonsistoriums fiel im Jahr 1786 auf den 17. Januar.[1448]
Herder arbeitete in der Folgezeit sehr zügig. Unter dem 1. August 1786 bedankte sich Karl August nicht nur für das in den untersten Klasse einzusetzende *Buchstaben- und Lesebuch*, dessen *Anweisung zum Gebrauch* [...] *für verständige Schullehrer* unter dem 8. Mai 1786 unterzeichnet wurde[1449], auch den *typus lectionum* sendet der Herzog mit freundlichen und aufmunternden Worten zurück.[1450] Die Antwort des Herzogs liegt eine gute Woche nach Herders Predigt zur Taufe von Prinzessin Karoline, über die Goethe an die Frau von Stein schrieb, Herder habe schön gesprochen.[1451] Die Hochphase des Herderschen Engagements zugunsten schulischer Reformen steht damit nicht nur zu einer freundschaftlichen Atmosphäre und der konsequenten Unterstützung des Herzogs und zuvor Goethes parallel, gerade dieses Höchstmaß an Motivation, vielleicht auch das Gefühl, eine Reihe aufweisbarer Ergebnisse erreicht zu haben – überraschenderweise aber eben nicht eine Enttäuschung über die Weimarer Verhältnisse – mochte das zeitgleiche Interesse an der Stelle des Hamburger Hauptpastors geweckt haben.[1452] Der Wechsel zerschlug sich, und Herders Aktivität zugunsten der Gymnasialreform setzte sich ununterbrochen fort. In diesen Zeitraum fällt auch die vielzitierte briefliche Äußerung Karolines gegen Johann Georg Müller vom 26. Juni 1786: „Mein Mann hat seit Ostern die völ[l]ige Veränderung oder neue Einrichtung des Gymnasiums unter der Arbeit. Es ist dies jetzt seine liebste Arbeit. Er geht täglich hin. Zwar ist dies nur ein Versuch. Etwas Neues oder Ganzes kann vor der Hand nicht werden. Indeßen hat er einen eignen Genuß an diesem lebendigen Geschäft u.[nd] wenn er zu Prima kommt wird er vielleicht selbst eine Stunde docieren."[1453]

1447 Herder an Karl August Böttiger, 10. März 1791, DA, Bd. 6, Nr. 153, S. 231, Z. 51: „Ich bekam eine specielle Commißion ihn [den *typus lectionum*] zu ändern, u.[nd] alle Lehrer nahmen die Änderungen mit Freuden an. "

1448 Erwähnt in: Herder an Karl August, 28. Juli 1788, DA, Bd. 5, Nr. 304, S. 303, Z. 5.

1449 Vgl. dazu SWS, Bd. 30, S. 293–301.

1450 Karl August an Herder, 1. August 1786, Düntzer, Briefwechsel, S. 116f., Nr. 4; den die *typus lectionum* betreffenden Ausschnitt s. in: FHA, Bd. 9/2, S. 1241.

1451 Vgl. dazu auch den Kommentar von Düntzer, Briefwechsel.

1452 Vgl. dazu, neben der Darstellung Hayms, Herder, Bd. 2, S. 413f., Herders Brief an Johann Friedrich Reichardt, Mitte Juli 1786, DA, Bd. 5, Nr. 164, S. 183.

1453 Herder und Karoline an Johann Georg Müller, 26. Juni 1786, DA, Bd. 5, Nr. 161, S. 181, Z. 12–16.

2.3.4. Der Bericht über die vorgenommenen Veränderungen (28. Juli 1788)

Über den weiteren Verlauf der Veränderungen gibt der einzig erhaltene Bericht, zu dessen regelmäßiger Einreichung Herder nach der Oberkonsistorialweisung von Anfang 1786 verpflichtet war, Auskunft. Herder zögerte diese Berichterstattung so weit, als es ihm möglich war, hinaus. Sein Begleitschreiben an Karl August datiert auf den 28. Juli 1788 und wurde gerade eine Woche vor der Abreise nach Italien aufgesetzt.[1454] Im Anhang befanden sich der gegenwärtige Lektions- oder Lehrplan – der *typus lectionum* – und die „Instructionen", die für jeden Lehrer bzw. jede Jahrgangsstufe spezifisch ausgearbeiteten Anweisungen für die Unterrichtsgestaltung im einzelnen.[1455] Als explizite Bestätigung für die bereits aus dem Schreiben vom 14. Dezember 1785 rekonstruierte mehrfache Absicht, die Herder direkt wie indirekt mit seiner Ablehnung einer Drucklegung verfolgte, dient eine Passage dieses Schreibens: „Alles ist dabei nur provisorisch geschehen, so viel sich nemlich thun ließ; daher ich alles Geschreibe ins Publikum hierüber mit aller Macht verhindert habe, weil mein Entwurf ein angefangenes, aber bei weitem noch nicht vollendetes Werk ist."[1456]

Herders Plan eines nicht durch die Drucklegung auch nur für den Moment zu fixierenden Lehrplanes, der die Wahrnehmung eines Publikums ohne unmittelbare Berührungs- und Einsichtsmöglichkeiten in den eigentlichen Unterrichtsbetrieb gezielt verhinderte, ging in einem solchen Maße auf, daß auch eine Rekonstruktion nicht mehr möglich ist. Der nur handschriftlich überlieferte *typus lectionum* fiel mutmaßlich den Kassationen von Konsistorialakten Mitte des 19. Jahrhunderts zum Opfer.[1457] Aufgrund der großen Übereinstimmung der Herderschen Ausführungen der Jahre 1775 (Bückeburger Eingabe), 1784 (erster Hinweis auf einen Schulfond) und 1785 (Schreiben vom 14. Dezember 1785), ist jedoch zu erwarten, daß der Lehrplan in einer besonderen Weise auf die projektierte Unterteilung der Schule in einen realschulisch und einen akademisch ausgerichteten Ausbildungsweg reagierte. Die ansatzweise Reduzierung der humanistischen Bildungsziele und die Stärkung der elementaren, eigenständig zu erlernenden Kenntnisse auf der einen und der naturwissenschaftlichen sowie historischen Fächer auf der anderen Seite steht außer Frage. In Ansätzen unterstreichen dies auch die „Instruktionen".

1454 Herder an Karl August, DA, Bd. 5, Nr. 304, S. 303f.
1455 Vgl. dazu ebd., S. 304, Z. 7–10.
1456 Ebd., Z. 10–13.
1457 Vgl. dazu die Zusammenfassung Wisbert: FHA, Bd. 9/2, S. 1299, sowie gerade in diesem Kontext: Francke, Geschichte, S. 101: „Der neue *Typus* ist nun leider, wie es scheint, bei der Auflösung des OK. 1850 verloren gegangen, was um so mehr zu bedauern ist, als Herder sich nicht zu einer Drucklegung hatte entschließen können."

2.3.5. Die Instruktionen (bis 1788)

Die „Instruktionen" sind ebenfalls nur zum Teil erhalten. Die Hinweise zur *Tertia* fehlen. Sowohl die übliche Ausdeutung des erhaltenen Textes[1458] als auch die versuchsweise Rekonstruktion der fehlenden Passage[1459] greifen, neben anderen Quellen, hauptsächlich auf die thematisch einschlägigen und in einzelnen Punkten auch von aktuellen Bezügen bestimmten Schulreden zurück. Im folgenden wird darauf verzichtet. Gerade die programmatische Ausrichtung der Schulreden macht es schwierig, wenn nicht ohne weitere Quellen zur lokalen Schulgeschichte sogar unmöglich, zwischen der Programmatik und den jeweiligen Reflexen auf die bereits erfolgten Veränderungen zu unterscheiden. Die aktuellen Anspielungen gelten vorrangig Personalangelegenheiten; diese wurden in das einschlägige Vorkapitel eingearbeitet.

Der erhaltene Text der „Instruktionen" arbeitet sich von den Einstiegsklassen zu den höheren Jahrgangsstufen voran. Daß dies in der Natur der Sache begründete praktische Vorgehen auch Herders Arbeitspragmatik war, verdeutlicht die oben zitierte Momentaufnahme Karolines vom 26. Juni 1786.[1460] Sie unterstreicht zudem, daß die Konzeption der *Prima* zu diesem Zeitpunkt noch ausstand. Die vorangegangene Erarbeitung des *Buchstaben- und Lesebuchs* dokumentiert den tatkräftigen Einsatz und Beginn mit dem Elementarunterricht. Für die Gesamtkonzeption bietet Wisbert eine ausgezeichnete Zusammenfassung.[1461] Anhand des Textes sollen im folgenden einzelne Aspekte nachvollzogen und eigens vertieft werden.

Insgesamt zu betonen ist zunächst die funktionale Bedeutung der „Instruktionen". Diese vermittelten einerseits zwischen dem *typus lectionum* und dem jeweiligen Lehrer. Andererseits sicherten sie den Gesamtzusammenhang des jahrgangsübergreifenden Lehrplanes ebenso wie die unterschiedlichen Aufgabenbereiche und Verantwortlichkeiten der jeweiligen Lehrer. Einzelne Punkte institutioneller Art lassen sich aus dem Text selbst erheben. Für die *Sexta* findet sich etwa im Blick auf die seit 1788 innerhalb des Landschullehrer-Seminars selbst unterrichtenden Seminaristen betont, daß „ordentliche Lehrer die Direktion der Arbeiten [zu] führen" haben.[1462] Die Bezüge zwischen dem Lehrerseminar und den einzelnen Lehrern der Einstiegsklasse werden durch diese Anweisung koordiniert. Für die *Quinta* gilt ein Unterpunkt dem Verhältnis des

---

1458 Einschlägig sind dazu die ausführlichen (aber eben doch mehr auf den Schulreden als den eigentlichen „Instruktionen" basierenden) Ausführungen Franckes, Geschichte, S. 102–133.
1459 Walter, Typus.
1460 Vgl. dazu in diesem Kap., Anm. 1453.
1461 Vgl. dazu bes. FHA, Bd. 9/2, S. 1300f.
1462 Ebd., S. 603 (VI. 7.).

Lehrers zum Kollaborator[1463]; ein eigener Instruktionsplan für den Kollaborator liegt ebenfalls vor. Eine andere ebenso funktionale wie vermittelnde Zuordnung betrifft für *Quinta*[1464] und *Quarta* das Verhältnis zwischen dem öffentlichen Unterricht und den Privatstunden.[1465] An diesen Punkten ist zu erkennen, welche Scharnierfunktion in struktureller und institutioneller Hinsicht den „Instruktionen" als direkten und detaillierten Anweisungen an das Lehrpersonal zukommt.

Um die Akzentuierungen innerhalb der einzelnen Klassen zu untersuchen, ist zunächst zu bemerken, daß quantifizierende Einschätzungen, ohne die jeweilige Gesamtzahl der Stunden zu kennen, problematisch sind. Zutreffend ist wohl die Feststellung Wisberts: „Das Unterrichtsvolumen der Realia in der Unterstufe verdreifacht sich in etwa".[1466] Ungeachtet der jeweiligen Relation, ist die Tendenz, eine Vermittlung elementarer Fähigkeiten und Kenntnisse gerade in den drei Eingangsklassen zu stärken, klar zu erkennen. Deutlich ist auch Herders wiederholtes Anliegen, die vorrangig auf Memorialfähigkeiten und äußere Reproduktion angelegten Arbeiten durch ein spielerisches Lernen[1467] und eigenes Entdecken zu ersetzen. Erkennbar wird dies bereits im Religionsunterricht der *Sexta*: „Das Evangelium wird am Sonnabende nur gelesen, so lange noch Bücher da sind, die aber weiter nicht mehr angeschafft werden; es wird aber nicht mehr auswendig gelernt, sondern nur wie eine biblische Geschichte behandelt d. i. sein Inhalt wird gelesen, erzählt und durchgefragt."[1468] Bemerkenswert ist an diesem Vorschlag, wie die Schriftlichkeit des gelesenen Evangeliums längerfristig durch ein reines Erzählen zu der Mündlichkeit eines als ursprünglich und hier mit Sicherheit auch urchristlich verstandenen Idealzustandes zurückzuführen ist. Explizit gemacht wird nur die Verbindung einer alters- bzw. entwicklungsspezifischen mit einer sozialen Erklärung: „Evangelienbücher werden künftig ins Gymnasium nicht mehr angeschafft, weil die Evangelien nicht für Kinder sondern Predigttexte für die Gemeine sind."[1469] Auf Memorialakte wird selbstverständlich nicht verzichtet: „Nur übersteige es [das zu lernende Pensum] nie die Fassungskraft eines Schülers."[1470] Das sinnliche Lernen wird auch für die Arbeit mit dem *Buchstaben-*

1463 Ebd., S. 606, Z. 8–12 (V. 7.).

1464 Ebd., Z. 4–18 (V. 7.).

1465 Ebd., S. 609, Z. 24 – S. 610, Z. 4 (IV. 4.).

1466 Ebd., S. 1300.

1467 Vgl. dazu ausdrücklich für das elementare Rechnen: S. 603, Z. 25–28 (VI. 8.): „Sie lernen Zahlen kennen, schreiben, numerieren, addieren und das Einmal-Eins, welches ihnen alles spielend beigebracht werden kann".

1468 Ebd., S. 601, Z. 14–19 (VI. 2.).

1469 Ebd., Z. 25–27 (VI. 3.).

1470 Ebd., Z. 31 (VI. 4.).

und Lesebuch betont: „Das laute Vorbuchstabieren des Lehrers selbst, das Vorschreiben an der Tafel, das abwechselnde laute Buchstabieren mehrerer zusammen [....] muß dabei zu Hülfe genommen werden, damit die deutliche Aussprache insonderheit durch das Ohr in die Seele komme und nach solcher sich allmählich das Auge und im Schreiben die Hand gewöhne."[1471] Die zuvor geforderte muttersprachliche Vermittlung elementarer grammatikalischer und syntaktischer Kenntnisse wird, ohne diese explizit zu machen, durch Schriftübungen nach dem *Buchstaben- und Lesebuch* vorgenommen: „so lernen sie richtig schreiben, ja deklinieren und konjugieren, ohne daß sie wissen[,] was singularis und pluralis, deklinieren und konjugieren heißt."[1472] Sehr elementar und ausschließlich spielerisch bleibt auch die Vermittlung des „Anfang[s] im Rechnen".[1473]

Die fünfte Klasse bedeutet demgegenüber bereits einen erheblichen Anforderungssprung: „Dienstag und Freitag etwas Latein, deklinieren und konjugieren."[1474] Dieser Schritt überrascht, auch wenn er von parallelen Übungen mit deutschen Nomen und Verben begleitet wird. An der Realisierbarkeit hat Herder keine Zweifel: „Es müßte ein Zauberwerk sein, wenn nicht in einem Vierteil oder halben Jahr, die ganze Klasse sollte deklinieren, konjugieren und beides anwenden können, wie mans begehrte."[1475] Der spielerische Ansatzpunkt des Unterrichts dürfte darin jedoch ebenso vorauszusetzen sein wie etwa in der Mathematik, die Herder entsprechend vertiefen möchte: „Die Arithmetik und Geometrie sind nötige Lektionen für die Kinder dieser Klasse. Die Arithmetik ist ein Spiel mit Zahlen, und die Geometrie mit Linien; weiter sind sie für diese Kinder noch nichts"[1476]. Die Konsequenz des Herderschen Ansatzes läßt sich an dem Beispiel der „biblischen Geschichte" zeigen: diese „muß und darf nicht zu Hause memoriert werden. Sie wird überlesen und in der Stunde gelesen, sodann vom Lehrer gefragt, auch wohl selbst vorgelesen und erzählt; alsdenn noch erzählt und abermals mit kurzen Lehren durchgefragt, so daß die biblische Geschichte in Einem Jahr völlig durch sein kann und sein muß."[1477] Erschöpfend zu behandeln ist zudem der Katechismus.[1478] Auch wird nun der Aspekt wiederholt, der in den Vorentwürfen mehrfach Erwähnung fand: „Durch Schreiben und eigene Aufsätze von dem, was sie gehört haben, muß den Kindern Mut gemacht werden, alles was sie wissen, auch aufschreiben zu

---

1471 Ebd., S. 602, Z. 10–17 (VI. 5.).
1472 Ebd., S. 603, Z. 1–4 (VI. 6.).
1473 Vgl. dazu in diesem Kap., Anm. 1467.
1474 FHA, Bd. 9/2, S. 604, Z. 10f. (V. 2.).
1475 Ebd., S. 605, Z. 21–24 (V. 5.).
1476 Ebd., Z. 25–28 (V. 6.).
1477 Ebd., S. 604, Z. 31 – S. 605, Z. 4 (V. 4.).
1478 Ebd. (V. 3.); S. 606 (V. 9. 1.).

können".[1479] Die von Herder forcierten Fächer Geographie, Geschichte und Naturlehre finden sich ausschließlich in den Anweisungen für den Kollaborator.[1480] Ganz wie in der Bückeburger „Eingabe" und deren Vorentwurf gilt ihm die Geographie zunächst als Naturgeschichte[1481], die Geschichte als „menschliche Geschichte"[1482] und die Naturlehre als die Möglichkeit, „Aberglaube und Vorurtheile ausgerottet und rechte Begriffe von den Dingen der Welt gegeben" zu sehen.[1483] Über die Vorentwürfe und Bückeburger Vorschläge hinaus ist als Ausdruck von pädagogischer Klugheit von Bedeutung, daß sämtliche dieser Fächer in ihrem sachlichen Zusammenhang auch personal repräsentiert werden sollten, indem sie – nach den „Instruktionen" zu schließen – nur von dem Kollaborator zu unterrichten waren.

Daß die regelmäßige Wiederholung nicht nur in der Zuordnung der privaten und öffentlichen Stunden einerseits sowie der selbstschöpferischen und spielerischen Hausaufgaben andererseits, sondern konstitutiv in die Abfolge der Jahrgangsstufen einbezogen wurde, zeigen etwa der Hinweis auf den in der *Quarta* zu wiederholenden Katechismus[1484] und die biblische Geschichte[1485]. Hinzu kommt „eine kurze Ordnung des Heils".[1486] Ethische Reflexionen sollen als „die Regeln der Sittenlehre mit Gründen und Beispielen aus dem gemeinen Leben, der biblischen und andern Geschichte" unterstützt werden: „das gibt einen lebendigern Eindruck".[1487] Auch der kreative Umgang mit dem in den übrigen Fächern Erlernten soll in der Wiederholung der Privatstunde in einer Vielfalt der Methodik „beschäftigen, rühren und bilden [...] mehr als lange Sittenlehren".[1488] Ein in der Grundausrichtung vergleichbares Ideal in dem konsequenten Realitätsbezug findet sich auch im vertieften Mathematikunterricht, der „hier mit Eifer fortgetrieben und durch Exempel aller Art fürs gemeine Leben brauchbar" gemacht wird.[1489] Der Lateinunterricht basiert auf einer kursorischen Lektüre.[1490] Die im Vorjahr durch den Kollaborator eingeführten naturwissenschaftlichen und historischen Fächer werden von dem regulären Lehrer weitergeführt. Wiederum in voller Entsprechung zu den weit früheren Vorent-

---

1479 Ebd., S. 607, Z. 5–7 (V. 9. 3.).
1480 Ebd., S. 607f.
1481 Ebd., S. 607, Z. 19f. (V. 1.).
1482 Ebd., Z. 32f. (V. 2.).
1483 Ebd., S. 608, Z. 13–15 (V. 3.).
1484 Ebd., Z. 29–31 (IV. 1.).
1485 Ebd., S. 609, Z. 1–4 (IV. 1.).
1486 Ebd., S. 611, Z. 2 (IV. 7.).
1487 Ebd., Z. 4–8 (IV. 7.).
1488 Ebd., S. 609, Z. 35f. (IV. 4.).
1489 Ebd., Z. 17f. (IV. 3.).
1490 Ebd., Z. 6–15 (IV. 2.).

würfen wird nun der Übergang von der „physischen Geographie"[1491] zu der „politischen"[1492] vorgenommen. Der Hinweis auf die nationale und regionale bzw. territoriale Geographie, die nicht zu vernachlässigen ist, hat seinen eigenen Charme: „Daß hiebei auch Deutschland, insbesondere Sachsen und Thüringen nicht übergangen werde, ist durch sich selbst verständlich."[1493] In der Geschichte korrespondiert der damit vorgenommenen kulturellen Einordnung zunächst „ein kleiner chronologischer Abriß des Ganzen nach den Hauptreichen und Völkern"[1494], bevor „bei jedem Volk angeführt [wird], was es Nützliches erfunden habe"[1495]. Auch hier weitet sich die Geschichte, ganz wie in den frühen und frühesten Konzeptionen, zu einer „Geschichte des menschlichen Geistes".[1496] Die „Naturgeschichte und Naturlehre" werden unter Rücksicht auf „den gemeinen Mann und Bürger praktisch getrieben."[1497] In fast wörtlicher Entsprechung zu den Ausführungen des Vorjahres, aber in einer weitaus stärkeren theologischen Qualifizierung erfolgt die Beschreibung der Kursziele: „damit Vorurtheile und Aberglaube ausgerottet und der Knabe auf die Macht, Weisheit und Güte des Schöpfers aufmerksam gemacht werde."[1498] Der Hinweis auf die hinter den Erscheinungen ursächlich wirkenden „merkwürdigsten Gesetze der Natur" ist zentral.[1499] Für den Kollaborator beschränken sich die Anweisungen auf Literatur- und Lehrbuchempfehlungen.[1500] Aus den Angaben wird jedoch deutlich, daß er in der *Quarta* im wesentlichen mit den altphilologischen Aufgaben betraut war, die sich noch immer nur auf das Lateinische beschränkten.

Das Fehlen der *Tertia* bereits in dem Manuskript, das Karoline zur Ausarbeitung der „Vulgata" Johann Georg Müller übersandte[1501], legt die Frage nahe, ob die Instruktionen für die *Tertia* Mitte des Jahres 1788 in Herders Aufzeichnung überhaupt ausgearbeitet worden waren. Der Gedanke ist weniger abwegig, als er im ersten Moment erscheinen mag, wenn man bereits in dem Text von 1788 den deutlichen Bruch in dem Ausarbeitungsgrad erkennt, der sich zwischen der *Quarta* und der *Secunda* abzeichnet. Sämtliche vorherigen Ausführungen stehen unter den Überschriften „Instruktionen", die beiden ober-

---

1491 Ebd., S. 610, Z. 5 (IV. 5.).
1492 Ebd., Z. 8 (IV. 5.).
1493 Ebd., Z. 17–19 (IV. 5.).
1494 Ebd., Z. 20–22 (IV. 6.).
1495 Ebd., Z. 27f. (IV. 6.).
1496 Ebd., Z. 30. (IV. 6.).
1497 Ebd., S. 611, Z. 17f. (IV. 8.).
1498 Ebd., Z. 24–26 (IV. 8.).
1499 Ebd., Z. 22 (IV. 8.).
1500 Ebd., S. 612, Z. 3–7 (IV. 1.).
1501 Vgl. dazu ebd., S. 1302, Anm. zu S. 612, Z. 23.

sten Klassen des Gymnasiums sind betitelt: „Einige vorläufige Änderungen"[1502] oder „Erläuterungen einiger Lektionen"[1503] bzw. „in einigen Lectionibus"[1504]. Der *Tertia* kam auch in der Wahrnehmung Herders eine Mittelposition zwischen den drei unteren Klassen und dem eigentlichen Gymnasium zu[1505], die durch die Ausbildung des realistischen Schwerpunktes gegenüber der zurücktretenden humanistischen Tradition in ihrer Zentralität noch verstärkt wurde. Herder selbst verweist bei seiner Erklärung der Vorläufigkeit auf die durch das Landschullehrer-Seminar zu erwartenden Veränderungen, die sich jedoch im wesentlichen schon formuliert finden.[1506] Entsprach Karolines Manuskript möglicherweise dem Stand des Jahres 1788, zu dem die detaillierte Ausarbeitung der *Sekunda* und *Prima* noch ausstand? Karolines skrupulöse Abschriften und gezielte Einsichtnahme in die ihr verfügbaren Dokumente schulamtlicher Vorgänge lassen diese Option als möglich erscheinen. Die fortschreitende Reform der beiden höchsten Jahrgangsstufen nach der Rückkehr aus Italien mag zudem eine Erklärung für die bis in die frühen neunziger Jahre reichende besonders eingehende Beziehung gerade zur *Prima* sein. Die von Karoline bereits 1786 mit der Schulreform in Verbindung gebrachte Aussicht Herders, möglicherweise in der obersten Klasse dozieren zu können, mochte – in einer zeitlichen Überschneidung mit der Vakanz des Direktorates – tatsächlich erst mit dem Jahr 1791 eingeholt worden sein.[1507]

Der integrative Ansatz der *Sekunda* betraf nicht mehr die eigentlichen Realschüler der drei unteren Klassen, sondern neben den angehenden Akademikern in besonderer Weise die Schüler des Lehrer-Seminars, für die diese Klasse ihre spezielle Ausbildung eröffnete. Insgesamt drei Ausbildungsschienen vereinte das Gymnasium damit in seiner seit 1788 veränderten und erweiterten Form. Die inhaltliche Beschreibung des für sie spezifischen Unterrichts wiederholt im Rahmen des Gymnasiums einen Großteil der Hinweise, die in der Einrichtung des Seminars für dessen eigentlichen Lehrer formuliert worden waren.[1508] Die spätere Adressatenorientierung des Lehramtes fungiert als Maßstab für die Vermittlung weithin „gemeinnützige[r], populare[r] Kenntnisse".[1509] Die Ausführungen zur „Naturgeschichte und Naturlehre" folgen diesem Kriterium[1510], jedoch auch andere Bereiche, u. a. die Altertumswissen-

---

1502 Vgl. dazu ebd., S. 612, 617 (jeweils Überschrift).
1503 Ebd., S. 620 (Überschrift).
1504 Ebd., S. 624 (Überschrift).
1505 Vgl. dazu Kap. III, Anm. 452f.
1506 FHA, Bd. 9/2, S. 612, Z. 24–31.
1507 Vgl. dazu in diesem Kap., Anm. 1453.
1508 FHA, Bd. 9/2, S. 613, Z. 1–34 (II. 1.).
1509 Ebd., Z. 29f. (II. 1.).
1510 Ebd., Z. 3–6 (II. 1.).

schaften, werden nur in diesem Zusammenhang erwähnt. Die Beschreibung der für die Seminaristen zu beachtenden Lehrinhalte geht fließend in die für alle Schüler vorgesehenen Unterrichtsziele und Lehrmittel über. Eingehende Literaturhinweise geben konkrete Anregungen und Wünsche Herders wieder. Nur wenige Beobachtungen sollen gebündelt werden. Wiederholt finden sich die inhaltlich nicht näher bestimmten Vorbehalte gegenüber der ansatzweise zu vermittelnden akademischen Theologie: „Das Unwahre, Schlechte, Seichte in Meinungen der Theologie [hier: Lehrmeinungen] wird weggelassen, als ob es nicht in der Welt wäre und dagegen ausgesuchte, geprüfte Wahrheit gelehret."[1511] Sowohl die Geographie als auch die Geschichte zielen auf die Betonung eines universalen Gesamtzusammenhanges. Die Geographie geht in die „Handelsgeographie" über[1512], bemüht sich aber insgesamt, „ein Verständnis der Zeitungen [der jeweils aktuellen Zeitumstände] und politischen Geschichte aus der Geographie zu geben".[1513] Die Geschichte ihrerseits soll in einem „Ganzen [...] in ihren verschiednen Perioden" dargestellt werden.[1514] Tabellen – als graphische Aufbereitungen chronologischer Abfolgen – werden in ihrer mnemonischen Funktion, am besten vom jeweiligen Schüler selbst erstellt, gegenüber „lange[n] Diktaten" hervorgehoben.[1515] Im Bereich der Altphilologie findet sich die Frage der kursorischen Lektüre im Lateinunterricht[1516] diskutiert, ferner die der Textgrundlage im Griechischen[1517], mit dessen Erlernen in der *Tertia* begonnen worden sein mußte. Hinzutritt in dieser Klasse das Hebräische, zu dem Herder – unter Hinweis auf einschlägige Literatur – „eine leichte, anschauliche, paradigmatische Methode, ein baldiges Lesen, wenige Regeln und viel Übung" empfiehlt.[1518] Insgesamt betont Herder auch die Notwendigkeit der Abstimmung, besonders in der Verteilung der Hausaufgaben, für die beiden Lehrer dieser Klasse.[1519] Als zweiter Lehrer fungierte der Professor, an den eigene, „vorläufige Änderungen" gerichtet sind.[1520] Als Voraussetzung für eine Fixierung der Punkte gilt die Anhebung des Unterrichtsniveaus der vorausgehenden Jahrgangsstufen.[1521] Die Hinweise erstrecken sich auf die Fachgebiete, die im Bereich der Personalangelegenheiten für den Professor be-

---

1511 Ebd., S. 614, Z. 7–10 (II. 2.).
1512 Ebd., Z. 25 (II. 4.).
1513 Ebd., Z. 34f. (II. 4.).
1514 Ebd., S. 615, Z. 3 (II. 5.).
1515 Ebd., Z. 15–17 (II. 5.).
1516 Ebd., S. 614, Z. 11–20 (II. 3.).
1517 Ebd., S. 615, Z. 18 – S. 616, Z. 15 (II. 6.).
1518 Ebd., S. 616, Z. 17–19 (II. 7.).
1519 Ebd., S. 616, Z. 36 – S. 617, Z. 3 (II. 8.).
1520 Ebd., S. 617 (Überschrift).
1521 Ebd., Z. 11–14.

nannt worden waren. In der Geometrie legt Herder mit einem deutschen Lehrbuch in Verbindung mit eigenen Konstruktionen wiederum auf die muttersprachliche und praktische Nähe des Faches Wert.[1522] Ungleich anspruchsvoller ist das altphilologische Pensum.[1523] Neben der kursorischen Lektüre wird
die Klasse zunehmend mit der klassischen Poesie vertraut gemacht. „Die Deutschen Aufsätze" stehen als Übersetzung zunächst in der Funktion einer weiteren Aufarbeitung, zugleich bereiten sie andere literarische Formen wie den
Brief und den Vortrag umfassend vor.[1524] Auch gilt es, Hochachtung vor den
schönen Wissenschaften in ihrer klassischen Form zu wecken.[1525] Ein wichtiger Punkt, der für beide Lehrer der Jahrgangsstufe und Herders Einschätzung
des von den Schülern zu erreichenden Reifegrades von Bedeutung gewesen
sein dürfte, betrifft die für sämtliche Jahrgangsstufen kurz vermerkten Ziele einer sittlich-moralischen Erziehung. Herders Hinweis für die *Sekunda* bietet einen für sein Bildungsideal zentralen Schlüsselbegriff: „Humanität".[1526]

Die *Prima* bereitet die Schüler gezielt auf die Universität vor, ohne jedoch
mit einem vergleichbaren Anspruch akademische Kurse anbieten zu wollen.
Das Beispiel der „Theologie" unterstreicht dies. Unterrichtet werden sollen die
für alle späteren Akademiker grundlegenden Kenntnisse: Dogmatik als *„ein
bestimmter Begriff der Lehre* ohne weitläufige scholastische Terminologie[. ...]
Wenige,* aber *tüchtige Beweisstellen der Schrift mit der exegetischen Analyse
des Beweises.* [...] *Eine kurze Geschichte jedes Dogmatis,* in welcher die vor-
nehmsten Streitigkeiten und Widersprüche kurz angeführt werden".[1527] In dieser Reihenfolge spiegeln sich – in einer Umstellung der beiden letzten Punkte
– „Philosophie, Geschichte und Exegese" wieder.[1528] Herders Ansatzpunkt hier
an dem Erkennen – mehr als an dem Empfinden, das für Herder freilich nicht
konsequent von ersterem zu scheiden ist – wird deutlich: „Er [der Schüler] gewöhnt sich also, auch bei dieser Doktrin Verstand und Urteil, nicht bloß Gedächtnis anzuwenden"[1529]. Die Theologie wird darin zur fachübergreifenden
Schule des „selbst denken[den]" Menschen.[1530] Diese Verbindung trägt auch
die kursorische Lektüre des Neuen Testaments, die darauf zielt, „die Bibel als
ein an sich selbst verständliches Buch zu lesen und zu gebrauchen".[1531] Eine

---

1522 Ebd., Z. 15–26 (II. 1.).
1523 Ebd., S. 617–619 (II. 2.–4.).
1524 Ebd., S. 619, Z. 11–18 (II. 5.).
1525 Ebd., Z. 19–33 (II. 6.).
1526 Ebd., S. 617, Z. 4 (II. 9).
1527 Ebd., S. 620, Z. 16–23 (I. 1.).
1528 Ebd., Z. 33 (I. 1.).
1529 Ebd., Z. 30–32 (I. 1.).
1530 Ebd., Z. 34 (I. 1.).
1531 Ebd., S. 621, Z. 21–34; hier: Z. 33f. (I. 3.).

„*Einleitung in die Bücher der Schrift*"[1532] begleitet die philologische und historische Einordnung. Das zweite Jahr der *Prima* bestimmt Grotius' Schrift *De Veritate Religionis Christianae*.[1533] Die Philosophie umfaßt nach der „Logik und Metaphysik" die bereits vorbereitete „Naturlehre und Moral", im dritten Jahr – zusammen mit einer Wiederholung – die Rhetorik.[1534] Volle Zustimmung erhalten die gemeinsam gelesenen lateinischen Autoren, „da sie nach einer Methode getrieben werden, die allen Schulen Deutschlands zu wünschen wäre."[1535] Das Kompliment gebührt hier – wohl im Jahr 1788 – dem Direktor Heinze. Die Anmerkungen zum Griechischunterricht betonen lediglich eigens noch einmal die Notwendigkeit der Wiederholung und empfehlen nur, ein Buch der bisherigen Schulpraxis aufzugeben; als Abschluß der schulischen Griechischlektüre gilt Herder Homer.[1536] Wichtig ist, nicht nur für die Theologie, auch für die Altphilologie und Philosophie, die zunehmend zu verstärkende historische Betrachtungsweise. Diese betrifft zum einen „Die Geschichte der Römischen Sprache"[1537], zum anderen eine „kurze und Zweckmäßige *Geschichte der Philosophie*"[1538]. Auch eine „Geschichte der schönen Wissenschaften" wird eigens empfohlen.[1539] Entsprechend kurz fallen die eigenen Hinweise zur „Geschichte" aus.[1540] Daß dies das bewußte Ziel einer fachwissenschaftlichen Annäherung an einen historiographisch übergeordneten Zusammenhang ist, zeigt die vorherige beiläufige Bemerkung, „so entladet sich die Universalgeschichte, die wegen der Menge ihrer Gegenstände dem Jünglinge sonst unübersehlich ist, einer großen Bürde".[1541] Die Hinweise für den Professor entsprechen dem fachlichen Schwerpunkt der Vorklasse. Die lateinische Lektüre wird eingehender beschrieben als gegenüber dem Direktor.[1542] Wichtig ist insgesamt das erreichte Niveau in der klassischen Dichtung und dem eigenständigen und vom eigenen Interesse getragenen Lesen und muttersprachlichen Nachempfinden in „Übersetzung" oder „Nachbildung"[1543]. Die Anmerkungen zum Hebräischunterricht zielen auf ein vergleichbares Vorgehen in methodischer und inhaltlicher Hinsicht. Die hebräische Poesie soll

---

1532 Ebd., Z. 8f. (I. 2.).
1533 Ebd., Z. 1f. (I. 2.).
1534 Ebd., S. 622, Z. 21–24 (I. 7.).
1535 Ebd., S. 621, Z. 35. (I. 4.).
1536 Ebd., S. 622, Z. 13–20 (I. 6.)
1537 Ebd., Z. 6 (I. 5.).
1538 Ebd., S. 623, Z. 25 (I. 8.).
1539 Ebd., Z. 32f. (I. 8.).
1540 Ebd., S. 624, Z. 4–6 (I. 9.).
1541 Ebd., S. 623, Z. 33–36 (I. 8.).
1542 Ebd., S. 624, Z. 1 – S. 625, Z. 2 (I. 1.).
1543 Ebd., S. 625, Z. 1 (I. 1.).

durch Eigenlektüre – hier wird auf die Bibliothek verwiesen – und Lese- und Übersetzungspraktiken erschlossen werden, die Lowth und Herders eigener Umsetzung von Impulsen dessen, die zum *Geist der Ebräischen Poesie* führten, entsprechen. Aufgetragen wird auch dem Professor die „*Geschichte und Theorie der schönen Wissenschaften*", für deren Vermittlung Herder nachdrücklich Eschenburg empfiehlt.[1544] Ebenfalls in diesem Zusammenhang findet sich ein weiterer Hinweis auf die Nutzung der Gymnasialbibliothek.[1545] Zur Geographie und Mathematik wird nichts wesentlich Neues vermerkt. Die Mathematik soll zunehmend „angewandt"[1546] sein; der Hinweis auf „einige dazu gehörige Risse und Werkzeuge"[1547] läßt nicht genau erkennen, in welchem Maße etwa die Geometrie analytisch sein soll. Die Geographie wird – in einem eigenen Unterschied zu den Vorjahren – als Verbindung der „Politischen, Physischen, [und] Historischen Geographie" vorgestellt.[1548] Die Betonung liegt auch hier auf dem Zusammenhang, daß „schon etwas Ganzes hervorgebracht werden könne"[1549]. An dieser Stelle wird wie an keiner anderen der propädeutische und das Studium in Ansätzen vorwegnehmende Charakter der gymnasialen Oberstufe formuliert. Wenn auch in der Funktion einer Entschuldigung der selbst innerhalb der *Prima* darin unausweichlichen Wiederholungen heißt es: „daß der Schüler, der 3. Jahre aushält, die Wissenschaft zweimal höret und auf der Akademie nicht mehr nötig hat, viele Zeit darauf zu verwenden."[1550]

Insgesamt ist für die „Instruktionen" zu vermerken, wie gezielt die Jahrgangsstufen aufeinander aufbauen, um sich – in gleichwohl sehr deutlich wahrzunehmenden Schritten – zu dem jeweils übergeordneten Ziel eines von den Schülern eigenständig zu erkennenden Gesamtzusammenhangs zusammenzufügen. Von dem Ideal einer unter Aufsicht und Anweisung zu erreichenden Selbständigkeit unter Ausschöpfung der jeweils eigenen spielerischen Freude und im Aufgreifen der einschlägigen Interessen geben die „Instruktionen" an sich, im Blick auf Herder und die ihm unterstellten Lehrer, einen charakteristischen Abdruck. In einzelnen Punkten sind Redundanzen zu spüren, doch bleiben diese in der Interpretation auf bewußte und jahrgangsübergreifende Wiederholungen offen. An anderen Punkten ist das höhere Maß einer Programmatik als das einer praktisch erfolgten Umsetzung zu erkennen; auch dieses Mißverhältnis steht jedoch in der Konsequenz des Ansatzes. Herders Vorordnung jeder Lehrerpersönlichkeit vor einer inhaltlichen oder methodischen Ein-

---

1544 Ebd., S. 626, Z. 1–5 (I. 5.).

1545 Ebd., Z. 9 (I. 5.).

1546 Ebd., S. 625, Z. 35 (I. 4.).

1547 Ebd., Z. 37 (I. 4.).

1548 Ebd., Z. 5f. (I. 2.).

1549 Ebd., Z. 4f. (I. 2.).

1550 Ebd., Z. 8–10 (I. 2.).

schätzung von Unterrichtserfolgen muß eine allein aus dem Text erhobene Beurteilung der „Instruktionen" als unangemessen erscheinen lassen. Was die
Auswertung jedoch unterstreicht, ist die bemerkenswerte Kontinuität in Herders strukturellen Änderungsvorschlägen, die gerade in unterrichtspraktischer
und methodischer Hinsicht in diesem Weimarer Text eine so intensive Ausweitung erfahren, wie in keinem der früheren Entwürfe. Zu einem nicht geringen Teil dürften sich die Ausführungen zu den drei unteren Klassen den direkten Rückmeldungen und unmittelbaren Erfahrungen der schulischen Praxis
während der Jahre 1786 bis 1788 verdanken. Der Erfolg der Eingabe steht damit auf mehreren Ebenen außer Frage. Zudem muß betont werden, wie zentral
die Anliegen, die Ansprüche und die Vorgehensweisen gerade im Zusammenhang der Schulreform für Herders pädagogisches und kirchenamtliches Selbstverständnis sind. In enger Verbindung mit diesen praktischen Ansätzen stehen
auch Herders Bemühungen um eine finanzielle Absicherung der benötigten
Lehrmittel, auf die im folgenden einzugehen sein wird.

2.4. Die Einrichtung eines Gymnasialfonds
und einer Schulbibliothek (1784–1786)

2.4.1. Herders Weimarer Erstvorschlag im
Gutachten zum Freitisch (Anfang 1784)

Bereits im ersten Gutachten von Anfang 1784, in dem Herder konkrete Umgestaltungspläne für den Freitisch entwarf, steht der Vorschlag, aus überschüssigen oder einzusparenden Stiftungsgeldern Lehrmittel, „Bücher und Instrumente" insbesondere für die naturwissenschaftlichen Fächer anzuschaffen.[1551] Die
Anregung wird nur beiläufig geäußert und – möglicherweise auch nach Rücksprache mit Kollegen oder Ratgebern im Umfeld des Herzogs – in der späteren
ratifizierten Version des Reskripts aufgegeben. Die äußere Dringlichkeit der
schulischen Situation, gerade für die praktische Ausrichtung der hier einschlägigen Fächer, verband sich einerseits mit inhaltlichen Anliegen Herders, andererseits erwuchs sie aus dem genuinen Interesse, weiterführende Impulse für
die Bildungseinrichtung der Schule und die konsequente Selbstbildung der
Schüler aus den für Herder jeweils zentralen und elementaren Büchern zu gewinnen. Auf die direkte Parallelität des Vorganges zu Herders Bückeburger
Eingabe vom Januar 1775 wurde im Gesamtzusammenhang der Weimarer
Schulreform bereits abgehoben. Hinsichtlich des Bückeburger Vorschlages ist
detaillierend hinzuzufügen, daß die vorgesehene Finanzierung über die „*Dis*-

---

1551 Vgl. dazu in diesem Kap., Anm. 1315.

pensationskaße des Consistorii, in die die Schul- und Armenkaße fließet"[1552], vorgenommen werden sollte. Einen entsprechenden Finanzierungsvorschlag brachte Herder auch in Weimar 1797 für das von ihm vorgeschlagene Predigerseminar ein.[1553]

2.4.2. Herders Vorschlag im Schreiben an Karl August (14. Dezember 1785)

Ende des Jahres 1785, in dem Schreiben an Karl August vom 14. Dezember, knüpfte Herder fast zwei Jahre nach dem beiläufigen Erstvorschlag einer finanziellen Ausweitung der Gymnasialbibliothek an das Anliegen erneut an.[1554] Wie stark die Initiative im Vordergrund steht, ist nicht nur an der formalen Nachordnung als Schlußpunkt der Darstellung zu sehen – der für Herder typischen Ausführung der zentralen, finanziell häufig kritischen und darin nicht selten nur ansatzweise vorgestellten Initiativen im Sinne weiterführender Perspektiven. Nach den vorangestellten personellen Fragen, die auch ihrerseits den äußeren Anlaß zu der umfassenden Eingabe markieren, bietet er an zweiter Stelle mit der programmatischen Reflexion auf schulische Verbesserungen den Hinweis auf „wohlgewählte Lehrbücher".[1555] Aus der grundlegenden Bedeutung für das Ziel der Selbstbildung unter produktiver Aufnahme äußerer Impulse erklärt sich die Vorordnung der personellen Konstellationen und der verfügbaren Literatur.

Nach den Personalfragen waren für Herder die angemessenen Lehrmittel, zu denen er in erster Linie die Einrichtung einer adäquaten schuleigenen Bibliothek für Schüler wie Lehrer zählte, eine der zentralen Voraussetzungen für die Gestaltung des Unterrichts. Die grundlegende Bedeutung des Personals auf der einen Seite, des Materials auf der anderen, findet in Herders Weimarer wie Bückeburger Vorgehensweise seinen konsequenten Ausdruck. Aufgrund der Kontinuität in den amtlichen Eingaben ist das Ideal einer Gymnasialbibliothek auf der Basis einer finanziellen Absicherung eines eigenen Gestaltungsspielraums für Neuanschaffungen in seiner Priorität zu erkennen. Der zweite Teil des Schreiben (II.) gilt ausschließlich diesem Punkt.[1556] In diesem Zusammenhang steht auch die Erklärung der sowohl im Brief als auch in weiteren Amtsvorgängen deutlich zu erkennende Vorordnung der Personalangelegenheiten:

1552 Herder an Graf Friedrich Ernst Wilhelm zu Schaumburg-Lippe, 14. Januar 1775, DA, Bd. 3, Nr. 127, S. 146, Z. 12f.

1553 Vgl. dazu in diesem Kap., Anm. 2618.

1554 Herder an Karl August, 14. Dezember 1785, DA, Bd. 5, Nr. 138, S. 151–158.

1555 Ebd., S. 151, Z. 11. Zu dem gesamten Zitat s. in diesem Kap., Anm. 1394.

1556 Unter Abtrennung der nicht eigens von der Numerierung erfaßten Schlußausführungen und der Bedeutung des Anliegens insgesamt ebd., S. 154, Z. 134 – S. 156, Z. 227.

„ein guter Lehrer [kann] auch über ein schlechtes Buch viel Gutes sagen [...],
aber mit welchem Zeitverlust!"[1557] Die im Schulgebrauch befindlichen Lehrbücher kritisiert Herder mit exemplarischen Ausführungen im Detail, die eine
entwicklungsspezifische Unangemessenheit herausstellen: „sie taugen aber
nicht an den Ort, wo sie gelehrt werden."[1558] Der Hinweis auf die zeitgenössischen, überlegenen Werke deutet bereits die ökonomischen Aspekte an und begründet gegenüber dem Empfänger Karl August ein aufklärerisches Fundament in der Argumentation, bevor die weiteren Ausführungen folgen: „Da man
über den Schulunterricht jetzt so vernünftig denkt u.[nd] in den meisten Wissenschaften gute zweckmäßige, wolfeile Lehrbücher hat; warum sollte man
das Licht seiner Zeit nicht brauchen?"[1559] Eingehend wiederholt die anschließende Auflistung die bereits im Vorjahr benannten Anschaffungen: für die
„praktischen Wissenschaften *Werkzeuge u.*[nd] *Hülfsmittel*".[1560] Wie in den
„Erläuterungen" finden die beantragten Mittel eine erkenntnistheoretische
Rückbindung an die vorauszusetzende Seelenlehre: „Verstande, Fleiß und Gedächtniß".[1561] So wünscht Herder „Naturkörper" für Naturgeschichte[1562], „physische und mathematische Instrumente" für Naturlehre und angewandte Mathematik[1563] sowie „Tafeln und Papier" für die Vermittlung der grundlegenden,
elementaren Kenntnisse[1564]. Den Ausführungen des Vorjahres folgt auch der
Hinweis auf die „Landcharten" für die Geographie.[1565] Eine erste Ausweitung
finden die Forderungen in den „Kupfer[n] und Abdrücke[n]" für Altertumswissenschaften[1566] sowie dem noch in weiter Ferne stehenden aber doch schon indirekt formulierten Wunsch: „an eine Dactyliothek oder Kupfersammlung,
oder an ein Naturalien-Kabinet ist noch weniger zu gedenken."[1567]
Als Möglichkeit einer längerfristigen Annäherung beschreibt Herder einleitend wie abschließend die Möglichkeit privater Stiftungen: „Wie manchem
Mann in Geschäften liegen Auctores classici in seiner Bibliothek, die er jetzt
selbst nicht mehr nutzen kann, die er aber vielleicht mit edler Willigkeit für arme Jünglinge zu einer bleibenden Schulbibliothek gäbe"[1568]. Damit verbindet

---

1557 Ebd., Z. 136f.
1558 Ebd., Z. 143.
1559 Ebd., Z. 146–149.
1560 Ebd., Z. 150f.
1561 Ebd., S. 155, Z. 183f.
1562 Ebd., S. 154, Z. 153.
1563 Ebd., Z. 154f.
1564 Ebd., Z. 152.
1565 Ebd., Z. 153.
1566 Ebd., Z. 155.
1567 Ebd., Z. 160f.
1568 Ebd., Z. 162 – S. 155, Z. 166.

sich die Hoffnung auf finanzielle Zuwendungen: „Vielleicht findet sich [...] einmal eine gute Seele, die es mit einem neuen u.[nd] stärkern Legat bedenkt"[1569]. Bevor Herder die eigentlichen Finanzierungsvorschläge im Detail unterbreitet, betont er nochmals die ökonomischen Aspekte. Ein Teil der „Bücher u.[nd] Instrumente" ließe sich „sehr wolfeil auf Auctionen" erwerben.[1570] Ohne formale Trennungen innerhalb der Argumentation vorzunehmen, zielen Herders Ausführungen zum einen darauf, die bisherige Kirchenbibliothek in eine Gymnasialbibliothek umzuwandeln. Diese Perspektive wird nicht eigens erwähnt, ist jedoch die notwendige Konsequenz der expliziten Vorschläge. Hinweise wie: „Aus der Kirchenbibliothek wird schwerlich je etwas Ganzes u.[nd] Vollständiges werden"[1571] oder: „Jene Bibliothek steht meistens müßig"[1572] finden sich dicht nebeneinander. Der Rückschluß, daß die Bibliothek – neben der von Anna Amalia gestifteten Fürstlichen Bibliothek – als Einrichtung redundant sei, wird ebenfalls nicht explizit gemacht, wohl aber die Hinterfragung einer weiteren Finanzierung der Kirchenbibliothek: „und warum dörfte der Zwerg neben dem Riesen wachsen?"[1573] Einzig auf dieser grundlegenden Ebene bewegt sich auch die ausdrückliche Argumentation des Vorschlages: der von jedem Pfarrer bei seiner Ordination zugunsten der Kirchenbibliothek zu entrichtende Taler solle der Schulbibliothek zugutekommen.[1574] Auch der „gegenwärtige baare Vorrath dieses kleinen Fondes" möge „sogleich zum Schulfond übergeben u.[nd] berechnet" werden.[1575] Die damit berührte Einrichtung des Schulfonds stellt den zweiten Punkt der Herderschen Ausführungen dar. Er wird ohne jede Trennung von dem Vorhaben der Gymnasialbibliothek eingeführt. Der einzige Hinweis auf die Verwaltung betrifft den Ephorus, „unter welchem die Rechnung, die ein SchulCollege führte, stünde."[1576] Möglicherweise als Absicherung von Bedenken gegen einen Übergriff auf die eigenen Bestände der Kirchenbibliothek – darin aber wiederum indirekt die konsequent betriebene Umwandlung der kirchlichen Bestände in das schulische Institut betonend – schlägt Herder vor, „manche unnütze Bücher und etwannige Dubleten genannter Bibliothek" zugunsten des Schulfonds zu verkaufen.[1577] Der Aspekt einer Besitzstandswahrung der Kirchenbibliothek wird darin zwar eingeholt, jeder weitere Ausbau jedoch verhindert. Das bibliotheka-

---

1569 Ebd., S. 156, Z. 223–225.
1570 Ebd., S. 155, Z. 167f.
1571 Ebd., Z. 196f.
1572 Ebd., S. 156, Z. 208.
1573 Ebd., S. 155, Z. 201f.
1574 Ebd., Z. 194–196; S. 155, Z. 204 – S. 156, Z. 206.
1575 Ebd., S. 155, Z. 202–204.
1576 Ebd., S. 156, Z. 205f.
1577 Ebd., Z. 209–211.

rische Ergebnis der Änderungen mußte zwangsläufig einen monolithischen Block erzeugen, für den als Torso die spätere Aufnahme in die schulische Bibliothek die einzige Alternative zu einer Eingliederung in die Fürstliche Bibliothek sein konnte.

Als konsequent können auch zwei weitere Vorschläge Herders, die auf eine Anreicherung des Schulfonds zielen, bezeichnet werden. Nicht nur die Pfarrer sollen demnach bei ihrer Ordination einen Beitrag leisten, jeder Akademiker, der ein öffentliches Amt im Herzogtum übernimmt, habe den Betrag einmalig zu entrichten.[1578] Das Argument ist klug und berechtigt. Landeseigene Kandidaten verdanken ihre grundlegende Bildung dem Gymnasium; auswärtige besetzen eine Stelle, die anderenfalls einem Landeskind offengestanden hätte. Auch „das kleine Legat, das die Stadtkirche zu Anschaffung einiger Bücher für[s] Gymnasium auszahlt", in den Schulfond zu überführen[1579], setze den ursprünglichen Verwendungszweck fort. Herder betont die Uneigennützigkeit seines Vorschlages mit dem Angebot, „jährlich in der Stadt- u.[nd] Hofkirche eine Schulpredigt [zu] halten [...], bei welcher eine Collect [zugunsten des Schulfonds] gesammlet würde".[1580] Das in diesem Zusammenhang gebotene Argument ist, wie noch eigens zu zeigen sein wird, zentral für Herders Amtsverständnis als Prediger: „denn da dies eine Sache des Publikums ist, wie die Jugend erzogen werde, so sind Kirchen in unserm Staat der einzige Ort zum Publikum zu reden."[1581]

2.4.3. Realisierung des Vorschlages (Februar/April 1786)

Die Verbindung dieses konkreten Vorschlages mit der vorab geschilderten umfassenden Unterrichtsreform des Gymnasiums führte dazu, daß die erste, zustimmende Antwort von Karl August unter dem 30. Dezember 1785 auf den Plan des Gymnasialfonds und der Schulbibliothek mit keinem Wort einging.[1582] Nach dem – nicht von den *Erinnerungen* gebotenen – Bericht Karolines erfolgte unter dem 20. Februar ein eigenes Reskript, „in welchem der Vorschlag wegen Abgabe eines Thalers von jedem Geistlichen und Literatus[,] der in den Herzoglichen Dienst aufgenommen wird", umgesetzt wurde.[1583] Für den 1. April berichtet Karoline von einem weiteren Reskript, nach dem der Herzog aus Kammermitteln „zur Anschaffung der nöthigen Werkzeuge und Instru-

---

1578 Ebd., Z. 212–216.
1579 Ebd., Z. 221f.
1580 Ebd., Z. 217f.
1581 Ebd., Z. 217–220.
1582 Zu dem Text vgl. nach der Abschrift von Karoline: FHA, Bd. 9/2, S. 1239f.
1583 Vgl. dazu ebd., S. 1240.

mente, ein Geschenk von 50 KaiserGulden, hiesiges Geld 33 Reichsthaler 12 Groschen und einen jährlichen Beitrag von 10 KaiserGulden, oder 6 Reichsthaler 16 Groschen" stiftete.[1584] Die Landschaft beteiligte sich mit einer jährlichen Summe, die der Zuzahlung des Herzogs entsprach.[1585] Karoline schildert Herders Enttäuschung über diesen in seinen Augen niedrigen Zuschuß: „Ach wie schmerzte es den guten Vater – Aber er ging dennoch mit Muth an das Werk und that was Zeit und Umstände leisten mochten."[1586] Man muß betonen, daß in der erhaltenen Anfrage Herders eine Forderung nach herzoglichen Mitteln und Zuschüssen der Landschaft nicht formuliert wurde. Es ist nicht auszuschließen, daß in einer nachfolgenden, nicht erhaltenen Korrespondenz entsprechende Anliegen geäußert wurden. Die paritätische Beteiligung von Kammer und Landschaft war gerade für die Belange der Schule ein verbreitetes und von Herder mehrfach vorgeschlagenes Finanzierungskonzept. Ungeachtet der Frage einer anschließenden Verhandlung, auf Grundlage des einzig erhaltenen und als Verhandlungsgrundlage einschlägigen Erstentwurfes hatte Herder keinen Grund, über Enttäuschung zu klagen. War seine Strategie einer auf Freiwilligkeit basierenden breiteren finanziellen Unterstützung nicht aufgegangen, dann hatte er die falsche Strategie gewählt. In seinem Schreiben deutet sich im Blick auf die Kirchenbibliothek freilich eine andere taktische Vorgehensweise an.

Herders Eigenbeitrag dürfte sich ebenfalls anders gestaltet haben, als ursprünglich geplant. Hinweise auf gehaltene „Schul-Predigten" finden sich nicht. Weder können in den Dispositionen entsprechende Aufzeichnungen identifiziert werden, noch sind in den Kirchenprotokollen der Stadtkirche, die in dem Angebot an erster Stelle genannt wurde, einschlägige Gottesdienste verzeichnet. Dem Schluß, daß Herder keine eigenen Predigten zu dem von ihm benannten Zweck einführte, steht nichts entgegen. Durchaus möglich ist dennoch die Durchführung einzelner für den Schulfond bestimmter Kollekten. Auch dafür finden sich jedoch in den Kirchenprotokollen keine Anhaltspunkte.

Ein stimmiges Gesamtbild – möglicherweise auch in der Wahrnehmung Herders – würde es ergeben, die „unentgeldlich[e]" Übernahme von dem Amt als Rechnungsführer der Freitisch-Stiftung, die Herder dem Oberkonsistorium unter dem 17. Mai 1786 anbot[1587], mit der zumindest in Aussicht gestellten Eigenbeteiligung des Generalsuperintendenten in Verbindung zu bringen. Karoline dokumentiert, daß mit der Übertragung des Amtes die entsprechende Besol-

---

1584 Ebd.
1585 Ebd.
1586 Ebd.
1587 Gesuch an das Fürstliche Oberkonsistorium vom 17. Mai 1786, betreffend die Übernahme der Rechnungsführung des Freitisches, SWS, Bd. 30, Nr. 8, S. 466. Vgl. ferner Kap. II, Anm. 256.

dung von „jährlich 15 Reichsthaler[n] in die SchulCaße" überging.[1588] Dies betont sie in Relation zu den übrigen Zuschüssen: „*Er* gab jährlich 15 Reichsthaler Beitrag[;] der Herzog und die Landschaft, beide zusammen aber 13 Reichsthaler!!!!"[1589] Es ist fraglich, ob diese Daten für einen über das Jahr 1788 hinausgehenden Zeitraum zutreffend sind. Zumindest mit der Vertretung Herders durch Zinserling während der Italienischen Reise übernahm der Archidiakon auch die reguläre Besoldung des Rechnungsführers. Wie bereits ausgeführt, deutet es sich an, daß Herder auch nach seiner Rückkehr in der Funktion der Stiftungsverwaltung Entlastung durch Zinserling erfuhr. Insofern ist nicht auszuschließen, daß die unbesoldete Übernahme des Amtes als Rechnungsführer nicht tatsächlich zu einer dauerhaften Erhöhung der Zuschüsse zum Schulfond aus Kammermitteln und einer Gehaltszulage des Archidiakons der Stadtkirche führte.

Hinzuzufügen ist ferner die herzogliche Schenkung der Bibliothek des 1786 verstorbenen Konrektors Nolde, die dessen Witwe an Karl August verkauft hatte, um zum Grundstock der Gymnasialbibliothek gespendet zu werden.[1590] Ein Bericht Schwabes vom 1. April 1804 beschreibt den Vorgang im Rückblick: „Serenissimus ließen 414 Stück Bücher für die hiesige F.[ürstliche] Bibliothek auszeichnen und bestimmten die übrigen huldreichst zum Gebrauch des F.[ürstlichen] Gymnasii".[1591] Aufschlußreich für den weiteren Verbleib auch der Kirchenbibliothek ist die Fortsetzung: „Die Noldesche Bibliothek wurde hierauf auf das Gymnasium geschafft und in der 3. Etage in dem Zimmer, in welchem die Kirchenbibliothek befindlich ist, einstweilen, wie es gehen wollte aufbewahrt".[1592] Eine Momentaufnahme für die Situation des Jahres 1788 bietet Herder mit der für das Oberkonsistorium bestimmten Note zur Abrechnung des zurückliegenden ersten Rechnungsjahres, die am 31. Juli – kurz vor der Abreise nach Italien – aufgesetzt wurde. Unter Erinnerungen an den eigenen Vorschlag eines entsprechenden Umganges mit der Kirchenbibliothek betont Herder: „Noch gehört fürstlicher Schulkasse [!] die Noldische Bibliothek als ein Geschenk Serenissimi Regentis, aus welcher durch eine öffentliche Auktion der unnütze Wust weggeschafft und statt seiner eine klassische Schulbibliothek errichtet werden soll".[1593] Dieses Ziel präzisierend führt Herder weiter aus: „daher zu hoffen steht, daß aus diesen Mitteln nicht nur eine allgemeine, sondern auch für die drei oberen Klassen, in jeder besonders, eine für sie

---

1588 FHA, Bd. 9/2, S. 1240.
1589 Ebd.
1590 Zu weiteren Hinweisen dazu vgl. Kap. III, Anm. 439.
1591 Francke, Geschichte, S. 362, Anm. zu S. 198.
1592 Ebd.
1593 Ebd. Im folgenden zitiert nach Herder an das Weimarische Oberkonsistorium, 31. Juli 1788, DA, Bd. 9, N zu Bd. 5, Nr. 306a, S. 396; hier: Z. 4–7.

taugende nützliche Handbibliothek sich errichten lassen werde."[1594] Die Auktion fand nicht statt.[1595] Die ca. 6.000 katalogisierten Bücher wurden damit vollständig erhalten; nach der von Schwabe genannten Anzahl der in die öffentliche Bibliothek überführten Bände verringerte sich das Gesamtvolumen nur um knapp sieben Prozent. Eine Momentaufnahme des Schulfonds bietet Herders Eröffnungsbrief an Karl August Böttiger vom 21. Januar 1791, der zusammen mit einer Kurzbeschreibung der Schule auch diese Einrichtung erwähnt: „Seit einigen Jahren hat es mir geglückt, eine Schulcaße zu fundieren, die schon ziemlich beträchtlich ist u.[nd] die ich bisher geschont habe, um die nöthigen Hülfsmittel des öffentlichen Unterrichts auch nach dem Sinn der Lehrer anschaffen zu können".[1596]

Der Erfolg der Herderschen Initiative steht damit außer Frage. Innerhalb weniger Jahre hatte er eine mehrere tausend Bände umfassende Gymnasialbibliothek zusammenstellen können, die sich finanziell größtenteils herzoglichen Schenkungen und Zuschüssen verdankte, konzeptionell – möglicherweise auch in dem Anwerben der Noldeschen Bestände, in jedem Fall aber im Blick auf die Kirchenbibliothek und die längerfristige Absicherung von Zuschüssen – sein Verdienst war. Zugleich verhalf er dem Gymnasium zu einem eigenen und in seiner Anwendung sowie Bestimmung sehr flexiblen Schulfond.

2.5. Die mögliche Einrichtung eines Lehrerfonds für die Hauptstadt (1787ff.)

Einzig aus Karolines *Erinnerungen* ist die Einrichtung eines eigenen Lehrerfonds für die Hauptstadt bekannt.[1597] Ausdrücklich benennt Karoline darin nicht nur die Gymnasiallehrer, sondern die gesamte städtische Lehrerschaft: „Sämmtliche Lehrer des Gymnasiums und der Stadtschulen waren so dürftig besoldet, daß sie zuweilen mit Mangel zu kämpfen hatten. Auf's neue baten sie jetzt bei ihren zum Theil vermehrten und neuen Arbeiten um *Verbesserung ihres Gehaltes*. Der Herzog trug Herdern auf, einen Fonds hiezu auszumitteln."[1598] Nur zwei externe, darin allerdings ausreichend sichere Belege lassen für diesen Vorgang benennen.

Zunächst zielt die in Herders Gutachten vom 28. März 1787 projektierte Einziehung der Garnisonspredigerstelle auf eine Umlage der damit verfügba-

---

1594 Ebd., Z. 9–12.
1595 Vgl. dazu DA, Bd. 10, S. 418.
1596 Herder an Karl August Böttiger, 21. Januar 1791, DA, Bd. 6, Nr. 150, S. 225, Z. 61–64.
1597 V, Abt. 2, Tl. 22 [Erinnerungen, Tl. 3], S. 15f., sowie, ohne den einleitenden Bezug auf die Lehrer des Gymnasiums und der Stadtschulen: FHA, Bd. 9/2, S. 1241.
1598 V, Abt. 2, Tl. 22 [Erinnerungen, Tl. 3], S. 15f.

ren Gehaltsgelder von jährlich „150 Fl.[orin]" auf „eine kleine Verbeßerung einiger Lehrer des Gymnasii".[1599] Der Kontext dieses Vorschlages stellt keine Bezüge auf vorangegangene Gehaltsforderungen oder einen herzoglichen Auftrag zur Einrichtung eines Fonds. Zudem folgt eine ausführliche Begründung der Forderung und die Anregung eines weiteren Zuschusses der Landschaft: „Mit den 150 Fl. ist freilich noch nicht viel ausgerichtet, [...] allein wenn, wie zu hoffen ist, die Fürstl.[iche] Landschaft bei dem nahen Ausschuß-Tage dem vorgehenden Beispiel Seiner Herzoglichen Durchlaucht, [...] folgt und auch eine anständige Summe [...] auszusetzen geneigt wäre".[1600] Die auf Landesebene einzuwerbende Summe einer herzoglichen Stiftung bezieht sich eindeutig auf die Umlage des vormaligen Gehaltes des Garnisonspredigers. Die anschließende Schilderung beschreibt die mutmaßliche Freude des ursprünglichen Stifters, Wilhelm Ernst, über einen veränderten Verwendungszweck zusammen mit einer seitens der Landschaft gestärkten Unterstützung. Von der Einrichtung eines entsprechenden Fonds ist zu diesem Zeitpunkt noch nicht auszugehen. Wahrscheinlich handelt es sich aber um die Vorarbeiten dazu.

Den zweiten Hinweis bieten die Aufzeichnungen Herders vom Mai 1788 über vorgesehene Zulagen für fünf Weimarer Lehrer, von denen vier am Gymnasium angestellt waren und einer u. a. als Katechet an der Garnisonsschule fungiert.[1601] Die Zielgruppe, der die Gehaltserhöhung mit den hier benannten Pädagogen zugute kommen sollte, ist exakt die von Karoline in den *Erinnerungen* benannte: „Lehrer des Gymnasiums und der Stadtschulen". Signifikant ist jedoch, daß die von Herder konzipierten Zulagen hauptsächlich Naturalien waren. Dies ist insofern von Bedeutung, als der Hinweis eine Ergänzung zu den von Karoline detailliert beschriebenen finanziellen Gehaltszulagen darstellt.

Als das Ergebnis des genehmigten Vorschlages zur Einziehung der Garnisonspredigerstelle benennt sie: „es erhielten die Schullehrer jeder eine jährliche Zulage von 30 bis 50 Thlrn., die ihre dringlichsten Bedürfnisse befriedigte. Herder hoffte in der Folge noch mehr für sie thun zu können, aber es wollte sich nichts ergeben."[1602] Aus der Summe von 150 Gulden bzw. in der zu erwartenden Verdoppelung durch die Landschaftskasse auf 300 Gulden ließen sich freilich nicht viele jährliche Zulagen in der oben genannten Höhe an Reichstalern schlagen. Nicht zu bezweifeln ist jedoch, daß die von Karoline beschriebene Initiative damit im wesentlichen als eine Anregung Herders rekonstruiert werden konnte. Fragen ließe sich, ob die Zusammenfassung im Sinne eines „Fonds" – auch im Sprachgebrauch der Zeit – zutreffend war. An-

---

1599 SWS, Bd. 31, S. 760.

1600 Ebd.

1601 Vgl. dazu insgesamt DA, Bd. 5, S. 379, Anm. 288, sowie in einem detaillierten Referat Kap. III, Anm. 558.

1602 V, Abt. 2, Tl. 22 [Erinnerungen, Tl. 3], S. 16.

gemessener ist es vielleicht eher, von einer für die Weimarer Lehrer durchge-
setzten Gehaltserhöhung zu sprechen, die, so wie sich zu den *Erinnerungen*
hinzukommende Quellenlage gibt, wohl aber nicht mit der Einrichtung einer
über die Person des Generalsuperintendenten hinausgehenden zentralen Vertei-
lungsinstanz verbunden war. Den Begriff des „Fonds", der auch in anderen
amtlichen Zusammenhängen eine Rolle spielte, hatte Karoline möglicherweise
aus der in zeitlicher und thematischer Nähe entwickelten Konzeption eines eigenen Landschullehrer-Fonds übernommen. Als eine gewisse Bestätigung dieser Einschätzung kann auch die für Karl August Böttiger bestimmte Kurzbeschreibung des Gymnasiums gesehen werden, in der Herder 1791 zwar die zuvor erwähnte „Schulcaße" nennt, aber keinen Hinweis auf eine eigenständige
Einrichtung zur Absicherung der Lehrergehälter bietet.[1603]

2.6. Die Einrichtung des Landschullehrer-Fonds (1786–1796)

In zeitlicher Parallelität zu der vorab beschriebenen Ergänzung und Umgestaltung des Gymnasiums, chronologisch jedoch der Einrichtung des Landschullehrer-Seminars nachfolgend, entsprachen die Bemühungen um einen Fond zur
Absicherung deren Gehälter der genetischen Vorgehensweise Herders, für die
seine in den amtlichen Schriftstücken häufig anzutreffende abschließende
Streuung weiterer Andeutungen und weiterführender Anregungen charakteristisch ist.

2.6.1. Die Andeutung im zweiten Entwurf eines Landschullehrer-Seminars
(2. Mai 1786)

Das Angebot eines Gutachtens zur Frage einer finanziellen Besserstellung der
Landschullehrer, die ihrerseits die Absicherung von deren beruflicher Perspektiven berührte, war für jede Verbesserung des Landschulwesens von zentraler
Bedeutung. Zeitgenössische Berichte und Quellen verdeutlichen auf erschütternde Weise die materielle Not, in der diese Pädagogen lebten und zu wirken
hatten.[1604] Herders Ansatzpunkt knüpfte bereits in der Vorankündigung am
Ende seines zweiten Entwurfes zum Landschullehrer-Seminar vom 2. Mai
1786 an ein demographisch benanntes Problem an: „wie so manche blutarme
Schulstellen unsres Landes an Einkünften verbeßert werden könnten?"[1605] Die

---

1603 Herder an Karl August Böttiger, 21. Januar 1791, DA, Bd. 6, Nr. 150, S. 224–227.
1604 Zu den einzelnen Quellen vgl. neben den Auszügen von Ranitzsch, Seminar, S. 601f., Anm.
6, sowie, in großer Breite, die Arbeit von Reichard, Schulwesen.
1605 SWS, Bd. 30, S. 465 (§ 18). Vgl. dazu in diesem Kap. oben, Anm. 1204.

Klagen der Landschullehrer erreichten Herder auf regelmäßiger Basis. Wie Karoline in den *Erinnerungen* festhält, galten ihm zu Beginn fast jeder Arbeitswoche entsprechende Briefe, Berichte oder Besuche von Landschullehrern.[1606] In der sozial verankerten Struktur einer ungleichmäßigen Bevölkerungsverteilung und der damit verbundenen direkten, weithin naturalen Vergütung der Pädagogen erkannte er klar das grundlegende Problem.

Die Einrichtung eines zentralen Fonds zur Absicherung einer ansatzweisen direkten finanziellen Vergütung war sein entsprechendes Anliegen. Nicht rekonstruieren läßt sich, in welchem Maße konkrete Vorschläge hierzu bereits zu seinem Amtsantritt diskutiert wurden. Das *Gutachten über die dem Ständeausschuß vorzulegenden Forderungen* von Anfang 1777 deutet nur im Zusammenhang des gewünschten Landschullehrer-Seminars an, daß eine angemessene finanzielle Unterstützung des Landes zu dessen genuinen Interessen zählen müsse.[1607] Die Forderung einer materiellen Besserstellung der Lehrer findet sich in diesem Zusammenhang nicht.[1608] Die Hinweise des zweiten Seminarentwurfs wurden noch vor dem Herzog von den Ständen aufgegriffen, für die ihre finanzielle Unterstützung einer zentralen pädagogischen Einrichtung an die Vorlage einer vorherigen Konzeption rückgebunden war. Daß die Ständevertreter mit dem Entwurf auch die Forderungen einer beruflichen Absicherung der Lehrer wahrnehmen mußten, mochte Teil der bedachten Andeutung und deren gezielter Plazierung gewesen sein.

Der Herzog reagierte auf die Befürwortung der Stände, indem er das Oberkonsistorium aufforderte, Vorschläge zu unterbreiten.[1609] Herders nur noch in Auszügen erhaltenes Votum datiert auf den 21. Oktober 1787.[1610] Der Bericht des Oberkonsistorialpräsidenten von Lyncker hebt dessen Wert eigens hervor: „Das Simpelste, Schönste und Beste enthält, meines wenigen Erachtens, des Herrn Generalsuperintendent Votum."[1611] Den gekürzten Wortlaut des Herderschen Textes bietet Ranitzsch.[1612]

1606 Vgl. dazu Kap. II, Anm. 349.

1607 Zu dem Text vgl. SWS, Bd. 30, S. 452f.

1608 Dies gegen die Deutung von Ranitzsch, Seminar, S. 601, der allein den Vorschlag eines Landschullehrer-Seminars auf keiner anderen als der Suphanschen Quellenbasis entsprechend ausdeutet, vgl. dazu ebd., Anm. 4. Ranitzsch dürfte darin Haym, Herder, Bd. 2, S. 393, und dessen Interpretation des Textes gefolgt sein.

1609 Ranitzsch, Seminar, S. 602.

1610 Ebd., Anm. 1.

1611 Ebd., S. 602.

1612 Ebd., S. 602–604.

2.6.2. Herders Votum vom 21. Oktober 1787

Herders Votum ist, soweit es die gestraffte Version einzuschätzen erlaubt, von bemerkenswerter inhaltlicher Geschlossenheit und argumentativer Stringenz. Der Text zerfällt formal in sieben knappe Punkte. Der erste Abschnitt gilt mit einer pragmatischen Handlungsanweisung einer Bestandsaufnahme der gegenwärtigen Situation.[1613] Zu diesem Zweck bringt er ein Zirkular in Vorschlag, das den Landschullehrern nach Eigenauskunft, aber nach formalen Vorgaben „auf Pflicht und nach strengster Wahrheit eine kurze summarische Anzeige ihres Einkommens" auferlegt.[1614] Die von Herder konzipierte Gliederung ist detailliert und durchdacht. Die anschließenden Punkte bieten eine Auflistung möglicher finanzieller Quellen. Sie unterteilt sich in „allgemeine" und „besondere" bzw. „außerordentliche" Mittel.[1615] Die Anordnung läßt in ihrem argumentativen Gefälle ebenso wie in ihrem abschließenden Resümee erkennen, daß sich die Reihenfolge absteigend an den unterschiedlichen Graden der Empfehlbarkeit und Realisierungsaussichten orientiert. Zugleich nimmt er die Empfänger des Gutachtens in den Blick.

An erster Stelle kommt mit den Landständen einer der weiteren Adressaten des Schreibens zu stehen.[1616] Herders Anregung einer Bewilligung von Landesmitteln knüpft – wie zuvor in der Einrichtung des Landschullehrer-Seminars – an die aus der herzoglichen Kammer zur Unterstützung bedürftiger Schulmeister bereits eingesetzten 200 Reichstaler an. Die Höhe des zu bewilligenden Betrages läßt er vorerst offen. Erstrangig dürfte es ihm um eine grundsätzliche Einverständniserklärung gehen. Als zweite Instanz benennt er mit den „Gemeinen" die kommunalen Einrichtungen.[1617] Das Ungleichgewicht zwischen armen und reichen Gemeinden gilt es zugunsten der bedürftigeren auszugleichen. Zudem gibt Herder jedoch zu bedenken, daß die größeren Kommunen aufgrund erhöhter kirchlicher Ausgaben nicht zwangsläufig für schulische Abgaben herangezogen werden könnten. Die Kirchen ihrerseits, sofern es sich um „begüterte" Kirchen handelt, sollen zu einem „mäßigen Zuschuß" angehalten werden: „Kirchen und Schulen sind eins". Nach diesen „allgemeinen" und längerfristig abgesicherten Finanzträgern widmet sich Herder zusätzlichen Einnahmequellen. Von eigens anzuordnenden Kollekten rät Herder nicht prinzipiell ab, schärft jedoch größte Vorsicht im Umgang mit diesem Mittel ein.[1618] Ein weiteres Konzept übernimmt er aus der Eisenacher

---

1613 Ebd., S. 602 (1.).
1614 Ebd.
1615 Ebd., S. 603 (4.).
1616 Ebd., S. 602 (2.).
1617 Ebd., S. 602f. (3.).
1618 Ebd., S. 603 (4.).

Landeshälfte, die ledigen und kinderlosen Bürgern auf freiwilliger Basis Spenden für das Erziehungswesen nahegelegt hatte.[1619] Die Unabwägbarkeit dieser Option, die neben den benannten Voraussetzungen auf „Menschenliebe und Billigkeit" basiert, hält Herder davon ab, dem Finanzierungskonzept eine tragende Bedeutung zuzuschreiben. Auch einen Abbau geistlicher Stellen zugunsten einer Umlage der Mittel in einen Zentralfond kann er nicht vorrangig empfehlen.[1620] Ohne die Möglichkeiten im Einzelfall ausschließen zu wollen, verweist er auf die allenfalls längerfristigen Perspektiven entsprechender Stelleneinsparungen. Eine vergleichbare Programmatik kann allenfalls im Falle von Vakanzen eine Überprüfung der jeweiligen Notwendigkeit von Wiederbesetzungen veranlassen. Der Schlußabschnitt des Votums formuliert die Bitte um eine zukunftsorientierte Haushaltung mit den zu gewinnenden Mitteln.[1621] Der Fond darf nicht auf eine vollständige Ausschüttung der vorhandenen Gelder zielen und soll durch weitere „Legate, Geschenke" und Stiftungen möglichst gestärkt werden. Die zu gewinnende Einrichtung gilt zudem einer prospektiven Altersversorgung von Angehörigen: „mit der Zeit [könne man] auch mancher armen Witwe eines verdienten Schulmanns beistehen."

Das Votum verbindet mit dieser von Realismus und Landeskenntnis getragenen transparenten Gliederung eine deutliche Empfehlung. Weder die Herder-Biographik noch Ranitzsch benennen ein Ergebnis der Eingabe. Daß diese zunächst ohne eine konkrete Umsetzung blieb, deutet sich in der später verfolgten Anschlußbemühung der Einrichtung von Schulfonds auf lokaler Ebene an. Für das Jahr 1796 schließlich sind die Bemühungen um die Einrichtung der Kasse dokumentiert, die zu der Umlage der herzoglichen Zuzahlung zum Freitisch von 200 Reichstalern auf den Landschullehrerfond und dem Rücktritt Herders als Rechnungsführer führten.[1622] Spätestens 1796 war die Einrichtung damit erfolgt. Die Finanzierung zu Lasten des Freitisches wurde von dem Protest Herders begleitet.

2.7. Die Umwandlung der Jenaischen akademischen in eine Trivialstadtschule (1788)

Auf den 30. Juli 1788 datiert der Auszug eines Gutachtens, der in den 30. Band der Suphanschen Werkausgabe eingerückt wird.[1623] Der Text dokumentiert das Vorhaben, den Status der Jenaer Hauptschule herabzusetzen und mit den Ein-

---

1619 Ebd. (5.).
1620 Ebd. (6.).
1621 Ebd., S. 604 (7.). Dem Schlußabschnitt folgen, ebd., auch die weiteren Zitate.
1622 Vgl. dazu in diesem Kap., Anm. 1356.
1623 SWS, Bd. 30, S. 467f., Nr. 11.

sparungen mögliche Verbesserungen zu verbinden. Der amtliche Bezug zu Herder bestand in dem Weimarer Oberkonsistorium, das für die Schulangelegenheiten auch Jenas als die einschlägige Behörde zuständig war. Die Ämterabfolge bildet sich in dem Gutachten Herders sehr deutlich ab. Seine persönliche Unterstützung belief sich zunächst auf die Ausarbeitung eines Lektionsplans (*typus lectionis*), den er von einem detaillierten Plan der „Instructionen" (*typus instructionis*), d. h. der inhaltlichen Gestaltung und Abfolge der Unterrichtsstunden im einzelnen, abgrenzt.[1624] Die Einzelgestaltung überläßt er der dafür „niedergesetzte[n] Commißion"[1625] und gibt dieser den praktischen Ratschlag, den Lehrern so wenige feste Auflagen wie möglich zu erteilen. Den Idealfall kennzeichnet Herder mit einer möglichst direkten Weitergabe des Lektionsplans zusammen mit den zu behandelnden Lehrbüchern. Eine „kurze", durch das Oberkonsistorium zu genehmigende „Instruction" sei aufzusetzen und den Lehrern zusammen mit dem Lektionsplan und den Lehrmitteln durch den Ephorus zu vermitteln. Kennzeichnend für Herders Vorgehen ist zweierlei. Zum einen ist der Anspruch und das Anliegen zu erkennen, die grundlegenden Vorgaben des Unterrichts selbst zu gestalten; die konkrete Einteilung und Wahl der Lehrbücher überläßt er den unmittelbar Beteiligten. Zum anderen wendet er sich gegen einen weiteren Abbau des bereits angestellten Personals: „Noch muß ich Eins hinzufügen, daß wenn 4 Lehrer bleiben, wie solche der Natur der Sache [gemäß] bleiben müßen, den Einkünften der Schule nichts entzogen werden kann."[1626] Wichtiger noch als dieser Hinweis ist Herders Kritik an dem Vorhaben, die einzusparenden naturalen und finanziellen Mittel dem Gotteskasten zur Verfügung zu stellen. Vehement betont Herder, daß die Verwendung einzig und alleine für eine Gehaltsverbesserung der angestellten Lehrer Verwendung finden könne.[1627] Beide Anliegen stehen in deutlicher Parallelität zu der Gestaltung des Weimarer Gymnasiums.

2.8. Die Katechismusrevision (1795–1797)

Die Weimarer Revision von Luthers *Kleinem Katechismus* der Jahre 1795 bis 1797, die unter dem Jahr 1798 gedruckt wurde, stellt Herders einzige publizierte Katechismusarbeit dar. Sie steht zeitlich parallel zu der Veröffentlichung der *Christlichen Schriften*, die ein thematisch weithin einschlägiges Pendant zu dem kirchenamtlichen Text markieren. Die Interpretation des Herderschen Katechismus (im weiteren *Katechismus*), seines insgesamt meistgedruckten Tex-

---

1624 Vgl. dazu ebd.: „Ich schließe einen typum der Lectionen bei".
1625 Ebd.
1626 Ebd.
1627 Ebd., S. 467f.

tes[1628], der jedoch erst mit der Entscheidung Suphans Eingang in die Werkausgaben fand[1629], wird von zwei Richtungen bestimmt.

Für die erste Lesart steht die in ihrer subtilen Textkenntnis und psychologisch hochsensiblen Charakterausdeutung ebenso starke wie ihrer Wirkungsgeschichte mächtige Biographie Rudolf Hayms. Sein Abschnitt zu dem Herderschen Katechismus[1630] bietet das heuristische und hermeneutische Muster für nachfolgende Arbeiten[1631]. Der *Katechismus* wird darin im Deutungshorizont des Spätwerkes verortet, das gerade Haym gegenüber den Arbeiten „Herder[s] auf dem Höhepunkt seines Wirkens"[1632] als einen – für den Biographen in einer besonderen Weise an die Kant-Kritik rückgebundenen – persönlich wie publizistisch fortschreitenden Verfallsprozeß schildert. Hayms gleichermaßen persönliche Würdigung des *Katechismus* hebt sich davon ab: „Wer wissen will, wie Herder über das Wesentliche des Christentums dachte, wer einfach und unbeirrt durch das Schwanken seiner poetischen Natur, den offenen Ausdruck seiner religiös-ethischen Überzeugung kennen lernen will, dem stehen die Fragen und Antworten dieses Katechismus darüber am besten Rede."[1633] Nur indirekt ist diese klare Wertschätzung als Kritik an anderen Schriften zu erkennen: „Alle Gelehrsamkeit, alle Künstelei, alles Biegen und Winden hört hier auf".[1634] Die Stärke des Werkes sieht Haym in der Adressatenorientierung einerseits, dem vorrangigen Duktus des Predigers gegenüber dem des Lehrers andererseits. Entsprechend gilt ihm der *Katechismus* als „Herders populärste christliche Schrift"[1635], als Ausdruck des „Christentums[s], das er dem gemeinen Manne gepredigt wissen wollte"[1636], in dem aber zugleich „der Prediger [...] das Übergewicht über den Lehrer" hat[1637]. Die Auseinandersetzung mit

---

1628 Vgl. dazu Junghans, Katechismus, S. 123.

1629 Vgl. dazu den Bericht von Dahms, SWS, Bd. 30, S. XXIII.

1630 Haym, Herder, Bd. 2, S. 615–619.

1631 Exemplarisch ließe sich auf Leppin, Katechismus, verweisen, der in einer vergleichbaren Heuristik, in der philologischen Einzelbetrachtung jedoch wesentlich intensiveren Lektüre die „Christlichen Schriften" in der Sammlung „Von Religion, Lehrmeinungen und Gebräuchen" auf den zeitgleichen „Katechismus" bezieht. Der thematische Schwerpunkt gilt dem Abendmahlsverständnis; Hermeneutik und Ergebnis knüpfen – in einer konfessionell pointierten Ausdeutung – an die Lesart Hayms an. Die von Haym angedeuteten Modifikationen inhaltlicher Ausführungen betont Leppin in der exemplarischen Textarbeit stärker, ebd., S. 130: „Der Weg insbesondere des Katechismus besteht eher darin, tradierte Positionen in einer Weise zu formulieren, die mit seiner eigenen, clandestin gehegten Auffassung kompatibel ist."

1632 Vgl. dazu bereits die Gliederung, Haym, Herder, Bd. 2, S. 13.

1633 Ebd., S. 618.

1634 Ebd.

1635 Ebd.

1636 Ebd.

1637 Ebd., S. 619.

den *Christlichen Schriften* erfolgt darin nicht direkt. Sie wird jedoch mit der ausdrücklichen Wertschätzung des *Katechismus* und der nur im Vergleich formulierten Kritik an den *Christlichen Schriften* vorausgesetzt: „Wie Herder selbst Katechismus und Christliche Schriften in Einem Atem nennt, so erläutern sie sich in der Tat gegenseitig."[1638] Zugleich findet sich der Verdacht einer klerikal verbrämten Exoterik des *Katechismus* formuliert: „Es könnte wohl scheinen, daß der Verfasser in dem Schulbuch mehr als in den Christlichen Schriften von dem Priestertalar habe sehen lassen."[1639] In der Konsequenz nicht nur der mit dem *Katechismus* behandelten Thematik der Katechese, auch in der einer Bevorzugung des kirchenamtlichen Textes und der Unterstellung eines untergründigen esoterischen Fundamentes liegt auch der anschließende Abschnitt Hayms. Er gilt der Konfirmation des Erbprinzen des Jahres 1799 und der herzoglich eingeschränkten Drucklegung des Textes.[1640] Im Sinne einer Heuristik der kirchenamtlichen Textgattungen ist der Anschluß ebenso naheliegend wie chronologisch berechtigt. Er zementiert jedoch die Auslegung des *Katechismus* im Kontext des Herderschen Spätwerkes und verschärft die Hermeneutik eines Verdachtes inhaltlich verschiedener sowie unterschiedlich brisanter öffentlicher Äußerungen.

Einen zweiten Forschungsansatz markiert Reinhard Junghans' Aufsatz *Herders Auslegung von Luthers Kleinem Katechismus.*[1641] Erwachsen aus einer langjährigen Beschäftigung mit Luther einerseits und den „lutherischen Katechismusausgaben von 1750 bis 1850"[1642] andererseits, forciert Junghans eine Kontextualisierung innerhalb der reformatorischen Tradition – rückgebunden an Luthers *Kleinen Katechismus* – und einen punktuellen Vergleich mit dem als Interpretationshilfe des Herderschen Textes entworfenen dreibändigen *Handbuch für Landschullehrer. Zur Beförderung eines zweckmäßigen Gebrauchs des Herderschen Katechismus*, das der bereits mehrfach erwähnte Karl Friedrich Horn in seiner Funktion als Inspektor des Landschullehrer-Seminars und als dessen vormaliger Lehrer in zwei Auflagen zwischen 1810 und 1826 erscheinen ließ.

Beide Ansätze sind nicht zu kritisieren, sondern zu vertiefen. Die Schwierigkeiten liegen jedoch auf der Hand. Allein eine werkimmanente Ausdeutung innerhalb der Mitte und zweiten Hälfte der neunziger Jahre stellt eine so umfassende Aufgabe dar, daß sie das anspruchsvolle Thema für eine eigene Dissertation bieten würde. Gleiches gilt auch für die von Junghans noch nicht berührte Einordnung innerhalb der zeitgenössischen Katechismusproduktion.

1638 Ebd., S. 616.
1639 Ebd.
1640 Ebd., S. 619–621.
1641 Junghans, Katechismus.
1642 Zu dem von Junghans betreuten gleichnamigen Projekt vgl. ebd., S. 147, Anm. 117.

Beide Fragestellungen sind jedoch nicht nur arbeitspragmatisch mit erheblichen Problemen behaftet. Eine Konzentration auf das Herdersche Spätwerk würde zwangsläufig eine Reihe einander eng berührender lebensgeschichtlicher Momentaufnahmen bieten, in denen sich inhaltliche Akzentuierungen, literarische Gattungsformen und Adressatenorientierungen unterscheiden sowie ausdeuten lassen. Die Einseitigkeit dieser Perspektive bestünde in dem eng umrissenen zeitlichen Rahmen der *Christlichen Schriften*, die in ihren Entstehungszusammenhängen mit den frühen Vorarbeiten und Exzerpten ihrerseits noch nicht einschlägig erschlossen sind. Gleiches gilt auch für eine Rekonstruktion möglicher Rezeptionsvorgänge in der Erarbeitung des *Katechismus*. Eine mit dem *Katechismus* auf die Mitte der neunziger Jahre ausgerichtete Perspektive böte das grundsätzliche Problem, daß die wesentlichen Momente einer Aufnahme richtungsgebender Impulse in Herders Leben und Werk sehr früh zu datieren sind. Gerade diesen Elementen, die das Genuine und mögliche Proprium der Herderschen Arbeiten ausmachen dürften, näherte sich eine entsprechende Untersuchung zu dem *Katechismus* nur in einem Ausschlußverfahren an, das in der Konzentration auf die zeitgenössische Katechetik – über eine mehr oder minder postulierte zeitliche Repräsentativität hinaus – keine positiven Aussagen über die jeweilige Bedeutung eines möglichen Rezeptionsvorganges erlaubte. Das Hauptproblem ist jedoch, daß beide Fragerichtungen keine Ansatzpunkte bieten, um öffentliche und nichtöffentliche Elemente sowie amtliche und private Anliegen in Übereinstimmung oder Trennung voneinander zu unterscheiden.

Der hier zu verfolgende Weg wählt die Perspektive einer werkimmanenten Interpretation, die sich an der seriellen – literarischen und funktionalen – Gattung der Herderschen Katechismus-Konzepte orientiert. Sie ist offen auf eine bereits in der Heuristik vorzunehmende Unterscheidung zwischen amtlichen und privaten Aufzeichnungen sowie öffentlichen und nichtöffentlichen Äußerungen. Diese Perspektive zu wählen, ist jedoch keine Entscheidung methodischer Art. Sie gründet in der Natur der Quellenlage. Herders lebenslange und in Teilen sicher auch lebensgeschichtlich gewonnene Wertschätzung des *Kleinen Katechismus*, die sich eng mit der intensiven und eigenständigen Verehrung Luthers verbindet[1643], steht in einer Jahrzehnte umfassenden Kontinuität mit dem Vorhaben, das eigene Werk als zeitgemäße Adaption und konsequente Weiterführung der Impulse Luthers zu verstehen.

1643 Vgl. dazu den zentralen Aufsatz: Arnold, Luther; diesen stark rezipierend: Junghans, Luther; zudem: Bluhm, Luther; Embach, Lutherbild; von Hintzenstern, Lutherbild.

2.8.1. Der „Kleine Katechismus" im „Journal meiner Reise" (1769)

Eine entsprechende Zuordnung findet sich in dem *Journal meiner Reise im Jahr 1769*. Unter dem Ziel einer Bildung des Herzens erklärt Herder in der Vision einer von ihm zu entwerfenden Schule: „Der Katechismus Luthers muß recht innig auswendig gelernt werden und ewig bleiben. Erklärungen über ihn sind ein Schatz von Pflichten und Menschenkenntnissen."[1644] Volle Zustimmung erhalten die beiden ersten Artikel des zweiten Hauptstückes: „Das Artikelbekenntnis, ist dem ersten Stück nach, vortrefflich und mit jedem Wort der Erklärung groß: das zweite führt auf die Lebensgeschichte Jesu, für Kinder so rührend und erbaulich".[1645] Deutliche Kritik wird an dem dritten Artikel geäußert:

> „das dritte [Stück ist] mehr nach den Worten des Artikels selbst, als jedem Buchstaben der Erklärung sehr nützlich und gleichsam die Basis zum Bekenntnis dessen, was Christliche Republik ist. Luther ist nicht in seinen Sinn eingedrungen, der mit jedem Wort eine Politische Einleitung ist, schön und unterrichtend."[1646]

Beanstandet wird auch das dritte Hauptstück: „Das Gebet Christi ist schwer zu erklären und Luther zu weitläufig".[1647] Das *Vater Unser* gilt Herder als in einem hohen Maße von zeitgenössischen Elementen bestimmt: „es hat also eine Jüdisch-Hellenistische Farbe, und muß, da es einmal täglich in unserm Munde ist, in solche Worte, eben so kurz und verständlich übersetzt werden, als es ein Christus jetzt, für Kinder beten würde."[1648] Das vierte Hauptstück findet wiederum Anerkennung: „Das Sakrament der Taufe ist vortrefflich, um zu bilden, um daran zu erinnern, was man versprochen, um Christliche Bürger zu machen."[1649] Die Anklänge an die Erinnerungsfunktion werden eingeholt von einer umfassenden Bildungskonzeption, in der die soziale und politische Verantwortung der dafür zuständigen Einrichtungen betont wird. Aus diesem Grund fährt Herder auch fort, auf den Aspekt der Katechese abzuheben: „Eine Taufe ohne Unterricht nach derselben ist Nichts; mit diesem, in den ersten frühesten Jahren, die nutzbarste Sache von der Welt."[1650] Der katechetische Unterricht gilt zudem einer Vorbereitung auf die Konfirmation: „Das Abendmahl ist das, worauf sie zubereitet werden sollen und nicht zeitig und innig gnug zubereitet werden können."[1651] Gerade an dieser Stelle gibt Herder ein besonderes Anlie-

---

1644 FHA, Bd. 9/2, S. 40, Z. 30–33.
1645 Ebd., S. 40, Z. 36 – S. 41, Z. 2.
1646 Ebd., S. 41, Z. 2–7.
1647 Ebd., Z. 7f.
1648 Ebd., Z. 11–14.
1649 Ebd., Z. 14–17.
1650 Ebd., Z. 17–19.
1651 Ebd., Z. 19–21.

gen zu erkennen: „Das soll einer meiner größten Zwecke sein, dies Sakrament
würdig zu machen, es zu erheben, die Konfirmation in alle Feier ihres Ursprungs zu setzen, und die ersten Eindrücke so ewig zu machen, als ich
kann."[1652] Die Perspektive des Katecheten geht in die des Predigers über: „Dazu will ich Karfreitag und Alles Rührende zu Hülfe nehmen, um es wenigstens
von Außen so ehrwürdig zu machen, als ich kann: die ersten Eindrücke in ihrem ganzen Einflusse aufs Leben zu zeigen, den Pöbel zu empören, die schönen Geister zu überzeugen, die Jugend zu erbauen."[1653] Wichtig ist der erklärte
Anschluß sämtlicher Lebenspläne und Projekte, die er unter dem programmatischen Titel eines „Katechismus der Menschheit" zusammengefaßt hatte: „Der
Katechismus der Menschheit, wie ich ihn oben entworfen, fängt hier an, und
wie schließt er sich mit Luthers Katechismus zusammen."[1654] Die konstitutive
Bedeutung des Lutherschen Katechismus für den Bildungsauftrag im Selbstverständnis des jungen Herder sowie die Wertschätzung, in Zustimmung und
Ablehnung, sind maßgebend. Zu betonen ist entsprechend der zuvor benannten
Klassifizierungen, daß diese Äußerungen nicht öffentlich sind. Sie stellen ein
privates Tagebuch dar.

2.8.2. Herders Bückeburger Eingabe zugunsten des „Kleinen Katechismus" (6. Juli 1771)

Eine zweite, nunmehr amtliche, in ihrer öffentlichen Wahrnehmbarkeit freilich
eingeschränkte Position markiert die Eingabe an den Grafen Friedrich Ernst
Wilhelm von Schaumburg-Lippe vom 6. Juli 1771.[1655] Das Schreiben verbindet drei Punkte; der dritte und bei weitem ausführlichste gilt der Frage nach
dem angemessensten Katechismus.[1656] Anlaß ist die von dem Superintendenten
Johann Christian Wilhelm Meier, Herders Stadthagener Kollegen, angeregte
und durch den Grafen unter dem 14. September 1770 unterstützte Einführung
des Katechismus von Johann Friedrich Jacobi[1657]: *Die ersten Lehren der
christlichen Religion, nebst einer Anleitung, wie sie der Jugend ohne mühsa-
mes Auswendiglernen auf eine leichte, angenehme und erbauliche Art beyzu-
bringen.* Das Werk Jacobis, der als Generalsuperintendent des Fürstentums Lüneburg wirkte, war 1768 in Hannover erschienen, 1770 in Stadthagen. In geo-

---

1652 Ebd., Z. 21–25.
1653 Ebd., Z. 25–29.
1654 Ebd., Z. 30–32.
1655 Herder an Graf Friedrich Ernst Wilhelm von Schaumburg-Lippe, 6. Juli 1771, DA, Bd. 2,
     Nr. 11, S. 45–50.
1656 Ebd., S. 46, Z. 57 – S. 50, Z. 213.
1657 Zu dem Datum und der Anregung Meiers vgl. DA, Bd. 11, S. 221, Kommentar zu Z. 58.

graphischer Hinsicht war Meiers Anregung damit in mehrfacher Hinsicht naheliegend gewesen. Herder protestierte vehement gegen die Einführung zum „allgemeinen Lehrbuch für alle Schulen der Grafschaft Schaumburg-Lippe".[1658] Die Kritik hat im wesentlichen zwei Ansatzpunkte. Der erste liegt in der Formulierung der eben zitierten amtlichen Anordnung, die einen nicht näher bestimmten Einsatz für sämtliche Schulen des Landes festlegte. Der zweite, der grundlegende inhaltliche Kritikpunkt, knüpft an das Selbstverständnis des Jacobischen Werkes an als ausschließlich – so zumindest das Referat Herders – für „zarte [...] Kinder von 7. 8. Jahren und zwar [...] blos zu einem Privat- und Aeltern Katechism geschrieben."[1659] Wichtig ist an dieser Bestimmung der Hinweis auf den „Privat- u.[nd] Haus"-Gebrauch[1660] „für den ersten Exoterischen Unterricht"[1661]. Die weiteren Ausführungen modulieren das Thema einer grundsätzlichen Kritik in zwei miteinander nicht ohne Schwierigkeiten zu vereinbarenden Motiven. Auf der einen Seite wird die für diesen elementaren Zweck ausreichende Funktion des Buches betont, auf der anderen Seite die selbst darin defizitäre Anlage, Methodik und Konzeption: „Keine Ordnung, kein Plan, kein Reichthum, keine Bestimmtheit der Begriffe" lautet das Resümee in einer der sachlicher gehaltenen Passagen.[1662] Die Leidenschaftlichkeit und die bisweilen starken Formulierungen einer dezidierten Abneigung erklären sich aus dem zuvor im Journal meiner Reise benannten inneren Anliegen und Bildungsauftrag Herders. Das Ziel einer „wahre[n] Bildung" und einer „Bildung der Jugend"[1663] sieht er massiv verfehlt. Einzelne lebenspraktische Ratschläge Jacobis bemißt er an dem frühen persönlichen Ideal, wenn er sie in dem amtlichen Schreiben „für einen Katechismus der Menschheit"[1664] als unpassend oder unzureichend erklärt. Selbst pointiert erscheinende Formulierungen, wie: „Ich schäme es mich nicht zu sagen, daß ich lieber über Hoffmanns Physische Kinderfragen des Hällischen Waisenhauses eine Systematische Physik lesen, als Eine Stunde über Jacobis Katechism in der Kirche katechisiren wollte"[1665], stellen tiefempfundene Rückverweise auf das Programm des Journals meiner Reise dar. Dort hatte Herder zur Begründung der ersten Kenntnisse in der Naturlehre und Naturgeschichte für die beginnende „Realklasse" festgehalten: „Hoffmanns Kinderphysik war es [das Lehrbuch für

---

1658 Zu dem Zitat aus dem vorangegangenen amtlichen Text vgl. Herder an Graf Friedrich Ernst Wilhelm von Schaumburg-Lippe, 6. Juli 1771, DA, Bd. 2, Nr. 11, S. 47, Z. 80f.

1659 Ebd., S. 46, Z. 64 – S. 47, Z. 66.

1660 Ebd., Z. 74f.

1661 Ebd., Z. 75.

1662 Ebd., S. 48, Z. 38f.

1663 Ebd., Z. 133f.

1664 Ebd., S. 49, Z. 170f.

1665 Ebd., Z. 143–145.

eine Naturlehre für Kinder] sonst, und muß es, in Ermangelung eines Besseren, noch sein."[1666] Es ist nicht zu bezweifeln, daß Herders Argumentationsduktus in dem amtlichen Schreiben von einer höheren Stringenz sein könnte. Ungeachtet dessen steht seine Position außer Frage – und in größtmöglicher Kontinuität zu den Ausführungen des Jahres 1769. In Bückeburg empfiehlt er, anknüpfend an das zuvor gebrauchte Werk von Gesenius, „zum eigentlichen Lehrbuch aber die eingeführte *Ordnung des Heils*, wo wenigstens ein Leitfaden von ungleich mehr Gesichtspunkten, und Ordnung, oder die ebenfalls eingeführte *Erklärung des Katechismus Luthers*, die immer noch mehr Werth hat, als das vorige Spruchbüchlein, wie es ohne Zweifel auch Dero Absicht gewesen ist, *bleibe*."[1667] Der bleibende Wert des *Kleinen Katechismus* steht für Herder damit außer Frage. Auf ihn zielt das gesamte Schreiben. Die Vorläufigkeit bis zu einer möglichen Überholung des Katechismus wird gleichermaßen betont: „Ich gestehe es gern, daß in beiden Protestantischen Kirchen noch kein völlig gutes Lehrbuch sei – allein, was ist zu thun, so lange es nicht ist?"[1668] Die einschlägigen Elemente des Reisetagebuches finden sich damit wiederholt, wobei die Perspektive einer möglichen Überarbeitung oder eigenständigen Konzeption generell – ohne die Formulierung eines eigenen Angebotes – angedeutet wird.

Der Erfolg der Herderschen Eingabe bestand in der zügigen Reaktion eines am 8. Juli 1771 erlassenen Reskriptes, das den Fortbestand und die Weiternutzung der anderen „zum Unterricht dienlichen Bücher"[1669] sicherte. Eine von Herder unter dem 1. Oktober 1771 unterzeichnete Konsistorialverfügung fixierte die Wiedereinführung von Gesenius' *Ordnung des Heils* und beschränkte den Unterricht nach dem Jacobischen Werk auf die ersten Jahrgangsstufen der Schulen.[1670]

2.8.3. Das Bückeburger Katechismus-Manuskript (1771 oder später)

Nur aus der Vorrede von Rudolf Dahms zu dem 30., den schulamtlichen Schriften gewidmeten Band der Suphanschen Werkausgabe ist ein Manuskript bekannt, das in einen zeitlichen und sachlichen Zusammenhang möglicherweise mit dieser Eingabe, in jedem Fall aber mit der in Bückeburg aufgenommen katechetischen Lehrpraxis im Rahmen des Kirchenamtes zu bringen ist. Die

---

1666 FHA, Bd. 9/2, S. 39, Z. 7f.
1667 Herder an Graf Friedrich Ernst Wilhelm von Schaumburg-Lippe, 6. Juli 1771, DA, Bd. 2, Nr. 11, S. 50, Z. 199–203.
1668 Ebd., Z. 206f.
1669 So die Zusammenfassung von Arnold, DA, Bd. 11, S. 222, Anm. zu Z. 198–203.
1670 Ebd.

knappe Beschreibung von Dahms stellt eine Anmerkung zu dem späteren Weimarer *Katechismus* dar:

„Die Absicht, einen Katechismus zu schreiben, tritt bei Herder schon früh hervor. In überraschender Weise beweist dies eine jüngst erst unter den Stichlingschen Familienpapieren an das Licht gekommene Handschrift. Es ist ein zierlich geschriebener Entwurf eines Katechismus, der nach Suphans Ansicht, der Schrift nach, schon in die Bückeburger Zeit gehören könnte. Er ist auf 9 Blätter geschrieben und zerfällt in 14 Abschnitte, die leitenden Grundgedanken werden durch Bibelstellen belegt und überall[,] wo es angeht, wird dem theoretischen Gedanken (dem Dogma) die Folge für das Praktische (die Pflicht, zu dem er Anlaß giebt) angeschlossen."[1671]

Haym geht auf diesen Text nicht ein; auch in der nachfolgenden Forschung wurde er bislang nicht behandelt. Das Manuskript befindet sich im *Goethe- und Schiller-Archiv*.[1672] Es umfaßt einschließlich des von Karoline angefertigten Titelblattes zehn Blätter, von denen der eigenhändig aufgesetzte Haupttext die von Dahms genannten neun – sehr engbeschriebenen – Blätter ausmacht; die Gliederung in 14 Punkte entspricht ebenso wie die zweigeteilte Untergliederung einzelner Abschnitte genau der Beschreibung von Dahms.

In formaler Hinsicht hinzuzufügen ist, daß die 14 Hauptpunkte des auf dem Titelblatt nur sehr knapp mit „Catechismus"[1673] überschriebenen Manuskriptes weder beziffert noch numeriert werden. Sie stehen unter den knappen Ordnungspunkten einer *Loci*-Methode. Der letzte Abschnitt bewahrt als „Geschichte der Offenbahrung Gottes fürs Menschliche Geschlecht"[1674] eine gewisse Eigenständigkeit. Es gilt der tabellarischen Vermittlung grundlegender bibelkundlicher und bibelgeschichtlicher Kenntnisse. Die von Dahms als Überraschung erlebte Einsicht in die Handschrift dürfte sich jedoch vorrangig auf den in der Beschreibung unangedeutet bleibenden Inhalt und nicht auf die formale Gestaltung oder die Überlieferung des Textes bezogen haben.

Die verbleibenden dreizehn Hauptpunkte stellen die Verbindung traditioneller Topoi mit in unterschiedlichen Maßen eigenständigen, weithin jedoch traditionalen inhaltlichen Ausführungen dar. Die von Dahms benannte Unterscheidung dogmatischer und letztlich ethischer, auf eine Pflichtenlehre zielender Passagen ist in ihrer Zweiteilung zutreffend, wenn auch nicht für alle Punkte konstitutiv. In der inhaltlichen Klassifizierung ist sie nicht ganz stimmig. Nicht die Praxis findet sich in den mit „Rfl."[1675] – Reflexion – überschriebenen Teilen betont; es ist der reflexive Bezug der einzelnen Person zu dem

---

1671 SWS, Bd. 30, S. XXII.
1672 GSA, Best. 44, Sig. 165: „Catechismus", Konzept, 1771/1776, 10 Bl.
1673 Ebd., Bd. 1ʳ.
1674 Ebd., Bl. 10ʳ.
1675 Vgl. dazu alleine die erste Nennung, ebd., Bl. 3ᵛ.

zuvor behandelten thematischen Punkt, der im Vordergrund steht. Dies kann durchaus eine praktische Pflichtenlehre berühren; sie ist jedoch nicht konstitutiv für die Unterteilung. Die Funktion der Untergliederung weist damit in eine vergleichbare Richtung wie der in Herders Predigtdispositionen häufig abschließend aufgeführte Block einer *applicatio* oder „Anwendung", in dem der Praxisbezug alleine in der Benennung betont wird. Auch stellen die mit „Reflexion" betitelten Passagen nicht durchwegs abschließende Zusammenfassungen – wie die „Anwendung" der Predigten – dar, sondern finden sich mitunter sogar mehrfach und als Einschübe in inhaltlich als äußerst anspruchsvoll einzustufenden Passagen.[1676] Die „Reflexion" zielt insofern tatsächlich auf eine Praxis – die Praxis des Katecheten. Zu erkennen ist, daß der Verständnishorizont der Hörer gerade in komplexen Zusammenhängen konsequent einbezogen werden soll und die individuellen Bezüge zu dem jeweiligen Thema das Ziel einer möglichst intensiven Verknüpfung sind. Weitere Formulierungen unterstreichen die funktionale Bedeutung und arbeitspraktische Ausrichtung des Manuskriptes. Einzelne der zahlreichen biblischen Belege, die zu den einschlägigen Themen in einer großen Reichhaltigkeit gesammelt werden, verbinden sich mit Kurzhinweisen für die konkrete Gestaltung des Unterrichts. In der Regel heben sich diese Anmerkungen von den aufgeführten *dicta probantia* durch den Einschub in Klammern ab: „(Hiob 38. u.[nd] 39. Nachzuschlagen u.[nd] zu erklären.)"[1677] oder „(aufzuschlagen Röm 4,17-21[)]".[1678] Die konkreten Amtsbezüge der Handschrift stehen damit außer Frage.

Die Datierung bleibt schwierig. Als *terminus post quem* kann die zuvor beschriebene Eingabe dienen, die eine Reaktion auf die erste direkte Berührung mit dem Amtsvollzug und der vorgeschriebenen Literatur des Katechismusunterrichts in Bückeburg markiert. Der von Dahms für Suphan bezeugten Einordnung in die Bückeburger Zeit[1679] dürfte zuzustimmen sein. Eine Präzisierung in die Frühzeit dieses Abschnittes legt sich nahe. Einzelne inhaltliche Bestimmungen, auf die innerhalb der jeweiligen thematischen Zusammenhänge einzugehen sein wird (u. a. das Bild der Morgenröte im Kontext der Entdeckung der Hieroglyphe), unterstützen eine Frühdatierung nach Herbst 1770[1680] und im Zuge der Bückeburger Amtsgeschäfte damit frühestens in die zweite Hälfte

---

1676 Signifikant sind in dieser Hinsicht besonders die Ausführungen zur Christologie, ebd., Bl. 5^v.

1677 Ebd., Bl. 2^v.

1678 Ebd.

1679 Entsprechend – im Sinne der chronologischen Eckdaten der Bückeburger Epoche – ist sicher auch die archivalische Datierung im GSA zu verstehen, die den Text im Findbuch als „1771/1776" einordnet. Die Vermutung einer bis in die Weimarer Frühjahre reichenden Abfassungszeit ist in dem Zusammenhang wohl nicht intendiert.

1680 Vgl. dazu als das früheste signifikante Zeugnis Herders Brief an Johann Heinrich Merck vom 15. Oktober 1770, DA, Bd. 1, Nr. 105, S. 260–263.

des Jahres 1771. Eine Überlegung, die zwar angesprochen, darin aber ausgeschlossen werden muß, ist eine Datierung in die Eutiner Zeit. Nicht nur die oben genannten Punkte verbieten eine solche Zuordnung, auch die interne Chronologie der Eutiner Tätigkeit erlaubt es, eine Betrauung mit dem Katechismusunterricht des am 5. April 1770[1681] von Herder konfirmierten Prinzen vor der Zeit der Herderschen Verpflichtung anzunehmen. Herders früheste dokumentierbare Predigt datiert in Eutin auf den Sonntag Judica, den 24. März 1770[1682], zwei Wochen vor dem ersten Abendmahlsempfang des Prinzen. Eine Frühdatierung in die Eutiner Zeit ist damit, trotz des äußeren Anlasses der Konfirmation des Prinzen durch Herder, definitiv auszuschließen. Dieser Hinweis ist von nicht unerheblicher Bedeutung, insofern bereits die Predigttätigkeit in Eutin den erst weitaus später kolportierten Vorwurf des Sozinianismus seitens des Superintendenten und Hofpredigers Wolf, der in seinen amtlichen Funktionen für den Katechismusunterricht des Prinzen zuständig gewesen sein dürfte, provozierte.[1683] Weder in das Vorfeld dieser Spannungen noch deren Kontext, etwa als Notwendigkeit einer daran anschließenden Vermittlungsposition, gehört dieses Manuskript. Im folgenden soll aufgrund der zeitlich offenen Datierung, trotz der Präferenz für die zweite Hälfte des Jahres 1771, als kurze Zusammenfassung dieser Fragen von dem *Bückeburger Katechismus* gesprochen werden.

Inhaltlich stellt die Handschrift eine tatsächliche Überraschung dar, unterstellt man Herder, wie häufig geschehen, einen Mangel an systematischer Darstellungskraft und dogmatischer Kenntnis. Die einzelnen *Loci* fügen sich zunächst zu einer Reihe klassischer Topoi zusammen, deren Struktur in mehreren Punkten, besonders, was den Anfang und den Schluß betrifft, von der dogmatischen Tradition einer heilsökonomischen Anordnung bestimmt ist: [I.] „Von Gott"[1684], [II.] „Von der Schöpfung"[1685], [III.] „Von der Erhaltung u.[nd] Vorsehung"[1686], [IV.] „Diener der göttlichen Vorsehung, die Engel"[1687], [V.] „Vom Menschen"[1688], [VI.] „Von Christo dem Seligmacher der Menschen"[1689], [VII.] „Von der Sünde"[1690], [VIII.] „Ordnung der Schöpfung durch Bekehrung

---

1681 Zur Identifizierung dieses Textes wird in einem anderen Rahmen außerhalb dieser Arbeit einzugehen sein.

1682 Gleiches gilt auch für diese Predigtdisposition. Knapp s. dazu den mat. Anhang.

1683 Den Quellenbeleg dieser bereits von Haym gebotenen Bemerkung, Haym, Herder, Bd. 1, S. 392, bietet Arnold, DA, Bd. 11, S. 133, Komm. zu 14.

1684 GSA, Best. 44, Sig. 165, Bl. 2^v.

1685 Ebd., Bl. 3^v.

1686 Ebd., Bl. 4^r.

1687 Ebd., Bl. 4^v.

1688 Ebd., Bl. 5^r.

1689 Ebd., Bl. 5^v.

1690 Ebd., Bl. 6^v.

u.[nd] Glaube"[1691], [IX.] „Der Bekehrer der h. Geist"[1692], [X.] „Mittel der Gnade"[1693], [XI.] „Äußerer Zustand der Kirche"[1694], [XII.] „Innerer Zustand der Kirche"[1695] und [XIII.] „Das Ende der Dinge"[1696]. Überraschen mag die eigens ausgeführte Angelogie. Auch die erst nach der Christologie gebotenen hamartiologischen Passagen sind nicht ohne weiteres zu erwarten. Schließlich stellen die biblisch detailliert belegten Hinweise auf das Rechtfertigungsgeschehen eine doppelte Überraschung dar. Zum einen ist, zumal nach dem berühmten – im wesentlichen aus dem Spätwerk erarbeiteten – Diktum Barths, daß es Herder eines Verständnisses von „Gnade" gebrochen habe[1697], die systematische und bibelkundliche Intensität der Ausführungen bestechend. Zum anderen findet sich die Einordnung nicht unter dem Punkt der Christologie, sondern dem des „Bekehrer[s]" und damit der Pneumatologie zugeordnet. Der Versuch ließe sich unternehmen, die Reihenfolge der dreizehn Punkte insgesamt trinitarisch auszudeuten. Dem Bereich der Gotteslehre wären damit die Punkt 1 bis 5 zuzuordnen, der Christologie 6 bis 8 und der Pneumatologie 9 bis 13. Im Sinne der drei Artikel des zweiten Hauptstückes des *Kleinen Katechismus* würde diese Lesart in einer Abfolge von „Schöpfung", „Erlösung" und „Heiligung" Sinn ergeben. Der *Bückeburger Katechismus* integriert in diese grob zu erkennende, an dieser Stelle nur als Hypothese zu vertretende Ordnung weit mehr. In der Konsequenz des Apostolikums, nicht jedoch in den Ausführungen der beiden Katechismen Luthers, liegt die ausführliche Ekklesiologie im Rahmen des dritten Artikels. Auch die Integration der Sakramentenlehre, des vierten und fünften Hauptstücks in die „Mittel der Gnade" stellt eine Abweichung von einer möglichen Orientierung an den Katechismen Luthers dar. Auffällig ist zudem, daß das *Vater Unser* nicht berücksichtigt wird, weder in einer direkten Erklärung noch einem der biblischen Hinweise.

Um so beachtlicher ist der Reichtum der dogmatischen Tradition in Verbindung mit systematischen Bezügen zu den biblischen Referenztexten. Die Gotteslehre bietet die für Herders gesamte Theologie signifikante Abfolge der Quellen einer allgemeinen Gotteserkenntnis: „1. aus der Natur, [...] 2. aus Empfindung sein[er] selbst, u.[nd] des Guten. [...] 3. aus der Schrift, als einer Nachricht von den Offenbahrungen Gottes".[1698] Der wichtigste Anhaltspunkt für die Beobachtung des ersten Motivs ist die auch in den Predigten vorrangig

---

1691 Ebd., Bl. 7ʳ.
1692 Ebd., Bl. 7ᵛ.
1693 Ebd., Bl. 8ʳ.
1694 Ebd., Bl. 8ᵛ.
1695 Ebd., Bl. 9ʳ.
1696 Ebd., Bl. 9ᵛ.
1697 Barth, Theologie, S. 302. S. dazu auch die Einleitung, oben Anm. 2.
1698 GSA, Best. 44, Sig. 165, Bl. 2ᵛ ([I.] 1.–3.).

benannte Feststellung, daß man „nicht von sich selbst" ist, sondern sein Leben
„einem mächtigen, weisen, gütigen Schöpfer" verdankt[1699]. Die bereits darin
benannten Gottesattribute der Allmacht, Weisheit und Güte sind ebenfalls von
größter Bedeutung. Bevor der *Bückeburger Katechismus* selbst auf die Eigenschaften Gottes eingeht, bietet er die zuvor beschriebene Abfolge natürlicher
und in der Offenbarung gründender Momente einer allgemeinen, auf den Monotheismus offenen Gotteserkenntnis: „aus den [natürlichen] Gesetzen der
Ordnung der Welt [... sowie] aus den Offenbahrungen Gottes".[1700] Gott wird
als „ein Geist, u.[nd] zwar der höchste, vollkommenste, unbegreifliche Geist"
aus „seine[n] Eigenschaften, die er in Natur u.[nd] Schrift offenbahrt", bewiesen.[1701] Die genannten Attribute umfassen „Ewigkeit, [...] Allmacht, [...] Allwißenheit, Allgegenwart [...], Allweisheit [...], Wahrheit"[1702] sowie „Heiligkeit
u.[nd] Gerechtigkeit [...], die Liebe [...], die Herrlichkeit u.[nd] Seligkeit"[1703].
Wichtig ist für die katechetische Ausrichtung der Aufzeichnung wiederum die
Praxisorientierung des Geistlichen, der für jedes Attribut einen Unterpunkt bietet: „soll würken", der die dogmatische Abstraktion in eine menschliche Empfindung überführt: „Zutrauen, [...] Sorgsamkeit, [...] festen Glauben, [...]
Furcht, [...] Trost, [...] Gebet, [...] Gelassenheit, [...] Liebe, [...] Ehrfurcht, [...]
Fleiß, [...] Dank".[1704] Insgesamt dominieren die mehrfach bestimmten Regun-
gen der Furcht, der Liebe und des Trostes.

Zentral für Herders Gotteslehre ist der Akt der Schöpfung: „der Schöpfer
ist Gott [...,] der alles nach seinem Willen [...] aus Nichts [...] gemacht hat"[1705].
Wiederholt finden sich auch für den Schöpfer die Gottesattribute der „[All-]
Macht, Weisheit u.[nd] Güte".[1706] Von größter theologischer Bedeutung – auch
in späteren Werken, wie etwa den *Ideen* – ist die im Anschluß eingeführte Unterscheidung zwischen der „sichtbar[en]:, [der] leblose[n] u.[nd] lebendige[n,]
unvernünftige[n] u.[nd] vernünftige[n] Wesen" sowie der „unsichtbare[n]" Geschöpfe, zu denen neben den Engeln die Seelen der Menschen zählen.[1707] Der
„Mensch, unter den Sichtbaren das Erste" hat „einen so künstlich gebildeten
Leib [und ...] eine vernünftige, unsterbliche Seele, zum Bilde Gottes".[1708] Für
das Herdersche Offenbarungsverständnis von absoluter Zentralität ist die Aus-

---

1699 Ebd. ([I.] 1. 1.).
1700 Ebd. ([I.] 2.).
1701 Ebd. ([I.] 3.).
1702 Ebd. ([I.] 3. 1.–6.).
1703 Ebd., Bl. 3^r ([I.] 3. 7.–9.).
1704 Ebd., Bl. 2^v u. 3^r ([I.] 3. 1.–9.).
1705 Ebd., Bl. 3^v ([II.] 1.).
1706 Ebd.
1707 Ebd. ([II.] 2.).
1708 Ebd.

legung von Genesis 1. Die wichtigsten Erkenntnisse faßt der Entwurf in einer Lesart zusammen, die vor dem Herbst des Jahres 1770 ungewöhnlich wäre[1709]: „die Schöpfung ist unbegreiflich: Gott hat sie uns offenbart [...] unter dem Bilde der Morgenröthe, als dem leichtsten, schönsten Bilde [...], im Zeitmaasse von sechs Tagen, als Vorbild der Ordnung im Thun u.[nd] Ruhe".[1710] Die Aktivitäten des Menschen zielen auf die Ehre Gottes und „der Geschöpfe Glückseligkeit".[1711]

Einen vergleichbaren Zweck benennen auch die Ausführungen zur „Erhaltung u.[nd] Vorsehung"[1712] abschließend: „Gottes Ehr [... und] der Geschöpfe Bestes"[1713]. In der gesamten Schöpfung spiegelt sich die Vorsorge Gottes wieder, der „gleichsam als in ewiger Schöpfung [...] in allem u.[nd] durch alles würket".[1714] Interessant ist, als biblische Bezugsstelle den Hinweis auf „Joh. 5,17"[1715] zu finden: „Jesus aber antwortete ihnen: Mein Vater wirkt bis auf diesen Tag, und ich wirke auch." Anders als die weniger überraschend zitierte Areopag-Rede, steht die johanneische Stelle in einem deutlich christologischen Kontext, dessen Bedeutung innerhalb der schöpfungstheologischen Konzeption entweder zu vernachlässigen oder konstitutiv vorauszusetzen ist. Die Schöpfungsimmanenz der göttlichen Handlungen wird für jede Kreatur betont als „in seiner Natur und nach seine[n] Gesetzen".[1716] Die göttliche Ökonomie, „Insonderheit [für] das Menschgeschlecht", bestimmt individuell und in unterschiedlichen sozialen Dimensionen „die Schicksale jedes Einzele[n] u.[nd] der ganzen Geschlechter".[1717] Als Ausdruck der zentralen Gottesattribute gilt die „Vorsehung über das Böse [... als] das größte Kunstwerk der göttlichen Güte u.[nd] Weisheit".[1718] Die angedeutete Theodizee-Frage verweist hinsichtlich der Entstehung des Bösen ansatzweise auf „die Freiheit vernünftiger Geschöpfe".[1719] Die anschließenden „R[e]fl[exionen]" lassen, deutlicher als andere, erkennen, wie vergleichbar ihre Ausrichtung jener der unter den Gottesattributen genannten Punkte „soll würken" ist. Von Dank, Vertrauen, Freude und der

---

1709 Vgl. dazu auch Smend, Herder, S. 6.

1710 GSA, Best. 44, Sig. 165, Bl. 3^v ([II.] 3. 1f.).

1711 Ebd. ([II.] 3. 4.).

1712 Ebd., Bl. 4^r ([IV.]).

1713 Ebd. ([III.] 4.).

1714 Ebd. ([III.] 1.). Zu dem Gedanken des ewigen Planes der Schöpfung vgl. auch die letzte „Reflexion" auf den Menschen vor der Christologie, ebd., Bl. 5^r ([V.] Rfl. 4.): „den Plan seiner Schöpfung zu verehren, der bis in die Ewigkeit reichet".

1715 Ebd., Bl. 4^r ([III.] 1.).

1716 Ebd. ([III.] 2.).

1717 Ebd.

1718 Ebd. ([III.] 3.).

1719 Ebd. ([III.] 3. 1.).

Überwindung von Angst ist die Rede[1720] – innerseelischen Zuständen und Regungen, die keineswegs praktisch oder ethisch im Sinne einer Pflichtenlehre ausgedeutet werden. Strenggenommen ein Unterpunkt der „Vorsehung" und gleichermaßen konsequent noch Teil der Schöpfungslehre ist die Angelogie. Die Engel müssen als „Geister"[1721] innerhalb der zuvor benannten theologischen Unterscheidung dem Bereich der unsichtbaren Schöpfung zuzuordnen sein. Als „gute" wie „böse" Engel partizipieren sie an den Attributen Gottes: beide an der Macht, die „guten" an der Heiligkeit und Seligkeit, die „bösen" an den entsprechenden Oppositionen („unwahr, listig [...], unselig")[1722] Die göttliche Ökonomie stellt mit den „guten" das ausgleichende Maß auch über die „gut erschaffen[en]; aber abgefallen[en]" Engel her, die nur wirken können, „so sehr es ihnen Gott zuläßt"[1723] Auch die bösen Engel sind Teil des göttlichen Heilsplanes: sie „müßen auf Gottes Befehl die bösen strafen, die Frommen prüfen"[1724]

Das Gegenstück zu den Engeln ist in der physischen Schöpfung der Mensch. Die Bestimmung der Gottesebenbildlichkeit beschränkt sich darin nicht auf die Seele, die ihrerseits über die Vernunftbegabung hinaus in der „Unschuld, Einfalt u.[nd] Rüstigkeit aller Kräfte, des Verstandes u.[nd] Willens" benannt wird, sondern umfaßt auch die Physis („am Leibe") in der „Schönheit, Gesundheit u.[nd] Verheißung der Unsterblichkeit"[1725] und, nicht im Rahmen der vorher aufgespannten Systematik, die Bestimmung im Herrschaftsauftrag von Gen 1, 28 als: „von außen: Glückseligkeit: zu herrschen [...] u.[nd] im Paradiese zu wohnen"[1726]. Für den zweiten Punkt, wie auch für einzelne der zuvor benannten Gottesattribute und mehrere spätere Stellen ist zu betonen, daß Herder intensiv die apokryphe Weisheitsliteratur der Sapientia Salomonis und Sirach einbezieht. Beide Bücher fehlen in der abschließend gebotenen bibelkundlichen Einführung. Innerhalb der Chronologie der referierten biblischen Geschichte findet sich nur für die letzte Zeit des antiken Judentums vor der Geburt Jesu der beiläufige Hinweis: „(hier [...] sind Apokryph.[e] Bücher geschrieben)"[1727] Die übrigen anthropologischen Ausführungen orientieren sich an der kanonischen sowie kirchlichen Tradition. Die Verführung des Menschen erwirkte den Tod; er steht unter dem „Joch der Sinnlichkeit, [...] in

---

1720 Ebd. ([III.] Rfl. 1.–3.).
1721 Ebd., Bl. 4^v ([IV.] 1.).
1722 Ebd. ([IV.] 1 f.).
1723 Ebd. ([IV.] 2 f.).
1724 Ebd. ([IV.] 4.).
1725 Ebd., Bl. 5^r ([V.] 1. 2.).
1726 Ebd. ([V.] 1. 3.).
1727 Ebd., Bl. 10^v ([XIV.] 3.).

Blindheit [...] und in Widerspirnstigkeit gegen das Gute".[1728] Die verbliebenen göttlichen Gaben sind die „natürliche[n] Kräfte" der Psyche: „Verstand u.[nd] Wille", die zu „Erkänntniß, Klugheit [... und] Gewissen" dienen sollen.[1729] Das Erlösungswerk Christi wird vorbereitet: „Gott hat in Christo die Menschheit aufs neue erwählt, [...] sie zu erlösen u.[nd] selig zu machen" sowie „das Bild Gottes wiederherzustellen".[1730] Der Begriff der Gnade fällt in diesem Zusammenhang wie auch in der nachfolgenden Reflexion. Die Passivität des Erlösungsvorganges findet sich indirekt betont, indem für den Menschen mehrfach festgehalten wird, er habe zumindest nicht zu widerstreben. Ganz auf der Linie der einführenden Gotteserkenntnis gilt es insgesamt, „die Naturgaben [...] als Kräfte Gottes" zu verstehen.[1731]

Der ausführliche Punkt zur Christologie[1732], der im wesentlichen den Abschnitt zum Erlösungswerk eröffnet, ist, in „Person"[1733], „Leben"[1734] und „Werk Christi"[1735] gegliedert, sowohl im Aufbau als auch den Ausführungen sehr traditionell gehalten. Die Hinweise zur göttlichen und menschlichen Person verbinden sich zur Andeutung der Zweinaturenlehre: „Diese Gottheit und Menschheit waren innig vereint, u.[nd] zusammenwürkend".[1736] Die göttliche Natur – der Begriff fehlt in diesem Zusammenhang, nur in der Überschrift wird, sicher anknüpfend an die etablierte Formulierung *De persona Christi,* von der einen Person gesprochen – aus dem „Namen", den „Eigenschaften", dem „Werk" und der „Ehr" Christi abgeleitet.[1737] Die Eigenschaften umfassen, gleichermaßen von der dogmatischen Tradition bestimmt, „Ewigkeit [...,] Allmacht u.[nd] Allgegenwart [...,] Allwißenheit [... und] Selbstständigkeit".[1738] Das Werk zerfällt in „Schöpfung [...,] Erhaltung, [...,] Auferweckung". Zur Menschheit finden sich – auch ohne Hinweise auf eine Positionierung innerhalb der Kontroversen bezüglich der Zuordnung der beiden Naturen – außer den Bezügen auf Hebr 2,14 und 17 sowie Mt 26,38 keine eigenen Ausführungen. Die nachfolgende „Reflexion" erinnert daran: „Christum als Gott zu ehren Joh 5,23. u.[nd] als Mensch, [ihm als dem ...] edelsten Bruder zu folgen Ebr.

1728 Ebd., Bl. 5ʳ ([V.] 2f.).
1729 Ebd. ([V.] 3. 2.).
1730 Ebd. ([V.] 4.).
1731 Ebd. ([V.] Rfl. 3.).
1732 Ebd., Bl. 5ᵛ–6ʳ ([VI.]).
1733 Ebd., Bl. 5ᵛ ([VI.] 1.).
1734 Ebd., Bl. 5ʳ, 6ʳ ([VI.] 2.).
1735 Ebd., Bl. 6ʳ ([VI.] 3.).
1736 Ebd., Bl. 5ᵛ ([VI.] 1.).
1737 Ebd. ([VI.] 1. 1.–4.).
1738 Ebd. ([VI.] 1. 2.).

12,2."[1739] Von katechetischer Bedeutung ist, daß die direkte Bezeichnung Gottes als Vater in der Handschrift bis zu diesem Punkt fehlt. Erst in der Folge – und darin noch immer unter der Christologie – wird im Zusammenhang der Ständelehre der ausdrückliche Begriff eingeführt: Christus habe „gelitten [...] für aller Menschen Sünde [...] nach dem Willen des Vaters".[1740] Der „Stand der Erniedrigung"[1741] bereitet in einem an der Reihenfolge des Apostolikums orientierten fließenden Übergang von dem Leidensweg den „Stand der Erlösung"[1742] vor. Der übergeordnete exegetische Hinweis auf Phil 2,9 fehlt ebensowenig wie die biblischen Stellen zur „Höllenfahrt: Eph. 4,9. 1 Petr. 3,19.20", die ihrerseits in dem vom Apostolikum bis zu der „Wiederkunft zum Gericht" aufgespannten Bogen liegt.[1743] Die Reflexion betont für die Nachfolge[1744] den geistlichen Aspekt der Auferstehung[1745]. Als die Physis überschreitend sind auch die beiden nachfolgenden Ermahnungen zu verstehen: „himmlisch gesinnet zu seyn u.[nd] nach dem Himmel zu streben" sowie die „völlige Entwicklung in jener Welt zu gewarten".[1746] Christi „Werk" der „Erlösung" wird zunächst innerbiblisch durch die Zuordnung der „Weissagungen" und Erfüllungen verdeutlicht.[1747] Sein „Wort" wird unter Rückgriff auf das dreifache Amt als das eines „Propheten", eines „Priester[s]" und eines „König[s]" geschildert, wobei die beiden ersten Ämter als eine gewisse Ausweitung sowohl zum „Lehrer", als auch zum „Opfer, das sich selbst opfert", eine wiederum von der Tradition bestimmte Ausweitung erfahren.[1748] Die Reflexion deutet das Erlösungswerk ansatzweise in Richtung einer Tugendlehre aus, wenn es gilt, „Jesu [s] in allen Tugenden der Aufopferung zu folgen".[1749]

Die im Anschluß entfaltete Sündenlehre knüpft zunächst an ein stark gesetzlich gehaltenes Verständnis an: „Sünde ist, was wider Gottes Gebot ist"[1750]. Sie entsteht durch die Verführung des Teufels, „eben durch des Menschen bösen Willen".[1751] Ihre Folgen sind „leiblich[er]", „geistlich[er]" und „ewig[er]" Natur; sie bringt den Menschen in allen diesen Bereichen dem Tod näher.[1752]

1739 Ebd. ([VI.] Rfl. 1f.).
1740 Ebd. ([VI.] 2. 1. 2. [nach der erstbegonnenen Zählung: 2. 1. b]).
1741 Ebd. ([VI.] 2. 1.).
1742 Ebd., Bl. 6ʳ ([VI.] 2. 2.).
1743 Ebd. ([VI.] 2. 2. 1.–5.).
1744 Zu diesem Begriff vgl. ebd., Bl. 5ᵛ ([VI.] Rfl. 2. 1. 3.).
1745 Vgl. dazu ebd., Bl. 6ʳ ([VI.] Rfl. 2. 2. 1.): „Mit Jesu geistlich zu auferstehen".
1746 Ebd. ([VI.] Rfl. 2. 2. 2f.).
1747 Ebd. ([VI.] 2. 3. 1.).
1748 Ebd. ([VI.] 3. 2. 1.–3.).
1749 Ebd. ([VI.] Rfl. 3. 2.).
1750 Ebd., Bl. 6ᵛ ([VII.] 1.).
1751 Ebd.
1752 Ebd. ([VII.] 3. 1–3.).

Die Unterscheidung zwischen dem *peccatum originale* und den *peccata actualita* bietet Herder mit den Hinweisen auf die „Erbsünde, so fern sie ein angebohrener Mangel des Guten [...] u.[nd] Zuneigung zum Bösen ist [...]" und die „würkliche d. i. begangene Sünde" in ihren verschiedenen Erscheinungsformen anhand der beteiligten menschlichen Vermögen. Die „Reflexion" betont u. a., „die Versöhnung Jesu anzunehmen durch Buße u.[nd] Glaube".[1753]

Der Begriff der „Buße" steht nur in diesem Zusammenhang. Der nachfolgende Punkt ersetzt die Formulierung sowohl in der Überschrift „Ordnung der Schöpfung durch Bekehrung u.[nd] Glaube"[1754], als auch den weiteren Ausführungen[1755] konsequent. An beiden Stellen sind Streichungen des Wortes im Text zu beobachten. Als „Veränderung des Herzens u.[nd] Sinnes"[1756] ist das griechische Wortfeld jedoch angemessen wiedergegeben. Der „Glaube" gilt Herder als „ein lebendiges Vertrauen [...] auf Gottes Gnade durch Jesum, auch mit Beifall u.[nd] Zuversicht, d. i. mit Annahme und Anwendung unseres Herzens auf uns".[1757] Betont wird die Passivität der Menschen: „Gott ists, der Alles in ihnen würket [...] durch sein Wort [...] u.[nd] alle seine Wege."[1758] Wichtig ist wiederum der letzte Zusatz, der die Einschränkung auf ein Wortgeschehen unauffällig aufbricht. Als „Kennzeichen der Bekehrung" gelten die „Herrschaft über die Sünde" und „der Fleiß der Heiligung".[1759] Unter den beschriebenen Folgen steht „der gebeßerte Sinn [...], so daß das Äußere ein Zeuge des Inneren ist", was den den konstitutiven Bezug von Glauben und Werken betont.[1760] Der abschließende Hinweis – vor den Punkten der „Reflexion" und den „Hindernissen der Bekehrung"[1761] – dürfte für Herder von zentraler Bedeutung gewesen sein: „Am meisten wirkt ein gutes Exempel".[1762]

Die Pneumatologie zerfällt in zwei Teile. Ein erster Punkt stellt in der Systematik, die zuvor bereits in der Christologie Anwendung gefunden hatte, die Göttlichkeit des Geistes nach dem „Namen [..., den] Eigenschaften [...,] Werken [... und der] Ehr"[1763] heraus. Vermerkt findet sich in trinitarischer Stringenz, daß der Geist „eine Person" ist.[1764] Die Beschreibung seines Werkes er-

---

1753 Ebd. ([VII.] Rfl. 1.).

1754 Ebd., Bl. 7ʳ ([VIII.]).

1755 Ebd., Bl. 7ʳ ([VIII.] 1f.).

1756 Ebd.

1757 Ebd. ([VIII.] 2.).

1758 Ebd.

1759 Ebd. ([VIII.] 3.).

1760 Ebd. ([VIII.] 4.).

1761 Ebd. ([VIII.] 5.).

1762 Ebd. ([VIII.] 4.).

1763 Ebd., Bl. 7ᵛ ([IX.] 1.).

1764 Ebd.

folgt ebenfalls in zwei Teilen. Nur knapp erwähnt wird das „Ueberzeugungs-[,] Lehr-[,] Ermahnungs- [und] Trostamt".[1765] Ausführlich und wiederum von dogmatischer Tradition bestimmt ist die differenzierte Abfolge der „Gnadenhandlungen": die „Berufung, da er durch sein Wort [...,] durch Wohlthaten u.[nd] Strafen [...,] gute Beispiele [...,] die Menschen [...] vom Bösen zum Guten u.[nd] zum Glücke [...] rufft [..., die] Erleuchtung [...,] Wiedergeburt [...,] Rechtfertigung, [...] Vereinigung mit Gott [...], Erneuerung oder Heiligung".[1766] Die Grobgliederung folgt klar dem *Kleinen Katechismus* in der Auslegung des dritten Artikels, die Berufung, Erleuchtung und Heiligung nennt. Signifikant dürfte wiederum die einleitend zitierte Vielfalt der Mittel und Momente sein, die für die Sinnesänderung des Menschen benannt wird. Sehr knapp und vergleichsweise nüchtern fällt demgegenüber die abschließende Reflexion aus, in der es gilt: „Um den Geist Gottes zu bitten [...] u.[nd] ihm zu folgen [...,] alles Licht u.[nd] Kräfte zu suchen u.[nd] danach zu leben [...,] auch in Kampf u.[nd] Leiden [sich] nur in Hoffnung zu freuen".[1767]

Zu betonen ist die Differenz besonders im Vergleich zu dem nachfolgenden Punkt: „Mittel der Gnade".[1768] Er umfaßt in voller Entsprechung zur Lutherischen Tradition ausschließlich das „Wort Gottes" und die „äußerliche[n] Mittel: [die] Sakramente".[1769] Die Unterscheidung zwischen Gesetz und Evangelium wird eingeführt.[1770] Auch Taufe und Abendmahl gelten zunächst aufgrund ihrer Einsetzung durch Christus als Sakramente.[1771] Die Taufe skizziert Herder mit der relativ offen Formulierung als „Sinnbild des Todes u.[nd] der Auferstehung Jesu"[1772], das Abendmahl dient „mit Brot u.[nd] Wein u.[nd] dem Leibe u.[nd] Blut Jesu [...] zu[r] Erneuerung des Gedächtnisses vom Tode Jesu [, ...] zu[r] Vereini[g]ung mit Jesu und untereinander [...,] zu[r] Vergebung der Sünde, Leben u.[nd] Seligkeit".[1773] Wie der *Große Katechismus* Luthers geht Herder im Zusammenhang des Abendmahls kurz auf die Beichte als „ein[en] alte[n ...] ehrwürdige[n ...] Kirchenbrauch" ein.[1774] Die „Reflexion" führt die Glaubenspraxis in der kirchlichen Gemeinschaft weiter aus und erinnert daran, „unseren Taufbund oft zu erneuern [...,] das Abendmal oft, froh

1765 Ebd. ([IX.] 2. 2.).
1766 Ebd. ([IX.] 2. 2. 1.–6.).
1767 Ebd. ([IX.] Rfl. 1.–3.).
1768 Ebd., Bl. 8ʳ ([X.]).
1769 Ebd., Bl. 8ʳ ([X.] 1.–3.; 4.).
1770 Ebd., Bl. 8ʳ ([XI.] 1f.).
1771 Ebd. ([XI.] 4. 1f.).
1772 Ebd. ([XI.] 4. 1.).
1773 Ebd. ([XI.] 4. 2.).
1774 Ebd.

u.[nd] ernstlich zu gebrauchen".[1775] Das Wort Gottes gilt es, als „das gröste Kleinod, zu gebrauchen".[1776] Erstmals in diesem Zusammenhang wird auch auf das Gebet reflektiert, zu dessen Bestimmung u. a. der Hinweis dient, daß es „im Namen Jesu" stehe.[1777]

Die Ekklesiologie findet sich auf zwei Punkte verteilt. Der „Äußere Zustand der Kirche"[1778] umfaßt im wesentlichen die Ständelehre[1779], die Luther im Kontext der Dekalogauslegung bietet. Auch das geistliche Amtsverständnis wird, ebenso wie das Kirchenverständnis selbst, kurz unter traditionalen Anleihen bestimmt.[1780] Der gesamte Punkt ist von nicht weniger als sechs Reflexionsteilen unterbrochen, die von den Bezügen auf die jeweiligen Sozialgruppen geprägt sind. Der „Innere [...] Zustand der Kirche"[1781] umfaßt die „Pflichten eines Christen"[1782] gegen Gott, gegen sich selbst und gegen andere sowie die „Mittel dazu"[1783], die sich lediglich auf das „Gebet" beschränken[1784]. Die personale Struktur, verbreitet in der Katechetik der Zeit, gründet letztlich in dem Doppelgebot der Liebe.[1785] Die Handschrift deutet an dem Punkt der Pflichten an, daß wohl ein Nachtrag geplant war; möglicherweise sollte an dieser Stelle eine Erklärung des *Vater Unsers* eingefügt werden. Eine parallel zu dem Kirchenverständnis stehende Ergänzung wird bereits unter den Pflichten des Christen gegenüber Gott genannt, die aus der inneren „Gottseligkeit" auf das äußere „rechte Bekenntniß der Wahrheit" schließen und als „Mittel dazu" auf Schrift und Sakramente zurückverweisen.[1786] Die Selbstpflichten des Menschen umfassen in einer Zweiteilung die Seele ebenso wie den Leib.[1787] Wichtig ist in diesem Zusammenhang besonders der Aspekt der „Mäßigung".[1788] Die Pflichten der Menschen untereinander bieten Herdersche Schlüsselbegriffe: u. a. „allgemeine Billigkeit [...,] Gerechtigkeit, Dankbarkeit [...,] Treue [...,] Eintracht [...] u.[nd] Beßerung wo man kann".[1789]

1775 Ebd. ([XI.] Rfl. 1f.).

1776 Ebd. ([XI.] Rfl. 4.).

1777 Ebd. ([XI.] Rfl. 5.).

1778 Ebd., Bl. 8ᵛ ([XI.] II.).

1779 Ebd., Bl. 8ᵛ ([XI.] I.).

1780 Ebd., Bl. 8ᵛ ([XI.] I.).

1781 Ebd., Bl. 9ʳ ([XII.]).

1782 Ebd., Bl. 9ʳ ([XII.] 1. 1.–3.).

1783 Ebd., Bl. 9ʳ ([XII.] 2.).

1784 Ebd.

1785 Vgl. dazu auch die inhaltlichen Aspekte der Predigtdispositionen in dem Schlußkapitel dieser Arbeit.

1786 GSA, Best. 44, Sig. 165, Bl. 9ʳ ([XII.] 1. 1. a–c).

1787 Ebd. ([XII.] 1. 2. 1f.).

1788 Ebd. ([XII.] 1. 2.).

1789 Ebd., Bl. 9ʳ ([XII.] 1. 3. 1.–4.).

Der Punkt „Das Ende der Dinge" beschließt die heilsgeschichtliche Öko-nomie.[1790] Der Tod gilt als „Trennung der Seele u.[nd] Leibes" und ist in „Ort, Art u.[nd] Zeit [...] nicht ohne Gottes Willen".[1791] Dem Thema wird eine eige-ne „Reflexion" zugeordnet, in der der Tod unter dem „Gesetz der Natur" steht und an das Leben als „das größte Geschenk Gottes" erinnert.[1792] Die „Aufer-stehung der Todten" geschieht „auf Gottes Befehl u.[nd] [aus dessen] Kraft"; sie ist universal[1793] und führt zu „Gottes Gericht"[1794], vor dem „alle Menschen [...] u.[nd] böse Geister [...] über ihre Werke [...] und Gedanken" Rechenschaft ablegen[1795], „worauf denn das Ende unserer Welt erfolgen wird durch Feu-er".[1796] Der Lohn ist „das ewige Leben aus Gottes Gnade [...] u.[nd] Christi Ankunft [...] in seliger Erkenntniß Gottes [...,] Wohlthun u.[nd] Freude" oder „die ewige Strafe oder Hölle: da Teufel [...] u.[nd] beharrlich Gottlose [...] nach Maas des Verbrechens" leiden werden.[1797] Die „Reflexion" bietet wieder-um Hinweise, die auch für das Ende der Herderschen Predigten charakteri-stisch sind: u. a. „für die Ewigkeit und nicht diese Welt zu leben".[1798]

Zu der am Ende skizzierten „Geschichte der Offenbahrung Gottes fürs Menschlichste geschildert"[1799] ist nur knapp zu bemerken, daß die Verbindung der biblischen Menschheitsgeschichte mit einigen bibelkundlichen Hinweisen im Rahmen einer biblischen Chronologie vorgenommen wird. An vier Stellen finden sich entsprechende Angaben eingetragen: „Von der Schöpfung zur Sündflut 1656 Jahr"[1800], „Von der Sündflut zu Moses 1656-2513"[1801], „Von Moses zu [der nachfolgenden Zeit bis zur Geburt Jesu] 2513-4006"[1802] und „von Christus, das N.T. A. 4006"[1803].

Insgesamt läßt sich bemerken, daß Herders Aufzeichnungen des *Bücke-burger Katechismus* eine bemerkenswerte und in der Tat überraschende Ver-bindung biblisch fundierter, orthodox vermittelter und individuell nachzuvoll-ziehender Glaubensinhalte darstellt. In der Einzelbeschreibung sind mehrere Schnittstellen erkennbar, an denen orthodoxe Glaubenslehren als anschlußfä-

---

1790 Ebd., Bl. 9ᵛ ([XIII.]).
1791 Ebd. ([XIII.] 1.).
1792 Ebd. ([XIII.] Rfl. 1.).
1793 Ebd. ([XIII.] 2.).
1794 Ebd. ([XIII.] 2.) sowie der nächste Punkt ([XIII.] 3.).
1795 Ebd. ([XIII.] 3.).
1796 Ebd. ([XIII.] 4.).
1797 Ebd. ([XIII.] 5f.).
1798 Ebd. ([XIII.] Rfl. 1.).
1799 Ebd., Bl. 10ʳ ([XIV.]).
1800 Ebd. ([XIV.] 1.).
1801 Ebd. ([XIV.] 2.).
1802 Ebd. ([XIV.] 3.).
1803 Ebd., Bl. 10ᵛ ([XIV.] 4.).

hig u. a. auf eine schöpfungstheologische Betonung der Gotteserkenntnis und der ethischen Implikationen verstanden werden. Die Christologie ist, selbst im Detail, von zentraler Bedeutung, wird jedoch erst mit der Pneumatologie zur Soteriologie vervollständigt. Die „Reflexionen" stellen keineswegs Reduktionen der vorangegangenen Erklärungen dar; sie bieten bisweilen wichtige Zusätze und verdeutlichen den konstitutiven Bezug des Textes zu einer kirchlichen Amtshandlung des Katecheten. Gerade darin gründet jedoch ein fundamentales Problem der Interpretation. Die Frage ließe sich formulieren, ob die Ausführungen, zumal in ihren möglicherweise als überraschend zu bezeichnenden Teilen, vorrangig aus der Amtspraxis und der damit verbundenen kirchenamtlichen Öffentlichkeit zu erklären sind. Auch die hier aus der Reihenfolge der Punkte und Einzelerklärungen abgeleitete Hypothese, daß eine heilsgeschichtliche Ökonomie der *Loci* mit dem Katechismus Luthers verbunden wurde, entspricht zwar der für Bückeburg konstitutiven Situation, ist über den Text hinaus jedoch nicht eingehender zu belegen.

In textphilologischer Hinsicht ließe sich die Ausdeutung des *Bückeburger Katechismus* in zweierlei Hinsicht vertiefen. Zu fragen wäre zum einen nach der Textgestalt der von Arnold identifizierten *Ordnung des Heils nach Anleitung des Katechismus Luthers* von Gesenius, die ohne Jahresangabe anonym in Halle gedruckt wurde.[1804] Unter dieser Beschreibung läßt sich kein Exemplar identifizieren. Möglicherweise handelt es sich auch um Friedrich Wilhelm Demraths Schrift: ein *Kurtzer Begriff der Ordnung des Heils nach Anleitung des Catechismi Martini Lutheri, zum catechetischen Gebrauch in Tabellen*, in Halle bei Gebauer 1755 gedruckt, oder um die anonym erschienene *Ordnung des Heils nach dem Catechismo Lutheri ausführlich vorgetragen*, die Johann Georg Struck 1745 in Wernigeroda verlegte. Zum anderen könnten die im *Studienheft „M"* auf insgesamt vier Seiten festgehaltenen Aufzeichnungen *Katechismus*, von Irmscher in die Jahre „ca. 1771-79" datiert[1805], weitere Aufschlüsse über die Entstehung der hier diskutierten Textgestalt bieten. Beide Wege werden aufgrund der vorab skizzierten Überlegungen nicht gewählt. Sie bieten nur innerhalb eines von Negativbestimmungen – den zu rekonstruierenden Rezeptionsvorgängen – begrenzten Radius einen vagen Ansatzpunkt, um eine mögliche Unterscheidung zwischen nicht öffentlichen und öffentlichen, amtlichen und privaten Äußerungen vorzunehmen. Die nötige Trennschärfe fehlte einem solchen Ausschlußverfahren insofern, als unterstellt werden müßte, daß in den Rezeptionsvorgängen nicht zugleich genuine Überzeugungen Herders formuliert werden könnten.

1804 DA, Bd. 11, S. 222, Anm. z. Z. 198–203 u. 199f.
1805 HN XXXI, 22, Bl. 21ᵛ, 22ʳ, 20ᵛ, 21ʳ. HN, S. 282.

2.8.4. Die „Anfangsgründe des Unterrichts in der Religion"
für Herders Kinder (zwischen 1783 und 1786)

Im folgenden soll als der hermeneutische Schlüssel für die zuvor benannten
Problemkomplexe ein Text ausgewertet werden, der in einer Abschrift der
Herderschen Familie überliefert wurde. Das 20 Blätter umfassende Manuskript
beginnt in der Schrift Karolines; die letzten sechs Blätter wurden in einem
nahtlosen Anschluß innerhalb des Textes von einer anderen Hand, möglicher-
weise einer der Töchter, hinzugefügt[1806]. Die *Anfangsgründe des Unterrichts
in der Religion*[1807] – parallel zu dieser Arbeit Ende 2004 mit einer knappen
Einleitung von Thomas Zippert veröffentlicht[1808] – stellen keine amtliche Ausarbeitung Herders dar. Sie waren ausschließlich für den Privatunterricht seiner
Kinder sowie wahrscheinlich die der benachbarten und befreundeten Familie
Voigt durch einen eigenen Hauslehrer bestimmt. Ersteren Kontext hält der an
Johann Georg Müller gerichtete Vorsatz Karolines fest: „Des Vaters Vorschrift
an den Hauslehrer unserer Kinder [1.] Ordnung der Lectionen[, 2.] Anfangsgründe des Unterrichts in der Religion[, 3.] Geschichte".[1809] Die private Ausrichtung des Textes steht damit außer Frage. In diesem Umstand gründet auch
die Entscheidung Karolines gegen eine Berücksichtigung in der ersten posthumen Werkausgabe: „daß ich diese Unterrichtsvorschriften nicht sende, um sie
zum Druck zu ordnen, versteht sich von selbst. Ihnen zur Ansicht, um es vielleicht in der Biographie zu berichten, wie er auch in dieser Hinsicht für die
Kinder selbst sorgte. – das Schicksal führte uns freilich keinen Lehrer nach unserem Herzen zu." In *Sophron. Gesammelte Schulreden* übernahm Müller lediglich 1810 den Schlußabschnitt der Handschrift *Ordnung der Lectionen*[1810],
der einige Vorschläge „der Methode" formuliert.[1811] Seine Datierung beläuft
sich auf den Zeitraum um 1786.[1812] Die Suphansche Werkausgabe folgt dieser

---

1806 Die Konjektur Irmschers beläuft sich in dessen Kurzbeschreibung auf Luise Herder. Übernommen wird dies auch von Zippert, Familienkatechismus, S. 272.

1807 HN XXI, 66.

1808 Aus arbeitspragmatischen Gründen, die auch die Beschreibung leichter Abweichungen von
der Textgestalt Zipperts betreffen, bleibt die vorliegende Arbeit bei der direkten Auswertung
des Manuskriptes. Auf ausdrückliche Ergänzung oder Korrekturen wird aufgrund des nur
eingeschränkten Rahmens der Kommentierung verzichtet. Zipperts Veröffentlichung markiert in materialer Hinsicht einen wichtigen Beitrag; weder stellt er jedoch inhaltliche Bezüge zu der Katechismusrevision 1795–1798 her, noch identifiziert er den „Bückeburger Katechismus" in den Beständen des GSA; vgl. dazu das Referat der Beschreibung von Dahms,
ebd., S. 247.

1809 HN XXI, 64, Bl. 1^r.

1810 HN XXI, 65.

1811 In der Handschrift ebd., Bl. 2^v–3^v.

1812 Vgl. dazu auch Wisbert, FHA, Bd. 9/2, S. 1205.

Textauswahl[1813], entscheidet sich jedoch für eine Frühdatierung „Um 1780"[1814]. Wisbert, der den Text *Ordnung der Lectionen* erstmals vollständig ediert[1815], schränkt das Datum vorsichtig ein: „nach Dezember 1781"[1816].

Die Datierung Dahms, die an die von Johann Georg Müller bereits für den Oktober des Jahres 1780 bezeugte Tätigkeit eines Hauslehrers anknüpft: „Ein junger Mensch, Schmidt, Informator der Knaben [...], ein guter Mensch, aber Herder habe ihm noch nie etwas anhaben können"[1817], ist in der Tat zu korrigieren. Die *Ordnung der Lectionen*, die sich ausschließlich an dem vorgesehenen Wochenplan orientieren und keine Perspektive für die nachfolgenden Jahre entwickeln, umfassen nicht nur Latein, sondern auch Griechisch. Im Sinne des vorab skizzierten Herderschen Bildungsprogramms ist dies für die beiden Söhne, im Spätjahr 1780 vier- und sechsjährig, auszuschließen. Die drei oben genannten Texte bilden einen sachlichen Zusammenhang. Weitere Handschriften, wie die Anweisungen: *Was mit den Kindern Mittwochs u.[nd] Sonnabend zu lesen seyn möchte. (Vaters Handschrift)*[1818], das *Verzeichnis der Stücke aus der Bibel, die, u.[nd] in welcher Ordnung sie zu lesen sind*[1819] sowie die *Stellen aus Liedern, die gesungen oder auswendig gelernet werden können*[1820], müssen ebenfalls als thematisch einschlägig genannt werden; der konstitutive Bezug – auch in Form von Querverweisen innerhalb der Handschriften – fehlt jedoch. Insgesamt dürften die drei letztgenannten Handschriften auch unterschiedlichen Phasen des häuslichen Unterrichts zuzuordnen sein. Der erste Text wird in seinen elementaren Hinweisen in die Frühzeit der Hauslehrertätigkeit fallen. Gleiches gilt für die kursorische Lektüre der Bibel. Die Aufnahme der Lieder orientiert sich – nach einer Reihe wohl vorrangig für das Gottesverständnis vorgeordneten Texte[1821] – an dem Ablauf des Kirchenjahres, das sich in der Anordnung innerhalb des Gesangbuches, dem Herder minutiös folgte, widerspiegelt. Sechs Lieder sind „für die Confirmandos"[1822] vorbehalten. Soweit es sich hier nicht um eine Jahre im voraus ausgerichtete Perspektive handelt, muß diese Handschrift den *terminus ante quem* für die *Anfangsgründe des Unterrichts in der Religion* markierten. Wurden Kinder in Sachsen-Wei-

---

1813 SWS, Bd. 30, S. 424f.

1814 SWS, Bd. 30, S. 424.

1815 FHA, Bd. 9/2, S. 414–417.

1816 Ebd., S. 414.

1817 Baechtold, Müller, S. 62. Zu Dahms Kenntnis dieser Stelle vgl. SWS, Bd. 30, S. 527, Anm. zu S. 424.

1818 HN XXI, 64.

1819 HN XXI, 69.

1820 HN XXI, 70. Vgl. dazu ausführlich im Vorkapitel Anm. 943.

1821 Vgl. dazu ebd, Bl. 1ʳ, die ersten neun Titel.

1822 Ebd., Bl. 1ᵛ.

mar nach dem Oberkonsistorialreskript vom 12. Dezember 1780 nicht „vor dem erfülltem 14ten Jahre [...] zum heiligen Abendmahl zugelassen", wobei für Herder zu belegen ist, daß er bei Privatkonfirmationen auch bis zu zwei Jahre jüngere Kinder konfirmierte[1823], so muß das Liedverzeichnis spätestens in die Vorjahre 1785 oder 1786 der ersten Konfirmation zu datieren sein. Weitaus wahrscheinlicher ist es jedoch, daß die Vorbereitung auf die Konfirmation unter Rückgriff auf Bibel, Gesangbuch und eine hauseigene Katechisation Jahre zuvor begonnen hatte. Die *Anfangsgründe des Unterrichts in der Religion* (im folgenden kurz *Anfangsgründe*) bieten selbst eine textimmanente Möglichkeit der Bestimmung eines *terminus post quem*. Wie in der vorab diskutierten Bückeburger Handschrift finden sich zahlreiche in Klammern gesetzte praktische Hinweise auf die gemeinsam vorzunehmende Lektüre. An zwei Stellen wird, wohl zur Vorbereitung des Lehrers, auf Herders 1782 und 1783 in zwei Teilen erschienenes Werk *Vom Geist den Ebräischen Poesie* verwiesen. Zuerst heißt es: „(Hier wird das Bedeutungsvolle u.[nd] Schöne bei der Eintheilung der Stiftshütte in den Vorhof, das Heilige, u.[nd] Allerheiligste, bei der Bündnislade, den Gesetztafeln, den Schaubroden, dem immerbrennenden Leuchter, dem Rauchaltar, der Kleidung des Hohenpriesters u.[nd] einigen Opfergebräuchen angenehm erzählet. (Siehe Hebräische Poesie S. 112-155.) u.[nd] der schöne Ps. 50. gelesen u.[nd] erkläret.)"[1824] Etwas später folgt der Hinweis: „(Hier wird der wahre Begriff vom Propheten gegeben, auch das Erhaben in Moses, das Weise in Samuel, die feurige Stärke in Elias, die sanfte Erhabenheit in Jesajas u. f. aus Proben u.[nd] Beispielen gezeigt. S. Hebr. Poesie. S. 45-64.)"[1825] Beide Stellen beziehen sich in ihrer Seitenzählung auf den Dessauer Erstdruck des zweiten Teiles aus dem Jahr 1783[1826], dessen Vorrede auf den 24. April 1783 datiert.[1827] Der Zeitraum der Handschrift ist damit von den Jahren 1783 und 1786 markiert, wobei eine Frühdatierung in die Jahre 1783 bis 1785 das höchste Maß an Plausibilität für sich gewinnen kann. Für eine Ausweitung des Entstehungszeitraumes bis in das Jahr 1795[1828] – dem Zeitpunkt der „begonnenen" Katechismusrevision – fehlen jede Anhaltspunkte. Ein Irrtum, in der die von Zippert für möglich gehaltene Spätdatierung in Ansätzen gründet, ist die Annahme, daß sich der Konfirmationsunterricht aus-

---

1823 Schmidt, Gesetze, Bd. 1, S. 5. Exemplarisch läßt sich etwa an August von Goethe überprüfen, der am 25. Dezember 1789 geboren, im Jahr 1802 von Herder konfirmiert wurde – dem Jahr, in dem er 13 wurde und sein 14. Lebensjahr begann. Es zeigt sich darin, daß eine Abweichung von einem Jahr von Herder geduldet wurde.
1824 HN XXI, 66, Bl. 7ʳ.
1825 Ebd.
1826 Darin zu präzisieren: Zippert, Familienkatechismus, S. 247, der nur auf das Erscheinungsdatum des ersten Teils, 1782, verweist.
1827 Vgl. dazu SWS, Bd. 12, S. 4.
1828 Vorgeschlagen von Zippert, ebd., S. 247f.

schließlich auf die Kinder der Familie Herder bezog. Auf diesen Zusammenhang wird auch in der nachfolgenden Frage nach der Person des Hauslehrers
einzugehen sein. Der Hauslehrer, für den die *Anfangsgründe* bestimmt waren, war wahrscheinlich Johann August Jakob Liebeskind[1829]. Der für Oktober 1780 bezeugte Informator Schmidt ist möglicherweise der 1780 von Herder geprüfte und in
den Examensaufzeichnungen hochgelobte Kandidat „J. D. Balth. Schmid", der
– soweit es sich um den zuvor erwähnten Johann Daniel Balthasar Schmidt[1830]
handeln sollte – erst gut zwanzig Jahre später eine reguläre Pfarrei in der Superintendentur Jena übernehmen konnte. In den unmittelbar an 1780 anschließenden Jahren legt sich für keinen der innerhalb der Generalsuperintendentur
angestellten theologischen Kandidaten Schmidt oder Schmid ein chronologischer Anschluß an eine Hauslehrertätigkeit während der Jahre 1780f. nahe. Die
Wahl Schmidts war nach der oben zitierten Auskunft Karolines ein Mißgriff.
Nach dem Bericht Müllers wurde er spätestens im Oktober 1780 eingestellt;
bereits im Herbst des Folgejahres mußte ein Nachfolger gesucht werden. Den
letztgenannten Zeitraum dokumentiert Herders Korrespondenz mit Voigt, die
mehrere Kandidaten, Hartung[1831], Braun und Bergmann[1832], zur möglichen Anstellung diskutiert. Wichtig in dem ersten der beiden in den Herbst fallenden
Schreiben ist Herders Vorschlag, einen Teil der Stunden gemeinsam, einen
Teil der Stunden getrennt voneinander zu gestalten.[1833] Der Brief vom Dezember 1781[1834] reflektiert auf den Verlust des Hauslehrers und belegt die gemeinsame Anstellung: „Ich kann Ihnen nicht sagen, wie michs gedauert hat, daß unsre Kinder auseinander kommen sollten".[1835] Über Schmidts Tätigkeit und
dessen Ende gibt Herder selbst weitere Auskunft: „es war indeßen nicht anders, u.[nd] ich bin froh, daß sich das Schicksal ins Mittel geschlagen u.[nd]
uns von dem kranken Menschen, der ordentlich nicht wußte, was er wollte,
auch unsern Kindern in kurzer Zeit den Kopf würde dumm gemacht haben, erlöset hat."[1836] Es liegt nahe, wenn nicht von einem Todesfall auszugehen ist,
auf die Andeutung einer psychischen Erkrankung zu schließen. Der weitere
Plan des Ehepaars Herder war es zunächst, den Unterricht selbst zu gestalten.

1829 Dem Kommentar Wisberts der „Ordnung der Lektionen" folgend, formuliert dies als Ver-
     mutung Zippert, ebd., Anm. 6.
1830 Vgl. dazu Kap. III, Anm. 354.
1831 Herder an Christian Gottlob Voigt, Spätherbst 1781, DA, Bd. 4, Nr. 187, S. 197, Z. 6–10.
1832 Herder an Christian Gottlob Voigt, Spätherbst 1781, DA, Bd. 4, Nr. 188, S. 197, Z. 5.
1833 Vgl. dazu Herder an Christian Gottlob Voigt, Spätherbst 1781, DA, Bd. 4, Nr. 187, S. 197,
     bes. Z. 10–13.
1834 Herder an Christian Gottlob Voigt, Dezember 1781, DA, Bd. 9, N zu Bd. 4, Nr. 197,
     S. 315f.
1835 Ebd., S. 315, Z. 4f.
1836 Ebd., Z. 5–8.

Die ausdrücklich genannten Fächer beschränken sich auf „Religion, Latein [hierfür war der zu diesem Zeitpunkt anwesende Johann Georg Müller vorgesehen ...], Geographie [... und] Geschichte".[1837] Von den Herderschen Kindern wird zudem Gottfried als einziger Schüler genannt.[1838] Die weiteren Ausführungen gegenüber Voigt entwickeln den Plan einer gemeinsamen Verpflichtung aus Liebeskinds Angebot einer Hauslehrertätigkeit und dessen nachdrücklicher Empfehlung: „Ueberlegen Sie die Sache. [...] doch wolle der Himmel nicht, daß ich Ihnen Zwang auflegen sollte."[1839] Das Projekt erwuchs nicht nur aus materiellen Überlegungen. Voigts einziger Sohn Christian Gottlob, geboren am 27. August 1774, war genau einen Tag jünger als Herders ältester und hier ausdrücklich genannter Sohn. Als ein konsequentes Anliegen, die private Erziehung seiner Kinder gerade nicht auf die Familie zu beschränken, wird der Vorgang unter Berücksichtigung der späten *Hodegetischen Abendvorträge an die Primaner Emil Herder und Gotthilf Heinrich Schubert*[1840] des Jahres 1799 erkennbar. Für die frühen achtziger Jahre ist von der gemeinsamen Erziehung der beiden benachbarten Familien auszugehen. Liebeskind übernahm einzelne Lektion wohl Ende 1781, Anfang 1782. Unter dem 24. Februar 1783 berichtet Karoline an Johann Georg Müller, daß die Familie mit Ostern den Einzug des Hauslehrers Liebeskind erwarte.[1841] Zudem deutet Karoline eine Verstimmung der befreundeten Eltern an, die mit Liebeskind „nicht ganz zufrieden [seien], weil er nicht Seilers Religionsauffassung folge."[1842] In diesen Zusammenhang dürften die *Anfangsgründe* gehören. Sie erfüllen die sehr konkrete Funktion einer inhaltlichen Absicherung des Religionsunterrichtes und bereiten den Konfirmationsunterricht der ältesten Söhne der beiden benachbarten Familien spätestens mit dem Jahr 1786 vor. Die von Karoline gebotenen Hinweise auf Liebeskind sind als weiteres Indiz für eine Frühdatierung in die Jahre 1783 oder 1784 zu verstehen. In Anbetracht der intensivierten Präsenz des Hauslehrers im Jahr 1783 und der angedeuteten Kritik an dem von ihm gestalteten Religionsunterricht muß die Präferenz dem Jahr 1783 gelten. In die Frühzeit seiner Tätigkeit verweist alleine die ausdrückliche Bestimmung der Aufzeichnungen innerhalb des Titels als „Anfangsgründe". Zu der für Herder konstitutiven Bedeutung der Grundlegung elementarer Kenntnis sei nur – auch aufgrund der zeitlichen Nähe – auf den zuvor zitierten Erstentwurf Herders vom 31. Oktober 1780 für die Stellenbeschreibung des im Rahmen eines

---

1837 Ebd., Z. 10–11.
1838 Ebd., Z. 9.
1839 Ebd., S. 315, Z. 21 – S. 316, Z. 23.
1840 SWS, Bd. 30, S. 509–519.
1841 Karoline an Johann Georg Müller, 24. Februar 1783, DA, Bd. 4, Nr. 25 (A), S. 298, Z. 20f.
1842 So die Zusammenfassung Arnolds, ebd., Z. 21f.

Landschullehrer-Seminars unterrichtenden Kandidaten verwiesen.[1843] Die Textgestalt in ihrer vorliegenden Form muß alleine aufgrund dieses Hinweises in die Frühzeit von Liebeskinds Tätigkeit fallen. Eine Spätdatierung innerhalb der achtziger Jahre müßte mit dem Jahr 1787 für den Kandidaten Schäfer, der als Privatlehrer der zwei ältesten Söhne, Gottfried und August, Liebeskind – der als Pfarrer von Oßmannstedt eine der zuvor von ihm in der Familie Wieland unterrichteten Töchter 1788 heiratete – ablöste, davon ausgehen, daß der Religionsunterricht der Vorjahre, selbst nach der angedeuteten Kritik der benachbarten Familie, ohne weitere Vorgaben erfolgte. Überaus fraglich wäre zudem eine Ausarbeitung der *Anfangsgründe* kurz vor oder unmittelbar nach der Konfirmation Gottfrieds, die in diesen Zeitraum gefallen sein dürfte.[1844] Schließlich ist für Schäfer, der von Herder hochgeschätzt wurde, noch zu vermerken, daß er seit 1788 auch als Lehrer des Erbprinzen Karl Friedrich fungierte. Es steht außer Frage, daß der von Karoline einleitend gebotene Zusatz, daß die Aufzeichnungen ihre Entstehung auch der eingeschränkten Qualität der Hauslehrer verdankten, nicht auf Schäfer zutreffen kann. In sein Pfarramt wurde Liebeskind von Herder vorgeschlagen.[1845] Nach der erfolgreichen Berufung berichtet Herder seinem Freund Hamann am 28. April 1787: „Der Informator unsres Hauses ist Gottlob Pfarrer geworden".[1846] Auf die Hauslehrer der nachfolgenden Jahre ist vor den beschriebenen Hintergründen nicht mehr eigens einzugehen.

Die Bedeutung der Handschrift liegt mit dem ausschließlichen Privatgebrauch[1847] in der Aussagekraft über die nicht ausschließlich von äußeren kirchlichen Rahmenbedingungen, wie dem jeweiligen Landeskatechismus, dem eingeführten Gesangbuch etc., bestimmten Präferenzen und zum Ausdruck kommenden Wertschätzungen Herders. Auf die Auswahl der auswendig zu lernenden Lieder und Liedverse – die ihrerseits eine erste materiale Erweiterung gegenüber der Bückeburger Handschrift darstellen – wurde im Zusammenhang der Gesangbuchrevision eingegangen. Zu den methodischen Unterschieden im direkten Vergleich mit dem *Bückeburger Katechismus* ist zu-

---

1843 Vgl. dazu in diesem Kap., Anm. 1137.

1844 Ein entsprechendes Register zur Hofkirche, der die Familie Voigt angehörte und an deren Kasualien die Familie Herder nach Dispens wahrnehmen konnte (vgl. dazu Kap. V.9.6.), liegt nicht vor.

1845 Vgl. dazu oben Kap. III, Anm. 234f.

1846 Herder an Johann Georg Hamann, 28. April 1787, DA, Bd. 5, Nr. 204, S. 224, Z. 45f.

1847 Eine vergleichbare Wahrnehmung bietet Zippert, Familienkatechismus, S. 247. Zutreffend skizziert er, ebd., den privaten Gebrauch unter Vermittlung eines Hauslehrers. Problematisch ist daher die von ihm gewählte Bezeichnung „Familienkatechismus". Der Begriff der Familie suggeriert einen exklusiven Zusammenhang, in den die Kinder zusammen mit den Eltern einbezogen waren. Gerade dies trifft jedoch für die hier zu beschreibende Situation – bereits ungeachtet einer Einbeziehung des benachbarten Voigts – nicht zu.

nächst darauf zu verweisen, daß von den genannten Bibelstellen einzelne markiert werden, die von den Kindern nicht nur nachzuschlagen und zu lesen, sondern eigens auswendig gelernt werden sollen. Nicht nur von statistischem Interesse sind die Stellen im einzelnen: Ps 34,12–17[1848]; Ps 139,23f.[1849]; Mi 6,8[1850]; Sir 23,4–6[1851]; Mt 7,21[1852]; Mt 25,34–40[1853]; Lk 12,47[1854]; Lk 13,23f.[1855]; Joh 14,16f.23.26f.[1856]; Joh 15,16[1857]; Joh 16,13[1858]; Joh 17,1.3–5.17–23[1859]; Act 2,44–47[1860]; Röm 6,3f.[1861]; I Kor 13,12[1862]; I Kor 15,41–44[1863]; I Kor 15,42–44.54f.[1864]; Gal 2,20[1865]; Eph 4,28[1866]; Phil 3,20f.[1867]; I Tim 1,4–6[1868]; I Tim 6,6–8[1869]; I Joh 3,2f.[1870]; Apk 4,11[1871]; Apk 17,14–17[1872]. Zu erkennen ist in dieser Auswahl mehrerlei. Um zunächst bei den vorherigen Datierungsfragen zu bleiben, ist es auffällig, daß eine Reihe dieser Stellen auf von Herder im Jahr 1786 frei gewählte Predigttexte verweisen. Mit dem 139. Psalm eröffnete er das kalendarische Jahr in der Hofkirche, die beiden Verse aus Micha wählte er am 8. Dezember desselben Jahres für den Bußtag ebenfalls in der Jakobskirche. Das Neujahr 1784 beging Herder mit Phil 3,13, dem Vers, der die Perikope eröffnet, die mit Phil 3,20f. schließt. Weitere Bezüge ließen sich nennen. Sie zeigen, daß die Textauswahl in Ansätzen als eine Momentauf-

1848 HN XXI, 66, Bl. 4ʳ.
1849 Ebd., Bl. 15ᵛ.
1850 Ebd., Bl. 7ʳ.
1851 Ebd., Bl. 4ʳ.
1852 Ebd., Bl. 19ʳ.
1853 Ebd.
1854 Ebd.
1855 Ebd.
1856 Ebd., Bl. 14ᵛ.
1857 Ebd.
1858 Ebd.
1859 Ebd.
1860 Ebd., Bl. 18ʳ.
1861 Ebd., Bl. 11ʳ.
1862 Ebd., Bl. 19ᵛ.
1863 Ebd., Bl. 19ʳ.
1864 Ebd., Bl. 10ᵛ.
1865 Ebd., Bl. 11ʳ.
1866 Ebd., Bl. 13ᵛ.
1867 Ebd., Bl. 10ᵛ.
1868 Ebd., Bl. 11ʳ.
1869 Ebd., Bl. 13ᵛ.
1870 Ebd., Bl. 10ᵛ; 19ᵛ.
1871 Ebd., Bl. 3ʳ.
1872 Ebd., Bl. 19ᵛ.

nahme zu verstehen ist. Zugleich sind Akzentuierungen inhaltlicher Art zu erkennen. Die Betonung eschatologischer Themen ist nicht zu übersehen, am augenfälligsten zwar in den Versen der Apokalypse, breiter jedoch in den ausgewählten Gleichnissen. Auch die Verse aus der vergleichsweise stark betonten paulinischen Theologie zielen auf diesen Bereich. Auffällig ist zudem, daß darin zwar auf die Taufe verwiesen wird, ein Text zum Abendmahl jedoch fehlt. Der Aspekt der Vereinigung mit Christus wird in der Textauswahl ausschließlich durch dessen Auferstehung betont. Die Pneumatologie bestimmen hauptsächlich Johannes-Verse; die Beschreibung der Urgemeinde findet sich ebenfalls in Herders Auswahl. Die geringe Anzahl der alttestamtlichen Texte mag überraschen; sie gründet wahrscheinlich in der Betonung Herders eines Nachvollziehens in der Erzählung einer Geschichte oder, soweit es sich um Poesie handelt, des Nachempfindens. In welchem Maße die kursorische Bibellektüre darin als Parallelvorgang zu vergegenwärtigen ist, soll das kurze und formal gestraffte Exzerpt *Verzeichnis der Stücke der Bibel, die u.[nd] in welcher Ordnung sie gelesen sind*, verdeutlichen:

> „1 Mos 1-9[;] 12-18[;] 19,1-29[;] 22,1-19[;] 23[;] 24[;] 27-29[;] 31-33[;] 39-50[;] 2 Mos 1-20[;] 32-34[;] 3 Mos 26[;] 4 Mos 11-14[;] 16[;] 17[;] 20[;] 21[;] 22-24[;] 5 Mos 5[;] 6[;] 32-34[;] Josua 1[;] 3[;] 4[;] 1 Sam 1-3[;] 9[;] 10[;] 15-20[;] 24[;] 26[;] 28[;] 31[;] 2 Sam 1[;] 24[;] 1 Kön 2[;] 3[;] 8[;] 10[;] 17-19[;] 22[;] 23[;] 2 Kön 1[;] 2[;] 4-8[;] 18-20[;] Hiob 1-2[;] 7[;] 10[;] 14[;] 38-42[;] Ps 1-3[;] 6[;] 8[;] 15[;] 19[;] 22[;] 23[;] 24[;] 25[;] 27[;] 29[;] 32-34[;] 39[;] 41[;] 42[;] 43[;] 46-48[;] 50[;] 51[;] 67[;] 84[;] 90[;] 91[;] 93[;] 102-108[;] 111-118[;] 120-130[;] 133-137[;] 139[;] 145-148[;] Sprüche Salomon ganz[;] Sirach ganz[;] Dan 1-6[;] der Prophet Jonas. Tobias als Dichtung. die Evangelisten ganz[;] Apostelgeschichte gleichfalls[;] Röm 12[;] 13[;] 1 Cor 15[;] Gal 6[;] Ephes 5[;] 6[;] Phillip 3[;] 4[;] Coloss 3[;] 4[;] 1 Petr 1, ganz[;] die Briefe Joh, ganz[;] Jacobi ganz[;] Ebr 12[;] 13".[1873]

Auffällig ist in diesem Zusammenhang das Fehlen der Apokalypse und in Relation zu den auswendig zu lernenden Stücken die Kürze der zusammen gelesenen paulinischen Texte. Für das praktische Vorgehen findet sich vermerkt, daß alt- und neutestamentliche Texte einander in der Lektüre abwechseln sollen.[1874] Die Betonung der alttestamtlichen kanonischen sowie apokryphen Weisheitsliteratur ist wiederum deutlich zu erkennen.

Eine weitere Ergänzung stellen neben den Kirchenliedern und den biblischen Versen, die es zu memorieren gilt, Hymnen Ewald Christian von Kleists dar. Es ist Thomas Zipperts Verdienst, die knappen Angaben „Aus Kleists Hymnen S. 7"[1875], „S. 8"[1876], „Kleists Lob der Gottheit S. 121"[1877] und „Kleists

---

1873 HN XXI, 69.
1874 Ebd.
1875 HN XXI, 66, Bl. 1ᵛ.
1876 Ebd., Bl. 2ʳ.

Gedicht: die Unzufriedenheit der Menschen S. 145"[1878] als Hinweise auf den ersten Teil der Voßschen Kleistausgabe von 1760 identifiziert zu haben.[1879] Das Pensum der zur Memorierung aufgegebenen geistlichen Lehrgedichte ist erheblich.[1880] Qualitativ stellt der Zusatz eine deutliche Ausweitung des *Bückeburger Katechismus* dar. Die Liebe Herders zur geistlichen Dichtung außerhalb des Gesangbuches scheint sich zum einen auf den privaten, zum anderen den wirkungsgeschichtlich weiterreichenden publizistischen Bereich beschränkt zu haben. Für die Predigtpraxis von Herder ist charakteristisch, daß er einleitend und abschließend Liedverse rezitierte. In keinem Fall finden sich Hinweise auf den Vortrag geistlicher Lehrgedichte, allenfalls punktuelle Allusionen. Nur einzelne Predigten, etwa die Bußtagspredigt vom 7. Dezember 1798 in der Stadtkirche, knüpfen indirekt an die Metaphorik von Werken wie Alexander Popes *Essay on Man*[1881] an. In einem hohen Maße muß innerhalb des geistlichen Amtes diese Konzentration auf geistliche Dichtung ausschließlich des Gesangbuches als adressatenorientiert erklärt werden. Wie im Zusammenhang der Gesangbuchrevision ausgeführt wurde, knüpft Herder deutlich an die vorauszusetzenden Kenntnisse seiner Zuhörer an und beschränkt sich selbst innerhalb der mit dem Gesangbuch verfügbaren Lieder auf eine äußerst kleine Anzahl öffentlich rezitierter Verse. In der Erziehung seiner Kinder wird nicht nur eine Ausweitung dieses Kenntnishorizontes vollzogen, auch der hohe Anspruch und die besonderen Anregungen, die deren Ausbildung galten, zeichnen sich deutlich ab.

In ihrer konzeptionellen Anlage und den inhaltlichen Ausführungen sind die *Anfangsgründe* als eine Weiterführung des *Bückeburger Katechismus* erkennbar. Am bedeutsamsten ist zunächst, daß die Weimarer Handschrift rückwirkend die Hypothese eines trinitarischen Aufbaus für die *Loci*-Gliederung des Bückeburger Entwurfes bestätigt. Die *Anfangsgründe* folgen weithin der Bückeburger Reihenfolge; auf signifikante Unterschiede wird im einzelnen einzugehen sein. Die grundlegende Differenz ist nach dem Anfangspunkt „Von Gott"[1882] die dreigeteilte Hauptgliederung der „Wohlthat[en] Gottes": [I.] „Schöpfung [... und] Erhaltung"[1883], [II.] „Die Erlösung"[1884] und [III.] „Die Heiligung d. i. die Beßerung des Menschen"[1885]. Die Einschnitte entsprechen

---

1877 Ebd.
1878 Ebd., Bl. 5ᵛ.
1879 Vgl. dazu Zippert, Familienkatechismus, S. 255.
1880 Vgl. dazu ebd., S. 254f., 256f., 263f.
1881 SBS, MB, JGM, Fasc. 511, Bl. 27ʳ–29ᵛ; hier: Bl. 27ʳ.
1882 HN XXI, 66, Bl. 1ʳ.
1883 Ebd., Bl. 3ʳ; 4ʳ.
1884 Ebd., Bl. 6ʳ.
1885 Ebd., Bl. 14ᵛ.

der für den *Bückeburger Katechismus* vorgeschlagenen Zuordnung – mit einem theologisch wichtigen Unterschied. Die Sündenlehre stellt keinen der Christologie mehr nachgeordneten Block dar, sondern ist integrativer Teil sämtlicher drei Hauptpunkte. Für die Bückeburger Handschrift ist dies zwar implizit ebenfalls konstitutiv. Auch in den katechetischen Zusätzen zu den Gottesattributen etwa wird ein Verständnis der Sünde bereits vorausgesetzt.[1886] Eingeführt und erklärt wird der Begriff jedoch erst nach der eigentlichen Christologie. Diese Fehler beheben die *Anfangsgründe*. Bereits die „Schöpfung", der erste Punkt der ersten „Wohlthat", schließt mit einer flüssig dargebotenen Zusammenstellung verschiedener Aspekte der Sünde.[1887] Wichtig ist jedoch die Einführung aus der Entwicklung: „Historische[r] Begriffe[e] vom Stande der Unschuld. der Mensch soll wieder in denselben zu kommen streben. [...] was ihn unglücklich mache u.[nd] von der wahren Weisheit u.[nd] Unschuld entferne. [...] (Hier kann 1 Mos. 3 gelesen, leicht erklärt u.[nd] insonderheit gezeigt werden, daß jede Sünde noch jetzt also geschehe u.[nd] ihre natürliche Strafe habe.[)]".[1888] Auch in der nachfolgenden Passage dominiert der Gedanke, „daß jede Sünde sich selbst strafe, so wie jedes Gute, Unschuld, Wahrheit, Güte, Fleiß, Tugend sich selbst belohnet."[1889] Die ausdrückliche Unterscheidung zwischen Erbsünde und Tatsünden fehlt. Die gebotenen Differenzierungen betreffen in ihrer Systematik nur letztere. Eine zweite grundlegende Veränderung markiert der insgesamt deutlich stärker auf die Integration vormals separater Blöcke angelegte Gesamtcharakter der Darstellung. Der im *Bückeburger Katechismus* nachgeordnete Teil einer bibelkundlichen Propädeutik findet sich in seiner Eigenständigkeit vollständig aufgegeben. Das Gegenkonzept einer punktuellen Verbindung entsprechender Abschnitte mit thematisch einschlägigen Ausführungen wird sehr unauffällig und sensibel realisiert. Die „Zweite Wohlthat" bietet in ihrer Eröffnung eine entsprechende Passage, die die biblische Geschichte von der Schöpfung bis zu den Propheten als die Voraussetzung für die Ankunft des „Erlöser[s] und Heiland[s] der Welt" schildert.[1890] Ein zweites Stück ist in einem Unterkapitel dieses zweiten Teils zu erkennen.[1891] Einen Anschluß innerhalb der biblischen Chronologie bietet die

---

1886 GSA, Best. 44, Sig. 165, Bl. 2ᵛ: „soll würken 1. Furcht für heimlichen Sünden Es. 29, 15. 16."
1887 HN XXI, 66, Bl. 3ᵛ.
1888 Ebd.
1889 Ebd., Bl. 4ʳ.
1890 Ebd., Bl. 6ʳ–8ʳ.
1891 Vgl. dazu ebd., Bl. 11ʳ: „Nachrichten von Jesu haben wir von 2 seiner Freunde, die mit ihm Jahrelang vertraut lebten, Matth. und Johannes und 2, die die Nachrichten aus dem Munde der Apostel sammelten. (Hier wird der Charackter der 4 Evangelisten, und ihr Unterschied gezeigt.) Die Apostel haben seine Nachrichten und Lehren in die Welt verbreitet und von 5 derselben (Paulus Beruf[ung] in der Apostelgeschichte wird gelesen) haben wir sehr aufrich-

„dritte Wohlthat" wiederum zunächst einleitend[1892] und dann besonders im Zusammenhang der Ekklesiologie, die historisch an die Urgemeinde anknüpft[1893] und im Anschluß daran auf die frühe Missionstätigkeit in geschichtlicher wie geographischer Hinsicht eingeht.[1894]

Bestätigt findet sich zudem die auch für den *Bückeburger Katechismus* vermutete Orientierung an dem *Kleinen Katechismus* Luthers. Ausdrücklich heißt es abschließend, nach der einleitenden Gotteslehre und vor Beginn der drei Hauptteile: „Hier werden die drei Artickel in verschiedenen Lectionen auswendig gelernt u.[nd] die Worte allgemein zum Verständnis erkläret."[1895] Die Anweisung, den *Kleinen Katechismus* zu memorieren, steht in Kontinuität zu dem *Journal meiner Reise*[1896], wobei zu präzisieren ist, daß sich die Anleitung der *Anfangsgründe* ausschließlich mit dem Lernauftrag des zweiten Hauptstückes auf die Auslegung des Apostolikums beschränkt. In der Konsequenz des Reisejournals liegt zudem der Ansatz sowohl des *Bückeburger Katechismus*, der *Anfangsgründe* und der späteren Katechismusrevision, die damit ausschließlich als „Erklärungen über ihn"[1897] verstanden sein wollen.

Insofern die Erklärungen im wesentlichen Ergänzungen aus der biblischen und dogmatischen Tradition darstellen, ist ein Vergleich mit der Bückeburger Handschrift vorrangig. Der Anschluß bereits in der vorgeordneten Gotteslehre ist evident. Die drei Punkte der *Anfangsgründe* entsprechen der Bückeburger Konzeption. Der erste Punkt gilt – in sogar wörtlicher Entsprechung – dem Umstand, daß „ein Gott" sei.[1898] Der Unterschied liegt in der Betonung der Er-

tige, herzliche lehrreiche Briefe. (Es werden die Briefe Johannis, Jacobis, Petri, Pauli namentlich durchgegangen[,] die Gegenden gewiesen, an die dieser und Petrus seine Briefe geschrieben und vom Charackter dieser Männer etwas gesagt.)"

1892 Vgl. dazu bes. ebd., Bl. 14[v].

1893 Ebd., Bl. 18[r].

1894 Ebd., Bl. 18[r], 18[v]: „Wer sich unter den Aposteln am meysten um die Ausbildung der Christl. Kirche verdient gemacht hat, war Paulus. (Die Geschichte seiner Bekehrung wird gelesen Apost. 9, 1–22 u.[nd] auf der Charte gezeigt, an wen seine Briefe geschrieben worden. Deßgleichen auch mit den Briefen Petri.)"

1895 Ebd., Bl. 2[v].

1896 Vgl. dazu in diesem Kap., Anm. 1644.

1897 Ebd.

1898 Vgl. dazu GSA, Best. 44, Sig. 165, Bl. 2[v] ([I.] 1.1.–3.) mit HN XXI, 66, Bl. 1[r] ([0.] I.). Zur größeren Transparenz der Anmerkungen zu dem Weimarer Entwurf verzichtet die nachfolgende Darstellung – bis auf Einzelfällen – weitestgehend auf Rückverweise auf die Blattzählung der Bückeburger Handschrift. Die „Anfangsgründe" ihrerseits werden nach einer in Entsprechung zu den drei „Wohlthaten" ergänzten Zählung [I.–III.] beziffert. Die von Herder einleitend eingeführte, jedoch nicht weiterverfolgte Numerierung I. für die vorangestellte Gotteslehre wird als [0.] in diese Systematik integriert.

kenntnis[1899], die in Bückeburg zwar den sachlichen Zusammenhang dargestellt hatte – und als solcher auch in der Zusammenfassung oben benannt wurde –, die wörtliche Formulierung spricht jedoch von dem Beweis[1900]. Aus dem ersten Punkt der allgemeinen Gotteserkenntnis werden in Weimar zudem die „Quellen derselben" in einem separaten, allen drei nachfolgenden Punkten der Gotteslehre vorangestellten Einleitungsblock sehr flüssig und ohne eine eingehende Unterscheidung oder Systematisierung – wie noch in Bückeburg – erklärt.[1901] Die Hinweise auf eine Erkenntnis „aus Betrachtung der Geschöpfe" und „aus der heil. Schrift"[1902] – der Bückeburger Punkt der „Empfindungen sein[er] selbst" fehlt – sind fast wortidentisch mit den Formulierungen des *Bückeburger Katechismus*. In Weimar steht der gesamte Abschnitt jedoch in runden Klammern, die andeuten, daß es sich um eine praktische Anweisung an den unterrichtenden Katecheten handelt. Dieser Auftrag wird auch deutlich aus dem Zusatz, der sich in diesem Zusammenhang findet: „Unterschied der lebendigen u.[nd] todten Erkenntnis. Joh. 17, 3. 1 Joh. 4, 7.8. ‖ Hier wird der erste Brief Johannis stückweise gelesen und den Kindern aus der herzl.[ichen] u.[nd] kindlichen Sprache Johannis erklärt, was rechtes Erkänntnis u.[nd] herzliche Liebe zu Gott sei."[1903] Die Bückeburger Aufführung der eigenen Empfindsamkeit findet sich darin durch Ratschläge zu einer gemeinsamen Bibellektüre praktisch umgesetzt. Die ausdrückliche Betonung der „lebendigen Erkenntnis" wird eingeholt von dem entsprechenden lebenspraktischen Ideal.

Der Bückeburger Dreischritt einer allgemeinen und einer speziellen Gotteserkenntnis, die von dem Hinweis auf Gott als Geist gefolgt wird, findet eine Umgestaltung. Die spezielle, monotheistische Gotteserkenntnis bildet in Weimar den Schlußpunkt, der nur sehr knapp („alle Götzen sind nichts"[1904]), dafür aber mit dem ausdrücklichen, an den Katecheten gerichteten Hinweis, die „Wichtigkeit dieser Lehre"[1905] herauszustellen, eine weiterführende Funktion erhält. Die Betonung des Monotheismus bereitet die anschließende trinitarische Gliederung der drei Hauptteile der „Wohlthaten Gottes" vor. Der kurze Überleitungsabschnitt ist von zentraler Bedeutung. Er benennt den Grundgedanken der Trinität: „In dreien Personen hat sich dieser Einige Gott uns offenbahret; als <u>Schöpfer</u>, <u>Erlöser</u>, <u>Heiligmacher</u>; als <u>Vater</u>, <u>Sohn</u> u.[nd] <u>Geist</u>."[1906]

1899 Vgl. dazu HN XXI, 66, Bl. 1ʳ, mehrfach: „Erkenntnis", „Erkänntnis", „wird erkannt" u. a. ([0.] I.).
1900 Vgl. dazu GSA, Best. 44, Sig. 165, Bl. 2ᵛ: „wird bewiesen" ([I.] 1.).
1901 Ebd., Bl. 1ʳ.
1902 Vgl. dazu HN XXI, 66, Bl. 1ʳ ([0.] I.).
1903 Ebd.
1904 Ebd., Bl. 2ᵛ ([0.] III.).
1905 Ebd.
1906 Ebd.

In diesem Zusammenhang stehen auch die Lernhinweise auf den *Kleinen Katechismus*. Eine elementarisierende Umkehrung nimmt Herder im Blick auf die Gottesattribute vor. Der erste Punkt „Es ist ein Gott" wird nach den drei bereits in Bückeburg an erster Stelle, darin jedoch nur beiläufig eingeführten Eigenschaften „Allmacht"[1907], „Weisheit" – in Weimar unter dem Zusatz: „oder der Verstand Gottes"[1908] – und „Güte"[1909] gegliedert. Diese Trias, die auch zentral ist für die frühesten Predigten Herders, bestimmt den gesamten ersten Punkt der Gotteslehre. Der zweite Punkt, daß „Gott ein Geist"[1910] sei, integriert zusammen mit dem ersten Abschnitt den Großteil der zuvor eigenständig dargestellten Gottesattribute. In der Reihenfolge der Weimarer Ausführungen werden genannt: die „Allmacht Gottes"[1911], die Ewigkeit[1912], die Allgegenwart[1913], die Allwissenheit[1914], Gerechtigkeit und Heiligkeit[1915] sowie, abschließend, die Seligkeit.[1916] Die beiden einschlägigen Punkte (der Schlußabschnitt von I. 1. β und die gesamten Ausführungen von II.) bieten gegen Ende Hinweise auf „Empfindungen"[1917] oder „Empfindungen hieraus"[1918]. Diese Formulierungen müssen als direkte Weiterführungen der Bückeburger Einschübe „soll würken" bzw. „Reflexion" verstanden werden. Die in Weimar angesprochenen Regungen lassen sich auf Furcht und Liebe reduzieren.[1919] Letztere ist an dieser Stelle ausschließlich als menschliche Antwort auf die Gotteserkenntnis eingeführt. Unter den Gottesattributen fehlt die Liebe ebenso wie die Wahrheit und Herrlichkeit. Sie findet sich direkt, die anderen nur indirekt, in dem Kleistschen *Lob der Gottheit*: „Meere, Berge, Wälder, Klüfte [...] sind Posaunen seiner Liebe".[1920] Zwei weitere Aspekte sind bereits in die einleitende Gotteslehre integriert. Ansätze der Schöpfungslehre, die *creatio ex nihilo*[1921], und die Ziel- und Zweckbestimmung des göttlichen Handelns „zur Glückseligkeit u.[nd]

1907 Ebd., Bl. 1^r, 1^v ([0.] I. 1.).
1908 Ebd., Bl. 1^v, 2^r ([0.] I. 2.). In dem Vorsatz, ebd., Bl. 1^r, 1^v ([0.] I. 1.), rückt diese Bestimmung in den Vordergrund: „ein allmächtiges, verständiges, gutes Wesen".
1909 Ebd., Bl. 2^r ([0.] I. 3.).
1910 Ebd., Bl. 2^r, 2^v ([0.] II.).
1911 Ebd., Bl. 1^r, 1^v ([0.] I. 1.).
1912 Ebd., Bl. 2^r ([0.] II.): „ein unveränderlicher, ewiger Geist".
1913 Ebd.
1914 Ebd.
1915 Ebd.
1916 Ebd.
1917 Ebd., Bl. 1^v.
1918 Ebd., Bl. 2^v.
1919 Ebd.
1920 Im folgenden zitiert aufgrund der kontextuellen Einordnung nach Zippert, Familienkatechismus, S. 256.
1921 HN XXI, 66, Bl. 1^v ([0.] I. 1. β).

Freude"[1922] aller Geschöpfe finden sich gleichermaßen benannt. Bereits die
vorgeordnete Gotteslehre unterstreicht damit in einer beeindruckenden Intensität den Gesamtansatz der Konzeption, die elementarisiert und eine unaufwen-
digere Untergliederung sowie Einzelstrukturierung mit einem das unmittelbare, in einer biblischen Lektüre gründende Empfinden des Kindes ebenso
anspricht wie dessen Erinnerung, die in den Lernaufträgen zentraler Texte, die
biblische und mit Luthers *Katechismus* sowie Gesangbuchliedern kirchliche
Traditionen ebenso umfassen wie die geistliche Dichtung in einem weiteren
Verständnis. Die Größe dieses integrativen Ansatzes verdeutlicht der Vergleich mit dem *Bückeburger Katechismus*. Die Gesamtanlage ist weitaus weniger repetitiv (wie etwa in der in Bückeburg an drei Stellen – in Unterpunkten –
gebotenen Attributreihe der Allmacht, Weisheit und Güte[1923]; in Weimar hingegen als erste Hauptgliederung der Gotteslehre) und von einer systematisch
veränderten Stringenz (wie in der expliziten Aufreihung der Gottesattribute,
die in Weimar zugunsten einer synthetischen Verbindung mit einer an parallel
zur gemeinsamen Bibellektüre gewonnenen Darstellung zurücktritt). Gestärkt
findet sich die Vielfalt der literarischen Formen und des konstitutiven Bezugs
des eigenen Lesens und eingehenden Lernens von Texten. Die Vermittlung des
Lehrers gewinnt einen intensiven Auftrag in der Förderung der eigenen Empfindungen und eines selbst gewonnenen Verständnisses.

Gleiches läßt sich auch für die „Erste Wohlthat"[1924] beobachten, die in nur
zwei Hauptteile zerfällt: Die „Schöpfung"[1925] und die „Erhaltung"[1926]. In der
Einführung und der Schlußpassage des zweiten Teiles finden sich in zwei
knappen Unterpunkten einige Ausführungen zur „Vorsehung"[1927]. Der zweite
Teil faßt damit den in Bückeburg eigenständigen Punkt „Von der Erhaltung
u.[nd] Vorsehung" zusammen. Der erste Teil des Kapitels beinhaltet nicht nur
den auch im *Bückeburger Katechismus* auf die Gotteslehre folgenden Block
zur Schöpfung, er integriert, in der Reihenfolge der früheren Handschrift, die
Angelogie, die schöpfungstheologische Anthropologie und – dies stellt die eingangs skizzierte deutlichste Abweichung von dem Bückeburger Manuskript
dar – den ersten und eingehendsten Teil zur Hamartiologie. Der Einstieg in das
komplexe Kapitel erfolgt ausschließlich biblisch: „hier wird das erste Kapitel
des 1. B.[uch] Mose gelesen u.[nd] leicht erklärt: V. 31 auswendig gelernt, wie

---

1922 Ebd., Bl. 2^r ([0.] I. 3.).
1923 Vgl. dazu alleine GSA, Best. 44, Sig. 165, Bl. 2^v ([I.] 1. 1.), Bl. 3^v ([II.] 1.), Bl. 3^v ([II.] Rfl.
    1.).
1924 Ebd., Bl. 3^r ([I.]).
1925 Ebd., Bl. 3^r ([I.] I.).
1926 Ebd., Bl. 4^v ([I.] II. 3.), 4^r ([I.] II. 3.).
1927 Ebd., Bl. 5^v ([I.] II. 3f.).

auch Offenb. 4,11."[1928] Ein ausdrücklicher Hinweis auf das Bild der Morgenröte fehlt; implizit ist es allerdings in dem zuvor gelernten Kleistschen *Hymnus*
enthalten: „Die Morgenröth' ist nur ein Widerschein. Von seines Kleides
Saum"[1929]. Die in Bückeburg explizit gemachten „Zeitmaasse von sechs Tagen" als „Vorbild der Ordnung im Thun u.[nd] Ruhe"[1930] begegnen ausschließlich in Gestalt des biblischen Textes. Die auch in Bückeburg grundlegende Unterscheidung zwischen sichtbarer und unsichtbarer Schöpfung wird in Weimar
ebenso eingeführt, wobei in gleicher Weise zunächst die Ausführungen zu den
Engeln folgen.[1931] Deren Attribute: „Sie sind heilige, weise, mächtige, selige
Geister"[1932] entsprechen der in Bückeburg gebotenen Reihenfolge; die Eigenschaft der Weisheit tritt in Weimar hinzu. Diese leichte Akzentverschiebung
findet eine signifikante Entsprechung in der vollständigen Streichung der bösen Engel. Lediglich einleitend in der Gotteslehre steht unter dem Punkt des
Monotheismus der Hinweis, daß „auch der Teufel [...] unter Gott ist"[1933]. Eine
Umdeutung, die sich in dieser Form nicht in dem *Bückeburger Katechismus*
findet, liegt in dem Hinweis vor: „und wenn Gott will, müssen alle Zufälle
u.[nd] die ganze Schöpfung seine Engel d. i. seine Boten und Werkzeuge werden."[1934] Die dem voranstehende, ebenfalls nicht in das Bückeburger Manuskript aufgenommene Erklärung: „Sie beschützen auch die Kinder", legt die
Vermutung nahe, daß die Adressatenorientierung der Weimarer Handschrift
auch auf die jüngeren Kinder der eigenen Familie ausgerichtet war.[1935] Einen
ersten Hinweis auf das *Vater Unser* stellt der Anschluß dar: „Wie u.[nd] worinn wir ihren [den Engeln] nachfolgen sollen? (die 3te Bitte:) Hoffnung Luc.
16, 22. Matth. 22, 30."[1936] Zu erinnern ist an dieser Stelle daran, daß der vorherige Lernauftrag das dritte Hauptstück des *Kleinen Katechismus* nicht umfaßt
hatte. Die Übertragung des göttlichen Schöpfungsauftrages von den unsichtbaren auf die sichtbaren Kreaturen ermöglicht einen wiederum fließenden Übergang zur Anthropologie. Die dreifache Grundbestimmung des Menschen nach
sichtbarem Körper, unsichtbarer Seele und göttlicher Bestimmung ist auch für
die *Anfangsgründe* von Bedeutung.[1937] Drei Aspekte sind jedoch für die vorgenommenen Veränderungen bezeichnend. Der erste betrifft wiederum das prak-

---

1928 Ebd., Bl. 3ʳ ([I.] I.).
1929 Zippert, Familienkatechismus, S. 254.
1930 GSA, Best. 44, Sig. 165, Bl. 3ᵛ ([II.] 3. 2.).
1931 HN XXI, 66, Bl. 3ʳ ([I.] I.).
1932 Ebd.
1933 Ebd., Bl. 2ᵛ ([0.] III.).
1934 Ebd., Bl. 3ʳ ([I.] I.).
1935 Ebd.
1936 Ebd.
1937 Ebd., Bl. 3ʳ, 3ᵛ ([I.] I.).

tische Vorgehen des Pädagogen, der an dieser Stelle das Lied von Justus Friedrich Wilhelm Zachariä „Allmächtiger, der seinen Thron" memorieren läßt. Die
Vernunftbegabung des Menschen, die in dem Bückeburger Entwurf den ersten
Punkt der Seelenlehre ausgemacht hatte, wird nun innerhalb des Liedes in der
vierten Strophe thematisiert. Die zweite Strophe des Liedes gibt Herder nicht
zu lernen auf.[1938] Sie eröffnet mit den Worten: „Du schufst mich Staub, und
ließest Staub zum Engel sich erheben".[1939] Im Kontext des vorherigen Zusammenhanges hätten diese Zeilen eine gute Anschlußmöglichkeit geboten – in
der Wahrnehmung Herders eine möglicherweise zu starke. Der zweite Aspekt
betrifft die wiederum biblisch fundierte und poetisch vermittelte Ausdeutung
des Schöpfungsauftrages. Nicht nur der knappe Hinweis auf „1 Mos. 1, 26.27"
findet sich, wie in Bückeburg[1940]; die Stelle wird im Licht von Psalm 8[1941] als
ein Lobpreis der Größe Gottes ausgedeutet. Der dritte Aspekt ist schließlich
die im Anschluß gebotene Reflexion auf den Urzustand des Menschen, den
Sündenfall – der wiederum ausschließlich aus der Bibellektüre entwickelt wird
–, und das anschließende Sündenverständnis, auf das bereits kurz eingegangen
wurde.[1942] Von katechetischer Milde zeugt in diesem Zusammenhang, daß der
vormalige Hinweis auf den Tod als Folge der Sünde fehlt. Auch werden die
qualitativ verschiedenen Grade der Sünden, kulminierend in der Sünde gegen
den Heiligen Geist, nicht angedeutet. Die Betonung liegt auf den abschließend
benannten Tugenden[1943], die in Wirkungszusammenhängen gründen, aus denen auch die Strafen der Sünde hervorgehen.

Der zweite Teil der ersten Wohlthat, „Die Erhaltung", wird, in Bückeburg
innerhalb einer ewigen Schöpfung[1944], in Weimar im Rahmen der *creatio con-
tinua* als „eine[r] fortgesetzte[n] Schöpfung"[1945] präzisiert. Von inhaltlich zentraler Bedeutung sind die Ausführungen zu den „lebendigen Kräfte[n] der Dinge in ihrem Leben, in ihrer Bewegung".[1946] Die naturgesetzlichen
Zusammenhänge „nennt die Schrift: Er [Gott] trägt alle Dinge". An dieser
Stelle findet sich nun ausschließlich der exegetische Hinweis auf die Areopagrede: „Apost. 17, 24-28."[1947] Die theologische Ausdeutung der organischen
und natürlichen Kräfte wird präzisiert: „Wo wir also Leben und Kraft in der

---

1938 Zippert, Familienkatechismus, S. 260.
1939 Ebd., S. 259.
1940 GSA, Best. 44, Sig. 165, Bl. 5^r ([V.] 1.).
1941 HN XXI, 66, Bl. 3^v ([I.] I.).
1942 Ebd., Bl. 3^v, 4^r ([I.] I.).
1943 Vgl. dazu in diesem Kap., Anm. 1889.
1944 GSA, Best. 44, Sig. 165, Bl. 4^r ([III.] 1.).
1945 HN XXI, 66, Bl. 4^r ([I.] II.).
1946 Ebd.
1947 Ebd.

Natur sehen, sehen wir die Würkung des allgegenwärtigen, alles durchdringen-
den Gottes. Wir selbst sind sein mit Leib und Seele; weil wir sie nur als Geschenk einer fremden Hand besitzen und geniessen.“[1948] Der Begriff der Vorsehung wird in diesem Zusammenhang eingeführt; in systematischer Hinsicht
ließen sich die Ausführungen[1949] als thematische Explikationen der Gottesattribute der Allmacht und Allwissenheit verstehen. Eine zyklische Rahmung erfahren sie, indem der Schlußsatz auf die Bedeutung der Naturgesetze zurück-
kommt: „Er [... Gott] hebt die Gesetze der Natur, auch des Guten u.[nd] Bösen
nicht auf.“[1950] Der anschließende viergeteilte Punkt „Wir sollen also“ muß aufgrund seiner inhaltlichen Ausrichtung als weiterer katechetischer Einschub
verstanden werden, der die tragenden Empfindungen der Kinder ansprechen
soll. Er betont in einem ersten, als positiv zu erkennenden Punkt, „einen guten
Muth [zu] haben“[1951], „unsere Pflicht [zu] thun u.[nd] den Ausgang unsres
Schicksals Gott überlassen, voll Zuversicht“[1952]. Der zweite Punkt greift den
Hinweis auf, seine jeweilige „Pflicht [zu] thun“, führt aber als Instanz über die
eigenen „Fehler“ dessen „natürliche [...] Folgen“ und „Unser Gewissen“ als
„Richter“ ein.[1953] Der die beiden Punkte verbindende Gedanke ist es, Gott als
„Schutzgeist unsres Lebens“[1954] bzw. „innigste[n] Freund u.[nd] Schutzgeist
unsres Lebens“[1955] vorzustellen. Der dritte Punkt betont die ethischen Konsequenzen in dem Gedanken eines schöpfungsimmanenten Ausgleiches: „Weil
die Vorsehung nichts unmittelbar thut, sondern durch Werkzeuge, insonderheit
gute Menschen: so müssen wir auch ihre Werkzeuge zu werden suchen u.[nd]
anderen helfen u.[nd] Gutes thun wo wir können: so wird uns auch Guts geschehn u.[nd] geholfen werden“.[1956] Der Schlußpunkt kehrt zu der Grundempfindung zurück: „die Zufriedenheit mit unserm Schicksal [als] der größeste
Dank, den wir der Vorsehung geben können.“[1957] In poetischer Intensität faßt
das zum Lernen aufgegebene Gedicht *Die Unzufriedenheit des Menschen*[1958]
das Gegenbild des Undankes zusammen, das mit den an die vorherige positive
Aussicht anknüpfenden Worten schließt: „So wird die Vorsicht uns weise, der

---

1948 Ebd., Bl. 4^r, 4^v ([I.] II.).
1949 Ebd., Bl. 4^v ([I.] II. 1f.).
1950 Ebd. ([I.] II. 3.).
1951 Ebd. ([I.] II. 1.).
1952 Ebd., Bl. 5^r ([I.] II. 1.).
1953 Ebd. ([I.] II. 2.).
1954 Ebd.
1955 Ebd., Bl. 5^r ([I.] II. 1.).
1956 Ebd., Bl. 5^v ([I.] II. 3.).
1957 Ebd. ([I.] II. 4.).
1958 Vgl. dazu Zippert, Familienkatechismus, S. 263f.

Himmel uns gnädig bedenken."[1959] Die „erste Wohlthat" zusammenfassend läßt sich feststellen, daß der Großteil der in Bückeburg gebotenen Aspekte auch in Weimar Aufnahme findet. Der organische Gesamtzusammenhang der Einzelgedanken wird jedoch ebenso gestärkt wie die Verknüpfung der jeweiligen Teile durch fließende Übergänge und synthetische Verbindungen. Die Punkte, die aus dem *Bückeburger Katechismus* in den ersten Teil der *Anfangsgründe* verarbeitet wurden, sind nach der oben eingeführten Zählung I. bzw. II. bis VII. – ausgenommen des Punktes VI. mit der darin erfolgten Begründung der Christologie. Für die Bückeburger Handschrift kann dies im Licht der Weimarer Konzeption bedeuten, daß die Christologie als solche in einer stärkeren Weise mit der Schöpfungstheologie verbunden wird und darin der beobachteten Zusammenstellung der Areopagrede Act 17,28 und Joh 5,17 vergleichbar ist. Die Stringenz und Nachvollziehbarkeit der Unterscheidung der verschiedenen Teile hat gerade an dieser Nahtstelle – trotz der fließenden Übergänge im einzelnen – in Weimar deutlich gewonnen.

Die „Zweite Wohlthat Gottes" steht unter dem Untertitel „Die Erlösung".[1960] Die Gliederung des Gesamtentwurfes zerfällt damit in zwei einander parallel stehende Konzeptionen. Die drei Hauptteile orientieren sich klar an der Einteilung des *Kleinen Katechismus* in „Schöpfung", „Erlösung" und „Heiligung". Der zweite Hauptpunkt der Herderschen *Anfangsgründe* knüpft ausschließlich an diese Einteilung an, wobei inhaltliche Ergänzungen durchaus vorgenommen werden. Der Punkt der „Schöpfung" steht jedoch nicht nur innerhalb dieser trinitarischen Systematik, er wird auch in die vorab beschriebenen Trias der „Schöpfung", „Erhaltung" und „Vorsehung" eingeordnet. Die systematische Ausdeutung dieser beiden Schematisierungen als einander parallel stehend soll an dieser Stelle nicht vertieft werden; im Sinne einer formalen Parallelität, die an den Erstpunkt der „Schöpfung" anknüpft, auf den der hier zu diskutierende Teil der „Erlösung" folgt, ist jedoch hinzuweisen. Im zweiten Punkt wird zunächst die theologisch bedeutsame Vorordnung der Sündenlehre einleitend erklärt: „Erlösung setzt Knechtschaft voraus: u.[nd] so müssen wir erst den Zustand von Sklaverei betrachten, aus dem der Mensch zur Freiheit erlöset worden ist u.[nd] erlöset werden soll."[1961] Der „Stand der Unschuld", zuvor nur aus der Bibellektüre bekannt und darin in einem historischen Kontext eingeführt, wird nun in systematischer Hinsicht ausgedeutet: „Gott hatte den Menschen zur wahren Freiheit erschaffen, daß er als sein Bild u.[nd] Kind aus Liebe zu ihm u.[nd] in Unschuld das Gute freiwillig thun, das Böse ohne es durch Erfahrung kennen zu wollen, lassen sollte."[1962] Gleiches gilt für den

---

1959 Ebd., S. 264.
1960 HN XXI, 66, Bl. 6ʳ ([II.]).
1961 Ebd.
1962 Ebd.

Sündenfall: „Gott gab ihm dabei ein leichtes Gebot, das seinem Zustand angemessen war, aber von ihm nicht befolgt wurde. Gott strafte ihn über diesen ersten Misbrauch seiner Freiheit liebreich, indem er ihm auch die harten Zustände der Menschheit verkündigte u.[nd] ihn dahin einführte."[1963] Der
pädagogische, die beiden ersten Hauptteile umgreifende Zweischritt wird nicht
eigens benannt, ist jedoch evident und besticht in seiner elementaren Kenntnis
kindlicher Lernmöglichkeiten. Insgesamt wird auch die vorgenommene Systematisierung wiederum in einen historischen Gesamtrahmen eingeordnet. Die
eingangs beschriebene bibelgeschichtliche und bibelkundliche Propädeutik
stellt den Kontext der Eröffnungsausführungen dar. Die Nähe zu dem *Geist
der Ebräischen Poesie*, die aus der zeitlichen Nähe zu deren Abfassung zu begründen sein dürfte, zugleich aber im Blick auf den Hauslehrer die Möglichkeit einer direkten literarischen Referenz und praktischen Absicherung für die
Unterrichtsgestaltung eröffnet, ist in der Chronologie, den inhaltlichen Akzen-
ten und der Reihenfolge der zentralen gemeinsam zu lesenden und auszuwer-
tenden Bibelstellen evident. Exemplarisch verdeutlichen dies alleine die wieder in Klammern – dem deutlichen Signal für die praktische Anweisung des
Katecheten – stehenden Hinweise auf die inhaltlichen und exegetischen Zusammenhänge, die im *Geist der Ebräischen Poesie* das Kapitel „Einrichtungen
Moses" bietet.[1964] Der im Kontext der Opfergebräuche einschlägige 50. Psalm
wird in beiden Bereichen, mit den Worten der *Anfangsgründe*: „gelesen u.[nd]
erkläret"[1965]. In der *Ebräischen Poesie* steht er als Beispiel für die „ältesten
und schönsten, [...] unblutigen Dank- und Weihrauchopfer".[1966] Eine gewisse
Distanzierung deutet die Einführung an: „Wir haben Einen Gesang über sie,
dessen sich die aufgeklärteste Zeit nicht schämen darf".[1967] Den Kindern ein
natürliches Verhältnis zu den menschheitsgeschichtlich bedeutsamen Riten zu
vermitteln, dürfte Herders Anliegen an dieser Stelle gewesen sein. Wichtig ist
zudem, daß Luthers erstes Hauptstück zum Dekalog weder eigens zu memorieren ist, noch ausdrücklich erwähnt wird. Allerdings findet sich im Kontext der
mosaischen Geschichte der wiederum biblisch vermittelte und von dem Katecheten umzusetzende Hinweis: „(Hier werden 2. Mos. 20. die 10. Gebote
durchgegangen u.[nd] ihre Nothwendigkeit, Billigkeit u.[nd] Schönheit gezeigt, auch die Umstände, unter denen sie gegeben wurden, erklärt u.[nd] das
19te Kapitel gelesen.)".[1968] In dem nachfolgenden Abschnitt zu den Propheten
wird deren „wahre[r] Begriff" in der Bestimmung, „öffentliche Sünden u.[nd]

1963 Ebd.
1964 SWS, Bd. 12, S. 76–105.
1965 HN XXI, 66, Bl. 6ʳ ([II.] 2.).
1966 SWS, Bd. 12, S. 98.
1967 Ebd.
1968 HN XXI, 66, Bl. 6ᵛ ([II.] 2.).

Misbräuche abzuthun u.[nd] Furcht Gottes u.[nd] Liebe, gute Gesetze u.[nd] Ordnung einzuführen"[1969], von einem möglichen Mißverständnis unterschieden. Wichtig an dieser Opposition ist der Hinweis, daß sie den „Zustand der Gottesfurcht immer als den Zustand der Ruhe, Glückseligkeit u.[nd] Freiheit" beschrieben und eben nicht „nicht nur auf irrdische Glückseligkeit, obwohl auch diese nicht ausgeschlossen wird [... beschränkt,] sondern vorzüglich auch immer mehrer[er] Ausbreitung der geistigen Glückseligkeit, Freiheit, Ruhe u.[nd] Wahrheit" zugearbeitet hätten.[1970] Ausdrücklich herausgestellt wird, wiederum in der praktischen Anweisung an den Katecheten, „wie thöricht u.[nd] widersprechend die Verheißungen der Propheten wären, wenn sie alle auf ein irrdisches, fleischliches Reich gingen u.[nd] daß das wahre Reich Gottes in menschlichen Seelen sei, nemlich Erkänntnis der Wahrheit, innere Glückseligkeit, Ruhe, Thätigkeit u.[nd] Freiheit."[1971] An dieser Stelle findet sich der heilsgeschichtlich zentrale Hinweis: „Und dies Reich, zu dem Gott lange u.[nd] überall auch unter andern Völkern vorbereitet hatte, stiftete Je-sus."[1972] Indirekt wurde damit bereits gesagt, wie das von Jesus verkündete Reich Gottes zu verstehen ist. Ausdrücklich findet sich dieser Hinweis wiederholt: „(Hier ist also sogleich vorläufig zu sagen, daß Jesus kein weltliches Reich habe stiften wollen u.[nd] mögen, als welches [es] seinen Absichten u.[nd] Umständen ganz u.[nd] gar entgegen gewesen wäre.[)]".[1973] Jesus wird damit einerseits in der prophetischen Tradition verankert, andererseits die mit dem Christentum historisch vollzogene Universalisierung der Botschaft vermerkt. Rückzuverweisen auf den Kontext der biblischen Geschichte ist insofern bereits an dieser Stelle, als die nachfolgenden in acht Punkte unterteilten Ausführungen zu dem „Erlöser und Heiland der Welt"[1974] mit drei Kapiteln schließen, die als Zusätze zu der vorherigen Systematik erkennbar werden. Der sechste Punkt bietet den genannten direkten Anschluß an die vorherige bibelkundliche Propädeutik. Die zentralen Ausführungen zu der „Erlösung" finden darin eine gleichermaßen biblisch wie historisch fundierte Rahmung innerhalb der gebotenen Chronologie. Die beiden letzten Punkte integrieren das vierte, fünfte und zweite Hauptstück des *Kleinen Katechismus* in den Gesamtentwurf. Punkt sieben gilt den beiden Sakramenten, der Schlußpunkt dem *Vater Unser*. Wichtig ist an diesem genetischen Vorgehen das zu erkennende Bemühen um eine organische Verbindung innerhalb der von Luther gebotenen Hauptgliederung der drei Artikel. Eine Integration der beiden Herderschen Schlußpunkte in

---

1969 Ebd., Bl. 7^r ([II.] 3.).
1970 Ebd., Bl. 7^r, 7^v ([II.] 3.).
1971 Ebd., Bl. 7^v ([II.] 3.).
1972 Ebd.
1973 Ebd.
1974 Ebd., Bl. 8^r ([II.]).

die von ihm selbst eröffnete Chronologie wurde nicht vorgenommen. Eine konsequent historische Betrachtungsweise bestimmt jedoch die Ausführungen zur Christologie. Die Einführung der Zweinaturenlehre erfolgt nicht mehr direkt. Implizit wird die Unterscheidung zwischen der menschlichen und der göttlichen Natur geboten; präziser: ein entsprechendes, biblisch vermitteltes Verständnis ist für die Untergliederung und Gestaltung der gesamten nachfolgenden Darstellung konstitutiv. Die ersten fünf Punkte gelten ausschließlich der menschlichen Natur – wobei der Begriff der „Natur" im Gesamtzusammenhang der „Zweiten Wohlthat" fehlt. Erst der bibelkundliche und darin historisch vermittelte Rahmen bietet die Aussagen zu der Gottheit Christi. Nicht zu vergessen ist jedoch die vorgeordnete Trinität im Bereich der Gotteslehre. Der Hinweis auf die Person des Sohnes findet sich bereits an dieser einleitenden und zentralen Stelle. Eine Differenzierung der Benennung oder Titulierung in der Zusammenstellung Jesus Christus wird nicht vorgenommen. An diesen Kontext knüpfen die Erklärungen nahtlos an: „Name: Jesus war der Name seiner Person. Christus der Name des Werks, das er ausführen sollte."[1975] Zuvor steht nur knapp, den Anschluß an die vorherige prophetische Tradition und schöpfungstheologische Bestimmung des Menschen gleichermaßen betonend: „der ihnen das wahre Erkänntnis Gottes die rechte Glückseligkeit u.[nd] Freiheit verkündigt, erworben u.[nd] zum Theil mitgetheilt hat, hieß Jesus."[1976] Der in Bückeburg der „Person" nachfolgende Punkt „Sein Leben" findet in Weimar mit dem Abschnitt „Lebensumstände"[1977] eine Entsprechung. Anders als zuvor, darin aber in der Stringenz der Weimarer Systematik, wird an dieser Stelle nicht auf die Ständelehre der Erniedrigung und Erhöhung abgehoben. Die Ankündigung, Geburt und die Lebensumstände bis zu dem Beginn der öffentlichen Wirksamkeit werden ausschließlich aus den neutestamentlichen Bezugstexten entwickelt. Lediglich abschließend und ausschließlich an dieser Stelle werden mit den Hinweisen auf Jes 11,1-3 und 42,1-4 alttestamentliche Bezüge in der Zuordnung von Weissagung und Erfüllung hergestellt.[1978] In Bückeburg vermittelte Herder diese Zusammenhänge in einer weitaus intensiveren materialen Zusammenstellung unter dem Punkt des Erlösungswerkes. Dies führt auch dazu, daß die Jungfrauengeburt ohne Rückbindung an Jes 7,14 eingeführt wird. Ohne jeden Hinweis auf göttliche Attribute erfolgt die Schilderung des „Charackter[s] [...] Jesu".[1979] Eigenschaften wie „Sanftmuth [...,] Demuth [...,] reines Herzens [...,] voll Liebe u.[nd] Zutrauen gegen Gott seinen Vater" schließen die Ausdeutung auf eine Göttlichkeit an dieser Stelle aus-

---

1975 Ebd. ([II.] 1.).
1976 Ebd. ([II.]).
1977 Ebd. ([II.] 2.).
1978 Ebd., Bl. 8ᵛ ([II.] 2.).
1979 Ebd. ([II.] 3.).

drücklich aus.[1980] Dies ist auch das erklärte Ziel des Vorgehens: „aus diesen Reden und Geschichten [u. a. Gleichnissen] wird der Character Jesu so anmuthig, leicht u.[nd] natürlich entwickelt, als ob man den Xenophon über Socrates läse."[1981] Hinweis auf die Leidensgeschichte und den Kreuzestod werden bereits geboten; sie dienen jedoch konsequent der Ausdeutung der Charaktereigenschaften. Der anschließende Punkt zu Jesu „Leben"[1982] mag als eine gewisse Doppelung zu den vorherigen Ausführungen der Lebensumstände erscheinen, erfüllt jedoch eine andere Funktion. Er stellt die Übereinstimmung von Jesu Lehre mit seinem Werk dar, das hier ausschließlich mit dem Begriff des Lebens benannt wird. Die bekannte Dreiteilung des Liebesgebotes besteht, mit leichten Unterschieden zu Bückeburg, in „Erkenntniß Gottes [...,] den Glauben u.[nd] die Liebe zu ihm"[1983], „die Menschenliebe [...] als [...] Erweis der Liebe Gottes" und die „[Pflichten bzw. Liebe] gegen sich selbst"[1984]. Der Bezug des letzten Punktes muß entweder aus den beiden vorherigen Hinweisen um die Liebe ergänzt werden oder aus dem *Bückeburger Katechismus*, in dem diese aus dem Doppelgebot der Liebe – unter Berücksichtigung der als Voraussetzung implizit benannten Selbstliebe – abgeleitet und innerhalb der Dreierstruktur der „Pflichten eines Christen" unter dem „Inneren Zustand der Kirche"[1985] aufgeführt wird. Die Pflichtenlehre löst sich darin von der Ekklesiologie und verbindet sich mit dem „Leben" Jesu sowie dessen Vorbildcharakter. Eine für Herder überaus wichtige Veränderung ist auch, daß die mit dem Leben Jesu berührte Verkündigung um einen zentralen Aspekt ausgeweitet wird, die in den *Anfangsgründen* bereits zuvor mit den naturgesetzlichen Wirkungszusammenhängen berührte Wiedervergeltungslehre: „Er setzt es als Regel vest, daß wie wir mit den Menschen verfahren auch Gott mit uns verfahre u.[nd] verfahren werde! [...] Die künftige Welt hält es für nichts als Wiedervergeltung".[1986] Die Bückeburger Handschrift bietet nur an einer Stelle, der „Reflexion" im Rahmen des letzten thematischen Punktes „Das Ende der Dinge" die Ermahnung: „uns so zu richten, wie wir dort werden gerichtet werden"[1987]. Die Ausrichtung dieses Hinweises ist zwar vergleichbar, die Ausbil-

1980 Ebd.

1981 Ebd.

1982 Ebd., Bl. 9^r–10^r ([II.] 4. a).

1983 Ebd., Bl. 9^r ([II.] 4. b).

1984 Ebd., Bl. 9^v ([II.] 4. c). Zipperts Lesart, Zippert, Familienkatechismus, S. 268: „gegen sich selbst empfindet Jesus Mäßigkeit[,] Nüchternheit, Demuth, Zufriedenheit, Einfalt" muß nach der Handschrift klar – auch in den Textbestand eindeutig absichernden Interpunktion – korrigiert werden: „gegen sich selbst: empfiehlt Jesus Mäßigkeit, Nüchternheit, Demuth, Zufriedenheit, Einfalt".

1985 GSA, Best. 44, Sig. 165, Bl. 9^r ([XII.] 1.1–3).

1986 HN XXI, 66, Bl. 9^v ([II.] 4. b).

1987 GSA, Best. 44, Sig. 165, Bl. 9^v ([XIII.] Rfl. 2.).

dung einer naturgesetzlich immanenten Wiedervergeltungslehre, die auf eine transzendente Auslegung nur auf Andeutungsebene hin offen ist, nimmt erst der Weimarer Entwurf vor. Im Rahmen des anschließenden fünften Punktes, „Seine letzten Schicksale"[1988], wird die „Menschheit Jesu" im Lichte der Auferstehung von der historisierend einzuführenden Ständelehre beleuchtet:

> „Die Gottheit belohnte u.[nd] ehrte desto mehr, was die Menschen so thöricht verworfen hatten: sie erweckte Jesum am 3ten Tage, nahm ihn nach 40 Tagen auf gen Himmel; wo er zur Rechten des Vaters sitzt, d. i. auch nach seiner Menschheit göttliche Macht u.[nd] Seligkeit besitzt u.[nd] einst als Richter der Erde sichtbar erscheinen wird. (hier wird der 2te Artikel gelernt u.[nd] in ihm gezeigt, was man Stände u.[nd] Stuffen der Erniedrigung u.[nd] Erhöhung genannt hat."[1989]

Die Auferstehung als ein historisches Ereignis wird aus der Zahl der Zeugen abgeleitet[1990]; die Bedeutung des Geschehens findet eine bemerkenswerte Erklärung: „weil durch sie [...] die Menschheit Jesu u.[nd] der Apostel bekräftigt" wird.[1991] Auch begründet sie erst „die Lehre von unsrer Unsterblichkeit u.[nd] Auferstehung".[1992] Der den Faden der bibelkundlichen Propädeutik wiederaufnehmende sechste Punkt knüpft nahtlos an das damit berührte Thema der Christologie an. Als „Nachrichten von Jesu" in Form der Evangelien und Briefe werden die Hoheitstitel in deren Referat geboten. „Sie schildern Jesum [...] als den Christus d. i. den geistlichen, himmlischen König, in dem alles Schattenwerk der Gebräuche, aller Streit der Secten, Juden, u.[nd] Heiden abgethan und unter Ein Kreuz gebracht worden. Jesus, sei der Vereiniger, der Friedestifter, der Mittler zwischen Gott und Menschen."[1993] Der zweite Absatz gilt im wesentlichen der paulinischen Theologie und in diesem Zusammenhang der Rechtfertigungslehre: „Weil Christus dies durch sein Leben und Tod zu wegegebracht, so wird er uns in seinem Leben als ein Ausrichter und Vollender des Gesetzes, in seinem Tode als ein Opfer für die Sünden der Welt dargestellt".[1994] Ein pastoraltheologischer und wiederum in der Adressatenorientierung an die jungen Kinder wohl gründender Zusatz erklärt, „daß jeder jetzt mit kindlichem Vertrauen Gott als Vater anbeten und sich weder vor dem Satan, noch vor dem Tode als Schreckbilder fürchten darf."[1995] Die Zusammenfassung ist von größter Bedeutung für das Christentumsverständnis; es „soll also ein freiwilliger, kindlicher Gottesdienst seyn, ein Glaube erlöster Menschen,

---

1988 HN XXI, 66, Bl. 10ʳ ([II.] 5).
1989 Ebd.
1990 Ebd., Bl. 10ᵛ ([II.] 5. [Nachsatz der Unterzählung]).
1991 Ebd. ([II.] 5. 1.).
1992 Ebd. ([II.] 5. 2.).
1993 Ebd., Bl. 11ʳ ([II.] 6. sowie 6. 1.).
1994 Ebd., Bl. 11ʳ, 11ᵛ ([II.] 6. 2.).
1995 Ebd., Bl. 11ᵛ ([II.] 6. 2.).

die von Vorurtheilen des Aberglaubens und der Gebräuche sowohl, als von
leerer Furcht für dem Teufel, dem Tode als einer Strafe und Plage, dem Zorn
Gottes etc. erlöset worden."[1996] Der bereits vorab nur indirekt berührte Aspekt
der Nachfolge wird nun expliziert: „Das Leben Jesu wird uns als <u>Vorbild aller
Tugend</u>, sein Tod und Auferstehn aber als <u>der Grund und das Vorbild</u> aller
<u>Hoffnung</u> dargestellt und auf einzelne Fälle gedeutet."[1997] Durch die Nachfolge
– dieser Begriff fehlt, soll hier aber als Zusammenfassung der berührten Aspekte aus dem *Bückeburger Katechismus* aufgegriffen werden – werden die
Menschen zu Christen: „Christen also sind solche, die sich Christum in seiner
Denkart, in seinen schönen und stillen Tugenden zum Muster nehmen und auf
eben den Lohn der Unsterblichkeit, den er erlangt und zu dem er uns den Weg
gebahnt hat, hoffen." Die Anweisung an den Katecheten betont,

> „daß Christus uns von Sünden, Tode und von der Gewalt des Teufels, durch sein
> Blut d. i. durch ein unschuldig Leben und Sterben als ein Freund, der für seine ge-
> fangenen Brüder alles bis auf sein Leben hingibt, erlöset habe, daß wir jetzt dieses
> edeln himmlischen Freundes Freunde in seinem Reich, in seinen Sitten, in seinen
> Hoffnungen leben und ihm ganz eigen seyn sollen, weil er ganz für uns gestorben
> und auferstanden ist und auch für uns bei Gott lebet."[1998]

An dieser Stelle, wie auch zuvor im Kontext des historisierenden Hinweises
auf die Ständelehre, findet sich noch einmal die Anweisung, den zweiten Artikel – es kann nur der des zweiten Hauptstückes sein – von der „schöne[n] Erklärung Luthers" zu lernen. Nicht weniger als dreimal wird der Lernauftrag damit formuliert. An der zentralen Bedeutung dieser christologischen
Ausführungen ist für Herder damit nicht zu zweifeln. Der zweite Artikel in der
Auslegung Luthers war für ihn der Hauptartikel. Die an dieser Stelle eingefügten Passagen zu den Sakramenten und dem *Vater Unser* orientieren sich gleichermaßen an der katechetischen Tradition. Für beide „Denkmale und Einsetzungen" gilt – wie in Bückeburg – die Einsetzung durch Christus als
maßgebend: „haben wir von Christo selbst".[1999] Die Taufe stellt Herder als
„ein Sinnbild der Reinigung und Einweihung [vor], daß wir, wie mit seinem
Blut besprengt, wie er unschuldig und heilig leben sollen."[2000] Er verweist auf
die Bedeutung des Apostolikums und den Auftrag der Eltern, ihre Kinder „also
zu erziehen".[2001] Die Anweisung an den Katecheten fordert dazu auf, daß das
„4te Hauptstück durchgegangen und verständlich gemacht" wird.[2002] Das

---

1996 Ebd.
1997 Ebd., Bl. 11^v ([II.] 6. 3.).
1998 Ebd., Bl. 12^r ([II.] 6. 3.).
1999 Ebd. ([II.] 7.).
2000 Ebd. ([II.] 7. a).
2001 Ebd., Bl. 12^v ([II.] 7. a).
2002 Ebd.

Abendmahl gilt Herder als „ein Denkmal der letzten Freundschaft und Zärt-
lichkeit Jesu."[2003] Er verweist auf die tröstende Funktion gegenüber den Jüngern[2004], die Aussicht auf die fortbestehende und intensivierte Präsenz[2005] und
den Auftrag, „daß sie sich seiner Liebe und letzten Ergebung in den Willen
Gottes, seiner Leiden und Hoffnungen erinnern und sich zu seinen Tugenden
aufmuntern sollten"[2006]. Für die Einsetzung des Abendmahles überwiegt damit
die symbolische Auffassung. Ein zweiter Punkt gilt der Bedeutung des Abendmahls für die Christen der Gegenwart:

> „So sollen auch wir das Abendmal Jesu genießen, als seine Freunde [...,] um uns
> seines Lebens, Todes, und seiner Auferstehung mit Dankbarkeit, Freude und Hoff-
> nung zu erinnern [...,] uns seiner innigen freundschaftlichen Gegenwart zu erfreuen
> und den Glauben auch unserer Unsterblichkeit in uns zu stärken [... und] uns zu al-
> len Tugenden Christi, dem Bekänntnis der Wahrheit, der Ergebung in den Willen
> Gottes, der Freundschaft und Liebe zu den Unsern, der Versöhnlichkeit gegen die
> Feinde zu stärken."[2007]

Die symbolische Memorialfunktion findet sich darin wiederholt; der Aspekt
der Präsenz wird jedoch ebenfalls betont, wenn auch für den Moment des
Abendmahls nicht in eigener Weise akzentuiert. Der an den Katecheten gerichtete Hinweis gilt nun dem „6te[n] Hauptstück" des *Kleinen Katechismus*.[2008]
Die anschließende *Vater Unser*-Auslegung verzichtet auf diese Referenz. Das
Vater Unser gilt Herder als „Muster des Gebets" in seiner „Schönheit, Einfalt
und kindliche[n] Reinigkeit".[2009] Zu erinnern ist daran, daß ein entsprechender
Teil im *Bückeburger Katechismus* nicht ausgeführt worden war. In Weimar
bietet die einfühlsame Auslegung Herders den Anlaß zu einer Vernetzung mit
anderen Erbauungstexten. Im Zusammenhang des *Vater Unsers* gibt Herder in
drei Dreier- und einem Viererblock insgesamt sechzehn Strophen von Paul
Gerhardts „Ich singe dir mit Herz und Mund" zu lernen auf.[2010] „Auch einige
schöne Psalmen [werden] gelesen."[2011] Das *Vater Unser* bietet Anlaß, über die
„Kraft und Erhörung der Gebete" nach dem Verständnis Jesu zu reflektieren.[2012] Der zentrale Begriff der Darstellung kann in dem der „Demuth" identi-

---

2003 Ebd. ([II.] 7. b).
2004 Ebd. ([II.] 7. b. a).
2005 Ebd. ([II.] 7. b. b).
2006 Ebd., Bl. 12ᵛ, 13ʳ ([II.] 7. b. c).
2007 Ebd., Bl. 13ʳ ([II.] 7. 1.–3.).
2008 Ebd. ([II.] 7. 3.).
2009 Ebd., Bl. 13ᵛ ([II.] 8.).
2010 Ebd.
2011 Ebd., Bl. 14ʳ.
2012 Ebd.

fiziert werden.[2013] In der Charakterisierung der vierten Bitte stehen auch die Ergänzungen im Zusammenhang mit diesem Wortfeld: „wie kurz, demüthig, bescheiden, gnügsam."[2014] In Bückeburg befindet sich ebenfalls die „Demuth" an der ersten Stelle der Hinweise zum Wesen des Gebetes.[2015] Die „zweite Wohlthat" umfaßt damit eine gewaltige materiale Fülle, die in einer bemerkenswerten Sensibilität elementarisiert und kindgerecht entwickelt wird. Gegenüber der systematischen Vollständigkeit wird die konsequente Akzentverschiebung in der stärkeren Betonung der eigenen Empfindungen und Erinnerungen der Kinder, auch in der Verfügbarkeit tröstender geistlicher Texte, erkennbar.

Die „dritte Wohlthat Gottes" gilt der „Heiligung d. i. [...] Beßerung des Menschen."[2016] Sie umfaßt in einer deutlichen Entsprechung zur Reihenfolge des *Bückeburger Katechismus* den Komplex der letzten fünf thematischen Punkte vor der abschließenden Bibelkunde. Ein Unterschied ist in der Einleitung der Weimarer Ausführungen zu erkennen. Sie trägt nach, was in Bückeburg keine Aufnahme gefunden hatte: eine nicht ausschließlich aus der Trinität abgeleitete Verbindung der Pneumatologie mit der Christologie. Herder knüpft darin an Jesu Verheißung des Heiligen Geistes im Johannes-Evangelium an[2017] und stellt fest, daß der Geist „eigentlich das wahre Christenthum, d. i. [... der] Sinn Christi selbst ist. [...] Der Geist Christi oder der heilige Geist ist also der Sinn Christi, die Denkart, Empfindung u.[nd] das innere Gefühl von Wahrheit, was Christus selbst hatte, was ihn zu allem Guten antrieb u.[nd] seine größeste Freude u.[nd] Stärke war."[2018] Der Gedanke der Nachfolge verbindet sich mit dem engen Bezug von Christologie und Pneumatologie: „Diesen [den Heiligen Geist] versprach er den Seinigen, die jetzt an seiner Stelle in der Welt seyn, gleichsam seine Person vorstellen, also auch in seinem Sinn leben sollten."[2019] Die Vorstellung als der dritten innertrinitarischen Person führt er auf Jesu Rede von dem Heiligen Geist „als von einer Person (Joh. 14, 17-26. Joh. 15, 16. Joh. 16, 13 werden hier wiederholet)" zurück – und damit zunächst sprachlich auf die Formulierungen Jesu in der dritten Person Singular. Die bereits einleitend

2013 Vgl. dazu ebd., Bl. 13^v, 14^r, die dritte Bitte, die vierte sowie die abschließende Zusammenfassung der drei letzten Bitten.
2014 Vgl. dazu ebd., Bl. 13^v.
2015 GSA, Best. 44, Sig. 165, Bl. 8^r ([X.] Rfl. 5.).
2016 HN XXI, 66, Bl. 14^v ([III.]).
2017 Ebd., Bl. 14^r, 14^v ([III.]). In der einleitenden Formulierung: „Vor seinem Eingange aus der Welt versprach Christus seinen Freunden, die er verlassen mußte einen unsichtbaren Freund, der in ihnen selbst seine Stelle vertreten, sie lehren u.[nd] erinnern sollte", könnte ein Schreibfehler vorliegen. Möglicherweise lautet Herders Formulierung: „Vor seinem Heimgange".
2018 Ebd., Bl. 14^r ([III.]).
2019 Ebd.

eingeführte Trinität wird an dieser Stelle bis zu einem gewissen Punkt dogmatisch vertieft: „Wir nennen ihn also die dritte Person der Gottheit; doch müssen wir darunter keine menschliche abgetrennte Person verstehen, überhaupt auch die Drei-Einigkeit Gottes nicht ergründen wollen, sondern uns vielmehr an die Werke und Wohlthaten derselben halten.“[2020] Der unmittelbare Rückbezug auf die Gliederung des Gesamtentwurfes wird damit ausdrücklich hergestellt. Von programmatischer Bedeutung für die theologische Qualifizierung des Herderschen Bildungsverständnisses ist die nachfolgende Erklärung:

> „Das Werk oder die Wohlthat des H.[eiligen] Geistes heißt die Heiligung u.[nd] i.[st] die Zubereitung des Menschen, daß er ein Gott wohlgefälliger, guter Mensch werde. Sie ist keine fürchterliche, sondern die erfreulichste Sache, weil der Mensch keinen schöneren Zweck in der Welt hat, als daß er ein Gott gefälliger, guter Mensch werde. Hierzu hilft uns Gott, hieran müssen wir auch arbeiten so lange wir leben u.[nd] dieses ist die Erziehung des Menschen durch seine ganze Lebenszeit, daß er immer mehr lerne u.[nd] immer besser werde. Thiere können dies nicht – sondern wie sie sind bleiben sie: der Mensch kann sich selbst erziehen u.[nd] Gott sucht ihn zu erziehen durchs ganze Leben.“[2021]

Diese Passage läßt erkennen, welcher Abschnitt des *Bückeburger Katechismus* durch den neukonzipierten Einleitungsabschnitt ersetzt wurde. Es ist der Teil zur „Ordnung der Schöpfung durch Bekehrung u.[nd] Glaube“[2022], der seinerseits den Begriff der Buße vermieden hatte. In einer holzschnittartigen Verkürzung ließe sich diese Akzentverschiebung mit der Ablösung des Begriffes der „Buße“ durch den der „Bildung“ zusammenfassen. Zu betonen ist allerdings, daß diese Veränderung in den *Anfangsgründen* nur in der vorgeordneten Programmatik zu beobachten ist. Die nachfolgenden Ausführungen orientieren sich wiederum stark an der bereits in Bückeburg mit dem Beginn der Pneumatologie gebotenen Heilsordnung. Zuvor finden sich noch die Entsprechungen zu dem Bückeburger Punkt der „Mittel der Gnade“[2023]. Der Begriff der Gnade fehlt in diesem Zusammenhang; lediglich unter einem der späteren Unterpunkte – dem zentralen der Rechtfertigung – taucht er einmal neben dem der Barmherzigkeit auf[2024]. Die Bückeburger „Mittel der Gnade“ stehen als „Mittel dazu“ in Weimar im syntaktischen Kontext der zuvor benannten göttlichen Erziehung.[2025] Im wesentlichen beschränken sich die *Anfangsgründe* auf drei „Mittel“: „das Wort Gottes“ – darin konform mit dem *Bückeburger Katechismus* und der Tradition –, „die guten [... und] die bösen Exempel“ sowie die

---

2020 Ebd.
2021 Ebd.
2022 GSA, Best. 44, Sig. 165, Bl. 7^r ([VIII.]).
2023 Ebd., Bl. 7^r ([X.]).
2024 Vgl. dazu HN XXI, 66, Bl. 17^v ([III.]).
2025 Ebd., Bl. 15^r ([III.]).

„Stimme seines Gewissens als [...] die Stimme Gottes".[2026] Der Hinweis auf die Instanz des Gewissens findet sich in Bückeburg in der systematisch einschlägigen schöpfungstheologischen Begründung der Anthropologie. Die Vorbildfunktion guter Beispiele steht im Vorentwurf unter den „Folgen" der Bekehrung in einem thematisch vergleichbaren Kontext. Einen Rückverweis auf die zuvor behandelten Sakramente bieten die *Anfangsgründe* nicht. Die anschließende Heilsordnung ist ebenfalls von deutlichen Veränderungen bestimmt. Die einleitende Abfolge der „Berufung"[2027], „Erleuchtung"[2028] und „Wiedergeburt"[2029] wird beibehalten. Der Punkt zur „Vereinigung mit Gott"[2030] entfällt völlig. An seiner Stelle steht der in Bückeburg übergeordnete, hier als Unterpunkt gebotene Begriff der „Bekehrung"[2031], der im Sinne einer die gesamte Lebensgeschichte umfassenden „Aenderung des Menschen" ausgedeutet wird. Als das punktuelle Gegenstück wird der Begriff der „tägl.[ichen] Erneuerung des Menschen" verstanden[2032], neben dem der Bückeburger Hinweis auf die „Heiligung" fehlt. Zwei gravierende Veränderungen sind daneben zu beobachten. Zum einen beschränkt sich die einleitende Berufung zunächst nicht nur auf individuelle Vorgänge: „Sie hat sich auf ganze Völker erstreckt, so wie sie einzelne Menschen oft besonders auszeichnet"[2033]. Zugleich wird die Rückbindung an den implizit vorausgesetzten Bildungsbegriff erkennbar: „vorzüglich ist sie bei den Menschen in den Jahren ihrer Jugend, wo das Herz noch biegsam, die Seele aufmerksamer auf alles ist, was um uns vorgeht u.[nd] das Gute und Böse dem Menschen gleichsam entgegen kommt".[2034] Die Entfaltung der Heilsordnung wird darin grundlegend von einer Seelenlehre bestimmt: „Da der Mensch 2 Seelenkräfte hat, Verstand und Willen, die zwar innig verbunden sind, auch in allem Guten verbunden sind, auch in allem Guten verbunden seyn sollen, von den Menschen aber leider! oft getrennt werden: so kann die Besserung des Menschen nicht anders bewirkt werden, als daß beyde geläutert, geschärft und aufs innigste verbunden werden."[2035] Als Veränderung des Verstandes begreift Herder die Erleuchtung. Die Wiedergeburt betrifft das Herz, das hier entweder als Metapher für die Instanz des Willens zu verstehen ist oder den Zusammenhang von Willen und Verstand markieren muß. Bekeh-

---

2026 Ebd., Bl. 15ʳ, 15ᵛ ([III.]).
2027 Ebd., Bl. 15ᵛ ([III].).
2028 Ebd., Bl. 15ᵛ, 16ʳ ([III].).
2029 Ebd., Bl. 17ʳ ([III].).
2030 GSA, Best. 44, Sig. 165, Bl. 7ᵛ ([IX.] 2. 2. 5.).
2031 HN XXI, 66, Bl. 17ʳ, 17ᵛ ([III.]).
2032 Ebd., Bl. 17ᵛ ([III.]).
2033 Ebd., Bl. 15ᵛ ([III.]).
2034 Ebd., Bl. 15ᵛ, 16ʳ ([III.]).
2035 Ebd., Bl. 16ᵛ ([III.]).

rung und Erneuerung werden schließlich von den benannten zeitlichen Aspekten bestimmt. Zwei systematische Konzeptionen bestimmen damit konsequent die Weimarer Ausführungen zur Heilsordnung, die einen deutlichen Unterschied zu dem Bückeburger Entwurf markieren. Eine Kontinuität, die nahelegt, daß die in Weimar vorgenommene Bestimmung gedanklich schon in Bückeburg verfügbar war, findet sich in dem Weimarer Begriff der „neue[n] lebendige[n] Erkenntniss", die nicht anders „kann [... ,] als unmittelbar aufs Herz [zu] wirken u.[nd] die Denkart [zu] verändern".[2036] Auch dieser Terminus („neue lebendige Erkenntnisse") steht in Bückeburg, ohne eigene Ausführungen, unter dem Punkt der „Erleuchtung"[2037]. Kontinuitäten und Differenzen sind damit nebeneinander zu beobachten. Der zweite Punkt einer deutlichen Modifikation betrifft den Status der Rechtfertigung. In die vorab beschriebene in sich stringente Systematik findet sich das Rechtfertigungsgeschehen nicht aufgenommen. Es folgt danach. In formaler Hinsicht könnte dies als eine Aufwertung verstanden werden. Inhaltlich fügt sie der vorherigen Konzeption einen soteriologischen Aspekt ein, der jedoch ausschließlich nur hamartiologisch bestimmt wird:

> „Einem Menschen, der von dieser Art ist, rechnet Gott aus Gnade u.[nd] Barmherzigkeit seine vergangene oder jetzige Fehler, die er aus Schwachheit begehet, nicht zu; sondern vergiebt sie ihm um der Unschuld u.[nd] des Verdienstes Christi willen u.[nd] siehet denselben so gerecht an, als Christus war, u.[nd] dieser Mensch zu werden sich bestrebet. Röm. 3, 23-25. (Bis zu den Worten: durch den Glauben in seinem Blut.) Diese Wohlthat Gottes heißt die Rechtfertigung d. i. die Erklärung für einen Unschuldigen oder die Vergebung der Sünden; welche dem Menschen grossen Trost geben aber nicht zum Dekmantel der Sünde gebraucht werden soll. Röm. 6, 1-4. 1 Joh. 2, 1-3."[2038]

Die exegetischen Hinweise sind präzise; und die zentrale Begrifflichkeit ist vorhanden. Was jedoch fehlt, ist die Ausdeutung und Erklärung des Begriffs der Gnade. Auch eine Übertragung des δωρεάν aus Röm 3,24 als dem Inbegriff des Gnadengedankens auf die gesamte vorherige Entwicklungs- und Erziehungskonzeption fehlt. Theologisch ist dies ein klares Defizit. Die nachfolgende Ekklesiologie[2039] beschränkt sich auf das Wortgeschehen und die historische sowie soziale Dimension der Kirche; der Hinweis auf die Sakramente fehlt. Die Unterscheidung zwischen sichtbarer und unsichtbarer Kirche wird eingeführt. Der Schlußsatz: „Der wahre Christ ist der, der nach dem Vorbilde Christi züchtig, gerecht u.[nd] gottselig lebt u.[nd] ein anderes Leben erwar-

2036 Ebd., Bl. 17ʳ, ebenso so auch Bl. 16ᵛ ([III.]).
2037 GSA, Best. 44, Sig. 165, Bl. 7ᵛ ([IX.] 2. 2. 2.).
2038 HN XXI, 66, Bl. 17ᵛ, 18ʳ ([III.]).
2039 Im wesentlichen vgl. dazu ebd., Bl. 18ʳ-19ʳ.

tet", leitet zu dem Thema der „Auferstehung der Todten"[2040] und dem in Bückeburg „Das Ende der Dinge" überschriebenen eschatologischen Komplex über. In Weimar bestimmt die Ausführungen ein formaler Dreischritt, der jedoch als die Darstellung eines einzigen inhaltlichen Punktes verstanden werden kann. Das „andre Leben" markiert den übergeordneten Gesamtzusammenhang. Es folgt – als die eigentliche Explikation – die Darstellung des Lohns und der Strafe. Thematisch zusammenfassend ließe sich der Punkt damit insgesamt unter das Stichwort der Vergeltung stellen. Der argumentative Darstellungsgang hält zunächst fest, daß das „andre Leben [...] nach der Auferstehung [...], die am jüngsten d. i. am letzten Tage der Welt geschehen von Christo, dem Richter aller Lebendigen und Todten"[2041], folgen „soll". Das letzte Wort markiert das Referat, das in der Herderschen Darstellung selbst vorliegt. Ausgiebiger als diese Hinweise fallen die Anweisungen an den Katecheten aus, dem u. a. aufgetragen wird, daß er „die falschen Zweifel u.[nd] Misverständnisse von der Erweckung unseres groben Körpers, dem Gerichtsstuhl, den Büchern, der Posaunen theils widerlegt, theils erkläret."[2042] Das „andre Leben" gilt im Anschluß als „der wahre Zustand des Lohns u.[nd] der Strafen [...], von dem aus Gott nur so viel entdecket hat als wir fassen können u.[nd] zu wissen bedürfen."[2043] Der Begriff des Lohnes wird nicht wiederholt. Die inhaltliche Bestimmung des „ewige[n] Leben[s]" stellt den übergeordneten und im Anschluß weitergeführten Gesamtzusammenhang dar. Zwei Punkte benennt Herder: das Leben „im Anschauen Gottes", wobei die *visio Dei* erklärt wird: „d. i. [...] viel lebendigere [...] Erkenntnisse u.[nd] Genuß desselben, als uns hier vergönnet ist, welches nothwendig die grösseste Freude u.[nd] Seligkeit seyn muß."[2044] Die zudem eingeführte *communio sanctorum* folgt begrifflich mit dem Apostolikum auch dem *Kleinen Katechismus*: „in der Gesellschaft Christi u.[nd] aller Heiligen edlen Menschen die je auf der Welt gelebt haben, die alle in der größten Eintracht u.[nd] vollkommensten Liebe leben u.[nd] wirken werden, wozu sie Gott als selige Geister gebrauchet." Der nachfolgende Zusatz verbindet Momente der paulinischen Theologie mit Aussagen der Apokalypse: „Weder Sünde noch Trennung noch Unglück noch Tod wird daselbst mehr seyn, die alle als Unvollkommenheiten u.[nd] Prüfungen zu dieser Welt gehören."[2045] Das Gegenstück der Strafe wird erklärt: „in der Entfernung von Gott u.[nd] in dem quälendsten Gefühl der Reue über ihr voriges Leben."[2046] Auf

---

2040 Zu dem ersten Punkt vgl. ebd., Bl. 19ʳ.
2041 Ebd.
2042 Ebd.
2043 Ebd., Bl. 19ᵛ.
2044 Ebd.
2045 Ebd.
2046 Ebd.

die Bedeutung der Metaphorik verweist Herder beiläufig in der Erklärung für den Katecheten; die Zentralität dieser Einsicht ist auch für die wissenschaftliche Theologie nicht zu überschätzen: „(hier werden die Bilder des Feuers, der Grube, der Finsterniß, des nagenden Wurms erklärt u.[nd] gezeiget, daß wir ohne solche Bilder von einem künftigen Zustande nichts verstehen könnten[)]".[2047] Eben als metaphorische Verfassung der menschlichen Rede dürfte auch der nachfolgende Hinweis auf die „quälende [...] Gesellschaft des Teufel u.[nd] Bösen, die für sich selbst schon eine Hölle ist"[2048], zu verstehen sein. Zwei Unterpunkte, die ausschließlich an den Katecheten gerichtet sind, bieten weitere Präzisierungen. Vermittelt werden soll, „das Gute mehr aus Liebe u.[nd] Lust als aus Furcht für der Strafe u.[nd] Hölle [zu] thun"; zudem gilt es zu zeigen, „daß Hölle u.[nd] Himmel eine Fortsetzung u.[nd] natürliche Folge dieses Zustands sind u.[nd] jeder also seine Hölle u.[nd] Himmel selbst bauet u.[nd] mitnimmt."[2049] Diese Hinweise knüpfen thematisch einerseits an die vorherigen Ausführungen zu den weltimmanenten naturgesetzlichen Wirkungszusammenhängen an, andererseits an die Darstellung der Verkündigung Jesu. Beide Verbindungen stellt der Schlußabschnitt her, der festhält, „daß Christus uns den künftigen Zustand als eine Wiedervergeltung gezeigt habe, folgl.[ich] wir uns auch dadurch unsere Himmel u.[nd] Hölle in dieser u.[nd] jener Welt selbst bereiten." Nur in der abschließenden Andeutung auf „diese [...] Welt" wird der Rückbezug auf die vorherigen Ausführungen der Weltimmanenz vorgenommen. Die Zurückhaltung mag in dem theologischen Hinweis auf die begrenzte Erkenntnis des Menschen in eschatologischer Perspektive gründen. Dieser Aspekt findet sich zumindest auch in dem abschließenden fakultativen Lernauftrag, Simon Dachs von Herder geliebtes Lied „Sel'ge Ewigkeit"[2050], dessen zweite Strophe festhält: „Unsern künft'gen Stand würdig auszusprechen, wollen uns Verstand, Worte hier gebrechen. Keine Wissenschaft gibt dazu uns Kraft."[2051]

In der Einzelbetrachtung geben sich damit signifikante Unterschiede der *Anfangsgründe* zu dem *Bückeburger Katechismus* zu erkennen. Dominierend sind jedoch insgesamt der Aspekt der Kontinuität und das hohe Maß an materialer Übereinstimmung, die in inhaltlich veränderten Akzentuierungen aufgezeigt werden können. Die *Anfangsgründe* belegen trotz der zum Teil gravierenden Unterschiede, von welcher grundlegenden Bedeutung die kirchliche und dogmatische Tradition für Herder selbst in der privaten, jenseits der äußeren Amtszusammenhänge stehenden Erziehung war. Der *Bückeburger Kate-*

2047 Ebd.
2048 Ebd., Bl. 20r.
2049 Ebd.
2050 Vgl. dazu in diesem Kap., u. a. Anm. 348.
2051 Zippert, Familienkatechismus, S. 277.

chismus wird damit als eine für Herder genuine Momentaufnahme der frühen siebziger Jahre zu erkennen, in deren dogmatischer Tradition die Anschlußstellen für die später vorgenommenen Veränderungen erkennbar werden. Die Gesamtanlage der *Anfangsgründe* ist von einer bemerkenswerten Geschlossenheit, die in fließenden Übergängen, engen intertextuellen Bezügen und der Vielfalt der literarischen Formen gründet, die mit dem eigenen Text verbunden werden. Aus der Vielzahl der Textebenen, die sich identifizieren ließen, ist besonders eine herauszuheben: die ausschließlich für den Hauslehrer bestimmte Reflexion auf die konkreten Ziele und praktischen Vorgehensweisen des Unterrichts. Tendenziell konnten Anzeichen ausgemacht werden, die darauf hindeuten, daß der Hausunterricht integrativ, d. h. auch auf die jüngeren Kinder des Hauses ausgerichtet war. Möglicherweise verdankt sich der insgesamt als integrativ, in Teilen auch als elementarisierend zu beschreibende Ansatz der *Anfangsgründe* diesem Umstand. Eine weitere Anschlußfrage ließe sich formulieren: In welchem Maße müssen die *Anfangsgründe* als eine mögliche Antwort auf die einleitend benannte Kritik des Nachbarn Voigt auf einen bis Anfang 1783 – und damit vor der Erstellung der Handschrift – nicht „Seilers Religionsauffassung" folgenden Hausunterricht verstanden werden? Die Frage ist von größter Bedeutung für das Verständnis der Konzeption als eines Privatentwurfes. Sie motiviert zu mehreren Überlegungen. Mag die Betonung des Rechtfertigungsgeschehens – innerhalb des gebotenen Kontextes in einem formal bedeutsamen, inhaltlich jedoch unzureichenden Anschluß – mit Voigts dezidiertem Hinweis auf den Erlanger Lutheraner zusammenhängen? Welche Religionsauffassung setzte Voigt voraus? Welche literarischen Werke hatte er als einschlägig empfunden? Wahrscheinlich ist, daß Seiler als produktiver Autor von Erbauungsliteratur in die Wahrnehmung Voigts getreten war und Herder die beiden zuletzt genannten Fragen nach Voigt weder selbst hätte ausreichend beantworten können, noch ein vorrangiges Interesse an einer inhaltlichen Abstimmung mit dem Nachbarn gerade in dem hier berührten Zusammenhang gehabt haben dürfte. Zugleich deutet sich eine Einschränkung des Begriffs des Privaten an. Ein genuineres Dokument außerhalb der öffentlichen Amtsvorgänge und beschränkt auf die Nutzung im hauseigenen Privatunterricht ließe sich dennoch nicht vorstellen. Die Konfirmation muß zwar ebenfalls als kirchlicher Vorgang verstanden werden, in der Stadtkirche in ihrem Umfang jedoch als nur sehr eingeschränkte Prüfung, in der Jakobskirche aber als dezidierte Privatkonfirmation. Diese Differenzierung soll in dem im folgenden zu gebrauchenden Begriff des Privaten vorausgesetzt werden. Der Präzisierung der Ergebnisse korrespondiert die grundsätzliche und damit exemplarisch untermauerte Skepsis an einer esoterischen, vorrangig selbstreflexiven und ohne jede Adressatenorientierung formulierten Überzeugung Herders. Umgekehrt entspricht dem das Ergebnis der Kontinuität, die für die beiden Katechismusentwürfe in ihren unterschiedlichen Akzentuierungen herausgearbeitet werden konnte.

2.8.5. Die Aufzeichnungen zur Privatkonfirmation (wohl Weimar, vor 1783)

Die beiden zuletzt benannten Aspekte, eine starke Adressatenorientierung unter dem Ausschluß einer vorrangig schulisch oder kirchlich zu bestimmenden Öffentlichkeit, konnten sich jedoch auch in amtlichen Zusammenhängen miteinander verbinden. Die Privatkonfirmation von Gemeindemitgliedern stellte den hier ebenfalls zu behandelnden Sonderfall einer amtlichen Katechese unter Ausschluß der Öffentlichkeit dar. In Weimar verband sich der amtliche Vorgang nicht ausdrücklich mit den Pflichten des Oberhofpredigers; im Falle Herders dürfte es sich bei Privatkatechisationen und Privatkonfirmationen um Ausnahmen gehandelt haben, die wohl entweder – wie bei den Konfirmationen der fürstlichen Kinder – aus den Beziehung zum Herzoghaus oder – wie bei August von Goethe oder den zuvor benannten Schweizern[2052] – aus privaten Verbindungen erwachsen sind. Aufzeichnungen statistischer Art bzw. Register zu den Privatkonfirmationen der Hofkirche fehlen, weshalb es auch nicht möglich ist, weitere Auskünfte über diesen Teil der amtlichen Funktionen Herders zu geben.

Was sich jedoch identifizieren läßt, ist ein Manuskript, das wahrscheinlich in den Kontext einer Privatkonfirmation einzuordnen ist.[2053] Dies entspricht zunächst der Vermutung Karolines, die ein Titelblatt anlegte mit der Bemerkung: „Zuliegender ReligionsUnterricht, scheint für eine PrivatConfirmation aufgesetzt zu seyn."[2054] Der Text selbst bietet einige Anhaltspunkte dafür. Eine Schwierigkeit stellt jedoch die Datierung dar. Problematisch ist es auch, daß die gerade bei einer Privatkatechese in einem hohen Grade vorauszusetzende Adressatenorientierung ausschließlich aus einem Vergleich mit den beiden vorab ausgewerteten Handschriften erhoben werden kann. Insofern beide Einordnungen jedoch die Voraussetzung für eine intensivere Auswertung darstellen, muß auch die inhaltliche Ausdeutung der Handschrift auf eine knappe Skizzierung beschränkt bleiben.

Hinsichtlich der Datierung ist festzuhalten, daß das sieben beidseitig beschriebene Blätter umfassende eigenhändige Manuskript keinesfalls der Weimarer Spätzeit zuzuordnen ist. Die noch vergleichsweise runden Buchstaben

---

2052 Vgl. dazu Kap. II, Anm. 79.

2053 HN XXIII, 5. Da in die Handschrift von späteren Benutzern oder Archivaren eine Seitenzählung eingetragen wurde, wird im folgenden auf diese und keine Blattzählung zurückgegriffen.

2054 Ebd.

und die Größe der Type erlauben es, einen Zusammenhang mit den namentlich bekannten späten Privatkonfirmationen auszuschließen. Die im späteren Fließtext von eigens hervorgehobenen Gliederungsschemata und beziffernden Klassifikationen absehende graphische Gestaltung ist typisch für die bis in die späten siebziger und frühen achtziger Jahre reichende Zeit. Die inhaltliche und formale Gestaltung der katechetischen Aufzeichnungen, die in Anlehnung an Karolines Titel im folgenden kurz als *Privatkatechese* bezeichnet werden sollen[2055], legt es nahe, die Handschrift in die Zeit zwischen dem *Bückeburger Katechismus* und den *Anfangsgründen* einzuordnen.

Die Ausrichtung auf den Akt der Konfirmation zeigt sich an mehreren Stellen. Auf diese wird nicht im einzelnen, sondern im Rahmen einer Kurzzusammenfassung einzugehen sein. In einer Umkehrung der Gesamtanlage des *Bückeburger Katechismus* eröffnet die *Privatkatechese* mit einem bibelkundlichen Abriß.[2056] Dieser orientiert sich an Luthers Einteilung in Geschichtsbücher, Lehrbücher und den Propheten im Alten sowie zudem einem prophetischen Buch im Neuen Testament. Im Zentrum der Bibel, dem „Wort Gottes an die Menschen" steht „Jesus Christus"[2057], zunächst als der „zukünftige"[2058], dann als der „gekommene [...] Heiland"[2059]. Dem zeitlichen Unterschied korrespondiert der qualitative. Das Alte Testament ist „ein Bild, Schatten, Weissagung des zukünftigen Reichs Gottes"[2060], das Neue „enthält die Geschichte, den Körper und das Wesen des Reichs Gottes selbst"[2061]. Beide Aspekte finden sich knapper auch in dem *Bückeburger Katechismus*, bei dem in der Charakterisierung der biblischen Bücher die historischen Zusammenhänge stärker im Vordergrund stehen, während die *Privatkatechese* diese Aspekte zwar für die alttestamentlichen Geschichtsbücher bietet, insgesamt jedoch deutlicher auf knappe Begriffe und Eindrücke einer möglichen Lektüre abhebt. Der Schlußabschnitt der biblischen Einführung wiederholt die Eingangsformulierung und nimmt eine metaphorische Zweckbestimmung vor: „Die Bibel ist das Wort Gottes an die Menschen, wie des Vaters an den Sohn, des Arzts an die Kranken, sie zu erziehen und gesund zu machen."[2062] In einer für Herder in mehreren Schriften, u. a. der *Ältesten Urkunde* und den *Briefen, das Studium der*

2055 Der Begriff der „Privatkonfirmation" wird vermieden, da er stärker als der der Katechese einen Bezug zu dem eigentlichen Konfirmationsvorgang herstellt und Mißverständnisse einer Nähe zu den beiden bekannten Texten der fürstlichen Konfirmationen provozieren dürfte.

2056 HN XXIII, S. 1–3 (I.–III.).

2057 Ebd., S. 1.

2058 Ebd. (I).

2059 Ebd., S. 2 (II.).

2060 Ebd., S. 1 (I).

2061 Ebd., S. 2 (II.).

2062 Ebd., S. 3.

Theologie betreffend[2063], charakteristischen Weise wird eine Verbindung der Geschichte mit den Taten Gottes hergestellt: „weil alles auf <u>Geschichte</u>, das ist auch <u>That</u> und <u>Anstalt</u> Gottes beruhet, dem Menschengeschlecht zu <u>helfen</u>. Sie ist also eine <u>Ordnung des Heils</u> in <u>Wort</u> und <u>That</u>: u.[nd] geht von <u>Anfang</u> des Menschengeschlechts bis auf dessen <u>Ende</u>, wo Jesus immer der Eckstein ist."[2064] Als eine Auswahl „Aus diesen großen <u>Geschicht- und Bildersaale</u>", eine „<u>kleine Bibel</u>, als die Ordnung des Heils für Unmündige", wird der *Kleine Katechismus* vorgestellt und in seinem Aufbau skizziert, wobei die kurzen inhaltlichen Hinweise wiederum sehr stark positiv qualifizierend erfolgen.[2065]

Die Gliederung der drei Hauptteile entspricht der des Kleinen Katechismus: Schöpfung, Erlösung und Heiligung. Der Zusatz der „Wohlthaten" fehlt. Er wird durch den oben beschriebenen Vorsatz indirekt vorbereitet.[2066] Die einleitend einzig benannten Gottesattribute sind – auch in der formalen Gliederung den *Anfangsgründen* entsprechend, mit dem Unterschied nur, daß die Ausführungen zur Gotteslehre bereits unter dem Punkt der „Schöpfung" erfolgen – Allmacht, Weisheit und Güte.[2067] An weiteren Gottesattributen werden später nur kurz die Allgegenwart und die Allwissenheit genannt.[2068] Reflexionen auf die Beweis- bzw. Erkenntnisquellen fehlen. Herders Vorgehen ließe sich insgesamt als topisch beschreiben. Er benennt in einer sehr dichten Form nur knapp einzelne Punkte, die in Bückeburg eingehend ausgeführt und in den *Anfangsgründen* sehr sensibel miteinander verbunden wurden. In der *Privatkatechese* begnügt sich Herder mit der Andeutung: der *creatio ex nihilo*, der impliziten Zweckbestimmung („<u>Genuß</u>, <u>Wachsthum</u> und <u>Gefühl</u> der Glückseligkeit"[2069] als Ausdruck der göttlichen Güte), der „<u>Erhaltung</u>, <u>Vorsehung</u>, und <u>Fortpflanzung</u> aller Dinge[, die sich] ewig fort[setzt]"[2070]. Der Gedanke der ewigen Schöpfung erinnert wiederum an Bückeburg, die Verbindung mit der Formulierung der *Anfangsgründe* wird jedoch vorgenommen bzw. vorbereitet, wenn später die Rede von der „ewigfortgesetzte[n] Schöpfung" ist.[2071] Die Schöpfungsimmanenz des göttlichen Werkes für den „Vater und Erhalter der ganzen Natur, aller Kräfte, Triebe, Regungen, Glückseligkeit bei allen Ge-

---

2063 Einschlägig hier: Zippert, Familienkatechismus, S. 250.

2064 HN XXIII, S. 3.

2065 Ebd.

2066 Aufgrund dieser genetischen Ableitung erscheint es auch angebracht, der von Zippert vorgeschlagenen direkten Ableitung aus Rambachs Katechismus bis auf weitere historiographische Detailstudien mit Vorsicht zu begegnen; vgl. dazu Zippert, Familienkatechismus, S. 250, Anm. 22.

2067 HN XXIII, S. 4 (I. 1.–3.).

2068 Ebd. (I.).

2069 Ebd.

2070 Ebd.

2071 Ebd., S. 5 (I.).

schöpfen."[2072] In der Kurzzusammenfassung des Schöpfungsberichtes und der nachfolgenden ältesten Menschheitsgeschichte der Bibel erfolgen die knappen Hinweise zur Anthropologie.[2073] Ein bündiger bibelgeschichtlicher Abriß vom Paradies bis hin zum Makkabäeraufstand bietet die bei Herder auch in der Bückeburger Geschichtsschrift zu findende Ausdeutung der Erziehung des „Menschliche[n] Geschlecht[s]" im Kindheitszustand durch Strafe und Belohnung.[2074] Den Abschluß des ersten Teiles und die Vorbereitung des zweiten markiert die Zusammenstellung von alttestamentlichen „Verheißung[en]" auf Jesus, „die Gott gab, [...] auf die er von Anbeginn der Welt, <u>alles zubereitet</u> und <u>einlenkte</u>, die er auch immer deutlicher machte."[2075]

Die zweite Teil, „<u>Von der</u> <u>Erlösung</u>"[2076], führt zunächst – wie die *Anfangsgründe* – den Sündenbegriff ein, wobei die mit der beschriebenen Erziehungskonzeption qualitativ höhere Stufe benannt wird:

> „Gott sah [...] den Fall der Menschen voraus u.[nd] ließ ihn zu, weil er einen <u>höhern Zweck</u> mit dem Menschlichen Geschlecht hatte: [...] sie durch <u>Christum zu versöhnen</u> und zu höherer Gnade und Seeligkeit zu führen. Die Sünde Adams und Eva[s] ist ein <u>Bild aller Sünde</u> der Menschen 1 Mos. 3. Jacob. 1, 13-15. Durch sie kam <u>Sünde und Tod</u> in die Welt u.[nd] wir werden jetzt alle in <u>Sünden empfangen</u> u.[nd] <u>gebohren</u>."[2077]

Der eingeführte Begriff der Erbsünde wird – anders als in Bückeburg – nicht von dem der Tatsünden unterschieden:

> „Die <u>Erbsünde</u> ist die angebohrne <u>Abneigung</u> vom guten u.[nd] <u>Neigung</u> zum Bösen, die Wurzel des ganzen bösen Baums [...] in <u>Gedanken</u>, <u>Worten</u> und <u>Werken</u>, <u>wissentlich</u> und <u>unwissentlich</u>, aus <u>Schwachheit</u> und <u>Bosheit</u> [...,] daß also von Natur der Mensch ganz <u>gefangen</u> ist unter die Sünde und ohne <u>Gott in der Welt</u>. Er hat zwar viel natürliche gute Kräfte, Gaben, Triebe; die sind aber nur zum irdischen Guten, wie jedes Thier solche Kräfte auch hat und gelten vor Gott nichts, können sich auch nicht den Himmel erwerben. [...]. Auch das <u>Gesetz</u> kann den Menschen nicht selig machen, weil es ihm selber zeigt, aber keine Kraft verleihet, heraus zu kommen: daher ließ Gott Jesum so <u>spät</u> kommen, die Menschen vorher von ihrer <u>Untüchtigkeit</u> zu überzeugen."[2078]

Die Verbindung des Erbsündenbegriffs mit den eigentlichen Bestimmungen der Tatsünden führt zu einem sehr stark akzentuierten Verständnis des *peccatum originale*. Auffallend ist auch die deutliche Betonung der paulinischen

---

2072 Ebd., S. 4 (I.).
2073 Ebd.
2074 Ebd., S. 5f. (I.).
2075 Ebd., S. 6 (I.).
2076 Ebd., S. 7 (II.)
2077 Ebd.
2078 Ebd.

Theologie. Die Überleitung zur präexistenten Verbindung „Sohn [...,] Bild, [...,] Wort und das ganze Herz seiner Liebe" knüpft an johanneische Vorstellungen an, verbindet diese aber wiederum mit Elementen der paulinischen Soteriologie: „Die Erlösung besteht also in einer Genugthuung für alle, da Gott aus Liebe die Unschuld Eines für alle annahm, u.[nd] in einer thätigen Befreiung von Sünden, an dieser Unschuld u.[nd] Seligkeit Antheil zu nehmen."[2079] Die nachfolgenden Ausführungen verarbeiten mehrere systematische Gliederungen ineinander. Zunächst wird auf Jesus als „Heiland", „Versöhner", „Mittler", „Lamm: Hoherpriester" und „Prophet" hingewiesen.[2080] Zu erkennen sind die Punkte des *munus sacerdotale* und *munus propheticum*, eingeleitet von grundlegenden Bestimmungen der Heilsökonomie. Das *munus regium* findet eine abschließende – nur in einem Unterpunkt angedeutete – Aufnahme innerhalb der im Anschluß eröffneten Systematik. Als die grundlegenden Eigenschaften Jesu werden zunächst benannt: „kindliche Liebe, Unterwerfung unter den Willen Gottes, stille Demuth, Armuth, Geduld und Unschuld."[2081] Eindeutig ist, daß er hier – ganz wie in dem formalen Aufbau der *Anfangsgründe* bzw. dem inhaltlichen Rekurs des *Bückeburger Katechismus* auf die Zweinaturenlehre – vorrangig als Mensch verstanden wird: „Er war der einfältigste und erhabenste Mensch, der verkannteste und reinste Mensch, der nichts für sich und Alles für alle seine Brüder that, Mensch für alle Menschen."[2082] Von den nachfolgenden sieben Punkten gelten die ersten vier (1. „Empfängnis u.[nd] Ankündigung"[2083], 2. „Taufe"[2084], 3. „Lehre [... und] That"[2085], 4. „Leiden"[2086]) dem menschlichen Leben und weltlichen Schicksal Jesu, wobei die christologischen Hinweise stärker als in den *Anfangsgründen* mit diesen Ausführungen verbunden werden. Der nachfolgende fünfte Punkt erklärt im wesentlichen die „Auferstehung".[2087] Sie „ist das Vorbild unserer Auferstehung und sein geistiger Körper das Vorbild, wie wir einst seyn werden."[2088] Der sechste Punkt greift die Aspekte auf, die sich nach der vorherigen Systematik dem *munus regium* zuordnen ließen.[2089] In einem fließenden Übergang damit steht der

---

2079 Ebd., S. 7f. (II.).

2080 Ebd., S. 8 (II. 1.–5.).

2081 Ebd. (II.).

2082 Ebd.

2083 Ebd. (II. 1.).

2084 Ebd., S. 8f. (II. 2.).

2085 Ebd., S. 9 (II. 3.).

2086 Ebd. (II. 4.).

2087 Ebd. (II. 5.).

2088 Ebd.

2089 Ebd., S. 10 (II. 6.).

Schlußpunkt, der unter Betonung der apokalyptischen Metaphorik den endzeitlichen Richter beschreibt:

„Da Gott durch ihn sichtbar alles scheiden u.[nd] absondern wird[,] böse und gute. [...] Zerkrachen der Elemente ist die Posaune, die von ihm hergeht [...]. Sein Wille erweckt die Todten [...]. Es ist das Ende ihr jüngster das ihr letzter Tag. Das Gericht wird in der Leere der Luft gehalten [...]. Die frommen heben sich zu ihm und die bösen sinken in den Abgrund [...]. Nicht nach guten Werken, sondern nach stiller, demüthiger Liebe soll alles entschieden werden und wir selbst sind das Buch unserer Thaten. So wird Jesus, der alles angefangen hat, auch alles enden"[2090].

Der traditionelle Schlußpunkt der Dogmatik, den auch die beiden vorher diskutierten Entwürfe markiert hatten, wird damit vorweggenommen.

Der dritte Teil, „Von der Heiligung"[2091], knüpft, den *Anfangsgründen* vergleichbar, an das Versprechen des Heiligen Geistes an, und stellt die Identifikation mit dem Geist Jesu her als „sein [...] Sinn, sein Wort, seine Kraft [...]. Und der heilige Geist kam, u.[nd] erfüllte sie mit Jesus Sinne, Wort und Kraft."[2092] Das Pfingstwunder wird in seiner Metaphorik beschrieben und die Urgemeinde gilt als Werk des Geistes: „voll Liebe, Unschuld, Eintracht, Gebet und Kindlichen Sinnes Jesu."[2093] Wichtig ist der nachfolgende Zusammenhang, der die Heilsordnung – wiederum wie in den *Anfangsgründen* – in einem Fließtext beschreibt, der nun jedoch mehrere Abschnitte umfaßt. Die Reihenfolge der Darstellung ist von größter Bedeutung. Benannt werden die Berufung, die Erleuchtung, die Wiedergeburt und Vereinigung.[2094] Zwei Aspekte sind summarisch nachgeordnet. Der erste betrifft den Begriff, der für das an dieser Stelle nicht ausdrücklich benannte Rechtfertigungsgeschehen zentral ist: „Es ist freie Gnade Gottes[,] die allein durch kindlichen Willen und Gebet erlangt wird im Namen Jesu, das ist, so kindlich, herzlich und zutraulich, als ob er selbst betete, und an der Erhörung nicht zweifelnd."[2095] Diese Bestimmung leitet zu einem Zwischenblock zum „Gebet im Namen Jesu, das [...] in seinem kindlichen Sinn und Zutrauen der Schlüssel zum Herzen Gottes"[2096] ist, über, der von einer knappen Erklärung des *Vater Unsers* gefolgt wird. In diesem zentralen Zusammenhang findet sich der Hinweis auf die Rechtfertigung: „Dem Glauben hat Jesus alles versprochen [...]. Die Vergebung der Sünden, das heißt die Rechtfertigung und Gerechtsprechung und alle Seligkeit."[2097] Im

---

2090 Ebd. (II. 7.).
2091 Ebd. (III.).
2092 Ebd.
2093 Ebd., S. 11 (III.).
2094 Ebd.
2095 Ebd., S. 11f. (III.).
2096 Ebd., S. 12 (III.).
2097 Ebd.

Anschluß daran wird die Darstellung der vorherigen Heilsordnung wieder aufgegriffen und zusammenfassend summiert: „Alle diese Werke zusammen werden auch <u>Bekehrung</u> genannt[,] das ist Abkehr von Sünden und Zukehr zu Gott
Ap. 26, 18. haben auch viel andre Namen, die alle dahingehen, daß ein Mensch
nicht als ein <u>natürlicher Mensch</u>, nach Lüsten, Sinnen und Trieben, sondern als
ein <u>neues Kind Gottes</u>, wie Jesus, im Sinn Jesu handeln und bleiben soll."[2098]
Die Bedeutung dieser Ausführungen ist insofern nicht zu unterschätzen, als sie
die Reihenfolge der *Anfangsgründe* – ungeachtet einer auf Voigt ausgerichteten Adressatenorientierung – wiederholen. Nachdem der Begriff der Bekehrung in Bückeburg als einleitende Überschrift den Bußbegriff ersetzt hatte,
rückt er in der *Privatkatechese* in der Funktion einer Zusammenfassung an den
Schluß; diese Reihenfolge bleibt auch in den *Anfangsgründen* erhalten, wobei
die Bekehrung zusammen mit der komplementären Erneuerung eine inhaltliche Umdeutung erfährt. Das Moment der Zusammenfassung fällt damit in den
Anfangsgründen dem Rechtfertigungsgeschehen zu. Im Sinne einer funktionalen Ausdeutung ist diese Entwicklung eindeutig erkennbar. Ein sowohl dem
Bückeburger Katechismus als auch den *Anfangsgründen* vergleichbares Element ist zudem der Hinweis: „die Gnadenwürkungen können u.[nd] sollen
nicht getrennt werden, ob sie wohl aufeinander folgen, denn <u>Herz</u> und <u>Ver-</u>
<u>stand</u> können auch nicht im Menschen getrennt werden, sondern würken zu-
sammen."[2099] Der Begriff der neuen und lebendigen Erkenntnis, der diesen Zusammenhang darstellt, fehlt; die Anspielung auf die grundlegende Seelenlehre
ist gleichermaßen eindeutig. Der Abschluß der Heilsordnung ermöglicht knappe ekklesiologische Hinweise auf „die <u>unsichtbare Kirche</u>, oder <u>Versammlung</u>
<u>der Glieder Jesu</u> im <u>Geist</u>, die alle Eins sind im Glauben u.[nd] in der Liebe,
doch mit verschiedenen Gaben, Stuffen und Lebenskräften, wie die Glieder
unseres irrdischen Körpers" und die „<u>sichtbare</u> Kirche [...], die das eine Wort
Gottes hat und die Sakramente, da soll man Unkraut und Weizen nicht sondern, sondern jenes bessern."[2100] An die Sakramente knüpfen die beiden
Schlußabschnitte zu Taufe und Abendmahl an. Diese Punkte verdeutlichen,
wie stark die Handschrift auf die konfirmationsvorbereitende Katechese ausgerichtet ist. Die Taufe gilt Herder nicht als „ein bloßes Sinnbild [...] sondern ein
<u>Sakrament</u>, da bei der äußerlichen Handlung auch eine himmlische vorgeht",
als „eine reiche Ausgießung des heiligen Geistes, der Lebenskraft Gottes zur
<u>Wiedergeburt</u> und <u>Erneuung</u>[,] das ist, ein <u>Geschöpf zum Reich Jesu</u> zu wer-
den, wie wirs durch die leibliche Geburt für diese Welt wurden."[2101] Erinnert

---

2098 Ebd.
2099 Ebd., S. 11 (III.).
2100 Ebd., S. 12f. (III.).
2101 Ebd., S. 13 (III.).

wird an die Pflichten der „Pathen"[2102]; auch dies mag als Hinweis auf den Konfirmationsvorgang verstanden werden. Im Zusammenhang der Taufe wird eigens noch einmal die Trinität benannt: „Dies Geheimnis begreift in sich, alles was Gott für uns gethan."[2103] Die nachfolgenden Formulierungen[2104] erneuern die zentralen Begriffe der Einleitung sowie der übergeordneten Hauptteile der Gliederung in einem semantisch damit sehr dichten Text. Der knappe Abschnitt muß als die eigentliche Schlußpassage und summarische Zusammenführung der vorherigen Teile verstanden werden. Der tatsächliche Schlußabschnitt gilt jedoch der Konfirmation: „Die Taufe der Unmündigen wird durch ein öffentliches Bekenntnis der Erwachsenen erneuert und bestätiget, da sie zeugen und bekennen [...,] daß sie die Religion aus der Bibel gefasset, verstehen gelert und davon überzeugt sind [...], daß sie nach dieser Religion leben u.[nd] sterben wollen, auch darüber einst gerichtet werden".[2105] Das „H.[eilige] Abendmal" gilt „als das innigste Gnadensiegel und Band der Kirche." Der Hinweis auf die Einsetzung durch Jesus erfolgt, „da er sich den Seinigen vor seinem Leiden gleichsam selbst daließ: seinen Leib u.[nd] sein Blut, das ist, sein ganzes Selbst in ihnen zu bleiben. [...]. Es ist also nicht blos Andenken an ihn und Sinnbild sondern würklicher Genuß seiner im Sakrament, daß er sich uns ganz mittheilt, die ganze Kraft seines Leidens und Sterbens, und wir lebendige Theile von ihm seyn sollen".[2106] An dieser Stelle findet sich eine für die hier analysierten Quellen einzigartige Ablehnung eines symbolischen Abendmahlsverständnisses. Der Text schließt mit Ausführungen zur Aufnahme in die Gemeinschaft der Kirche.

Zu erkennen ist insgesamt die deutliche Ausrichtung der Katechese auf den abschließenden Konfirmationsvorgang, der von einer grundlegenden biblischen Einführung aus vorbereitet wurde. Im Vergleich mit den *Anfangsgründen*, deren übergeordnete Dreiteilung ebenfalls die drei letzten Hauptstücke des Lutherischen *Katechismus* in die Binnenstruktur der drei Artikel des zweiten Hauptstücks integriert, werden die Plätze der beiden den Sakramenten geltenden Hauptstücke mit denen der eschatologischen Themen vertauscht. Die Grundtendenz der *Privatkatechese* muß als betont Lutherisch verstanden werden. Sowohl die einleitende Bibelkunde, die den ersten Eindruck vermittelt, als auch die letzten Ausführungen zum Abendmahlsverständnis, die den bleibenden Eindruck markieren, orientieren sich weitaus deutlicher als die beiden anderen Entwürfe an der Lehre Luthers. Signifikant ist die Auswertung der Quelle besonders für das Verständnis der *Anfangsgründe* in der abschließenden Po-

---

2102 Ebd.
2103 Ebd.
2104 Ebd., S. 13f. (III.).
2105 Ebd., S. 14 (III.).
2106 Ebd.

sitionierung des Rechtfertigungsgeschehens. Erkennbar wird die zentrale Funktion, die diesem Abschnitt zukommt – ungeachtet einer möglichen Ausrichtung auf Voigt. Eine der wesentlichen Anschlußfragen des Vorabschnittes konnte damit beantwortet werden. Hinsichtlich der hier ausgewerteten Quellen verbleiben weitere Anfragen. Handelt es sich tatsächlich um eine Privatkonfirmation bzw. Privatkatechese? Legt es nicht gerade die betont lutherische Ausrichtung des Entwurfes nahe, einen öffentlichen Konfirmationsvorgang zu vermuten? Beide Annahmen müssen nicht im Widerspruch miteinander stehen. Der abschließend benannte Personenkreis der Paten und Eltern markiert neben den Konfirmanden den wesentlichen Adressatenkreis von öffentlichen wie privaten Konfirmationen. Die Konfirmationsvorgänge, die Herder im Rahmen seines Amtes an der Stadtkirche zu vollziehen hatte, beschränkten sich auf die Prüfungen im Vorfeld und die Amtshandlungen sowie Einführungsreden am Tag der eigentlichen Konfirmation. In diesem Kontext läßt sich die Handschrift nicht einordnen. Die öffentlichen Prüfungen dürfte Herder sehr frei gestaltet haben; die Konfirmationsreden, von denen sich einzelne Vorbereitungen erhalten haben, sind ebenfalls kurz gehalten und stehen allenfalls inhaltlich in der Nähe der hier beschriebenen, situativ zu verstehenden Schlußpassage. Karolines Vermutung einer Privatkonfirmation, die durch diese *Privatkatechese* vorbereitet wurde, ist insofern zuzustimmen. Die Handschrift markiert die Akzentuierungen innerhalb des von einer Privatfamilie bestimmten Raums einer kirchenamtlichen Öffentlichkeit – wiederum in den beschriebenen Kontinuitäten und Auslegungshinweisen zu dem zuvor diskutierten *Bückeburger Katechismus* und den Weimarer *Anfangsgründen*.

2.8.6. „Luthers Katechismus, mit einer katechetischen Erklärung zum Gebrauch der Schulen" (1795–1798)

Der in Sachsen-Weimar eingeführte Landeskatechismus

Der zur Konzeption des Gesangbuches parallel stehende Beginn der Ausarbeitung des Katechismus im Jahr 1795 läßt einen amtlichen Zusammenhang vermuten. Ausdrückliche Hinweise auf ein auslaufendes Privileg fehlen im Vorfeld, doch liegt die Annahme nahe, daß ein vergleichbarer Umstand auch die Frage nach einem aktualisierten Landeskatechismus begründet hatte. Hinzuweisen ist zudem auf die sachliche Verbindung, die in der Gemeindepraxis zwischen Gesangbuch und Katechismus bestand. Seinen Ausdruck findet dies etwa darin, daß zahlreichen Gesangbüchern u. a. die Katechismen beigebunden sind. Aufgrund dieses Umstandes ist es möglich, die gebräuchlichen Landeskatechismen der Zeit nicht nur über Druckorte oder mögliche Privilegien zu bestimmen.

Für den Zeitraum von Herders Amtstätigkeit[2107] war in dieser Hinsicht besonders ein häufig beigebundener Druck von Bedeutung: *Episteln | und | Evangelia | auf alle | Sonn= Fest= und Feyertage | durchs ganze Jahr. | Nebst | der Historie vom Leiden und Sterben | unsers HErrn JEsu Christi, Zerstöhrung | der Stadt Jerusalem, die drey Haupt= | Symbola des christlichen Glaubens, die un= | veränderte augspurgische Confeßion, | und | Herrn D. Martin Luthers | kleinen Catechismo*, erschienen 1780 bei Johann Michael Mauke in Jena.[2108] Neugesetzt, unter leicht verändertem Titel und ergänzt um die *Fragstücke* Bartholomäus Rosinus', erschien das Werk auch drei Jahre später bei dem Jenaer Christoph Friedrich Poller.[2109] Die *Fragstücke* Rosinus' waren während dessen zweiter Weimarer Tätigkeit von 1567 und 1573 entstanden.[2110] Bis in das 18. Jahrhundert stellten sie die maßgebliche Ergänzung zu dem Katechismus in Sachsen-Weimar dar. Die inhaltliche Bestimmung der *Fragstücke* galt vorrangig einer Orientierung innerhalb des Kirchenjahres. Die Verbindung mit dem *Kleinen Katechismus* Luthers zeigt sich jedoch in zahlreichen Weimarer[2111], Jenaer, Altenburger etc. Einzeldrucken. Unter Herders Amtsvorgänger Basch war eine aktualisierende Ergänzung der katechetischen Praxis auf Grundlage eines eigenen Druckwerkes nicht vorgenommen worden. Johann Georg Weber, Generalsuperintendent vor Basch, hatte immerhin auf Befehl von Ernst August eine *Weimarische Catechismus-Schule [...] nach apostolisch-evangelischer Art aus Martin Luthers kleinen Catechismo u. den Libris symbolicis erläutert u. erweitert u. zum öffentlichen [...] Gebrauch der Kirchen und Schulen* herausgegeben.[2112] Baschs Werk wurde bis in die sechziger Jahre von Glüsing verkürzt nachgedruckt; die Exemplare sind jedoch selten.[2113] Im Zuge der Endredaktion wird Glüsing selbst von Herder ausdrücklich erwähnt.[2114] Der den Redaktionsprozeß abschließende Brief des Oberkonsistorialpräsidenten von Lyncker vom September 1797 begründet das Gesuch der herzoglichen

---

2107 Den Forschungsstand markiert Junghans, Katechismus, S. 128: „Es handelte sich vermutlich um eine der zahlreichen Auslegungen von Luthers Kleinem Katechismus".

2108 Beigebunden: Glüsing 1778.

2109 Beigebunden: Glüsing 1790.

2110 Vgl. dazu knapp Siebert, Rosinus.

2111 Rosinus, Fragstücke.

2112 Nach den verfügbaren Exemplaren am verbreitetsten im Weimarer Druck Johann Leonhard Mumbachs von 1743. Diese Ausgabe ist seitenidentisch mit dem Druck von 1739.

2113 Mit nur dem halben Seitenumfang erschien eine verkürzte undatierte Version bei Glüsing, die in das Jahr 1766 datiert wird: „Catechismus-Schule, zur nothwendig- und erbaulichen Belehrung und Unterricht derjenigen Kinder, welche der christlichen Confirmation und des heiligen Abendmahls sich nützlich und würdiglich gebrauchen wollen, aus und neben dem Catechismo eröffnet".

2114 Vgl. dazu unten die Auszüge aus dem Brief an Böttiger, Anm. 2135.

Genehmigung aus der Vergriffenheit des alten Katechismus.[2115] Diese Beobachtungen unterstützen den auf der Schmidtschen Gesetzessammlung[2116] gründenden Befund, daß die Kirchenordnung vom 6. Januar 1664 im Falle des Katechismus während der nachfolgenden Zeit nicht ergänzt wurde. Die Bestimmung der Kirchenordnung war damit unverändert: „D. Luthers Catechismus soll allein in der Kirchen und in der Schulen getrieben, jedoch auch zugleich die Fragstücke Rosini beybehalten werden."[2117] Unter dem 2. Januar 1752 fügt ein Zirkular des Oberkonsistoriums lediglich hinzu: „Es sollen keine andere [Katechismen, Evangelien- und Psalterbücher] geführt werden, als welche in der hiesigen privilegirten Druckerey gedruckt worden."[2118]

Der Beginn der Herderschen Überarbeitung

Den frühesten Hinweis auf die amtliche Ausarbeitung eines Landeskatechismus bietet Herders Brief an Johann Georg Müller, der zwischen den 3. und 10. Juli 1795 fällt: „Ich schreibe jetzt an einem Katechismus. Oder vielmehr er ist heut im Entwurf mit Vorrede u.[nd] Unterricht zum Gebrauch vollendet. Unter allen Neuern, die ich vor u.[nd] um mich gehabt habe, habe ich keinem folgen können u.[nd] bin bei Luthern geblieben. Lange hat mich keine Arbeit so an sich gezogen u.[nd] vestgehalten, als diese. Sie sollen[,] sobald er gedruckt ist, ein Exemplar haben."[2119]

In zeitlicher Nähe zum Brief an Müller läßt sich ein weiteres Zeugnis identifizierten, das in einem Gespräch mit Herder vom 12. Juli 1795 gründet. Es sind die bislang fehlerhaft datierten Ausführungen[2120] Böttigers in den *Literarischen Zuständen und Zeitgenossen*:

> „Herder arbeitet jetzt an einem neuen Landeskatechismus. Er sagte, für ihn sei es keine schwere Aufgabe. Er werde vieles aus dem Lutherischen beibehalten. Was in der Bibel mit klaren Worten stehe, sei christlicher Lehrbegriff, und dieß müsse aus einem christlichen Lehrkatechismus nicht hinausgedeutet werden. Eine ganz andere Frage sei freilich die: ob nun *dieß* Christenthum für alle Zeitalter gültig und

---

2115 Zu diesem Hinweis auf Biedrzynski, Weimar, S. 276, vgl. Junghans, Katechismus, S. 128, Anm. 30.

2116 Vgl. dazu Schmidt, Gesetze, Bd. 2, Art. Catechismus, S. 218–220.

2117 Ebd., S. 218.

2118 Ebd., S. 220.

2119 Herder an Johann Georg Müller, zwischen dem 3. und 10. Juli 1795, DA, Bd. 7, Nr. 168, S. 172f., Z. 45–49.

2120 Fehlerhaft in das Jahr 1797 datiert in Böttiger, Zeitgenossen, S. 118. Eindeutig ist, daß Böttiger unter dem 12. Juli einen Predigttext des 6. So. n. Trinit. gehört hat. Nur im Jahr 1795 fiel der 6. So. n. Trinit. auf den 12. Juli. Die Kirchenprotokolle der Stadtkirche verzeichnen für den 12. Juli 1795 eine Predigt Herders.

gleich brauchbar sei? Hier müsse man aber als Diener des Staats u.[nd] der Kirche beiden getreu bleiben. Er misbillige daher die plumpe Heterodoxie der Preusischen Aufklärer. Der achtungswürdigste schien ihm immer noch *Teller*. Aber seine Religion der Volkomnen u.[nd] alle übrigen Schriften wären ihm doch unausstehlich neuerungssüchtig. *Löffler* in Gotha schlage dem Fasse den Boden ganz ein. Auch hätten die Preusischen Theologen dabei eine unverzeihliche Nachlässigkeit und Aufgebundenheit im Stil und Ausdruck, die ihm sehr ekelhaft sei. So in *Tellers* Predigten. Er (sc[ilicet] Herder) wisse nicht, wie er (sc[ilicet] Herder) bei diesen Grundsätzen so sehr in Geruch der Heterodoxie gekommen sei? [...] In eben der Stunde, wo er sich so lebhaft für die altgläubige Form erklärt hatte, sprach er mit vieler Stärke und Wärme für die Aufrechterhaltung des neuen Francinism, und hoffte mit Zuversicht, daß *Sieyes* und Consorten es nie zu einem Rezidiv der ganzen Nation in den Xlichen Aberglauben kommen lassen würden."[2121]

Wichtig an dieser Darstellung Böttigers ist das in einem biblischen Horizont gründende Lehrverständnis als Herders Maßstab für die eigene Darstellung. Sein gegenüber Böttiger erklärtes Ziel war es nicht, einen aufgeklärten Katechismus zu schreiben – insofern auch die Polemik gegen die Berliner Aufklärung –, sondern einen biblischen. Zudem wird der Anspruch erkennbar, gerade darin einen orthodoxen christlichen Lehrbegriff entwickeln zu können.

Unter dem 7. September wiederholt Karoline in einem Brief an Johann Georg Müller, was diesem bereits bekannt war: ihr Mann habe „neben seinen ConsistoriumsGeschäften einen Katechismus u.[nd] Gesangbuch gemacht."[2122] Drei Wochen später, am 28. September, berichtet Herder an Gleim: „Unter andern habe ich im vergangnen Sommer ein Gesangbuch zusammengestoppelt, u.[nd] muß nun noch an einen Katechismus, der auch bald fertig ist."[2123] Die Formulierung betont die noch ausstehende Aufgabe und läßt hinterfragen, ob das Manuskript zu diesem Zeitpunkt tatsächlich schon abgeschlossen war. In der späteren Beschreibung der Gliederung und Seitenzählung der Manuskripte wird die Annahme einer Vollständigkeit des Manuskriptes in seiner Erstfassung zu unterstützen sein.

Die Verzögerung und der Abschluß der Arbeiten

Die Gründe der weiteren Verzögerung bis in das Frühjahr 1797 liegen bei Herder. Sie lassen sich im einzelnen nicht bestimmen. Auszuschließen ist jedoch, daß Reaktionen von Kollegen beteiligt waren. Unter dem 12. November 1796

2121 Böttiger, Zeitgenossen, S. 118f.

2122 Karoline an Johann Georg Müller, DA, Bd. 7, Nr. 179, S. 182, Z. 13f. Zitiert auch in Haym, Herder, Bd. 2, S. 609, Anm. 39.

2123 Herder an Johann Wilhelm Ludwig Gleim, 28. September 1795, DA, Bd. 7, Nr. 186, S. 187, Z. 30–32.

– Herder hatte den Text zu diesem Zeitpunkt noch keinen Weimarer Amtsgenossen kommuniziert – hält ein Brief an Müller nur knapp fest: „Der Katechismus ist noch nicht gedruckt."[2124] Unter dem 6. Januar 1797 deutet er die Ursache für die Verzögerung an, die nach der oben berührten und später auszuführenden handschriftlichen Quellenlage vor allem die Überarbeitung und den Entschluß zur Drucklegung betrafen: „Sobald der Katechismus fertig ist, soll er zu Ihnen. Wenn ich nur erst der Briefe über die Humanität los bin, soll u.[nd] muß es erst mein erstes Geschäft seyn."[2125] Das Gefühl der Pflicht spricht auch aus diesen Zeilen. Einer der Gründe, weshalb Herder die Schlußredaktion vor sich herschob, war sicherlich die gegenüber Müller genannte Arbeit an anderen Publikationen. Ein anderer war das Wissen um die öffentliche Wahrnehmung des Katechismus. Nicht nur amtliche Parallelvorgänge, in denen vergleichbare Überlegungen eine Rolle spielten[2126], deuten darauf hin. Das erste amtliche Schreiben an die Kollegen von Mitte Mai 1797 benennt ausdrücklich diese Perspektive.

Der bereits in den *Erinnerungen*[2127] ausführlich zitierte Begleitbrief an Zinserling und Weber formuliert Mitte Mai abschließend: „Ob ich gleich mehr als 30. Jahr Katechet bin, so habe ich doch gefühlt, wie schwer es sei, zu unsrer Zeit sich über alles für Kinder, u.[nd] im Angesicht des Publicums zu erklären".[2128] Die ihm entgegengebrachte Erwartungshaltung empfindet Herder stark: „Die Aufmerksamkeit auch außerhalb [des] Landes ist auf diesen Katechismus gespannt, u.[nd] es kann mir also nichts gleichgültig seyn, was mir zu Beihülfe dabei gesagt wird."[2129] Die 1795 gegenüber Böttiger zum Ausdruck gebrachte Einschätzung als „keine[r] schwere[n] Aufgabe" und die zeitgleich dazu Müller angekündigte baldige Drucklegung lassen vermuten, daß Herder ursprünglich keine Konsultation der Kollegen eingeplant hatte. Denkbar ist, daß er auch nach den gemeinsamen Arbeiten am Gesangbuch des Jahres 1795 zunächst abwarten wollte, bevor er die nächste materialintensive Arbeit dem Kollegium kommunizieren wollte. Dies ist jedoch gegenüber den aus den Briefen erhobenen Hinweisen auf eine 1795 zügig geplante Drucklegung und die 1797 benannten Gründe für die eigenen Schwierigkeiten unwahrscheinlich. Eine weitere Motivation wird benannt: „Ich nehme mir die Freiheit, Euer Hochehrwürden beikommende zwei erste Hauptstücke des Katechismus zur Durchsicht mitzuteilen, damit nachher wenn ich ihn dem Collegio ganz überreiche, die Sache selbst kein Aufhalten finde, ich aber auch noch zum voraus von den

---

2124 Herder an Johann Georg Müller, 12. November 1796, DA, Bd. 7, Nr. 277, S. 277, Z. 9.

2125 Herder an Johann Georg Müller, 6. Januar 1797, DA, Bd. 7, Nr. 288, S. 286, Z. 23f.

2126 Vgl. in diesem Kap., u. a. Anm. 1440.

2127 V, Abt. 2, Tl. 22 [Erinnerungen, Tl. 3], S. 64–66.

2128 Herder an Zinserling und Weber, Mitte Mai 1797, DA, Bd. 7, Nr. 323, S. 314, Z. 43–45.

2129 Ebd., S. 314f., Z. 45–47.

Anmerkungen meiner Hrn. Collegen Gebrauch machen könne."[2130] Ende Mai übersandte er die Handschrift an Karl August Böttiger.[2131] Überprüft man die Zusammensetzung des Oberkonsistoriums zu dieser Zeit, so stellt man fest, daß Herder das Manuskript sämtlichen stimmberechtigten Oberkonsistorialräten der geistlichen Bank und Böttiger in seiner Sonderstellung auf der weltlichen Bank zugesandt hatte. Die in dem Brief an Zinserling und Weber benannte Motivation war darin wirklich eine doppelte: zum einen die Ratschläge und Anregungen der drei Kollegen aufzugreifen, zum anderen die späteren Diskussionen im Oberkonsistorium auf ein Minimum zu beschränken. Das Schreiben an die beiden geistlichen Oberkonsistorialräte bietet eine methodische Programmatik des Katechismusunterrichtes, die zahlreiche Parallelen zu der Vorrede des *Katechismus* im Manuskript und späteren Druck aufweist; auf eine Zusammenfassung kann daher hier verzichtet werden. Wichtiger ist die Frage nach Referenztexten: „Von 20. oder 30. Katechismen, die ich vor mir gehabt habe, habe ich manches genutzt, aber keinen durchaus zum Grunde legen können, weil in den meisten eine zu künstliche, componirte, theologische Sprache, in andern die schändlichste Schludderei herrschet."[2132] Zudem erklärt Herder im Blick auf die vorgelegte Gestalt: „Da ich genau dem Katechismus Luthers gefolgt bin, so haben sogenannte Lehren angefügt werden müßen, wo sie angeführt werden konnten. Ein einziges Blatt, (Tabelle) am Ende wird den Zusammenhang deutlich zeigen."[2133] Ebenfalls festgehalten findet sich, daß Herder die „zwei erste[n] Hauptstücke" kommunizierte.[2134] Als sicher kann damit gelten, daß er in dieser Textgestalt auf die Vorrede verzichtete und sich daraus auch die Überschneidungen zwischen dem Begleitbrief und dem „Unterricht zum Gebrauch dieser katechetischen Erklärung" ableiten. Das Schreiben an Böttiger Ende Mai erklärt das eigene Vorgehen stärker aus äußeren Notwendigkeiten als der Brief an die geistlichen Kollegen. Den Ausführungen gegenüber Böttiger kommt darin ein ansatzweise apologetischer Charakter zu.

> „In Abwesenheit Euer Wohlgeboren habe ich mitfolgenden Katechismus, (die fehlenden Hauptstücke circuliren noch) umhergesandt. Sie sind mir eben zurückgekommen, u.[nd] ich erbitte mir dazu ein paar Stunden, u.[nd] Anmerkungen in größester Offenheit. Wie armselig u.[nd] bedrängt stehen wir, daß wir uns noch mit Manchem schleppen müßen, was uns gegebne Form ist. Indeßen, ich habe einen Landkatechismus zu schreiben, mit allen den Rücksichten der Nutzbarkeit u.[nd] Bescheidenheit, die uns die Zeit u.[nd] Situation auflegt. Fördern Sie bestens; ich werde von Glüsing, Buchbindern, Katechismusverkäufern pp sehr überlaufen. Und

---

2130 Ebd., S. 313f., Z. 4–8.
2131 Herder an Karl August Böttiger, Ende Mai 1797, DA, Bd. 7, Nr. 328, S. 317, Z. 3–12.
2132 Herder an Zinserling und Weber, Mitte Mai 1797, ebd., Nr. 323, S. 314, Z. 20–23.
2133 Ebd., Z. 33–35.
2134 Ebd., S. 313, Z. 4f.

das opus muß einmal vollbracht seyn. Die andern Bogen sollen, sobald ich sie bekomme[,] folgen."[2135] Nicht zu bezweifeln ist, daß Böttiger auch nur die beiden ersten Hauptstücke
erhielt. Keine Rückschlüsse sind über den genauen Entstehungs- bzw. den ei-
genen Überarbeitungszeitraum der Handschrift möglich. Soweit das Manuskript tatsächlich bereits Mitte des Jahres 1795 abgeschlossen war, muß von
einer intensiven redaktionellen Phase im Frühjahr 1797 vor der Kontaktierung
der Kollegen auszugehen sein. Andernfalls wurde die Handschrift 1795 begonnen, möglicherweise punktuell fortgesetzt und im Frühjahr 1797 beendet. Der
Hinweis am 25. August an Gleim: „Ich bin sogleich in meinen Kram zurückge-
kehrt u.[nd] stehe jetzt vor dem Pult der Fabrication eines Katechismus. Das
wird ein Werk werden!"[2136] bezieht sich auf die Endredaktion und die Einarbeitung der Hinweise von Kollegen. Karolines Brief an Johann Georg Müller
vom 3. September hält fest, daß der Katechismus am Vortag beendet wurde.[2137] Die Gleim in der Vorwoche vermeldete Arbeit war damit die Schlußredaktion.

Die Drucklegung und der Versand einzelner Exemplare

Am 24. November 1797 bestätigte Karoline ebenfalls an Gleim den Druck des
Katechismus.[2138] Unter dem 8. Januar bittet Herder Gleim gleichermaßen ent-
schuldigend: „Stoßt Euch nicht an Doctor Martin Luthers breiter Reverende; er
war ein großer u.[nd] guter Mann, u.[nd] sein Katechismus ist beßer, als der
Rochowsche".[2139] Unter demselben Datum schreibt Karoline nicht ohne Stolz
an Müller: „Der neue Catechismus meines Mannes ist an Weihnachten fertig
geworden. Er ist mit Begierde u.[nd] Freude von allen, besonders den Dörfern
aufgenommen worden. Alle Exemplare auf Schreibpapier sind schon vergriffen. Es ist überall das Bedürfniß geworden in der Hülle den Kern zu finden.
Nur gewiße Stände wollen den Kern nicht. Die Hülle u.[nd] der Leichnam ist
ihr Gott."[2140] Herders Nachsatz hält fest: „Meinen Katechismus sehen Sie nur
als Erklärung des Katechismus Luthers an: das ist sein Zweck; als mehreres

2135 Herder an Karl August Böttiger, Ende Mai 1797, DA, Bd. 7, Nr. 328, S. 317, Z. 3–12.
2136 Herder an Johann Wilhelm Ludwig Gleim, 25. August 1797, ebd., Nr. 349, S. 335,
    Z. 26f.
2137 Karoline an Johann Georg Müller, 2. September 1797, ebd., Nr. 38 (A), S. 469, Z. 21f.
2138 Karoline an Johann Wilhelm Ludwig Gleim, 24. November 1797, ebd., Nr. 361, S. 344,
    Z. 19f.
2139 Herder an Johann Wilhelm Ludwig Gleim, 8. Januar 1798, ebd., Nr. 371, S. 358,
    Z. 34–36.
2140 Karoline an Johann Georg Müller, 8. Januar 1798, ebd., Nr. 372, S. 359, Z. 29–33.

giebt er sich nicht.“[2141] Eine dem Schreiben an Böttiger von Ende Mai 1797 und der Erklärung Gleim gegenüber vergleichbare Tendenz bietet auch das Schreiben an Karoline Adelheid Cornelia Gräfin von Baudissin vom 15. Januar:

> „Mit meinem Luther-Catechismus schäme ich mich fast im lichten hellen Holstein zu erscheinen. Die Frau Gräfin Luise Stollberg hat mir geschrieben, daß sie dort so aufgeklärt sind, u.[nd] uns arme Deutsche bei weitem übertreffen. Nun dann! wir stecken noch im alten Lutherthum; u.[nd] dabei mußte ich bleiben. Das Licht am umgekehrten Ende anzuzünden, daß es unterwärts leuchte, konnte u.[nd] mochte ich nicht; mir gnügte es nur von oben her zu putzen, damit es nicht durch mich, sondern durch sich selbst heller strale. Jeder arbeitet für und nach seinem Lokal. Der Katechismus ist allenthalben, so viel ich weiß, gut aufgenommen, und das ist mir gnug. Frucht muß die Zeit bringen.“[2142]

Nachdem Gleim darauf reflektiert hatte, daß sich der Katechismus in Preußen einführen ließe, hält Herder unter dem 16. März 1798 abschließend fest: „Mein Katechismus wird in Preußen *nicht* eingeführt werden; dazu sind Eure Pröbste zu aufgeklärt. Sie scheren nicht Wolle von den Lämmern, sondern wollen Wolle von den blanken Steinen.“[2143] Impliziert ist darin der Begriff des Lebens, der den schon aus den vorherigen Katechismusmanuskripten bekannten und auch für das Predigtverständnis zentralen Begriff der lebendigen Erkenntnis vorwegnimmt. Karoline berichtet in demselben Brief, daß die erste Auflage nach vier Wochen vergriffen gewesen sei.[2144] Insgesamt zwei unterschiedliche Argumentationsrichtungen deuten sich in dem Briefwechsel Herders an, die bereits in den Korrespondenzen mit Zinserling und Weber auf der einen und Böttiger auf der anderen Seite im Mai des Vorjahres angelegt waren. Zu benennen sind die in unterschiedlichen Maßen apologetischen Tendenzen neben der zugleich offensiv formulierten Ablehnung weiterer zeitgenössischer Katechismen.

Die handschriftliche Quellenlage

Im Grunde nur zwei Handschriften sind im Berliner Nachlaß erhalten. Dahms beschreibt die Manuskripte unter der Einführung zweier Siglen („a“ und „*a*“) kurz und zutreffend in dem Vorwort des 30. Bandes der Suphanschen Werk-

---

2141 Herder an Johann Georg Müller, ebd., S. 360, Z. 57f.
2142 Herder an Karoline Adelheid Cornelia Gräfin von Baudissin, 15. Januar 1798, ebd., Nr. 373, S. 361, Z. 17–25.
2143 Herder an Johann Wilhelm Ludwig Gleim, 16. März 1798, ebd., Nr. 387, S. 375, Z. 31f.
2144 Ebd., Z. 23–25.

ausgabe.[2145] Zum einen handelt es sich, einschließlich der Vorrede, um Herders vollständigen Erstentwurf der Jahre 1795 bis 1797.[2146] Zum anderen liegt, ohne die Vorrede, die wohl Anfang September 1797 abgeschlossene Textfassung einschließlich zahlreicher Korrekturen vor.[2147] Auf die Siglen Dahms soll ebenso wie die Unterscheidung zwischen einer „ersten" bzw. „zweiten Niederschrift" verzichtet werden. Im folgenden ist von dem Erstentwurf und der abschließenden handschriftlichen Fassung die Rede. Beide Texte sind in einem hohen Maße von Änderungen, Streichungen und Ergänzungen bestimmt. Die Unterschiede der letzten handschriftlichen Gestalt zu der Druckfassung beschreibt Dahms in „zahlreiche[n] stilistische[n] Änderungen, aber Änderungen sachlicher Natur [gibt es] nicht."[2148] Dahms Entdeckung in der ersten handschriftlichen Fassung ist, daß Herder als „zweckwidrig" aus der ersten Fassung wieder ausschied: „die Lehre von den Ämtern Christi, von dem Stande seiner Erhöhung und Erniedrigung, von den Engeln, der Begriff der Erbsünde, der Rechtfertigung und Anderes mehr". In diesen Punkten lassen sich die wesentlichen Auszüge des kritischen Apparats identifizieren.[2149] Dahms stellt mit Zuversicht fest: „Ich glaube, die *wichtigsten* Abweichungen aus a [der ersten handschriftlichen Fassung] ausgehoben und unter dem Text vermerkt zu haben; auf Vollständigkeit oder gar auf Herzählung stilistischer Abweichungen konnte es selbstverständlich nicht ankommen."[2150]

Die erste wesentliche Ergänzung, die zu der Darstellung von Dahms eingebracht werden muß, ist, daß beide Handschriften Korrekturen unterschiedlicher Natur repräsentieren. Die erste handschriftliche Fassung datiert in einen Zeitraum von 1795 bis spätestens Anfang Mai 1797. Sämtliche Korrekturen gehen auf Herder zurück; ein Teil dürfte in die Zeit bis Juni 1795 gehören, ein zweiter, wahrscheinlich größerer in das Frühjahr 1797. Die zweite Handschrift bietet in ihrem Grundtext die Fassung, die seit Mitte Mai von den drei Oberkonsistorialkollegen gegengelesen wurde. Daß die Vorrede fehlt, entspricht dem aus dem Briefwechsel abgeleiteten Materialbestand. Die ersten beiden Hauptstücke wurden erkennbar in einem Zug abgeschrieben. Das dritte Hauptstück belegt, daß die in Berlin vorhandene handschriftliche Erstfassung die tatsächliche Vorlage darstellt, indem der Schreiber nicht nur den formal kaum hervorgehobenen Beginn des dritten Hauptstückes kopierte, sondern auch den Schlußabschnitt des zweiten Hauptstückes in dem Seitenumbruch der Erstfas-

2145 SWS, Bd. 30, S. XXII.
2146 HN XXI, 59f.
2147 HN XXI, 61.
2148 SWS, Bd. 30, S. XXIII.
2149 Vgl. dazu, in der oben genannten Reihenfolge: ebd., S. 349, 341f., 331, 363.
2150 Ebd., S. XXIII.

sung übernahm.[2151] Im Schrift- und Erscheinungsbild sind die drei letzten Hauptstücke der abschließenden handschriftlichen Fassung deutlich voneinander zu unterscheiden. Es steht zu erwarten, daß Herder diese drei, wahrscheinlich in der Kanzlei des Oberkonsistoriums kopierten Texte separat seinen Kollegen kommunizierte. Die Änderungen des Grundtextes nehmen die Rückmeldungen und Anregungen von Zinserling, Böttiger und Weber auf. Eine Unterscheidung der jeweiligen Provenienz ist nicht mehr möglich. Die Änderungen wurden von der Hand Herders eingetragen; bisweilen ist die Handschrift Karolines zu erkennen[2152]. Da die Zuordnungen des jeweiligen Vorschlaggebers nicht mehr zu identifizieren sind, liegen zwei nur grundsätzlich zu unterscheidende Änderungstypen vor: die erste Klasse von Änderungen führte zu der von Herder alleine zu verantwortenden Endfassung des handschriftlichen Erstentwurfes. Die zweite Gruppe von Texteingriffen stellen jene Veränderungen dar, die sich aus dem Gespräch mit den Kollegen ergaben. Nur die erste Klasse läßt sich mit der ersten handschriftlichen Fassung umreißen. Kein geringer Teil der Änderungen in der Schlußfassung wird auch in diese Gruppe einzuordnen sein. Ein weiterer Teil gehört jedoch der zweiten Klasse von Änderungen an. Um diesen grundlegenden Unterschied nicht nur in seiner Bedeutung zu betonen, sondern ansatzweise aus der Kontinuität innerhalb der katechetischen Entwürfe zu entwickeln, kann innerhalb dieser Arbeit im folgenden auf die zuvor geschilderten Handschriften der Bückeburger und Weimarer Zeit zurückgegriffen werden. Alleine mit den Berliner Katechismus-Manuskripten von 1795–1797 scheint nach Dahms nicht mehr gearbeitet worden zu sein.[2153]

2151 Vgl. dazu HN XXI, 61, Bl. 1^r, mit HN XXI, 60, Bl. 26^v.

2152 HN XXI, 61, Bl. 9^v: „durch Aufmunterung".

2153 Die abschließende handschriftliche Fassung ist in der Reihenfolge ihrer Blätter in einem stark defekten Zustand. Die ursprüngliche Blattzählung, die im folgenden auch zitiert wird, erlaubt es zwar, die grundlegende Ordnung vergleichsweise schnell wiederherzustellen. Ein Teil der Blätter verzichtet jedoch auf die Paginierung. Die Rekonstruktion der ursprünglichen archivalischen Ordnung, die wiederum von der Paginierung Herders zu unterscheiden ist, läßt erkennen, daß der erste Teil der Blätter konsequent und stimmig bis Bl. 62^r gezählt werden muß. Das dritte, vierte und fünfte Hauptstück beginnen eine neue Zählung, die bis Bl. 15^v reicht. Bl. 13, ein Teil der Ausführungen zum Abendmahl, fehlt. Die Angabe Irmschers von insgesamt 77 Bl. ist in dieser Hinsicht auf 76 zu korrigieren. Aufgrund der beiden Blattzählungen ist eine Zitation der Bl. 1–15 für HN XXI, 61, damit zwar nicht eindeutig, der jeweilige Kontext der Einleitung und des ersten Hauptstückes zum einen, des dritten, vierten und fünften Hauptstücks zum anderen, erlaubt eine klare Identifizierung.

Die Gliederung des gedruckten Katechismus und
Rückschlüsse aus den Manuskripten

Ausgehend von der abschließenden Druckfassung ist zunächst auf die Grobgliederung einzugehen.[2154] Zu betonen ist darin die Voranstellung der einschlägigen Texte von Luthers *Kleinem Katechismus*. Die Suphansche Werkausgabe
erwähnt dies in der ersten Anmerkung, doch mag die mit dem Text verbundene
neueinsetzende Seitenzählung über diesen Umstand leicht hinwegtäuschen.
Weiter finden sich in der nachfolgenden Zusammenstellung, als ein eigenes
Gliederungselement, die in den Anmerkungen vermerkten Lieder mit den jeweils identifizierten Liednummern des *Weimarischen Gesangbuches* (WG)
verzeichnet; gekennzeichnet werden zudem die Lieder, die Herder während
seiner Weimarer Amtszeit vor bzw. nach 1795 an der Stadtkirche (SK) setzen
ließ. Die Fußnoten der Liedangaben strukturieren den Text des Katechismus
selbst zu gewissen Teilen und werden aus diesem Grund auch in die hier zusammengestellte Übersicht einbezogen. Aufgrund ihres ergänzenden Charakters sind diese Hinweise durch Kursivierung kenntlich gemacht. In einzelnen
Fällen bereiten sie am Ende eines Blockes schon den nachfolgenden Punkt vor
und sind darin diesem zugeordnet. In anderen Fällen bieten sie Vertiefungen
von Unterpunkten, die als solche nicht eigens in der Gliederung hervorgehoben
sind. In der nachfolgenden Darstellung wurden diese Punkte soweit als möglich aus Zitaten der entsprechenden Bezugsstellen im Haupttext zusammengefügt. Die Gliederung des Katechismus in der linken Spalte besteht ausschließlich aus Zitation. Jede Angabe von Liednummern steht auf der Höhe der
entsprechenden Zeile der Gliederung. Die Gliederungselemente der jeweiligen
Zählung werden aus Gründen der Übersichtlichkeit und graphischen Zuordnungsmöglichkeiten übernommen.

Gliederung Katechismus	Einbezogene Lieder (WG-Nr.)
[Abdruck von Luthers Katechismus]	
Unterricht zum Gebrauch dieser katecheti-schen Erklärung 1.–9.	
Einleitung	422
I. Das erste Hauptstück. Von den zehn Gebo-ten	

2154 Nach SWS, Bd. 30, S. 302–392.

1. Das erste Gebot	1.: 279 (SK), 481
2. Das zweite Gebot	2.: 162, 303 (SK)
3. Das dritte Gebot	3.: 510
4. Das vierte Gebot	4.: 551
5. Das fünfte Gebot	5.: 550, 568
6. Das sechste Gebot	6.: 549, 477
7. [Das siebte Gebot]	7.: 560, 474, 554
8. [Das achte Gebot]	8.: 561 (SK), 567
9. [Das neunte Gebot]	
10. [Das zehnte Gebot]	
Schluß der Gebote	195, 472f.
II. Das zweite Hauptstück. Vom christlichen Glauben	
1. Der erste Artikel	
1. Von der Schöpfung	1.: 361, 373, 374 (SK), 486
2. Von der Erhaltung der Welt	2.: *„Gottes Gesetz und Ordnung"*: 380, 379, 21 (SK); *Allgegenwart*: 51, 365, 364; *der Mensch wirkt „an Gottes Stelle" Gutes*: 571, 569, 564
3. Von der Haushaltung oder Regierung Gottes in der Welt	3.: 294 (SK), 296 (SK), 557; *weise und gute Haushaltung Gottes*: 182 (SK), 298 (SK), 184 (SK), 537 (SK), 545; *Pflichterfüllung des Menschen*:
2. Der zweite Artikel. Von der Erlösung	476, 477, 367 (SK)
1. Vom Namen und der Person Christi	
2. Von den Lebensumständen Jesu Christi	2.: *„Leiden Jesu"*: 386 (SK), 385, 384
3. Vom Wert der Erlösung	3.: 447
3. Der dritte Artikel. Von der Heiligung	
1. Vom heiligen Geist	1.: 99 (SK), 420, 421
2. Von der Christlichen Kirche	2.: 445 (SK), 455
3. Vergebung der Sünden	
4. Auferstehung und ewiges Leben	4.: 92 (SK), 595, 343; *Vorbereitung „auf die Ewigkeit"*: 582, 591, 590
III. Das dritte Hauptstück. Vom Gebet	III.: 167, 479 (SK)
Vom Gebet des Herrn oder dem Vater Unser	
Erste, zweite und dritte Bitte	
1. [Erste Bitte]	1.: 431
2. [Zweite Bitte]	
3. [Dritte Bitte]	3.: 276, 546

[4.] Die vierte Bitte	4.: 569, 557, 556 (SK)
Fünfte, sechste und siebende Bitte	
5. [Die fünfte Bitte]	5.: 113, 566, 567
6. [Die sechste Bitte]	6.: 175 (SK), 542
7. [Die siebte Bitte]	7.: 478; *Schluß des Gebetes*: 480
IV. Das vierte Hauptstück [Taufe, Konfirmation]	IV.: 566, 122, 106
V. VI. Letztes Hauptstück [Abendmahl, Beichte]	V.f: „*Hoffnung des ewigen Lebens*": 442, 438
Lebensregeln 1.–12.	

Von vorrangiger Bedeutung ist die Gliederung des zweiten Hauptstückes. Die Zuordnung und Gliederungsfunktion der Lieder dominiert in diesem Zusammenhang besonders im Kontext des ersten Artikels. Im ersten und dritten Hauptstück sind in der Zählung kleinere formale Uneinheitlichkeiten erkennbar, die ihren Hintergrund in der Entstehung der Handschrift haben. Die bemerkenswerte Entdeckung von Dahms, daß, „wie die von Herder stammende Seitenzählung [der ersten Handschrift] zeigt", Herder „eine Zeit lang darüber in Zweifel [war], ob nicht das vierte und fünfte Hauptstück dem Ganzen vorangesetzt werden sollten"[2155], muß anhand des Erstentwurfes als ein Mißverständnis der Handschrift interpretiert werden.

Die Seitenzählung des Erstentwurfes in seiner unüberarbeiteten Fassung von Herders Hand ist insofern eindeutig zu identifizieren, als er an eine Quartzählung anknüpft und die 19 Bogen des Ausgangsformates durchgängig numeriert. Jeweils vier Seiten bzw. zwei Blätter erhalten eine eigene Ziffer. Diese für Herdersche Manuskripte ungewöhnliche Zählweise erstreckt sich von der Einleitung[2156] bis zu dem fünften Hauptstück[2157]. Zu erkennen wird darin auch, daß der nicht mitgezählte „Unterricht zum Gebrauch" abschließend aufgesetzt worden sein dürfte und das Manuskript damit in der Tat bereits im Juni 1795 abgeschlossen wurde. Mit der Überarbeitung des Manuskriptes, die in das Frühjahr 1797 fallen muß, änderte Herder die Paginierung. Für das erste und zweite Hauptstück, die er zunächst kopieren ließ, ist dies jedoch nicht der Fall. Erst in das dritte Hauptstück trägt Herder – aufgrund der zum Teil erheblichen Zusätze – eine neue Blattzählung ein. Diese unterscheidet sich von der vorheri-

---

2155 SWS, Bd. 30, S. XXIII.
2156 Zu „1" vgl.: HN XXI, 60, Bl. 1ᵛ.
2157 Zu „19" vgl.: ebd., Bl. 38ʳ.

gen darin, daß sie mit Blatt 13 (Ende des zweiten, Anfang des dritten Hauptstückes) eine Paginierung wählt, die jeweils zwei Seiten mit einer Ziffer versieht. Das vierte und das fünfte Hauptstück setzen zusammen in einer durchgängigen Zählung neu ein. Primär aus diesem Umstand folgerte Dahms den Plan einer Umstellung. Ergänzend hinzuzufügen ist, daß das vierte und fünfte Hauptstück zunächst nach der Überschrift jeweils eine Streichung bieten: „Ganz vorangesetzt". Wohl auch aus diesem Textbestand in Verbindung mit der Paginierung leitete Dahms das Vorhaben einer geänderten Reihenfolge ab. Die Parallele im Wortlaut „vorangesetzt" spricht dafür. Es dürfte sich jedoch um ein Fehlinterpretation von Dahms handeln. Die Erstfassung der Handschrift liest: „Das vierte. Hauptstück"; danach ergänzt Herder in arabischer Zählung: „4", streicht dies jedoch und präzisiert: „IV. Ganz vorangestellt".[2158] Dieser Hinweis beschränkt sich zweifelsohne ausschließlich auf die formale Zählung mit römischen Ziffern, wobei die schließliche Streichung der Anweisung diesen redaktionellen Schritt auf die Zeit nach der Überarbeitung durch die Kollegen verschiebt. Die Abschrift verzichtet in Entsprechung zu dem abschließenden Textbestand der ersten Handschrift auf jede Zählung.[2159] Eine direkte Parallele bietet das fünfte Hauptstück. Es liest in der Erstfassung zunächst „V. Hauptstück." Die römische Zählung wird danach gestrichen und zu „Fünftes Hauptstück" geändert. Der wiederum gestrichene Nachsatz bietet die Anweisung: „V. ganz vorangesetzt". [2160] Die Abschrift verzichtet wiederum auf jede Zählung[2161], die sich in der Drucklegung jedoch, entsprechend der Anmerkungen des Erstentwurfs, in römischen Ziffern ‚vorangesetzt' findet.

Die von Dahms vermutete Umstellung muß damit als ein mehrfaches Mißverständnis redaktioneller Vorgänge gewertet werden. Zum einen bereitete Herder eine formale Vereinheitlichung in der Zählung der Hauptstücke vor, zum anderen änderte er mit dem dritten Hauptstück, wahrscheinlich sowohl für die Abschrift als auch für die eigene Möglichkeit, während der vorherigen Überarbeitung noch Ergänzungen eintragen zu können, die Paginierung. Aufgrund der sich ergebenen Doppelungen in dem unvermerkten Wechsel von einer Vierblatt- zu einer Zweiblatt-Zählung setzte er in dem Moment, in dem sich Dubletten in den Seitenziffern ergaben (in beiden Zählungen: Blatt 18), mit einer neuen Zählung ein. Dies resultierte mit Beginn des vierten Hauptstückes (Bl. 17^c) in der notwendigen Korrektur. Diese nahm Herder mit der letzten Ziffer vor der ersten zweifach besetzten Zahl mit einer neueinsetzenden Zählung vor. Auch aufgrund der ausstehenden Abschrift dürfte Herder die aufwendigere Fortsetzung der vorherigen Zählung mit keinem Gedanken bedacht

---

2158 Ebd., Bl. 35^r.
2159 HN XXI, 61, Bl. 9^r.
2160 HN XXI, 60, Bl. 37^r.
2161 HN XXI, 61, Bl. 12^r.

haben. Von einer Umstellung der Hauptstücke ist insofern zu keinem Zeitpunkt der konzeptionellen Vorarbeit auszugehen. Die Paginierung erlaubt
höchstens den Rückschluß, daß zunächst das dritte Hauptstück kursierte, bevor
das vierte und fünfte Hauptstück wohl im Zusammenhang abgeschrieben und
vorgelegt wurden.

Die Lieder im Katechismus und den Vorentwürfen

Der Schlußschritt einer formalen Vereinheitlichung u. a. der Zählung verband
sich – in beiden Handschriften nicht greifbar und daher mit Sicherheit erst in
das Jahr 1797 zu datieren – mit der Einarbeitung von Liedern des *Weimarischen Gesangbuches*. Das Vorhaben deutet sich in dem Erstentwurf an, der auf
zwei abschließenden, darin möglicherweise aber auch angehängten Blättern
ein Exzerpt bietet: „Sprüche, Gebete, Lieder u.[nd] Psalmen."[2162] Die knappen
drei Seiten sind insofern von Interesse, als sie eine Sammlung biblischer Stellen und einzelner Lieder im Rahmen eines ansatzweisen Exzerptes bieten. Zitiert findet sich „Rosenmüller S. 9" sowie an drei Stellen der 1793 erschienene
„Gießener Kat.[echismus]" (S. 5, 8 und 17). Diese beiden Hinweise stellen die
einzigen direkten Referenzen auf konsultierte Werke dar. Der Gießener Katechismus läßt sich auch in der *Bibliotheca Herderiana* identifizieren.[2163] Die
Texte, die sich Herder markierte, sind kurze erbauliche Merksprüche mit teil-
weisem Gebetscharakter. Weitere Passagen dieser Art stehen ohne Quellenan-
gabe und dürften auf Herders eigene Erziehung oder katechetische Praxis zu-
rückgehen. Es sind Texte wie: „Wenn Erd' und Himmel untergehn: so bleibet
Gottes Treu bestehn" oder: „Laß die Gedanken stets auf dieser Probe stehn:
Gott sieht! Gott hört! Gott straft! Du kannst ihm nicht entgehen."[2164] Nur ein
Lied ist vermerkt: „Was Gott thut, das ist wohlgethan"[2165], das als WG 276
Eingang in das überarbeitete Gesangbuch fand. Das Lied verfügt mit dem
Dichter Samuel Rodigast über besondere Jenaer Bezüge und mochte darin als
lokale Lieddichtung ungeachtet der Gesangbuchfassung herangezogen worden
sein. Es ist wahrscheinlich, daß der Entwurf in die Vorzeit des Manuskriptes
von 1795 gehört. Die Gliederungspunkte orientieren sich an einer Abfolge von

---

2162 HN XXI, 60, Bl. 40^r–41^r.

2163 BH, S. 49, Nr. 966 „Neuer Katechismus der christl. Lehre. Gießen 1793." Im Kontext dieser
Zählung steht auch das Gros der weiteren Katechismen in Herders Besitz, die – nicht nur im
Vergleich zu den Gesangbüchern und hymnologischen Nachschlagewerken – einen sehr
kleinen Bestand markieren. Etwa ein Dutzend von Titeln wäre auf dieser Grundlage nur zu
nennen; Werke von Rosenmüller sind nicht darunter. Die Rezeption Rosenmüllers durch
Herder ließe sich in einer eigenen Studie vertiefen.

2164 HN XXI, 60, Bl. 40^v.

2165 Ebd., Bl. 40^r.

Gottesattributen: „Gott ist allmächtig [...,] allwissend [...,] allgegenwärtig [...,] allweise [...,] gütig, barmherzig u.[nd] gnädig [...,] gerecht und heilig"[2166], die sich in der Form nicht in dem Manuskript findet, wohl aber in den frühen Bückeburger und Weimarer Entwürfen. Zudem verraten Streichungen wie: „Gott hat uns einen künstlichen gebildeten Leib u.[nd] einen vernünftige Seele gegeben", zugunsten: „Gott hat uns Menschen einen künstlich-gebildeten Leib u.[nd] eine vernünftige unsterbliche Seele gegeben", die keine direkte Parallele in den beiden Manuskripten von 1795–1797 finden, ein sehr frühes konzeptionelles Stadium. Ein Teil der aufgeführten Bibelstellen findet Eingang in die damit wohl späteren Manuskripte. Von Bedeutung ist der Vorsatz, erbauliche und einzuprägende biblische sowie außerbiblische Dichtung in den Katechismus aufzunehmen. Nach Abschluß des Manuskriptes und der breiten Integration biblischer Texte, darunter in einem starken Maße alttestamentlicher Spruchweisheit, dürfte sich die Schwerpunktsetzung zugunsten der Kirchenlieder verschoben haben. Die Merksprüche finden keine Aufnahme in den Katechismus, die Lieder in einem um so höheren Maße.

Im Kontext der Gesangbucheinführung in Sachsen-Weimar wurde bereits auf die konkrete situative und längerfristige Bedeutung abgehoben, die dieser Verbindung zwischen Gesangbuch und Katechismus zukam.[2167] Die zuvor benannten Ergebnisse sind nur noch material zu ergänzen. Zur größeren Transparenz sollen dazu die bereits in der Darstellung der Grobgliederung verifizierten Lieder nach der Reihenfolge der Gesangbuchzählung aufgenommen werden. Für den Bereich des ersten Teils finden sich 18 Lieder: WG 21 (SK), 92 (SK), 99 (SK), 106, 122, 162, 167, 175 (SK), 182 (SK), 184 (SK), 195, 276, 279 (SK), 294 (SK), 296 (SK), 298 (SK), 303 (SK) und 343. Über sechzig Prozent dieser Lieder hatte Herder bereits vor 1795 an der Stadtkirche (SK) setzen lassen. Wie die Übersicht des Vorkapitels zeigt, verteilt sich dieser Anteil sehr gleichmäßig über die Gesamtanlage des Katechismus. Für den zweiten Teil der „neuen" Lieder verweist Herder auf 52 Titel: WG 361, 364f., 367 (SK), 373, 374 (SK), 379, 380, 384f., 386 (SK), 420–422, 431, 438, 442, 445 (SK), 447, 455, 472–474, 476, 477 (zweifach), 478, 479 (SK), 480f., 486, 510, 537 (SK), 542, 545f., 549–551, 554, 556 (SK), 557 (zweifach), 560, 561 (SK), 564, 566 (zweimal), 567 (zweifach), 568, 569 (zweifach), 571, 582, 590, 591 und 595 (SK). Immerhin gut 15 Prozent dieser Titel kamen auch nach 1795 im Rahmen der landesweiten Bußtagsgottesdienste, der neugesetzten Predigttexte und Sonntagspredigten an der Stadtkirche zum Einsatz.

Die Bedeutung dieser Einbindung des Gesangbuchs in den Katechismus kann nicht überschätzt werden. Sie steht jedoch nicht nur im Zusammenhang mit der Einführung des neuen Gesangbuches. Das Vorhaben der erbaulichen

---

2166 Ebd.
2167 Vgl. dazu oben Kap. IV.1.7.11.

Merkverse dürfte ebenso wie die angezeigten Lieder und Strophen aus dem Gesangbuch mit dem Begriff der Popularität in Verbindung zu bringen sein. Die Vision Herders war ein populärer Katechismus im Katechismus – ein memorierbarer, stets präsenter und das eigene Leben und Bewußtsein gleichermaßen prägender „Katechismus des Volkes".[2168]

„Unterricht zum Gebrauch dieser Katechetischen Erklärung"

Um damit nach der Grob- und Feingliederung, in deren Kontext auch die Einarbeitung der Lieder zu berücksichtigen war, zu dem Haupttext zurückzukehren, wird ein weiterer Lernauftrag, der in voller Kontinuität zum *Reisejournal* steht[2169], in der gedruckten Vorrede „Unterricht zum Gebrauch dieser Katechetischen Erklärung" (im weiteren kurz: *Vorrede*) beschrieben: „Die Worte der zehn Gebote, der drei Artikel, des Vater Unsers, die Worte der Einsetzung der Taufe und des Abendmahls [...,] diese müßen und können von allen gelernt werden: denn sie sind kurz und leicht."[2170] Die Entwicklung, die man gegenüber den frühen Aufzeichnungen benennen muß, ist, daß die punktuelle Kritik an Luthers Ausführungen und programmatische Betonung einer Bedeutung von „Erklärungen" durch die gesamte Anlage des Werkes eingelöst wird. Die *Vorrede* zerfällt bereits im Manuskript in die neun klar untergliederten Punkte, die auch die Druckfassung bietet. In seinem Aufbau und seiner funktionalen Einteilung erinnert der Text stark an das Vorwort des *Weimarischen Gesangbuches*, das ebenfalls auf den grundlegenden Auftrag des Werkes, die konkrete Anwendung und sehr situativ sowie personal sehr präzise bestimmte Adressatenorientierung reflektiert. Nur drei inhaltliche Aspekte sollen aus der *Vorrede* zum Katechismus herausgegriffen werden. Zum einen dominiert, wie auch in den vorherigen Katechismushandschriften, die Reflexion auf eine Programmatik der lebendigen Erkenntnis. Der Begriff fehlt, faßt aber die Ablehnung des „todten Auswendiglernen[s]"[2171] auf der einen und die Programmatik einer „lebendige[n] Uebung der Seelenkräfte"[2172] als „des Verstandes und Herzens"[2173] auf der anderen Seite zusammen. Das organische Ideal einer ausgeglichenen Zuordnung der Seelenkräfte basiert auch auf der individuellen Einschätzungsfähigkeit des Pädagogen. Diese führt zum zweiten Punkt, der hier herausgegriffen werden soll. Der jeweilige geistliche Lehrer, unterstützt von der Erzie-

2168 Vgl. dazu in diesem Kap., Anm. 473.
2169 Vgl. dazu in diesem Kap., Anm. 1644.
2170 SWS, Bd. 30, S. 305 (5.).
2171 Ebd., S. 303 (3.); vgl. dazu auch ebd. (1.): „todtes Gedächtnißwerk".
2172 Ebd., S. 302 (1.).
2173 Ebd., S. 303 (2.). Zum „verstehen" vgl. mehrfach, u. a., ebd., S. 305 (5.).

hung im Elternhaus[2174], muß ermessen, welches memorierbare Maß an Bibelstellen – und im Anschluß auch von Gesangbuchversen – ein „reicher Schatz
von Lehre, Aufmunterung und Trost"[2175] im Leben je nach der Anlage des einzelnen werden kann. Der dritte Punkt gilt einer Negativbestimmung, die in die
Ausführungen der *Vorrede* untergründig eingeht. „Diese gelehrte Lehrart ist
nicht für Kinder."[2176] Der implizierte Dogmenbegriff wird beiläufig eingebracht: „Im Ganzen aber müßen die Kinder nicht mit Sprüchen, am wenigsten
mit *dogmatischen* Sprüchen überhäuft werden".[2177] Was Herders Ablehnung
motiviert, ist die Vorstellung der *rabies theologorum:* „Gelehrte oder gar strei-
tende Theologen sollen unsre Kinder nicht seyn [...]. Deßwegen ist in dieser
Erklärung [...] so viel [als] möglich, alles ausgelassen worden, war zur gelehrten oder streitenden Theologie gehöret: denn sie ist nichts für Kinder."[2178] Was
die *Vorrede* insgesamt dominiert, sind die Ausführungen zum positiven Gebrauch und der möglichst angemessenen Anwendung des *Katechismus* in seiner formalen Zweiteilung in den Luthertext und der nachgeordneten „Erklärung". Das umschriebene Ideal der lebendigen Erkenntnis wird darin an die
Gesamtheit der Seelenkräfte zum einen und den spezifischen Entwicklungsstand und die individuelle Anlage des einzelnen Kindes zum anderen zurück-
gebunden. Die Streichungen, Umformulierungen und Umstellungen in der
Handschrift[2179], die ausschließlich Herder zugewiesen werden können, betreffen die starke Betonung der bereits am Anfang der späteren Druckfassung zu
stehen kommenden „lebendigen Übung" und die nachdrückliche Schärfung
des Auftrages zu einem den Seelenkräften der Kinder angemessenen Gebrauch
des Werkes. Die von Herder gewählte Überschrift der *Vorrede* entspricht damit exakt diesen Anliegen und unterstreicht die funktionale Bedeutung des
Textes, die Herder im *Katechismus* wie dem *Weimarischen Gesangbuch* an
dieser Stelle in einer vergleichbaren Weise wahrnahm.

„Einleitung"

Die *Einleitung* überträgt einen Teil der *Vorrede* in das von Herder damit auf-
gegriffene Schema von Frage und Antwort. Abgehoben wird zunächst kurz auf

---

2174 Vgl. dazu bes. ebd., S. 306 (9.).
2175 Vgl. dazu ebd., S. 305 (6.).
2176 Ebd., S. 304 (4.).
2177 Ebd., S. 305 (7.).
2178 Ebd., S. 305f. (7.).
2179 HN XXI, 59.

den Auftrag und die Anlage des Katechismusunterrichts.[2180] Stark elementarisiert findet sich bereits die in der *Einleitung* angedeutete Gliederung des *Kleinen Katechismus*. Die Wiederholungen auf der einen und die Elementarisierungen auf der anderen Seite illustriert exemplarisch der explizit vermiedene und zumindest vorbereitete Sakramentsbegriffs, der in der *Vorrede*[2181] wie der *Einleitung*[2182] als eine öffentliche Bekenntnishandlung gilt. Die in dem Herderschen Erstentwurf kaum überarbeitete *Einleitung* nimmt insgesamt eine Reihe von Begriffsbestimmungen vor, u. a. Prophet, Evangelist, Apostel.[2183] In der damit eröffneten Abfolge, die mit der Unterscheidung zwischen Altem und Neuem Testament beginnt[2184] und zu der abschließenden Zusammenfassung als „Gottes Wort"[2185] führt, ist in der *Einleitung* zur überwiegenden Hälfe jene bibelkundliche Propädeutik zu erkennen, die in Bückeburg nachgeordnet war, in den *Anfangsgründen* – parallel zur kursorischen Bibellektüre – integrativ auf mehrere Blöcke innerhalb des Religionsunterricht verteilt wurde und nur in der *Privatkatechese* gleichermaßen konzentriert am Anfang vorausstand. Der *Katechismus* verbindet darin die äußere Notwendigkeit einer fundamentalen Elementarisierung mit dem gleichermaßen integrativen Ansatz eines konsequent betriebenen gemeinsamen Bibelstudiums. Letzteres bildet die Grundlage sämtlicher der hier aufgenommenen Katechismuskonzeptionen. Zwei innerbiblische Verweise sind in der *Einleitung* von besonderem Interesse. Zunächst benennt Herder innerhalb der bibelkundlichen Propädeutik, die in Ansätzen auch einer weiteren Vorbereitung der beiden ersten Hauptstücke gilt, die Bergpredigt als Nahtstelle zwischen der alttestamentlichen Bedeutung des Dekalogs und der Bestätigung und Erklärung durch Christus.[2186] Am Ende der *Einleitung* knüpft Herder nochmals an die Bergpredigt an, indem er das Doppelgebot der Liebe nach Mt 22,37–40 und das Gesetz der Billigkeit nach Mt 7,12[2187] betont und die dreigeteilte Personenstruktur („Pflichten gegen Gott, gegen uns selbst, und gegen andre Menschen"[2188]) als Gliederungsschematik und Auslegungs-

---

2180 SWS, Bd. 30, S. 307 (Fragen 1.–3.); im weiteren werden die Fragen (Fr.) vom jeweiligen Seitenbeginn aus gezählt, um die Identifizierbarkeit der einzelnen Stellen zu erhöhen. Die Antworten werden ebenfalls nach diesem Schema – unter der jeweiligen Frage und damit ohne eine weitere Abkürzung einzuführen – zitiert.

2181 Vgl. dazu ebd., S. 304 (4.): „öffentliche [...] Handlungen, dadurch wir uns zum Christenthum bekennen".

2182 Ebd., S. 307 (Fr. 8): „heilige Handlungen, dadurch wir uns zum Christenthum öffentlich bekennen".

2183 Vgl. dazu bes. ebd., S. 308f.

2184 Ebd., S. 308 (Fr. 4).

2185 Ebd., S. 310 (Fr. 3).

2186 Vgl. dazu ebd., S. 309 (Fr. 3f.).

2187 Vgl. zu diesem Begriff und Vorstellungskomplex das Schlußkapitel dieser Arbeit.

2188 SWS, Bd. 30, S. 311 (Fr. 3).

muster des ersten Hauptstückes aufgreift. Beide Texte sind für Herders gesamte Theologie von zentraler Bedeutung. Einen frühen Beleg für den hohen Stellenwert, den Herder der Bergpredigt zumaß, bietet der Brief an Prinz Peter Friedrich Wilhelm von Holstein-Gottorp vom 9. November 177:

> „Für mich, weiß ich, daß wenn ich 10 Jahre an der Religion gezweifelt, ich käme endlich in ein Gewölbe, und fände auf 3 Blättern Nichts, als die 3 Kapitel Matthäi, die wir die Bergpredigt Christi nennen, Kapitel 5-7. und ich hätte Aufrichtigkeit genug, mir aus diesem Wenigen den Geist der Religion zu bilden, den dieser Mann predigte – welch andre Vollkommenheit der Menschen? [...] ich habe, so lang ich hier [Bückeburg] bin, fast über Nichts als über sie gepredigt, und wenn ich nie die Christliche und meine Religion geliebt hätte – so würde ich sie jetzt lieben! Hier ist mehr als Plato und alle Weisen!"[2189]

Auf die systematische Bedeutung in der Verbindung des Doppelgebotes der Liebe mit dem Gesetz der Billigkeit wird im Kontext der Predigten einzugehen sein. An dieser Stelle des *Katechismus* dominiert die personale Struktur des Liebesgebotes, die auch die vorherigen Katechismusmanuskripte bestimmt hatte, hier jedoch in der Übertragung auf das erste Hauptstück konstitutiv wird. Ein weiterer Aspekt, den es für die *Einleitung* eigens zu betonen gilt, ist die frühe und in dem Textabschnitt zentrale Betonung des Gewissens als des „innere[n] Bewußtseins des Menschen von dem, was Recht und Unrecht ist."[2190] Das Gewissen gilt den „Pflichten"[2191] – und von den Pflichten des Dekalogs, im Licht der neutestamentlichen Verkündigung, handelt die Erklärung des ersten Hauptstückes.

Die handschriftliche Erstfassung der *Einleitung* ist vergleichsweise flüssig geschrieben und nur wenig überarbeitet. Die wichtigste Änderung betrifft den zuletzt genannten Punkt. Die Frage: „Gehen diese Gebote auch uns an?", wurde zunächst beantwortet: „Ja, sofern sie Naturgesetze der Menschheit sind, zu denen uns das eigene Gewissen verbindet."[2192] Herder selbst nahm bereits in der Erstfassung, wahrscheinlich im Frühjahr 1797, die Änderung vor zu: „Ja, sofern sie Gesetze sind, zu denen uns schon unser Gewissen verbindet."[2193] Die nach den Rückmeldungen von den Kollegen überarbeitete handschriftliche Endfassung bietet die offene und weiche Version: „Ja, sofern sie Pflichten enthalten, zu denen uns auch unser Gewissen verbindet."[2194] Die Modifikationen sind gravierend. Zum Teil verdanken sie sich Herder, der zunächst den

---

2189 Herder an Prinz Peter Friedrich Wilhelm von Holstein-Gottorp, 9. November 1771, DA, Bd. 2, Nr. 34, S. 96, Z. 182–186; S. 97, Z. 195–197.

2190 SWS, Bd. 30, S. 309 (Fr. 1).

2191 Ebd., S. 308 (Fr. 11).

2192 HN XXI, 60, Bl. 1ᵛ.

2193 Ebd.

2194 HN XXI, 61, Bl. 2ʳ.

Naturbegriff vermied, dann dürften sie auf die Kollegen zurückgehen, die Herders eindeutige und direkte Zuordnung des Gewissens zugunsten einer inklusiv verstandenen, mehrdeutigen Lesart wohl angeraten hatten.

Ein weiterer Punkt betrifft die massiven Streichungen von Passagen am Ende der *Einleitung*, die den Gedanken einer Erziehung des Menschengeschlechts und eine Zeitspezifik der göttlichen Offenbarung geboten hatten. Diese Veränderung wird von Dahms ansatzweise dokumentiert[2195], kann darin aber vertieft werden. Die Erstfassung der Frage, ob „alles Äußerliche" der biblischen Erzählungen nachzuahmen sei, lautete: „Nein! Denn jede Zeit hat ihre Art und Weise. Gott hat das menschliche Geschlecht, wie Eltern ihre Kinder [erzogen]".[2196] Zunächst nahm Herder eine Änderung ins Präsens vor, dann stellte er die Zeitspezifik nach. Auch die ersten biblischen Referenzen einer naturalen Erkenntnis aus dem Kontext der Heidenmission (Act 15,18: „was von alters her bekannt ist" und Act 14,16f.) werden gestrichen. Mit Act 17,30 entscheidet sich Herder schließlich für die Areopagrede. In der handschriftlichen Endfassung vertieft Herder zunächst diese erkennbar paulinische Begründung der universalen Entwicklungskonzeption, indem er I Kor 13,11 hinzufügt und – mit dem Ziel der Zitation in der Drucklegung – voll ausschreibt.[2197] Die Streichung dieses gesamten Komplexes erfolgte nach dem Schriftbild in mehreren Schritten. Das Endresultat läßt den ursprünglichen Ausgangspunkt nicht mehr erkennen und behält lediglich die in diesem Zusammenhang erst sekundär eingebrachte paulinische Argumentation in einem deutlichen veränderten Kontext bei.

Eine weitere Streichung, in der sich die beiden zuvor benannten Aspekte berühren, ist die ebenfalls vollständig ausgeschrieben geplante Zitation von Röm 2,14 unter der Einführung des menschlichen Gewissens.[2198] Wiederum im Rahmen der Endredaktion[2199] wurde die Entscheidung gegen diese Stelle vorgenommen. Von geringerer Bedeutung gegenüber dem Verzicht auf diese neutestamentlichen Referenzen einer Universalität in der Gotteserkenntnis, in ihrer Ausrichtung jedoch ansatzweise vergleichbar, sind die Streichungen der alttestamentlichen, als partikular zu verstehenden Umstände des Offenbarungsgeschehens. Der Empfang des Dekalogs auf dem Sinai durch Moses und die

2195 SWS, Bd. 30, S. 311, Anm. 1. Hinweise auf den defizitären kritischen Apparat von Dahms werden im weiteren vermieden. Nur bei Stellen, die Dahms bietet, wird dieser – und nicht die jeweilige Handschrift – zitiert.
2196 HN XXI, 60, Bl. 2^v.
2197 HN XXI, 61, Bl. 3^v.
2198 HN XXI, 60, Bl. 2^r.
2199 HN XXI, 61, Bl. 2^r, 2^v.

Beschreibung der Situation wird in Entsprechung dazu ebenfalls erst in der Endredaktion gestrichen.[2200]

„I. Das erste Hauptstück. Von den zehn Geboten"

Hinsichtlich des ersten Hauptstücks ist vorrangig zu betonen, daß es in keinem der vorherigen Entwürfe eigens erklärt wurde. Die *Anfangsgründe*[2201] verzichten sogar auf den Lernauftrag dieses Teils des *Kleinen Katechismus*. Die Ausführungen der *Anfangsgründe* heben gegenüber dem Katecheten u. a. auf die „Nothwendigkeit" und „Billigkeit" der Gebote ab. Den ersten Punkt dürfte Herder primär mit der von den Streichungen berührten Universalität in den Regeln des Erkennens und den Gesetzen des Handelns[2202] verbunden haben. Den Gedanken der „Billigkeit" etwa leitete er in den Predigten konsequent aus Mt 7,12 und Mt 22,37–40 ab.

Zugleich findet die Anlage seiner „Erklärung" in der Gotteslehre jenen Ansatzpunkt, der auch in jeder seiner vorherigen Katechismushandschriften am Anfang stand. Bereits in der *Einführung* wird in der Streichung von II Petr 1,21 in beiden Manuskripten – der Erstfassung[2203] sowie nach dem wiederholten Zusatz und erneuten Verzicht in der handschriftlichen Endfassung[2204] – deutlich, daß Herder einerseits mit zentralen Aussagen über die Wesenbestimmung Gottes eröffnen möchte, diese aber doch für einen späteren Kontext aufspart. Ein Teil seines Lösungsansatzes ist es, das erste Hauptstück in dieser Hinsicht auszulegen, was zu Doppelungen, aber insgesamt begrenzten Wiederholungen mit dem zweiten Hauptstück führt. Die zentrale Bestimmung, die in der Druckfassung die Einleitung des ersten Hauptstücks prägt, gilt dem „Schöpfer und Wohlthäter" als dem „Vater"[2205]. Der Monotheismus wird in diesem Zusammenhang angedeutet als der Glaube an: „den Einigen Gott".[2206] Auch der biblische Hinweis auf Mt 19,17 übernimmt diese Funktion.[2207] Die bereits zuvor mit II Petr 1,21 gestrichene Bestimmung Gottes als eines Geistes wird nicht eingebracht. Die zentralen Attribute, die im Kontext des ersten Gebots genannt werden, vereinen sich zu der bekannten Trias: „die höchste Allmacht, Weisheit und Güte", die von dem Hinweis gefolgt wird: „Ohne seinen

---

2200 HN XXI, 60, Bl. 1ʳ, mit HN XXI, 61, Bl. 2ʳ.
2201 Vgl. dazu in diesem Kap., Anm. 1968.
2202 Vgl. auch dazu das Schlußkapitel dieser Arbeit.
2203 HN XXI, 60, Bl. 1ᵛ.
2204 Ebd., Bl. 2ʳ.
2205 Beides SWS, Bd. 30, S. 312 (Fr. 1 u. a.).
2206 Ebd. (Fr. 4).
2207 Ebd., S. 313 (Fr. 3).

Willen kann uns nichts begegnen."[2208] Deutlich ist, daß Herder einen Teil der Gottes- und Schöpfungslehre vorwegnimmt sowie auf die Werke der Erhaltung und Vorsehung bereits öffnet. In Einzelpunkten, verständlicherweise besonders dem dritten Gebot, wird die Christologie einbezogen.[2209] Im Zusammenhang des fünften Gebotes findet sich mit der Gottesebenbildlichkeit die theologische Anthropologie berührt.[2210] Die Erklärung des vierten Gebotes hebt auf die Haushalterschaft und den Herrschaftsauftrag des Menschen in der Schöpfung ab.[2211] Auch die übergeordnete Bestimmung, „weiser, besser und glücklicher" zu werden, wird im Kontext des dritten Gebotes betont.[2212]

Das Gros der inhaltlichen Ausführungen ließe sich unter den Begriff der christlichen und bürgerlichen Tugenden subsumieren. Unter dem ersten Komplex wären u. a. zu nennen: „Gottesfurcht"[2213], „Ehrfurcht", „Liebe", „Zutrauen"[2214], „Treue und Glauben"[2215] sowie, mit Kol 3,12: „Erbarmen, Freundlichkeit, Demuth, Sanftmuth, Geduld"[2216]. Vorrangig in den zweiten Bereich gehören: „Ordnung und Fleiß"[2217], „Fleiß und Arbeit"[2218], „Eintracht, Gefälligkeit und Liebe"[2219], „Sparsamkeit" und „Gnügsamkeit"[2220]. Die Verbindungen und Überschneidungen liegen auf der Hand. Daneben stehen die universalen Schlüsselbegriffe „Gerechtigkeit und Billigkeit"[2221] sowie „Aufrichtigkeit und Wahrheit"[2222]. Für das gesamte erste Hauptstück ist der Begriff der „Pflicht" von zentraler Bedeutung. Dem gegenüber stehen Anspielungen auf die Affektenlehre sowie ansatzweise Lasterkataloge. Herauszuheben wären etwa „Abgötterei"[2223], „Stolz, Geiz und Wollust"[2224], „Faulheit, Geiz, Neid, Hoffart und Verschwendung"[2225], „Pracht"[2226], „Begierde"[2227], „Zorn, Zank", „Haß", „Ra-

---

2208 Ebd.
2209 Ebd., S. 316f.
2210 Ebd., S. 321 (Fr. 1).
2211 Ebd., S. 316 (3f.).
2212 Ebd., S. 317 (Fr. 2).
2213 Ebd., S. 320 (Fr. 2). Vgl. ferner ebd., S. 323 (Fr. 1, 4).
2214 Ebd., S. 313 (Fr. 2f.). Vgl. damit ferner ebd., S. 317 (Fr. 4f.).
2215 Ebd., S. 315 (Fr. 4).
2216 Ebd., S. 321 (Fr. 6).
2217 Ebd., S. 320 (Fr. 2). Vgl. ferner ebd., S. 323 (Fr. 1, 4).
2218 Ebd., S. 324 (Fr. 4). Vgl. ferner ebd., S. 326 (Fr. 5).
2219 Ebd., S. 321 (Fr. 6).
2220 Ebd., S. 326 (Fr. 5).
2221 Ebd., S. 325 (Fr. 1).
2222 Ebd., S. 328 (Fr. 9).
2223 Ebd., S. 312 (Fr. 2).
2224 Ebd. (Fr. 10).
2225 Ebd., S. 326 (Fr. 3).
2226 Ebd., S. 327 (Fr. 5).

che und Feindschaft"[2228], „Müssiggang" und „Völlerei"[2229]. Daneben finden sich weniger von der Tradition bestimmte und lebensweltlich sehr konkrete Hinweise wie: „Böse Gesellschaft, unanständige Kleidung [... und] das Lesen schändlicher Bücher"[2230]. Weitere „Untugenden"[2231] ließen sich sowohl direkt benennen sowie aus zahlreichen der zuvor benannten positiven Begriffe indirekt ableiten.

Wichtig ist in diesem Zusammenhang weiter, daß der Begriff der Sünde in der Erklärung des zehnten Gebotes in zwei biblischen Zitaten (Jak 1,14f., Sir 1,26) eingeführt wird. Dahms kritischer Apparat deutet bereits an, daß Herders Erstfassung an dieser Stelle zudem die Unterscheidung zwischen der „Erbsünde" und der „wirkliche[n] Sünde" eingeführt hatte.[2232] Der nachgestellte Block *Schluß der Gebote* knüpft auch in der Druckfassung an diesen Komplex an. Der Begriff der Sünde wird darin erst abschließend bestimmt als das, was „wider das Gesetz und unser Gewissen ist".[2233] Zuvor stehen Erklärungen der „Schwachheitssünden" und die biblische Vermittlung der „verborgenen Fehle[r]" (Ps 19,13).[2234] Der übergeordnete Kontext ist die namentlich nicht genannte Lehre der Wiedervergeltung, die sich in dem Satz andeutet: „Jede Sünde führt ihre Strafe mit sich, die oft spät, dennoch aber gewiß erscheinet."[2235]

Insgesamt wird deutlich, daß die Erklärung des ersten Hauptstücks bereits eine theologisch sehr geschlossene Konzeption bietet. Diese bewegt sich weithin vorbereitend auf Andeutungsebene. Die klare Ausnahme stellen die hamartiologischen Bestimmungen dar. Indem die Ausführungen zu dem ersten Hauptstück damit bei der Gottes- und Schöpfungslehre einsetzen und mit einer vorsichtigen Bestimmung des Sündenbegriffes schließen, wiederholen sie genau den Bogen, der in den *Anfangsgründen* die Beschreibung der ersten „Wohlthat" bestimmt hatte. Auch diese schlossen – im Unterschied zum *Bückeburger Katechismus* – mit einem ersten Block zur Sündenlehre und verzichteten, aus möglicherweise vergleichbaren Gründen wie die schließliche Druckfassung, auf eine Unterscheidung zwischen Tat- und Erbsünde.[2236] Wesentlich stärker als jeder andere bislang ausgewertete Katechismusentwurf stellt gerade das erste Hauptstück des landesweit einzusetzenden *Katechismus*

2227 Ebd., S. 330 (Fr. 5).
2228 Ebd., S. 321 (Fr. 3).
2229 Ebd., S. 324 (Fr. 3).
2230 Ebd.
2231 Ebd., S. 312 (Fr. 8).
2232 Ebd., S. 331, Anm. 3.
2233 Ebd., S. 333 (Fr. 2).
2234 Ebd. (Fr. 1f.).
2235 Ebd., S. 332 (Fr. 7).
2236 Vgl. dazu in diesem Kap., Anm. 1887–1889.

die öffentliche Bedeutung und soziale Dimension der menschlichen, christlichen und bürgerlichen Tugenden heraus. Die Dichte der Begrifflichkeiten, die Intensität ihres Gebrauches und die Präzision der Anwendung erinnert zum einen massiv an die Ratspredigten der Weimarer Zeit, die in einem dezidiert lokalpolitischen Kontext standen.[2237] Zum anderen ist, ebenfalls im Kontext der Predigten, auf die standesübergreifende Aktualisierung dieser Tugenden gerade in einer gezielten Adressatenorientierung auf die Hofgesellschaft zu verweisen.[2238] Die Bedeutung war damit sozial gleichermaßen konkret angelegt wie universal ausgerichtet. In diesem Sinn dürfte auch die Erklärung des ersten Hauptstückes zu verstehen sein.

Die wesentlichen Änderungen innerhalb der handschriftlichen Erstfassung betreffen zunächst eine Tendenz, die als später Redaktionsprozeß auch schon für die *Einleitung* im Vorkapitel abschließend benannt worden war. Der Erstentwurf erklärt auf die Frage, ob die Abgötterei „den Menschen anständig u.[nd] nützlich" sei: „Nein. Sie verdunkelt seinen Verstand, indem sie ihn von den Ordnungen des Einzigen Gottes in der Natur abführet u.[nd] macht ihn abergläubig, furchtsam, lasterhaft u.[nd] thöricht."[2239] Der Passus zu den göttlichen Ordnungen in der Natur wird noch vor der Abschrift für die Kollegen gestrichen. Eine vergleichbare Passage entfällt auch nach der Rücksprache mit diesen im Blick auf das zweite Gebot. Unter den Folgen des Aberglaubens hatte Herder u. a. benannt, „dabei auch die Ordnungen Gottes in der Natur [zu] verachten".[2240] Die handschriftliche Endfassung ist in einem hohen Maße von Kürzungen bestimmt; diese betreffen jedoch hauptsächlich vollständig ausgeschriebene Bibelstellen und wirken in dem handschriftlichen Text massiver als sie in ihrer tatsächlichen Bedeutung ausfallen.[2241] Die abschließende Formulierung der Druckfassung: „Wir müssen es [das Gesetz] lieben, weil es die Regel unsrer Natur ist, und uns zur Glückseligkeit hinweiset"[2242], wurde wörtlich aus der Erstkonzeption der Ursprungsfassung übernommen.[2243] Gestrichen wird in der Schlußversion auch die allgemeine Anlage des Menschen zur Religion: „[Frage:] Ist diese Verehrung Gottes dem Menschen nothwendig u.[nd] nützlich? [Antwort: Ja.] Die Verehrung Gottes ist dem menschlichen Gemüthe nothwendig u.[nd] nützlich."[2244] Einerseits ist eine gewisse Redundanz in der Zuordnung von Frage und Antwort zu erkennen. Andererseits liegt die Stelle

---

2237 Vgl. dazu das Schlußkapitel dieser Arbeit sowie Keßler, Werte.

2238 Ebd.

2239 HN XXI, 60, Bl. 3^r.

2240 Ebd., Bl. 4^v. Vgl. dazu auch SWS, Bd. 30, S. 315, Anm. 1.

2241 Vgl. dazu bes. zum ersten Gebot: HN XXI, 61, Bl. 4^v–9^r.

2242 SWS, Bd. 30, S. 333 (Fr. 5).

2243 HN XXI, 60, Bl. 10^v: gekürzt nur um das Adverb „ehrerbietig".

2244 Ebd., Bl. 3^v. Zur entsprechenden Stelle vgl. SWS, Bd. 30, S. 313 (Fr. 4).

mit dem Begriff der Notwendigkeit auf einer Linie mit den zuvor benannten Passagen. Die von Dahms mustergültig identifizierte ursprüngliche Konzeption der Erbsündenlehre[2245] ist darin zu ergänzen, daß die Entscheidung gegen die Aufnahme vergleichsweise spät gefallen sein muß. Die handschriftliche Endfassung bietet an dieser Stelle einen minutiös überarbeiteten Text.[2246] Wichtig ist zudem der Verweis auf die zu Beginn des zehnten Gebotes an dritter Stelle stehende Frage.[2247] Der darin mit Jak 1,14f. erstmals eingefügte Sündenbegriff hätte den Komplex zur grundlegenden Hamartiologie in der Erstkonzeption beschließen sollen. Nach dem Verzicht fügt Herder an dieser Stelle die Formulierung ein, daß wir „unvermerkt darauf sinnen und denken", daß – und dies markiert die Anknüpfung an den vorherigen Kontext – „die Begierde zur That werde".[2248] Die unbewußte Anlage und Ausrichtung des Menschen auf die Sünde steht damit in der Druckfassung für den nominell vermiedenen Begriff der Erbsünde. Ein früher eigenredaktioneller Prozeß ist in der Erstfassung in den differenzierten Zusätzen zur Ständelehre zu erkennen, die u. a. den „Dienstboten" und „Hausfrauen" gelten.[2249] Möglicherweise sind hier Rezeptionsprozesse weiterer Katechismen, eventuell allein des großen Katechismus Luthers, identifizieren.

Im Kontext der Erbsündenlehre wird ein weiteres fundamentales Problem des kritischen Apparats von Dahms erkennbar. Er verzeichnet ausschließlich Streichungen. Die Zusätze im Haupttext, die nach der Entscheidung gegen einzelne Passagen eingefügt wurden, werden nicht einmal in Ansätzen benannt.

„II. Das erste Hauptstück. Vom christlichen Glauben"

Besonders für das zweite Hauptstück ist dies insofern von Bedeutung, als Dahms die wichtigsten Streichungen zwar mit einer guten Einschätzung der jeweiligen inhaltlichen Bedeutung erhob, sowohl sein Vorwort als auch die in den Anmerkungen gebotenen Textpassagen jedoch den Eindruck erwecken, die entsprechenden Stellen seien ersatzlos gestrichen worden. Gerade dies ist in einzelnen Punkten unzutreffend. Im Kontext der Rechtfertigungslehre und der Christologie wird darauf einzugehen sein.

Zunächst gilt es zu betonen, in welcher Kontinuität zu den *Anfangsgründen* die Gesamtanlage des zweiten Hauptstückes in dem kurzen einleitenden Vorsatz des *Katechismus* und die Ausführungen zu dem ersten Artikel stehen.

2245 SWS, Bd. 30, S. 331, Anm. 3.
2246 HN XXI, 61, Bl. 22^v.
2247 SWS, Bd. 30, S. 330 (Fr. 5).
2248 HN XXI, 61, Bl. 22^r.
2249 Ebd., Bl. 6^v.

Der vorangestellte Einführungsblock bereitet, ganz wie die *Anfangsgründe*, die trinitarische Hauptgliederung vor. Er ist konsequent um Popularität bemüht. Nicht nur die von Dahms benannten Hinweise auf das Apostolikum[2250] werden gestrichen. Die Vorbereitung des gesamten zweiten Hauptstückes und des ersten Artikels hatte Herder in der Erstkonzeption mit einer eingehenden Erklärung zur Trinität unter Einführung des Personenbegriffs geplant. Im formalen Erscheinungsbild des Erstentwurfes selbst als Zusatz eingefügt, hatte dieser Punkt in der Mitte eines Dreischrittes gestanden: nach „1. Welches sind diese drei Hauptwohlthaten" und vor „3. Warum wird Gott im ersten Artikel Vater genennet?"[2251] Auf den ersten Punkt beschränkt sich die schließliche Druckfassung. Der zweite Schritt lautete in der Erstkonzeption: „Wenn diese drei, Vater, Sohn u.[nd] H.[eiliger] Geist <u>Personen</u> genannt werden, müßen wir uns dabei menschliche, von einander abgetrennte Personen denken? Nein. Vater, Sohn u.[nd] H. Geist sind nur Ein Gott. 5 Mos 6,4." Die Schlußfassung integriert den alttestamentlichen Bezug sowie die in diesem Kontext ebenfalls stehende Stelle I Kor 8,6[2252] in den Einleitungsblock[2253] und verzichtet sowohl auf die Einführung als auch die Erklärung möglicher Mißverständnisse des Personenbegriffs. Diese Entscheidung gegen das für Herder damit wohl als „Lehrmeinung" geltende Element betrifft den gesamten Katechismus. Zugleich ist zwischen der handschriftlichen Erst- und der Endfassung insofern ein Unterschied zu erkennen, als das Ende des Einleitungsblockes und der eigentliche Beginn des ersten Artikels von Herder erst nach der Abschrift und mit Beginn der – auch formalen – Korrekturen und Ergänzungen mit dem Zusatz „Der erste Artikel" versehen wurden.[2254] Diese Überschrift vermerkte Herder innerhalb des ursprünglichen Einleitungsblockes. Auch deswegen mußte er den zweiten Teil des damit zerschnittenen Blocks zur Trinität als redundant empfinden und ihn in der Einleitungsfrage zum ersten Artikel ändern[2255], die in der grundlegenden Feststellung, daß sich niemand selbst erschaffen habe und damit jeder an einen Schöpfer glauben müsse, ihrerseits ein typisches Element auch zahlreicher Predigten darstellt. Sowohl inhaltliche als auch formale Gründe bewogen Herder somit in der Endredaktion dazu, auf eine Vertiefung der Trinitätslehre am Ende des Einleitungsblockes zu verzichten. Zu betonen ist dies insofern, als die *Anfangsgründe* eine entsprechende Passage an genau dieser Stelle – vor dem Beginn der „Erste[n] Wohlthat Gottes" – geboten hat-

---

2250 SWS, Bd. 30, S. 334, Anm. 1.
2251 HN XXI, 60, Bl. 12ʳ.
2252 Ebd.
2253 HN XXI, 61, Bl. 25ᵛ.
2254 Ebd., Bl. 26ʳ.
2255 Ebd., vgl. dazu SWS, Bd. 30, S. 334 (Fr. 6).

ten.[2256] Der Personenbegriff wurde darin sowohl eingeführt als auch später wieder aufgegriffen. Auf beides verzichtet Herder in dem auf eine breitere Rezeption ausgelegten Landeskatechismus. Eine zweite Beobachtung knüpft ebenfalls an den Einleitungsblock an. Herder beschränkt ihn auf den Glaubensbegriff, die grundlegende Struktur der Trinität (Vater, Sohn und Heiliger Geist) und die Benennung der dazu parallelen dreigeteilten Hauptgliederung. Die *Anfangsgründe* hatten die wesentlichen Gottesattribute, die bereits der *Bückeburger Katechismus* in einer systematischen Auflistung vorangestellt hatte, integrativ aufgegriffen und mit der Einleitungspassage verbunden.

Der Weimarer *Katechismus* setzt diese Entwicklung in einer sehr spezifischen Weise fort. Die Trias der Gottesattribute „Allmacht, Weisheit und Güte" strukturiert den gesamten ersten Artikel „Von der Schöpfung". [2257] Aus dem einleitenden Unterpunkt des *Bückeburger Katechismus* [2258] und der Gliederung eines ersten Unterpunktes der Gotteserkenntnis in den *Anfangsgründen*[2259] wird nun die Hauptgliederung des Schöpfungswerkes. Diese Entwicklung muß jedoch in ihrer Kontinuität zu den frühesten Predigtentwürfen, wohl noch aus den ausgehenden fünfziger Jahren innerhalb der Mohrunger Zeit, betont werden.[2260] Die Bedeutung dieses Gliederungsschemas im Katechismus dürfte ebenfalls mit dem Begriff der Popularität in Verbindung zu bringen sein. Ein weiteres Vorgehen ist im Kontext der allgemeinen Gotteslehre und der besonderen Gottesattribute zu benennen. Hatte Herder bereits im ersten Hauptstück auf einzelne Bestimmungen abgehoben, u. a. die monotheistische Gottesvorstellung, so war ebenfalls schon in diesem Zusammenhang auffällig, daß die Charakterisierung Gottes als eines Geistes vermieden worden war. Sowohl im *Bückeburger Katechismus* als auch in den *Anfangsgründen* kam diesem Hinweis eine einleitende und fundamentale Funktion zu. Herder verzichtet weitestgehend auch während des ersten[2261] und zweiten Artikels auf eine ausdrückliche geistliche Bestimmung, u. a. des Reiches Christi. Dies überrascht, wird aber in seiner Konsequenz in der Gesamtanlage erkennbar. Der dritte Artikel bietet mit der ersten Frage schließlich den Hinweis auf Joh 4,24: „Gott ist

---

2256 Vgl. dazu in diesem Kap., Anm. 1906.
2257 SWS, Bd. 30, S. 335–337.
2258 Vgl. dazu in diesem Kap., Anm. 1699.
2259 Vgl. dazu in diesem Kap., Anm. 1909.
2260 Vgl. dazu das Schlußkapitel dieser Arbeit, Kap. V.3.1.
2261 Vgl. dazu die alleine von Dahms benannte Streichung von „Geist" am Beginn des ersten Artikels: SWS, Bd. 30, S. 335, Anm. 1. Für den „bösen Geist" vgl. zunächst ebd., S. 354, Anm. 1. Die darin gestrichene Formulierung findet sich: ebd., S. 356 (Fr. 4). Im ersten Artikel vgl., relativ am Anfang, die nur sehr beiläufige Formulierung, ebd., S. 335 (Fr. 7): „Muß dieser allmächtige Geist, der alle Dinge schuf, *weise* seyn?"

ein Geist", der in den vorherigen Manuskripten an einleitender Stelle[2262] gestanden hatte. Erkennbar wird, daß die von Herder projektierte Einführung des trinitarischen Gottesbegriffs nicht nur auf erklärungsbedürftige Fachtermini verzichten möchte, sondern die elementaren Gottesattribute, die noch nicht in den Erklärungen des Dekalogs genannt wurden, auf die drei Hauptartikel des zweiten Hauptstückes verteilt. Damit vertieft Herder auch die Grundtendenz der *Anfangsgründe* insofern, als die systematische Zusammenstellung detaillierter Einzelpunkte (*Bückeburger Katechismus*) noch weiter in Richtung einer synthetischen Darstellung und Integration innerhalb eines möglichst fundamentalen Gesamtkonzeptes weiterentwickelt wird. Die Überlegung, einzelne Aussagen zur Wesensbestimmung Gottes material mit der Einführung des trinitarischen Gottesbegriffes im Zusammenhang des zweiten Hauptstückes zu verbinden und zugleich auf die Einführung weiterer expliziter Begrifflichkeiten zu verzichten, zeugt von einer hohen konzeptionellen Klugheit und äußerst konsequent verfolgten pädagogischen Praxisorientierung. Für die weiteren Gottesattribute ist ein vergleichbares Vorgehen zu beobachten. Innerhalb des ersten Artikels markiert zumindest eine Passage noch die grundlegende Funktion einer vorgeordneten Gotteslehre, die in den vorherigen Katechismusmanuskripten eingeholt worden war. Der Beginn des zweiten Unterpunktes eröffnet in einer hohen begrifflichen Dichte mit der Nennung der „Allgegenwart" und Allwissenheit.[2263] Die Anschlußfrage der Druckfassung formuliert ausdrücklich: „Was soll diese Ueberzeugung von der innigsten Gegenwart und Allwissenheit Gottes in uns wirken?", und benennt in der Antwort u. a. „Kindliche Ehrerbietung" und „Scheu vor allem Bösen".[2264] Sehr deutlich ist in dieser Abfolge das Bückeburger Element „soll würken" zu erkennen.[2265] Bereits im *Bückeburger Katechismus* standen diese Punkte ausschließlich im Kontext der Gottesattribute und betonten – vergleichbar den späteren „Reflexionen" – die katechetische Konzentration auf die innerseelische Ausrichtung des Unterrichts. Weitere Attribute, wie die Heiligkeit, Gerechtigkeit und Ewigkeit, gehen im Weimarer *Katechismus* beiläufig sowohl in die ersten[2266] als auch den zweiten Artikel[2267] ein. Für die Wahrheit ließe sich vergleichbares aufzeigen. In einer besonderen Weise steht sie für die entsprechenden Verbindungen zum dritten Artikel.[2268] Die Begriffe der Liebe, der Seligkeit und der Güte durchzie-

2262 Vgl. dazu in diesem Kap., Anm. 1701 („Bückeburger Katechismus") und 1910 („Anfangs-
      gründe").
2263 SWS, Bd. 30, S. 338 (bes. Fr. 3f.).
2264 Ebd. (Fr. 5).
2265 Vgl. dazu in diesem Kap., Anm. 1704.
2266 SWS, Bd. 30, S. 343 (bes. Fr. 4).
2267 Ebd., S. 347 (Fr. 3); S. 348 (Fr. 3); S. 354 (Fr. 3); S. 346 (Fr. 4).
2268 Als einschlägig vgl. dazu nur: ebd., S. 360 (Fr. 4).

hen sämtliche der drei Artikel. Gleiches gilt auch für die katechetischen Einschübe, die immer wieder die positiven Ziele der Reflexion formulieren.[2269] Im Gegensatz zum *Bückeburger Katechismus* und den *Anfangsgründen* fällt die Adressatenorientierung an den Katecheten weg. Die Aussagen werden allgemein formuliert und sind nur aus der Analyse der vorherigen Handschriften in ihrer funktionalen Bedeutung der Selbstreflexion erkennbar. Die Ausrichtung gilt nun Schülern und Lehrern gleichermaßen.

Die anhand der Gottesattribute aufgezeigten Veränderungen lassen sich auch an anderen Punkten nachzeichnen. Etwa die in Bückeburg und den *Anfangsgründen* vorgeordnete Benennung der „Quellen" der Gotteserkenntnis[2270] wird ebenfalls aufgebrochen und trinitarisch strukturiert. Die „Werke der Natur"[2271] werden vorrangig in dem ersten Artikel betont; in einer engen Verbindung damit steht der Begriff der Ordnung. Das Wort Gottes, das im ersten Artikel bereits als Schöpfungswort vorgestellt wurde[2272], ist im zweiten Artikel besonders mit der johanneischen Logos-Christologie verbunden.[2273] Die allgemeine „Stimme Gottes" als „Sein Wort, und alle Erfahrungen unsers Lebens" findet man schließlich in dem dritten Artikel.[2274] Deutlich zu erkennen ist wiederum die trinitarische Ausdeutung und Anwendung eines zuvor in einer anderen Systematik angelegten Zusammenhanges. Im Kontext der Offenbarungs- bzw. Erkenntnisquellen ließe sich eindrücklich belegen, in welcher Kontinuität die exegetischen Referenztexte in sämtlichen der einschlägigen Manuskripte der Bückeburger und Weimarer Zeit stehen.[2275] Das markanteste Beispiel ist sicherlich zu Beginn des zweiten Unterkapitels des ersten Artikels der Hinweis auf die Areopagrede Act 17,27f. Ergänzen ließen sich allein für den Beginn des *Bückeburger Katechismus*, der *Anfangsgründe* und des *Katechismus* etwa die direkten Entsprechungen von Ps 19 und Röm 1,19f.[2276]

2269 Vgl. dazu exemplarisch den Passus, ebd., S. 361 (Fr. 3), der massiv an Formulierungen des „Bückeburger Katechismus" unter „soll würken" bzw. „Reflexion" erinnert sowie an die in Klammern stehenden Anweisungen oder Unterrichtsziele für den Katecheten: „Der Glaube, oder das Zutrauen macht die Seele dankbar gegen Gott, ergeben in seinen Willen und voll Hoffnung auf die Zukunft. Er macht den Menschen auch freudig und munter zu allen guten Werken."

2270 Vgl. dazu in diesem Kap., Anm. 1698 und 1901.

2271 SWS, Bd. 30, S. 335 (Fr. 3).

2272 Ebd. (Fr. 4).

2273 Ebd., S. 346 (Fr. 5f.).

2274 Ebd., S. 359 (Fr. 7f.).

2275 Eine eingehende Aufnahme und ein detaillierter Textvergleich nicht nur der katechetischen Manuskripte, sondern auch der im Rahmen der Perikopenrevision eingeführten Predigttexte wäre ein reizvolles Thema für eine Einzeluntersuchung oder Anschlußstudie.

2276 SWS, Bd. 30, S. 335.

Die trinitarische Zuordnung und materialen Kontinuitäten zu den früheren Katechismushandschriften treffen jedoch nicht auf alle Bereiche zu. Genau dies macht eine an der Reihenfolge des Textes orientierte Auswertung unter Rekurs auf die vorherigen Manuskripte unmöglich. Die Darstellung des *Katechismus* lebt von der Vorbereitung und Anwendung, der Wiederholung, unscheinbaren Erweiterung und späteren Ergänzung. Wie im Blick auf die biblischen Belegstellen kann auch in thematischer Hinsicht nur exemplarisch und darin vorrangig in einer summarischen Ausrichtung gearbeitet werden, zu der die einzelnen Artikel miteinander verbunden werden müssen. Daneben sind jedoch die Einzelartikel kurz zu charakterisieren. Nicht nur die Notwendigkeit einer exemplarischen Arbeit, auch die Struktur der Überarbeitung und damit die Natur der Ergebnisse legen es nahe, sich auf die drei Artikel des (unter in der römischen Zählung an zweiter Stelle stehenden) ersten Hauptstücks zu konzentrieren.

Mit Blick auf den ersten Artikel ist zu betonen, daß einerseits zwar die Grobgliederungen von „Schöpfung"[2277], „Erhaltung"[2278] und „Haushaltung oder Regierung Gottes"[2279] (letzteres der Punkt zur Vorsehung) den Vorentwürfen genau entsprechen. Erst in der Endredaktion wird auf den auch in den *Anfangsgründen*[2280] und sogar der *Privatkatechese*[2281] gebotenen Topos der *creatio ex nihilo* verzichtet.[2282] Die naturalen Begründungsstrukturen, die zuvor gestrichen worden waren, werden in einer beeindruckenden Größe geboten. Der Begriff der Naturgesetze oder der Naturordnungen fehlt zwar noch immer, doch die Rede von „Gottes Kraft und Ordnung, der solche Gesetze in die Schöpfung gelegt hat"[2283], unterstreicht, daß Herder keine klandestine oder esoterische Lehre vertrat, sondern sich um eine allgemeinverständliche Sprache und breit rezipierbare Begrifflichkeit bemühte. Im Blick auf die Schöpfungsordnungen wird eine konsequente Teleologie herausgestellt: „in der Schöpfung ist alles aufs genaueste zu Zwecken und Absichten geordnet."[2284] Weitere Unterscheidungen, die in den vorherigen systematischen bzw. synthetisch weniger integrativ angelegten Konzeptionen von tragender Bedeutung waren, werden nur implizit angedeutet. Die Einteilung der Schöpfung in die sichtbare und unsichtbare Welt berührt Herder nur indirekt. In der Einführung

---

2277 Ebd., S. 335.
2278 Ebd., S. 337.
2279 Ebd., S. 341.
2280 Vgl. dazu in diesem Kap., Anm. 1921.
2281 Vgl. dazu in diesem Kap., Anm. 2069.
2282 HN XXI, 61, Bl. 26ᵛ. Im Erstentwurf, HN XXI, 60, Bl. 12ᵛ, heißt es: „Er hat alles hervorgebracht, da vorher nichts da war."
2283 SWS, Bd. 30, S. 338 (Fr. 1).
2284 Ebd., S. 335 (Fr. 7).

der Allwissenheit steht etwa der Hinweis auf 1 Sam 16,7: „Ein Mensch sieht, was vor Augen ist; der Herr aber siehet das Herz an."[2285] Schon gegen Ende des ersten Artikels wird auch das Gesetz der Wiedervergeltung erklärt: „Sichtbar wird es nicht immer vergolten, auch nicht immer wie und wenn wir wollen [... ‚] oft [geschieht es] auf eine geheime und unerwartete Weise."[2286] Zuvor steht auch die Aussicht: „Gott selbst [...] belohnets gewiß in diesem und dem zukünftigen Leben."[2287] Die in den vorherigen Entwürfen – und auch späteren Predigten – zentrale Unterscheidung der sichtbaren und unsichtbaren Welt wird mit der Verbindung mehrerer Vorstellungshorizonte und Referenzen allenfalls indirekt eingeführt, in einem höheren Maße jedoch bereits vorausgesetzt. Auch auf die leibliche und seelische Verfassung innerhalb der Schöpfung hebt Herder nicht eigens ab. Unter der Weisheit des Schöpfer erklärt der *Katechismus* zwar die „Kräfte, Glieder, Neigungen und Fähigkeiten" des Körpers[2288] sowie die besondere Begabung der menschlichen Seele mit der „Vernunft"[2289]. Aus dieser wird auch der Herrschaftsauftrag abgeleitet, der wiederum einen Rekurs auf die Gottesebenbildlichkeit darstellt[2290]. Die Verbindung von „Seele und Körper" wird im engeren Anschluß in dem speziellen Kontext von Gesundheit und Krankheit des Menschen erwähnt.[2291] Auch das Ende des ersten Artikels betont nochmals den Auftrag, mit „Leib und Seele" Gott zu loben.[2292] Die grundlegenden Vorstellungen werden damit nicht explizit benannt, aber angewandt und wiederholt. Der Schlußpunkt des dritten Artikel schließlich erklärt: „Nur unser Leib ist sterblich; unsre Seele ist unsterblich."[2293] Der Vorstellungskomplex ist darin vollständig vorhanden, jedoch nicht in einer systematischen Geschlossenheit im Zusammenhang der Schöpfungslehre ausgeführt. Ebenso verhält es sich mit der unsichtbaren Welt der guten und bösen Geister. In einer dem *Bückeburger Katechismus* vergleichbaren Reihenfolge fügt Herder nach grundlegenden Ausführungen zur Anthropologie die Angelogie ein, die jedoch – nach den Hinweisen von Dahms – bekanntermaßen gestrichen wurde.[2294] Die erbauliche Ausrichtung der Erstkonzeption auf die „Frommen" und die „Kinder" erinnert im letzteren Punkt stark an die *Anfangs-*

2285 Ebd., S. 338 (Fr. 5).
2286 Ebd., S. 343 (Fr. 5).
2287 Ebd., S. 341 (Fr. 1).
2288 Ebd., S. 336 (Fr. 6).
2289 Ebd. (Fr. 5).
2290 Ebd.
2291 Ebd., S. 339 (Fr. 5).
2292 Ebd., S. 344 (Fr. 5f.).
2293 Ebd., S. 364 (Fr. 3).
2294 Zu dieser Streichung vgl. den kritischen Apparat von Dahms, ebd., S. 331f., jeweils Anm. 1.

gründe[2295]. Zu präzisieren ist die Angabe Dahms darin, daß dies eine ersatzlose Streichung war. Die vorherige Passage zu den Menschen als „Werkzeuge[n] Gottes" zum Guten geht in der handschriftlichen Fassung auf die Erstkonzeption zurück.[2296] Auf der Ebene der bösen Geister bzw. des Teufels als eines bösen Geistes[2297] bleibt jedoch die Vorstellung der geistlichen Verfassung einer unsichtbaren Welt in Einzelpunkten erhalten. Gleiches gilt auch für die Engel. Im zweiten Hauptstück ist es besonders der „Spruch der Strafe", Mt 15,41[2298], der von den „Engeln" des Teufels spricht, wie auch zuvor Mt 24,36 die „Engel [...] im Himmel"[2299] genannt hatte. Gegenüber der zuvor berührten trinitarischen Betonung des dritten Artikels treten diese Aspekte zwar deutlich in den Hintergrund. Sie bleiben jedoch als Vorstellungshorizonte zu erkennen, die keineswegs vollständig gestrichen wurden. Nur in der deutlich anders angelegten Form eines organischen Gesamtzusammenhanges sind sie in dem Textgefüge des *Katechismus* identifizierbar. In thematischer Hinsicht ist zu ergänzen, daß Herder bereits mit dem ersten Artikel eine ansatzweise Berührung der Theodizee-Frage bietet.[2300] Die Schuld „an dem Bösen" gründet in dem „Misbrauch ihrer [der Menschen] Kräfte" und wird eingeholt von der Allmacht, der Güte und der Vorsehung Gottes.[2301] Die damit eröffnete thematische Dichte des ersten Artikels ist zunächst irritierend. Wiederum ist jedoch ein Element des *Bückeburger Katechismus*[2302] zu erkennen, der im Rahmen einer entsprechenden „Reflexion" den Teil der grundlegenden Gotteslehre beschlossen hatte. Wie zuvor, eröffnet auch im *Katechismus* die ansatzweise Einsicht in „die Folgen seiner Fehler" dem Menschen Möglichkeiten der Verbesserung.[2303] Der Hinweis auf die „Buße"[2304] steht in diesem Zusammenhang. Auf Andeutungsebene ließe sich vermuten, daß mit diesem Begriff die Verkündigung Jesu nach Mt 4,17[2305] im zweiten Artikel vorbereitet und der innertrinitarische Zusammenhang mit Blick auf den dritten Artikel hergestellt werden soll. Zugleich gilt zu betonen, daß der Verzicht auf den Terminus – wie noch in Bückeburg und den *Anfangsgründen* zu beobachten – nicht die Funktion einer katechetischen Vorbereitung auf die kirchliche Praxis der Zeit zukommen

---

2295 Vgl. dazu in diesem Kap., Anm. 1934f.
2296 HN XXI, 61, Bl. 31ʳ. Vgl. dazu SWS, Bd. 30, S. 340 (Fr. 3).
2297 Vgl. dazu u. a. SWS, Bd. 30, S. 356 (Fr. 4): „Kein böser Geist hat eine Gewalt über uns".
2298 Ebd., S. 353 (Fr. 8).
2299 Ebd. (Fr. 4).
2300 Ebd., S. 342 (Fr. 3f.).
2301 Ebd. (Fr. 3).
2302 Vgl. dazu in diesem Kap., Anm. 1719.
2303 Ebd., S. 344 (Fr. 2).
2304 Ebd.
2305 Zitiert: ebd., S. 348 (Fr. 1).

konnte. Besonders in den Bußtagen, aber auch in dem Akt der Kirchenbuße, war der Begriff eng mit der zeitgenössischen kirchlichen Religionskultur verbunden und konnte insofern nicht ersetzt werden.

Der zweite Artikel zerfällt zunächst in eine dreigeteilte Hauptgliederung[2306], die genau dem *Bückeburger Katechismus* entspricht[2307]. Weniger direkt war diese Struktur auch in die *Anfangsgründe* eingegangen.[2308] Die besondere Nähe zu dem Bückeburger Katechismus ist auch darin zu betonen, daß die von Dahms dokumentierte Erstkonzeption[2309] mit den prophetischen Hinweisen auf Christus zunächst ebenfalls das Schema von Verheißung und Erfüllung andeutet. Bereits in den *Anfangsgründen* war dieses an das Ende der Darstellung gerückt. Die Vorordnung stellt den Anschluß an die frühe Konzeption dar, die Streichung eine Konsequenz der mit den *Anfangsgründen* begonnenen Entwicklung. Gleiches gilt auch für die Ämterlehre, die zunächst, wie in Bückeburg, ebenfalls aufgenommen und dann ersatzlos gestrichen wird.[2310] Die vorherigen Handschriften markieren unterschiedliche Umgangsweisen. Der *Bückeburger Katechismus* umfaßt die Punkte ebenso wie die *Privatkatechese*[2311]. Die *Anfangsgründe* ordnen sie in die Entwicklung eines historischen Lehrbegriffs ein, indem sie nur das *munus regium* unter dem bibelkundlichen Abriß in einer Zuschreibung zu den Aposteln benennen.[2312] Einen entsprechenden Abschnitt bietet der *Katechismus* nicht; der später aufzuführende Block zur Verkündigung Jesu gilt ausschließlich diesem selbst. Von der von Dahms dokumentierten Streichung ist auch der Hinweis auf die Wunder betroffen.[2313] Hier ist zu betonen, daß die in der abschließenden Druckfassung gebotene Passage[2314] einen klaren Zusatz in der handschriftlichen Endfassung markiert[2315]. Auf einen Hinweis auf die Wunder wurde damit keineswegs verzichtet. Gleiches gilt auch für die Jungfrauengeburt, die Herder nicht strich, sondern nur aus dem ersten Unterkapitel in das zweite eintrug.[2316] Auch die Zweinaturen-

---

2306 SWS, Bd. 30, S. 345, bzw. innerhalb dieser Arbeit die Gliederungsebenen in dem entsprechenden Vorkapitel.

2307 Vgl. dazu in diesem Kap., Anm. 1733–1735.

2308 Vgl. dazu in diesem Kap., Anm. 1977f.

2309 SWS, Bd. 30, S. 345, Anm. 1.

2310 Ebd.

2311 Vgl. dazu in diesem Kap., Anm. 1748 („Bückeburger Katechismus") und Anm. 2080 („Privatkatechese").

2312 Vgl. dazu in diesem Kap., Anm. 1993.

2313 SWS, Bd. 30, S. 345, Anm. 1.

2314 Ebd., S. 351 (Fr. 3).

2315 Vgl. dazu HN XXI, 61, Bl. 43ᵛ.

2316 Vgl. dazu zunächst SWS, Bd. 30, S. 346, Anm. 3, mit ebd., S. 347 (Fr. 3). Letzte Passage ist in HN XXI, 61, Bl. 38ᵛ, klar als Zusatz zu erkennen.

lehre[2317] wird zwar explizit nicht geboten, die Endgestalt des gedruckten Textes ist jedoch das Ergebnis eines komplexen redaktionellen Prozesses von Zusätzen, der hier nicht im Detail geschildert werden soll. Die Hinweise des *Katechismus* auf die ewigen Attribute Jesu gehen darin zweifelsfrei auf die Schlußphase der Endredaktion nach der Entscheidung gegen die explizite Zweinaturenlehre zurück. Dies ist insofern von Bedeutung, als das redaktionelle Vorgehen der u. a. bereits für die Trinität beschriebenen Grundtendenz einer Popularisierung der Lehre unter Vermeidung der Lehrbegriffe vollständig vergleichbar ist. Die johanneische Logos-Theologie mit dem Gedanken der Präexistenz gewinnt im Kontext der Christologie gerade im Zusammenhang der Endbearbeitung eine zunehmende Zentralität und unterstützt zugleich die trinitarische Gesamtanlage. Auch die Streichung der Ständelehre[2318] führte nicht zu einer Inkonsequenz in der schließlichen Textgestalt. Die spätere Passage zu seiner „freiwilligen Erniedrigung" und seinem „erhöhete[n] [...] Zustand"[2319] ist ein Zusatz der Endredaktion[2320]. In all diesen Punkten erweckt Dahms' Edition den vollkommen unzutreffenden Eindruck ersatzloser und im Blick auf die abschließende Textgestalt inkonsequenter Streichungen. Deutlich gekürzt, und meist ohne entsprechende Hinweise von Dahms, sind die jeweils historischen bzw. biblisch vermittelten Umstände von Geburt und Tod Jesu. Die Geburt in Bethlehem[2321] wird ebenso gestrichen wie der Verrat durch Judas, die eingehenden Erklärungen zu den Absichten der Pharisäer und die Verurteilung durch Pilatus.[2322] Ein Eintrag an dieser Stelle gilt der Sündlosigkeit Jesu[2323], die wiederum den zuvor behandelten Komplex der Attribute berührt. Auf die Höllenfahrt wird konsequent verzichtet[2324]; möglicherweise empfand Herder den Topos entweder als nicht erklärungsbedürftige Metaphorik oder die Wiederholung selbst nach der Nennung bereits im Apostolikum als redundant. Ein neues Element bietet das zweite Unterkapitel zu den „Lebensumständen Jesu Christi", insofern es einen eigenen Block zur Verkündigung Jesu[2325] integriert. Thematisch knüpft diese Sequenz an das „Reich Gottes" an[2326]. Sie wird eröffnet von dem Hinweis auf die Bergpredigt[2327] und beschlossen von dem Dop-

---

2317 SWS, Bd. 30, S. 346, Anm. 3.

2318 Ebd., S. 347, Anm. 3.

2319 Ebd., S. 353 (Fr. 1).

2320 Vgl. dazu HN XXI, 61, Bl. 45[r].

2321 SWS, Bd. 30, S. 347, Anm. 3.

2322 Vgl. dazu bes. HN XXI, 61, Bl. 43[r], 43[v].

2323 Ebd., Bl. 43[r].

2324 SWS, Bd. 30, S. 352, Anm. 1.

2325 Ebd., S. 348 (Fr. 2).

2326 Ebd.

2327 Ebd. (Fr. 5).

pelgebot der Liebe sowie dem angedeuteten Gesetz der Billigkeit[2328]. Der zentrale Mittelteil umfaßt eine Auflistung und ansatzweise Erklärung von Gleichnissen.[2329] Das Vorgehen erinnert an die Integration der bibelkundlichen Propädeutik in den *Anfangsgründen,* gewinnt mit dieser Konzentration auf die Verkündigung Jesu aber eine eigene Qualität. Mehrere Punkte innerhalb des zweiten Artikels ließen sich wiederum in ihrer vormaligen Funktion als „Reflexion" identifizieren.[2330] Die Lehre von der Wiedervergeltung wird im Anschluß dieser Passagen nochmals eigens betont.[2331] Eine der wichtigsten Veränderungen im Rahmen der Endredaktion betrifft den zweiten und dritten Artikel gleichermaßen. Bereits der *Bückeburger Katechismus* bietet diesen Punkt im dritten Artikel zunächst innerhalb der Pneumatologie[2332]. In den *Anfangsgründen* rückt er in den Kontext des Erlösungswerks, bleibt jedoch noch immer auch im dritten Artikel aufgeführt.[2333] In der Endredaktion des *Katechismus* und nach den Rückmeldungen von den Kollegen wird die entsprechende Passage aus der Pneumatologie gestrichen.[2334] Auch dieser Verzicht blieb jedoch nicht ersatzlos. Als Zusatz im zweiten Artikel muß die Passage zu Jesus als dem „Mittler" unter Hinweis auf „das Lamm Gottes, das die Sünden der Welt trug", identifiziert werden.[2335] In der handschriftlichen Endfassung wird erkennbar, daß sich Herder zunächst darüber unschlüssig war, an welcher Stelle er diesen Punkt einfügen sollte. Seine erste Überlegung, aufweisbar wiederum in einer Streichung, betraf den fast unmittelbaren Anfang des zweiten Artikels.[2336] Die schließliche Entscheidung galt dem dritten Unterpunkt „Vom Werk der Erlösung", der zunächst mit einer Bestimmung des Sündenbegriffs eröffnet wurde[2337]. Diese Abfolge entspricht genau jener Korrektur, die mit den *Anfangsgründen* gegenüber dem *Bückeburger Katechismus* vorgenommen worden war. Hatten die *Anfangsgründe* im Zusammenhang der Rechtfertigung zwar auf die zentrale Perikope Röm 3,21ff. abgehoben, aber ein klares Defizit im Gnadenbegriff erkennen lassen[2338], so richtet sich die Passage zu dem „Mittler"[2339] vorrangig gegen ein falsches Opferverständnis. Der Gedanke des

---

2328 Ebd., S. 349 (Fr. 5–8).

2329 Ebd., S. 348f.

2330 Sehr knapp vgl. dazu u. a. ebd., S. 349 (Fr. 7f.).

2331 Ebd., S. 350 (Fr. 1).

2332 Vgl. dazu in diesem Kap., Anm. 1766.

2333 Vgl. dazu in diesem Kap., Anm. 1994 und 2038.

2334 SWS, Bd. 30, S. 363, Anm. 1.

2335 Ebd., S. 355 (Fr. 6).

2336 HN XXI, 61, Bl. 37ʳ.

2337 SWS, Bd. 30, S. 354f.

2338 Vgl. dazu in diesem Kap., Anm. 2038.

2339 Auch in den übrigen biblischen Belegstellen, u. a. I Joh 2,2, ist sie eindeutig als die Entsprechung im „Katechismus" erkennbar.

Sühnopfers, wahrscheinlich noch immer aus Röm 3,25 vorausgesetzt, wird zunächst von der Ableitung eines verfehlten Gottesbildes („rachgierigen Feind"[2340]) abgegrenzt. Die nachfolgenden Ausführungen zu der Erlösung durch das „Blut" Christi[2341] verlagern konsequent den Akzent vom Leben, Leiden und Sterben Jesu auf den Eröffnungspunkt dieser Reihe, Jesu Leben: „der Ausdruck: ‚Jesus hat uns mit seinem Blut erlöset' bedeutet: daß Christus sich selbst, sein ganzes Leben für uns angewandt und aufgeopfert habe."[2342] Der Gedanke des *pro me* wird darin berührt. Das Gnadengeschehen, repräsentiert im dritten Kapitel des Römerbriefes im χάρις bzw. δωρεάν, findet im *Katechismus* einen anderen Ort. Der Aspekt des Geschenkcharakters im göttlichen Handeln steht für Herder in der Schöpfungslehre. Nach den Ausführungen zur Erhaltung und Regierung schließt Herder den ersten Artikel mit jener Zusammenführung von Leib und Seele, die bereits zuvor benannt worden war: „indem wir seine [Gottes] Absichten mit Leib und Seele froh und munter erfüllen [... loben wir Gott:] Weil beides [Leib und Seele] seine Geschenke sind, die er uns zum besten Gebrauch gegeben."[2343] Der Gnadenbegriff fehlt damit noch immer, wird aber gedanklich in der freien Gabe Gottes, die sämtliche Anlagen und Fähigkeiten umfaßt, berührt. Der Kontext ist jedoch die Schöpfungslehre. Wie in anderen Punkten ließe sich damit auch für die Rechtfertigungslehre feststellen, wie Herder eine „Lehrmeinung" mit einem Minimum an Begrifflichkeiten inhaltlich zu erklären sucht. Zugleich zeigt sich ebenfalls, wie die drei Artikel ineinandergreifen. Dennoch mag in diesem Zusammenhang – vielleicht gerade aufgrund des Mangels an „Lehrmeinungen" – der Eindruck eines Defizits verbleiben.

Der dritte Artikel wurde in seinen wesentlichen Veränderungen bereits benannt. Insgesamt ist die handschriftliche Endfassung von deutlichen Kürzungen bestimmt. Der Schluß der Druckfassung[2344] wurde von Herder nach der Rücksprache mit den Kollegen fast vollständig neu konzipiert. Zu der einleitend gebotenen Heilsordnung ist zu bemerken, daß sie die mit Abstand kürzeste Auflistung von Einzelschritten bietet.[2345] Auf die Berufung wird nicht ausdrücklich abgehoben; die Veränderungen der Rechtfertigung wurden bereits akzentuiert. Was in voller Entsprechung zu den *Anfangsgründen* wiederholt wird[2346], ist die Systematik der an „Verstand und Wille" orientierten Darstel-

---

2340 SWS, Bd. 30, S. 355 (Fr. 8).
2341 Vgl. dazu ebd., S. 356.
2342 Ebd. (Fr. 7).
2343 Ebd., S. 344 (Fr. 6).
2344 Ab ebd., S. 365 (Fr. 3). Vgl. dazu HN XXI, Bl. 61ᵛ, 62ʳ.
2345 Vgl. dazu in diesem Kap., Anm. 1766 u. 2027.
2346 Vgl. dazu in diesem Kap., Anm. 2035f.

lung von Erleuchtung und Wiedergeburt[2347]. Wie die Zusätze in der handschriftlichen Endfassung war auch die bemerkenswerte Stringenz in der Einführung der entsprechenden Seelenkräfte an dieser Stelle eine späte Entscheidung.[2348]

Zusammenfassung und Ausblick

Von einer eingehenderen Auswertung des dritten Artikels sowie der drei nachfolgenden Hauptstücke wird im Rahmen dieser Arbeit abgesehen. Die wesentlichen Ergebnisse konnten aus den beiden ersten Hauptstücken und besonders
den zwei ersten Artikeln des letzteren erhoben werden. Die Grundtendenz des
Katechismus besteht in dem deutlich zu erkennenden Verzicht auf Begriffe der
dogmatischen Tradition. Dies führte jedoch nicht zu ersatzlosen Streichungen,
wie es der kritische Apparat von Dahms suggeriert. Die Endgestalt des Textes
läßt besonders in den Zusätzen und abschließenden Einschüben Herders zum
einen erkennen, daß die Entscheidung gegen die explizite Einführung einzelner
Termini und Lehrinhalte zur Stärkung elementarer und für den konzeptionellen
Gesamtaufbau fundamentaler Strukturen beitragen. Dieser Ansatz führt zu
durchdachten und klug umgesetzten Änderungen, die für die Erstfassung ebenso konstitutiv sind wie mit einer zunehmenden Konsequenz für die abschließende handschriftliche Fassung. Zu vermuten steht, daß unter den einbezoge-
nen Kollegen am ehesten Böttiger diese Tendenz, die schon in der Erstfassung
angelegt war, unterstützte. Im Blick auf die beiden grundlegend zu unterschei-
denden Änderungskategorien ist das wichtigste Ergebnis, daß selbst die zweite
Klasse der (nach den Rückmeldungen von den Kollegen erfolgten) Änderungen nicht einen leichtfertigen Verzicht auf die dogmatische Tradition bedeutete. Herders Bemühen einer inhaltlichen Aktualisierung erlaubt es mitunter nur
sehr untergründig, die systematischen Zusammenhänge in den gebotenen Ar-
gumentationsmustern und Darstellungskomplexen zu identifizieren. Repetitive
Strukturen, wie mehrfache Andeutungen und wiederholte Ausführungen, zielen in einer pädagogischen Funktion ebenso auf eine anhaltende Wirkung wie
die ebenso bewußt gestalteten Einfachhinweise. In systematischer Hinsicht ist
aus dem *Katechismus* nur ein Ausschnitt der Topoi und *Loci* zu erheben, den
die vorherigen Manuskripte bieten. Ein weiterer Teil wird – mit einem nicht
unerheblichen Aufwand aus einem weiteren Vergleich der abschließenden
Druckfassung mit den verschiedenen handschriftlichen Stadien des *Katechismus* – in seiner unauffälligen und allenfalls auf eine unterbewußte Wirkung
zielenden Endgestalt zu identifizieren sein. Auf diese Aufnahme, die einer De-

---

2347 Vgl. dazu bes. SWS, Bd. 30, S. 358f.
2348 Vgl. dazu den Zusatz von ebd., S. 358 (Fr. 4), mit HN XXI, 61, Bl. 50^v.

tailstudie zu Herders Ideal der Popularität vorbehalten sein muß, kann im Rahmen dieser Arbeit verzichtet werden. Die zuvor benannten Handschriften bieten inhaltlich und argumentativ weitaus direktere Parallelen zu dem Predigtwerk als die Druckfassung des *Katechismus*.

Hayms Einschätzung, im *Katechismus* „Herders populärste[n] christliche[n] Schrift"[2349] zu begegnen, spricht wiederum für die Intuition und das Einfühlungsvermögen des biographischen Meisters, der die Anlage des Werkes in seinem Wesen zutreffend erfaßt hatte. Was sich mit den oben gebotenen Beobachtungen ändert, ist nicht dieses Ergebnis, wohl aber die Argumentation. Deutlich zu erkennen ist die Kontinuität in der katechetischen Praxis Herders, die mit dem *Katechismus* jedoch auf einen zunehmend integrativen Gesamtansatz zuläuft, der eine Synthese der wesentlichen menschlichen Erfahrungen, aktualisiert und befördert von den zentralen biblischen, christlichen sowie kirchlichen Traditionen, gewinnen und allgemeinverständlich formulieren möchte. Nicht vorrangig der Prediger bestimmt jedoch den Text. Auch der Pädagoge und der Katechet sind stärker in den frühen Handschriften zu erkennen. In der Tat ist der *Katechismus* Herders „populärste christliche Schrift". Er ist dies jedoch in einem hohen Maße als ein Kunstprodukt. Nicht zu ermessen ist, ob die gewählte und in aufwendigen redaktionellen Prozessen erzeugte Form den spezifischen Bedürfnissen der Zeit und dem Entwicklungsstand der jeweiligen Benutzer angemessen war. Wenn Herder nicht ohne Stolz betont, der *Katechismus* sei für die Wertschätzung mancher Zeitgenossen vielleicht nicht „aufgeklärt" genug, ließe sich zumindest abschließend fragen, ob der gegenüber den Vorentwürfen massive Verzicht auf eine systematisierende Darstellung und klassifizierende Begrifflichkeit wirklich ein Gewinn war. Gerade für eine Annäherung an das Ideal der „Popularität" mochten die frühen Entwürfe ein weitaus höheres Potential in der Systematik und Stringenz geboten haben. Zugleich schließt der *Katechismus* am ehesten den Kreis zu dem frühen Projekt des *Reisejournals*.

Weitere Studien, auch innerhalb der beiden eingangs benannten Forschungsansätze, können die hier skizzierten Ergebnisse sicher vertiefen. Zu erwarten ist jedoch, daß der Vergleich mit der zeitgenössischen Katechetik vergleichsweise wenige Berührungspunkte und Rezeptionsvorgänge aufzeigen läßt. Der *Katechismus* entwickelt sich deutlich aus den Vorentwürfen der Bückeburger und Weimarer Zeit. Diese sind es, die den Katecheten und Pädagogen in einer großen Kontinuität innerhalb der verschiedenen amtlichen und privaten Kontexte zeigen. Das artifizielle Spätwerk des *Katechismus* schlägt den Bogen zu dem frühen umfassenden Bildungsprogramm, entfernt sich darin je-

---

2349 Vgl. dazu in diesem Kap., Anm. 1635.

doch von der eigenen praktischen und mutmaßlich auch deutlich „populäreren" Katechese.

2.9. Die Anregung einer zunehmenden Zentralisierung des Landschulwesens (ca. 1797)

Nachzustellen ist das nur tendenziell in die ausgehenden neunziger Jahre spätzudatierende Konzept einer Eingabe zur weiteren Förderung des Landschulwesens, deren amtliche Verwendung jedoch nicht mehr mit Gewißheit zu bestimmen ist. Die Anregung tendiert insgesamt in Richtung einer zunehmenden Zentralisierung des Landschulwesens.[2350]

Der Text gliedert sich grob in drei Teile. Zunächst bietet er eine einleitende Negativbestimmung der für die Aufgabenstellung von mehr „Geist und Leben" im Schulwesen als unwesentlich zu betrachtenden Mittel.[2351] Der Hauptteil gilt den als weiterführend erachteten Impulsen[2352], während die Schlußpassage[2353] die in unmittelbarer Folge darzustellende Anregung einer Industrieschule vorbereitet. Der zentrale Gedanke der Überlegungen zielt auf eine nach und nach zu erreichende Vereinheitlichung der schulischen Einrichtungen. Das diskutierte Modell bemüht sich darum, einen positiven Anreiz der pädagogischen Leistungssteigerung durch die Förderung von „Fleiß und Tüchtigkeit" zu schaffen.[2354] Dazu möchte Herder in einem ersten Schritt eine Verbindung statistischer Aufnahmen und regelmäßiger Visitationen durch den ortsansässigen Pfarrer sowie den übergeordneten Adjunkten einführen.[2355] Zudem soll die Tätigkeit des Lehrers stärker in die öffentliche lokale Wahrnehmung treten. Zentraler Ort einer jährlichen Prüfung ist die Kirche. Fast sämtliche lokale Würdenträger sollen in das Examen integriert werden: neben dem Pfarrer und dem Kantor auch die „Gerichtsschöppen", die „Vorsteher der Gemeinde" sowie jedes interessierte Gemeindemitglied.[2356] Die Öffentlichkeit auf Gemeindeebene verbindet sich in dem Vorschlag mit dem Respekt, den es den juristischen Würdenträgern und kirchlichen Repräsentanten entgegenzubringen gilt. Beide Komponenten sollen dazu beitragen, daß die Arbeit des Pädagogen breiter wahrgenommen und wertgeschätzt werde: „die Eltern, deren Kinder

---

2350 Gefolgt wird auch hier aus historischen Gründen dem Text von Ranitzsch, Seminar, S. 591–593; in der jüngsten Werkausgabe s. die Edition durch Wisbert: FHA, Bd. 9/2, S. 670–674.

2351 Ranitzsch, Seminar, S. 591f. (1.–6.).

2352 Ebd., S. 592f.; die nachfolgende Darstellung bezieht sich ausschließlich auf diesen Teil.

2353 Ebd., S. 593.

2354 Ebd., S. 592 (1. [erste Zählung in der positiven Bestimmung]).

2355 Ebd. (1f. [zweite Zählung in der positiven Bestimmung]).

2356 Ebd., S. 592 (2. [zweite Zählung in der positiven Bestimmung]).

viele Schulen versäumt hatten, würden öffentlich beschämt."[2357] Die amtliche Aufnahme statistisch zu bemessender besonderer beruflicher Leistungen soll mit einem eigenen Anreiz verbunden werden, die jeweilige pädagogische Arbeit zu forcieren. Die „Versetzung auf einträglichere Stellen" scheide häufig aufgrund gewachsener familiärer Verbindungen auf lokaler Ebene aus.[2358] Als zukunftsweisender und angemessener benennt Herder finanzielle Zulagen, die auf der Basis jährlich zu vergebener Prämien einen kontinuierlichen Anreiz schaffen sollen.[2359] Schüler könnten durch Buchprämien und die Nutzung des Grundstockes eigener Schulbibliotheken ebenfalls ausgezeichnet werden. Ein weiterer Vorschlag, welcher der Einrichtung „der Schulstube" gilt, verdeutlicht die Situation der Landschullehrer auf erschütternde Weise. Herder regt an, den Wohnbereich des Lehrers, insbesondere Küche und Schlafzimmer, von dem Unterrichtsraum zu trennen. Er benennt die Vorteile in materiellen Ersparnissen an Heizungskosten (durch „gute Sparöfen mit Kochröhren würden mit weniger Holz als jetzt zwei Stuben geheizt werden"), die Verbesserung der Luft („in der täglich sechs Stunden ein Heer Kinder ausdunsten und die Schlafstelle und Wiege der Familie") sowie den verminderten Geräuschpegel (durch die Abtrennung einer eigenen Kücheneinheit).

Die Frage des finanziellen Trägers sämtlicher dieser Vorschläge bleibt unerwähnt. Lediglich für die in Einzelfällen zu erwerbende Salzmannsche Bibliothek findet sich der Hinweis: sie „dürfte [nur] von [den] wohlhabenden Kirchen anzuschaffen sein".[2360] Auch für die anderen Anregungen ist daher von einer ausschließlichen Umverteilung der verfügbaren kirchlichen Mittel auszugehen. Irritierend ist an dem Text, daß er die eigenen Bemühungen um das Landschullehrer-Seminar und die Einrichtung eines Zentralfonds nicht als positive Impulse aufführt. Dieser Punkt mochte auch Ranitzsch bewogen haben, ihn in seiner chronologischen Einordnung noch vor dem Jahr 1786 anzusetzen. Zu betonen ist jedoch, daß die wesentlichen Impulse der Schrift an eine schon gegebene materielle Absicherung der Lehrer anknüpfen und der für Herder bereits 1780 zentrale Ansatzpunkt der Auswahl- und Ausbildung der Lehrer nicht mehr erwähnt wird. Zudem dürfte die abschließende Anregung einer Industrieschule aus Gründen, auf die im Anschluß einzugehen sein wird, der Weimarer Spätzeit zuzuordnen sein. In diesem Zusammenhang paßt auch die nicht ausdrücklich benannte Voraussetzung einer zunehmenden kommunalen Stärkung der finanziellen Selbstverwaltung als die notwendige Konsequenz,

---

2357 Ebd., S. 593 (ohne eigene Zählung).
2358 Ebd., S. 592f. (1. [dritte Zählung der positiven Bestimmung]).
2359 Dies (2f. [dritte Zählung der positiven Bestimmung]) und die folgenden Punkte, ebd., S. 593.
2360 Ebd., S. 593, (3.).

nachdem die zentrale Absicherung der Lehrerbesoldung durch eine Landeskasse in einem größeren Rahmen gescheitert war.

2.10. Die Zentralisierung der schulischen Einrichtungen der Landeshauptstadt (ca. 1797)

Eine Quelle belegt, wiederum für die Spätzeit der Weimarer Tätigkeit, daß Herder eine entsprechende Zentralisierung und regelmäßige Überprüfung der schulischen Examen auch in der Landeshauptstadt forcierte. Ein von Ranitzsch erwähntes Zirkular vom 25. Juli 1802 vermerkt für das Gymnasium, das Seminar, die Mädchenschule, die Garnisonsschule, die Freischule und die Privatschulen, welche Verzeichnisse seitens der Lehrer anzufertigen und welche schriftlichen Leistungen am Tag der mündlichen Prüfungsabnahme einsehbar sein müßten.[2361] Im Detail ergeben sich große Übereinstimmungen in den Auflagen des im Vorkapitel für die Landschulen skizzierten Entwurfes. Eine Spätdatierung dieser Initiative ist, entsprechend der Anlage des Schreibens als Zirkular, nicht zwingend. Sie stimmt jedoch mit den auf eine zunehmende Zentralisierung bedachten Bemühungen Herders um eine Objektivierung und statistische Zusammenführung der individuellen schulischen Leistungen auf Schüler- wie Lehrerebene überein. Zu betonen ist, daß die für die Landeshauptstadt zu benennende Zentralisierung zugleich im Sinne einer kommunalen Stärkung der schulischen Verwaltung und Leistungsabfrage verstanden werden kann.

2.11. Die Anregung kommunaler Schulfonds (vor 1802)

Eine entsprechende Entwicklung deutet sich in dem Vorhaben an, den vormals zentral geforderten Schulfond zur Bezahlung der Landschullehrer zumindest auf der lokalen Ebene einzelner Kommunen einzurichten. Die von Christian Gottlob Voigt 1805 erstmals gedruckte Sammlung *Herder und der Actenstyl*, die in den 30. Band der Suphanschen Werkausgabe als *Bruchstücke aus Akten* aufgenommen wurde[2362], entstammt vollständig nach der einzig verfügbaren Angabe Voigts „den letzten Jahren seines [Herders] Leben[s]" und betrifft „den Vorgesetzen eines Ortes, der auf Schulverbesserung angetragen hatte"[2363]

2361 Ebd., S. 600, Anm. 2.
2362 Vgl. dazu Voigt, Actenstyl, S. 531–535, bzw. SWS, Bd. 30, S. 507–509.
2363 Voigt, Actenstyl, S. 532.

sowie die „Rescripte, die er [Herder] in dieser letztern Sache erließ"[2364]. Die
Datierung der Vorgänge muß vage bleiben und kann spätestens mit dem Jahr
1802 einsetzen. Wichtig in den fragmentarischen Auszügen ist zum einen der
Hinweis Herders: „es […] kommt vor allem auf tüchtige Lehrer und deren
Subsistenz an", zum anderen der nachfolgende Ratschlag:

> „Wenn ein Zweck erreicht werden soll, so müßen tüchtige Mittel gewählt werden;
> vor allen Dingen aber ist ein Schulfond nöthig, aus dem etwas gethan und bestrit-
> ten werden kann […] Es ist ernstlich Bedacht zu nehmen, solchen zweckhaft aus-
> zumitteln, und erwartet Collegium darüber, ohne fernere Hinaussetzung, einen der
> Commune und dem Zwecke des Ganzen gemäßen […] Bericht".[2365]

Beide Anregungen setzen die vorherigen Bemühungen um eine zentrale Absicherung der Schulfinanzen voraus und knüpfen, auch in der Frage der Lehrerbesoldung, die hier nicht im Vordergrund steht, aber noch immer als Voraussetzung einer jeden Schulverbesserung benannt wird, in der fortgesetzten
Suche nach weiteren Finanzierungskonzepten nun auf kommunaler Ebene an.
Nicht nur lebensgeschichtlich wird damit ein Schlußpunkt erreicht. Die Aus-
gangssituation eines kirchlich vermittelten Grundeinkommens, das in einer finanziellen und naturalen Direktvergütung des Lehrers durch die Schüler bzw.
deren Familien die lebensnotwendige Ausweitung findet, wird durch das angedeutete Prinzip einer kommunalen Selbstverwaltung als die nach der familiären Verfassung nächsthöhere Form des sozialen Zusammenschlusses angeho-
ben. In Ansätzen wird auch das Anliegen einer fortschreitenden Ablösung der
naturalen durch eine finanzielle Vergütung erkennbar.

Mit der Identifizierung eines der Schreiben, aus dem Voigt Auszüge geboten hatte[2366], findet die vorgenommene Datierung Bestätigung und zumindest
ein berührter Vorgang Präzisierung. Die Punkte „4." und „5." sind einem
Schreiben Herders an das Oberkonsistorium von Ende 1801 entnommen, das
die Reform der lateinischen Stadtschule von Buttstädt betrifft. Der zuvor zitierte siebte Punkt findet in dem Schreiben eine inhaltliche Entsprechung. Es muß
offenbleiben, ob die von Voigt gebotene Textfassung dieses Punktes einem
vorbereitenden Text oder möglichen späteren Reskript in der Angelegenheit
Buttstädts entstammt. Wichtig ist, daß das Schreiben von Ende 1801 insgesamt
einem Parallelvorgang zur Reform des Weimarischen Gymnasiums nahe-
kommt und zudem eine Reihe von Impulsen bündelt, die Herder auch in anderen Zusammenhängen forciert hatte (darunter Abbau von Wochentagspredig-

---

2364 Ebd., S. 533. Vgl. zu dieser und der vorherigen Angabe auch SWS, Bd. 30, S. 507, Anm. 2,
     sowie ebd., S. 508, Anm. 1. Im nachfolgenden wird der Text nach der Suphanschen Werk-
     ausgabe aufgrund von deren breiterer Verfügbarkeit zitiert.
2365 Ebd., S. 508f. (7.).
2366 Den Hinweis auf GSA, Best. 44, Sig. 168, verdanke ich Günter Arnold, der den Text prä-
     sumtiv als DA, Bd. 8, Nr. 261a, in DA, Bd. 14, bieten und kommentieren wird.

ten, Umwandlung anderweitiger Stellen oder Ressourcen, Verbindung von Naturgeschichte und Katechese in der Lehrplangestaltung). Für Buttstädt sind die projektierten Änderungen zu einem Teil auf Anregungen vor Ort erwachsen, auf die Herder sowie die damit berührten Kommissionen nur reagieren mußten, zum anderen als direkte Anfragen von Herder zu bestimmen. In dem erhaltenen Schreiben gilt letzteres besonders für die abschließend formulierte Frage an den Buttstädter Stadtrat: „ob nicht nach dortigem Localbedürfniß u.[nd] Raum in der Schule die Verbindung einer Industrie- mit der Realschule nützlich u.[nd] thulich seyn möchte? auch auf welche Weise dies am besten geschehen könne?" Die Anregung ist in diesem Zusammenhang zweifelsfrei Herder zuzuschreiben und steht zeitlich den Bemühungen in Weimar parallel.

2.12. Die Anregung einer Industrieschule (1800–1803)

2.12.1. Die handschriftliche Erstanregung (ca. 1797)

Die erste Anregung einer Industrieschule findet sich in dem undatierten Gutachten, dessen *terminus post quem* mit der Begründung des *Kaiserlichen privilegierten Reichs-Anzeigers* durch Rudolf Zacharias Becker mit dem Jahr 1791 benannt werden kann.[2367] Wichtig ist an dem genetischen Vorgehen Herders wiederum, daß die darin berührte Frage, wie mehr „Geist und Leben" in die „Lehranstalten auf dem Lande" gebracht werden könne, zeitlich an die Bemühungen um eine materielle Absicherung der Landschullehrer anschließt. Die für Herder typische Vorgehensweise, in dem Schlußabsatz auf Andeutungsebene den von ihm gewünschten nächsten Schritt vorzubereiten, findet sich hier im Blick auf die Industrieschule. Zu betonen ist jedoch, daß es fraglich ist, ob der aufgesetzte Text überhaupt amtliche Verwendung fand oder nicht nur als Vorarbeit zu einer Eingabe zu gelten hat. Der entsprechende Abschnitt des Textes lautet:

> „Vielleicht wäre in Folge eine Industrieschule mit der öffentlichen Schule zu verbinden, wo durch eine verständige Person die Kinder während der Schulstunden Unterricht in geräuschlosen Arbeiten erhalten könnten und noch etwas an Geld verdienten. Sollte ein von mir getaner Vorschlag zur Versorgung der Armen Höchsten Beifall finden, so würde da ein Versuch der Art gemacht, und die Resultate davon könnten mehreren Aufschluß geben."[2368]

Der Text eines entsprechenden Gutachtens ist nicht überliefert. Das im Zusammenhang des Landschullehrer-Seminars erwähnte Schreiben an Karl August

---

2367 Zu dem Text vgl. die vollständigen Angaben in diesem Kap., Anm. 2350 und 1180.
2368 Ranitzsch, Seminar, S. 593.

vom 10. Oktober 1800[2369] deutet Vorgänge an, die sich aus der Dynamik in der Einrichtung dieses Institutes ergeben hatten. Zu dem gesamten Komplex fehlen jedoch Quellen.

2.12.2. Die Hinweise in den „Erinnerungen"

Einzig verfügbar ist die knappe, jedoch aufschlußreiche Schilderung der *Erinnerungen*. Umrissen findet sich zunächst der Gesamtzusammenhang, in dem die Garnisonsschule neben der Herzschen Freischule zu stehen kommt:

> „Die Armenschule, die Garnisons- und Waisenhausschule wünschte er mit ihren einzelnen Lehrern in ein Ganzes zu vereinigen: die Kinder, nach ihren Fähigkeiten, in mehrere Klassen einzutheilen: jeder Klasse einen besondern Lehrer zu geben (da in den getrennten Schulen) bisher Ein Lehrer gegen hundert Kinder von verschiedenem Alter und Fähigkeiten in denselben Lektionsstunden zu unterrichten hatte), überhaupt den Unterricht zu erleichtern und zu vervollkommnen, und dazu, für den Elementarunterricht, das Beste und Anwendbare von der Pestalozzischen Lehrmethode einzuführen."[2370]

Der Rekurs auf Pestalozzi, dessen *Meine Nachforschungen über den Gang der Natur in der Entwicklung des Menschengeschlechts* Herder 1797 sehr vorteilhaft in den *Erfurtischen Nachrichten von Gelehrten Sachen* rezensiert hatte[2371], woraufhin sich eine briefliche Selbstvorstellung Pestalozzis gegenüber Herder ergab, erlaubt es nicht, eine genauere Datierung vorzunehmen. Herder war bereits in den frühen achtziger Jahren auf dessen *Lienhard und Gertrud* aufmerksam geworden und schätzte Pestalozzi seitdem hoch ein.[2372] Festzuhalten ist jedoch, daß die ausgehenden neunziger Jahre eine Intensivierung der gegenseitigen Achtung mit sich brachten und der programmatische Bezug auf Pestalozzi bei Herder verstärkt wurde. Von keiner geringen Plausibilität ist daher die Konjektur einer Verschiebung des *terminus post quem* auf das Jahr 1797. Wichtig ist zudem der nachfolgende Hinweis der Erinnerungen:

> „Damit [mit der zusammengeführten Volksschule] wünschte er eine Industrieschule zu vereinigen. Er reichte darüber seinen Plan ein; er wurde von des Herzogs Durch.[laucht] genehmigt. Zur Ausführung wollte man den Tod eines alten Schul-

---

2369 Vgl. dazu in diesem Kap., Anm. 1245.

2370 V, Abt. 2, Tl. 22 [Erinnerungen, Tl. 3], S. 19f.

2371 Zuletzt nachgedruckt in: FHA, Bd. 9/2, S. 756–761.

2372 Vgl. dazu und zu der bereits für diesen Zeitraum damit zu dokumentierenden Auseinandersetzung mit Pestalozzis praktischen pädagogischen Impulsen: Herder an Christian Gottlob Voigt, nach Februar 1783, DA, Bd. 4, Nr. 255, S. 256, Z. 12–15: „Sie sprachen einmal von Pestalotz Briefen oder Aufsätzen in einem Journal, ich glaube in den Ephemeriden; darf ich den Ort, das Buch oder etwa den Namen deßen erbitten, der hier das Journal hält? Ich habe den Autor aus seinem Lienhard u.[nd] Gertrud außerordentlich lieb gewonnen."

meisters abwarten. Nach mehreren Jahren erfolgt dieser endlich; aber nun zeigten sich neue Schwierigkeiten gegen die Ausführung, da die Fonds dazu nicht hinreichend waren. Durch Ersparnisse und sehr genaue Austheilung der wenigen Hülfsquellen mußte nur langsam und mit mehrjähriger Mühe ein kleiner Fonds erst erwachsen. Endlich wurde doch auch dieses Ziel erreicht. Herder wollte im Jahr 1803 nach seiner Zurückkunft vom Eger-Bad die Einrichtung dieser Schule vornehmen; aber er sah wie Moses und auch dießmal sein erwünschtes Land nur von Ferne. An Günther, dem er die Oberaufsicht übertragen wollte, hatte er seine ganze Idee öfters mitgeteilt; und dieser richtete mit edler Thätigkeit im Jahr 1804 die Schule ganz nach Herders Plan ein, noch ehe der neue Generalsuperintendent ankam."[2373]

2.12.3. Herders Schreiben an Karl August vom 13. Februar 1800

Den ersten Zeitpunkt einer möglichen Realisierung des vorab formulierten Projektes beleuchtet Herders Schreiben an Karl August vom 13. Februar 1800.[2374] Es reagiert auf den Tod von Herz und die Möglichkeit, an das Regulativ vom 12. April 1787 anzuknüpfen, das eine Verbindung des Landschullehrer-Seminars mit der Freischule gefordert hatte.[2375] Irritierend ist an dem Brief, daß er den Anschein erweckt, Herder könne mit ihm seinen Vorschlag einer Verbindung von Landschullehrer-Seminar, Herzscher Freischule und Garnisonsschule erstmals vorgebracht haben. Die logische Gliederung des Schreibens und das Anknüpfen an das herzogliche Regulativ des Jahres 1787 – nicht aber an einen eigens genehmigten Plan – machen es wahrscheinlich, daß Karolines Darstellung, so präzise sie in vielen Details ist, an diesem Punkt nicht stimmt. In weiten Teilen mußte sich die Autorin auch ausschließlich auf ihr Gedächtnis verlassen und konnte Herders Briefwechsel allenfalls punktuell konsultieren. Von größter Bedeutung ist jedoch die Erinnerung, daß Herder den Plan bereits Jahre vor dem Tod des Freischullehrers gefaßt hatte und den Zeitpunkt einer Umsetzung entsprechend abwartete. Wichtig ist zudem der Hinweis auf Günther, dem Herder die Oberaufsicht über das einzurichtende Institut habe auferlegen wollen. Aufgrund der erst 1801 erfolgten Berufung Günthers an die Hofkirche ist es nicht auszuschließen, daß die Schaffung einer weiteren pädagogischen Stelle, zumal in der Anlage einer zusammenführenden Zentraleinrichtung, ihm als die Perspektive einer eigens zu schaffenden Posi-

---

2373 Ebd., S. 20. Haym, Herder, Bd. 2, S. 868, knüpft an diese Zusammenfassung an, bietet sie jedoch nur als sehr beiläufige Erwähnung: „Mit Günthers Hilfe dachte er [nach der Rückkehr aus Dresden 1803] die Vereinigung der unteren Schulen ins Werk zu richten, auch andere Amtseinrichtungen vorzunehmen."

2374 Herder an Karl August, 13. Februar 1800, DA, Bd. 8, Nr. 108, S. 121f.

2375 Zu dem zuvor dargestellten Vorgang vgl. in diesem Kap., Anm. 1211.

tion galt. Wiederum macht der erhaltene Briefwechsel diese naheliegende Annahme jedoch unwahrscheinlich.

Der Brief an Karl August entfaltet, indem er an das einschlägige Reskript anknüpft, in kleinen und gut abgeschätzten Schritten den großen Plan. Hinterfragt wird zunächst die Notwendigkeit der in der vormaligen Ämterkonstellation Herz' gründende lokale Verbindung der Freischule mit den Räumlichkeiten des Waisenhauses.[2376] Die Verbindung mit der Garnisonsschule wird, wie zuvor dargestellt, aus Gründen einer vergleichbaren Anlage und gemeinsamen Zielgruppenorientierung beschrieben. Die in der Garnisonsschule vorhandenen Räumlichkeiten legitimieren den Vorstoß einer Zusammenlegung (I.), die mit keinen eigenen Kosten verbunden sei. Der zweite Teil des Briefes (II.) gilt der Industrieschule. Der Vorschlag wird aus der zuvor benannten Adressatenorientierung abgeleitet: „weil […] Industrie und frühe Gewöhnung zu derselben der Claße von Zöglingen, die diese Schule besuchen sollen, so unentbehrlich ist, als alles, was sie sonst in der Schule lernen".[2377] Zudem verweist er auf die praktische Veranlagung der Schüler, durch die an einer eigenen Tätigkeit „Intereße" geweckt würde und „Müßiggang" zu verhindern sei.[2378]

Als Ansprechpartner für eine Ausarbeitung eines entsprechenden Planes und als Kandidat für die spätere Aufsicht des Institutes benennt er seinen Kollegen Weber.[2379] Weber, der im Folgejahr starb, wurde in seiner Position an der Hofkirche von Günther abgelöst. Von diesem Zeitpunkt an dürfte die Erinnerung Karolines einer programmatischen Zusammenarbeit in Schulfragen zutreffen.

2.12.4. Ausgang des Vorhabens (1803f.)

Nach der Rückkehr von seiner letzten Reise wollte Herder das Anliegen erneut aufgreifen. Während seiner Amtszeit konnte es jedoch nicht mehr realisiert werden, wie sich auch das Ende 1801 für Buttstädt konzipierte Parallelprojekt nicht umsetzen ließ. Der von Karoline gebotenen Erinnerung, daß die von Günther persönlich empfundene Verantwortung gegenüber dem Plan des verstorbenen Mentors und Freundes zu einer Umsetzung im Folgejahr führte[2380], steht die Angabe der Herderschen Briefausgabe entgegen, der Herzog habe „den Plan einer Industrieschule ab[gelehnt], und die Ausführung unter-

---

2376 Herder an Karl August, 13. Februar 1800, DA, Bd. 8, Nr. 108, S. 121, Z. 11–15.
2377 Ebd., S. 122, Z. 30–32.
2378 Ebd., Z. 35f.
2379 Ebd., Z. 40–45.
2380 Diesen Hinweis bietet auch Wisbert, FHA, Bd. 9/2, S. 1321, als abschließendes Ergebnis.

blieb".[2381] Weitere Recherchen könnten diesen Widerspruch sicher lösen. An dieser Stelle soll er nicht vertieft werden, da das für die Herdersche Amtszeit relevante Ergebnis einer nicht erfolgten Umsetzung davon unberührt bleibt. Im Blick auf Herders Engagement ist wiederum die Klugheit zu betonen, mit der er den über mehrere Jahre entwickelten Plan gegenüber dem Herzog vorbrachte. Charakteristisch für die Spätzeit und das Alter ist zudem die Bereitschaft, Ausführung und Ausarbeitung einem Kollegen zu überlassen. Der Frage nach Kontinuitäten und fortgesetzten Wirkungen einzelner Impulse über die Amtszeit hinaus muß anderen Studien verbehalten bleiben.

3. Universität Jena

Der Abschnitt zur Universität Jena[2382], komplementär zu den vorab geschilderten Fragen der amtlichen Bezüge und den Personalfragen des Vorkapitels, gliedert sich in drei Teile. Die beiden ersten Komplexe sind aus der Biographik einschlägig bekannt. Der zweite Punkt wird auf Grundlage eines in der Herderforschung zuletzt von Rudolf Haym eingesehenen Gutachtens eigens vertieft. Der dritte Punkt faßt eine Anzahl von Initiativen zusammen, deren gemeinsame Ausrichtung in der jeweils unterschiedlich akzentuierten Hinterfragung der akademischen Erziehung im Sinne einer Grundtendenz der institutionellen Ausweitung oder strukturellen Umgestaltung zu verstehen ist.

3.1. Landsmannschaftliche Verbindungen (1786–1790)

Das Thema landsmannschaftlicher Verbindungen wurde im Geheimen Consilium bereits 1786 eingehend diskutiert, nachdem mehrere Einschätzungen Jenaer Professoren vorlagen.

2381 DA, Bd. 8, Anm. 108. Der Kommentar folgt den Angaben von Hartung, Carl August, S. 132.

2382 Eigens hinzuweisen ist auf die vorzügliche Studie von Gerhard Müller zu Goethes amtlichen Bezügen zur Universität Jena: Müller, Goethe. Müllers einzigartige Kenntnisse der Archivbestände und synthetische Darstellungskraft bieten zahlreiche thematische Ergänzungen; einzelne werden in mehreren nachfolgenden Zusammenhängen benannt.

3.1.1. Die Positionen im Geheimen Consilium (1786)

Drei Voten liegen von Geheimen Räten in der Angelegenheit vor. Goethes ausführliche Stellungnahme datiert auf den 7. April 1786.[2383] Sein Gutachten stellt den wesentlichen Vorschlag dar, an den auch Herder deutlich später anzuknüpfen hatte. Die Grundtendenz benennt programmatisch bereits der Eingangssatz: „Landsmannschafften und andre Verbindungen der Studierenden können vielleicht nicht ganz ausgerottet, sie können aber geschwächt werden."[2384] Goethe schlägt vor, ein erweitertes, neunköpfiges Gremium bestehend aus dem Prorektor, den vier Dekanen und vier Beisitzern aus den vier Fakultäten zur forcierten Aufsicht einzusetzen. Neben einer verschärften Kontrolle der Neuzugänge sollen die immatrikulierten Studenten stärker diszipliniert werden[2385], möglicherweise durch eine erhöhte Anzahl von Pedellen[2386], in jedem Fall jedoch durch eine breiter greifende und flexibler anwendbare Praxis von Universitätsverweisen. Als Abstimmungsprinzip in dem einzurichtenden Gremium spricht sich Goethe für die absolute Mehrheit aus (unter Absicht des nicht stimmberechtigten Prorektors: 5 zu 3).[2387] Die übrigen Hinweise Goethes betreffen zum einen die nötigen Geschäftsvorgänge, um die Rechtskräftigkeit in den Urteilen des Gremiums zu gewährleisten, und zum anderen Überlegungen, wie sich die erfolgreiche Arbeit der Einrichtung längerfristig absichern ließe.[2388]

In zeitlicher Folge zu dem Votum Goethes steht die Einschätzung Schmidts.[2389] Ohne die Möglichkeit einer detaillierten Akteneinsicht spricht er sich aus dem Gedächtnis grob für die Position Griesbachs aus und warnt im übrigen nur vor dem Format der verbotenen und im Verborgenen bestehenden Verbindungen.[2390]

Am 12. April 1786 formulierte Schnauß seine Position.[2391] Er legt Wert auf eine nichtöffentliche Haltung und einheitliche Vorgehensweise der Universität. Diesen Aspekt fügt er dem Votum Goethes hinzu, dem er im übrigen vollkommen zustimmt und um einzelne Überlegungen zur konkreten Realisierung ergänzt. Eine weiterführende Anregung, die sich von den rein reaktiven

---

2383 Goethe, Amtliche Schriften, Bd. 1, Nr. 204a, S. 427–430. Zu dem Komplex s. insgesamt die instruktive Darstellung von Müller, Goethe, S. 318–349; bes. 322f.

2384 Ebd., S. 427.

2385 Ebd., S. 428f. (1.).

2386 Ebd., S. 429 (2.).

2387 Ebd. (3.).

2388 Ebd., S. 430.

2389 Ebd., Nr. 204a, S. 430f.

2390 Ebd., S. 431.

2391 Ebd., Nr. 204a, S. 431–433.

und im wesentlichen auf Sanktionen ausgerichteten Maßnahmen abhebt, ist der Gedanke, einen studentischen Orden zu gründen, dessen Mitgliedschaft als eine Auszeichnung und Belohnung für besondere Leistung verliehen wird.[2392] Am 30. April faßte Goethe mit einem Bericht die Veranlassung, die Vorgänge und ergangenen Vorschläge für den Herzog zusammen.[2393] Unter den Jenaer Professoren benennt er in ihrer Zustimmung zu der im wesentlichen seinem Votum folgenden Position Eichhorn, Griesbach und Loder[2394] – Kandidaten, die er bereits zuvor als potentielle Vertreter ihrer Fakultät in Vorschlag gebracht hatte. Die von Schnauß auch nur am Rande eingebrachten Anregungen finden sich nicht aufgegriffen.

Ein weiteres Votum Goethes vom 1. Juni 1786 erinnert den Herzog an die Brisanz einer Entscheidung entweder auf Ebene des Herzogtums oder der übrigen Erhalterstaaten.[2395]

3.1.2. Herders Gutachten (4. Oktober 1790)

Im Blick auf Herder ist von Bedeutung, daß nach der Andeutung des Wunsches einer Lehrtätigkeit an der benachbarten Universität 1788 im Zuge der Verhandlungen des Jahres 1789 die Aussicht auf eine den gesamten Universitätsbetrieb maßgeblich gestaltenden Position geweckt wurde. Im Zusammenhang damit mag stehen[2396], daß Herder im Folgejahr mit einem Gutachten zu der zuvor diskutieren Frage reagierte. Unklar ist, ob er als Generalsuperintendent und Magnifizenz vergleichsweise spät in die Diskussion eingebunden wurde oder ob sich die Involvierung in zeitlicher Nähe zu den vorab beschriebenen Entwicklungen einer auf anderen Ebenen institutionell liegenden Annäherung an die Angelegenheiten der Universität Jena ergab. Nicht auszuschließen ist auch – andere Vorgänge, wie etwa die Konzeption des Landschullehrer-Seminars oder die Überarbeitung des Katechismusmanuskriptes stehen exemplarisch dafür –, daß Herder die Ausarbeitung zunehmend als eine unangenehme Pflicht ansah und sich für die Erarbeitung des amtlichen Textes ausgiebig Zeit nahm. Festzuhalten bleibt, daß sein Schriftstück *Einige Anmerkungen über das Projekt zu erlaubten landsmannschaftlichen Verbindungen auf Universitäten* unter dem 4. Oktober 1790 eingereicht wurde. Als Begleitbrief ist das auf denselben Tag datierende Schreiben an Andreas Joseph

---

2392 Ebd., S. 433.
2393 Ebd., Nr. 204b, S. 433–435.
2394 Ebd., S. 435.
2395 Ebd., Nr. 204c, S. 436.
2396 Dies vermutete bereits Haym, Herder, Bd. 2, S. 487f.

Schnaubert erhalten, mit dem Herder die eingesehenen Akten zurücksandte und andeutet, vom Herzog bereits angemahnt worden zu sein.[2397] Der Text des Gutachtens[2398] zerfällt insgesamt in zwei Teile, die zwei deutlich zu trennende Abfassungszeiten markieren. Der in drei Hauptpunkte untergliederte erste Teil (im wesentlichen entspricht dessen Aufteilung einer funktionalen Untergliederung: 1. [Einleitung], 2. [negative Bestimmung und zu vermeidende Resultate], 3. [positive Ausführungen]) muß weit vor der „Nachschrift" entstanden sein, die einleitend selbst erklärt, „Geraume Zeit nachher, nachdem ich die vorstehenden Anmerkungen über den Vorschlag landsmannschaftlicher Verbindungen auf Akademien niedergeschrieben hatte", aufgesetzt worden zu sein.[2399] Wichtig ist an der „Nachschrift", die zusammen mit einigen Jenaer Voten auch die Regierungspolitik des Jahres 1786 referiert, besonders ein Rückschluß. Sie stellt den Beleg dafür dar, daß Herders Gutachten im ersten Arbeitsgang ohne jede Kenntnis der vorherigen Aktenlage erstellt worden war. Auch dies steht parallel zu Herders Vorgehensweise in der Frage des Landschullehrer-Seminars.

Der erste Teil des Gutachtens zitiert allerdings, dies wird an mehreren Punkten deutlich, einen konkreten Vorschlag zur Einrichtung der Landsmannschaften.[2400] Herder greift diesen in seiner Grundtendenz einer Umgestaltung und Funktionalisierung der Körperschaften im Interesse der Gesamtuniversität auf, richtet sich jedoch konsequent gegen die Möglichkeit einer Fremdbestimmung der Organisationen. Militärische Funktionen sollen – auch im äußeren Erscheinungsbild, in Form von Orden oder nationalen Erkennungszeichen (besondere Brisanz besitzt unter dem Eindruck der Zeitereignisse „sowohl die französische als belgische Cocarde"[2401]) – ebenso vermieden werden wie Aufgaben juristischer Selbstverwaltung[2402]. Insgesamt gelte es zu vermeiden, daß die soziale Dynamik der Gruppenzugehörigkeit die Entscheidungen des Einzelnen maßgeblich bestimmten.[2403] Der positive Gegenvorschlag zielt, dem Schlußvorschlag von Schnauß vergleichbar, auf die Einrichtung einer „*Gesellschaft für die öffentliche Ehre und die guten Sitten der Studirenden*".[2404] Der grundlegende Unterschied zu der von Schnauß eingebrachten Anregung ist der

---

2397 Herder an Andreas Joseph Schnaubert, 4. Oktober 1790, DA, Bd. 6, Nr. 137, S. 213.

2398 SWS, Bd. 30, S. 468–475.

2399 Ebd., S. 472.

2400 Ebd., S. 469 (3.), findet sich etwa § 9 zitiert. Ferner vgl. die quantitativ konkreten Vorschläge, etwa ebd. (4.).

2401 Ebd. (2.1.).

2402 Ebd. (2.3.).

2403 Ebd. (2.2.), bes. in Blick auf den akademischen Lehrbetrieb und die Wahl der Lehrveranstaltungen formuliert.

2404 Ebd., S. 470 (3.).

obligatorische Charakter des Eintrittes in die von Herder projektierte Einrichtung. Mit der Immatrikulation erfolgt die Aufnahme durch den Rektor; ein ausgeklügeltes System, das supervisorische mit repräsentativen und konsultativen Funktionen auf studentischer wie professoraler Seite zu verbinden sucht, schafft den Rahmen für ein institutionalisiertes Gespräch. Es soll Möglichkeiten eröffnen, frühzeitig und vorjuristisch Konflikte zu verhindern. Die Auswahl der akademischen Verantwortungsträger aus dem Lehrpersonal erfolgt, wie auch jede weitere Entscheidung, die zur Wahrung eines Prinzips der Gerechtigkeit nicht per Los zu fällen ist, durch einen nicht näher bestimmten Mehrheitsbeschluß.[2405] Die angestrebte Demokratisierung verbindet sich darin mit dem nicht eigens benannten Ziel einer konsequenten Rückbindung der Wahrnehmung und vorjuristischen Lösung akademischer Konflikte bereits in den Anfangsstadien an die Verwaltungsträger und den Lehrkörper der Universität.

Die Nachschrift – aufgesetzt nach Einsicht der verfügbaren Akten und in Kenntnis der vorherigen Diskussion – betont einen anderen Aspekt, indem sie auf die universitäre Etablierung und institutionelle Verlängerung natürlich gewachsener Ordnungen abhebt. Im wesentlichen ist es ein argumentativer Dreischritt, der Herder zu dieser veränderten Akzentuierung führt. Zunächst betont er die unter Rekurs auf die wohl spätestens in das Jahr 1786 zu datierenden Einzelvoten der Universitätsangehörigen die „aus Gründen der Erfahrung" andere Grundlage von deren Vorschlägen.[2406] Ungeachtet des ihm selbst damit fehlenden Einblickes in die akademische Praxis der Nachbarstadt beansprucht Herder in einem zweiten Schritt für sein eigenes Konzept, die wesentlichen Punkte in größter Nähe zu den vorangegangenen Anregungen formuliert zu haben. Diesem Anspruch korrespondiert ein weiterer.[2407] Die Politik des Jahres 1786, deren Richtung von dem namentlich hier unbenannt bleibenden Goethe geprägt worden war, wird, drittens, grundlegend kritisiert. Der Ärger darüber, den damaligen Kurs nicht mitbestimmt zu haben, wird mehr oder minder leise angedeutet:

> „Ich will nicht entscheiden, ob damals, als die Aufhebung der Landsmannschaften so schnell und strenge betrieben wurde, nicht ein gelinderer Mittelweg hätte genommen werden können; und es mag wohl seyn, daß damals eine öffentliche *Reform und Organisation der Landsmannschaften* an Ort und Stelle gewesen wäre; nach dem aber, was *geschehen* ist, dünkt mich jetzt die Zeit vorüber, und die Krisis der Umstände auch auf andern Universitäten dem Vorhaben nicht günstig."[2408]

2405 Vgl. dazu bes. ebd., S. 471 (3.–6.).
2406 Ebd., S. 472 (1.).
2407 Ebd., S. 472f. (1f.).
2408 Ebd., S. 473 (3.).

Dieser Dreischritt führt zu einem davon inhaltlich abzuhebenden – und durch eine neu einsetzende Numerierung auch formal zu erkennenden – abschließenden Resümee, das auf die natürlichen Grundlagen sozialer Zusammenschlüsse reflektiert.[2409] Die lokalen, regionalen sowie nationalen Beziehungen seien in unterschiedlichen Graden organisch gewachsen; „deswegen aber alle solchen Verbindungen und *Corpora* aufheben zu wollen, wäre ebenso vergeblich, als schädlich."[2410] Die natürlichen Ordnungen habe man nicht zu ändern: „was auch die Natur zusammenfügt, wird der Mensch nicht scheiden". Könne aufgrund der vorherigen Politik nicht mehr öffentlich an sie angeknüpft werden, müsse dies „*privatim* unter der Hand" geschehen. „Väterliche Ermahnung und Vorsorge müßte hier an die Stelle richterlicher Strenge treten". Daß letztere, im Sinne einer supervisorischen Funktion jedoch im Interesse der Universität ist, zeigt der vorangegangene Ratschlag: „Laß eine solche Gesellschaft ihre Gesetze vorzeigen; und enthalten diese nichts Strafbares, so dulde man sie, habe übrigens ein wachsames Auge auf dieselb, *gewinne die klügsten Mitglieder*". Das übergeordnete Ziel stellt jedoch die Überwindung der natürlichen Beschränkungen dar: „Dabei bringe man *beßere Gesellschaften* in Gang, die durch ein gemeinschaftliches Ziel in Wißenschaften und Bestrebungen die Gemüther binden, sie vom Nationalismus abwenden, und gleichsam wißenschaftliche Gemeinen aus mancherlei Nationen sammeln."[2411] Als Beispiel gilt hier, wie auch zuvor, die Universität Göttingen.[2412]

Wichtig ist an diesem Entwurf neben der Vision der Anspruch, mit dem er geschrieben wurde. Die Universitätspolitik der Hochschulleitung und Regierung wird massiv kritisiert und mit dem organischen Konzept eines institutionalisiert zu erreichenden Bildungsideals verbunden. Auch aufgrund des späten Zeitpunktes der Formulierung mußte diese Programmatik wohl ohne aktuelle Anknüpfungs- und Realisierungsmöglichkeiten wirkungslos verhallen.

Hinzukommt wiederum Herders eigene Vorgehensweise, die abschließend eine damit verbundene, aber doch deutlich zu trennende Thematik genetisch entwickelt und das Angebot eines weiterführenden Gutachtens organisch aus dem vorigen ableitet. Im Falle der landsmannschaftlichen Verbindungen leitet Herder in seinem Schlußabschnitt zu der Einrichtung des Jenaer Konviktoriums über und stellt in Aussicht, trotz des lokalen „Widerspruch[es] und [der] Einwendungen", an denen sämtliche vorherige Vorschläge und Reformbemühungen gescheitert waren, aufgrund der einschlägigen Erfahrungen

---

2409 Ebd., S. 473–475 (1f.).
2410 Ebd., S. 474 (1.); dort s. auch die nachfolgenden Zitate.
2411 Ebd. (2.).
2412 Vgl. dazu ebd. mit ebd., S. 472 oben (dort s. das Negativbeispiel studentischer Konflikte).

in der Umgestaltung des Weimarischen Freitisches eine erfolgreiche Änderung konzipieren und umsetzen zu können.[2413]

3.2. Der Plan einer Reform des Jenaer Konviktoriums (1791)

Das auf den 27. Februar 1791 datierende und unter dem Folgetag eingereichte Gutachten Herders ist der Forschung aus dem Referat Rudolf Hayms bekannt[2414], das die Erwähnung[2415] in einer Fußnote der *Erinnerungen* signifikant ausweitet. Die kommentierende Anmerkung der Briefausgabe stellt unter Rückgriff auf *Goethes Amtliche Schriften* und die verfügbaren Herderschen Briefe die Chronologie der Vorgänge knapp und präzise dar.[2416] Auf dieser Grundlage sowie der im Bestand des Thüringischen Hauptstaatsarchivs identifizierten Herderschen Handschrift[2417] ist es möglich, die Haymsche Darstellung zu überprüfen und in ihrem kurz gehaltenen Ergebnis zu ergänzen und zu modifizieren.

3.2.1. Amtliche Veranlassung (Februar 1791)

Nicht rekonstruieren lassen sich das genaue Datum und die Umstände, unter denen Herder den Auftrag des Herzogs erhielt, eine seinem Angebot gemäße Ausarbeitung zu liefern. Bereits vier Monate nach der Andeutung gegenüber Karl August, am 8. Februar 1791, überreichte Herder dem Herzog die „Tabelle der jetzigen Alumnorum der Freystellen und die Gesetze des Convictorii".[2418] Unter dem 10. Februar 1791 wurde Herder der Befehl erteilt, „die das Convictorium zu Jena betreffenden Acten, so viel dazu, um eine Übersicht von dessen Stiftung und dermaligen Beschaffenheit zu erlangen, nöthig, mittelst Berichts ohnverlangt einzusenden".[2419] Herder wandte sich am 12. Februar zunächst an Andreas Joseph Schnaubert[2420] und beantwortete den Auftrag der Material-

---

2413 Ebd., S. 475 (3.).

2414 Haym, Herder, Bd. 2, S. 488–490.

2415 V, Abt. 2, Tl. 22 [Erinnerungen, Tl. 3], S. 15, Anm. *.

2416 Vgl. dazu DA, Bd. 6, S. 349, Anm. 137.

2417 Nach dem Abschluß dieser Arbeit erschien Müller, Goethe, der kurz auf den Vorgang und die Handschrift verweist, ebd., S. 323, 342f. Eine eingehende Edition des Schriftstücks ist von Günter Arnold zu erwarten.

2418 Herder an Karl August, 22. Februar 1791, ThHSA, A 6021, Bl. 8ᵛ.

2419 Ebd., Bl. 8ʳ.

2420 Vgl. dazu DA, Bd. 6, S. 349, Anm. 137.

sammlung mit detaillierten Hinweisen am 22. Februar[2421]. Auf den 28. Februar, den Tag, an dem auch ein das Vorhaben befürwortendes Schreiben des Jenaer Schnaubert bei Herder eintraf[2422], datiert das Begleitschreiben an den Herzog, in dem er sich dafür entschuldigt, „das mir gnädigst abgeforderte Gutachten [...] so spät überreicht [zu haben] und daß es etwas lang ausgefallen".[2423] Von dem reformatorischen Wert seines Gutachten, das unter dem Datum des Vortags abgeschlossen wurde[2424], ist Herder überzeugt:

> „in diesem Betracht schmeichle ich mir, daß Euer Herzogl.[iche] Durchlaucht das Vorgestellte nicht überflüssig finden werden [...] und nach meiner Ueberzeugung werden Jahrhundert lang jährlich mehr als hundert junge Leute den Namen des Fürsten mit Dank nennen, der sie aus einer verächtlichen Dunkelheit in ein helles Licht brachte, u.[nd] sie von einer unübersehbaren Klosterbedrückung, oder wie die es selbst nennen, von der Krippe befreite."[2425]

3.2.2. Herders Gutachten (27. Februar 1791)

Herders Gutachten stellt nach der Kurzzusammenfassung Rudolf Hayms, der zwar von „einer ungemein umfangreichen Denkschrift spricht, die Herder, nachdem er die Frage nach allen Seiten aufs Sorgfältigste studiert hatte", erarbeitet habe, zugleich aber vermerkt, daß Herders „Gründe mehr überredend als überzeugend" seien, wie auch die Ausführungen „zuweilen mit einem rasch erfaßten idealistischen Gesichtspunkt über das Ziel hinaus" gingen, weshalb auch „dem Praktiker im Einzelnen manche Bedenken" verblieben[2426], eine wirkliche Überraschung dar. Keines der Herderschen Gutachten dürfte mit einem solchen Maß an Sorgfalt und Detailfreude ausgearbeitet sein. In keiner anderen Thematik hatte sich Herder auch in juristischer Hinsicht so eingehend informiert. Und bei keinem anderen Anliegen war er wohl von einem solchen Reformeifer getragen, der sich mit dem Gefühl verband, die für das Weimarer Gymnasium erfolgreichen Veränderungen nun im größeren Rahmen realisieren zu können und anerkannt zu finden. Das Bewußtsein einer historischen Erneuerung verdankt sich zu keinem geringen Teil sicher auch der für Herder unge-

---

2421 Herder an Karl August, 22. Februar 1791, ThHSA, A 6021, Bl. 8[r.v].

2422 DA, Bd. 6, S. 349, Anm. 137. Grundlage des Hinweises ist der Hinweis: V, Abt. 2, Tl. 22 [Erinnerungen, Tl. 3], S. 15, Anm. *.

2423 Zu dem Begleitschreiben Herder an Karl August, 28. Februar 1791, vgl.: ThHSA, A 6024, Bl. 10[r.v]; hier 10[r].

2424 Das Gutachten befindet sich ebd., Bl. 11[r]–23[r]; hier: ebd., Bl. 23[r].

2425 Herder an Karl August, 28. Februar 1791, vgl.: ThHSA, A 6024, Bl. 10[r.v].

2426 Haym, Herder, Bd. 2, S. 489.

wöhnlichen Vorgehensweise eines einleitenden Kurzabrisses der im Laufe der Geschichte veränderten Gestalt der Einrichtung.

Die beiden ersten der insgesamt zwölf Paragraphen gelten dem historisch angelegten Referat. Es ist nicht zu bezweifeln, daß dieser Umstand in den gezielten Vorarbeiten gründet, die Herder zum einen für den Vorbericht leisten mußte, zum anderen selbst in Form von Zuarbeiten aus Jena erhalten hatte.[2427] Am Anfang des Gutachtens bietet der historische Abriß eine detaillierte Darstellung der Stiftungsordnung von den Statuten der Universität Jena des Jahres 1558 bis in das Jahr 1741.[2428] Wichtig für den weiteren Gedankengang ist am Ende des zweiten Paragraphen die Feststellung einer grundsätzlichen Abweichung von dem ursprünglich beabsichtigten und im Laufe der Geschichte mehrfach erneut abgesicherten Stiftungszweck:

> „Die Examina der Convictoristen und Stipendiaten [...] haben längst aufgehöret; mit ihnen auch die halbjährigen Berichte, auf welche in den beiden vorigen Jahrhunderten wiederholt und stark gedrungen worden, Namensverzeichnisse, [...] u.[nd ...] der ganze Zweck, daß die Alumni unter der Aufsicht der Inspectoris studiren, Collegia hören, in Collegiis fortschreiten sollen, wie es die Instruction des Inspectoris von 1610. will [...]; so daß, wie die Sache jetzt liegt, der Geist der alten Stiftung zu Bildung junger Gemüther in moralischer und literarischer Leitung, Aufsicht und Ermunterung längst hinweg u.[nd] blos der todte Körper eines Convictorii übriggeblieben ist, in welchem Einhundert und mehr junge Leute rein oder unrein, gut oder schlecht, zusammen essen und trinken.“[2429]

In Fortführung der Bildlichkeit des Krankheitszustandes schließt § 3 – auch darin auf den Zustand einer historischen Kontinuität verweisend, „da in 200. Jahren alle Verfügungen darüber so unkräftig" – auf die Notwendigkeit „eine[r] radicale[n] Verbesserung.“[2430] Diese Aussicht wird zum historischen Wendepunkt: „Wo man 200. Jahr, mit so vieler Visitationsaufmerksamkeit vergebens flickte und palliativ Curen brauchte, da muß der Schade im Innern liegen u.[nd] entweder von Grund aus geheilt werden, oder man verschlimmert ihn vielleicht, indem man ihn zu verbergen sucht und von außen etwa mil-

---

2427 Vgl. dazu alleine Herder an Karl August, 22. Februar 1791, ThHSA, A 6021, Bl. 8^v: „In des verstorbenen Geheimen Raths und Canzlers Schmidt Unterricht von der jetzigen Verfassung der Universität Jena Seite 113 seq. sind zum Teil Extractweise aus den Statuten, Visitationsreisen, Instructionen und sonst, in der Kürze, die uns bekannten mehresten Nachrichten mit Hinweisung auf die Quellen angeführt, die theils im Fürstl. Archiv, theils bei der Universität Jena zu finden seyn möchten.“ Vgl. damit im Gutachten ebd., Bl. 12^r, Anm. b, die Seitenhinweise der gebotenen Zitate: „S. 115 folg.“

2428 Zu beiden Punkten vgl. ThHSA, A 6024, Bl. 12^r (§ 1). § 2, ebd., Bl. 12^r–13^r, reicht, aufgrund der inhaltlich anderen Akzentuierung, nur bis in das Jahr 1690.

2429 Ebd., Bl. 12^v, 13^r.

2430 Ebd., Bl. 13^r.

dert."[2431] In seiner Einschätzung beruft sich Herder auch auf Voten von Universitätsangehörigen des Jahres 1780. Allein die „öffentliche [...] Verachtung eines Convictoristen [sei jedoch] allein schon ruffend gnug, das Institut in Prüfung zu nehmen: denn keine allgemeine und kostbare Wohlthat der Fürstl.[ichen] Nutritoren oder andrer Wohlthäter muß dem, der sie genießt, ein öffentlicher Schimpf oder eine Verachtung werden dörfen."[2432] Starke Formulierungen unterstreichen die Dramatik der Situation und die Dringlichkeit des Handlungsbedarfs. In positiver Hinsicht korrespondieren dem „jedes Gefühl für Billigkeit und den Zweck der Stiftung in der Brust"[2433], der „menschenfreundliche Zweck des Stifters" sowie die Motivation „aus Menschenfreundschaft"[2434].

Die drei nachfolgenden Paragraphen (§§ 4–6) bieten wiederum einen argumentativen Dreischritt, um die zentralen Thesen zu untermauern. § 4 erklärt den ursprünglichen Zweck dahingehend, daß es sich die Stiftung keineswegs zur Aufgabe gemacht hatte, eine Subsistenzgrundlage für bedürftige Studenten zu bieten, sondern lediglich deren Lebensqualität zu verbessern.[2435] Die für jeden Konviktoristen vorgesehene Geldsumme sei als Zuschuß zu einer Eigenbeteiligung konzipiert gewesen. § 5 fügt hinzu, daß eine Abweichung von dem eigentlichen Ziel in einer vollen Verköstigung unter Mitleidenschaft der Qualität nicht unbedingt als negativ zu erachten sei. Das Argument für oder gegen eine solche Praxis ist jedoch die jeweilige Zeitspezifik: „Vor einem Jahrhundert und weiterhin kamen ältere, rüstigere Burschen auf die Academie, denen insonderheit das berühmte Bier des Convicts wohlschmeckte".[2436] Die starke Gesundheit und robuste Konstitution erlaubten es, Speisen minderer Qualität entweder zu ertragen oder Klagen durchzusetzen.

„Jetzt kommen Knaben, oft beinahe Kinder auf die Akademie, die noch keine Bier-Magen haben u.[nd] auch bei dürftiger Erziehung im Hause ihrer Eltern an unreine oder verdorbene Convictspeisen gewiß nicht gewöhnt sind. Wurden sie früher zu Studien erzogen, oder widmeten sie sich diesen aus eigenem Triebe; so sind sie oft von zarter Gesundheit, die aus Eckel oder selbst auf den Rath des Arztes lieber den Convict aufgeben u.[nd] einige Tage in der Woche hungern, als sich darin krank essen mögen."[2437]

Die Entscheidung in der aufgespannten Alternative zwischen den frühgeförderten, studiengeeigneten Kandidaten der Gegenwart und dem „reinlichen gu-

2431 Ebd.
2432 Ebd.
2433 Ebd., Bl. 13ᵛ (§ 3).
2434 Ebd. (§ 4).
2435 Vgl. dazu bes. ebd., Bl. 13ᵛ, 14ʳ (§ 4).
2436 Ebd., Bl. 14ʳ (§ 5).
2437 Ebd. (§ 5).

ten Essen" auf der einen Seite, und „den gemeinsten Bierschrötern [sic! ...], die alles vertragen können, und zum Studiren selten die besten Köpfe sind" auf der anderen, liegt auf der Hand.[2438] Der diesen Teil abschließende § 6 stellt eine jener Passagen dar, die Haym in ihrem suggestiven Charakter ins Auge gestochen waren.[2439] Der konfessionelle Stereotypen aufgreifende Einleitungssatz: „Die ganze äußere Einrichtung des Convicts ist, wie sie es auch nicht anders seyn konnte, nach damaliger Zeit, also nach Klosterweise", wird im Laufe der weiteren Ausführungen dieses Abschnittes vielfach moduliert und bestimmt als das Leitthema, auch des zuvor zitierten Begleitbriefes, allein die nachfolgenden Passagen dieses Paragraphen: „die Klostergesetze sind stehen geblieben, die jetzt allein für die Alumnos drückend seyn können, mitnichten aber dem Inspectori, Lectori und Oeconomo drückend seyn dürfen"; „der Inspector [fungiere] als Abbt u.[nd] Prior dieses Essconvents"; „weder in hiesigen Fürstl.[ichen] Landen, noch in der Katholischen Kirche kenne ich Eine Stelle, die dergleichen unbeschränktes Befugnis hätte"; seinem Amt nach könne er „ein klösterlicher Despot" werden; die Einrichtung gilt als „Kloster-Institut"; und „in solchen Klosterschatten, [...] nach Klosterweise" stünde die gesamte Anlage des Institutes[2440]. Der oratorische Wendepunkt in der direkten Anrede des Adressaten und in der Einführung der Lichtmetaphorik erfolgt mit dem die vorherigen Hinweise summierenden Satz: „In der ganzen Welt ist bekannt, daß eine verfallene oder mißbrauchte Klosterzucht, die schlechteste Zucht, u.[nd] die armseligste, widrigste Tyrannei werde; und eine solche, oder die Gefahr einer solchen, was soll sie zu unsern Zeiten, unter so erleuchteten Regenten, auf der Universität Jena?"[2441] Leise angedeutet ist auch hier das Motiv der öffentlichen Wahrnehmbarkeit. Auf einer Ebene wird die vorherige Metaphorik fortgeführt, mit der die der Gegenwart ungemäße Verfassung ebenso scharf abgelehnt wird wie die einer Vernachlässigung der Kontrollmaßnahmen:

> „Hat diese [die Universität Jena] nicht sonst allenthalben das Klostergewand abgeworfen? haben sich nicht Rector, Decani und die Professoren aller Facultäten der Freiheit bedienet, die ihnen zu zweckmäßiger Einrichtung ihrer Lectionen die Zeit verschafft hat? Und das Convictorium allein sollte in dieser alten Nacht, wie unter einem ewigen Interdict stehen bleiben, da ja alle die Aufsicht und Visitation längst weggefallen ist, die ihm als einem Kloster-Institut nur noch einige Sicherheit schaffe? Wann kommt der Rector und visitirt? Und mit welchen Feierlichkeiten visitirt er? Wo sind die alten Mitaufseher, die Professoren aus mehreren Facultäten?

2438 Ebd., Bl. 14^r u. 14^v (§ 5).

2439 Ebd., Bl. 14^v–15^v (§ 6).

2440 Bis hierher in veränderter, nach Gruppen gegliederter Reihenfolge Zitate von ebd., Bl. 15^r (§ 6).

2441 Ebd., Bl. 15^v (§ 6).

wo die Examina, die Berichte, die Fürstlichen Deputationen? Also nähren die Durchlauchtigsten Nutritoren, ohne zu wissen, wer? warum? und die Inspection darüber ist bei dem Oeconomo vielleicht ohne Autorität, bei der Wahl der alumnorom, und sonst ohne Aussicht."[2442]

Der Widerspruch des protestantischen Reformators erfolgt nicht ohne Pathos: „Ich protestire feierlich, daß ich hiebei durchaus auf keine gegenwärtige Personen der Administration des Consistorii Rücksicht habe nehmen können, noch müssen, indem ich von der permanenten Verwaltung des Instituts allgemein rede."[2443]

Die damit erreichte Klimax der deklamatorischen Ausführungen des Gutachtens leitet in § 7 vergleichsweise flüssig in die vornehmend sachlich gehaltene Darstellung des Gegenvorschlages über. Die Einführung erfolgt unter Anknüpfung an den Lösungsansatz des Jahres 1780, der eine „Vertheilung der Tische unter mehrern Speisewirthe[n], jedoch unter bleibender Aufsicht"[2444], als grundsätzlich richtig, praktisch jedoch nicht realisierbar eingefordert hatte. „Und sollte es nicht eine solche [dauernde Einrichtung] geben? Ich glaube, ja; dazu scheint sie mir die natürlichste und leichteste; es ist die Abreichung der Alimente in Geld, für welche jeder der Alumnorum sich selbst seine Mahlzeit besorge. Da ich voraussehen kann, daß dieser Vorschlag mancherlei gegen sich heben wird: so ist nothwendig, daß ich ihn detailliere."[2445] Drei Punkte (I.-III.) sind es, die Herder knapp aufführt[2446], um sie in den nachfolgenden Paragraphen zu vertiefen (§ 8 [I.], § 9 [II.], § 10 [III.]). Die Gliederung ist schlicht gehalten und darin äußerst transparent. Zunächst (I.) müsse der Wert der Stiftung in einer summarischen Aufnahme der Einnahmen, der Rechte und Besitztümer erhoben werden. Sodann (II.) habe man die Anzahl der Konviktoristen für die Möglichkeit einer wöchentlichen Umlage zu überschlagen. Schließlich (III.) sei das Amt eines Rechnungsführer zu konzipieren und einzurichten. Die Ausführungen im Detail sind hier nicht zu referieren. Der Hinweis auf die Sorgfalt, mit der sich Herder in die Verfassung und historische Veränderungen in den Einnahmen und der Verteilung eingearbeitet hatte, muß ausreichen. Wichtig für die Herder vorschwebende Anlage ist allerdings (§ 10), daß das Amt des Oekonoms im wesentlichen administrativ durch das des Rechnungsführers abgelöst werden soll.[2447] Eine „perpetua commissio" aus „Mitgliedern der Universität" führt die Aufsicht; einer von diesen fungiert als „Inspec-

---

2442 Ebd.
2443 Ebd.
2444 Ebd. (§ 7).
2445 Ebd., Bl. 16^r (§ 7).
2446 Ebd. (§ 7).
2447 Vgl. dazu ebd., Bl. 18^v–19^r (§ 10).

tor".[2448] Wichtig ist auch der Hinweis, „daß vorzüglich Landeskinder dieser Wohlthat genießen sollen".[2449] Herders konkrete Vorschläge in Blick auf die einzurichtenden Ämter, Funktionen und Vorgänge lassen sich als die eingehenden und äußerst fortgeschrittenen Vorarbeiten für Instruktionen oder eine Verfassung interpretieren. Eindrücklich für den darin insgesamt konsequent umzusetzenden Aspekt der Besitzstandswahrung ist auch der vorherige Hinweis auf die Immobilien:

> „Die Wohnung des Oekonomen wäre jährlich zu vermiethen, und dürfte keine unbeträchtliche Miethe tragen. [...] der Speisesaal des Convicts und was außer der Wohnung des Inspectoris sonst dazu gehört, wäre am schicklichsten der Akademie zu überlaßen, da in mehreren Votis (F. 23b) die Freude geäußert worden, daß in ihm ein Seminarium angelegt werden könnte. Billig ists aber, daß er dem Institut vergütet werde; denn dies kann seiner Armuth wegen, mit dem was ihm zugehört, ein anders löbliches Institut nicht übernehmen."[2450]

In seinem Aufbau entspricht der Schlußabschnitt des Gutachtens exakt dem des Vorjahres zur Frage der Landsmannschaften in seiner späteren Fassung. Im Stile einer Erörterung faßt Herder zunächst summarisch (§ 11)[2451] die zu erwartenden Vorteile zusammen, bevor er mögliche Einwände (§ 12)[2452] formuliert und zu entkräften sucht. Auch diese beiden Paragraphen dürften Haym zu seinem eingangs zitierten Urteil mitveranlaßt haben. Der oratorische Charakter einzelner Passagen ist deutlich. Nicht mehr konfessionelle Schemata spielen jedoch eine Rolle. Der menschenunwürdige Umgang mit den Studierenden im Jenaer Konvikt ist der Anlaß, die abzuschaffenden Mißstände mit der Metapher der „Krippe" zusammenzufassen. Die Tieren vorbehaltene Futterstelle entspricht nicht der Würde des Menschen: „Wir treiben jetzt kein Gemeinwesen an Eine Krippe, um daselbst mit verbundenen Augen zu essen, was ihm eingeschüttet werde; sondern wir theilen ein, wir berechnen, und geben Jedem nicht mehr noch weniger, als ihm gebühret."[2453] In diesen Zusammenhang gehört auch das von Haym gebotene Zitat, freilich unter Hinweis auf in den Akten belegte Vorgänge und Spottnamen: „Wer drei Jahre lang an der Krippe gegeßen hat, in einer Gesellschaft, wo man Markknochen u.[nd] Nieren an die Meistbietenden verauctioniret (act. Acad. F. 35. b 36) dem wird man auch, in welchen Stand er trete, die Krippe ansehen, und weder Eltern noch der Staat wollen solche Krippengeschöpfe."[2454] Die Unterscheidung zwischen Mensch

---

2448 Ebd. (§ 10). Zu dem „Inspector" vgl. auch ebd., Bl. 19^r.

2449 Ebd., Bl. 19^r (§ 10).

2450 Ebd., Bl. 17$^{r, v}$ (§ 8).

2451 Ebd., Bl. 20^r–21^v (§ 11).

2452 Ebd., Bl. 21^v–22^v (§ 12).

2453 Ebd., Bl. 20^r (§ 11).

2454 Ebd., Bl. 21^v (§ 11).

und Tier ist auch konstitutiv für Formulierungen wie: „als da sie zur Krippe getrieben würden"[2455], oder: „da [sie] auch Eines Theils pecora an der Krippe aßen"[2456]. Die biblische Rückbindung an das Gleichnis des verlorenen Sohnes akzentuiert den Metaphernhorizont des Geistlichen: „Er darf nicht mehr, wie der verlohrene Sohn, mit fremden unreinen Thieren Träber essen, auf einem Platz, den ihm der Lector beschied".[2457]

Aus der Fülle von Argumenten, die Herder bietet, sollen nur exemplarisch einige ökonomische herausgegriffen werden. Eine Herdersche Grundüberzeugung stellt etwa die Formulierung dar: „Alle Monopolien sind verhaßt, und ein Monopolium über die Magen von mehr als hundert Studierenden dörfte nicht leicht das beliebteste seyn."[2458] Die Ablehnung von Monopolen steht in fast wörtlicher Entsprechung zu dem im Herbst 1797 formulierten Einwand gegen eine vollständig außeruniversitäre theologische Ausbildung.[2459] In volkswirtschaftlicher Hinsicht berechtigt ist auch der Hinweis auf die ökonomische Bedeutung der kommunal frei zirkulierenden Geldsumme:

„mithin kommt die ertheilte Freiheit auch armen Familien zustatten, verbindet die Studiosos mehr mit dem Bürger, und vermehrt die stille Nahrung der Privathäuser. Einer Stadt ists nicht gleich viel, ob jährlich der Vertrieb von 2000 Rthl. baar und von einer ähnlichen Summe in Naturalien, nebst so vieler Gerechtigkeiten u.[nd] Freiheiten in Einer Hand sei, oder ob bei einer freien Concurrenz ungleich mehrere daran Theil nehmen können. Statt daß sich dort Einer bereichert, und das gewonnene Geld beilegt; werden hier mehrere kleine Gewinn, das Geld circulirt schneller, die Industrie wird vielfacher u.[nd] gerechter."[2460]

Mit Blick auf die persönliche Entwicklung der Convictoristen nicht zu unterschätzen ist auch die Bedeutung der ökonomischen Eigenverantwortung: „Jeder junge Mensch muß Haushalten lernen; je früher ers lernt, desto besser für ihn, und man lernts nie besser, als auf seine eigene Kosten."[2461] Die thematische Auswahl einzelner Beispiele zeigt, von welcher Klugheit Herders Argumentationen getragen sind. Eine in ihrer Erwartungshaltung von Hayms Kurzcharakteristik bestimmte Erstlektüre führt auch an diesen Stellen zu dem eingangs beschriebenen Eindruck einer Überraschung. In der argumentativen Subtilität, der Aufnahme historischer Entwicklungen sowie juristischer Detailkenntnisse und der suggestiven Dynamik des Vorschlages, die nicht ohne die nötige Sachlichkeit in der Wahrnehmung und der nüchternen Darstellung der

---

2455 Ebd., Bl. 21ʳ (§ 12).
2456 Ebd.
2457 Ebd., Bl. 22ᵛ (§ 12).
2458 Ebd., Bl. 20ᵛ (§ 11. 2).
2459 Vgl. dazu in diesem Kap., Anm. 2548.
2460 Ebd., Bl. 21ʳ (§ 11.2).
2461 Ebd., Bl. 22ᵛ (§ 12.4).

Chancen und Schwierigkeiten bleibt, kann das Gutachten möglicherweise sogar als das stärkste der Weimarer Zeit gelten.

Von den von Herder vorweggenommenen Einwänden sollen nur zwei in ihrer grundlegenden Bedeutung skizziert werden. Einer – wahrscheinlich einer der gravierendsten Schwachpunkte des Gutachtens – betrifft den fundamentalen Status der Einrichtung:

> „‚Es sei der Fundation entgegen, daß der Freitisch ein Stipendium werde.‘ Er wird
> es auch nicht: das Institut bleibt ein Alumnat, unter den Gesetzen, mit denen es ge-
> stiftet worden [...]. Ueber dem, was ist Stipendium? Eine Unterstützung der Studi-
> renden, die nothwendig Einerlei Zweck mit dem Alumnat hat; daher auch jederzeit
> in ältern und neuern Statuten der Akademie Stipendianten u.[nd] Alumni zusam-
> mengesetzt sind. Käme die Einrichtung zu Stande: so fiele blos der Name Convict,
> Convictorium, Communität weg; und sie hieße Alumnat, Freitisch.“[2462]

Es ließe sich fragen, ob Herders Argumentationsgang nicht mehr Überzeugungskraft gewonnen hätte, wenn er die formaljuristisch sicherlich korrekte Unterscheidung zwischen Stipendiat und Alumnat im Sinne einer Stiftung aufgegeben hätte – wie auch sein Gutachten an mehreren Stellen gerade unter Rückgriff auf die einschlägigen historischen Dokumente hinsichtlich der Konviktoristen synonym von „Stipendiaten und *Alumnos*“[2463] sprechen kann. Der zweite hier aufzuführende und mit dem vorigen zusammenhängende Punkt betrifft die Zweckbestimmung der ursprünglichen Stiftung für eine Aufbesserung der Ernährung. Auf den Einwand einer anderweitigen Fremdbestimmung der Stiftungsgelder nach dem Ermessen der Empfänger erklärt Herder: „Essen muß jeder, der leben will: darum, dünkt mich, bedürfe der Staat keiner Sorge; sondern nur, daß er essen könne, daß er Geld zu essen habe: für das Übrige wird u.[nd] mag er selbst sorgen.“[2464] Unter den positiven Begleiterscheinungen führt Herder sogar auf:

> „Ein [...] Mensch, der sein hinreichendes Alimentquantum bekommt, hat die Frei-
> heit, Mittag allein oder Mittag u.[nd] Abend zu essen, was u.[nd] wieviel er essen
> will: was er erspart, erspart er sich selbst, und erfände er die Kunst, ohne Speise
> oder Aufwand zu leben, desto besser. Von keinem Jünglinge in den blühenden Jah-
> ren seines Wachsthumes ist es zu denken, daß er hungern oder verhungern werde,
> sobald er Geld hat; also lasse man es ihm eigenem Gebrauch. Kann er sich minder
> beköstigen; [...] oder er thut sich mit andern zusammen, u.[nd] führt mit ihnen bei
> einem guten Wirth eine Pythagoräische Tafel; desto besser. Jetzt wird ihm sein
> Grosche theuer, weil er ihn sich selbst gewinnet u.[nd] ersparet; er kann ihn auf

---

2462 Ebd., Bl. 21ᵛ (§ 12.2).

2463 Vgl. dazu allein ebd., Bl. 12ᵛ (§ 2).

2464 Ebd., Bl. 22ʳ u. 22ᵛ (§ 12.4).

Bücher, auf Kleidung wenden; er kann essen, studiren u.[nd] fasten, wenn er will: es ruft ihn kein trauriges Glöckchen."[2465]
Auch an diesem Punkt wird deutlich, daß die zweckbestimmte Stiftung in ihrer ursprünglichen Verfassung aufgegeben wird und in dem von Herder verfolgten Ziel angemessener in Stipendienform verwaltet würde. Herders Scheu, diesen Schritt in voller Konsequenz zu gehen, mag mit seinem vorgeordneten Ziel einer vollen Besitzstandswahrung der Stiftungsgüter zusammenhängen. Inhaltlich und argumentativ führt dies jedoch zu einer gewissen Schieflage innerhalb des sonst starken Votums.

Der „Schluß" benennt außerhalb der Paragraphenzählung die mögliche Geschäftsordnung für ein weiteres Vorgehen.[2466] Die Erhalterstaaten der Universität sollen eine gemeinsame Deputation bestimmen, die eine praktische Umsetzung der drei mit § 7 benannten und mit den §§ 8 bis 10 detailliert ausgeführten Schritten zu konzipieren und zu verantworten hat. Nicht weniger als drei Mal bietet das Gutachten damit die Auflistung der konkreten Handlungsanweisung, zunächst in einer einleitenden Zusammenfassung, dann in eingehender Erörterung und schließlich in einer formalen Anleitung des Herzogs in einer Kontaktaufnahme zu den übrigen Erhalterstaaten.

3.2.3. Amtliche Reaktionen (März 1791 – Juli 1797)

Daß Herders Vorschlag in seiner ausschließlichen Ausrichtung auf die von Sachsen-Weimar aus zu mobilisierenden Erhalterstaaten vollständig und sehr zügig umgesetzt wurde, gründet nicht zuletzt in Goethes massiver Unterstützung. Zusammen mit einem abschriftlich beiliegenden Brief des Gothaer Staatsministers von Frankenberg teilt Goethe Herder noch vor dem 26. März 1791 mit: „Da die Sache so sehr betrieben wird ist es dünkt mich die höchste Zeit das Eisen zu schmieden. Schicke mir doch deinen Aufsatz ich dächte ich kommunicirte ihn privatim an Franckenberg und zündete so das Feuer an."[2467] Goethes Brief an Frankenberg datiert auf den 11. April.[2468] Nicht von grundlegender Bedeutung, aber doch willkommen dürften die Klagen gegen den Jenaer Oekonom Lamprecht gewesen sein, die der Jenaer Prorektor Heinrich unter dem 30. April in einer eigenen Untersuchung darstellte.[2469]

2465 Ebd., Bl. 20^v (§ 11.1).
2466 Ebd., Bl. 23^r.
2467 Goethe, Amtliche Schriften, Bd. 2/1, Nr. 39, S. 189.
2468 Vgl. dazu DA, Bd. 6, S. 349, Anm. 137.
2469 ThHSA, A 6022, „Acta Comm. die mit dem Jenaischen Convictorio vorzunehmende Veränderung betrl. 1791. 92. 93", Bl. 28–36.

Mitte Mai, zwischen dem 9. und 13., vermeldet Goethe die „große [...] Zufriedenheit" von Frankenbergs und bittet Herder um seine Zustimmung, den vorab diskutierten Entwurf zusammen mit der „Communication [...], welche Gotha sogleich hat ergehen lassen", an von Türkheim in Meiningen weiterleiten zu dürfen.[2470] Nach der erfolgreichen Rücksprache mit Gotha und Meiningen erteilt das Geheime Consilium unter dem 18. August 1791 Goethe und Herder die grundlegende Zustimmung zu einer Änderung des Stiftungsregulativs zugunsten einer Barauszahlung an die Empfänger und den Auftrag, eine Kommission einzurichten, um das Vermögen und den Umsatz der Stiftung zu erheben, die Anzahl der Konviktoristen aufzunehmen sowie die Instruktionen für den Inspektor, den Rechnungsführer und die fortbestehende Kontrollaufsicht auszuarbeiten.[2471] Die genannten Punkte entsprechen auch in ihrer Reihenfolge dem Herderschen Vorschlag.

Der nächste zu identifizierende Hinweis auf weitere Vorgänge stellen die Bemühungen Goethes dar, dem Auftrag des Vorjahres zu entsprechen.[2472] Es handelt sich dabei um die vor den 4. April zu datierenden statistischen Aufzeichnungen Goethes zum Bericht an Karl August über das finanzielle Gesamtvolumen in Relation zu der Anzahl der vergebenen Plätze. Goethe kommt zu dem Ergebnis, daß bei einer fortbestehenden Anzahl von 134 Personen nach dem von ihm unterbreiteten Vorschlag einer veränderten Umlage der finanziellen Mittel die verfügbare Summe von knapp 2.000 Reichstalern um ein gutes Fünftel an Einnahmen aufgestockt werden müsse. Zwischen dem 4. und 9. April vertiefte Goethe die Rechnungen mit konkreten Vorschlägen zur Gegenfinanzierung der fehlenden Summe in unterschiedlichen Beteiligungen der Erhalterstaaten.[2473] Eine handschriftliche Notiz zeigt, daß in der Frage der finanziellen Umlagen von Seiten der Universität besonders Griesbach involviert war[2474], ferner der Professor für Moralphilosophie und Politik Justus Christian Hennings[2475].

Unter dem 26. Mai 1792 entschuldigen sich Goethe und Herder für ihre seit der Mitte des Vorjahres ausstehende Antwort.[2476] Im Falle Herders ist der

---

2470 Goethe, Amtliche Schriften, Bd. 2/1, Nr. 41, S. 191f.

2471 Goethe, Amtliche Schriften, Bd. 2/1, Nr. 45, S. 196f. Vgl. dazu auch ThHSA, A 6021, Bl. 37^r: Herder und Goethe an Karl August, 29. Mai 1792. Der Text befindet sich in ThHSA, A 6022, Bl. 1–2.

2472 Goethe, Amtliche Schriften, Bd. 2/1, Nr. 48 A, S. 209.

2473 Vgl. dazu in: Goethe, Amtliche Schriften, Bd. 2/1, Nr. 48 B, S. 209–211. Zur abschließenden Reinschrift vgl. ebd., Nr. 48 E, S. 213–216.

2474 Vgl. dazu ebd., S. 210, Z. 4–8.

2475 Vgl. dazu ebd., Nr. 48 D, S. 212.

2476 Herder und Goethe an Karl August, 26. Mai 1792, ThHSA, A 6021, Bl. 37^r–38^r. Zu dem von Goethe und Herder abgezeichneten Konzept mit Korrekturen von Herders Hand vgl. A

Grund nach der angeführten Selbstauskunft die „langwierige Krankheit ein
Hinderniß gewesen, daß [...] die in Loco nothwendige Expedition nicht sogleich" vorgenommen werden konnte.[2477] Hinzukommen die „Schwierigkeiten" in der „bestimmte[n] Würdigung der Besitzungen, Befugnissen, Rechten
und Freyheiten".[2478] Den technisch administrativen Aufwand der ökonomischen Evaluation der historisch gewachsenen Größe hatte Herder eindeutig unterschätzt. Die Lösung liegt – vielleicht zu schnell – auf der Hand: „Es ist uns
daher der Gedanke beygegangen: ob es nicht nützlich seyn möchte den ganzen
Complex der Naturaleinnahmen, Besitzungen, Rechte und Freyheiten, welche
das jenaische Convictorium gegenwärtig genießt, mit dem Rechte einen Mit-
tag- und Abendtisch [zu halten], jedoch ohne Finanzgerechtigkeit halten zu
können, im Ganzen an den Meistbiethenden zu verpachten?"[2479] Unberücksichtigt bleibt, daß auch dafür – allein um den Wert der zu verpachtenden Anlage angemessen einschätzen zu können – eine entsprechende Evaluation nötig
ist. Die Anregung zu der Gesamtauktion hat Goethe, der sich zuvor intensiv
um eine finanzielle Einschätzung der Privilegien und Steuerfreiheiten bemüht
hatte[2480], in Jena gefunden. Bereits unter dem 18. April hatte er dies Karl August in einem vertraulichen Brief mitgeteilt:

> „In Jena, wo ich mit Voigt sehr angenehme Feyertage zugebracht habe, konnte ich
> die Convictorien Sache einigermassen vorbereiten, das beste was ich von dieser
> Expedition zurückgebracht habe ist eine Idee die aus der Betrachtung des Locals
> entsprang, nämlich: Sämmtliche Natural Einnahme des Convickts sammt allen Ge-
> rechtigkeiten, Befreyungen, der Wohnung, der Küche, dem Saal, zugleich mit dem
> Rechte einen Mittags und Abendtisch zu halten, jedoch ohne Zwangsgerechtigkeit,
> in Einer Masse zu verpachten."[2481]

Karl August antwortete, grundsätzlich zustimmend, auf das Anschreiben vom
26. Mai unter dem 6. Juli.[2482] Die Korrespondenz mit von Frankenberg belegt
die Kopie eines auf den 18. Juni datierenden Schreibens.[2483] Herder machte
sich Gedanken über die Evaluation.[2484] Und gerade an diesem technischen

---

6022, Bl. 3–9. Gedruckt findet sich letztere Handschrift in: Goethe, Amtliche Schriften, Bd.
2/1, Nr. 48 L, S. 222–226.

2477 Ebd., Bl. 37^r.

2478 Ebd., Bl. 37^v.

2479 Ebd.

2480 Vgl. dazu alleine seine abschließende Aufstellung vor dem Brief vom 26. Mai 1792: Goethe,
Amtliche Schriften, Bd. 2/1, Nr. 48 H, S. 217–219.

2481 Ebd., Nr. 48 F, S. 216.

2482 Karl August an Goethe und Herder, 6. Juli 1792, ThHSA, A 6022, Bl. 10. Gedruckt in: Goethe, Amtliche Schriften, Bd. 2/1, Nr. 48 M, S. 226f.

2483 Ebd., Bl. 11.

2484 Ebd., Bl. 12^{r,v}, 16^v.

Problem, das auch durch die einfache Lösung einer Gesamtauktion nicht zu lösen war, scheiterte das gesamte Vorhaben.

Mit einem erheblichen zeitlichen Abstand, unter dem 17. September 1796, wandte sich Goethe mit einem vertraulichen Votum an Voigt.[2485] Anlaß ist die Bitte Griesbachs, der Forderung des nach 1792 in die Position neueingesetzten Ökonoms nach einer Gehaltserhöhung zu entsprechen. In der noch unveränderten Situation des Konviktoriums verbindet sich die Dringlichkeit noch ausstehender Zahlungen mit der Kündigung des Mannes, der bis Michaelis zu entsprechen sei.[2486] Spätestens im Folgejahr galt das Projekt als endgültig gescheitert. Seinen Ausdruck fand dies darin, daß Goethe die einschlägigen Akten vollständig zurückerhielt. Noch vor dem 17. Mai 1797 teilt er dies Herder mit einem kurz gehaltenen Begleitschreiben mit: „Von der geh. Canzlei sind beikommende Acta ohne weitere Bemerkung an mich überschickt worden. Da der Verfolg derselben bei Dir ist, übersende ich sie, entweder zur Retradition oder zu weiterer Nachricht."[2487] Nach dem Rücktritt von dem Amt des Rechnungsführers des Wilhelm-Ernestinischen Freitisches im September des Vorjahres war spätestens dies der äußere Abschluß eines damit als persönlichen Mißerfolgs zu bewertenden Projektes.

Ein Aktenvermerk Goethes deutet unter dem 15. Juli 1797 die praktischen Schwierigkeiten an, die sich in der Umgestaltung des Jenaer Konviktoriums ergeben hatten.[2488] Der vorgesehene Pachtvertrag war seitens des Ökonomen und weiterer Personen an einer starken Skepsis daran gescheitert, „daß eine Gastfreyheit und Speiseanstalt, ohne Zwangsrecht, gegenwärtig in Jena" aufgrund der offenen Konkurrenzsituation innerhalb der Stadt wirtschaftlich überleben könne.[2489]

Zudem mag stimmen, was Karoline in den *Erinnerungen* schreibt: „Aber andere Professoren [der Universität Jena, im Gegensatz zu der Unterstützung Schnauberts] stimmten dagegen, und so blieb es, aller Mühe ungeachtet, beim Alten."[2490] Hinzuzufügen ist jedoch, daß die praktische Realisation noch zuvor an der von Goethe und Herder vorzunehmenden vollen Evaluation scheiterte – vielleicht auch an der von Herder nicht konsequent genug geforderten Auflösung und vollständigen Umlage in Gestalt eines Stipendienwesens. Gerade der von Herder konzipierte Erhalt der wirtschaftlichen Privilegien stellte eine arbeitspragmatische und administrativ auch dauerhaft sicherlich nicht ohne größten Aufwand zu gewährleistende Aufgabe dar. Vor diesem Hintergrund war es

---

2485 Goethe, Amtliche Schriften, Bd. 2/1, Nr. 114, S. 514f.

2486 Ebd.

2487 Ebd., Nr. 124a, S. 528.

2488 Ebd., Nr. 128, S. 533. Zu dem Originaleintrag s. ThHSA, A 6022, Bl. 20^r.

2489 Ebd.

2490 V, Abt. 2, Tl. 22 [Erinnerungen, Tl. 3], S. 15, Anm. *.

– trotz der massivsten Unterstützung, die Herder in diesem Zusammenhang erwarten konnte, sowohl von Seiten des Herzogs als auch Goethes – die Frage
der praktischen Umsetzung, die dazu führte, daß Herders möglicherweise
stärkstes und anspruchvollstes Gutachten der Weimarer Zeit, so wie im Druck-
bild der *Erinnerungen*[2491], nur zu einer Fußnote seiner Amtstätigkeit wurde.

3.2.4. Vergleich der vorgesehenen Umgestaltung des Jenaer Konviktes mit der Einrichtung des Weimarer Freitisches

Einige Anmerkungen zu der vorgesehenen Umgestaltung des Jenaer Konviktes
im direkten Vergleich mit der Umgestaltung des Weimarer Freitisches sind
trotz der rein konzeptionellen Gestalt des Vorschlages geboten geboten. Zu bestechend ist die gemeinsame Ausrichtung einer Umlage der auf Naturalbasis
begründeten Einrichtung in Barauszahlungen.

Weitere Gemeinsamkeiten liegen auf der Hand. In beiden Fällen setzte
sich Herder nachdrücklich für eine Wahrung des vollen Vermögens, des Stif-
tungskapitals und der Vorrechte ein. Dazu gehörte auch der jeweilige Status
des Instituts. Sowohl in Weimar, als auch in Jena wandte sich Herder gegen eine Umwandlung der ausgezahlten Gelder in Stipendien. In beiden Fällen muß
dies in stiftungsrechtlicher Hinsicht als Konsequenz betrachtet werden; ein
konkreter Hintergrund mochte in der praktischen Chance bestanden haben, den
Wert der erstatteten Mittel stets in Relation zu dem ursprünglichen Stiftungszweck setzen zu können. Einzelne Formulierungen wiederholen sich darin.
Etwa das metaphorische Ideal einer „Pythagoräische[n] Tafel"[2492] (1791) bzw.
das einer „pythagoräischen Aufsicht"[2493] (1784) bieten beide Vorschläge.

Gravierend sind jedoch auch die Unterschiede. In der Umgestaltung des
Freitisches legte Herder größten Wert auf eine institutionalisierte Kontrolle des
Verwendungszweckes. In dem Plan zu dem veränderten Konviktorium fehlt
dieser Aspekt vollständig. Auf diese Diskrepanz, die damit nicht nur in der Sache, sondern auch den von Herder gebotenen Argumentationen besteht, ist nur
hinzuweisen. Sie muß Herder selbst bewußt gewesen sein, hatte er doch noch
1784 auf den Umstand einer regelmäßigen Überprüfung des Naturalerwerbs
reflektiert: „Diesen Punkt halte ich zum Zweck des Instituts [für] ganz *notwendig:* denn es ist dem Willen des Stifters nach ein *Freitisch* und kein Stipendium."[2494] Für eine Auflösung dieser Spannung bieten die Quellen keine Hinweise. Auf die unterschiedlichen Zielgruppen zu reflektieren, verbietet die hi-

2491 Ebd.
2492 ThHSA, A 6024, Bl. 20ᵛ.
2493 FHA, Bd. 9/2, S. 479, Z. 13.
2494 Ebd., S. 476, Z. 28–30.

storiographische Rekonstruktion, da Herder selbst entsprechenden Überlegungen keinen Raum gibt. Im Sinne eines weiteren Unterschiedes ist allerdings darauf zu verweisen, daß der Freitisch – seiner ursprünglichen Anlage gemäß – auf einem reinen Leistungsprinzip sämtlichen Schülern offensteht. Das Konvikt wird demgegenüber in seiner Ausrichtung auf Landeskinder akzentuiert.

Weiter gibt es Unterschiede, die im konsequenten Erhalt des ursprünglichen Stiftungszweckes gründen. Im Falle des Konvikts hatte die grundlegende Einrichtung das Ziel, bedürftigen Studierenden durch Zuschüsse zu der finanziellen Eigenbeteiligung eine Erhöhung des Lebensstandards zu ermöglichen. Herder deutete dieses Ziel, anders als in Weimar, nicht in Richtung eines Prämiensystems um, das etwa den Leistungsaspekt in den Vordergrund rückt und damit die leistungsunabhängige Bedürftigkeit als die einzige Voraussetzung ablöst. Der Hinweis auf die pädagogische Funktion des äußeren Anreizes, die „Aufmunterung", findet sich 1791 ausschließlich in einem referierenden Hinweis auf die Weimarer Anstalt[2495], nicht aber im Sinne einer längerfristigen Perspektive.

Der direkte Vergleich läßt, besonders eindrücklich im letzten Punkt, erkennen, in welchem Maße Herder auf die spezifischen Umstände zu reagieren wußte. Der Konflikt um die Mittelkürzungen des Freitisches vom Jahr 1796 bieten einen Eindruck davon, wie klug er sich unter dem übergeordneten Ziel einer zweckgebundenen Absicherung der verfügbaren Ressourcen innerhalb der institutionellen Rahmenbedingungen zu bewegen wußte, auch wenn der ausreichende Schutz stets ein eigenes und aufs neue akutes oder aktuell gefährdetes Ziel gewesen sein mußte. Die mangelnde argumentative und strukturelle Konsequenz des Gestaltungsvorschlages von 1791 mochte jedoch gerade mit den Vorgängen um den Freitisch von 1796 verdeutlichen, die auf eine Umwandlung der Einrichtung in ein Stipendium unter Kammerhoheit hinausliefen, wie konkret Herder potentiellen Einschränkungen des Stiftungsvermögens vorzubeugen wußte. Der Preis für diese Klugheit bestand in der Realisierbarkeit.

2495 Ebd., Bl. 22ʳ (5.): „Bei dem hiesigen Gymnasio, bei dem der Fürstl. Freitisch nicht auf dem Requisit der Dürftigkeit, sondern des Fleißes und der vorzüglichen Thätigkeit beruhet, hat, seitdem er in Geld verwandelt worden, sich niemand dessen geschämet; und da er vorher in natura auch ein verachtetes Institut war, das ausgeboten und zuletzt künftigen Schulmeistern zu Theil werden mußte, ist er jetzt so Ehrenvoll, aufmunternd und nützlich, daß er seit den 7. Jahren seiner jetzigen Einrichtung offenbar mehr Gutes gestiftet und in die ganze Classe ein solches Ferment des Fleisses u.[nd] Wetteifers gebracht hat, als sonst nicht in 70. Jahren, da auch Eines Theils pecora an der Krippe aßen. Die edle Behandlung eines Alumni zeichnet ihn rühmlich aus, indem unter den Augen würdiger Aufseher diese Anstalt in kurzem die Gestalt eines rühmlichen Seminarii bekommen würde. Ob übrigens der studiosus sein Geld von einem Wechsler oder Vetter oder Principal, oder von einem Rechnungsführer erhalte, kann ihm sehr gleichgültig seyn; Kaiser u.[nd] Könige empfangen ihr Geld nicht anders. "

3.3. Über die Stellung der Theologischen Fakultät Jena (1794)

Die sog. Eisenachische Denunziation des Jahres 1794 ist aus der Darstellung Rudolf Hayms einschlägig bekannt.[2496] Zweifelsohne ließen sich die Vorgänge anhand verstreuter Archivalien genauer rekonstruieren und das von Haym gebotene Bild überprüfen. An dieser Stelle muß darauf verzichtet werden. Die von Haym dargestellte Vorgeschichte dürfte ausreichen, um die Herdersche Stellungnahme angemessen in die hier relevanten Zusammenhänge einordnen zu können. Nach der informellen Anregung durch den Eisenacher Generalsuperintendenten Schneider kam es zu einer Hinterfragung der Orthodoxie der theologischen Fakultät Jenas auf Ebene der Erhalterstaaten. Das Gutachten des Eisenacher Generalsuperintendenten empfahl, in der Zusammenfassung Hayms:

> „die Einsetzung einer Untersuchungskommission, die Errichtung einer höheren akademischen Polizei-Anstalt, die Wiedereinführung der Zensur auch akademischen Schriftstellern gegenüber, endlich eine solche Besetzung der theologischen Lehrstühle, ‚bei welcher mehr auf wahre gründliche Gelehrsamkeit und rechtschaffene christliche Gesinnungen als auf den so betrüglichen Schriftstellerruhm' zu sehen sei'".[2497]

Herder reagiert im Auftrag seines Herzogs unter dem 11. Februar 1794 mit einem ausführlichen Gutachten auf die vorangegangene Anfrage, nicht aber auf die Eisenachischen Ausführungen.[2498] Von Herder unterzeichnet, stellt der Text keine persönliche Reaktion dar, sondern die Position des Oberkonsistoriums mit den abschließenden Ergebnissen der vorangegangenen Diskussionen. Bereits einleitend wird dies erwähnt: „Wir haben nicht verfehlt, diese Angelegenheit in kollegialische Berathung zu ziehen, und säumen nicht, das von uns gnädigst erforderte Gutachten hierdurch treu devotest zu erstatten."[2499] Auch wenn nicht zu bezweifeln ist, daß die Position des Oberkonsistoriums sowohl in dem inhaltlichen Zusammenhang als auch den konkreten Einzelpunkten die Position Herders war, ist aufgrund der amtlichen Repräsentation der übrigen Oberkonsistorialmitglieder im folgenden die ausschließliche personale Zuweisung im Sinne eines Herderschen Gutachtens zu vermeiden.[2500]

2496 Vgl. dazu Haym, Herder, Bd. 2, S. 606–608.

2497 Ebd., S. 607.

2498 SWS, Bd. 31, S. 775–778.

2499 Ebd., S. 775.

2500 Haym, Herder, Bd. 2, S. 607, hebt diese Unterscheidung nicht ausdrücklich hervor, spricht aber sehr fein von dem „von Herder unterzeichnete[n] Gutachten". Die wesentliche Differenz war ihm damit bewußt, auch wenn dem Leser die Bedeutung dieser Akzentuierung nicht unbedingt vermittelt wird. Im weiteren vermeidet Haym nähere Bezeichnungen und benennt den Text lediglich unbestimmt, ebd.: „das Gutachten". Präzise wiederum die abschließende Benennung, ebd., S. 608: „der Herdersche Bericht".

Das Vorwort des im 31. Band der Suphanschen Werkausgabe abgedruckten Textes gibt zu erkennen, daß die offizielle Anfrage der Stellungnahme zweigeteilt war. Der konkrete Anlaß einer möglichen Überprüfung der theologischen Fakultät wird eingeordnet in den Gesamtzusammenhang einer zunehmenden „Gleichgültigkeit in Glaubenssachen und Geringschätzung der geoffenbarten christlichen Religion".[2501] Diesem übergeordneten Kontext gilt das von Herder unterzeichnete Gutachten in der Hauptsache.

Einleitend wird der beschriebene Mißstand einer „überhand nehmende[n] frechen Denkart der Zeit" zwar zustimmend diagnostiziert.[2502] Für die „jetzigen Theologen der Gesammt-Akademie Jena" findet sich dies jedoch auf Grundlage einer aktuellen Kenntnis des Personals und des Lehrbetriebes ausgeschlossen.[2503] In ihrer Zusammenfassung lassen sich sämtliche Argumente und Ratschläge in dem Kriterium der öffentlichen Wahrnehmbarkeit zusammenführen. Öffentlich habe kein akademischer Lehrer Anlaß zur Klage geboten. Die eigentliche Gefahr bestünde darin, „wenn [... ein öffentlicher Lehrer] Gift ausstreuen wollte, dies Gift nothwendig um so gefährlicher würde, wenn er es mit kalter Besonnenheit verlarvt und heimlich auszustreuen wüßte."[2504] Entsprechend kontraproduktiv seien öffentliche Erlasse, die den Samen des Mißtrauens allenfalls streuten und „auswärtig und im öffentlichen Druck" wahrnehmbar seien.[2505]

Der Hauptteil des Gutachtens gilt den grundlegenden Ursachen der „Gleichgültigkeit" und des „zunehmende[n] Unglaube[ns]".[2506] Die Handschrift Herders wird gerade in diesen Passagen unverkennbar deutlich. Vier Punkte (a.–d.) führen in fließenden Übergängen Ausführungen zu den Ursachen in sehr konkrete Verbesserungsvorschläge über.[2507] Die beiden ersten Punkte knüpfen in unterschiedlichen Blickrichtungen an die obere Spitze und die untere Basis der gesellschaftlichen Hierarchie an. Der Vorbildcharakter „der obern Stände, zu denen wir überhaupt alle Obrigkeiten, Vorgesetzte, Leute vom Rang, Stande und Ansehn rechnen", die „dem öffentlichen Bekenntniß der Religion ganz entsagt haben", sei weithin für die nachlassende Religiosität verantwortlich.[2508] Gleichermaßen sozialkritisch sind die Ausführungen zu den „Ausschweifungen insonderheit des gemeinen Mannes" gehalten, die auch in „nahrungsloser Armuth [...,] nach dem Zeugniß aller Zeiten und Völker ein

---

2501 SWS, Bd. 31, S. 775.
2502 Ebd.
2503 Ebd., S. 775f. (1f.).
2504 Ebd., S. 775 (1.).
2505 Ebd., S. 775f. (2.).
2506 Ebd., S. 776–778; hier: S. 776.
2507 Ebd., S. 776f. (a.–d.).
2508 Ebd., S. 776 (a.).

Grab des häuslichen Wohlstandes, mithin auch der Erziehung und der Religiosität eines Volkes" gründeten.[2509] Die materielle Absicherung, *„der alte honette Wohlstand"*, wird als Voraussetzung einer religiös verfaßten Moralität benannt, wobei der individuellen Gefahr der „öffentlichen Ausschweifungen und [der] daraus folgende[n] Unordnungen, Gelegenheiten zu Müßiggange, zu Geldverthun, zu Leichtfertigkeiten" auf öffentlicher Ebene mit der Beförderung bürgerlicher Tugenden wie „Aufmunterung des Fleißes, und dadurch vermehrte[r] häusliche[r] Rechtlichkeit auch der Religiosität" begegnet werde.[2510] Als positives Beispiel dieser intakten sozialen Ordnungen benennt der Bericht ausdrücklich – unter paralleler Aufführung der benannten bürgerlichen Tugenden – die Landbevölkerung.[2511] Hinweise auf die zuvor herausgestellte Vorbildfunktion der oberen Stände werden in diesem Zusammenhang nicht geboten. Der Rückschluß ist insofern sowohl möglich, daß das Dokument die eigene religiöse Verantwortung der führenden gesellschaftlichen Repräsentanten als ein besonderes urbanes Defizit erkennt, als auch die Annahme eines höheren Verantwortungsbewußtseins in den ländlichen Gebieten vorausgesetzt werden könne.

Die beiden anschließenden Punkte lassen sich als praktische kirchenamtliche Verbesserungsvorschläge verstehen.[2512] Der erste Punkt gilt einer adressatenorientierten Steigerung des öffentlichen Ansehens gottesdienstlicher Handlungen. Nur als „Nebenursache" benannt, zielt der Hinweis darauf, „manches *Verächtliche oder Nichtempfehlende, das dem geistlichen Stande in mehrern Funktionen des öffentlichen Kultus anklebt"*, zu entfernen.[2513] Die materiale Ausrichtung der vorangegangenen Argumentation wird fortgesetzt, indem der Vorschlag im wesentlichen auf eine Aufhebung der akzidentiellen Direktvergütung einzelner pfarramtlicher Handlungen abhebt. Ohne diesen Zusammenhang explizit zu machen, kommt der Vorschlag vor allem der ärmeren Bevölkerung zugute, von dem der Vorpunkt gehandelt hatte. Zudem impliziert er die Einrichtung eines finanziell gestärkten Zentralfonds. Die Signatur Herders ist in dem einschlägigen Angebot zu erkennen: „So wie wir uns aus diesen dargelegten Principien die Folge zu ziehen wohl überheben können und Ew. Hochf[ür]stl.[iche] Durchlaucht gnädigsten Befehl erwarten, über welche dieser Punkte etwa nähere Vorschläge gemacht werden sollen".[2514] Der Schlußab-

---

2509 Ebd., S. 776f. (b.).
2510 Ebd., S. 777 (b.).
2511 Ebd., S. 776 (b.): „Selbst auf dem Lande hat man die Bemerkung gemacht, daß Familien, die im Wohlstande sind, sich bei demselben, mithin bei Fleiß, Ordnung und alter Religiosität erhalten".
2512 Ebd., S. 777 (c., d.).
2513 Ebd., S. 777 (c.).
2514 Ebd.

schnitt betrifft einen weiteren sehr konkreten Vorschlag, der den äußeren Anlaß in der Frage nach der Orthodoxie der akademischen Lehrer in einen von
Pragmatismus und Liberalität bestimmten Zusammenhang rückt. Nicht etwa
„bloß *irreligiöse und heterodoxe, sondern vorzüglich auch ungeschickte Geistliche und Schuldiener*" verkörperten „*auf lange Jahre schädliche Anlässe zu
Verachtung der Religion*".[2515] Die Absicherung einer Qualität der Lehre auf
sämtlichen Ebenen der etablierten Praxis wird darin als das übergeordnete Ziel
angedeutet.

Als Teil der bereits gängigen schulischen sowie kirchlichen Einführungs-
und Anstellungsexamen benennt der Bericht die Warnung „vor allen Neuerungen" und stellt in Aussicht, „bei erster schicklicher Gelegenheit, ein nachdrückliches Zirkular zu erlassen, daß Erstere [die Geistlichen des Landes] auch
im Äußern und im gesellschaftlichen Betragen den einem Geistlichen gebüh-
renden Anstand beobachten und sich hierbei vor jedem Ärgerniß hüten sollen."[2516] Die übergeordnete soziale Verantwortung des Menschen ungeachtet
seines gesellschaftlichen Standes findet sich abschließend mit Nachdruck betont: „Im Ganzen halten wir eigentlich den *Verfall der Sitten, der häuslichen
Erziehung und Ordnung für die tieffste Quelle* der überhand nehmenden eigentlichen Irreligion, aus der die frechsten Meinungen, worüber es auch sei,
entspringen[; …] ihr müssen *alle Stände* und die ganze Verfassung *entgegen-
wirken*"[2517]. Die in Vertretung seiner Kollegen gesprochenen Worte können in
ihrer Deutlichkeit wie kaum eine andere Äußerung Herders als ein persönliches Programm der gesamten kirchenamtlichen Tätigkeit verstanden werden,
indem sie für eine graduelle Annäherung an das zu erreichende Ideal als die
verfügbaren Mittel benennen: „am besten *durch nützliche und reelle Anstalten,
durch Abschaffung alter Mißbräuche zu rechter Zeit, durch stille Verbesserung
öffentlicher Institute, durch Beförderung, Unterstützung und Begünstigung er-
probt-guter Lehrer und allgemein durch ein gutes Exempel*".[2518]

Der gutachterliche Bericht nimmt damit insgesamt eine vermittelnde Position ein. Die benannten Mißstände werden diagnostiziert, nicht jedoch für die
den eigentlichen Anlaß- und ersten Ausgangspunkt markierende theologische
Fakultät. Sensibel und subtil deutet der Text die Situation in Impulse und Anregungen um, die nicht zwangsläufig mit der äußeren Anfrage in Verbindung
zu bringen sind. Gerade das in Aussicht gestellte Gutachten zu einer veränderten Gehaltsregelung der Pfarrerschaft zeigt, wie gekonnt im Rahmen der gesamtgesellschaftlichen Entwicklungs- und Erziehungstheorie eigene Anliegen
mit der amtlichen Auskunft verknüpft werden, ohne den inhaltlichen Anschluß

2515 Ebd. (d.).
2516 Ebd., S. 778.
2517 Ebd.
2518 Ebd.

an die übergeordneten thematischen Zusammenhänge zu verlieren. Zu bemerken bleibt, daß das Gutachten des Weimarischen Oberkonsistoriums insofern als Erfolg gelten kann, als die von Eisenach geforderten Untersuchungen und Sanktionen gegen die theologische Fakultät Jena unterblieben. Weder läßt sich jedoch ein weiteres Gutachten zu der angedeuteten Gehaltsfrage nachweisen, noch ist ein entsprechendes Zirkular für den nachfolgenden Zeitraum überliefert, das mit der benannten Thematik zusammenhinge.

Den einzigen Anhaltspunkt für einen möglichen Zusammenhang bietet Herders Predigt in der Stadtkirche vom 7. September 1794, die mit einem Zusatz endet, in dem die Dichte der benannten Begrifflichkeiten bürgerlicher Tugenden auffällig ist und ansatzweise Überschneidungen zu dem hier diskutierten Gutachten bietet:

„Und nun noch ein Wort zum Schluß: Wenn die jetzigen schrecklichen zank- und gefahrvollen Zeiten uns eins lehren, so ists Gehorsam gegen die Gesetze, Liebe, Anhänglichkeit und Treue an unsre nach Gesetzen regierenden Regenten. Der beste Bürger ist der, der diese Gesetze treu für sein Vaterland lebet, und des Glückes werth wird, das uns die Vorsehung vor so viel unglückliche Gegenden bisher gegönnt, die Ruhe des Friedens, des Wohlstandes. Gott erhalte uns denselben und auch für die leidenden Länder werde das Blut das dort vergossen wird, die Morgenröthe eines erquickenden Tages"[2519].

Was fehlt, ist der gerade für den Konsistorialbericht zentrale Aspekt der Religiosität. Insofern ist für den zitierten Text bei dem an anderer Stelle vorgeschlagenen Anlaß einer äußeren und aktuellen gesellschaftlichen Bedrohung zu bleiben, der Herder unter dem Eindruck der französischen Erfolge im Ersten Koalitionskrieg zu einem öffentlichen Befürworter der positiven staatlichen Ordnung machte.[2520] Hinzuweisen ist zudem auf die im Abschlußkapitel gebotene Ausdeutung der aktuellen und situativen Spezifik der frühen neunziger Jahre.

Als Erfolg des hier diskutierten Gutachtens dürfte – gerade auf der Ebene seiner konkreten Veranlassung – zu werten sein, daß er folgenlos blieb. Es ist nicht auszuschließen, daß sich Karl Augusts Schreiben an Herder vom 28. Februar 1794, das sich dafür bedankt, den eigenen guten Willen nicht verkannt zu haben, auf den Vorgang bezieht.[2521] Die weiterreichenden Anregungen, die zweifelsohne Herder zuzuschreiben sind, nicht aufgegriffen zu finden, markiert dennoch eine persönliche Niederlage. Das organische Entwicklungsprinzip eigener Initiativen innerhalb des vorrangig reaktiven Taktierens machte

2519 Vgl. dazu die Predigt zum Geburtstag Karl August, SBS, MB, JGM, Fasc. 511, 328[r, v].

2520 Vgl. dazu Keßler, Werte, Kap. 3.: Pfarrer als Multiplikatoren „bürgerlicher Werte", Anm. 130f.

2521 Karl August an Herder, 28. Februar 1794, Schreiber, Herder-Album, S. 37; Düntzer, Briefe, S. 132, Nr. 16.

eben solche Niederlagen jedoch zu einer Notwendigkeit des amtlichen Handelns.

3.4. Außeruniversitäre theologische Ausbildung (1776–1803)

3.4.1. Außerinstitutionelles Predigerseminar (1776f.–1780)

Die erste Anregung eines institutionell verankerten Predigerseminars in Sachsen-Weimar ging auf zwei Oberkonsistorialkollegen Herders bereits während seiner ersten Amtsmonate zurück. Im Dezember 1776, in der Diskussion der Vorlage der auf dem ständischen Ausschußtag des nächsten Jahres vorzubringenden Desiderate, wandte sich Herder dezidiert gegen den Vorschlag seiner Kollegen, eine entsprechende Einrichtung zu empfehlen. Der Hinweis auf die Begründung dieser Ablehnung ist aus dem beiläufigen und verkürzenden Referat Rudolf Hayms[2522] bekannt und findet sich in der Suphanschen Werkausgabe, die den Text nach den in den *Erinnerungen* gedruckten Aktenauszügen[2523] unter dem Thema der Kirchenzucht[2524] bietet. Herders Erklärung lautete nach „den Weimarischen Oberkonsistorialakten":

> „Den Punkt des *Seminarii theologici* vor den Landtag zu bringen, halte ich [...] unnoth. Es ist nach meiner Vokation von Angang meines Hieseyns mir stiller Vorsatz gewesen, die Kandidaten, (zuerst die hier in der Stadt sind) in einige nähere Aufsicht, Uebung dgl. zu nehmen; ich halte aber dafür, das erste Samenkorn der Art müße man in der Stille säen: weil, was laut angefangen wird, wie die Akten der vorigen Zeiten zeigen, sich meistens sacht endet. Die Beyhülfe meiner HH. Collegen zu diesem Zwecke wird mir allemal die erwünschteste Sache von der Welt bleiben."[2525]

Die Weimarer Kollegen knüpften ihrerseits – in der Parallelität des Vorschlages zu dem des Landschullehrer-Seminars wird dies deutlich – an eine in Weimar bereits 1726 begründete Bildungsanstalt an.[2526] Die damals konstitutive Einrichtung eines Landschullehrer-Seminars auf der Basis eines eigenen Predigerseminars, die in mehreren institutionellen Bezügen, etwa in Form der in den

---

2522 Haym, Herder, Bd. 2, S. 151.

2523 Vgl. dazu V, Abt. 2, Tl. 22 [Erinnerungen, Tl. 3], S. 48.

2524 SWS, Bd. 31, S. 752.

2525 Ebd.; zur Quellenangabe s. Haym, Herder, Bd. 2, S. 151, Anm. 2, zu dem Text SWS, Bd. 31, S. 752.

2526 Vgl. dazu in diesem Kap., Anm. 1100. Zu Einordnung im Kontext der Zeit vgl. etwa Hirschler, Loccum; darin s. die Literaturhinweise sowie, S. 81–99, den Abschnitt zu der Einrichtung in Loccum: „Das Predigerseminar im 19. Jh." Ferner s. Holze, Predigerseminar. Instruktiv sind zudem die Artikel: RGG[1], Bd. 4, 1732–36; RGG[2], Bd. 4, 1409–1411; RGG[3], Bd. 5, 514–516, sowie bes. RE[3], Bd. 20, 311–318.

unteren Klassen unterrichteten Seminaristen auch am Gymnasium noch in Ansätzen fortbestand, schaffte einen Zusammenhang zwischen den beiden Projekten, der in den zeitgenössischen Vorschlägen weder deutlich gemacht wurde,
noch in der Umsetzung sowie den nachfolgenden historiographischen Darstellungen bedacht wurde. An der Bedeutung dieser Verbindung in der parallelen
Wiederanregung – nach der bereits unter Anna Amalia forcierten Erneuerung
des Landschullehrer-Seminars – ist jedoch nicht zu zweifeln.

Herders Ideal des unsichtbar wirkenden Impulses, wahrscheinlich auch die
unterschiedlichen Einschätzungen der historischen Bedeutung und Situation
des Anliegens, trennte ihn von seinen Kollegen. Es verhinderte die Wahrnehmung einer mit Sicherheit nicht minder wohlgemeinten Initiative. Die Ablehnung einer institutionellen Fixierung dürfte sich nur zum Teil einer pragmatischen Abwägung vorrangiger Notwendigkeiten etwa anderer Projekte verdankt
haben. Das zeitgleich dazu forcierte Landschullehrer-Seminar war, wie gezeigt
werden konnte, keineswegs eine Einrichtung, auf deren Umsetzung Herder
drang oder die er selbst mit einer auch nur ansatzweisen Vermittlungsbereitschaft zu beschleunigen suchte. Das verbindende Moment war in beiden Fällen
der Wunsch einer unabhängigen, eigenen Wirksamkeit.

Im Blick auf ein außerinstitutionelles Predigerseminar dürfte diese Tätigkeit im Laufe des Jahres 1780 eingesetzt haben. Mitte November 1780 schreibt
Herder an Hamann, den in seiner Wertschätzung ersten Adressaten für amtliche und geistliche Zusammenhänge:

> „Ein fleißiger Candidat hieselbst hat sich an die Klaglieder gemacht in einer Ue-
> bersetzung u.[nd] Anmerkungen u.[nd] mich um eine Vorrede ersucht. Ich habs ge-
> than, mehr um den jungen Leuten Muth zu machen u.[nd] Fleiß unter sie zu brin-
> gen, als der Sache selbst wegen. Alles was Candidat ist, ist hier im Todesschlafe.
> Mit erster Muße fange ich eine Art seminarium mit ihnen an, in dem ich mir aber
> völlig freie Hand vorbehalten, so viel oder so wenig zu thun, als mein Muth oder
> andre Geschäfte zulassen; ich hoffe davon, da ichs insonderheit auch auf Schulen
> abgezweckt habe, guten Erfolg u.[nd] auch für mich Freude."[2527]

Zu erkennen ist neben der Betonung der katechetischen Praxis als besonderes
Anliegen Herders der persönliche Maßstab und das zentrale Kriterium seines
Engagements in der Bedingung, bei der Gestaltung „völlig freie Hand" zu ha-
ben.

Beide Anliegen, das Ideal einer möglichst direkten und unmittelbaren
Wirksamkeit, verbunden mit dem Wunsch, die eigenen Impulse so rein als
möglich zu erhalten – und gerade deswegen, außer den eigentlichen Empfän-
gern, keiner weiteren Wahrnehmbarkeit zu öffnen –, lassen sich positiv formulieren. Die Außenwahrnehmung mußte an einem genuinen Verständnis dieser
Position jedoch vorbeizielen. Nicht unzutreffend ist jedoch die Feststellung,

---

2527 Herder an Johann Georg Hamann, November 1780, DA, Bd. 4, Nr. 128, S. 146, Z. 61–64.

daß Herder auf die Einrichtung eines Predigerseminars eher verzichtete, als sie in einer über reine „Beyhülfe" hinausgehende Abstimmung mit seinen Kollegen vorzunehmen. Diese bereits im Dezember 1776, keine drei Monate nach seinem Amtsantritt, vertretene Position war damit die einer klaren Ablehnung – sowohl der institutionellen Anbindung an die Amtsstruktur des Generalsuperintendenten als auch der gemeinsamen personalen Verantwortung mit den Kollegen. Die Aussicht einer Eigeninitiative in einer nicht konstitutiv amtsfunktionalen Selbstverantwortung war die Konsequenz und verbleibende Perspektive des Vorhabens.

Die Fortdauer des von Herder projektierten Predigerseminars war mit der aus einem Einzelimpuls zu gewinnenden Eigendynamik von Erfolg oder Mißerfolg abhängig, zudem von der eigenen Motivation und der Herder, wie keinem Menschen, sicher nicht gleichgültigen äußeren Rückmeldung. In institutioneller Hinsicht müssen die Bemühungen des Jahres 1780 als ein Mißerfolg gewertet werden. Über den Gewinn auf persönlicher Ebene soll nicht gemutmaßt werden. Er dürfte nicht gering gewesen sein. Aufgrund von ihm steht zu erwarten, daß Herder den institutionellen Mißerfolg auch im Rückbild als eigenen, menschlichen und darin im doppelten Sinne als persönlichen Erfolg gedeutet hat.

Auf der Ebene der Seminarteilnehmer ist der wesentliche Zeuge Johann Georg Müller. Bereits Haym entnimmt dessen Tagebuch die wesentlichen Aussagen über das Seminar.[2528] Einen detaillierteren Bericht stellt dessen Brief an die Mutter in Schaffhausen vom 3. Dezember 1781 dar:

> „Herr Herder hat mich nun auch in sein *Seminarium* aufgenohmen, wo er alle Sonntag Abende den hiesigen Kandidaten einige Stunden widmet, wo er sehr guten Unterricht giebt über die Geschichte der Wissenschafften, auch welche Bücher, und *wie* sie sollen gelesen werden? ferner läßt er uns Dispositionen zu Predigten aufsezen, discurrirt über die beste Art derselben, und wird nun bald auch ans Katechisiren kommen. Es ist sehr viel zu lernen, der Lust hat."[2529]

Nicht zu verkennen sind in Müllers Briefen, gerade an seine Mutter, die apologetischen Tendenzen hinsichtlich des eigenen Aufenthaltes bei Herder. An mehreren Stellen des Briefwechsels sind die Anfragen, die im wesentlichen Herders theologischem Profil galten, deutlich zu identifizieren.

Die sporadischen Hinweise auf das Institut reichen jedoch aus, um das Seminar zutreffend als reine Privateinitiative zu bestimmen, die von dem zuvor skizzierten persönlichen Anliegen Herders getragen wurde. Die Anlage als Privatinstitut – auch mit Blick auf die Auswahl und Aufnahme der Kandidaten – entspricht der freien Gestaltungsmöglichkeit, die für Herder fundamental war.

2528 Vgl. dazu Haym, Herder, Bd. 2, S. 166, sowie zu den Quellenangaben ebd., Anm. 18.

2529 SBS, MB, JGM, Fasc. 176, Bl. 82. Für die Mitteilung des Briefes danke ich André Weibel, Schaffhausen, der mit einer Auswahledition der Müllerbriefe betraut ist, sehr herzlich.

Die zeitliche Koinzidenz der Initiative mit der Veröffentlichung der *Briefe, das Studium der Theologie betreffend*, läßt einen sachlichen Zusammenhang vermuten. In der Tat sind in den von Müller benannten Schwerpunkten des Seminars thematische Überschneidungen insbesondere mit dem vierten Teil der Sammlung zu erkennen. Möglich ist, daß die Texte, wenn nicht als Grundlage, so doch als Vorbereitung der Sitzungen Anwendung fanden. Den Abschluß des Manuskriptes des dritten und vierten Teils kann man, nach den Vorarbeiten von Christoph Bultmann, mit der Datierung der Vorrede spätestens auf den 3. Dezember 1780 ansetzen.[2530] Eine regionale Ausrichtung der Publikation dokumentiert auch Johann Georg Müller, der unter dem 7. Oktober 1780 und damit während des letzten Arbeitsabschnittes an dem zweiten Band der *Briefe* nach einem Gespräch mit Herder in seinem Tagebuch vermerkt: „Um der groben Unwissenheit und Rathlosigkeit seiner jungen Landgeistlichen abzuhelfen, schrieb er die Briefe über das Studium der Theologie."[2531] Müller erhielt den ersten Band ebenfalls am 7. Oktober, dem Tag der Erstbegegnung, als Geschenk: „Ich fragte ihn einiges über meine Studien; da gab er mir seine neuen *Briefe über das Studium der Theologie* [...]. (Sonderbar, daß er, wie er mir selbst sagte, bloß vor zwei Stunden die Exemplare aus der Buchdruckerei bekommen.)".[2532]

In ihren lokalen und regionalen amtlichen Bezügen findet die Adressatenorientierung der *Briefe* auch in der Wahl des Druckers Ausdruck. Wie die publizierten Predigten und andere amtsfunktionale Texte, erschienen die *Briefe* bei dem Weimarer Hofdrucker Hoffmann[2533]. In der Publizistik Herders ist der Amtsbezug der Texte an dem Druckort und der Druckerei deutlich erkennbar. Die in der Erstausgabe ohne Nennung des Autors erschienenen *Briefe* markieren zusammen mit den vorherigen und nachfolgenden Texten Herders, die bei Hoffmann erschienen, den Komplex der Amtsgeschäfte. Die Vorankündigung gegenüber Hamann vom 9. September 1780 hält dies auch als Herdersches Selbstverständnis präzise fest: „Zu Ihrem Geburtstag sollte dies Büchlein, Briefe, kommen [... .] Nehmen Sie es mit Freundschaft u.[nd] Milde auf: es enthält curas officiales".[2534] Die Betonung des eigenen Impulses als außeruniversitäre Reaktion auf die akademische Ausbildung findet sich ebenfalls gegenüber Hamann: „Die jungen Leute, die von Academien kommen, lachen über die Art, in der sie von den meisten im Consistorio examinirt werden u.[nd] ergeben sich, mit dem Fonds von Leichtfertigkeit, den sie mitgebracht haben, kriechender Stupidität u.[nd] Faulheit – so daß mir fast keine *verkehrte-*

2530 FHA, Bd. 9/1, S. 970.
2531 Baechtold, Müller, S. 29.
2532 Ebd., S. 24.
2533 Vgl. dazu auch zuletzt Bultmann, FHA, Bd. 9/1, S. 970.
2534 Herder an Hamann, 9. September 1780, DA, Bd. 4, Nr. 116, S. 129, Z. 85f.

re Art vorkommt, als die unsrer jungen Kandidaten."[2535] Die lokale Veranlassung und Ausrichtung auf den theologischen Nachwuchs des eigenen Landes verbindet sich mit nicht ausschließlich regionalen Problemen. Die *Briefe* sind: „für die jungen Leute, Kandidaten pp geschrieben, die hier u.[nd] an vielen Orten schrecklich in der Wüste sind".[2536]

Es steht zu vermuten, daß Herders eigenes Interesse an einer Fortführung des Seminars mit dem Abschluß der Briefe nachließ. Die literarische Fixierung in der freien Form des Briefwechsels hatte, zumal in dem Vertrieb des einschlägigen Hofdruckers, eine landesweite Wahrnehmbarkeit geschaffen, die eine institutionelle Vermittlung nicht unmittelbar notwendig machte. Die Adressatenorientierung der Publikation ist darin gleichermaßen vorauszusetzen, wie deren Rückbindung an das einleitend skizzierte Ideal einer direkten und ungebrochenen Vermittlung der eigenen Impulse.

3.4.2. Ausgeweitete schulische Oberstufe (1797)

Als ein Wendepunkt in der Frage der Institutionalisierung eines Predigerseminars kann der Zeitraum zwischen 1794 und 1797 benannt werden. In Folge der Eisenachischen Denunziation des Jahres 1794[2537], der von Schneider angeregten Hinterfragung der Orthodoxie der theologischen Fakultät Jenas auf Ebene der Erhalterstaaten, entwarf der Eisenacher Generalsuperintendent ein Gutachten zur Frage einer außeruniversitären schulischen Ausbildung späterer Geistlicher.[2538] Nach Schneiders Tod wurde das Votum Karl August kommuniziert, der es Herder mit der Bitte um eine Stellungnahme mitteilte.[2539] Daß der aus der Darstellung Hayms einschlägig bekannte Komplex der Gymnasialselekta auch der in der Herder-Biographik unerwähnten Einrichtung eines Predigerseminars galt, wird im Anschluß zu schildern sein.

2535 Ebd., Z. 95–99.

2536 Ebd., Z. 77f.

2537 Vgl. dazu Haym, Herder, Bd. 2, S. 606–608, sowie oben Kap. IV.3.2.

2538 Knapp dazu DA, Bd. 7, S. 565, Anm. 363; zum Hintergrund des Schneiderschen Votums vgl. die einschlägige Formulierung des daran anschließenden Gutachtens Herders, SWS, Bd. 30, S. 488: „Ueber die Frage: ob nicht bei den Studirenden, welche sich dem Predigtamt widmen, das Beziehen der hohen Schulen als eine Nothwendigkeit ganz abzuschneiden? Dagegen eine Veranstaltung zu machen sei, den hiezu erforderlichen gnugsamen Unterricht selbigen durch eine beym Gymnasio hierzu zu machende Einrichtung geben zu laßen?"

2539 Einschlägig bekannt aus Haym, Herder, Bd. 2, S. 705f.; die vorhandenen Quellen weitaus vollständiger als Haym benennend: DA, Bd. 7, S. 565, Anm. 363. Die Darstellung der Vorgänge folgt grundlegend dem Schreiben von Karl August an Herder, Herbst 1797, Schreiber, Herder-Album, S. 37; Düntzer, Briefe, S. 134, Nr. 20.

Als Grundlage, in Ansätzen vielleicht auch als Voraussetzung ist zunächst auf den Gymnasium und Universität betreffenden Vorschlag Herders hinzuweisen, der in seiner Frontstellung gegen die Jenaer Philosophische Fakultät von dem Neukantianer Rudolf Haym als „ein so grundverkehrter, ein so gründlich unwissenschaftlicher und illiberaler Gedanke" gegeißelt wird, „daß Herder niemals auf ihn verfallen wäre, wenn es nicht eben die Kantsche Philosophie gewesen wäre, die eben jetzt, die in seiner Nachbarschaft, die in Jena den jungen Theologen die Köpfe verwirrte."[2540] Als „einzige Entschuldigung [...] für den Mißgriff" benennt Haym Herders damit zusammenhängendes Vorhaben, „das Gymnasium auf eine höhere Stufe zu heben, [durch] die Einrichtung einer neuen Professur an demselben."[2541] Zwei Texte sind darin auszuwerten, deren Chronologie zunächst in Entsprechung zum etablierten Forschungskonsens zu diskutieren ist.[2542]

Herders erstes Gutachten (Herbst 1797)

Das erste einschlägige Gutachten wird in den Herbst 1797 datiert und ist in dem 30. Band der Suphanschen Werkausgabe gedruckt.[2543] Wichtig ist an dem Vorschlag Herders zunächst der reaktive Charakter, der die Situation der Universität Jena zwar berührt, im wesentlichen aber den abschließenden Ausbildungsstand des theologischen Nachwuchses des Landes betrifft. Der inhaltlich eindeutige Bezugsbrief von Karl August ist undatiert.[2544] Im herzoglichen Auftrag reagiert Herders Entwurf auf das Schneidersche Gutachten, und dessen Ausrichtung läßt sich zumindest ansatzweise aus der Zusammenfassung Herders rekonstruieren.[2545] Der Vorschlag Schneiders belief sich auf nichts weniger als eine vollständige Ablösung der landeseigenen theologischen Ausbildung von der Universität Jena. Er sah dazu „drei Lehrer" vor, „unter deren zwei die Theologie vertheilt würde, der dritte die Philosophie lehrte."[2546]

Herder erkannte sehr klar, daß der Vorschlag Schneiders auf die Einrichtung einer „theologischen Lehranstalt in dem Fürstenthum Weimar oder Eise-

---

2540 Haym, Herder, Bd. 2, S. 707.

2541 Ebd.

2542 Vgl. dazu knapp die Zusammenfassung Arnolds, DA, Bd. 7, S. 565, Anm. 363, sowie Wisbert in seinem Kommentar, FHA, Bd. 9/2, S. 1357.

2543 SWS, Bd. 30, S. 488–495; zum Predigerseminar ebd., S. 494f. Zu den von Dahms vorgenommenen Datierungen vgl. ebd., S. XXXIIIf.

2544 Vgl. dazu Düntzer, Briefe, S. 134f.

2545 Wichtig für diese Zusammenfassung ist besonders der zweite Punkt „Stellung der Frage", SWS, Bd. 30, S. 490f. (2.). Die nachfolgenden Ausführungen beziehen sich im wesentlichen darauf und bes. auf S. 490.

2546 Ebd., S. 490 (2.).

nach" zielte, die „der Universität Jena neben und gleichsam entgegengesetzt" werde – ohne jedoch einen entsprechenden akademischen Status zu erreichen, „da diese *neue Lehranstalt immer doch eine Art theologischer Facultät* (ohne Verleihung der Doctorhüte) *werden müßte.*"[2547] Der spätere Weg der kirchlichen Hochschulen findet sich darin bereits vorgezeichnet; die Perspektive einer akademischen Gleichstellung liegt jedoch außerhalb des Vorstellungshorizontes der Zeit, sicher auch jenseits der praktischen und finanziellen Realisierbarkeit. Im Falle Schneiders zielte die projektierte Einrichtung der kirchlichen Lehranstalt jedoch auf eine vollständige Ablösung von dem akademischen Lehrbetrieb der Universität. Gegen diese Ausschließlichkeit eines kirchlich organisierten Ausbildungsweges opponiert Herder:

> „Alle Monopole sind verhaßt; in Wissenschaften sind alle Abschränkungen gefähr-lich; sie drohen der Barbarei, Anmaaßung, Heuchelei und Thorheit. – Bald würde man die Weimarer und Eisenacher Geistlichen (falls sie sich nicht, was kaum zu erwarten steht, sonderbar durch Ruhm auszeichnen) als Gymnasiasten, als unaka-demische Schüler auszeichnen, sie mit Spottnamen belegen [... .] Für nichts aber, dünkt mich, müße man den geistlichen Stand so sehr bewahren, als vor Verach-tung."[2548]

Der qualitative Abfall ohne die Partizipation an dem universitären Diskurs scheint für Herder ebenso ausgemacht wie das akademische Überlegenheitsge-fühl der Universitätsangehörigen gegenüber einer kirchlich organisierten schu-lischen Ausbildung. Beide Hinweise sind als äußerst klug und weitsichtig ein-zuordnen.

Herders Alternativvorschlag knüpft an die beiden zentralen Bildungsin-stanzen des Landes an, dem Weimarer Gymnasium und der Jenaer Universität. Er verzichtet auf die Forderung einer Sondereinrichtung und gilt in seiner Aus-richtung über die angehenden Theologen hinaus auch sämtlichen anderen Fa-kultäten, der philosophischen, der juristischen und der medizinischen. Anknüp-fungspunkt ist die philosophische Fakultät, deren obligatorischen Besuch zu Beginn der Studienzeit er für die Landeskinder aufheben möchte. Die sachli-che Ablehnung der Jenaer Philosophie wird „frei herausgesagt" und auf per-sönlicher Ebene klar benannt.[2549] Die inhaltlichen Ausführungen beschränken sich entweder auf polemische Andeutungen: „Jene[r] barbarisch-kritische[n] Philosophie, die fast alle populare Sprache aufgehoben, jeden Kegel auf den Kopf gestellt und die ganze menschliche Denkart *revolutionair* zu machen ge-sucht hat"[2550] oder die Wirkungen dieser verfehlten Philosophie auf die Theo-logie. Gerade darin werden die amtlichen Bezüge hergestellt: „so kann ich […]

2547 Ebd.
2548 Ebd., S. 491 (2.).
2549 Ebd., S. 491f. (3.), hier: S. 491.
2550 Ebd., S. 491f.

die *schiefen* Wirkungen nicht gnug schildern, die sie [die in Jena vermittelte Philosophie] auf die Köpfe junger Theologen macht und gemacht hat".[2551] Über sein Ziel erklärt Herder einleitend: „*Diese* Philosophie also jungen Theologen entbehrlich zu machen und von ihnen zu entfernen, halte ich eben so Verdienstvoll als, thulich."[2552] Daß sich mit dieser Zielsetzung noch weitere verbinden, zeigen die nachfolgenden Ausführungen. Besonders der Hinweis auf eine nötige Anhebung der Altersgrenze von Studienanfängern gilt der Gesamtuniversität. Auch die nur knapp gehaltene Andeutung, „daß das Meiste was von der sogenannten philosophischen Facultät gelehrt werden soll, in den *Collegiis schlecht oder gar nicht gelernt* werde", postuliert mehr, als es die nachfolgenden Ausführungen begründen können, daß die zu vermittelnden Inhalte in keiner angemessenen Relation zu der jeweiligen Unterrichtsform stünden. Das Ergebnis, „daß *diese Wißenschaften* [zuvor: ‚*gelehrte Sprachen, Geschichte, Philosophie'*] im *gymnasio* [...] *gelehrt werden können*", liegt ebenso schnell auf der Hand wie das Mittel der Umsetzung: „*Mithin dörfte nur noch ein neuer Lehrer (Profeßor) beim Gymnasio angestellt werden, der diese Academica läse.*"[2553]

Der generelle Verzicht auf das Jahr an der philosophischen Fakultät soll für die Landeskinder durch eine ausgeweitete gymnasiale Oberstufe kompensiert werden. Ein starkes Argument für die vorgeschlagene akademische Umgewichtung ist finanzieller Natur. Mit der auf das fachliche Hauptstudium von zwei Jahren verkürzten Studienzeit seien auch die verfügbaren Stipendien angemessener und ausreichender zu verteilen.[2554] Die Bedeutung dieses Hinweises ist, zumal nach den im Vorkapitel dokumentierten Bemühungen Herders um das Stipendienwesen ergänzende private Finanzierungskonzepte, nicht zu unterschätzen. Die Einrichtung der neuen Professur soll, ungeachtet der Frage, ob vollständig oder nur teilweise, über die Landschaft finanziert werden: „*Und wie gern* (ich müßte mich sehr irren) *würde die fürstl. Landschaft das Ihrige hiezu beitragen!*"[2555] Wichtig ist an dem Vorschlag zweierlei: zum einen, daß die projektierte Regelung auf eine personale sowie institutionelle Stärkung des Gymnasiums auf Kosten der philosophischen Fakultät zielte, sowie zum anderen, daß sich das Vorhaben ausschließlich auf die landeseigene Studentenschaft bezog. Hinzuzufügen ist, daß das zeitgleich entwickelte Projekt eines kirchlich getragenen Predigerseminars zusammen mit der vorgeschlagenen Aufsicht während der ganzen Studienjahre den gesamten Ausbildungsweg der angehenden Theologen vom Gymnasium, über die Universität bis hin zu den

---

2551 Ebd., S. 492 (3.).
2552 Ebd.
2553 Ebd., S. 493 (4.).
2554 Ebd., S. 493 (4. 4.).
2555 Ebd., S. 494 (4.).

ersten Amtsjahren der beruflichen Praxis an die zentrale kirchliche Leitung des Fürstentums zurückbinden würde. Das in diesem Zusammenhang unbenannt bleibende Gesamtprogramm zielt damit bereits im Erstentwurf eindeutig auf den geistlichen Nachwuchs. Die Option, die übrigen akademischen Disziplinen auf Landesebene ebenfalls deutlich mit dem Weimarischen Gymnasium zu verbinden und in der Gestaltung dieser Ausbildung stärker durch die Instanz des Oberkonsistoriums und das Amt des Generalsuperintendenten bestimmen zu können, wird jedoch gleichermaßen vorauszusetzen sein.

Das von Haym scharf kritisierte Vorhaben zielte in der Tat auf eine Verminderung der akademischen Freiheit. Zu betonen ist jedoch, daß dies nicht die Freiheit der Forschung und nicht die Freiheit der Lehre war. Es war die Freiheit des Studiums und die Freiheit des Studierenden, die Herder einzuschränken suchte. Der von ihm vorgeschlagene Weg, den zeitlichen Rahmen des fachlichen Hauptstudiums beizubehalten und die Wahl der Lehrveranstaltungen weiterhin den Studenten zu überlassen, ohne jedoch die Rückbindung an die zentralen kirchlichen Einrichtungen und Amtsvertreter zu vernachlässigen, hat als moderat, wenn nicht sogar akademisch liberal zu gelten. Der Übertragung von Vorrechten der philosophischen Fakultät auf die zentrale Schule des Landes stellt jedoch institutionell einen klaren Traditionsbruch dar, den Herder freilich reduziert, indem er ihn partiell auf den landeseigenen Nachwuchs beschränkt.

Herders ausgeweitetes Gutachten (vor dem 1. Dezember 1797)

Mit einer großen Deckungsgleichheit in der gesamten Anlage und Ausrichtung, signifikanten Unterschieden aber im Detail vertieft das Gutachten, das auch das Projekt eines Predigerseminars umfaßt – zeitgleich zu den umfassenden Personalvorschlägen in dem Begleitschreiben vom 1. Dezember 1797 –, das im Herbst formulierte Vorhaben.[2556]

Zwei Veränderungen sind vor allem zu benennen. Ein erster Punkt betrifft die Polemik gegen die Jenaer Kantianer, die im zweiten Entwurf eine völlig andere Ausrichtung bekommen hat. Die Ablehnung der kritischen Philosophie fehlt vollständig. Die zu lösende Problematik wird nicht mehr in inhaltlicher Hinsicht unter der direkten Benennung einer fortschreitenden Schulphilosophie benannt, sondern ausschließlich auf strukturelle sowie sozial- bzw. entwick-

---

2556 Den in diesem Zusammenhang einschlägigen Abschnitt bietet SWS 30, S. 495–501, Nr. 19. Zu diesem zentralen Schreiben vgl. oben Anm. 116, zu dem Predigerseminar neben den nachfolgenden Ausführungen V, Abt. 2, Tl. 22 [Erinnerungen, Tl. 3], S. 57, sowie SWS, Bd. 31, S. 783.

lungsspezifische Gründe reduziert. Die Art des Vortrages ist darin von größerer Bedeutung als dessen eigentliche Ausführungen:

> „Und da dies Jahr gerade der edlen *Philosophie* bestimmt ist, so kommt, zumal wenn diese aufweckend (revolutionair) vorgetragen wird, bei einem jungen Gemüth leicht alles in Brand, in Aufruhr. Der Profeßor, der ihnen zum allgemeinen Heil der Welt so unerhörte Sachen vorträgt, ist ein Mensch ohne Seinesgleichen; sie schwören auf seine Worte. Der abscheuliche *Sektengeist* mit allen seinen giftigen Folgen hat auf Akademieen sein Nest; hier wird er ausgebrütet, genährt, erzogen und sodann in die Welt durch Zeitungen, Bücher, tollgemachte Jünglinge versendet."[2557]

Die Bedeutung dieser Veränderung kann nicht überschätzt werden. Die inhaltlich einschlägigen Andeutungen des Vorentwurfes verschwinden hinter den allgemein und rein strukturell gehaltenen Ausführungen der zweiten Ausarbeitung. Zugleich bleibt die Frontstellung gegen die kritische Philosophie insofern erhalten, als die personale Zuspitzung auf Fichte erkennbar bleibt.

Der zweite, gleichermaßen signifikante Punkt betrifft die zunehmende Konkretion der eigentlichen Unterrichtsgestaltung und praktischen Realisierbarkeit der Gesamtkonzeption. Allein an der Stellenbeschreibung der neu zu schaffenden Professur läßt sich dies verdeutlichen. Hatte sich der Erstentwurf mit einer knappen Andeutung begnügt[2558], benennt die spätere Ausarbeitung klare Bedingungen: „so wäre ein *zweiter Profeßor* unentbehrlich. Er alternirte mit dem ersten im Range nach dem Alter, und hätte etwa die Besoldung von 400 Thalern, wo möglich mit freiem Quartier."[2559] Darüber hinaus fordert er die Verbesserung zweier weiterer Stellen: „Und da, wenn die Lehrer der obern Classen in dies Institut mit eingreifen sollen, sie in ihren Claßen vertreten werden müßen: so macht sich für die beiden Collaboratoren, die sodann ihre Stelle zu vertreten haben, eine Zulage von 50 thl. für jeden auch nöthig."[2560] Diese Ausführungen stehen nur exemplarisch für das bereits fortgeschrittene Stadium des Vorschlages, dem ein gleichermaßen hohes Forderungsniveau auf der Seite Herders korrespondiert. Für einen offiziellen Erstvorschlag überrascht dies, zumal weil das Begleitschreiben vom 1. Dezember auf eine Erwähnung der vorangegangenen Verhandlungen des Erstentwurfes vollständig verzichtet.

Im Blick auf beide Ausarbeitungen Herders ist, unter Absicht der akademischen Implikationen, hinzuzufügen, daß Herders Vorschlag mit dem Begriff der Gymnasialselekta an den bereits im Zusammenhang der Personalpolitik und der Schulangelegenheiten erwähnten Komplex einer akademisch forcierten Begabtenförderung anknüpft, die mit der Geschichte des Weimarer Gym-

---

2557 SWS 30, S. 496 (2.).
2558 Vgl. dazu in diesem Kap., Anm. 2553.
2559 SWS 30, S. 498 (5.).
2560 Ebd. (6.).

nasiums während des 18. Jahrhunderts geradezu konstitutiv verbunden ist. Es ist nicht zu bezweifeln, daß sich Herders Vorschlag der Einrichtung einer „Gymnasialselekta" – selbst in den spezifischen zeitgenössischen Umständen, die Haym ausschließlich in seiner Ausrichtung gegen die Jenaer Philosophie betonte – in einer größtmöglichen begrifflichen und geschichtlichen Kontinuität mit den Anregungen seiner Amtsvorgänger befand.

Amtliche Reaktionen (1797)

Karl August leitete Herders Schreiben vom 1. Dezember zusammen mit den beiliegenden Gutachten unter dem 3. Dezember an Goethe, „zu abkürzung der zeit", mit der Bitte um Rücksprache mit Voigt weiter.[2561] Goethe setzte sein Votum noch am selben Tag auf.[2562] Er unterstützte den Herderschen Plan vollständig. Er deutet zwar einleitend an, daß diese Wertschätzung ungeachtet der „leidenschafftlichen Aesserungen gegen academische Philosophie und Theologie, in dem [er] freylich nicht ganz einstimmen kann", begründet sei.[2563] Gegenüber dem Eisenachischen Plan, der auf eine Separation zielt, erkennt Goethe Herders Bemühungen um die Verbindung der bestehenden Institutionen in einem übergeordneten Interesse und erklärt Herder darin zu einem „guten Haushälter, indem er das was da ist nur besser und zweckmäßiger zu nutzen anräth."[2564] Die in Herders Plan angelegte „Opposition" zur „kritischen Philosophie" nimmt Goethe ebenfalls scharf wahr und schlägt als Lösung vor, grundlegende Kenntnisse im Rahmen der Philosophiegeschichte bereits schulisch zu vermitteln, um nicht „wie vor einem unbekannten Ungeheuer [zu] warnen".[2565] Als Pragmatik für das weitere amtliche Vorgehen empfiehlt Goethe: „Wenn die Sache weiter zur Sprache kommt, an die Collegien und an die Landschaft zu gelangen hat; so wäre wohl aus dem Herderischen Aufsätzen ein dritter auszuziehen, der blos die merita Causae enthielte, denn selbst in seiner reinsten Gestalt wird ein solcher Vorschlag Aufsehen auf der Academie machen, welches so viel als möglich zu vermeiden ist."[2566] Voigt antwortet unter dem Folgetag um sehr viel zurückhaltender: „Sie [Herders Überlegungen] sind in der Hauptsache gewiß vortrefflich; aber wahrhaftig auch von vielen sehr einseitig. Wüste man nicht, mit welchem vortrefflichen Mann man zu thun hätte, so sollte man glauben, alles flösse daher, der Philosophie nur etwas anzu-

---

2561 Goethe, Amtliche Schriften, Bd. 2/1, Nr. 132 A, S. 537.
2562 Ebd., Nr. 132 B, S. 537–539.
2563 Ebd., S. 538, Z. 2–4.
2564 Ebd., S. 539, Z. 19f.
2565 Ebd., S. 538, Z. 23–29.
2566 Ebd., S. 539, Z. 7–12.

hängen."[2567] Unter demselben Tag, aber wohl nach Erhalt des Goetheschen Votums, reagiert Voigt differenzierter. Er betont, „in den Schlußfolgen einig" zu sein[2568] und daß das Gelingen des Planes letztlich von „Wahl eines Lehrers"[2569] abhinge. Noch immer überwiegen jedoch die Bedenken. Nur sehr „behutsam" könnte der Vorschlag überhaupt den Ständen unterbreitet werden[2570] und die grundlegende Verkürzung der Studienzeit selbst bliebe ein Schritt in die falsche Richtung: sie sei allenfalls auszuweiten[2571]. Auch die Frage der Konzentration auf die Philosophie sei problematisch. Das philosophische Jahr der *artes* umfasse weit mehr und eine entsprechende Abgrenzung der schulisch zu vermittelnden Kenntnisse sei nur schwer vorzunehmen.[2572] Nach mündlicher Rücksprache mit Goethe bietet das letzte Votum Voigts, das noch immer auf den 4. Dezember datiert, eine Verbindung der beiden Positionen.[2573] Neben der grundsätzlichen Zustimmung findet sich eine Reihe kritischer Anfragen im Detail, die letztlich jedoch ebenfalls eher zu dem Ergebnis kommen, daß „kein Schaden" zu befürchten sei, als daß ein genuiner Gewinn zu erwarten stehe.[2574]

Datierungsfragen der Entwürfe

Wichtig ist an diesen Reaktionen insgesamt, freilich unter der Voraussetzung, daß man weder Goethe noch Voigt eine nur flüchtige und überaus oberfläche Lektüre des dem 1. Dezember zugewiesenen Gutachtens unterstellen möchte, daß sie sich gleichermaßen auf das generell in den „Herbst 1797" datierte Gutachten beziehen können. „Leidenschafftliche [...] Aeusserungen" finden sich tatsächlich nur in der nach dem Forschungskonsens frühdatierten Fassung. Zudem ergibt auch Goethes Vorschlag, die programmatische Frontstellung gegen die kritische Philosophie in einem integrativen, bis in die Gegenwart reichenden philosophiehistorischen Ansatz einer Einführungs- oder Überblicksveranstaltung aufzuheben, nur Sinn, wenn sich dieser auf den Erstentwurf bezieht. Die auf den 1. Dezember datierte Fassung – auf der Goethes Reaktionen basieren sollen – impliziert bereits den von Goethe formulierten Vorschlag im Zusammenhang der Metaphysik: „Entweder ist sie *Terminologie*; und so kann sie beßer auf Schulen gelernt werden; oder sie giebt von man-

2567 Ebd., Nr. 132 C, S. 539, Z. 32 – S. 540, Z. 2.
2568 Ebd., Nr. 132 D, 540, Z. 21.
2569 Ebd., Z. 23.
2570 Ebd., Z. 36.
2571 Ebd., Z. 27–30.
2572 Ebd., S. 541, Z. 10–18.
2573 Ebd., S. 541f., Nr. 132 D.
2574 Vgl. dazu etwa ebd., S. 542, Z. 27, 30.

cherlei *Hypothesen* Nachricht; und da wird sie, ohne Sektenhaß und Neid, durch eine gute *Geschichte der Philosophie* von der ältesten bis auf die neueste Zeit viel bildender und umfaßender auf Schulen gelernet."[2575] Schließlich findet sich auch Voigts Einwand, die Studienzeit solle allenfalls verlängert, nicht aber verkürzt werden, explizit in dem zweiten Gutachten von Herders Hand aufgegriffen. Der ausgeweitete Schlußteil der ersten einschlägigen Hälfte des Gutachtens (IV.) stellt eine zusammenfassende Gegendarstellung dar: von „Einwendungen, die dagegen gemacht werden könnten".[2576] Der Voigtsche Hinweis ist der zweite der beiden sehr differenzierten und argumentativ anspruchsvollen Punkte.

Diese Beobachtungen legen den Rückschluß nahe, daß der zusammenhängende Erstentwurf dem Begleitschreiben vom 1. Dezember hinzugefügt wurde. Das generell auf den 1. Dezember datierte Gutachten wäre damit die in sich stimmige Antwort auf die von Goethe und Voigt formulierten Einwände. Von Bedeutung wäre dies in mehrfacher Hinsicht. Zum einen unterstriche es nachhaltig auch die amtliche Wiederannäherung Goethes und Herders, die ihren Ausdruck damit in Goethes massiver und in Blick auf Voigt richtungsändernder Unterstützung gefunden hätte. Zum anderen zeigte sich, daß der Herdersche Vorschlag – als eine, ungeachtet der Datierungsfrage, alles andere als abwegige Konstruktion in Folge einer ausschließlich von Aversionen besetzten Ablehnung der Jenaer Philosophie – gerade von Goethe zunächst deutlich unterstützt wurde, bevor sich die Kritik in der Folgezeit verstärkt haben dürfte.

Umgesetzt wurde das Projekt nicht. Ohne weitere Archivarbeiten sind die genaueren Umstände nicht zu klären. Für die Interessen dieser Arbeiten steht zunächst die Frage nach dem forschungsgeschichtlichen Hintergrund der etablierten Datierung der beiden Entwürfe an. Der Anknüpfungspunkt der chronologischen Einordnung des ersten Gutachtens in den Herbst 1797 gründet in letzter Instanz in dem Bezug einer brieflichen Zustimmung Karl Augusts zu Herders Ablehnung der kritischen Philosophie. Unter dem 6. Oktober pflichtet er, seine mangelnden Kenntnisse gleichwohl betonend, Herder mit seiner grundsätzlichen Skepsis bei.[2577] Eine direkte Erwähnung des Gutachtens, das von Dahms – der Ausgabe von Düntzer folgend – unter Bezug auf diese Briefstelle in den Herbst 1797 datiert wurde, findet sich jedoch nicht. Rudolf Haym weigerte sich entsprechend, der Zuordnung zu folgen: „Ohne hinreichenden Grund bezieht Düntzer des Herzogs Brief [...] auf eben dieses Gutachten."[2578] Johann Georg Müller erkannte seinerseits die bemerkenswerte Nähe der beiden einander auch zeitlich nahestehenden Vorschläge. Seine Lösung war es, die

---

2575 SWS, Bd. 30, S. 497 (3.e).
2576 Ebd., S. 499f.
2577 Düntzer, Briefe, S. 135f., Nr. 21.
2578 Haym, Herder, Bd. 2, S. 705, Anm. 10.

beiden Handschriften, deren formale Gliederung – unter Absicht der inhaltlichen Zusätze und Kürzungen – weitestgehend übereinstimmte, dahingehend zusammenzufassen, daß er beide Versionen ineinander verarbeitete und als einen Gesamttext bot.[2579]

Ein eindeutiger externer Beleg für die etablierte Datierung findet sich jedoch in dem Parallelvorgang des Predigerseminars. Die später zu erwähnende Beauftragung Herders zur Ausarbeitung eines detaillierteren Entwurfes fällt auf den 6. Oktober 1797.[2580] Die einschlägige Reaktion des Herzogs auf die das Predigerseminar betreffende Schlußpassage des Gutachtens wird damit in der Tat am 10. Oktober von der von Düntzer und Dahms als Antwort auf die inhaltliche Kritik der Jenaer Philosophie verstandene Briefstelle gefolgt. Gesichert ist damit allerdings nur die Frühdatierung des ersten Gutachtens in die Zeit vor dem 6. Oktober. Die Differenzen des zweiten Gutachtens zu den Reaktionen Goethes und Voigts bleiben. Anzunehmen ist, daß die dem 1. Dezember zugeschriebene Textfassung eine spätere, umgearbeitete und ausgeweitete Version darstellt und die Ausgangsfassung der regierungsinternen Version verloren gegangen ist.

Für die im Anschluß darzustellende Einrichtung des Predigerseminars ist einerseits – unter diesen Vorbehalten – die damit bestätigte Chronologie der Gutachten vorauszusetzen, andererseits sind – wie zuvor – die Datierungen aus ihrem jeweiligen editions- sowie forschungsgeschichtlichen Kontexten heraus zu entfalten.

3.4.3. Institutionalisiertes Predigerseminar (1797, 1803)

Das Anliegen eines institutionalisierten Predigerseminars griff Herder selbst zu mehreren Zeitpunkten wieder auf.

Die amtliche Erstanregung als Reaktion auf den Eisenacher Vorschlag (Herbst 1797)

Ein erstes, undatiertes Gutachten bieten auszugsweise die *Erinnerungen*.[2581] Der Text erscheint in der Suphanschen Werkausgabe mehrfach. Aufgrund seiner Einschlägigkeit wurde er in Band 31 eingerückt; gegenüber den *Erinnerun-*

2579 Vgl. dazu V, Abt. 3, Tl. 15, S. 129–146; knapp dazu auch Wisbert, FHA, Bd. 9/2, S. 1358.
2580 Vgl. dazu die nachfolgende Anm. 2586.
2581 V, Abt. 2, Tl. 22 [Erinnerungen, Tl. 3], S. 56f.

gen ist die Textgestalt vollständiger, jedoch ebenfalls ohne Hinweise auf den zeitlichen Rahmen.[2582] Ein äußerer Anlaß ist erkennbar in dem Rekurs auf „das Eisenachsche Votum", das die Einrichtung eines Predigerseminars vorgeschlagen habe. Eine Grobdatierung legt sich für die Jahre nach 1782 bis 1797 als der Amtszeit des vormaligen Kollegen Schneider nahe. Das als Institution von Herder zuvor abgelehnte Seminar dürfte von diesem in Weimar 1776 ebenso wie danach in Eisenach angemahnt worden sein. Das undatierte Gutachten bemüht sich, den eigenen Wunsch Herders herauszustellen: „ein Wunsch, [...] der mir längst, und die letzten Jahre her, wie ein Fels auf dem Herzen gelegen." Die Notwendigkeit einer entsprechenden Einrichtung begründet Herder aus seinen eigenen Prüfertätigkeiten als Generalsuperintendent und Amtseinführungen als Superintendent. Er klagt über die „vielen Unreifen, deren Schwäche ich von innen und außen kenne", und schließt: „Also ein Predigerseminarium, daß die Gemeinden verständige Hirten; nicht Schaafe, Lehrer; nicht Marktschreier, Männer; nicht Knaben bekommen, das wäre mein sehnlicher Wunsch!" Eine Spätdatierung in die Mitte der neunziger Jahre ist anzunehmen. Nicht nur sind für diese Zeit regionale Initiativen Schneiders, die mit der Universität Jena auch auf die Weimarische Landeshälfte zielen, dokumentiert. Auch der zeitliche Anschluß eines detailliert ausgearbeiteten Herderschen Planes legt die Konjektur nahe, daß das vorausgegangene Eisenacher Votum in der ausgehenden ersten Hälfte der neunziger Jahre anzusetzen ist.

Der 30. Band der Suphanschen Werkausgabe bietet den vollständigen Text und eine exakte Datierung. Der Separatdruck des 31. Bandes wird damit in seiner noch immer klaren Abhängigkeit von den *Erinnerungen* erkennbar. In ihren Datierungen zeigen die Vorreden der beiden Suphanbände, daß sie mit einem zeitlichen Abstand von einem Monat beendet wurden, wobei das Manuskript des 31. Bandes zuerst vorlag.[2583] Der Text des 30. Bandes folgt den Weimarer Archivalien und bietet den das Predigerseminar betreffenden Textausschnitt in dem Gesamtzusammenhang des übergeordneten Gutachtens.[2584] Die auf Grundlage des 31. Bandes formulierten Vermutungen finden darin Bestätigung. In Verbindung mit den in der Briefausgabe gebotenen Ergebnissen lassen sich die äußeren Anlässe in ihrer Chronologie klar benennen. Der Vorschlag gründet auf dem zuvor geschilderten posthum diskutierten Gutachten Schneiders zur Ablösung des landeseigenen theologischen Nachwuchses von der Ausbildung an der Universität Jena.

2582 SWS, Bd. 31, S. 782. Die nachfolgenden Zitate im Text s. ebd.

2583 Vgl. dazu SWS, Bd. 30, S. VII, XXXIV mit SWS, Bd. 31, S. IX, XV.

2584 SWS, Bd. 30, S. 488–495; zum Predigerseminar ebd., S. 494f. Zu den von Dahms vorgenommenen Datierungen vgl. in diesem Kap., Anm. 2543.

Wichtig ist dies für Herders Reaktion insofern, als damit auch seine zweite Auseinandersetzung mit der Einrichtung eines Predigerseminars als Anregung Schneiders erkennbar wird. Eine Reihe von Gründen dürfte Herder dazu bewogen haben, im Jahr 1797 eine anders akzentuierte Position zu formulieren als 21 Jahre zuvor. An erster Stelle stehen wohl die – mit dem Hinweis auf das eigene Prüfungsamt und die Investituren von Herder selbst benannten – gewachsenen Landeskenntnisse in Verbindung mit den eigenen Erfahrungen der nicht institutionalisierten Privatinitiativen. Der Umstand, daß Schneider am 7. Juli 1797 verstorben war, darf ebenso wie die Tatsache der damit gegebenen posthumen Unterstützung beider Vorschläge – der Gymnasialselekta ebenso wie des Predigerseminars – nicht überbewertet werden. Das genuine Interesse in der Sache ordnete Herder der persönlichen Motivation stets vor und verband sie allenfalls selbst in einem solchen Maße, daß die Trennung einem Außenstehenden schwergefallen sein mochte.

Wichtig für die Reaktion des Jahres 1797 wird zudem, gerade auf dieser Ebene des intensivsten fachlichen Interesses, die Aussicht gewesen sein, das einzurichtende Seminar selbst zu gestalten. Typisch für sein schrittweises Vorgehen in den amtlichen Texten ist wiederum der Schluß: „Und sie [die einzurichtende Anstalt] kann ihm [dem Fürsten] gleichfalls mit Wenigem ertheilt werden. Es käme mehr auf ein *arrangement* als auf beträchtliche Kosten an; und auf ein arrangment, zu dem vielleicht eben jetzt der gelegenste Zeitpunkt ist. Ich erwarte nur einen Wink, darüber das Nähere zu sagen und einen Plan auszuarbeiten."[2585] Unter dem 6. Oktober 1797 folgt die Aufforderung des Herzogs.[2586] In seiner Formulierung gilt das Angebot Herders ausschließlich dem Entwurf eines Predigerseminars. Eine weitere Anregung, die Herder damit verbunden hatte, geht nicht in das nachfolgende Dokument ein. Sie steht im Kontext der Ausbildung des landeseigenen theologischen Nachwuchses und betrifft, noch vor dem Hinweis auf die praktische Anleitung der Prediger während ihrer ersten Amtsjahre, deren universitäre Studienzeit. In dem vorausgegangenen Dokument heißt es: „*Auch während akademischer Jahre müßen die Theologen unter einer Aufsicht bleiben*, die ihre *Collegia* regulire, von ihren Fortschritten und ihrem Verhalten wiße".[2587] Der Mißstand einer „unbegreifliche[n] Ordnungslosigkeit" und einer nicht ausreichenden „akademische[n] *Inspection*"[2588] motiviert Herder zu der Anregung, die jedoch nicht in das nachfolgende Gutachten eingeht.

2585 SWS, Bd. 30, S. 495.
2586 DA, Bd. 7, S. 565, Anm. 363. Die Forschungslage, mit der Ablehnung Hayms in der Zuordnung dieses Briefes, vgl. ebd.
2587 SWS, Bd. 30, S. 494 (5. 1.).
2588 Ebd.

Herders Seminarplan (vor dem 1. Dezember 1797)

Den anschließenden Text des Seminarplanes bieten ebenfalls die *Erinnerungen*.[2589] Die Suphansche Textgestalt des 31. Bandes kann gegenüber diesem Erstdruck als vollständiger gelten.[2590] Das Datum der Handschrift wird in Entsprechung zu den *Erinnerungen* mit Dezember 1797 benannt.[2591] Die Datierung wird von Herders Begleitschreiben vom 1. Dezember 1797 unterstützt, der die vorhandenen Vakanzen, u. a. der Eisenacher Generalsuperintendentur, zu den umfassenden Überlegungen personeller Veränderungen ausweitet.[2592] Obwohl der Entwurf amtsfunktional nur dem Weimarer Fürstentum gelten kann, findet sich – wohl in Verbindung mit der für Eisenach diskutierten Neubesetzung – der abschließende Hinweis in dem Brief: „in Ansehung des *entworfenen Plans fürs Seminarium* wird Alles brauchbar. Weber [Herders nicht berücksichtigter Kandidat] wird in Eisenach gewiß auch daran seyn, daß er nach dortiger Lage ins Werk gesetzt werde."[2593] So eingeschränkt Herders Plan Sachsen-Weimar gilt, und, wie zu zeigen ist, vorrangig auf die Landeshauptstadt ausgerichtet war, verband sich doch mit dem langjährigen Kollegen die Hoffnung einer personalen Kontinuität in der Umsetzung auch für die Eisenacher Landesteile. In Ansatzpunkten läßt sich zeigen, daß Herder bereits in seinem Entwurf Webersche Impulse aufgegriffen hatte und insofern wohl auch zu Recht von einer Unterstützung von dessen Seite ausgegangen war.

An das Programm der Erstanregung, „daß die Theologen, wenn sie die Akademie verlassen haben, nicht bloß unter Aufsicht bleiben, sondern in Uebung gesetzt werden"[2594], knüpft bereits der Einleitungssatz des Seminarplans an: „Nach vollendeten akademischen Jahren und nach gehaltenem examine soll eigentlich die praktische Aufsicht und Bildung der Candidaten anfangen".[2595] Der Begriff der „Aufsicht" findet darin eine auffällige Wiederholung; der Begriff der „Übung" – zentral auch in den beiden Entwürfen zu dem Landschullehrer-Seminar der achtziger Jahre – fehlt. An seine Stelle rückt, in der Einleitung wie dem Konzept, das Ziel der „Bildung". Das Personal des zu schaffenden Institutes heißt entsprechend „der aufsehende und bildende Theil", die angehenden Geistlichen „der zu bildende Theil".[2596] Im Vordergrund der Einrichtung steht die Vermittlung von Erfahrungswissen: „*Geschickte und er-*

2589 V, Abt. 2, Tl. 22 [Erinnerungen, Tl. 3], S. 57–61.
2590 SWS, Bd. 31, S. 783–786.
2591 Vgl. dazu V, Abt. 2, Tl. 22 [Erinnerungen, Tl. 3], S. 57, mit SWS, Bd. 31, S. 783.
2592 Zu diesem schon mehrfach erwähnten Schreiben vgl. bes. Kap. III, Anm. 116.
2593 Herder an Karl August, 1. Dezember 1797, DA, Bd. 7, Nr. 363, S. 347, Z. 98–101.
2594 SWS, Bd. 30, S. 594.
2595 SWS, Bd. 31, S. 783.
2596 Ebd.

fahrne Geistliche allein sind es, die es ausmachen können, so wie man [...] alle thätigen Wissenschaft von *practicis* lernet.“[2597] Eine Auswahl wird lediglich im Blick auf das Personal vorgenommen. Schon in der Einleitung findet sich eine Zentrierung der Perspektive auf Weimar: „Billig sollte die Hauptstadt eine Auswahl derselben im geistlichen Fach, d. i. die verständigsten, besten Geistlichen des gesammten Landes haben.“[2598] Die lokale Einschränkung wird strukturell nicht fixiert: es versteht sich „von selbst, daß [... das Personal] im ganzen Lande zerstreut seyn muß. Alle tüchtige[n] und würdige[n] Geistliche gehören dazu“.[2599] Wie die weiteren Ausführungen zeigen, konzentriert sich die Anlage des Seminars jedoch fast ausschließlich auf Geistliche in Weimar oder der unmittelbaren Nähe. Die Programmatik der landesweiten Rekrutierung steht damit in einem institutionell nicht gelösten Widerspruch zu der Konzentration auf die Hauptstadt. Herder selbst möchte die Pfarrerschaft Weimars im Sinne einer Basis an Personal verstehen: „Das hiesige Hof- und Stadt-Ministerium bildete natürlicher Weise, so viel er Mitglieder derselben brauchen kann, das *corpus* dieser praktischen Aufsicht.“[2600] Wichtig ist jedoch als Bedingung der Auswahl und Aufnahme das alleinige Vorschlags- und Ernennungsrecht des Generalsuperintendenten.[2601] Diese Struktur steht parallel zu Herders Forderungen in der Einrichtung des Landschullehrer-Seminars, der Gestaltung des Gymnasiums und der Erstkonzeption eines nichtinstitutionalisierten Predigerseminars. Auf eine Anbindung an das Oberkonsistorium verzichtet er im Falle der hier vorgetragenen Konzeption; die von dem Generalsuperintendenten beanspruchte amtliche Autonomie findet sich damit gegenüber den Vorgängen der achtziger Jahre deutlich erweitert.

Als sein Ideal beschreibt Herder, „unter specieller Aufsicht“ und „durch die fortgehende Notiz“ in den jungen Geistlichen „Gutes [zu] bewirken“, indem „Manche jetzt schlafende Kraft [...] dadurch geweckt“ würde.[2602] In der praktischen Umsetzung dominiert der Aspekt der „Aufsicht“ – freilich unter dem Ziel der „Bildung“ – für die nicht in Weimar angestellten Geistlichen in der praktischen Ausbildungsphase. Wie bei den übrigen Vikaren werden ihre Zirkularpredigten von einem „aufsehenden Mitgliede des Institutes“ besucht; zudem ist die Predigt in schriftlicher Ausarbeitung bei dem Seminar, das eine Kopie aufbewahrt, zur Benotung einzureichen.[2603] Für sämtliche auszubildenden Theologen gilt auch die Auflage, einen Jahresbericht über die eigenen „lit-

---

2597 Ebd.
2598 Ebd.
2599 Ebd.
2600 Ebd.
2601 Ebd.
2602 Ebd.
2603 Ebd., S. 784.

terarisch[en] und theologisch[en]" Studien aufzusetzen.[2604] Zudem müssen sie, ebenfalls mit Benotung, jedes Jahr eine vorgegebene Aufgabenstellung in Aufsatzform bearbeiten.[2605]

Daß die Einrichtung des Institutes in besonderer Weise der Weimarer Geistlichkeit galt, zeigt sich an den über die reinen Pflichten hinausgehenden Anregungen. So waren für die „in Weimar lebenden Candidaten und Collaboratoren" zwei Vorlesungen vorgesehen, die der kirchenamtlichen Praxis gelten sollten: „Ueber *Pastoraltheologie* […], vom Predigtvortrage an[,] bis auf Fälle der praktischen Amtsführung", sowie ein „*Oeconomicum* für den künftigen Landprediger, falls sich ein [in] der Landwirthschaft erfahrnes *membrum* des Instituts in der Hauptstadt fände."[2606] Beide Anregungen sind in ihrer eigenen Weise aufschlußreich. Die erste als Vorlesung geplante Unterrichtseinheit läßt unschwer die Initiativen der frühen achtziger Jahre erkennen, deren literarische Entsprechung die *Briefe, das Studium der Theologie betreffend*, darstellen. Die zweite Anregung steht parallel zu dem in Karolines *Erinnerungen* für das Landschullehrer-Seminar Günther zugeschriebenen Anliegen, agrarökonomische Impulse innerhalb der außeruniversitären praktischen Ausbildung zu vermitteln.[2607] Der ausdrückliche Hinweis auf Weber in dem Begleitschreiben vom 1. Dezember sowie die darin zum Ausdruck gebrachte Hoffnung, Weber könne sich als Generalsuperintendent von Eisenach für die Einrichtung eines gleichartigen Institutes einsetzen, lassen vermuten, daß sich die Anregung einer kirchlich vermittelten Agrarökonomie dem Weimarer Kollegen Weber noch vor der Berufung Günthers im Jahr 1801 verdankte. Im Zusammenhang des Predigerseminars ist die Frage nur insofern von Interesse, als sie mit der von Herder angedeuteten Unterstützung Webers in Eisenach in Verbindung gebracht werden kann. Die Annahme Karolines, das Thema der Agrarökonomie sei Herder von seinem jüngeren Kollegen Günther vermittelt worden, ist von Bedeutung, da sie das Anliegen nicht genuin Herder zuschreibt. Der Rückschluß auf Günther mag seine Berechtigung in dessen langjähriger pfarramtlicher Praxis auf dem Lande gehabt haben. Nach 1801 sind entsprechende Unterhaltungen denkbar und wahrscheinlich; Karolines *Erinnerungen* könnten daran angeknüpft, möglicherweise sogar Landschullehrer- und Predigerseminar vertauscht haben. Im Jahr 1797 dürfte Weber als Ideengeber und prospektiver Kollege in Eisenach in den Überlegungen Herder eine größere Rolle gespielt haben als Günther, um dessen Anbindung an das Stadtministerium er jedoch während der gesamten neunziger Jahre im höchsten Maße bemüht war. Nicht auszuschließen ist auch, daß die Formulierung „falls sich ein [in] der Land-

2604 Ebd.
2605 Ebd.
2606 Ebd.
2607 Vgl. dazu in diesem Kap., Anm. 1240.

wirthschaft erfahrnes *membrum* des Instituts in der Hauptstadt fände"[2608] auf
Günther zielte, dessen Anstellung in Weimar sogar in dem Begleitschreiben
auf Grundlage der Anstellung Webers in Eisenach gewünscht wurde.

Ungeachtet der Fragen nach der Erstanregung ist auf ein Gutachten im
Berliner Nachlaß hinzuweisen[2609], dessen Hintergrund sich zumindest darin
einschränken läßt, daß es nicht in der Handschrift Günthers vorliegt[2610]. Von
einer Kanzleiabschrift ist nicht auszugehen; der Vergleich mit einer Schriftpro-
be Webers könnte lohnend sein. Das Gutachten widmet sich der Überlegung,
wie die Pfarräcker in ihrer Bewirtschaftung verbessert werden könnten und begründet die Notwendigkeit über ökonomische Gründe hinaus mit Hinweisen
wie: „Der Landmann mißt die Achtung[,] die er seinem Prediger ermißt, immer nach Führung seiner Wirthschaft – und nicht ganz mit Unrecht."[2611] Der
vorgesehene Lösungsansatz beläuft sich im wesentlichen auf die Einschränkung einer überwiegenden Monokultur. Die Bewirtschaftung soll in einem
Verhältnis von „1/8 Wiesen zu 7/8 Arthland durch Anbau der Futterkräuter,
[geschehen] und [...] gehörige Aufsicht geführt werden, daß jeder Prediger dieses Verhältniß beständig erhalte."[2612] Als Kontrollinstanz schlägt der Autor das
Oberkonsistorium vor.[2613] Wahrscheinlich ist, daß Karolines Erinnerungen
agrarökonomischer Anregungen auf dieses Dokument und dessen Autor zielen.
Es spricht für Herder, daß er den Anregungen zwar Interesse entgegenbrachte,
sie aber nicht in die Praxis umsetzte.

In dem Entwurf des Predigerseminars zeigt sich die Ausrichtung auf die
Weimarer Pfarrerschaft auch in den weiteren geplanten Einrichtungen. Ausschließlich den lokalen Angehörigen des Institutes, auf Schüler- wie Lehrerebene, galten die regelmäßigen Treffen: „Die hiesigen [!] Mitglieder [hier
wohl: des Lehrapparates] kämen viertheiljährlich, etwa im großen Saal des
Gymnasii zusammen, und verhandelten aus dem verflossenen ins künftige
Viertheiljahr, was zu verhandeln wäre."[2614] Weitere Termine beschränken sich
ebenfalls auf diese Zielgruppe: „Die hiesigen Candidaten und Collaboratoren
[darin ausschließlich auf Schülerebene], wie auch die, die nicht weit entfernt
wären, kämen monatlich zusammen zu Vorträgen und Anweisungen, die ihnen
nöthig wären."[2615] Die Administration der Einrichtung besteht nur in der Verwaltung des „Aufzubewahrende[n]" und einem jährlichen Bericht „über den

2608 SWS, Bd. 31, S. 784.
2609 HN XXIII, 101.
2610 Vgl. dazu den Zusatz Günthers auf dem Titelblatt von HN XXIII, 102.
2611 XXIII, 101, Bl. 1[r].
2612 Ebd., Bl. 2[r].
2613 Ebd., Bl. 4[r].
2614 SWS, Bd. 31, 784.
2615 Ebd.

Zustand des Institutes".[2616] Nur an dieser Stelle findet sich als Adressat – nicht aber in eigener Entscheidungskompetenz – das Oberkonsistorium.[2617]

Die insgesamt niedrig anzusetzenden Kosten des Seminars schlägt Herder vor, fast ausschließlich aus den „Sünden des Landes", Strafgeldern, Dispensen, Scheidungsgebühren etc. zu decken, soweit diese nicht bereits für das Waisenhaus Verwendung finden.[2618] Von einer Belastung der Gemeinden, Kirchen, sogar der Landschaft rät er ab, im letzteren Fall, um eine weitere Unterstützung des Gymnasiums nicht zu gefährden.[2619] An konkreten Kosten benennt Herder vorerst nur die Spesen des auch als Rechnungsführer zu ernennenden „Sekretair[s]".[2620] Unter dem Aspekt der Finanzierung betont Herder, das Institut „wüchse gleichsam aus dem Nichts hervor."[2621]

Zusammenfassend kann festgestellt werden, daß sich der Vorschlag zwar an realen Notwendigkeiten orientiert: der Aussicht auf nur minimale finanzielle Mittel und der Suche nach nicht bereits erschöpfend beanspruchten Geldquellen. Vor diesem Hintergrund kann die Gestalt des projektierten Seminars ihrerseits als eine teilweise Konsequenz aus den äußeren Umständen gelten. Kritisch anzumerken ist jedoch, gerade in der Ausrichtung auf das gesamte Fürstentum Sachsen-Weimar, die nur in der einleitenden Programmatik überwundene Zentrierung auf die Landeshauptstadt und deren Geistlichkeit. Die Ausweitung hinsichtlich eines landesweiten Personals kann auf Ebene der supervisorisch aktiven Geistlichen nur im Sinne eines in der Praxis institutionell ungebundenen Ehrenamtes funktionieren. In Verbindung mit dem Verzicht auf eine Entscheidungskompetenz des Oberkonsistoriums bleibt von der Anlage einer landesweiten Einrichtung wenig mehr als der Anspruch des Generalsuperintendenten auf eine weitere uneingeschränkte personale Gestaltungsmöglichkeit. Das persönliche Anliegen des Anknüpfens an die frühen Privatinitiativen einer eigenen pastoraltheologischen Lehrtätigkeit ist deutlich zu erkennen. Hinsichtlich der nicht an die Hauptstadt angebundenen Mitglieder des Seminars, auf Schüler- wie Lehrerebene, dominiert der Aspekt der „Aufsicht". Das Ziel der „Bildung" wird als ein persönliches Ideal vorausgesetzt. In der praktischen Einrichtung bleibt es an eine in gleicher Weise persönliche Bestimmung rückgebunden. Gerade an dieser Stelle fehlt ein inhaltliches Programm, das über den nur einleitend skizzierten Plan einer Vermittlung reinen Erfahrungswissens hinausginge. Auch in struktureller Hinsicht löst die Institution das vorausgesetzte Ideal nur auf der Ebene ein, auf der es entworfen wur-

---

2616 Ebd.
2617 Ebd.
2618 Ebd., S. 785 (1.–3.).
2619 Ebd., S. 785 (α–γ).
2620 Ebd., S. 785.
2621 Ebd.

de: auf persönlicher Ebene. In der Einrichtung des Seminars steht die Ressource der unter Anleitung zu vermittelnden pastoralen Erfahrungen den programmatischen Zielen jedoch sehr unvermittelt gegenüber. In Anknüpfung an die einleitende Begrifflichkeit kann festgestellt werden, daß die Zielsetzung der „Aufsicht" besonders die außerhalb Weimars tätigen Pfarrer und jungen Geistlichen berührt, eine Annäherung an das Ideal der „Bildung" jedoch allenfalls lokal und darin nur gleichermaßen persönlich wie punktuell bedingt erfolgen kann. Trotz der notwendigen Orientierung an den einzig verfügbaren, den personellen Ressourcen sind damit strukturelle Defizite klar zu verzeichnen. Zu betonen ist, daß dieses Resümee Herders Entwurf lediglich an dem Kriterium einer landesweit vergleichbaren Bildungschance der angehenden Pfarrer bemißt. Über eine primäre Zielsetzung einer insgesamt verstärkten Supervisionseinrichtung soll nicht gemutmaßt werden. Auf die zeitliche Parallelität zu Herders wachsender philosophischer Entfremdung von der Jenaer Universität ist jedoch ebenso hinzuweisen wie die am Schluß des Vorkapitels benannten Überlegungen zu einer zunehmenden „*Inspection*" während der Studienzeit. Der Vorschlag steht mit dieser Anregung insofern in Kontinuität, als er das Vorhaben einer geplanten Supervision aus der Studienzeit in die ersten Jahre der praktischen Berufsausübung überträgt.

Amtliche Reaktionen (Dezember 1797)

Die amtlichen Reaktionen bezüglich des Predigerseminars treten in der Korrespondenz zwischen Goethe und Voigt über der Diskussion der ausgeweiteten schulischen Oberstufe vollständig in den Hintergrund. Nur die Darstellung von Voigt unter dem 4. Dezember 1797 führt in einer Zusammenfassung des „hiesige[n] Plan[s]"[2622] den Punkt noch einmal eigens auf: „Dieser [der Herdersche Plan] ist, soviel die Aufsicht und Leitung der studirenden theologischen Landeskinder und ihre Bildung zum Predig Amte durch ein Seminarium betrifft, so gründlich unterstützt, daß über den Nutzen, ja die Nothwendigkeit seiner Annahme, schwerlich ein Zweifel entstehen kann."[2623]

Über den weiteren Verlauf läßt sich nicht mehr festhalten, als daß der Gesamtplan trotz der Fürsprache Goethes und der anschließenden, wenn auch zurückhaltenderen Unterstützung Voigts nicht realisiert wurde. Zu weitreichend waren wohl die Auswirkungen und befürchteten Außenwahrnehmungen im Blick auf den Status der Universität Jena und die institutionelle Verhältnisbestimmung zum Weimarer Gymnasium. Von der Involvierung Goethes wußte Herder. Karoline vermerkte handschriftlich zu den einschlägigen Autographen:

2622 Goethe, Amtliche Schriften, Bd. 2/1, Nr. 132 E, S. 542, Z. 1.
2623 Ebd., Z. 2–5.

„Der Vater hatte sich (durch welche Veranlassung ist mir unbekannt) im Frühjahr 1803 den Brief an den Herzog und die Beilagen durch Goethe zurückge-
ben lassen; daher besitze ich sie jetzt."[2624] Soweit die chronologische Angabe
zutreffend ist, unterstreicht sie, daß der Vorgang für Herder zu diesem Zeitpunkt abgeschlossen war und eine Umsetzung nicht mehr erreicht werden
konnte. Denkbar ist auch, daß Karolines Datierung in das Spätjahr 1803 zu
korrigieren ist. Herders Interesse an dem eigenen Entwurf könnte damit in Zusammenhang mit einem Vorgang stehen, der 1803 auf die Berufung[2625] Johann
Gottlob Marezolls zum Oberpfarrer der Stadt Jena folgte.

Herders Unterstützung der Jenaer Initiative Marezolls (1803)

Nach der Einführung im Frühjahr ergab sich im Herbst des Jahres 1803 eine
Berührung mit dem neuen Kollegen, die der Einrichtung eines Jenaer Predigerseminars galt. Auf den 20. Oktober 1803 datiert Herders Brief an Christian
Gottlob Voigt, der als Beilage ein knappes an das Geheime Consilium adres-
siertes Gutachten enthält, das auf einen umfassenden Vorschlag Marezolls reagiert.[2626] Das Manuskript Marezolls befindet sich im Thüringischen Haupt-
staatsarchiv in der vormaligen Handakte Voigts zu dem Vorgang.[2627] Der auf
zwei Blättern fixierte Entwurf *Gedanken und Vorschläge zur Errichtung eines
zweckmäßigen Predigerseminariums* ist undatiert. Der Voigtsche Bezugsbrief,
auf den Herder antwortet, fällt auf den 18. Oktober.[2628] In Folge der unter dem
15. Mai vorgenommenen Investitur Marezolls ergaben sich gut fünf Monate
für den Abfassungs- und Einreichungszeitraum der Handschrift. In den späteren Dokumenten der Handakte wird an einem Punkt bereits für die Zeit vor
dem 15. Mai eine Absprache zwischen Herder und Marezoll greifbar. Dieser
betrifft die Freistellung Marezolls von den durch Herder selbst ausgewählten
Predigttexten. In einem späteren Erklärungsschreiben zitiert Marezoll den verstorbenen Generalsuperintendenten:

2624 Zitiert nach SWS, Bd. 30, S. XXXIIf.
2625 Zu der unter dem 12. Juli 1802 vom Stadtrat in letzter Instanz beschlossenen Berufung und
      der am 15. Mai 1803 vorgenommenen Einführung Marezolls vgl. im Stadtkirchenarchiv Je-
      na, Altes Archiv, Fach 5, 2. 02., Matrikel, Pfarrstellenbesetzung – Pfarrer, Diakone usw.
      1761–1868, die Akte: Die Wiederbesetzung der durch das Ableben der Herrn Consistorial-
      raths, Superintendenten und pastoris primarii, Johann Christian Wilhelm Oemlers, vacant
      gewordene Ober„Pfarr"Stelle an der hiesigen Stadt- und HauptKirche zu S. Michael.
2626 Herder an Christian Gottlob Voigt, 20. Oktober 1803, DA, Bd. 8, S. 398f., Nr. 404. Knapp
      zu dem Vorgang vgl. auch Müller, Goethe, S. 503.
2627 ThHSA, A 6148ᵃ, Bl. 9ʳ–10ᵛ; aus Voigts Nachlaß übereignet von Geheimrat Welcker, Darm-
      stadt, 1925.
2628 DA, Bd. 8, S. 666, Anm. 404.

„‚Von Ihnen – dieß waren seine Worte – von Ihnen erwartet man, daß sie den ver-
fallenen Gottesdienst in Jena wiederherstellen werden; und also müssen Sie auch
nothwendig die Freyheit haben, die öffentliche Gottesanhörung so einzurichten,
daß diese Absicht er[r]eicht werden kann.' Zu diesem Zwecke hat er mich sogleich
selbst bey der am Tag meiner Einführung abzulegenden Predigt von dem vorgeschriebenen Texte dispensiert".[2629]

Auch in einem zweiten Zusammenhang, der Praxis der Haustaufen, sollte sich
Marezoll posthum auf Herder berufen: „darum, weil mir der verstorbenen Herr
Oberconsistorial-Präsident Herder die ausdrückliche Erlaubnis dazu gegeben
hat, als zu einer Sache, die sich von selbst verstehe".[2630] Ein daran anschlie-
ßendes Briefkonzept Ziegesars an Voigt bestätigt diesen Anspruch:

> „Zu seiner Entschuldigung [… läßt sich] noch […] anführen, […] daß der sel. Her-
> der bey seiner Einführung ihm ausdrücklich obzwar nur mündlich verstattet hatte,
> bey dergleichen Handlungen von den Formularen der Kirchen-Agende abzusehen.
> Diese Erlaubnis kann zwar jetzt, da Herder todt ist, nicht mehr bewiesen werden,
> ich habe aber von einem glaubwürdigen Manne, dem Cammerrath von Hellfeldt,
> kurz nach seiner Einführung und bey Herders Lebzeiten noch davon sprechen ge-
> hört, daß Marezoll seiner Versicherung nach eine solche Erlaubnis bekommen ha-
> be".[2631]

Vor diesem Hintergrund muß auch die Initiative Marezolls zur Einrichtung eines eigenen Predigerseminars gesehen werden. Herder hatte ihm die Gestaltung der öffentlichen und privaten Gottesdienste weithin freigestellt und mit
einer lokalen Begründung, die für Herder aus Marezolls amtlicher Verbindung
mit der Universitätskirche erwachsen sein mag, nachdrücklich aufgetragen,
sich für eine Förderung der kirchlich verfaßten Religionskultur starkzumachen.
Die Anregung eines Predigerseminars mochte für den vormaligen Göttinger
Universitätsprediger und Kopenhagener Hofprediger aufgrund seiner vorherigen Positionen in institutioneller Hinsicht nahegelegen haben. Die freiheitliche
Förderung Herders, die ihrerseits selbst auch mit einer gewissen Frontstellung
gegen die Jenaer akademischen und kirchlichen Tendenzen der ausgehenden
neunziger Jahre verknüpft haben mochte, dürfte aber auch in der Anregung
dieser frühen Initiative nicht zu unterschätzen sein, und in diesen Zusammenhang mag auch Herders Rückforderung seines vormaligen Konzeptes im Jahre
1803 einzuordnen sein.

Marezolls Entwurf gilt der Einrichtung eines „sogenannten Homiletikum[s]".[2632] Er unterscheidet prinzipiell zwischen zwei Arten, der privaten und
der öffentlichen Anlage. Im wesentlichen gründet Marezoll diese Klassifizie-

---

2629 ThHSA, A 6148ᵃ, Bl. 12ʳ.
2630 Ebd., Bl. 13ʳ.
2631 Ebd., Bl. 18ᵛ.
2632 Ebd., Bl. 9ʳ.

rung auf der Frage der Finanzierung. Seine Ablehnung der nur kurz dargestellten Privateinrichtung basiert einerseits auf der Annahme, daß „größtentheils nur [...] Ausländer" die Honorare für den Besuch des Unterrichts aufbringen könnten, andererseits – ungeachtet der materiellen Voraussetzungen – gerade „die mittelmäßigen Köpfe, die fast immer nur dem hergebrachten Schlendrian folgen, und noch ausserdem so bald als möglich zu absolvieren suchen", auf den fakultativen Teil ihrer Ausbildung verzichten. Marezolls Präferenz gilt der öffentlichen Einrichtung.[2633] Über die Anlage und Finanzierung wird nur vermerkt, daß ein Direktor dem Institut vorstehe, der „der Natur der Sache gemäß, aus irgend einem öffentlichen Fond bezahlt wird".[2634] Die Aufgabe der zumindest für Landeskinder obligatorisch und im Fall nachweislicher Armut unentgeltlich zu besuchenden Einrichtung ist es, „ihnen Gelegenheit zu geben mit dem, was dereinst ihres Amts seyn wird, genau bekannt zu werden."[2635] Der Hauptteil der Ausführungen gilt der inhaltlichen Anlage und einem vorläufigen Lektionsplan des Instituts.[2636] Das bereits einleitend als „eigentliches Predigerseminar" bezeichnete Projekt ist darin als „Homiletikum" ausschließlich dem Predigtamt verpflichtet.[2637] Nur abschließend, nach der genauen Beschreibung der fünf für jede Woche vorgesehenen Unterrichtsstunden, findet sich die Andeutung einer möglichen Ausweitung: „Noch nützlicher könnte übrigens ein solches Predigerseminarium eingerichtet werden, wenn eine Stunde in der Woche dem Catechisieren gewidmet würde, der Lehrer durch sein Beyspiel zeigte, wie man dabey zu derlei gehn muß, die Zuhörer unter seiner Aufsicht, nach der Reihe ihre Kräfte versuchten, und zu dem Ende immer einer Anzahl Schulkinder gegenwärtig wären."[2638] Es ist zu erkennen, daß die vorgeschlagene Stundenaufteilung einerseits deutlich auf die klassischen Schritte der Rhetorik ausgerichtet ist, andererseits einen deutlich an der Praxis orientierten homiletischen Seminarcharakter anstrebt. Der Schwerpunkt liegt zunächst auf dem Gesamtzusammenhang des Predigtgeschehens, indem zwei Stunden der „Theorie der Homiletik" gewidmet werden, die sich tatsächlich „nur gelegentlich beym Corrigieren und Censieren der verfertigten Ausarbeitungen geben lassen. Es ist also zu diesem Zweck blos nöthig, eines der neuesten Lehrbücher zu läutern, zu ergänzen, zu berichtigen, und die allgemeinen Grundsätze, nach welchen überhaupt verfahren werden muß, kurz darzustellen."[2639] In der dritten Stunde läßt sich in Teilen ein praktisch vermittelter Schritt der *inventio* identifizieren,

---

2633 Ebd., Bl. 9^r, 9^v.
2634 Ebd., Bl. 9^v.
2635 Ebd., Bl. 9^r.
2636 Ebd., Bl. 9^v–10^v.
2637 Einleitend vgl. dazu ebd., B. 9^r.
2638 Ebd., Bl. 10^v.
2639 Ebd., Bl. 9^v.

wenn „die eingereichte Predigt eines Mitglieds, die der Lehrer schon vorher auf das genaueste recensiert hat, eben so genau beurtheilt und auf Inhalt und Sprache gleiche Rücksicht genommen."[2640] Die Vermittlung der nötigen Adressatenorientierung wird zu einem eigenen Ziel erklärt. Eine vierte Stunde kann mit dem Schritt der *dispositio* und dem Grundanliegen der *applicatio* zusammenfaßt werden, die in Form von gemeinsamen Übungen den Zweck einer logischen Gliederung unabhängig von dem jeweils vorgegebenen Thema mit dem „praktischen Sinn" auf „Anwendbarkeit" und „Verwendung" zu verbinden sucht, um „auch unfruchtbar scheinenden Texten immer noch eine Seite abzugewinnen [...], von welcher sie mit irgend einer richtigen Religionslehre zusammenhängen."[2641] Den Schritten der *elocutio* und des *actus*, daneben auch der *memoria*, ließen sich schließlich die Vorschläge weiterer „Declarationsübungen" in einer fünften Stunde zuweisen, „so, daß jedes Mahl drei bis vier Mitglieder nacheinander auftreten. Sie müssen das Herzusagende, wo möglich, memoriert, sie müssen sich wenigstens ganz genau damit bekannt gemacht, es oft durch[ge]lesen und wirklich durchdacht haben."[2642] Für die „Besten unter den Seminaristen" könnten im Rahmen der öffentlichen Gottesdienste der Stadt Nachmittagsgottesdienste in der Hauptkirche übernommen werden.[2643] Als weiteren Anreiz schlägt Marezoll vor: „Werden Themata zu Preispredigten ausgeschrieben, so dürfte wohl der schönste und angenehmste Preis, wenn er einem Landeskinde zu Theil wird, die gewisse Aussicht auf eine baldige Beförderung seyn."[2644]

Herders Gutachten stellt eine interessante Reaktion dar. Die von Marezoll noch völlig unberührte Frage der Finanzierung und institutionellen Anbindung der Stelle beantwortet Herder einleitend und ohne Benennung der noch offenen Fragen des Marezollschen Entwurfes: „Daß H. Doctor Marezoll als Professor Theologiae mit Gehalt angestellt werde, halte ich der Lage der Sache sehr gemäß u.[nd] der Akademie zuträglich."[2645] Zugleich setzt er sich für eine vollständige Gestaltungsfreiheit Marezolls ein: „Er möge dann zeigen, was er vermag, u.[nd] unter höchster Unterstützung sein *Homiletisches Institut* selbst gründen."[2646] Konkrete Bezugnahmen auf den Entwurf fehlen. Die weiteren Ausführungen stellen allerdings eine grundsätzliche Kritik an dem „*Predigerseminarium* in der angegebnen Form" dar, das die Bezeichnung findet: „man-

---

2640 Ebd., Bl. 9ᵛ, 9ʳ.
2641 Ebd., Bl. 10ʳ.
2642 Ebd.
2643 Ebd., Bl. 10ʳ, 10ᵛ.
2644 Ebd., Bl. 10ᵛ.
2645 Herder an Christian Gottlob Voigt, 20. Oktober 1803, DA, Bd. 8, Nr. 404, S. 398f., Z. 19f.
2646 Ebd., Z. 19–22.

gelhaft dem Zweck, den es erreichen soll".[2647] Diese Asymmetrie zwischen un-
eingeschränkter Förderung und prinzipieller Kritik löst sich in dem Projekt auf,
das Herder aus dem Vorschlag Marezolls entwickelt. Hatte Marezoll bereits
davon gesprochen, den Kandidaten eine Ausrichtung auf ihre spätere Amtspraxis vermitteln zu wollen[2648], will Herder die Einrichtung über das Predigtamt
hinaus auf sämtliche Aspekte des Pfarramtes zu einem „Seminarium brauchba-
rer Theologen in allen Fächern ihres Amts"[2649] ausweiten, einem Institut „für
den Unterricht in Kirchen, Schulen u.[nd] in der ganzen Amtsführung der
Geistlichen"[2650]. Das Ziel einer Integration der gesamten Fakultät besteht in
der Lehre und der Leitung: „die ganze Facultät soll es thun, durch alle ihre
Mitglieder, in allen Lectionen"[2651] und die Einrichtung „stünde unter der Leitung der ganzen Facultät"[2652]. In der allenfalls ansatzweise berührten Frage der
praktischen Realisierung wird erkennbar, daß Herders Plan auch auf die bestehenden Berührungen zwischen der philosophischen und der theologischen Fakultät reflektiert: „Eine solche Ordnung könnte nicht eher getroffen werden,
als bis die theologische und philosophische Facultät wesentlich besetzt
sind."[2653] Die Konstruktion bemüht sich damit insgesamt um die Integration
sämtlicher theologischen Disziplinen und des gesamten Lehrpersonals der
theologischen Fakultät. Die Hinweise auf die philosophische Fakultät deuten
an, daß darüber hinaus der vollständige Lehrkörper des theologischen Studiums, auch an der grundlegenden Nachbarfakultät, erfaßt werden soll. Dieser
inklusive Anspruch muß als eine Aufhebung der Trennung zwischen Theorie
und Praxis in der theologischen Ausbildung verstanden werden, wenn nicht sogar die Aufgabe eines bestimmten Wissenschaftsideals der Theologie vorliegt.
Daß Herder dies sehr klar sah und billigend in Kauf nahm, beweisen seine
Ausführungen in der anfänglichen Ableitung seines Vorschlages aus dem Hinweis, daß die „Theologie seit einem halben Jahrhundert ihre alten Ansprüche
aufgegeben [habe], als ,eigne Wißenschaft' glänzen zu wollen".[2654] Herder
knüpft damit einerseits an Marezolls Entwurf an, deutete diesen jedoch vollständig um. Unter der Voraussetzung personeller Veränderungen der theologischen sowie philosophischen Fakultät – einen ersten Personalvorschlag formuliert er bereits mit seiner einleitenden Empfehlung einer Festanbindung Marezolls an die theologische Fakultät – entwirft sein knappes Gutachten den Plan

---

2647 Ebd., Z. 23, 25.
2648 Vgl. in diesem Kap., Anm. 2635.
2649 Herder an Christian Gottlob Voigt, 20. Oktober 1803, DA, Bd. 8, Nr. 404, S. 399, Z. 59.
2650 Ebd., Z. 54f.
2651 Ebd., Z. 35f.
2652 Ebd., Z. 40.
2653 Ebd., Z. 43–45.
2654 Ebd., Z. 31–33.

einer praktischen Stärkung der theologischen Ausbildung auf Kosten der wissenschaftlichen Grundierung. Zeitbedingte Motivationen haben darin mit Sicherheit keine geringe Rolle gespielt. Nicht zu bezweifeln ist jedoch auch, daß das Ideal, dem Herders Vorschlag verpflichtet war, der praktische Dienst am Menschen des entsprechend geschulten Geistlichen war. Das Kriterium der Popularität war für Herder Ausdruck der Allgemeinheit und Universalität. Die Universität als Ort einer freien akademischen Spezialisierung und professionellen Ausbildung konnte er damit nur insofern in Zusammenhang bringen, als die Rückbindung an die praktische Amtstätigkeit und Arbeit an einer allgemeinen Bildung des Menschen als Ziel vorauszusetzen und zu verfolgen war.

3.4.4. Die Kontinuität des Vorhabens

Zusammenfassend läßt sich damit feststellen, daß Herders Position bezüglich eines Predigerseminars während der gesamten Zeitspanne seiner Weimarer Amtszeit von bemerkenswerter Konsequenz ist. Seiner Ablehnung einer eigenen, von ihm als isoliert verstandenen Institution steht die Idee einer organischen Einheit gegenüber. In der inhaltlichen Ausrichtung des Seminars kommt diesem Gedanken eine ebenso zentrale Bedeutung zu wie in den praktischen Realisierungsvorschlägen, die in sämtlichen Vorschlägen auf die vollständige Gestaltungsfreiheit einer Person zielen, deren Lebenszusammenhang und gewachsener pastoraler Erfahrungshorizont als die einheitsstiftende Größe verstanden werden (1776f., 1780, 1797). Selbst für den Vorschlag des Jenaer Kollegen (1803) trifft diese Beobachtung im Blick auf das „Homiletikum" zu. Zugleich kann die Gesamtleitung auch zunehmend auf eine – für den Generalsuperintendenten noch immer deutlich steuerbare – personelle sowie institutionelle Struktur übertragen werden (1797/1803). Der Entwurf des Jahres 1797 knüpft darin an das auszuweitende Stadtministerium Weimars an, der Plan von 1803 an die theologische Fakultät der Universität Jena. Der spätere der beiden Vorschläge kann, trotz der massiv implizierten Problematik, als der weiterführende Gedankengang verstanden werden. Deutlicher als die vorherigen Anregungen löst sich der abschließende Plan zumal von der eigenen Person Herders und stärker als zuvor soll ein überindividuelles Gremium in die Verantwortung der Leitung, Lehre und Gestaltung einbezogen werden. Eine Trennung der theologischen Ausbildung von der Universität wollte Herder verhindern. Seine Reaktion des Jahres 1797 dokumentiert, daß die Anregung jeder weiteren fachlichen Förderung des landeseigenen theologischen Nachwuches an die bestehenden Institutionen der Schule und der Universität anzuknüpfen habe. Der Vorschlag des Jahres 1803 stellt eine Weiterführung dieser Position dar. Das Ziel einer einschlägigeren Praxisorientierung verfolgt er, indem er die Aufgabe und Ausrichtung der theologischen Fakultät und akademischen Theologie ausschließlich aus dieser Perspektive auszudeuten, einzurichten und zu erreichen sucht. In einer Fortführung des Vorentwurfes knüpft das Gutachten zudem nahtlos an das im Votum vom Herbst 1797 formulierte Anliegen der „Aufsicht" an. Im Unterschied zu dem Seminarentwurf vom Dezember 1797 ist der Träger jedoch nicht mehr das kirchliche Personal des Weimarer Stadtministeriums, sondern – und dies stärkt, unter einer gleichwohl veränderten Zielrichtung sogar deren Position – die theologische Fakultät. Konsequent ist an dem Vorgehen, wiederum an den bestehenden Einrichtungen anzusetzen. Ein konservativer Zug, der mit den vorhandenen zugleich an die verfügbaren Ressourcen anknüpft, verbindet sich darin mit einer äußerst realistischen Praxisorientierung in der Umsetzung von Neuerungen. Wie in anderen Amtsbereichen schließen die projektierten Verbesserungen geradezu programmatisch an etablierte Ordnungen an, ohne die massiven Änderungen direkt zu benennen oder eigens apostrophieren zu wollen. Die lautlose Veränderung, die ohne breites Aufsehen und öffentliche Aufmerksamkeit langfristig wirksam werden soll, ist als das Ziel der Bemühungen in den zuletzt genannten sowie zahlreichen früheren Fällen zu erkennen.

4. Zusammenfassender Ausblick

Die damit bereits angedeutete Zusammenfassung wird in diesem und dem nachfolgenden Kapitel durch einen kurzen „Ausblick" ersetzt. In einem hohen Maße müssen die abschließenden und darin auch weiterführenden Perspektiven auf das Kirchenamt die beiden Kapitel aufeinander beziehen und Redundanzen vermeiden. Nur zwei Punkte, die einen thematischen Zusammenhang bilden, sollen an dieser Stelle benannt werden. Zum einen ist auf die praktischen Gestaltungs- und Wirkungsideale Herders hinzuweisen. Die amtlichen Vorgänge lassen diese in einer Deutlichkeit erkennen, die sonst nur aus der menschlichen Nähe der Vertrautheit und langjährigen Kenntnis erwachsen konnte. Christian Gottlob Voigt hält 1805 in seiner knappen Sammlung *Herder und der Actenstyl* summarisch über Herder fest: „Bestehendes änderte er nur nach reifster Überlegung; überzeugt, daß es leichter sey einzureißen, als aufzubauen. Was er aber mit leiser Hand angriff, das setzte er mit fester durch."[2655] Eine zutreffendere Charakterisierung des im größeren zeitlichen Abstand verfügbaren Quellenbefundes kann es nicht geben. Herder knüpfte programmatisch an die bestehenden institutionellen Strukturen sowie verfügbaren personalen, finanziellen oder naturalen Ressourcen an und suchte diese unter einer den Bedürfnissen der Zeit angepaßten Zielsetzung zusammenzuführen, meist

---

2655 Vgl. dazu Voigt, Actenstyl, S. 532, bzw. SWS, Bd. 30, S. 507, Anm. 2.

unter einer zentralen Leitungsinstanz zu vereinheitlichen und zumindest längerfristig auch in materieller Hinsicht zu stärken. Diesem Anliegen korrespondierte zum anderen der von Voigt mit dem Bild der „festen Hand" beschriebene massive Anspruch einer freien, eigenständigen und nicht selten
eigenmächtigen Gestaltung. Das Ideal der direkten Wirksamkeit war mit den
konsensuellen und kooperativen Abstimmungsprozessen innerhalb der Amtsstruktur nur schwer vereinbar. Das zurückliegende Kapitel zeigt, mit welchen
Graden der Subtilität und des taktischen sowie strategischen Geschicks sich
Herder, in der ersten Hälfte der achtziger Jahre beginnend, Möglichkeiten
einer Annäherung an die persönlichen und in der kollegialen Zusammenarbeit
problematischen, ihrer Grundausrichtung nach aber programmatischen Ideale
erschloß.

CHARTE VON DEM FÜRSTENTHUME WEIMAR

Nach astronomischen Ortsbestimmungen, geometrischen Messungen und andern Hülfsmitteln und Nachrichten entworfen von F. L. Güßefeld.